# 全国农产品成本收益资料汇编 2022

国家发展和改革委员会价格司　价格成本调查中心　编

中国统计出版社
China Statistics Press

图书在版编目(CIP)数据

全国农产品成本收益资料汇编. 2022 / 国家发展和改革委员会价格司, 价格成本调查中心编. -- 北京 : 中国统计出版社, 2022. 10
ISBN 978-7-5037-9972-3

Ⅰ. ①全… Ⅱ. ①国… ②价… Ⅲ. ①农产品-产品成本-成本-效益分析-资料-中国-2022 Ⅳ. ①F323. 7

中国版本图书馆 CIP 数据核字(2022)第 167328 号

全国农产品成本收益资料汇编 2022

作　　者/国家发展和改革委员会价格司　价格成本调查中心
责任编辑/周小睿
封面设计/黄俊杰　李　静
出版发行/中国统计出版社有限公司
通信地址/北京市丰台区西三环南路甲 6 号　邮政编码/100073
发行电话/邮购(010)63376909　书店(010)68783171
网　　址/http://www. zgtjcbs. com
印　　刷/河北鑫兆源印刷有限公司
经　　销/新华书店
开　　本/880×1230 毫米　1/16
字　　数/1236 千字
印　　张/39. 5
版　　别/2022 年 10 月第 1 版
版　　次/2022 年 10 月第 1 次印刷
定　　价/328. 00 元

# 《全国农产品成本收益资料汇编 2022》
## 编辑委员会和编辑部

# 编 者 说 明

一、《全国农产品成本收益资料汇编 2022》收录了我国 2021 年主要农产品生产成本和收益资料及 2016 年以来六年的成本收益简明数据。其中全国性数据均未包括香港、澳门特别行政区和台湾省数据。

二、本汇编共分七个部分,即:第一部分,综合;第二部分,各地区粮食、油料;第三部分,各地区棉、烟、糖料;第四部分,各地区蚕茧、水果;第五部分,各地区肉、禽、蛋、奶;第六部分,各地区蔬菜;第七部分,各地区畜产品。

三、本汇编中,"三种粮食平均"指稻谷、小麦、玉米平均;稻谷指早籼稻、中籼稻、晚籼稻和粳稻平均;"两种油料平均"指花生、油菜籽平均;"规模生猪""规模肉鸡""规模蛋鸡""规模奶牛"均指各品种小规模、中规模和大规模的平均;蔬菜平均指西红柿、黄瓜、茄子、圆白菜、菜椒、大白菜、马铃薯 7 种蔬菜平均。

四、本汇编中各品种家庭用工折价均按全国统一劳动日工价计算,2021 年为 92.2 元/日。

五、本书编辑过程中得到了各级价格主管部门成本调查机构等相关部门的大力支持,在此谨致谢意。

六、本汇编由国家发展和改革委员会价格司、价格成本调查中心编印。

联系电话:010-68501725、68501954,传真:010-68501742。

E-mail:chengbenchu@ ndrc. gov. cn

# 目　　录

## 一、综　合

## 二、各地区粮食、油料

## 三、各地区棉、烟、糖料



## 四、各地区蚕茧、水果

## 五、各地区肉、禽、蛋、奶

## 六、各地区蔬菜

### (一)省、自治区、直辖市

## 七、各地区畜产品

# 一、综　　合

# 1-1-1　三种粮食平均成本收益情况

| 项　　目 | 单位 | 2016 年 | 2017 年 | 2018 年 | 2019 年 | 2020 年 | 2021 年 | 2021 年比 2020 年±% |
|---|---|---|---|---|---|---|---|---|
| **每亩** | | | | | | | | |
| 主产品产量 | 公斤 | 457.13 | 468.72 | 449.30 | 482.30 | 466.91 | 486.41 | 4.18 |
| 产值合计 | 元 | 1013.34 | 1069.06 | 1008.18 | 1078.36 | 1166.73 | 1274.04 | 9.20 |
| 主产品产值 | 元 | 990.97 | 1046.04 | 985.40 | 1055.65 | 1143.73 | 1249.82 | 9.28 |
| 副产品产值 | 元 | 22.37 | 23.02 | 22.78 | 22.71 | 23.00 | 24.22 | 5.30 |
| 总成本 | 元 | 1093.62 | 1081.59 | 1093.77 | 1108.89 | 1119.59 | 1157.22 | 3.36 |
| 生产成本 | 元 | 871.35 | 866.01 | 868.90 | 875.64 | 880.77 | 899.68 | 2.15 |
| 物质与服务费用 | 元 | 429.57 | 437.18 | 449.55 | 462.24 | 468.01 | 485.73 | 3.79 |
| 人工成本 | 元 | 441.78 | 428.83 | 419.35 | 413.40 | 412.76 | 413.95 | 0.29 |
| 家庭用工折价 | 元 | 408.63 | 393.89 | 383.70 | 374.89 | 371.65 | 370.64 | -0.27 |
| 雇工费用 | 元 | 33.15 | 34.94 | 35.65 | 38.51 | 41.11 | 43.31 | 5.35 |
| 土地成本 | 元 | 222.27 | 215.58 | 224.87 | 233.25 | 238.82 | 257.54 | 7.84 |
| 流转地租金 | 元 | 38.51 | 38.40 | 41.29 | 36.72 | 44.01 | 52.32 | 18.88 |
| 自营地折租 | 元 | 183.76 | 177.18 | 183.58 | 196.53 | 194.81 | 205.22 | 5.34 |
| 净利润 | 元 | -80.28 | -12.53 | -85.59 | -30.53 | 47.14 | 116.82 | 147.79 |
| 现金成本 | 元 | 501.23 | 510.52 | 526.49 | 537.47 | 553.13 | 581.36 | 5.10 |
| 现金收益 | 元 | 512.11 | 558.54 | 481.69 | 540.89 | 613.60 | 692.68 | 12.89 |
| 成本利润率 | % | -7.34 | -1.16 | -7.83 | -2.75 | 4.21 | 10.09 | 139.67 |
| **每 50 公斤主产品** | | | | | | | | |
| 平均出售价格 | 元 | 108.39 | 111.58 | 109.66 | 109.44 | 122.48 | 128.47 | 4.89 |
| 总成本 | 元 | 116.98 | 112.89 | 118.97 | 112.54 | 117.53 | 116.69 | -0.71 |
| 生产成本 | 元 | 93.20 | 90.39 | 94.51 | 88.87 | 92.46 | 90.72 | -1.88 |
| 净利润 | 元 | -8.59 | -1.31 | -9.31 | -3.10 | 4.95 | 11.78 | 137.98 |
| 现金成本 | 元 | 53.61 | 53.28 | 57.27 | 54.55 | 58.07 | 58.62 | 0.95 |
| 现金收益 | 元 | 54.78 | 58.30 | 52.39 | 54.89 | 64.41 | 69.85 | 8.45 |
| **附：** | | | | | | | | |
| 每亩用工数量 | 日 | 5.31 | 5.04 | 4.81 | 4.64 | 4.44 | 4.33 | -2.48 |
| 每亩主产品已出售数量 | 公斤 | 341.89 | 371.17 | 344.05 | 378.16 | 366.10 | 397.01 | 8.44 |
| 每亩主产品已出售产值 | 元 | 742.56 | 821.06 | 745.79 | 821.02 | 879.09 | 1007.12 | 14.56 |
| 每亩成本外支出 | 元 | 0.76 | 0.59 | 0.41 | 0.44 | 0.27 | 0.18 | -33.33 |

# 1-1-2 三种粮食平均费用和用工情况

| 项　　目 | 单位 | 2016 年 | 2017 年 | 2018 年 | 2019 年 | 2020 年 | 2021 年 | 2021 年比 2020 年±% |
|---|---|---|---|---|---|---|---|---|
| **一、每亩物质与服务费用** | **元** | **429.57** | **437.18** | **449.55** | **462.24** | **468.01** | **485.73** | **3.79** |
| (一)直接费用 | 元 | 415.03 | 421.82 | 433.68 | 446.75 | 451.22 | 467.42 | 3.59 |
| 1. 种子费 | 元 | 60.73 | 62.43 | 63.28 | 64.03 | 65.20 | 67.39 | 3.36 |
| 2. 化肥费 | 元 | 128.93 | 130.90 | 139.02 | 144.08 | 143.56 | 154.47 | 7.60 |
| 3. 农家肥费 | 元 | 13.67 | 15.14 | 15.17 | 15.80 | 15.40 | 15.14 | -1.69 |
| 4. 农药费 | 元 | 29.48 | 30.68 | 31.37 | 33.45 | 36.15 | 38.69 | 7.03 |
| 5. 农膜费 | 元 | 2.99 | 2.89 | 2.97 | 2.81 | 2.70 | 2.69 | -0.37 |
| 6. 租赁作业费 | 元 | 171.84 | 172.03 | 174.27 | 178.52 | 179.96 | 180.50 | 0.30 |
| 机械作业费 | 元 | 142.79 | 145.72 | 148.81 | 151.02 | 154.21 | 156.72 | 1.63 |
| 排灌费 | 元 | 23.72 | 22.19 | 22.20 | 24.97 | 23.86 | 22.57 | -5.41 |
| 其中:水费 | 元 | 7.63 | 7.39 | 7.34 | 7.51 | 7.25 | 7.60 | 4.83 |
| 畜力费 | 元 | 5.33 | 4.12 | 3.26 | 2.53 | 1.89 | 1.21 | -35.98 |
| 7. 燃料动力费 | 元 | 1.71 | 2.09 | 2.07 | 2.26 | 2.53 | 2.67 | 5.53 |
| 8. 技术服务费 | 元 | 0.01 | 0.02 | 0.01 | 0.01 | 0.01 | 0.01 |  |
| 9. 工具材料费 | 元 | 4.17 | 4.10 | 4.01 | 4.07 | 4.03 | 4.28 | 6.20 |
| 10. 修理维护费 | 元 | 1.49 | 1.48 | 1.49 | 1.57 | 1.58 | 1.55 | -1.90 |
| 11. 其他直接费用 | 元 | 0.01 | 0.06 | 0.02 | 0.15 | 0.10 | 0.03 | -70.00 |
| (二)间接费用 | 元 | 14.54 | 15.36 | 15.87 | 15.49 | 16.79 | 18.31 | 9.05 |
| 1. 固定资产折旧 | 元 | 4.88 | 4.87 | 4.85 | 4.90 | 5.14 | 5.14 |  |
| 2. 保险费 | 元 | 7.41 | 8.26 | 8.87 | 9.33 | 10.23 | 11.62 | 13.59 |
| 3. 管理费 | 元 | 1.24 | 1.14 | 1.05 | 0.10 | 0.27 | 0.31 | 14.81 |
| 4. 财务费 | 元 | 0.03 | 0.01 | 0.04 | 0.04 | 0.02 | 0.02 |  |
| 5. 销售费 | 元 | 0.98 | 1.08 | 1.06 | 1.12 | 1.13 | 1.22 | 7.96 |
| **二、每亩人工成本** | **元** | **441.78** | **428.83** | **419.35** | **413.40** | **412.76** | **413.95** | **0.29** |
| 1. 家庭用工折价 | 元 | 408.63 | 393.89 | 383.70 | 374.89 | 371.65 | 370.64 | -0.27 |
| 家庭用工天数 | 日 | 5.02 | 4.74 | 4.52 | 4.34 | 4.14 | 4.02 | -2.90 |
| 劳动日工价 | 元 | 81.40 | 83.10 | 84.89 | 86.38 | 89.77 | 92.20 | 2.71 |
| 2. 雇工费用 | 元 | 33.15 | 34.94 | 35.65 | 38.51 | 41.11 | 43.31 | 5.35 |
| 雇工天数 | 日 | 0.29 | 0.30 | 0.29 | 0.30 | 0.30 | 0.31 | 3.33 |
| 雇工工价 | 元 | 114.31 | 116.47 | 122.93 | 128.37 | 137.03 | 139.71 | 1.96 |
| 三、附 |  |  |  |  |  |  |  |  |
| 1. 每亩种子用量 | 公斤 | 7.04 | 7.12 | 7.19 | 7.24 | 7.32 | 7.36 | 0.55 |
| 2. 每亩化肥用量 | 公斤 | 24.93 | 25.07 | 24.91 | 25.15 | 25.49 | 25.54 | 0.20 |
| 3. 每亩农膜用量 | 公斤 | 0.23 | 0.22 | 0.23 | 0.22 | 0.22 | 0.22 |  |

# 1-1-3　三种粮食平均化肥投入情况

| 项　　目 | 单位 | 2016 年 | 2017 年 | 2018 年 | 2019 年 | 2020 年 | 2021 年 | 2021 年比 2020 年±% |
|---|---|---|---|---|---|---|---|---|
| **一、每亩化肥金额** | **元** | **128.93** | **130.90** | **139.02** | **144.08** | **143.56** | **154.47** | **7.60** |
| (一)氮肥 | 元 | 30.75 | 31.07 | 33.63 | 33.53 | 30.94 | 35.08 | 13.38 |
| 1. 尿素 | 元 | 27.56 | 28.16 | 30.79 | 30.89 | 28.78 | 32.82 | 14.04 |
| 2. 碳铵 | 元 | 3.02 | 2.73 | 2.62 | 2.26 | 1.86 | 1.81 | -2.69 |
| 3. 其他氮肥 | 元 | 0.17 | 0.18 | 0.22 | 0.38 | 0.30 | 0.45 | 50.00 |
| (二)磷肥 | 元 | 2.19 | 1.97 | 1.98 | 1.77 | 1.42 | 1.36 | -4.23 |
| 其中:过磷酸钙 | 元 | 2.09 | 1.89 | 1.87 | 1.69 | 1.34 | 1.28 | -4.48 |
| (三)钾肥 | 元 | 3.04 | 2.52 | 2.46 | 2.21 | 2.27 | 2.47 | 8.81 |
| 其中:氯化钾 | 元 | 2.90 | 2.38 | 2.36 | 2.05 | 2.03 | 2.03 | |
| (四)复混肥 | 元 | 92.42 | 94.82 | 100.41 | 106.01 | 107.73 | 114.39 | 6.18 |
| 1. 复合肥 | 元 | 87.22 | 90.38 | 95.90 | 102.08 | 103.94 | 110.36 | 6.18 |
| 其中:二铵 | 元 | 12.90 | 12.71 | 13.05 | 12.23 | 11.87 | 11.74 | -1.10 |
| 三元素复合肥 | 元 | 50.39 | 50.21 | 51.94 | 57.48 | 57.95 | 62.64 | 8.09 |
| 2. 混配肥 | 元 | 5.20 | 4.44 | 4.51 | 3.93 | 3.79 | 4.03 | 6.33 |
| (五)其他肥料 | 元 | 0.54 | 0.53 | 0.54 | 0.55 | 1.20 | 1.17 | -2.50 |
| **二、每亩化肥折纯用量** | **公斤** | **24.93** | **25.07** | **24.91** | **25.15** | **25.49** | **25.54** | **0.20** |
| (一)氮肥 | 公斤 | 8.39 | 7.98 | 7.48 | 7.17 | 7.03 | 6.86 | -2.42 |
| 1. 尿素 | 公斤 | 7.64 | 7.35 | 6.91 | 6.66 | 6.60 | 6.45 | -2.27 |
| 2. 碳铵 | 公斤 | 0.72 | 0.60 | 0.54 | 0.46 | 0.38 | 0.35 | -7.89 |
| 3. 其他氮肥 | 公斤 | 0.03 | 0.03 | 0.03 | 0.05 | 0.05 | 0.06 | 20.00 |
| (二)磷肥 | 公斤 | 0.44 | 0.40 | 0.37 | 0.33 | 0.26 | 0.24 | -7.69 |
| 其中:过磷酸钙 | 公斤 | 0.42 | 0.38 | 0.35 | 0.32 | 0.25 | 0.23 | -8.00 |
| (三)钾肥 | 公斤 | 0.56 | 0.47 | 0.45 | 0.40 | 0.43 | 0.42 | -2.33 |
| 其中:氯化钾 | 公斤 | 0.54 | 0.45 | 0.44 | 0.38 | 0.39 | 0.37 | -5.13 |
| (四)复混肥 | 公斤 | 15.54 | 16.22 | 16.61 | 17.25 | 17.77 | 18.02 | 1.41 |
| 1. 复合肥 | 公斤 | 14.67 | 15.46 | 15.81 | 16.58 | 17.11 | 17.35 | 1.40 |
| 其中:二铵 | 公斤 | 2.71 | 2.77 | 2.73 | 2.53 | 2.59 | 2.36 | -8.88 |
| 三元素复合肥 | 公斤 | 8.17 | 8.23 | 8.24 | 9.04 | 9.21 | 9.58 | 4.02 |
| 2. 混配肥 | 公斤 | 0.87 | 0.76 | 0.80 | 0.67 | 0.66 | 0.67 | 1.52 |

# 1-2-1 稻谷成本收益情况

| 项 目 | 单位 | 2016 年 | 2017 年 | 2018 年 | 2019 年 | 2020 年 | 2021 年 | 2021 年比 2020 年±% |
|---|---|---|---|---|---|---|---|---|
| 每亩 | | | | | | | | |
| 主产品产量 | 公斤 | 484.75 | 481.10 | 491.88 | 489.52 | 467.79 | 488.89 | 4.51 |
| 产值合计 | 元 | 1343.77 | 1342.74 | 1289.53 | 1262.21 | 1302.51 | 1341.24 | 2.97 |
| 主产品产值 | 元 | 1326.16 | 1326.36 | 1273.15 | 1245.61 | 1286.82 | 1325.59 | 3.01 |
| 副产品产值 | 元 | 17.61 | 16.38 | 16.38 | 16.60 | 15.69 | 15.65 | -0.25 |
| 总成本 | 元 | 1201.81 | 1210.19 | 1223.64 | 1241.77 | 1253.52 | 1281.25 | 2.21 |
| 生产成本 | 元 | 979.87 | 980.88 | 988.52 | 1000.68 | 1009.47 | 1031.32 | 2.16 |
| 物质与服务费用 | 元 | 484.53 | 497.95 | 514.67 | 526.48 | 542.06 | 568.83 | 4.94 |
| 人工成本 | 元 | 495.34 | 482.93 | 473.85 | 474.20 | 467.41 | 462.49 | -1.05 |
| 家庭用工折价 | 元 | 433.05 | 415.50 | 402.38 | 393.89 | 389.60 | 381.71 | -2.03 |
| 雇工费用 | 元 | 62.29 | 67.43 | 71.47 | 80.31 | 77.81 | 80.78 | 3.82 |
| 土地成本 | 元 | 221.94 | 229.31 | 235.12 | 241.09 | 244.05 | 249.93 | 2.41 |
| 流转地租金 | 元 | 57.40 | 59.47 | 63.47 | 44.84 | 60.65 | 68.19 | 12.43 |
| 自营地折租 | 元 | 164.54 | 169.84 | 171.65 | 196.25 | 183.40 | 181.74 | -0.91 |
| 净利润 | 元 | 141.96 | 132.55 | 65.89 | 20.44 | 48.99 | 59.99 | 22.46 |
| 现金成本 | 元 | 604.22 | 624.85 | 649.61 | 651.63 | 680.52 | 717.80 | 5.48 |
| 现金收益 | 元 | 739.55 | 717.89 | 639.92 | 610.58 | 621.99 | 623.44 | 0.23 |
| 成本利润率 | % | 11.81 | 10.95 | 5.38 | 1.65 | 3.91 | 4.68 | 19.69 |
| 每 50 公斤主产品 | | | | | | | | |
| 平均出售价格 | 元 | 136.79 | 137.85 | 129.42 | 127.23 | 137.54 | 135.57 | -1.43 |
| 总成本 | 元 | 122.34 | 124.24 | 122.81 | 125.17 | 132.37 | 129.51 | -2.16 |
| 生产成本 | 元 | 99.75 | 100.70 | 99.21 | 100.87 | 106.60 | 104.24 | -2.21 |
| 净利润 | 元 | 14.45 | 13.61 | 6.61 | 2.06 | 5.17 | 6.06 | 17.21 |
| 现金成本 | 元 | 61.51 | 64.15 | 65.20 | 65.68 | 71.86 | 72.55 | 0.96 |
| 现金收益 | 元 | 75.28 | 73.70 | 64.22 | 61.55 | 65.68 | 63.02 | -4.05 |
| 附： | | | | | | | | |
| 每亩用工数量 | 日 | 5.81 | 5.51 | 5.27 | 5.13 | 4.87 | 4.65 | -4.52 |
| 每亩主产品已出售数量 | 公斤 | 363.67 | 372.07 | 378.36 | 374.67 | 353.28 | 389.04 | 10.12 |
| 每亩主产品已出售产值 | 元 | 987.27 | 1015.93 | 960.31 | 933.13 | 954.72 | 1036.68 | 8.58 |
| 每亩成本外支出 | 元 | 0.84 | 0.58 | 0.41 | 0.46 | 0.34 | 0.21 | -38.24 |

# 1-2-2　稻谷费用和用工情况

| 项　　目 | 单位 | 2016 年 | 2017 年 | 2018 年 | 2019 年 | 2020 年 | 2021 年 | 2021 年比 2020 年±% |
|---|---|---|---|---|---|---|---|---|
| **一、每亩物质与服务费用** | **元** | **484.53** | **497.95** | **514.67** | **526.48** | **542.06** | **568.83** | **4.94** |
| （一）直接费用 | 元 | 462.76 | 474.74 | 490.48 | 503.91 | 517.53 | 541.61 | 4.65 |
| 1. 种子费 | 元 | 57.47 | 61.20 | 63.40 | 64.48 | 67.64 | 71.35 | 5.48 |
| 2. 化肥费 | 元 | 119.97 | 123.25 | 130.97 | 135.95 | 136.22 | 148.94 | 9.34 |
| 3. 农家肥费 | 元 | 8.53 | 8.93 | 9.60 | 9.30 | 9.69 | 9.05 | -6.60 |
| 4. 农药费 | 元 | 51.29 | 53.04 | 53.60 | 56.15 | 60.79 | 64.27 | 5.72 |
| 5. 农膜费 | 元 | 4.65 | 4.52 | 4.40 | 4.18 | 4.19 | 4.06 | -3.10 |
| 6. 租赁作业费 | 元 | 208.97 | 210.74 | 215.88 | 219.95 | 224.71 | 229.58 | 2.17 |
| 机械作业费 | 元 | 180.78 | 184.69 | 190.86 | 194.21 | 200.54 | 205.95 | 2.70 |
| 排灌费 | 元 | 20.73 | 20.29 | 20.69 | 22.42 | 21.55 | 21.98 | 2.00 |
| 其中：水费 | 元 | 10.82 | 11.01 | 11.11 | 11.11 | 10.33 | 11.11 | 7.55 |
| 畜力费 | 元 | 7.46 | 5.76 | 4.33 | 3.32 | 2.62 | 1.65 | -37.02 |
| 7. 燃料动力费 | 元 | 3.83 | 4.96 | 4.64 | 5.29 | 5.99 | 6.14 | 2.50 |
| 8. 技术服务费 | 元 | 0.01 | 0.05 | 0.01 | 0.01 | 0.01 | 0.01 | |
| 9. 工具材料费 | 元 | 5.91 | 5.76 | 5.77 | 6.00 | 5.89 | 5.86 | -0.51 |
| 10. 修理维护费 | 元 | 2.12 | 2.13 | 2.15 | 2.39 | 2.34 | 2.27 | -2.99 |
| 11. 其他直接费用 | 元 | 0.01 | 0.16 | 0.06 | 0.21 | 0.06 | 0.08 | 33.33 |
| （二）间接费用 | 元 | 21.77 | 23.21 | 24.19 | 22.57 | 24.53 | 27.22 | 10.97 |
| 1. 固定资产折旧 | 元 | 8.06 | 8.00 | 8.05 | 8.27 | 8.65 | 8.53 | -1.39 |
| 2. 保险费 | 元 | 9.77 | 11.12 | 11.87 | 12.12 | 13.98 | 16.63 | 18.96 |
| 3. 管理费 | 元 | 2.57 | 2.40 | 2.41 | 0.16 | 0.15 | 0.19 | 26.67 |
| 4. 财务费 | 元 | 0.04 | 0.01 | 0.02 | 0.06 | 0.01 | 0.01 | |
| 5. 销售费 | 元 | 1.33 | 1.68 | 1.84 | 1.96 | 1.74 | 1.86 | 6.90 |
| **二、每亩人工成本** | **元** | **495.34** | **482.93** | **473.85** | **474.20** | **467.41** | **462.49** | **-1.05** |
| 1. 家庭用工折价 | 元 | 433.05 | 415.50 | 402.38 | 393.89 | 389.60 | 381.71 | -2.03 |
| 家庭用工天数 | 日 | 5.32 | 5.00 | 4.74 | 4.56 | 4.34 | 4.14 | -4.61 |
| 劳动日工价 | 元 | 81.40 | 83.10 | 84.89 | 86.38 | 89.77 | 92.20 | 2.71 |
| 2. 雇工费用 | 元 | 62.29 | 67.43 | 71.47 | 80.31 | 77.81 | 80.78 | 3.82 |
| 雇工天数 | 日 | 0.49 | 0.51 | 0.53 | 0.57 | 0.53 | 0.51 | -3.77 |
| 雇工工价 | 元 | 127.12 | 132.22 | 134.85 | 140.89 | 146.81 | 158.39 | 7.89 |
| **三、附** | | | | | | | | |
| 1. 每亩种子用量 | 公斤 | 3.01 | 3.08 | 3.14 | 3.10 | 3.25 | 3.22 | -0.92 |
| 2. 每亩化肥用量 | 公斤 | 22.63 | 22.68 | 22.55 | 22.97 | 23.16 | 22.96 | -0.86 |
| 3. 每亩农膜用量 | 公斤 | 0.33 | 0.31 | 0.31 | 0.29 | 0.29 | 0.29 | |

# 1-2-3　稻谷化肥投入情况

| 项　　目 | 单位 | 2016 年 | 2017 年 | 2018 年 | 2019 年 | 2020 年 | 2021 年 | 2021 年比 2020 年±% |
|---|---|---|---|---|---|---|---|---|
| **一、每亩化肥金额** | 元 | **119.97** | **123.25** | **130.97** | **135.95** | **136.22** | **148.94** | **9.34** |
| (一)氮肥 | 元 | 30.97 | 32.11 | 35.14 | 34.13 | 32.23 | 37.55 | 16.51 |
| 1. 尿素 | 元 | 26.61 | 27.96 | 31.17 | 30.85 | 29.43 | 34.53 | 17.33 |
| 2. 碳铵 | 元 | 4.22 | 3.99 | 3.79 | 3.02 | 2.53 | 2.44 | -3.56 |
| 3. 其他氮肥 | 元 | 0.14 | 0.16 | 0.18 | 0.26 | 0.27 | 0.58 | 114.81 |
| (二)磷肥 | 元 | 2.57 | 2.59 | 2.57 | 2.28 | 1.84 | 1.97 | 7.07 |
| 其中:过磷酸钙 | 元 | 2.40 | 2.44 | 2.45 | 2.11 | 1.74 | 1.90 | 9.20 |
| (三)钾肥 | 元 | 7.76 | 6.08 | 6.31 | 5.71 | 5.87 | 6.11 | 4.09 |
| 其中:氯化钾 | 元 | 7.57 | 5.88 | 6.17 | 5.55 | 5.43 | 5.40 | -0.55 |
| (四)复混肥 | 元 | 77.61 | 81.32 | 85.98 | 92.99 | 93.36 | 100.37 | 7.51 |
| 1. 复合肥 | 元 | 74.26 | 78.29 | 82.42 | 89.63 | 90.34 | 97.19 | 7.58 |
| 其中:二铵 | 元 | 2.28 | 2.39 | 2.39 | 1.19 | 1.24 | 1.21 | -2.42 |
| 三元素复合肥 | 元 | 46.91 | 49.66 | 51.44 | 56.68 | 56.92 | 64.28 | 12.93 |
| 2. 混配肥 | 元 | 3.35 | 3.03 | 3.56 | 3.36 | 3.02 | 3.18 | 5.30 |
| (五)其他肥料 | 元 | 1.08 | 1.18 | 0.98 | 0.84 | 2.93 | 2.95 | 0.68 |
| **二、每亩化肥折纯用量** | 公斤 | **22.63** | **22.68** | **22.55** | **22.97** | **23.16** | **22.96** | **-0.86** |
| (一)氮肥 | 公斤 | 7.94 | 7.66 | 7.35 | 6.95 | 6.89 | 6.62 | -3.92 |
| 1. 尿素 | 公斤 | 6.97 | 6.81 | 6.58 | 6.34 | 6.37 | 6.10 | -4.24 |
| 2. 碳铵 | 公斤 | 0.94 | 0.82 | 0.74 | 0.57 | 0.47 | 0.43 | -8.51 |
| 3. 其他氮肥 | 公斤 | 0.03 | 0.03 | 0.03 | 0.04 | 0.05 | 0.09 | 80.00 |
| (二)磷肥 | 公斤 | 0.50 | 0.51 | 0.48 | 0.43 | 0.35 | 0.34 | -2.86 |
| 其中:过磷酸钙 | 公斤 | 0.47 | 0.48 | 0.46 | 0.40 | 0.33 | 0.33 | |
| (三)钾肥 | 公斤 | 1.44 | 1.16 | 1.18 | 1.06 | 1.12 | 1.06 | -5.36 |
| 其中:氯化钾 | 公斤 | 1.41 | 1.13 | 1.16 | 1.04 | 1.05 | 0.98 | -6.67 |
| (四)复混肥 | 公斤 | 12.75 | 13.35 | 13.54 | 14.53 | 14.80 | 14.94 | 0.95 |
| 1. 复合肥 | 公斤 | 12.22 | 12.85 | 12.98 | 13.97 | 14.29 | 14.43 | 0.98 |
| 其中:二铵 | 公斤 | 0.48 | 0.52 | 0.50 | 0.24 | 0.27 | 0.24 | -11.11 |
| 三元素复合肥 | 公斤 | 7.73 | 8.13 | 8.02 | 8.84 | 8.98 | 9.48 | 5.57 |
| 2. 混配肥 | 公斤 | 0.53 | 0.50 | 0.56 | 0.56 | 0.51 | 0.51 | |

# 1-3-1 早籼稻成本收益情况

| 项 目 | 单位 | 2016 年 | 2017 年 | 2018 年 | 2019 年 | 2020 年 | 2021 年 | 2021 年比 2020 年±% |
|---|---|---|---|---|---|---|---|---|
| **每亩** | | | | | | | | |
| 主产品产量 | 公斤 | 416.95 | 423.76 | 428.85 | 404.29 | 389.16 | 416.60 | 7.05 |
| 产值合计 | 元 | 1098.87 | 1127.27 | 1064.94 | 986.90 | 989.90 | 1098.78 | 11.00 |
| 主产品产值 | 元 | 1085.15 | 1113.77 | 1051.28 | 973.48 | 976.81 | 1086.50 | 11.23 |
| 副产品产值 | 元 | 13.72 | 13.50 | 13.66 | 13.42 | 13.09 | 12.28 | -6.19 |
| 总成本 | 元 | 1096.93 | 1108.34 | 1115.31 | 1125.83 | 1144.02 | 1167.18 | 2.02 |
| 生产成本 | 元 | 934.75 | 937.97 | 938.36 | 943.98 | 958.55 | 979.12 | 2.15 |
| 物质与服务费用 | 元 | 473.96 | 483.23 | 500.71 | 511.25 | 534.37 | 551.50 | 3.21 |
| 人工成本 | 元 | 460.79 | 454.74 | 437.65 | 432.73 | 424.18 | 427.62 | 0.81 |
| 家庭用工折价 | 元 | 432.07 | 419.41 | 400.94 | 389.31 | 388.35 | 383.83 | -1.16 |
| 雇工费用 | 元 | 28.72 | 35.33 | 36.71 | 43.42 | 35.83 | 43.79 | 22.22 |
| 土地成本 | 元 | 162.18 | 170.37 | 176.95 | 181.85 | 185.47 | 188.06 | 1.40 |
| 流转地租金 | 元 | 21.67 | 24.92 | 26.73 | 28.04 | 30.50 | 31.68 | 3.87 |
| 自营地折租 | 元 | 140.51 | 145.45 | 150.22 | 153.81 | 154.97 | 156.38 | 0.91 |
| 净利润 | 元 | 1.94 | 18.93 | -50.37 | -138.93 | -154.12 | -68.40 | -55.62 |
| 现金成本 | 元 | 524.35 | 543.48 | 564.15 | 582.71 | 600.70 | 626.97 | 4.37 |
| 现金收益 | 元 | 574.52 | 583.79 | 500.79 | 404.19 | 389.20 | 471.81 | 21.23 |
| 成本利润率 | % | 0.18 | 1.71 | -4.52 | -12.34 | -13.47 | -5.86 | -56.50 |
| **每 50 公斤主产品** | | | | | | | | |
| 平均出售价格 | 元 | 130.13 | 131.42 | 122.57 | 120.39 | 125.50 | 130.40 | 3.90 |
| 总成本 | 元 | 129.90 | 129.21 | 128.37 | 137.34 | 145.04 | 138.52 | -4.50 |
| 生产成本 | 元 | 110.69 | 109.35 | 108.00 | 115.15 | 121.52 | 116.20 | -4.38 |
| 净利润 | 元 | 0.23 | 2.21 | -5.80 | -16.95 | -19.54 | -8.12 | -58.44 |
| 现金成本 | 元 | 62.09 | 63.36 | 64.93 | 71.08 | 76.16 | 74.41 | -2.30 |
| 现金收益 | 元 | 68.04 | 68.06 | 57.64 | 49.31 | 49.34 | 55.99 | 13.48 |
| **附：** | | | | | | | | |
| 每亩用工数量 | 日 | 5.55 | 5.34 | 5.01 | 4.82 | 4.57 | 4.46 | -2.41 |
| 每亩主产品已出售数量 | 公斤 | 327.73 | 336.27 | 342.94 | 326.06 | 324.15 | 347.61 | 7.24 |
| 每亩主产品已出售产值 | 元 | 841.04 | 873.34 | 823.80 | 768.52 | 800.34 | 891.52 | 11.39 |
| 每亩成本外支出 | 元 | 0.01 | 0.01 | | | | 0.01 | |

# 1-3-2　早籼稻费用和用工情况

| 项　　目 | 单位 | 2016 年 | 2017 年 | 2018 年 | 2019 年 | 2020 年 | 2021 年 | 2021 年比 2020 年±% |
|---|---|---|---|---|---|---|---|---|
| **一、每亩物质与服务费用** | **元** | **473.96** | **483.23** | **500.71** | **511.25** | **534.37** | **551.50** | **3.21** |
| （一）直接费用 | 元 | 457.01 | 463.36 | 480.24 | 488.51 | 507.50 | 522.42 | 2.94 |
| 1. 种子费 | 元 | 56.57 | 58.47 | 59.19 | 60.44 | 63.46 | 68.74 | 8.32 |
| 2. 化肥费 | 元 | 124.77 | 128.12 | 134.46 | 136.27 | 137.70 | 143.56 | 4.26 |
| 3. 农家肥费 | 元 | 8.34 | 7.00 | 8.55 | 8.77 | 8.80 | 8.07 | -8.30 |
| 4. 农药费 | 元 | 50.80 | 52.59 | 53.34 | 55.94 | 60.73 | 63.46 | 4.50 |
| 5. 农膜费 | 元 | 4.34 | 4.09 | 3.77 | 3.52 | 4.15 | 3.90 | -6.02 |
| 6. 租赁作业费 | 元 | 196.52 | 197.62 | 205.03 | 206.75 | 213.91 | 217.30 | 1.58 |
| 机械作业费 | 元 | 181.17 | 184.58 | 193.57 | 197.53 | 205.15 | 209.90 | 2.32 |
| 排灌费 | 元 | 7.30 | 7.11 | 7.54 | 6.41 | 6.11 | 6.24 | 2.13 |
| 其中:水费 | 元 | 3.51 | 4.06 | 3.94 | 3.58 | 3.28 | 3.53 | 7.62 |
| 畜力费 | 元 | 8.05 | 5.93 | 3.92 | 2.81 | 2.65 | 1.16 | -56.23 |
| 7. 燃料动力费 | 元 | 5.09 | 4.74 | 5.51 | 6.03 | 8.05 | 7.16 | -11.06 |
| 8. 技术服务费 | 元 | 0.03 | 0.01 | 0.01 | | | 0.02 | |
| 9. 工具材料费 | 元 | 7.60 | 7.20 | 7.22 | 7.50 | 7.45 | 7.18 | -3.62 |
| 10. 修理维护费 | 元 | 2.95 | 2.92 | 2.94 | 3.29 | 3.25 | 3.03 | -6.77 |
| 11. 其他直接费用 | 元 | | 0.60 | 0.22 | | | | |
| （二）间接费用 | 元 | 16.95 | 19.87 | 20.47 | 22.74 | 26.87 | 29.08 | 8.22 |
| 1. 固定资产折旧 | 元 | 10.16 | 10.29 | 10.16 | 10.43 | 11.09 | 10.86 | -2.07 |
| 2. 保险费 | 元 | 5.35 | 7.70 | 8.16 | 10.39 | 13.87 | 16.00 | 15.36 |
| 3. 管理费 | 元 | 0.09 | 0.15 | 0.12 | 0.03 | 0.01 | 0.03 | 200.00 |
| 4. 财务费 | 元 | 0.02 | 0.01 | | | 0.01 | 0.01 | |
| 5. 销售费 | 元 | 1.33 | 1.72 | 2.03 | 1.89 | 1.89 | 2.18 | 15.34 |
| **二、每亩人工成本** | **元** | **460.79** | **454.74** | **437.65** | **432.73** | **424.18** | **427.62** | **0.81** |
| 1. 家庭用工折价 | 元 | 432.07 | 419.41 | 400.94 | 389.31 | 388.35 | 383.83 | -1.16 |
| 家庭用工天数 | 日 | 5.31 | 5.05 | 4.72 | 4.51 | 4.33 | 4.16 | -3.77 |
| 劳动日工价 | 元 | 81.40 | 83.10 | 84.89 | 85.38 | 89.77 | 92.20 | 2.71 |
| 2. 雇工费用 | 元 | 28.72 | 35.33 | 36.71 | 43.42 | 35.83 | 43.79 | 22.22 |
| 雇工天数 | 日 | 0.24 | 0.29 | 0.29 | 0.31 | 0.24 | 0.30 | 25.00 |
| 雇工工价 | 元 | 119.67 | 121.83 | 126.59 | 140.07 | 149.29 | 145.97 | -2.23 |
| 三、附 | | | | | | | | |
| 1. 每亩种子用量 | 公斤 | 3.60 | 3.67 | 3.76 | 3.60 | 3.85 | 3.64 | -5.45 |
| 2. 每亩化肥用量 | 公斤 | 22.99 | 22.89 | 22.68 | 22.38 | 22.53 | 22.40 | -0.58 |
| 3. 每亩农膜用量 | 公斤 | 0.31 | 0.30 | 0.27 | 0.25 | 0.29 | 0.28 | -3.45 |

# 1-3-3　早籼稻化肥投入情况

| 项　　目 | 单位 | 2016年 | 2017年 | 2018年 | 2019年 | 2020年 | 2021年 | 2021年比2020年±% |
|---|---|---|---|---|---|---|---|---|
| **一、每亩化肥金额** | **元** | **124.77** | **128.12** | **134.46** | **136.27** | **137.70** | **143.56** | **4.26** |
| (一)氮肥 | 元 | 29.71 | 30.43 | 32.37 | 31.82 | 29.16 | 31.77 | 8.95 |
| 1. 尿素 | 元 | 25.47 | 26.36 | 28.53 | 28.29 | 26.54 | 29.32 | 10.47 |
| 2. 碳铵 | 元 | 4.24 | 4.07 | 3.79 | 3.50 | 2.62 | 2.45 | -6.49 |
| 3. 其他氮肥 | 元 | | | 0.05 | 0.03 | | | |
| (二)磷肥 | 元 | 4.15 | 4.24 | 3.74 | 3.53 | 2.46 | 2.88 | 17.07 |
| 其中:过磷酸钙 | 元 | 3.74 | 3.86 | 3.59 | 3.31 | 2.35 | 2.70 | 14.89 |
| (三)钾肥 | 元 | 9.49 | 7.95 | 7.88 | 7.49 | 7.96 | 7.05 | -11.43 |
| 其中:氯化钾 | 元 | 9.41 | 7.83 | 7.76 | 7.43 | 7.80 | 6.94 | -11.03 |
| (四)复混肥 | 元 | 81.07 | 84.73 | 89.93 | 92.40 | 95.79 | 99.25 | 3.61 |
| 1. 复合肥 | 元 | 76.12 | 82.15 | 86.04 | 89.37 | 92.85 | 96.34 | 3.76 |
| 其中:二铵 | 元 | 0.22 | 0.15 | 0.23 | 0.17 | 0.18 | 0.17 | -5.56 |
| 三元素复合肥 | 元 | 49.32 | 56.79 | 60.71 | 59.01 | 56.99 | 66.19 | 16.14 |
| 2. 混配肥 | 元 | 4.95 | 2.58 | 3.89 | 3.03 | 2.94 | 2.91 | -1.02 |
| (五)其他肥料 | 元 | 0.35 | 0.77 | 0.54 | 1.03 | 2.33 | 2.61 | 12.02 |
| **二、每亩化肥折纯用量** | **公斤** | **22.99** | **22.89** | **22.68** | **22.38** | **22.53** | **22.40** | **-0.58** |
| (一)氮肥 | 公斤 | 7.41 | 7.05 | 6.63 | 6.32 | 5.99 | 5.83 | -2.67 |
| 1. 尿素 | 公斤 | 6.51 | 6.26 | 5.93 | 5.67 | 5.54 | 5.42 | -2.17 |
| 2. 碳铵 | 公斤 | 0.90 | 0.79 | 0.70 | 0.64 | 0.45 | 0.41 | -8.89 |
| 3. 其他氮肥 | 公斤 | | | | 0.01 | | | |
| (二)磷肥 | 公斤 | 0.80 | 0.81 | 0.69 | 0.63 | 0.46 | 0.51 | 10.87 |
| 其中:过磷酸钙 | 公斤 | 0.73 | 0.73 | 0.66 | 0.60 | 0.44 | 0.48 | 9.09 |
| (三)钾肥 | 公斤 | 1.77 | 1.53 | 1.49 | 1.40 | 1.54 | 1.35 | -12.34 |
| 其中:氯化钾 | 公斤 | 1.76 | 1.51 | 1.47 | 1.39 | 1.52 | 1.33 | -12.50 |
| (四)复混肥 | 公斤 | 13.01 | 13.51 | 13.86 | 14.03 | 14.55 | 14.73 | 1.24 |
| 1. 复合肥 | 公斤 | 12.30 | 13.08 | 13.25 | 13.59 | 14.14 | 14.30 | 1.13 |
| 其中:二铵 | 公斤 | 0.04 | 0.03 | 0.04 | 0.03 | 0.04 | 0.03 | -25.00 |
| 三元素复合肥 | 公斤 | 8.01 | 9.00 | 9.22 | 8.96 | 8.65 | 9.69 | 12.02 |
| 2. 混配肥 | 公斤 | 0.71 | 0.43 | 0.61 | 0.44 | 0.41 | 0.43 | 4.88 |

# 1-4-1 中籼稻成本收益情况

| 项目 | 单位 | 2016 年 | 2017 年 | 2018 年 | 2019 年 | 2020 年 | 2021 年 | 2021 年比 2020 年±% |
|---|---|---|---|---|---|---|---|---|
| **每亩** | | | | | | | | |
| 主产品产量 | 公斤 | 526.81 | 522.26 | 540.60 | 542.80 | 529.47 | 551.68 | 4.19 |
| 产值合计 | 元 | 1390.64 | 1382.17 | 1354.73 | 1368.12 | 1432.10 | 1480.55 | 3.38 |
| 主产品产值 | 元 | 1371.53 | 1364.08 | 1336.22 | 1349.55 | 1414.51 | 1462.61 | 3.40 |
| 副产品产值 | 元 | 19.11 | 18.09 | 18.51 | 18.57 | 17.59 | 17.94 | 1.99 |
| 总成本 | 元 | 1208.96 | 1230.65 | 1234.45 | 1229.43 | 1222.16 | 1249.99 | 2.28 |
| 生产成本 | 元 | 1032.54 | 1049.82 | 1050.63 | 1043.30 | 1034.56 | 1055.96 | 2.07 |
| 物质与服务费用 | 元 | 429.94 | 451.43 | 463.90 | 487.70 | 495.67 | 521.99 | 5.31 |
| 人工成本 | 元 | 602.60 | 598.39 | 586.73 | 555.60 | 538.89 | 533.97 | -0.91 |
| 家庭用工折价 | 元 | 539.44 | 531.18 | 514.69 | 483.81 | 466.18 | 465.70 | -0.10 |
| 雇工费用 | 元 | 63.16 | 67.21 | 72.04 | 71.79 | 72.71 | 68.27 | -6.11 |
| 土地成本 | 元 | 176.42 | 180.83 | 183.82 | 186.13 | 187.60 | 194.03 | 3.43 |
| 流转地租金 | 元 | 26.42 | 26.34 | 30.12 | 30.38 | 29.71 | 32.54 | 9.53 |
| 自营地折租 | 元 | 150.00 | 154.49 | 153.70 | 155.75 | 157.89 | 161.49 | 2.28 |
| 净利润 | 元 | 181.68 | 151.52 | 120.28 | 138.69 | 209.94 | 230.56 | 9.82 |
| 现金成本 | 元 | 519.52 | 544.98 | 566.06 | 589.87 | 598.09 | 622.80 | 4.13 |
| 现金收益 | 元 | 871.12 | 837.19 | 788.67 | 778.25 | 834.01 | 857.75 | 2.85 |
| 成本利润率 | % | 15.03 | 12.31 | 9.74 | 11.28 | 17.18 | 18.44 | 7.33 |
| **每 50 公斤主产品** | | | | | | | | |
| 平均出售价格 | 元 | 130.17 | 130.59 | 123.59 | 124.31 | 133.58 | 132.56 | -0.76 |
| 总成本 | 元 | 113.16 | 116.27 | 112.62 | 111.71 | 114.00 | 111.92 | -1.82 |
| 生产成本 | 元 | 96.65 | 99.19 | 95.85 | 94.80 | 96.50 | 94.54 | -2.03 |
| 净利润 | 元 | 17.01 | 14.32 | 10.97 | 12.60 | 19.58 | 20.64 | 5.41 |
| 现金成本 | 元 | 48.63 | 51.49 | 51.64 | 53.60 | 55.79 | 55.76 | -0.05 |
| 现金收益 | 元 | 81.54 | 79.10 | 71.95 | 70.71 | 77.79 | 76.80 | -1.27 |
| **附：** | | | | | | | | |
| 每亩用工数量 | 日 | 7.17 | 6.93 | 6.61 | 6.15 | 5.72 | 5.52 | -3.50 |
| 每亩主产品已出售数量 | 公斤 | 377.15 | 389.10 | 413.47 | 424.26 | 413.12 | 436.94 | 5.77 |
| 每亩主产品已出售产值 | 元 | 967.45 | 1005.86 | 999.46 | 1030.95 | 1085.67 | 1138.96 | 4.91 |
| 每亩成本外支出 | 元 | 0.65 | 0.11 | 0.01 | 0.01 | | | |

# 1-4-2 中籼稻费用和用工情况

| 项 目 | 单位 | 2016 年 | 2017 年 | 2018 年 | 2019 年 | 2020 年 | 2021 年 | 2021 年比 2020 年±% |
|---|---|---|---|---|---|---|---|---|
| **一、每亩物质与服务费用** | 元 | **429.94** | **451.43** | **463.90** | **487.70** | **495.67** | **521.99** | **5.31** |
| (一)直接费用 | 元 | 410.38 | 429.59 | 440.93 | 463.69 | 470.75 | 493.83 | 4.90 |
| 1. 种子费 | 元 | 66.10 | 71.91 | 75.44 | 77.90 | 78.11 | 80.92 | 3.60 |
| 2. 化肥费 | 元 | 109.80 | 112.46 | 121.77 | 126.48 | 123.16 | 134.21 | 8.97 |
| 3. 农家肥费 | 元 | 11.04 | 11.82 | 11.02 | 10.78 | 11.77 | 11.76 | -0.08 |
| 4. 农药费 | 元 | 38.44 | 38.90 | 38.73 | 44.26 | 49.29 | 51.47 | 4.42 |
| 5. 农膜费 | 元 | 5.48 | 5.27 | 4.98 | 4.55 | 4.23 | 3.66 | -13.48 |
| 6. 租赁作业费 | 元 | 169.02 | 176.39 | 175.97 | 186.90 | 193.11 | 199.22 | 3.16 |
| 机械作业费 | 元 | 138.78 | 149.31 | 150.47 | 162.78 | 171.13 | 178.36 | 4.22 |
| 排灌费 | 元 | 16.56 | 15.68 | 16.33 | 16.87 | 16.28 | 16.67 | 2.40 |
| 其中:水费 | 元 | 8.74 | 8.75 | 9.34 | 8.12 | 8.28 | 8.16 | -1.45 |
| 畜力费 | 元 | 13.68 | 11.40 | 9.17 | 7.25 | 5.70 | 4.19 | -26.49 |
| 7. 燃料动力费 | 元 | 4.34 | 6.35 | 6.68 | 6.43 | 4.71 | 5.85 | 24.20 |
| 8. 技术服务费 | 元 | | | | 0.03 | | | |
| 9. 工具材料费 | 元 | 4.34 | 4.66 | 4.32 | 4.21 | 4.21 | 4.33 | 2.85 |
| 10. 修理维护费 | 元 | 1.78 | 1.80 | 2.02 | 2.07 | 2.06 | 2.09 | 1.46 |
| 11. 其他直接费用 | 元 | 0.04 | 0.03 | | 0.08 | 0.10 | 0.32 | 220.00 |
| (二)间接费用 | 元 | 19.56 | 21.84 | 22.97 | 24.01 | 24.92 | 28.16 | 13.00 |
| 1. 固定资产折旧 | 元 | 8.97 | 8.87 | 9.02 | 8.62 | 8.91 | 8.88 | -0.34 |
| 2. 保险费 | 元 | 9.26 | 11.33 | 12.19 | 13.63 | 14.45 | 17.71 | 22.56 |
| 3. 管理费 | 元 | 0.02 | | 0.02 | 0.04 | 0.03 | 0.05 | 66.67 |
| 4. 财务费 | 元 | 0.01 | | | | | | |
| 5. 销售费 | 元 | 1.30 | 1.64 | 1.74 | 1.72 | 1.53 | 1.52 | -0.65 |
| **二、每亩人工成本** | 元 | **602.60** | **598.39** | **586.73** | **555.60** | **538.89** | **533.97** | **-0.91** |
| 1. 家庭用工折价 | 元 | 539.44 | 531.18 | 514.69 | 483.81 | 466.18 | 465.70 | -0.10 |
| 家庭用工天数 | 日 | 6.63 | 6.39 | 6.06 | 5.60 | 5.19 | 5.05 | -2.73 |
| 劳动日工价 | 元 | 81.40 | 83.10 | 84.89 | 86.38 | 89.77 | 92.20 | 2.71 |
| 2. 雇工费用 | 元 | 63.16 | 67.21 | 72.04 | 71.79 | 72.71 | 68.27 | -6.11 |
| 雇工天数 | 日 | 0.54 | 0.54 | 0.55 | 0.55 | 0.53 | 0.47 | -11.32 |
| 雇工工价 | 元 | 116.96 | 124.46 | 130.98 | 130.53 | 137.19 | 145.26 | 5.88 |
| **三、附** | | | | | | | | |
| 1. 每亩种子用量 | 公斤 | 1.05 | 1.05 | 1.07 | 1.11 | 1.16 | 1.26 | 8.62 |
| 2. 每亩化肥用量 | 公斤 | 20.50 | 20.30 | 20.53 | 21.37 | 21.08 | 21.36 | 1.33 |
| 3. 每亩农膜用量 | 公斤 | 0.38 | 0.36 | 0.34 | 0.31 | 0.29 | 0.26 | -10.34 |

# 1-4-3 中籼稻化肥投入情况

| 项目 | 单位 | 2016 年 | 2017 年 | 2018 年 | 2019 年 | 2020 年 | 2021 年 | 2021 年比2020 年±% |
|---|---|---|---|---|---|---|---|---|
| **一、每亩化肥金额** | **元** | **109.80** | **112.46** | **121.77** | **126.48** | **123.16** | **134.21** | **8.97** |
| （一）氮肥 | 元 | 30.54 | 30.45 | 32.91 | 32.71 | 30.38 | 34.20 | 12.57 |
| 1. 尿素 | 元 | 23.62 | 24.29 | 27.24 | 27.48 | 26.33 | 30.39 | 15.42 |
| 2. 碳铵 | 元 | 6.90 | 6.12 | 5.59 | 4.75 | 3.96 | 3.54 | -10.61 |
| 3. 其他氮肥 | 元 | 0.02 | 0.04 | 0.08 | 0.48 | 0.09 | 0.27 | 200.00 |
| （二）磷肥 | 元 | 2.74 | 2.46 | 2.20 | 1.84 | 1.48 | 1.60 | 8.11 |
| 其中：过磷酸钙 | 元 | 2.62 | 2.41 | 2.17 | 1.80 | 1.45 | 1.56 | 7.59 |
| （三）钾肥 | 元 | 2.39 | 1.11 | 1.31 | 1.73 | 1.52 | 1.63 | 7.24 |
| 其中：氯化钾 | 元 | 2.27 | 1.03 | 1.25 | 1.50 | 1.50 | 1.42 | -5.33 |
| （四）复混肥 | 元 | 73.97 | 77.92 | 85.14 | 89.81 | 89.20 | 96.16 | 7.80 |
| 1. 复合肥 | 元 | 71.03 | 74.18 | 82.23 | 86.13 | 86.79 | 93.41 | 7.63 |
| 其中：二铵 | 元 | 0.41 | 0.78 | 0.33 | 0.17 | 0.23 | 0.10 | -56.52 |
| 三元素复合肥 | 元 | 38.53 | 42.34 | 44.71 | 54.64 | 52.29 | 57.77 | 10.48 |
| 2. 混配肥 | 元 | 2.94 | 3.74 | 2.91 | 3.68 | 2.41 | 2.75 | 14.11 |
| （五）其他肥料 | 元 | 0.16 | 0.52 | 0.21 | 0.39 | 0.58 | 0.62 | 6.90 |
| **二、每亩化肥折纯用量** | **公斤** | **20.50** | **20.30** | **20.53** | **21.37** | **21.08** | **21.36** | **1.33** |
| （一）氮肥 | 公斤 | 7.69 | 7.23 | 6.93 | 6.66 | 6.45 | 6.36 | -1.40 |
| 1. 尿素 | 公斤 | 6.06 | 5.85 | 5.75 | 5.62 | 5.62 | 5.61 | -0.18 |
| 2. 碳铵 | 公斤 | 1.63 | 1.37 | 1.16 | 0.97 | 0.81 | 0.71 | -12.35 |
| 3. 其他氮肥 | 公斤 |  | 0.01 | 0.02 | 0.07 | 0.02 | 0.04 | 100.00 |
| （二）磷肥 | 公斤 | 0.53 | 0.48 | 0.41 | 0.35 | 0.28 | 0.28 |  |
| 其中：过磷酸钙 | 公斤 | 0.50 | 0.47 | 0.40 | 0.34 | 0.27 | 0.27 |  |
| （三）钾肥 | 公斤 | 0.46 | 0.21 | 0.25 | 0.32 | 0.28 | 0.28 |  |
| 其中：氯化钾 | 公斤 | 0.44 | 0.20 | 0.24 | 0.29 | 0.28 | 0.25 | -10.71 |
| （四）复混肥 | 公斤 | 11.84 | 12.40 | 12.94 | 14.05 | 14.06 | 14.43 | 2.63 |
| 1. 复合肥 | 公斤 | 11.35 | 11.79 | 12.49 | 13.41 | 13.63 | 14.02 | 2.86 |
| 其中：二铵 | 公斤 | 0.08 | 0.14 | 0.06 | 0.03 | 0.04 | 0.02 | -50.00 |
| 三元素复合肥 | 公斤 | 6.33 | 6.87 | 6.95 | 8.77 | 8.52 | 8.91 | 4.58 |
| 2. 混配肥 | 公斤 | 0.49 | 0.61 | 0.45 | 0.64 | 0.43 | 0.41 | -4.65 |

# 1-5-1　晚籼稻成本收益情况

| 项　　目 | 单位 | 2016 年 | 2017 年 | 2018 年 | 2019 年 | 2020 年 | 2021 年 | 2021 年比 2020 年±% |
|---|---|---|---|---|---|---|---|---|
| **每亩** | | | | | | | | |
| 主产品产量 | 公斤 | 439.71 | 431.71 | 444.72 | 460.41 | 401.85 | 430.04 | 7.02 |
| 产值合计 | 元 | 1230.53 | 1235.00 | 1212.06 | 1241.47 | 1210.35 | 1229.25 | 1.56 |
| 主产品产值 | 元 | 1217.27 | 1222.50 | 1199.12 | 1228.85 | 1197.64 | 1217.00 | 1.62 |
| 副产品产值 | 元 | 13.26 | 12.50 | 12.94 | 12.62 | 12.71 | 12.25 | -3.62 |
| 总成本 | 元 | 1133.06 | 1131.90 | 1153.46 | 1198.11 | 1200.33 | 1236.63 | 3.02 |
| 生产成本 | 元 | 965.89 | 955.40 | 970.20 | 1010.93 | 1010.84 | 1044.11 | 3.29 |
| 物质与服务费用 | 元 | 503.47 | 508.77 | 532.48 | 556.19 | 567.17 | 596.96 | 5.25 |
| 人工成本 | 元 | 462.42 | 446.63 | 437.72 | 454.74 | 443.67 | 447.15 | 0.78 |
| 家庭用工折价 | 元 | 428.73 | 400.79 | 388.80 | 371.87 | 370.30 | 369.63 | -0.18 |
| 雇工费用 | 元 | 33.69 | 45.84 | 48.92 | 82.87 | 73.37 | 77.52 | 5.66 |
| 土地成本 | 元 | 167.17 | 176.50 | 183.26 | 187.18 | 189.49 | 192.52 | 1.60 |
| 流转地租金 | 元 | 25.30 | 29.47 | 31.59 | 33.76 | 35.39 | 36.81 | 4.01 |
| 自营地折租 | 元 | 141.87 | 147.03 | 151.67 | 153.42 | 154.10 | 155.71 | 1.04 |
| 净利润 | 元 | 97.47 | 103.10 | 58.60 | 43.36 | 10.02 | -7.38 | -173.66 |
| 现金成本 | 元 | 562.46 | 584.08 | 612.99 | 672.82 | 675.93 | 711.29 | 5.23 |
| 现金收益 | 元 | 668.07 | 650.92 | 599.07 | 568.65 | 534.42 | 517.96 | -3.08 |
| 成本利润率 | % | 8.60 | 9.11 | 5.08 | 3.62 | 0.83 | -0.60 | -172.29 |
| **每 50 公斤主产品** | | | | | | | | |
| 平均出售价格 | 元 | 138.42 | 141.59 | 134.82 | 133.45 | 149.02 | 141.50 | -5.05 |
| 总成本 | 元 | 127.46 | 129.77 | 128.30 | 128.79 | 147.79 | 142.35 | -3.68 |
| 生产成本 | 元 | 108.65 | 109.53 | 107.92 | 108.67 | 124.46 | 120.19 | -3.43 |
| 净利润 | 元 | 10.96 | 11.82 | 6.52 | 4.66 | 1.23 | -0.85 | -169.11 |
| 现金成本 | 元 | 63.27 | 66.96 | 68.18 | 72.32 | 83.22 | 81.88 | -1.61 |
| 现金收益 | 元 | 75.15 | 74.63 | 66.64 | 61.13 | 65.80 | 59.62 | -9.39 |
| **附：** | | | | | | | | |
| 每亩用工数量 | 日 | 5.53 | 5.16 | 4.95 | 4.86 | 4.61 | 4.49 | -2.60 |
| 每亩主产品已出售数量 | 公斤 | 289.42 | 294.22 | 306.40 | 339.76 | 284.43 | 320.41 | 12.65 |
| 每亩主产品已出售产值 | 元 | 789.13 | 814.63 | 805.67 | 877.19 | 835.26 | 880.45 | 5.41 |
| 每亩成本外支出 | 元 | 0.36 | | | 0.01 | 0.01 | 0.02 | 100.00 |

# 1-5-2　晚籼稻费用和用工情况

| 项　　目 | 单位 | 2016 年 | 2017 年 | 2018 年 | 2019 年 | 2020 年 | 2021 年 | 2021 年比 2020 年±% |
|---|---|---|---|---|---|---|---|---|
| **一、每亩物质与服务费用** | 元 | **503.47** | **508.77** | **532.48** | **556.19** | **567.17** | **596.96** | **5.25** |
| （一）直接费用 | 元 | 483.66 | 488.65 | 510.06 | 530.66 | 538.56 | 565.23 | 4.95 |
| 1. 种子费 | 元 | 63.44 | 67.09 | 70.65 | 71.99 | 79.95 | 83.61 | 4.58 |
| 2. 化肥费 | 元 | 126.34 | 127.87 | 135.66 | 141.08 | 139.65 | 159.13 | 13.95 |
| 3. 农家肥费 | 元 | 7.87 | 7.34 | 9.58 | 8.19 | 8.43 | 7.58 | -10.08 |
| 4. 农药费 | 元 | 63.81 | 65.85 | 67.13 | 70.19 | 73.21 | 78.67 | 7.46 |
| 5. 农膜费 | 元 | 0.48 | 0.42 | 0.45 | 0.47 | 0.41 | 0.41 | |
| 6. 租赁作业费 | 元 | 207.19 | 205.65 | 212.18 | 220.33 | 218.00 | 216.05 | -0.89 |
| 机械作业费 | 元 | 191.38 | 192.48 | 200.70 | 207.09 | 206.40 | 203.26 | -1.52 |
| 排灌费 | 元 | 9.06 | 8.78 | 8.80 | 11.10 | 9.95 | 11.70 | 17.59 |
| 其中：水费 | 元 | 3.60 | 3.84 | 4.52 | 4.79 | 4.08 | 5.47 | 34.07 |
| 畜力费 | 元 | 6.75 | 4.39 | 2.68 | 2.14 | 1.65 | 1.09 | -33.94 |
| 7. 燃料动力费 | 元 | 4.39 | 4.74 | 4.70 | 6.92 | 8.64 | 9.40 | 8.80 |
| 8. 技术服务费 | 元 | 0.02 | 0.01 | 0.01 | 0.01 | 0.01 | 0.01 | |
| 9. 工具材料费 | 元 | 7.22 | 6.76 | 6.95 | 7.36 | 7.08 | 7.25 | 2.40 |
| 10. 修理维护费 | 元 | 2.90 | 2.92 | 2.75 | 3.36 | 3.18 | 3.12 | -1.89 |
| 11. 其他直接费用 | 元 | | | | 0.76 | | | |
| （二）间接费用 | 元 | 19.81 | 20.12 | 22.42 | 25.53 | 28.61 | 31.73 | 10.91 |
| 1. 固定资产折旧 | 元 | 10.29 | 9.87 | 10.05 | 10.64 | 11.19 | 11.08 | -0.98 |
| 2. 保险费 | 元 | 8.26 | 8.56 | 9.86 | 12.80 | 15.70 | 18.27 | 16.37 |
| 3. 管理费 | 元 | 0.10 | 0.11 | 0.15 | 0.04 | 0.02 | 0.09 | 350.00 |
| 4. 财务费 | 元 | 0.04 | 0.01 | | | 0.01 | 0.01 | |
| 5. 销售费 | 元 | 1.12 | 1.57 | 2.36 | 2.05 | 1.69 | 2.28 | 34.91 |
| **二、每亩人工成本** | 元 | **462.42** | **446.63** | **437.72** | **454.74** | **443.67** | **447.15** | **0.78** |
| 1. 家庭用工折价 | 元 | 428.73 | 400.79 | 388.80 | 371.87 | 370.30 | 369.63 | -0.18 |
| 家庭用工天数 | 日 | 5.27 | 4.82 | 4.58 | 4.31 | 4.13 | 4.01 | -2.81 |
| 劳动日工价 | 元 | 81.40 | 83.10 | 84.89 | 86.38 | 89.77 | 92.20 | 2.71 |
| 2. 雇工费用 | 元 | 33.69 | 45.84 | 48.92 | 82.87 | 73.37 | 77.52 | 5.66 |
| 雇工天数 | 日 | 0.26 | 0.34 | 0.37 | 0.55 | 0.48 | 0.48 | |
| 雇工工价 | 元 | 129.58 | 134.82 | 132.22 | 150.67 | 152.85 | 161.50 | 5.66 |
| 三、附 | | | | | | | | |
| 1. 每亩种子用量 | 公斤 | 1.93 | 2.07 | 2.09 | 1.98 | 2.05 | 2.07 | 0.98 |
| 2. 每亩化肥用量 | 公斤 | 23.14 | 22.76 | 22.70 | 23.12 | 22.92 | 22.82 | -0.44 |
| 3. 每亩农膜用量 | 公斤 | 0.04 | 0.03 | 0.03 | 0.04 | 0.03 | 0.03 | |

# 1-5-3 晚籼稻化肥投入情况

| 项 目 | 单位 | 2016 年 | 2017 年 | 2018 年 | 2019 年 | 2020 年 | 2021 年 | 2021 年比 2020 年±% |
|---|---|---|---|---|---|---|---|---|
| **一、每亩化肥金额** | 元 | **126. 34** | **127. 87** | **135. 66** | **141. 08** | **139. 65** | **159. 13** | **13. 95** |
| (一)氮肥 | 元 | 28. 67 | 29. 25 | 32. 53 | 30. 34 | 28. 53 | 35. 60 | 24. 78 |
| 1. 尿素 | 元 | 24. 83 | 25. 96 | 29. 03 | 27. 55 | 25. 90 | 32. 82 | 26. 72 |
| 2. 碳铵 | 元 | 3. 84 | 3. 29 | 3. 50 | 2. 78 | 2. 63 | 2. 78 | 5. 70 |
| 3. 其他氮肥 | 元 |  |  |  | 0. 01 |  |  |  |
| (二)磷肥 | 元 | 2. 61 | 2. 66 | 3. 28 | 2. 74 | 2. 61 | 2. 83 | 8. 43 |
| 其中:过磷酸钙 | 元 | 2. 49 | 2. 53 | 3. 10 | 2. 54 | 2. 54 | 2. 79 | 9. 84 |
| (三)钾肥 | 元 | 11. 27 | 9. 12 | 9. 40 | 9. 49 | 7. 80 | 8. 44 | 8. 21 |
| 其中:氯化钾 | 元 | 11. 18 | 9. 03 | 9. 37 | 9. 46 | 7. 80 | 8. 15 | 4. 49 |
| (四)复混肥 | 元 | 83. 06 | 86. 28 | 89. 86 | 97. 82 | 98. 28 | 108. 98 | 10. 89 |
| 1. 复合肥 | 元 | 79. 80 | 83. 09 | 86. 00 | 95. 70 | 95. 83 | 106. 29 | 10. 92 |
| 其中:二铵 | 元 | 0. 12 | 0. 21 | 0. 09 | 0. 12 | 0. 09 | 0. 19 | 111. 11 |
| 三元素复合肥 | 元 | 52. 74 | 56. 49 | 53. 21 | 61. 12 | 62. 00 | 72. 17 | 16. 40 |
| 2. 混配肥 | 元 | 3. 26 | 3. 19 | 3. 86 | 2. 12 | 2. 45 | 2. 69 | 9. 80 |
| (五)其他肥料 | 元 | 0. 73 | 0. 56 | 0. 59 | 0. 69 | 2. 43 | 3. 28 | 34. 98 |
| **二、每亩化肥折纯用量** | 公斤 | **23. 14** | **22. 76** | **22. 70** | **23. 12** | **22. 92** | **22. 82** | **-0. 44** |
| (一)氮肥 | 公斤 | 7. 19 | 6. 80 | 6. 61 | 6. 03 | 5. 89 | 5. 68 | -3. 57 |
| 1. 尿素 | 公斤 | 6. 37 | 6. 18 | 5. 97 | 5. 54 | 5. 44 | 5. 23 | -3. 86 |
| 2. 碳铵 | 公斤 | 0. 82 | 0. 62 | 0. 64 | 0. 49 | 0. 45 | 0. 45 |  |
| 3. 其他氮肥 | 公斤 |  |  |  |  |  |  |  |
| (二)磷肥 | 公斤 | 0. 50 | 0. 50 | 0. 59 | 0. 50 | 0. 46 | 0. 44 | -4. 35 |
| 其中:过磷酸钙 | 公斤 | 0. 48 | 0. 48 | 0. 56 | 0. 47 | 0. 45 | 0. 44 | -2. 22 |
| (三)钾肥 | 公斤 | 2. 12 | 1. 73 | 1. 77 | 1. 78 | 1. 50 | 1. 44 | -4. 00 |
| 其中:氯化钾 | 公斤 | 2. 10 | 1. 72 | 1. 77 | 1. 77 | 1. 50 | 1. 40 | -6. 67 |
| (四)复混肥 | 公斤 | 13. 32 | 13. 73 | 13. 72 | 14. 81 | 15. 06 | 15. 25 | 1. 26 |
| 1. 复合肥 | 公斤 | 12. 81 | 13. 25 | 13. 16 | 14. 48 | 14. 67 | 14. 85 | 1. 23 |
| 其中:二铵 | 公斤 | 0. 03 | 0. 04 | 0. 02 | 0. 02 | 0. 02 | 0. 03 | 50. 00 |
| 三元素复合肥 | 公斤 | 8. 43 | 9. 01 | 8. 00 | 9. 09 | 9. 33 | 9. 98 | 6. 97 |
| 2. 混配肥 | 公斤 | 0. 51 | 0. 48 | 0. 56 | 0. 33 | 0. 39 | 0. 40 | 2. 56 |

# 1-6-1 粳稻成本收益情况

| 项目 | 单位 | 2016 年 | 2017 年 | 2018 年 | 2019 年 | 2020 年 | 2021 年 | 2021 年比 2020 年±% |
|---|---|---|---|---|---|---|---|---|
| **每亩** | | | | | | | | |
| 主产品产量 | 公斤 | 555.54 | 546.67 | 553.33 | 550.58 | 550.69 | 557.23 | 1.19 |
| 产值合计 | 元 | 1655.01 | 1626.50 | 1526.36 | 1452.32 | 1577.71 | 1556.36 | -1.35 |
| 主产品产值 | 元 | 1630.68 | 1605.08 | 1505.97 | 1430.55 | 1558.33 | 1536.23 | -1.42 |
| 副产品产值 | 元 | 24.33 | 21.42 | 20.39 | 21.77 | 19.38 | 20.13 | 3.87 |
| 总成本 | 元 | 1368.45 | 1370.11 | 1389.58 | 1415.20 | 1447.67 | 1472.83 | 1.74 |
| 生产成本 | 元 | 986.46 | 980.58 | 993.13 | 1006.04 | 1034.03 | 1047.74 | 1.33 |
| 物质与服务费用 | 元 | 530.69 | 548.30 | 561.51 | 550.66 | 570.95 | 604.79 | 5.93 |
| 人工成本 | 元 | 455.77 | 432.28 | 431.62 | 455.38 | 463.08 | 442.95 | -4.35 |
| 家庭用工折价 | 元 | 332.19 | 310.96 | 303.40 | 332.22 | 333.76 | 309.42 | -7.29 |
| 雇工费用 | 元 | 123.58 | 121.32 | 128.22 | 123.16 | 129.32 | 133.53 | 3.26 |
| 土地成本 | 元 | 381.99 | 389.53 | 396.45 | 409.16 | 413.64 | 425.09 | 2.77 |
| 流转地租金 | 元 | 156.20 | 157.15 | 165.44 | 87.16 | 146.99 | 171.72 | 16.82 |
| 自营地折租 | 元 | 225.79 | 232.38 | 231.01 | 322.00 | 266.65 | 253.37 | -4.98 |
| 净利润 | 元 | 286.56 | 256.39 | 136.78 | 37.12 | 130.04 | 83.53 | -35.77 |
| 现金成本 | 元 | 810.47 | 826.77 | 855.17 | 760.98 | 847.26 | 910.04 | 7.41 |
| 现金收益 | 元 | 844.54 | 799.73 | 671.19 | 691.34 | 730.45 | 646.32 | -11.52 |
| 成本利润率 | % | 20.94 | 18.71 | 9.84 | 2.62 | 8.98 | 5.67 | -36.86 |
| **每 50 公斤主产品** | | | | | | | | |
| 平均出售价格 | 元 | 146.77 | 146.81 | 136.08 | 129.91 | 141.49 | 137.85 | -2.57 |
| 总成本 | 元 | 121.36 | 123.67 | 123.89 | 126.59 | 129.83 | 130.45 | 0.48 |
| 生产成本 | 元 | 87.48 | 88.51 | 88.54 | 89.99 | 92.73 | 92.80 | 0.08 |
| 净利润 | 元 | 25.41 | 23.14 | 12.19 | 3.32 | 11.66 | 7.40 | -36.54 |
| 现金成本 | 元 | 71.87 | 74.63 | 76.24 | 68.07 | 75.98 | 80.60 | 6.08 |
| 现金收益 | 元 | 74.90 | 72.18 | 59.84 | 61.84 | 65.51 | 57.25 | -12.61 |
| **附：** | | | | | | | | |
| 每亩用工数量 | 日 | 4.99 | 4.62 | 4.46 | 4.73 | 4.58 | 4.16 | -9.17 |
| 每亩主产品已出售数量 | 公斤 | 460.36 | 468.69 | 450.61 | 408.60 | 391.41 | 451.19 | 15.27 |
| 每亩主产品已出售产值 | 元 | 1351.47 | 1369.90 | 1212.32 | 1055.85 | 1097.61 | 1235.79 | 12.59 |
| 每亩成本外支出 | 元 | 2.32 | 2.18 | 1.63 | 1.84 | 1.33 | 0.79 | -40.60 |

# 1-6-2 粳稻费用和用工情况

| 项 目 | 单位 | 2016 年 | 2017 年 | 2018 年 | 2019 年 | 2020 年 | 2021 年 | 2021 年比 2020 年±% |
|---|---|---|---|---|---|---|---|---|
| **一、每亩物质与服务费用** | 元 | **530.69** | **548.30** | **561.51** | **550.66** | **570.95** | **604.79** | **5.93** |
| (一)直接费用 | 元 | 499.91 | 517.28 | 530.64 | 532.69 | 553.26 | 584.93 | 5.72 |
| 1. 种子费 | 元 | 43.77 | 47.31 | 48.31 | 47.58 | 49.03 | 52.11 | 6.28 |
| 2. 化肥费 | 元 | 118.95 | 124.56 | 131.99 | 139.98 | 144.36 | 158.85 | 10.04 |
| 3. 农家肥费 | 元 | 6.87 | 9.54 | 9.23 | 9.45 | 9.77 | 8.78 | -10.13 |
| 4. 农药费 | 元 | 52.12 | 54.81 | 55.21 | 54.19 | 59.93 | 63.49 | 5.94 |
| 5. 农膜费 | 元 | 8.29 | 8.30 | 8.40 | 8.16 | 7.98 | 8.28 | 3.76 |
| 6. 租赁作业费 | 元 | 263.10 | 263.29 | 270.35 | 265.79 | 273.81 | 285.72 | 4.35 |
| 机械作业费 | 元 | 211.77 | 212.38 | 218.70 | 209.42 | 219.48 | 232.27 | 5.83 |
| 排灌费 | 元 | 49.99 | 49.59 | 50.10 | 55.31 | 53.87 | 53.29 | -1.08 |
| 其中:水费 | 元 | 27.43 | 27.38 | 26.64 | 27.95 | 25.68 | 27.28 | 6.23 |
| 畜力费 | 元 | 1.34 | 1.32 | 1.55 | 1.06 | 0.46 | 0.16 | -65.22 |
| 7. 燃料动力费 | 元 | 1.49 | 4.02 | 1.66 | 1.77 | 2.57 | 2.16 | -15.95 |
| 8. 技术服务费 | 元 |  | 0.17 | 0.03 | 0.01 | 0.02 | 0.02 |  |
| 9. 工具材料费 | 元 | 4.46 | 4.42 | 4.58 | 4.93 | 4.80 | 4.67 | -2.71 |
| 10. 修理维护费 | 元 | 0.86 | 0.86 | 0.88 | 0.83 | 0.87 | 0.85 | -2.30 |
| 11. 其他直接费用 | 元 |  |  |  |  | 0.12 |  | -100.00 |
| (二)间接费用 | 元 | 30.78 | 31.02 | 30.87 | 17.97 | 17.69 | 19.86 | 12.27 |
| 1. 固定资产折旧 | 元 | 2.83 | 2.98 | 2.98 | 3.37 | 3.40 | 3.29 | -3.24 |
| 2. 保险费 | 元 | 16.20 | 16.89 | 17.26 | 11.65 | 11.89 | 14.52 | 22.12 |
| 3. 管理费 | 元 | 10.08 | 9.35 | 9.33 | 0.54 | 0.53 | 0.57 | 7.55 |
| 4. 财务费 | 元 | 0.10 | 0.03 | 0.07 | 0.22 | 0.02 | 0.02 |  |
| 5. 销售费 | 元 | 1.57 | 1.77 | 1.23 | 2.19 | 1.85 | 1.46 | -21.08 |
| **二、每亩人工成本** | 元 | **455.77** | **432.28** | **431.62** | **455.38** | **463.08** | **442.95** | **-4.35** |
| 1. 家庭用工折价 | 元 | 332.19 | 310.96 | 303.40 | 332.22 | 333.76 | 309.42 | -7.29 |
| 家庭用工天数 | 日 | 4.08 | 3.74 | 3.57 | 3.85 | 3.72 | 3.36 | -9.74 |
| 劳动日工价 | 元 | 81.40 | 83.10 | 84.89 | 86.38 | 89.77 | 92.20 | 2.71 |
| 2. 雇工费用 | 元 | 123.58 | 121.32 | 128.22 | 123.16 | 129.32 | 133.53 | 3.26 |
| 雇工天数 | 日 | 0.91 | 0.88 | 0.89 | 0.88 | 0.86 | 0.80 | -6.98 |
| 雇工工价 | 元 | 135.80 | 137.86 | 144.07 | 139.96 | 150.37 | 166.91 | 11.00 |
| 三、附 |  |  |  |  |  |  |  |  |
| 1. 每亩种子用量 | 公斤 | 5.45 | 5.51 | 5.62 | 5.70 | 5.94 | 5.90 | -0.67 |
| 2. 每亩化肥用量 | 公斤 | 23.87 | 24.61 | 24.30 | 24.96 | 26.02 | 25.19 | -3.19 |
| 3. 每亩农膜用量 | 公斤 | 0.59 | 0.56 | 0.58 | 0.56 | 0.55 | 0.57 | 3.64 |

# 1-6-3　粳稻化肥投入情况

| 项　　目 | 单位 | 2016 年 | 2017 年 | 2018 年 | 2019 年 | 2020 年 | 2021 年 | 2021 年比 2020 年±% |
|---|---|---|---|---|---|---|---|---|
| **一、每亩化肥金额** | **元** | **118.95** | **124.56** | **131.99** | **139.98** | **144.36** | **158.85** | **10.04** |
| （一）氮肥 | 元 | 34.92 | 38.31 | 42.72 | 41.66 | 40.84 | 48.58 | 18.95 |
| 1. 尿素 | 元 | 32.50 | 35.24 | 39.88 | 40.09 | 38.96 | 45.57 | 16.97 |
| 2. 碳铵 | 元 | 1.89 | 2.47 | 2.26 | 1.04 | 0.91 | 0.98 | 7.69 |
| 3. 其他氮肥 | 元 | 0.53 | 0.60 | 0.58 | 0.53 | 0.97 | 2.03 | 109.28 |
| （二）磷肥 | 元 | 0.76 | 0.96 | 1.05 | 1.02 | 0.80 | 0.58 | -27.50 |
| 其中：过磷酸钙 | 元 | 0.73 | 0.94 | 0.94 | 0.80 | 0.63 | 0.55 | -12.70 |
| （三）钾肥 | 元 | 7.88 | 6.10 | 6.64 | 4.14 | 6.22 | 7.30 | 17.36 |
| 其中：氯化钾 | 元 | 7.42 | 5.61 | 6.29 | 3.82 | 4.63 | 5.08 | 9.72 |
| （四）复混肥 | 元 | 72.33 | 76.33 | 79.00 | 91.91 | 90.12 | 97.11 | 7.76 |
| 1. 复合肥 | 元 | 70.08 | 73.71 | 75.43 | 87.30 | 85.85 | 92.74 | 8.03 |
| 其中：二铵 | 元 | 8.36 | 8.42 | 8.91 | 4.28 | 4.45 | 4.38 | -1.57 |
| 三元素复合肥 | 元 | 47.04 | 43.00 | 47.14 | 51.95 | 56.38 | 61.00 | 8.19 |
| 2. 混配肥 | 元 | 2.25 | 2.62 | 3.57 | 4.61 | 4.27 | 4.37 | 2.34 |
| （五）其他肥料 | 元 | 3.06 | 2.86 | 2.58 | 1.25 | 6.38 | 5.28 | -17.24 |
| **二、每亩化肥折纯用量** | **公斤** | **23.87** | **24.61** | **24.30** | **24.96** | **26.02** | **25.19** | **-3.19** |
| （一）氮肥 | 公斤 | 9.45 | 9.56 | 9.24 | 8.79 | 9.21 | 8.61 | -6.51 |
| 1. 尿素 | 公斤 | 8.93 | 8.93 | 8.68 | 8.51 | 8.87 | 8.14 | -8.23 |
| 2. 碳铵 | 公斤 | 0.41 | 0.51 | 0.45 | 0.19 | 0.17 | 0.16 | -5.88 |
| 3. 其他氮肥 | 公斤 | 0.11 | 0.12 | 0.11 | 0.09 | 0.17 | 0.31 | 82.35 |
| （二）磷肥 | 公斤 | 0.19 | 0.22 | 0.23 | 0.21 | 0.17 | 0.12 | -29.41 |
| 其中：过磷酸钙 | 公斤 | 0.18 | 0.22 | 0.21 | 0.18 | 0.14 | 0.11 | -21.43 |
| （三）钾肥 | 公斤 | 1.39 | 1.14 | 1.20 | 0.74 | 1.14 | 1.15 | 0.88 |
| 其中：氯化钾 | 公斤 | 1.33 | 1.07 | 1.14 | 0.70 | 0.88 | 0.94 | 6.82 |
| （四）复混肥 | 公斤 | 12.84 | 13.71 | 13.63 | 15.22 | 15.50 | 15.32 | -1.16 |
| 1. 复合肥 | 公斤 | 12.42 | 13.24 | 13.01 | 14.38 | 14.68 | 14.54 | -0.95 |
| 其中：二铵 | 公斤 | 1.78 | 1.85 | 1.88 | 0.88 | 0.98 | 0.87 | -11.22 |
| 三元素复合肥 | 公斤 | 8.14 | 7.64 | 7.91 | 8.52 | 9.40 | 9.33 | -0.74 |
| 2. 混配肥 | 公斤 | 0.42 | 0.47 | 0.62 | 0.84 | 0.82 | 0.78 | -4.88 |

# 1-7-1 小麦成本收益情况

| 项 目 | 单位 | 2016年 | 2017年 | 2018年 | 2019年 | 2020年 | 2021年 | 2021年比2020年±% |
|---|---|---|---|---|---|---|---|---|
| **每亩** | | | | | | | | |
| 主产品产量 | 公斤 | 406.34 | 423.54 | 368.99 | 453.48 | 430.33 | 463.39 | 7.68 |
| 产值合计 | 元 | 930.36 | 1013.74 | 853.53 | 1043.99 | 1009.87 | 1169.98 | 15.85 |
| 主产品产值 | 元 | 907.21 | 987.62 | 827.85 | 1018.02 | 982.68 | 1140.48 | 16.06 |
| 副产品产值 | 元 | 23.15 | 26.12 | 25.68 | 25.97 | 27.19 | 29.50 | 8.50 |
| 总成本 | 元 | 1012.51 | 1007.64 | 1012.94 | 1028.91 | 1026.50 | 1040.88 | 1.40 |
| 生产成本 | 元 | 805.59 | 800.52 | 801.01 | 810.94 | 803.61 | 812.94 | 1.16 |
| 物质与服务费用 | 元 | 434.60 | 438.65 | 450.25 | 470.08 | 469.54 | 482.56 | 2.77 |
| 人工成本 | 元 | 370.99 | 361.87 | 350.76 | 340.86 | 334.07 | 330.38 | -1.11 |
| 家庭用工折价 | 元 | 358.81 | 348.02 | 337.01 | 327.81 | 322.18 | 315.14 | -2.19 |
| 雇工费用 | 元 | 12.18 | 13.85 | 13.75 | 13.05 | 11.89 | 15.24 | 28.17 |
| 土地成本 | 元 | 206.92 | 207.12 | 211.93 | 217.97 | 222.89 | 227.94 | 2.27 |
| 流转地租金 | 元 | 27.97 | 29.22 | 30.74 | 35.57 | 34.62 | 41.09 | 18.69 |
| 自营地折租 | 元 | 178.95 | 177.90 | 181.19 | 182.40 | 188.27 | 186.85 | -0.75 |
| 净利润 | 元 | -82.15 | 6.10 | -159.41 | 15.08 | -16.63 | 129.10 | |
| 现金成本 | 元 | 474.75 | 481.72 | 494.74 | 518.70 | 516.05 | 538.89 | 4.43 |
| 现金收益 | 元 | 455.61 | 532.02 | 358.79 | 525.29 | 493.82 | 631.09 | 27.80 |
| 成本利润率 | % | -8.11 | 0.61 | -15.74 | 1.47 | -1.62 | 12.40 | |
| **每50公斤主产品** | | | | | | | | |
| 平均出售价格 | 元 | 111.63 | 116.59 | 112.18 | 112.25 | 114.18 | 123.06 | 7.78 |
| 总成本 | 元 | 121.49 | 115.89 | 133.13 | 110.63 | 116.06 | 109.48 | -5.67 |
| 生产成本 | 元 | 96.66 | 92.07 | 105.28 | 87.19 | 90.86 | 85.51 | -5.89 |
| 净利润 | 元 | -9.86 | 0.70 | -20.95 | 1.62 | -1.88 | 13.58 | |
| 现金成本 | 元 | 56.96 | 55.40 | 65.02 | 55.77 | 58.35 | 56.68 | -2.86 |
| 现金收益 | 元 | 54.67 | 61.19 | 47.16 | 56.48 | 55.83 | 66.38 | 18.90 |
| **附:** | | | | | | | | |
| 每亩用工数量 | 日 | 4.54 | 4.34 | 4.11 | 3.92 | 3.70 | 3.56 | -3.78 |
| 每亩主产品已出售数量 | 公斤 | 333.46 | 357.79 | 309.40 | 400.74 | 379.17 | 419.54 | 10.65 |
| 每亩主产品已出售产值 | 元 | 733.64 | 826.14 | 682.92 | 890.04 | 855.08 | 1022.85 | 19.62 |
| 每亩成本外支出 | 元 | 0.97 | 0.76 | 0.52 | 0.57 | 0.40 | 0.22 | -45.00 |

# 1-7-2 小麦费用和用工情况

| 项　　目 | 单位 | 2016 年 | 2017 年 | 2018 年 | 2019 年 | 2020 年 | 2021 年 | 2021 年比 2020 年±% |
|---|---|---|---|---|---|---|---|---|
| **一、每亩物质与服务费用** | **元** | **434.60** | **438.65** | **450.25** | **470.08** | **469.54** | **482.56** | **2.77** |
| (一)直接费用 | 元 | 424.00 | 427.80 | 438.94 | 457.61 | 456.71 | 469.12 | 2.72 |
| 1. 种子费 | 元 | 68.16 | 70.66 | 70.72 | 72.62 | 73.49 | 75.08 | 2.16 |
| 2. 化肥费 | 元 | 140.78 | 140.43 | 148.56 | 156.28 | 154.62 | 161.38 | 4.37 |
| 3. 农家肥费 | 元 | 20.00 | 22.53 | 22.86 | 23.04 | 22.63 | 23.41 | 3.45 |
| 4. 农药费 | 元 | 20.94 | 22.31 | 23.39 | 25.64 | 28.13 | 30.69 | 9.10 |
| 5. 农膜费 | 元 | | | | | | | |
| 6. 租赁作业费 | 元 | 168.47 | 166.31 | 167.83 | 174.58 | 172.39 | 172.89 | 0.29 |
| 机械作业费 | 元 | 133.16 | 135.75 | 138.29 | 140.64 | 139.07 | 143.09 | 2.89 |
| 排灌费 | 元 | 32.84 | 28.82 | 28.51 | 33.75 | 33.24 | 29.79 | -10.38 |
| 其中:水费 | 元 | 5.94 | 5.83 | 5.73 | 5.73 | 5.28 | 5.32 | 0.76 |
| 畜力费 | 元 | 2.47 | 1.74 | 1.03 | 0.19 | 0.08 | 0.01 | -87.50 |
| 7. 燃料动力费 | 元 | 0.85 | 0.82 | 1.00 | 0.91 | 1.01 | 1.21 | 19.80 |
| 8. 技术服务费 | 元 | 0.01 | 0.01 | 0.01 | 0.02 | 0.02 | 0.02 | |
| 9. 工具材料费 | 元 | 3.43 | 3.42 | 3.32 | 3.25 | 3.08 | 3.11 | 0.97 |
| 10. 修理维护费 | 元 | 1.35 | 1.30 | 1.25 | 1.27 | 1.34 | 1.33 | -0.75 |
| 11. 其他直接费用 | 元 | 0.01 | 0.01 | | | | | |
| (二)间接费用 | 元 | 10.60 | 10.85 | 11.31 | 12.47 | 12.83 | 13.44 | 4.75 |
| 1. 固定资产折旧 | 元 | 3.54 | 3.47 | 3.33 | 3.32 | 3.62 | 3.53 | -2.49 |
| 2. 保险费 | 元 | 5.75 | 6.10 | 7.02 | 8.01 | 7.96 | 8.58 | 7.79 |
| 3. 管理费 | 元 | 0.20 | 0.17 | 0.02 | 0.15 | 0.03 | 0.02 | -33.33 |
| 4. 财务费 | 元 | 0.02 | 0.02 | 0.08 | 0.04 | 0.05 | 0.05 | |
| 5. 销售费 | 元 | 1.09 | 1.09 | 0.86 | 0.95 | 1.17 | 1.26 | 7.69 |
| **二、每亩人工成本** | **元** | **370.99** | **361.87** | **350.76** | **340.86** | **334.07** | **330.38** | **-1.11** |
| 1. 家庭用工折价 | 元 | 358.81 | 348.02 | 337.01 | 327.81 | 322.18 | 315.14 | -2.19 |
| 家庭用工天数 | 日 | 4.41 | 4.19 | 3.97 | 3.80 | 3.59 | 3.42 | -4.76 |
| 劳动日工价 | 元 | 81.40 | 83.10 | 84.89 | 86.38 | 89.77 | 92.20 | 2.71 |
| 2. 雇工费用 | 元 | 12.18 | 13.85 | 13.75 | 13.05 | 11.89 | 15.24 | 28.17 |
| 雇工天数 | 日 | 0.13 | 0.15 | 0.14 | 0.12 | 0.11 | 0.14 | 27.27 |
| 雇工工价 | 元 | 93.69 | 92.33 | 98.21 | 108.75 | 108.09 | 108.86 | 0.71 |
| 三、附 | | | | | | | | |
| 1. 每亩种子用量 | 公斤 | 16.15 | 16.30 | 16.48 | 16.66 | 16.77 | 16.94 | 1.01 |
| 2. 每亩化肥用量 | 公斤 | 27.35 | 27.67 | 27.41 | 28.13 | 28.33 | 28.80 | 1.66 |
| 3. 每亩农膜用量 | 公斤 | | | | | | | |

# 1-7-3 小麦化肥投入情况

| 项 目 | 单位 | 2016 年 | 2017 年 | 2018 年 | 2019 年 | 2020 年 | 2021 年 | 2021 年比 2020 年±% |
|---|---|---|---|---|---|---|---|---|
| **一、每亩化肥金额** | **元** | **140.78** | **140.43** | **148.56** | **156.28** | **154.62** | **161.38** | **4.37** |
| (一)氮肥 | 元 | 30.64 | 31.28 | 33.49 | 35.76 | 32.27 | 35.28 | 9.33 |
| 1. 尿素 | 元 | 28.10 | 29.04 | 31.56 | 33.76 | 31.12 | 34.13 | 9.67 |
| 2. 碳铵 | 元 | 2.49 | 2.08 | 1.80 | 1.78 | 1.06 | 0.91 | -14.15 |
| 3. 其他氮肥 | 元 | 0.05 | 0.16 | 0.13 | 0.22 | 0.09 | 0.24 | 166.67 |
| (二)磷肥 | 元 | 2.26 | 1.77 | 1.83 | 1.58 | 1.32 | 1.02 | -22.73 |
| 其中:过磷酸钙 | 元 | 2.25 | 1.77 | 1.68 | 1.56 | 1.21 | 0.95 | -21.49 |
| (三)钾肥 | 元 | 0.22 | 0.25 | 0.04 | 0.09 | 0.10 | 0.06 | -40.00 |
| 其中:氯化钾 | 元 | 0.13 | 0.24 | 0.02 | 0.04 | 0.06 | 0.03 | -50.00 |
| (四)复混肥 | 元 | 107.40 | 106.87 | 112.78 | 118.30 | 120.58 | 124.83 | 3.52 |
| 1. 复合肥 | 元 | 106.63 | 105.83 | 111.99 | 118.01 | 119.89 | 124.42 | 3.78 |
| 其中:二铵 | 元 | 18.92 | 18.80 | 19.82 | 20.86 | 19.82 | 19.54 | -1.41 |
| 三元素复合肥 | 元 | 69.58 | 64.68 | 63.73 | 71.84 | 72.66 | 76.72 | 5.59 |
| 2. 混配肥 | 元 | 0.77 | 1.04 | 0.79 | 0.29 | 0.69 | 0.41 | -40.58 |
| (五)其他肥料 | 元 | 0.26 | 0.26 | 0.42 | 0.55 | 0.35 | 0.19 | -45.71 |
| **二、每亩化肥折纯用量** | **公斤** | **27.35** | **27.67** | **27.41** | **28.13** | **28.33** | **28.80** | **1.66** |
| (一)氮肥 | 公斤 | 8.80 | 8.64 | 8.01 | 7.97 | 7.73 | 7.77 | 0.52 |
| 1. 尿素 | 公斤 | 8.15 | 8.12 | 7.59 | 7.56 | 7.48 | 7.55 | 0.94 |
| 2. 碳铵 | 公斤 | 0.64 | 0.49 | 0.40 | 0.38 | 0.24 | 0.20 | -16.67 |
| 3. 其他氮肥 | 公斤 | 0.01 | 0.03 | 0.02 | 0.03 | 0.01 | 0.02 | 100.00 |
| (二)磷肥 | 公斤 | 0.45 | 0.36 | 0.36 | 0.30 | 0.24 | 0.18 | -25.00 |
| 其中:过磷酸钙 | 公斤 | 0.45 | 0.36 | 0.32 | 0.30 | 0.24 | 0.18 | -25.00 |
| (三)钾肥 | 公斤 | 0.03 | 0.04 |  | 0.01 | 0.02 | 0.01 | -50.00 |
| 其中:氯化钾 | 公斤 | 0.02 | 0.04 |  | 0.01 | 0.01 | 0.01 |  |
| (四)复混肥 | 公斤 | 18.07 | 18.63 | 19.05 | 19.84 | 20.33 | 20.85 | 2.56 |
| 1. 复合肥 | 公斤 | 17.95 | 18.48 | 18.91 | 19.80 | 20.23 | 20.78 | 2.72 |
| 其中:二铵 | 公斤 | 3.93 | 4.13 | 4.18 | 4.31 | 4.28 | 4.02 | -6.07 |
| 三元素复合肥 | 公斤 | 11.23 | 10.83 | 10.45 | 11.57 | 11.74 | 12.33 | 5.03 |
| 2. 混配肥 | 公斤 | 0.12 | 0.15 | 0.14 | 0.04 | 0.10 | 0.07 | -30.00 |

# 1-8-1 玉米成本收益情况

| 项 目 | 单位 | 2016 年 | 2017 年 | 2018 年 | 2019 年 | 2020 年 | 2021 年 | 2021 年比 2020 年±% |
|---|---|---|---|---|---|---|---|---|
| **每亩** | | | | | | | | |
| 主产品产量 | 公斤 | 480.29 | 501.53 | 487.02 | 503.90 | 502.62 | 506.96 | 0.86 |
| 产值合计 | 元 | 765.89 | 850.69 | 881.48 | 928.90 | 1187.82 | 1310.89 | 10.36 |
| 主产品产值 | 元 | 739.53 | 824.14 | 855.20 | 903.33 | 1161.70 | 1283.39 | 10.48 |
| 副产品产值 | 元 | 26.36 | 26.55 | 26.28 | 25.57 | 26.12 | 27.50 | 5.28 |
| 总成本 | 元 | 1065.59 | 1026.48 | 1044.82 | 1055.67 | 1079.98 | 1148.82 | 6.37 |
| 生产成本 | 元 | 827.65 | 816.18 | 817.28 | 814.99 | 830.45 | 854.07 | 2.84 |
| 物质与服务费用 | 元 | 369.55 | 374.98 | 383.76 | 390.20 | 392.49 | 405.80 | 3.39 |
| 人工成本 | 元 | 458.10 | 441.20 | 433.52 | 424.79 | 437.96 | 448.27 | 2.35 |
| 家庭用工折价 | 元 | 433.13 | 417.66 | 411.80 | 402.62 | 404.32 | 414.35 | 2.48 |
| 雇工费用 | 元 | 24.97 | 23.54 | 21.72 | 22.17 | 33.64 | 33.92 | 0.83 |
| 土地成本 | 元 | 237.94 | 210.30 | 227.54 | 240.68 | 249.53 | 294.75 | 18.12 |
| 流转地租金 | 元 | 30.16 | 26.51 | 29.65 | 29.74 | 36.76 | 47.68 | 29.71 |
| 自营地折租 | 元 | 207.78 | 183.79 | 197.89 | 210.94 | 212.77 | 247.07 | 16.12 |
| 净利润 | 元 | -299.70 | -175.79 | -163.34 | -126.77 | 107.84 | 162.07 | 50.30 |
| 现金成本 | 元 | 424.68 | 425.03 | 435.13 | 442.11 | 462.89 | 487.40 | 5.29 |
| 现金收益 | 元 | 341.21 | 425.66 | 446.35 | 486.79 | 724.93 | 823.49 | 13.60 |
| 成本利润率 | % | -28.13 | -17.13 | -15.63 | -12.01 | 9.98 | 14.11 | 41.38 |
| **每 50 公斤主产品** | | | | | | | | |
| 平均出售价格 | 元 | 76.99 | 82.16 | 87.80 | 89.63 | 115.56 | 126.58 | 9.54 |
| 总成本 | 元 | 107.12 | 99.14 | 104.07 | 101.86 | 105.07 | 110.93 | 5.58 |
| 生产成本 | 元 | 83.20 | 78.83 | 81.41 | 78.64 | 80.79 | 82.47 | 2.08 |
| 净利润 | 元 | -30.13 | -16.98 | -16.27 | -12.23 | 10.49 | 15.65 | 49.19 |
| 现金成本 | 元 | 42.69 | 41.05 | 43.34 | 42.66 | 45.03 | 47.06 | 4.51 |
| 现金收益 | 元 | 34.30 | 41.11 | 44.46 | 46.97 | 70.53 | 79.52 | 12.75 |
| **附:** | | | | | | | | |
| 每亩用工数量 | 日 | 5.57 | 5.26 | 5.05 | 4.87 | 4.77 | 4.76 | -0.21 |
| 每亩主产品已出售数量 | 公斤 | 328.53 | 383.64 | 344.40 | 359.06 | 365.85 | 382.44 | 4.53 |
| 每亩主产品已出售产值 | 元 | 506.78 | 621.10 | 594.15 | 639.89 | 827.46 | 961.82 | 16.24 |
| 每亩成本外支出 | 元 | 0.48 | 0.42 | 0.29 | 0.28 | 0.06 | 0.10 | 66.67 |

# 1-8-2　玉米费用和用工情况

| 项　　目 | 单位 | 2016 年 | 2017 年 | 2018 年 | 2019 年 | 2020 年 | 2021 年 | 2021 年比 2020 年±% |
|---|---|---|---|---|---|---|---|---|
| **一、每亩物质与服务费用** | **元** | **369.55** | **374.98** | **383.76** | **390.20** | **392.49** | **405.80** | **3.39** |
| (一)直接费用 | 元 | 358.32 | 362.94 | 371.62 | 378.74 | 379.47 | 391.53 | 3.18 |
| 1. 种子费 | 元 | 56.56 | 55.44 | 55.72 | 54.99 | 54.47 | 55.73 | 2.31 |
| 2. 化肥费 | 元 | 126.05 | 129.01 | 137.53 | 140.01 | 139.84 | 153.08 | 9.47 |
| 3. 农家肥费 | 元 | 12.47 | 13.97 | 13.06 | 15.07 | 13.89 | 12.95 | -6.77 |
| 4. 农药费 | 元 | 16.22 | 16.69 | 17.12 | 18.56 | 19.54 | 21.12 | 8.09 |
| 5. 农膜费 | 元 | 4.33 | 4.15 | 4.51 | 4.25 | 3.92 | 4.01 | 2.30 |
| 6. 租赁作业费 | 元 | 138.07 | 139.05 | 139.10 | 141.04 | 142.79 | 139.03 | -2.63 |
| 机械作业费 | 元 | 114.43 | 116.73 | 117.27 | 118.21 | 123.02 | 121.12 | -1.54 |
| 排灌费 | 元 | 17.59 | 17.47 | 17.41 | 18.75 | 16.79 | 15.93 | -5.12 |
| 其中:水费 | 元 | 6.14 | 5.32 | 5.18 | 5.68 | 6.14 | 6.38 | 3.91 |
| 畜力费 | 元 | 6.05 | 4.85 | 4.42 | 4.08 | 2.98 | 1.98 | -33.56 |
| 7. 燃料动力费 | 元 | 0.46 | 0.49 | 0.56 | 0.58 | 0.58 | 0.67 | 15.52 |
| 8. 技术服务费 | 元 | | | | | | | |
| 9. 工具材料费 | 元 | 3.17 | 3.12 | 2.94 | 2.97 | 3.12 | 3.88 | 24.36 |
| 10. 修理维护费 | 元 | 0.99 | 1.02 | 1.08 | 1.04 | 1.07 | 1.06 | -0.93 |
| 11. 其他直接费用 | 元 | | | | 0.23 | 0.25 | | -100.00 |
| (二)间接费用 | 元 | 11.23 | 12.04 | 12.14 | 11.46 | 13.02 | 14.27 | 9.60 |
| 1. 固定资产折旧 | 元 | 3.04 | 3.15 | 3.18 | 3.12 | 3.15 | 3.35 | 6.35 |
| 2. 保险费 | 元 | 6.71 | 7.56 | 7.73 | 7.87 | 8.76 | 9.64 | 10.05 |
| 3. 管理费 | 元 | 0.95 | 0.85 | 0.73 | | 0.64 | 0.73 | 14.06 |
| 4. 财务费 | 元 | 0.02 | 0.01 | 0.01 | 0.01 | | | |
| 5. 销售费 | 元 | 0.51 | 0.47 | 0.49 | 0.46 | 0.47 | 0.55 | 17.02 |
| **二、每亩人工成本** | **元** | **458.10** | **441.20** | **433.52** | **424.79** | **437.96** | **448.27** | **2.35** |
| 1. 家庭用工折价 | 元 | 433.13 | 417.66 | 411.80 | 402.62 | 404.32 | 414.35 | 2.48 |
| 家庭用工天数 | 日 | 5.32 | 5.03 | 4.85 | 4.66 | 4.50 | 4.49 | -0.22 |
| 劳动日工价 | 元 | 81.40 | 83.10 | 84.89 | 86.38 | 89.77 | 92.20 | 2.71 |
| 2. 雇工费用 | 元 | 24.97 | 23.54 | 21.72 | 22.17 | 33.64 | 33.92 | 0.83 |
| 雇工天数 | 日 | 0.25 | 0.23 | 0.20 | 0.21 | 0.27 | 0.27 | |
| 雇工工价 | 元 | 99.88 | 102.35 | 108.60 | 105.57 | 124.59 | 125.63 | 0.83 |
| 三、附 | | | | | | | | |
| 1. 每亩种子用量 | 公斤 | 1.96 | 1.99 | 1.94 | 1.97 | 1.93 | 1.91 | -1.04 |
| 2. 每亩化肥用量 | 公斤 | 24.82 | 24.88 | 24.78 | 24.36 | 24.97 | 24.86 | -0.44 |
| 3. 每亩农膜用量 | 公斤 | 0.36 | 0.35 | 0.38 | 0.37 | 0.37 | 0.36 | -2.70 |

# 1-8-3　玉米化肥投入情况

| 项　　目 | 单位 | 2016 年 | 2017 年 | 2018 年 | 2019 年 | 2020 年 | 2021 年 | 2021 年比 2020 年±% |
|---|---|---|---|---|---|---|---|---|
| **一、每亩化肥金额** | **元** | **126.05** | **129.01** | **137.53** | **140.01** | **139.84** | **153.08** | **9.47** |
| （一）氮肥 | 元 | 30.64 | 29.81 | 32.28 | 30.70 | 28.33 | 32.39 | 14.33 |
| 1. 尿素 | 元 | 27.97 | 27.48 | 29.65 | 28.07 | 25.80 | 29.80 | 15.50 |
| 2. 碳铵 | 元 | 2.36 | 2.11 | 2.28 | 1.98 | 1.98 | 2.07 | 4.55 |
| 3. 其他氮肥 | 元 | 0.31 | 0.22 | 0.35 | 0.65 | 0.55 | 0.52 | -5.45 |
| （二）磷肥 | 元 | 1.74 | 1.55 | 1.55 | 1.47 | 1.09 | 1.11 | 1.83 |
| 其中：过磷酸钙 | 元 | 1.63 | 1.47 | 1.48 | 1.41 | 1.06 | 1.00 | -5.66 |
| （三）钾肥 | 元 | 1.15 | 1.24 | 1.04 | 0.82 | 0.85 | 1.24 | 45.88 |
| 其中：氯化钾 | 元 | 1.00 | 1.03 | 0.89 | 0.56 | 0.61 | 0.66 | 8.20 |
| （四）复混肥 | 元 | 92.24 | 96.26 | 102.43 | 106.75 | 109.26 | 117.96 | 7.96 |
| 1. 复合肥 | 元 | 80.77 | 87.02 | 93.26 | 98.60 | 101.59 | 109.47 | 7.76 |
| 其中：二铵 | 元 | 17.49 | 16.94 | 16.93 | 14.63 | 14.55 | 14.48 | -0.48 |
| 三元素复合肥 | 元 | 34.68 | 36.29 | 40.64 | 43.92 | 44.28 | 46.91 | 5.94 |
| 2. 混配肥 | 元 | 11.47 | 9.24 | 9.17 | 8.15 | 7.67 | 8.49 | 10.69 |
| （五）其他肥料 | 元 | 0.28 | 0.15 | 0.23 | 0.27 | 0.31 | 0.38 | 22.58 |
| **二、每亩化肥折纯用量** | **公斤** | **24.82** | **24.88** | **24.78** | **24.36** | **24.97** | **24.86** | **-0.44** |
| （一）氮肥 | 公斤 | 8.45 | 7.66 | 7.08 | 6.59 | 6.46 | 6.19 | -4.18 |
| 1. 尿素 | 公斤 | 7.81 | 7.13 | 6.55 | 6.07 | 5.95 | 5.70 | -4.20 |
| 2. 碳铵 | 公斤 | 0.58 | 0.50 | 0.49 | 0.43 | 0.43 | 0.41 | -4.65 |
| 3. 其他氮肥 | 公斤 | 0.06 | 0.03 | 0.04 | 0.09 | 0.08 | 0.08 | |
| （二）磷肥 | 公斤 | 0.36 | 0.31 | 0.28 | 0.27 | 0.20 | 0.20 | |
| 其中：过磷酸钙 | 公斤 | 0.34 | 0.29 | 0.27 | 0.26 | 0.19 | 0.18 | -5.26 |
| （三）钾肥 | 公斤 | 0.21 | 0.21 | 0.18 | 0.13 | 0.14 | 0.20 | 42.86 |
| 其中：氯化钾 | 公斤 | 0.19 | 0.19 | 0.16 | 0.10 | 0.11 | 0.13 | 18.18 |
| （四）复混肥 | 公斤 | 15.79 | 16.71 | 17.23 | 17.37 | 18.18 | 18.26 | 0.44 |
| 1. 复合肥 | 公斤 | 13.84 | 15.08 | 15.54 | 15.97 | 16.82 | 16.83 | 0.06 |
| 其中：二铵 | 公斤 | 3.73 | 3.67 | 3.51 | 3.05 | 3.21 | 2.82 | -12.15 |
| 三元素复合肥 | 公斤 | 5.55 | 5.74 | 6.26 | 6.70 | 6.92 | 6.93 | 0.14 |
| 2. 混配肥 | 公斤 | 1.95 | 1.63 | 1.69 | 1.40 | 1.36 | 1.43 | 5.15 |

# 1-9-1 大豆成本收益情况

| 项 目 | 单位 | 2016 年 | 2017 年 | 2018 年 | 2019 年 | 2020 年 | 2021 年 | 2021 年比 2020 年±% |
|---|---|---|---|---|---|---|---|---|
| 每亩 | | | | | | | | |
| 主产品产量 | 公斤 | 120.20 | 140.03 | 126.46 | 128.41 | 133.56 | 139.63 | 4.54 |
| 产值合计 | 元 | 468.63 | 537.91 | 474.29 | 492.23 | 660.19 | 822.99 | 24.66 |
| 主产品产值 | 元 | 457.24 | 527.23 | 463.08 | 481.74 | 649.02 | 811.29 | 25.00 |
| 副产品产值 | 元 | 11.39 | 10.68 | 11.21 | 10.49 | 11.17 | 11.70 | 4.74 |
| 总成本 | 元 | 678.44 | 668.80 | 666.33 | 686.33 | 720.52 | 780.76 | 8.36 |
| 生产成本 | 元 | 419.44 | 417.51 | 408.28 | 411.64 | 432.28 | 435.53 | 0.75 |
| 物质与服务费用 | 元 | 201.33 | 201.66 | 204.01 | 189.32 | 206.09 | 216.52 | 5.06 |
| 人工成本 | 元 | 218.11 | 215.85 | 204.27 | 222.32 | 226.19 | 219.01 | -3.17 |
| 家庭用工折价 | 元 | 194.46 | 193.29 | 173.43 | 191.42 | 184.48 | 189.75 | 2.86 |
| 雇工费用 | 元 | 23.65 | 22.56 | 30.84 | 30.90 | 41.71 | 29.26 | -29.85 |
| 土地成本 | 元 | 259.00 | 251.29 | 258.05 | 274.69 | 288.24 | 345.23 | 19.77 |
| 流转地租金 | 元 | 79.88 | 76.42 | 81.98 | 63.14 | 92.52 | 104.79 | 13.26 |
| 自营地折租 | 元 | 179.12 | 174.87 | 176.07 | 211.55 | 195.72 | 240.44 | 22.85 |
| 净利润 | 元 | -209.81 | -130.89 | -192.04 | -194.10 | -60.33 | 42.23 | -170.01 |
| 现金成本 | 元 | 304.86 | 300.64 | 316.83 | 283.36 | 340.32 | 350.57 | 3.01 |
| 现金收益 | 元 | 163.77 | 237.27 | 157.46 | 208.87 | 319.87 | 472.42 | 47.69 |
| 成本利润率 | % | -30.93 | -19.57 | -28.82 | -28.28 | -8.37 | 5.41 | -164.64 |
| 每 50 公斤主产品 | | | | | | | | |
| 平均出售价格 | 元 | 190.20 | 188.26 | 183.09 | 187.58 | 242.97 | 290.51 | 19.57 |
| 总成本 | 元 | 275.36 | 234.07 | 257.22 | 261.55 | 265.17 | 275.60 | 3.93 |
| 生产成本 | 元 | 170.24 | 146.12 | 157.61 | 156.87 | 159.09 | 153.74 | -3.36 |
| 净利润 | 元 | -85.16 | -45.81 | -74.13 | -73.97 | -22.20 | 14.91 | -167.16 |
| 现金成本 | 元 | 123.73 | 105.22 | 122.31 | 107.98 | 125.25 | 123.75 | -1.20 |
| 现金收益 | 元 | 66.47 | 83.04 | 60.78 | 79.60 | 117.72 | 166.76 | 41.66 |
| 附： | | | | | | | | |
| 每亩用工数量 | 日 | 2.60 | 2.52 | 2.30 | 2.48 | 2.37 | 2.28 | -3.80 |
| 每亩主产品已出售数量 | 公斤 | 94.77 | 112.95 | 113.11 | 102.04 | 114.59 | 128.00 | 11.70 |
| 每亩主产品已出售产值 | 元 | 355.52 | 416.75 | 409.95 | 385.70 | 559.59 | 742.80 | 32.74 |
| 每亩成本外支出 | 元 | 1.05 | 0.10 | 0.08 | 0.10 | 0.15 | 0.15 | |

# 1-9-2 大豆费用和用工情况

| 项　　目 | 单位 | 2016 年 | 2017 年 | 2018 年 | 2019 年 | 2020 年 | 2021 年 | 2021 年比 2020 年±% |
|---|---|---|---|---|---|---|---|---|
| **一、每亩物质与服务费用** | **元** | **201.33** | **201.66** | **204.01** | **189.32** | **206.09** | **216.52** | **5.06** |
| （一）直接费用 | 元 | 190.17 | 191.02 | 193.26 | 182.97 | 196.34 | 205.94 | 4.89 |
| 1. 种子费 | 元 | 36.76 | 36.87 | 35.54 | 35.33 | 36.23 | 40.91 | 12.92 |
| 2. 化肥费 | 元 | 44.32 | 45.29 | 47.36 | 45.83 | 47.10 | 50.41 | 7.03 |
| 3. 农家肥费 | 元 | 3.72 | 3.75 | 3.36 | 2.20 | 2.45 | 3.04 | 24.08 |
| 4. 农药费 | 元 | 16.22 | 16.96 | 16.92 | 16.24 | 18.61 | 20.96 | 12.63 |
| 5. 农膜费 | 元 | | | | | | | |
| 6. 租赁作业费 | 元 | 86.35 | 85.28 | 87.57 | 80.63 | 89.32 | 88.15 | -1.31 |
| 机械作业费 | 元 | 82.07 | 82.07 | 85.33 | 77.97 | 87.77 | 87.07 | -0.80 |
| 排灌费 | 元 | 2.97 | 2.05 | 1.76 | 2.24 | 1.11 | 0.80 | -27.93 |
| 其中：水费 | 元 | 0.03 | 0.05 | 0.03 | 0.13 | 0.09 | 0.09 | |
| 畜力费 | 元 | 1.31 | 1.16 | 0.48 | 0.42 | 0.44 | 0.28 | -36.36 |
| 7. 燃料动力费 | 元 | 0.16 | 0.22 | 0.12 | 0.27 | 0.25 | 0.28 | 12.00 |
| 8. 技术服务费 | 元 | | | | | | | |
| 9. 工具材料费 | 元 | 2.22 | 2.19 | 2.06 | 2.04 | 1.95 | 1.76 | -9.74 |
| 10. 修理维护费 | 元 | 0.42 | 0.46 | 0.33 | 0.43 | 0.43 | 0.43 | |
| 11. 其他直接费用 | 元 | | | | | | | |
| （二）间接费用 | 元 | 11.16 | 10.64 | 10.75 | 6.35 | 9.75 | 10.58 | 8.51 |
| 1. 固定资产折旧 | 元 | 1.23 | 1.28 | 1.06 | 1.18 | 1.08 | 1.01 | -6.48 |
| 2. 保险费 | 元 | 6.99 | 6.57 | 7.44 | 4.80 | 7.29 | 8.32 | 14.13 |
| 3. 管理费 | 元 | 2.53 | 2.25 | 1.73 | | 1.04 | 0.85 | -18.27 |
| 4. 财务费 | 元 | | | | 0.05 | 0.05 | 0.05 | |
| 5. 销售费 | 元 | 0.41 | 0.54 | 0.52 | 0.32 | 0.29 | 0.35 | 20.69 |
| **二、每亩人工成本** | **元** | **218.11** | **215.85** | **204.27** | **222.32** | **226.19** | **219.01** | **-3.17** |
| 1. 家庭用工折价 | 元 | 194.46 | 193.29 | 173.43 | 191.42 | 184.48 | 189.75 | 2.86 |
| 家庭用工天数 | 日 | 2.39 | 2.33 | 2.04 | 2.22 | 2.06 | 2.06 | 0.15 |
| 劳动日工价 | 元 | 81.40 | 83.10 | 84.89 | 86.38 | 89.77 | 92.20 | 2.71 |
| 2. 雇工费用 | 元 | 23.65 | 22.56 | 30.84 | 30.90 | 41.71 | 29.26 | -29.85 |
| 雇工天数 | 日 | 0.21 | 0.19 | 0.26 | 0.26 | 0.31 | 0.22 | -29.03 |
| 雇工工价 | 元 | 112.62 | 118.74 | 118.62 | 118.85 | 134.55 | 133.00 | -1.15 |
| **三、附** | | | | | | | | |
| 1. 每亩种子用量 | 公斤 | 5.39 | 5.25 | 5.22 | 5.32 | 5.37 | 5.21 | -2.98 |
| 2. 每亩化肥用量 | 公斤 | 8.54 | 8.51 | 8.47 | 7.91 | 8.46 | 8.54 | 0.95 |
| 3. 每亩农膜用量 | 公斤 | | | | | | | |

# 1-9-3 大豆化肥投入情况

| 项　　目 | 单位 | 2016 年 | 2017 年 | 2018 年 | 2019 年 | 2020 年 | 2021 年 | 2021 年比 2020 年±% |
|---|---|---|---|---|---|---|---|---|
| **一、每亩化肥金额** | **元** | **44.32** | **45.29** | **47.36** | **45.83** | **47.10** | **50.41** | **7.03** |
| (一)氮肥 | 元 | 4.00 | 4.29 | 4.98 | 4.09 | 4.64 | 4.70 | 1.29 |
| 1. 尿素 | 元 | 3.58 | 3.64 | 4.73 | 3.88 | 4.46 | 4.54 | 1.79 |
| 2. 碳铵 | 元 | 0.42 | 0.65 | 0.25 | 0.21 | 0.18 | 0.16 | -11.11 |
| 3. 其他氮肥 | 元 | | | | | | | |
| (二)磷肥 | 元 | 1.03 | 1.13 | 0.82 | 0.60 | 0.59 | 0.52 | -11.86 |
| 其中:过磷酸钙 | 元 | 1.03 | 1.10 | 0.81 | 0.60 | 0.57 | 0.52 | -8.77 |
| (三)钾肥 | 元 | 3.02 | 2.52 | 2.42 | 1.22 | 2.65 | 2.57 | -3.02 |
| 其中:氯化钾 | 元 | 3.00 | 2.32 | 2.42 | 1.21 | 2.51 | 2.54 | 1.20 |
| (四)复混肥 | 元 | 36.22 | 37.16 | 39.10 | 39.81 | 39.15 | 42.46 | 8.45 |
| 1. 复合肥 | 元 | 34.95 | 35.26 | 37.29 | 38.64 | 39.07 | 42.35 | 8.40 |
| 其中:二铵 | 元 | 10.63 | 10.02 | 10.63 | 8.68 | 6.71 | 9.30 | 38.60 |
| 三元素复合肥 | 元 | 15.85 | 15.94 | 15.12 | 19.06 | 19.22 | 20.64 | 7.39 |
| 2. 混配肥 | 元 | 1.27 | 1.90 | 1.81 | 1.17 | 0.08 | 0.11 | 37.50 |
| (五)其他肥料 | 元 | 0.05 | 0.19 | 0.04 | 0.11 | 0.07 | 0.16 | 128.57 |
| **二、每亩化肥折纯用量** | **公斤** | **8.54** | **8.51** | **8.47** | **7.91** | **8.46** | **8.54** | **0.95** |
| (一)氮肥 | 公斤 | 1.08 | 1.04 | 1.08 | 0.85 | 1.02 | 0.93 | -8.82 |
| 1. 尿素 | 公斤 | 0.98 | 0.90 | 1.03 | 0.81 | 0.98 | 0.90 | -8.16 |
| 2. 碳铵 | 公斤 | 0.10 | 0.14 | 0.05 | 0.04 | 0.04 | 0.03 | -25.00 |
| 3. 其他氮肥 | 公斤 | | | | | | | |
| (二)磷肥 | 公斤 | 0.19 | 0.21 | 0.15 | 0.11 | 0.10 | 0.08 | -20.00 |
| 其中:过磷酸钙 | 公斤 | 0.19 | 0.20 | 0.15 | 0.11 | 0.10 | 0.08 | -20.00 |
| (三)钾肥 | 公斤 | 0.59 | 0.46 | 0.44 | 0.21 | 0.48 | 0.49 | 2.08 |
| 其中:氯化钾 | 公斤 | 0.59 | 0.43 | 0.44 | 0.21 | 0.46 | 0.48 | 4.35 |
| (四)复混肥 | 公斤 | 6.68 | 6.81 | 6.80 | 6.74 | 6.85 | 7.04 | 2.77 |
| 1. 复合肥 | 公斤 | 6.46 | 6.52 | 6.49 | 6.54 | 6.84 | 7.02 | 2.63 |
| 其中:二铵 | 公斤 | 2.32 | 2.23 | 2.22 | 1.78 | 1.55 | 1.85 | 19.35 |
| 三元素复合肥 | 公斤 | 2.65 | 2.64 | 2.37 | 2.97 | 3.05 | 3.18 | 4.26 |
| 2. 混配肥 | 公斤 | 0.22 | 0.29 | 0.31 | 0.20 | 0.01 | 0.02 | 100.00 |

# 1-10-1 两种油料平均成本收益情况

| 项　　目 | 单位 | 2016 年 | 2017 年 | 2018 年 | 2019 年 | 2020 年 | 2021 年 | 2021 年比 2020 年±% |
|---|---|---|---|---|---|---|---|---|
| **每亩** | | | | | | | | |
| 主产品产量 | 公斤 | 193.58 | 195.71 | 197.32 | 193.51 | 196.91 | 190.44 | -3.29 |
| 产值合计 | 元 | 1137.35 | 1092.32 | 1084.67 | 1262.20 | 1348.09 | 1313.81 | -2.54 |
| 主产品产值 | 元 | 1123.07 | 1078.47 | 1070.91 | 1248.40 | 1334.47 | 1300.77 | -2.53 |
| 副产品产值 | 元 | 14.28 | 13.85 | 13.76 | 13.80 | 13.62 | 13.04 | -4.26 |
| 总成本 | 元 | 1167.57 | 1167.42 | 1164.66 | 1169.65 | 1189.54 | 1192.28 | 0.23 |
| 生产成本 | 元 | 979.97 | 978.42 | 976.80 | 985.57 | 1006.47 | 1015.95 | 0.94 |
| 物质与服务费用 | 元 | 342.47 | 351.56 | 357.23 | 379.65 | 387.37 | 396.11 | 2.26 |
| 人工成本 | 元 | 637.50 | 626.86 | 619.57 | 605.92 | 619.10 | 619.84 | 0.12 |
| 家庭用工折价 | 元 | 625.15 | 613.28 | 608.66 | 589.11 | 605.95 | 609.44 | 0.58 |
| 雇工费用 | 元 | 12.35 | 13.58 | 10.91 | 16.81 | 13.15 | 10.40 | -20.91 |
| 土地成本 | 元 | 187.60 | 189.00 | 187.86 | 184.08 | 183.07 | 176.33 | -3.68 |
| 流转地租金 | 元 | 18.95 | 20.67 | 20.41 | 20.54 | 21.91 | 21.07 | -3.83 |
| 自营地折租 | 元 | 168.65 | 168.33 | 167.45 | 163.54 | 161.16 | 155.26 | -3.66 |
| 净利润 | 元 | -30.22 | -75.10 | -79.99 | 92.55 | 158.55 | 121.53 | -23.35 |
| 现金成本 | 元 | 373.77 | 385.81 | 388.55 | 417.00 | 422.43 | 427.58 | 1.22 |
| 现金收益 | 元 | 763.58 | 706.51 | 696.12 | 845.20 | 925.66 | 886.23 | -4.26 |
| 成本利润率 | % | -2.59 | -6.43 | -6.87 | 7.91 | 13.33 | 10.19 | -23.56 |
| **每 50 公斤主产品** | | | | | | | | |
| 平均出售价格 | 元 | 290.08 | 275.53 | 271.36 | 322.57 | 338.85 | 341.52 | 0.79 |
| 总成本 | 元 | 297.79 | 294.47 | 291.37 | 298.92 | 299.00 | 309.93 | 3.66 |
| 生产成本 | 元 | 249.94 | 246.80 | 244.37 | 251.87 | 252.98 | 264.09 | 4.39 |
| 净利润 | 元 | -7.71 | -18.94 | -20.01 | 23.65 | 39.85 | 31.59 | -20.73 |
| 现金成本 | 元 | 95.33 | 97.32 | 97.21 | 106.57 | 106.18 | 111.15 | 4.68 |
| 现金收益 | 元 | 194.75 | 178.21 | 174.15 | 216.00 | 232.67 | 230.37 | -0.99 |
| **附：** | | | | | | | | |
| 每亩用工数量 | 日 | 7.82 | 7.53 | 7.28 | 6.97 | 6.87 | 6.70 | -2.47 |
| 每亩主产品已出售数量 | 公斤 | 148.24 | 149.15 | 150.99 | 153.38 | 157.67 | 146.01 | -7.40 |
| 每亩主产品已出售产值 | 元 | 843.97 | 810.42 | 816.17 | 971.85 | 1056.50 | 988.22 | -6.46 |
| 每亩成本外支出 | 元 | 0.24 | 0.21 | 0.20 | 0.17 | 0.15 | 0.04 | -73.33 |

# 1-10-2　两种油料平均费用和用工情况

| 项　　目 | 单位 | 2016 年 | 2017 年 | 2018 年 | 2019 年 | 2020 年 | 2021 年 | 2021 年比 2020 年±% |
|---|---|---|---|---|---|---|---|---|
| **一、每亩物质与服务费用** | 元 | **342.47** | **351.56** | **357.23** | **379.65** | **387.37** | **396.11** | **2.26** |
| (一)直接费用 | 元 | 335.22 | 344.77 | 350.14 | 372.33 | 380.22 | 388.84 | 2.27 |
| 1. 种子费 | 元 | 97.56 | 96.38 | 90.05 | 97.70 | 105.19 | 104.16 | -0.98 |
| 2. 化肥费 | 元 | 103.90 | 106.42 | 113.45 | 118.07 | 119.60 | 126.51 | 5.78 |
| 3. 农家肥费 | 元 | 10.51 | 11.56 | 10.82 | 10.53 | 9.83 | 9.95 | 1.22 |
| 4. 农药费 | 元 | 25.17 | 27.73 | 28.90 | 30.77 | 32.57 | 33.73 | 3.56 |
| 5. 农膜费 | 元 | 4.48 | 4.57 | 4.35 | 3.87 | 3.73 | 4.04 | 8.31 |
| 6. 租赁作业费 | 元 | 87.03 | 91.07 | 95.50 | 104.62 | 102.51 | 103.76 | 1.22 |
| 机械作业费 | 元 | 70.29 | 75.70 | 82.15 | 92.41 | 91.05 | 96.32 | 5.79 |
| 排灌费 | 元 | 6.85 | 6.67 | 6.99 | 6.68 | 6.45 | 4.65 | -27.91 |
| 其中:水费 | 元 | 1.43 | 1.40 | 1.65 | 1.77 | 1.64 | 1.35 | -17.68 |
| 畜力费 | 元 | 9.89 | 8.70 | 6.36 | 5.53 | 5.01 | 2.79 | -44.31 |
| 7. 燃料动力费 | 元 | 1.07 | 1.37 | 1.58 | 1.43 | 1.46 | 1.23 | -15.75 |
| 8. 技术服务费 | 元 | | | | | | | |
| 9. 工具材料费 | 元 | 4.14 | 4.21 | 4.10 | 3.99 | 3.94 | 4.06 | 3.05 |
| 10. 修理维护费 | 元 | 1.36 | 1.46 | 1.39 | 1.35 | 1.34 | 1.40 | 4.48 |
| 11. 其他直接费用 | 元 | | | | | 0.05 | | -100.00 |
| (二)间接费用 | 元 | 7.25 | 6.79 | 7.09 | 7.32 | 7.15 | 7.27 | 1.68 |
| 1. 固定资产折旧 | 元 | 4.75 | 4.55 | 4.53 | 4.64 | 4.67 | 4.68 | 0.21 |
| 2. 保险费 | 元 | 1.85 | 1.66 | 2.10 | 2.27 | 2.12 | 2.16 | 1.89 |
| 3. 管理费 | 元 | | | | | 0.02 | 0.01 | -50.00 |
| 4. 财务费 | 元 | | | | | | | |
| 5. 销售费 | 元 | 0.65 | 0.58 | 0.46 | 0.41 | 0.34 | 0.42 | 23.53 |
| **二、每亩人工成本** | 元 | **637.50** | **626.86** | **619.57** | **605.92** | **619.10** | **619.84** | **0.12** |
| 1. 家庭用工折价 | 元 | 625.15 | 613.28 | 608.66 | 589.11 | 605.95 | 609.44 | 0.58 |
| 家庭用工天数 | 日 | 7.68 | 7.38 | 7.17 | 6.82 | 6.75 | 6.61 | -2.07 |
| 劳动日工价 | 元 | 81.40 | 83.10 | 84.89 | 86.38 | 89.77 | 92.20 | 2.71 |
| 2. 雇工费用 | 元 | 12.35 | 13.58 | 10.91 | 16.81 | 13.15 | 10.40 | -20.91 |
| 雇工天数 | 日 | 0.14 | 0.15 | 0.11 | 0.15 | 0.12 | 0.09 | -25.00 |
| 雇工工价 | 元 | 88.21 | 90.53 | 99.18 | 112.07 | 109.58 | 115.56 | 5.46 |
| 三、附 | | | | | | | | |
| 1. 每亩种子用量 | 公斤 | 7.78 | 7.92 | 7.79 | 7.81 | 7.92 | 7.62 | -3.79 |
| 2. 每亩化肥用量 | 公斤 | 18.13 | 18.38 | 18.56 | 18.68 | 19.20 | 19.34 | 0.73 |
| 3. 每亩农膜用量 | 公斤 | 0.40 | 0.40 | 0.37 | 0.34 | 0.35 | 0.36 | 2.86 |

# 1-10-3　两种油料平均化肥投入情况

| 项　　目 | 单位 | 2016 年 | 2017 年 | 2018 年 | 2019 年 | 2020 年 | 2021 年 | 2021 年比 2020 年±% |
|---|---|---|---|---|---|---|---|---|
| **一、每亩化肥金额** | **元** | **103.90** | **106.42** | **113.45** | **118.07** | **119.60** | **126.51** | **5.78** |
| (一)氮肥 | 元 | 18.09 | 18.48 | 18.36 | 18.79 | 18.55 | 19.46 | 4.91 |
| 1. 尿素 | 元 | 15.42 | 15.34 | 16.13 | 16.83 | 16.63 | 17.45 | 4.93 |
| 2. 碳铵 | 元 | 2.67 | 3.14 | 2.20 | 1.92 | 1.91 | 2.01 | 5.24 |
| 3. 其他氮肥 | 元 |  |  | 0.03 | 0.04 | 0.01 |  | -100.00 |
| (二)磷肥 | 元 | 5.30 | 5.24 | 5.41 | 5.10 | 4.32 | 4.50 | 4.17 |
| 其中:过磷酸钙 | 元 | 4.82 | 4.63 | 4.83 | 4.18 | 4.11 | 4.16 | 1.22 |
| (三)钾肥 | 元 | 2.25 | 1.32 | 1.16 | 1.73 | 1.01 | 1.46 | 44.55 |
| 其中:氯化钾 | 元 | 2.02 | 1.15 | 1.03 | 1.40 | 0.88 | 1.41 | 60.23 |
| (四)复混肥 | 元 | 77.52 | 80.62 | 86.80 | 90.02 | 93.49 | 97.96 | 4.78 |
| 1. 复合肥 | 元 | 76.28 | 79.02 | 85.60 | 88.30 | 92.63 | 96.78 | 4.48 |
| 其中:二铵 | 元 | 4.41 | 4.68 | 4.44 | 2.99 | 3.25 | 2.74 | -15.69 |
| 三元素复合肥 | 元 | 48.28 | 50.25 | 56.59 | 59.47 | 61.69 | 67.21 | 8.95 |
| 2. 混配肥 | 元 | 1.24 | 1.60 | 1.20 | 1.72 | 0.86 | 1.18 | 37.21 |
| (五)其他肥料 | 元 | 0.77 | 0.77 | 1.75 | 2.46 | 2.27 | 3.16 | 39.21 |
| **二、每亩化肥折纯用量** | **公斤** | **18.13** | **18.38** | **18.56** | **18.68** | **19.20** | **19.34** | **0.73** |
| (一)氮肥 | 公斤 | 4.67 | 4.57 | 4.02 | 3.91 | 4.03 | 3.95 | -1.99 |
| 1. 尿素 | 公斤 | 4.03 | 3.84 | 3.54 | 3.51 | 3.64 | 3.54 | -2.75 |
| 2. 碳铵 | 公斤 | 0.64 | 0.73 | 0.47 | 0.39 | 0.39 | 0.41 | 5.13 |
| 3. 其他氮肥 | 公斤 |  |  | 0.01 | 0.01 |  |  |  |
| (二)磷肥 | 公斤 | 1.11 | 1.07 | 1.05 | 0.96 | 0.84 | 0.85 | 1.19 |
| 其中:过磷酸钙 | 公斤 | 1.01 | 0.95 | 0.94 | 0.78 | 0.81 | 0.80 | -1.23 |
| (三)钾肥 | 公斤 | 0.39 | 0.25 | 0.21 | 0.30 | 0.19 | 0.28 | 47.37 |
| 其中:氯化钾 | 公斤 | 0.36 | 0.22 | 0.20 | 0.25 | 0.17 | 0.27 | 58.82 |
| (四)复混肥 | 公斤 | 11.96 | 12.49 | 13.28 | 13.51 | 14.14 | 14.26 | 0.85 |
| 1. 复合肥 | 公斤 | 11.77 | 12.25 | 13.09 | 13.25 | 14.00 | 14.08 | 0.57 |
| 其中:二铵 | 公斤 | 0.92 | 1.01 | 0.92 | 0.61 | 0.69 | 0.52 | -24.64 |
| 三元素复合肥 | 公斤 | 7.52 | 7.77 | 8.63 | 8.97 | 9.44 | 9.72 | 2.97 |
| 2. 混配肥 | 公斤 | 0.19 | 0.24 | 0.19 | 0.26 | 0.14 | 0.18 | 28.57 |

# 1-11-1　花生成本收益情况

| 项　　目 | 单位 | 2016 年 | 2017 年 | 2018 年 | 2019 年 | 2020 年 | 2021 年 | 2021 年比 2020 年±% |
|---|---|---|---|---|---|---|---|---|
| 每亩 | | | | | | | | |
| 主产品产量 | 公斤 | 259.01 | 253.27 | 256.67 | 246.52 | 247.39 | 245.73 | -0.67 |
| 产值合计 | 元 | 1684.48 | 1470.97 | 1445.16 | 1795.72 | 1905.96 | 1803.92 | -5.35 |
| 主产品产值 | 元 | 1665.40 | 1452.94 | 1426.53 | 1776.49 | 1886.76 | 1786.59 | -5.31 |
| 副产品产值 | 元 | 19.08 | 18.03 | 18.63 | 19.23 | 19.20 | 17.33 | -9.74 |
| 总成本 | 元 | 1414.04 | 1412.89 | 1412.92 | 1424.66 | 1448.90 | 1458.30 | 0.65 |
| 生产成本 | 元 | 1158.70 | 1157.52 | 1161.82 | 1177.09 | 1204.90 | 1226.83 | 1.82 |
| 物质与服务费用 | 元 | 463.62 | 463.65 | 470.24 | 509.97 | 519.87 | 529.68 | 1.89 |
| 人工成本 | 元 | 695.08 | 693.87 | 691.58 | 667.12 | 685.03 | 697.15 | 1.77 |
| 家庭用工折价 | 元 | 678.06 | 681.50 | 685.06 | 652.17 | 676.87 | 692.61 | 2.33 |
| 雇工费用 | 元 | 17.02 | 12.37 | 6.52 | 14.95 | 8.16 | 4.54 | -44.36 |
| 土地成本 | 元 | 255.34 | 255.37 | 251.10 | 247.57 | 244.00 | 231.47 | -5.14 |
| 流转地租金 | 元 | 25.26 | 28.43 | 27.91 | 28.80 | 29.00 | 28.83 | -0.59 |
| 自营地折租 | 元 | 230.08 | 226.94 | 223.19 | 218.77 | 215.00 | 202.64 | -5.75 |
| 净利润 | 元 | 270.44 | 58.08 | 32.24 | 371.06 | 457.06 | 345.62 | -24.38 |
| 现金成本 | 元 | 505.90 | 504.45 | 504.67 | 553.72 | 557.03 | 563.05 | 1.08 |
| 现金收益 | 元 | 1178.58 | 966.52 | 940.49 | 1242.00 | 1348.93 | 1240.87 | -8.01 |
| 成本利润率 | % | 19.13 | 4.11 | 2.28 | 26.05 | 31.55 | 23.70 | -24.88 |
| 每 50 公斤主产品 | | | | | | | | |
| 平均出售价格 | 元 | 321.49 | 286.84 | 277.89 | 360.31 | 381.33 | 363.53 | -4.67 |
| 总成本 | 元 | 269.88 | 275.51 | 271.69 | 285.86 | 289.88 | 293.88 | 1.38 |
| 生产成本 | 元 | 221.14 | 225.72 | 223.41 | 236.18 | 241.07 | 247.23 | 2.56 |
| 净利润 | 元 | 51.61 | 11.33 | 6.20 | 74.45 | 91.45 | 69.65 | -23.84 |
| 现金成本 | 元 | 96.55 | 98.37 | 97.04 | 111.10 | 111.45 | 113.47 | 1.81 |
| 现金收益 | 元 | 224.94 | 188.47 | 180.85 | 249.21 | 269.88 | 250.06 | -7.34 |
| 附： | | | | | | | | |
| 每亩用工数量 | 日 | 8.53 | 8.35 | 8.15 | 7.69 | 7.62 | 7.55 | -0.92 |
| 每亩主产品已出售数量 | 公斤 | 195.06 | 184.90 | 186.57 | 186.48 | 188.71 | 173.96 | -7.82 |
| 每亩主产品已出售产值 | 元 | 1236.52 | 1052.89 | 1036.52 | 1328.01 | 1443.91 | 1269.05 | -12.11 |
| 每亩成本外支出 | 元 | | | | | | | |

# 1-11-2 花生费用和用工情况

| 项　　目 | 单位 | 2016 年 | 2017 年 | 2018 年 | 2019 年 | 2020 年 | 2021 年 | 2021 年比 2020 年±% |
|---|---|---|---|---|---|---|---|---|
| **一、每亩物质与服务费用** | 元 | **463.62** | **463.65** | **470.24** | **509.97** | **519.87** | **529.68** | **1.89** |
| （一）直接费用 | 元 | 458.86 | 459.47 | 466.16 | 505.41 | 515.59 | 524.79 | 1.78 |
| 1. 种子费 | 元 | 176.22 | 172.27 | 158.47 | 174.32 | 188.56 | 185.40 | -1.68 |
| 2. 化肥费 | 元 | 123.89 | 126.90 | 136.50 | 142.49 | 141.64 | 152.27 | 7.50 |
| 3. 农家肥费 | 元 | 9.36 | 8.27 | 10.35 | 10.27 | 9.74 | 10.57 | 8.52 |
| 4. 农药费 | 元 | 35.78 | 39.06 | 41.30 | 44.41 | 47.34 | 49.14 | 3.80 |
| 5. 农膜费 | 元 | 8.95 | 8.96 | 8.69 | 7.73 | 7.30 | 7.87 | 7.81 |
| 6. 租赁作业费 | 元 | 97.96 | 96.78 | 103.69 | 119.37 | 114.60 | 112.92 | -1.47 |
| 机械作业费 | 元 | 78.88 | 78.78 | 86.76 | 104.05 | 100.62 | 103.86 | 3.22 |
| 排灌费 | 元 | 10.15 | 9.86 | 10.60 | 10.23 | 9.07 | 5.95 | -34.40 |
| 其中：水费 | 元 | 0.12 | 0.15 | 0.58 | 0.88 | 0.35 | 0.13 | -62.86 |
| 畜力费 | 元 | 8.93 | 8.14 | 6.33 | 5.09 | 4.91 | 3.11 | -36.66 |
| 7. 燃料动力费 | 元 | 1.07 | 1.47 | 1.78 | 1.63 | 1.36 | 1.38 | 1.47 |
| 8. 技术服务费 | 元 | | | | | | | |
| 9. 工具材料费 | 元 | 4.40 | 4.35 | 4.22 | 3.98 | 3.89 | 3.99 | 2.57 |
| 10. 修理维护费 | 元 | 1.23 | 1.41 | 1.16 | 1.21 | 1.16 | 1.25 | 7.76 |
| 11. 其他直接费用 | 元 | | | | | | | |
| （二）间接费用 | 元 | 4.76 | 4.18 | 4.08 | 4.56 | 4.28 | 4.89 | 14.25 |
| 1. 固定资产折旧 | 元 | 3.59 | 3.30 | 3.15 | 3.35 | 3.17 | 3.56 | 12.30 |
| 2. 保险费 | 元 | 0.28 | | 0.30 | 0.61 | 0.56 | 0.80 | 42.86 |
| 3. 管理费 | 元 | | | | | | | |
| 4. 财务费 | 元 | | | | | | | |
| 5. 销售费 | 元 | 0.89 | 0.88 | 0.63 | 0.60 | 0.55 | 0.53 | -3.64 |
| **二、每亩人工成本** | 元 | **695.08** | **693.87** | **691.58** | **667.12** | **685.03** | **697.15** | **1.77** |
| 1. 家庭用工折价 | 元 | 678.06 | 681.50 | 685.06 | 652.17 | 676.87 | 692.61 | 2.33 |
| 家庭用工天数 | 日 | 8.33 | 8.20 | 8.07 | 7.55 | 7.54 | 7.51 | -0.37 |
| 劳动日工价 | 元 | 81.40 | 83.10 | 84.89 | 86.38 | 89.77 | 92.20 | 2.71 |
| 2. 雇工费用 | 元 | 17.02 | 12.37 | 6.52 | 14.95 | 8.16 | 4.54 | -44.36 |
| 雇工天数 | 日 | 0.20 | 0.15 | 0.08 | 0.14 | 0.08 | 0.04 | -50.00 |
| 雇工工价 | 元 | 85.10 | 82.47 | 81.50 | 106.79 | 102.00 | 113.50 | 11.27 |
| 三、附 | | | | | | | | |
| 1. 每亩种子用量 | 公斤 | 15.18 | 15.46 | 15.22 | 15.29 | 15.54 | 14.93 | -3.93 |
| 2. 每亩化肥用量 | 公斤 | 20.30 | 20.57 | 21.29 | 21.55 | 21.92 | 21.88 | -0.18 |
| 3. 每亩农膜用量 | 公斤 | 0.79 | 0.78 | 0.74 | 0.67 | 0.68 | 0.70 | 2.94 |

# 1-11-3 花生化肥投入情况

| 项 目 | 单位 | 2016 年 | 2017 年 | 2018 年 | 2019 年 | 2020 年 | 2021 年 | 2021 年比 2020 年±% |
|---|---|---|---|---|---|---|---|---|
| **一、每亩化肥金额** | **元** | **123.89** | **126.90** | **136.50** | **142.49** | **141.64** | **152.27** | **7.50** |
| (一)氮肥 | 元 | 11.69 | 10.62 | 11.68 | 12.27 | 12.01 | 13.63 | 13.49 |
| 1. 尿素 | 元 | 10.91 | 9.94 | 11.21 | 11.84 | 11.62 | 12.82 | 10.33 |
| 2. 碳铵 | 元 | 0.78 | 0.68 | 0.47 | 0.43 | 0.39 | 0.81 | 107.69 |
| 3. 其他氮肥 | 元 | | | | | | | |
| (二)磷肥 | 元 | 5.78 | 5.69 | 5.91 | 5.67 | 5.28 | 5.79 | 9.66 |
| 其中:过磷酸钙 | 元 | 5.16 | 4.90 | 5.06 | 3.94 | 4.92 | 5.31 | 7.93 |
| (三)钾肥 | 元 | 3.51 | 1.49 | 1.22 | 1.89 | 0.57 | 1.87 | 228.07 |
| 其中:氯化钾 | 元 | 3.06 | 1.15 | 1.03 | 1.45 | 0.43 | 1.84 | 327.91 |
| (四)复混肥 | 元 | 102.39 | 107.95 | 114.66 | 118.60 | 120.06 | 125.67 | 4.67 |
| 1. 复合肥 | 元 | 101.61 | 106.59 | 114.29 | 116.70 | 120.06 | 125.12 | 4.21 |
| 其中:二铵 | 元 | 4.90 | 5.67 | 5.48 | 2.56 | 3.01 | 2.21 | -26.58 |
| 三元素复合肥 | 元 | 69.36 | 75.76 | 80.82 | 86.35 | 89.91 | 98.27 | 9.30 |
| 2. 混配肥 | 元 | 0.78 | 1.36 | 0.37 | 1.90 | | 0.55 | |
| (五)其他肥料 | 元 | 0.52 | 1.15 | 3.03 | 4.06 | 3.72 | 5.31 | 42.74 |
| **二、每亩化肥折纯用量** | **公斤** | **20.30** | **20.57** | **21.29** | **21.55** | **21.92** | **21.88** | **-0.18** |
| (一)氮肥 | 公斤 | 3.16 | 2.75 | 2.59 | 2.62 | 2.71 | 2.68 | -1.11 |
| 1. 尿素 | 公斤 | 3.00 | 2.61 | 2.50 | 2.55 | 2.64 | 2.51 | -4.92 |
| 2. 碳铵 | 公斤 | 0.16 | 0.14 | 0.09 | 0.07 | 0.07 | 0.17 | 142.86 |
| 3. 其他氮肥 | 公斤 | | | | | | | |
| (二)磷肥 | 公斤 | 1.17 | 1.16 | 1.13 | 1.09 | 1.07 | 1.09 | 1.87 |
| 其中:过磷酸钙 | 公斤 | 1.04 | 1.01 | 0.99 | 0.76 | 1.02 | 1.03 | 0.98 |
| (三)钾肥 | 公斤 | 0.57 | 0.27 | 0.20 | 0.32 | 0.10 | 0.34 | 240.00 |
| 其中:氯化钾 | 公斤 | 0.52 | 0.22 | 0.19 | 0.25 | 0.08 | 0.34 | 325.00 |
| (四)复混肥 | 公斤 | 15.41 | 16.39 | 17.38 | 17.53 | 18.04 | 17.77 | -1.50 |
| 1. 复合肥 | 公斤 | 15.31 | 16.23 | 17.34 | 17.27 | 18.04 | 17.69 | -1.94 |
| 其中:二铵 | 公斤 | 1.02 | 1.23 | 1.17 | 0.53 | 0.63 | 0.42 | -33.33 |
| 三元素复合肥 | 公斤 | 10.67 | 11.54 | 12.23 | 13.00 | 13.79 | 13.89 | 0.73 |
| 2. 混配肥 | 公斤 | 0.10 | 0.16 | 0.04 | 0.26 | | 0.08 | |

# 1-12-1 油菜籽成本收益情况

| 项　　目 | 单位 | 2016 年 | 2017 年 | 2018 年 | 2019 年 | 2020 年 | 2021 年 | 2021 年比 2020 年±% |
|---|---|---|---|---|---|---|---|---|
| 每亩 | | | | | | | | |
| 主产品产量 | 公斤 | 128.14 | 138.15 | 137.97 | 140.50 | 146.43 | 135.15 | -7.70 |
| 产值合计 | 元 | 590.22 | 713.66 | 724.16 | 728.67 | 790.22 | 823.68 | 4.23 |
| 主产品产值 | 元 | 580.74 | 704.00 | 715.28 | 720.31 | 782.18 | 814.94 | 4.19 |
| 副产品产值 | 元 | 9.48 | 9.66 | 8.88 | 8.36 | 8.04 | 8.74 | 8.71 |
| 总成本 | 元 | 921.20 | 922.54 | 916.97 | 914.67 | 929.16 | 926.90 | -0.24 |
| 生产成本 | 元 | 801.35 | 799.91 | 792.36 | 794.09 | 807.04 | 805.72 | -0.16 |
| 物质与服务费用 | 元 | 221.27 | 239.40 | 244.12 | 249.28 | 254.78 | 262.45 | 3.01 |
| 人工成本 | 元 | 580.08 | 560.51 | 548.24 | 544.81 | 552.26 | 543.27 | -1.63 |
| 家庭用工折价 | 元 | 572.40 | 545.72 | 532.94 | 526.14 | 534.13 | 527.02 | -1.33 |
| 雇工费用 | 元 | 7.68 | 14.79 | 15.30 | 18.67 | 18.13 | 16.25 | -10.37 |
| 土地成本 | 元 | 119.85 | 122.63 | 124.61 | 120.58 | 122.12 | 121.18 | -0.77 |
| 流转地租金 | 元 | 12.64 | 12.91 | 12.90 | 12.27 | 14.81 | 13.31 | -10.13 |
| 自营地折租 | 元 | 107.21 | 109.72 | 111.71 | 108.31 | 107.31 | 107.87 | 0.52 |
| 净利润 | 元 | -330.98 | -208.88 | -192.81 | -186.00 | -138.94 | -103.22 | -25.71 |
| 现金成本 | 元 | 241.59 | 267.10 | 272.32 | 280.22 | 287.72 | 292.01 | 1.49 |
| 现金收益 | 元 | 348.63 | 446.56 | 451.84 | 448.45 | 502.50 | 531.67 | 5.80 |
| 成本利润率 | % | -35.93 | -22.64 | -21.03 | -20.34 | -14.95 | -11.14 | -25.48 |
| 每 50 公斤主产品 | | | | | | | | |
| 平均出售价格 | 元 | 226.60 | 254.80 | 259.22 | 256.34 | 267.08 | 301.49 | 12.88 |
| 总成本 | 元 | 353.67 | 329.38 | 328.24 | 321.77 | 314.04 | 339.27 | 8.03 |
| 生产成本 | 元 | 307.66 | 285.59 | 283.63 | 279.35 | 272.77 | 294.91 | 8.12 |
| 净利润 | 元 | -127.07 | -74.58 | -69.02 | -65.43 | -46.96 | -37.78 | -19.55 |
| 现金成本 | 元 | 92.75 | 95.36 | 97.48 | 98.58 | 97.24 | 106.88 | 9.91 |
| 现金收益 | 元 | 133.85 | 159.44 | 161.74 | 157.76 | 169.84 | 194.61 | 14.58 |
| 附： | | | | | | | | |
| 每亩用工数量 | 日 | 7.10 | 6.71 | 6.42 | 6.25 | 6.11 | 5.85 | -4.26 |
| 每亩主产品已出售数量 | 公斤 | 101.42 | 113.40 | 115.40 | 120.28 | 126.62 | 118.05 | -6.77 |
| 每亩主产品已出售产值 | 元 | 451.41 | 567.94 | 595.81 | 615.68 | 669.09 | 707.38 | 5.72 |
| 每亩成本外支出 | 元 | 0.47 | 0.41 | 0.39 | 0.34 | 0.29 | 0.08 | -72.41 |

# 1-12-2　油菜籽费用和用工情况

| 项　　目 | 单位 | 2016 年 | 2017 年 | 2018 年 | 2019 年 | 2020 年 | 2021 年 | 2021 年比 2020 年±% |
|---|---|---|---|---|---|---|---|---|
| **一、每亩物质与服务费用** | 元 | **221.27** | **239.40** | **244.12** | **249.28** | **254.78** | **262.45** | **3.01** |
| （一）直接费用 | 元 | 211.54 | 230.02 | 234.03 | 239.21 | 244.78 | 252.83 | 3.29 |
| 1. 种子费 | 元 | 18.90 | 20.48 | 21.62 | 21.08 | 21.81 | 22.91 | 5.04 |
| 2. 化肥费 | 元 | 83.91 | 85.93 | 90.39 | 93.65 | 97.56 | 100.75 | 3.27 |
| 3. 农家肥费 | 元 | 11.66 | 14.85 | 11.28 | 10.79 | 9.91 | 9.32 | -5.95 |
| 4. 农药费 | 元 | 14.56 | 16.40 | 16.50 | 17.13 | 17.80 | 18.31 | 2.87 |
| 5. 农膜费 | 元 |  | 0.18 |  |  | 0.15 | 0.21 | 40.00 |
| 6. 租赁作业费 | 元 | 76.09 | 85.34 | 87.28 | 89.85 | 90.40 | 94.59 | 4.63 |
| 机械作业费 | 元 | 61.69 | 72.62 | 77.53 | 80.77 | 81.47 | 88.78 | 8.97 |
| 排灌费 | 元 | 3.55 | 3.47 | 3.37 | 3.12 | 3.83 | 3.35 | -12.53 |
| 其中：水费 | 元 | 2.73 | 2.65 | 2.71 | 2.65 | 2.93 | 2.57 | -12.29 |
| 畜力费 | 元 | 10.85 | 9.25 | 6.38 | 5.96 | 5.10 | 2.46 | -51.76 |
| 7. 燃料动力费 | 元 | 1.06 | 1.26 | 1.37 | 1.23 | 1.55 | 1.07 | -30.97 |
| 8. 技术服务费 | 元 |  |  |  |  |  |  |  |
| 9. 工具材料费 | 元 | 3.88 | 4.07 | 3.98 | 4.00 | 3.99 | 4.12 | 3.26 |
| 10. 修理维护费 | 元 | 1.48 | 1.51 | 1.61 | 1.48 | 1.52 | 1.55 | 1.97 |
| 11. 其他直接费用 | 元 |  |  |  |  | 0.09 |  | -100.00 |
| （二）间接费用 | 元 | 9.73 | 9.38 | 10.09 | 10.07 | 10.00 | 9.62 | -3.80 |
| 1. 固定资产折旧 | 元 | 5.90 | 5.79 | 5.90 | 5.93 | 6.16 | 5.80 | -5.84 |
| 2. 保险费 | 元 | 3.42 | 3.31 | 3.90 | 3.93 | 3.68 | 3.51 | -4.62 |
| 3. 管理费 | 元 |  |  |  |  | 0.04 | 0.01 | -75.00 |
| 4. 财务费 | 元 |  |  |  |  |  |  |  |
| 5. 销售费 | 元 | 0.41 | 0.28 | 0.29 | 0.21 | 0.12 | 0.30 | 150.00 |
| **二、每亩人工成本** | 元 | **580.08** | **560.51** | **548.24** | **544.81** | **552.26** | **543.27** | **-1.63** |
| 1. 家庭用工折价 | 元 | 572.40 | 545.72 | 532.94 | 526.14 | 534.13 | 527.02 | -1.33 |
| 家庭用工天数 | 日 | 7.03 | 6.57 | 6.28 | 6.09 | 5.95 | 5.72 | -3.93 |
| 劳动日工价 | 元 | 81.40 | 83.10 | 84.89 | 86.38 | 89.77 | 92.20 | 2.71 |
| 2. 雇工费用 | 元 | 7.68 | 14.79 | 15.30 | 18.67 | 18.13 | 16.25 | -10.37 |
| 雇工天数 | 日 | 0.07 | 0.14 | 0.14 | 0.16 | 0.16 | 0.13 | -18.75 |
| 雇工工价 | 元 | 109.71 | 105.64 | 109.29 | 116.69 | 113.31 | 125.00 | 10.31 |
| 三、附 |  |  |  |  |  |  |  |  |
| 1. 每亩种子用量 | 公斤 | 0.37 | 0.37 | 0.35 | 0.32 | 0.29 | 0.31 | 6.90 |
| 2. 每亩化肥用量 | 公斤 | 15.92 | 16.15 | 15.75 | 15.77 | 16.43 | 16.79 | 2.19 |
| 3. 每亩农膜用量 | 公斤 |  | 0.02 |  |  | 0.02 | 0.02 |  |

# 1-12-3 油菜籽化肥投入情况

| 项目 | 单位 | 2016 年 | 2017 年 | 2018 年 | 2019 年 | 2020 年 | 2021 年 | 2021 年比 2020 年±% |
|---|---|---|---|---|---|---|---|---|
| **一、每亩化肥金额** | **元** | **83.91** | **85.93** | **90.39** | **93.65** | **97.56** | **100.75** | **3.27** |
| (一)氮肥 | 元 | 24.48 | 26.33 | 25.01 | 25.30 | 25.07 | 25.29 | 0.88 |
| 1. 尿素 | 元 | 19.92 | 20.74 | 21.04 | 21.82 | 21.64 | 22.08 | 2.03 |
| 2. 碳铵 | 元 | 4.56 | 5.59 | 3.92 | 3.41 | 3.42 | 3.21 | -6.14 |
| 3. 其他氮肥 | 元 | | | 0.05 | 0.07 | 0.01 | | -100.00 |
| (二)磷肥 | 元 | 4.81 | 4.78 | 4.90 | 4.52 | 3.34 | 3.20 | -4.19 |
| 其中:过磷酸钙 | 元 | 4.48 | 4.35 | 4.60 | 4.41 | 3.29 | 3.00 | -8.81 |
| (三)钾肥 | 元 | 0.98 | 1.15 | 1.09 | 1.56 | 1.44 | 1.03 | -28.47 |
| 其中:氯化钾 | 元 | 0.97 | 1.15 | 1.02 | 1.34 | 1.32 | 0.97 | -26.52 |
| (四)复混肥 | 元 | 52.63 | 53.28 | 58.92 | 61.41 | 66.89 | 70.23 | 4.99 |
| 1. 复合肥 | 元 | 50.93 | 51.44 | 56.89 | 59.88 | 65.18 | 68.42 | 4.97 |
| 其中:二铵 | 元 | 3.92 | 3.69 | 3.40 | 3.42 | 3.48 | 3.27 | -6.03 |
| 三元素复合肥 | 元 | 27.19 | 24.73 | 32.35 | 32.58 | 33.47 | 36.14 | 7.98 |
| 2. 混配肥 | 元 | 1.70 | 1.84 | 2.03 | 1.53 | 1.71 | 1.81 | 5.85 |
| (五)其他肥料 | 元 | 1.01 | 0.39 | 0.47 | 0.86 | 0.82 | 1.00 | 21.95 |
| **二、每亩化肥折纯用量** | **公斤** | **15.92** | **16.15** | **15.75** | **15.77** | **16.43** | **16.79** | **2.19** |
| (一)氮肥 | 公斤 | 6.18 | 6.38 | 5.44 | 5.19 | 5.34 | 5.22 | -2.25 |
| 1. 尿素 | 公斤 | 5.06 | 5.06 | 4.58 | 4.47 | 4.63 | 4.57 | -1.30 |
| 2. 碳铵 | 公斤 | 1.12 | 1.32 | 0.85 | 0.71 | 0.71 | 0.65 | -8.45 |
| 3. 其他氮肥 | 公斤 | | | 0.01 | 0.01 | | | |
| (二)磷肥 | 公斤 | 1.04 | 0.96 | 0.96 | 0.82 | 0.61 | 0.60 | -1.64 |
| 其中:过磷酸钙 | 公斤 | 0.97 | 0.88 | 0.89 | 0.79 | 0.60 | 0.57 | -5.00 |
| (三)钾肥 | 公斤 | 0.19 | 0.22 | 0.21 | 0.28 | 0.26 | 0.20 | -23.08 |
| 其中:氯化钾 | 公斤 | 0.19 | 0.22 | 0.20 | 0.25 | 0.25 | 0.19 | -24.00 |
| (四)复混肥 | 公斤 | 8.50 | 8.58 | 9.16 | 9.47 | 10.23 | 10.75 | 5.08 |
| 1. 复合肥 | 公斤 | 8.22 | 8.26 | 8.82 | 9.22 | 9.95 | 10.47 | 5.23 |
| 其中:二铵 | 公斤 | 0.81 | 0.78 | 0.67 | 0.69 | 0.75 | 0.62 | -17.33 |
| 三元素复合肥 | 公斤 | 4.37 | 4.00 | 5.02 | 4.94 | 5.08 | 5.55 | 9.25 |
| 2. 混配肥 | 公斤 | 0.28 | 0.32 | 0.34 | 0.25 | 0.28 | 0.28 | |

# 1-13-1 棉花成本收益情况

| 项 目 | 单位 | 2016 年 | 2017 年 | 2018 年 | 2019 年 | 2020 年 | 2021 年 | 2021 年比2020 年±% |
|---|---|---|---|---|---|---|---|---|
| **每亩** | | | | | | | | |
| 主产品产量 | 公斤 | 98.55 | 105.94 | 105.83 | 108.65 | 121.56 | 124.11 | 2.10 |
| 产值合计 | 元 | 1818.31 | 1860.52 | 1814.31 | 1600.82 | 2068.00 | 3334.68 | 61.25 |
| 主产品产值 | 元 | 1454.84 | 1560.99 | 1541.29 | 1315.62 | 1683.83 | 2760.73 | 63.96 |
| 副产品产值 | 元 | 363.47 | 299.53 | 273.02 | 285.20 | 384.17 | 573.95 | 49.40 |
| 总成本 | 元 | 2306.61 | 2330.80 | 2275.21 | 2260.36 | 2307.54 | 2424.43 | 5.07 |
| 生产成本 | 元 | 2004.43 | 2023.83 | 1950.47 | 1906.87 | 1935.20 | 1958.56 | 1.21 |
| 物质与服务费用 | 元 | 610.71 | 670.11 | 755.56 | 835.13 | 866.30 | 1003.78 | 15.87 |
| 人工成本 | 元 | 1393.72 | 1353.72 | 1194.91 | 1071.74 | 1068.90 | 954.78 | -10.68 |
| 家庭用工折价 | 元 | 1164.26 | 1102.07 | 962.91 | 795.21 | 757.93 | 676.84 | -10.70 |
| 雇工费用 | 元 | 229.46 | 251.65 | 232.00 | 276.53 | 310.97 | 277.94 | -10.62 |
| 土地成本 | 元 | 302.18 | 306.97 | 324.74 | 353.49 | 372.34 | 465.87 | 25.12 |
| 流转地租金 | 元 | 40.88 | 43.02 | 49.46 | 38.43 | 45.02 | 60.45 | 34.27 |
| 自营地折租 | 元 | 261.30 | 263.95 | 275.28 | 315.06 | 327.32 | 405.42 | 23.86 |
| 净利润 | 元 | -488.30 | -470.28 | -460.90 | -659.54 | -239.54 | 910.25 | -480.00 |
| 现金成本 | 元 | 881.05 | 964.78 | 1037.02 | 1150.09 | 1222.29 | 1342.17 | 9.81 |
| 现金收益 | 元 | 937.26 | 895.74 | 777.29 | 450.73 | 845.71 | 1992.51 | 135.60 |
| 成本利润率 | % | -21.17 | -20.18 | -20.26 | -29.18 | -10.38 | 37.54 | -461.66 |
| **每 50 公斤主产品** | | | | | | | | |
| 平均出售价格 | 元 | 738.12 | 736.73 | 728.19 | 605.44 | 692.59 | 1112.21 | 60.59 |
| 总成本 | 元 | 936.34 | 922.95 | 913.18 | 854.88 | 772.81 | 808.62 | 4.63 |
| 生产成本 | 元 | 813.67 | 801.40 | 782.84 | 721.19 | 648.11 | 653.24 | 0.79 |
| 净利润 | 元 | -198.22 | -186.22 | -184.99 | -249.44 | -80.22 | 303.59 | -478.45 |
| 现金成本 | 元 | 357.65 | 382.03 | 416.22 | 434.97 | 409.35 | 447.65 | 9.36 |
| 现金收益 | 元 | 380.47 | 354.70 | 311.97 | 170.47 | 283.24 | 664.56 | 134.63 |
| **附：** | | | | | | | | |
| 每亩用工数量 | 日 | 16.50 | 15.62 | 13.45 | 11.63 | 10.94 | 9.44 | -13.71 |
| 每亩主产品已出售数量 | 公斤 | 91.55 | 100.85 | 103.52 | 107.57 | 120.90 | 123.90 | 2.48 |
| 每亩主产品已出售产值 | 元 | 1347.29 | 1484.40 | 1506.96 | 1300.63 | 1674.20 | 2756.23 | 64.63 |
| 每亩成本外支出 | 元 | 0.66 | 0.25 | 0.11 | 0.02 | 0.01 | | -100.00 |

# 1-13-2 棉花费用和用工情况

| 项目 | 单位 | 2016 年 | 2017 年 | 2018 年 | 2019 年 | 2020 年 | 2021 年 | 2021 年比 2020 年±% |
|---|---|---|---|---|---|---|---|---|
| **一、每亩物质与服务费用** | **元** | **610.71** | **670.11** | **755.56** | **835.13** | **866.30** | **1003.78** | **15.87** |
| (一)直接费用 | 元 | 549.79 | 606.43 | 670.95 | 733.72 | 762.73 | 899.66 | 17.95 |
| 1. 种子费 | 元 | 54.50 | 56.53 | 56.91 | 56.04 | 56.52 | 60.24 | 6.58 |
| 2. 化肥费 | 元 | 192.25 | 194.76 | 219.71 | 233.22 | 231.86 | 270.91 | 16.84 |
| 3. 农家肥费 | 元 | 14.37 | 17.04 | 15.51 | 15.84 | 15.02 | 15.36 | 2.26 |
| 4. 农药费 | 元 | 67.96 | 70.90 | 72.30 | 75.34 | 84.01 | 96.83 | 15.26 |
| 5. 农膜费 | 元 | 29.99 | 36.14 | 41.22 | 42.77 | 42.08 | 43.79 | 4.06 |
| 6. 租赁作业费 | 元 | 165.56 | 192.04 | 217.91 | 256.44 | 274.83 | 348.24 | 26.71 |
| 机械作业费 | 元 | 92.57 | 112.85 | 124.97 | 146.95 | 155.26 | 215.60 | 38.86 |
| 排灌费 | 元 | 71.36 | 77.91 | 92.65 | 109.22 | 119.57 | 132.64 | 10.93 |
| 其中:水费 | 元 | 21.49 | 24.71 | 29.28 | 33.63 | 36.92 | 56.05 | 51.81 |
| 畜力费 | 元 | 1.63 | 1.28 | 0.29 | 0.27 | | | |
| 7. 燃料动力费 | 元 | 3.95 | 4.76 | 6.19 | 6.84 | 6.87 | 8.33 | 21.25 |
| 8. 技术服务费 | 元 | 0.37 | 0.56 | 0.62 | 0.94 | 1.09 | 0.77 | -29.36 |
| 9. 工具材料费 | 元 | 16.58 | 29.23 | 35.65 | 39.62 | 41.76 | 46.71 | 11.85 |
| 10. 修理维护费 | 元 | 4.00 | 4.33 | 4.81 | 6.18 | 6.84 | 8.48 | 23.98 |
| 11. 其他直接费用 | 元 | 0.26 | 0.14 | 0.12 | 0.49 | 1.85 | | -100.00 |
| (二)间接费用 | 元 | 60.92 | 63.68 | 84.61 | 101.41 | 103.57 | 104.12 | 0.53 |
| 1. 固定资产折旧 | 元 | 20.32 | 20.67 | 24.46 | 28.35 | 29.15 | 29.21 | 0.21 |
| 2. 保险费 | 元 | 30.32 | 32.83 | 47.17 | 57.02 | 56.07 | 49.62 | -11.50 |
| 3. 管理费 | 元 | | | | | 0.18 | | -100.00 |
| 4. 财务费 | 元 | 2.27 | 3.18 | 3.48 | 4.75 | 4.94 | 7.91 | 60.12 |
| 5. 销售费 | 元 | 8.01 | 7.00 | 9.50 | 11.29 | 13.23 | 17.38 | 31.37 |
| **二、每亩人工成本** | **元** | **1393.72** | **1353.72** | **1194.91** | **1071.74** | **1068.90** | **954.78** | **-10.68** |
| 1. 家庭用工折价 | 元 | 1164.26 | 1102.07 | 962.91 | 795.21 | 757.93 | 676.84 | -10.70 |
| 家庭用工天数 | 日 | 14.30 | 13.26 | 11.34 | 9.21 | 8.44 | 7.34 | -13.05 |
| 劳动日工价 | 元 | 81.40 | 83.10 | 84.89 | 86.38 | 89.77 | 92.20 | 2.71 |
| 2. 雇工费用 | 元 | 229.46 | 251.65 | 232.00 | 276.53 | 310.97 | 277.94 | -10.62 |
| 雇工天数 | 日 | 2.20 | 2.36 | 2.11 | 2.42 | 2.50 | 2.10 | -16.00 |
| 雇工工价 | 元 | 104.30 | 106.63 | 109.95 | 114.27 | 124.39 | 132.35 | 6.40 |
| 三、附 | | | | | | | | |
| 1. 每亩种子用量 | 公斤 | | 1.07 | 1.34 | 1.52 | 1.57 | 1.69 | 7.64 |
| 2. 每亩化肥用量 | 公斤 | 35.36 | 35.45 | 36.15 | 37.78 | 39.42 | 41.47 | 5.20 |
| 3. 每亩农膜用量 | 公斤 | 2.67 | 3.21 | 3.65 | 3.85 | 4.09 | 4.24 | 3.67 |

# 1-13-3 棉花化肥投入情况

| 项　　目 | 单位 | 2016年 | 2017年 | 2018年 | 2019年 | 2020年 | 2021年 | 2021年比2020年±% |
|---|---|---|---|---|---|---|---|---|
| **一、每亩化肥金额** | 元 | **192.25** | **194.76** | **219.71** | **233.22** | **231.86** | **270.91** | **16.84** |
| （一）氮肥 | 元 | 38.71 | 41.82 | 52.95 | 59.46 | 55.78 | 77.77 | 39.42 |
| 1. 尿素 | 元 | 37.50 | 40.63 | 51.84 | 58.28 | 54.88 | 76.46 | 39.32 |
| 2. 碳铵 | 元 | 1.21 | 1.19 | 1.09 | 1.14 | 0.86 | 0.71 | -17.44 |
| 3. 其他氮肥 | 元 |  |  | 0.02 | 0.04 | 0.04 | 0.60 | 1400.00 |
| （二）磷肥 | 元 | 1.84 | 1.94 | 0.99 | 1.27 | 1.47 | 9.32 | 534.01 |
| 其中：过磷酸钙 | 元 | 1.55 | 1.31 | 0.98 | 1.21 | 1.30 | 3.46 | 166.15 |
| （三）钾肥 | 元 | 5.96 | 4.85 | 4.30 | 4.37 | 12.55 | 18.54 | 47.73 |
| 其中：氯化钾 | 元 | 5.58 | 4.50 | 4.29 | 4.14 | 4.57 | 8.67 | 89.72 |
| （四）复混肥 | 元 | 117.61 | 118.03 | 122.88 | 124.43 | 123.77 | 142.83 | 15.40 |
| 1. 复合肥 | 元 | 117.41 | 117.65 | 122.81 | 123.52 | 122.25 | 141.32 | 15.60 |
| 其中：二铵 | 元 | 57.02 | 61.38 | 74.35 | 84.29 | 87.18 | 93.87 | 7.67 |
| 三元素复合肥 | 元 | 36.98 | 35.41 | 32.43 | 26.58 | 23.54 | 32.71 | 38.95 |
| 2. 混配肥 | 元 | 0.20 | 0.38 | 0.07 | 0.91 | 1.52 | 1.51 | -0.66 |
| （五）其他肥料 | 元 | 28.13 | 28.12 | 38.59 | 43.69 | 38.29 | 22.45 | -41.37 |
| **二、每亩化肥折纯用量** | 公斤 | **35.36** | **35.45** | **36.15** | **37.78** | **39.42** | **41.47** | **5.20** |
| （一）氮肥 | 公斤 | 12.51 | 12.35 | 12.99 | 14.28 | 14.57 | 15.53 | 6.59 |
| 1. 尿素 | 公斤 | 12.20 | 12.07 | 12.69 | 14.02 | 14.39 | 15.38 | 6.88 |
| 2. 碳铵 | 公斤 | 0.31 | 0.28 | 0.30 | 0.25 | 0.18 | 0.13 | -27.78 |
| 3. 其他氮肥 | 公斤 |  |  |  | 0.01 |  | 0.02 |  |
| （二）磷肥 | 公斤 | 0.37 | 0.39 | 0.24 | 0.22 | 0.20 | 0.54 | 170.00 |
| 其中：过磷酸钙 | 公斤 | 0.35 | 0.27 | 0.24 | 0.21 | 0.18 | 0.27 | 50.00 |
| （三）钾肥 | 公斤 | 1.13 | 0.92 | 0.77 | 0.80 | 1.17 | 1.78 | 52.14 |
| 其中：氯化钾 | 公斤 | 1.10 | 0.85 | 0.77 | 0.77 | 0.86 | 1.30 | 51.16 |
| （四）复混肥 | 公斤 | 21.36 | 21.82 | 22.13 | 22.47 | 23.49 | 23.59 | 0.43 |
| 1. 复合肥 | 公斤 | 21.33 | 21.76 | 22.12 | 22.40 | 23.35 | 23.48 | 0.56 |
| 其中：二铵 | 公斤 | 11.46 | 12.60 | 14.47 | 16.34 | 17.78 | 17.33 | -2.53 |
| 三元素复合肥 | 公斤 | 6.13 | 5.98 | 5.28 | 4.23 | 3.83 | 4.47 | 16.71 |
| 2. 混配肥 | 公斤 | 0.03 | 0.06 | 0.01 | 0.07 | 0.14 | 0.11 | -21.43 |

# 1-14-1 烤烟成本收益情况

| 项　　目 | 单位 | 2016 年 | 2017 年 | 2018 年 | 2019 年 | 2020 年 | 2021 年 | 2021 年比 2020 年±% |
|---|---|---|---|---|---|---|---|---|
| **每亩** | | | | | | | | |
| 主产品产量 | 公斤 | 135.62 | 133.42 | 137.12 | 137.04 | 135.50 | 138.57 | 2.27 |
| 产值合计 | 元 | 3561.23 | 3528.65 | 3800.90 | 3901.02 | 3904.23 | 4249.78 | 8.85 |
| 主产品产值 | 元 | 3556.10 | 3523.39 | 3795.59 | 3894.25 | 3898.46 | 4245.42 | 8.90 |
| 副产品产值 | 元 | 5.13 | 5.26 | 5.31 | 6.77 | 5.77 | 4.36 | -24.44 |
| 总成本 | 元 | 3673.36 | 3630.83 | 3717.29 | 3784.43 | 3825.77 | 3933.51 | 2.82 |
| 生产成本 | 元 | 3357.87 | 3299.52 | 3391.63 | 3446.31 | 3478.04 | 3576.21 | 2.82 |
| 物质与服务费用 | 元 | 1039.18 | 1075.21 | 1145.57 | 1192.17 | 1186.44 | 1237.33 | 4.29 |
| 人工成本 | 元 | 2318.69 | 2224.31 | 2246.06 | 2254.14 | 2291.60 | 2338.88 | 2.06 |
| 家庭用工折价 | 元 | 1926.66 | 1789.39 | 1728.62 | 1706.96 | 1710.12 | 1721.74 | 0.68 |
| 雇工费用 | 元 | 392.03 | 434.92 | 517.44 | 547.18 | 581.48 | 617.14 | 6.13 |
| 土地成本 | 元 | 315.49 | 331.31 | 325.66 | 338.12 | 347.73 | 357.30 | 2.75 |
| 流转地租金 | 元 | 43.65 | 49.59 | 51.45 | 53.63 | 57.36 | 62.29 | 8.59 |
| 自营地折租 | 元 | 271.84 | 281.72 | 274.21 | 284.49 | 290.37 | 295.01 | 1.60 |
| 净利润 | 元 | -112.13 | -102.18 | 83.61 | 116.59 | 78.46 | 316.27 | 303.09 |
| 现金成本 | 元 | 1474.86 | 1559.72 | 1714.46 | 1792.98 | 1825.28 | 1916.76 | 5.01 |
| 现金收益 | 元 | 2086.37 | 1968.93 | 2086.44 | 2108.04 | 2078.95 | 2333.02 | 12.22 |
| 成本利润率 | % | -3.05 | -2.81 | 2.25 | 3.08 | 2.05 | 8.04 | 292.20 |
| **每 50 公斤主产品** | | | | | | | | |
| 平均出售价格 | 元 | 1311.05 | 1320.41 | 1384.04 | 1420.84 | 1438.55 | 1531.87 | 6.49 |
| 总成本 | 元 | 1352.33 | 1358.65 | 1353.59 | 1378.37 | 1409.64 | 1417.87 | 0.58 |
| 生产成本 | 元 | 1236.18 | 1234.67 | 1235.01 | 1255.22 | 1281.52 | 1289.08 | 0.59 |
| 净利润 | 元 | -41.28 | -38.24 | 30.45 | 42.47 | 28.91 | 114.00 | 294.33 |
| 现金成本 | 元 | 542.96 | 583.64 | 624.29 | 653.04 | 672.54 | 690.91 | 2.73 |
| 现金收益 | 元 | 768.09 | 736.77 | 759.75 | 767.80 | 766.01 | 840.96 | 9.78 |
| **附：** | | | | | | | | |
| 每亩用工数量 | 日 | 28.14 | 26.28 | 25.99 | 25.37 | 24.80 | 24.62 | -0.73 |
| 每亩主产品已出售数量 | 公斤 | 135.60 | 133.37 | 137.10 | 137.03 | 135.50 | 138.41 | 2.15 |
| 每亩主产品已出售产值 | 元 | 3556.03 | 3523.14 | 3795.52 | 3893.96 | 3898.46 | 4240.56 | 8.78 |
| 每亩成本外支出 | 元 | | | | | | 0.02 | |

# 1-14-2 烤烟费用和用工情况

| 项 目 | 单位 | 2016 年 | 2017 年 | 2018 年 | 2019 年 | 2020 年 | 2021 年 | 2021 年比 2020 年±% |
|---|---|---|---|---|---|---|---|---|
| **一、每亩物质与服务费用** | 元 | **1039.18** | **1075.21** | **1145.57** | **1192.17** | **1186.44** | **1237.33** | **4.29** |
| (一)直接费用 | 元 | 956.72 | 985.99 | 1048.65 | 1080.25 | 1072.38 | 1123.90 | 4.80 |
| 1. 种子费 | 元 | 80.93 | 83.53 | 83.55 | 86.98 | 85.89 | 87.62 | 2.01 |
| 2. 化肥费 | 元 | 266.00 | 259.45 | 292.95 | 309.03 | 303.52 | 293.19 | -3.40 |
| 3. 农家肥费 | 元 | 36.20 | 42.92 | 41.36 | 42.12 | 46.19 | 47.62 | 3.10 |
| 4. 农药费 | 元 | 55.70 | 56.40 | 59.76 | 63.91 | 70.60 | 72.36 | 2.49 |
| 5. 农膜费 | 元 | 49.97 | 55.63 | 59.01 | 64.36 | 64.95 | 66.67 | 2.65 |
| 6. 租赁作业费 | 元 | 121.28 | 125.15 | 126.45 | 130.23 | 129.84 | 138.00 | 6.28 |
| 机械作业费 | 元 | 98.93 | 102.99 | 106.32 | 108.77 | 111.90 | 118.67 | 6.05 |
| 排灌费 | 元 | 9.61 | 11.06 | 10.23 | 13.14 | 12.68 | 14.63 | 15.38 |
| 其中:水费 | 元 | 3.97 | 4.17 | 4.40 | 5.28 | 6.06 | 7.96 | 31.35 |
| 畜力费 | 元 | 12.74 | 11.10 | 9.90 | 8.32 | 5.26 | 4.70 | -10.65 |
| 7. 燃料动力费 | 元 | 295.25 | 307.07 | 307.45 | 319.35 | 297.75 | 331.51 | 11.34 |
| 8. 技术服务费 | 元 | 3.53 | 1.80 | 2.39 | 2.45 | 1.74 | 0.25 | -85.63 |
| 9. 工具材料费 | 元 | 13.85 | 14.56 | 14.72 | 15.19 | 13.69 | 14.63 | 6.87 |
| 10. 修理维护费 | 元 | 5.84 | 5.42 | 7.12 | 4.82 | 5.17 | 4.93 | -4.64 |
| 11. 其他直接费用 | 元 | 28.17 | 34.06 | 53.89 | 41.81 | 53.04 | 67.12 | 26.55 |
| (二)间接费用 | 元 | 82.46 | 89.22 | 96.92 | 111.92 | 114.06 | 113.43 | -0.55 |
| 1. 固定资产折旧 | 元 | 43.66 | 46.61 | 47.37 | 48.07 | 46.49 | 43.56 | -6.30 |
| 2. 保险费 | 元 | 25.73 | 28.50 | 34.94 | 47.73 | 50.34 | 53.64 | 6.56 |
| 3. 管理费 | 元 | 0.02 | 0.01 | 0.03 | | | | |
| 4. 财务费 | 元 | 0.08 | 0.05 | 0.16 | 0.05 | 0.09 | 0.13 | 44.44 |
| 5. 销售费 | 元 | 12.97 | 14.05 | 14.42 | 16.07 | 17.14 | 16.10 | -6.07 |
| **二、每亩人工成本** | 元 | **2318.69** | **2224.31** | **2246.06** | **2254.14** | **2291.60** | **2338.88** | **2.06** |
| 1. 家庭用工折价 | 元 | 1926.66 | 1789.39 | 1728.62 | 1706.96 | 1710.12 | 1721.74 | 0.68 |
| 家庭用工天数 | 日 | 23.67 | 21.53 | 20.36 | 19.76 | 19.05 | 18.67 | -1.97 |
| 劳动日工价 | 元 | 81.40 | 83.10 | 84.89 | 86.38 | 89.77 | 92.20 | 2.71 |
| 2. 雇工费用 | 元 | 392.03 | 434.92 | 517.44 | 547.18 | 581.48 | 617.14 | 6.13 |
| 雇工天数 | 日 | 4.47 | 4.75 | 5.63 | 5.61 | 5.75 | 5.95 | 3.48 |
| 雇工工价 | 元 | 87.70 | 91.56 | 91.91 | 97.54 | 101.13 | 103.72 | 2.57 |
| 三、附 | | | | | | | | |
| 1. 每亩种子用量 | 公斤 | | | 0.01 | | | | |
| 2. 每亩化肥用量 | 公斤 | 34.43 | 33.94 | 34.50 | 34.37 | 35.14 | 34.33 | -2.31 |
| 3. 每亩农膜用量 | 公斤 | 3.83 | 4.33 | 4.56 | 5.00 | 5.41 | 5.55 | 2.59 |

# 1-14-3　烤烟化肥投入情况

| 项　　目 | 单位 | 2016 年 | 2017 年 | 2018 年 | 2019 年 | 2020 年 | 2021 年 | 2021 年比 2020 年±% |
|---|---|---|---|---|---|---|---|---|
| **一、每亩化肥金额** | **元** | **266.00** | **259.45** | **292.95** | **309.03** | **303.52** | **293.19** | **-3.40** |
| （一）氮肥 | 元 | 2.70 | 2.04 | 2.90 | 2.16 | 2.34 | 2.67 | 14.10 |
| 1. 尿素 | 元 | 1.87 | 1.37 | 2.07 | 1.94 | 1.14 | 1.50 | 31.58 |
| 2. 碳铵 | 元 | 0.16 | 0.19 | 0.07 | 0.06 | 0.01 | 0.02 | 100.00 |
| 3. 其他氮肥 | 元 | 0.67 | 0.48 | 0.76 | 0.16 | 1.19 | 1.15 | -3.36 |
| （二）磷肥 | 元 | 8.04 | 6.96 | 6.20 | 5.40 | 5.74 | 5.93 | 3.31 |
| 其中：过磷酸钙 | 元 | 5.73 | 4.87 | 3.63 | 2.89 | 3.61 | 3.80 | 5.26 |
| （三）钾肥 | 元 | 42.90 | 40.16 | 45.87 | 50.12 | 49.48 | 51.99 | 5.07 |
| 其中：氯化钾 | 元 | 1.75 | 1.27 | 2.56 | 1.72 | 1.37 | 0.66 | -51.82 |
| （四）复混肥 | 元 | 191.56 | 185.66 | 199.55 | 211.12 | 204.90 | 196.39 | -4.15 |
| 1. 复合肥 | 元 | 154.43 | 147.26 | 156.65 | 166.14 | 162.01 | 154.34 | -4.73 |
| 其中：二铵 | 元 | 1.10 | 0.99 | 0.75 | 0.63 | 0.51 | 0.63 | 23.53 |
| 三元素复合肥 | 元 | 67.86 | 56.93 | 59.61 | 56.26 | 54.31 | 29.01 | -46.58 |
| 2. 混配肥 | 元 | 37.13 | 38.40 | 42.90 | 44.98 | 42.89 | 42.05 | -1.96 |
| （五）其他肥料 | 元 | 20.80 | 24.63 | 38.43 | 40.23 | 41.06 | 36.21 | -11.81 |
| **二、每亩化肥折纯用量** | **公斤** | **34.43** | **33.94** | **34.50** | **34.37** | **35.14** | **34.33** | **-2.31** |
| （一）氮肥 | 公斤 | 0.57 | 0.42 | 0.55 | 0.45 | 0.39 | 0.44 | 12.82 |
| 1. 尿素 | 公斤 | 0.45 | 0.32 | 0.44 | 0.41 | 0.23 | 0.28 | 21.74 |
| 2. 碳铵 | 公斤 | 0.03 | 0.03 | 0.01 | 0.01 | | | |
| 3. 其他氮肥 | 公斤 | 0.09 | 0.07 | 0.10 | 0.03 | 0.16 | 0.16 | |
| （二）磷肥 | 公斤 | 1.81 | 1.44 | 1.18 | 1.18 | 1.21 | 1.16 | -4.13 |
| 其中：过磷酸钙 | 公斤 | 1.30 | 1.03 | 0.75 | 0.70 | 0.82 | 0.82 | |
| （三）钾肥 | 公斤 | 6.43 | 6.30 | 6.50 | 6.46 | 6.81 | 7.06 | 3.67 |
| 其中：氯化钾 | 公斤 | 0.31 | 0.21 | 0.42 | 0.28 | 0.21 | 0.11 | -47.62 |
| （四）复混肥 | 公斤 | 25.62 | 25.78 | 26.26 | 26.26 | 26.73 | 25.69 | -3.89 |
| 1. 复合肥 | 公斤 | 21.19 | 21.28 | 21.05 | 20.99 | 21.32 | 20.31 | -4.74 |
| 其中：二铵 | 公斤 | 0.22 | 0.20 | 0.14 | 0.12 | 0.11 | 0.12 | 9.09 |
| 三元素复合肥 | 公斤 | 9.77 | 8.69 | 8.48 | 7.83 | 7.61 | 4.04 | -46.91 |
| 2. 混配肥 | 公斤 | 4.43 | 4.50 | 5.21 | 5.27 | 5.41 | 5.38 | -0.55 |

# 1-15-1 甘蔗成本收益情况

| 项　　目 | 单位 | 2016年 | 2017年 | 2018年 | 2019年 | 2020年 | 2021年 | 2021年比2020年±% |
|---|---|---|---|---|---|---|---|---|
| 每亩 | | | | | | | | |
| 主产品产量 | 公斤 | 5352.20 | 5553.45 | 5752.58 | 5256.68 | 5430.61 | 5534.59 | 1.91 |
| 产值合计 | 元 | 2658.47 | 2756.31 | 2774.85 | 2559.60 | 2690.48 | 2777.95 | 3.25 |
| 主产品产值 | 元 | 2632.72 | 2732.26 | 2750.55 | 2538.46 | 2665.72 | 2752.14 | 3.24 |
| 副产品产值 | 元 | 25.75 | 24.05 | 24.30 | 21.14 | 24.76 | 25.81 | 4.24 |
| 总成本 | 元 | 2248.02 | 2349.91 | 2443.54 | 2379.12 | 2425.98 | 2512.06 | 3.55 |
| 生产成本 | 元 | 1967.93 | 2050.31 | 2127.55 | 2055.31 | 2066.73 | 2171.24 | 5.06 |
| 物质与服务费用 | 元 | 795.36 | 841.66 | 873.36 | 846.34 | 894.69 | 917.85 | 2.59 |
| 人工成本 | 元 | 1172.57 | 1208.65 | 1254.19 | 1208.97 | 1172.04 | 1253.39 | 6.94 |
| 家庭用工折价 | 元 | 618.97 | 625.99 | 658.90 | 645.95 | 625.52 | 651.21 | 4.11 |
| 雇工费用 | 元 | 553.60 | 582.66 | 595.29 | 563.02 | 546.52 | 602.18 | 10.18 |
| 土地成本 | 元 | 280.09 | 299.60 | 315.99 | 323.81 | 359.25 | 340.82 | -5.13 |
| 流转地租金 | 元 | 27.04 | 31.31 | 35.10 | 42.80 | 48.46 | 46.89 | -3.24 |
| 自营地折租 | 元 | 253.05 | 268.29 | 280.89 | 281.01 | 310.79 | 293.93 | -5.42 |
| 净利润 | 元 | 410.45 | 406.40 | 331.31 | 180.48 | 264.50 | 265.89 | 0.53 |
| 现金成本 | 元 | 1376.00 | 1455.63 | 1503.75 | 1452.16 | 1489.67 | 1566.92 | 5.19 |
| 现金收益 | 元 | 1282.47 | 1300.68 | 1271.10 | 1107.44 | 1200.81 | 1211.03 | 0.85 |
| 成本利润率 | % | 18.26 | 17.29 | 13.56 | 7.59 | 10.90 | 10.58 | -2.94 |
| 每50公斤主产品 | | | | | | | | |
| 平均出售价格 | 元 | 24.59 | 24.60 | 23.91 | 24.15 | 24.54 | 24.86 | 1.30 |
| 总成本 | 元 | 20.79 | 20.97 | 21.06 | 22.45 | 22.13 | 22.48 | 1.58 |
| 生产成本 | 元 | 18.20 | 18.30 | 18.33 | 19.39 | 18.85 | 19.43 | 3.08 |
| 净利润 | 元 | 3.80 | 3.63 | 2.85 | 1.70 | 2.41 | 2.38 | -1.24 |
| 现金成本 | 元 | 12.73 | 12.99 | 12.96 | 13.70 | 13.59 | 14.02 | 3.16 |
| 现金收益 | 元 | 11.86 | 11.61 | 10.95 | 10.45 | 10.95 | 10.84 | -1.00 |
| 附: | | | | | | | | |
| 每亩用工数量 | 日 | 13.62 | 13.40 | 13.25 | 12.62 | 11.57 | 12.00 | 3.72 |
| 每亩主产品已出售数量 | 公斤 | 5352.20 | 5488.34 | 5612.76 | 5216.24 | 5347.64 | 5521.06 | 3.24 |
| 每亩主产品已出售产值 | 元 | 2632.72 | 2704.88 | 2693.09 | 2520.36 | 2628.79 | 2745.63 | 4.44 |
| 每亩成本外支出 | 元 | | 0.37 | 0.35 | 0.36 | 0.34 | 0.45 | 32.35 |

# 1-15-2　甘蔗费用和用工情况

| 项　　目 | 单位 | 2016 年 | 2017 年 | 2018 年 | 2019 年 | 2020 年 | 2021 年 | 2021 年比 2020 年±% |
|---|---|---|---|---|---|---|---|---|
| **一、每亩物质与服务费用** | **元** | **795.36** | **841.66** | **873.36** | **846.34** | **894.69** | **917.85** | **2.59** |
| （一）直接费用 | 元 | 529.97 | 560.28 | 586.00 | 566.08 | 615.60 | 615.68 | 0.01 |
| 1. 种子费 | 元 | | | | | | | |
| 2. 化肥费 | 元 | 351.89 | 377.98 | 401.82 | 396.96 | 439.14 | 444.95 | 1.32 |
| 3. 农家肥费 | 元 | 4.45 | 4.55 | 2.93 | 4.43 | 2.94 | 3.07 | 4.42 |
| 4. 农药费 | 元 | 60.25 | 61.46 | 61.84 | 57.68 | 58.11 | 53.66 | -7.66 |
| 5. 农膜费 | 元 | 7.11 | 7.09 | 7.51 | 6.69 | 7.07 | 8.29 | 17.26 |
| 6. 租赁作业费 | 元 | 88.36 | 90.91 | 94.72 | 82.80 | 89.20 | 87.87 | -1.49 |
| 机械作业费 | 元 | 59.17 | 65.87 | 68.29 | 63.16 | 79.61 | 77.61 | -2.51 |
| 排灌费 | 元 | 1.94 | 1.40 | 1.67 | 1.72 | 1.35 | 2.42 | 79.26 |
| 其中：水费 | 元 | 1.26 | 1.07 | 1.43 | 1.44 | 0.56 | 1.11 | 98.21 |
| 畜力费 | 元 | 27.25 | 23.64 | 24.76 | 17.92 | 8.24 | 7.84 | -4.85 |
| 7. 燃料动力费 | 元 | 2.96 | 3.17 | 3.31 | 4.11 | 6.45 | 4.82 | -25.27 |
| 8. 技术服务费 | 元 | | | | | | | |
| 9. 工具材料费 | 元 | 11.89 | 11.93 | 10.51 | 9.83 | 9.27 | 9.79 | 5.61 |
| 10. 修理维护费 | 元 | 3.06 | 3.19 | 3.36 | 3.58 | 3.42 | 3.23 | -5.56 |
| 11. 其他直接费用 | 元 | | | | | | | |
| （二）间接费用 | 元 | 265.39 | 281.38 | 287.36 | 280.26 | 279.09 | 302.17 | 8.27 |
| 1. 固定资产折旧 | 元 | 146.15 | 148.52 | 153.32 | 151.98 | 151.81 | 153.46 | 1.09 |
| 2. 保险费 | 元 | 6.77 | 7.16 | 2.37 | 2.62 | 2.45 | 5.36 | 118.78 |
| 3. 管理费 | 元 | | | | | | | |
| 4. 财务费 | 元 | | | | | | | |
| 5. 销售费 | 元 | 112.47 | 125.70 | 131.67 | 125.66 | 124.83 | 143.35 | 14.84 |
| **二、每亩人工成本** | **元** | **1172.57** | **1208.65** | **1254.19** | **1208.97** | **1172.04** | **1253.39** | **6.94** |
| 1. 家庭用工折价 | 元 | 618.97 | 625.99 | 658.90 | 645.95 | 625.52 | 651.21 | 4.11 |
| 家庭用工天数 | 日 | 7.60 | 7.53 | 7.45 | 7.48 | 6.97 | 7.06 | 1.36 |
| 劳动日工价 | 元 | 81.40 | 83.10 | 88.49 | 86.38 | 89.77 | 92.20 | 2.71 |
| 2. 雇工费用 | 元 | 553.60 | 582.66 | 595.29 | 563.02 | 546.52 | 602.18 | 10.18 |
| 雇工天数 | 日 | 6.02 | 5.87 | 5.80 | 5.14 | 4.60 | 4.94 | 7.39 |
| 雇工工价 | 元 | 91.96 | 99.26 | 102.64 | 109.54 | 118.81 | 121.90 | 2.60 |
| **三、附** | | | | | | | | |
| 1. 每亩种子用量 | 公斤 | | | | | | | |
| 2. 每亩化肥用量 | 公斤 | 63.94 | 60.46 | 56.45 | 53.94 | 55.09 | 47.64 | -13.52 |
| 3. 每亩农膜用量 | 公斤 | 0.62 | 0.61 | 0.65 | 0.52 | 0.58 | 0.75 | 29.31 |

# 1-15-3　甘蔗化肥投入情况

| 项　　目 | 单位 | 2016 年 | 2017 年 | 2018 年 | 2019 年 | 2020 年 | 2021 年 | 2021 年比 2020 年±% |
|---|---|---|---|---|---|---|---|---|
| **一、每亩化肥金额** | **元** | **351.89** | **377.98** | **401.82** | **396.96** | **439.14** | **444.95** | **1.32** |
| (一)氮肥 | 元 | 98.76 | 91.12 | 96.67 | 95.71 | 96.35 | 107.46 | 11.53 |
| 1. 尿素 | 元 | 98.20 | 90.40 | 96.39 | 95.43 | 95.15 | 104.83 | 10.17 |
| 2. 碳铵 | 元 | 0.03 | 0.30 | | | 0.01 | | -100.00 |
| 3. 其他氮肥 | 元 | 0.53 | 0.42 | 0.28 | 0.28 | 1.19 | 2.63 | 121.01 |
| (二)磷肥 | 元 | 20.14 | 20.13 | 18.39 | 16.02 | 22.26 | 15.09 | -32.21 |
| 其中:过磷酸钙 | 元 | 17.84 | 17.66 | 14.39 | 12.46 | 11.94 | 10.44 | -12.56 |
| (三)钾肥 | 元 | 37.09 | 37.05 | 35.09 | 30.93 | 35.68 | 28.15 | -21.10 |
| 其中:氯化钾 | 元 | 36.96 | 35.62 | 35.09 | 29.86 | 35.62 | 27.14 | -23.81 |
| (四)复混肥 | 元 | 191.58 | 194.90 | 198.26 | 191.89 | 178.01 | 167.52 | -5.89 |
| 1. 复合肥 | 元 | 162.02 | 163.60 | 178.42 | 172.39 | 153.34 | 136.30 | -11.11 |
| 其中:二铵 | 元 | 1.50 | 0.22 | 0.20 | 0.55 | 0.22 | 0.16 | -27.27 |
| 三元素复合肥 | 元 | 65.23 | 77.30 | 93.74 | 90.47 | 58.45 | 58.22 | -0.39 |
| 2. 混配肥 | 元 | 29.56 | 31.30 | 19.84 | 19.50 | 24.67 | 31.22 | 26.55 |
| (五)其他肥料 | 元 | 4.32 | 34.78 | 53.41 | 62.41 | 106.84 | 126.73 | 18.62 |
| **二、每亩化肥折纯用量** | **公斤** | **63.94** | **60.46** | **56.45** | **53.94** | **55.09** | **47.64** | **-13.52** |
| (一)氮肥 | 公斤 | 24.27 | 20.92 | 20.13 | 19.30 | 20.27 | 18.88 | -6.86 |
| 1. 尿素 | 公斤 | 24.16 | 20.78 | 20.08 | 19.25 | 20.19 | 18.66 | -7.58 |
| 2. 碳铵 | 公斤 | 0.01 | 0.06 | | | | | |
| 3. 其他氮肥 | 公斤 | 0.10 | 0.08 | 0.05 | 0.05 | 0.08 | 0.22 | 175.00 |
| (二)磷肥 | 公斤 | 4.19 | 4.07 | 3.50 | 3.02 | 3.95 | 2.63 | -33.42 |
| 其中:过磷酸钙 | 公斤 | 3.74 | 3.63 | 2.94 | 2.53 | 2.44 | 2.07 | -15.16 |
| (三)钾肥 | 公斤 | 7.14 | 7.04 | 6.65 | 5.80 | 6.51 | 4.79 | -26.42 |
| 其中:氯化钾 | 公斤 | 7.12 | 6.83 | 6.65 | 5.63 | 6.50 | 4.65 | -28.46 |
| (四)复混肥 | 公斤 | 28.35 | 28.43 | 26.18 | 25.83 | 24.37 | 21.33 | -12.47 |
| 1. 复合肥 | 公斤 | 23.10 | 22.79 | 23.33 | 22.82 | 21.47 | 17.87 | -16.77 |
| 其中:二铵 | 公斤 | 0.30 | 0.05 | 0.04 | 0.11 | 0.04 | 0.03 | -25.00 |
| 三元素复合肥 | 公斤 | 9.20 | 10.89 | 12.40 | 12.37 | 7.83 | 8.06 | 2.94 |
| 2. 混配肥 | 公斤 | 5.25 | 5.64 | 2.85 | 3.01 | 2.90 | 3.46 | 19.31 |

# 1-16-1 甜菜成本收益情况

| 项目 | 单位 | 2016 年 | 2017 年 | 2018 年 | 2019 年 | 2020 年 | 2021 年 | 2021 年比 2020 年±% |
|---|---|---|---|---|---|---|---|---|
| **每亩** | | | | | | | | |
| 主产品产量 | 公斤 | 3799.43 | 4098.50 | 4132.84 | 3894.39 | 3863.13 | 4048.70 | 4.80 |
| 产值合计 | 元 | 1781.06 | 1910.42 | 1982.64 | 1850.98 | 1880.10 | 2097.18 | 11.55 |
| 主产品产值 | 元 | 1763.31 | 1894.60 | 1968.01 | 1838.14 | 1871.53 | 2093.67 | 11.87 |
| 副产品产值 | 元 | 17.75 | 15.82 | 14.63 | 12.84 | 8.57 | 3.51 | -59.04 |
| 总成本 | 元 | 1697.94 | 1747.67 | 1786.62 | 1673.93 | 1716.58 | 1716.15 | -0.03 |
| 生产成本 | 元 | 1430.20 | 1498.36 | 1541.46 | 1374.68 | 1391.99 | 1299.85 | -6.62 |
| 物质与服务费用 | 元 | 671.90 | 740.18 | 732.25 | 742.68 | 778.13 | 931.73 | 19.74 |
| 人工成本 | 元 | 758.30 | 758.18 | 809.21 | 632.00 | 613.86 | 368.12 | -40.03 |
| 家庭用工折价 | 元 | 606.43 | 582.95 | 632.01 | 533.48 | 499.03 | 190.12 | -61.90 |
| 雇工费用 | 元 | 151.87 | 175.23 | 177.20 | 98.52 | 114.83 | 178.00 | 55.01 |
| 土地成本 | 元 | 267.74 | 249.31 | 245.16 | 299.25 | 324.59 | 416.30 | 28.25 |
| 流转地租金 | 元 | 30.62 | 25.07 | 29.85 | 47.14 | 58.03 | 97.35 | 67.76 |
| 自营地折租 | 元 | 237.12 | 224.24 | 215.31 | 252.11 | 266.56 | 318.95 | 19.65 |
| 净利润 | 元 | 83.12 | 162.75 | 196.02 | 177.05 | 163.52 | 381.03 | 133.02 |
| 现金成本 | 元 | 854.39 | 940.48 | 939.30 | 888.34 | 950.99 | 1207.08 | 26.93 |
| 现金收益 | 元 | 926.67 | 969.94 | 1043.34 | 962.54 | 929.11 | 890.10 | -4.20 |
| 成本利润率 | % | 4.90 | 9.31 | 10.97 | 10.58 | 9.53 | 22.20 | 132.95 |
| **每 50 公斤主产品** | | | | | | | | |
| 平均出售价格 | 元 | 23.20 | 23.11 | 23.81 | 23.60 | 24.22 | 25.86 | 6.77 |
| 总成本 | 元 | 22.12 | 21.14 | 21.46 | 21.34 | 22.11 | 21.16 | -4.30 |
| 生产成本 | 元 | 18.63 | 18.13 | 18.51 | 17.53 | 17.93 | 16.03 | -10.60 |
| 净利润 | 元 | 1.08 | 1.97 | 2.35 | 2.26 | 2.11 | 4.70 | 122.75 |
| 现金成本 | 元 | 11.13 | 11.38 | 11.28 | 11.33 | 12.25 | 14.88 | 21.47 |
| 现金收益 | 元 | 12.07 | 11.73 | 12.53 | 12.27 | 11.97 | 10.98 | -8.27 |
| **附：** | | | | | | | | |
| 每亩用工数量 | 日 | 8.78 | 8.58 | 8.95 | 6.98 | 6.35 | 3.25 | -48.82 |
| 每亩主产品已出售数量 | 公斤 | 3799.43 | 4098.50 | 4132.84 | 3894.39 | 3836.50 | 4047.86 | 5.51 |
| 每亩主产品已出售产值 | 元 | 1763.31 | 1894.60 | 1968.01 | 1838.14 | 1856.86 | 2093.24 | 12.73 |
| 每亩成本外支出 | 元 | 0.24 | 0.04 | 0.28 | | | | |

# 1-16-2 甜菜费用和用工情况

| 项 目 | 单位 | 2016 年 | 2017 年 | 2018 年 | 2019 年 | 2020 年 | 2021 年 | 2021 年比 2020 年±% |
|---|---|---|---|---|---|---|---|---|
| **一、每亩物质与服务费用** | **元** | **671.90** | **740.18** | **732.25** | **742.68** | **778.13** | **931.73** | **19.74** |
| (一)直接费用 | 元 | 559.94 | 605.76 | 612.23 | 618.65 | 657.47 | 782.99 | 19.09 |
| 1. 种子费 | 元 | 106.05 | 113.19 | 121.09 | 104.03 | 123.99 | 106.68 | -13.96 |
| 2. 化肥费 | 元 | 164.49 | 175.85 | 182.03 | 173.97 | 158.78 | 186.31 | 17.34 |
| 3. 农家肥费 | 元 | 18.11 | 23.19 | 11.25 | 17.01 | 15.87 | 6.83 | -56.96 |
| 4. 农药费 | 元 | 11.09 | 15.68 | 15.29 | 34.63 | 43.01 | 91.10 | 111.81 |
| 5. 农膜费 | 元 | 17.10 | 19.15 | 21.66 | 18.05 | 17.70 | 26.79 | 51.36 |
| 6. 租赁作业费 | 元 | 206.91 | 230.20 | 230.36 | 249.70 | 257.66 | 338.23 | 31.27 |
| 机械作业费 | 元 | 127.82 | 130.95 | 130.54 | 165.09 | 177.73 | 245.24 | 37.98 |
| 排灌费 | 元 | 78.74 | 99.25 | 99.78 | 84.61 | 79.93 | 92.99 | 16.34 |
| 其中:水费 | 元 | 30.81 | 32.64 | 28.21 | 11.96 | 8.86 | 35.22 | 297.52 |
| 畜力费 | 元 | 0.35 | | 0.04 | | | | |
| 7. 燃料动力费 | 元 | 1.24 | 1.57 | 1.29 | 0.91 | 0.68 | 2.44 | 258.82 |
| 8. 技术服务费 | 元 | | 0.01 | 0.01 | | 0.01 | | -100.00 |
| 9. 工具材料费 | 元 | 34.35 | 26.12 | 28.69 | 19.61 | 37.21 | 21.88 | -41.20 |
| 10. 修理维护费 | 元 | 0.52 | 0.69 | 0.56 | 0.74 | 1.83 | 2.73 | 49.18 |
| 11. 其他直接费用 | 元 | 0.08 | 0.11 | | | 0.73 | | -100.00 |
| (二)间接费用 | 元 | 111.96 | 134.42 | 120.02 | 124.03 | 120.66 | 148.74 | 23.27 |
| 1. 固定资产折旧 | 元 | 2.80 | 2.61 | 2.22 | 1.77 | 5.97 | 10.15 | 70.02 |
| 2. 保险费 | 元 | 3.07 | 6.73 | 6.21 | 5.21 | 8.32 | 7.53 | -9.50 |
| 3. 管理费 | 元 | 0.88 | 1.19 | 0.94 | 8.82 | 5.80 | 3.36 | -42.07 |
| 4. 财务费 | 元 | 0.57 | 0.84 | 0.61 | 0.19 | 1.84 | 2.10 | 14.13 |
| 5. 销售费 | 元 | 104.64 | 123.05 | 110.04 | 108.04 | 98.73 | 125.60 | 27.22 |
| **二、每亩人工成本** | **元** | **758.30** | **758.18** | **809.21** | **632.00** | **613.86** | **368.12** | **-40.03** |
| 1. 家庭用工折价 | 元 | 606.43 | 582.95 | 632.01 | 533.48 | 499.03 | 190.12 | -61.90 |
| 家庭用工天数 | 日 | 7.45 | 7.02 | 7.45 | 6.18 | 5.56 | 2.06 | -62.91 |
| 劳动日工价 | 元 | 81.40 | 83.10 | 84.89 | 86.38 | 89.77 | 92.20 | 2.71 |
| 2. 雇工费用 | 元 | 151.87 | 175.23 | 177.20 | 98.52 | 114.83 | 178.00 | 55.01 |
| 雇工天数 | 日 | 1.33 | 1.56 | 1.50 | 0.80 | 0.79 | 1.19 | 50.63 |
| 雇工工价 | 元 | 114.19 | 112.33 | 118.13 | 123.15 | 145.35 | 149.58 | 2.91 |
| 三、附 | | | | | | | | |
| 1. 每亩种子用量 | 公斤 | | 0.01 | | 0.19 | 0.13 | 0.01 | -92.31 |
| 2. 每亩化肥用量 | 公斤 | 36.25 | 38.11 | 37.75 | 32.91 | 30.35 | 31.60 | 4.12 |
| 3. 每亩农膜用量 | 公斤 | 1.48 | 1.73 | 1.95 | 1.69 | 1.79 | 2.54 | 41.90 |

# 1-16-3 甜菜化肥投入情况

| 项　　目 | 单位 | 2016 年 | 2017 年 | 2018 年 | 2019 年 | 2020 年 | 2021 年 | 2021 年比 2020 年±% |
|---|---|---|---|---|---|---|---|---|
| **一、每亩化肥金额** | **元** | **164.49** | **175.85** | **182.03** | **173.97** | **158.78** | **186.31** | **17.34** |
| （一）氮肥 | 元 | 41.35 | 47.00 | 59.77 | 40.95 | 32.61 | 30.94 | -5.12 |
| 1. 尿素 | 元 | 33.51 | 38.45 | 49.54 | 37.03 | 28.13 | 29.13 | 3.55 |
| 2. 碳铵 | 元 | 7.84 | 8.55 | 10.23 | 3.92 | 4.48 | 1.81 | -59.60 |
| 3. 其他氮肥 | 元 |  |  |  |  |  |  |  |
| （二）磷肥 | 元 |  |  |  |  |  |  |  |
| 其中：过磷酸钙 | 元 |  |  |  |  |  |  |  |
| （三）钾肥 | 元 | 4.14 | 2.50 | 0.50 | 3.67 | 8.73 | 14.13 | 61.86 |
| 其中：氯化钾 | 元 | 2.39 | 1.20 | 0.50 | 1.29 | 1.47 | 0.89 | -39.46 |
| （四）复混肥 | 元 | 119.00 | 123.16 | 120.78 | 124.34 | 111.37 | 134.20 | 20.50 |
| 1. 复合肥 | 元 | 119.00 | 123.16 | 120.78 | 124.25 | 111.04 | 133.31 | 20.06 |
| 其中：二铵 | 元 | 83.08 | 77.78 | 69.94 | 60.20 | 55.38 | 64.83 | 17.06 |
| 三元素复合肥 | 元 | 14.40 | 23.54 | 36.24 | 40.79 | 30.59 | 41.61 | 36.02 |
| 2. 混配肥 | 元 |  |  |  | 0.09 | 0.33 | 0.89 | 169.70 |
| （五）其他肥料 | 元 |  | 3.19 | 0.98 | 5.01 | 6.07 | 7.04 | 15.98 |
| **二、每亩化肥折纯用量** | **公斤** | **36.25** | **38.11** | **37.75** | **32.91** | **30.35** | **31.60** | **4.12** |
| （一）氮肥 | 公斤 | 13.00 | 14.70 | 15.73 | 10.23 | 8.27 | 6.50 | -21.40 |
| 1. 尿素 | 公斤 | 11.00 | 12.56 | 13.19 | 9.42 | 7.51 | 6.11 | -18.64 |
| 2. 碳铵 | 公斤 | 2.00 | 2.14 | 2.54 | 0.81 | 0.76 | 0.39 | -48.68 |
| 3. 其他氮肥 | 公斤 |  |  |  |  |  |  |  |
| （二）磷肥 | 公斤 |  |  |  |  |  |  |  |
| 其中：过磷酸钙 | 公斤 |  |  |  |  |  |  |  |
| （三）钾肥 | 公斤 | 0.63 | 0.38 | 0.08 | 0.64 | 1.62 | 1.93 | 19.14 |
| 其中：氯化钾 | 公斤 | 0.46 | 0.23 | 0.08 | 0.29 | 0.37 | 0.23 | -37.84 |
| （四）复混肥 | 公斤 | 22.59 | 23.05 | 21.94 | 22.05 | 20.45 | 23.18 | 13.35 |
| 1. 复合肥 | 公斤 | 22.59 | 23.05 | 21.94 | 22.04 | 20.40 | 23.08 | 13.14 |
| 其中：二铵 | 公斤 | 17.01 | 15.99 | 14.11 | 12.23 | 12.28 | 13.18 | 7.33 |
| 三元素复合肥 | 公斤 | 2.20 | 3.74 | 5.82 | 6.72 | 4.48 | 6.12 | 36.61 |
| 2. 混配肥 | 公斤 |  |  |  | 0.01 | 0.05 | 0.10 | 100.00 |

# 1-17-1　桑蚕茧成本收益情况

| 项　　目 | 单位 | 2016 年 | 2017 年 | 2018 年 | 2019 年 | 2020 年 | 2021 年 | 2021 年比2020 年±% |
|---|---|---|---|---|---|---|---|---|
| **每亩** | | | | | | | | |
| 主产品产量 | 公斤 | 102. 24 | 107. 03 | 105. 29 | 102. 86 | 88. 73 | 101. 06 | 13. 90 |
| 产值合计 | 元 | 3885. 66 | 4878. 82 | 4748. 93 | 4256. 33 | 3228. 44 | 4855. 53 | 50. 40 |
| 主产品产值 | 元 | 3840. 06 | 4796. 35 | 4660. 91 | 4150. 86 | 3158. 19 | 4794. 66 | 51. 82 |
| 副产品产值 | 元 | 45. 60 | 82. 47 | 88. 02 | 105. 47 | 70. 25 | 60. 87 | -13. 35 |
| 总成本 | 元 | 4417. 40 | 4575. 62 | 4494. 04 | 4501. 45 | 3947. 00 | 4377. 95 | 10. 92 |
| 生产成本 | 元 | 4197. 14 | 4340. 11 | 4245. 27 | 4233. 60 | 3648. 67 | 4136. 52 | 13. 37 |
| 物质与服务费用 | 元 | 671. 52 | 736. 59 | 770. 85 | 732. 30 | 632. 61 | 772. 80 | 22. 16 |
| 人工成本 | 元 | 3525. 62 | 3603. 52 | 3474. 42 | 3501. 30 | 3016. 06 | 3363. 72 | 11. 53 |
| 家庭用工折价 | 元 | 3424. 82 | 3503. 25 | 3293. 73 | 2358. 26 | 1700. 06 | 2892. 50 | 70. 14 |
| 雇工费用 | 元 | 100. 80 | 100. 27 | 180. 69 | 1143. 04 | 1316. 00 | 471. 22 | -64. 19 |
| 土地成本 | 元 | 220. 26 | 235. 51 | 248. 77 | 267. 85 | 298. 33 | 241. 43 | -19. 07 |
| 流转地租金 | 元 | 37. 87 | 46. 39 | 60. 68 | 44. 49 | 77. 46 | 48. 10 | -37. 90 |
| 自营地折租 | 元 | 182. 39 | 189. 12 | 188. 09 | 223. 36 | 220. 87 | 193. 33 | -12. 47 |
| 净利润 | 元 | -531. 74 | 303. 20 | 254. 89 | -245. 12 | -718. 56 | 477. 58 | -166. 46 |
| 现金成本 | 元 | 810. 19 | 883. 25 | 1012. 22 | 1919. 83 | 2026. 07 | 1292. 12 | -36. 23 |
| 现金收益 | 元 | 3075. 47 | 3995. 57 | 3736. 71 | 2336. 50 | 1202. 37 | 3563. 41 | 196. 37 |
| 成本利润率 | % | -12. 04 | 6. 63 | 5. 67 | -5. 45 | -18. 21 | 10. 91 | -159. 91 |
| **每 50 公斤主产品** | | | | | | | | |
| 平均出售价格 | 元 | 1877. 96 | 2240. 66 | 2213. 37 | 2017. 72 | 1779. 66 | 2372. 18 | 33. 29 |
| 总成本 | 元 | 2134. 95 | 2101. 41 | 2094. 57 | 2133. 92 | 2175. 76 | 2138. 86 | -1. 70 |
| 生产成本 | 元 | 2028. 50 | 1993. 25 | 1978. 63 | 2006. 94 | 2011. 31 | 2020. 91 | 0. 48 |
| 净利润 | 元 | -256. 99 | 139. 25 | 118. 80 | -116. 20 | -396. 10 | 233. 32 | -158. 90 |
| 现金成本 | 元 | 391. 57 | 405. 64 | 471. 77 | 910. 10 | 1116. 86 | 631. 27 | -43. 48 |
| 现金收益 | 元 | 1486. 39 | 1835. 02 | 1741. 60 | 1107. 62 | 662. 80 | 1740. 91 | 162. 66 |
| **附:** | | | | | | | | |
| 每亩用工数量 | 日 | 43. 19 | 43. 24 | 40. 75 | 37. 17 | 35. 11 | 35. 57 | 1. 31 |
| 每亩主产品已出售数量 | 公斤 | 102. 24 | 107. 03 | 105. 28 | 102. 86 | 88. 73 | 101. 06 | 13. 90 |
| 每亩主产品已出售产值 | 元 | 3840. 03 | 4796. 35 | 4660. 49 | 4150. 82 | 3158. 19 | 4794. 66 | 51. 82 |
| 每亩成本外支出 | 元 | 1. 40 | 1. 72 | 1. 88 | 1. 63 | 0. 87 | 1. 04 | 19. 54 |

# 1-17-2　桑蚕茧费用和用工情况

| 项　　目 | 单位 | 2016 年 | 2017 年 | 2018 年 | 2019 年 | 2020 年 | 2021 年 | 2021 年比 2020 年±% |
|---|---|---|---|---|---|---|---|---|
| **一、每亩物质与服务费用** | 元 | **671.52** | **736.59** | **770.85** | **732.30** | **632.61** | **772.80** | **22.16** |
| （一）直接费用 | 元 | 603.16 | 664.23 | 690.71 | 628.29 | 525.77 | 687.90 | 30.84 |
| 1. 种子费 | 元 | 182.71 | 213.92 | 230.11 | 211.17 | 164.48 | 234.78 | 42.74 |
| 2. 化肥费 | 元 | 216.42 | 240.01 | 247.46 | 221.05 | 196.07 | 260.41 | 32.81 |
| 3. 农家肥费 | 元 | 22.87 | 22.90 | 19.81 | 15.23 | 10.89 | 17.39 | 59.69 |
| 4. 农药费 | 元 | 76.65 | 79.53 | 82.53 | 74.50 | 65.18 | 80.62 | 23.69 |
| 5. 农膜费 | 元 | 3.73 | 4.09 | 4.27 | 1.43 | 1.26 | 3.23 | 156.35 |
| 6. 租赁作业费 | 元 | 22.09 | 24.03 | 23.53 | 20.54 | 18.08 | 20.55 | 13.66 |
| 机械作业费 | 元 | 8.79 | 11.80 | 12.98 | 12.76 | 13.03 | 14.43 | 10.74 |
| 排灌费 | 元 | 5.56 | 6.00 | 5.47 | 5.71 | 3.93 | 4.39 | 11.70 |
| 其中：水费 | 元 | 1.61 | 2.52 | 2.35 | 1.82 | 1.95 | 1.16 | -40.51 |
| 畜力费 | 元 | 7.74 | 6.23 | 5.08 | 2.07 | 1.12 | 1.73 | 54.46 |
| 7. 燃料动力费 | 元 | 27.43 | 31.14 | 33.58 | 36.03 | 34.46 | 30.88 | -10.39 |
| 8. 技术服务费 | 元 | 0.25 | 0.25 | 0.47 | 8.88 | 5.83 | 3.90 | -33.10 |
| 9. 工具材料费 | 元 | 30.54 | 29.74 | 32.28 | 29.75 | 20.61 | 25.12 | 21.88 |
| 10. 修理维护费 | 元 | 6.44 | 5.81 | 5.84 | 5.77 | 5.98 | 5.10 | -14.72 |
| 11. 其他直接费用 | 元 | 14.03 | 12.81 | 10.83 | 3.94 | 2.93 | 5.92 | 102.05 |
| （二）间接费用 | 元 | 68.36 | 72.36 | 80.14 | 104.01 | 106.84 | 84.90 | -20.54 |
| 1. 固定资产折旧 | 元 | 56.23 | 60.54 | 64.96 | 63.07 | 69.95 | 62.96 | -9.99 |
| 2. 保险费 | 元 | 4.68 | 5.42 | 8.14 | 5.49 | 4.12 | 6.26 | 51.94 |
| 3. 管理费 | 元 |  |  |  | 28.93 | 21.89 | 9.19 | -58.02 |
| 4. 财务费 | 元 |  |  |  | 2.18 | 2.55 | 1.68 | -34.12 |
| 5. 销售费 | 元 | 7.45 | 6.40 | 7.04 | 4.34 | 8.33 | 4.81 | -42.26 |
| **二、每亩人工成本** | 元 | **3525.62** | **3603.52** | **3474.42** | **3501.30** | **3016.06** | **3363.72** | **11.53** |
| 1. 家庭用工折价 | 元 | 3424.82 | 3503.25 | 3293.73 | 2358.26 | 1700.06 | 2892.50 | 70.14 |
| 家庭用工天数 | 日 | 42.07 | 42.16 | 38.80 | 27.30 | 18.94 | 31.37 | 65.66 |
| 劳动日工价 | 元 | 81.40 | 83.10 | 84.89 | 86.38 | 89.77 | 92.20 | 2.71 |
| 2. 雇工费用 | 元 | 100.80 | 100.27 | 180.69 | 1143.04 | 1316.00 | 471.22 | -64.19 |
| 雇工天数 | 日 | 1.12 | 1.08 | 1.95 | 9.87 | 16.17 | 4.20 | -74.03 |
| 雇工工价 | 元 | 90.00 | 92.84 | 92.66 | 115.81 | 81.39 | 112.20 | 37.86 |
| 三、附 |  |  |  |  |  |  |  |  |
| 1. 每亩种子用量 | 公斤 |  |  |  | 0.02 | 0.11 |  | -100.00 |
| 2. 每亩化肥用量 | 公斤 | 42.08 | 44.42 | 41.82 | 33.22 | 28.71 | 37.87 | 31.91 |
| 3. 每亩农膜用量 | 公斤 | 0.30 | 0.35 | 0.37 | 0.11 | 0.11 | 0.24 | 118.18 |

# 1-17-3 桑蚕茧化肥投入情况

| 项 目 | 单位 | 2016 年 | 2017 年 | 2018 年 | 2019 年 | 2020 年 | 2021 年 | 2021 年比 2020 年±% |
|---|---|---|---|---|---|---|---|---|
| **一、每亩化肥金额** | **元** | **216.42** | **240.01** | **247.46** | **221.05** | **196.07** | **260.41** | **32.81** |
| (一)氮肥 | 元 | 98.67 | 101.22 | 104.42 | 72.11 | 55.94 | 114.25 | 104.24 |
| 1. 尿素 | 元 | 86.95 | 88.59 | 90.90 | 64.94 | 50.82 | 104.24 | 105.12 |
| 2. 碳铵 | 元 | 10.64 | 9.72 | 7.60 | 4.64 | 2.60 | 4.52 | 73.85 |
| 3. 其他氮肥 | 元 | 1.08 | 2.91 | 5.92 | 2.53 | 2.52 | 5.49 | 117.86 |
| (二)磷肥 | 元 | 4.38 | 4.91 | 4.02 | 2.52 | 1.68 | 2.78 | 65.48 |
| 其中:过磷酸钙 | 元 | 4.38 | 4.88 | 3.99 | 2.52 | 1.68 | 2.50 | 48.81 |
| (三)钾肥 | 元 | 3.51 | 3.78 | 3.33 | 1.13 | 0.25 | 0.53 | 112.00 |
| 其中:氯化钾 | 元 | 3.51 | 3.74 | 3.33 | 0.31 | 0.25 | | -100.00 |
| (四)复混肥 | 元 | 107.01 | 127.77 | 131.93 | 129.75 | 126.99 | 134.91 | 6.24 |
| 1. 复合肥 | 元 | 100.90 | 121.55 | 126.63 | 127.54 | 124.91 | 131.55 | 5.32 |
| 其中:二铵 | 元 | 0.50 | 2.20 | 2.57 | 2.24 | 1.07 | 0.97 | -9.35 |
| 三元素复合肥 | 元 | 66.63 | 88.48 | 58.64 | 54.93 | 51.16 | 82.43 | 61.12 |
| 2. 混配肥 | 元 | 6.11 | 6.22 | 5.30 | 2.21 | 2.08 | 3.36 | 61.54 |
| (五)其他肥料 | 元 | 2.85 | 2.33 | 3.76 | 15.54 | 11.21 | 7.94 | -29.17 |
| **二、每亩化肥折纯用量** | **公斤** | **42.08** | **44.42** | **41.82** | **33.22** | **28.71** | **37.87** | **31.91** |
| (一)氮肥 | 公斤 | 24.38 | 23.23 | 21.30 | 14.32 | 11.40 | 19.31 | 69.39 |
| 1. 尿素 | 公斤 | 21.59 | 20.67 | 18.89 | 13.08 | 10.55 | 17.75 | 68.25 |
| 2. 碳铵 | 公斤 | 2.66 | 2.17 | 1.65 | 0.93 | 0.53 | 0.92 | 73.58 |
| 3. 其他氮肥 | 公斤 | 0.13 | 0.39 | 0.76 | 0.31 | 0.32 | 0.64 | 100.00 |
| (二)磷肥 | 公斤 | 0.99 | 1.03 | 0.78 | 0.48 | 0.34 | 0.53 | 55.88 |
| 其中:过磷酸钙 | 公斤 | 0.99 | 1.02 | 0.77 | 0.48 | 0.34 | 0.47 | 38.24 |
| (三)钾肥 | 公斤 | 0.63 | 0.68 | 0.60 | 0.14 | 0.05 | 0.03 | -40.00 |
| 其中:氯化钾 | 公斤 | 0.63 | 0.67 | 0.60 | 0.05 | 0.05 | | -100.00 |
| (四)复混肥 | 公斤 | 16.09 | 19.49 | 19.15 | 18.27 | 16.94 | 18.00 | 6.26 |
| 1. 复合肥 | 公斤 | 15.02 | 18.24 | 18.28 | 17.89 | 16.57 | 17.34 | 4.65 |
| 其中:二铵 | 公斤 | 0.10 | 0.43 | 0.40 | 0.38 | 0.21 | 0.19 | -9.52 |
| 三元素复合肥 | 公斤 | 10.01 | 12.85 | 8.52 | 8.05 | 7.36 | 10.88 | 47.83 |
| 2. 混配肥 | 公斤 | 1.07 | 1.25 | 0.87 | 0.38 | 0.37 | 0.66 | 78.38 |

# 1-18-1 苹果成本收益情况

| 项目 | 单位 | 2016年 | 2017年 | 2018年 | 2019年 | 2020年 | 2021年 | 2021年比2020年±% |
|---|---|---|---|---|---|---|---|---|
| **每亩** | | | | | | | | |
| 主产品产量 | 公斤 | 2018.83 | 2108.66 | 1645.91 | 2065.62 | 1948.91 | 1662.96 | -14.67 |
| 产值合计 | 元 | 6285.53 | 6797.22 | 7518.84 | 7207.58 | 8066.86 | 5469.44 | -32.20 |
| 主产品产值 | 元 | 6282.64 | 6793.92 | 7515.48 | 7204.08 | 8062.70 | 5465.39 | -32.21 |
| 副产品产值 | 元 | 2.89 | 3.30 | 3.36 | 3.50 | 4.16 | 4.05 | -2.64 |
| 总成本 | 元 | 5388.73 | 4887.61 | 4904.82 | 5794.51 | 6113.08 | 5400.40 | -11.66 |
| 生产成本 | 元 | 5051.00 | 4567.00 | 4578.60 | 5479.83 | 5789.70 | 5072.29 | -12.39 |
| 物质与服务费用 | 元 | 1681.85 | 1456.04 | 1513.38 | 1901.99 | 1956.55 | 1705.42 | -12.84 |
| 人工成本 | 元 | 3369.15 | 3110.96 | 3065.22 | 3577.84 | 3833.15 | 3366.87 | -12.16 |
| 家庭用工折价 | 元 | 2049.90 | 2116.06 | 2038.46 | 2046.08 | 2102.05 | 2133.97 | 1.52 |
| 雇工费用 | 元 | 1319.25 | 994.90 | 1026.76 | 1531.76 | 1731.10 | 1232.90 | -28.78 |
| 土地成本 | 元 | 337.73 | 320.61 | 326.22 | 314.68 | 323.38 | 328.11 | 1.46 |
| 流转地租金 | 元 | 62.08 | 60.73 | 75.65 | 75.95 | 83.87 | 84.77 | 1.07 |
| 自营地折租 | 元 | 275.65 | 259.88 | 250.57 | 238.73 | 239.51 | 243.34 | 1.60 |
| 净利润 | 元 | 896.80 | 1909.61 | 2614.02 | 1413.07 | 1953.78 | 69.04 | -96.47 |
| 现金成本 | 元 | 3063.18 | 2511.67 | 2615.79 | 3509.70 | 3771.52 | 3023.09 | -19.84 |
| 现金收益 | 元 | 3222.35 | 4285.55 | 4903.05 | 3697.88 | 4295.34 | 2446.35 | -43.05 |
| 成本利润率 | % | 16.64 | 39.07 | 53.29 | 24.39 | 31.96 | 1.28 | -95.99 |
| **每50公斤主产品** | | | | | | | | |
| 平均出售价格 | 元 | 155.60 | 161.10 | 228.31 | 174.38 | 206.85 | 164.33 | -20.56 |
| 总成本 | 元 | 133.40 | 115.84 | 148.94 | 140.19 | 156.75 | 162.26 | 3.52 |
| 生产成本 | 元 | 125.04 | 108.24 | 139.03 | 132.58 | 148.46 | 152.40 | 2.65 |
| 净利润 | 元 | 22.20 | 45.26 | 79.37 | 34.19 | 50.10 | 2.07 | -95.87 |
| 现金成本 | 元 | 75.83 | 59.53 | 79.43 | 84.91 | 96.71 | 90.83 | -6.08 |
| 现金收益 | 元 | 79.77 | 101.57 | 148.88 | 89.47 | 110.14 | 73.50 | -33.27 |
| **附：** | | | | | | | | |
| 每亩用工数量 | 日 | 37.55 | 35.48 | 33.85 | 37.35 | 37.18 | 32.76 | -11.89 |
| 每亩主产品已出售数量 | 公斤 | 1690.58 | 1694.54 | 1489.41 | 1684.22 | 1634.67 | 1447.99 | -11.42 |
| 每亩主产品已出售产值 | 元 | 5026.89 | 5117.98 | 6786.41 | 5252.59 | 6443.93 | 4691.34 | -27.20 |
| 每亩成本外支出 | 元 | 3.34 | 3.25 | 3.74 | 2.52 | | | |

# 1-18-2 苹果费用和用工情况

| 项 目 | 单位 | 2016 年 | 2017 年 | 2018 年 | 2019 年 | 2020 年 | 2021 年 | 2021 年比 2020 年±% |
|---|---|---|---|---|---|---|---|---|
| **一、每亩物质与服务费用** | 元 | **1681.85** | **1456.04** | **1513.38** | **1901.99** | **1956.55** | **1705.42** | **-12.84** |
| (一)直接费用 | 元 | 1369.15 | 1291.58 | 1331.97 | 1475.89 | 1571.20 | 1461.59 | -6.98 |
| 1. 种子费 | 元 | | | | | | | |
| 2. 化肥费 | 元 | 453.44 | 441.01 | 454.12 | 464.18 | 485.84 | 477.90 | -1.63 |
| 3. 农家肥费 | 元 | 205.82 | 196.71 | 206.06 | 207.22 | 210.98 | 170.98 | -18.96 |
| 4. 农药费 | 元 | 228.52 | 230.48 | 231.82 | 237.73 | 266.24 | 266.04 | -0.08 |
| 5. 农膜费 | 元 | 24.97 | 23.41 | 21.58 | 23.26 | 27.57 | 23.92 | -13.24 |
| 6. 租赁作业费 | 元 | 144.95 | 154.95 | 158.46 | 173.19 | 164.57 | 136.87 | -16.83 |
| 机械作业费 | 元 | 62.86 | 62.11 | 70.42 | 77.60 | 81.43 | 64.00 | -21.40 |
| 排灌费 | 元 | 82.09 | 92.84 | 88.04 | 95.59 | 83.14 | 72.87 | -12.35 |
| 其中:水费 | 元 | 11.72 | 11.39 | 19.24 | 16.21 | 9.61 | 4.93 | -48.70 |
| 畜力费 | 元 | | | | | | | |
| 7. 燃料动力费 | 元 | 30.55 | 14.47 | 20.08 | 43.83 | 37.84 | 23.80 | -37.10 |
| 8. 技术服务费 | 元 | 2.18 | 0.38 | 0.39 | 0.38 | 1.22 | 1.01 | -17.21 |
| 9. 工具材料费 | 元 | 243.16 | 218.62 | 225.80 | 281.46 | 325.51 | 346.26 | 6.37 |
| 10. 修理维护费 | 元 | 35.56 | 11.55 | 13.00 | 44.32 | 51.43 | 14.81 | -71.20 |
| 11. 其他直接费用 | 元 | | | 0.66 | 0.32 | | | |
| (二)间接费用 | 元 | 312.70 | 164.46 | 181.41 | 426.10 | 385.35 | 243.83 | -36.73 |
| 1. 固定资产折旧 | 元 | 87.57 | 80.96 | 98.06 | 118.78 | 93.68 | 94.66 | 1.05 |
| 2. 保险费 | 元 | 13.91 | 14.69 | 19.37 | 28.65 | 33.03 | 36.40 | 10.20 |
| 3. 管理费 | 元 | 79.36 | 21.03 | 13.98 | 71.42 | 72.34 | 11.12 | -84.63 |
| 4. 财务费 | 元 | | 0.42 | | | | | |
| 5. 销售费 | 元 | 131.86 | 47.36 | 50.00 | 207.25 | 186.30 | 101.65 | -45.44 |
| **二、每亩人工成本** | 元 | **3369.15** | **3110.96** | **3065.22** | **3577.84** | **3833.15** | **3366.87** | **-12.16** |
| 1. 家庭用工折价 | 元 | 2049.90 | 2116.06 | 2038.46 | 2046.08 | 2102.05 | 2133.97 | 1.52 |
| 家庭用工天数 | 日 | 25.18 | 25.46 | 24.01 | 23.69 | 23.42 | 23.15 | -1.16 |
| 劳动日工价 | 元 | 81.40 | 83.10 | 84.89 | 86.38 | 89.77 | 92.20 | 2.71 |
| 2. 雇工费用 | 元 | 1319.25 | 994.90 | 1026.76 | 1531.76 | 1731.10 | 1232.90 | -28.78 |
| 雇工天数 | 日 | 12.37 | 10.02 | 9.84 | 13.66 | 13.76 | 9.61 | -30.16 |
| 雇工工价 | 元 | 106.65 | 99.29 | 104.35 | 112.14 | 125.81 | 128.29 | 1.98 |
| 三、附 | | | | | | | | |
| 1. 每亩种子用量 | 公斤 | | | | | | | |
| 2. 每亩化肥用量 | 公斤 | 57.60 | 56.90 | 55.31 | 51.20 | 54.66 | 50.55 | -7.52 |
| 3. 每亩农膜用量 | 公斤 | 1.71 | 1.53 | 1.51 | 1.62 | 1.81 | 1.52 | -16.02 |

# 1-18-3　苹果化肥投入情况

| 项　　目 | 单位 | 2016 年 | 2017 年 | 2018 年 | 2019 年 | 2020 年 | 2021 年 | 2021 年比 2020 年±% |
|---|---|---|---|---|---|---|---|---|
| **一、每亩化肥金额** | **元** | **453.44** | **441.01** | **454.12** | **464.18** | **485.84** | **477.90** | **-1.63** |
| （一）氮肥 | 元 | 44.06 | 41.67 | 40.56 | 36.65 | 40.31 | 31.41 | -22.08 |
| 1. 尿素 | 元 | 42.16 | 39.63 | 39.42 | 34.52 | 38.56 | 30.56 | -20.75 |
| 2. 碳铵 | 元 | 1.85 | 1.23 | 0.67 | 1.72 | 1.17 | 0.49 | -58.12 |
| 3. 其他氮肥 | 元 | 0.05 | 0.81 | 0.47 | 0.41 | 0.58 | 0.36 | -37.93 |
| （二）磷肥 | 元 | 1.69 | 1.58 | 1.71 | 4.14 | 2.11 | 1.38 | -34.60 |
| 其中：过磷酸钙 | 元 | 1.69 | 1.30 | 1.71 | 3.16 | 2.11 | 0.87 | -58.77 |
| （三）钾肥 | 元 | 5.65 | 7.41 | 7.32 | 8.30 | 6.88 | 7.08 | 2.91 |
| 其中：氯化钾 | 元 | 5.15 | 2.41 | 1.83 | 5.11 | 4.32 | 3.52 | -18.52 |
| （四）复混肥 | 元 | 295.50 | 294.65 | 297.65 | 274.47 | 299.62 | 313.29 | 4.56 |
| 1. 复合肥 | 元 | 294.57 | 289.30 | 291.16 | 265.92 | 299.62 | 313.06 | 4.49 |
| 其中：二铵 | 元 | 34.60 | 34.29 | 31.60 | 30.62 | 24.29 | 24.13 | -0.66 |
| 三元素复合肥 | 元 | 171.52 | 147.84 | 159.52 | 148.30 | 169.70 | 186.16 | 9.70 |
| 2. 混配肥 | 元 | 0.93 | 5.35 | 6.49 | 8.55 |  | 0.23 |  |
| （五）其他肥料 | 元 | 106.54 | 95.70 | 106.88 | 140.62 | 136.92 | 124.74 | -8.90 |
| **二、每亩化肥折纯用量** | **公斤** | **57.60** | **56.90** | **55.31** | **51.20** | **54.66** | **50.55** | **-7.52** |
| （一）氮肥 | 公斤 | 12.37 | 11.06 | 9.48 | 8.39 | 9.54 | 6.40 | -32.91 |
| 1. 尿素 | 公斤 | 11.82 | 10.61 | 9.26 | 7.90 | 9.17 | 6.18 | -32.61 |
| 2. 碳铵 | 公斤 | 0.54 | 0.28 | 0.16 | 0.42 | 0.28 | 0.11 | -60.71 |
| 3. 其他氮肥 | 公斤 | 0.01 | 0.17 | 0.06 | 0.07 | 0.09 | 0.11 | 22.22 |
| （二）磷肥 | 公斤 | 0.35 | 0.29 | 0.38 | 0.80 | 0.44 | 0.29 | -34.09 |
| 其中：过磷酸钙 | 公斤 | 0.35 | 0.25 | 0.38 | 0.68 | 0.44 | 0.22 | -50.00 |
| （三）钾肥 | 公斤 | 1.04 | 1.07 | 1.10 | 1.61 | 1.14 | 1.24 | 8.77 |
| 其中：氯化钾 | 公斤 | 0.99 | 0.44 | 0.30 | 1.28 | 0.85 | 0.71 | -16.47 |
| （四）复混肥 | 公斤 | 43.85 | 44.49 | 44.35 | 40.41 | 43.55 | 42.64 | -2.09 |
| 1. 复合肥 | 公斤 | 43.71 | 43.82 | 43.22 | 39.40 | 43.55 | 42.61 | -2.16 |
| 其中：二铵 | 公斤 | 6.94 | 7.29 | 6.38 | 6.18 | 5.09 | 4.67 | -8.25 |
| 三元素复合肥 | 公斤 | 25.75 | 22.59 | 23.57 | 22.33 | 25.05 | 25.24 | 0.76 |
| 2. 混配肥 | 公斤 | 0.14 | 0.67 | 1.13 | 1.01 |  | 0.03 |  |

# 1-19-1　散养生猪成本收益情况

| 项　　目 | 单位 | 2016 年 | 2017 年 | 2018 年 | 2019 年 | 2020 年 | 2021 年 | 2021 年比 2020 年±% |
|---|---|---|---|---|---|---|---|---|
| **每头** | | | | | | | | |
| 主产品产量 | 公斤 | 118.31 | 120.72 | 122.53 | 120.90 | 123.31 | 126.19 | 2.34 |
| 产值合计 | 元 | 2214.54 | 1826.77 | 1637.45 | 2617.81 | 4146.29 | 2586.49 | -37.62 |
| 主产品产值 | 元 | 2197.96 | 1810.81 | 1621.56 | 2601.53 | 4130.16 | 2571.88 | -37.73 |
| 副产品产值 | 元 | 16.58 | 15.96 | 15.89 | 16.28 | 16.13 | 14.61 | -9.42 |
| 总成本 | 元 | 2050.61 | 2006.98 | 1872.97 | 1980.06 | 2913.65 | 2709.18 | -7.02 |
| 生产成本 | 元 | 2050.49 | 2006.80 | 1872.83 | 1979.86 | 2913.51 | 2709.04 | -7.02 |
| 物质与服务费用 | 元 | 1544.26 | 1509.95 | 1374.27 | 1477.99 | 2375.52 | 2196.22 | -7.55 |
| 人工成本 | 元 | 506.23 | 496.85 | 498.56 | 501.87 | 537.99 | 512.82 | -4.68 |
| 家庭用工折价 | 元 | 506.23 | 496.85 | 498.56 | 501.87 | 537.99 | 512.82 | -4.68 |
| 雇工费用 | 元 | | | | | | | |
| 土地成本 | 元 | 0.12 | 0.18 | 0.14 | 0.20 | 0.14 | 0.14 | |
| 净利润 | 元 | 163.93 | -180.21 | -235.52 | 637.75 | 1232.64 | -122.69 | |
| 成本利润率 | % | 7.99 | -8.98 | -12.57 | 32.21 | 42.31 | -4.53 | |
| **每 50 公斤主产品** | | | | | | | | |
| 平均出售价格 | 元 | 928.90 | 750.00 | 661.70 | 1075.90 | 1674.71 | 1019.05 | -39.15 |
| 总成本 | 元 | 860.14 | 823.99 | 756.87 | 813.79 | 1176.84 | 1067.39 | -9.30 |
| 生产成本 | 元 | 860.09 | 823.92 | 756.82 | 813.71 | 1176.78 | 1067.33 | -9.30 |
| 净利润 | 元 | 68.76 | -73.99 | -95.17 | 262.11 | 497.87 | -48.34 | |
| **附：** | | | | | | | | |
| 每头用工数量 | 日 | 6.22 | 5.98 | 5.87 | 5.81 | 5.99 | 5.56 | -7.18 |
| 平均饲养天数 | 日 | 161.59 | 163.85 | 166.21 | 160.77 | 164.08 | 165.64 | 0.95 |

# 1-19-2 散养生猪费用和用工情况

| 项　　目 | 单位 | 2016 年 | 2017 年 | 2018 年 | 2019 年 | 2020 年 | 2021 年 | 2021 年比 2020 年±% |
|---|---|---|---|---|---|---|---|---|
| **一、每头物质与服务费用** | **元** | **1544.26** | **1509.95** | **1374.27** | **1477.99** | **2375.52** | **2196.22** | **-7.55** |
| (一)直接费用 | 元 | 1533.63 | 1498.52 | 1362.56 | 1465.50 | 2362.46 | 2182.96 | -7.60 |
| 1. 仔畜费 | 元 | 639.50 | 588.90 | 425.86 | 554.55 | 1342.90 | 1010.71 | -24.74 |
| 2. 精饲料费 | 元 | 819.09 | 831.81 | 857.70 | 822.54 | 931.71 | 1084.41 | 16.39 |
| 3. 青粗饲料费 | 元 | 25.94 | 28.53 | 30.29 | 29.83 | 28.84 | 28.26 | -2.01 |
| 4. 饲料加工费 | 元 | 6.43 | 6.04 | 6.04 | 6.53 | 6.34 | 5.43 | -14.35 |
| 5. 水费 | 元 | 2.12 | 2.38 | 2.46 | 2.72 | 2.68 | 2.77 | 3.36 |
| 6. 燃料动力费 | 元 | 6.23 | 5.95 | 6.54 | 6.93 | 5.66 | 4.09 | -27.74 |
| 电费 | 元 | 2.60 | 2.94 | 3.27 | 2.93 | 3.08 | 3.22 | 4.55 |
| 煤费 | 元 | 1.50 | 0.87 | 1.14 | 1.21 | 1.11 | 0.71 | -36.04 |
| 其他燃料动力费 | 元 | 2.13 | 2.14 | 2.13 | 2.79 | 1.47 | 0.16 | -89.12 |
| 7. 医疗防疫费 | 元 | 15.38 | 16.43 | 15.75 | 19.64 | 20.59 | 24.67 | 19.82 |
| 8. 死亡损失费 | 元 | 12.24 | 11.74 | 11.45 | 16.43 | 17.06 | 15.96 | -6.45 |
| 9. 技术服务费 | 元 |  |  | 0.01 |  |  |  |  |
| 10. 工具材料费 | 元 | 3.21 | 3.25 | 3.08 | 2.99 | 3.16 | 3.18 | 0.63 |
| 11. 修理维护费 | 元 | 2.02 | 2.09 | 1.93 | 1.99 | 2.18 | 2.16 | -0.92 |
| 12. 其他直接费用 | 元 | 1.47 | 1.40 | 1.45 | 1.35 | 1.34 | 1.32 | -1.49 |
| (二)间接费用 | 元 | 10.63 | 11.43 | 11.71 | 12.49 | 13.06 | 13.26 | 1.53 |
| 1. 固定资产折旧 | 元 | 8.24 | 8.13 | 8.40 | 8.89 | 9.17 | 9.46 | 3.16 |
| 2. 保险费 | 元 | 0.56 | 1.06 | 1.20 | 1.29 | 1.51 | 1.72 | 13.91 |
| 3. 管理费 | 元 | 0.04 | 0.01 | 0.01 | 0.02 | 0.13 | 0.14 | 7.69 |
| 4. 财务费 | 元 |  |  |  |  |  |  |  |
| 5. 销售费 | 元 | 1.79 | 2.23 | 2.10 | 2.29 | 2.25 | 1.94 | -13.78 |
| **二、每头人工成本** | **元** | **506.23** | **496.85** | **498.56** | **501.87** | **537.99** | **512.82** | **-4.68** |
| 1. 家庭用工折价 | 元 | 506.23 | 496.85 | 498.56 | 501.87 | 537.99 | 512.82 | -4.68 |
| 家庭用工天数 | 日 | 6.22 | 5.98 | 5.87 | 5.81 | 5.99 | 5.56 | -7.19 |
| 劳动日工价 | 元 | 81.40 | 83.10 | 84.89 | 86.38 | 89.77 | 92.20 | 2.71 |
| 2. 雇工费用 | 元 |  |  |  |  |  |  |  |
| 雇工天数 | 日 |  |  |  |  |  |  |  |
| 雇工工价 | 元 | 87.37 | 91.92 | 97.68 | 99.66 | 106.21 | 111.63 | 5.10 |
| 三、附 |  |  |  |  |  |  |  |  |
| 1. 仔畜重量 | 公斤 | 17.51 | 16.91 | 17.64 | 18.08 | 17.51 | 16.72 | -4.51 |
| 2. 精饲料数量 | 公斤 | 318.12 | 321.77 | 326.72 | 311.12 | 326.51 | 328.16 | 0.51 |
| 3. 耗粮数量 | 公斤 | 225.43 | 231.07 | 234.37 | 219.77 | 232.73 | 238.54 | 2.50 |

# 1-20-1 规模生猪成本收益情况

| 项 目 | 单位 | 2016 年 | 2017 年 | 2018 年 | 2019 年 | 2020 年 | 2021 年 | 2021 年比 2020 年±% |
|---|---|---|---|---|---|---|---|---|
| **每头** | | | | | | | | |
| 主产品产量 | 公斤 | 119.26 | 120.80 | 122.62 | 124.45 | 127.85 | 131.15 | 2.58 |
| 产值合计 | 元 | 2223.68 | 1842.18 | 1595.15 | 2625.52 | 4252.22 | 2595.72 | -38.96 |
| 主产品产值 | 元 | 2210.58 | 1829.83 | 1583.32 | 2613.30 | 4240.73 | 2584.41 | -39.06 |
| 副产品产值 | 元 | 13.10 | 12.35 | 11.83 | 12.22 | 11.49 | 11.31 | -1.57 |
| 总成本 | 元 | 1809.99 | 1726.94 | 1584.93 | 1797.08 | 2699.42 | 2487.64 | -7.85 |
| 生产成本 | 元 | 1807.39 | 1724.36 | 1582.04 | 1794.37 | 2696.12 | 2483.90 | -7.87 |
| 物质与服务费用 | 元 | 1627.98 | 1546.82 | 1403.01 | 1609.23 | 2507.88 | 2296.54 | -8.43 |
| 人工成本 | 元 | 179.41 | 177.54 | 179.03 | 185.14 | 188.24 | 187.36 | -0.47 |
| 家庭用工折价 | 元 | 126.98 | 124.65 | 126.49 | 127.84 | 132.86 | 133.69 | 0.63 |
| 雇工费用 | 元 | 52.43 | 52.89 | 52.54 | 57.30 | 55.38 | 53.67 | -3.09 |
| 土地成本 | 元 | 2.60 | 2.58 | 2.89 | 2.71 | 3.30 | 3.74 | 13.33 |
| 净利润 | 元 | 413.69 | 115.24 | 10.22 | 828.44 | 1552.80 | 108.08 | -93.04 |
| 成本利润率 | % | 22.86 | 6.67 | 0.65 | 46.10 | 57.52 | 4.34 | -92.45 |
| **每 50 公斤主产品** | | | | | | | | |
| 平均出售价格 | 元 | 926.79 | 757.38 | 645.62 | 1049.94 | 1658.48 | 985.29 | -40.59 |
| 总成本 | 元 | 754.37 | 710.00 | 641.48 | 718.65 | 1052.85 | 944.26 | -10.31 |
| 生产成本 | 元 | 753.29 | 708.94 | 640.31 | 717.57 | 1051.56 | 942.85 | -10.34 |
| 净利润 | 元 | 172.42 | 47.38 | 4.14 | 331.29 | 605.63 | 41.03 | -93.23 |
| **附：** | | | | | | | | |
| 每头用工数量 | 日 | 2.13 | 2.06 | 2.03 | 2.06 | 1.98 | 1.90 | -4.04 |
| 平均饲养天数 | 日 | 147.27 | 149.06 | 150.55 | 152.00 | 156.24 | 159.08 | 1.82 |

# 1-20-2 规模生猪费用和用工情况

| 项 目 | 单位 | 2016 年 | 2017 年 | 2018 年 | 2019 年 | 2020 年 | 2021 年 | 2021 年比 2020 年±% |
|---|---|---|---|---|---|---|---|---|
| **一、每头物质与服务费用** | 元 | **1627. 98** | **1546. 82** | **1403. 01** | **1609. 23** | **2507. 88** | **2296. 54** | **-8. 43** |
| （一）直接费用 | 元 | 1606. 81 | 1524. 03 | 1378. 96 | 1582. 19 | 2476. 64 | 2262. 36 | -8. 65 |
| 1. 仔畜费 | 元 | 687. 97 | 620. 75 | 446. 54 | 617. 88 | 1394. 70 | 1004. 36 | -27. 99 |
| 2. 精饲料费 | 元 | 863. 09 | 850. 00 | 878. 41 | 898. 00 | 1008. 90 | 1186. 14 | 17. 57 |
| 3. 青粗饲料费 | 元 | 3. 65 | 2. 87 | 2. 94 | 2. 83 | 5. 62 | 3. 65 | -35. 05 |
| 4. 饲料加工费 | 元 | 2. 52 | 2. 33 | 2. 25 | 2. 50 | 2. 14 | 1. 97 | -7. 94 |
| 5. 水费 | 元 | 2. 55 | 2. 57 | 2. 74 | 2. 79 | 2. 87 | 3. 03 | 5. 57 |
| 6. 燃料动力费 | 元 | 5. 89 | 6. 05 | 6. 63 | 6. 31 | 6. 83 | 7. 12 | 4. 25 |
| 电费 | 元 | 4. 61 | 4. 87 | 5. 27 | 5. 33 | 5. 75 | 5. 86 | 1. 91 |
| 煤费 | 元 | 1. 23 | 1. 12 | 1. 25 | 0. 95 | 0. 94 | 1. 01 | 7. 45 |
| 其他燃料动力费 | 元 | 0. 05 | 0. 06 | 0. 11 | 0. 03 | 0. 14 | 0. 25 | 78. 57 |
| 7. 医疗防疫费 | 元 | 20. 21 | 19. 83 | 20. 21 | 25. 65 | 28. 37 | 29. 20 | 2. 93 |
| 8. 死亡损失费 | 元 | 14. 03 | 13. 10 | 12. 92 | 19. 25 | 20. 02 | 19. 65 | -1. 85 |
| 9. 技术服务费 | 元 | 0. 48 | 0. 42 | 0. 39 | 0. 79 | 0. 54 | 0. 57 | 5. 56 |
| 10. 工具材料费 | 元 | 2. 66 | 2. 59 | 2. 66 | 2. 65 | 2. 88 | 3. 07 | 6. 60 |
| 11. 修理维护费 | 元 | 2. 67 | 2. 51 | 2. 54 | 2. 61 | 2. 92 | 2. 91 | -0. 34 |
| 12. 其他直接费用 | 元 | 1. 09 | 1. 01 | 0. 73 | 0. 93 | 0. 85 | 0. 69 | -18. 82 |
| （二）间接费用 | 元 | 21. 17 | 22. 79 | 24. 05 | 27. 04 | 31. 24 | 34. 18 | 9. 41 |
| 1. 固定资产折旧 | 元 | 12. 61 | 13. 63 | 13. 82 | 13. 99 | 15. 69 | 17. 04 | 8. 60 |
| 2. 保险费 | 元 | 3. 44 | 4. 06 | 5. 13 | 7. 48 | 9. 22 | 10. 44 | 13. 23 |
| 3. 管理费 | 元 | 2. 54 | 2. 73 | 2. 69 | 1. 98 | 3. 07 | 3. 39 | 10. 42 |
| 4. 财务费 | 元 | 0. 81 | 0. 67 | 0. 59 | 1. 12 | 0. 88 | 0. 88 | |
| 5. 销售费 | 元 | 1. 77 | 1. 70 | 1. 82 | 2. 47 | 2. 38 | 2. 43 | 2. 10 |
| **二、每头人工成本** | 元 | **179. 41** | **177. 54** | **179. 03** | **185. 14** | **188. 24** | **187. 36** | **-0. 47** |
| 1. 家庭用工折价 | 元 | 126. 98 | 124. 65 | 126. 49 | 127. 84 | 132. 86 | 133. 69 | 0. 63 |
| 家庭用工天数 | 日 | 1. 56 | 1. 50 | 1. 49 | 1. 48 | 1. 48 | 1. 45 | -2. 03 |
| 劳动日工价 | 元 | 81. 40 | 83. 10 | 84. 89 | 86. 38 | 89. 77 | 92. 20 | 2. 71 |
| 2. 雇工费用 | 元 | 52. 43 | 52. 89 | 52. 54 | 57. 30 | 55. 38 | 53. 67 | -3. 09 |
| 雇工天数 | 日 | 0. 57 | 0. 56 | 0. 54 | 0. 58 | 0. 50 | 0. 45 | -10. 00 |
| 雇工工价 | 元 | 91. 98 | 94. 45 | 97. 30 | 98. 79 | 110. 76 | 119. 27 | 7. 68 |
| 三、附 | | | | | | | | |
| 1. 仔畜重量 | 公斤 | 17. 93 | 17. 84 | 17. 90 | 17. 65 | 17. 48 | 17. 24 | -1. 37 |
| 2. 精饲料数量 | 公斤 | 309. 96 | 313. 09 | 317. 34 | 322. 75 | 335. 96 | 345. 93 | 2. 97 |
| 3. 耗粮数量 | 公斤 | 229. 75 | 234. 45 | 237. 75 | 243. 31 | 252. 63 | 259. 92 | 2. 89 |

# 1-21-1　大中城市蔬菜平均成本收益情况

| 项　　目 | 单位 | 2016 年 | 2017 年 | 2018 年 | 2019 年 | 2020 年 | 2021 年 | 2021 年比 2020 年±% |
|---|---|---|---|---|---|---|---|---|
| **每亩** | | | | | | | | |
| 主产品产量 | 公斤 | 3614.50 | 3736.48 | 3714.45 | 3956.83 | 3881.12 | 3785.42 | -2.47 |
| 产值合计 | 元 | 7104.70 | 7560.58 | 8225.46 | 8224.72 | 9296.25 | 9115.60 | -1.94 |
| 主产品产值 | 元 | 7104.70 | 7560.58 | 8225.46 | 8224.72 | 9296.25 | 9115.60 | -1.94 |
| 副产品产值 | 元 | | | | | | | |
| 总成本 | 元 | 4954.19 | 5433.78 | 5536.98 | 5099.63 | 5165.08 | 5446.36 | 5.45 |
| 生产成本 | 元 | 4577.92 | 5057.83 | 5150.97 | 4707.50 | 4769.22 | 4995.03 | 4.73 |
| 物质与服务费用 | 元 | 1767.67 | 1896.20 | 1994.97 | 1728.48 | 1685.19 | 1832.50 | 8.74 |
| 人工成本 | 元 | 2810.25 | 3161.63 | 3156.00 | 2979.02 | 3084.03 | 3162.53 | 2.55 |
| 家庭用工折价 | 元 | 2141.80 | 2009.36 | 2061.13 | 2253.65 | 2277.46 | 2127.98 | -6.56 |
| 雇工费用 | 元 | 668.45 | 1152.27 | 1094.87 | 725.37 | 806.57 | 1034.55 | 28.27 |
| 土地成本 | 元 | 376.27 | 375.95 | 386.01 | 392.13 | 395.86 | 451.33 | 14.01 |
| 流转地租金 | 元 | 107.30 | 138.86 | 120.77 | 126.84 | 138.48 | 163.15 | 17.81 |
| 自营地折租 | 元 | 268.97 | 237.09 | 265.24 | 265.29 | 257.38 | 288.18 | 11.97 |
| 净利润 | 元 | 2150.51 | 2126.80 | 2688.48 | 3125.09 | 4131.17 | 3669.24 | -11.18 |
| 现金成本 | 元 | 2543.42 | 3187.33 | 3210.61 | 2580.69 | 2630.24 | 3030.20 | 15.21 |
| 现金收益 | 元 | 4561.28 | 4373.25 | 5014.85 | 5644.03 | 6666.01 | 6085.40 | -8.71 |
| 成本利润率 | % | 43.41 | 39.14 | 48.56 | 61.28 | 79.98 | 67.37 | -15.77 |
| **每 50 公斤主产品** | | | | | | | | |
| 平均出售价格 | 元 | 95.58 | 101.17 | 110.72 | 103.93 | 119.76 | 120.40 | 0.53 |
| 总成本 | 元 | 67.76 | 72.71 | 74.53 | 64.44 | 66.54 | 71.94 | 8.12 |
| 生产成本 | 元 | 62.31 | 67.68 | 69.34 | 59.49 | 61.44 | 65.97 | 7.37 |
| 净利润 | 元 | 27.82 | 28.46 | 36.19 | 39.49 | 53.22 | 48.46 | -8.94 |
| 现金成本 | 元 | 34.88 | 42.65 | 43.22 | 32.61 | 33.88 | 40.02 | 18.12 |
| 现金收益 | 元 | 60.70 | 58.52 | 67.50 | 71.32 | 85.88 | 80.38 | -6.40 |
| **附：** | | | | | | | | |
| 每亩用工数量 | 日 | 32.74 | 35.00 | 33.95 | 32.20 | 31.70 | 30.83 | -2.74 |
| 每亩主产品已出售数量 | 公斤 | 3577.44 | 3667.73 | 3625.53 | 3897.68 | 3854.78 | 3767.31 | -2.27 |
| 每亩主产品已出售产值 | 元 | 7038.23 | 7463.15 | 8103.39 | 8172.49 | 9250.56 | 9084.45 | -1.80 |
| 每亩成本外支出 | 元 | 0.46 | 0.33 | 0.32 | 0.59 | | | |

# 1-21-2 大中城市蔬菜平均费用和用工情况

| 项　　目 | 单位 | 2016 年 | 2017 年 | 2018 年 | 2019 年 | 2020 年 | 2021 年 | 2021 年比 2020 年±% |
|---|---|---|---|---|---|---|---|---|
| **一、每亩物质与服务费用** | 元 | **1889.01** | **1896.20** | **1994.97** | **1971.57** | **1685.19** | **1832.50** | **8.74** |
| （一）直接费用 | 元 | 1567.19 | 1575.18 | 1681.79 | 1651.16 | 1431.13 | 1586.28 | 10.84 |
| 1. 种子费 | 元 | 197.59 | 202.34 | 236.63 | 245.69 | 223.86 | 284.34 | 27.02 |
| 2. 化肥费 | 元 | 419.70 | 420.97 | 481.76 | 413.70 | 364.71 | 401.56 | 10.10 |
| 3. 农家肥费 | 元 | 264.17 | 258.55 | 266.67 | 257.30 | 234.15 | 257.36 | 9.91 |
| 4. 农药费 | 元 | 163.98 | 169.40 | 181.24 | 183.44 | 161.72 | 182.14 | 12.63 |
| 5. 农膜费 | 元 | 176.65 | 180.09 | 172.30 | 221.80 | 165.19 | 177.66 | 7.55 |
| 6. 租赁作业费 | 元 | 193.46 | 198.99 | 195.16 | 181.52 | 170.47 | 184.65 | 8.32 |
| 机械作业费 | 元 | 88.50 | 83.72 | 80.61 | 88.78 | 87.74 | 110.32 | 25.74 |
| 排灌费 | 元 | 70.28 | 80.28 | 78.55 | 77.40 | 67.69 | 65.94 | -2.59 |
| 其中：水费 | 元 | 26.43 | 23.33 | 27.05 | 20.34 | 20.12 | 18.12 | -9.94 |
| 畜力费 | 元 | 34.68 | 34.99 | 36.00 | 15.34 | 15.04 | 8.39 | -44.22 |
| 7. 燃料动力费 | 元 | 42.90 | 39.39 | 43.07 | 32.11 | 27.11 | 16.93 | -37.55 |
| 8. 技术服务费 | 元 | 0.49 | 0.72 | 0.95 | 0.57 | 0.27 | 0.35 | 29.63 |
| 9. 工具材料费 | 元 | 85.79 | 81.29 | 78.87 | 95.45 | 67.00 | 67.12 | 0.18 |
| 10. 修理维护费 | 元 | 21.77 | 22.81 | 24.22 | 19.33 | 16.35 | 13.83 | -15.41 |
| 11. 其他直接费用 | 元 | 0.69 | 0.63 | 0.92 | 0.24 | 0.30 | 0.34 | 13.33 |
| （二）间接费用 | 元 | 321.82 | 321.02 | 313.18 | 320.41 | 254.06 | 246.22 | -3.09 |
| 1. 固定资产折旧 | 元 | 188.92 | 165.30 | 192.65 | 214.17 | 175.78 | 160.82 | -8.51 |
| 2. 保险费 | 元 | 7.04 | 4.43 | 6.82 | 13.62 | 3.44 | 2.87 | -16.57 |
| 3. 管理费 | 元 | 2.26 | 4.90 | 2.66 | 3.52 | 2.47 | 2.76 | 11.74 |
| 4. 财务费 | 元 | 0.53 | 2.44 | 1.06 | 0.83 | 0.82 | 0.94 | 14.63 |
| 5. 销售费 | 元 | 123.07 | 143.95 | 109.99 | 88.27 | 71.55 | 78.83 | 10.17 |
| **二、每亩人工成本** | 元 | **2818.95** | **3161.63** | **3156.00** | **3433.36** | **3084.03** | **3162.53** | **2.55** |
| 1. 家庭用工折价 | 元 | 2156.29 | 2009.36 | 2061.13 | 2638.38 | 2277.46 | 2127.98 | -6.56 |
| 家庭用工天数 | 日 | 26.49 | 24.18 | 24.28 | 30.54 | 25.37 | 23.08 | -9.03 |
| 劳动日工价 | 元 | 81.40 | 83.10 | 84.89 | 86.38 | 89.77 | 92.20 | 2.71 |
| 2. 雇工费用 | 元 | 662.66 | 1152.27 | 1094.87 | 794.98 | 806.57 | 1034.55 | 28.27 |
| 雇工天数 | 日 | 6.39 | 10.82 | 9.67 | 6.73 | 6.33 | 7.75 | 22.43 |
| 雇工工价 | 元 | 103.70 | 106.49 | 113.22 | 120.97 | 127.42 | 133.49 | 4.76 |
| **三、附** | | | | | | | | |
| 1. 每亩种子用量 | 公斤 | | | | | 5.52 | 3.44 | -37.68 |
| 2. 每亩化肥用量 | 公斤 | 58.97 | 57.39 | 61.08 | 52.31 | 46.93 | 45.91 | -2.17 |
| 3. 每亩农膜用量 | 公斤 | 12.06 | 11.93 | 11.87 | 14.96 | 11.55 | 11.94 | 3.38 |

# 1-21-3 大中城市蔬菜平均化肥投入情况

| 项 目 | 单位 | 2016 年 | 2017 年 | 2018 年 | 2019 年 | 2020 年 | 2021 年 | 2021 年比 2020 年±% |
|---|---|---|---|---|---|---|---|---|
| **一、每亩化肥金额** | **元** | **419.70** | **420.97** | **481.76** | **413.70** | **364.71** | **401.56** | **10.10** |
| (一)氮肥 | 元 | 43.24 | 52.71 | 50.88 | 53.60 | 46.52 | 56.91 | 22.33 |
| 1. 尿素 | 元 | 40.06 | 50.96 | 48.92 | 52.86 | 46.03 | 55.55 | 20.68 |
| 2. 碳铵 | 元 | 3.14 | 1.75 | 1.95 | 0.75 | 0.35 | 1.18 | 237.14 |
| 3. 其他氮肥 | 元 | 0.04 |  | 0.01 |  | 0.14 | 0.18 | 28.57 |
| (二)磷肥 | 元 | 36.81 | 36.54 | 34.56 | 19.42 | 17.97 | 12.52 | -30.33 |
| 其中:过磷酸钙 | 元 | 31.50 | 32.42 | 34.48 | 18.96 | 17.93 | 12.50 | -30.28 |
| (三)钾肥 | 元 | 93.22 | 86.55 | 92.09 | 48.82 | 36.52 | 14.45 | -60.43 |
| 其中:氯化钾 | 元 | 90.21 | 84.55 | 89.32 | 43.63 | 33.26 | 6.41 | -80.73 |
| (四)复混肥 | 元 | 209.12 | 206.23 | 252.38 | 247.69 | 224.40 | 275.78 | 22.90 |
| 1. 复合肥 | 元 | 203.85 | 205.65 | 247.88 | 247.57 | 224.25 | 275.23 | 22.73 |
| 其中:二铵 | 元 | 23.39 | 18.73 | 18.73 | 31.35 | 26.39 | 30.83 | 16.82 |
| 三元素复合肥 | 元 | 86.51 | 70.74 | 70.07 | 111.70 | 115.78 | 136.21 | 17.65 |
| 2. 混配肥 | 元 | 5.27 | 0.58 | 4.50 | 0.12 | 0.15 | 0.55 | 266.67 |
| (五)其他肥料 | 元 | 37.32 | 38.95 | 51.85 | 44.17 | 39.32 | 41.91 | 6.59 |
| **二、每亩化肥折纯用量** | **公斤** | **58.97** | **57.39** | **61.08** | **52.31** | **46.93** | **45.91** | **-2.17** |
| (一)氮肥 | 公斤 | 10.50 | 12.00 | 10.81 | 11.54 | 10.42 | 10.38 | -0.38 |
| 1. 尿素 | 公斤 | 9.86 | 11.62 | 10.42 | 11.38 | 10.31 | 10.11 | -1.94 |
| 2. 碳铵 | 公斤 | 0.63 | 0.38 | 0.39 | 0.16 | 0.08 | 0.22 | 175.00 |
| 3. 其他氮肥 | 公斤 | 0.01 |  |  |  | 0.03 | 0.05 | 66.67 |
| (二)磷肥 | 公斤 | 7.06 | 6.55 | 5.94 | 3.80 | 2.97 | 2.06 | -30.64 |
| 其中:过磷酸钙 | 公斤 | 6.08 | 5.73 | 5.92 | 3.71 | 2.96 | 2.06 | -30.41 |
| (三)钾肥 | 公斤 | 12.29 | 11.21 | 11.71 | 6.47 | 4.80 | 1.84 | -61.67 |
| 其中:氯化钾 | 公斤 | 12.00 | 11.01 | 11.41 | 5.99 | 4.52 | 1.12 | -75.22 |
| (四)复混肥 | 公斤 | 29.12 | 27.63 | 32.62 | 30.50 | 28.74 | 31.63 | 10.06 |
| 1. 复合肥 | 公斤 | 28.15 | 27.54 | 32.03 | 30.48 | 28.69 | 31.53 | 9.90 |
| 其中:二铵 | 公斤 | 4.80 | 3.94 | 3.70 | 6.04 | 5.30 | 5.66 | 6.79 |
| 三元素复合肥 | 公斤 | 11.45 | 8.20 | 10.34 | 14.09 | 14.36 | 15.50 | 7.94 |
| 2. 混配肥 | 公斤 | 0.97 | 0.09 | 0.59 | 0.02 | 0.05 | 0.10 | 100.00 |

# 1-22-1　2021 年全国种植业产品成本收益情况

| 项　　目 | 单位 | 三种粮食平　均 | 稻　谷 | 早籼稻 | 中籼稻 | 晚籼稻 | 粳　稻 | 小　麦 |
|---|---|---|---|---|---|---|---|---|
| 每亩 | | | | | | | | |
| 主产品产量 | 公斤 | 486.41 | 488.89 | 416.60 | 551.68 | 430.04 | 557.23 | 463.39 |
| 产值合计 | 元 | 1274.04 | 1341.24 | 1098.78 | 1480.55 | 1229.25 | 1556.36 | 1169.98 |
| 主产品产值 | 元 | 1249.82 | 1325.59 | 1086.50 | 1462.61 | 1217.00 | 1536.23 | 1140.48 |
| 副产品产值 | 元 | 24.22 | 15.65 | 12.28 | 17.94 | 12.25 | 20.13 | 29.50 |
| 总成本 | 元 | 1157.22 | 1281.25 | 1167.18 | 1249.99 | 1236.63 | 1472.83 | 1040.88 |
| 生产成本 | 元 | 899.68 | 1031.32 | 979.12 | 1055.96 | 1044.11 | 1047.74 | 812.94 |
| 物质与服务费用 | 元 | 485.73 | 568.83 | 551.50 | 521.99 | 596.96 | 604.79 | 482.56 |
| 人工成本 | 元 | 413.95 | 462.49 | 427.62 | 533.97 | 447.15 | 442.95 | 330.38 |
| 家庭用工折价 | 元 | 370.64 | 381.71 | 383.83 | 465.70 | 369.63 | 309.42 | 315.14 |
| 雇工费用 | 元 | 43.31 | 80.78 | 43.79 | 68.27 | 77.52 | 133.53 | 15.24 |
| 土地成本 | 元 | 257.54 | 249.93 | 188.06 | 194.03 | 192.52 | 425.09 | 227.94 |
| 流转地租金 | 元 | 52.32 | 68.19 | 31.68 | 32.54 | 36.81 | 171.72 | 41.09 |
| 自营地折租 | 元 | 205.22 | 181.74 | 156.38 | 161.49 | 155.71 | 253.37 | 186.85 |
| 净利润 | 元 | 116.82 | 59.99 | -68.40 | 230.56 | -7.38 | 83.53 | 129.10 |
| 现金成本 | 元 | 581.36 | 717.80 | 626.97 | 622.80 | 711.29 | 910.04 | 538.89 |
| 现金收益 | 元 | 692.68 | 623.44 | 471.81 | 857.75 | 517.96 | 646.32 | 631.09 |
| 成本利润率 | % | 10.09 | 4.68 | -5.86 | 13.44 | -0.60 | 5.67 | 12.40 |
| 每 50 公斤主产品 | | | | | | | | |
| 平均出售价格 | 元 | 128.47 | 135.57 | 130.40 | 132.56 | 141.50 | 137.85 | 123.06 |
| 总成本 | 元 | 116.69 | 129.51 | 138.52 | 111.92 | 142.35 | 130.45 | 109.48 |
| 生产成本 | 元 | 90.72 | 104.24 | 116.20 | 94.54 | 120.19 | 92.80 | 85.51 |
| 净利润 | 元 | 11.78 | 6.06 | -8.12 | 20.64 | -0.85 | 7.40 | 13.58 |
| 现金成本 | 元 | 58.62 | 72.55 | 74.41 | 55.76 | 81.88 | 80.60 | 56.68 |
| 现金收益 | 元 | 69.85 | 63.02 | 55.99 | 76.80 | 59.62 | 57.25 | 66.38 |
| 附： | | | | | | | | |
| 每亩用工数量 | 日 | 4.33 | 4.65 | 4.46 | 5.52 | 4.49 | 4.16 | 3.56 |
| 每亩主产品已出售数量 | 公斤 | 397.01 | 389.04 | 347.61 | 436.94 | 320.41 | 451.19 | 419.54 |
| 每亩主产品已出售产值 | 元 | 1007.12 | 1036.68 | 891.52 | 1138.96 | 880.45 | 1235.79 | 1022.85 |
| 每亩成本外支出 | 元 | 0.18 | 0.21 | 0.01 | | 0.02 | 0.79 | 0.22 |

1-22-1 续表 1

| 项 目 | 单位 | 玉 米 | 大 豆 | 两种油料平 均 | 花 生 | 油菜籽 | 棉 花 | 长绒棉 |
|---|---|---|---|---|---|---|---|---|
| **每亩** | | | | | | | | |
| 主产品产量 | 公斤 | 506.96 | 139.63 | 190.44 | 245.73 | 135.15 | 124.11 | 84.00 |
| 产值合计 | 元 | 1310.89 | 822.99 | 1313.81 | 1803.92 | 823.68 | 3334.68 | 3986.35 |
| 主产品产值 | 元 | 1283.39 | 811.29 | 1300.77 | 1786.59 | 814.94 | 2760.73 | 3366.06 |
| 副产品产值 | 元 | 27.50 | 11.70 | 13.04 | 17.33 | 8.74 | 573.95 | 620.29 |
| 总成本 | 元 | 1148.82 | 780.76 | 1192.28 | 1458.30 | 926.90 | 2424.43 | 2496.51 |
| 生产成本 | 元 | 854.07 | 435.53 | 1015.95 | 1226.83 | 805.72 | 1958.56 | 1896.51 |
| 物质与服务费用 | 元 | 405.80 | 216.52 | 396.11 | 529.68 | 262.45 | 1003.78 | 938.04 |
| 人工成本 | 元 | 448.27 | 219.01 | 619.84 | 697.15 | 543.27 | 954.78 | 958.47 |
| 家庭用工折价 | 元 | 414.35 | 189.75 | 609.44 | 692.61 | 527.02 | 676.84 | 341.14 |
| 雇工费用 | 元 | 33.92 | 29.26 | 10.40 | 4.54 | 16.25 | 277.94 | 617.33 |
| 土地成本 | 元 | 294.75 | 345.23 | 176.33 | 231.47 | 121.18 | 465.87 | 600.00 |
| 流转地租金 | 元 | 47.68 | 104.79 | 21.07 | 28.83 | 13.31 | 60.45 | 60.00 |
| 自营地折租 | 元 | 247.07 | 240.44 | 155.26 | 202.64 | 107.87 | 405.42 | 540.00 |
| 净利润 | 元 | 162.07 | 42.23 | 121.53 | 345.62 | -103.22 | 910.25 | 1489.84 |
| 现金成本 | 元 | 487.40 | 350.57 | 427.58 | 563.05 | 292.01 | 1342.17 | 1615.37 |
| 现金收益 | 元 | 823.49 | 472.42 | 886.23 | 1240.87 | 531.67 | 1992.51 | 2370.98 |
| 成本利润率 | % | 14.11 | 5.41 | 10.19 | 23.70 | -11.14 | 37.54 | 59.68 |
| **每 50 公斤主产品** | | | | | | | | |
| 平均出售价格 | 元 | 126.58 | 290.51 | 341.52 | 363.53 | 301.49 | 1112.21 | 2003.61 |
| 总成本 | 元 | 110.93 | 275.60 | 309.93 | 293.88 | 339.27 | 808.62 | 1254.79 |
| 生产成本 | 元 | 82.47 | 153.74 | 264.09 | 247.23 | 294.91 | 653.24 | 953.22 |
| 净利润 | 元 | 15.65 | 14.91 | 31.59 | 69.65 | -37.78 | 303.59 | 748.82 |
| 现金成本 | 元 | 47.06 | 123.75 | 111.15 | 113.47 | 106.88 | 447.65 | 811.91 |
| 现金收益 | 元 | 79.52 | 166.76 | 230.37 | 250.06 | 194.61 | 664.56 | 1191.70 |
| **附：** | | | | | | | | |
| 每亩用工数量 | 日 | 4.76 | 2.28 | 6.70 | 7.55 | 5.85 | 9.44 | 8.23 |
| 每亩主产品已出售数量 | 公斤 | 382.44 | 128.00 | 146.01 | 173.96 | 118.05 | 123.90 | 84.00 |
| 每亩主产品已出售产值 | 元 | 961.82 | 742.80 | 988.22 | 1269.05 | 707.38 | 2756.23 | 3366.06 |
| 每亩成本外支出 | 元 | 0.10 | 0.15 | 0.04 | | 0.08 | | |

1-22-1 续表 2

| 项　　目 | 单位 | 烤　烟 | 晾晒烟 | 甘　蔗 | 甜　菜 | 桑蚕茧 | 苹　果 | 柑 |
|---|---|---|---|---|---|---|---|---|
| **每亩** | | | | | | | | |
| 主产品产量 | 公斤 | 138.57 | 188.66 | 5534.59 | 4048.70 | 101.06 | 1662.96 | 1545.42 |
| 产值合计 | 元 | 4249.78 | 4938.62 | 2777.95 | 2097.18 | 4855.53 | 5469.44 | 5801.48 |
| 主产品产值 | 元 | 4245.42 | 4938.62 | 2752.14 | 2093.67 | 4794.66 | 5465.39 | 5770.15 |
| 副产品产值 | 元 | 4.36 | | 25.81 | 3.51 | 60.87 | 4.05 | 31.33 |
| 总成本 | 元 | 3933.51 | 3603.73 | 2512.06 | 1716.15 | 4377.95 | 5400.40 | 2982.53 |
| 生产成本 | 元 | 3576.21 | 3406.37 | 2171.24 | 1299.85 | 4136.52 | 5072.29 | 2620.66 |
| 物质与服务费用 | 元 | 1237.33 | 1023.07 | 917.85 | 931.73 | 772.80 | 1705.42 | 1181.28 |
| 人工成本 | 元 | 2338.88 | 2383.30 | 1253.39 | 368.12 | 3363.72 | 3366.87 | 1439.38 |
| 家庭用工折价 | 元 | 1721.74 | 2106.59 | 651.21 | 190.12 | 2892.50 | 2133.97 | 896.18 |
| 雇工费用 | 元 | 617.14 | 276.71 | 602.18 | 178.00 | 471.22 | 1232.90 | 543.20 |
| 土地成本 | 元 | 357.30 | 197.36 | 340.82 | 416.30 | 241.43 | 328.11 | 361.87 |
| 流转地租金 | 元 | 62.29 | 10.67 | 46.89 | 97.35 | 48.10 | 84.77 | 77.73 |
| 自营地折租 | 元 | 295.01 | 186.69 | 293.93 | 318.95 | 193.33 | 243.34 | 284.14 |
| 净利润 | 元 | 316.27 | 1334.89 | 265.89 | 381.03 | 477.58 | 69.04 | 2818.95 |
| 现金成本 | 元 | 1916.76 | 1310.45 | 1566.92 | 1207.08 | 1292.12 | 3023.09 | 1802.21 |
| 现金收益 | 元 | 2333.02 | 3628.17 | 1211.03 | 890.10 | 3563.41 | 2446.35 | 3999.27 |
| 成本利润率 | % | 8.04 | 37.04 | 10.58 | 22.20 | 10.91 | 1.28 | 94.52 |
| **每 50 公斤主产品** | | | | | | | | |
| 平均出售价格 | 元 | 1531.87 | 1308.87 | 24.86 | 25.86 | 2372.18 | 164.33 | 186.69 |
| 总成本 | 元 | 1417.87 | 955.09 | 22.48 | 21.16 | 2138.86 | 162.26 | 95.98 |
| 生产成本 | 元 | 1289.08 | 902.78 | 19.43 | 16.03 | 2020.91 | 152.40 | 84.33 |
| 净利润 | 元 | 114.00 | 353.78 | 2.38 | 4.70 | 233.32 | 2.07 | 90.71 |
| 现金成本 | 元 | 690.91 | 347.31 | 14.02 | 14.88 | 631.27 | 90.83 | 57.99 |
| 现金收益 | 元 | 840.96 | 961.56 | 10.84 | 10.98 | 1740.91 | 73.50 | 128.70 |
| **附：** | | | | | | | | |
| 每亩用工数量 | 日 | 24.62 | 25.43 | 12.00 | 3.25 | 35.57 | 32.76 | 14.48 |
| 每亩主产品已出售数量 | 公斤 | 138.41 | 188.66 | 5521.06 | 4047.86 | 101.06 | 1447.99 | 1139.48 |
| 每亩主产品已出售产值 | 元 | 4240.56 | 4938.62 | 2745.63 | 2093.24 | 4794.66 | 4691.34 | 4413.03 |
| 每亩成本外支出 | 元 | 0.02 | | 0.45 | | 1.04 | | |

1-22-1 续表 3

| 项 目 | 单位 | 桔 | 蔬菜平均 | 西红柿 | 露地西红柿 | 设施西红柿 | 黄 瓜 | 露地黄瓜 |
|---|---|---|---|---|---|---|---|---|
| **每亩** | | | | | | | | |
| 主产品产量 | 公斤 | 890.52 | 3946.95 | 4971.93 | 5050.38 | 4893.48 | 4900.50 | 3884.63 |
| 产值合计 | 元 | 4982.69 | 8348.92 | 12738.78 | 10746.37 | 14731.18 | 13597.22 | 9686.48 |
| 主产品产值 | 元 | 4981.69 | 8348.88 | 12738.57 | 10745.95 | 14731.18 | 13597.22 | 9686.48 |
| 副产品产值 | 元 | 1.00 | 0.04 | 0.21 | 0.42 | | | |
| 总成本 | 元 | 4289.25 | 5276.22 | 7673.00 | 5743.55 | 9603.15 | 7844.46 | 5709.36 |
| 生产成本 | 元 | 4034.58 | 4836.90 | 7190.27 | 5314.50 | 9066.76 | 7341.69 | 5238.31 |
| 物质与服务费用 | 元 | 2281.62 | 1807.88 | 2555.48 | 1916.52 | 3194.34 | 2664.75 | 1763.00 |
| 人工成本 | 元 | 1752.96 | 3029.02 | 4634.79 | 3397.98 | 5872.42 | 4676.94 | 3475.31 |
| 家庭用工折价 | 元 | 221.00 | 1956.48 | 3410.48 | 2787.94 | 4033.84 | 3301.68 | 2730.04 |
| 雇工费用 | 元 | 1531.96 | 1072.54 | 1224.31 | 610.04 | 1838.58 | 1375.26 | 745.27 |
| 土地成本 | 元 | 254.67 | 439.32 | 482.73 | 429.05 | 536.39 | 502.77 | 471.05 |
| 流转地租金 | 元 | 83.65 | 161.58 | 157.20 | 83.10 | 231.29 | 160.61 | 77.75 |
| 自营地折租 | 元 | 171.02 | 277.74 | 325.53 | 345.95 | 305.10 | 342.16 | 393.30 |
| 净利润 | 元 | 693.44 | 3072.70 | 5065.78 | 5002.82 | 5128.03 | 5752.76 | 3977.12 |
| 现金成本 | 元 | 3897.23 | 3042.00 | 3936.99 | 2609.66 | 5264.21 | 4200.62 | 2586.02 |
| 现金收益 | 元 | 1085.46 | 5306.92 | 8801.79 | 8136.71 | 9466.97 | 9396.60 | 7100.46 |
| 成本利润率 | % | 16.17 | 58.24 | 66.02 | 87.10 | 53.40 | 73.34 | 69.66 |
| **每 50 公斤主产品** | | | | | | | | |
| 平均出售价格 | 元 | 279.71 | 105.76 | 128.10 | 106.39 | 150.52 | 138.73 | 124.68 |
| 总成本 | 元 | 240.78 | 66.84 | 77.16 | 56.86 | 98.12 | 80.04 | 73.49 |
| 生产成本 | 元 | 226.49 | 61.27 | 72.30 | 52.61 | 92.64 | 74.91 | 67.43 |
| 净利润 | 元 | 38.93 | 38.92 | 50.94 | 49.53 | 52.40 | 58.69 | 51.19 |
| 现金成本 | 元 | 218.78 | 38.53 | 39.59 | 25.84 | 53.79 | 42.86 | 33.29 |
| 现金收益 | 元 | 60.93 | 67.23 | 88.51 | 80.55 | 96.73 | 95.87 | 91.39 |
| **附：** | | | | | | | | |
| 每亩用工数量 | 日 | 13.72 | 29.87 | 46.15 | 34.93 | 57.38 | 46.36 | 35.41 |
| 每亩主产品已出售数量 | 公斤 | 877.85 | 3925.78 | 4964.33 | 5037.69 | 4890.96 | 4895.77 | 3878.08 |
| 每亩主产品已出售产值 | 元 | 4945.22 | 8308.50 | 12711.06 | 10699.90 | 14722.22 | 13581.06 | 9664.46 |
| 每亩成本外支出 | 元 | | 0.04 | 0.04 | 0.07 | | | |

1-22-1 续表 4

| 项 目 | 单位 | 设施黄瓜 | 茄 子 | 露地茄子 | 设施茄子 | 菜 椒 | 露地菜椒 | 设施菜椒 |
|---|---|---|---|---|---|---|---|---|
| **每亩** | | | | | | | | |
| 主产品产量 | 公斤 | 5916.36 | 3764.44 | 3735.25 | 3793.62 | 3263.05 | 2434.66 | 4091.44 |
| 产值合计 | 元 | 17507.96 | 10542.50 | 8755.30 | 12329.70 | 8777.10 | 6892.81 | 10661.38 |
| 主产品产值 | 元 | 17507.96 | 10542.50 | 8755.30 | 12329.70 | 8777.10 | 6892.81 | 10661.38 |
| 副产品产值 | 元 | | | | | | | |
| 总成本 | 元 | 9980.21 | 6873.13 | 5012.31 | 8734.57 | 6558.38 | 5248.16 | 7868.98 |
| 生产成本 | 元 | 9445.74 | 6337.80 | 4492.42 | 8183.81 | 6115.84 | 4845.59 | 7386.48 |
| 物质与服务费用 | 元 | 3566.44 | 2045.13 | 1567.87 | 2522.30 | 2232.96 | 2093.61 | 2372.25 |
| 人工成本 | 元 | 5879.30 | 4292.67 | 2924.55 | 5661.51 | 3882.88 | 2751.98 | 5014.23 |
| 家庭用工折价 | 元 | 3874.06 | 2636.00 | 2217.78 | 3054.95 | 2338.19 | 1888.16 | 2788.68 |
| 雇工费用 | 元 | 2005.24 | 1656.67 | 706.77 | 2606.56 | 1544.69 | 863.82 | 2225.55 |
| 土地成本 | 元 | 534.47 | 535.33 | 519.89 | 550.76 | 442.54 | 402.57 | 482.50 |
| 流转地租金 | 元 | 243.46 | 203.61 | 77.24 | 329.97 | 148.81 | 71.98 | 225.64 |
| 自营地折租 | 元 | 291.01 | 331.72 | 442.65 | 220.79 | 293.73 | 330.59 | 256.86 |
| 净利润 | 元 | 7527.75 | 3669.37 | 3742.99 | 3595.13 | 2218.72 | 1644.65 | 2792.40 |
| 现金成本 | 元 | 5815.14 | 3905.41 | 2351.88 | 5458.83 | 3926.46 | 3029.41 | 4823.44 |
| 现金收益 | 元 | 11692.82 | 6637.09 | 6403.42 | 6870.87 | 4850.64 | 3863.40 | 5837.94 |
| 成本利润率 | % | 75.43 | 53.39 | 74.68 | 41.16 | 33.83 | 31.34 | 35.49 |
| **每 50 公斤主产品** | | | | | | | | |
| 平均出售价格 | 元 | 147.96 | 140.03 | 117.20 | 162.51 | 134.49 | 141.56 | 130.29 |
| 总成本 | 元 | 84.34 | 91.29 | 67.10 | 115.12 | 100.49 | 107.78 | 96.16 |
| 生产成本 | 元 | 79.83 | 84.18 | 60.14 | 107.87 | 93.71 | 99.52 | 90.27 |
| 净利润 | 元 | 63.62 | 48.74 | 50.10 | 47.39 | 34.00 | 33.78 | 34.13 |
| 现金成本 | 元 | 49.14 | 51.87 | 31.48 | 71.95 | 60.16 | 62.22 | 58.95 |
| 现金收益 | 元 | 98.82 | 88.16 | 85.72 | 90.56 | 74.33 | 79.34 | 71.34 |
| **附:** | | | | | | | | |
| 每亩用工数量 | 日 | 57.31 | 41.25 | 29.59 | 52.90 | 39.57 | 27.45 | 51.69 |
| 每亩主产品已出售数量 | 公斤 | 5913.45 | 3758.15 | 3723.99 | 3792.31 | 3256.59 | 2422.01 | 4091.16 |
| 每亩主产品已出售产值 | 元 | 17497.65 | 10525.56 | 8725.49 | 12325.63 | 8758.60 | 6856.67 | 10660.52 |
| 每亩成本外支出 | 元 | | | | | | | |

1-22-1 续表 5

| 项　　目 | 单位 | 露地圆白菜 | 露地大白菜 | 露地马铃薯 | 露地菜花 | 露地萝卜 | 露地豆角 |
|---|---|---|---|---|---|---|---|
| **每亩** | | | | | | | |
| 主产品产量 | 公斤 | 3827.91 | 4387.45 | 2513.40 | 1820.53 | 3606.89 | 2029.13 |
| 产值合计 | 元 | 4690.24 | 5649.19 | 2447.39 | 9200.24 | 5514.48 | 8259.85 |
| 主产品产值 | 元 | 4690.18 | 5649.19 | 2447.37 | 9200.24 | 5514.48 | 8259.85 |
| 副产品产值 | 元 | 0.06 | | 0.02 | | | |
| 总成本 | 元 | 3124.88 | 2959.74 | 1899.13 | 2762.83 | 3041.47 | 4564.94 |
| 生产成本 | 元 | 2804.36 | 2606.49 | 1461.03 | 2508.27 | 2734.40 | 4159.32 |
| 物质与服务费用 | 元 | 1355.94 | 867.70 | 933.15 | 772.96 | 1082.75 | 1473.72 |
| 人工成本 | 元 | 1448.42 | 1738.79 | 527.88 | 1735.31 | 1651.65 | 2685.60 |
| 家庭用工折价 | 元 | 688.83 | 992.63 | 326.76 | 1238.98 | 881.71 | 1830.35 |
| 雇工费用 | 元 | 759.59 | 746.16 | 201.12 | 496.33 | 769.94 | 855.25 |
| 土地成本 | 元 | 320.52 | 353.25 | 438.10 | 254.56 | 307.07 | 405.62 |
| 流转地租金 | 元 | 143.33 | 135.19 | 182.32 | 63.41 | 97.97 | 74.15 |
| 自营地折租 | 元 | 177.19 | 218.06 | 255.78 | 191.15 | 209.10 | 331.47 |
| 净利润 | 元 | 1565.36 | 2689.45 | 548.26 | 6437.41 | 2473.01 | 3694.91 |
| 现金成本 | 元 | 2258.86 | 1749.05 | 1316.59 | 1332.70 | 1950.66 | 2403.12 |
| 现金收益 | 元 | 2431.38 | 3900.14 | 1130.80 | 7867.54 | 3563.82 | 5856.73 |
| 成本利润率 | % | 50.09 | 90.87 | 28.87 | 233.00 | 81.31 | 80.94 |
| **每 50 公斤主产品** | | | | | | | |
| 平均出售价格 | 元 | 61.26 | 64.38 | 48.69 | 252.68 | 76.44 | 203.53 |
| 总成本 | 元 | 40.81 | 33.73 | 37.78 | 75.88 | 42.16 | 112.48 |
| 生产成本 | 元 | 36.63 | 29.70 | 29.07 | 68.89 | 37.90 | 102.49 |
| 净利润 | 元 | 20.45 | 30.65 | 10.91 | 176.80 | 34.28 | 91.05 |
| 现金成本 | 元 | 29.50 | 19.93 | 26.19 | 36.60 | 27.04 | 59.21 |
| 现金收益 | 元 | 31.76 | 44.45 | 22.50 | 216.08 | 49.40 | 144.32 |
| **附:** | | | | | | | |
| 每亩用工数量 | 日 | 13.87 | 16.87 | 4.99 | 16.37 | 16.90 | 27.72 |
| 每亩主产品已出售数量 | 公斤 | 3820.55 | 4297.66 | 2487.41 | 1818.30 | 3517.09 | 2016.53 |
| 每亩主产品已出售产值 | 元 | 4677.02 | 5497.77 | 2408.40 | 9192.33 | 5330.25 | 8216.54 |
| 每亩成本外支出 | 元 | | 0.25 | | | | |

# 1-22-2 2021年全国种植业产品费用和用工情况

| 项目 | 单位 | 三种粮食平均 | 稻谷 | 早籼稻 | 中籼稻 | 晚籼稻 | 粳稻 | 小麦 |
|---|---|---|---|---|---|---|---|---|
| **一、每亩物质与服务费用** | 元 | **485.73** | **568.83** | **551.50** | **521.99** | **596.96** | **604.79** | **482.56** |
| (一)直接费用 | 元 | 467.42 | 541.61 | 522.42 | 493.83 | 565.23 | 584.93 | 469.12 |
| 1. 种子费 | 元 | 67.39 | 71.35 | 68.74 | 80.92 | 83.61 | 52.11 | 75.08 |
| 2. 化肥费 | 元 | 154.47 | 148.94 | 143.56 | 134.21 | 159.13 | 158.85 | 161.38 |
| 3. 农家肥费 | 元 | 15.14 | 9.05 | 8.07 | 11.76 | 7.58 | 8.78 | 23.41 |
| 4. 农药费 | 元 | 38.69 | 64.27 | 63.46 | 51.47 | 78.67 | 63.49 | 30.69 |
| 5. 农膜费 | 元 | 2.69 | 4.06 | 3.90 | 3.66 | 0.41 | 8.28 | |
| 6. 租赁作业费 | 元 | 180.50 | 229.58 | 217.30 | 199.22 | 216.05 | 285.72 | 172.89 |
| 机械作业费 | 元 | 156.72 | 205.95 | 209.90 | 178.36 | 203.26 | 232.27 | 143.09 |
| 排灌费 | 元 | 22.57 | 21.98 | 6.24 | 16.67 | 11.70 | 53.29 | 29.79 |
| 其中:水费 | 元 | 7.60 | 11.11 | 3.53 | 8.16 | 5.47 | 27.28 | 5.32 |
| 畜力费 | 元 | 1.21 | 1.65 | 1.16 | 4.19 | 1.09 | 0.16 | 0.01 |
| 7. 燃料动力费 | 元 | 2.67 | 6.14 | 7.16 | 5.85 | 9.40 | 2.16 | 1.21 |
| 8. 技术服务费 | 元 | 0.01 | 0.01 | 0.02 | | 0.01 | 0.02 | 0.02 |
| 9. 工具材料费 | 元 | 4.28 | 5.86 | 7.18 | 4.33 | 7.25 | 4.67 | 3.11 |
| 10. 修理维护费 | 元 | 1.55 | 2.27 | 3.03 | 2.09 | 3.12 | 0.85 | 1.33 |
| 11. 其他直接费用 | 元 | 0.03 | 0.08 | | 0.32 | | | |
| (二)间接费用 | 元 | 18.31 | 27.22 | 29.08 | 28.16 | 31.73 | 19.86 | 13.44 |
| 1. 固定资产折旧 | 元 | 5.14 | 8.53 | 10.86 | 8.88 | 11.08 | 3.29 | 3.53 |
| 2. 保险费 | 元 | 11.62 | 16.63 | 16.00 | 17.71 | 18.27 | 14.52 | 8.58 |
| 3. 管理费 | 元 | 0.31 | 0.19 | 0.03 | 0.05 | 0.09 | 0.57 | 0.02 |
| 4. 财务费 | 元 | 0.02 | 0.01 | 0.01 | | 0.01 | 0.02 | 0.05 |
| 5. 销售费 | 元 | 1.22 | 1.86 | 2.18 | 1.52 | 2.28 | 1.46 | 1.26 |
| **二、每亩人工成本** | 元 | **413.95** | **462.49** | **427.62** | **533.97** | **447.15** | **442.95** | **330.38** |
| 1. 家庭用工折价 | 元 | 370.64 | 381.71 | 383.83 | 465.70 | 369.63 | 309.42 | 315.14 |
| 家庭用工天数 | 日 | 4.02 | 4.14 | 4.16 | 5.05 | 4.01 | 3.36 | 3.42 |
| 劳动日工价 | 元 | 92.20 | 92.20 | 92.20 | 92.20 | 92.20 | 92.20 | 92.20 |
| 2. 雇工费用 | 元 | 43.31 | 80.78 | 43.79 | 68.27 | 77.52 | 133.53 | 15.24 |
| 雇工天数 | 日 | 0.31 | 0.51 | 0.30 | 0.47 | 0.48 | 0.80 | 0.14 |
| 雇工工价 | 元 | 139.71 | 158.39 | 145.97 | 145.26 | 161.50 | 166.91 | 108.86 |
| **三、附** | | | | | | | | |
| 1. 每亩种子用量 | 公斤 | 7.36 | 3.22 | 3.64 | 1.26 | 2.07 | 5.90 | 16.94 |
| 2. 每亩化肥用量 | 公斤 | 25.54 | 22.96 | 22.40 | 21.36 | 22.82 | 25.19 | 28.80 |
| 3. 每亩农膜用量 | 公斤 | 0.22 | 0.29 | 0.28 | 0.26 | 0.03 | 0.57 | |

1-22-2 续表 1

| 项 目 | 单位 | 玉 米 | 大 豆 | 两种油料平 均 | 花 生 | 油菜籽 | 棉 花 | 长绒棉 |
|---|---|---|---|---|---|---|---|---|
| **一、每亩物质与服务费用** | **元** | **405.80** | **216.52** | **396.11** | **529.68** | **262.45** | **1003.78** | **938.04** |
| (一)直接费用 | 元 | 391.53 | 205.94 | 388.84 | 524.79 | 252.83 | 899.66 | 818.63 |
| 1. 种子费 | 元 | 55.73 | 40.91 | 104.16 | 185.40 | 22.91 | 60.24 | 51.80 |
| 2. 化肥费 | 元 | 153.08 | 50.41 | 126.51 | 152.27 | 100.75 | 270.91 | 345.78 |
| 3. 农家肥费 | 元 | 12.95 | 3.04 | 9.95 | 10.57 | 9.32 | 15.36 | |
| 4. 农药费 | 元 | 21.12 | 20.96 | 33.73 | 49.14 | 18.31 | 96.83 | 101.67 |
| 5. 农膜费 | 元 | 4.01 | | 4.04 | 7.87 | 0.21 | 43.79 | 56.97 |
| 6. 租赁作业费 | 元 | 139.03 | 88.15 | 103.76 | 112.92 | 94.59 | 348.24 | 221.00 |
| 机械作业费 | 元 | 121.12 | 87.07 | 96.32 | 103.86 | 88.78 | 215.60 | 109.17 |
| 排灌费 | 元 | 15.93 | 0.80 | 4.65 | 5.95 | 3.35 | 132.64 | 111.83 |
| 其中:水费 | 元 | 6.38 | 0.09 | 1.35 | 0.13 | 2.57 | 56.05 | 33.55 |
| 畜力费 | 元 | 1.98 | 0.28 | 2.79 | 3.11 | 2.46 | | |
| 7. 燃料动力费 | 元 | 0.67 | 0.28 | 1.23 | 1.38 | 1.07 | 8.33 | 17.00 |
| 8. 技术服务费 | 元 | | | | | | 0.77 | |
| 9. 工具材料费 | 元 | 3.88 | 1.76 | 4.06 | 3.99 | 4.12 | 46.71 | 9.08 |
| 10. 修理维护费 | 元 | 1.06 | 0.43 | 1.40 | 1.25 | 1.55 | 8.48 | 15.33 |
| 11. 其他直接费用 | 元 | | | | | | | |
| (二)间接费用 | 元 | 14.27 | 10.58 | 7.27 | 4.89 | 9.62 | 104.12 | 119.41 |
| 1. 固定资产折旧 | 元 | 3.35 | 1.01 | 4.68 | 3.56 | 5.80 | 29.21 | 42.08 |
| 2. 保险费 | 元 | 9.64 | 8.32 | 2.16 | 0.80 | 3.51 | 49.62 | 61.00 |
| 3. 管理费 | 元 | 0.73 | 0.85 | 0.01 | | 0.01 | | |
| 4. 财务费 | 元 | | 0.05 | | | | 7.91 | |
| 5. 销售费 | 元 | 0.55 | 0.35 | 0.42 | 0.53 | 0.30 | 17.38 | 16.33 |
| **二、每亩人工成本** | **元** | **448.27** | **219.01** | **619.84** | **697.15** | **543.27** | **954.78** | **958.47** |
| 1. 家庭用工折价 | 元 | 414.35 | 189.75 | 609.44 | 692.61 | 527.02 | 676.84 | 341.14 |
| 家庭用工天数 | 日 | 4.49 | 2.06 | 6.61 | 7.51 | 5.72 | 7.34 | 3.70 |
| 劳动日工价 | 元 | 92.20 | 92.20 | 92.20 | 92.20 | 92.20 | 92.20 | 92.20 |
| 2. 雇工费用 | 元 | 33.92 | 29.26 | 10.40 | 4.54 | 16.25 | 277.94 | 617.33 |
| 雇工天数 | 日 | 0.27 | 0.22 | 0.09 | 0.04 | 0.13 | 2.10 | 4.53 |
| 雇工工价 | 元 | 125.63 | 133.00 | 115.56 | 113.50 | 125.00 | 132.35 | 136.28 |
| 三、附 | | | | | | | | |
| 1. 每亩种子用量 | 公斤 | 1.91 | 5.21 | 7.62 | 14.93 | 0.31 | 1.69 | 1.98 |
| 2. 每亩化肥用量 | 公斤 | 24.86 | 8.54 | 19.34 | 21.88 | 16.79 | 41.47 | 68.66 |
| 3. 每亩农膜用量 | 公斤 | 0.36 | | 0.36 | 0.70 | 0.02 | 4.24 | 5.93 |

1-22-2　续表 2

| 项　　目 | 单位 | 烤　烟 | 晾晒烟 | 甘　蔗 | 甜　菜 | 桑蚕茧 | 苹　果 | 柑 |
|---|---|---|---|---|---|---|---|---|
| **一、每亩物质与服务费用** | 元 | **1237.33** | **1023.07** | **917.85** | **931.73** | **772.80** | **1705.42** | **1181.28** |
| （一）直接费用 | 元 | 1123.90 | 949.72 | 615.68 | 782.99 | 687.90 | 1461.59 | 1028.40 |
| 1. 种子费 | 元 | 87.62 | 62.57 | | 106.68 | 234.78 | | |
| 2. 化肥费 | 元 | 293.19 | 586.28 | 444.95 | 186.31 | 260.41 | 477.90 | 462.66 |
| 3. 农家肥费 | 元 | 47.62 | 44.41 | 3.07 | 6.83 | 17.39 | 170.98 | 126.58 |
| 4. 农药费 | 元 | 72.36 | 23.09 | 53.66 | 91.10 | 80.62 | 266.04 | 387.79 |
| 5. 农膜费 | 元 | 66.67 | 54.88 | 8.29 | 26.79 | 3.23 | 23.92 | |
| 6. 租赁作业费 | 元 | 138.00 | 132.51 | 87.87 | 338.23 | 20.55 | 136.87 | 1.57 |
| 机械作业费 | 元 | 118.67 | 74.98 | 77.61 | 245.24 | 14.43 | 64.00 | 1.26 |
| 排灌机械作业费 | 元 | 14.63 | 5.47 | 2.42 | 92.99 | 4.39 | 72.87 | 0.31 |
| 其中：水费 | 元 | 7.96 | 5.47 | 1.11 | 35.22 | 1.16 | 4.93 | 0.21 |
| 畜力费 | 元 | 4.70 | 52.06 | 7.84 | | 1.73 | | |
| 7. 燃料动力费 | 元 | 331.51 | 6.47 | 4.82 | 2.44 | 30.88 | 23.80 | 14.28 |
| 8. 技术服务费 | 元 | 0.25 | 6.04 | | | 3.90 | 1.01 | |
| 9. 工具材料费 | 元 | 14.63 | 24.46 | 9.79 | 21.88 | 25.12 | 346.26 | 19.39 |
| 10. 修理维护费 | 元 | 4.93 | 9.01 | 3.23 | 2.73 | 5.10 | 14.81 | 16.03 |
| 11. 其他直接费用 | 元 | 67.12 | | | | 5.92 | | 0.10 |
| （二）间接费用 | 元 | 113.43 | 73.35 | 302.17 | 148.74 | 84.90 | 243.83 | 152.88 |
| 1. 固定资产折旧 | 元 | 43.56 | 35.57 | 153.46 | 10.15 | 62.96 | 94.66 | 125.38 |
| 2. 保险费 | 元 | 53.64 | 28.09 | 5.36 | 7.53 | 6.26 | 36.40 | 0.33 |
| 3. 管理费 | 元 | | | | 3.36 | 9.19 | 11.12 | |
| 4. 财务费 | 元 | 0.13 | | | 2.10 | 1.68 | | |
| 5. 销售费 | 元 | 16.10 | 9.69 | 143.35 | 125.60 | 4.81 | 101.65 | 27.17 |
| **二、每亩人工成本** | 元 | **2338.88** | **2383.30** | **1253.39** | **368.12** | **3363.72** | **3366.87** | **1439.38** |
| 1. 家庭用工折价 | 元 | 1721.74 | 2106.59 | 651.21 | 190.12 | 2892.50 | 2133.97 | 896.18 |
| 家庭用工天数 | 日 | 18.67 | 22.85 | 7.06 | 2.06 | 31.37 | 23.15 | 9.72 |
| 劳动日工价 | 元 | 92.20 | 92.20 | 92.20 | 92.20 | 92.20 | 92.20 | 92.20 |
| 2. 雇工费用 | 元 | 617.14 | 276.71 | 602.18 | 178.00 | 471.22 | 1232.90 | 543.20 |
| 雇工天数 | 日 | 5.95 | 2.58 | 4.94 | 1.19 | 4.20 | 9.61 | 4.76 |
| 雇工工价 | 元 | 103.72 | 107.25 | 121.90 | 149.58 | 112.20 | 128.29 | 114.12 |
| 三、附 | | | | | | | | |
| 1. 每亩种子用量 | 公斤 | | | | 0.01 | | | |
| 2. 每亩化肥用量 | 公斤 | 34.33 | 44.15 | 47.64 | 31.60 | 37.87 | 50.55 | 42.84 |
| 3. 每亩农膜用量 | 公斤 | 5.55 | 3.80 | 0.75 | 2.54 | 0.24 | 1.52 | |

1-22-2　续表 3

| 项　　目 | 单位 | 桔 | 蔬菜平均 | 西红柿 | 露地西红柿 | 设施西红柿 | 黄　瓜 | 露地黄瓜 |
|---|---|---|---|---|---|---|---|---|
| **一、每亩物质与服务费用** | 元 | **2281.62** | **1807.88** | **2555.48** | **1916.52** | **3194.34** | **2664.75** | **1763.00** |
| （一）直接费用 | 元 | 1717.69 | 1549.39 | 2128.50 | 1782.50 | 2474.43 | 2226.26 | 1626.35 |
| 1. 种子费 | 元 |  | 299.38 | 438.72 | 405.61 | 471.82 | 397.12 | 221.56 |
| 2. 化肥费 | 元 | 527.58 | 424.24 | 460.63 | 409.04 | 512.21 | 540.80 | 487.41 |
| 3. 农家肥费 | 元 | 442.76 | 197.21 | 273.94 | 225.04 | 322.84 | 308.28 | 231.65 |
| 4. 农药费 | 元 | 509.29 | 178.07 | 251.54 | 267.02 | 236.05 | 280.85 | 278.75 |
| 5. 农膜费 | 元 |  | 162.56 | 285.57 | 74.55 | 496.59 | 284.90 | 59.66 |
| 6. 租赁作业费 | 元 | 42.15 | 177.70 | 190.12 | 173.33 | 206.90 | 205.25 | 158.73 |
| 机械作业费 | 元 | 12.63 | 105.65 | 92.31 | 91.47 | 93.14 | 104.15 | 109.12 |
| 排灌机械作业费 | 元 | 29.52 | 69.34 | 94.33 | 76.12 | 112.54 | 97.02 | 42.39 |
| 其中：水费 | 元 | 0.30 | 21.46 | 23.18 | 18.65 | 27.70 | 21.59 | 13.11 |
| 畜力费 | 元 |  | 2.71 | 3.48 | 5.74 | 1.22 | 4.08 | 7.22 |
| 7. 燃料动力费 | 元 | 37.48 | 22.21 | 51.06 | 38.60 | 63.51 | 39.94 | 22.16 |
| 8. 技术服务费 | 元 | 30.27 | 3.89 | 5.33 | 10.12 | 0.54 | 1.66 | 3.01 |
| 9. 工具材料费 | 元 | 115.07 | 71.71 | 145.73 | 171.25 | 120.20 | 149.21 | 155.82 |
| 10. 修理维护费 | 元 | 13.09 | 12.22 | 25.67 | 7.94 | 43.40 | 18.25 | 7.60 |
| 11. 其他直接费用 | 元 |  | 0.20 | 0.19 |  | 0.37 |  |  |
| （二）间接费用 | 元 | 563.93 | 258.49 | 426.98 | 134.02 | 719.91 | 438.49 | 136.65 |
| 1. 固定资产折旧 | 元 | 332.96 | 166.36 | 323.38 | 27.60 | 619.16 | 333.69 | 22.37 |
| 2. 保险费 | 元 | 1.90 | 2.21 | 2.82 | 0.15 | 5.48 | 1.27 |  |
| 3. 管理费 | 元 | 85.11 | 2.20 | 2.79 | 0.35 | 5.22 | 2.83 | 0.47 |
| 4. 财务费 | 元 |  | 3.95 | 1.26 |  | 2.51 | 2.08 | 1.05 |
| 5. 销售费 | 元 | 143.96 | 83.77 | 96.73 | 105.92 | 87.54 | 98.62 | 112.76 |
| **二、每亩人工成本** | 元 | **1752.96** | **3029.02** | **4634.79** | **3397.98** | **5872.42** | **4676.94** | **3475.31** |
| 1. 家庭用工折价 | 元 | 221.00 | 1956.48 | 3410.48 | 2787.94 | 4033.84 | 3301.68 | 2730.04 |
| 家庭用工天数 | 日 | 2.40 | 21.22 | 36.99 | 30.24 | 43.75 | 35.81 | 29.61 |
| 劳动日工价 | 元 | 92.20 | 92.20 | 92.20 | 92.20 | 92.20 | 92.20 | 92.20 |
| 2. 雇工费用 | 元 | 1531.96 | 1072.54 | 1224.31 | 610.04 | 1838.58 | 1375.26 | 745.27 |
| 雇工天数 | 日 | 11.32 | 8.65 | 9.16 | 4.69 | 13.63 | 10.55 | 5.80 |
| 雇工工价 | 元 | 135.33 | 123.99 | 133.66 | 130.07 | 134.89 | 130.36 | 128.50 |
| 三、附 |  |  |  |  |  |  |  |  |
| 1. 每亩种子用量 | 公斤 |  | 3.49 |  |  |  |  |  |
| 2. 每亩化肥用量 | 公斤 | 77.01 | 47.74 | 46.61 | 42.69 | 50.45 | 53.55 | 51.81 |
| 3. 每亩农膜用量 | 公斤 |  | 10.20 | 18.50 | 5.74 | 31.25 | 18.61 | 4.61 |

1-22-2 续表 4

| 项目 | 单位 | 设施黄瓜 | 茄子 | | | 菜椒 | | |
|---|---|---|---|---|---|---|---|---|
| | | | | 露地茄子 | 设施茄子 | | 露地菜椒 | 设施菜椒 |
| **一、每亩物质与服务费用** | 元 | **3566.44** | **2045.13** | **1567.87** | **2522.30** | **2232.96** | **2093.61** | **2372.25** |
| （一）直接费用 | 元 | 2826.12 | 1678.77 | 1426.52 | 1930.94 | 1905.05 | 1914.98 | 1895.08 |
| 1. 种子费 | 元 | 572.68 | 225.66 | 199.78 | 251.53 | 276.17 | 347.18 | 205.15 |
| 2. 化肥费 | 元 | 594.18 | 499.93 | 473.91 | 525.94 | 596.92 | 625.42 | 568.42 |
| 3. 农家肥费 | 元 | 384.90 | 231.83 | 207.71 | 255.94 | 211.92 | 279.11 | 144.72 |
| 4. 农药费 | 元 | 282.94 | 215.38 | 234.00 | 196.75 | 245.12 | 302.02 | 188.22 |
| 5. 农膜费 | 元 | 510.14 | 247.30 | 53.67 | 440.93 | 267.47 | 82.54 | 452.39 |
| 6. 租赁作业费 | 元 | 251.77 | 162.18 | 158.74 | 165.61 | 171.10 | 177.68 | 164.51 |
| 机械作业费 | 元 | 99.18 | 97.21 | 106.12 | 88.29 | 120.19 | 132.70 | 107.68 |
| 排灌机械作业费 | 元 | 151.65 | 60.62 | 43.92 | 77.32 | 46.98 | 37.13 | 56.83 |
| 其中：水费 | 元 | 30.07 | 13.14 | 8.58 | 17.70 | 21.04 | 15.32 | 26.75 |
| 畜力费 | 元 | 0.94 | 4.35 | 8.70 | | 3.93 | 7.85 | |
| 7. 燃料动力费 | 元 | 57.72 | 23.77 | 26.54 | 20.99 | 22.09 | 37.80 | 6.38 |
| 8. 技术服务费 | 元 | 0.30 | 4.91 | 9.42 | 0.40 | 7.57 | 14.88 | 0.26 |
| 9. 工具材料费 | 元 | 142.60 | 52.72 | 53.37 | 52.06 | 88.50 | 43.18 | 133.82 |
| 10. 修理维护费 | 元 | 28.89 | 14.23 | 9.38 | 19.07 | 18.19 | 5.17 | 31.21 |
| 11. 其他直接费用 | 元 | | 0.86 | | 1.72 | | | |
| （二）间接费用 | 元 | 740.32 | 366.36 | 141.35 | 591.36 | 327.91 | 178.63 | 477.17 |
| 1. 固定资产折旧 | 元 | 645.01 | 281.19 | 28.19 | 534.18 | 185.33 | 28.59 | 342.07 |
| 2. 保险费 | 元 | 2.54 | 0.65 | | 1.30 | 2.64 | | 5.28 |
| 3. 管理费 | 元 | 5.19 | 3.81 | 0.24 | 7.38 | 2.18 | 0.13 | 4.22 |
| 4. 财务费 | 元 | 3.11 | 2.64 | 2.67 | 2.61 | 2.79 | 4.07 | 1.50 |
| 5. 销售费 | 元 | 84.47 | 78.07 | 110.25 | 45.89 | 134.97 | 145.84 | 124.10 |
| **二、每亩人工成本** | 元 | **5879.30** | **4292.67** | **2924.55** | **5661.51** | **3882.88** | **2751.98** | **5014.23** |
| 1. 家庭用工折价 | 元 | 3874.06 | 2636.00 | 2217.78 | 3054.95 | 2338.19 | 1888.16 | 2788.68 |
| 家庭用工天数 | 日 | 42.02 | 28.59 | 24.05 | 33.13 | 25.36 | 20.48 | 30.25 |
| 劳动日工价 | 元 | 92.20 | 92.20 | 92.20 | 92.20 | 92.20 | 92.20 | 92.20 |
| 2. 雇工费用 | 元 | 2005.24 | 1656.67 | 706.77 | 2606.56 | 1544.69 | 863.82 | 2225.55 |
| 雇工天数 | 日 | 15.29 | 12.66 | 5.54 | 19.77 | 14.21 | 6.97 | 21.44 |
| 雇工工价 | 元 | 131.15 | 130.86 | 127.58 | 131.84 | 108.70 | 123.93 | 103.80 |
| **三、附** | | | | | | | | |
| 1. 每亩种子用量 | 公斤 | | 0.01 | 0.02 | | | | |
| 2. 每亩化肥用量 | 公斤 | 55.25 | 55.19 | 52.32 | 58.04 | 59.52 | 60.31 | 58.67 |
| 3. 每亩农膜用量 | 公斤 | 32.60 | 14.82 | 3.97 | 25.67 | 15.78 | 6.15 | 25.41 |

1-22-2 续表 5

| 项 目 | 单位 | 露地圆白菜 | 露地大白菜 | 露地马铃薯 | 露地菜花 | 露地萝卜 | 露地豆角 |
|---|---|---|---|---|---|---|---|
| **一、每亩物质与服务费用** | 元 | **1355.94** | **867.70** | **933.15** | **772.96** | **1082.75** | **1473.72** |
| (一)直接费用 | 元 | 1222.38 | 778.03 | 906.74 | 737.93 | 1009.82 | 1351.22 |
| 1. 种子费 | 元 | 302.96 | 69.68 | 385.35 | 152.95 | 139.42 | 143.69 |
| 2. 化肥费 | 元 | 347.70 | 304.83 | 218.86 | 276.16 | 360.67 | 426.28 |
| 3. 农家肥费 | 元 | 171.60 | 145.01 | 37.89 | 52.08 | 201.11 | 179.62 |
| 4. 农药费 | 元 | 116.27 | 98.37 | 38.94 | 86.90 | 99.30 | 258.57 |
| 5. 农膜费 | 元 | 32.60 | 12.36 | 7.74 | 21.87 | 41.13 | 43.32 |
| 6. 租赁作业费 | 元 | 184.45 | 123.63 | 207.11 | 114.34 | 131.78 | 145.49 |
| 机械作业费 | 元 | 103.49 | 88.73 | 133.44 | 93.74 | 101.90 | 105.33 |
| 排灌机械作业费 | 元 | 80.19 | 34.87 | 71.37 | 20.60 | 25.43 | 35.20 |
| 其中:水费 | 元 | 49.39 | 7.81 | 14.05 | 6.91 | 12.37 | 11.97 |
| 畜力费 | 元 | 0.77 | 0.03 | 2.30 |  | 4.45 | 4.96 |
| 7. 燃料动力费 | 元 | 5.58 | 7.86 | 5.20 | 16.17 | 9.34 | 13.63 |
| 8. 技术服务费 | 元 | 6.64 | 1.15 |  | 0.61 |  | 5.99 |
| 9. 工具材料费 | 元 | 50.39 | 10.83 | 4.62 | 12.37 | 22.10 | 128.26 |
| 10. 修理维护费 | 元 | 4.19 | 4.31 | 0.71 | 4.48 | 4.97 | 6.37 |
| 11. 其他直接费用 | 元 |  |  | 0.32 |  |  |  |
| (二)间接费用 | 元 | 133.56 | 89.67 | 26.41 | 35.03 | 72.93 | 122.50 |
| 1. 固定资产折旧 | 元 | 24.47 | 11.14 | 5.32 | 17.30 | 17.39 | 29.51 |
| 2. 保险费 | 元 | 1.49 | 0.20 | 6.39 |  |  | 0.50 |
| 3. 管理费 | 元 | 2.15 | 1.60 | 0.03 |  | 0.64 | 0.34 |
| 4. 财务费 | 元 | 15.50 | 3.35 |  | 0.18 | 4.02 | 3.58 |
| 5. 销售费 | 元 | 89.95 | 73.38 | 14.67 | 17.55 | 50.88 | 88.57 |
| **二、每亩人工成本** | 元 | **1448.42** | **1738.79** | **527.88** | **1735.31** | **1651.65** | **2685.60** |
| 1. 家庭用工折价 | 元 | 688.83 | 992.63 | 326.76 | 1238.98 | 881.71 | 1830.35 |
| 家庭用工天数 | 日 | 7.47 | 10.77 | 3.54 | 13.44 | 9.56 | 19.85 |
| 劳动日工价 | 元 | 92.20 | 92.20 | 92.20 | 92.20 | 92.20 | 92.20 |
| 2. 雇工费用 | 元 | 759.59 | 746.16 | 201.12 | 496.33 | 769.94 | 855.25 |
| 雇工天数 | 日 | 6.40 | 6.10 | 1.45 | 2.93 | 7.34 | 7.87 |
| 雇工工价 | 元 | 118.69 | 122.32 | 138.70 | 169.40 | 104.90 | 108.67 |
| 三、附 |  |  |  |  |  |  |  |
| 1. 每亩种子用量 | 公斤 |  |  | 24.45 |  | 0.03 |  |
| 2. 每亩化肥用量 | 公斤 | 44.09 | 39.64 | 35.59 | 40.76 | 35.00 | 46.26 |
| 3. 每亩农膜用量 | 公斤 | 2.08 | 0.91 | 0.70 | 1.82 | 2.15 | 3.10 |

# 1-22-3 2021 年全国种植业产品化肥投入情况

| 项目 | 单位 | 三种粮食平均 | 稻谷 | | | | | 小麦 |
|---|---|---|---|---|---|---|---|---|
| | | | | 早籼稻 | 中籼稻 | 晚籼稻 | 粳稻 | |
| **一、每亩化肥金额** | **元** | **154.47** | **148.94** | **143.56** | **134.21** | **159.13** | **158.85** | **161.38** |
| (一)氮肥 | 元 | 35.08 | 37.55 | 31.77 | 34.20 | 35.60 | 48.58 | 35.28 |
| 1. 尿素 | 元 | 32.82 | 34.53 | 29.32 | 30.39 | 32.82 | 45.57 | 34.13 |
| 2. 碳铵 | 元 | 1.81 | 2.44 | 2.45 | 3.54 | 2.78 | 0.98 | 0.91 |
| 3. 其他氮肥 | 元 | 0.45 | 0.58 | | 0.27 | | 2.03 | 0.24 |
| (二)磷肥 | 元 | 1.36 | 1.97 | 2.88 | 1.60 | 2.83 | 0.58 | 1.02 |
| 其中:过磷酸钙 | 元 | 1.28 | 1.90 | 2.70 | 1.56 | 2.79 | 0.55 | 0.95 |
| (三)钾肥 | 元 | 2.47 | 6.11 | 7.05 | 1.63 | 8.44 | 7.30 | 0.06 |
| 其中:氯化钾 | 元 | 2.03 | 5.40 | 6.94 | 1.42 | 8.15 | 5.08 | 0.03 |
| (四)复混肥 | 元 | 114.39 | 100.37 | 99.25 | 96.16 | 108.98 | 97.11 | 124.83 |
| 1. 复合肥 | 元 | 110.36 | 97.19 | 96.34 | 93.41 | 106.29 | 92.74 | 124.42 |
| 其中:二铵 | 元 | 11.74 | 1.21 | 0.17 | 0.10 | 0.19 | 4.38 | 19.54 |
| 三元素复合肥 | 元 | 62.64 | 64.28 | 66.19 | 57.77 | 72.17 | 61.00 | 76.72 |
| 2. 混配肥 | 元 | 4.03 | 3.18 | 2.91 | 2.75 | 2.69 | 4.37 | 0.41 |
| (五)其他肥料 | 元 | 1.17 | 2.95 | 2.61 | 0.62 | 3.28 | 5.28 | 0.19 |
| **二、每亩化肥折纯用量** | **公斤** | **25.54** | **22.96** | **22.40** | **21.36** | **22.82** | **25.19** | **28.80** |
| (一)氮肥 | 公斤 | 6.86 | 6.62 | 5.83 | 6.36 | 5.68 | 8.61 | 7.77 |
| 1. 尿素 | 公斤 | 6.45 | 6.10 | 5.42 | 5.61 | 5.23 | 8.14 | 7.55 |
| 2. 碳铵 | 公斤 | 0.35 | 0.43 | 0.41 | 0.71 | 0.45 | 0.16 | 0.20 |
| 3. 其他氮肥 | 公斤 | 0.06 | 0.09 | | 0.04 | | 0.31 | 0.02 |
| (二)磷肥 | 公斤 | 0.24 | 0.34 | 0.51 | 0.28 | 0.44 | 0.12 | 0.18 |
| 其中:过磷酸钙 | 公斤 | 0.23 | 0.33 | 0.48 | 0.27 | 0.44 | 0.11 | 0.18 |
| (三)钾肥 | 公斤 | 0.42 | 1.06 | 1.35 | 0.28 | 1.44 | 1.15 | 0.01 |
| 其中:氯化钾 | 公斤 | 0.37 | 0.98 | 1.33 | 0.25 | 1.40 | 0.94 | 0.01 |
| (四)复混肥 | 公斤 | 18.02 | 14.94 | 14.73 | 14.43 | 15.25 | 15.32 | 20.85 |
| 1. 复合肥 | 公斤 | 17.35 | 14.43 | 14.30 | 14.02 | 14.85 | 14.54 | 20.78 |
| 其中:二铵 | 公斤 | 2.36 | 0.24 | 0.03 | 0.02 | 0.03 | 0.87 | 4.02 |
| 三元素复合肥 | 公斤 | 9.58 | 9.48 | 9.69 | 8.91 | 9.98 | 9.33 | 12.33 |
| 2. 混配肥 | 公斤 | 0.67 | 0.51 | 0.43 | 0.41 | 0.40 | 0.78 | 0.07 |

1-22-3 续表 1

| 项 目 | 单位 | 玉 米 | 大 豆 | 两种油料平 均 | 花 生 | 油菜籽 | 棉 花 | 长绒棉 |
|---|---|---|---|---|---|---|---|---|
| **一、每亩化肥金额** | **元** | **153.08** | **50.41** | **126.51** | **152.27** | **100.75** | **270.91** | **345.78** |
| (一)氮肥 | 元 | 32.39 | 4.70 | 19.46 | 13.63 | 25.29 | 77.77 | 90.25 |
| 1. 尿素 | 元 | 29.80 | 4.54 | 17.45 | 12.82 | 22.08 | 76.46 | 90.25 |
| 2. 碳铵 | 元 | 2.07 | 0.16 | 2.01 | 0.81 | 3.21 | 0.71 | |
| 3. 其他氮肥 | 元 | 0.52 | | | | | 0.60 | |
| (二)磷肥 | 元 | 1.11 | 0.52 | 4.50 | 5.79 | 3.20 | 9.32 | |
| 其中:过磷酸钙 | 元 | 1.00 | 0.52 | 4.16 | 5.31 | 3.00 | 3.46 | |
| (三)钾肥 | 元 | 1.24 | 2.57 | 1.46 | 1.87 | 1.03 | 18.54 | |
| 其中:氯化钾 | 元 | 0.66 | 2.54 | 1.41 | 1.84 | 0.97 | 8.67 | |
| (四)复混肥 | 元 | 117.96 | 42.46 | 97.96 | 125.67 | 70.23 | 142.83 | 255.53 |
| 1. 复合肥 | 元 | 109.47 | 42.35 | 96.78 | 125.12 | 68.42 | 141.32 | 255.53 |
| 其中:二铵 | 元 | 14.48 | 9.30 | 2.74 | 2.21 | 3.27 | 93.87 | 255.53 |
| 三元素复合肥 | 元 | 46.91 | 20.64 | 67.21 | 98.27 | 36.14 | 32.71 | |
| 2. 混配肥 | 元 | 8.49 | 0.11 | 1.18 | 0.55 | 1.81 | 1.51 | |
| (五)其他肥料 | 元 | 0.38 | 0.16 | 3.16 | 5.31 | 1.00 | 22.45 | |
| **二、每亩化肥折纯用量** | **公斤** | **24.86** | **8.54** | **19.34** | **21.88** | **16.79** | **41.47** | **68.66** |
| (一)氮肥 | 公斤 | 6.19 | 0.93 | 3.95 | 2.68 | 5.22 | 15.53 | 18.90 |
| 1. 尿素 | 公斤 | 5.70 | 0.90 | 3.54 | 2.51 | 4.57 | 15.38 | 18.90 |
| 2. 碳铵 | 公斤 | 0.41 | 0.03 | 0.41 | 0.17 | 0.65 | 0.13 | |
| 3. 其他氮肥 | 公斤 | 0.08 | | | | | 0.02 | |
| (二)磷肥 | 公斤 | 0.20 | 0.08 | 0.85 | 1.09 | 0.60 | 0.54 | |
| 其中:过磷酸钙 | 公斤 | 0.18 | 0.08 | 0.80 | 1.03 | 0.57 | 0.27 | |
| (三)钾肥 | 公斤 | 0.20 | 0.49 | 0.28 | 0.34 | 0.20 | 1.78 | |
| 其中:氯化钾 | 公斤 | 0.13 | 0.48 | 0.27 | 0.34 | 0.19 | 1.30 | |
| (四)复混肥 | 公斤 | 18.26 | 7.04 | 14.26 | 17.77 | 10.75 | 23.59 | 49.76 |
| 1. 复合肥 | 公斤 | 16.83 | 7.02 | 14.08 | 17.69 | 10.47 | 23.48 | 49.76 |
| 其中:二铵 | 公斤 | 2.82 | 1.85 | 0.52 | 0.42 | 0.62 | 17.33 | 49.76 |
| 三元素复合肥 | 公斤 | 6.93 | 3.18 | 9.72 | 13.89 | 5.55 | 4.47 | |
| 2. 混配肥 | 公斤 | 1.43 | 0.02 | 0.18 | 0.08 | 0.28 | 0.11 | |

1-22-3 续表 2

| 项　　目 | 单位 | 烤　烟 | 晾晒烟 | 甘　蔗 | 甜　菜 | 桑蚕茧 | 苹　果 | 柑 |
|---|---|---|---|---|---|---|---|---|
| **一、每亩化肥金额** | **元** | **293. 19** | **586. 28** | **444. 95** | **186. 31** | **260. 41** | **477. 90** | **462. 66** |
| (一)氮肥 | 元 | 2. 67 | 36. 48 | 107. 46 | 30. 94 | 114. 25 | 31. 41 | 7. 88 |
| 1. 尿素 | 元 | 1. 50 | 23. 68 | 104. 83 | 29. 13 | 104. 24 | 30. 56 | 7. 68 |
| 2. 碳铵 | 元 | 0. 02 | 12. 80 |  | 1. 81 | 4. 52 | 0. 49 | 0. 20 |
| 3. 其他氮肥 | 元 | 1. 15 |  | 2. 63 |  | 5. 49 | 0. 36 |  |
| (二)磷肥 | 元 | 5. 93 | 11. 96 | 15. 09 |  | 2. 78 | 1. 38 | 0. 39 |
| 其中:过磷酸钙 | 元 | 3. 80 | 11. 96 | 10. 44 |  | 2. 50 | 0. 87 | 0. 31 |
| (三)钾肥 | 元 | 51. 99 | 44. 30 | 28. 15 | 14. 13 | 0. 53 | 7. 08 | 1. 35 |
| 其中:氯化钾 | 元 | 0. 66 |  | 27. 14 | 0. 89 |  | 3. 52 |  |
| (四)复混肥 | 元 | 196. 39 | 263. 31 | 167. 52 | 134. 20 | 134. 91 | 313. 29 | 327. 42 |
| 1. 复合肥 | 元 | 154. 34 | 263. 31 | 136. 30 | 133. 31 | 131. 55 | 313. 06 | 327. 42 |
| 其中:二铵 | 元 | 0. 63 |  | 0. 16 | 64. 83 | 0. 97 | 24. 13 |  |
| 三元素复合肥 | 元 | 29. 01 | 15. 01 | 58. 22 | 41. 61 | 82. 43 | 186. 16 | 258. 17 |
| 2. 混配肥 | 元 | 42. 05 |  | 31. 22 | 0. 89 | 3. 36 | 0. 23 |  |
| (五)其他肥料 | 元 | 36. 21 | 230. 23 | 126. 73 | 7. 04 | 7. 94 | 124. 74 | 125. 62 |
| **二、每亩化肥折纯用量** | **公斤** | **34. 33** | **44. 15** | **47. 64** | **31. 60** | **37. 87** | **50. 55** | **42. 84** |
| (一)氮肥 | 公斤 | 0. 44 | 6. 93 | 18. 88 | 6. 50 | 19. 31 | 6. 40 | 1. 38 |
| 1. 尿素 | 公斤 | 0. 28 | 4. 74 | 18. 66 | 6. 11 | 17. 75 | 6. 18 | 1. 34 |
| 2. 碳铵 | 公斤 |  | 2. 19 |  | 0. 39 | 0. 92 | 0. 11 | 0. 04 |
| 3. 其他氮肥 | 公斤 | 0. 16 |  | 0. 22 |  | 0. 64 | 0. 11 |  |
| (二)磷肥 | 公斤 | 1. 16 | 1. 95 | 2. 63 |  | 0. 53 | 0. 29 | 0. 07 |
| 其中:过磷酸钙 | 公斤 | 0. 82 | 1. 95 | 2. 07 |  | 0. 47 | 0. 22 | 0. 06 |
| (三)钾肥 | 公斤 | 7. 06 | 5. 93 | 4. 79 | 1. 93 | 0. 03 | 1. 24 | 0. 18 |
| 其中:氯化钾 | 公斤 | 0. 11 |  | 4. 65 | 0. 23 |  | 0. 71 |  |
| (四)复混肥 | 公斤 | 25. 69 | 29. 34 | 21. 33 | 23. 18 | 18. 00 | 42. 64 | 41. 21 |
| 1. 复合肥 | 公斤 | 20. 31 | 29. 34 | 17. 87 | 23. 08 | 17. 34 | 42. 61 | 41. 21 |
| 其中:二铵 | 公斤 | 0. 12 |  | 0. 03 | 13. 18 | 0. 19 | 4. 67 |  |
| 三元素复合肥 | 公斤 | 4. 04 | 1. 99 | 8. 06 | 6. 12 | 10. 88 | 25. 24 | 33. 60 |
| 2. 混配肥 | 公斤 | 5. 38 |  | 3. 46 | 0. 10 | 0. 66 | 0. 03 |  |

1-22-3 续表 3

| 项　　目 | 单位 | 桔 | 蔬菜平均 | 西红柿 | 露地西红柿 | 设施西红柿 | 黄　瓜 | 露地黄瓜 |
|---|---|---|---|---|---|---|---|---|
| **一、每亩化肥金额** | **元** | **527.58** | **424.24** | **460.63** | **409.04** | **512.21** | **540.80** | **487.41** |
| (一)氮肥 | 元 | 11.56 | 54.41 | 41.65 | 27.23 | 56.04 | 50.50 | 41.43 |
| 1. 尿素 | 元 | 8.46 | 53.42 | 41.20 | 27.23 | 55.16 | 48.92 | 39.45 |
| 2. 碳铵 | 元 | 3.10 | 0.76 | 0.24 |  | 0.47 | 1.15 | 1.50 |
| 3. 其他氮肥 | 元 |  | 0.23 | 0.21 |  | 0.41 | 0.43 | 0.48 |
| (二)磷肥 | 元 | 8.89 | 5.18 | 7.55 | 7.41 | 7.68 | 8.69 | 12.03 |
| 其中:过磷酸钙 | 元 | 5.52 | 4.81 | 6.17 | 5.09 | 7.25 | 8.61 | 11.88 |
| (三)钾肥 | 元 | 20.54 | 15.88 | 13.35 | 13.69 | 12.99 | 17.79 | 20.88 |
| 其中:氯化钾 | 元 | 3.70 | 8.69 | 6.01 | 4.97 | 7.04 | 6.75 | 10.30 |
| (四)复混肥 | 元 | 367.22 | 297.14 | 298.91 | 290.02 | 307.77 | 340.71 | 343.89 |
| 1. 复合肥 | 元 | 367.22 | 293.51 | 278.77 | 249.86 | 307.66 | 340.63 | 343.74 |
| 其中:二铵 | 元 |  | 34.46 | 37.47 | 38.99 | 35.95 | 31.97 | 23.23 |
| 三元素复合肥 | 元 | 168.07 | 159.75 | 153.66 | 120.51 | 186.80 | 202.19 | 197.47 |
| 2. 混配肥 | 元 |  | 3.63 | 20.14 | 40.16 | 0.11 | 0.08 | 0.15 |
| (五)其他肥料 | 元 | 119.37 | 51.64 | 99.21 | 70.69 | 127.73 | 123.13 | 69.18 |
| **二、每亩化肥折纯用量** | **公斤** | **77.01** | **47.74** | **46.61** | **42.69** | **50.45** | **53.55** | **51.81** |
| (一)氮肥 | 公斤 | 2.16 | 9.79 | 7.64 | 5.88 | 9.39 | 9.04 | 7.60 |
| 1. 尿素 | 公斤 | 1.61 | 9.60 | 7.54 | 5.88 | 9.19 | 8.72 | 7.21 |
| 2. 碳铵 | 公斤 | 0.55 | 0.15 | 0.05 |  | 0.10 | 0.21 | 0.27 |
| 3. 其他氮肥 | 公斤 |  | 0.04 | 0.05 |  | 0.10 | 0.11 | 0.12 |
| (二)磷肥 | 公斤 | 2.25 | 0.86 | 1.21 | 1.34 | 1.06 | 1.39 | 1.94 |
| 其中:过磷酸钙 | 公斤 | 1.34 | 0.80 | 0.99 | 0.97 | 1.00 | 1.38 | 1.92 |
| (三)钾肥 | 公斤 | 3.88 | 1.97 | 1.85 | 2.01 | 1.67 | 2.20 | 2.68 |
| 其中:氯化钾 | 公斤 | 0.65 | 1.16 | 1.03 | 0.80 | 1.25 | 1.08 | 1.53 |
| (四)复混肥 | 公斤 | 68.70 | 35.12 | 35.91 | 33.47 | 38.33 | 40.92 | 39.60 |
| 1. 复合肥 | 公斤 | 68.70 | 34.92 | 35.21 | 32.10 | 38.31 | 40.91 | 39.58 |
| 其中:二铵 | 公斤 |  | 6.39 | 7.20 | 7.70 | 6.69 | 6.00 | 4.49 |
| 三元素复合肥 | 公斤 | 22.34 | 18.02 | 18.65 | 14.75 | 22.55 | 23.22 | 21.40 |
| 2. 混配肥 | 公斤 |  | 0.20 | 0.70 | 1.37 | 0.02 | 0.01 | 0.02 |

1-22-3 续表 4

| 项　　目 | 单位 | 设施黄瓜 | 茄　子 | 露地茄子 | 设施茄子 | 菜　椒 | 露地菜椒 | 设施菜椒 |
|---|---|---|---|---|---|---|---|---|
| **一、每亩化肥金额** | **元** | **594.18** | **499.93** | **473.91** | **525.94** | **596.92** | **625.42** | **568.42** |
| （一）氮肥 | 元 | 59.56 | 72.72 | 46.17 | 99.26 | 48.61 | 35.44 | 61.77 |
| 1. 尿素 | 元 | 58.38 | 71.88 | 44.50 | 99.26 | 48.00 | 34.30 | 61.70 |
| 2. 碳铵 | 元 | 0.80 | 0.57 | 1.14 |  | 0.32 | 0.57 | 0.07 |
| 3. 其他氮肥 | 元 | 0.38 | 0.27 | 0.53 |  | 0.29 | 0.57 |  |
| （二）磷肥 | 元 | 5.34 | 7.31 | 12.90 | 1.72 | 6.97 | 12.69 | 1.24 |
| 其中：过磷酸钙 | 元 | 5.33 | 7.18 | 12.64 | 1.72 | 6.28 | 11.31 | 1.24 |
| （三）钾肥 | 元 | 14.69 | 7.86 | 12.44 | 3.26 | 16.79 | 32.69 | 0.89 |
| 其中：氯化钾 | 元 | 3.20 | 5.22 | 9.09 | 1.34 | 6.67 | 12.45 | 0.89 |
| （四）复混肥 | 元 | 337.52 | 349.72 | 368.01 | 331.41 | 456.66 | 472.15 | 441.15 |
| 1. 复合肥 | 元 | 337.52 | 347.30 | 365.21 | 329.38 | 456.45 | 471.73 | 441.15 |
| 其中：二铵 | 元 | 40.71 | 12.88 | 21.49 | 4.27 | 15.25 | 19.68 | 10.82 |
| 三元素复合肥 | 元 | 206.91 | 235.08 | 239.36 | 230.79 | 176.55 | 263.72 | 89.37 |
| 2. 混配肥 | 元 |  | 2.42 | 2.80 | 2.03 | 0.21 | 0.42 |  |
| （五）其他肥料 | 元 | 177.07 | 62.34 | 34.39 | 90.29 | 67.91 | 72.45 | 63.37 |
| **二、每亩化肥折纯用量** | **公斤** | **55.25** | **55.19** | **52.32** | **58.04** | **59.52** | **60.31** | **58.67** |
| （一）氮肥 | 公斤 | 10.48 | 12.55 | 8.35 | 16.74 | 9.12 | 6.62 | 11.61 |
| 1. 尿素 | 公斤 | 10.23 | 12.40 | 8.06 | 16.74 | 9.02 | 6.45 | 11.59 |
| 2. 碳铵 | 公斤 | 0.15 | 0.10 | 0.19 |  | 0.07 | 0.12 | 0.02 |
| 3. 其他氮肥 | 公斤 | 0.10 | 0.05 | 0.10 |  | 0.03 | 0.05 |  |
| （二）磷肥 | 公斤 | 0.83 | 1.08 | 1.88 | 0.28 | 1.22 | 2.22 | 0.21 |
| 其中：过磷酸钙 | 公斤 | 0.83 | 1.06 | 1.84 | 0.28 | 1.07 | 1.92 | 0.21 |
| （三）钾肥 | 公斤 | 1.71 | 0.89 | 1.48 | 0.29 | 2.03 | 3.89 | 0.15 |
| 其中：氯化钾 | 公斤 | 0.62 | 0.78 | 1.32 | 0.23 | 1.23 | 2.30 | 0.15 |
| （四）复混肥 | 公斤 | 42.23 | 40.67 | 40.61 | 40.71 | 47.15 | 47.58 | 46.71 |
| 1. 复合肥 | 公斤 | 42.23 | 40.50 | 40.41 | 40.57 | 47.11 | 47.51 | 46.71 |
| 其中：二铵 | 公斤 | 7.50 | 2.55 | 4.25 | 0.84 | 2.76 | 3.58 | 1.94 |
| 三元素复合肥 | 公斤 | 25.04 | 27.36 | 24.96 | 29.75 | 18.55 | 25.59 | 11.51 |
| 2. 混配肥 | 公斤 |  | 0.17 | 0.20 | 0.14 | 0.04 | 0.07 |  |

1-22-3　续表 5

| 项　　目 | 单位 | 露地圆白菜 | 露地大白菜 | 露地马铃薯 | 露地菜花 | 露地萝卜 | 露地豆角 |
|---|---|---|---|---|---|---|---|
| **一、每亩化肥金额** | **元** | **347.70** | **304.83** | **218.86** | **276.16** | **360.67** | **426.28** |
| (一)氮肥 | 元 | 73.12 | 60.64 | 33.67 | 55.37 | 17.75 | 23.71 |
| 1. 尿素 | 元 | 72.64 | 60.16 | 31.16 | 54.43 | 16.24 | 23.70 |
| 2. 碳铵 | 元 | 0.46 | 0.38 | 2.21 | 0.94 | 1.50 | |
| 3. 其他氮肥 | 元 | 0.02 | 0.10 | 0.30 | | 0.01 | 0.01 |
| (二)磷肥 | 元 | 1.80 | 2.00 | 1.89 | 2.43 | 8.12 | 6.57 |
| 其中:过磷酸钙 | 元 | 1.70 | 1.89 | 1.82 | 2.43 | 7.35 | 5.73 |
| (三)钾肥 | 元 | 33.58 | 2.43 | 19.38 | 0.38 | 1.54 | 7.56 |
| 其中:氯化钾 | 元 | 31.16 | 2.17 | 2.87 | 0.38 | 0.28 | 6.69 |
| (四)复混肥 | 元 | 234.67 | 237.58 | 161.74 | 214.17 | 286.70 | 373.49 |
| 1. 复合肥 | 元 | 233.52 | 236.71 | 161.22 | 214.12 | 286.00 | 368.34 |
| 其中:二铵 | 元 | 40.59 | 20.38 | 82.70 | 18.44 | 3.87 | 11.94 |
| 三元素复合肥 | 元 | 173.05 | 151.37 | 26.35 | 136.61 | 188.98 | 276.74 |
| 2. 混配肥 | 元 | 1.15 | 0.87 | 0.52 | 0.05 | 0.70 | 5.15 |
| (五)其他肥料 | 元 | 4.53 | 2.18 | 2.18 | 3.81 | 46.56 | 14.95 |
| **二、每亩化肥折纯用量** | **公斤** | **44.09** | **39.64** | **35.59** | **40.76** | **35.00** | **46.26** |
| (一)氮肥 | 公斤 | 12.32 | 10.82 | 7.03 | 11.54 | 3.14 | 4.34 |
| 1. 尿素 | 公斤 | 12.24 | 10.74 | 6.53 | 11.38 | 2.88 | 4.34 |
| 2. 碳铵 | 公斤 | 0.08 | 0.07 | 0.46 | 0.16 | 0.26 | |
| 3. 其他氮肥 | 公斤 | | 0.01 | 0.04 | | | |
| (二)磷肥 | 公斤 | 0.39 | 0.44 | 0.33 | 0.42 | 1.22 | 1.07 |
| 其中:过磷酸钙 | 公斤 | 0.38 | 0.42 | 0.32 | 0.42 | 1.03 | 0.93 |
| (三)钾肥 | 公斤 | 3.24 | 0.43 | 3.09 | 0.07 | 0.12 | 1.23 |
| 其中:氯化钾 | 公斤 | 3.09 | 0.39 | 0.49 | 0.07 | 0.05 | 1.10 |
| (四)复混肥 | 公斤 | 28.13 | 27.94 | 25.15 | 28.73 | 30.53 | 39.62 |
| 1. 复合肥 | 公斤 | 27.72 | 27.91 | 25.08 | 28.72 | 30.47 | 39.45 |
| 其中:二铵 | 公斤 | 7.42 | 3.73 | 15.07 | 3.29 | 0.74 | 2.30 |
| 三元素复合肥 | 公斤 | 17.92 | 16.69 | 3.78 | 18.51 | 20.05 | 27.73 |
| 2. 混配肥 | 公斤 | 0.41 | 0.03 | 0.07 | 0.01 | 0.06 | 0.17 |

# 1-23-1　2021 年全国饲养业产品成本收益情况

| 项　　目 | 单位 | 生　猪 | 散养生猪 | 规模生猪 | 小规模生猪 | 中规模生猪 | 大规模生猪 |
|---|---|---|---|---|---|---|---|
| **每单位** | | | | | | | |
| 主产品产量 | 公斤 | 128.67 | 126.19 | 131.15 | 131.07 | 133.16 | 129.21 |
| 产值合计 | 元 | 2591.11 | 2586.49 | 2595.72 | 2574.80 | 2619.40 | 2592.96 |
| 主产品产值 | 元 | 2578.15 | 2571.88 | 2584.41 | 2561.70 | 2607.37 | 2584.16 |
| 副产品产值 | 元 | 12.96 | 14.61 | 11.31 | 13.10 | 12.03 | 8.80 |
| 总成本 | 元 | 2598.84 | 2709.18 | 2487.64 | 2564.17 | 2510.75 | 2387.27 |
| 生产成本 | 元 | 2596.90 | 2709.04 | 2483.90 | 2561.78 | 2507.55 | 2381.64 |
| 物质与服务费用 | 元 | 2246.44 | 2196.22 | 2296.54 | 2299.79 | 2323.15 | 2266.67 |
| 人工成本 | 元 | 350.46 | 512.82 | 187.36 | 261.99 | 184.40 | 114.97 |
| 家庭用工折价 | 元 | 323.62 | 512.82 | 133.69 | 257.70 | 132.68 | 9.96 |
| 雇工费用 | 元 | 26.84 | | 53.67 | 4.29 | 51.72 | 105.01 |
| 土地成本 | 元 | 1.94 | 0.14 | 3.74 | 2.39 | 3.20 | 5.63 |
| 净利润 | 元 | -7.73 | -122.69 | 108.08 | 10.63 | 108.65 | 205.69 |
| 成本利润率 | % | -0.30 | -4.53 | 4.34 | 0.41 | 4.33 | 8.62 |
| **每 50 公斤主产品** | | | | | | | |
| 平均出售价格 | 元 | 1001.85 | 1019.05 | 985.29 | 977.23 | 979.04 | 999.98 |
| 总成本 | 元 | 1004.84 | 1067.39 | 944.26 | 973.20 | 938.43 | 920.65 |
| 生产成本 | 元 | 1004.09 | 1067.33 | 942.85 | 972.29 | 937.23 | 918.48 |
| 净利润 | 元 | -2.99 | -48.34 | 41.03 | 4.03 | 40.61 | 79.33 |
| **附：** | | | | | | | |
| 每核算单位用工数量 | 日 | 3.74 | 5.56 | 1.90 | 2.84 | 1.87 | 0.98 |
| 平均饲养天数 | 日 | 162.36 | 165.64 | 159.08 | 164.98 | 160.81 | 151.45 |

1-23-1　续表 1

| 项　　目 | 单位 | 散养肉牛 | 散养肉羊 | 规模肉鸡 | 小规模肉鸡 | 中规模肉鸡 | 大规模肉鸡 |
|---|---|---|---|---|---|---|---|
| **每单位** | | | | | | | |
| 主产品产量 | 公斤 | 506.69 | 46.26 | 246.50 | 257.44 | 249.86 | 232.19 |
| 产值合计 | 元 | 17498.66 | 1614.86 | 3245.00 | 3061.84 | 3826.90 | 2846.25 |
| 主产品产值 | 元 | 17434.94 | 1584.12 | 3220.53 | 3039.43 | 3801.85 | 2820.30 |
| 副产品产值 | 元 | 63.72 | 30.74 | 24.47 | 22.41 | 25.05 | 25.95 |
| 总成本 | 元 | 13799.30 | 1418.25 | 3104.15 | 3164.02 | 3290.89 | 2856.33 |
| 生产成本 | 元 | 13796.51 | 1418.25 | 3098.22 | 3162.01 | 3283.43 | 2848.02 |
| 物质与服务费用 | 元 | 12620.99 | 887.65 | 2778.74 | 2752.81 | 2966.31 | 2617.10 |
| 人工成本 | 元 | 1175.52 | 530.60 | 319.48 | 409.20 | 317.12 | 230.92 |
| 家庭用工折价 | 元 | 1118.94 | 506.09 | 248.02 | 389.45 | 254.84 | 98.56 |
| 雇工费用 | 元 | 56.58 | 24.51 | 71.46 | 19.75 | 62.28 | 132.36 |
| 土地成本 | 元 | 2.79 | | 5.93 | 2.01 | 7.46 | 8.31 |
| 净利润 | 元 | 3699.36 | 196.61 | 140.85 | -102.18 | 536.01 | -10.08 |
| 成本利润率 | % | 26.81 | 13.86 | 4.54 | -3.23 | 16.29 | -0.35 |
| **每 50 公斤主产品** | | | | | | | |
| 平均出售价格 | 元 | 1720.47 | 1712.19 | 653.25 | 590.32 | 760.80 | 607.33 |
| 总成本 | 元 | 1356.75 | 1503.73 | 624.90 | 610.02 | 654.24 | 609.48 |
| 生产成本 | 元 | 1356.47 | 1503.73 | 623.70 | 609.63 | 652.76 | 607.71 |
| 净利润 | 元 | 363.72 | 208.46 | 28.35 | -19.70 | 106.56 | -2.15 |
| **附：** | | | | | | | |
| 每核算单位用工数量 | 日 | 12.59 | 5.70 | 3.26 | 4.40 | 3.26 | 2.10 |
| 平均饲养天数 | 日 | 242.91 | 189.87 | 70.98 | 60.95 | 81.07 | 70.93 |

1-23-1 续表 2

| 项　　目 | 单位 | 规模蛋鸡 | 小规模蛋鸡 | 中规模蛋鸡 | 大规模蛋鸡 | 奶　牛 |
|---|---|---|---|---|---|---|
| **每单位** | | | | | | |
| 主产品产量 | 公斤 | 1797.82 | 1822.94 | 1806.40 | 1764.13 | 6261.34 |
| 产值合计 | 元 | 18351.79 | 17955.45 | 18459.35 | 18640.58 | 30348.92 |
| 主产品产值 | 元 | 16218.13 | 15991.22 | 16263.06 | 16400.11 | 27007.88 |
| 副产品产值 | 元 | 2133.66 | 1964.23 | 2196.29 | 2240.47 | 3341.04 |
| 总成本 | 元 | 17911.15 | 17655.82 | 18085.68 | 17992.29 | 22017.79 |
| 生产成本 | 元 | 17891.06 | 17650.25 | 18057.53 | 17965.74 | 21964.83 |
| 物质与服务费用 | 元 | 16572.28 | 15847.49 | 16892.95 | 16976.44 | 18238.42 |
| 人工成本 | 元 | 1318.78 | 1802.76 | 1164.58 | 989.30 | 3726.41 |
| 家庭用工折价 | 元 | 959.80 | 1776.33 | 945.70 | 157.66 | 2576.07 |
| 雇工费用 | 元 | 358.98 | 26.43 | 218.88 | 831.64 | 1150.34 |
| 土地成本 | 元 | 20.09 | 5.57 | 28.15 | 26.55 | 52.96 |
| 净利润 | 元 | 440.64 | 299.63 | 373.67 | 648.29 | 8331.13 |
| 成本利润率 | % | 2.46 | 1.70 | 2.07 | 3.60 | 37.84 |
| **每 50 公斤主产品** | | | | | | |
| 平均出售价格 | 元 | 451.05 | 438.61 | 450.15 | 464.82 | 215.67 |
| 总成本 | 元 | 440.22 | 431.29 | 441.04 | 448.65 | 156.47 |
| 生产成本 | 元 | 439.73 | 431.15 | 440.35 | 447.99 | 156.09 |
| 净利润 | 元 | 10.83 | 7.32 | 9.11 | 16.17 | 59.20 |
| **附：** | | | | | | |
| 每核算单位用工数量 | 日 | 13.27 | 19.50 | 12.07 | 8.25 | 36.20 |
| 平均饲养天数 | 日 | 361.42 | 366.10 | 359.31 | 358.86 | 365.00 |

1-23-1　续表 3

| 项　　目 | 单位 | 散养奶牛 | 规模奶牛 | 小规模奶牛 | 中规模奶牛 | 大规模奶牛 |
|---|---|---|---|---|---|---|
| **每单位** | | | | | | |
| 主产品产量 | 公斤 | 5469.48 | 7058.30 | 5838.36 | 6791.14 | 8545.39 |
| 产值合计 | 元 | 26217.27 | 34358.42 | 27242.32 | 34261.74 | 41571.19 |
| 主产品产值 | 元 | 23309.82 | 30619.05 | 23535.39 | 30400.30 | 37921.45 |
| 副产品产值 | 元 | 2907.45 | 3739.37 | 3706.93 | 3861.44 | 3649.74 |
| 总成本 | 元 | 18461.96 | 25520.44 | 20435.44 | 25151.15 | 30974.72 |
| 生产成本 | 元 | 18439.29 | 25436.69 | 20379.66 | 25073.98 | 30856.44 |
| 物质与服务费用 | 元 | 14252.84 | 22145.80 | 17100.74 | 21643.56 | 27693.11 |
| 人工成本 | 元 | 4186.45 | 3290.89 | 3278.92 | 3430.42 | 3163.33 |
| 家庭用工折价 | 元 | 4096.35 | 1078.68 | 2805.19 | 418.50 | 12.35 |
| 雇工费用 | 元 | 90.10 | 2212.21 | 473.73 | 3011.92 | 3150.98 |
| 土地成本 | 元 | 22.67 | 83.74 | 55.78 | 77.17 | 118.28 |
| 净利润 | 元 | 7755.31 | 8837.98 | 6806.89 | 9110.59 | 10596.47 |
| 成本利润率 | % | 42.01 | 34.58 | 33.31 | 36.22 | 34.21 |
| **每 50 公斤主产品** | | | | | | |
| 平均出售价格 | 元 | 213.09 | 215.75 | 201.56 | 223.82 | 221.88 |
| 总成本 | 元 | 150.06 | 160.27 | 151.20 | 164.30 | 165.32 |
| 生产成本 | 元 | 149.87 | 159.76 | 150.78 | 163.80 | 164.69 |
| 净利润 | 元 | 63.03 | 55.48 | 50.36 | 59.52 | 56.56 |
| **附：** | | | | | | |
| 每核算单位用工数量 | 日 | 45.15 | 27.19 | 34.34 | 26.12 | 21.12 |
| 平均饲养天数 | 日 | 365.00 | 365.00 | 365.00 | 365.00 | 365.00 |

# 1-23-2　2021 年全国饲养业产品费用和用工情况

| 项　　目 | 单位 | 生　猪 | 散养生猪 | 规模生猪 | | | |
|---|---|---|---|---|---|---|---|
| | | | | | 小规模生猪 | 中规模生猪 | 大规模生猪 |
| **一、每单位物质与服务费** | 元 | **2246. 44** | **2196. 22** | **2296. 54** | **2299. 79** | **2323. 15** | **2266. 67** |
| （一）直接费用 | 元 | 2222. 71 | 2182. 96 | 2262. 36 | 2277. 19 | 2295. 05 | 2214. 81 |
| 1. 仔畜费 | 元 | 1007. 54 | 1010. 71 | 1004. 36 | 1018. 83 | 1022. 52 | 971. 74 |
| 2. 精饲料费 | 元 | 1135. 28 | 1084. 41 | 1186. 14 | 1192. 05 | 1203. 55 | 1162. 83 |
| 3. 青粗饲料费 | 元 | 15. 96 | 28. 26 | 3. 65 | 5. 48 | 3. 75 | 1. 73 |
| 4. 饲料加工费 | 元 | 3. 70 | 5. 43 | 1. 97 | 3. 29 | 1. 89 | 0. 72 |
| 5. 水费 | 元 | 2. 90 | 2. 77 | 3. 03 | 2. 77 | 2. 99 | 3. 33 |
| 6. 燃料动力费 | 元 | 5. 61 | 4. 09 | 7. 12 | 4. 59 | 7. 06 | 9. 71 |
| 电费 | 元 | 4. 54 | 3. 22 | 5. 86 | 3. 87 | 6. 01 | 7. 69 |
| 煤费 | 元 | 0. 86 | 0. 71 | 1. 01 | 0. 63 | 0. 87 | 1. 54 |
| 其他燃料动力费 | 元 | 0. 21 | 0. 16 | 0. 25 | 0. 09 | 0. 18 | 0. 48 |
| 7. 医疗防疫费 | 元 | 26. 94 | 24. 67 | 29. 20 | 25. 80 | 27. 24 | 34. 55 |
| 8. 死亡损失费 | 元 | 17. 81 | 15. 96 | 19. 65 | 17. 92 | 19. 26 | 21. 76 |
| 9. 技术服务费 | 元 | 0. 29 | | 0. 57 | 0. 12 | 0. 33 | 1. 25 |
| 10. 工具材料费 | 元 | 3. 13 | 3. 18 | 3. 07 | 2. 89 | 3. 16 | 3. 15 |
| 11. 修理维护费 | 元 | 2. 54 | 2. 16 | 2. 91 | 2. 63 | 2. 86 | 3. 24 |
| 12. 其他直接费用 | 元 | 1. 01 | 1. 32 | 0. 69 | 0. 82 | 0. 44 | 0. 80 |
| （二）间接费用 | 元 | 23. 73 | 13. 26 | 34. 18 | 22. 60 | 28. 10 | 51. 86 |
| 1. 固定资产折旧 | 元 | 13. 25 | 9. 46 | 17. 04 | 12. 72 | 15. 07 | 23. 34 |
| 2. 保险费 | 元 | 6. 08 | 1. 72 | 10. 44 | 6. 61 | 9. 31 | 15. 40 |
| 3. 管理费 | 元 | 1. 77 | 0. 14 | 3. 39 | 0. 39 | 1. 20 | 8. 58 |
| 4. 财务费 | 元 | 0. 44 | | 0. 88 | 0. 03 | 0. 42 | 2. 19 |
| 5. 销售费 | 元 | 2. 19 | 1. 94 | 2. 43 | 2. 85 | 2. 10 | 2. 35 |
| **二、每单位人工成本** | 元 | **350. 46** | **512. 82** | **187. 36** | **261. 99** | **184. 40** | **114. 97** |
| 1. 家庭用工折价 | 元 | 323. 62 | 512. 82 | 133. 69 | 257. 70 | 132. 68 | 9. 96 |
| 家庭用工天数 | 日 | 3. 51 | 5. 56 | 1. 45 | 2. 80 | 1. 44 | 0. 11 |
| 劳动日工价 | 元 | 92. 20 | 92. 20 | 92. 20 | 92. 20 | 92. 20 | 92. 20 |
| 2. 雇工费用 | 元 | 26. 84 | | 53. 67 | 4. 29 | 51. 72 | 105. 01 |
| 雇工天数 | 日 | 0. 23 | | 0. 45 | 0. 04 | 0. 43 | 0. 87 |
| 雇工工价 | 元 | 116. 70 | 111. 63 | 119. 27 | 107. 25 | 120. 28 | 120. 70 |
| 三、附 | | | | | | | |
| 1. 仔畜重量 | 公斤 | 16. 98 | 16. 72 | 17. 24 | 16. 50 | 17. 86 | 17. 36 |
| 2. 精饲料数量 | 公斤 | 337. 05 | 328. 16 | 345. 93 | 348. 72 | 350. 65 | 338. 43 |
| 3. 耗粮数量 | 公斤 | 249. 23 | 238. 54 | 259. 92 | 262. 60 | 262. 47 | 254. 69 |

1-23-2 续表 1

| 项 目 | 单位 | 散养肉牛 | 散养肉羊 | 规模肉鸡 | 小规模肉鸡 | 中规模肉鸡 | 大规模肉鸡 |
|---|---|---|---|---|---|---|---|
| **一、每单位物质与服务费** | **元** | **12620.99** | **887.65** | **2778.74** | **2752.81** | **2966.31** | **2617.10** |
| (一)直接费用 | 元 | 12556.84 | 876.48 | 2733.01 | 2719.24 | 2921.84 | 2557.94 |
| 1. 仔畜费 | 元 | 9480.55 | 574.08 | 336.82 | 335.13 | 353.58 | 321.75 |
| 2. 精饲料费 | 元 | 2385.71 | 201.78 | 2172.36 | 2194.70 | 2309.69 | 2012.70 |
| 3. 青粗饲料费 | 元 | 579.81 | 68.46 | 22.13 | | 50.55 | 15.83 |
| 4. 饲料加工费 | 元 | 14.51 | 4.97 | 4.43 | 1.13 | 8.43 | 3.73 |
| 5. 水费 | 元 | 9.21 | 2.10 | 4.56 | 3.76 | 4.91 | 5.01 |
| 6. 燃料动力费 | 元 | 9.91 | 2.74 | 45.94 | 53.97 | 37.60 | 46.22 |
| 电费 | 元 | 9.23 | 2.27 | 16.48 | 16.51 | 14.78 | 18.14 |
| 煤费 | 元 | 0.68 | 0.47 | 28.27 | 35.96 | 22.39 | 26.45 |
| 其他燃料动力费 | 元 | | | 1.19 | 1.50 | 0.43 | 1.63 |
| 7. 医疗防疫费 | 元 | 29.96 | 6.70 | 88.56 | 78.11 | 96.68 | 90.90 |
| 8. 死亡损失费 | 元 | 33.00 | 9.73 | 38.68 | 33.08 | 41.74 | 41.23 |
| 9. 技术服务费 | 元 | | | 2.10 | | 1.37 | 4.92 |
| 10. 工具材料费 | 元 | 7.42 | 2.91 | 8.30 | 7.51 | 8.96 | 8.43 |
| 11. 修理维护费 | 元 | 6.76 | 3.01 | 6.71 | 7.35 | 5.83 | 6.96 |
| 12. 其他直接费用 | 元 | | | 2.42 | 4.50 | 2.50 | 0.26 |
| (二)间接费用 | 元 | 64.15 | 11.17 | 45.73 | 33.57 | 44.47 | 59.16 |
| 1. 固定资产折旧 | 元 | 48.79 | 6.79 | 31.66 | 25.35 | 32.79 | 36.84 |
| 2. 保险费 | 元 | 5.14 | | 1.86 | | 2.67 | 2.92 |
| 3. 管理费 | 元 | 0.11 | 0.05 | 3.07 | 0.53 | 1.41 | 7.27 |
| 4. 财务费 | 元 | 0.22 | | 0.44 | | 0.04 | 1.29 |
| 5. 销售费 | 元 | 9.89 | 4.33 | 8.70 | 7.69 | 7.56 | 10.84 |
| **二、每单位人工成本** | **元** | **1175.52** | **530.60** | **319.48** | **409.20** | **317.12** | **230.92** |
| 1. 家庭用工折价 | 元 | 1118.94 | 506.09 | 248.02 | 389.45 | 254.84 | 98.56 |
| 家庭用工天数 | 日 | 12.14 | 5.49 | 2.69 | 4.22 | 2.76 | 1.07 |
| 劳动日工价 | 元 | 92.20 | 92.20 | 92.20 | 92.20 | 92.20 | 92.20 |
| 2. 雇工费用 | 元 | 56.58 | 24.51 | 71.46 | 19.75 | 62.28 | 132.36 |
| 雇工天数 | 日 | 0.45 | 0.21 | 0.57 | 0.18 | 0.50 | 1.03 |
| 雇工工价 | 元 | 125.73 | 116.71 | 125.37 | 109.72 | 124.56 | 128.51 |
| **三、附** | | | | | | | |
| 1. 仔畜重量 | 公斤 | 229.94 | 15.32 | | | | |
| 2. 精饲料数量 | 公斤 | 776.87 | 70.58 | 591.83 | 598.83 | 630.89 | 545.77 |
| 3. 耗粮数量 | 公斤 | 576.76 | 51.42 | 424.49 | 424.05 | 460.57 | 388.84 |

1-23-2　续表 2

| 项　　目 | 单位 | 规模蛋鸡 | 小规模蛋鸡 | 中规模蛋鸡 | 大规模蛋鸡 | 奶　牛 |
|---|---|---|---|---|---|---|
| **一、每单位物质与服务费** | **元** | **16572.28** | **15847.49** | **16892.95** | **16976.44** | **18238.42** |
| （一）直接费用 | 元 | 16316.43 | 15747.71 | 16642.03 | 16559.57 | 15109.03 |
| 1. 仔畜费 | 元 | 3190.41 | 3093.49 | 3223.98 | 3253.77 | |
| 2. 精饲料费 | 元 | 12446.53 | 12412.91 | 12274.38 | 12652.29 | 10122.35 |
| 3. 青粗饲料费 | 元 | 250.27 | | 673.50 | 77.30 | 3983.65 |
| 4. 饲料加工费 | 元 | 9.55 | 4.20 | 14.73 | 9.73 | 41.11 |
| 5. 水费 | 元 | 15.46 | 10.91 | 15.73 | 19.73 | 50.58 |
| 6. 燃料动力费 | 元 | 88.30 | 56.86 | 74.30 | 133.74 | 261.58 |
| 电费 | 元 | 77.53 | 49.23 | 63.01 | 120.34 | 158.93 |
| 煤费 | 元 | 9.02 | 7.63 | 10.94 | 8.49 | 40.25 |
| 其他燃料动力费 | 元 | 1.75 | | 0.35 | 4.91 | 62.40 |
| 7. 医疗防疫费 | 元 | 190.34 | 95.79 | 232.53 | 242.70 | 188.10 |
| 8. 死亡损失费 | 元 | 93.84 | 59.22 | 111.60 | 110.71 | 112.13 |
| 9. 技术服务费 | 元 | 1.11 | 0.44 | 0.08 | 2.82 | 17.10 |
| 10. 工具材料费 | 元 | 13.67 | 7.91 | 11.58 | 21.51 | 89.96 |
| 11. 修理维护费 | 元 | 14.97 | 5.98 | 9.62 | 29.32 | 67.59 |
| 12. 其他直接费用 | 元 | 1.98 | | | 5.95 | 174.88 |
| （二）间接费用 | 元 | 255.85 | 99.78 | 250.92 | 416.87 | 3129.39 |
| 1. 固定资产折旧 | 元 | 162.15 | 84.97 | 175.74 | 225.75 | 2803.67 |
| 2. 保险费 | 元 | 4.38 | | 6.20 | 6.93 | 96.48 |
| 3. 管理费 | 元 | 27.82 | 0.94 | 5.25 | 77.28 | 111.60 |
| 4. 财务费 | 元 | 5.26 | 0.05 | 0.57 | 15.17 | 41.04 |
| 5. 销售费 | 元 | 56.24 | 13.82 | 63.16 | 91.74 | 76.60 |
| **二、每单位人工成本** | **元** | **1318.78** | **1802.76** | **1164.58** | **989.30** | **3726.41** |
| 1. 家庭用工折价 | 元 | 959.80 | 1776.33 | 945.70 | 157.66 | 2576.07 |
| 家庭用工天数 | 日 | 10.41 | 19.27 | 10.26 | 1.71 | 27.94 |
| 劳动日工价 | 元 | 92.20 | 92.20 | 92.20 | 92.20 | 92.20 |
| 2. 雇工费用 | 元 | 358.98 | 26.43 | 218.88 | 831.64 | 1150.34 |
| 雇工天数 | 日 | 2.86 | 0.23 | 1.81 | 6.54 | 8.26 |
| 雇工工价 | 元 | 125.52 | 114.91 | 120.93 | 127.16 | 139.27 |
| **三、附** | | | | | | |
| 1. 仔畜重量 | 公斤 | | | | | |
| 2. 精饲料数量 | 公斤 | 4114.18 | 4247.65 | 3999.78 | 4095.12 | 3035.89 |
| 3. 耗粮数量 | 公斤 | 2978.71 | 3048.84 | 2918.16 | 2969.14 | 2230.93 |

1-23-2 续表 3

| 项 目 | 单位 | 散养奶牛 | 规模奶牛 | 小规模奶牛 | 中规模奶牛 | 大规模奶牛 |
|---|---|---|---|---|---|---|
| **一、每单位物质与服务费** | 元 | **14252.84** | **22145.80** | **17100.74** | **21643.56** | **27693.11** |
| (一)直接费用 | 元 | 11979.11 | 18172.81 | 14209.65 | 17671.18 | 22637.60 |
| 1. 仔畜费 | 元 | | | | | |
| 2. 精饲料费 | 元 | 8903.66 | 11302.12 | 10067.06 | 10809.86 | 13029.45 |
| 3. 青粗饲料费 | 元 | 2423.46 | 5526.52 | 3470.02 | 5745.43 | 7364.12 |
| 4. 饲料加工费 | 元 | 45.11 | 37.62 | 38.76 | 38.47 | 35.64 |
| 5. 水费 | 元 | 32.31 | 68.24 | 35.81 | 55.96 | 112.95 |
| 6. 燃料动力费 | 元 | 182.67 | 337.03 | 129.62 | 306.34 | 575.13 |
| 电费 | 元 | 65.07 | 251.29 | 89.50 | 200.13 | 464.24 |
| 煤费 | 元 | 33.92 | 45.74 | 35.24 | 45.25 | 56.74 |
| 其他燃料动力费 | 元 | 83.68 | 40.00 | 4.88 | 60.96 | 54.15 |
| 7. 医疗防疫费 | 元 | 116.44 | 258.55 | 180.46 | 210.43 | 384.76 |
| 8. 死亡损失费 | 元 | 89.39 | 132.69 | 72.52 | 117.55 | 207.99 |
| 9. 技术服务费 | 元 | 10.72 | 22.79 | 7.14 | 37.09 | 24.14 |
| 10. 工具材料费 | 元 | 32.52 | 147.36 | 44.98 | 68.16 | 328.94 |
| 11. 修理维护费 | 元 | 33.66 | 101.65 | 35.42 | 69.36 | 200.17 |
| 12. 其他直接费用 | 元 | 109.17 | 238.23 | 127.86 | 212.53 | 374.31 |
| (二)间接费用 | 元 | 2273.73 | 3972.99 | 2891.09 | 3972.38 | 5055.51 |
| 1. 固定资产折旧 | 元 | 2166.27 | 3431.46 | 2695.80 | 3318.35 | 4280.24 |
| 2. 保险费 | 元 | 69.17 | 127.36 | 90.69 | 177.37 | 114.01 |
| 3. 管理费 | 元 | | 218.27 | 9.80 | 266.33 | 378.69 |
| 4. 财务费 | 元 | | 82.76 | 0.03 | 114.92 | 133.32 |
| 5. 销售费 | 元 | 38.29 | 113.14 | 94.77 | 95.41 | 149.25 |
| **二、每单位人工成本** | 元 | **4186.45** | **3290.89** | **3278.92** | **3430.42** | **3163.33** |
| 1. 家庭用工折价 | 元 | 4096.35 | 1078.68 | 2805.19 | 418.50 | 12.35 |
| 家庭用工天数 | 日 | 44.43 | 11.70 | 30.43 | 4.54 | 0.13 |
| 劳动日工价 | 元 | 92.20 | 92.20 | 92.20 | 92.20 | 92.20 |
| 2. 雇工费用 | 元 | 90.10 | 2212.21 | 473.73 | 3011.92 | 3150.98 |
| 雇工天数 | 日 | 0.72 | 15.49 | 3.91 | 21.58 | 20.99 |
| 雇工工价 | 元 | 125.14 | 136.95 | 121.16 | 139.57 | 150.12 |
| 三、附 | | | | | | |
| 1. 仔畜重量 | 公斤 | | | | | |
| 2. 精饲料数量 | 公斤 | 2726.67 | 3331.59 | 2991.50 | 3163.44 | 3839.83 |
| 3. 耗粮数量 | 公斤 | 2015.96 | 2434.43 | 2175.04 | 2323.70 | 2804.54 |

# 1-24-1　2021 年大中城市主要蔬菜品种成本收益情况

| 项　　目 | 单位 | 蔬菜平均 | 西红柿 | 露地西红柿 | 设施西红柿 | 黄　瓜 | 露地黄瓜 | 设施黄瓜 |
|---|---|---|---|---|---|---|---|---|
| 每亩 | | | | | | | | |
| 主产品产量 | 公斤 | 3785.42 | 4826.51 | 5084.24 | 4568.77 | 5316.81 | 4238.92 | 6394.70 |
| 产值合计 | 元 | 9115.60 | 14012.64 | 11062.93 | 16962.34 | 14899.57 | 10666.72 | 19132.42 |
| 主产品产值 | 元 | 9115.60 | 14012.64 | 11062.93 | 16962.34 | 14899.57 | 10666.72 | 19132.42 |
| 副产品产值 | 元 | | | | | | | |
| 总成本 | 元 | 5446.36 | 7915.40 | 6255.97 | 9573.95 | 7972.70 | 5884.08 | 10060.99 |
| 生产成本 | 元 | 4995.03 | 7366.94 | 5687.35 | 9045.65 | 7456.16 | 5386.00 | 9526.01 |
| 物质与服务费用 | 元 | 1832.50 | 2502.80 | 2014.27 | 2991.28 | 2940.69 | 2302.13 | 3579.14 |
| 人工成本 | 元 | 3162.53 | 4864.14 | 3673.08 | 6054.37 | 4515.47 | 3083.87 | 5946.87 |
| 家庭用工折价 | 元 | 2127.98 | 3399.41 | 2865.94 | 3932.05 | 3341.33 | 2633.88 | 4048.59 |
| 雇工费用 | 元 | 1034.55 | 1464.73 | 807.14 | 2122.32 | 1174.14 | 449.99 | 1898.28 |
| 土地成本 | 元 | 451.33 | 548.46 | 568.62 | 528.30 | 516.54 | 498.08 | 534.98 |
| 流转地租金 | 元 | 163.15 | 198.62 | 133.12 | 264.12 | 169.31 | 97.85 | 240.76 |
| 自营地折租 | 元 | 288.18 | 349.84 | 435.50 | 264.18 | 347.23 | 400.23 | 294.22 |
| 净利润 | 元 | 3669.24 | 6097.24 | 4806.96 | 7388.39 | 6926.87 | 4782.64 | 9071.43 |
| 现金成本 | 元 | 3030.20 | 4166.15 | 2954.53 | 5377.72 | 4284.14 | 2849.97 | 5718.18 |
| 现金收益 | 元 | 6085.40 | 9846.49 | 8108.40 | 11584.62 | 10615.43 | 7816.75 | 13414.24 |
| 成本利润率 | % | 67.37 | 77.03 | 76.84 | 77.17 | 86.88 | 81.28 | 90.16 |
| 每 50 公斤主产品 | | | | | | | | |
| 平均出售价格 | 元 | 120.40 | 145.16 | 108.80 | 185.63 | 140.12 | 125.82 | 149.60 |
| 总成本 | 元 | 71.94 | 82.00 | 61.53 | 104.77 | 74.98 | 69.41 | 78.67 |
| 生产成本 | 元 | 65.97 | 76.32 | 55.93 | 98.99 | 70.12 | 63.53 | 74.49 |
| 净利润 | 元 | 48.46 | 63.16 | 47.27 | 80.86 | 65.14 | 56.41 | 70.93 |
| 现金成本 | 元 | 40.02 | 43.16 | 29.06 | 58.85 | 40.29 | 33.62 | 44.71 |
| 现金收益 | 元 | 80.38 | 102.00 | 79.74 | 126.78 | 99.83 | 92.20 | 104.89 |
| 附： | | | | | | | | |
| 每亩用工数量 | 日 | 30.83 | 47.87 | 36.99 | 58.73 | 45.33 | 32.30 | 58.35 |
| 每亩主产品已出售数量 | 公斤 | 3767.31 | 4820.71 | 5074.54 | 4566.87 | 5310.02 | 4228.79 | 6391.25 |
| 每亩主产品已出售产值 | 元 | 9084.45 | 14000.73 | 11044.56 | 16956.90 | 14883.76 | 10646.40 | 19121.11 |
| 每亩成本外支出 | 元 | | | | | | | |

1-24-1 续表 1

| 项 目 | 单位 | 茄 子 | 露地茄子 | 设施茄子 | 菜 椒 | 露地菜椒 | 设施菜椒 |
|---|---|---|---|---|---|---|---|
| **每亩** | | | | | | | |
| 主产品产量 | 公斤 | 3401.39 | 3660.23 | 3142.55 | 3155.34 | 2951.07 | 3359.60 |
| 产值合计 | 元 | 12538.01 | 9372.93 | 15703.08 | 9501.35 | 7942.87 | 11059.83 |
| 主产品产值 | 元 | 12538.01 | 9372.93 | 15703.08 | 9501.35 | 7942.87 | 11059.83 |
| 副产品产值 | 元 | | | | | | |
| 总成本 | 元 | 7646.50 | 5569.05 | 9723.61 | 6913.07 | 5643.34 | 8182.48 |
| 生产成本 | 元 | 7080.25 | 5009.92 | 9150.24 | 6404.24 | 5155.78 | 7652.38 |
| 物质与服务费用 | 元 | 2055.84 | 1692.16 | 2419.46 | 2562.56 | 2570.35 | 2554.73 |
| 人工成本 | 元 | 5024.41 | 3317.76 | 6730.78 | 3841.68 | 2585.43 | 5097.65 |
| 家庭用工折价 | 元 | 3052.74 | 2964.23 | 3140.98 | 3013.10 | 1879.59 | 4146.33 |
| 雇工费用 | 元 | 1971.67 | 353.53 | 3589.80 | 828.58 | 705.84 | 951.32 |
| 土地成本 | 元 | 566.25 | 559.13 | 573.37 | 508.83 | 487.56 | 530.10 |
| 流转地租金 | 元 | 220.96 | 105.36 | 336.56 | 145.83 | 101.31 | 190.35 |
| 自营地折租 | 元 | 345.29 | 453.77 | 236.81 | 363.00 | 386.25 | 339.75 |
| 净利润 | 元 | 4891.51 | 3803.88 | 5979.47 | 2588.28 | 2299.53 | 2877.35 |
| 现金成本 | 元 | 4248.47 | 2151.05 | 6345.82 | 3536.97 | 3377.50 | 3696.40 |
| 现金收益 | 元 | 8289.54 | 7221.88 | 9357.26 | 5964.38 | 4565.37 | 7363.43 |
| 成本利润率 | % | 63.97 | 68.30 | 61.49 | 37.44 | 40.75 | 35.16 |
| **每 50 公斤主产品** | | | | | | | |
| 平均出售价格 | 元 | 184.31 | 128.04 | 249.85 | 150.56 | 134.58 | 164.60 |
| 总成本 | 元 | 112.40 | 76.08 | 154.71 | 109.55 | 95.62 | 121.78 |
| 生产成本 | 元 | 104.08 | 68.44 | 145.59 | 101.48 | 87.36 | 113.89 |
| 净利润 | 元 | 71.91 | 51.96 | 95.14 | 41.01 | 38.96 | 42.82 |
| 现金成本 | 元 | 62.45 | 29.38 | 100.97 | 56.05 | 57.23 | 55.01 |
| 现金收益 | 元 | 121.86 | 98.66 | 148.88 | 94.51 | 77.35 | 109.59 |
| **附：** | | | | | | | |
| 每亩用工数量 | 日 | 47.70 | 35.44 | 59.96 | 39.22 | 26.50 | 51.93 |
| 每亩主产品已出售数量 | 公斤 | 3398.36 | 3654.28 | 3142.44 | 3154.17 | 2948.74 | 3359.60 |
| 每亩主产品已出售产值 | 元 | 12531.95 | 9361.14 | 15702.76 | 9498.42 | 7937.01 | 11059.83 |
| 每亩成本外支出 | 元 | | | | | | |

1-24-1 续表 2

| 项　　目 | 单位 | 露地圆白菜 | 露地大白菜 | 露地马铃薯 | 露地菜花 | 露地萝卜 | 露地豆角 |
|---|---|---|---|---|---|---|---|
| **每亩** | | | | | | | |
| 主产品产量 | 公斤 | 3345.08 | 4010.07 | 2442.76 | 2192.87 | 2880.97 | 1917.80 |
| 产值合计 | 元 | 4059.69 | 5156.74 | 3641.21 | 7760.37 | 4451.89 | 8418.36 |
| 主产品产值 | 元 | 4059.69 | 5156.74 | 3641.21 | 7760.37 | 4451.89 | 8418.36 |
| 副产品产值 | 元 | | | | | | |
| 总成本 | 元 | 3065.31 | 2914.59 | 1696.36 | 3725.63 | 2086.16 | 4314.36 |
| 生产成本 | 元 | 2667.61 | 2542.68 | 1446.77 | 3413.81 | 1746.00 | 3857.12 |
| 物质与服务费用 | 元 | 1036.77 | 831.14 | 897.59 | 1301.68 | 742.99 | 1178.21 |
| 人工成本 | 元 | 1630.84 | 1711.54 | 549.18 | 2112.13 | 1003.01 | 2678.91 |
| 家庭用工折价 | 元 | 798.18 | 987.65 | 302.97 | 1384.29 | 904.02 | 2546.10 |
| 雇工费用 | 元 | 832.66 | 723.89 | 246.21 | 727.84 | 98.99 | 132.81 |
| 土地成本 | 元 | 397.70 | 371.91 | 249.59 | 311.82 | 340.16 | 457.24 |
| 流转地租金 | 元 | 183.27 | 138.96 | 85.10 | 56.06 | 54.10 | 68.09 |
| 自营地折租 | 元 | 214.43 | 232.95 | 164.49 | 255.76 | 286.06 | 389.15 |
| 净利润 | 元 | 994.38 | 2242.15 | 1944.85 | 4034.74 | 2365.73 | 4104.00 |
| 现金成本 | 元 | 2052.70 | 1693.99 | 1228.90 | 2085.58 | 896.08 | 1379.11 |
| 现金收益 | 元 | 2006.99 | 3462.75 | 2412.31 | 5674.79 | 3555.81 | 7039.25 |
| 成本利润率 | % | 32.44 | 76.93 | 114.65 | 108.30 | 113.40 | 95.12 |
| **每 50 公斤主产品** | | | | | | | |
| 平均出售价格 | 元 | 60.68 | 64.30 | 74.53 | 176.95 | 77.26 | 219.48 |
| 总成本 | 元 | 45.82 | 36.34 | 34.72 | 84.95 | 36.20 | 112.48 |
| 生产成本 | 元 | 39.87 | 31.70 | 29.61 | 77.84 | 30.30 | 100.56 |
| 净利润 | 元 | 14.86 | 27.96 | 39.81 | 92.00 | 41.06 | 107.00 |
| 现金成本 | 元 | 30.68 | 21.12 | 25.15 | 47.55 | 15.55 | 35.96 |
| 现金收益 | 元 | 30.00 | 43.18 | 49.38 | 129.40 | 61.71 | 183.52 |
| **附：** | | | | | | | |
| 每亩用工数量 | 日 | 15.17 | 15.70 | 4.84 | 19.90 | 10.77 | 28.62 |
| 每亩主产品已出售数量 | 公斤 | 3339.37 | 3917.85 | 2430.72 | 2191.01 | 2864.70 | 1914.77 |
| 每亩主产品已出售产值 | 元 | 4050.53 | 5001.27 | 3624.50 | 7751.91 | 4429.04 | 8407.56 |
| 每亩成本外支出 | 元 | | | | | | |

# 1-24-2　2021年大中城市主要蔬菜品种费用和用工情况

| 项　　目 | 单位 | 蔬菜平均 | 西红柿 | 露地西红柿 | 设施西红柿 | 黄　瓜 | 露地黄瓜 | 设施黄瓜 |
|---|---|---|---|---|---|---|---|---|
| **一、每亩物质与服务费用** | 元 | **1832.50** | **2502.80** | **2014.27** | **2991.28** | **2940.69** | **2302.13** | **3579.14** |
| （一）直接费用 | 元 | 1586.28 | 2081.81 | 1848.44 | 2315.13 | 2497.41 | 2094.93 | 2899.81 |
| 1. 种子费 | 元 | 284.34 | 407.88 | 340.44 | 475.31 | 457.90 | 294.98 | 620.81 |
| 2. 化肥费 | 元 | 401.56 | 393.46 | 318.25 | 468.66 | 680.18 | 670.61 | 689.75 |
| 3. 农家肥费 | 元 | 257.36 | 323.09 | 336.96 | 309.21 | 347.91 | 340.01 | 355.80 |
| 4. 农药费 | 元 | 182.14 | 210.82 | 227.21 | 194.43 | 321.59 | 338.67 | 304.50 |
| 5. 农膜费 | 元 | 177.66 | 309.37 | 128.52 | 490.22 | 265.89 | 52.28 | 479.49 |
| 6. 租赁作业费 | 元 | 184.65 | 221.98 | 230.28 | 213.67 | 223.00 | 191.00 | 254.98 |
| 机械作业费 | 元 | 110.32 | 114.73 | 119.78 | 109.68 | 106.59 | 104.78 | 108.40 |
| 排灌机械作业费 | 元 | 65.94 | 100.31 | 96.63 | 103.99 | 103.03 | 59.47 | 146.58 |
| 其中：水费 | 元 | 18.12 | 18.30 | 21.01 | 15.58 | 31.70 | 39.76 | 23.63 |
| 畜力费 | 元 | 8.39 | 6.94 | 13.87 | | 13.38 | 26.75 | |
| 7. 燃料动力费 | 元 | 16.93 | 39.81 | 58.03 | 21.59 | 31.21 | 28.06 | 34.35 |
| 8. 技术服务费 | 元 | 0.35 | 0.17 | | 0.34 | 0.06 | | 0.12 |
| 9. 工具材料费 | 元 | 67.12 | 147.51 | 192.73 | 102.29 | 150.43 | 171.16 | 129.69 |
| 10. 修理维护费 | 元 | 13.83 | 27.72 | 16.02 | 39.41 | 19.24 | 8.16 | 30.32 |
| 11. 其他直接费用 | 元 | 0.34 | | | | | | |
| （二）间接费用 | 元 | 246.22 | 420.99 | 165.83 | 676.15 | 443.28 | 207.20 | 679.33 |
| 1. 固定资产折旧 | 元 | 160.82 | 308.92 | 28.74 | 589.10 | 308.80 | 20.14 | 597.45 |
| 2. 保险费 | 元 | 2.87 | 4.85 | 0.59 | 9.11 | 3.54 | | 7.08 |
| 3. 管理费 | 元 | 2.76 | 3.85 | 2.26 | 5.44 | 2.63 | 0.47 | 4.78 |
| 4. 财务费 | 元 | 0.94 | 1.05 | | 2.10 | 1.32 | | 2.64 |
| 5. 销售费 | 元 | 78.83 | 102.32 | 134.24 | 70.40 | 126.99 | 186.59 | 67.38 |
| **二、每亩人工成本** | 元 | **3162.53** | **4864.14** | **3673.08** | **6054.37** | **4515.47** | **3083.87** | **5946.87** |
| 1. 家庭用工折价 | 元 | 2127.98 | 3399.41 | 2865.94 | 3932.05 | 3341.33 | 2633.88 | 4048.59 |
| 家庭用工天数 | 日 | 23.08 | 36.87 | 31.08 | 42.65 | 36.24 | 28.57 | 43.91 |
| 劳动日工价 | 元 | 92.20 | 92.20 | 92.20 | 92.20 | 92.20 | 92.20 | 92.20 |
| 2. 雇工费用 | 元 | 1034.55 | 1464.73 | 807.14 | 2122.32 | 1174.14 | 449.99 | 1898.28 |
| 雇工天数 | 日 | 7.75 | 11.00 | 5.91 | 16.08 | 9.09 | 3.73 | 14.44 |
| 雇工工价 | 元 | 133.49 | 133.16 | 136.57 | 131.99 | 129.17 | 120.64 | 131.46 |
| 三、附 | | | | | | | | |
| 1. 每亩种子用量 | 公斤 | 3.44 | | | | | | |
| 2. 每亩化肥用量 | 公斤 | 45.91 | 39.34 | 30.84 | 47.77 | 63.87 | 66.55 | 61.15 |
| 3. 每亩农膜用量 | 公斤 | 11.94 | 20.50 | 10.21 | 30.79 | 18.11 | 4.48 | 31.74 |

1-24-2 续表 1

| 项目 | 单位 | 茄子 | 露地茄子 | 设施茄子 | 菜椒 | 露地菜椒 | 设施菜椒 |
|---|---|---|---|---|---|---|---|
| **一、每亩物质与服务费用** | **元** | **2055.84** | **1692.16** | **2419.46** | **2562.56** | **2570.35** | **2554.73** |
| （一）直接费用 | 元 | 1733.08 | 1598.39 | 1867.73 | 2171.35 | 2251.99 | 2090.68 |
| 1. 种子费 | 元 | 249.06 | 190.00 | 308.11 | 315.19 | 367.49 | 262.88 |
| 2. 化肥费 | 元 | 433.17 | 467.70 | 398.64 | 599.72 | 726.30 | 473.14 |
| 3. 农家肥费 | 元 | 239.51 | 222.03 | 256.99 | 354.86 | 443.57 | 266.15 |
| 4. 农药费 | 元 | 228.30 | 276.23 | 180.37 | 282.71 | 332.73 | 232.69 |
| 5. 农膜费 | 元 | 304.67 | 120.44 | 488.90 | 312.10 | 75.40 | 548.80 |
| 6. 租赁作业费 | 元 | 172.91 | 194.08 | 151.73 | 194.19 | 228.27 | 160.10 |
| 机械作业费 | 元 | 104.78 | 112.33 | 97.23 | 131.32 | 140.29 | 122.35 |
| 排灌机械作业费 | 元 | 61.34 | 68.17 | 54.50 | 44.80 | 51.84 | 37.75 |
| 其中：水费 | 元 | 16.74 | 19.86 | 13.61 | 19.45 | 29.01 | 9.89 |
| 畜力费 | 元 | 6.79 | 13.58 |  | 18.07 | 36.14 |  |
| 7. 燃料动力费 | 元 | 15.58 | 16.46 | 14.69 | 15.33 | 26.59 | 4.06 |
| 8. 技术服务费 | 元 | 2.10 | 4.04 | 0.15 | 0.12 |  | 0.24 |
| 9. 工具材料费 | 元 | 63.29 | 81.27 | 45.31 | 79.98 | 45.34 | 114.62 |
| 10. 修理维护费 | 元 | 24.49 | 26.14 | 22.84 | 17.15 | 6.30 | 28.00 |
| 11. 其他直接费用 | 元 |  |  |  |  |  |  |
| （二）间接费用 | 元 | 322.76 | 93.77 | 551.73 | 391.21 | 318.36 | 464.05 |
| 1. 固定资产折旧 | 元 | 272.69 | 45.32 | 500.06 | 217.83 | 21.17 | 414.49 |
| 2. 保险费 | 元 | 0.44 |  | 0.87 | 6.07 |  | 12.14 |
| 3. 管理费 | 元 | 3.29 | 0.24 | 6.34 | 2.54 | 0.41 | 4.67 |
| 4. 财务费 | 元 | 0.89 |  | 1.77 | 0.71 |  | 1.42 |
| 5. 销售费 | 元 | 45.45 | 48.21 | 42.69 | 164.06 | 296.78 | 31.33 |
| **二、每亩人工成本** | **元** | **5024.41** | **3317.76** | **6730.78** | **3841.68** | **2585.43** | **5097.65** |
| 1. 家庭用工折价 | 元 | 3052.74 | 2964.23 | 3140.98 | 3013.10 | 1879.59 | 4146.33 |
| 家庭用工天数 | 日 | 33.11 | 32.15 | 34.07 | 32.68 | 20.39 | 44.97 |
| 劳动日工价 | 元 | 92.20 | 92.20 | 92.20 | 92.20 | 92.20 | 92.20 |
| 2. 雇工费用 | 元 | 1971.67 | 353.53 | 3589.80 | 828.58 | 705.84 | 951.32 |
| 雇工天数 | 日 | 14.59 | 3.29 | 25.89 | 6.54 | 6.11 | 6.96 |
| 雇工工价 | 元 | 135.14 | 107.46 | 138.66 | 126.69 | 115.52 | 136.68 |
| **三、附** |  |  |  |  |  |  |  |
| 1. 每亩种子用量 | 公斤 |  |  |  |  |  |  |
| 2. 每亩化肥用量 | 公斤 | 46.37 | 45.37 | 47.33 | 68.90 | 70.49 | 67.27 |
| 3. 每亩农膜用量 | 公斤 | 19.56 | 9.73 | 29.38 | 21.37 | 6.30 | 36.44 |

1-24-2 续表 2

| 项 目 | 单位 | 露地圆白菜 | 露地大白菜 | 露地马铃薯 | 露地菜花 | 露地萝卜 | 露地豆角 |
|---|---|---|---|---|---|---|---|
| **一、每亩物质与服务费用** | **元** | **1036.77** | **831.14** | **897.59** | **1301.68** | **742.99** | **1178.21** |
| (一)直接费用 | 元 | 983.93 | 755.66 | 880.58 | 1251.43 | 705.91 | 998.77 |
| 1. 种子费 | 元 | 164.28 | 79.48 | 316.62 | 221.82 | 122.14 | 155.04 |
| 2. 化肥费 | 元 | 292.54 | 231.28 | 180.60 | 489.07 | 223.86 | 265.31 |
| 3. 农家肥费 | 元 | 204.33 | 182.62 | 149.19 | 152.30 | 47.84 | 166.94 |
| 4. 农药费 | 元 | 108.79 | 96.43 | 26.32 | 127.10 | 81.98 | 127.67 |
| 5. 农膜费 | 元 | 25.07 | 18.72 | 7.77 | 51.63 | 2.42 | 53.15 |
| 6. 租赁作业费 | 元 | 158.68 | 130.60 | 191.12 | 142.53 | 162.24 | 104.31 |
| 机械作业费 | 元 | 101.21 | 85.13 | 128.45 | 101.60 | 105.60 | 82.82 |
| 排灌机械作业费 | 元 | 43.98 | 45.44 | 62.67 | 40.93 | 56.64 | 21.49 |
| 其中:水费 | 元 | 15.40 | 10.72 | 14.51 | 18.55 | | 16.50 |
| 畜力费 | 元 | 13.49 | 0.03 | | | | |
| 7. 燃料动力费 | 元 | 12.24 | 4.04 | 0.27 | 11.62 | 3.74 | 7.92 |
| 8. 技术服务费 | 元 | | | | 7.74 | | |
| 9. 工具材料费 | 元 | 15.25 | 7.37 | 6.01 | 30.60 | 58.11 | 107.51 |
| 10. 修理维护费 | 元 | 2.75 | 5.12 | 0.33 | 17.02 | 3.58 | 10.92 |
| 11. 其他直接费用 | 元 | | | 2.35 | | | |
| (二)间接费用 | 元 | 52.84 | 75.48 | 17.01 | 50.25 | 37.08 | 179.44 |
| 1. 固定资产折旧 | 元 | 9.94 | 6.35 | 1.23 | 18.77 | 9.46 | 30.99 |
| 2. 保险费 | 元 | 1.45 | | 3.72 | | | |
| 3. 管理费 | 元 | 4.19 | 1.83 | 0.99 | | | |
| 4. 财务费 | 元 | 1.29 | 1.32 | | 0.56 | | |
| 5. 销售费 | 元 | 35.97 | 65.98 | 11.07 | 30.92 | 27.62 | 148.45 |
| **二、每亩人工成本** | **元** | **1630.84** | **1711.54** | **549.18** | **2112.13** | **1003.01** | **2678.91** |
| 1. 家庭用工折价 | 元 | 798.18 | 987.65 | 302.97 | 1384.29 | 904.02 | 2546.10 |
| 家庭用工天数 | 日 | 8.66 | 10.71 | 3.29 | 15.01 | 9.81 | 27.62 |
| 劳动日工价 | 元 | 92.20 | 92.20 | 92.20 | 92.20 | 92.20 | 92.20 |
| 2. 雇工费用 | 元 | 832.66 | 723.89 | 246.21 | 727.84 | 98.99 | 132.81 |
| 雇工天数 | 日 | 6.51 | 4.99 | 1.55 | 4.89 | 0.96 | 1.00 |
| 雇工工价 | 元 | 127.91 | 145.07 | 158.85 | 148.84 | 103.12 | 132.81 |
| **三、附** | | | | | | | |
| 1. 每亩种子用量 | 公斤 | | | 24.05 | | 0.05 | |
| 2. 每亩化肥用量 | 公斤 | 38.37 | 33.26 | 31.18 | 55.24 | 25.51 | 33.64 |
| 3. 每亩农膜用量 | 公斤 | 1.88 | 1.49 | 0.69 | 4.20 | 0.18 | 3.90 |

# 1-24-3 2021年大中城市主要蔬菜品种化肥投入情况

| 项目 | 单位 | 蔬菜平均 | 西红柿 | 露地西红柿 | 设施西红柿 | 黄瓜 | 露地黄瓜 | 设施黄瓜 |
|---|---|---|---|---|---|---|---|---|
| 一、每亩化肥金额 | 元 | 401.56 | 393.46 | 318.25 | 468.66 | 680.18 | 670.61 | 689.75 |
| (一)氮肥 | 元 | 56.91 | 44.56 | 20.08 | 69.03 | 58.05 | 37.76 | 78.32 |
| 1. 尿素 | 元 | 55.55 | 43.80 | 20.08 | 67.52 | 54.17 | 31.69 | 76.65 |
| 2. 碳铵 | 元 | 1.18 | 0.43 | | 0.86 | 3.27 | 5.63 | 0.90 |
| 3. 其他氮肥 | 元 | 0.18 | 0.33 | | 0.65 | 0.61 | 0.44 | 0.77 |
| (二)磷肥 | 元 | 12.52 | 6.42 | 5.13 | 7.70 | 15.90 | 25.73 | 6.06 |
| 其中:过磷酸钙 | 元 | 12.50 | 6.35 | 5.13 | 7.57 | 15.90 | 25.73 | 6.06 |
| (三)钾肥 | 元 | 14.45 | 6.80 | 2.28 | 11.32 | 29.23 | 35.21 | 23.23 |
| 其中:氯化钾 | 元 | 6.41 | 4.54 | 1.67 | 7.41 | 5.84 | 2.32 | 9.35 |
| (四)复混肥 | 元 | 275.78 | 255.41 | 228.32 | 282.48 | 452.36 | 515.82 | 388.89 |
| 1. 复合肥 | 元 | 275.23 | 255.41 | 228.32 | 282.48 | 452.29 | 515.68 | 388.89 |
| 其中:二铵 | 元 | 30.83 | 27.19 | 30.85 | 23.53 | 26.07 | 17.75 | 34.38 |
| 三元素复合肥 | 元 | 136.21 | 139.58 | 111.65 | 167.50 | 146.83 | 126.03 | 167.63 |
| 2. 混配肥 | 元 | 0.55 | | | | 0.07 | 0.14 | |
| (五)其他肥料 | 元 | 41.91 | 80.29 | 62.44 | 93.13 | 124.67 | 56.09 | 193.25 |
| 二、每亩化肥折纯用量 | 公斤 | 45.91 | 39.34 | 30.84 | 47.77 | 63.87 | 66.55 | 61.15 |
| (一)氮肥 | 公斤 | 10.38 | 7.95 | 4.40 | 11.50 | 10.47 | 6.79 | 14.12 |
| 1. 尿素 | 公斤 | 10.11 | 7.77 | 4.40 | 11.14 | 9.73 | 5.71 | 13.74 |
| 2. 碳铵 | 公斤 | 0.22 | 0.09 | | 0.18 | 0.57 | 0.96 | 0.17 |
| 3. 其他氮肥 | 公斤 | 0.05 | 0.09 | | 0.18 | 0.17 | 0.12 | 0.21 |
| (二)磷肥 | 公斤 | 2.06 | 1.13 | 0.82 | 1.42 | 2.58 | 4.12 | 1.04 |
| 其中:过磷酸钙 | 公斤 | 2.06 | 1.12 | 0.82 | 1.41 | 2.58 | 4.12 | 1.04 |
| (三)钾肥 | 公斤 | 1.84 | 1.07 | 0.34 | 1.79 | 3.12 | 3.20 | 3.03 |
| 其中:氯化钾 | 公斤 | 1.12 | 0.83 | 0.21 | 1.45 | 1.09 | 0.34 | 1.83 |
| (四)复混肥 | 公斤 | 31.63 | 29.19 | 25.29 | 33.08 | 47.70 | 52.44 | 42.96 |
| 1. 复合肥 | 公斤 | 31.53 | 29.19 | 25.29 | 33.08 | 47.69 | 52.42 | 42.96 |
| 其中:二铵 | 公斤 | 5.66 | 5.07 | 5.78 | 4.35 | 4.89 | 3.45 | 6.33 |
| 三元素复合肥 | 公斤 | 15.50 | 16.61 | 12.99 | 20.23 | 16.24 | 13.42 | 19.06 |
| 2. 混配肥 | 公斤 | 0.10 | | | | 0.01 | 0.02 | |

1-24-3 续表 1

| 项 目 | 单位 | 茄 子 | 露地茄子 | 设施茄子 | 菜 椒 | 露地菜椒 | 设施菜椒 |
|---|---|---|---|---|---|---|---|
| **一、每亩化肥金额** | **元** | **433.17** | **467.70** | **398.64** | **599.72** | **726.30** | **473.14** |
| (一)氮肥 | 元 | 56.96 | 25.70 | 88.20 | 66.50 | 37.21 | 95.79 |
| 1. 尿素 | 元 | 54.12 | 20.04 | 88.20 | 66.47 | 37.15 | 95.79 |
| 2. 碳铵 | 元 | 2.66 | 5.31 | | | | |
| 3. 其他氮肥 | 元 | 0.18 | 0.35 | | 0.03 | 0.06 | |
| (二)磷肥 | 元 | 12.84 | 15.88 | 9.80 | 43.74 | 10.37 | 77.10 |
| 其中:过磷酸钙 | 元 | 12.84 | 15.88 | 9.80 | 43.68 | 10.26 | 77.10 |
| (三)钾肥 | 元 | 3.30 | 0.81 | 5.79 | 58.59 | 54.21 | 62.95 |
| 其中:氯化钾 | 元 | 2.91 | 0.63 | 5.19 | 31.48 | | 62.95 |
| (四)复混肥 | 元 | 317.83 | 367.01 | 268.64 | 390.98 | 569.04 | 212.89 |
| 1. 复合肥 | 元 | 315.76 | 366.87 | 264.65 | 390.91 | 568.91 | 212.89 |
| 其中:二铵 | 元 | 8.37 | 15.96 | 0.78 | 11.77 | 18.95 | 4.58 |
| 三元素复合肥 | 元 | 187.02 | 170.61 | 203.43 | 172.62 | 179.28 | 165.95 |
| 2. 混配肥 | 元 | 2.07 | 0.14 | 3.99 | 0.07 | 0.13 | |
| (五)其他肥料 | 元 | 42.26 | 58.30 | 26.21 | 39.94 | 55.47 | 24.41 |
| **二、每亩化肥折纯用量** | **公斤** | **46.37** | **45.37** | **47.33** | **68.90** | **70.49** | **67.27** |
| (一)氮肥 | 公斤 | 9.65 | 4.80 | 14.48 | 11.67 | 6.51 | 16.82 |
| 1. 尿素 | 公斤 | 9.16 | 3.84 | 14.48 | 11.66 | 6.49 | 16.82 |
| 2. 碳铵 | 公斤 | 0.44 | 0.87 | | | | |
| 3. 其他氮肥 | 公斤 | 0.05 | 0.09 | | 0.01 | 0.02 | |
| (二)磷肥 | 公斤 | 1.99 | 2.34 | 1.64 | 7.13 | 1.57 | 12.68 |
| 其中:过磷酸钙 | 公斤 | 1.99 | 2.34 | 1.64 | 7.12 | 1.56 | 12.68 |
| (三)钾肥 | 公斤 | 0.52 | 0.11 | 0.92 | 7.76 | 4.70 | 10.82 |
| 其中:氯化钾 | 公斤 | 0.49 | 0.09 | 0.89 | 5.41 | | 10.82 |
| (四)复混肥 | 公斤 | 34.21 | 38.12 | 30.30 | 42.34 | 57.71 | 26.94 |
| 1. 复合肥 | 公斤 | 34.06 | 38.10 | 30.02 | 42.33 | 57.70 | 26.94 |
| 其中:二铵 | 公斤 | 1.62 | 3.09 | 0.15 | 2.19 | 3.55 | 0.82 |
| 三元素复合肥 | 公斤 | 21.39 | 18.18 | 24.60 | 19.22 | 17.52 | 20.92 |
| 2. 混配肥 | 公斤 | 0.15 | 0.02 | 0.28 | 0.01 | 0.01 | |

1-24-3　续表 2

| 项　　目 | 单位 | 露地圆白菜 | 露地大白菜 | 露地马铃薯 | 露地菜花 | 露地萝卜 | 露地豆角 |
|---|---|---|---|---|---|---|---|
| **一、每亩化肥金额** | 元 | **292.54** | **231.28** | **180.60** | **489.07** | **223.86** | **265.31** |
| （一）氮肥 | 元 | 60.12 | 65.94 | 46.26 | 22.36 | 34.73 | 48.55 |
| 1. 尿素 | 元 | 60.08 | 63.98 | 46.26 | 22.36 | 28.09 | 48.36 |
| 2. 碳铵 | 元 |  | 1.90 |  |  | 6.59 |  |
| 3. 其他氮肥 | 元 | 0.04 | 0.06 |  |  | 0.05 | 0.19 |
| （二）磷肥 | 元 | 6.19 | 1.37 | 1.20 | 18.88 | 2.14 |  |
| 其中：过磷酸钙 | 元 | 6.19 | 1.37 | 1.20 | 18.88 | 0.84 |  |
| （三）钾肥 | 元 | 0.91 | 0.22 | 2.11 |  | 8.06 | 0.79 |
| 其中：氯化钾 | 元 | 0.02 | 0.07 |  |  | 0.09 | 0.36 |
| （四）复混肥 | 元 | 223.76 | 162.05 | 128.09 | 443.07 | 135.13 | 215.97 |
| 1. 复合肥 | 元 | 222.75 | 162.02 | 127.47 | 442.95 | 133.17 | 215.97 |
| 其中：二铵 | 元 | 31.39 | 28.82 | 82.21 | 18.61 | 13.25 | 5.71 |
| 三元素复合肥 | 元 | 157.49 | 114.61 | 35.33 | 176.97 | 72.05 | 136.27 |
| 2. 混配肥 | 元 | 1.01 | 0.03 | 0.62 | 0.12 | 1.96 |  |
| （五）其他肥料 | 元 | 1.56 | 1.70 | 2.94 | 4.76 | 43.80 |  |
| **二、每亩化肥折纯用量** | 公斤 | **38.37** | **33.26** | **31.18** | **55.24** | **25.51** | **33.64** |
| （一）氮肥 | 公斤 | 10.72 | 12.50 | 9.65 | 4.37 | 6.74 | 8.33 |
| 1. 尿素 | 公斤 | 10.71 | 12.06 | 9.65 | 4.37 | 5.72 | 8.28 |
| 2. 碳铵 | 公斤 |  | 0.42 |  |  | 1.01 |  |
| 3. 其他氮肥 | 公斤 | 0.01 | 0.02 |  |  | 0.01 | 0.05 |
| （二）磷肥 | 公斤 | 1.09 | 0.37 | 0.16 | 3.18 | 0.24 |  |
| 其中：过磷酸钙 | 公斤 | 1.09 | 0.37 | 0.16 | 3.18 | 0.16 |  |
| （三）钾肥 | 公斤 | 0.08 | 0.06 | 0.30 |  | 0.64 | 0.17 |
| 其中：氯化钾 | 公斤 | 0.01 | 0.02 |  |  | 0.02 | 0.06 |
| （四）复混肥 | 公斤 | 26.49 | 20.33 | 21.06 | 47.68 | 17.88 | 25.14 |
| 1. 复合肥 | 公斤 | 26.06 | 20.33 | 20.97 | 47.67 | 17.59 | 25.14 |
| 其中：二铵 | 公斤 | 5.86 | 5.29 | 14.67 | 3.50 | 2.49 | 1.07 |
| 三元素复合肥 | 公斤 | 16.95 | 12.95 | 5.11 | 19.36 | 9.24 | 15.38 |
| 2. 混配肥 | 公斤 | 0.43 |  | 0.09 | 0.01 | 0.29 |  |

# 二、各地区粮食、油料

# 2-1-1 2021年各地区早籼稻成本收益情况

| 项　　目 | 单位 | 平　均 | 浙　江 | 安　徽 | 福　建 | 江　西 |
|---|---|---|---|---|---|---|
| **每亩** | | | | | | |
| 主产品产量 | 公斤 | 416.60 | 422.44 | 413.39 | 482.51 | 427.21 |
| 产值合计 | 元 | 1098.78 | 1059.40 | 1041.16 | 1407.06 | 1053.70 |
| 主产品产值 | 元 | 1086.50 | 1056.70 | 1033.31 | 1386.41 | 1037.62 |
| 副产品产值 | 元 | 12.28 | 2.70 | 7.85 | 20.65 | 16.08 |
| 总成本 | 元 | 1167.18 | 1244.34 | 931.36 | 1504.23 | 1042.41 |
| 生产成本 | 元 | 979.12 | 945.22 | 733.46 | 1283.69 | 890.61 |
| 物质与服务费用 | 元 | 551.50 | 643.25 | 481.17 | 640.48 | 509.27 |
| 人工成本 | 元 | 427.62 | 301.97 | 252.29 | 643.21 | 381.34 |
| 家庭用工折价 | 元 | 383.83 | 194.91 | 201.18 | 583.07 | 347.87 |
| 雇工费用 | 元 | 43.79 | 107.06 | 51.11 | 60.14 | 33.47 |
| 土地成本 | 元 | 188.06 | 299.12 | 197.90 | 220.54 | 151.80 |
| 流转地租金 | 元 | 31.68 | 176.82 | 81.97 | 64.00 | 16.58 |
| 自营地折租 | 元 | 156.38 | 122.30 | 115.93 | 156.54 | 135.22 |
| 净利润 | 元 | -68.40 | -184.94 | 109.80 | -97.17 | 11.29 |
| 现金成本 | 元 | 626.97 | 927.13 | 614.25 | 764.62 | 559.32 |
| 现金收益 | 元 | 471.81 | 132.27 | 426.91 | 642.44 | 494.38 |
| 成本利润率 | % | -5.86 | -14.86 | 11.79 | -6.46 | 1.08 |
| **每50公斤主产品** | | | | | | |
| 平均出售价格 | 元 | 130.40 | 125.07 | 124.98 | 143.67 | 121.44 |
| 总成本 | 元 | 138.52 | 146.90 | 111.80 | 153.59 | 120.14 |
| 生产成本 | 元 | 116.20 | 111.59 | 88.04 | 131.07 | 102.64 |
| 净利润 | 元 | -8.12 | -21.83 | 13.18 | -9.92 | 1.30 |
| 现金成本 | 元 | 74.41 | 109.45 | 73.73 | 78.07 | 64.46 |
| 现金收益 | 元 | 55.99 | 15.62 | 51.25 | 65.60 | 56.98 |
| **附:** | | | | | | |
| 每亩用工数量 | 日 | 4.46 | 2.70 | 2.54 | 6.77 | 4.06 |
| 每亩主产品已出售数量 | 公斤 | 347.61 | 414.61 | 379.80 | 238.46 | 400.16 |
| 每亩主产品已出售产值 | 元 | 891.52 | 1037.11 | 950.01 | 655.43 | 969.60 |
| 每亩成本外支出 | 元 | 0.01 | 0.56 | | | |

2-1-1 续表

| 项 目 | 单位 | 湖 北 | 湖 南 | 广 东 | 广 西 | 海 南 |
|---|---|---|---|---|---|---|
| **每亩** | | | | | | |
| 主产品产量 | 公斤 | 424.72 | 379.39 | 427.94 | 434.40 | 418.19 |
| 产值合计 | 元 | 1029.13 | 904.79 | 1266.00 | 1262.69 | 1145.00 |
| 主产品产值 | 元 | 1017.97 | 898.25 | 1255.47 | 1243.37 | 1137.84 |
| 副产品产值 | 元 | 11.16 | 6.54 | 10.53 | 19.32 | 7.16 |
| 总成本 | 元 | 1072.39 | 1033.01 | 1363.81 | 1354.68 | 1195.92 |
| 生产成本 | 元 | 932.68 | 845.95 | 1148.98 | 1147.59 | 1041.47 |
| 物质与服务费用 | 元 | 487.35 | 498.18 | 520.73 | 622.93 | 554.27 |
| 人工成本 | 元 | 445.33 | 347.77 | 528.25 | 524.66 | 487.20 |
| 家庭用工折价 | 元 | 392.59 | 276.42 | 502.12 | 496.68 | 478.98 |
| 雇工费用 | 元 | 52.74 | 71.35 | 26.13 | 27.98 | 8.22 |
| 土地成本 | 元 | 139.71 | 187.06 | 214.83 | 207.09 | 154.45 |
| 流转地租金 | 元 | 19.95 | 33.87 | 29.70 | 24.86 | |
| 自营地折租 | 元 | 119.76 | 153.19 | 185.13 | 182.23 | 154.45 |
| 净利润 | 元 | -43.26 | -128.22 | -97.81 | -91.99 | -50.92 |
| 现金成本 | 元 | 560.04 | 603.40 | 676.56 | 675.77 | 562.49 |
| 现金收益 | 元 | 469.09 | 301.39 | 589.44 | 586.92 | 582.51 |
| 成本利润率 | % | -4.03 | -12.41 | -7.17 | -6.79 | -4.26 |
| **每 50 公斤主产品** | | | | | | |
| 平均出售价格 | 元 | 119.84 | 118.38 | 146.69 | 143.11 | 136.04 |
| 总成本 | 元 | 124.88 | 135.16 | 158.02 | 153.54 | 142.09 |
| 生产成本 | 元 | 108.61 | 110.68 | 133.13 | 130.06 | 123.74 |
| 净利润 | 元 | -5.04 | -16.78 | -11.33 | -10.43 | -6.05 |
| 现金成本 | 元 | 65.22 | 78.95 | 78.39 | 76.59 | 66.83 |
| 现金收益 | 元 | 54.62 | 39.43 | 68.30 | 66.52 | 69.21 |
| **附：** | | | | | | |
| 每亩用工数量 | 日 | 4.56 | 3.41 | 5.63 | 5.63 | 5.25 |
| 每亩主产品已出售数量 | 公斤 | 400.77 | 371.14 | 328.53 | 271.11 | 154.74 |
| 每亩主产品已出售产值 | 元 | 960.22 | 878.22 | 960.04 | 776.70 | 417.94 |
| 每亩成本外支出 | 元 | | | | | |

# 2-1-2 2021年各地区早籼稻费用和用工情况

| 项　　目 | 单位 | 平　均 | 浙　江 | 安　徽 | 福　建 | 江　西 |
|---|---|---|---|---|---|---|
| **一、每亩物质与服务费用** | **元** | **551.50** | **643.25** | **481.17** | **640.48** | **509.27** |
| （一）直接费用 | 元 | 522.42 | 594.72 | 444.77 | 620.02 | 496.09 |
| 1. 种子费 | 元 | 68.74 | 46.51 | 54.05 | 84.40 | 70.52 |
| 2. 化肥费 | 元 | 143.56 | 157.74 | 134.57 | 134.67 | 142.30 |
| 3. 农家肥费 | 元 | 8.07 | 2.43 | 13.31 | 5.20 | 15.42 |
| 4. 农药费 | 元 | 63.46 | 103.34 | 48.65 | 73.25 | 63.12 |
| 5. 农膜费 | 元 | 3.90 | 0.19 | 0.15 | 7.52 | 3.94 |
| 6. 租赁作业费 | 元 | 217.30 | 272.38 | 178.99 | 289.40 | 188.08 |
| 机械作业费 | 元 | 209.90 | 262.96 | 177.46 | 277.79 | 181.10 |
| 排灌费 | 元 | 6.24 | 9.42 | 1.53 | 6.81 | 6.03 |
| 其中：水费 | 元 | 3.53 | 2.33 | 0.18 | 5.00 | 3.42 |
| 畜力费 | 元 | 1.16 |  |  | 4.80 | 0.95 |
| 7. 燃料动力费 | 元 | 7.16 | 4.03 | 9.38 | 9.83 | 3.22 |
| 8. 技术服务费 | 元 | 0.02 | 0.01 |  |  |  |
| 9. 工具材料费 | 元 | 7.18 | 4.29 | 2.62 | 10.38 | 6.77 |
| 10. 修理维护费 | 元 | 3.03 | 3.80 | 3.05 | 5.37 | 2.72 |
| 11. 其他直接费用 | 元 |  |  |  |  |  |
| （二）间接费用 | 元 | 29.08 | 48.53 | 36.40 | 20.46 | 13.18 |
| 1. 固定资产折旧 | 元 | 10.86 | 4.65 | 5.97 | 9.34 | 10.14 |
| 2. 保险费 | 元 | 16.00 | 32.22 | 24.97 | 10.11 | 0.43 |
| 3. 管理费 | 元 | 0.03 | 0.48 |  |  | 0.09 |
| 4. 财务费 | 元 | 0.01 | 0.46 |  |  |  |
| 5. 销售费 | 元 | 2.18 | 10.72 | 5.46 | 1.01 | 2.52 |
| **二、每亩人工成本** | **元** | **427.62** | **301.97** | **252.29** | **643.21** | **381.34** |
| 1. 家庭用工折价 | 元 | 383.83 | 194.91 | 201.18 | 583.07 | 347.87 |
| 家庭用工天数 | 日 | 4.16 | 2.11 | 2.18 | 6.32 | 3.77 |
| 劳动日工价 | 元 | 92.20 | 92.20 | 92.20 | 92.20 | 92.20 |
| 2. 雇工费用 | 元 | 43.79 | 107.06 | 51.11 | 60.14 | 33.47 |
| 雇工天数 | 日 | 0.30 | 0.59 | 0.36 | 0.45 | 0.29 |
| 雇工工价 | 元 | 145.97 | 181.45 | 141.98 | 133.65 | 115.42 |
| 三、附 |  |  |  |  |  |  |
| 1. 每亩种子用量 | 公斤 | 3.64 | 6.53 | 8.73 | 1.13 | 3.12 |
| 2. 每亩化肥用量 | 公斤 | 22.40 | 24.47 | 24.21 | 19.74 | 24.89 |
| 3. 每亩农膜用量 | 公斤 | 0.28 | 0.01 | 0.01 | 0.52 | 0.30 |

2-1-2　续表

| 项　　目 | 单位 | 湖　北 | 湖　南 | 广　东 | 广　西 | 海　南 |
|---|---|---|---|---|---|---|
| **一、每亩物质与服务费用** | **元** | **487.35** | **498.18** | **620.73** | **622.93** | **554.27** |
| (一)直接费用 | 元 | 457.04 | 466.20 | 569.12 | 598.92 | 546.50 |
| 1. 种子费 | 元 | 68.79 | 55.59 | 67.27 | 88.01 | 93.78 |
| 2. 化肥费 | 元 | 124.08 | 108.17 | 172.83 | 169.32 | 160.83 |
| 3. 农家肥费 | 元 | 7.54 | 1.14 | 3.00 | 13.22 | 7.22 |
| 4. 农药费 | 元 | 29.68 | 62.49 | 61.82 | 73.87 | 36.39 |
| 5. 农膜费 | 元 | 4.66 | 2.35 | 4.66 | 6.60 | 0.42 |
| 6. 租赁作业费 | 元 | 211.71 | 222.93 | 241.96 | 216.35 | 231.83 |
| 机械作业费 | 元 | 196.37 | 216.34 | 233.57 | 209.11 | 224.88 |
| 排灌费 | 元 | 15.34 | 6.41 | 7.25 | 4.26 | 4.97 |
| 其中:水费 | 元 | 6.79 | 5.11 | 3.14 | 1.90 | 3.35 |
| 畜力费 | 元 |  | 0.18 | 1.14 | 2.98 | 1.98 |
| 7. 燃料动力费 | 元 | 4.76 | 5.99 | 7.69 | 14.16 | 7.78 |
| 8. 技术服务费 | 元 |  |  | 0.09 |  |  |
| 9. 工具材料费 | 元 | 2.57 | 4.46 | 9.08 | 11.74 | 6.56 |
| 10. 修理维护费 | 元 | 3.25 | 3.08 | 0.72 | 5.65 | 1.69 |
| 11. 其他直接费用 | 元 |  |  |  |  |  |
| (二)间接费用 | 元 | 30.31 | 31.98 | 51.61 | 24.01 | 7.77 |
| 1. 固定资产折旧 | 元 | 4.99 | 11.09 | 10.03 | 16.14 | 7.77 |
| 2. 保险费 | 元 | 25.32 | 20.81 | 40.00 | 3.39 |  |
| 3. 管理费 | 元 |  |  |  |  |  |
| 4. 财务费 | 元 |  |  |  |  |  |
| 5. 销售费 | 元 |  | 0.08 | 1.58 | 4.48 |  |
| **二、每亩人工成本** | **元** | **445.33** | **347.77** | **528.25** | **524.66** | **487.20** |
| 1. 家庭用工折价 | 元 | 392.59 | 276.42 | 502.12 | 496.68 | 478.98 |
| 家庭用工天数 | 日 | 4.26 | 3.00 | 5.45 | 5.39 | 5.20 |
| 劳动日工价 | 元 | 92.20 | 92.20 | 92.20 | 92.20 | 92.20 |
| 2. 雇工费用 | 元 | 52.74 | 71.35 | 26.13 | 27.98 | 8.22 |
| 雇工天数 | 日 | 0.30 | 0.41 | 0.18 | 0.24 | 0.05 |
| 雇工工价 | 元 | 175.81 | 174.03 | 145.18 | 116.58 | 164.32 |
| 三、附 |  |  |  |  |  |  |
| 1. 每亩种子用量 | 公斤 | 4.40 | 5.78 | 1.95 | 1.94 | 1.85 |
| 2. 每亩化肥用量 | 公斤 | 20.94 | 18.19 | 23.41 | 23.97 | 21.79 |
| 3. 每亩农膜用量 | 公斤 | 0.34 | 0.16 | 0.30 | 0.49 | 0.03 |

# 2-1-3 2021年各地区早籼稻化肥投入情况

| 项 目 | 单位 | 平 均 | 浙 江 | 安 徽 | 福 建 | 江 西 |
|---|---|---|---|---|---|---|
| **一、每亩化肥金额** | 元 | **143.56** | **157.74** | **134.57** | **134.67** | **142.30** |
| (一)氮肥 | 元 | 31.77 | 49.15 | 36.95 | 40.81 | 27.36 |
| 1. 尿素 | 元 | 29.32 | 41.89 | 36.95 | 15.80 | 27.05 |
| 2. 碳铵 | 元 | 2.45 | 7.26 |  | 25.01 | 0.31 |
| 3. 其他氮肥 | 元 |  |  |  |  |  |
| (二)磷肥 | 元 | 2.88 | 1.50 |  | 12.38 | 0.97 |
| 其中:过磷酸钙 | 元 | 2.70 | 1.50 |  | 12.30 | 0.60 |
| (三)钾肥 | 元 | 7.05 | 4.15 | 2.33 | 9.65 | 6.30 |
| 其中:氯化钾 | 元 | 6.94 | 4.15 | 2.33 | 9.65 | 6.14 |
| (四)复混肥 | 元 | 99.25 | 102.87 | 95.29 | 71.83 | 107.34 |
| 1. 复合肥 | 元 | 96.34 | 102.18 | 95.29 | 63.26 | 104.64 |
| 其中:二铵 | 元 | 0.17 |  |  |  |  |
| 三元素复合肥 | 元 | 66.19 | 92.52 | 69.64 | 50.63 | 80.17 |
| 2. 混配肥 | 元 | 2.91 | 0.69 |  | 8.57 | 2.70 |
| (五)其他肥料 | 元 | 2.61 | 0.07 |  |  | 0.33 |
| **二、每亩化肥折纯用量** | 公斤 | **22.40** | **24.47** | **24.21** | **19.74** | **24.89** |
| (一)氮肥 | 公斤 | 5.83 | 9.08 | 7.17 | 6.77 | 5.40 |
| 1. 尿素 | 公斤 | 5.42 | 7.85 | 7.17 | 2.70 | 5.36 |
| 2. 碳铵 | 公斤 | 0.41 | 1.23 |  | 4.07 | 0.04 |
| 3. 其他氮肥 | 公斤 |  |  |  |  |  |
| (二)磷肥 | 公斤 | 0.51 | 0.27 |  | 1.93 | 0.17 |
| 其中:过磷酸钙 | 公斤 | 0.48 | 0.27 |  | 1.92 | 0.09 |
| (三)钾肥 | 公斤 | 1.35 | 0.71 | 0.47 | 1.68 | 1.25 |
| 其中:氯化钾 | 公斤 | 1.33 | 0.71 | 0.47 | 1.68 | 1.22 |
| (四)复混肥 | 公斤 | 14.73 | 14.40 | 16.57 | 9.36 | 18.08 |
| 1. 复合肥 | 公斤 | 14.30 | 14.31 | 16.57 | 8.15 | 17.60 |
| 其中:二铵 | 公斤 | 0.03 |  |  |  |  |
| 三元素复合肥 | 公斤 | 9.69 | 13.02 | 12.40 | 6.39 | 13.59 |
| 2. 混配肥 | 公斤 | 0.43 | 0.09 |  | 1.21 | 0.48 |

2-1-3 续表

| 项目 | 单位 | 湖北 | 湖南 | 广东 | 广西 | 海南 |
|---|---|---|---|---|---|---|
| **一、每亩化肥金额** | **元** | **124.08** | **108.17** | **172.83** | **169.32** | **160.83** |
| (一)氮肥 | 元 | 18.23 | 22.61 | 40.00 | 38.96 | 46.01 |
| 1. 尿素 | 元 | 16.09 | 21.51 | 33.79 | 37.92 | 46.01 |
| 2. 碳铵 | 元 | 2.14 | 1.10 | 6.21 | 1.04 | |
| 3. 其他氮肥 | 元 | | | | | |
| (二)磷肥 | 元 | | 0.35 | 8.85 | 0.86 | 18.88 |
| 其中:过磷酸钙 | 元 | | 0.29 | 8.85 | 0.47 | 18.88 |
| (三)钾肥 | 元 | 2.85 | 3.29 | 7.94 | 14.03 | 11.60 |
| 其中:氯化钾 | 元 | 2.85 | 3.02 | 7.94 | 14.03 | 11.60 |
| (四)复混肥 | 元 | 103.00 | 81.92 | 115.48 | 101.21 | 84.34 |
| 1. 复合肥 | 元 | 103.00 | 81.92 | 114.41 | 94.23 | 58.70 |
| 其中:二铵 | 元 | | | 0.16 | 0.81 | |
| 三元素复合肥 | 元 | 61.65 | 29.58 | 107.87 | 58.61 | 35.60 |
| 2. 混配肥 | 元 | | | 1.07 | 6.98 | 25.64 |
| (五)其他肥料 | 元 | | | 0.56 | 14.26 | |
| **二、每亩化肥折纯用量** | **公斤** | **20.94** | **18.19** | **23.41** | **23.97** | **21.79** |
| (一)氮肥 | 公斤 | 3.41 | 4.16 | 6.88 | 7.13 | 7.74 |
| 1. 尿素 | 公斤 | 3.02 | 3.94 | 5.86 | 6.97 | 7.74 |
| 2. 碳铵 | 公斤 | 0.39 | 0.22 | 1.02 | 0.16 | |
| 3. 其他氮肥 | 公斤 | | | | | |
| (二)磷肥 | 公斤 | | 0.07 | 1.65 | 0.14 | 2.98 |
| 其中:过磷酸钙 | 公斤 | | 0.06 | 1.65 | 0.08 | 2.98 |
| (三)钾肥 | 公斤 | 0.53 | 0.61 | 1.64 | 2.56 | 2.13 |
| 其中:氯化钾 | 公斤 | 0.53 | 0.56 | 1.64 | 2.56 | 2.13 |
| (四)复混肥 | 公斤 | 17.00 | 13.36 | 13.24 | 14.14 | 8.96 |
| 1. 复合肥 | 公斤 | 17.00 | 13.36 | 13.10 | 13.18 | 5.50 |
| 其中:二铵 | 公斤 | | | 0.04 | 0.14 | |
| 三元素复合肥 | 公斤 | 10.81 | 4.93 | 12.41 | 8.23 | 3.38 |
| 2. 混配肥 | 公斤 | | | 0.14 | 0.96 | 3.46 |

# 2-2-1 2021年各地区中籼稻成本收益情况

| 项　　目 | 单位 | 平　均 | 江　苏 | 安　徽 | 福　建 | 江　西 | 河　南 | 湖　北 |
|---|---|---|---|---|---|---|---|---|
| **每亩** | | | | | | | | |
| 主产品产量 | 公斤 | 551.68 | 659.73 | 562.06 | 516.60 | 527.46 | 577.58 | 607.12 |
| 产值合计 | 元 | 1480.55 | 1672.27 | 1428.57 | 1469.48 | 1427.02 | 1440.25 | 1532.45 |
| 主产品产值 | 元 | 1462.61 | 1651.06 | 1409.98 | 1460.99 | 1405.71 | 1422.72 | 1518.42 |
| 副产品产值 | 元 | 17.94 | 21.21 | 18.59 | 8.49 | 21.31 | 17.53 | 14.03 |
| 总成本 | 元 | 1249.99 | 1223.64 | 1026.60 | 1284.08 | 1267.08 | 970.53 | 1172.75 |
| 生产成本 | 元 | 1055.96 | 898.47 | 804.96 | 1027.91 | 1045.76 | 803.54 | 1027.87 |
| 物质与服务费用 | 元 | 521.99 | 551.54 | 535.04 | 539.58 | 602.43 | 451.31 | 604.56 |
| 人工成本 | 元 | 533.97 | 346.93 | 269.92 | 488.33 | 443.33 | 352.23 | 423.31 |
| 家庭用工折价 | 元 | 465.70 | 211.14 | 209.11 | 411.03 | 383.64 | 220.36 | 323.53 |
| 雇工费用 | 元 | 68.27 | 135.79 | 60.81 | 77.30 | 59.69 | 131.87 | 99.78 |
| 土地成本 | 元 | 194.03 | 325.17 | 221.64 | 256.17 | 221.32 | 166.99 | 144.88 |
| 流转地租金 | 元 | 32.54 | 143.91 | 75.39 | 84.42 | 17.02 | 28.80 | 19.75 |
| 自营地折租 | 元 | 161.49 | 181.26 | 146.25 | 171.75 | 204.30 | 138.19 | 125.13 |
| 净利润 | 元 | 230.56 | 448.63 | 401.97 | 185.40 | 159.94 | 469.72 | 359.70 |
| 现金成本 | 元 | 622.80 | 831.24 | 671.24 | 701.30 | 679.14 | 611.98 | 724.09 |
| 现金收益 | 元 | 857.75 | 841.03 | 757.33 | 768.18 | 747.88 | 828.27 | 808.36 |
| 成本利润率 | % | 18.44 | 36.66 | 39.16 | 14.44 | 12.62 | 48.40 | 30.67 |
| **每50公斤主产品** | | | | | | | | |
| 平均出售价格 | 元 | 132.56 | 125.13 | 125.43 | 141.40 | 133.25 | 123.16 | 125.05 |
| 总成本 | 元 | 111.92 | 91.56 | 90.14 | 123.56 | 118.32 | 82.99 | 95.70 |
| 生产成本 | 元 | 94.54 | 67.23 | 70.68 | 98.91 | 97.65 | 68.71 | 83.88 |
| 净利润 | 元 | 20.64 | 33.57 | 35.29 | 17.84 | 14.93 | 40.17 | 29.35 |
| 现金成本 | 元 | 55.76 | 62.20 | 58.94 | 67.48 | 63.42 | 52.33 | 59.09 |
| 现金收益 | 元 | 76.80 | 62.93 | 66.49 | 73.92 | 69.83 | 70.83 | 65.96 |
| **附：** | | | | | | | | |
| 每亩用工数量 | 日 | 5.52 | 3.01 | 2.66 | 4.92 | 4.53 | 3.42 | 4.18 |
| 每亩主产品已出售数量 | 公斤 | 436.94 | 631.14 | 525.23 | 336.37 | 405.64 | 325.44 | 521.73 |
| 每亩主产品已出售产值 | 元 | 1138.96 | 1578.66 | 1316.35 | 906.88 | 1076.39 | 792.31 | 1301.90 |
| 每亩成本外支出 | 元 | | | | | | | |

2-2-1　续表

| 项　　目 | 单位 | 湖　南 | 广　西 | 重　庆 | 四　川 | 贵　州 | 云　南 | 陕　西 |
|---|---|---|---|---|---|---|---|---|
| **每亩** | | | | | | | | |
| 主产品产量 | 公斤 | 526.94 | 479.12 | 509.77 | 532.56 | 525.90 | 503.86 | 575.20 |
| 产值合计 | 元 | 1335.74 | 1530.49 | 1541.78 | 1477.00 | 1635.18 | 1693.44 | 1541.89 |
| 主产品产值 | 元 | 1331.93 | 1511.08 | 1500.52 | 1468.95 | 1612.40 | 1620.62 | 1519.65 |
| 副产品产值 | 元 | 3.81 | 19.41 | 41.26 | 8.05 | 22.78 | 72.82 | 22.24 |
| 总成本 | 元 | 1201.25 | 1438.43 | 1277.42 | 1331.91 | 1696.57 | 1917.19 | 1623.96 |
| 生产成本 | 元 | 967.25 | 1209.75 | 1114.70 | 1210.71 | 1486.04 | 1586.98 | 1534.02 |
| 物质与服务费用 | 元 | 589.61 | 597.36 | 420.75 | 401.89 | 435.03 | 522.53 | 409.16 |
| 人工成本 | 元 | 377.64 | 612.39 | 693.95 | 808.82 | 1051.01 | 1064.45 | 1124.86 |
| 家庭用工折价 | 元 | 311.18 | 531.35 | 677.76 | 778.91 | 989.03 | 954.09 | 1092.11 |
| 雇工费用 | 元 | 66.46 | 81.05 | 16.19 | 29.92 | 61.98 | 110.37 | 32.75 |
| 土地成本 | 元 | 234.00 | 228.68 | 162.72 | 121.20 | 210.53 | 330.21 | 89.94 |
| 流转地租金 | 元 | 37.24 | 13.61 | 1.40 | 5.33 | 10.84 | 7.22 | |
| 自营地折租 | 元 | 196.76 | 215.07 | 161.32 | 115.87 | 199.69 | 322.99 | 89.94 |
| 净利润 | 元 | 134.49 | 92.06 | 264.36 | 145.09 | -61.39 | -223.75 | -82.07 |
| 现金成本 | 元 | 693.31 | 692.02 | 438.34 | 437.14 | 507.85 | 640.12 | 441.91 |
| 现金收益 | 元 | 642.43 | 838.47 | 1103.44 | 1039.86 | 1127.33 | 1053.32 | 1099.98 |
| 成本利润率 | % | 11.20 | 6.40 | 20.69 | 10.89 | -3.62 | -11.67 | -5.05 |
| **每 50 公斤主产品** | | | | | | | | |
| 平均出售价格 | 元 | 126.38 | 157.69 | 147.18 | 137.91 | 153.30 | 160.82 | 132.10 |
| 总成本 | 元 | 113.66 | 148.21 | 121.94 | 124.36 | 159.06 | 182.07 | 139.13 |
| 生产成本 | 元 | 91.52 | 124.64 | 106.41 | 113.05 | 139.32 | 150.71 | 131.43 |
| 净利润 | 元 | 12.72 | 9.48 | 25.24 | 13.55 | -5.76 | -21.25 | -7.03 |
| 现金成本 | 元 | 65.60 | 71.30 | 41.84 | 40.82 | 47.61 | 60.79 | 37.86 |
| 现金收益 | 元 | 60.78 | 86.39 | 105.34 | 97.09 | 105.69 | 100.03 | 94.24 |
| **附：** | | | | | | | | |
| 每亩用工数量 | 日 | 3.77 | 6.41 | 7.46 | 8.71 | 11.27 | 11.35 | 12.13 |
| 每亩主产品已出售数量 | 公斤 | 490.64 | 204.24 | 148.18 | 489.26 | 219.39 | 200.38 | 392.33 |
| 每亩主产品已出售产值 | 元 | 1238.71 | 632.50 | 433.18 | 1349.89 | 689.97 | 633.49 | 1036.32 |
| 每亩成本外支出 | 元 | | | | | | | |

# 2-2-2 2021年各地区中籼稻费用和用工情况

| 项　　目 | 单位 | 平　均 | 江　苏 | 安　徽 | 福　建 | 江　西 | 河　南 | 湖　北 |
|---|---|---|---|---|---|---|---|---|
| **一、每亩物质与服务费用** | **元** | **521.99** | **551.54** | **535.04** | **539.58** | **602.43** | **451.31** | **604.56** |
| (一)直接费用 | 元 | 493.83 | 519.18 | 488.87 | 497.35 | 590.57 | 451.31 | 564.66 |
| 1. 种子费 | 元 | 80.92 | 52.65 | 79.91 | 64.16 | 71.87 | 82.92 | 106.48 |
| 2. 化肥费 | 元 | 134.21 | 172.86 | 131.56 | 149.35 | 169.35 | 124.86 | 146.92 |
| 3. 农家肥费 | 元 | 11.76 | 21.62 | 18.84 | 0.61 | 20.24 | 1.56 | 12.58 |
| 4. 农药费 | 元 | 51.47 | 76.65 | 53.69 | 63.35 | 70.25 | 18.57 | 76.97 |
| 5. 农膜费 | 元 | 3.66 | 1.42 | 1.03 | 0.49 | 1.07 | 4.72 | 1.00 |
| 6. 租赁作业费 | 元 | 199.22 | 186.43 | 191.12 | 190.25 | 250.44 | 213.58 | 205.23 |
| 机械作业费 | 元 | 178.36 | 137.99 | 172.89 | 186.88 | 249.70 | 183.93 | 164.86 |
| 排灌费 | 元 | 16.67 | 48.44 | 18.14 | 0.05 | 0.74 | 29.65 | 40.37 |
| 其中:水费 | 元 | 8.16 | 10.69 | 12.51 | | | | 15.97 |
| 畜力费 | 元 | 4.19 | | 0.09 | 3.32 | | | |
| 7. 燃料动力费 | 元 | 5.85 | 2.67 | 7.36 | 15.39 | 0.06 | | 10.09 |
| 8. 技术服务费 | 元 | | | | | | | |
| 9. 工具材料费 | 元 | 4.33 | 3.37 | 3.52 | 5.59 | 4.64 | 5.10 | 3.05 |
| 10. 修理维护费 | 元 | 2.09 | 1.51 | 1.84 | 5.23 | 2.65 | | 2.34 |
| 11. 其他直接费用 | 元 | 0.32 | | | 2.93 | | | |
| (二)间接费用 | 元 | 28.16 | 32.36 | 46.17 | 42.23 | 11.86 | | 39.90 |
| 1. 固定资产折旧 | 元 | 8.88 | 5.52 | 7.29 | 21.15 | 10.24 | | 7.32 |
| 2. 保险费 | 元 | 17.71 | 26.84 | 34.13 | 11.65 | | | 32.21 |
| 3. 管理费 | 元 | 0.05 | | | | | | 0.17 |
| 4. 财务费 | 元 | | | | | | | |
| 5. 销售费 | 元 | 1.52 | | 4.75 | 9.43 | 1.62 | | 0.20 |
| **二、每亩人工成本** | **元** | **533.97** | **346.93** | **269.92** | **488.33** | **443.33** | **352.23** | **423.31** |
| 1. 家庭用工折价 | 元 | 465.70 | 211.14 | 209.11 | 411.03 | 383.64 | 220.36 | 323.53 |
| 家庭用工天数 | 日 | 5.05 | 2.29 | 2.27 | 4.46 | 4.16 | 2.39 | 3.51 |
| 劳动日工价 | 元 | 92.20 | 92.20 | 92.20 | 92.20 | 92.20 | 92.20 | 92.20 |
| 2. 雇工费用 | 元 | 68.27 | 135.79 | 60.81 | 77.30 | 59.69 | 131.87 | 99.78 |
| 雇工天数 | 日 | 0.47 | 0.72 | 0.39 | 0.46 | 0.37 | 1.03 | 0.67 |
| 雇工工价 | 元 | 145.26 | 188.60 | 155.93 | 168.05 | 161.32 | 128.03 | 148.92 |
| 三、附 | | | | | | | | |
| 1. 每亩种子用量 | 公斤 | 1.26 | 0.65 | 1.57 | 0.70 | 1.09 | 1.23 | 1.75 |
| 2. 每亩化肥用量 | 公斤 | 21.36 | 28.99 | 22.26 | 22.33 | 28.26 | 20.13 | 23.00 |
| 3. 每亩农膜用量 | 公斤 | 0.26 | 0.14 | 0.07 | 0.03 | 0.07 | 0.36 | 0.08 |

2-2-2　续表

| 项　　目 | 单位 | 湖　南 | 广　西 | 重　庆 | 四　川 | 贵　州 | 云　南 | 陕　西 |
|---|---|---|---|---|---|---|---|---|
| **一、每亩物质与服务费用** | 元 | **589.61** | **597.36** | **420.75** | **401.89** | **435.03** | **522.53** | **409.16** |
| （一）直接费用 | 元 | 554.55 | 584.04 | 396.15 | 388.56 | 410.49 | 513.93 | 402.23 |
| 1. 种子费 | 元 | 68.03 | 106.61 | 64.94 | 79.92 | 66.15 | 106.68 | 66.79 |
| 2. 化肥费 | 元 | 130.25 | 190.58 | 88.37 | 122.10 | 129.42 | 111.88 | 125.68 |
| 3. 农家肥费 | 元 | 1.29 | 14.73 | 5.67 | 13.42 | 9.49 | 8.55 | 5.70 |
| 4. 农药费 | 元 | 72.93 | 49.85 | 21.21 | 20.62 | 25.92 | 49.55 | 14.69 |
| 5. 农膜费 | 元 | 0.64 | 0.57 | 7.15 | 11.95 | 6.23 | 4.11 | 2.27 |
| 6. 租赁作业费 | 元 | 272.98 | 188.59 | 188.83 | 133.23 | 147.85 | 217.38 | 181.95 |
| 机械作业费 | 元 | 265.65 | 178.10 | 176.99 | 122.68 | 132.97 | 136.94 | 144.92 |
| 排灌费 | 元 | 7.33 | 1.66 | 0.95 | 9.17 | 2.67 | 17.62 | 37.03 |
| 其中：水费 | 元 | 5.30 | | | 7.31 | | 15.36 | 37.03 |
| 畜力费 | 元 | | 8.83 | 10.89 | 1.38 | 12.21 | 62.82 | |
| 7. 燃料动力费 | 元 | 3.49 | 20.74 | 10.74 | 1.41 | 14.23 | 0.67 | |
| 8. 技术服务费 | 元 | | | | | | | |
| 9. 工具材料费 | 元 | 3.13 | 7.92 | 7.27 | 3.64 | 7.78 | 8.98 | 2.59 |
| 10. 修理维护费 | 元 | 1.81 | 4.45 | 1.97 | 2.27 | 3.24 | | 2.56 |
| 11. 其他直接费用 | 元 | | | | | 0.18 | 6.13 | |
| （二）间接费用 | 元 | 35.06 | 13.32 | 24.60 | 13.33 | 24.54 | 8.60 | 6.93 |
| 1. 固定资产折旧 | 元 | 9.40 | 10.85 | 17.10 | 6.72 | 23.33 | 0.98 | 5.00 |
| 2. 保险费 | 元 | 24.79 | | 7.41 | 6.00 | 1.21 | 7.24 | |
| 3. 管理费 | 元 | | | | 0.13 | | | |
| 4. 财务费 | 元 | | | | 0.02 | | | |
| 5. 销售费 | 元 | 0.87 | 2.47 | 0.09 | 0.46 | | 0.38 | 1.93 |
| **二、每亩人工成本** | 元 | **377.64** | **612.39** | **693.95** | **808.82** | **1051.01** | **1064.45** | **1124.86** |
| 1. 家庭用工折价 | 元 | 311.18 | 531.35 | 677.76 | 778.91 | 989.03 | 954.09 | 1092.11 |
| 家庭用工天数 | 日 | 3.38 | 5.76 | 7.35 | 8.45 | 10.73 | 10.35 | 11.85 |
| 劳动日工价 | 元 | 92.20 | 92.20 | 92.20 | 92.20 | 92.20 | 92.20 | 92.20 |
| 2. 雇工费用 | 元 | 66.46 | 81.05 | 16.19 | 29.92 | 61.98 | 110.37 | 32.75 |
| 雇工天数 | 日 | 0.39 | 0.65 | 0.11 | 0.26 | 0.54 | 1.00 | 0.28 |
| 雇工工价 | 元 | 170.42 | 124.69 | 147.19 | 115.06 | 114.78 | 110.37 | 116.97 |
| 三、附 | | | | | | | | |
| 1. 每亩种子用量 | 公斤 | 1.31 | 1.33 | 0.63 | 0.95 | 0.75 | 1.64 | 0.84 |
| 2. 每亩化肥用量 | 公斤 | 21.28 | 28.12 | 14.33 | 17.75 | 18.95 | 17.46 | 20.74 |
| 3. 每亩农膜用量 | 公斤 | 0.04 | 0.04 | 0.51 | 0.81 | 0.42 | 0.31 | 0.17 |

# 2-2-3　2021年各地区中籼稻化肥投入情况

| 项　　目 | 单位 | 平　均 | 江　苏 | 安　徽 | 福　建 | 江　西 | 河　南 | 湖　北 |
|---|---|---|---|---|---|---|---|---|
| **一、每亩化肥金额** | **元** | **134.21** | **172.86** | **131.56** | **149.35** | **169.35** | **124.86** | **146.92** |
| （一）氮肥 | 元 | 34.20 | 62.86 | 37.39 | 16.65 | 39.74 | 32.15 | 23.37 |
| 1. 尿素 | 元 | 30.39 | 62.86 | 36.03 | 10.47 | 39.74 | 21.75 | 20.03 |
| 2. 碳铵 | 元 | 3.54 |  | 0.04 | 6.18 |  | 10.40 | 3.28 |
| 3. 其他氮肥 | 元 | 0.27 |  | 1.32 |  |  |  | 0.06 |
| （二）磷肥 | 元 | 1.60 |  |  | 4.74 | 0.18 |  | 0.05 |
| 其中：过磷酸钙 | 元 | 1.56 |  |  | 4.05 |  |  | 0.05 |
| （三）钾肥 | 元 | 1.63 |  | 0.25 | 7.90 | 1.81 |  | 1.23 |
| 其中：氯化钾 | 元 | 1.42 |  | 0.25 | 7.90 | 1.81 |  | 1.23 |
| （四）复混肥 | 元 | 96.16 | 110.00 | 93.92 | 115.23 | 127.62 | 92.71 | 122.22 |
| 1. 复合肥 | 元 | 93.41 | 110.00 | 93.92 | 106.35 | 115.73 | 92.71 | 121.27 |
| 其中：二铵 | 元 | 0.10 |  |  |  |  |  |  |
| 三元素复合肥 | 元 | 57.77 | 110.00 | 67.12 | 33.04 | 96.05 | 56.48 | 59.64 |
| 2. 混配肥 | 元 | 2.75 |  |  | 8.88 | 11.89 |  | 0.95 |
| （五）其他肥料 | 元 | 0.62 |  |  | 4.83 |  |  | 0.05 |
| **二、每亩化肥折纯用量** | **公斤** | **21.36** | **28.99** | **22.26** | **22.33** | **28.26** | **20.13** | **23.00** |
| （一）氮肥 | 公斤 | 6.36 | 11.12 | 7.05 | 2.93 | 7.13 | 6.35 | 4.31 |
| 1. 尿素 | 公斤 | 5.61 | 11.12 | 6.83 | 1.80 | 7.13 | 3.89 | 3.62 |
| 2. 碳铵 | 公斤 | 0.71 |  | 0.01 | 1.13 |  | 2.46 | 0.68 |
| 3. 其他氮肥 | 公斤 | 0.04 |  | 0.21 |  |  |  | 0.01 |
| （二）磷肥 | 公斤 | 0.28 |  |  | 0.89 | 0.04 |  | 0.01 |
| 其中：过磷酸钙 | 公斤 | 0.27 |  |  | 0.78 |  |  | 0.01 |
| （三）钾肥 | 公斤 | 0.28 |  | 0.04 | 1.35 | 0.27 |  | 0.23 |
| 其中：氯化钾 | 公斤 | 0.25 |  | 0.04 | 1.35 | 0.27 |  | 0.23 |
| （四）复混肥 | 公斤 | 14.43 | 17.88 | 15.16 | 17.16 | 20.81 | 13.78 | 18.45 |
| 1. 复合肥 | 公斤 | 14.02 | 17.88 | 15.16 | 15.58 | 18.74 | 13.78 | 18.36 |
| 其中：二铵 | 公斤 | 0.02 |  |  |  |  |  |  |
| 三元素复合肥 | 公斤 | 8.91 | 17.88 | 11.13 | 4.52 | 15.66 | 8.85 | 9.03 |
| 2. 混配肥 | 公斤 | 0.41 |  |  | 1.58 | 2.07 |  | 0.09 |

2-2-3 续表

| 项　　目 | 单位 | 湖　南 | 广　西 | 重　庆 | 四　川 | 贵　州 | 云　南 | 陕　西 |
|---|---|---|---|---|---|---|---|---|
| **一、每亩化肥金额** | 元 | **130.25** | **190.58** | **88.37** | **122.10** | **129.42** | **111.88** | **125.68** |
| (一)氮肥 | 元 | 35.27 | 45.88 | 25.91 | 31.66 | 37.55 | 55.03 | 45.82 |
| 1. 尿素 | 元 | 34.06 | 45.11 | 19.12 | 22.75 | 36.16 | 52.11 | 25.86 |
| 2. 碳铵 | 元 | 1.21 | 0.77 | 6.50 | 8.91 | 1.35 | 2.92 | 19.96 |
| 3. 其他氮肥 | 元 |  |  | 0.29 |  | 0.04 |  |  |
| (二)磷肥 | 元 | 1.45 | 1.65 | 4.82 | 2.71 | 5.21 | 6.07 | 2.16 |
| 其中:过磷酸钙 | 元 | 1.45 | 1.65 | 4.82 | 2.71 | 5.15 | 5.92 | 2.16 |
| (三)钾肥 | 元 | 5.15 | 11.00 | 0.14 |  | 3.90 | 0.44 |  |
| 其中:氯化钾 | 元 | 5.15 | 11.00 | 0.14 |  | 0.49 |  |  |
| (四)复混肥 | 元 | 88.38 | 130.81 | 57.50 | 87.73 | 76.20 | 47.34 | 77.70 |
| 1. 复合肥 | 元 | 87.07 | 128.73 | 57.17 | 82.44 | 73.34 | 43.53 | 77.70 |
| 其中:二铵 | 元 |  |  |  |  | 1.68 |  | 0.26 |
| 三元素复合肥 | 元 | 55.32 | 96.62 | 28.36 | 41.85 | 47.04 | 16.71 | 77.44 |
| 2. 混配肥 | 元 | 1.31 | 2.08 | 0.33 | 5.29 | 2.86 | 3.81 |  |
| (五)其他肥料 | 元 |  | 1.24 |  |  | 6.56 | 3.00 |  |
| **二、每亩化肥折纯用量** | 公斤 | **21.28** | **28.12** | **14.33** | **17.75** | **18.95** | **17.46** | **20.74** |
| (一)氮肥 | 公斤 | 6.49 | 7.88 | 5.02 | 6.13 | 7.02 | 9.70 | 8.98 |
| 1. 尿素 | 公斤 | 6.25 | 7.75 | 3.71 | 4.40 | 6.79 | 9.19 | 4.91 |
| 2. 碳铵 | 公斤 | 0.24 | 0.13 | 1.28 | 1.73 | 0.23 | 0.51 | 4.07 |
| 3. 其他氮肥 | 公斤 |  |  | 0.03 |  |  |  |  |
| (二)磷肥 | 公斤 | 0.25 | 0.30 | 0.76 | 0.44 | 0.82 | 1.38 | 0.43 |
| 其中:过磷酸钙 | 公斤 | 0.25 | 0.30 | 0.76 | 0.44 | 0.81 | 1.35 | 0.43 |
| (三)钾肥 | 公斤 | 0.95 | 1.86 | 0.02 |  | 0.56 | 0.05 |  |
| 其中:氯化钾 | 公斤 | 0.95 | 1.86 | 0.02 |  | 0.08 |  |  |
| (四)复混肥 | 公斤 | 13.59 | 18.07 | 8.53 | 11.18 | 10.54 | 6.34 | 11.35 |
| 1. 复合肥 | 公斤 | 13.32 | 17.82 | 8.50 | 10.52 | 10.20 | 5.78 | 11.35 |
| 其中:二铵 | 公斤 |  |  |  |  | 0.27 |  | 0.06 |
| 三元素复合肥 | 公斤 | 8.74 | 14.03 | 4.15 | 5.60 | 6.49 | 2.06 | 11.29 |
| 2. 混配肥 | 公斤 | 0.27 | 0.25 | 0.03 | 0.66 | 0.34 | 0.56 |  |

# 2-3-1　2021年各地区晚籼稻成本收益情况

| 项　　目 | 单位 | 平　均 | 浙　江 | 安　徽 | 福　建 | 江　西 |
| --- | --- | --- | --- | --- | --- | --- |
| **每亩** | | | | | | |
| 主产品产量 | 公斤 | 430.04 | 489.07 | 480.99 | 480.61 | 463.20 |
| 产值合计 | 元 | 1229.25 | 1345.38 | 1242.17 | 1454.56 | 1177.67 |
| 主产品产值 | 元 | 1217.00 | 1342.25 | 1228.46 | 1438.60 | 1161.08 |
| 副产品产值 | 元 | 12.25 | 3.13 | 13.71 | 15.96 | 16.59 |
| 总成本 | 元 | 1236.63 | 1436.36 | 1161.81 | 1452.17 | 1176.69 |
| 生产成本 | 元 | 1044.11 | 1110.16 | 946.51 | 1242.99 | 1024.04 |
| 物质与服务费用 | 元 | 596.96 | 770.78 | 668.11 | 619.58 | 576.49 |
| 人工成本 | 元 | 447.15 | 339.38 | 278.40 | 623.41 | 447.55 |
| 家庭用工折价 | 元 | 369.63 | 185.60 | 219.62 | 567.40 | 388.53 |
| 雇工费用 | 元 | 77.52 | 153.78 | 58.78 | 56.01 | 59.02 |
| 土地成本 | 元 | 192.52 | 326.20 | 215.30 | 209.18 | 152.65 |
| 流转地租金 | 元 | 36.81 | 172.28 | 89.62 | 68.61 | 16.92 |
| 自营地折租 | 元 | 155.71 | 153.92 | 125.68 | 140.57 | 135.73 |
| 净利润 | 元 | -7.38 | -90.98 | 80.36 | 2.39 | 0.98 |
| 现金成本 | 元 | 711.29 | 1096.84 | 816.51 | 744.20 | 652.43 |
| 现金收益 | 元 | 517.96 | 248.54 | 425.66 | 710.36 | 525.24 |
| 成本利润率 | % | -0.60 | -6.33 | 6.92 | 0.16 | 0.08 |
| **每50公斤主产品** | | | | | | |
| 平均出售价格 | 元 | 141.50 | 137.22 | 127.70 | 149.66 | 125.33 |
| 总成本 | 元 | 142.35 | 146.50 | 119.44 | 149.41 | 125.23 |
| 生产成本 | 元 | 120.19 | 113.23 | 97.31 | 127.89 | 108.98 |
| 净利润 | 元 | -0.85 | -9.28 | 8.26 | 0.25 | 0.10 |
| 现金成本 | 元 | 81.88 | 111.87 | 83.94 | 76.57 | 69.43 |
| 现金收益 | 元 | 59.62 | 25.35 | 43.76 | 73.09 | 55.90 |
| **附：** | | | | | | |
| 每亩用工数量 | 日 | 4.49 | 3.02 | 2.78 | 6.55 | 4.61 |
| 每亩主产品已出售数量 | 公斤 | 320.41 | 361.47 | 460.49 | 206.71 | 391.91 |
| 每亩主产品已出售产值 | 元 | 880.45 | 989.26 | 1176.99 | 579.30 | 977.83 |
| 每亩成本外支出 | 元 | 0.02 | 0.33 | | | |

2-3-1 续表

| 项目 | 单位 | 湖北 | 湖南 | 广东 | 广西 | 海南 |
|---|---|---|---|---|---|---|
| **每亩** | | | | | | |
| 主产品产量 | 公斤 | 507.22 | 422.15 | 389.37 | 391.09 | 324.43 |
| 产值合计 | 元 | 1257.97 | 1084.01 | 1335.57 | 1326.88 | 980.23 |
| 主产品产值 | 元 | 1244.29 | 1077.76 | 1325.63 | 1307.47 | 973.26 |
| 副产品产值 | 元 | 13.68 | 6.25 | 9.94 | 19.41 | 6.97 |
| 总成本 | 元 | 1146.26 | 1070.37 | 1356.70 | 1350.49 | 1216.95 |
| 生产成本 | 元 | 970.76 | 890.16 | 1144.54 | 1145.61 | 1061.67 |
| 物质与服务费用 | 元 | 592.49 | 507.97 | 634.40 | 645.59 | 570.54 |
| 人工成本 | 元 | 378.27 | 382.19 | 510.14 | 500.02 | 491.13 |
| 家庭用工折价 | 元 | 309.05 | 210.95 | 484.23 | 478.89 | 485.43 |
| 雇工费用 | 元 | 69.21 | 171.24 | 25.91 | 21.13 | 5.70 |
| 土地成本 | 元 | 175.50 | 180.21 | 212.16 | 204.88 | 155.28 |
| 流转地租金 | 元 | 27.12 | 29.20 | 32.71 | 25.42 | |
| 自营地折租 | 元 | 148.38 | 151.01 | 179.45 | 179.46 | 155.28 |
| 净利润 | 元 | 111.71 | 13.64 | -21.13 | -23.61 | -236.72 |
| 现金成本 | 元 | 688.82 | 708.41 | 693.02 | 692.14 | 576.24 |
| 现金收益 | 元 | 569.15 | 375.60 | 642.55 | 634.74 | 403.99 |
| 成本利润率 | % | 9.75 | 1.27 | -1.56 | -1.75 | -19.45 |
| **每 50 公斤主产品** | | | | | | |
| 平均出售价格 | 元 | 122.66 | 127.65 | 170.23 | 167.16 | 150.00 |
| 总成本 | 元 | 111.77 | 126.04 | 172.92 | 170.13 | 186.22 |
| 生产成本 | 元 | 94.66 | 104.82 | 145.88 | 144.32 | 162.46 |
| 净利润 | 元 | 10.89 | 1.61 | -2.69 | -2.97 | -36.22 |
| 现金成本 | 元 | 67.16 | 83.42 | 88.33 | 87.20 | 88.18 |
| 现金收益 | 元 | 55.50 | 44.23 | 81.90 | 79.96 | 61.82 |
| **附:** | | | | | | |
| 每亩用工数量 | 日 | 3.74 | 3.24 | 5.42 | 5.37 | 5.30 |
| 每亩主产品已出售数量 | 公斤 | 451.89 | 356.37 | 303.38 | 170.65 | 84.00 |
| 每亩主产品已出售产值 | 元 | 1108.35 | 902.26 | 1018.42 | 566.82 | 250.02 |
| 每亩成本外支出 | 元 | | | | | |

# 2-3-2 2021年各地区晚籼稻费用和用工情况

| 项 目 | 单位 | 平 均 | 浙 江 | 安 徽 | 福 建 | 江 西 |
|---|---|---|---|---|---|---|
| **一、每亩物质与服务费用** | 元 | **596.96** | **770.78** | **668.11** | **619.58** | **576.49** |
| (一)直接费用 | 元 | 565.23 | 733.52 | 623.39 | 592.29 | 563.50 |
| 1. 种子费 | 元 | 83.61 | 107.00 | 82.86 | 73.27 | 76.27 |
| 2. 化肥费 | 元 | 159.13 | 185.36 | 191.26 | 154.40 | 159.31 |
| 3. 农家肥费 | 元 | 7.58 | 1.68 | 8.66 | 2.39 | 14.20 |
| 4. 农药费 | 元 | 78.67 | 122.25 | 86.51 | 86.31 | 91.33 |
| 5. 农膜费 | 元 | 0.41 | | | | |
| 6. 租赁作业费 | 元 | 216.05 | 306.03 | 239.64 | 233.07 | 211.07 |
| 机械作业费 | 元 | 203.26 | 296.07 | 213.13 | 220.63 | 193.71 |
| 排灌费 | 元 | 11.70 | 8.49 | 26.51 | 4.20 | 16.51 |
| 其中:水费 | 元 | 5.47 | 3.73 | 0.07 | 2.76 | 8.26 |
| 畜力费 | 元 | 1.09 | 1.47 | | 8.24 | 0.85 |
| 7. 燃料动力费 | 元 | 9.40 | 4.21 | 7.37 | 28.04 | 3.02 |
| 8. 技术服务费 | 元 | 0.01 | 0.11 | | | |
| 9. 工具材料费 | 元 | 7.25 | 3.28 | 5.01 | 8.16 | 6.14 |
| 10. 修理维护费 | 元 | 3.12 | 3.60 | 2.08 | 6.59 | 2.16 |
| 11. 其他直接费用 | 元 | | | | 0.06 | |
| (二)间接费用 | 元 | 31.73 | 37.26 | 44.72 | 27.29 | 12.99 |
| 1. 固定资产折旧 | 元 | 11.08 | 3.44 | 4.48 | 9.64 | 9.36 |
| 2. 保险费 | 元 | 18.27 | 26.31 | 36.91 | 12.74 | 0.39 |
| 3. 管理费 | 元 | 0.09 | 0.38 | | | 0.29 |
| 4. 财务费 | 元 | 0.01 | 0.24 | | | |
| 5. 销售费 | 元 | 2.28 | 6.89 | 3.33 | 4.91 | 2.95 |
| **二、每亩人工成本** | 元 | **447.15** | **339.38** | **278.40** | **623.41** | **447.55** |
| 1. 家庭用工折价 | 元 | 369.63 | 185.60 | 219.62 | 567.40 | 388.53 |
| 家庭用工天数 | 日 | 4.01 | 2.01 | 2.38 | 6.15 | 4.21 |
| 劳动日工价 | 元 | 92.20 | 92.20 | 92.20 | 92.20 | 92.20 |
| 2. 雇工费用 | 元 | 77.52 | 153.78 | 58.78 | 56.01 | 59.02 |
| 雇工天数 | 日 | 0.48 | 1.01 | 0.40 | 0.40 | 0.40 |
| 雇工工价 | 元 | 161.50 | 152.26 | 146.96 | 140.02 | 147.54 |
| 三、附 | | | | | | |
| 1. 每亩种子用量 | 公斤 | 2.07 | 1.10 | 3.23 | 0.81 | 1.87 |
| 2. 每亩化肥用量 | 公斤 | 22.82 | 25.52 | 30.22 | 22.66 | 25.48 |
| 3. 每亩农膜用量 | 公斤 | 0.03 | | | | |

2-3-2 续表

| 项　　目 | 单位 | 湖　北 | 湖　南 | 广　东 | 广　西 | 海　南 |
|---|---|---|---|---|---|---|
| **一、每亩物质与服务费用** | 元 | **592.49** | **507.97** | **634.40** | **645.59** | **570.54** |
| (一)直接费用 | 元 | 556.64 | 468.15 | 581.72 | 622.41 | 563.43 |
| 1. 种子费 | 元 | 92.85 | 83.25 | 75.44 | 96.73 | 97.52 |
| 2. 化肥费 | 元 | 141.52 | 119.31 | 182.42 | 180.26 | 169.54 |
| 3. 农家肥费 | 元 | 11.59 | 1.20 | 2.23 | 16.29 | 3.77 |
| 4. 农药费 | 元 | 73.39 | 74.87 | 63.95 | 70.69 | 37.66 |
| 5. 农膜费 | 元 | | | 1.64 | 0.72 | |
| 6. 租赁作业费 | 元 | 224.53 | 166.34 | 240.05 | 227.16 | 234.40 |
| 机械作业费 | 元 | 204.09 | 156.62 | 232.43 | 213.52 | 227.17 |
| 排灌费 | 元 | 20.44 | 9.72 | 6.95 | 11.66 | 7.18 |
| 其中:水费 | 元 | 6.86 | 8.16 | 2.96 | 2.77 | 1.98 |
| 畜力费 | 元 | | | 0.67 | 1.98 | 0.05 |
| 7. 燃料动力费 | 元 | 7.44 | 12.17 | 7.67 | 13.61 | 12.35 |
| 8. 技术服务费 | 元 | | | | | |
| 9. 工具材料费 | 元 | 2.21 | 7.14 | 7.46 | 11.63 | 6.32 |
| 10. 修理维护费 | 元 | 3.11 | 3.87 | 0.86 | 5.32 | 1.87 |
| 11. 其他直接费用 | 元 | | | | | |
| (二)间接费用 | 元 | 35.85 | 39.82 | 52.68 | 23.18 | 7.11 |
| 1. 固定资产折旧 | 元 | 5.75 | 13.07 | 11.21 | 16.64 | 7.11 |
| 2. 保险费 | 元 | 29.12 | 26.57 | 40.00 | 3.10 | |
| 3. 管理费 | 元 | | | | | |
| 4. 财务费 | 元 | | | | | |
| 5. 销售费 | 元 | 0.98 | 0.18 | 1.47 | 3.44 | |
| **二、每亩人工成本** | 元 | **378.27** | **382.19** | **510.14** | **500.02** | **491.13** |
| 1. 家庭用工折价 | 元 | 309.05 | 210.95 | 484.23 | 478.89 | 485.43 |
| 家庭用工天数 | 日 | 3.35 | 2.29 | 5.25 | 5.19 | 5.27 |
| 劳动日工价 | 元 | 92.20 | 92.20 | 92.20 | 92.20 | 92.20 |
| 2. 雇工费用 | 元 | 69.21 | 171.24 | 25.91 | 21.13 | 5.70 |
| 雇工天数 | 日 | 0.39 | 0.95 | 0.17 | 0.18 | 0.03 |
| 雇工工价 | 元 | 177.47 | 180.25 | 152.41 | 117.38 | 189.93 |
| 三、附 | | | | | | |
| 1. 每亩种子用量 | 公斤 | 2.53 | 2.84 | 1.75 | 1.95 | 1.86 |
| 2. 每亩化肥用量 | 公斤 | 22.04 | 17.99 | 23.57 | 23.10 | 21.25 |
| 3. 每亩农膜用量 | 公斤 | | | 0.12 | 0.06 | |

# 2-3-3 2021 年各地区晚籼稻化肥投入情况

| 项　　目 | 单位 | 平　均 | 浙　江 | 安　徽 | 福　建 | 江　西 |
|---|---|---|---|---|---|---|
| **一、每亩化肥金额** | **元** | **159.13** | **185.36** | **191.26** | **154.40** | **159.31** |
| (一)氮肥 | 元 | 35.60 | 49.33 | 43.85 | 40.22 | 32.90 |
| 1. 尿素 | 元 | 32.82 | 48.28 | 43.85 | 18.40 | 32.61 |
| 2. 碳铵 | 元 | 2.78 | 1.05 |  | 21.82 | 0.29 |
| 3. 其他氮肥 | 元 |  |  |  |  |  |
| (二)磷肥 | 元 | 2.83 | 0.31 |  | 8.74 | 0.32 |
| 其中:过磷酸钙 | 元 | 2.79 | 0.31 |  | 8.72 | 0.30 |
| (三)钾肥 | 元 | 8.44 | 11.87 | 9.69 | 13.51 | 6.52 |
| 其中:氯化钾 | 元 | 8.15 | 11.30 | 9.69 | 13.51 | 6.52 |
| (四)复混肥 | 元 | 108.98 | 123.75 | 137.61 | 91.66 | 119.32 |
| 1. 复合肥 | 元 | 106.29 | 121.89 | 137.61 | 87.43 | 116.17 |
| 其中:二铵 | 元 | 0.19 |  |  |  |  |
| 三元素复合肥 | 元 | 72.17 | 115.08 | 44.75 | 61.61 | 89.54 |
| 2. 混配肥 | 元 | 2.69 | 1.86 |  | 4.23 | 3.15 |
| (五)其他肥料 | 元 | 3.28 | 0.10 | 0.11 | 0.27 | 0.25 |
| **二、每亩化肥折纯用量** | **公斤** | **22.82** | **25.52** | **30.22** | **22.66** | **25.48** |
| (一)氮肥 | 公斤 | 5.68 | 7.79 | 7.49 | 6.37 | 5.44 |
| 1. 尿素 | 公斤 | 5.23 | 7.62 | 7.49 | 2.91 | 5.40 |
| 2. 碳铵 | 公斤 | 0.45 | 0.17 |  | 3.46 | 0.04 |
| 3. 其他氮肥 | 公斤 |  |  |  |  |  |
| (二)磷肥 | 公斤 | 0.44 | 0.06 |  | 1.32 | 0.05 |
| 其中:过磷酸钙 | 公斤 | 0.44 | 0.06 |  | 1.32 | 0.05 |
| (三)钾肥 | 公斤 | 1.44 | 1.66 | 1.65 | 2.23 | 1.21 |
| 其中:氯化钾 | 公斤 | 1.40 | 1.63 | 1.65 | 2.23 | 1.21 |
| (四)复混肥 | 公斤 | 15.25 | 16.02 | 21.08 | 12.74 | 18.77 |
| 1. 复合肥 | 公斤 | 14.85 | 15.83 | 21.08 | 11.92 | 18.22 |
| 其中:二铵 | 公斤 | 0.03 |  |  |  |  |
| 三元素复合肥 | 公斤 | 9.98 | 15.08 | 7.17 | 8.41 | 14.13 |
| 2. 混配肥 | 公斤 | 0.40 | 0.19 |  | 0.82 | 0.55 |

2-3-3 续表

| 项　　目 | 单位 | 湖　北 | 湖　南 | 广　东 | 广　西 | 海　南 |
|---|---|---|---|---|---|---|
| **一、每亩化肥金额** | **元** | **141.52** | **119.31** | **182.42** | **180.26** | **169.54** |
| （一）氮肥 | 元 | 25.91 | 22.18 | 44.06 | 41.18 | 59.86 |
| 1. 尿素 | 元 | 21.43 | 21.18 | 38.65 | 39.42 | 59.86 |
| 2. 碳铵 | 元 | 4.48 | 1.00 | 5.41 | 1.76 | |
| 3. 其他氮肥 | 元 | | | | | |
| （二）磷肥 | 元 | 0.41 | 0.39 | 9.45 | 0.30 | 20.86 |
| 其中：过磷酸钙 | 元 | 0.41 | 0.39 | 9.45 | 0.07 | 20.86 |
| （三）钾肥 | 元 | 4.26 | 4.10 | 10.86 | 12.75 | 11.63 |
| 其中：氯化钾 | 元 | 4.26 | 4.10 | 10.86 | 11.04 | 11.63 |
| （四）复混肥 | 元 | 110.63 | 92.64 | 114.43 | 109.91 | 75.87 |
| 1. 复合肥 | 元 | 103.13 | 92.64 | 114.43 | 102.86 | 62.44 |
| 其中：二铵 | 元 | | | 0.13 | 1.05 | |
| 三元素复合肥 | 元 | 63.47 | 31.47 | 112.09 | 62.55 | 38.06 |
| 2. 混配肥 | 元 | 7.50 | | | 7.05 | 13.43 |
| （五）其他肥料 | 元 | 0.31 | | 3.62 | 16.12 | 1.32 |
| **二、每亩化肥折纯用量** | **公斤** | **22.04** | **17.99** | **23.57** | **23.10** | **21.25** |
| （一）氮肥 | 公斤 | 4.27 | 3.63 | 6.69 | 6.59 | 8.66 |
| 1. 尿素 | 公斤 | 3.43 | 3.43 | 5.83 | 6.34 | 8.66 |
| 2. 碳铵 | 公斤 | 0.84 | 0.20 | 0.86 | 0.25 | |
| 3. 其他氮肥 | 公斤 | | | | | |
| （二）磷肥 | 公斤 | 0.06 | 0.07 | 1.53 | 0.04 | 3.11 |
| 其中：过磷酸钙 | 公斤 | 0.06 | 0.07 | 1.53 | 0.01 | 3.11 |
| （三）钾肥 | 公斤 | 0.78 | 0.73 | 1.87 | 2.08 | 2.01 |
| 其中：氯化钾 | 公斤 | 0.78 | 0.73 | 1.87 | 1.82 | 2.01 |
| （四）复混肥 | 公斤 | 16.92 | 13.56 | 13.48 | 14.40 | 7.49 |
| 1. 复合肥 | 公斤 | 15.76 | 13.56 | 13.48 | 13.47 | 5.70 |
| 其中：二铵 | 公斤 | | | 0.03 | 0.17 | |
| 三元素复合肥 | 公斤 | 9.88 | 4.76 | 13.21 | 8.11 | 3.39 |
| 2. 混配肥 | 公斤 | 1.16 | | | 0.93 | 1.79 |

# 2-4-1 2021年各地区粳稻成本收益情况

| 项　　目 | 单位 | 平　均 | 河　北 | 内蒙古 | 辽　宁 | 吉　林 | 黑龙江 | 江　苏 |
|---|---|---|---|---|---|---|---|---|
| **每亩** | | | | | | | | |
| 主产品产量 | 公斤 | 557.23 | 680.35 | 505.18 | 601.89 | 561.40 | 527.47 | 604.42 |
| 产值合计 | 元 | 1556.36 | 1927.31 | 1792.44 | 1661.17 | 1567.11 | 1442.41 | 1678.69 |
| 主产品产值 | 元 | 1536.23 | 1894.79 | 1766.95 | 1646.22 | 1547.99 | 1436.14 | 1651.62 |
| 副产品产值 | 元 | 20.13 | 32.52 | 25.49 | 14.95 | 19.12 | 6.27 | 27.07 |
| 总成本 | 元 | 1472.83 | 1965.58 | 1401.96 | 1683.04 | 1465.99 | 1500.01 | 1445.78 |
| 生产成本 | 元 | 1047.74 | 1244.61 | 941.87 | 1143.66 | 1012.86 | 973.40 | 1143.44 |
| 物质与服务费用 | 元 | 604.79 | 694.67 | 656.22 | 717.91 | 517.37 | 532.14 | 763.68 |
| 人工成本 | 元 | 442.95 | 549.94 | 285.65 | 425.75 | 495.49 | 441.26 | 379.76 |
| 家庭用工折价 | 元 | 309.42 | 417.48 | 219.90 | 353.31 | 389.18 | 222.39 | 338.10 |
| 雇工费用 | 元 | 133.53 | 132.46 | 65.76 | 72.44 | 106.31 | 218.88 | 41.67 |
| 土地成本 | 元 | 425.09 | 720.97 | 460.09 | 539.38 | 453.13 | 526.61 | 302.34 |
| 流转地租金 | 元 | 171.72 | 266.58 | 94.32 | 83.61 | 66.53 | 270.72 | 118.22 |
| 自营地折租 | 元 | 253.37 | 454.39 | 365.77 | 455.77 | 386.60 | 255.89 | 184.12 |
| 净利润 | 元 | 83.53 | -38.27 | 390.48 | -21.87 | 101.12 | -57.60 | 232.91 |
| 现金成本 | 元 | 910.04 | 1093.71 | 816.30 | 873.96 | 690.21 | 1021.74 | 923.57 |
| 现金收益 | 元 | 646.32 | 833.60 | 976.14 | 787.21 | 876.90 | 420.67 | 755.12 |
| 成本利润率 | % | 5.67 | -1.95 | 27.85 | -1.30 | 6.90 | -3.84 | 16.11 |
| **每50公斤主产品** | | | | | | | | |
| 平均出售价格 | 元 | 137.85 | 139.25 | 174.88 | 136.75 | 137.87 | 136.13 | 136.63 |
| 总成本 | 元 | 130.45 | 142.02 | 136.78 | 138.55 | 128.97 | 141.57 | 117.67 |
| 生产成本 | 元 | 92.80 | 89.92 | 91.89 | 94.15 | 89.11 | 91.87 | 93.07 |
| 净利润 | 元 | 7.40 | -2.77 | 38.10 | -1.80 | 8.90 | -5.44 | 18.96 |
| 现金成本 | 元 | 80.60 | 79.02 | 79.64 | 71.95 | 60.72 | 96.43 | 75.17 |
| 现金收益 | 元 | 57.25 | 60.23 | 95.24 | 64.80 | 77.15 | 39.70 | 61.46 |
| **附：** | | | | | | | | |
| 每亩用工数量 | 日 | 4.16 | 5.34 | 2.86 | 4.43 | 5.05 | 3.53 | 4.06 |
| 每亩主产品已出售数量 | 公斤 | 451.19 | 614.32 | 411.60 | 434.50 | 340.27 | 486.56 | 465.66 |
| 每亩主产品已出售产值 | 元 | 1235.79 | 1712.45 | 1465.67 | 1181.11 | 938.43 | 1324.44 | 1268.30 |
| 每亩成本外支出 | 元 | 0.79 | | | | | | 3.77 |

2-4-1 续表

| 项　　目 | 单位 | 浙 江 | 安 徽 | 山 东 | 河 南 | 云 南 | 宁 夏 |
|---|---|---|---|---|---|---|---|
| **每亩** | | | | | | | |
| 主产品产量 | 公斤 | 518.16 | 540.14 | 542.82 | 448.52 | 618.62 | 580.53 |
| 产值合计 | 元 | 1434.90 | 1424.44 | 1468.09 | 1339.57 | 2049.68 | 1648.95 |
| 主产品产值 | 元 | 1423.20 | 1405.65 | 1410.12 | 1297.14 | 1957.90 | 1513.43 |
| 副产品产值 | 元 | 11.70 | 18.79 | 57.97 | 42.43 | 91.78 | 135.52 |
| 总成本 | 元 | 1380.88 | 1032.16 | 1413.58 | 1309.19 | 1815.15 | 1451.01 |
| 生产成本 | 元 | 993.69 | 822.62 | 1112.66 | 1073.55 | 1592.69 | 1092.20 |
| 物质与服务费用 | 元 | 670.40 | 560.96 | 655.71 | 536.98 | 581.73 | 647.29 |
| 人工成本 | 元 | 323.29 | 261.66 | 456.95 | 536.57 | 1010.96 | 444.91 |
| 家庭用工折价 | 元 | 260.19 | 187.81 | 398.86 | 455.28 | 911.95 | 400.42 |
| 雇工费用 | 元 | 63.10 | 73.85 | 58.09 | 81.28 | 99.01 | 44.49 |
| 土地成本 | 元 | 387.19 | 209.54 | 300.92 | 235.64 | 222.46 | 358.81 |
| 流转地租金 | 元 | 252.25 | 75.31 | 68.69 | 37.05 | 5.96 | 48.87 |
| 自营地折租 | 元 | 134.94 | 134.23 | 232.23 | 198.59 | 216.50 | 309.94 |
| 净利润 | 元 | 54.02 | 392.28 | 54.51 | 30.38 | 234.53 | 197.94 |
| 现金成本 | 元 | 985.75 | 710.12 | 782.49 | 655.31 | 686.70 | 740.65 |
| 现金收益 | 元 | 449.15 | 714.32 | 685.60 | 684.26 | 1362.98 | 908.30 |
| 成本利润率 | % | 3.91 | 38.01 | 3.86 | 2.32 | 12.92 | 13.64 |
| **每 50 公斤主产品** | | | | | | | |
| 平均出售价格 | 元 | 137.33 | 130.12 | 129.89 | 144.60 | 158.25 | 130.35 |
| 总成本 | 元 | 132.16 | 94.29 | 125.07 | 141.32 | 140.14 | 114.70 |
| 生产成本 | 元 | 95.10 | 75.14 | 98.44 | 115.88 | 122.97 | 86.34 |
| 净利润 | 元 | 5.17 | 35.83 | 4.82 | 3.28 | 18.11 | 15.65 |
| 现金成本 | 元 | 94.34 | 64.87 | 69.23 | 70.74 | 53.02 | 58.55 |
| 现金收益 | 元 | 42.99 | 65.25 | 60.66 | 73.86 | 105.23 | 71.80 |
| **附：** | | | | | | | |
| 每亩用工数量 | 日 | 3.17 | 2.49 | 4 69 | 5.66 | 10.85 | 4.74 |
| 每亩主产品已出售数量 | 公斤 | 336.57 | 535.03 | 451 73 | 394.29 | 239.69 | 531.52 |
| 每亩主产品已出售产值 | 元 | 934.08 | 1391.94 | 1167 11 | 1125.78 | 754.11 | 1390.76 |
| 每亩成本外支出 | 元 | | | | | | |

# 2-4-2　2021年各地区粳稻费用和用工情况

| 项　　目 | 单位 | 平　均 | 河　北 | 内蒙古 | 辽　宁 | 吉　林 | 黑龙江 | 江　苏 |
|---|---|---|---|---|---|---|---|---|
| **一、每亩物质与服务费用** | 元 | **604.79** | **694.67** | **656.22** | **717.91** | **517.37** | **532.14** | **763.68** |
| （一）直接费用 | 元 | 584.93 | 688.62 | 637.86 | 702.56 | 502.92 | 524.18 | 724.44 |
| 1. 种子费 | 元 | 52.11 | 35.25 | 104.33 | 26.95 | 35.89 | 46.44 | 65.10 |
| 2. 化肥费 | 元 | 158.85 | 188.19 | 152.72 | 184.08 | 123.72 | 126.73 | 229.52 |
| 3. 农家肥费 | 元 | 8.78 |  | 1.33 | 0.17 | 6.26 |  | 22.08 |
| 4. 农药费 | 元 | 63.49 | 57.47 | 49.75 | 66.80 | 35.26 | 38.22 | 108.98 |
| 5. 农膜费 | 元 | 8.28 | 7.67 | 6.98 | 7.73 | 12.67 | 13.77 | 0.39 |
| 6. 租赁作业费 | 元 | 285.72 | 389.87 | 315.01 | 403.69 | 273.23 | 295.58 | 291.69 |
| 机械作业费 | 元 | 232.27 | 202.80 | 271.04 | 295.05 | 230.66 | 238.12 | 235.59 |
| 排灌费 | 元 | 53.29 | 187.07 | 43.97 | 108.64 | 42.57 | 57.46 | 56.10 |
| 其中：水费 | 元 | 27.28 | 123.98 | 41.68 | 91.76 | 13.51 | 35.84 | 6.81 |
| 畜力费 | 元 | 0.16 |  |  |  |  |  |  |
| 7. 燃料动力费 | 元 | 2.16 |  |  | 2.54 | 8.45 |  | 0.47 |
| 8. 技术服务费 | 元 | 0.02 |  |  |  |  |  | 0.07 |
| 9. 工具材料费 | 元 | 4.67 | 5.17 | 7.74 | 10.41 | 6.93 | 3.44 | 4.13 |
| 10. 修理维护费 | 元 | 0.85 | 5.00 |  | 0.19 | 0.51 |  | 2.01 |
| 11. 其他直接费用 | 元 |  |  |  |  |  |  |  |
| （二）间接费用 | 元 | 19.86 | 6.05 | 18.36 | 15.35 | 14.45 | 7.96 | 39.24 |
| 1. 固定资产折旧 | 元 | 3.29 | 6.05 |  | 2.50 | 7.69 |  | 7.10 |
| 2. 保险费 | 元 | 14.52 |  | 11.14 | 4.57 | 6.76 | 7.20 | 28.19 |
| 3. 管理费 | 元 | 0.57 |  |  | 7.39 |  |  | 0.73 |
| 4. 财务费 | 元 | 0.02 |  |  |  |  | 0.03 | 0.02 |
| 5. 销售费 | 元 | 1.46 |  | 7.22 | 0.89 |  | 0.73 | 3.20 |
| **二、每亩人工成本** | 元 | **442.95** | **549.94** | **285.65** | **425.75** | **495.49** | **441.26** | **379.76** |
| 1. 家庭用工折价 | 元 | 309.42 | 417.48 | 219.90 | 353.31 | 389.18 | 222.39 | 338.10 |
| 家庭用工天数 | 日 | 3.36 | 4.53 | 2.39 | 3.83 | 4.22 | 2.41 | 3.67 |
| 劳动日工价 | 元 | 92.20 | 92.20 | 92.20 | 92.20 | 92.20 | 92.20 | 92.20 |
| 2. 雇工费用 | 元 | 133.53 | 132.46 | 65.76 | 72.44 | 106.31 | 218.88 | 41.67 |
| 雇工天数 | 日 | 0.80 | 0.81 | 0.47 | 0.60 | 0.83 | 1.12 | 0.39 |
| 雇工工价 | 元 | 166.91 | 163.53 | 139.91 | 120.74 | 128.08 | 195.43 | 106.83 |
| 三、附 |  |  |  |  |  |  |  |  |
| 1. 每亩种子用量 | 公斤 | 5.90 | 4.42 | 5.31 | 3.27 | 3.39 | 5.19 | 9.15 |
| 2. 每亩化肥用量 | 公斤 | 25.19 | 27.72 | 24.76 | 30.68 | 21.32 | 19.70 | 36.29 |
| 3. 每亩农膜用量 | 公斤 | 0.57 | 0.53 | 0.63 | 0.57 | 0.88 | 0.92 | 0.03 |

2-4-2 续表

| 项　　目 | 单位 | 浙　江 | 安　徽 | 山　东 | 河　南 | 云　南 | 宁　夏 |
|---|---|---|---|---|---|---|---|
| **一、每亩物质与服务费用** | **元** | **670.40** | **560.96** | **655.71** | **536.98** | **581.73** | **647.29** |
| （一）直接费用 | 元 | 624.96 | 512.60 | 636.33 | 536.98 | 579.43 | 615.34 |
| 1. 种子费 | 元 | 59.72 | 54.31 | 44.27 | 63.04 | 72.87 | 118.55 |
| 2. 化肥费 | 元 | 163.48 | 147.71 | 234.22 | 198.34 | 160.14 | 184.86 |
| 3. 农家肥费 | 元 | 7.73 | 11.15 | 24.30 | 5.55 | 40.84 | 12.32 |
| 4. 农药费 | 元 | 148.47 | 79.70 | 97.50 | 103.22 | 53.31 | 79.23 |
| 5. 农膜费 | 元 | | | | | 8.77 | |
| 6. 租赁作业费 | 元 | 231.69 | 201.31 | 228.97 | 162.45 | 235.50 | 216.70 |
| 机械作业费 | 元 | 213.06 | 190.80 | 186.01 | 140.22 | 199.42 | 156.77 |
| 排灌费 | 元 | 18.04 | 10.51 | 42.96 | 22.23 | 33.15 | 59.93 |
| 其中:水费 | 元 | 5.44 | 3.30 | 0.32 | | 23.85 | 59.93 |
| 畜力费 | 元 | 0.59 | | | | 2.93 | |
| 7. 燃料动力费 | 元 | 5.26 | 12.53 | 1.97 | | | |
| 8. 技术服务费 | 元 | 0.11 | | | | | |
| 9. 工具材料费 | 元 | 4.96 | 3.39 | 3.60 | 4.38 | 8.00 | 1.93 |
| 10. 修理维护费 | 元 | 3.54 | 2.50 | 1.40 | | | 1.75 |
| 11. 其他直接费用 | 元 | | | | | | |
| （二）间接费用 | 元 | 45.44 | 48.36 | 18.88 | | 2.30 | 31.95 |
| 1. 固定资产折旧 | 元 | 8.96 | 5.93 | 7.19 | | 0.83 | 4.16 |
| 2. 保险费 | 元 | 32.99 | 40.70 | 11.54 | | 0.96 | 24.00 |
| 3. 管理费 | 元 | | | | | | |
| 4. 财务费 | 元 | | | | | | |
| 5. 销售费 | 元 | 3.49 | 1.73 | 0.15 | | 0.51 | 3.79 |
| **二、每亩人工成本** | **元** | **323.29** | **261.66** | **456.95** | **536.57** | **1010.96** | **444.91** |
| 1. 家庭用工折价 | 元 | 260.19 | 187.81 | 398.86 | 455.28 | 911.95 | 400.42 |
| 家庭用工天数 | 日 | 2.82 | 2.04 | 4.33 | 4.94 | 9.89 | 4.34 |
| 劳动日工价 | 元 | 92.20 | 92.20 | 92.20 | 92.20 | 92.20 | 92.20 |
| 2. 雇工费用 | 元 | 63.10 | 73.85 | 58.09 | 81.28 | 99.01 | 44.49 |
| 雇工天数 | 日 | 0.35 | 0.45 | 0.36 | 0.72 | 0.96 | 0.40 |
| 雇工工价 | 元 | 180.30 | 164.10 | 161.36 | 112.89 | 103.13 | 111.22 |
| **三、附** | | | | | | | |
| 1. 每亩种子用量 | 公斤 | 4.25 | 6.86 | 5.51 | 6.49 | 3.37 | 25.05 |
| 2. 每亩化肥用量 | 公斤 | 23.95 | 23.87 | 35.80 | 32.01 | 24.72 | 33.83 |
| 3. 每亩农膜用量 | 公斤 | | | | | 0.67 | |

# 2-4-3 2021年各地区粳稻化肥投入情况

| 项目 | 单位 | 平均 | 河北 | 内蒙古 | 辽宁 | 吉林 | 黑龙江 | 江苏 |
|---|---|---|---|---|---|---|---|---|
| **一、每亩化肥金额** | **元** | **158.85** | **188.19** | **152.72** | **184.08** | **123.72** | **126.73** | **229.52** |
| （一）氮肥 | 元 | 48.58 | 31.78 | 41.70 | 24.56 | 25.17 | 26.27 | 100.95 |
| 1. 尿素 | 元 | 45.57 | 28.65 | 41.11 | 19.69 | 18.52 | 25.32 | 97.66 |
| 2. 碳铵 | 元 | 0.98 | 3.13 |  | 2.27 | 0.58 |  | 0.70 |
| 3. 其他氮肥 | 元 | 2.03 |  | 0.59 | 2.60 | 6.07 | 0.95 | 2.59 |
| （二）磷肥 | 元 | 0.58 |  |  | 0.22 |  |  |  |
| 其中：过磷酸钙 | 元 | 0.55 |  |  | 0.22 |  |  |  |
| （三）钾肥 | 元 | 7.30 |  | 0.53 | 3.95 | 1.65 | 15.25 | 0.10 |
| 其中：氯化钾 | 元 | 5.08 |  |  | 3.66 | 0.78 | 10.51 | 0.10 |
| （四）复混肥 | 元 | 97.11 | 156.41 | 110.49 | 154.13 | 95.87 | 73.51 | 128.20 |
| 1. 复合肥 | 元 | 92.74 | 156.41 | 110.49 | 127.27 | 76.57 | 71.23 | 128.20 |
| 其中：二铵 | 元 | 4.38 | 13.89 | 21.98 | 11.62 | 0.17 | 4.86 | 1.31 |
| 三元素复合肥 | 元 | 61.00 | 142.52 | 86.03 | 55.68 | 39.97 | 44.28 | 100.13 |
| 2. 混配肥 | 元 | 4.37 |  |  | 26.86 | 19.30 | 2.28 |  |
| （五）其他肥料 | 元 | 5.28 |  |  | 1.22 | 1.03 | 11.70 | 0.27 |
| **二、每亩化肥折纯用量** | **公斤** | **25.19** | **27.72** | **24.76** | **30.68** | **21.32** | **19.70** | **36.29** |
| （一）氮肥 | 公斤 | 8.61 | 5.48 | 7.54 | 4.66 | 5.11 | 5.45 | 16.34 |
| 1. 尿素 | 公斤 | 8.14 | 4.71 | 7.42 | 3.96 | 3.85 | 5.31 | 15.85 |
| 2. 碳铵 | 公斤 | 0.16 | 0.77 |  | 0.28 | 0.09 |  | 0.13 |
| 3. 其他氮肥 | 公斤 | 0.31 |  | 0.12 | 0.42 | 1.17 | 0.14 | 0.36 |
| （二）磷肥 | 公斤 | 0.12 |  |  | 0.03 |  |  |  |
| 其中：过磷酸钙 | 公斤 | 0.11 |  |  | 0.03 |  |  |  |
| （三）钾肥 | 公斤 | 1.15 |  | 0.06 | 0.73 | 0.27 | 2.41 | 0.01 |
| 其中：氯化钾 | 公斤 | 0.94 |  |  | 0.68 | 0.13 | 1.98 | 0.01 |
| （四）复混肥 | 公斤 | 15.32 | 22.23 | 17.16 | 25.25 | 15.94 | 11.85 | 19.94 |
| 1. 复合肥 | 公斤 | 14.54 | 22.23 | 17.16 | 20.57 | 12.33 | 11.45 | 19.94 |
| 其中：二铵 | 公斤 | 0.87 | 2.64 | 4.55 | 2.19 | 0.04 | 0.99 | 0.24 |
| 三元素复合肥 | 公斤 | 9.33 | 19.59 | 12.21 | 8.20 | 6.44 | 6.71 | 15.74 |
| 2. 混配肥 | 公斤 | 0.78 |  |  | 4.68 | 3.61 | 0.40 |  |

2-4-3 续表

| 项　　目 | 单位 | 浙 江 | 安 徽 | 山 东 | 河 南 | 云 南 | 宁 夏 |
|---|---|---|---|---|---|---|---|
| **一、每亩化肥金额** | **元** | **163.48** | **147.71** | **234.22** | **198.34** | **160.14** | **184.86** |
| （一）氮肥 | 元 | 72.49 | 50.30 | 73.68 | 54.37 | 74.27 | 50.54 |
| 1. 尿素 | 元 | 70.75 | 50.30 | 73.68 | 45.21 | 57.22 | 49.97 |
| 2. 碳铵 | 元 | 1.74 | | | 9.16 | 10.10 | 0.57 |
| 3. 其他氮肥 | 元 | | | | | 6.95 | |
| （二）磷肥 | 元 | 1.91 | | | | 10.28 | |
| 其中：过磷酸钙 | 元 | 1.88 | | | | 9.66 | |
| （三）钾肥 | 元 | 4.81 | 1.39 | 1.12 | | 1.08 | |
| 其中：氯化钾 | 元 | 4.31 | 1.39 | 1.12 | | | |
| （四）复混肥 | 元 | 84.27 | 96.02 | 159.42 | 142.13 | 74.51 | 134.32 |
| 1. 复合肥 | 元 | 83.25 | 96.02 | 159.42 | 142.13 | 74.51 | 134.32 |
| 其中：二铵 | 元 | | | 10.55 | 18.74 | 0.22 | 70.58 |
| 三元素复合肥 | 元 | 65.69 | 73.67 | 129.79 | 56.38 | 24.50 | 63.74 |
| 2. 混配肥 | 元 | 1.02 | | | | | |
| （五）其他肥料 | 元 | | | | 1.84 | | |
| **二、每亩化肥折纯用量** | **公斤** | **23.95** | **23.87** | **35.80** | **32.01** | **24.72** | **33.83** |
| （一）氮肥 | 公斤 | 11.63 | 8.41 | 13.21 | 11.72 | 12.11 | 10.95 |
| 1. 尿素 | 公斤 | 11.37 | 8.41 | 13.21 | 9.54 | 9.80 | 10.83 |
| 2. 碳铵 | 公斤 | 0.26 | | | 2.18 | 1.57 | 0.12 |
| 3. 其他氮肥 | 公斤 | | | | | 0.74 | |
| （二）磷肥 | 公斤 | 0.29 | | | | 2.04 | |
| 其中：过磷酸钙 | 公斤 | 0.29 | | | | 1.91 | |
| （三）钾肥 | 公斤 | 0.64 | 0.21 | 0.22 | | 0.07 | |
| 其中：氯化钾 | 公斤 | 0.61 | 0.21 | 0.22 | | | |
| （四）复混肥 | 公斤 | 11.37 | 15.25 | 22.37 | 20.28 | 10.51 | 22.88 |
| 1. 复合肥 | 公斤 | 11.26 | 15.25 | 22.37 | 20.28 | 10.51 | 22.88 |
| 其中：二铵 | 公斤 | | | 1.86 | 3.64 | 0.04 | 13.94 |
| 三元素复合肥 | 公斤 | 8.89 | 11.84 | 18.14 | 8.21 | 3.51 | 8.94 |
| 2. 混配肥 | 公斤 | 0.11 | | | | | |

# 2-5-1 2021年各地区小麦成本收益情况

| 项目 | 单位 | 平均 | 河北 | 山西 | 内蒙古 | 黑龙江 |
|---|---|---|---|---|---|---|
| **每亩** | | | | | | |
| 主产品产量 | 公斤 | 463.39 | 500.14 | 426.10 | 405.93 | 284.75 |
| 产值合计 | 元 | 1169.98 | 1275.90 | 1096.42 | 1292.49 | 695.65 |
| 主产品产值 | 元 | 1140.48 | 1250.44 | 1059.11 | 1279.02 | 695.65 |
| 副产品产值 | 元 | 29.50 | 25.46 | 37.31 | 13.47 | |
| 总成本 | 元 | 1040.88 | 1155.62 | 1043.13 | 1134.71 | 764.10 |
| 生产成本 | 元 | 812.94 | 955.76 | 895.05 | 814.89 | 382.97 |
| 物质与服务费用 | 元 | 482.56 | 534.22 | 554.74 | 562.96 | 301.79 |
| 人工成本 | 元 | 330.38 | 421.54 | 340.31 | 251.93 | 81.18 |
| 家庭用工折价 | 元 | 315.14 | 421.54 | 340.31 | 241.93 | |
| 雇工费用 | 元 | 15.24 | | | 9.99 | 81.18 |
| 土地成本 | 元 | 227.94 | 199.86 | 148.08 | 319.82 | 381.13 |
| 流转地租金 | 元 | 41.09 | 5.49 | 10.37 | 22.00 | 381.13 |
| 自营地折租 | 元 | 186.85 | 194.37 | 137.71 | 297.82 | |
| 净利润 | 元 | 129.10 | 120.28 | 53.29 | 157.78 | -68.45 |
| 现金成本 | 元 | 538.89 | 539.71 | 565.11 | 594.95 | 764.10 |
| 现金收益 | 元 | 631.09 | 736.19 | 531.31 | 697.54 | -68.45 |
| 成本利润率 | % | 12.40 | 10.41 | 5.11 | 13.91 | -8.96 |
| **每50公斤主产品** | | | | | | |
| 平均出售价格 | 元 | 123.06 | 125.01 | 124.28 | 157.54 | 122.15 |
| 总成本 | 元 | 109.48 | 113.23 | 118.24 | 138.31 | 134.17 |
| 生产成本 | 元 | 85.51 | 93.64 | 101.45 | 99.33 | 67.25 |
| 净利润 | 元 | 13.58 | 11.78 | 6.04 | 19.23 | -12.02 |
| 现金成本 | 元 | 56.68 | 52.88 | 64.06 | 72.52 | 134.17 |
| 现金收益 | 元 | 66.38 | 72.13 | 60.22 | 85.02 | -12.02 |
| **附：** | | | | | | |
| 每亩用工数量 | 日 | 3.56 | 4.57 | 3.69 | 2.69 | 0.56 |
| 每亩主产品已出售数量 | 公斤 | 419.54 | 435.93 | 376.44 | 147.93 | 284.75 |
| 每亩主产品已出售产值 | 元 | 1022.85 | 1084.51 | 932.43 | 458.20 | 695.65 |
| 每亩成本外支出 | 元 | 0.22 | | | | |

2-5-1 续表 1

| 项目 | 单位 | 江苏 | 安徽 | 山东 | 河南 | 湖北 |
|---|---|---|---|---|---|---|
| **每亩** | | | | | | |
| 主产品产量 | 公斤 | 450.01 | 470.62 | 516.92 | 500.97 | 336.99 |
| 产值合计 | 元 | 1094.89 | 1179.70 | 1320.47 | 1217.97 | 731.87 |
| 主产品产值 | 元 | 1072.70 | 1156.66 | 1304.50 | 1190.76 | 719.45 |
| 副产品产值 | 元 | 22.19 | 23.04 | 15.97 | 27.21 | 12.42 |
| 总成本 | 元 | 1007.23 | 895.13 | 1045.89 | 1069.28 | 726.02 |
| 生产成本 | 元 | 731.31 | 659.02 | 855.73 | 784.59 | 620.01 |
| 物质与服务费用 | 元 | 513.11 | 472.08 | 493.09 | 467.51 | 365.82 |
| 人工成本 | 元 | 218.20 | 186.94 | 362.64 | 317.08 | 254.19 |
| 家庭用工折价 | 元 | 203.39 | 169.65 | 358.66 | 298.36 | 224.51 |
| 雇工费用 | 元 | 14.80 | 17.29 | 3.98 | 18.72 | 29.68 |
| 土地成本 | 元 | 275.92 | 236.11 | 190.16 | 284.69 | 106.01 |
| 流转地租金 | 元 | 94.49 | 56.25 | 6.49 | 58.27 | 12.76 |
| 自营地折租 | 元 | 181.43 | 179.86 | 183.67 | 226.42 | 93.25 |
| 净利润 | 元 | 87.66 | 284.58 | 274.58 | 148.69 | 5.86 |
| 现金成本 | 元 | 622.40 | 545.62 | 503.56 | 544.50 | 408.26 |
| 现金收益 | 元 | 472.49 | 634.08 | 816.91 | 673.47 | 323.61 |
| 成本利润率 | % | 8.70 | 31.79 | 26.25 | 13.91 | 0.81 |
| **每 50 公斤主产品** | | | | | | |
| 平均出售价格 | 元 | 119.19 | 122.89 | 126.18 | 118.85 | 106.75 |
| 总成本 | 元 | 109.65 | 93.25 | 99.94 | 104.34 | 105.90 |
| 生产成本 | 元 | 79.61 | 68.65 | 81.77 | 76.56 | 90.43 |
| 净利润 | 元 | 9.54 | 29.64 | 26.24 | 14.51 | 0.85 |
| 现金成本 | 元 | 67.75 | 56.84 | 48.12 | 53.13 | 59.55 |
| 现金收益 | 元 | 51.44 | 66.05 | 78.06 | 65.72 | 47.20 |
| **附：** | | | | | | |
| 每亩用工数量 | 日 | 2.36 | 2.00 | 3.93 | 3.42 | 2.68 |
| 每亩主产品已出售数量 | 公斤 | 440.69 | 461.00 | 429.92 | 499.80 | 329.04 |
| 每亩主产品已出售产值 | 元 | 1050.54 | 1133.13 | 1074.06 | 1187.96 | 701.12 |
| 每亩成本外支出 | 元 | 2.09 | | | | |

2-5-1 续表 2

| 项　　目 | 单位 | 四　川 | 陕　西 | 甘　肃 | 宁　夏 | 新　疆 |
|---|---|---|---|---|---|---|
| **每亩** | | | | | | |
| 主产品产量 | 公斤 | 293.14 | 444.82 | 315.41 | 330.06 | 411.67 |
| 产值合计 | 元 | 728.22 | 1171.40 | 863.86 | 940.49 | 1187.04 |
| 主产品产值 | 元 | 721.51 | 1147.15 | 826.54 | 909.63 | 1014.62 |
| 副产品产值 | 元 | 6.71 | 24.25 | 37.32 | 30.86 | 172.42 |
| 总成本 | 元 | 1096.73 | 1117.41 | 1189.27 | 1213.88 | 1144.28 |
| 生产成本 | 元 | 964.74 | 1015.82 | 1019.22 | 969.76 | 833.35 |
| 物质与服务费用 | 元 | 316.52 | 452.20 | 461.19 | 480.56 | 560.44 |
| 人工成本 | 元 | 648.22 | 563.62 | 558.03 | 489.20 | 272.91 |
| 家庭用工折价 | 元 | 630.37 | 563.62 | 545.92 | 466.99 | 199.34 |
| 雇工费用 | 元 | 17.85 | | 12.11 | 22.20 | 73.57 |
| 土地成本 | 元 | 131.99 | 101.59 | 170.05 | 244.12 | 310.93 |
| 流转地租金 | 元 | 22.53 | 3.10 | | 27.79 | 103.20 |
| 自营地折租 | 元 | 109.46 | 98.49 | 170.05 | 216.33 | 207.73 |
| 净利润 | 元 | -368.51 | 53.99 | -325.41 | -273.39 | 42.76 |
| 现金成本 | 元 | 356.90 | 455.30 | 473.30 | 530.55 | 737.21 |
| 现金收益 | 元 | 371.32 | 716.10 | 390.56 | 409.94 | 449.83 |
| 成本利润率 | % | -33.60 | 4.83 | -27.36 | -22.52 | 3.74 |
| **每 50 公斤主产品** | | | | | | |
| 平均出售价格 | 元 | 123.07 | 128.95 | 131.03 | 137.80 | 123.23 |
| 总成本 | 元 | 185.35 | 123.01 | 180.39 | 177.86 | 118.79 |
| 生产成本 | 元 | 163.04 | 111.82 | 154.59 | 142.09 | 86.51 |
| 净利润 | 元 | -62.28 | 5.94 | -49.36 | -40.06 | 4.44 |
| 现金成本 | 元 | 60.32 | 50.12 | 71.79 | 77.74 | 76.53 |
| 现金收益 | 元 | 62.75 | 78.83 | 59.24 | 60.06 | 46.70 |
| **附：** | | | | | | |
| 每亩用工数量 | 日 | 7.03 | 6.11 | 6.02 | 5.27 | 2.76 |
| 每亩主产品已出售数量 | 公斤 | 282.17 | 348.15 | 146.05 | 261.35 | 379.21 |
| 每亩主产品已出售产值 | 元 | 693.89 | 897.01 | 384.12 | 723.21 | 935.62 |
| 每亩成本外支出 | 元 | | | | | |

# 2-5-2　2021 年各地区小麦费用和用工情况

| 项　　目 | 单位 | 平　均 | 河　北 | 山　西 | 内蒙古 | 黑龙江 |
|---|---|---|---|---|---|---|
| **一、每亩物质与服务费用** | 元 | **482.56** | **534.22** | **554.74** | **562.96** | **301.79** |
| （一）直接费用 | 元 | 469.12 | 524.71 | 540.30 | 538.09 | 269.06 |
| 1. 种子费 | 元 | 75.08 | 75.92 | 80.65 | 106.33 | 78.99 |
| 2. 化肥费 | 元 | 161.38 | 170.60 | 163.00 | 198.58 | 60.55 |
| 3. 农家肥费 | 元 | 23.41 | 30.77 | 38.14 | 1.06 | 11.87 |
| 4. 农药费 | 元 | 30.69 | 22.87 | 22.40 | 14.58 | 15.19 |
| 5. 农膜费 | 元 | | | | | |
| 6. 租赁作业费 | 元 | 172.89 | 220.59 | 230.82 | 214.60 | 99.68 |
| 机械作业费 | 元 | 143.09 | 142.30 | 150.89 | 124.20 | 99.68 |
| 排灌费 | 元 | 29.79 | 78.29 | 79.93 | 90.40 | |
| 其中：水费 | 元 | 5.32 | | | 81.96 | |
| 畜力费 | 元 | 0.01 | | | | |
| 7. 燃料动力费 | 元 | 1.21 | | 2.28 | | |
| 8. 技术服务费 | 元 | 0.02 | | | | |
| 9. 工具材料费 | 元 | 3.11 | 2.12 | 1.85 | 2.94 | 2.78 |
| 10. 修理维护费 | 元 | 1.33 | 1.84 | 1.16 | | |
| 11. 其他直接费用 | 元 | | | | | |
| （二）间接费用 | 元 | 13.44 | 9.51 | 14.44 | 24.87 | 32.73 |
| 1. 固定资产折旧 | 元 | 3.53 | 4.73 | 4.12 | | |
| 2. 保险费 | 元 | 8.58 | 4.78 | 10.32 | 24.62 | 32.73 |
| 3. 管理费 | 元 | 0.02 | | | | |
| 4. 财务费 | 元 | 0.05 | | | | |
| 5. 销售费 | 元 | 1.26 | | | 0.25 | |
| **二、每亩人工成本** | 元 | **330.38** | **421.54** | **340.31** | **251.93** | **81.18** |
| 1. 家庭用工折价 | 元 | 315.14 | 421.54 | 340.31 | 241.93 | |
| 家庭用工天数 | 日 | 3.42 | 4.57 | 3.69 | 2.62 | |
| 劳动日工价 | 元 | 92.20 | 92.20 | 92.20 | 92.20 | 92.20 |
| 2. 雇工费用 | 元 | 15.24 | | | 9.99 | 81.18 |
| 雇工天数 | 日 | 0.14 | | | 0.07 | 0.56 |
| 雇工工价 | 元 | 108.86 | 93.00 | 85.49 | 142.77 | 144.97 |
| **三、附** | | | | | | |
| 1. 每亩种子用量 | 公斤 | 16.94 | 17.33 | 17.15 | 24.80 | 21.27 |
| 2. 每亩化肥用量 | 公斤 | 28.80 | 31.70 | 27.61 | 41.06 | 11.16 |
| 3. 每亩农膜用量 | 公斤 | | | | | |

2-5-2 续表 1

| 项目 | 单位 | 江苏 | 安徽 | 山东 | 河南 | 湖北 |
|---|---|---|---|---|---|---|
| **一、每亩物质与服务费用** | **元** | **513. 11** | **472. 08** | **493. 09** | **467. 51** | **365. 82** |
| (一)直接费用 | 元 | 477. 00 | 449. 21 | 480. 05 | 467. 51 | 356. 07 |
| 1. 种子费 | 元 | 89. 51 | 85. 03 | 54. 76 | 72. 46 | 72. 53 |
| 2. 化肥费 | 元 | 159. 43 | 162. 58 | 179. 40 | 164. 78 | 121. 99 |
| 3. 农家肥费 | 元 | 22. 45 | 19. 84 | 21. 19 | 31. 69 | 11. 41 |
| 4. 农药费 | 元 | 55. 39 | 34. 60 | 25. 64 | 35. 02 | 32. 47 |
| 5. 农膜费 | 元 | | | | | |
| 6. 租赁作业费 | 元 | 144. 98 | 140. 01 | 192. 16 | 159. 94 | 105. 14 |
| 机械作业费 | 元 | 138. 02 | 134. 74 | 155. 90 | 144. 49 | 104. 43 |
| 排灌费 | 元 | 6. 96 | 5. 27 | 36. 26 | 15. 45 | 0. 71 |
| 其中:水费 | 元 | 3. 38 | | 2. 70 | | 0. 66 |
| 畜力费 | 元 | | | | | |
| 7. 燃料动力费 | 元 | 0. 40 | 3. 46 | 1. 60 | | 7. 59 |
| 8. 技术服务费 | 元 | 0. 05 | | | | |
| 9. 工具材料费 | 元 | 3. 06 | 2. 59 | 2. 88 | 3. 62 | 2. 78 |
| 10. 修理维护费 | 元 | 1. 73 | 1. 10 | 2. 42 | | 2. 16 |
| 11. 其他直接费用 | 元 | | | | | |
| (二)间接费用 | 元 | 36. 11 | 22. 87 | 13. 04 | | 9. 75 |
| 1. 固定资产折旧 | 元 | 6. 78 | 3. 86 | 4. 54 | | 7. 81 |
| 2. 保险费 | 元 | 27. 30 | 15. 25 | 8. 30 | | 1. 80 |
| 3. 管理费 | 元 | 0. 12 | | | | |
| 4. 财务费 | 元 | 0. 02 | 0. 26 | | | |
| 5. 销售费 | 元 | 1. 89 | 3. 50 | 0. 20 | | 0. 14 |
| **二、每亩人工成本** | **元** | **218. 20** | **186. 94** | **362. 64** | **317. 08** | **254. 19** |
| 1. 家庭用工折价 | 元 | 203. 39 | 169. 65 | 358. 66 | 298. 36 | 224. 51 |
| 家庭用工天数 | 日 | 2. 21 | 1. 84 | 3. 89 | 3. 24 | 2. 44 |
| 劳动日工价 | 元 | 92. 20 | 92. 20 | 92. 20 | 92. 20 | 92. 20 |
| 2. 雇工费用 | 元 | 14. 80 | 17. 29 | 3. 98 | 18. 72 | 29. 68 |
| 雇工天数 | 日 | 0. 15 | 0. 16 | 0. 04 | 0. 18 | 0. 24 |
| 雇工工价 | 元 | 98. 69 | 108. 04 | 99. 45 | 104. 02 | 123. 66 |
| 三、附 | | | | | | |
| 1. 每亩种子用量 | 公斤 | 22. 38 | 19. 74 | 13. 46 | 14. 22 | 16. 21 |
| 2. 每亩化肥用量 | 公斤 | 30. 25 | 30. 28 | 30. 52 | 27. 14 | 20. 40 |
| 3. 每亩农膜用量 | 公斤 | | | | | |

2-5-2 续表 2

| 项目 | 单位 | 四川 | 陕西 | 甘肃 | 宁夏 | 新疆 |
|---|---|---|---|---|---|---|
| **一、每亩物质与服务费用** | **元** | **316.52** | **452.20** | **461.19** | **480.56** | **560.44** |
| （一）直接费用 | 元 | 306.60 | 449.31 | 448.55 | 454.49 | 533.68 |
| 1. 种子费 | 元 | 45.76 | 73.07 | 86.80 | 116.87 | 94.15 |
| 2. 化肥费 | 元 | 105.46 | 143.12 | 122.61 | 136.98 | 160.19 |
| 3. 农家肥费 | 元 | 11.67 |  | 3.65 | 12.28 | 44.56 |
| 4. 农药费 | 元 | 22.39 | 23.01 | 11.02 | 19.44 | 16.81 |
| 5. 农膜费 | 元 |  |  |  |  |  |
| 6. 租赁作业费 | 元 | 117.01 | 205.32 | 216.30 | 165.53 | 210.06 |
| 机械作业费 | 元 | 110.29 | 166.62 | 192.78 | 132.15 | 133.53 |
| 排灌费 | 元 | 6.46 | 38.70 | 23.52 | 33.38 | 76.53 |
| 其中：水费 | 元 | 6.46 |  | 23.52 | 33.38 | 28.24 |
| 畜力费 | 元 | 0.26 |  |  |  |  |
| 7. 燃料动力费 | 元 | 0.15 |  |  |  | 1.29 |
| 8. 技术服务费 | 元 |  |  |  |  | 0.27 |
| 9. 工具材料费 | 元 | 2.45 | 2.44 | 5.04 | 1.82 | 5.73 |
| 10. 修理维护费 | 元 | 1.71 | 2.35 | 3.13 | 1.57 | 0.62 |
| 11. 其他直接费用 | 元 |  |  |  |  |  |
| （二）间接费用 | 元 | 9.92 | 2.89 | 12.64 | 26.07 | 26.76 |
| 1. 固定资产折旧 | 元 | 4.62 | 2.89 | 8.31 | 4.13 | 2.23 |
| 2. 保险费 | 元 | 3.22 |  | 4.33 | 20.00 | 12.68 |
| 3. 管理费 | 元 | 0.34 |  |  |  |  |
| 4. 财务费 | 元 |  |  |  |  | 0.37 |
| 5. 销售费 | 元 | 1.74 |  |  | 1.94 | 11.48 |
| **二、每亩人工成本** | **元** | **648.22** | **563.62** | **558.03** | **489.20** | **272.91** |
| 1. 家庭用工折价 | 元 | 630.37 | 563.62 | 545.92 | 466.99 | 199.34 |
| 家庭用工天数 | 日 | 6.84 | 6.11 | 5.92 | 5.07 | 2.16 |
| 劳动日工价 | 元 | 92.20 | 92.20 | 92.20 | 92.20 | 92.20 |
| 2. 雇工费用 | 元 | 17.85 |  | 12.11 | 22.20 | 73.57 |
| 雇工天数 | 日 | 0.19 |  | 0.10 | 0.20 | 0.60 |
| 雇工工价 | 元 | 93.92 | 105.96 | 121.12 | 111.02 | 122.62 |
| **三、附** |  |  |  |  |  |  |
| 1. 每亩种子用量 | 公斤 | 12.19 | 13.35 | 19.65 | 24.69 | 23.71 |
| 2. 每亩化肥用量 | 公斤 | 15.62 | 29.18 | 23.66 | 25.55 | 32.42 |
| 3. 每亩农膜用量 | 公斤 |  |  |  |  |  |

# 2-5-3　2021年各地区小麦化肥投入情况

| 项　　目 | 单位 | 平　均 | 河　北 | 山　西 | 内蒙古 | 黑龙江 |
|---|---|---|---|---|---|---|
| **一、每亩化肥金额** | 元 | **161.38** | **170.60** | **163.00** | **198.58** | **60.55** |
| （一）氮肥 | 元 | 35.28 | 44.35 | 27.34 | 95.95 | 3.50 |
| 1. 尿素 | 元 | 34.13 | 44.35 | 27.34 | 95.83 | 3.50 |
| 2. 碳铵 | 元 | 0.91 | | | | |
| 3. 其他氮肥 | 元 | 0.24 | | | 0.12 | |
| （二）磷肥 | 元 | 1.02 | | 0.41 | | |
| 其中：过磷酸钙 | 元 | 0.95 | | 0.41 | | |
| （三）钾肥 | 元 | 0.06 | | | | 2.74 |
| 其中：氯化钾 | 元 | 0.03 | | | | 2.74 |
| （四）复混肥 | 元 | 124.83 | 126.25 | 135.20 | 102.63 | 54.31 |
| 1. 复合肥 | 元 | 124.42 | 126.25 | 135.20 | 102.40 | 54.31 |
| 其中：二铵 | 元 | 19.54 | 34.30 | 5.21 | 96.81 | 17.94 |
| 三元素复合肥 | 元 | 76.72 | 81.70 | 57.63 | 4.13 | |
| 2. 混配肥 | 元 | 0.41 | | | 0.23 | |
| （五）其他肥料 | 元 | 0.19 | | 0.05 | | |
| **二、每亩化肥折纯用量** | 公斤 | **28.80** | **31.70** | **27.61** | **41.06** | **11.16** |
| （一）氮肥 | 公斤 | 7.77 | 9.54 | 6.26 | 20.60 | 0.79 |
| 1. 尿素 | 公斤 | 7.55 | 9.54 | 6.26 | 20.59 | 0.79 |
| 2. 碳铵 | 公斤 | 0.20 | | | | |
| 3. 其他氮肥 | 公斤 | 0.02 | | | 0.01 | |
| （二）磷肥 | 公斤 | 0.18 | | 0.08 | | |
| 其中：过磷酸钙 | 公斤 | 0.18 | | 0.08 | | |
| （三）钾肥 | 公斤 | 0.01 | | | | 0.61 |
| 其中：氯化钾 | 公斤 | 0.01 | | | | 0.61 |
| （四）复混肥 | 公斤 | 20.85 | 22.16 | 21.27 | 20.46 | 9.76 |
| 1. 复合肥 | 公斤 | 20.78 | 22.16 | 21.27 | 20.43 | 9.76 |
| 其中：二铵 | 公斤 | 4.02 | 7.45 | 1.16 | 19.62 | 3.60 |
| 三元素复合肥 | 公斤 | 12.33 | 13.13 | 9.08 | 0.60 | |
| 2. 混配肥 | 公斤 | 0.07 | | | 0.03 | |

2-5-3 续表 1

| 项　　目 | 单位 | 江　苏 | 安　徽 | 山　东 | 河　南 | 湖　北 |
|---|---|---|---|---|---|---|
| **一、每亩化肥金额** | **元** | **159. 43** | **162. 58** | **179. 40** | **164. 78** | **121. 99** |
| （一）氮肥 | 元 | 59. 51 | 31. 10 | 28. 45 | 20. 62 | 18. 48 |
| 1. 尿素 | 元 | 59. 15 | 31. 10 | 25. 97 | 20. 54 | 12. 01 |
| 2. 碳铵 | 元 | 0. 36 |  | 1. 34 | 0. 08 | 6. 47 |
| 3. 其他氮肥 | 元 |  |  | 1. 14 |  |  |
| （二）磷肥 | 元 | 0. 22 |  |  |  | 0. 19 |
| 其中：过磷酸钙 | 元 | 0. 22 |  |  |  | 0. 19 |
| （三）钾肥 | 元 |  |  | 0. 05 | 0. 04 |  |
| 其中：氯化钾 | 元 |  |  | 0. 05 | 0. 04 |  |
| （四）复混肥 | 元 | 99. 54 | 131. 26 | 150. 49 | 144. 12 | 103. 32 |
| 1. 复合肥 | 元 | 99. 54 | 128. 02 | 150. 49 | 144. 12 | 103. 32 |
| 其中：二铵 | 元 | 1. 56 | 0. 49 | 20. 15 | 7. 10 |  |
| 三元素复合肥 | 元 | 81. 34 | 101. 07 | 85. 26 | 97. 25 | 73. 05 |
| 2. 混配肥 | 元 |  | 3. 24 |  |  |  |
| （五）其他肥料 | 元 | 0. 16 | 0. 22 | 0. 41 |  |  |
| **二、每亩化肥折纯用量** | **公斤** | **30. 25** | **30. 28** | **30. 52** | **27. 14** | **20. 40** |
| （一）氮肥 | 公斤 | 12. 60 | 7. 37 | 6. 09 | 4. 59 | 3. 96 |
| 1. 尿素 | 公斤 | 12. 53 | 7. 37 | 5. 68 | 4. 57 | 2. 58 |
| 2. 碳铵 | 公斤 | 0. 07 |  | 0. 31 | 0. 02 | 1. 38 |
| 3. 其他氮肥 | 公斤 |  |  | 0. 10 |  |  |
| （二）磷肥 | 公斤 | 0. 03 |  |  |  | 0. 04 |
| 其中：过磷酸钙 | 公斤 | 0. 03 |  |  |  | 0. 04 |
| （三）钾肥 | 公斤 |  |  | 0. 01 | 0. 01 |  |
| 其中：氯化钾 | 公斤 |  |  | 0. 01 | 0. 01 |  |
| （四）复混肥 | 公斤 | 17. 61 | 22. 91 | 24. 42 | 22. 55 | 16. 41 |
| 1. 复合肥 | 公斤 | 17. 61 | 22. 35 | 24. 42 | 22. 55 | 16. 41 |
| 其中：二铵 | 公斤 | 0. 32 | 0. 10 | 4. 27 | 1. 40 |  |
| 三元素复合肥 | 公斤 | 14. 39 | 17. 80 | 13. 07 | 15. 04 | 11. 51 |
| 2. 混配肥 | 公斤 |  | 0. 56 |  |  |  |

2-5-3 续表 2

| 项　　目 | 单位 | 四　川 | 陕　西 | 甘　肃 | 宁　夏 | 新　疆 |
|---|---|---|---|---|---|---|
| **一、每亩化肥金额** | **元** | **105.46** | **143.12** | **122.61** | **136.98** | **160.19** |
| (一)氮肥 | 元 | 20.75 | 38.28 | 48.36 | 35.93 | 63.82 |
| 1. 尿素 | 元 | 19.68 | 32.37 | 47.61 | 32.23 | 62.96 |
| 2. 碳铵 | 元 | 1.07 | 5.91 | 0.71 | 3.70 | |
| 3. 其他氮肥 | 元 | | | 0.04 | | 0.86 |
| (二)磷肥 | 元 | 0.99 | 12.09 | 11.01 | | 1.61 |
| 其中:过磷酸钙 | 元 | 0.99 | 12.09 | 11.01 | | |
| (三)钾肥 | 元 | | | 0.11 | 1.64 | 0.35 |
| 其中:氯化钾 | 元 | | | | | |
| (四)复混肥 | 元 | 83.72 | 92.75 | 61.36 | 99.41 | 94.08 |
| 1. 复合肥 | 元 | 83.72 | 92.75 | 61.36 | 99.41 | 94.08 |
| 其中:二铵 | 元 | | 52.84 | 36.83 | 64.83 | 91.99 |
| 三元素复合肥 | 元 | 53.26 | 39.91 | 15.62 | 34.58 | 1.29 |
| 2. 混配肥 | 元 | | | | | |
| (五)其他肥料 | 元 | | | 1.77 | | 0.33 |
| **二、每亩化肥折纯用量** | **公斤** | **15.62** | **29.18** | **23.66** | **25.55** | **32.42** |
| (一)氮肥 | 公斤 | 3.93 | 9.03 | 10.72 | 8.06 | 14.65 |
| 1. 尿素 | 公斤 | 3.71 | 7.77 | 10.58 | 7.27 | 14.62 |
| 2. 碳铵 | 公斤 | 0.22 | 1.26 | 0.13 | 0.79 | |
| 3. 其他氮肥 | 公斤 | | | 0.01 | | 0.03 |
| (二)磷肥 | 公斤 | 0.16 | 2.46 | 1.79 | | 0.06 |
| 其中:过磷酸钙 | 公斤 | 0.16 | 2.46 | 1.79 | | |
| (三)钾肥 | 公斤 | | | 0.02 | 0.10 | 0.01 |
| 其中:氯化钾 | 公斤 | | | | | |
| (四)复混肥 | 公斤 | 11.52 | 17.70 | 11.15 | 17.40 | 17.70 |
| 1. 复合肥 | 公斤 | 11.52 | 17.70 | 11.15 | 17.40 | 17.70 |
| 其中:二铵 | 公斤 | | 11.78 | 7.35 | 12.51 | 17.41 |
| 三元素复合肥 | 公斤 | 7.51 | 5.92 | 2.48 | 4.89 | 0.22 |
| 2. 混配肥 | 公斤 | | | | | |

# 2-6-1 2021 年各地区玉米成本收益情况

| 项　　目 | 单位 | 平　均 | 河　北 | 山　西 | 内蒙古 | 辽　宁 | 吉　林 | 黑龙江 |
|---|---|---|---|---|---|---|---|---|
| **每亩** | | | | | | | | |
| 主产品产量 | 公斤 | 506.96 | 496.54 | 591.53 | 570.82 | 512.68 | 568.18 | 479.97 |
| 产值合计 | 元 | 1310.89 | 1302.89 | 1551.67 | 1468.48 | 1345.39 | 1413.68 | 1158.26 |
| 主产品产值 | 元 | 1283.39 | 1272.76 | 1517.41 | 1427.47 | 1309.01 | 1396.23 | 1144.34 |
| 副产品产值 | 元 | 27.50 | 30.13 | 34.26 | 41.01 | 36.38 | 17.45 | 13.92 |
| 总成本 | 元 | 1148.82 | 1018.26 | 1249.27 | 909.77 | 1096.35 | 1384.31 | 1049.25 |
| 生产成本 | 元 | 854.07 | 811.06 | 1044.93 | 611.91 | 741.85 | 825.44 | 607.62 |
| 物质与服务费用 | 元 | 405.80 | 374.80 | 497.69 | 428.74 | 377.89 | 416.85 | 369.56 |
| 人工成本 | 元 | 448.27 | 436.26 | 547.24 | 183.17 | 363.96 | 408.59 | 238.06 |
| 家庭用工折价 | 元 | 414.35 | 434.72 | 544.07 | 141.34 | 294.76 | 307.58 | 194.08 |
| 雇工费用 | 元 | 33.92 | 1.54 | 3.17 | 41.83 | 69.19 | 101.01 | 43.98 |
| 土地成本 | 元 | 294.75 | 207.20 | 204.34 | 297.86 | 354.50 | 558.87 | 441.63 |
| 流转地租金 | 元 | 47.68 | 4.23 | 14.63 | 59.19 | 32.17 | 78.76 | 137.65 |
| 自营地折租 | 元 | 247.07 | 202.97 | 189.71 | 238.67 | 322.33 | 480.11 | 303.98 |
| 净利润 | 元 | 162.07 | 284.63 | 302.40 | 558.71 | 249.04 | 29.37 | 109.01 |
| 现金成本 | 元 | 487.40 | 380.57 | 515.49 | 529.76 | 479.25 | 596.62 | 551.19 |
| 现金收益 | 元 | 823.49 | 922.32 | 1036.18 | 938.72 | 866.14 | 817.06 | 607.07 |
| 成本利润率 | % | 14.11 | 27.95 | 24.21 | 61.41 | 22.72 | 2.12 | 10.39 |
| **每 50 公斤主产品** | | | | | | | | |
| 平均出售价格 | 元 | 126.58 | 128.16 | 128.26 | 125.04 | 127.66 | 122.87 | 119.21 |
| 总成本 | 元 | 110.93 | 100.16 | 103.26 | 77.47 | 104.03 | 120.32 | 107.99 |
| 生产成本 | 元 | 82.47 | 79.78 | 86.37 | 52.10 | 70.39 | 71.74 | 62.54 |
| 净利润 | 元 | 15.65 | 28.00 | 25.00 | 47.57 | 23.63 | 2.55 | 11.22 |
| 现金成本 | 元 | 47.06 | 37.44 | 42.61 | 45.11 | 45.47 | 51.86 | 56.73 |
| 现金收益 | 元 | 79.52 | 90.72 | 85.65 | 79.93 | 82.19 | 71.01 | 62.48 |
| **附：** | | | | | | | | |
| 每亩用工数量 | 日 | 4.76 | 4.73 | 5.93 | 1.83 | 3.84 | 4.09 | 2.43 |
| 每亩主产品已出售数量 | 公斤 | 382.44 | 378.44 | 375.17 | 447.51 | 326.12 | 373.40 | 396.27 |
| 每亩主产品已出售产值 | 元 | 961.82 | 967.78 | 961.92 | 1111.90 | 829.07 | 919.61 | 941.81 |
| 每亩成本外支出 | 元 | 0.10 | | | | | | |

2-6-1 续表 1

| 项目 | 单位 | 江苏 | 安徽 | 山东 | 河南 | 湖北 | 广西 | 重庆 |
|---|---|---|---|---|---|---|---|---|
| **每亩** | | | | | | | | |
| 主产品产量 | 公斤 | 475.82 | 392.99 | 502.08 | 405.00 | 371.98 | 325.04 | 420.14 |
| 产值合计 | 元 | 1206.99 | 989.70 | 1293.59 | 1054.86 | 984.37 | 900.35 | 1244.09 |
| 主产品产值 | 元 | 1182.98 | 968.14 | 1273.18 | 1021.01 | 968.77 | 884.95 | 1199.94 |
| 副产品产值 | 元 | 24.01 | 21.56 | 20.41 | 33.85 | 15.60 | 15.40 | 44.15 |
| 总成本 | 元 | 1103.77 | 882.16 | 1018.35 | 1017.07 | 998.52 | 1296.54 | 1237.04 |
| 生产成本 | 元 | 853.48 | 634.90 | 839.84 | 726.62 | 879.66 | 1115.61 | 1122.77 |
| 物质与服务费用 | 元 | 397.63 | 384.68 | 415.00 | 376.94 | 369.29 | 391.35 | 286.53 |
| 人工成本 | 元 | 455.85 | 250.22 | 424.84 | 349.68 | 510.37 | 724.26 | 836.24 |
| 家庭用工折价 | 元 | 446.52 | 248.66 | 418.77 | 346.03 | 430.30 | 706.53 | 831.09 |
| 雇工费用 | 元 | 9.32 | 1.56 | 6.07 | 3.66 | 80.08 | 17.73 | 5.15 |
| 土地成本 | 元 | 250.29 | 247.26 | 178.51 | 290.45 | 118.86 | 180.93 | 114.27 |
| 流转地租金 | 元 | 50.56 | 41.15 | 5.46 | 65.27 | 12.64 | | 0.34 |
| 自营地折租 | 元 | 199.73 | 206.11 | 173.05 | 225.18 | 106.22 | 180.93 | 113.93 |
| 净利润 | 元 | 103.22 | 107.54 | 275.24 | 37.79 | -14.15 | -396.19 | 7.05 |
| 现金成本 | 元 | 457.51 | 427.39 | 426.53 | 445.87 | 462.01 | 409.08 | 292.02 |
| 现金收益 | 元 | 749.48 | 562.31 | 867.06 | 608.99 | 522.36 | 491.27 | 952.07 |
| 成本利润率 | % | 9.35 | 12.19 | 27.03 | 3.72 | -1.42 | -30.56 | 0.57 |
| **每 50 公斤主产品** | | | | | | | | |
| 平均出售价格 | 元 | 124.31 | 123.18 | 126.79 | 126.05 | 130.22 | 136.13 | 142.80 |
| 总成本 | 元 | 113.68 | 109.80 | 99.81 | 121.53 | 132.09 | 196.03 | 141.99 |
| 生产成本 | 元 | 87.90 | 79.02 | 82.32 | 86.83 | 116.37 | 168.68 | 128.87 |
| 净利润 | 元 | 10.63 | 13.38 | 26.98 | 4.52 | -1.87 | -59.90 | 0.81 |
| 现金成本 | 元 | 47.12 | 53.19 | 41.81 | 53.28 | 61.12 | 61.85 | 33.52 |
| 现金收益 | 元 | 77.19 | 69.99 | 84.98 | 72.77 | 69.10 | 74.28 | 109.28 |
| **附：** | | | | | | | | |
| 每亩用工数量 | 日 | 4.93 | 2.71 | 4.59 | 3.79 | 5.32 | 7.77 | 9.05 |
| 每亩主产品已出售数量 | 公斤 | 446.80 | 350.00 | 331.09 | 380.49 | 316.07 | 212.10 | 131.68 |
| 每亩主产品已出售产值 | 元 | 1113.30 | 855.46 | 832.43 | 958.30 | 819.24 | 581.32 | 376.56 |
| 每亩成本外支出 | 元 | 4.31 | | 0.01 | | | | |

2-6-1 续表 2

| 项目 | 单位 | 四川 | 贵州 | 云南 | 陕西 | 甘肃 | 宁夏 | 新疆 |
|---|---|---|---|---|---|---|---|---|
| **每亩** | | | | | | | | |
| 主产品产量 | 公斤 | 423.57 | 423.51 | 489.11 | 476.92 | 741.75 | 650.00 | 821.43 |
| 产值合计 | 元 | 1146.01 | 1240.30 | 1494.29 | 1248.20 | 1986.20 | 1771.62 | 1949.53 |
| 主产品产值 | 元 | 1138.07 | 1237.00 | 1452.54 | 1223.50 | 1934.10 | 1721.60 | 1878.86 |
| 副产品产值 | 元 | 7.94 | 3.30 | 41.75 | 24.70 | 52.10 | 50.02 | 70.67 |
| 总成本 | 元 | 1271.27 | 1476.63 | 1594.05 | 1277.96 | 1854.79 | 1391.84 | 1270.44 |
| 生产成本 | 元 | 1158.53 | 1378.58 | 1409.56 | 1175.79 | 1643.87 | 1053.14 | 928.66 |
| 物质与服务费用 | 元 | 313.79 | 338.78 | 427.29 | 398.75 | 600.88 | 605.52 | 615.72 |
| 人工成本 | 元 | 844.74 | 1039.80 | 982.27 | 777.04 | 1042.99 | 447.62 | 312.94 |
| 家庭用工折价 | 元 | 833.76 | 1026.28 | 957.96 | 766.27 | 1030.70 | 417.11 | 204.59 |
| 雇工费用 | 元 | 10.98 | 13.52 | 24.32 | 10.77 | 12.29 | 30.51 | 108.35 |
| 土地成本 | 元 | 112.74 | 98.05 | 184.49 | 102.17 | 210.92 | 338.70 | 341.78 |
| 流转地租金 | 元 | 1.63 | 0.79 | 1.97 | 1.75 | | 41.38 | 57.92 |
| 自营地折租 | 元 | 111.11 | 97.26 | 182.52 | 100.42 | 210.92 | 297.32 | 283.86 |
| 净利润 | 元 | -125.26 | -236.33 | -99.76 | -29.76 | 131.41 | 379.78 | 679.09 |
| 现金成本 | 元 | 326.40 | 353.09 | 453.58 | 411.27 | 613.17 | 677.41 | 781.99 |
| 现金收益 | 元 | 819.61 | 887.21 | 1040.71 | 836.93 | 1373.03 | 1094.21 | 1167.54 |
| 成本利润率 | % | -9.85 | -16.00 | -6.26 | -2.33 | 7.08 | 27.29 | 53.45 |
| **每 50 公斤主产品** | | | | | | | | |
| 平均出售价格 | 元 | 134.34 | 146.04 | 148.49 | 128.27 | 130.37 | 132.43 | 114.37 |
| 总成本 | 元 | 149.02 | 173.87 | 158.40 | 131.33 | 121.74 | 104.04 | 74.53 |
| 生产成本 | 元 | 135.81 | 162.32 | 140.07 | 120.83 | 107.90 | 78.72 | 54.48 |
| 净利润 | 元 | -14.68 | -27.83 | -9.91 | -3.06 | 8.63 | 28.39 | 39.84 |
| 现金成本 | 元 | 38.26 | 41.57 | 45.07 | 42.26 | 40.25 | 50.64 | 45.88 |
| 现金收益 | 元 | 96.08 | 104.47 | 103.42 | 86.01 | 90.12 | 81.79 | 68.49 |
| **附：** | | | | | | | | |
| 每亩用工数量 | 日 | 9.13 | 11.25 | 10.64 | 8.41 | 11.27 | 4.80 | 3.03 |
| 每亩主产品已出售数量 | 公斤 | 410.22 | 265.91 | 317.13 | 416.15 | 338.84 | 631.78 | 785.47 |
| 每亩主产品已出售产值 | 元 | 1102.44 | 778.63 | 930.24 | 1066.19 | 884.00 | 1674.23 | 1788.47 |
| 每亩成本外支出 | 元 | | | | | | 5.32 | 0.22 |

# 2-6-2　2021年各地区玉米费用和用工情况

| 项　　目 | 单位 | 平　均 | 河　北 | 山　西 | 内蒙古 | 辽　宁 | 吉　林 | 黑龙江 |
|---|---|---|---|---|---|---|---|---|
| **一、每亩物质与服务费用** | **元** | **405.80** | **374.80** | **497.69** | **428.74** | **377.89** | **416.85** | **369.56** |
| （一）直接费用 | 元 | 391.53 | 367.31 | 475.68 | 400.84 | 356.43 | 405.16 | 354.10 |
| 1. 种子费 | 元 | 55.73 | 48.23 | 53.78 | 52.35 | 54.68 | 50.10 | 59.65 |
| 2. 化肥费 | 元 | 153.08 | 137.10 | 174.52 | 139.78 | 155.29 | 181.48 | 128.32 |
| 3. 农家肥费 | 元 | 12.95 | 21.08 | 30.33 | 6.29 | 2.11 | | |
| 4. 农药费 | 元 | 21.12 | 19.74 | 15.82 | 17.92 | 15.92 | 23.21 | 17.34 |
| 5. 农膜费 | 元 | 4.01 | 0.68 | 3.75 | 12.80 | 0.72 | | |
| 6. 租赁作业费 | 元 | 139.03 | 136.20 | 193.06 | 165.65 | 123.68 | 147.29 | 147.05 |
| 机械作业费 | 元 | 121.12 | 111.94 | 145.74 | 130.45 | 118.53 | 147.21 | 146.12 |
| 排灌费 | 元 | 15.93 | 24.26 | 47.32 | 35.20 | 0.82 | 0.08 | 0.93 |
| 其中：水费 | 元 | 6.38 | | | 27.31 | | 0.08 | 0.93 |
| 畜力费 | 元 | 1.98 | | | | 4.33 | | |
| 7. 燃料动力费 | 元 | 0.67 | | 0.58 | | | 0.16 | |
| 8. 技术服务费 | 元 | | | | | | | |
| 9. 工具材料费 | 元 | 3.88 | 2.35 | 2.80 | 6.05 | 2.92 | 2.07 | 1.74 |
| 10. 修理维护费 | 元 | 1.06 | 1.93 | 1.04 | | 1.11 | 0.85 | |
| 11. 其他直接费用 | 元 | | | | | | | |
| （二）间接费用 | 元 | 14.27 | 7.49 | 22.01 | 27.90 | 21.46 | 11.69 | 15.46 |
| 1. 固定资产折旧 | 元 | 3.35 | 4.59 | 1.52 | | 3.42 | 7.41 | 0.01 |
| 2. 保险费 | 元 | 9.64 | 2.90 | 20.49 | 27.90 | 18.04 | 4.28 | 9.98 |
| 3. 管理费 | 元 | 0.73 | | | | | | 4.99 |
| 4. 财务费 | 元 | | | | | | | 0.01 |
| 5. 销售费 | 元 | 0.55 | | | | | | 0.47 |
| **二、每亩人工成本** | **元** | **448.27** | **436.26** | **547.24** | **183.17** | **363.96** | **408.59** | **238.06** |
| 1. 家庭用工折价 | 元 | 414.35 | 434.72 | 544.07 | 141.34 | 294.76 | 307.58 | 194.08 |
| 家庭用工天数 | 日 | 4.49 | 4.72 | 5.90 | 1.53 | 3.20 | 3.34 | 2.11 |
| 劳动日工价 | 元 | 92.20 | 92.20 | 92.20 | 92.20 | 92.20 | 92.20 | 92.20 |
| 2. 雇工费用 | 元 | 33.92 | 1.54 | 3.17 | 41.83 | 69.19 | 101.01 | 43.98 |
| 雇工天数 | 日 | 0.27 | 0.01 | 0.03 | 0.30 | 0.64 | 0.75 | 0.32 |
| 雇工工价 | 元 | 125.63 | 153.60 | 105.63 | 139.42 | 108.12 | 134.68 | 137.43 |
| 三、附 | | | | | | | | |
| 1. 每亩种子用量 | 公斤 | 1.91 | 2.28 | 1.56 | 2.00 | 1.84 | 1.59 | 1.74 |
| 2. 每亩化肥用量 | 公斤 | 24.86 | 21.41 | 27.44 | 24.43 | 25.03 | 29.13 | 22.67 |
| 3. 每亩农膜用量 | 公斤 | 0.36 | 0.06 | 0.36 | 1.20 | 0.03 | | |

2-6-2 续表 1

| 项　目 | 单位 | 江　苏 | 安　徽 | 山　东 | 河　南 | 湖　北 | 广　西 | 重　庆 |
|---|---|---|---|---|---|---|---|---|
| **一、每亩物质与服务费用** | 元 | **397.63** | **384.68** | **415.00** | **376.94** | **369.29** | **391.35** | **286.53** |
| (一)直接费用 | 元 | 365.41 | 360.68 | 402.07 | 376.38 | 360.58 | 380.98 | 267.63 |
| 1. 种子费 | 元 | 53.34 | 49.95 | 50.45 | 51.85 | 55.71 | 77.12 | 46.57 |
| 2. 化肥费 | 元 | 165.13 | 161.44 | 167.43 | 143.72 | 155.34 | 136.32 | 156.49 |
| 3. 农家肥费 | 元 | 17.80 | 13.91 | 17.46 | 23.82 | 12.57 | 18.49 | 13.28 |
| 4. 农药费 | 元 | 31.51 | 26.67 | 28.46 | 25.57 | 19.69 | 31.67 | 13.72 |
| 5. 农膜费 | 元 | 0.62 | | | | 1.35 | 1.52 | 3.18 |
| 6. 租赁作业费 | 元 | 91.18 | 104.85 | 132.36 | 127.54 | 106.00 | 96.64 | 22.38 |
| 机械作业费 | 元 | 87.15 | 103.66 | 117.79 | 117.99 | 93.98 | 86.01 | 19.08 |
| 排灌费 | 元 | 4.03 | 1.19 | 14.57 | 9.55 | | | |
| 其中:水费 | 元 | 4.03 | | 1.87 | | | | |
| 畜力费 | 元 | | | | | 12.02 | 10.63 | 3.30 |
| 7. 燃料动力费 | 元 | 0.71 | 0.53 | 1.03 | | 5.45 | 9.28 | 4.93 |
| 8. 技术服务费 | 元 | | | | | | | |
| 9. 工具材料费 | 元 | 3.44 | 2.40 | 2.76 | 3.88 | 2.58 | 5.99 | 5.39 |
| 10. 修理维护费 | 元 | 1.68 | 0.93 | 2.12 | | 1.89 | 3.95 | 1.69 |
| 11. 其他直接费用 | 元 | | | | | | | |
| (二)间接费用 | 元 | 32.22 | 24.00 | 12.93 | 0.56 | 8.71 | 10.37 | 18.90 |
| 1. 固定资产折旧 | 元 | 7.62 | 1.98 | 3.59 | 0.49 | 7.38 | 10.37 | 12.10 |
| 2. 保险费 | 元 | 24.39 | 21.49 | 9.33 | | | | 6.80 |
| 3. 管理费 | 元 | | | | | | | |
| 4. 财务费 | 元 | | 0.05 | | | | | |
| 5. 销售费 | 元 | 0.21 | 0.48 | 0.01 | 0.07 | 1.33 | | |
| **二、每亩人工成本** | 元 | **455.85** | **250.22** | **424.84** | **349.68** | **510.37** | **724.26** | **836.24** |
| 1. 家庭用工折价 | 元 | 446.52 | 248.66 | 418.77 | 346.03 | 430.30 | 706.53 | 831.09 |
| 家庭用工天数 | 日 | 4.84 | 2.70 | 4.54 | 3.75 | 4.67 | 7.66 | 9.01 |
| 劳动日工价 | 元 | 92.20 | 92.20 | 92.20 | 92.20 | 92.20 | 92.20 | 92.20 |
| 2. 雇工费用 | 元 | 9.32 | 1.56 | 6.07 | 3.66 | 80.08 | 17.73 | 5.15 |
| 雇工天数 | 日 | 0.09 | 0.01 | 0.05 | 0.04 | 0.65 | 0.11 | 0.04 |
| 雇工工价 | 元 | 103.60 | 155.70 | 121.30 | 91.43 | 123.19 | 161.20 | 128.65 |
| 三、附 | | | | | | | | |
| 1. 每亩种子用量 | 公斤 | 1.78 | 1.91 | 1.93 | 2.17 | 1.85 | 1.49 | 1.11 |
| 2. 每亩化肥用量 | 公斤 | 27.27 | 25.10 | 24.82 | 20.18 | 24.60 | 21.14 | 25.43 |
| 3. 每亩农膜用量 | 公斤 | 0.05 | | | | 0.10 | 0.19 | 0.22 |

2-6-2 续表 2

| 项　　目 | 单位 | 四　川 | 贵　州 | 云　南 | 陕　西 | 甘　肃 | 宁　夏 | 新　疆 |
|---|---|---|---|---|---|---|---|---|
| **一、每亩物质与服务费用** | 元 | **313.79** | **338.78** | **427.29** | **398.75** | **600.88** | **605.52** | **615.72** |
| (一)直接费用 | 元 | 301.71 | 326.77 | 425.56 | 396.92 | 579.83 | 582.25 | 585.33 |
| 1. 种子费 | 元 | 65.57 | 50.50 | 71.08 | 59.24 | 68.15 | 69.26 | 72.21 |
| 2. 化肥费 | 元 | 122.20 | 154.91 | 162.12 | 156.84 | 189.94 | 209.37 | 192.31 |
| 3. 农家肥费 | 元 | 13.57 | 12.60 | 34.37 | 8.83 | 27.55 | 19.59 | 25.17 |
| 4. 农药费 | 元 | 14.30 | 13.15 | 34.12 | 14.35 | 14.95 | 32.16 | 20.50 |
| 5. 农膜费 | 元 | 4.47 | 6.53 | 14.72 | | 48.44 | | 13.50 |
| 6. 租赁作业费 | 元 | 75.55 | 71.16 | 101.29 | 152.94 | 223.27 | 248.01 | 231.69 |
| 机械作业费 | 元 | 67.23 | 49.68 | 76.43 | 118.74 | 156.98 | 172.23 | 138.17 |
| 排灌费 | 元 | 6.20 | | 5.53 | 31.96 | 66.29 | 75.78 | 93.52 |
| 其中:水费 | 元 | 6.19 | | 3.90 | | 66.29 | 74.65 | 32.11 |
| 畜力费 | 元 | 2.12 | 21.48 | 19.33 | 2.24 | | | |
| 7. 燃料动力费 | 元 | 0.92 | 8.53 | 0.54 | | | | 1.68 |
| 8. 技术服务费 | 元 | | | | | | | 0.01 |
| 9. 工具材料费 | 元 | 3.22 | 7.90 | 7.15 | 2.39 | 4.51 | 1.97 | 25.75 |
| 10. 修理维护费 | 元 | 1.91 | 1.49 | 0.07 | 2.33 | 3.02 | 1.89 | 2.51 |
| 11. 其他直接费用 | 元 | | | 0.10 | | | | |
| (二)间接费用 | 元 | 12.08 | 12.01 | 1.73 | 1.83 | 21.05 | 23.27 | 30.39 |
| 1. 固定资产折旧 | 元 | 7.01 | 12.01 | 0.82 | 1.83 | 8.39 | 4.36 | 5.37 |
| 2. 保险费 | 元 | 4.90 | | 0.76 | | 11.45 | 16.06 | 10.38 |
| 3. 管理费 | 元 | | | | | | | |
| 4. 财务费 | 元 | | | | | | | |
| 5. 销售费 | 元 | 0.17 | | 0.15 | | 1.21 | 2.85 | 14.64 |
| **二、每亩人工成本** | 元 | **844.74** | **1039.80** | **982.27** | **777.04** | **1042.99** | **447.62** | **312.94** |
| 1. 家庭用工折价 | 元 | 833.76 | 1026.28 | 957.96 | 766.27 | 1030.70 | 417.11 | 204.59 |
| 家庭用工天数 | 日 | 9.04 | 11.13 | 10.39 | 8.31 | 11.18 | 4.52 | 2.22 |
| 劳动日工价 | 元 | 92.20 | 92.20 | 92.20 | 92.20 | 92.20 | 92.20 | 92.20 |
| 2. 雇工费用 | 元 | 10.98 | 13.52 | 24.32 | 10.77 | 12.29 | 30.51 | 108.35 |
| 雇工天数 | 日 | 0.09 | 0.12 | 0.25 | 0.10 | 0.09 | 0.28 | 0.81 |
| 雇工工价 | 元 | 121.99 | 112.64 | 97.26 | 107.70 | 136.51 | 108.95 | 133.76 |
| 三、附 | | | | | | | | |
| 1. 每亩种子用量 | 公斤 | 1.89 | 1.39 | 2.02 | 2.25 | 2.12 | 2.07 | 2.75 |
| 2. 每亩化肥用量 | 公斤 | 18.84 | 25.17 | 26.96 | 27.57 | 35.14 | 38.51 | 36.05 |
| 3. 每亩农膜用量 | 公斤 | 0.30 | 0.51 | 1.21 | | 4.63 | | 1.25 |

# 2-6-3　2021 年各地区玉米化肥投入情况

| 项　　目 | 单位 | 平　均 | 河　北 | 山　西 | 内蒙古 | 辽　宁 | 吉　林 | 黑龙江 |
|---|---|---|---|---|---|---|---|---|
| **一、每亩化肥金额** | **元** | **153.08** | **137.10** | **174.52** | **139.78** | **155.29** | **181.48** | **128.32** |
| （一）氮肥 | 元 | 32.39 | 20.81 | 18.56 | 38.49 | 12.42 | 6.50 | 31.51 |
| 1. 尿素 | 元 | 29.80 | 20.81 | 18.56 | 35.67 | 12.42 | 6.41 | 31.51 |
| 2. 碳铵 | 元 | 2.07 |  |  | 1.12 |  | 0.09 |  |
| 3. 其他氮肥 | 元 | 0.52 |  |  | 1.70 |  |  |  |
| （二）磷肥 | 元 | 1.11 |  | 0.75 |  |  |  |  |
| 其中：过磷酸钙 | 元 | 1.00 |  | 0.75 |  |  |  |  |
| （三）钾肥 | 元 | 1.24 | 0.44 |  | 0.89 |  | 1.68 | 4.30 |
| 其中：氯化钾 | 元 | 0.66 |  |  | 0.52 |  | 1.68 | 2.43 |
| （四）复混肥 | 元 | 117.96 | 115.85 | 152.89 | 100.21 | 142.87 | 173.26 | 92.51 |
| 1. 复合肥 | 元 | 109.47 | 115.85 | 149.28 | 93.61 | 118.05 | 142.39 | 79.02 |
| 其中：二铵 | 元 | 14.48 | 13.12 | 14.15 | 40.16 | 7.42 | 5.30 | 8.85 |
| 三元素复合肥 | 元 | 46.91 | 77.23 | 10.98 | 30.89 | 54.77 | 34.16 | 38.49 |
| 2. 混配肥 | 元 | 8.49 |  | 3.61 | 6.60 | 24.82 | 30.87 | 13.49 |
| （五）其他肥料 | 元 | 0.38 |  | 2.32 | 0.19 |  | 0.04 |  |
| **二、每亩化肥折纯用量** | **公斤** | **24.86** | **21.41** | **27.44** | **24.43** | **25.03** | **29.13** | **22.67** |
| （一）氮肥 | 公斤 | 6.19 | 3.66 | 3.69 | 7.45 | 2.38 | 1.31 | 6.50 |
| 1. 尿素 | 公斤 | 5.70 | 3.66 | 3.69 | 6.78 | 2.38 | 1.29 | 6.50 |
| 2. 碳铵 | 公斤 | 0.41 |  |  | 0.26 |  | 0.02 |  |
| 3. 其他氮肥 | 公斤 | 0.08 |  |  | 0.41 |  |  |  |
| （二）磷肥 | 公斤 | 0.20 |  | 0.12 |  |  |  |  |
| 其中：过磷酸钙 | 公斤 | 0.18 |  | 0.12 |  |  |  |  |
| （三）钾肥 | 公斤 | 0.20 | 0.02 |  | 0.15 |  | 0.30 | 0.82 |
| 其中：氯化钾 | 公斤 | 0.13 |  |  | 0.10 |  | 0.30 | 0.50 |
| （四）复混肥 | 公斤 | 18.26 | 17.73 | 23.64 | 16.82 | 22.64 | 27.53 | 15.34 |
| 1. 复合肥 | 公斤 | 16.83 | 17.73 | 23.03 | 15.82 | 18.42 | 21.62 | 13.30 |
| 其中：二铵 | 公斤 | 2.82 | 2.55 | 2.55 | 7.99 | 1.43 | 1.08 | 1.78 |
| 三元素复合肥 | 公斤 | 6.93 | 11.42 | 1.63 | 4.35 | 8.13 | 4.84 | 6.14 |
| 2. 混配肥 | 公斤 | 1.43 |  | 0.61 | 1.00 | 4.22 | 5.91 | 2.04 |

2-6-3 续表 1

| 项 目 | 单位 | 江 苏 | 安 徽 | 山 东 | 河 南 | 湖 北 | 广 西 | 重 庆 |
|---|---|---|---|---|---|---|---|---|
| **一、每亩化肥金额** | **元** | **165. 13** | **161. 44** | **167. 43** | **143. 72** | **155. 34** | **136. 32** | **156. 49** |
| (一)氮肥 | 元 | 57. 80 | 24. 46 | 19. 31 | 9. 84 | 42. 67 | 63. 86 | 51. 66 |
| 1. 尿素 | 元 | 57. 00 | 24. 46 | 15. 84 | 9. 38 | 37. 42 | 49. 82 | 38. 11 |
| 2. 碳铵 | 元 | 0. 71 | | | 0. 31 | 5. 25 | 14. 04 | 13. 29 |
| 3. 其他氮肥 | 元 | 0. 09 | | 3. 47 | 0. 15 | | | 0. 26 |
| (二)磷肥 | 元 | 0. 51 | | | | 1. 71 | 3. 00 | 10. 81 |
| 其中:过磷酸钙 | 元 | 0. 51 | | | | 1. 52 | | 10. 81 |
| (三)钾肥 | 元 | 0. 27 | | | | 2. 18 | 4. 30 | |
| 其中:氯化钾 | 元 | | | | | | 4. 30 | |
| (四)复混肥 | 元 | 106. 45 | 136. 01 | 148. 12 | 133. 88 | 107. 76 | 62. 73 | 94. 02 |
| 1. 复合肥 | 元 | 106. 45 | 129. 44 | 147. 10 | 133. 88 | 107. 76 | 62. 73 | 93. 36 |
| 其中:二铵 | 元 | 1. 73 | | 7. 40 | | | | |
| 三元素复合肥 | 元 | 69. 17 | 105. 28 | 76. 44 | 54. 08 | 79. 15 | 32. 96 | 54. 92 |
| 2. 混配肥 | 元 | | 6. 57 | 1. 02 | | | | 0. 66 |
| (五)其他肥料 | 元 | 0. 10 | 0. 97 | | | 1. 02 | 2. 43 | |
| **二、每亩化肥折纯用量** | **公斤** | **27. 27** | **25. 10** | **24. 82** | **20. 18** | **24. 60** | **21. 14** | **25. 43** |
| (一)氮肥 | 公斤 | 10. 12 | 4. 27 | 3. 24 | 1. 82 | 8. 23 | 11. 51 | 10. 08 |
| 1. 尿素 | 公斤 | 9. 98 | 4. 27 | 2. 79 | 1. 75 | 7. 18 | 9. 11 | 7. 44 |
| 2. 碳铵 | 公斤 | 0. 13 | | | 0. 06 | 1. 05 | 2. 40 | 2. 60 |
| 3. 其他氮肥 | 公斤 | 0. 01 | | 0. 45 | 0. 01 | | | 0. 04 |
| (二)磷肥 | 公斤 | 0. 08 | | | | 0. 24 | 0. 37 | 1. 68 |
| 其中:过磷酸钙 | 公斤 | 0. 08 | | | | 0. 20 | | 1. 68 |
| (三)钾肥 | 公斤 | 0. 03 | | | | 0. 27 | 0. 77 | |
| 其中:氯化钾 | 公斤 | | | | | | 0. 77 | |
| (四)复混肥 | 公斤 | 17. 03 | 20. 84 | 21. 59 | 18. 36 | 15. 87 | 8. 48 | 13. 67 |
| 1. 复合肥 | 公斤 | 17. 03 | 19. 81 | 21. 46 | 18. 36 | 15. 87 | 8. 48 | 13. 62 |
| 其中:二铵 | 公斤 | 0. 32 | | 1. 45 | | | | |
| 三元素复合肥 | 公斤 | 11. 08 | 16. 19 | 11. 25 | 8. 01 | 12. 25 | 4. 63 | 7. 85 |
| 2. 混配肥 | 公斤 | | 1. 03 | 0. 13 | | | | 0. 05 |

2-6-3 续表 2

| 项 目 | 单位 | 四 川 | 贵 州 | 云 南 | 陕 西 | 甘 肃 | 宁 夏 | 新 疆 |
|---|---|---|---|---|---|---|---|---|
| **一、每亩化肥金额** | **元** | **122.20** | **154.91** | **162.12** | **156.84** | **189.94** | **209.37** | **192.31** |
| (一)氮肥 | 元 | 39.03 | 61.32 | 97.78 | 84.45 | 77.03 | 55.17 | 82.00 |
| 1. 尿素 | 元 | 27.83 | 60.61 | 97.57 | 53.30 | 76.79 | 49.08 | 81.88 |
| 2. 碳铵 | 元 | 11.20 | 0.36 | 0.21 | 31.15 |  | 6.09 |  |
| 3. 其他氮肥 | 元 |  | 0.35 |  |  | 0.24 |  | 0.12 |
| (二)磷肥 | 元 | 2.05 | 16.54 | 9.33 | 1.76 | 4.65 |  |  |
| 其中:过磷酸钙 | 元 | 2.05 | 15.39 | 8.19 | 1.76 | 4.65 |  |  |
| (三)钾肥 | 元 |  | 0.05 | 0.42 |  | 0.81 | 0.49 | 6.53 |
| 其中:氯化钾 | 元 |  |  | 0.13 |  |  |  | 0.59 |
| (四)复混肥 | 元 | 81.12 | 75.18 | 54.37 | 70.63 | 101.93 | 153.71 | 103.61 |
| 1. 复合肥 | 元 | 75.13 | 74.47 | 49.65 | 70.63 | 101.93 | 153.71 | 99.67 |
| 其中:二铵 | 元 |  |  | 6.68 | 36.67 | 59.78 | 96.31 | 95.02 |
| 三元素复合肥 | 元 | 37.20 | 47.18 | 24.71 | 33.96 | 21.88 | 57.40 | 2.34 |
| 2. 混配肥 | 元 | 5.99 | 0.71 | 4.72 |  |  |  | 3.94 |
| (五)其他肥料 | 元 |  | 1.82 | 0.22 |  | 5.52 |  | 0.17 |
| **二、每亩化肥折纯用量** | **公斤** | **18.84** | **25.17** | **26.96** | **27.57** | **35.14** | **38.51** | **36.05** |
| (一)氮肥 | 公斤 | 7.78 | 12.00 | 17.26 | 15.44 | 16.58 | 12.10 | 16.73 |
| 1. 尿素 | 公斤 | 5.54 | 11.92 | 17.23 | 9.08 | 16.56 | 10.80 | 16.72 |
| 2. 碳铵 | 公斤 | 2.24 | 0.03 | 0.03 | 6.36 |  | 1.30 |  |
| 3. 其他氮肥 | 公斤 |  | 0.05 |  |  | 0.02 |  | 0.01 |
| (二)磷肥 | 公斤 | 0.35 | 3.24 | 1.66 | 0.39 | 0.78 |  |  |
| 其中:过磷酸钙 | 公斤 | 0.35 | 3.06 | 1.48 | 0.39 | 0.78 |  |  |
| (三)钾肥 | 公斤 |  | 0.01 | 0.10 |  | 0.13 | 0.06 | 0.41 |
| 其中:氯化钾 | 公斤 |  |  | 0.02 |  |  |  | 0.10 |
| (四)复混肥 | 公斤 | 10.71 | 9.94 | 7.95 | 11.74 | 17.65 | 26.36 | 18.92 |
| 1. 复合肥 | 公斤 | 9.96 | 9.83 | 7.20 | 11.74 | 17.65 | 26.36 | 18.58 |
| 其中:二铵 | 公斤 |  |  | 1.25 | 7.12 | 11.78 | 18.37 | 18.04 |
| 三元素复合肥 | 公斤 | 4.98 | 6.32 | 3.44 | 4.62 | 3.13 | 7.99 | 0.31 |
| 2. 混配肥 | 公斤 | 0.75 | 0.11 | 0.75 |  |  |  | 0.34 |

# 2-7-1　2021年各地区大豆成本收益情况

| 项　　目 | 单位 | 平　均 | 河　北 | 山　西 | 内蒙古 | 辽　宁 | 吉　林 | 黑龙江 |
|---|---|---|---|---|---|---|---|---|
| **每亩** | | | | | | | | |
| 主产品产量 | 公斤 | 139.63 | 197.12 | 146.88 | 117.17 | 186.87 | 149.56 | 142.61 |
| 产值合计 | 元 | 822.99 | 1128.00 | 770.99 | 713.60 | 1087.30 | 901.18 | 829.33 |
| 主产品产值 | 元 | 811.29 | 1128.00 | 770.99 | 695.56 | 1071.82 | 887.27 | 819.41 |
| 副产品产值 | 元 | 11.70 | | | 18.04 | 15.48 | 13.91 | 9.92 |
| 总成本 | 元 | 780.76 | 898.03 | 1061.39 | 527.25 | 798.88 | 845.43 | 864.29 |
| 生产成本 | 元 | 435.53 | 683.97 | 870.93 | 301.02 | 552.09 | 514.48 | 403.25 |
| 物质与服务费用 | 元 | 216.52 | 303.46 | 283.62 | 224.41 | 287.91 | 252.35 | 230.88 |
| 人工成本 | 元 | 219.01 | 380.51 | 587.31 | 76.61 | 264.18 | 262.13 | 172.37 |
| 家庭用工折价 | 元 | 189.75 | 380.51 | 587.31 | 57.16 | 245.16 | 169.74 | 130.83 |
| 雇工费用 | 元 | 29.26 | | | 19.44 | 19.02 | 92.39 | 41.54 |
| 土地成本 | 元 | 345.23 | 214.06 | 190.46 | 226.23 | 246.79 | 330.95 | 461.04 |
| 流转地租金 | 元 | 104.79 | | 13.03 | 37.03 | 30.13 | 50.81 | 170.26 |
| 自营地折租 | 元 | 240.44 | 214.06 | 177.43 | 189.20 | 216.66 | 280.14 | 290.78 |
| 净利润 | 元 | 42.23 | 229.97 | -290.40 | 186.35 | 288.42 | 55.75 | -34.96 |
| 现金成本 | 元 | 350.57 | 303.46 | 296.65 | 280.88 | 337.06 | 395.55 | 442.68 |
| 现金收益 | 元 | 472.42 | 824.54 | 474.34 | 432.72 | 750.24 | 505.63 | 386.65 |
| 成本利润率 | % | 5.41 | 25.61 | -27.36 | 35.34 | 36.10 | 6.59 | -4.05 |
| **每50公斤主产品** | | | | | | | | |
| 平均出售价格 | 元 | 290.51 | 286.12 | 262.46 | 296.82 | 286.78 | 296.63 | 287.29 |
| 总成本 | 元 | 275.60 | 227.79 | 361.32 | 219.31 | 210.71 | 278.28 | 299.40 |
| 生产成本 | 元 | 153.74 | 173.49 | 296.48 | 125.21 | 145.62 | 169.34 | 139.69 |
| 净利润 | 元 | 14.91 | 58.33 | -98.86 | 77.51 | 76.07 | 18.35 | -12.11 |
| 现金成本 | 元 | 123.75 | 76.97 | 100.99 | 116.83 | 88.90 | 130.20 | 153.35 |
| 现金收益 | 元 | 166.76 | 209.15 | 161.47 | 179.99 | 197.88 | 166.43 | 133.94 |
| **附：** | | | | | | | | |
| 每亩用工数量 | 日 | 2.28 | 4.13 | 6.37 | 0.77 | 2.82 | 2.50 | 1.73 |
| 每亩主产品已出售数量 | 公斤 | 128.00 | 171.99 | 106.69 | 94.75 | 148.29 | 86.09 | 137.91 |
| 每亩主产品已出售产值 | 元 | 742.80 | 983.12 | 550.99 | 561.66 | 851.01 | 510.16 | 792.26 |
| 每亩成本外支出 | 元 | 0.15 | | | | | | |

2-7-1 续表

| 项 目 | 单位 | 江 苏 | 安 徽 | 山 东 | 河 南 | 湖 北 | 四 川 | 陕 西 |
|---|---|---|---|---|---|---|---|---|
| **每亩** | | | | | | | | |
| 主产品产量 | 公斤 | 149. 11 | 142. 91 | 168. 95 | 139. 86 | 111. 62 | 135. 61 | 121. 11 |
| 产值合计 | 元 | 890. 81 | 891. 73 | 1062. 05 | 785. 15 | 650. 88 | 816. 04 | 662. 48 |
| 主产品产值 | 元 | 878. 16 | 868. 67 | 1042. 58 | 778. 89 | 641. 89 | 814. 44 | 642. 26 |
| 副产品产值 | 元 | 12. 65 | 23. 06 | 19. 47 | 6. 26 | 8. 99 | 1. 60 | 20. 22 |
| 总成本 | 元 | 965. 48 | 686. 02 | 830. 74 | 749. 38 | 559. 76 | 659. 97 | 837. 83 |
| 生产成本 | 元 | 690. 38 | 416. 59 | 621. 40 | 440. 86 | 459. 22 | 553. 26 | 751. 04 |
| 物质与服务费用 | 元 | 166. 81 | 207. 42 | 196. 73 | 179. 41 | 242. 00 | 68. 10 | 204. 75 |
| 人工成本 | 元 | 523. 57 | 209. 17 | 424. 67 | 261. 45 | 217. 22 | 485. 16 | 546. 29 |
| 家庭用工折价 | 元 | 511. 80 | 208. 10 | 418. 22 | 238. 61 | 217. 22 | 485. 16 | 546. 29 |
| 雇工费用 | 元 | 11. 77 | 1. 07 | 6. 45 | 22. 83 | | | |
| 土地成本 | 元 | 275. 10 | 269. 43 | 209. 34 | 308. 52 | 100. 54 | 106. 71 | 86. 79 |
| 流转地租金 | 元 | 46. 09 | 58. 54 | 2. 94 | 86. 38 | 8. 39 | 1. 69 | 0. 60 |
| 自营地折租 | 元 | 229. 01 | 210. 89 | 206. 40 | 222. 14 | 92. 15 | 105. 02 | 86. 19 |
| 净利润 | 元 | -74. 67 | 205. 71 | 231. 31 | 35. 77 | 91. 12 | 156. 07 | -175. 35 |
| 现金成本 | 元 | 224. 67 | 267. 03 | 206. 12 | 288. 62 | 250. 39 | 69. 79 | 205. 35 |
| 现金收益 | 元 | 666. 14 | 624. 70 | 855. 93 | 496. 53 | 400. 49 | 746. 25 | 457. 13 |
| 成本利润率 | % | -7. 73 | 29. 99 | 27. 84 | 4. 77 | 16. 28 | 23. 65 | -20. 93 |
| **每 50 公斤主产品** | | | | | | | | |
| 平均出售价格 | 元 | 294. 47 | 303. 92 | 308. 55 | 278. 45 | 287. 53 | 300. 29 | 265. 16 |
| 总成本 | 元 | 319. 15 | 233. 81 | 241. 35 | 265. 76 | 247. 28 | 242. 86 | 335. 34 |
| 生产成本 | 元 | 228. 22 | 141. 98 | 180. 53 | 156. 35 | 202. 86 | 203. 59 | 300. 60 |
| 净利润 | 元 | -24. 68 | 70. 11 | 67. 20 | 12. 69 | 40. 25 | 57. 43 | -70. 18 |
| 现金成本 | 元 | 74. 27 | 91. 01 | 59. 88 | 102. 36 | 110. 61 | 25. 68 | 82. 19 |
| 现金收益 | 元 | 220. 20 | 212. 91 | 248. 67 | 176. 09 | 176. 92 | 274. 61 | 182. 97 |
| **附：** | | | | | | | | |
| 每亩用工数量 | 日 | 5. 70 | 2. 27 | 4. 61 | 2. 85 | 2. 36 | 5. 26 | 5. 93 |
| 每亩主产品已出售数量 | 公斤 | 144. 65 | 141. 01 | 96. 38 | 139. 36 | 111. 62 | 134. 79 | 89. 20 |
| 每亩主产品已出售产值 | 元 | 848. 87 | 857. 04 | 596. 56 | 776. 02 | 641. 89 | 809. 52 | 473. 37 |
| 每亩成本外支出 | 元 | 4. 99 | | 1. 47 | | | | |

# 2-7-2　2021年各地区大豆费用和用工情况

| 项　　目 | 单位 | 平　均 | 河　北 | 山　西 | 内蒙古 | 辽　宁 | 吉　林 | 黑龙江 |
|---|---|---|---|---|---|---|---|---|
| **一、每亩物质与服务费用** | **元** | **216.52** | **303.46** | **283.62** | **224.41** | **287.91** | **252.35** | **230.88** |
| （一）直接费用 | 元 | 205.94 | 299.99 | 282.59 | 209.54 | 278.03 | 252.00 | 218.56 |
| 1. 种子费 | 元 | 40.91 | 51.27 | 58.51 | 45.54 | 43.26 | 34.33 | 35.59 |
| 2. 化肥费 | 元 | 50.41 | 108.66 | 74.98 | 48.41 | 77.75 | 100.72 | 59.06 |
| 3. 农家肥费 | 元 | 3.04 | 9.20 | 9.05 | 0.24 | 10.52 | | |
| 4. 农药费 | 元 | 20.96 | 18.89 | 5.98 | 20.56 | 25.38 | 21.94 | 20.57 |
| 5. 农膜费 | 元 | | | | | | | |
| 6. 租赁作业费 | 元 | 88.15 | 105.71 | 131.06 | 93.37 | 117.35 | 92.27 | 102.14 |
| 机械作业费 | 元 | 87.07 | 84.96 | 118.68 | 93.25 | 114.78 | 89.72 | 102.14 |
| 排灌费 | 元 | 0.80 | 20.75 | 9.24 | 0.12 | 0.39 | | |
| 其中：水费 | 元 | 0.09 | | | | | | |
| 畜力费 | 元 | 0.28 | | 3.14 | | 2.18 | 2.55 | |
| 7. 燃料动力费 | 元 | 0.28 | | | | 0.65 | | |
| 8. 技术服务费 | 元 | | | | | | | |
| 9. 工具材料费 | 元 | 1.76 | 3.34 | 2.32 | 1.42 | 2.21 | 2.08 | 1.14 |
| 10. 修理维护费 | 元 | 0.43 | 2.92 | 0.69 | | 0.91 | 0.66 | 0.06 |
| 11. 其他直接费用 | 元 | | | | | | | |
| （二）间接费用 | 元 | 10.58 | 3.47 | 1.03 | 14.87 | 9.88 | 0.35 | 12.32 |
| 1. 固定资产折旧 | 元 | 1.01 | 3.47 | 1.03 | | 1.65 | | 0.17 |
| 2. 保险费 | 元 | 8.32 | | | 14.84 | 8.23 | 0.35 | 10.33 |
| 3. 管理费 | 元 | 0.85 | | | | | | 1.67 |
| 4. 财务费 | 元 | 0.05 | | | | | | |
| 5. 销售费 | 元 | 0.35 | | | 0.03 | | | 0.15 |
| **二、每亩人工成本** | **元** | **219.01** | **380.51** | **587.31** | **76.61** | **264.18** | **262.13** | **172.37** |
| 1. 家庭用工折价 | 元 | 189.75 | 380.51 | 587.31 | 57.16 | 245.16 | 169.74 | 130.83 |
| 家庭用工天数 | 日 | 2.06 | 4.13 | 6.37 | 0.62 | 2.66 | 1.84 | 1.42 |
| 劳动日工价 | 元 | 92.20 | 92.20 | 92.20 | 92.20 | 92.20 | 92.20 | 92.20 |
| 2. 雇工费用 | 元 | 29.26 | | | 19.44 | 19.02 | 92.39 | 41.54 |
| 雇工天数 | 日 | 0.22 | | | 0.15 | 0.16 | 0.66 | 0.31 |
| 雇工工价 | 元 | 133.00 | 94.26 | 84.99 | 129.62 | 118.87 | 139.99 | 134.01 |
| 三、附 | | | | | | | | |
| 1. 每亩种子用量 | 公斤 | 5.21 | 5.35 | 5.54 | 5.74 | 3.47 | 3.32 | 5.07 |
| 2. 每亩化肥用量 | 公斤 | 8.54 | 14.70 | 12.36 | 7.89 | 11.87 | 15.27 | 10.49 |
| 3. 每亩农膜用量 | 公斤 | | | | | | | |

2-7-2 续表

| 项 目 | 单位 | 江 苏 | 安 徽 | 山 东 | 河 南 | 湖 北 | 四 川 | 陕 西 |
|---|---|---|---|---|---|---|---|---|
| **一、每亩物质与服务费用** | **元** | **166.81** | **207.42** | **196.73** | **179.41** | **242.00** | **68.10** | **204.75** |
| (一)直接费用 | 元 | 153.93 | 194.00 | 189.38 | 179.41 | 237.87 | 61.96 | 201.96 |
| 1. 种子费 | 元 | 52.29 | 51.65 | 41.60 | 50.21 | 69.81 | 34.17 | 39.27 |
| 2. 化肥费 | 元 | 30.96 | 19.83 | 49.19 | 11.86 | 46.61 | 6.49 | 52.13 |
| 3. 农家肥费 | 元 | 8.98 | 21.97 | 2.81 | 9.43 | 6.58 | 0.05 | 1.17 |
| 4. 农药费 | 元 | 33.16 | 29.31 | 29.23 | 35.24 | 7.23 | 8.00 | 6.97 |
| 5. 农膜费 | 元 | | | | | | | |
| 6. 租赁作业费 | 元 | 24.41 | 66.08 | 61.68 | 68.01 | 99.24 | 8.98 | 97.54 |
| 机械作业费 | 元 | 21.04 | 66.08 | 56.72 | 65.54 | 99.24 | 8.98 | 83.39 |
| 排灌费 | 元 | 3.37 | | 4.96 | 2.47 | | | 5.56 |
| 其中:水费 | 元 | 3.37 | | 0.35 | | | | |
| 畜力费 | 元 | | | | | | | 8.59 |
| 7. 燃料动力费 | 元 | | 1.89 | 0.12 | | 4.48 | | |
| 8. 技术服务费 | 元 | | | | | | | |
| 9. 工具材料费 | 元 | 2.87 | 2.13 | 2.55 | 4.66 | 2.64 | 2.94 | 2.48 |
| 10. 修理维护费 | 元 | 1.26 | 1.14 | 2.20 | | 1.28 | 1.33 | 2.40 |
| 11. 其他直接费用 | 元 | | | | | | | |
| (二)间接费用 | 元 | 12.88 | 13.42 | 7.35 | | 4.13 | 6.14 | 2.79 |
| 1. 固定资产折旧 | 元 | 3.71 | 4.78 | 2.66 | | 4.13 | 2.90 | 2.79 |
| 2. 保险费 | 元 | 9.17 | 7.17 | 4.58 | | | | |
| 3. 管理费 | 元 | | | | | | | |
| 4. 财务费 | 元 | | 0.60 | | | | | |
| 5. 销售费 | 元 | | 0.87 | 0.11 | | | 3.24 | |
| **二、每亩人工成本** | **元** | **523.57** | **209.17** | **424.67** | **261.45** | **217.22** | **485.16** | **546.29** |
| 1. 家庭用工折价 | 元 | 511.80 | 208.10 | 418.22 | 238.61 | 217.22 | 485.16 | 546.29 |
| 家庭用工天数 | 日 | 5.55 | 2.26 | 4.54 | 2.59 | 2.36 | 5.26 | 5.93 |
| 劳动日工价 | 元 | 92.20 | 92.20 | 92.20 | 92.20 | 92.20 | 92.20 | 92.20 |
| 2. 雇工费用 | 元 | 11.77 | 1.07 | 6.45 | 22.83 | | | |
| 雇工天数 | 日 | 0.15 | 0.01 | 0.07 | 0.26 | | | |
| 雇工工价 | 元 | 78.46 | 107.30 | 92.10 | 87.82 | 120.40 | 102.29 | 107.18 |
| 三、附 | | | | | | | | |
| 1. 每亩种子用量 | 公斤 | 5.53 | 6.10 | 4.63 | 5.08 | 6.28 | 5.00 | 5.67 |
| 2. 每亩化肥用量 | 公斤 | 4.87 | 2.91 | 8.03 | 1.70 | 7.44 | 1.10 | 9.58 |
| 3. 每亩农膜用量 | 公斤 | | | | | | | |

# 2-7-3　2021年各地区大豆化肥投入情况

| 项　　目 | 单位 | 平　均 | 河　北 | 山　西 | 内蒙古 | 辽　宁 | 吉　林 | 黑龙江 |
|---|---|---|---|---|---|---|---|---|
| **一、每亩化肥金额** | **元** | **50.41** | **108.66** | **74.98** | **48.41** | **77.75** | **100.72** | **59.06** |
| (一)氮肥 | 元 | 4.70 | 1.33 | 8.00 | 0.15 | 5.27 |  | 6.11 |
| 1. 尿素 | 元 | 4.54 | 1.33 | 2.71 | 0.15 | 5.08 |  | 6.11 |
| 2. 碳铵 | 元 | 0.16 |  | 5.29 |  | 0.19 |  |  |
| 3. 其他氮肥 | 元 |  |  |  |  |  |  |  |
| (二)磷肥 | 元 | 0.52 |  | 15.54 |  |  |  |  |
| 其中:过磷酸钙 | 元 | 0.52 |  | 15.54 |  |  |  |  |
| (三)钾肥 | 元 | 2.57 |  |  | 0.14 |  | 0.17 | 4.98 |
| 其中:氯化钾 | 元 | 2.54 |  |  |  |  |  | 4.98 |
| (四)复混肥 | 元 | 42.46 | 107.33 | 51.44 | 48.12 | 72.48 | 100.18 | 47.97 |
| 1. 复合肥 | 元 | 42.35 | 107.33 | 51.44 | 47.59 | 69.30 | 100.18 | 47.97 |
| 其中:二铵 | 元 | 9.30 | 13.11 | 11.86 | 2.17 | 2.42 | 0.05 | 16.40 |
| 三元素复合肥 | 元 | 20.64 | 90.17 |  | 17.25 | 44.02 | 14.57 | 25.51 |
| 2. 混配肥 | 元 | 0.11 |  |  | 0.53 | 3.18 |  |  |
| (五)其他肥料 | 元 | 0.16 |  |  |  |  | 0.37 |  |
| **二、每亩化肥折纯用量** | **公斤** | **8.54** | **14.70** | **12.36** | **7.89** | **11.87** | **15.27** | **10.49** |
| (一)氮肥 | 公斤 | 0.93 | 0.27 | 1.84 | 0.03 | 1.02 |  | 1.25 |
| 1. 尿素 | 公斤 | 0.90 | 0.27 | 0.68 | 0.03 | 0.99 |  | 1.25 |
| 2. 碳铵 | 公斤 | 0.03 |  | 1.16 |  | 0.03 |  |  |
| 3. 其他氮肥 | 公斤 |  |  |  |  |  |  |  |
| (二)磷肥 | 公斤 | 0.08 |  | 2.62 |  |  |  |  |
| 其中:过磷酸钙 | 公斤 | 0.08 |  | 2.62 |  |  |  |  |
| (三)钾肥 | 公斤 | 0.49 |  |  | 0.03 |  | 0.03 | 0.93 |
| 其中:氯化钾 | 公斤 | 0.48 |  |  |  |  |  | 0.93 |
| (四)复混肥 | 公斤 | 7.04 | 14.43 | 7.91 | 7.84 | 10.85 | 15.24 | 8.31 |
| 1. 复合肥 | 公斤 | 7.02 | 14.43 | 7.91 | 7.74 | 10.30 | 15.24 | 8.31 |
| 其中:二铵 | 公斤 | 1.85 | 2.41 | 2.17 | 0.42 | 0.47 | 0.01 | 3.29 |
| 三元素复合肥 | 公斤 | 3.18 | 11.62 |  | 2.57 | 6.44 | 2.29 | 4.01 |
| 2. 混配肥 | 公斤 | 0.02 |  |  | 0.10 | 0.55 |  |  |

2-7-3 续表

| 项 目 | 单位 | 江 苏 | 安 徽 | 山 东 | 河 南 | 湖 北 | 四 川 | 陕 西 |
|---|---|---|---|---|---|---|---|---|
| **一、每亩化肥金额** | **元** | **30.96** | **19.83** | **49.19** | **11.86** | **46.61** | **6.49** | **52.13** |
| (一)氮肥 | 元 | 10.53 | 5.85 | 9.44 | | 0.08 | | 33.31 |
| 1. 尿素 | 元 | 10.53 | 5.85 | 9.44 | | 0.08 | | 28.09 |
| 2. 碳铵 | 元 | | | | | | | 5.22 |
| 3. 其他氮肥 | 元 | | | | | | | |
| (二)磷肥 | 元 | 4.25 | | | | | 1.38 | 6.08 |
| 其中:过磷酸钙 | 元 | 4.25 | | | | | 1.38 | 6.08 |
| (三)钾肥 | 元 | | | | | | | |
| 其中:氯化钾 | 元 | | | | | | | |
| (四)复混肥 | 元 | 16.18 | 12.23 | 39.75 | 11.71 | 46.53 | 5.11 | 12.74 |
| 1. 复合肥 | 元 | 16.18 | 12.23 | 39.75 | 11.71 | 46.53 | 5.11 | 12.74 |
| 其中:二铵 | 元 | | | 6.80 | | | | 6.88 |
| 三元素复合肥 | 元 | 12.53 | 8.25 | 24.94 | 5.42 | 46.53 | 0.27 | 5.86 |
| 2. 混配肥 | 元 | | | | | | | |
| (五)其他肥料 | 元 | | 1.75 | | 0.15 | | | |
| **二、每亩化肥折纯用量** | **公斤** | **4.87** | **2.91** | **8.03** | **1.70** | **7.44** | **1.10** | **9.58** |
| (一)氮肥 | 公斤 | 1.85 | 1.06 | 1.86 | | 0.02 | | 5.93 |
| 1. 尿素 | 公斤 | 1.85 | 1.06 | 1.86 | | 0.02 | | 4.92 |
| 2. 碳铵 | 公斤 | | | | | | | 1.01 |
| 3. 其他氮肥 | 公斤 | | | | | | | |
| (二)磷肥 | 公斤 | 0.50 | | | | | 0.22 | 1.30 |
| 其中:过磷酸钙 | 公斤 | 0.50 | | | | | 0.22 | 1.30 |
| (三)钾肥 | 公斤 | | | | | | | |
| 其中:氯化钾 | 公斤 | | | | | | | |
| (四)复混肥 | 公斤 | 2.51 | 1.86 | 6.18 | 1.70 | 7.42 | 0.89 | 2.34 |
| 1. 复合肥 | 公斤 | 2.51 | 1.86 | 6.18 | 1.70 | 7.42 | 0.89 | 2.34 |
| 其中:二铵 | 公斤 | | | 1.16 | | | | 1.44 |
| 三元素复合肥 | 公斤 | 1.96 | 1.25 | 3.80 | 0.78 | 7.42 | 0.04 | 0.90 |
| 2. 混配肥 | 公斤 | | | | | | | |

# 2-8-1 2021年各地区花生成本收益情况

| 项　　目 | 单位 | 平　均 | 河　北 | 辽　宁 | 吉　林 | 安　徽 |
|---|---|---|---|---|---|---|
| **每亩** | | | | | | |
| 主产品产量 | 公斤 | 245.73 | 301.51 | 270.87 | 257.83 | 307.90 |
| 产值合计 | 元 | 1803.92 | 2104.82 | 1707.05 | 1692.98 | 2062.09 |
| 主产品产值 | 元 | 1786.59 | 2089.45 | 1673.53 | 1670.16 | 2051.32 |
| 副产品产值 | 元 | 17.33 | 15.37 | 33.52 | 22.82 | 10.77 |
| 总成本 | 元 | 1458.30 | 1544.46 | 1196.69 | 920.73 | 1211.98 |
| 生产成本 | 元 | 1226.83 | 1268.98 | 890.76 | 583.94 | 935.96 |
| 物质与服务费用 | 元 | 529.68 | 547.73 | 538.66 | 382.30 | 494.69 |
| 人工成本 | 元 | 697.15 | 721.25 | 352.10 | 201.64 | 441.27 |
| 家庭用工折价 | 元 | 692.61 | 701.18 | 342.52 | 201.64 | 430.30 |
| 雇工费用 | 元 | 4.54 | 20.06 | 9.58 | | 10.97 |
| 土地成本 | 元 | 231.47 | 275.48 | 305.93 | 336.79 | 276.02 |
| 流转地租金 | 元 | 28.83 | 8.99 | 43.01 | 50.29 | 86.45 |
| 自营地折租 | 元 | 202.64 | 266.49 | 262.92 | 286.50 | 189.57 |
| 净利润 | 元 | 345.62 | 560.37 | 510.36 | 772.25 | 850.11 |
| 现金成本 | 元 | 563.05 | 576.78 | 591.25 | 432.59 | 592.11 |
| 现金收益 | 元 | 1240.87 | 1528.04 | 1115.80 | 1260.39 | 1469.98 |
| 成本利润率 | % | 23.70 | 36.28 | 42.65 | 83.87 | 70.14 |
| **每50公斤主产品** | | | | | | |
| 平均出售价格 | 元 | 363.53 | 346.50 | 308.92 | 323.89 | 333.11 |
| 总成本 | 元 | 293.88 | 254.25 | 216.56 | 176.15 | 195.78 |
| 生产成本 | 元 | 247.23 | 208.90 | 161.20 | 111.72 | 151.20 |
| 净利润 | 元 | 69.65 | 92.25 | 92.36 | 147.74 | 137.33 |
| 现金成本 | 元 | 113.47 | 94.95 | 107.00 | 82.76 | 95.65 |
| 现金收益 | 元 | 250.06 | 251.55 | 201.92 | 241.13 | 237.46 |
| **附：** | | | | | | |
| 每亩用工数量 | 日 | 7.55 | 7.81 | 3.81 | 2.19 | 4.73 |
| 每亩主产品已出售数量 | 公斤 | 173.96 | 264.21 | 108.58 | 17.56 | 305.54 |
| 每亩主产品已出售产值 | 元 | 1269.05 | 1823.90 | 604.82 | 113.04 | 2035.80 |
| 每亩成本外支出 | 元 | | | | | |

2-8-1 续表 1

| 项　　目 | 单位 | 福　建 | 江　西 | 山　东 | 河　南 | 湖　北 |
|---|---|---|---|---|---|---|
| **每亩** | | | | | | |
| 主产品产量 | 公斤 | 197. 14 | 230. 29 | 320. 58 | 240. 92 | 198. 36 |
| 产值合计 | 元 | 2593. 47 | 1486. 01 | 2000. 94 | 1410. 44 | 1581. 70 |
| 主产品产值 | 元 | 2582. 96 | 1477. 48 | 1977. 78 | 1387. 53 | 1574. 55 |
| 副产品产值 | 元 | 10. 51 | 8. 53 | 23. 16 | 22. 91 | 7. 15 |
| 总成本 | 元 | 2116. 27 | 1381. 13 | 1623. 70 | 1390. 54 | 1230. 09 |
| 生产成本 | 元 | 1857. 00 | 1250. 06 | 1407. 74 | 1103. 05 | 1124. 50 |
| 物质与服务费用 | 元 | 591. 21 | 528. 78 | 589. 80 | 555. 38 | 402. 02 |
| 人工成本 | 元 | 1265. 79 | 721. 28 | 817. 94 | 547. 67 | 722. 48 |
| 家庭用工折价 | 元 | 1244. 52 | 721. 28 | 813. 02 | 547. 67 | 722. 48 |
| 雇工费用 | 元 | 21. 27 | | 4. 93 | | |
| 土地成本 | 元 | 259. 27 | 131. 07 | 215. 96 | 287. 49 | 105. 59 |
| 流转地租金 | 元 | 78. 99 | 11. 25 | 5. 50 | 46. 73 | 22. 89 |
| 自营地折租 | 元 | 180. 28 | 119. 82 | 210. 46 | 240. 76 | 82. 70 |
| 净利润 | 元 | 477. 20 | 104. 88 | 377. 24 | 19. 90 | 351. 61 |
| 现金成本 | 元 | 691. 47 | 540. 03 | 600. 23 | 602. 11 | 424. 91 |
| 现金收益 | 元 | 1902. 00 | 945. 98 | 1400. 71 | 808. 33 | 1156. 79 |
| 成本利润率 | % | 22. 55 | 7. 59 | 23. 23 | 1. 43 | 28. 58 |
| **每 50 公斤主产品** | | | | | | |
| 平均出售价格 | 元 | 655. 11 | 320. 79 | 308. 47 | 287. 96 | 396. 89 |
| 总成本 | 元 | 534. 57 | 298. 15 | 250. 31 | 283. 90 | 308. 66 |
| 生产成本 | 元 | 469. 08 | 269. 85 | 217. 02 | 225. 20 | 282. 17 |
| 净利润 | 元 | 120. 54 | 22. 64 | 58. 16 | 4. 06 | 88. 23 |
| 现金成本 | 元 | 174. 67 | 116. 58 | 92. 53 | 122. 93 | 106. 62 |
| 现金收益 | 元 | 480. 44 | 204. 21 | 215. 94 | 165. 03 | 290. 27 |
| **附：** | | | | | | |
| 每亩用工数量 | 日 | 13. 65 | 7. 82 | 8. 87 | 5. 94 | 7. 84 |
| 每亩主产品已出售数量 | 公斤 | 103. 47 | 200. 27 | 129. 76 | 209. 98 | 188. 76 |
| 每亩主产品已出售产值 | 元 | 1266. 85 | 1285. 10 | 813. 83 | 1204. 34 | 1491. 76 |
| 每亩成本外支出 | 元 | | | | | |

2-8-1 续表 2

| 项目 | 单位 | 湖南 | 广东 | 广西 | 海南 | 四川 |
|---|---|---|---|---|---|---|
| **每亩** | | | | | | |
| 主产品产量 | 公斤 | 181.63 | 193.21 | 190.00 | 163.02 | 176.51 |
| 产值合计 | 元 | 3744.47 | 1829.34 | 2313.73 | 1634.64 | 1797.39 |
| 主产品产值 | 元 | 3734.47 | 1827.32 | 2296.93 | 1634.64 | 1792.86 |
| 副产品产值 | 元 | 10.00 | 2.02 | 16.80 | | 4.53 |
| 总成本 | 元 | 1731.89 | 1534.20 | 1707.57 | 1565.30 | 1524.01 |
| 生产成本 | 元 | 1569.89 | 1345.48 | 1479.32 | 1411.21 | 1426.96 |
| 物质与服务费用 | 元 | 465.22 | 509.04 | 560.92 | 561.62 | 425.85 |
| 人工成本 | 元 | 1104.67 | 836.44 | 918.40 | 849.59 | 1001.11 |
| 家庭用工折价 | 元 | 1079.66 | 831.83 | 918.40 | 845.75 | 1001.11 |
| 雇工费用 | 元 | 25.01 | 4.61 | | 3.84 | |
| 土地成本 | 元 | 162.00 | 188.72 | 228.25 | 154.09 | 97.05 |
| 流转地租金 | 元 | 39.60 | 22.24 | 1.73 | | 3.00 |
| 自营地折租 | 元 | 122.40 | 166.48 | 226.52 | 154.09 | 94.05 |
| 净利润 | 元 | 2012.58 | 295.14 | 606.16 | 69.34 | 273.38 |
| 现金成本 | 元 | 529.83 | 535.89 | 562.65 | 565.46 | 428.85 |
| 现金收益 | 元 | 3214.64 | 1293.45 | 1751.08 | 1069.18 | 1368.54 |
| 成本利润率 | % | 116.21 | 19.24 | 35.50 | 4.43 | 17.94 |
| **每50公斤主产品** | | | | | | |
| 平均出售价格 | 元 | 1028.04 | 472.88 | 604.46 | 501.36 | 507.86 |
| 总成本 | 元 | 475.49 | 396.59 | 446.10 | 480.09 | 430.61 |
| 生产成本 | 元 | 431.01 | 347.80 | 386.47 | 432.83 | 403.19 |
| 净利润 | 元 | 552.55 | 76.29 | 158.36 | 21.27 | 77.25 |
| 现金成本 | 元 | 145.46 | 138.53 | 146.99 | 173.43 | 121.17 |
| 现金收益 | 元 | 882.58 | 334.35 | 457.47 | 327.93 | 386.69 |
| **附：** | | | | | | |
| 每亩用工数量 | 日 | 11.88 | 9.08 | 9.96 | 9.20 | 10.86 |
| 每亩主产品已出售数量 | 公斤 | 160.46 | 167.09 | 114.46 | 82.86 | 149.50 |
| 每亩主产品已出售产值 | 元 | 3308.43 | 1443.54 | 1436.63 | 836.41 | 1521.84 |
| 每亩成本外支出 | 元 | | | | | |

# 2-8-2 2021 年各地区花生费用和用工情况

| 项　　目 | 单位 | 平 均 | 河 北 | 辽 宁 | 吉 林 | 安 徽 |
|---|---|---|---|---|---|---|
| 一、每亩物质与服务费用 | 元 | **529.68** | **547.73** | **538.66** | **382.30** | **494.69** |
| (一)直接费用 | 元 | 524.79 | 543.23 | 535.32 | 370.49 | 492.68 |
| 1. 种子费 | 元 | 185.40 | 219.91 | 168.33 | 83.03 | 173.11 |
| 2. 化肥费 | 元 | 152.27 | 121.16 | 149.62 | 103.95 | 146.26 |
| 3. 农家肥费 | 元 | 10.57 | 5.53 | 1.61 |  | 4.19 |
| 4. 农药费 | 元 | 49.14 | 31.83 | 53.95 | 32.64 | 44.73 |
| 5. 农膜费 | 元 | 7.87 | 25.09 | 0.72 | 2.76 | 19.13 |
| 6. 租赁作业费 | 元 | 112.92 | 135.19 | 156.98 | 143.63 | 100.98 |
| 机械作业费 | 元 | 103.86 | 107.88 | 152.30 | 143.63 | 100.11 |
| 排灌费 | 元 | 5.95 | 27.31 | 4.68 |  | 0.87 |
| 其中:水费 | 元 | 0.13 |  |  |  |  |
| 畜力费 | 元 | 3.11 |  |  |  |  |
| 7. 燃料动力费 | 元 | 1.38 |  | 0.05 |  | 1.10 |
| 8. 技术服务费 | 元 |  |  |  |  |  |
| 9. 工具材料费 | 元 | 3.99 | 2.40 | 2.30 | 2.26 | 3.00 |
| 10. 修理维护费 | 元 | 1.25 | 2.12 | 1.76 | 2.22 | 0.18 |
| 11. 其他直接费用 | 元 |  |  |  |  |  |
| (二)间接费用 | 元 | 4.89 | 4.50 | 3.34 | 11.81 | 2.01 |
| 1. 固定资产折旧 | 元 | 3.56 | 4.50 | 3.34 | 11.81 | 0.92 |
| 2. 保险费 | 元 | 0.80 |  |  |  | 1.09 |
| 3. 管理费 | 元 |  |  |  |  |  |
| 4. 财务费 | 元 |  |  |  |  |  |
| 5. 销售费 | 元 | 0.53 |  |  |  |  |
| 二、每亩人工成本 | 元 | **697.15** | **721.25** | **352.10** | **201.64** | **441.27** |
| 1. 家庭用工折价 | 元 | 692.61 | 701.18 | 342.52 | 201.64 | 430.30 |
| 家庭用工天数 | 日 | 7.51 | 7.61 | 3.72 | 2.19 | 4.67 |
| 劳动日工价 | 元 | 92.20 | 92.20 | 92.20 | 92.20 | 92.20 |
| 2. 雇工费用 | 元 | 4.54 | 20.06 | 9.58 |  | 10.97 |
| 雇工天数 | 日 | 0.04 | 0.20 | 0.09 |  | 0.06 |
| 雇工工价 | 元 | 113.50 | 100.32 | 106.39 | 148.30 | 182.88 |
| 三、附 |  |  |  |  |  |  |
| 1. 每亩种子用量 | 公斤 | 14.93 | 18.91 | 13.67 | 9.42 | 15.60 |
| 2. 每亩化肥用量 | 公斤 | 21.88 | 18.74 | 21.56 | 15.78 | 23.77 |
| 3. 每亩农膜用量 | 公斤 | 0.70 | 1.89 | 0.06 | 0.28 | 1.58 |

2-8-2 续表 1

| 项目 | 单位 | 福建 | 江西 | 山东 | 河南 | 湖北 |
|---|---|---|---|---|---|---|
| **一、每亩物质与服务费用** | 元 | **591.21** | **528.78** | **589.80** | **555.38** | **402.02** |
| (一)直接费用 | 元 | 577.83 | 523.13 | 577.35 | 554.10 | 396.52 |
| 1. 种子费 | 元 | 294.35 | 231.96 | 164.45 | 189.22 | 191.56 |
| 2. 化肥费 | 元 | 105.29 | 130.99 | 197.81 | 172.73 | 88.72 |
| 3. 农家肥费 | 元 | 17.75 | 9.79 | 14.10 | 9.68 | 13.19 |
| 4. 农药费 | 元 | 34.91 | 57.88 | 42.51 | 70.80 | 23.32 |
| 5. 农膜费 | 元 | | | 27.47 | | 14.51 |
| 6. 租赁作业费 | 元 | 98.28 | 86.05 | 121.66 | 108.31 | 55.59 |
| 机械作业费 | 元 | 41.08 | 79.82 | 116.92 | 99.40 | 55.59 |
| 排灌费 | 元 | 13.83 | 6.23 | 4.74 | 8.91 | |
| 其中:水费 | 元 | 5.04 | | 0.21 | | |
| 畜力费 | 元 | 43.37 | | | | |
| 7. 燃料动力费 | 元 | 9.68 | | 4.50 | | 5.47 |
| 8. 技术服务费 | 元 | | | | | |
| 9. 工具材料费 | 元 | 15.11 | 3.83 | 3.14 | 3.36 | 2.43 |
| 10. 修理维护费 | 元 | 2.46 | 2.63 | 1.71 | | 1.73 |
| 11. 其他直接费用 | 元 | | | | | |
| (二)间接费用 | 元 | 13.38 | 5.65 | 12.45 | 1.28 | 5.50 |
| 1. 固定资产折旧 | 元 | 13.38 | 5.65 | 6.85 | | 5.50 |
| 2. 保险费 | 元 | | | 4.71 | | |
| 3. 管理费 | 元 | | | | | |
| 4. 财务费 | 元 | | | | | |
| 5. 销售费 | 元 | | | 0.89 | 1.28 | |
| **二、每亩人工成本** | 元 | **1265.79** | **721.28** | **817.94** | **547.67** | **722.48** |
| 1. 家庭用工折价 | 元 | 1244.52 | 721.28 | 813.02 | 547.67 | 722.48 |
| 家庭用工天数 | 日 | 13.50 | 7.82 | 8.82 | 5.94 | 7.84 |
| 劳动日工价 | 元 | 92.20 | 92.20 | 92.20 | 92.20 | 92.20 |
| 2. 雇工费用 | 元 | 21.27 | | 4.93 | | |
| 雇工天数 | 日 | 0.15 | | 0.05 | | |
| 雇工工价 | 元 | 141.82 | 156.83 | 98.50 | 95.29 | 115.57 |
| **三、附** | | | | | | |
| 1. 每亩种子用量 | 公斤 | 11.46 | 16.25 | 14.20 | 17.68 | 14.67 |
| 2. 每亩化肥用量 | 公斤 | 14.05 | 22.40 | 28.32 | 25.31 | 13.53 |
| 3. 每亩农膜用量 | 公斤 | | | 2.71 | | 1.05 |

2-8-2 续表 2

| 项 目 | 单位 | 湖 南 | 广 东 | 广 西 | 海 南 | 四 川 |
|---|---|---|---|---|---|---|
| **一、每亩物质与服务费用** | **元** | **465.22** | **509.04** | **560.92** | **561.62** | **425.85** |
| (一)直接费用 | 元 | 460.81 | 507.75 | 555.63 | 554.71 | 420.96 |
| 1. 种子费 | 元 | 181.60 | 177.98 | 146.16 | 190.68 | 224.95 |
| 2. 化肥费 | 元 | 66.10 | 143.42 | 189.69 | 127.51 | 98.28 |
| 3. 农家肥费 | 元 | 42.20 | 7.93 | 6.69 | 44.72 | 13.08 |
| 4. 农药费 | 元 | 20.00 | 55.86 | 51.55 | 31.63 | 10.90 |
| 5. 农膜费 | 元 |  | 2.75 | 0.19 |  |  |
| 6. 租赁作业费 | 元 | 144.01 | 108.68 | 151.62 | 152.13 | 69.01 |
| 机械作业费 | 元 | 144.01 | 106.14 | 143.31 | 144.75 | 43.55 |
| 排灌费 | 元 |  |  |  | 1.44 |  |
| 其中:水费 | 元 |  |  |  | 1.18 |  |
| 畜力费 | 元 |  | 2.54 | 8.31 | 5.94 | 25.46 |
| 7. 燃料动力费 | 元 |  |  | 1.92 | 1.53 |  |
| 8. 技术服务费 | 元 |  |  |  |  |  |
| 9. 工具材料费 | 元 | 4.58 | 10.23 | 4.52 | 6.48 | 3.11 |
| 10. 修理维护费 | 元 | 2.32 | 0.90 | 3.29 | 0.03 | 1.63 |
| 11. 其他直接费用 | 元 |  |  |  |  |  |
| (二)间接费用 | 元 | 4.41 | 1.29 | 5.29 | 6.91 | 4.89 |
| 1. 固定资产折旧 | 元 | 4.41 | 1.29 | 5.11 | 6.91 | 4.89 |
| 2. 保险费 | 元 |  |  |  |  |  |
| 3. 管理费 | 元 |  |  |  |  |  |
| 4. 财务费 | 元 |  |  |  |  |  |
| 5. 销售费 | 元 |  |  | 0.18 |  |  |
| **二、每亩人工成本** | **元** | **1104.67** | **836.44** | **918.40** | **849.59** | **1001.11** |
| 1. 家庭用工折价 | 元 | 1079.66 | 831.83 | 918.40 | 845.75 | 1001.11 |
| 家庭用工天数 | 日 | 11.71 | 9.02 | 9.96 | 9.17 | 10.86 |
| 劳动日工价 | 元 | 92.20 | 92.20 | 92.20 | 92.20 | 92.20 |
| 2. 雇工费用 | 元 | 25.01 | 4.61 |  | 3.84 |  |
| 雇工天数 | 日 | 0.17 | 0.06 |  | 0.03 |  |
| 雇工工价 | 元 | 147.09 | 76.88 | 109.43 | 128.00 | 102.20 |
| **三、附** |  |  |  |  |  |  |
| 1. 每亩种子用量 | 公斤 | 9.58 | 9.25 | 8.55 | 13.78 | 18.28 |
| 2. 每亩化肥用量 | 公斤 | 9.06 | 16.77 | 23.32 | 13.39 | 15.22 |
| 3. 每亩农膜用量 | 公斤 |  | 0.22 | 0.03 |  |  |

# 2-8-3　2021年各地区花生化肥投入情况

| 项　　目 | 单位 | 平　均 | 河　北 | 辽　宁 | 吉　林 | 安　徽 |
|---|---|---|---|---|---|---|
| **一、每亩化肥金额** | **元** | **152.27** | **121.16** | **149.62** | **103.95** | **146.26** |
| （一）氮肥 | 元 | 13.63 | 10.88 | 6.26 | | 17.66 |
| 1. 尿素 | 元 | 12.82 | 10.88 | 6.26 | | 17.66 |
| 2. 碳铵 | 元 | 0.81 | | | | |
| 3. 其他氮肥 | 元 | | | | | |
| （二）磷肥 | 元 | 5.79 | | | | 1.83 |
| 其中：过磷酸钙 | 元 | 5.31 | | | | 1.83 |
| （三）钾肥 | 元 | 1.87 | 0.56 | | | |
| 其中：氯化钾 | 元 | 1.84 | | | | |
| （四）复混肥 | 元 | 125.67 | 106.17 | 132.59 | 103.95 | 126.69 |
| 1. 复合肥 | 元 | 125.12 | 106.17 | 130.03 | 103.95 | 126.69 |
| 其中：二铵 | 元 | 2.21 | 13.13 | 2.03 | | 1.80 |
| 三元素复合肥 | 元 | 98.27 | 93.04 | 83.23 | 6.29 | 118.51 |
| 2. 混配肥 | 元 | 0.55 | | 2.56 | | |
| （五）其他肥料 | 元 | 5.31 | 3.55 | 10.77 | | 0.08 |
| **二、每亩化肥折纯用量** | **公斤** | **21.88** | **18.74** | **21.56** | **15.78** | **23.77** |
| （一）氮肥 | 公斤 | 2.68 | 2.07 | 1.21 | | 3.71 |
| 1. 尿素 | 公斤 | 2.51 | 2.07 | 1.21 | | 3.71 |
| 2. 碳铵 | 公斤 | 0.17 | | | | |
| 3. 其他氮肥 | 公斤 | | | | | |
| （二）磷肥 | 公斤 | 1.09 | | | | 0.32 |
| 其中：过磷酸钙 | 公斤 | 1.03 | | | | 0.32 |
| （三）钾肥 | 公斤 | 0.34 | 0.04 | | | |
| 其中：氯化钾 | 公斤 | 0.34 | | | | |
| （四）复混肥 | 公斤 | 17.77 | 16.63 | 20.34 | 15.78 | 19.74 |
| 1. 复合肥 | 公斤 | 17.69 | 16.63 | 19.88 | 15.78 | 19.74 |
| 其中：二铵 | 公斤 | 0.42 | 2.77 | 0.43 | | 0.35 |
| 三元素复合肥 | 公斤 | 13.89 | 13.86 | 12.91 | 0.95 | 18.49 |
| 2. 混配肥 | 公斤 | 0.08 | | 0.46 | | |

2-8-3 续表 1

| 项　　目 | 单位 | 福　建 | 江　西 | 山　东 | 河　南 | 湖　北 |
|---|---|---|---|---|---|---|
| **一、每亩化肥金额** | **元** | **105.29** | **130.99** | **197.81** | **172.73** | **88.72** |
| （一）氮肥 | 元 | 15.62 | 27.47 | 0.92 | 24.85 | 2.72 |
| 1. 尿素 | 元 | 10.78 | 27.47 | 0.57 | 23.85 | 2.72 |
| 2. 碳铵 | 元 | 4.84 |  | 0.35 | 1.00 |  |
| 3. 其他氮肥 | 元 |  |  |  |  |  |
| （二）磷肥 | 元 | 18.43 | 16.32 |  |  |  |
| 其中：过磷酸钙 | 元 | 10.72 | 12.48 |  |  |  |
| （三）钾肥 | 元 | 4.30 | 5.12 |  |  |  |
| 其中：氯化钾 | 元 | 4.30 | 5.12 |  |  |  |
| （四）复混肥 | 元 | 66.05 | 82.08 | 194.17 | 145.74 | 86.00 |
| 1. 复合肥 | 元 | 60.76 | 82.08 | 192.63 | 145.74 | 86.00 |
| 其中：二铵 | 元 |  |  | 4.12 | 1.77 |  |
| 三元素复合肥 | 元 | 32.58 | 82.08 | 149.43 | 118.52 | 70.26 |
| 2. 混配肥 | 元 | 5.29 |  | 1.54 |  |  |
| （五）其他肥料 | 元 | 0.89 |  | 2.72 | 2.14 |  |
| **二、每亩化肥折纯用量** | **公斤** | **14.05** | **22.40** | **28.32** | **25.31** | **13.53** |
| （一）氮肥 | 公斤 | 2.60 | 5.48 | 0.18 | 4.96 | 0.58 |
| 1. 尿素 | 公斤 | 1.87 | 5.48 | 0.10 | 4.72 | 0.58 |
| 2. 碳铵 | 公斤 | 0.73 |  | 0.08 | 0.24 |  |
| 3. 其他氮肥 | 公斤 |  |  |  |  |  |
| （二）磷肥 | 公斤 | 2.84 | 2.09 |  |  |  |
| 其中：过磷酸钙 | 公斤 | 1.98 | 1.51 |  |  |  |
| （三）钾肥 | 公斤 | 0.65 | 0.94 |  |  |  |
| 其中：氯化钾 | 公斤 | 0.65 | 0.94 |  |  |  |
| （四）复混肥 | 公斤 | 7.98 | 13.89 | 28.14 | 20.35 | 12.96 |
| 1. 复合肥 | 公斤 | 7.27 | 13.89 | 27.95 | 20.35 | 12.96 |
| 其中：二铵 | 公斤 |  |  | 0.71 | 0.30 |  |
| 三元素复合肥 | 公斤 | 4.04 | 13.89 | 21.48 | 16.98 | 10.69 |
| 2. 混配肥 | 公斤 | 0.71 |  | 0.19 |  |  |

2-8-3 续表 2

| 项　　目 | 单位 | 湖　南 | 广　东 | 广　西 | 海　南 | 四　川 |
|---|---|---|---|---|---|---|
| **一、每亩化肥金额** | **元** | **66.10** | **143.42** | **189.69** | **127.51** | **98.28** |
| (一)氮肥 | 元 | | 14.10 | 3.45 | 8.69 | 21.43 |
| 1. 尿素 | 元 | | 9.64 | 3.45 | 8.69 | 21.43 |
| 2. 碳铵 | 元 | | 4.46 | | | |
| 3. 其他氮肥 | 元 | | | | | |
| (二)磷肥 | 元 | | 17.38 | 36.21 | 24.73 | 18.40 |
| 其中:过磷酸钙 | 元 | | 17.38 | 32.67 | 24.73 | 18.40 |
| (三)钾肥 | 元 | | 4.10 | 22.33 | 5.61 | |
| 其中:氯化钾 | 元 | | 4.10 | 22.33 | 5.61 | |
| (四)复混肥 | 元 | 66.10 | 105.00 | 73.05 | 74.06 | 58.45 |
| 1. 复合肥 | 元 | 66.10 | 105.00 | 73.05 | 70.52 | 58.45 |
| 其中:二铵 | 元 | | | | | |
| 三元素复合肥 | 元 | | 105.00 | 64.13 | 64.47 | 35.00 |
| 2. 混配肥 | 元 | | | | 3.54 | |
| (五)其他肥料 | 元 | | 2.84 | 54.65 | 14.42 | |
| **二、每亩化肥折纯用量** | **公斤** | **9.06** | **16.77** | **23.32** | **13.39** | **15.22** |
| (一)氮肥 | 公斤 | | 2.46 | 0.66 | 1.42 | 4.36 |
| 1. 尿素 | 公斤 | | 1.60 | 0.66 | 1.42 | 4.36 |
| 2. 碳铵 | 公斤 | | 0.86 | | | |
| 3. 其他氮肥 | 公斤 | | | | | |
| (二)磷肥 | 公斤 | | 3.01 | 8.48 | 4.00 | 3.36 |
| 其中:过磷酸钙 | 公斤 | | 3.01 | 8.01 | 4.00 | 3.36 |
| (三)钾肥 | 公斤 | | 0.77 | 4.07 | 1.03 | |
| 其中:氯化钾 | 公斤 | | 0.77 | 4.07 | 1.03 | |
| (四)复混肥 | 公斤 | 9.06 | 10.52 | 10.10 | 6.94 | 7.50 |
| 1. 复合肥 | 公斤 | 9.06 | 10.52 | 10.10 | 6.52 | 7.50 |
| 其中:二铵 | 公斤 | | | | | |
| 三元素复合肥 | 公斤 | | 10.52 | 8.56 | 5.78 | 4.43 |
| 2. 混配肥 | 公斤 | | | | 0.42 | |

# 2-9-1 2021 年各地区油菜籽成本收益情况

| 项　　目 | 单位 | 平　均 | 内蒙古 | 江　苏 | 浙　江 | 安　徽 | 江　西 |
|---|---|---|---|---|---|---|---|
| 每亩 | | | | | | | |
| 主产品产量 | 公斤 | 135.15 | 76.26 | 214.85 | 136.07 | 162.80 | 119.30 |
| 产值合计 | 元 | 823.68 | 480.87 | 1105.45 | 935.36 | 892.41 | 720.29 |
| 主产品产值 | 元 | 814.94 | 471.59 | 1089.81 | 932.30 | 884.14 | 704.64 |
| 副产品产值 | 元 | 8.74 | 9.28 | 15.64 | 3.06 | 8.27 | 15.65 |
| 总成本 | 元 | 926.90 | 451.24 | 1181.11 | 953.48 | 889.46 | 798.11 |
| 生产成本 | 元 | 805.72 | 347.79 | 936.68 | 719.09 | 714.35 | 702.85 |
| 物质与服务费用 | 元 | 262.45 | 147.79 | 218.91 | 306.22 | 299.70 | 269.05 |
| 人工成本 | 元 | 543.27 | 200.00 | 717.77 | 412.87 | 414.65 | 433.80 |
| 家庭用工折价 | 元 | 527.02 | 118.75 | 710.31 | 354.23 | 399.96 | 433.80 |
| 雇工费用 | 元 | 16.25 | 81.25 | 7.46 | 58.64 | 14.68 | |
| 土地成本 | 元 | 121.18 | 103.45 | 244.43 | 234.39 | 175.11 | 95.26 |
| 流转地租金 | 元 | 13.31 | 34.91 | 23.69 | 132.81 | 41.27 | 9.67 |
| 自营地折租 | 元 | 107.87 | 68.54 | 220.74 | 101.58 | 133.84 | 85.59 |
| 净利润 | 元 | -103.22 | 29.63 | -75.66 | -18.12 | 2.95 | -77.82 |
| 现金成本 | 元 | 292.01 | 263.95 | 250.06 | 497.67 | 355.65 | 278.72 |
| 现金收益 | 元 | 531.67 | 216.92 | 855.39 | 437.69 | 536.76 | 441.57 |
| 成本利润率 | % | -11.14 | 6.57 | -6.41 | -1.90 | 0.33 | -9.75 |
| 每 50 公斤主产品 | | | | | | | |
| 平均出售价格 | 元 | 301.49 | 309.20 | 253.62 | 342.58 | 271.54 | 295.32 |
| 总成本 | 元 | 339.27 | 290.15 | 270.98 | 349.22 | 270.64 | 327.23 |
| 生产成本 | 元 | 294.91 | 223.63 | 214.90 | 263.37 | 217.36 | 288.17 |
| 净利润 | 元 | -37.78 | 19.05 | -17.36 | -6.64 | 0.90 | -31.91 |
| 现金成本 | 元 | 106.88 | 169.72 | 57.37 | 182.27 | 108.22 | 114.28 |
| 现金收益 | 元 | 194.61 | 139.48 | 196.25 | 160.31 | 163.32 | 181.04 |
| 附： | | | | | | | |
| 每亩用工数量 | 日 | 5.85 | 1.94 | 7.78 | 4.21 | 4.45 | 4.71 |
| 每亩主产品已出售数量 | 公斤 | 118.05 | 75.22 | 199.55 | 90.61 | 144.85 | 106.56 |
| 每亩主产品已出售产值 | 元 | 707.38 | 465.39 | 1013.55 | 591.01 | 777.41 | 628.63 |
| 每亩成本外支出 | 元 | 0.08 | | 3.12 | | | |

2-9-1 续表 1

| 项目 | 单位 | 河南 | 湖北 | 湖南 | 重庆 | 四川 |
|---|---|---|---|---|---|---|
| **每亩** | | | | | | |
| 主产品产量 | 公斤 | 118.65 | 140.92 | 100.40 | 112.29 | 162.84 |
| 产值合计 | 元 | 658.74 | 785.37 | 692.36 | 693.29 | 1005.50 |
| 主产品产值 | 元 | 657.95 | 777.17 | 691.40 | 676.10 | 996.69 |
| 副产品产值 | 元 | 0.79 | 8.20 | 0.96 | 17.19 | 8.81 |
| 总成本 | 元 | 718.35 | 768.26 | 790.70 | 1076.36 | 1157.25 |
| 生产成本 | 元 | 555.79 | 661.39 | 681.40 | 963.32 | 1052.00 |
| 物质与服务费用 | 元 | 236.60 | 287.70 | 281.52 | 113.60 | 258.61 |
| 人工成本 | 元 | 319.19 | 373.69 | 399.88 | 849.72 | 793.39 |
| 家庭用工折价 | 元 | 303.43 | 345.01 | 381.52 | 849.72 | 791.35 |
| 雇工费用 | 元 | 15.76 | 28.68 | 18.35 | | 2.04 |
| 土地成本 | 元 | 162.56 | 106.87 | 109.30 | 113.04 | 105.25 |
| 流转地租金 | 元 | 29.73 | 10.60 | 15.37 | | 2.83 |
| 自营地折租 | 元 | 132.83 | 96.27 | 93.93 | 113.04 | 102.42 |
| 净利润 | 元 | -59.61 | 17.11 | -98.34 | -383.07 | -151.75 |
| 现金成本 | 元 | 282.09 | 326.98 | 315.24 | 113.60 | 263.48 |
| 现金收益 | 元 | 376.65 | 458.39 | 377.12 | 579.69 | 742.02 |
| 成本利润率 | % | -8.30 | 2.23 | -12.44 | -35.59 | -13.11 |
| **每50公斤主产品** | | | | | | |
| 平均出售价格 | 元 | 277.27 | 275.75 | 344.32 | 301.05 | 306.03 |
| 总成本 | 元 | 302.36 | 269.74 | 393.22 | 467.39 | 352.22 |
| 生产成本 | 元 | 233.94 | 232.22 | 338.87 | 418.30 | 320.18 |
| 净利润 | 元 | -25.09 | 6.01 | -48.90 | -166.34 | -46.19 |
| 现金成本 | 元 | 118.73 | 114.81 | 156.77 | 49.33 | 80.19 |
| 现金收益 | 元 | 158.54 | 160.94 | 187.55 | 251.72 | 225.84 |
| **附：** | | | | | | |
| 每亩用工数量 | 日 | 3.41 | 3.96 | 4.27 | 9.22 | 8.60 |
| 每亩主产品已出售数量 | 公斤 | 77.55 | 132.52 | 91.68 | 38.71 | 160.28 |
| 每亩主产品已出售产值 | 元 | 411.32 | 730.50 | 622.44 | 226.69 | 981.37 |
| 每亩成本外支出 | 元 | | | | | |

2-9-1 续表 2

| 项 目 | 单位 | 贵 州 | 云 南 | 陕 西 | 甘 肃 | 青 海 |
|---|---|---|---|---|---|---|
| **每亩** | | | | | | |
| 主产品产量 | 公斤 | 114.91 | 164.52 | 161.03 | 142.55 | 178.14 |
| 产值合计 | 元 | 687.53 | 1042.70 | 945.11 | 955.80 | 1157.91 |
| 主产品产值 | 元 | 686.64 | 1023.47 | 923.63 | 940.60 | 1132.82 |
| 副产品产值 | 元 | 0.89 | 19.23 | 21.48 | 15.20 | 25.09 |
| 总成本 | 元 | 1035.22 | 940.02 | 1392.13 | 1061.33 | 1072.74 |
| 生产成本 | 元 | 934.45 | 739.33 | 1293.55 | 918.50 | 967.83 |
| 物质与服务费用 | 元 | 236.41 | 299.75 | 308.21 | 330.92 | 247.75 |
| 人工成本 | 元 | 698.04 | 439.58 | 985.34 | 587.58 | 720.08 |
| 家庭用工折价 | 元 | 695.65 | 395.26 | 985.34 | 575.97 | 720.08 |
| 雇工费用 | 元 | 2.39 | 44.32 | | 11.61 | |
| 土地成本 | 元 | 100.77 | 200.69 | 98.58 | 142.83 | 104.91 |
| 流转地租金 | 元 | 3.97 | 0.62 | | 0.59 | 2.69 |
| 自营地折租 | 元 | 96.80 | 200.07 | 98.58 | 142.24 | 102.22 |
| 净利润 | 元 | -347.69 | 102.68 | -447.02 | -105.53 | 85.17 |
| 现金成本 | 元 | 242.77 | 344.69 | 308.21 | 343.12 | 250.44 |
| 现金收益 | 元 | 444.76 | 698.01 | 636.90 | 612.68 | 907.47 |
| 成本利润率 | % | -33.59 | 10.92 | -32.11 | -9.94 | 7.94 |
| **每 50 公斤主产品** | | | | | | |
| 平均出售价格 | 元 | 298.77 | 311.05 | 286.79 | 329.92 | 317.96 |
| 总成本 | 元 | 449.86 | 280.42 | 422.44 | 366.35 | 294.57 |
| 生产成本 | 元 | 406.07 | 220.55 | 392.52 | 317.04 | 265.76 |
| 净利润 | 元 | -151.09 | 30.63 | -135.65 | -36.43 | 23.39 |
| 现金成本 | 元 | 105.50 | 102.83 | 93.53 | 118.44 | 68.77 |
| 现金收益 | 元 | 193.27 | 208.22 | 193.26 | 211.48 | 249.19 |
| **附：** | | | | | | |
| 每亩用工数量 | 日 | 7.58 | 4.76 | 10.69 | 6.35 | 7.81 |
| 每亩主产品已出售数量 | 公斤 | 85.25 | 150.88 | 120.53 | 66.09 | 140.20 |
| 每亩主产品已出售产值 | 元 | 511.62 | 932.68 | 688.09 | 434.41 | 891.18 |
| 每亩成本外支出 | 元 | | | | | |

# 2-9-2 2021年各地区油菜籽费用和用工情况

| 项　　目 | 单位 | 平　均 | 内蒙古 | 江　苏 | 浙　江 | 安　徽 | 江　西 |
|---|---|---|---|---|---|---|---|
| **一、每亩物质与服务费用** | **元** | **262.45** | **147.79** | **218.91** | **306.22** | **299.70** | **269.05** |
| (一)直接费用 | 元 | 252.83 | 136.94 | 195.72 | 303.07 | 282.82 | 257.91 |
| 1. 种子费 | 元 | 22.91 | 4.87 | 22.39 | 16.53 | 28.21 | 26.15 |
| 2. 化肥费 | 元 | 100.75 | 27.94 | 118.93 | 128.30 | 118.24 | 100.26 |
| 3. 农家肥费 | 元 | 9.32 | 13.29 | 6.11 | 2.28 | 10.86 | 10.21 |
| 4. 农药费 | 元 | 18.31 | 13.21 | 23.01 | 26.86 | 24.73 | 29.94 |
| 5. 农膜费 | 元 | 0.21 | 4.96 | | | | |
| 6. 租赁作业费 | 元 | 94.59 | 66.86 | 21.23 | 123.06 | 94.80 | 83.96 |
| 机械作业费 | 元 | 88.78 | 58.07 | 17.51 | 122.33 | 92.99 | 83.50 |
| 排灌费 | 元 | 3.35 | 8.79 | 3.72 | 0.73 | 1.81 | 0.46 |
| 其中:水费 | 元 | 2.57 | | 3.27 | 0.32 | 0.49 | 0.46 |
| 畜力费 | 元 | 2.46 | | | | | |
| 7. 燃料动力费 | 元 | 1.07 | | | 0.01 | 0.78 | 0.89 |
| 8. 技术服务费 | 元 | | | | | | |
| 9. 工具材料费 | 元 | 4.12 | 5.81 | 2.40 | 3.93 | 4.27 | 5.44 |
| 10. 修理维护费 | 元 | 1.55 | | 1.65 | 2.10 | 0.93 | 1.06 |
| 11. 其他直接费用 | 元 | | | | | | |
| (二)间接费用 | 元 | 9.62 | 10.85 | 23.19 | 3.15 | 16.88 | 11.14 |
| 1. 固定资产折旧 | 元 | 5.80 | | 4.32 | 1.38 | 2.53 | 11.14 |
| 2. 保险费 | 元 | 3.51 | 10.85 | 18.79 | 1.06 | 14.20 | |
| 3. 管理费 | 元 | 0.01 | | | 0.39 | | |
| 4. 财务费 | 元 | | | | | | |
| 5. 销售费 | 元 | 0.30 | | 0.08 | 0.32 | 0.15 | |
| **二、每亩人工成本** | **元** | **543.27** | **200.00** | **717.77** | **412.87** | **414.65** | **433.80** |
| 1. 家庭用工折价 | 元 | 527.02 | 118.75 | 710.31 | 354.23 | 399.96 | 433.80 |
| 家庭用工天数 | 日 | 5.72 | 1.29 | 7.70 | 3.84 | 4.34 | 4.71 |
| 劳动日工价 | 元 | 92.20 | 92.20 | 92.20 | 92.20 | 92.20 | 92.20 |
| 2. 雇工费用 | 元 | 16.25 | 81.25 | 7.46 | 58.64 | 14.68 | |
| 雇工天数 | 日 | 0.13 | 0.65 | 0.08 | 0.37 | 0.11 | |
| 雇工工价 | 元 | 125.00 | 125.00 | 93.30 | 158.48 | 133.49 | 127.74 |
| 三、附 | | | | | | | |
| 1. 每亩种子用量 | 公斤 | 0.31 | 0.52 | 0.16 | 0.33 | 0.29 | 0.34 |
| 2. 每亩化肥用量 | 公斤 | 16.79 | 4.57 | 21.46 | 19.84 | 21.27 | 17.70 |
| 3. 每亩农膜用量 | 公斤 | 0.02 | 0.45 | | | | |

2-9-2 续表 1

| 项目 | 单位 | 河南 | 湖北 | 湖南 | 重庆 | 四川 |
|---|---|---|---|---|---|---|
| **一、每亩物质与服务费用** | **元** | **236.60** | **287.70** | **281.52** | **113.60** | **258.61** |
| (一)直接费用 | 元 | 236.60 | 282.07 | 270.16 | 104.40 | 248.22 |
| 1. 种子费 | 元 | 24.04 | 26.50 | 22.10 | 14.10 | 24.86 |
| 2. 化肥费 | 元 | 114.90 | 107.62 | 99.15 | 50.15 | 106.18 |
| 3. 农家肥费 | 元 | 1.70 | 6.89 | 11.42 | 12.12 | 11.50 |
| 4. 农药费 | 元 | 9.74 | 20.00 | 24.83 | 5.05 | 12.34 |
| 5. 农膜费 | 元 | | | | | |
| 6. 租赁作业费 | 元 | 81.85 | 115.94 | 106.06 | 15.64 | 87.53 |
| 机械作业费 | 元 | 81.11 | 106.14 | 104.17 | 11.55 | 78.56 |
| 排灌费 | 元 | 0.74 | 2.76 | | | 6.70 |
| 其中:水费 | 元 | | 1.01 | | | 6.70 |
| 畜力费 | 元 | | 7.04 | 1.89 | 4.09 | 2.27 |
| 7. 燃料动力费 | 元 | 0.43 | 0.84 | 1.22 | 0.51 | 0.37 |
| 8. 技术服务费 | 元 | | | | | |
| 9. 工具材料费 | 元 | 3.94 | 2.37 | 3.69 | 5.38 | 3.25 |
| 10. 修理维护费 | 元 | | 1.91 | 1.69 | 1.45 | 2.19 |
| 11. 其他直接费用 | 元 | | | | | |
| (二)间接费用 | 元 | | 5.63 | 11.36 | 9.20 | 10.39 |
| 1. 固定资产折旧 | 元 | | 3.87 | 7.06 | 8.77 | 7.01 |
| 2. 保险费 | 元 | | 1.76 | 4.30 | 0.39 | 2.16 |
| 3. 管理费 | 元 | | | | | |
| 4. 财务费 | 元 | | | | | |
| 5. 销售费 | 元 | | | | 0.04 | 1.22 |
| **二、每亩人工成本** | **元** | **319.19** | **373.69** | **399.88** | **849.72** | **793.39** |
| 1. 家庭用工折价 | 元 | 303.43 | 345.01 | 381.52 | 849.72 | 791.35 |
| 家庭用工天数 | 日 | 3.29 | 3.74 | 4.14 | 9.22 | 8.58 |
| 劳动日工价 | 元 | 92.20 | 92.20 | 92.20 | 92.20 | 92.20 |
| 2. 雇工费用 | 元 | 15.76 | 28.68 | 18.35 | | 2.04 |
| 雇工天数 | 日 | 0.12 | 0.22 | 0.13 | | 0.02 |
| 雇工工价 | 元 | 131.32 | 130.35 | 141.17 | 128.78 | 101.85 |
| **三、附** | | | | | | |
| 1. 每亩种子用量 | 公斤 | 0.48 | 0.37 | 0.25 | 0.13 | 0.13 |
| 2. 每亩化肥用量 | 公斤 | 16.92 | 17.55 | 17.03 | 8.43 | 16.22 |
| 3. 每亩农膜用量 | 公斤 | | | | | |

2-9-2 续表 2

| 项　　目 | 单位 | 贵　州 | 云　南 | 陕　西 | 甘　肃 | 青　海 |
|---|---|---|---|---|---|---|
| **一、每亩物质与服务费用** | 元 | **236.41** | **299.75** | **308.21** | **330.92** | **247.75** |
| (一)直接费用 | 元 | 228.68 | 295.62 | 304.99 | 313.22 | 241.66 |
| 1. 种子费 | 元 | 15.97 | 22.43 | 44.82 | 16.78 | 17.74 |
| 2. 化肥费 | 元 | 98.55 | 131.74 | 102.17 | 116.05 | 78.49 |
| 3. 农家肥费 | 元 | 10.58 | 3.85 | 5.59 |  | 9.15 |
| 4. 农药费 | 元 | 5.41 | 30.40 | 14.69 | 11.27 | 10.19 |
| 5. 农膜费 | 元 |  |  |  |  |  |
| 6. 租赁作业费 | 元 | 85.62 | 95.16 | 132.68 | 159.82 | 121.94 |
| 机械作业费 | 元 | 79.35 | 87.39 | 121.01 | 147.75 | 120.63 |
| 排灌费 | 元 |  | 7.61 | 11.67 | 12.07 | 1.31 |
| 其中:水费 | 元 |  | 6.77 | 11.67 | 12.07 | 1.31 |
| 畜力费 | 元 | 6.27 | 0.16 |  |  |  |
| 7. 燃料动力费 | 元 | 5.01 | 3.39 |  |  |  |
| 8. 技术服务费 | 元 |  |  |  |  |  |
| 9. 工具材料费 | 元 | 6.45 | 8.18 | 2.56 | 5.73 | 4.15 |
| 10. 修理维护费 | 元 | 1.09 | 0.47 | 2.48 | 3.57 |  |
| 11. 其他直接费用 | 元 |  |  |  |  |  |
| (二)间接费用 | 元 | 7.73 | 4.13 | 3.22 | 17.70 | 6.09 |
| 1. 固定资产折旧 | 元 | 7.73 | 3.70 | 3.22 | 8.01 | 3.89 |
| 2. 保险费 | 元 |  | 0.32 |  | 9.69 |  |
| 3. 管理费 | 元 |  |  |  |  |  |
| 4. 财务费 | 元 |  |  |  |  |  |
| 5. 销售费 | 元 |  | 0.11 |  |  | 2.20 |
| **二、每亩人工成本** | 元 | **698.04** | **439.58** | **985.34** | **587.58** | **720.08** |
| 1. 家庭用工折价 | 元 | 695.65 | 395.26 | 985.34 | 575.97 | 720.08 |
| 家庭用工天数 | 日 | 7.55 | 4.29 | 10.69 | 6.25 | 7.81 |
| 劳动日工价 | 元 | 92.20 | 92.20 | 92.20 | 92.20 | 92.20 |
| 2. 雇工费用 | 元 | 2.39 | 44.32 |  | 11.61 |  |
| 雇工天数 | 日 | 0.03 | 0.47 |  | 0.10 |  |
| 雇工工价 | 元 | 79.53 | 94.30 | 106.48 | 116.05 | 85.62 |
| **三、附** |  |  |  |  |  |  |
| 1. 每亩种子用量 | 公斤 | 0.22 | 0.57 | 0.39 | 0.52 | 1.05 |
| 2. 每亩化肥用量 | 公斤 | 15.45 | 22.57 | 18.90 | 21.92 | 14.94 |
| 3. 每亩农膜用量 | 公斤 |  |  |  |  |  |

# 2-9-3 2021年各地区油菜籽化肥投入情况

| 项目 | 单位 | 平均 | 内蒙古 | 江苏 | 浙江 | 安徽 | 江西 |
|---|---|---|---|---|---|---|---|
| **一、每亩化肥金额** | **元** | **100.75** | **27.94** | **118.93** | **128.30** | **118.24** | **100.26** |
| (一)氮肥 | 元 | 25.29 | 1.51 | 41.13 | 30.40 | 33.88 | 17.07 |
| 1. 尿素 | 元 | 22.08 | 0.88 | 41.13 | 24.73 | 33.88 | 17.07 |
| 2. 碳铵 | 元 | 3.21 | 0.63 |  | 5.67 |  |  |
| 3. 其他氮肥 | 元 |  |  |  |  |  |  |
| (二)磷肥 | 元 | 3.20 |  | 1.40 | 2.00 | 0.92 | 1.90 |
| 其中:过磷酸钙 | 元 | 3.00 |  | 1.40 | 2.00 | 0.92 | 1.76 |
| (三)钾肥 | 元 | 1.03 |  |  | 0.16 | 2.41 | 7.87 |
| 其中:氯化钾 | 元 | 0.97 |  |  | 0.16 | 2.41 | 7.87 |
| (四)复混肥 | 元 | 70.23 | 26.43 | 76.40 | 95.18 | 80.02 | 72.42 |
| 1. 复合肥 | 元 | 68.42 | 26.43 | 76.40 | 95.18 | 78.66 | 72.42 |
| 其中:二铵 | 元 | 3.27 | 13.61 |  |  | 4.83 |  |
| 三元素复合肥 | 元 | 36.14 | 7.75 | 41.88 | 70.18 | 49.93 | 57.27 |
| 2. 混配肥 | 元 | 1.81 |  |  |  | 1.36 |  |
| (五)其他肥料 | 元 | 1.00 |  |  | 0.56 | 1.01 | 1.00 |
| **二、每亩化肥折纯用量** | **公斤** | **16.79** | **4.57** | **21.46** | **19.84** | **21.27** | **17.70** |
| (一)氮肥 | 公斤 | 5.22 | 0.28 | 8.38 | 6.08 | 7.03 | 3.41 |
| 1. 尿素 | 公斤 | 4.57 | 0.14 | 8.38 | 5.11 | 7.03 | 3.41 |
| 2. 碳铵 | 公斤 | 0.65 | 0.14 |  | 0.97 |  |  |
| 3. 其他氮肥 | 公斤 |  |  |  |  |  |  |
| (二)磷肥 | 公斤 | 0.60 |  | 0.22 | 0.39 | 0.19 | 0.29 |
| 其中:过磷酸钙 | 公斤 | 0.57 |  | 0.22 | 0.39 | 0.19 | 0.27 |
| (三)钾肥 | 公斤 | 0.20 |  |  | 0.02 | 0.48 | 1.60 |
| 其中:氯化钾 | 公斤 | 0.19 |  |  | 0.02 | 0.48 | 1.60 |
| (四)复混肥 | 公斤 | 10.75 | 4.29 | 12.85 | 13.35 | 13.59 | 12.41 |
| 1. 复合肥 | 公斤 | 10.47 | 4.29 | 12.85 | 13.35 | 13.35 | 12.41 |
| 其中:二铵 | 公斤 | 0.62 | 2.47 |  |  | 0.96 |  |
| 三元素复合肥 | 公斤 | 5.55 | 1.12 | 7.49 | 9.92 | 8.61 | 10.09 |
| 2. 混配肥 | 公斤 | 0.28 |  |  |  | 0.24 |  |

2-9-3 续表 1

| 项目 | 单位 | 河南 | 湖北 | 湖南 | 重庆 | 四川 |
|---|---|---|---|---|---|---|
| **一、每亩化肥金额** | **元** | **114.90** | **107.62** | **99.15** | **50.15** | **106.18** |
| (一)氮肥 | 元 | 13.69 | 16.79 | 26.73 | 23.13 | 23.02 |
| 1. 尿素 | 元 | 8.06 | 13.26 | 24.79 | 16.93 | 18.06 |
| 2. 碳铵 | 元 | 5.63 | 3.53 | 1.94 | 6.20 | 4.96 |
| 3. 其他氮肥 | 元 | | | | | |
| (二)磷肥 | 元 | | 0.58 | 4.53 | 3.94 | 1.82 |
| 其中:过磷酸钙 | 元 | | 0.58 | 4.53 | 3.94 | 1.82 |
| (三)钾肥 | 元 | | 1.21 | | | |
| 其中:氯化钾 | 元 | | 1.21 | | | |
| (四)复混肥 | 元 | 98.96 | 88.25 | 65.75 | 22.79 | 81.34 |
| 1. 复合肥 | 元 | 98.96 | 88.25 | 65.75 | 22.79 | 72.85 |
| 其中:二铵 | 元 | | | | | |
| 三元素复合肥 | 元 | 46.00 | 40.65 | 33.22 | 11.47 | 39.24 |
| 2. 混配肥 | 元 | | | | | 8.49 |
| (五)其他肥料 | 元 | 2.25 | 0.79 | 2.14 | 0.29 | |
| **二、每亩化肥折纯用量** | **公斤** | **16.92** | **17.55** | **17.03** | **8.43** | **16.22** |
| (一)氮肥 | 公斤 | 3.00 | 3.47 | 5.80 | 4.51 | 4.50 |
| 1. 尿素 | 公斤 | 1.61 | 2.75 | 5.41 | 3.26 | 3.55 |
| 2. 碳铵 | 公斤 | 1.39 | 0.72 | 0.39 | 1.25 | 0.95 |
| 3. 其他氮肥 | 公斤 | | | | | |
| (二)磷肥 | 公斤 | | 0.10 | 1.08 | 0.60 | 0.29 |
| 其中:过磷酸钙 | 公斤 | | 0.10 | 1.08 | 0.60 | 0.29 |
| (三)钾肥 | 公斤 | | 0.23 | | | |
| 其中:氯化钾 | 公斤 | | 0.23 | | | |
| (四)复混肥 | 公斤 | 13.93 | 13.75 | 10.15 | 3.32 | 11.43 |
| 1. 复合肥 | 公斤 | 13.93 | 13.75 | 10.15 | 3.32 | 10.12 |
| 其中:二铵 | 公斤 | | | | | |
| 三元素复合肥 | 公斤 | 7.01 | 6.41 | 5.08 | 1.66 | 5.30 |
| 2. 混配肥 | 公斤 | | | | | 1.31 |

2-9-3 续表 2

| 项 目 | 单位 | 贵 州 | 云 南 | 陕 西 | 甘 肃 | 青 海 |
|---|---|---|---|---|---|---|
| **一、每亩化肥金额** | **元** | **98.55** | **131.74** | **102.17** | **116.05** | **78.49** |
| (一)氮肥 | 元 | 32.41 | 51.73 | 40.72 | 42.30 | 21.58 |
| 1. 尿素 | 元 | 32.41 | 50.42 | 15.62 | 41.23 | 21.58 |
| 2. 碳铵 | 元 | | 1.26 | 25.10 | 1.07 | |
| 3. 其他氮肥 | 元 | | 0.05 | | | |
| (二)磷肥 | 元 | 11.31 | 5.79 | 7.32 | 8.34 | 0.14 |
| 其中:过磷酸钙 | 元 | 8.68 | 5.79 | 7.32 | 8.34 | 0.14 |
| (三)钾肥 | 元 | 0.51 | 2.38 | | | |
| 其中:氯化钾 | 元 | 0.36 | 1.17 | | | |
| (四)复混肥 | 元 | 52.00 | 69.71 | 54.13 | 64.90 | 56.77 |
| 1. 复合肥 | 元 | 51.16 | 69.27 | 54.13 | 64.90 | 55.44 |
| 其中:二铵 | 元 | | | 3.54 | 43.29 | 55.44 |
| 三元素复合肥 | 元 | 34.00 | 22.56 | 50.59 | 7.66 | |
| 2. 混配肥 | 元 | 0.84 | 0.44 | | | 1.33 |
| (五)其他肥料 | 元 | 2.32 | 2.13 | | 0.51 | |
| **二、每亩化肥折纯用量** | **公斤** | **15.45** | **22.57** | **18.90** | **21.92** | **14.94** |
| (一)氮肥 | 公斤 | 6.62 | 10.44 | 9.03 | 9.24 | 4.41 |
| 1. 尿素 | 公斤 | 6.62 | 10.24 | 3.49 | 9.06 | 4.41 |
| 2. 碳铵 | 公斤 | | 0.19 | 5.54 | 0.18 | |
| 3. 其他氮肥 | 公斤 | | 0.01 | | | |
| (二)磷肥 | 公斤 | 1.82 | 1.31 | 1.55 | 1.24 | 0.03 |
| 其中:过磷酸钙 | 公斤 | 1.38 | 1.31 | 1.55 | 1.24 | 0.03 |
| (三)钾肥 | 公斤 | 0.08 | 0.45 | | | |
| 其中:氯化钾 | 公斤 | 0.07 | 0.24 | | | |
| (四)复混肥 | 公斤 | 6.92 | 10.36 | 8.32 | 11.44 | 10.49 |
| 1. 复合肥 | 公斤 | 6.82 | 10.27 | 8.32 | 11.44 | 10.34 |
| 其中:二铵 | 公斤 | | | 0.74 | 8.39 | 10.34 |
| 三元素复合肥 | 公斤 | 4.53 | 4.10 | 7.58 | 0.99 | |
| 2. 混配肥 | 公斤 | 0.10 | 0.09 | | | 0.15 |

# 三、各地区棉、烟、糖料

# 3-1-1 2021年各地区棉花、长绒棉成本收益情况

| 项　　目 | 单位 | 平　均 | 河　北 | 江　苏 | 安　徽 | 江　西 |
|---|---|---|---|---|---|---|
| **每亩** | | | | | | |
| 主产品产量 | 公斤 | 124.11 | 90.26 | 76.95 | 79.12 | 69.30 |
| 产值合计 | 元 | 3334.68 | 2226.25 | 1815.37 | 1802.41 | 1539.02 |
| 主产品产值 | 元 | 2760.73 | 1812.51 | 1377.73 | 1472.16 | 1329.40 |
| 副产品产值 | 元 | 573.95 | 413.74 | 437.64 | 330.25 | 209.62 |
| 总成本 | 元 | 2424.43 | 2749.73 | 2788.16 | 2015.59 | 2949.20 |
| 生产成本 | 元 | 1958.56 | 2462.29 | 2539.04 | 1815.35 | 2814.52 |
| 物质与服务费用 | 元 | 1003.78 | 418.53 | 330.65 | 502.15 | 462.08 |
| 人工成本 | 元 | 954.78 | 2043.76 | 2208.39 | 1313.20 | 2352.44 |
| 家庭用工折价 | 元 | 676.84 | 2030.80 | 2184.86 | 1313.20 | 2311.18 |
| 雇工费用 | 元 | 277.94 | 12.97 | 23.53 | | 41.27 |
| 土地成本 | 元 | 465.87 | 287.44 | 249.12 | 200.24 | 134.68 |
| 流转地租金 | 元 | 60.45 | 19.71 | 14.49 | 30.46 | 11.73 |
| 自营地折租 | 元 | 405.42 | 267.73 | 234.63 | 169.78 | 122.95 |
| 净利润 | 元 | 910.25 | -523.48 | -972.79 | -213.18 | -1410.18 |
| 现金成本 | 元 | 1342.17 | 451.21 | 368.67 | 532.61 | 515.08 |
| 现金收益 | 元 | 1992.51 | 1775.04 | 1446.70 | 1269.80 | 1023.94 |
| 成本利润率 | % | 37.54 | -19.04 | -34.89 | -10.58 | -47.82 |
| **每50公斤主产品** | | | | | | |
| 平均出售价格 | 元 | 1112.21 | 1004.05 | 895.21 | 930.33 | 959.16 |
| 总成本 | 元 | 808.62 | 1240.14 | 1374.92 | 1040.37 | 1838.02 |
| 生产成本 | 元 | 653.24 | 1110.51 | 1252.07 | 937.01 | 1754.09 |
| 净利润 | 元 | 303.59 | -236.09 | -479.71 | -110.04 | -878.86 |
| 现金成本 | 元 | 447.65 | 203.50 | 181.80 | 274.91 | 321.01 |
| 现金收益 | 元 | 664.56 | 800.55 | 713.41 | 655.42 | 638.15 |
| **附：** | | | | | | |
| 每亩用工数量 | 日 | 9.44 | 22.21 | 24.00 | 14.24 | 25.37 |
| 每亩主产品已出售数量 | 公斤 | 123.90 | 89.85 | 74.86 | 79.12 | 69.30 |
| 每亩主产品已出售产值 | 元 | 2756.23 | 1803.84 | 1346.51 | 1472.16 | 1329.40 |
| 每亩成本外支出 | 元 | | | 1.03 | | |

3-1-1　续表 1

| 项　　目 | 单位 | 山　东 | 河　南 | 湖　北 | 湖　南 | 陕　西 |
|---|---|---|---|---|---|---|
| **每亩** | | | | | | |
| 主产品产量 | 公斤 | 85.01 | 77.90 | 68.55 | 76.91 | 60.59 |
| 产值合计 | 元 | 2187.57 | 1995.46 | 1696.48 | 1639.48 | 1259.14 |
| 主产品产值 | 元 | 1783.47 | 1670.47 | 1326.86 | 1338.64 | 998.56 |
| 副产品产值 | 元 | 404.10 | 324.99 | 369.62 | 300.84 | 260.58 |
| 总成本 | 元 | 2782.63 | 2484.57 | 2147.52 | 2725.55 | 3150.06 |
| 生产成本 | 元 | 2517.51 | 2221.78 | 2027.63 | 2531.24 | 3053.43 |
| 物质与服务费用 | 元 | 519.42 | 385.52 | 434.57 | 478.50 | 419.37 |
| 人工成本 | 元 | 1998.09 | 1836.26 | 1593.06 | 2052.74 | 2634.06 |
| 家庭用工折价 | 元 | 1936.02 | 1836.26 | 1542.51 | 2052.74 | 2634.06 |
| 雇工费用 | 元 | 62.08 | | 50.55 | | |
| 土地成本 | 元 | 265.12 | 262.79 | 119.89 | 194.31 | 96.63 |
| 流转地租金 | 元 | 3.28 | 38.68 | 12.83 | 17.16 | 1.70 |
| 自营地折租 | 元 | 261.84 | 224.11 | 107.06 | 177.15 | 94.93 |
| 净利润 | 元 | -595.06 | -489.11 | -451.04 | -1086.07 | -1890.92 |
| 现金成本 | 元 | 584.78 | 424.20 | 497.95 | 495.66 | 421.07 |
| 现金收益 | 元 | 1602.79 | 1571.26 | 1198.53 | 1143.82 | 838.07 |
| 成本利润率 | % | -21.38 | -19.69 | -21.00 | -39.85 | -60.03 |
| **每 50 公斤主产品** | | | | | | |
| 平均出售价格 | 元 | 1048.98 | 1072.19 | 967.80 | 870.26 | 824.03 |
| 总成本 | 元 | 1334.32 | 1334.99 | 1225.10 | 1446.76 | 2061.52 |
| 生产成本 | 元 | 1207.19 | 1193.79 | 1156.71 | 1343.62 | 1998.28 |
| 净利润 | 元 | -285.34 | -262.80 | -257.30 | -576.50 | -1237.49 |
| 现金成本 | 元 | 280.41 | 227.93 | 284.07 | 263.10 | 275.56 |
| 现金收益 | 元 | 768.57 | 844.26 | 683.73 | 607.16 | 548.47 |
| **附：** | | | | | | |
| 每亩用工数量 | 日 | 21.66 | 19.92 | 17.18 | 22.26 | 28.57 |
| 每亩主产品已出售数量 | 公斤 | 81.37 | 77.90 | 68.55 | 76.91 | 60.59 |
| 每亩主产品已出售产值 | 元 | 1706.65 | 1670.47 | 1326.86 | 1338.64 | 998.56 |
| 每亩成本外支出 | 元 | | | | | |

3-1-1 续表 2

| 项　　目 | 单位 | 甘　肃 | 新　疆 | 长绒棉平均 | 新　疆 |
|---|---|---|---|---|---|
| **每亩** | | | | | |
| 主产品产量 | 公斤 | 116.27 | 137.50 | 84.00 | 84.00 |
| 产值合计 | 元 | 3557.39 | 3753.33 | 3986.35 | 3986.35 |
| 主产品产值 | 元 | 2842.40 | 3117.97 | 3366.06 | 3366.06 |
| 副产品产值 | 元 | 714.99 | 635.36 | 620.29 | 620.29 |
| 总成本 | 元 | 2263.22 | 2381.95 | 2496.51 | 2496.51 |
| 生产成本 | 元 | 2054.93 | 1839.19 | 1896.51 | 1896.51 |
| 物质与服务费用 | 元 | 755.29 | 1170.77 | 938.04 | 938.04 |
| 人工成本 | 元 | 1299.64 | 668.42 | 958.47 | 958.47 |
| 家庭用工折价 | 元 | 1245.25 | 313.76 | 341.14 | 341.14 |
| 雇工费用 | 元 | 54.39 | 354.66 | 617.33 | 617.33 |
| 土地成本 | 元 | 208.29 | 542.76 | 600.00 | 600.00 |
| 流转地租金 | 元 | | 74.52 | 60.00 | 60.00 |
| 自营地折租 | 元 | 208.29 | 468.24 | 540.00 | 540.00 |
| 净利润 | 元 | 1294.17 | 1371.38 | 1489.84 | 1489.84 |
| 现金成本 | 元 | 809.68 | 1599.95 | 1615.37 | 1615.37 |
| 现金收益 | 元 | 2747.71 | 2153.38 | 2370.98 | 2370.98 |
| 成本利润率 | % | 57.18 | 57.57 | 59.68 | 59.68 |
| **每 50 公斤主产品** | | | | | |
| 平均出售价格 | 元 | 1222.33 | 1133.81 | 2003.61 | 2003.61 |
| 总成本 | 元 | 777.65 | 719.54 | 1254.79 | 1254.79 |
| 生产成本 | 元 | 706.08 | 555.58 | 953.22 | 953.22 |
| 净利润 | 元 | 444.68 | 414.27 | 748.82 | 748.82 |
| 现金成本 | 元 | 278.21 | 483.31 | 811.91 | 811.91 |
| 现金收益 | 元 | 944.12 | 650.50 | 1191.70 | 1191.70 |
| **附：** | | | | | |
| 每亩用工数量 | 日 | 13.93 | 6.06 | 8.23 | 8.23 |
| 每亩主产品已出售数量 | 公斤 | 116.27 | 137.50 | 84.00 | 84.00 |
| 每亩主产品已出售产值 | 元 | 2842.40 | 3117.97 | 3366.06 | 3366.06 |
| 每亩成本外支出 | 元 | | | | |

# 3-1-2　2021 年各地区棉花、长绒棉费用和用工情况

| 项　　目 | 单位 | 平　均 | 河　北 | 江　苏 | 安　徽 | 江　西 |
|---|---|---|---|---|---|---|
| **一、每亩物质与服务费用** | **元** | **1003.78** | **418.53** | **330.65** | **502.15** | **462.08** |
| （一）直接费用 | 元 | 899.66 | 412.92 | 301.30 | 477.98 | 452.81 |
| 1. 种子费 | 元 | 60.24 | 51.16 | 49.26 | 53.00 | 62.27 |
| 2. 化肥费 | 元 | 270.91 | 146.26 | 167.00 | 286.28 | 227.85 |
| 3. 农家肥费 | 元 | 15.36 | | 0.76 | 11.34 | 3.51 |
| 4. 农药费 | 元 | 96.83 | 82.33 | 51.58 | 83.27 | 110.71 |
| 5. 农膜费 | 元 | 43.79 | 25.03 | 6.86 | 8.62 | 10.62 |
| 6. 租赁作业费 | 元 | 348.24 | 104.18 | 18.42 | 28.58 | 27.88 |
| 机械作业费 | 元 | 215.60 | 64.09 | 14.08 | 16.93 | 12.85 |
| 排灌费 | 元 | 132.64 | 40.09 | 4.34 | 11.65 | 15.03 |
| 其中：水费 | 元 | 56.05 | | 4.34 | 0.20 | |
| 畜力费 | 元 | | | | | |
| 7. 燃料动力费 | 元 | 8.33 | | | 2.30 | 0.62 |
| 8. 技术服务费 | 元 | 0.77 | | | | |
| 9. 工具材料费 | 元 | 46.71 | 2.28 | 4.20 | 3.79 | 5.61 |
| 10. 修理维护费 | 元 | 8.48 | 1.68 | 3.22 | 0.80 | 3.74 |
| 11. 其他直接费用 | 元 | | | | | |
| （二）间接费用 | 元 | 104.12 | 5.61 | 29.35 | 24.17 | 9.27 |
| 1. 固定资产折旧 | 元 | 29.21 | 5.61 | 5.25 | 4.10 | 9.27 |
| 2. 保险费 | 元 | 49.62 | | 24.10 | 19.70 | |
| 3. 管理费 | 元 | | | | | |
| 4. 财务费 | 元 | 7.91 | | | | |
| 5. 销售费 | 元 | 17.38 | | | 0.37 | |
| **二、每亩人工成本** | **元** | **954.78** | **2043.76** | **2208.39** | **1313.20** | **2352.44** |
| 1. 家庭用工折价 | 元 | 676.84 | 2030.80 | 2184.86 | 1313.20 | 2311.18 |
| 家庭用工天数 | 日 | 7.34 | 22.03 | 23.70 | 14.24 | 25.07 |
| 劳动日工价 | 元 | 92.20 | 92.20 | 92.20 | 92.20 | 92.20 |
| 2. 雇工费用 | 元 | 277.94 | 12.97 | 23.53 | | 41.27 |
| 雇工天数 | 日 | 2.10 | 0.18 | 0.30 | | 0.30 |
| 雇工工价 | 元 | 132.35 | 72.04 | 78.43 | 124.15 | 137.55 |
| **三、附** | | | | | | |
| 1. 每亩种子用量 | 公斤 | 1.69 | | | 0.22 | |
| 2. 每亩化肥用量 | 公斤 | 41.47 | 22.81 | 23.73 | 46.45 | 34.39 |
| 3. 每亩农膜用量 | 公斤 | 4.24 | 2.17 | 0.48 | 0.58 | 0.78 |

3-1-2 续表 1

| 项目 | 单位 | 山东 | 河南 | 湖北 | 湖南 | 陕西 |
|---|---|---|---|---|---|---|
| 一、每亩物质与服务费用 | 元 | **519.42** | **385.52** | **434.57** | **478.50** | **419.37** |
| (一)直接费用 | 元 | 502.97 | 385.52 | 425.74 | 447.24 | 415.99 |
| 1. 种子费 | 元 | 53.55 | 55.21 | 59.08 | 56.65 | 62.41 |
| 2. 化肥费 | 元 | 196.26 | 165.08 | 199.94 | 238.04 | 135.62 |
| 3. 农家肥费 | 元 | 16.61 | 24.36 | 4.32 | 2.16 | |
| 4. 农药费 | 元 | 93.73 | 65.43 | 73.45 | 77.56 | 40.95 |
| 5. 农膜费 | 元 | 27.45 | 12.64 | 5.36 | 7.45 | 37.44 |
| 6. 租赁作业费 | 元 | 109.43 | 58.88 | 72.97 | 53.26 | 134.26 |
| 机械作业费 | 元 | 76.47 | 48.61 | 67.61 | 48.73 | 86.40 |
| 排灌费 | 元 | 32.96 | 10.27 | 5.36 | 4.53 | 47.86 |
| 其中:水费 | 元 | 9.33 | | 3.03 | 2.19 | 20.07 |
| 畜力费 | 元 | | | | | |
| 7. 燃料动力费 | 元 | 0.84 | | 4.78 | 6.30 | |
| 8. 技术服务费 | 元 | | | | | |
| 9. 工具材料费 | 元 | 2.80 | 3.68 | 3.08 | 4.31 | 2.69 |
| 10. 修理维护费 | 元 | 2.30 | 0.24 | 2.76 | 1.51 | 2.62 |
| 11. 其他直接费用 | 元 | | | | | |
| (二)间接费用 | 元 | 16.45 | | 8.83 | 31.26 | 3.38 |
| 1. 固定资产折旧 | 元 | 4.74 | | 6.10 | 7.26 | 3.38 |
| 2. 保险费 | 元 | 11.71 | | 2.73 | 24.00 | |
| 3. 管理费 | 元 | | | | | |
| 4. 财务费 | 元 | | | | | |
| 5. 销售费 | 元 | | | | | |
| 二、每亩人工成本 | 元 | **1998.09** | **1836.26** | **1593.06** | **2052.74** | **2634.06** |
| 1. 家庭用工折价 | 元 | 1936.02 | 1836.26 | 1542.51 | 2052.74 | 2634.06 |
| 家庭用工天数 | 日 | 21.00 | 19.92 | 16.73 | 22.26 | 28.57 |
| 劳动日工价 | 元 | 92.20 | 92.20 | 92.20 | 92.20 | 92.20 |
| 2. 雇工费用 | 元 | 62.08 | | 50.55 | | |
| 雇工天数 | 日 | 0.66 | | 0.45 | | |
| 雇工工价 | 元 | 94.06 | 91.44 | 112.33 | 148.48 | 106.53 |
| 三、附 | | | | | | |
| 1. 每亩种子用量 | 公斤 | | | | | |
| 2. 每亩化肥用量 | 公斤 | 27.96 | 24.77 | 31.28 | 39.26 | 25.14 |
| 3. 每亩农膜用量 | 公斤 | 2.44 | 0.88 | 0.38 | 0.50 | 2.72 |

3-1-2 续表 2

| 项　　目 | 单位 | 甘　肃 | 新　疆 | 长绒棉平均 | 新　疆 |
|---|---|---|---|---|---|
| **一、每亩物质与服务费用** | **元** | **755.29** | **1170.77** | **938.04** | **938.04** |
| （一）直接费用 | 元 | 732.60 | 1038.51 | 818.63 | 818.63 |
| 1. 种子费 | 元 | 97.19 | 61.57 | 51.80 | 51.80 |
| 2. 化肥费 | 元 | 234.14 | 294.01 | 345.78 | 345.78 |
| 3. 农家肥费 | 元 | 4.73 | 18.00 | | |
| 4. 农药费 | 元 | 32.01 | 101.74 | 101.67 | 101.67 |
| 5. 农膜费 | 元 | 48.58 | 51.77 | 56.97 | 56.97 |
| 6. 租赁作业费 | 元 | 311.32 | 429.40 | 221.00 | 221.00 |
| 机械作业费 | 元 | 150.48 | 263.83 | 109.17 | 109.17 |
| 排灌费 | 元 | 160.84 | 165.57 | 111.83 | 111.83 |
| 其中：水费 | 元 | 160.84 | 71.15 | 33.55 | 33.55 |
| 畜力费 | 元 | | | | |
| 7. 燃料动力费 | 元 | | 10.33 | 17.00 | 17.00 |
| 8. 技术服务费 | 元 | | 1.01 | | |
| 9. 工具材料费 | 元 | 2.54 | 60.20 | 9.08 | 9.08 |
| 10. 修理维护费 | 元 | 2.09 | 10.48 | 15.33 | 15.33 |
| 11. 其他直接费用 | 元 | | | | |
| （二）间接费用 | 元 | 22.69 | 132.26 | 119.41 | 119.41 |
| 1. 固定资产折旧 | 元 | 10.96 | 36.53 | 42.08 | 42.08 |
| 2. 保险费 | 元 | 0.54 | 62.71 | 61.00 | 61.00 |
| 3. 管理费 | 元 | | | | |
| 4. 财务费 | 元 | | 10.36 | | |
| 5. 销售费 | 元 | 11.19 | 22.66 | 16.33 | 16.33 |
| **二、每亩人工成本** | **元** | **1299.64** | **668.42** | **958.47** | **958.47** |
| 1. 家庭用工折价 | 元 | 1245.25 | 313.76 | 341.14 | 341.14 |
| 家庭用工天数 | 日 | 13.51 | 3.40 | 3.70 | 3.70 |
| 劳动日工价 | 元 | 92.20 | 92.20 | 92.20 | 92.20 |
| 2. 雇工费用 | 元 | 54.39 | 354.66 | 617.33 | 617.33 |
| 雇工天数 | 日 | 0.42 | 2.66 | 4.53 | 4.53 |
| 雇工工价 | 元 | 129.50 | 133.33 | 136.28 | 136.28 |
| **三、附** | | | | | |
| 1. 每亩种子用量 | 公斤 | 6.48 | 2.16 | 1.98 | 1.98 |
| 2. 每亩化肥用量 | 公斤 | 51.08 | 44.78 | 68.66 | 68.66 |
| 3. 每亩农膜用量 | 公斤 | 4.61 | 5.09 | 5.93 | 5.93 |

# 3-1-3 2021年各地区棉花、长绒棉化肥投入情况

| 项目 | 单位 | 平均 | 河北 | 江苏 | 安徽 | 江西 |
|---|---|---|---|---|---|---|
| **一、每亩化肥金额** | **元** | **270.91** | **146.26** | **167.00** | **286.28** | **227.85** |
| (一)氮肥 | 元 | 77.77 | 8.22 | 33.86 | 66.77 | 60.37 |
| 1. 尿素 | 元 | 76.46 | 8.22 | 32.29 | 66.77 | 60.37 |
| 2. 碳铵 | 元 | 0.71 | | 1.57 | | |
| 3. 其他氮肥 | 元 | 0.60 | | | | |
| (二)磷肥 | 元 | 9.32 | | 1.44 | 6.51 | 5.10 |
| 其中:过磷酸钙 | 元 | 3.46 | | 0.81 | 6.14 | 3.24 |
| (三)钾肥 | 元 | 18.54 | | | 49.29 | 17.80 |
| 其中:氯化钾 | 元 | 8.67 | | | 49.29 | 17.80 |
| (四)复混肥 | 元 | 142.83 | 138.04 | 131.68 | 163.71 | 142.26 |
| 1. 复合肥 | 元 | 141.32 | 138.04 | 130.94 | 163.71 | 142.26 |
| 其中:二铵 | 元 | 93.87 | 0.16 | 0.28 | 18.05 | 2.60 |
| 三元素复合肥 | 元 | 32.71 | 117.31 | 112.26 | 57.50 | 38.59 |
| 2. 混配肥 | 元 | 1.51 | | 0.74 | | |
| (五)其他肥料 | 元 | 22.45 | | 0.02 | | 2.32 |
| **二、每亩化肥折纯用量** | **公斤** | **41.47** | **22.81** | **23.73** | **46.45** | **34.39** |
| (一)氮肥 | 公斤 | 15.53 | 1.75 | 5.82 | 11.53 | 11.13 |
| 1. 尿素 | 公斤 | 15.38 | 1.75 | 5.55 | 11.53 | 11.13 |
| 2. 碳铵 | 公斤 | 0.13 | | 0.27 | | |
| 3. 其他氮肥 | 公斤 | 0.02 | | | | |
| (二)磷肥 | 公斤 | 0.54 | | 0.18 | 1.26 | 0.78 |
| 其中:过磷酸钙 | 公斤 | 0.27 | | 0.11 | 1.16 | 0.50 |
| (三)钾肥 | 公斤 | 1.78 | | | 9.17 | 3.17 |
| 其中:氯化钾 | 公斤 | 1.30 | | | 9.17 | 3.17 |
| (四)复混肥 | 公斤 | 23.59 | 21.05 | 17.73 | 24.49 | 19.32 |
| 1. 复合肥 | 公斤 | 23.48 | 21.05 | 17.64 | 24.49 | 19.32 |
| 其中:二铵 | 公斤 | 17.33 | 0.03 | 0.05 | 3.17 | 0.39 |
| 三元素复合肥 | 公斤 | 4.47 | 18.12 | 14.98 | 8.48 | 5.73 |
| 2. 混配肥 | 公斤 | 0.11 | | 0.09 | | |

3-1-3 续表 1

| 项 目 | 单位 | 山 东 | 河 南 | 湖 北 | 湖 南 | 陕 西 |
|---|---|---|---|---|---|---|
| **一、每亩化肥金额** | **元** | **196.26** | **165.08** | **199.94** | **238.04** | **135.62** |
| (一)氮肥 | 元 | 27.57 | 3.41 | 48.09 | 99.40 | 53.55 |
| 1. 尿素 | 元 | 27.57 | 3.41 | 42.91 | 74.76 | 53.55 |
| 2. 碳铵 | 元 | | | 5.18 | 24.64 | |
| 3. 其他氮肥 | 元 | | | | | |
| (二)磷肥 | 元 | | | 0.39 | 28.12 | |
| 其中:过磷酸钙 | 元 | | | 0.39 | 28.12 | |
| (三)钾肥 | 元 | 0.01 | | 10.85 | 52.07 | |
| 其中:氯化钾 | 元 | 0.01 | | 10.85 | 52.07 | |
| (四)复混肥 | 元 | 168.68 | 161.67 | 140.61 | 58.45 | 82.07 |
| 1. 复合肥 | 元 | 168.68 | 161.67 | 140.61 | 58.45 | 82.07 |
| 其中:二铵 | 元 | 13.80 | | 0.94 | | 72.02 |
| 三元素复合肥 | 元 | 119.09 | 102.34 | 94.63 | 41.57 | 10.05 |
| 2. 混配肥 | 元 | | | | | |
| (五)其他肥料 | 元 | | | | | |
| **二、每亩化肥折纯用量** | **公斤** | **27.96** | **24.77** | **31.28** | **39.26** | **25.14** |
| (一)氮肥 | 公斤 | 4.56 | 0.65 | 8.28 | 16.13 | 9.17 |
| 1. 尿素 | 公斤 | 4.56 | 0.65 | 7.20 | 11.94 | 9.17 |
| 2. 碳铵 | 公斤 | | | 1.08 | 4.19 | |
| 3. 其他氮肥 | 公斤 | | | | | |
| (二)磷肥 | 公斤 | | | 0.09 | 5.57 | |
| 其中:过磷酸钙 | 公斤 | | | 0.09 | 5.57 | |
| (三)钾肥 | 公斤 | | | 1.94 | 9.38 | |
| 其中:氯化钾 | 公斤 | | | 1.94 | 9.38 | |
| (四)复混肥 | 公斤 | 23.40 | 24.11 | 20.97 | 8.18 | 15.97 |
| 1. 复合肥 | 公斤 | 23.40 | 24.11 | 20.97 | 8.18 | 15.97 |
| 其中:二铵 | 公斤 | 2.68 | | 0.18 | | 14.45 |
| 三元素复合肥 | 公斤 | 15.76 | 15.80 | 13.82 | 5.85 | 1.52 |
| 2. 混配肥 | 公斤 | | | | | |

3-1-3 续表 2

| 项 目 | 单位 | 甘 肃 | 新 疆 | 长绒棉平均 | 新 疆 |
|---|---|---|---|---|---|
| **一、每亩化肥金额** | **元** | **234.14** | **294.01** | **345.78** | **345.78** |
| (一)氮肥 | 元 | 79.34 | 89.68 | 90.25 | 90.25 |
| 1. 尿素 | 元 | 79.34 | 88.90 | 90.25 | 90.25 |
| 2. 碳铵 | 元 | | | | |
| 3. 其他氮肥 | 元 | | 0.78 | | |
| (二)磷肥 | 元 | | 11.19 | | |
| 其中:过磷酸钙 | 元 | | 3.56 | | |
| (三)钾肥 | 元 | | 20.46 | | |
| 其中:氯化钾 | 元 | | 7.53 | | |
| (四)复混肥 | 元 | 154.80 | 143.31 | 255.53 | 255.53 |
| 1. 复合肥 | 元 | 154.80 | 141.33 | 255.53 | 255.53 |
| 其中:二铵 | 元 | 154.80 | 119.62 | 255.53 | 255.53 |
| 三元素复合肥 | 元 | | 14.74 | | |
| 2. 混配肥 | 元 | | 1.98 | | |
| (五)其他肥料 | 元 | | 29.37 | | |
| **二、每亩化肥折纯用量** | **公斤** | **51.08** | **44.78** | **68.66** | **68.66** |
| (一)氮肥 | 公斤 | 18.74 | 18.20 | 18.90 | 18.90 |
| 1. 尿素 | 公斤 | 18.74 | 18.17 | 18.90 | 18.90 |
| 2. 碳铵 | 公斤 | | | | |
| 3. 其他氮肥 | 公斤 | | 0.03 | | |
| (二)磷肥 | 公斤 | | 0.52 | | |
| 其中:过磷酸钙 | 公斤 | | 0.17 | | |
| (三)钾肥 | 公斤 | | 1.64 | | |
| 其中:氯化钾 | 公斤 | | 1.01 | | |
| (四)复混肥 | 公斤 | 32.34 | 24.41 | 49.76 | 49.76 |
| 1. 复合肥 | 公斤 | 32.34 | 24.27 | 49.76 | 49.76 |
| 其中:二铵 | 公斤 | 32.34 | 22.05 | 49.76 | 49.76 |
| 三元素复合肥 | 公斤 | | 1.78 | | |
| 2. 混配肥 | 公斤 | | 0.14 | | |

# 3-2-1 2021 年各地区烤烟成本收益情况

| 项 目 | 单位 | 平 均 | 内蒙古 | 吉 林 | 黑龙江 | 安 徽 | 福 建 | 江 西 |
|---|---|---|---|---|---|---|---|---|
| **每亩** | | | | | | | | |
| 主产品产量 | 公斤 | 138.57 | 211.19 | 134.44 | 181.23 | 130.60 | 130.73 | 135.54 |
| 产值合计 | 元 | 4249.78 | 4958.49 | 3205.57 | 3958.44 | 3617.71 | 4544.75 | 4157.68 |
| 主产品产值 | 元 | 4245.42 | 4953.80 | 3193.03 | 3947.59 | 3617.71 | 4544.75 | 4157.68 |
| 副产品产值 | 元 | 4.36 | 4.69 | 12.54 | 10.85 | | | |
| 总成本 | 元 | 3933.51 | 3909.42 | 3446.62 | 3065.89 | 3299.08 | 3376.23 | 3836.99 |
| 生产成本 | 元 | 3576.21 | 3212.60 | 2896.27 | 2473.34 | 3082.70 | 3057.75 | 3610.74 |
| 物质与服务费用 | 元 | 1237.33 | 1128.07 | 853.38 | 912.83 | 1538.48 | 1241.61 | 1399.27 |
| 人工成本 | 元 | 2338.88 | 2084.53 | 2042.89 | 1560.51 | 1544.22 | 1816.14 | 2211.47 |
| 家庭用工折价 | 元 | 1721.74 | 1034.76 | 964.04 | 912.13 | 279.55 | 861.42 | 1198.23 |
| 雇工费用 | 元 | 617.14 | 1049.77 | 1078.85 | 648.37 | 1264.67 | 954.71 | 1013.23 |
| 土地成本 | 元 | 357.30 | 696.82 | 550.35 | 592.55 | 216.38 | 318.48 | 226.25 |
| 流转地租金 | 元 | 62.29 | 400.80 | 99.44 | 198.13 | 193.76 | 112.78 | 38.42 |
| 自营地折租 | 元 | 295.01 | 296.02 | 450.91 | 394.42 | 22.62 | 205.70 | 187.83 |
| 净利润 | 元 | 316.27 | 1049.07 | -241.05 | 892.55 | 318.63 | 1168.52 | 320.69 |
| 现金成本 | 元 | 1916.76 | 2578.64 | 2031.67 | 1759.33 | 2996.91 | 2309.10 | 2450.92 |
| 现金收益 | 元 | 2333.02 | 2379.85 | 1173.90 | 2199.11 | 620.80 | 2235.65 | 1706.76 |
| 成本利润率 | % | 8.04 | 26.83 | -6.99 | 29.11 | 9.66 | 34.61 | 8.36 |
| **每 50 公斤主产品** | | | | | | | | |
| 平均出售价格 | 元 | 1531.87 | 1172.83 | 1187.53 | 1089.11 | 1385.03 | 1738.22 | 1533.75 |
| 总成本 | 元 | 1417.87 | 924.69 | 1276.83 | 843.54 | 1263.04 | 1291.30 | 1415.45 |
| 生产成本 | 元 | 1289.08 | 759.87 | 1072.95 | 680.50 | 1180.20 | 1169.49 | 1331.98 |
| 净利润 | 元 | 114.00 | 248.14 | -89.30 | 245.57 | 121.99 | 446.92 | 118.30 |
| 现金成本 | 元 | 690.91 | 609.92 | 752.65 | 484.06 | 1147.36 | 883.16 | 904.13 |
| 现金收益 | 元 | 840.96 | 562.91 | 434.88 | 605.05 | 237.67 | 855.06 | 629.62 |
| **附：** | | | | | | | | |
| 每亩用工数量 | 日 | 24.62 | 18.94 | 19.38 | 15.40 | 12.94 | 16.67 | 22.93 |
| 每亩主产品已出售数量 | 公斤 | 138.41 | 211.19 | 134.44 | 181.23 | 130.60 | 130.73 | 135.54 |
| 每亩主产品已出售产值 | 元 | 4240.56 | 4953.80 | 3193.03 | 3947.59 | 3617.71 | 4544.75 | 4157.68 |
| 每亩成本外支出 | 元 | 0.02 | | | | | | |

3-2-1 续表 1

| 项　　目 | 单位 | 山　东 | 河　南 | 湖　北 | 湖　南 | 广　东 | 广　西 |
|---|---|---|---|---|---|---|---|
| **每亩** | | | | | | | |
| 主产品产量 | 公斤 | 161.99 | 132.39 | 117.40 | 127.78 | 152.61 | 119.93 |
| 产值合计 | 元 | 5056.70 | 3918.29 | 3872.30 | 4037.19 | 4550.76 | 3469.36 |
| 主产品产值 | 元 | 5056.70 | 3918.29 | 3872.30 | 4036.58 | 4550.76 | 3469.36 |
| 副产品产值 | 元 | | | | 0.61 | | |
| 总成本 | 元 | 3583.54 | 3827.88 | 4017.05 | 3581.55 | 3625.80 | 3920.06 |
| 生产成本 | 元 | 3141.09 | 3230.82 | 3645.26 | 3325.06 | 3289.98 | 3471.55 |
| 物质与服务费用 | 元 | 1493.41 | 1158.51 | 1412.42 | 1296.99 | 1329.41 | 1151.12 |
| 人工成本 | 元 | 1647.68 | 2072.31 | 2232.84 | 2028.07 | 1960.57 | 2320.43 |
| 家庭用工折价 | 元 | 1043.34 | 1019.92 | 1287.48 | 1306.47 | 1661.81 | 1610.37 |
| 雇工费用 | 元 | 604.34 | 1052.39 | 945.36 | 721.60 | 298.76 | 710.06 |
| 土地成本 | 元 | 442.45 | 597.06 | 371.79 | 256.49 | 335.82 | 448.51 |
| 流转地租金 | 元 | 344.42 | 171.31 | 56.70 | 63.86 | 201.93 | 108.36 |
| 自营地折租 | 元 | 98.03 | 425.75 | 315.09 | 192.63 | 133.89 | 340.15 |
| 净利润 | 元 | 1473.16 | 90.41 | -144.75 | 455.64 | 924.96 | -450.70 |
| 现金成本 | 元 | 2442.17 | 2382.21 | 2414.48 | 2082.45 | 1830.10 | 1969.54 |
| 现金收益 | 元 | 2614.53 | 1536.08 | 1457.82 | 1954.74 | 2720.66 | 1499.82 |
| 成本利润率 | % | 41.11 | 2.36 | -3.60 | 12.72 | 25.51 | -11.50 |
| **每 50 公斤主产品** | | | | | | | |
| 平均出售价格 | 元 | 1560.81 | 1479.83 | 1649.19 | 1579.50 | 1490.98 | 1446.41 |
| 总成本 | 元 | 1106.10 | 1445.68 | 1710.84 | 1401.24 | 1187.93 | 1634.31 |
| 生产成本 | 元 | 969.53 | 1220.19 | 1552.49 | 1300.89 | 1077.91 | 1447.32 |
| 净利润 | 元 | 454.71 | 34.15 | -61.65 | 178.26 | 303.05 | -187.90 |
| 现金成本 | 元 | 753.80 | 899.69 | 1028.31 | 814.73 | 599.60 | 821.12 |
| 现金收益 | 元 | 807.01 | 580.14 | 620.88 | 764.77 | 891.38 | 625.29 |
| **附：** | | | | | | | |
| 每亩用工数量 | 日 | 18.02 | 24.08 | 24.01 | 20.34 | 20.79 | 22.79 |
| 每亩主产品已出售数量 | 公斤 | 161.99 | 132.39 | 117.40 | 127.78 | 152.61 | 119.93 |
| 每亩主产品已出售产值 | 元 | 5056.70 | 3918.29 | 3872.30 | 4036.58 | 4550.76 | 3469.36 |
| 每亩成本外支出 | 元 | | | | | | |

3-2-1 续表 2

| 项 目 | 单位 | 重 庆 | 四 川 | 贵 州 | 云 南 | 陕 西 | 甘 肃 |
|---|---|---|---|---|---|---|---|
| **每亩** | | | | | | | |
| 主产品产量 | 公斤 | 116.47 | 135.46 | 127.04 | 148.64 | 123.54 | 198.64 |
| 产值合计 | 元 | 3601.74 | 4043.42 | 3976.09 | 4583.03 | 3236.64 | 4420.41 |
| 主产品产值 | 元 | 3582.10 | 4043.42 | 3976.09 | 4574.44 | 3236.64 | 4392.59 |
| 副产品产值 | 元 | 19.64 | | | 8.59 | | 27.82 |
| 总成本 | 元 | 2928.64 | 3740.26 | 3936.96 | 4273.48 | 3740.62 | 4148.75 |
| 生产成本 | 元 | 2734.80 | 3360.79 | 3564.65 | 3933.45 | 3587.61 | 3934.70 |
| 物质与服务费用 | 元 | 1063.82 | 1199.04 | 1213.36 | 1262.50 | 889.47 | 1127.88 |
| 人工成本 | 元 | 1670.98 | 2161.75 | 2351.29 | 2670.95 | 2698.14 | 2806.82 |
| 家庭用工折价 | 元 | 1190.21 | 1848.70 | 1626.04 | 2229.58 | 2093.31 | 2588.15 |
| 雇工费用 | 元 | 480.77 | 313.04 | 725.25 | 441.37 | 604.83 | 218.68 |
| 土地成本 | 元 | 193.84 | 379.47 | 372.31 | 340.03 | 153.01 | 214.05 |
| 流转地租金 | 元 | 42.66 | 58.58 | 23.78 | 23.47 | 10.72 | 6.42 |
| 自营地折租 | 元 | 151.18 | 320.89 | 348.53 | 316.56 | 142.29 | 207.63 |
| 净利润 | 元 | 673.10 | 303.16 | 39.13 | 309.55 | -503.98 | 271.66 |
| 现金成本 | 元 | 1587.25 | 1570.66 | 1962.39 | 1727.34 | 1505.02 | 1352.98 |
| 现金收益 | 元 | 2014.49 | 2472.76 | 2013.70 | 2855.69 | 1731.62 | 3067.43 |
| 成本利润率 | % | 22.98 | 8.11 | 0.99 | 7.24 | -13.47 | 6.55 |
| **每 50 公斤主产品** | | | | | | | |
| 平均出售价格 | 元 | 1537.78 | 1492.48 | 1564.90 | 1538.76 | 1309.96 | 1105.67 |
| 总成本 | 元 | 1250.40 | 1380.58 | 1549.50 | 1434.83 | 1513.93 | 1037.72 |
| 生产成本 | 元 | 1167.64 | 1240.51 | 1402.97 | 1320.66 | 1452.01 | 984.18 |
| 净利润 | 元 | 287.38 | 111.90 | 15.40 | 103.93 | -203.97 | 67.95 |
| 现金成本 | 元 | 677.68 | 579.75 | 772.35 | 579.96 | 609.12 | 338.42 |
| 现金收益 | 元 | 860.10 | 912.73 | 792.55 | 958.80 | 700.84 | 767.25 |
| **附:** | | | | | | | |
| 每亩用工数量 | 日 | 17.04 | 23.27 | 23.84 | 28.44 | 28.71 | 30.23 |
| 每亩主产品已出售数量 | 公斤 | 110.40 | 135.46 | 127.04 | 148.64 | 123.54 | 198.64 |
| 每亩主产品已出售产值 | 元 | 3397.77 | 4043.42 | 3976.09 | 4574.44 | 3236.64 | 4392.59 |
| 每亩成本外支出 | 元 | | | | 0.05 | | |

# 3-2-2 2021年各地区烤烟费用和用工情况

| 项目 | 单位 | 平均 | 内蒙古 | 吉林 | 黑龙江 | 安徽 | 福建 | 江西 |
|---|---|---|---|---|---|---|---|---|
| **一、每亩物质与服务费用** | 元 | **1237.33** | **1128.07** | **853.38** | **912.83** | **1538.48** | **1241.61** | **1399.27** |
| （一）直接费用 | 元 | 1123.90 | 1086.34 | 793.35 | 855.81 | 1381.06 | 1108.26 | 1293.51 |
| 1. 种子费 | 元 | 87.62 | 82.28 | 30.30 | 43.88 | 93.36 | 60.93 | 68.19 |
| 2. 化肥费 | 元 | 293.19 | 289.48 | 232.85 | 222.72 | 364.15 | 318.85 | 480.38 |
| 3. 农家肥费 | 元 | 47.62 | 3.72 | 7.26 | 3.64 | 45.01 | 79.85 | 26.56 |
| 4. 农药费 | 元 | 72.36 | 32.88 | 50.39 | 55.40 | 58.84 | 39.13 | 56.03 |
| 5. 农膜费 | 元 | 66.67 | 53.26 | 19.38 | 40.51 | 67.94 | 55.82 | 63.75 |
| 6. 租赁作业费 | 元 | 138.00 | 219.15 | 165.27 | 112.14 | 185.67 | 143.78 | 204.61 |
| 机械作业费 | 元 | 118.67 | 120.99 | 138.29 | 101.32 | 183.11 | 141.68 | 196.80 |
| 排灌费 | 元 | 14.63 | 98.16 | 26.98 | 10.82 | 2.56 | 2.10 | 5.77 |
| 其中：水费 | 元 | 7.96 | | 2.92 | 10.82 | 2.56 | 0.73 | 3.26 |
| 畜力费 | 元 | 4.70 | | | | | | 2.04 |
| 7. 燃料动力费 | 元 | 331.51 | 362.15 | 280.05 | 346.01 | 337.15 | 323.60 | 333.34 |
| 8. 技术服务费 | 元 | 0.25 | | | | | | |
| 9. 工具材料费 | 元 | 14.63 | 38.55 | 4.23 | 18.53 | 6.65 | 19.48 | 4.06 |
| 10. 修理维护费 | 元 | 4.93 | 4.87 | 3.62 | 12.98 | 4.87 | 17.90 | 6.22 |
| 11. 其他直接费用 | 元 | 67.12 | | | | 217.42 | 48.92 | 50.37 |
| （二）间接费用 | 元 | 113.43 | 41.73 | 60.03 | 57.02 | 157.42 | 133.35 | 105.76 |
| 1. 固定资产折旧 | 元 | 43.56 | 26.19 | 36.32 | 29.12 | 31.88 | 72.85 | 74.15 |
| 2. 保险费 | 元 | 53.64 | | 23.71 | 4.51 | 92.64 | 19.66 | 14.49 |
| 3. 管理费 | 元 | | | | | | | |
| 4. 财务费 | 元 | 0.13 | | | | | | |
| 5. 销售费 | 元 | 16.10 | 15.54 | | 23.39 | 32.90 | 40.84 | 17.12 |
| **二、每亩人工成本** | 元 | **2338.88** | **2084.53** | **2042.89** | **1560.51** | **1544.22** | **1816.14** | **2211.47** |
| 1. 家庭用工折价 | 元 | 1721.74 | 1034.76 | 964.04 | 912.13 | 279.55 | 861.42 | 1198.23 |
| 家庭用工天数 | 日 | 18.67 | 11.22 | 10.46 | 9.89 | 3.03 | 9.34 | 13.00 |
| 劳动日工价 | 元 | 92.20 | 92.20 | 92.20 | 92.20 | 92.20 | 92.20 | 92.20 |
| 2. 雇工费用 | 元 | 617.14 | 1049.77 | 1078.85 | 648.37 | 1264.67 | 954.71 | 1013.23 |
| 雇工天数 | 日 | 5.95 | 7.72 | 8.92 | 5.51 | 9.91 | 7.33 | 9.93 |
| 雇工工价 | 元 | 103.72 | 135.98 | 120.95 | 117.67 | 127.62 | 130.25 | 102.04 |
| 三、附 | | | | | | | | |
| 1. 每亩种子用量 | 公斤 | | | | | | | |
| 2. 每亩化肥用量 | 公斤 | 34.33 | 17.05 | 28.17 | 25.90 | 44.49 | 42.18 | 32.31 |
| 3. 每亩农膜用量 | 公斤 | 5.55 | 4.87 | 1.39 | 2.67 | 6.39 | 5.04 | 5.18 |

3-2-2 续表 1

| 项目 | 单位 | 山东 | 河南 | 湖北 | 湖南 | 广东 | 广西 |
|---|---|---|---|---|---|---|---|
| **一、每亩物质与服务费用** | **元** | **1493.41** | **1158.51** | **1412.42** | **1296.99** | **1329.41** | **1151.12** |
| （一）直接费用 | 元 | 1360.41 | 1062.52 | 1270.05 | 1144.86 | 1252.60 | 1115.34 |
| 1. 种子费 | 元 | 69.14 | 63.86 | 77.78 | 65.73 | 84.67 | 29.67 |
| 2. 化肥费 | 元 | 276.68 | 189.80 | 424.78 | 398.86 | 284.52 | 481.02 |
| 3. 农家肥费 | 元 | 51.51 | 95.26 | 60.18 | 25.28 | 124.20 | 7.15 |
| 4. 农药费 | 元 | 152.03 | 60.78 | 64.56 | 86.39 | 76.51 | 42.31 |
| 5. 农膜费 | 元 | 43.68 | 46.89 | 67.45 | 30.78 | 54.14 | 58.82 |
| 6. 租赁作业费 | 元 | 198.09 | 152.75 | 154.21 | 129.06 | 108.84 | 154.41 |
| 机械作业费 | 元 | 175.86 | 127.12 | 138.39 | 129.06 | 108.84 | 148.60 |
| 排灌费 | 元 | 22.23 | 25.63 | | | | 5.81 |
| 其中：水费 | 元 | | | | | | |
| 畜力费 | 元 | | | 15.32 | | | |
| 7. 燃料动力费 | 元 | 543.84 | 256.56 | 393.03 | 380.10 | 456.56 | 317.04 |
| 8. 技术服务费 | 元 | | | 5.50 | | | |
| 9. 工具材料费 | 元 | 14.30 | 13.87 | 12.17 | 10.27 | 5.57 | 14.45 |
| 10. 修理维护费 | 元 | 11.14 | 4.00 | 5.11 | 9.95 | | 10.47 |
| 11. 其他直接费用 | 元 | | 178.75 | 5.28 | 8.44 | 57.59 | |
| （二）间接费用 | 元 | 133.00 | 95.99 | 142.37 | 152.13 | 76.81 | 35.78 |
| 1. 固定资产折旧 | 元 | 69.11 | 47.37 | 31.72 | 47.17 | 34.98 | 22.92 |
| 2. 保险费 | 元 | 47.07 | 34.16 | 94.90 | 87.55 | 39.13 | 0.30 |
| 3. 管理费 | 元 | | | | | | |
| 4. 财务费 | 元 | | | 3.88 | | | |
| 5. 销售费 | 元 | 16.82 | 14.46 | 11.87 | 17.41 | 2.70 | 12.56 |
| **二、每亩人工成本** | **元** | **1647.68** | **2072.31** | **2232.84** | **2028.07** | **1960.57** | **2320.43** |
| 1. 家庭用工折价 | 元 | 1043.34 | 1019.92 | 1287.48 | 1306.47 | 1661.81 | 1610.37 |
| 家庭用工天数 | 日 | 11.32 | 11.06 | 13.96 | 14.17 | 18.02 | 17.47 |
| 劳动日工价 | 元 | 92.20 | 92.20 | 92.20 | 92.20 | 92.20 | 92.20 |
| 2. 雇工费用 | 元 | 604.34 | 1052.39 | 945.36 | 721.60 | 298.76 | 710.06 |
| 雇工天数 | 日 | 6.70 | 13.02 | 10.05 | 6.17 | 2.77 | 5.32 |
| 雇工工价 | 元 | 90.20 | 80.83 | 94.07 | 116.95 | 107.86 | 133.47 |
| **三、附** | | | | | | | |
| 1. 每亩种子用量 | 公斤 | | | | | | |
| 2. 每亩化肥用量 | 公斤 | 31.10 | 23.62 | 41.60 | 52.54 | 32.97 | 38.28 |
| 3. 每亩农膜用量 | 公斤 | 3.75 | 4.04 | 4.82 | 2.68 | 3.99 | 4.32 |

3-2-2 续表 2

| 项　　目 | 单位 | 重　庆 | 四　川 | 贵　州 | 云　南 | 陕　西 | 甘　肃 |
|---|---|---|---|---|---|---|---|
| **一、每亩物质与服务费用** | **元** | **1063.82** | **1199.04** | **1213.36** | **1262.50** | **889.47** | **1127.88** |
| （一）直接费用 | 元 | 971.24 | 1110.00 | 1103.68 | 1143.93 | 839.60 | 1002.89 |
| 1. 种子费 | 元 | 84.72 | 68.92 | 97.42 | 108.41 | 66.77 | 8.06 |
| 2. 化肥费 | 元 | 256.65 | 349.56 | 319.43 | 260.41 | 221.79 | 256.22 |
| 3. 农家肥费 | 元 | 77.28 | 31.06 | 13.62 | 49.52 | 27.44 | 26.09 |
| 4. 农药费 | 元 | 49.03 | 77.28 | 38.57 | 88.48 | 27.12 | 15.60 |
| 5. 农膜费 | 元 | 73.69 | 85.79 | 80.98 | 76.35 | 50.33 | 38.88 |
| 6. 租赁作业费 | 元 | 53.32 | 106.34 | 110.44 | 149.42 | 121.49 | 88.46 |
| 机械作业费 | 元 | 46.98 | 104.21 | 109.99 | 113.36 | 114.48 | 81.11 |
| 排灌费 | 元 |  | 2.13 |  | 26.70 | 4.45 | 7.35 |
| 其中：水费 | 元 |  | 1.93 |  | 18.31 |  | 7.35 |
| 畜力费 | 元 | 6.34 |  | 0.45 | 9.36 | 2.56 |  |
| 7. 燃料动力费 | 元 | 351.13 | 377.78 | 302.67 | 319.23 | 303.68 | 535.71 |
| 8. 技术服务费 | 元 |  |  |  | 0.17 |  |  |
| 9. 工具材料费 | 元 | 8.84 | 11.82 | 10.26 | 18.51 | 10.83 | 14.07 |
| 10. 修理维护费 | 元 | 1.97 | 1.45 | 2.26 | 3.13 | 10.15 | 19.80 |
| 11. 其他直接费用 | 元 | 14.61 |  | 128.03 | 70.30 |  |  |
| （二）间接费用 | 元 | 92.58 | 89.04 | 109.68 | 118.57 | 49.87 | 124.99 |
| 1. 固定资产折旧 | 元 | 51.13 | 25.41 | 26.04 | 47.09 | 29.70 | 39.93 |
| 2. 保险费 | 元 | 27.00 | 56.58 | 66.53 | 56.52 | 3.14 | 68.14 |
| 3. 管理费 | 元 |  |  |  |  |  |  |
| 4. 财务费 | 元 |  |  |  |  |  |  |
| 5. 销售费 | 元 | 14.45 | 7.05 | 17.11 | 14.96 | 17.03 | 16.92 |
| **二、每亩人工成本** | **元** | **1670.98** | **2161.75** | **2351.29** | **2670.95** | **2698.14** | **2806.82** |
| 1. 家庭用工折价 | 元 | 1190.21 | 1848.70 | 1626.04 | 2229.58 | 2093.31 | 2588.15 |
| 家庭用工天数 | 日 | 12.91 | 20.05 | 17.64 | 24.18 | 22.70 | 28.07 |
| 劳动日工价 | 元 | 92.20 | 92.20 | 92.20 | 92.20 | 92.20 | 92.20 |
| 2. 雇工费用 | 元 | 480.77 | 313.04 | 725.25 | 441.37 | 604.83 | 218.68 |
| 雇工天数 | 日 | 4.13 | 3.22 | 6.20 | 4.26 | 6.01 | 2.16 |
| 雇工工价 | 元 | 116.41 | 97.22 | 116.98 | 103.61 | 100.64 | 101.24 |
| **三、附** |  |  |  |  |  |  |  |
| 1. 每亩种子用量 | 公斤 |  |  |  |  |  |  |
| 2. 每亩化肥用量 | 公斤 | 29.77 | 27.53 | 32.55 | 33.85 | 28.06 | 32.75 |
| 3. 每亩农膜用量 | 公斤 | 5.91 | 5.73 | 6.74 | 6.62 | 3.87 | 3.40 |

# 3-2-3 2021 年各地区烤烟化肥投入情况

| 项　　目 | 单位 | 平　均 | 内蒙古 | 吉　林 | 黑龙江 | 安　徽 | 福　建 | 江　西 |
|---|---|---|---|---|---|---|---|---|
| **一、每亩化肥金额** | **元** | **293.19** | **289.48** | **232.85** | **222.72** | **364.15** | **318.85** | **480.38** |
| （一）氮肥 | 元 | 2.67 | | 1.43 | 0.18 | | 0.61 | |
| 1. 尿素 | 元 | 1.50 | | | 0.18 | | 0.31 | |
| 2. 碳铵 | 元 | 0.02 | | | | | 0.30 | |
| 3. 其他氮肥 | 元 | 1.15 | | 1.43 | | | | |
| （二）磷肥 | 元 | 5.93 | | 2.15 | | 13.35 | 10.13 | 37.17 |
| 其中：过磷酸钙 | 元 | 3.80 | | | | | 0.34 | |
| （三）钾肥 | 元 | 51.99 | 71.92 | 80.17 | 43.71 | 23.16 | 51.66 | 47.70 |
| 其中：氯化钾 | 元 | 0.66 | | 14.47 | 1.24 | | | |
| （四）复混肥 | 元 | 196.39 | 53.50 | 129.70 | 140.09 | 317.41 | 229.12 | 138.61 |
| 1. 复合肥 | 元 | 154.34 | 53.50 | 129.70 | 139.79 | 161.70 | 65.31 | 138.61 |
| 其中：二铵 | 元 | 0.63 | | 0.21 | 18.56 | | | 2.44 |
| 三元素复合肥 | 元 | 29.01 | | | 26.65 | 121.07 | 8.34 | 4.61 |
| 2. 混配肥 | 元 | 42.05 | | | 0.30 | 155.71 | 163.81 | |
| （五）其他肥料 | 元 | 36.21 | 164.06 | 19.40 | 38.74 | 10.23 | 27.33 | 256.90 |
| **二、每亩化肥折纯用量** | **公斤** | **34.33** | **17.05** | **28.17** | **25.90** | **44.49** | **42.18** | **32.31** |
| （一）氮肥 | 公斤 | 0.44 | | 0.19 | 0.11 | | 0.10 | |
| 1. 尿素 | 公斤 | 0.28 | | | 0.03 | | 0.05 | |
| 2. 碳铵 | 公斤 | | | | | | 0.05 | |
| 3. 其他氮肥 | 公斤 | 0.16 | | 0.19 | 0.08 | | | |
| （二）磷肥 | 公斤 | 1.16 | | 0.27 | | 2.12 | 1.70 | 3.70 |
| 其中：过磷酸钙 | 公斤 | 0.82 | | | | | 0.07 | |
| （三）钾肥 | 公斤 | 7.06 | 10.45 | 10.97 | 5.54 | 4.29 | 9.70 | 8.17 |
| 其中：氯化钾 | 公斤 | 0.11 | | 1.91 | 0.25 | | | |
| （四）复混肥 | 公斤 | 25.69 | 6.60 | 16.74 | 20.25 | 38.10 | 30.68 | 20.43 |
| 1. 复合肥 | 公斤 | 20.31 | 6.60 | 16.74 | 20.21 | 21.30 | 9.03 | 20.43 |
| 其中：二铵 | 公斤 | 0.12 | | 0.05 | 3.62 | | | 0.35 |
| 三元素复合肥 | 公斤 | 4.04 | | | 3.99 | 15.66 | 1.18 | 0.66 |
| 2. 混配肥 | 公斤 | 5.38 | | | 0.04 | 16.80 | 21.65 | |

3-2-3 续表 1

| 项目 | 单位 | 山东 | 河南 | 湖北 | 湖南 | 广东 | 广西 |
|---|---|---|---|---|---|---|---|
| **一、每亩化肥金额** | **元** | **276.68** | **189.80** | **424.78** | **398.86** | **284.52** | **481.02** |
| (一)氮肥 | 元 | | 0.56 | | 4.98 | | |
| 1. 尿素 | 元 | | | | 4.98 | | |
| 2. 碳铵 | 元 | | | | | | |
| 3. 其他氮肥 | 元 | | 0.56 | | | | |
| (二)磷肥 | 元 | | | 12.42 | 2.61 | | 2.07 |
| 其中:过磷酸钙 | 元 | | | 12.42 | 0.61 | | 2.07 |
| (三)钾肥 | 元 | 57.54 | 64.51 | 64.64 | 35.79 | 110.09 | 89.92 |
| 其中:氯化钾 | 元 | | | | 0.08 | | |
| (四)复混肥 | 元 | 176.32 | 115.81 | 280.55 | 351.45 | 156.19 | 213.58 |
| 1. 复合肥 | 元 | 158.06 | 115.81 | 280.27 | 94.92 | 156.19 | 213.58 |
| 其中:二铵 | 元 | 8.41 | | 1.09 | | | |
| 三元素复合肥 | 元 | 46.93 | 9.88 | 1.66 | 22.52 | | 172.06 |
| 2. 混配肥 | 元 | 18.26 | | 0.28 | 256.53 | | |
| (五)其他肥料 | 元 | 42.82 | 8.92 | 67.17 | 4.03 | 18.24 | 175.45 |
| **二、每亩化肥折纯用量** | **公斤** | **31.10** | **23.62** | **41.60** | **52.54** | **32.97** | **38.28** |
| (一)氮肥 | 公斤 | | 0.06 | | 1.02 | | |
| 1. 尿素 | 公斤 | | | | 1.02 | | |
| 2. 碳铵 | 公斤 | | | | | | |
| 3. 其他氮肥 | 公斤 | | 0.06 | | | | |
| (二)磷肥 | 公斤 | | | 2.00 | 0.51 | | 0.25 |
| 其中:过磷酸钙 | 公斤 | | | 2.00 | 0.10 | | 0.25 |
| (三)钾肥 | 公斤 | 8.55 | 9.25 | 8.67 | 5.86 | 13.10 | 12.06 |
| 其中:氯化钾 | 公斤 | | | | 0.02 | | |
| (四)复混肥 | 公斤 | 22.55 | 14.32 | 30.93 | 45.16 | 19.88 | 25.98 |
| 1. 复合肥 | 公斤 | 20.21 | 14.32 | 30.89 | 12.39 | 19.88 | 25.98 |
| 其中:二铵 | 公斤 | 1.59 | | 0.19 | | | |
| 三元素复合肥 | 公斤 | 6.11 | 1.55 | 0.23 | 3.15 | | 21.41 |
| 2. 混配肥 | 公斤 | 2.34 | | 0.04 | 32.77 | | |

3-2-3 续表 2

| 项目 | 单位 | 重庆 | 四川 | 贵州 | 云南 | 陕西 | 甘肃 |
|---|---|---|---|---|---|---|---|
| **一、每亩化肥金额** | 元 | **256.65** | **349.56** | **319.43** | **260.41** | **221.79** | **256.22** |
| (一)氮肥 | 元 | | | | 5.13 | 0.43 | 1.71 |
| 1. 尿素 | 元 | | | | 2.48 | 0.43 | 1.71 |
| 2. 碳铵 | 元 | | | | | | |
| 3. 其他氮肥 | 元 | | | | 2.65 | | |
| (二)磷肥 | 元 | | 0.67 | 8.57 | 7.09 | 3.14 | 15.65 |
| 其中:过磷酸钙 | 元 | | 0.67 | 8.51 | 5.28 | 1.62 | 15.65 |
| (三)钾肥 | 元 | 6.73 | 59.13 | 6.91 | 65.94 | 11.85 | 69.58 |
| 其中:氯化钾 | 元 | 2.46 | | | 1.12 | 1.14 | |
| (四)复混肥 | 元 | 249.92 | 189.28 | 217.68 | 165.25 | 206.37 | 141.68 |
| 1. 复合肥 | 元 | 204.79 | 170.04 | 205.62 | 152.41 | 206.37 | 107.48 |
| 其中:二铵 | 元 | | | | 0.46 | 0.45 | |
| 三元素复合肥 | 元 | 44.33 | | 36.53 | 37.41 | 30.00 | 79.52 |
| 2. 混配肥 | 元 | 45.13 | 19.24 | 12.06 | 12.84 | | 34.20 |
| (五)其他肥料 | 元 | | 100.48 | 86.27 | 17.00 | | 27.60 |
| **二、每亩化肥折纯用量** | 公斤 | **29.77** | **27.53** | **32.55** | **33.85** | **28.06** | **32.75** |
| (一)氮肥 | 公斤 | | | | 0.81 | 0.07 | 0.37 |
| 1. 尿素 | 公斤 | | | | 0.45 | 0.07 | 0.37 |
| 2. 碳铵 | 公斤 | | | | | | |
| 3. 其他氮肥 | 公斤 | | | | 0.36 | | |
| (二)磷肥 | 公斤 | | 0.16 | 1.57 | 1.60 | 0.63 | 2.51 |
| 其中:过磷酸钙 | 公斤 | | 0.16 | 1.56 | 1.26 | 0.38 | 2.51 |
| (三)钾肥 | 公斤 | 1.27 | 5.28 | 1.23 | 8.64 | 1.41 | 9.47 |
| 其中:氯化钾 | 公斤 | 0.59 | | | 0.17 | 0.17 | |
| (四)复混肥 | 公斤 | 28.50 | 22.09 | 29.55 | 22.81 | 25.95 | 20.40 |
| 1. 复合肥 | 公斤 | 27.58 | 20.07 | 28.05 | 20.82 | 25.95 | 16.33 |
| 其中:二铵 | 公斤 | | | | 0.09 | 0.09 | |
| 三元素复合肥 | 公斤 | 6.13 | | 5.03 | 5.29 | 4.08 | 11.50 |
| 2. 混配肥 | 公斤 | 0.92 | 2.02 | 1.50 | 1.99 | | 4.07 |

# 3-3-1 2021年各地区晾晒烟成本收益情况

| 项目 | 单位 | 平均 | 湖北 | 四川 |
|---|---|---|---|---|
| 每亩 | | | | |
| 主产品产量 | 公斤 | 188.66 | 155.08 | 252.84 |
| 产值合计 | 元 | 4938.62 | 3577.95 | 7538.68 |
| 主产品产值 | 元 | 4938.62 | 3577.95 | 7538.68 |
| 副产品产值 | 元 | | | |
| 总成本 | 元 | 3603.73 | 3522.91 | 3758.05 |
| 生产成本 | 元 | 3406.37 | 3303.31 | 3603.18 |
| 物质与服务费用 | 元 | 1023.07 | 1042.52 | 985.91 |
| 人工成本 | 元 | 2383.30 | 2260.79 | 2617.27 |
| 家庭用工折价 | 元 | 2106.59 | 2093.40 | 2131.66 |
| 雇工费用 | 元 | 276.71 | 167.39 | 485.60 |
| 土地成本 | 元 | 197.36 | 219.60 | 154.87 |
| 流转地租金 | 元 | 10.67 | 12.11 | 7.93 |
| 自营地折租 | 元 | 186.69 | 207.49 | 146.94 |
| 净利润 | 元 | 1334.89 | 55.04 | 3780.63 |
| 现金成本 | 元 | 1310.45 | 1222.02 | 1479.44 |
| 现金收益 | 元 | 3628.17 | 2355.93 | 6059.24 |
| 成本利润率 | % | 37.04 | 1.56 | 100.60 |
| 每50公斤主产品 | | | | |
| 平均出售价格 | 元 | 1308.87 | 1153.58 | 1490.80 |
| 总成本 | 元 | 955.09 | 1135.83 | 743.17 |
| 生产成本 | 元 | 902.78 | 1065.03 | 712.54 |
| 净利润 | 元 | 353.78 | 17.75 | 747.63 |
| 现金成本 | 元 | 347.31 | 394.00 | 292.56 |
| 现金收益 | 元 | 961.56 | 759.58 | 1198.24 |
| 附： | | | | |
| 每亩用工数量 | 日 | 25.43 | 24.29 | 27.60 |
| 每亩主产品已出售数量 | 公斤 | 188.66 | 155.08 | 252.84 |
| 每亩主产品已出售产值 | 元 | 4938.62 | 3577.95 | 7538.68 |
| 每亩成本外支出 | 元 | | | |

# 3-3-2　2021 年各地区晾晒烟费用和用工情况

| 项　　目 | 单位 | 平　均 | 湖　北 | 四　川 |
|---|---|---|---|---|
| **一、每亩物质与服务费用** | **元** | **1023.07** | **1042.52** | **985.91** |
| （一）直接费用 | 元 | 949.72 | 943.30 | 962.01 |
| 1. 种子费 | 元 | 62.57 | 81.27 | 26.85 |
| 2. 化肥费 | 元 | 586.28 | 504.60 | 742.37 |
| 3. 农家肥费 | 元 | 44.41 | 54.65 | 24.85 |
| 4. 农药费 | 元 | 23.09 | 21.13 | 26.83 |
| 5. 农膜费 | 元 | 54.88 | 69.45 | 27.04 |
| 6. 租赁作业费 | 元 | 132.51 | 148.08 | 102.75 |
| 机械作业费 | 元 | 74.98 | 68.78 | 86.82 |
| 排灌费 | 元 | 5.47 | | 15.93 |
| 其中：水费 | 元 | 5.47 | | 15.93 |
| 畜力费 | 元 | 52.06 | 79.30 | |
| 7. 燃料动力费 | 元 | 6.47 | 9.85 | |
| 8. 技术服务费 | 元 | 6.04 | 9.20 | |
| 9. 工具材料费 | 元 | 24.46 | 33.73 | 6.76 |
| 10. 修理维护费 | 元 | 9.01 | 11.34 | 4.56 |
| 11. 其他直接费用 | 元 | | | |
| （二）间接费用 | 元 | 73.35 | 99.22 | 23.90 |
| 1. 固定资产折旧 | 元 | 35.57 | 41.67 | 23.90 |
| 2. 保险费 | 元 | 28.09 | 42.79 | |
| 3. 管理费 | 元 | | | |
| 4. 财务费 | 元 | | | |
| 5. 销售费 | 元 | 9.69 | 14.76 | |
| **二、每亩人工成本** | **元** | **2383.30** | **2260.79** | **2617.27** |
| 1. 家庭用工折价 | 元 | 2106.59 | 2093.40 | 2131.66 |
| 家庭用工天数 | 日 | 22.85 | 22.71 | 23.12 |
| 劳动日工价 | 元 | 92.20 | 92.20 | 92.20 |
| 2. 雇工费用 | 元 | 276.71 | 167.39 | 485.60 |
| 雇工天数 | 日 | 2.58 | 1.58 | 4.48 |
| 雇工工价 | 元 | 107.25 | 105.94 | 108.39 |
| 三、附 | | | | |
| 1. 每亩种子用量 | 公斤 | | | |
| 2. 每亩化肥用量 | 公斤 | 44.15 | 55.86 | 21.78 |
| 3. 每亩农膜用量 | 公斤 | 3.80 | 4.88 | 1.73 |

# 3-3-3 2021年各地区晾晒烟化肥投入情况

| 项目 | 单位 | 平均 | 湖北 | 四川 |
|---|---|---|---|---|
| **一、每亩化肥金额** | 元 | **586.28** | **504.60** | **742.37** |
| (一)氮肥 | 元 | 36.48 | 14.12 | 79.20 |
| 1. 尿素 | 元 | 23.68 | | 68.93 |
| 2. 碳铵 | 元 | 12.80 | 14.12 | 10.27 |
| 3. 其他氮肥 | 元 | | | |
| (二)磷肥 | 元 | 11.96 | 18.22 | |
| 其中:过磷酸钙 | 元 | 11.96 | 18.22 | |
| (三)钾肥 | 元 | 44.30 | 67.49 | |
| 其中:氯化钾 | 元 | | | |
| (四)复混肥 | 元 | 263.31 | 378.24 | 43.69 |
| 1. 复合肥 | 元 | 263.31 | 378.24 | 43.69 |
| 其中:二铵 | 元 | | | |
| 三元素复合肥 | 元 | 15.01 | | 43.69 |
| 2. 混配肥 | 元 | | | |
| (五)其他肥料 | 元 | 230.23 | 26.53 | 619.48 |
| **二、每亩化肥折纯用量** | 公斤 | **44.15** | **55.86** | **21.78** |
| (一)氮肥 | 公斤 | 6.93 | 2.20 | 15.98 |
| 1. 尿素 | 公斤 | 4.74 | | 13.81 |
| 2. 碳铵 | 公斤 | 2.19 | 2.20 | 2.17 |
| 3. 其他氮肥 | 公斤 | | | |
| (二)磷肥 | 公斤 | 1.95 | 2.97 | |
| 其中:过磷酸钙 | 公斤 | 1.95 | 2.97 | |
| (三)钾肥 | 公斤 | 5.93 | 9.03 | |
| 其中:氯化钾 | 公斤 | | | |
| (四)复混肥 | 公斤 | 29.34 | 41.66 | 5.80 |
| 1. 复合肥 | 公斤 | 29.34 | 41.66 | 5.80 |
| 其中:二铵 | 公斤 | | | |
| 三元素复合肥 | 公斤 | 1.99 | | 5.80 |
| 2. 混配肥 | 公斤 | | | |

# 3-4-1　2021 年各地区甘蔗成本收益情况

| 项　　　目 | 单位 | 平　均 | 广　东 | 广　西 | 海　南 | 云　南 |
|---|---|---|---|---|---|---|
| **每亩** | | | | | | |
| 主产品产量 | 公斤 | 5534.59 | 5819.92 | 5497.42 | 4219.00 | 5571.61 |
| 产值合计 | 元 | 2777.95 | 2724.88 | 2854.72 | 2109.50 | 2588.66 |
| 主产品产值 | 元 | 2752.14 | 2724.75 | 2830.53 | 2109.50 | 2537.80 |
| 副产品产值 | 元 | 25.81 | 0.13 | 24.19 | | 50.86 |
| 总成本 | 元 | 2512.06 | 2242.28 | 2592.30 | 2324.04 | 2421.21 |
| 生产成本 | 元 | 2171.24 | 1914.66 | 2244.36 | 2011.80 | 2094.81 |
| 物质与服务费用 | 元 | 917.85 | 946.73 | 1002.35 | 576.67 | 621.48 |
| 人工成本 | 元 | 1253.39 | 967.93 | 1242.01 | 1435.13 | 1473.33 |
| 家庭用工折价 | 元 | 651.21 | 409.74 | 599.85 | 768.21 | 989.12 |
| 雇工费用 | 元 | 602.18 | 558.20 | 642.16 | 666.92 | 484.21 |
| 土地成本 | 元 | 340.82 | 327.62 | 347.94 | 312.24 | 326.40 |
| 流转地租金 | 元 | 46.89 | 111.14 | 46.79 | | 7.29 |
| 自营地折租 | 元 | 293.93 | 216.48 | 301.15 | 312.24 | 319.11 |
| 净利润 | 元 | 265.89 | 482.60 | 262.42 | -214.54 | 167.45 |
| 现金成本 | 元 | 1566.92 | 1616.07 | 1691.30 | 1243.59 | 1112.98 |
| 现金收益 | 元 | 1211.03 | 1108.81 | 1163.42 | 865.91 | 1475.68 |
| 成本利润率 | % | 10.58 | 21.52 | 10.12 | -9.23 | 6.92 |
| **每 50 公斤主产品** | | | | | | |
| 平均出售价格 | 元 | 24.86 | 23.41 | 25.74 | 25.00 | 22.77 |
| 总成本 | 元 | 22.48 | 19.26 | 23.37 | 27.54 | 21.30 |
| 生产成本 | 元 | 19.43 | 16.45 | 20.24 | 23.84 | 18.43 |
| 净利润 | 元 | 2.38 | 4.15 | 2.37 | -2.54 | 1.47 |
| 现金成本 | 元 | 14.02 | 13.88 | 15.25 | 14.74 | 9.79 |
| 现金收益 | 元 | 10.84 | 9.53 | 10.49 | 10.26 | 12.98 |
| **附:** | | | | | | |
| 每亩用工数量 | 日 | 12.00 | 8.39 | 11.73 | 12.86 | 15.39 |
| 每亩主产品已出售数量 | 公斤 | 5521.06 | 5713.36 | 5497.42 | 4219.00 | 5571.61 |
| 每亩主产品已出售产值 | 元 | 2745.63 | 2673.43 | 2830.53 | 2109.50 | 2537.80 |
| 每亩成本外支出 | 元 | 0.45 | | | | 2.41 |

# 3-4-2 2021年各地区甘蔗费用和用工情况

| 项　　目 | 单位 | 平　均 | 广　东 | 广　西 | 海　南 | 云　南 |
|---|---|---|---|---|---|---|
| **一、每亩物质与服务费用** | **元** | **917.85** | **946.73** | **1002.35** | **576.67** | **621.48** |
| (一)直接费用 | 元 | 615.68 | 645.52 | 666.08 | 457.90 | 426.97 |
| 1. 种子费 | 元 | | | | | |
| 2. 化肥费 | 元 | 444.95 | 501.10 | 495.93 | 296.88 | 235.72 |
| 3. 农家肥费 | 元 | 3.07 | 1.25 | 4.09 | 7.75 | 0.31 |
| 4. 农药费 | 元 | 53.66 | 53.73 | 54.80 | 36.99 | 50.74 |
| 5. 农膜费 | 元 | 8.29 | | 6.90 | | 19.48 |
| 6. 租赁作业费 | 元 | 87.87 | 71.59 | 87.84 | 95.70 | 98.39 |
| 机械作业费 | 元 | 77.61 | 62.91 | 75.88 | 88.85 | 92.92 |
| 排灌费 | 元 | 2.42 | | 2.07 | | 5.47 |
| 其中:水费 | 元 | 1.11 | | 0.63 | | 3.67 |
| 畜力费 | 元 | 7.84 | 8.68 | 9.89 | 6.85 | |
| 7. 燃料动力费 | 元 | 4.82 | 11.39 | 5.02 | | |
| 8. 技术服务费 | 元 | | | | | |
| 9. 工具材料费 | 元 | 9.79 | 5.70 | 6.98 | 13.21 | 22.33 |
| 10. 修理维护费 | 元 | 3.23 | 0.76 | 4.52 | 7.37 | |
| 11. 其他直接费用 | 元 | | | | | |
| (二)间接费用 | 元 | 302.17 | 301.21 | 336.27 | 118.77 | 194.51 |
| 1. 固定资产折旧 | 元 | 153.46 | 148.42 | 156.99 | 118.77 | 146.83 |
| 2. 保险费 | 元 | 5.36 | 3.60 | 1.36 | | 21.26 |
| 3. 管理费 | 元 | | | | | |
| 4. 财务费 | 元 | | | | | |
| 5. 销售费 | 元 | 143.35 | 149.19 | 177.92 | | 26.42 |
| **二、每亩人工成本** | **元** | **1253.39** | **967.93** | **1242.01** | **1435.13** | **1473.33** |
| 1. 家庭用工折价 | 元 | 651.21 | 409.74 | 599.85 | 768.21 | 989.12 |
| 家庭用工天数 | 日 | 7.06 | 4.44 | 6.51 | 8.33 | 10.73 |
| 劳动日工价 | 元 | 92.20 | 92.20 | 92.20 | 92.20 | 92.20 |
| 2. 雇工费用 | 元 | 602.18 | 558.20 | 642.16 | 666.92 | 484.21 |
| 雇工天数 | 日 | 4.94 | 3.95 | 5.22 | 4.53 | 4.66 |
| 雇工工价 | 元 | 121.90 | 141.32 | 123.02 | 147.22 | 103.91 |
| 三、附 | | | | | | |
| 1. 每亩种子用量 | 公斤 | | | | | |
| 2. 每亩化肥用量 | 公斤 | 47.64 | 65.79 | 49.11 | 34.57 | 31.07 |
| 3. 每亩农膜用量 | 公斤 | 0.75 | | 0.68 | | 1.57 |

# 3-4-3 2021年各地区甘蔗化肥投入情况

| 项　　目 | 单位 | 平　均 | 广　东 | 广　西 | 海　南 | 云　南 |
|---|---|---|---|---|---|---|
| **一、每亩化肥金额** | **元** | **444.95** | **501.10** | **495.93** | **296.88** | **235.72** |
| （一）氮肥 | 元 | 107.46 | 169.13 | 103.73 | 55.58 | 82.95 |
| 1. 尿素 | 元 | 104.83 | 154.15 | 103.73 | 55.58 | 79.07 |
| 2. 碳铵 | 元 | | | | | |
| 3. 其他氮肥 | 元 | 2.63 | 14.98 | | | 3.88 |
| （二）磷肥 | 元 | 15.09 | 41.43 | 13.72 | 0.17 | 3.32 |
| 其中：过磷酸钙 | 元 | 10.44 | 41.43 | 6.91 | 0.17 | 2.89 |
| （三）钾肥 | 元 | 28.15 | 93.83 | 24.11 | | 0.29 |
| 其中：氯化钾 | 元 | 27.14 | 93.14 | 22.82 | | |
| （四）复混肥 | 元 | 167.52 | 127.74 | 184.57 | 241.13 | 128.04 |
| 1. 复合肥 | 元 | 136.30 | 127.74 | 156.56 | 241.13 | 61.93 |
| 其中：二铵 | 元 | 0.16 | 0.50 | | | 0.49 |
| 三元素复合肥 | 元 | 58.22 | 58.58 | 70.05 | 37.80 | 17.20 |
| 2. 混配肥 | 元 | 31.22 | | 28.01 | | 66.11 |
| （五）其他肥料 | 元 | 126.73 | 68.97 | 169.80 | | 21.12 |
| **二、每亩化肥折纯用量** | **公斤** | **47.64** | **65.79** | **49.11** | **34.57** | **31.07** |
| （一）氮肥 | 公斤 | 18.88 | 27.05 | 19.01 | 8.10 | 13.70 |
| 1. 尿素 | 公斤 | 18.66 | 26.11 | 19.01 | 8.10 | 13.18 |
| 2. 碳铵 | 公斤 | | | | | |
| 3. 其他氮肥 | 公斤 | 0.22 | 0.94 | | | 0.52 |
| （二）磷肥 | 公斤 | 2.63 | 7.63 | 2.28 | 0.02 | 0.71 |
| 其中：过磷酸钙 | 公斤 | 2.07 | 7.63 | 1.46 | 0.02 | 0.64 |
| （三）钾肥 | 公斤 | 4.79 | 16.69 | 3.98 | | 0.03 |
| 其中：氯化钾 | 公斤 | 4.65 | 16.56 | 3.80 | | |
| （四）复混肥 | 公斤 | 21.33 | 14.43 | 23.84 | 26.46 | 16.63 |
| 1. 复合肥 | 公斤 | 17.87 | 14.43 | 21.08 | 26.46 | 8.08 |
| 其中：二铵 | 公斤 | 0.03 | 0.09 | | | 0.10 |
| 三元素复合肥 | 公斤 | 8.06 | 5.88 | 10.11 | 3.17 | 2.57 |
| 2. 混配肥 | 公斤 | 3.46 | | 2.76 | | 8.55 |

# 3-5-1 2021年各地区甜菜成本收益情况

| 项　　目 | 单位 | 平　均 | 河　北 | 内蒙古 | 黑龙江 | 新　疆 |
|---|---|---|---|---|---|---|
| **每亩** | | | | | | |
| 主产品产量 | 公斤 | 4048.70 | 3960.33 | 3575.65 | 2886.17 | 5229.88 |
| 产值合计 | 元 | 2097.18 | 2059.37 | 1928.32 | 1500.80 | 2546.88 |
| 主产品产值 | 元 | 2093.67 | 2059.37 | 1922.95 | 1500.80 | 2546.00 |
| 副产品产值 | 元 | 3.51 | | 5.37 | | 0.88 |
| 总成本 | 元 | 1716.15 | 1814.70 | 1669.21 | 1148.40 | 1876.73 |
| 生产成本 | 元 | 1299.85 | 1514.70 | 1242.40 | 575.42 | 1480.46 |
| 物质与服务费用 | 元 | 931.73 | 822.92 | 958.88 | 536.25 | 956.55 |
| 人工成本 | 元 | 368.12 | 691.78 | 283.52 | 39.17 | 523.91 |
| 家庭用工折价 | 元 | 190.12 | 451.78 | 108.89 | 13.46 | 329.80 |
| 雇工费用 | 元 | 178.00 | 240.00 | 174.64 | 25.70 | 194.11 |
| 土地成本 | 元 | 416.30 | 300.00 | 426.81 | 572.98 | 396.27 |
| 流转地租金 | 元 | 97.35 | | 90.25 | 169.67 | 122.56 |
| 自营地折租 | 元 | 318.95 | 300.00 | 336.56 | 403.31 | 273.71 |
| 净利润 | 元 | 381.03 | 244.67 | 259.11 | 352.40 | 670.15 |
| 现金成本 | 元 | 1207.08 | 1062.92 | 1223.77 | 731.62 | 1273.22 |
| 现金收益 | 元 | 890.10 | 996.45 | 704.55 | 769.18 | 1273.66 |
| 成本利润率 | % | 22.20 | 13.48 | 15.52 | 30.69 | 35.71 |
| **每50公斤主产品** | | | | | | |
| 平均出售价格 | 元 | 25.86 | 26.00 | 26.89 | 26.00 | 24.34 |
| 总成本 | 元 | 21.16 | 22.91 | 23.28 | 19.89 | 17.94 |
| 生产成本 | 元 | 16.03 | 19.12 | 17.33 | 9.97 | 14.15 |
| 净利润 | 元 | 4.70 | 3.09 | 3.61 | 6.11 | 6.40 |
| 现金成本 | 元 | 14.88 | 13.42 | 17.07 | 12.67 | 12.17 |
| 现金收益 | 元 | 10.98 | 12.58 | 9.82 | 13.33 | 12.17 |
| **附：** | | | | | | |
| 每亩用工数量 | 日 | 3.25 | 6.40 | 2.42 | 0.31 | 4.76 |
| 每亩主产品已出售数量 | 公斤 | 4047.86 | 3946.96 | 3575.65 | 2886.17 | 5229.88 |
| 每亩主产品已出售产值 | 元 | 2093.24 | 2052.42 | 1922.95 | 1500.80 | 2546.00 |
| 每亩成本外支出 | 元 | | | | | |

# 3-5-2 2021 年各地区甜菜费用和用工情况

| 项　　目 | 单位 | 平　均 | 河　北 | 内蒙古 | 黑龙江 | 新　疆 |
|---|---|---|---|---|---|---|
| **一、每亩物质与服务费用** | **元** | **931.73** | **822.92** | **958.88** | **536.25** | **956.55** |
| （一）直接费用 | 元 | 782.99 | 812.95 | 822.26 | 536.25 | 730.63 |
| 1. 种子费 | 元 | 106.68 | 191.33 | 93.08 | 77.90 | 121.14 |
| 2. 化肥费 | 元 | 186.31 | 270.28 | 172.77 | 150.43 | 201.84 |
| 3. 农家肥费 | 元 | 6.83 | | 7.98 | | 6.91 |
| 4. 农药费 | 元 | 91.10 | 32.67 | 128.30 | 102.01 | 24.18 |
| 5. 农膜费 | 元 | 26.79 | 49.00 | 25.81 | | 28.00 |
| 6. 租赁作业费 | 元 | 338.23 | 255.67 | 372.98 | 196.01 | 304.21 |
| 机械作业费 | 元 | 245.24 | 190.00 | 280.77 | 196.01 | 189.99 |
| 排灌费 | 元 | 92.99 | 65.67 | 92.21 | | 114.22 |
| 其中：水费 | 元 | 35.22 | | 41.61 | | 34.61 |
| 畜力费 | 元 | | | | | |
| 7. 燃料动力费 | 元 | 2.44 | | 2.60 | | 2.99 |
| 8. 技术服务费 | 元 | | | | | |
| 9. 工具材料费 | 元 | 21.88 | 7.83 | 15.90 | 9.90 | 39.21 |
| 10. 修理维护费 | 元 | 2.73 | 6.17 | 2.84 | | 2.15 |
| 11. 其他直接费用 | 元 | | | | | |
| （二）间接费用 | 元 | 148.74 | 9.97 | 136.62 | | 225.92 |
| 1. 固定资产折旧 | 元 | 10.15 | 9.97 | 10.97 | | 9.96 |
| 2. 保险费 | 元 | 7.53 | | 10.36 | | 4.32 |
| 3. 管理费 | 元 | 3.36 | | 5.51 | | 0.06 |
| 4. 财务费 | 元 | 2.10 | | 3.44 | | 0.05 |
| 5. 销售费 | 元 | 125.60 | | 106.34 | | 211.53 |
| **二、每亩人工成本** | **元** | **368.12** | **691.78** | **283.52** | **39.17** | **523.91** |
| 1. 家庭用工折价 | 元 | 190.12 | 451.78 | 108.89 | 13.46 | 329.80 |
| 家庭用工天数 | 日 | 2.06 | 4.90 | 1.18 | 0.15 | 3.58 |
| 劳动日工价 | 元 | 92.20 | 92.20 | 92.20 | 92.20 | 92.20 |
| 2. 雇工费用 | 元 | 178.00 | 240.00 | 174.64 | 25.70 | 194.11 |
| 雇工天数 | 日 | 1.19 | 1.50 | 1.24 | 0.16 | 1.18 |
| 雇工工价 | 元 | 149.58 | 160.00 | 140.84 | 160.65 | 164.50 |
| 三、附 | | | | | | |
| 1. 每亩种子用量 | 公斤 | 0.01 | | | 0.22 | |
| 2. 每亩化肥用量 | 公斤 | 31.60 | 37.26 | 27.67 | 25.29 | 39.54 |
| 3. 每亩农膜用量 | 公斤 | 2.54 | 5.00 | 2.42 | | 2.63 |

# 3-5-3 2021年各地区甜菜化肥投入情况

| 项目 | 单位 | 平均 | 河北 | 内蒙古 | 黑龙江 | 新疆 |
|---|---|---|---|---|---|---|
| 一、每亩化肥金额 | 元 | **186.31** | **270.28** | **172.77** | **150.43** | **201.84** |
| (一)氮肥 | 元 | 30.94 | | 18.83 | 18.60 | 64.80 |
| 1. 尿素 | 元 | 29.13 | | 15.84 | 18.60 | 64.80 |
| 2. 碳铵 | 元 | 1.81 | | 2.99 | | |
| 3. 其他氮肥 | 元 | | | | | |
| (二)磷肥 | 元 | | | | | |
| 其中:过磷酸钙 | 元 | | | | | |
| (三)钾肥 | 元 | 14.13 | | 14.29 | 57.07 | 10.50 |
| 其中:氯化钾 | 元 | 0.89 | | 1.10 | | 0.77 |
| (四)复混肥 | 元 | 134.20 | 270.28 | 130.15 | 74.76 | 122.09 |
| 1. 复合肥 | 元 | 133.31 | 270.28 | 129.50 | 74.76 | 120.38 |
| 其中:二铵 | 元 | 64.83 | | 45.04 | 64.05 | 120.38 |
| 三元素复合肥 | 元 | 41.61 | 145.67 | 52.93 | 10.71 | |
| 2. 混配肥 | 元 | 0.89 | | 0.65 | | 1.71 |
| (五)其他肥料 | 元 | 7.04 | | 9.50 | | 4.45 |
| 二、每亩化肥折纯用量 | 公斤 | **31.60** | **37.26** | **27.67** | **25.29** | **39.54** |
| (一)氮肥 | 公斤 | 6.50 | | 3.34 | 3.68 | 14.94 |
| 1. 尿素 | 公斤 | 6.11 | | 2.69 | 3.68 | 14.94 |
| 2. 碳铵 | 公斤 | 0.39 | | 0.65 | | |
| 3. 其他氮肥 | 公斤 | | | | | |
| (二)磷肥 | 公斤 | | | | | |
| 其中:过磷酸钙 | 公斤 | | | | | |
| (三)钾肥 | 公斤 | 1.93 | | 2.17 | 8.04 | 0.93 |
| 其中:氯化钾 | 公斤 | 0.23 | | 0.30 | | 0.17 |
| (四)复混肥 | 公斤 | 23.18 | 37.26 | 22.18 | 13.57 | 23.68 |
| 1. 复合肥 | 公斤 | 23.08 | 37.26 | 22.09 | 13.57 | 23.52 |
| 其中:二铵 | 公斤 | 13.18 | | 9.71 | 11.72 | 23.52 |
| 三元素复合肥 | 公斤 | 6.12 | 18.15 | 8.11 | 1.85 | |
| 2. 混配肥 | 公斤 | 0.10 | | 0.09 | | 0.16 |

# 四、各地区蚕茧、水果

# 4-1-1 2021年各地区桑蚕茧成本收益情况

| 项目 | 单位 | 平均 | 山西 | 江苏 | 浙江 | 安徽 | 江西 |
|---|---|---|---|---|---|---|---|
| **每亩** | | | | | | | |
| 主产品产量 | 公斤 | 101.06 | 51.31 | 119.38 | 99.36 | 75.31 | 115.71 |
| 产值合计 | 元 | 4855.53 | 2718.02 | 6790.70 | 4203.84 | 4113.80 | 4538.16 |
| 主产品产值 | 元 | 4794.66 | 2645.71 | 6725.28 | 4137.75 | 4100.40 | 4427.94 |
| 副产品产值 | 元 | 60.87 | 72.31 | 65.42 | 66.09 | 13.40 | 110.22 |
| 总成本 | 元 | 4377.95 | 3861.35 | 6017.29 | 3869.15 | 2426.70 | 5554.23 |
| 生产成本 | 元 | 4136.52 | 3710.83 | 5428.19 | 3340.42 | 2265.27 | 5404.23 |
| 物质与服务费用 | 元 | 772.80 | 359.45 | 1024.78 | 661.13 | 441.71 | 856.00 |
| 人工成本 | 元 | 3363.72 | 3351.38 | 4403.41 | 2679.29 | 1823.56 | 4548.23 |
| 家庭用工折价 | 元 | 2892.50 | 3351.38 | 4016.14 | 2588.98 | 1575.61 | 4548.23 |
| 雇工费用 | 元 | 471.22 | | 387.27 | 90.31 | 247.96 | |
| 土地成本 | 元 | 241.43 | 150.52 | 589.10 | 528.73 | 161.43 | 150.00 |
| 流转地租金 | 元 | 48.10 | 7.44 | 136.45 | 229.84 | 26.26 | 9.75 |
| 自营地折租 | 元 | 193.33 | 143.08 | 452.65 | 298.89 | 135.17 | 140.25 |
| 净利润 | 元 | 477.58 | -1143.33 | 773.41 | 334.69 | 1687.10 | -1016.07 |
| 现金成本 | 元 | 1292.12 | 366.89 | 1548.50 | 981.28 | 715.93 | 865.75 |
| 现金收益 | 元 | 3563.41 | 2351.13 | 5242.20 | 3222.56 | 3397.87 | 3672.41 |
| 成本利润率 | % | 10.91 | -29.61 | 12.85 | 8.65 | 69.52 | -18.29 |
| **每50公斤主产品** | | | | | | | |
| 平均出售价格 | 元 | 2372.18 | 2578.16 | 2816.75 | 2082.20 | 2722.35 | 1913.38 |
| 总成本 | 元 | 2138.86 | 3662.66 | 2495.94 | 1916.42 | 1605.89 | 2341.77 |
| 生产成本 | 元 | 2020.91 | 3519.88 | 2251.59 | 1654.54 | 1499.07 | 2278.53 |
| 净利润 | 元 | 233.32 | -1084.50 | 320.81 | 165.78 | 1116.46 | -428.39 |
| 现金成本 | 元 | 631.27 | 348.01 | 642.31 | 486.04 | 473.77 | 365.02 |
| 现金收益 | 元 | 1740.91 | 2230.15 | 2174.44 | 1596.16 | 2248.58 | 1548.36 |
| **附：** | | | | | | | |
| 每亩用工数量 | 日 | 35.57 | 36.35 | 48.07 | 28.71 | 19.39 | 49.33 |
| 每亩主产品已出售数量 | 公斤 | 101.06 | 51.31 | 119.38 | 99.36 | 75.31 | 115.71 |
| 每亩主产品已出售产值 | 元 | 4794.66 | 2645.71 | 6725.28 | 4137.75 | 4100.40 | 4427.94 |
| 每亩成本外支出 | 元 | 1.04 | | 16.36 | | | |

4-1-1 续表 1

| 项 目 | 单位 | 山 东 | 河 南 | 湖 北 | 广 东 | 广 西 |
|---|---|---|---|---|---|---|
| **每亩** | | | | | | |
| 主产品产量 | 公斤 | 80.58 | 35.83 | 63.98 | 152.35 | 126.13 |
| 产值合计 | 元 | 4121.41 | 1832.03 | 2885.29 | 6351.11 | 5770.01 |
| 主产品产值 | 元 | 4087.93 | 1832.03 | 2869.56 | 6322.22 | 5735.15 |
| 副产品产值 | 元 | 33.48 | | 15.73 | 28.89 | 34.86 |
| 总成本 | 元 | 3848.84 | 1756.69 | 3732.24 | 5756.51 | 7531.25 |
| 生产成本 | 元 | 3595.34 | 1606.69 | 3628.38 | 5534.71 | 7266.67 |
| 物质与服务费用 | 元 | 741.70 | 214.15 | 446.74 | 1693.07 | 1382.59 |
| 人工成本 | 元 | 2853.64 | 1392.54 | 3181.64 | 3841.64 | 5884.08 |
| 家庭用工折价 | 元 | 2795.87 | 1187.54 | 3181.64 | 3841.33 | 5805.47 |
| 雇工费用 | 元 | 57.77 | 205.00 | | 0.31 | 78.61 |
| 土地成本 | 元 | 253.50 | 150.00 | 103.86 | 221.80 | 264.58 |
| 流转地租金 | 元 | 117.43 | 30.00 | 23.74 | 28.65 | 23.45 |
| 自营地折租 | 元 | 136.07 | 120.00 | 80.12 | 193.15 | 241.13 |
| 净利润 | 元 | 272.57 | 75.34 | -846.95 | 594.60 | -1761.24 |
| 现金成本 | 元 | 916.90 | 449.15 | 470.48 | 1722.03 | 1484.65 |
| 现金收益 | 元 | 3204.51 | 1382.88 | 2414.81 | 4629.08 | 4285.36 |
| 成本利润率 | % | 7.08 | 4.29 | -22.69 | 10.33 | -23.39 |
| **每 50 公斤主产品** | | | | | | |
| 平均出售价格 | 元 | 2536.57 | 2556.56 | 2242.54 | 2074.90 | 2273.51 |
| 总成本 | 元 | 2368.81 | 2451.42 | 2900.81 | 1880.64 | 2967.48 |
| 生产成本 | 元 | 2212.80 | 2242.10 | 2820.09 | 1808.18 | 2863.22 |
| 净利润 | 元 | 167.76 | 105.14 | -658.27 | 194.26 | -693.97 |
| 现金成本 | 元 | 564.32 | 626.78 | 365.67 | 562.59 | 584.98 |
| 现金收益 | 元 | 1972.25 | 1929.78 | 1876.87 | 1512.31 | 1688.53 |
| **附：** | | | | | | |
| 每亩用工数量 | 日 | 30.80 | 15.10 | 34.51 | 41.66 | 63.70 |
| 每亩主产品已出售数量 | 公斤 | 80.58 | 35.83 | 63.98 | 152.35 | 126.13 |
| 每亩主产品已出售产值 | 元 | 4087.93 | 1832.03 | 2869.56 | 6322.22 | 5735.15 |
| 每亩成本外支出 | 元 | | | | | |

4-1-1 续表 2

| 项目 | 单位 | 重庆 | 四川 | 云南 | 陕西 | 甘肃 |
|---|---|---|---|---|---|---|
| **每亩** | | | | | | |
| 主产品产量 | 公斤 | 117.61 | 97.33 | 96.42 | 83.84 | 172.93 |
| 产值合计 | 元 | 5268.57 | 4863.06 | 5326.05 | 3378.72 | 7303.15 |
| 主产品产值 | 元 | 5223.25 | 4646.35 | 5232.11 | 3361.56 | 7263.20 |
| 副产品产值 | 元 | 45.32 | 216.71 | 93.94 | 17.16 | 39.95 |
| 总成本 | 元 | 4368.34 | 3628.04 | 4321.16 | 3968.21 | 4888.18 |
| 生产成本 | 元 | 4141.04 | 3498.75 | 4117.59 | 3848.35 | 4688.18 |
| 物质与服务费用 | 元 | 680.88 | 468.40 | 805.22 | 305.17 | 354.78 |
| 人工成本 | 元 | 3460.16 | 3030.35 | 3312.37 | 3543.18 | 4333.40 |
| 家庭用工折价 | 元 | 1000.92 | 2935.37 | 2862.81 | 3453.81 | 4333.40 |
| 雇工费用 | 元 | 2459.23 | 94.98 | 449.56 | 89.37 | |
| 土地成本 | 元 | 227.30 | 129.29 | 203.57 | 119.86 | 200.00 |
| 流转地租金 | 元 | 6.13 | 3.15 | 15.82 | 6.35 | |
| 自营地折租 | 元 | 221.17 | 126.14 | 187.75 | 113.51 | 200.00 |
| 净利润 | 元 | 900.23 | 1235.02 | 1004.90 | -589.49 | 2414.97 |
| 现金成本 | 元 | 3146.24 | 566.53 | 1270.60 | 400.89 | 354.78 |
| 现金收益 | 元 | 2122.33 | 4296.53 | 4055.45 | 2977.83 | 6948.37 |
| 成本利润率 | % | 20.61 | 34.04 | 23.26 | -14.86 | 49.40 |
| **每 50 公斤主产品** | | | | | | |
| 平均出售价格 | 元 | 2220.58 | 2386.91 | 2713.19 | 2004.75 | 2100.04 |
| 总成本 | 元 | 1841.15 | 1780.73 | 2201.28 | 2354.52 | 1405.61 |
| 生产成本 | 元 | 1745.35 | 1717.27 | 2097.58 | 2283.40 | 1348.10 |
| 净利润 | 元 | 379.43 | 606.18 | 511.91 | -349.77 | 694.43 |
| 现金成本 | 元 | 1326.07 | 278.07 | 647.27 | 237.87 | 102.02 |
| 现金收益 | 元 | 894.51 | 2108.84 | 2065.92 | 1766.88 | 1998.02 |
| **附:** | | | | | | |
| 每亩用工数量 | 日 | 31.98 | 32.59 | 35.58 | 38.24 | 47.00 |
| 每亩主产品已出售数量 | 公斤 | 117.61 | 97.33 | 96.42 | 83.84 | 172.93 |
| 每亩主产品已出售产值 | 元 | 5223.25 | 4646.35 | 5232.11 | 3361.56 | 7263.20 |
| 每亩成本外支出 | 元 | | | | | |

# 4-1-2 2021 年各地区桑蚕茧费用和用工情况

| 项　　目 | 单位 | 平　均 | 山　西 | 江　苏 | 浙　江 | 安　徽 | 江　西 |
|---|---|---|---|---|---|---|---|
| **一、每亩物质与服务费用** | **元** | **772.80** | **359.45** | **1024.78** | **661.13** | **441.71** | **856.00** |
| （一）直接费用 | 元 | 687.90 | 312.69 | 837.25 | 529.11 | 398.58 | 785.05 |
| 1. 种子费 | 元 | 234.78 | 82.51 | 194.81 | 118.06 | 98.28 | 300.00 |
| 2. 化肥费 | 元 | 260.41 | 102.49 | 337.21 | 303.72 | 173.09 | 253.57 |
| 3. 农家肥费 | 元 | 17.39 | | 13.60 | 10.23 | 30.40 | 25.11 |
| 4. 农药费 | 元 | 80.62 | 43.05 | 186.91 | 45.46 | 58.35 | 59.89 |
| 5. 农膜费 | 元 | 3.23 | 3.77 | 3.49 | 7.23 | 6.15 | |
| 6. 租赁作业费 | 元 | 20.55 | 41.97 | 7.50 | 1.96 | | 120.53 |
| 机械作业费 | 元 | 14.43 | 41.97 | | | | |
| 排灌费 | 元 | 4.39 | | 7.50 | 1.96 | | 2.20 |
| 其中：水费 | 元 | 1.16 | | 7.50 | 0.07 | | |
| 畜力费 | 元 | 1.73 | | | | | 118.33 |
| 7. 燃料动力费 | 元 | 30.88 | 34.26 | 32.02 | 9.63 | 13.75 | |
| 8. 技术服务费 | 元 | 3.90 | | 5.35 | | | |
| 9. 工具材料费 | 元 | 25.12 | 2.58 | 42.30 | 23.34 | 18.09 | 7.67 |
| 10. 修理维护费 | 元 | 5.10 | 2.06 | 6.77 | 4.49 | 0.47 | 5.98 |
| 11. 其他直接费用 | 元 | 5.92 | | 7.29 | 4.99 | | 12.30 |
| （二）间接费用 | 元 | 84.90 | 46.76 | 187.53 | 132.02 | 43.13 | 70.95 |
| 1. 固定资产折旧 | 元 | 62.96 | 33.56 | 106.63 | 132.02 | 41.27 | 56.39 |
| 2. 保险费 | 元 | 6.26 | | 72.12 | | | |
| 3. 管理费 | 元 | 9.19 | | | | | |
| 4. 财务费 | 元 | 1.68 | | | | | |
| 5. 销售费 | 元 | 4.81 | 13.20 | 8.78 | | 1.86 | 14.56 |
| **二、每亩人工成本** | **元** | **3363.72** | **3351.38** | **4403.41** | **2679.29** | **1823.56** | **4548.23** |
| 1. 家庭用工折价 | 元 | 2892.50 | 3351.38 | 4016.14 | 2588.98 | 1575.61 | 4548.23 |
| 家庭用工天数 | 日 | 31.37 | 36.35 | 43.56 | 28.08 | 17.09 | 49.33 |
| 劳动日工价 | 元 | 92.20 | 92.20 | 92.20 | 92.20 | 92.20 | 92.20 |
| 2. 雇工费用 | 元 | 471.22 | | 387.27 | 90.31 | 247.96 | |
| 雇工天数 | 日 | 4.20 | | 4.51 | 0.63 | 2.30 | |
| 雇工工价 | 元 | 112.20 | 76.80 | 85.87 | 143.35 | 107.81 | 150.00 |
| 三、附 | | | | | | | |
| 1. 每亩种子用量 | 公斤 | | | | | | |
| 2. 每亩化肥用量 | 公斤 | 37.87 | 16.35 | 56.64 | 44.47 | 32.13 | 45.63 |
| 3. 每亩农膜用量 | 公斤 | 0.24 | 0.28 | 0.22 | 0.23 | 0.41 | |

4-1-2 续表 1

| 项　　目 | 单位 | 山　东 | 河　南 | 湖　北 | 广　东 | 广　西 |
|---|---|---|---|---|---|---|
| **一、每亩物质与服务费用** | **元** | **741.70** | **214.15** | **446.74** | **1693.07** | **1382.59** |
| (一)直接费用 | 元 | 668.41 | 214.15 | 377.31 | 1564.14 | 1309.88 |
| 1. 种子费 | 元 | 159.23 | 40.00 | 104.26 | 811.38 | 516.10 |
| 2. 化肥费 | 元 | 277.88 | 109.95 | 111.08 | 527.05 | 559.28 |
| 3. 农家肥费 | 元 | 14.73 | | | 20.77 | 20.15 |
| 4. 农药费 | 元 | 90.99 | 44.97 | 78.80 | 133.62 | 100.91 |
| 5. 农膜费 | 元 | 13.96 | | | | 2.32 |
| 6. 租赁作业费 | 元 | 45.63 | | | 3.06 | 29.07 |
| 机械作业费 | 元 | 23.73 | | | | 13.99 |
| 排灌费 | 元 | 21.90 | | | 3.06 | 2.28 |
| 其中:水费 | 元 | | | | 3.06 | 1.06 |
| 畜力费 | 元 | | | | | 12.80 |
| 7. 燃料动力费 | 元 | 39.68 | | 29.74 | 28.75 | 37.78 |
| 8. 技术服务费 | 元 | | | | | |
| 9. 工具材料费 | 元 | 16.57 | 19.23 | 44.68 | 18.01 | 35.09 |
| 10. 修理维护费 | 元 | 7.02 | | 8.75 | 4.77 | 9.18 |
| 11. 其他直接费用 | 元 | 2.72 | | | 16.73 | |
| (二)间接费用 | 元 | 73.29 | | 69.43 | 128.93 | 72.71 |
| 1. 固定资产折旧 | 元 | 52.86 | | 69.43 | 128.93 | 65.69 |
| 2. 保险费 | 元 | 15.50 | | | | |
| 3. 管理费 | 元 | | | | | |
| 4. 财务费 | 元 | | | | | |
| 5. 销售费 | 元 | 4.93 | | | | 7.02 |
| **二、每亩人工成本** | **元** | **2853.64** | **1392.54** | **3181.64** | **3841.64** | **5884.08** |
| 1. 家庭用工折价 | 元 | 2795.87 | 1187.54 | 3181.64 | 3841.33 | 5805.47 |
| 家庭用工天数 | 日 | 30.32 | 12.88 | 34.51 | 41.66 | 62.97 |
| 劳动日工价 | 元 | 92.20 | 92.20 | 92.20 | 92.20 | 92.20 |
| 2. 雇工费用 | 元 | 57.77 | 205.00 | | 0.31 | 78.61 |
| 雇工天数 | 日 | 0.48 | 2.22 | | | 0.73 |
| 雇工工价 | 元 | 120.35 | 92.34 | 110.94 | | 107.69 |
| 三、附 | | | | | | |
| 1. 每亩种子用量 | 公斤 | | | | | |
| 2. 每亩化肥用量 | 公斤 | 38.93 | 16.63 | 18.85 | 68.89 | 81.65 |
| 3. 每亩农膜用量 | 公斤 | 1.28 | | | | 0.19 |

4-1-2 续表 2

| 项 目 | 单位 | 重 庆 | 四 川 | 云 南 | 陕 西 | 甘 肃 |
|---|---|---|---|---|---|---|
| **一、每亩物质与服务费用** | **元** | **680.88** | **468.40** | **805.22** | **305.17** | **354.78** |
| (一)直接费用 | 元 | 543.49 | 438.78 | 736.03 | 281.61 | 288.28 |
| 1. 种子费 | 元 | 163.78 | 153.47 | 198.36 | 122.38 | 100.00 |
| 2. 化肥费 | 元 | 202.85 | 155.67 | 211.48 | 62.22 | 121.60 |
| 3. 农家肥费 | 元 | 2.73 | 21.45 | 43.45 | | |
| 4. 农药费 | 元 | 65.58 | 44.04 | 87.44 | 40.67 | 21.90 |
| 5. 农膜费 | 元 | 0.07 | | | | |
| 6. 租赁作业费 | 元 | | 1.91 | 96.99 | | |
| 机械作业费 | 元 | | | 89.97 | | |
| 排灌费 | 元 | | 1.91 | 7.02 | | |
| 其中:水费 | 元 | | 1.91 | 1.34 | | |
| 畜力费 | 元 | | | | | |
| 7. 燃料动力费 | 元 | 38.18 | 24.82 | 64.19 | 5.77 | 34.67 |
| 8. 技术服务费 | 元 | 26.16 | | | | |
| 9. 工具材料费 | 元 | 39.71 | 10.81 | 28.60 | 25.34 | 7.95 |
| 10. 修理维护费 | 元 | 4.43 | 5.40 | 5.52 | 5.70 | 2.16 |
| 11. 其他直接费用 | 元 | | 21.21 | | 19.53 | |
| (二)间接费用 | 元 | 137.39 | 29.62 | 69.19 | 23.56 | 66.50 |
| 1. 固定资产折旧 | 元 | 55.34 | 27.47 | 52.74 | 19.81 | 66.50 |
| 2. 保险费 | 元 | | | | | |
| 3. 管理费 | 元 | 67.53 | | | | |
| 4. 财务费 | 元 | 12.36 | | | | |
| 5. 销售费 | 元 | 2.16 | 2.15 | 16.45 | 3.75 | |
| **二、每亩人工成本** | **元** | **3460.16** | **3030.35** | **3312.37** | **3543.18** | **4333.40** |
| 1. 家庭用工折价 | 元 | 1000.92 | 2935.37 | 2862.81 | 3453.81 | 4333.40 |
| 家庭用工天数 | 日 | 10.86 | 31.84 | 31.05 | 37.46 | 47.00 |
| 劳动日工价 | 元 | 92.20 | 92.20 | 92.20 | 92.20 | 92.20 |
| 2. 雇工费用 | 元 | 2459.23 | 94.98 | 449.56 | 89.37 | |
| 雇工天数 | 日 | 21.12 | 0.75 | 4.53 | 0.78 | |
| 雇工工价 | 元 | 116.44 | 126.64 | 99.24 | 114.57 | 100.00 |
| 三、附 | | | | | | |
| 1. 每亩种子用量 | 公斤 | | | | | |
| 2. 每亩化肥用量 | 公斤 | 21.55 | 23.79 | 31.59 | 11.90 | 22.46 |
| 3. 每亩农膜用量 | 公斤 | | | | | |

# 4-1-3 2021年各地区桑蚕茧化肥投入情况

| 项　　目 | 单位 | 平　均 | 山　西 | 江　苏 | 浙　江 | 安　徽 | 江　西 |
|---|---|---|---|---|---|---|---|
| **一、每亩化肥金额** | 元 | **260.41** | **102.49** | **337.21** | **303.72** | **173.09** | **253.57** |
| (一)氮肥 | 元 | 114.25 | 6.13 | 164.63 | 183.13 | 137.41 | 120.30 |
| 1. 尿素 | 元 | 104.24 | | 161.72 | 182.09 | 137.41 | 120.30 |
| 2. 碳铵 | 元 | 4.52 | 6.13 | 2.91 | 1.04 | | |
| 3. 其他氮肥 | 元 | 5.49 | | | | | |
| (二)磷肥 | 元 | 2.78 | 2.79 | 1.31 | 0.40 | | |
| 其中:过磷酸钙 | 元 | 2.50 | 2.79 | 1.31 | 0.40 | | |
| (三)钾肥 | 元 | 0.53 | | | | | |
| 其中:氯化钾 | 元 | | | | | | |
| (四)复混肥 | 元 | 134.91 | 93.57 | 171.27 | 120.19 | 35.68 | 133.27 |
| 1. 复合肥 | 元 | 131.55 | 93.57 | 167.35 | 120.19 | 23.53 | 133.27 |
| 其中:二铵 | 元 | 0.97 | | | | | |
| 三元素复合肥 | 元 | 82.43 | | 144.43 | 5.33 | 21.43 | 133.27 |
| 2. 混配肥 | 元 | 3.36 | | 3.92 | | 12.15 | |
| (五)其他肥料 | 元 | 7.94 | | | | | |
| **二、每亩化肥折纯用量** | 公斤 | **37.87** | **16.35** | **56.64** | **44.47** | **32.13** | **45.63** |
| (一)氮肥 | 公斤 | 19.31 | 1.30 | 29.66 | 31.02 | 25.75 | 21.93 |
| 1. 尿素 | 公斤 | 17.75 | | 29.06 | 30.83 | 25.75 | 21.93 |
| 2. 碳铵 | 公斤 | 0.92 | 1.30 | 0.60 | 0.19 | | |
| 3. 其他氮肥 | 公斤 | 0.64 | | | | | |
| (二)磷肥 | 公斤 | 0.53 | 0.37 | 0.30 | 0.05 | | |
| 其中:过磷酸钙 | 公斤 | 0.47 | 0.37 | 0.30 | 0.05 | | |
| (三)钾肥 | 公斤 | 0.03 | | | | | |
| 其中:氯化钾 | 公斤 | | | | | | |
| (四)复混肥 | 公斤 | 18.00 | 14.68 | 26.67 | 13.39 | 6.37 | 23.70 |
| 1. 复合肥 | 公斤 | 17.34 | 14.68 | 26.05 | 13.39 | 3.26 | 23.70 |
| 其中:二铵 | 公斤 | 0.19 | | | | | |
| 三元素复合肥 | 公斤 | 10.88 | | 22.42 | 0.78 | 2.95 | 23.70 |
| 2. 混配肥 | 公斤 | 0.66 | | 0.62 | | 3.11 | |

4-1-3 续表 1

| 项　　目 | 单位 | 山　东 | 河　南 | 湖　北 | 广　东 | 广　西 |
|---|---|---|---|---|---|---|
| **一、每亩化肥金额** | **元** | **277.88** | **109.95** | **111.08** | **527.05** | **559.28** |
| （一）氮肥 | 元 | 70.20 | 41.62 | 83.53 | 197.24 | 117.19 |
| 1. 尿素 | 元 | 18.19 | 41.62 | 65.84 | 197.24 | 117.19 |
| 2. 碳铵 | 元 | 1.68 |  | 17.69 |  |  |
| 3. 其他氮肥 | 元 | 50.33 |  |  |  |  |
| （二）磷肥 | 元 |  |  |  | 13.24 |  |
| 其中：过磷酸钙 | 元 |  |  |  | 13.24 |  |
| （三）钾肥 | 元 |  |  |  |  |  |
| 其中：氯化钾 | 元 |  |  |  |  |  |
| （四）复混肥 | 元 | 207.68 | 68.33 | 27.55 | 316.57 | 431.22 |
| 1. 复合肥 | 元 | 207.68 | 68.33 | 27.55 | 314.01 | 418.47 |
| 其中：二铵 | 元 |  |  |  |  |  |
| 三元素复合肥 | 元 | 173.37 |  |  | 314.01 | 192.92 |
| 2. 混配肥 | 元 |  |  |  | 2.56 | 12.75 |
| （五）其他肥料 | 元 |  |  |  |  | 10.87 |
| **二、每亩化肥折纯用量** | **公斤** | **38.93** | **16.63** | **18.85** | **68.89** | **81.65** |
| （一）氮肥 | 公斤 | 9.35 | 8.09 | 15.22 | 30.37 | 21.87 |
| 1. 尿素 | 公斤 | 3.14 | 8.09 | 11.79 | 30.37 | 21.87 |
| 2. 碳铵 | 公斤 | 0.34 |  | 3.43 |  |  |
| 3. 其他氮肥 | 公斤 | 5.87 |  |  |  |  |
| （二）磷肥 | 公斤 |  |  |  | 2.30 |  |
| 其中：过磷酸钙 | 公斤 |  |  |  | 2.30 |  |
| （三）钾肥 | 公斤 |  |  |  |  |  |
| 其中：氯化钾 | 公斤 |  |  |  |  |  |
| （四）复混肥 | 公斤 | 29.58 | 8.55 | 3.63 | 36.22 | 59.78 |
| 1. 复合肥 | 公斤 | 29.58 | 8.55 | 3.63 | 35.84 | 57.90 |
| 其中：二铵 | 公斤 |  |  |  |  |  |
| 三元素复合肥 | 公斤 | 25.65 |  |  | 35.84 | 26.17 |
| 2. 混配肥 | 公斤 |  |  |  | 0.38 | 1.88 |

4-1-3 续表 2

| 项 目 | 单位 | 重 庆 | 四 川 | 云 南 | 陕 西 | 甘 肃 |
|---|---|---|---|---|---|---|
| **一、每亩化肥金额** | **元** | **202.85** | **155.67** | **211.48** | **62.22** | **121.60** |
| (一)氮肥 | 元 | 102.00 | 68.04 | 123.34 | 60.53 | 121.60 |
| 1. 尿素 | 元 | 98.93 | 53.14 | 123.34 | 35.77 | 121.60 |
| 2. 碳铵 | 元 | 3.07 | 14.90 | | 24.76 | |
| 3. 其他氮肥 | 元 | | | | | |
| (二)磷肥 | 元 | 0.19 | 3.86 | 9.64 | | |
| 其中:过磷酸钙 | 元 | 0.19 | 3.86 | 7.05 | | |
| (三)钾肥 | 元 | | | 5.00 | | |
| 其中:氯化钾 | 元 | | | | | |
| (四)复混肥 | 元 | 48.62 | 83.77 | 73.50 | 1.69 | |
| 1. 复合肥 | 元 | 48.62 | 83.77 | 69.29 | 1.69 | |
| 其中:二铵 | 元 | | | 8.15 | 1.69 | |
| 三元素复合肥 | 元 | 0.72 | 30.72 | 44.95 | | |
| 2. 混配肥 | 元 | | | 4.21 | | |
| (五)其他肥料 | 元 | 52.04 | | | | |
| **二、每亩化肥折纯用量** | **公斤** | **21.55** | **23.79** | **31.59** | **11.90** | **22.46** |
| (一)氮肥 | 公斤 | 15.24 | 13.17 | 20.02 | 11.55 | 22.46 |
| 1. 尿素 | 公斤 | 14.59 | 10.25 | 20.02 | 6.28 | 22.46 |
| 2. 碳铵 | 公斤 | 0.65 | 2.92 | | 5.27 | |
| 3. 其他氮肥 | 公斤 | | | | | |
| (二)磷肥 | 公斤 | 0.03 | 0.67 | 2.15 | | |
| 其中:过磷酸钙 | 公斤 | 0.03 | 0.67 | 1.60 | | |
| (三)钾肥 | 公斤 | | | 0.28 | | |
| 其中:氯化钾 | 公斤 | | | | | |
| (四)复混肥 | 公斤 | 6.28 | 9.94 | 9.14 | 0.36 | |
| 1. 复合肥 | 公斤 | 6.28 | 9.94 | 8.47 | 0.36 | |
| 其中:二铵 | 公斤 | | | 1.56 | 0.36 | |
| 三元素复合肥 | 公斤 | 0.08 | 3.93 | 4.77 | | |
| 2. 混配肥 | 公斤 | | | 0.67 | | |

# 4-2-1 2021 年各地区苹果成本收益情况

| 项 目 | 单位 | 平 均 | 北 京 | 河 北 | 山 西 | 辽 宁 |
|---|---|---|---|---|---|---|
| **每亩** | | | | | | |
| 主产品产量 | 公斤 | 1662.96 | 1119.45 | 2279.96 | 1824.16 | 1249.27 |
| 产值合计 | 元 | 5469.44 | 6791.81 | 5272.09 | 4659.31 | 3188.83 |
| 主产品产值 | 元 | 5465.39 | 6791.81 | 5255.64 | 4657.56 | 3188.83 |
| 副产品产值 | 元 | 4.05 | | 16.45 | 1.75 | |
| 总成本 | 元 | 5400.40 | 8210.74 | 4156.75 | 4467.76 | 4193.17 |
| 生产成本 | 元 | 5072.29 | 7699.46 | 3880.59 | 4202.14 | 3788.19 |
| 物质与服务费用 | 元 | 1705.42 | 3054.16 | 1113.69 | 1449.61 | 1159.70 |
| 人工成本 | 元 | 3366.87 | 4645.30 | 2766.90 | 2752.53 | 2628.49 |
| 家庭用工折价 | 元 | 2133.97 | 694.63 | 2126.04 | 2352.21 | 1542.23 |
| 雇工费用 | 元 | 1232.90 | 3950.67 | 640.86 | 400.32 | 1086.27 |
| 土地成本 | 元 | 328.11 | 511.28 | 276.16 | 265.62 | 404.98 |
| 流转地租金 | 元 | 84.77 | 379.58 | 1.60 | 52.60 | 47.49 |
| 自营地折租 | 元 | 243.34 | 131.70 | 274.56 | 213.02 | 357.49 |
| 净利润 | 元 | 69.04 | -1418.93 | 1115.34 | 191.55 | -1004.34 |
| 现金成本 | 元 | 3023.09 | 7384.41 | 1756.15 | 1902.53 | 2293.46 |
| 现金收益 | 元 | 2446.35 | -592.60 | 3515.94 | 2756.78 | 895.37 |
| 成本利润率 | % | 1.28 | -17.28 | 26.83 | 4.29 | -23.95 |
| **每 50 公斤主产品** | | | | | | |
| 平均出售价格 | 元 | 164.33 | 303.35 | 115.26 | 127.66 | 127.63 |
| 总成本 | 元 | 162.26 | 366.73 | 90.88 | 122.41 | 167.83 |
| 生产成本 | 元 | 152.40 | 343.89 | 84.84 | 115.13 | 151.62 |
| 净利润 | 元 | 2.07 | -63.38 | 24.38 | 5.25 | -40.20 |
| 现金成本 | 元 | 90.83 | 329.82 | 38.39 | 52.13 | 91.79 |
| 现金收益 | 元 | 73.50 | -26.47 | 76.87 | 75.53 | 35.84 |
| **附：** | | | | | | |
| 每亩用工数量 | 日 | 32.76 | 35.23 | 29.48 | 29.87 | 25.90 |
| 每亩主产品已出售数量 | 公斤 | 1447.99 | 1119.45 | 2067.73 | 1740.96 | 1063.21 |
| 每亩主产品已出售产值 | 元 | 4691.34 | 6791.81 | 4761.71 | 4342.27 | 2427.43 |
| 每亩成本外支出 | 元 | | | | | |

4-2-1 续表

| 项　　目 | 单位 | 山　东 | 河　南 | 陕　西 | 甘　肃 |
| --- | --- | --- | --- | --- | --- |
| **每亩** | | | | | |
| 主产品产量 | 公斤 | 2558.38 | 2389.30 | 1926.96 | 1679.42 |
| 产值合计 | 元 | 9272.71 | 9382.04 | 7092.09 | 5993.14 |
| 主产品产值 | 元 | 9256.79 | 9344.03 | 7092.09 | 5993.14 |
| 副产品产值 | 元 | 15.92 | 38.01 | | |
| 总成本 | 元 | 7531.28 | 6020.51 | 4592.77 | 5400.89 |
| 生产成本 | 元 | 7271.91 | 5800.28 | 4463.09 | 5244.53 |
| 物质与服务费用 | 元 | 2398.53 | 1740.55 | 1237.91 | 1788.15 |
| 人工成本 | 元 | 4873.38 | 4059.73 | 3225.18 | 3456.38 |
| 家庭用工折价 | 元 | 3740.19 | 3807.12 | 2601.98 | 3110.27 |
| 雇工费用 | 元 | 1133.20 | 252.61 | 623.21 | 346.11 |
| 土地成本 | 元 | 259.37 | 220.23 | 129.68 | 156.36 |
| 流转地租金 | 元 | 33.92 | 54.57 | | |
| 自营地折租 | 元 | 225.45 | 165.66 | 129.68 | 156.36 |
| 净利润 | 元 | 1741.43 | 3361.53 | 2499.32 | 592.25 |
| 现金成本 | 元 | 3565.65 | 2047.73 | 1861.12 | 2134.26 |
| 现金收益 | 元 | 5707.06 | 7334.31 | 5230.97 | 3858.88 |
| 成本利润率 | % | 23.12 | 55.83 | 54.42 | 10.97 |
| **每50公斤主产品** | | | | | |
| 平均出售价格 | 元 | 180.91 | 195.54 | 184.02 | 178.43 |
| 总成本 | 元 | 146.93 | 125.48 | 119.17 | 160.80 |
| 生产成本 | 元 | 141.87 | 120.89 | 115.80 | 156.14 |
| 净利润 | 元 | 33.98 | 70.06 | 64.85 | 17.63 |
| 现金成本 | 元 | 69.57 | 42.68 | 48.29 | 63.54 |
| 现金收益 | 元 | 111.34 | 152.86 | 135.73 | 114.89 |
| **附：** | | | | | |
| 每亩用工数量 | 日 | 48.24 | 44.28 | 33.36 | 36.42 |
| 每亩主产品已出售数量 | 公斤 | 1744.58 | 2364.73 | 1893.95 | 1428.92 |
| 每亩主产品已出售产值 | 元 | 6409.96 | 9191.71 | 6968.64 | 5294.24 |
| 每亩成本外支出 | 元 | | | | |

# 4-2-2 2021年各地区苹果费用和用工情况

| 项 目 | 单位 | 平 均 | 北 京 | 河 北 | 山 西 | 辽 宁 |
|---|---|---|---|---|---|---|
| **一、每亩物质与服务费用** | **元** | **1705.42** | **3054.16** | **1113.69** | **1449.61** | **1159.70** |
| (一)直接费用 | 元 | 1461.59 | 2136.07 | 1096.98 | 1318.47 | 967.32 |
| 1. 种子费 | 元 | | | | | |
| 2. 化肥费 | 元 | 477.90 | 201.12 | 419.48 | 539.78 | 263.13 |
| 3. 农家肥费 | 元 | 170.98 | 713.60 | 114.52 | 59.57 | 119.26 |
| 4. 农药费 | 元 | 266.04 | 281.44 | 265.06 | 229.45 | 197.61 |
| 5. 农膜费 | 元 | 23.92 | 96.33 | | 39.68 | 5.07 |
| 6. 租赁作业费 | 元 | 136.87 | 180.72 | 154.27 | 164.93 | 101.12 |
| 机械作业费 | 元 | 64.00 | 98.07 | 69.56 | 28.68 | 51.61 |
| 排灌费 | 元 | 72.87 | 82.65 | 84.71 | 136.25 | 49.51 |
| 其中:水费 | 元 | 4.93 | 35.68 | | | |
| 畜力费 | 元 | | | | | |
| 7. 燃料动力费 | 元 | 23.80 | 63.86 | | 29.01 | 23.35 |
| 8. 技术服务费 | 元 | 1.01 | | | | |
| 9. 工具材料费 | 元 | 346.26 | 553.43 | 123.79 | 248.82 | 246.56 |
| 10. 修理维护费 | 元 | 14.81 | 45.57 | 19.86 | 7.23 | 11.22 |
| 11. 其他直接费用 | 元 | | | | | |
| (二)间接费用 | 元 | 243.83 | 918.09 | 16.71 | 131.14 | 192.38 |
| 1. 固定资产折旧 | 元 | 94.66 | 183.97 | 16.71 | 21.37 | 166.63 |
| 2. 保险费 | 元 | 36.40 | 162.61 | | | 3.92 |
| 3. 管理费 | 元 | 11.12 | 80.42 | | | |
| 4. 财务费 | 元 | | | | | |
| 5. 销售费 | 元 | 101.65 | 491.09 | | 109.77 | 21.83 |
| **二、每亩人工成本** | **元** | **3366.87** | **4645.30** | **2766.90** | **2752.53** | **2628.49** |
| 1. 家庭用工折价 | 元 | 2133.97 | 694.63 | 2126.04 | 2352.21 | 1542.23 |
| 家庭用工天数 | 日 | 23.15 | 7.53 | 23.06 | 25.51 | 16.73 |
| 劳动日工价 | 元 | 92.20 | 92.20 | 92.20 | 92.20 | 92.20 |
| 2. 雇工费用 | 元 | 1232.90 | 3950.67 | 640.86 | 400.32 | 1086.27 |
| 雇工天数 | 日 | 9.61 | 27.70 | 6.42 | 4.36 | 9.17 |
| 雇工工价 | 元 | 128.29 | 142.62 | 99.82 | 91.82 | 118.46 |
| 三、附 | | | | | | |
| 1. 每亩种子用量 | 公斤 | | | | | |
| 2. 每亩化肥用量 | 公斤 | 50.55 | 16.83 | 61.34 | 58.34 | 35.45 |
| 3. 每亩农膜用量 | 公斤 | 1.52 | 6.21 | | 2.16 | 0.41 |

4-2-2 续表

| 项　　目 | 单位 | 山　东 | 河　南 | 陕　西 | 甘　肃 |
|---|---|---|---|---|---|
| **一、每亩物质与服务费用** | 元 | **2398.53** | **1740.55** | **1237.91** | **1788.15** |
| (一)直接费用 | 元 | 2348.87 | 1645.35 | 1188.03 | 1581.80 |
| 1. 种子费 | 元 | | | | |
| 2. 化肥费 | 元 | 1117.38 | 564.97 | 389.14 | 735.96 |
| 3. 农家肥费 | 元 | 3.06 | 346.34 | 96.80 | 17.68 |
| 4. 农药费 | 元 | 475.69 | 368.72 | 182.82 | 307.73 |
| 5. 农膜费 | 元 | | | | 13.45 |
| 6. 租赁作业费 | 元 | 144.37 | 77.63 | 157.57 | 115.01 |
| 机械作业费 | 元 | 67.96 | 50.11 | 105.78 | 115.01 |
| 排灌费 | 元 | 76.41 | 27.52 | 51.79 | |
| 其中:水费 | 元 | | | | |
| 畜力费 | 元 | | | | |
| 7. 燃料动力费 | 元 | | | | 20.55 |
| 8. 技术服务费 | 元 | | 41.23 | | |
| 9. 工具材料费 | 元 | 599.40 | 240.66 | 356.03 | 358.74 |
| 10. 修理维护费 | 元 | 8.97 | 5.80 | 5.67 | 12.68 |
| 11. 其他直接费用 | 元 | | | | |
| (二)间接费用 | 元 | 49.66 | 95.20 | 49.88 | 206.35 |
| 1. 固定资产折旧 | 元 | 33.47 | 8.32 | 23.27 | 43.19 |
| 2. 保险费 | 元 | | 68.24 | | 163.16 |
| 3. 管理费 | 元 | | | | |
| 4. 财务费 | 元 | | | | |
| 5. 销售费 | 元 | 16.19 | 18.64 | 26.61 | |
| **二、每亩人工成本** | 元 | **4873.38** | **4059.73** | **3225.18** | **3456.38** |
| 1. 家庭用工折价 | 元 | 3740.19 | 3807.12 | 2601.98 | 3110.27 |
| 家庭用工天数 | 日 | 40.57 | 41.29 | 28.22 | 33.73 |
| 劳动日工价 | 元 | 92.20 | 92.20 | 92.20 | 92.20 |
| 2. 雇工费用 | 元 | 1133.20 | 252.61 | 623.21 | 346.11 |
| 雇工天数 | 日 | 7.67 | 2.99 | 5.14 | 2.69 |
| 雇工工价 | 元 | 147.74 | 84.49 | 121.25 | 128.66 |
| 三、附 | | | | | |
| 1. 每亩种子用量 | 公斤 | | | | |
| 2. 每亩化肥用量 | 公斤 | 89.47 | 71.73 | 62.12 | 68.55 |
| 3. 每亩农膜用量 | 公斤 | | | | 1.29 |

# 4-2-3 2021年苹果化肥投入情况

| 项　　目 | 单位 | 平 均 | 北 京 | 河 北 | 山 西 | 辽 宁 |
|---|---|---|---|---|---|---|
| **一、每亩化肥金额** | **元** | **477.90** | **201.12** | **419.48** | **539.78** | **263.13** |
| （一）氮肥 | 元 | 31.41 | | 39.47 | 30.48 | 30.47 |
| 1. 尿素 | 元 | 30.56 | | 39.47 | 28.71 | 30.47 |
| 2. 碳铵 | 元 | 0.49 | | | | |
| 3. 其他氮肥 | 元 | 0.36 | | | 1.77 | |
| （二）磷肥 | 元 | 1.38 | | 10.60 | 1.26 | |
| 其中：过磷酸钙 | 元 | 0.87 | | 8.55 | 1.26 | |
| （三）钾肥 | 元 | 7.08 | | 5.47 | | 19.47 |
| 其中：氯化钾 | 元 | 3.52 | | | | 10.63 |
| （四）复混肥 | 元 | 313.29 | 143.44 | 314.45 | 360.46 | 191.05 |
| 1. 复合肥 | 元 | 313.06 | 143.44 | 314.45 | 360.46 | 191.05 |
| 其中：二铵 | 元 | 24.13 | | 92.54 | 21.10 | 22.93 |
| 三元素复合肥 | 元 | 186.16 | 143.44 | 221.91 | 226.53 | 62.08 |
| 2. 混配肥 | 元 | 0.23 | | | | |
| （五）其他肥料 | 元 | 124.74 | 57.68 | 49.49 | 147.58 | 22.14 |
| **二、每亩化肥折纯用量** | **公斤** | **50.55** | **16.83** | **61.34** | **58.34** | **35.45** |
| （一）氮肥 | 公斤 | 6.40 | | 7.49 | 6.40 | 5.93 |
| 1. 尿素 | 公斤 | 6.18 | | 7.49 | 5.88 | 5.93 |
| 2. 碳铵 | 公斤 | 0.11 | | | | |
| 3. 其他氮肥 | 公斤 | 0.11 | | | 0.52 | |
| （二）磷肥 | 公斤 | 0.29 | | 3.19 | 0.22 | |
| 其中：过磷酸钙 | 公斤 | 0.22 | | 3.08 | 0.22 | |
| （三）钾肥 | 公斤 | 1.24 | | 0.23 | | 3.57 |
| 其中：氯化钾 | 公斤 | 0.71 | | | | 2.13 |
| （四）复混肥 | 公斤 | 42.64 | 16.83 | 50.42 | 51.73 | 25.95 |
| 1. 复合肥 | 公斤 | 42.61 | 16.83 | 50.42 | 51.73 | 25.95 |
| 其中：二铵 | 公斤 | 4.67 | | 18.29 | 3.81 | 4.51 |
| 三元素复合肥 | 公斤 | 25.24 | 16.83 | 32.13 | 32.42 | 8.70 |
| 2. 混配肥 | 公斤 | 0.03 | | | | |

4-2-3 续表

| 项　　目 | 单位 | 山　东 | 河　南 | 陕　西 | 甘　肃 |
|---|---|---|---|---|---|
| **一、每亩化肥金额** | **元** | **1117.38** | **564.97** | **389.14** | **735.96** |
| (一)氮肥 | 元 | 12.33 | | 98.40 | 84.00 |
| 1. 尿素 | 元 | 8.64 | | 98.40 | 84.00 |
| 2. 碳铵 | 元 | 3.69 | | | |
| 3. 其他氮肥 | 元 | | | | |
| (二)磷肥 | 元 | | | 4.35 | 6.43 |
| 其中:过磷酸钙 | 元 | | | 4.35 | |
| (三)钾肥 | 元 | 3.11 | | | |
| 其中:氯化钾 | 元 | | | | |
| (四)复混肥 | 元 | 668.42 | 536.30 | 286.39 | 361.34 |
| 1. 复合肥 | 元 | 666.72 | 536.30 | 286.39 | 361.34 |
| 其中:二铵 | 元 | 18.63 | | 32.71 | 60.72 |
| 三元素复合肥 | 元 | 342.46 | 509.53 | 253.68 | 250.33 |
| 2. 混配肥 | 元 | 1.70 | | | |
| (五)其他肥料 | 元 | 433.52 | 28.67 | | 284.19 |
| **二、每亩化肥折纯用量** | **公斤** | **89.47** | **71.73** | **62.12** | **68.55** |
| (一)氮肥 | 公斤 | 2.63 | | 18.74 | 19.14 |
| 1. 尿素 | 公斤 | 1.80 | | 18.74 | 19.14 |
| 2. 碳铵 | 公斤 | 0.83 | | | |
| 3. 其他氮肥 | 公斤 | | | | |
| (二)磷肥 | 公斤 | | | 0.85 | 1.00 |
| 其中:过磷酸钙 | 公斤 | | | 0.85 | |
| (三)钾肥 | 公斤 | 0.31 | | | |
| 其中:氯化钾 | 公斤 | | | | |
| (四)复混肥 | 公斤 | 86.53 | 71.73 | 42.52 | 48.41 |
| 1. 复合肥 | 公斤 | 86.33 | 71.73 | 42.52 | 48.41 |
| 其中:二铵 | 公斤 | 3.40 | | 7.00 | 11.76 |
| 三元素复合肥 | 公斤 | 46.40 | 69.09 | 35.52 | 30.58 |
| 2. 混配肥 | 公斤 | 0.20 | | | |

# 4-3-1　2021 年各地区柑成本收益情况

| 项　　目 | 单位 | 平　均 | 福　建 | 江　西 | 湖　北 |
|---|---|---|---|---|---|
| **每亩** | | | | | |
| 主产品产量 | 公斤 | 1545.42 | 2042.09 | 857.13 | 2033.67 |
| 产值合计 | 元 | 5801.48 | 7363.30 | 2070.77 | 2490.01 |
| 主产品产值 | 元 | 5770.15 | 7363.30 | 2054.44 | 2490.01 |
| 副产品产值 | 元 | 31.33 | | 16.33 | |
| 总成本 | 元 | 2982.53 | 4079.45 | 1813.88 | 3040.64 |
| 生产成本 | 元 | 2620.66 | 3947.53 | 1633.88 | 2795.64 |
| 物质与服务费用 | 元 | 1181.28 | 2282.14 | 738.15 | 1340.13 |
| 人工成本 | 元 | 1439.38 | 1665.39 | 895.73 | 1455.51 |
| 家庭用工折价 | 元 | 896.18 | 585.29 | 877.74 | 1442.01 |
| 雇工费用 | 元 | 543.20 | 1080.10 | 17.99 | 13.50 |
| 土地成本 | 元 | 361.87 | 131.92 | 180.00 | 245.00 |
| 流转地租金 | 元 | 77.73 | 40.08 | 18.00 | 19.60 |
| 自营地折租 | 元 | 284.14 | 91.84 | 162.00 | 225.40 |
| 净利润 | 元 | 2818.95 | 3283.85 | 256.89 | -550.63 |
| 现金成本 | 元 | 1802.21 | 3402.32 | 774.14 | 1373.23 |
| 现金收益 | 元 | 3999.27 | 3960.98 | 1296.63 | 1116.78 |
| 成本利润率 | % | 94.52 | 80.50 | 14.16 | -18.11 |
| **每 50 公斤主产品** | | | | | |
| 平均出售价格 | 元 | 186.69 | 180.29 | 119.84 | 61.22 |
| 总成本 | 元 | 95.98 | 99.89 | 104.97 | 74.76 |
| 生产成本 | 元 | 84.33 | 96.66 | 94.56 | 68.73 |
| 净利润 | 元 | 90.71 | 80.40 | 14.87 | -13.54 |
| 现金成本 | 元 | 57.99 | 83.31 | 44.80 | 33.76 |
| 现金收益 | 元 | 128.70 | 96.98 | 75.04 | 27.46 |
| **附：** | | | | | |
| 每亩用工数量 | 日 | 14.48 | 12.47 | 9.66 | 15.74 |
| 每亩主产品已出售数量 | 公斤 | 1139.48 | 1942.26 | 443.45 | 2033.67 |
| 每亩主产品已出售产值 | 元 | 4413.03 | 7170.98 | 1058.92 | 2490.01 |
| 每亩成本外支出 | 元 | | | | |

4-3-1 续表

| 项　　目 | 单位 | 湖　南 | 广　东 | 广　西 | 重　庆 |
|---|---|---|---|---|---|
| **每亩** | | | | | |
| 主产品产量 | 公斤 | 1266. 44 | 1439. 22 | 1389. 36 | 1564. 72 |
| 产值合计 | 元 | 1728. 98 | 9969. 49 | 5544. 48 | 4646. 78 |
| 主产品产值 | 元 | 1728. 98 | 9969. 49 | 5544. 48 | 4592. 42 |
| 副产品产值 | 元 | | | | 54. 36 |
| 总成本 | 元 | 2152. 04 | 3542. 85 | 4767. 64 | 2435. 43 |
| 生产成本 | 元 | 1952. 04 | 2849. 57 | 4502. 24 | 2122. 48 |
| 物质与服务费用 | 元 | 418. 19 | 1649. 58 | 1898. 84 | 827. 83 |
| 人工成本 | 元 | 1533. 85 | 1199. 99 | 2603. 40 | 1294. 65 |
| 家庭用工折价 | 元 | 1053. 85 | 157. 66 | 2417. 12 | 917. 85 |
| 雇工费用 | 元 | 480. 00 | 1042. 32 | 186. 28 | 376. 80 |
| 土地成本 | 元 | 200. 00 | 693. 28 | 265. 40 | 312. 95 |
| 流转地租金 | 元 | 10. 00 | 285. 60 | 102. 31 | 15. 51 |
| 自营地折租 | 元 | 190. 00 | 407. 68 | 163. 09 | 297. 44 |
| 净利润 | 元 | -423. 06 | 6426. 64 | 776. 84 | 2211. 35 |
| 现金成本 | 元 | 908. 19 | 2977. 50 | 2187. 43 | 1220. 14 |
| 现金收益 | 元 | 820. 79 | 6991. 99 | 3357. 05 | 3426. 64 |
| 成本利润率 | % | -19. 66 | 181. 40 | 16. 29 | 90. 80 |
| **每 50 公斤主产品** | | | | | |
| 平均出售价格 | 元 | 68. 26 | 346. 35 | 199. 53 | 146. 75 |
| 总成本 | 元 | 84. 96 | 123. 08 | 171. 57 | 76. 91 |
| 生产成本 | 元 | 77. 07 | 99. 00 | 162. 02 | 67. 03 |
| 净利润 | 元 | -16. 70 | 223. 27 | 27. 96 | 69. 84 |
| 现金成本 | 元 | 35. 86 | 103. 44 | 78. 72 | 38. 53 |
| 现金收益 | 元 | 32. 40 | 242. 91 | 120. 81 | 108. 22 |
| **附：** | | | | | |
| 每亩用工数量 | 日 | 15. 43 | 12. 95 | 28. 05 | 12. 98 |
| 每亩主产品已出售数量 | 公斤 | 1266. 44 | 1209. 14 | 1389. 36 | 952. 61 |
| 每亩主产品已出售产值 | 元 | 1728. 98 | 8254. 75 | 5544. 48 | 2843. 69 |
| 每亩成本外支出 | 元 | | | | |

# 4-3-2　2021 年各地区柑费用和用工情况

| 项　　目 | 单位 | 平　均 | 福　建 | 江　西 | 湖　北 |
|---|---|---|---|---|---|
| **一、每亩物质与服务费用** | **元** | **1181.28** | **2282.14** | **738.15** | **1340.13** |
| (一)直接费用 | 元 | 1028.40 | 1726.91 | 624.72 | 481.46 |
| 1. 种子费 | 元 | | | | |
| 2. 化肥费 | 元 | 462.66 | 513.86 | 337.59 | 283.31 |
| 3. 农家肥费 | 元 | 126.58 | 296.18 | | 15.56 |
| 4. 农药费 | 元 | 387.79 | 828.86 | 244.76 | 141.66 |
| 5. 农膜费 | 元 | | | | |
| 6. 租赁作业费 | 元 | 1.57 | | 13.50 | 14.42 |
| 机械作业费 | 元 | 1.26 | | | |
| 排灌费 | 元 | 0.31 | | 13.50 | 14.42 |
| 其中:水费 | 元 | 0.21 | | 13.50 | 7.50 |
| 畜力费 | 元 | | | | |
| 7. 燃料动力费 | 元 | 14.28 | 44.32 | | |
| 8. 技术服务费 | 元 | | | | |
| 9. 工具材料费 | 元 | 19.39 | 21.22 | 18.37 | 15.52 |
| 10. 修理维护费 | 元 | 16.03 | 21.17 | 10.50 | 10.99 |
| 11. 其他直接费用 | 元 | 0.10 | 1.30 | | |
| (二)间接费用 | 元 | 152.88 | 555.23 | 113.43 | 858.67 |
| 1. 固定资产折旧 | 元 | 125.38 | 423.93 | 30.20 | 654.00 |
| 2. 保险费 | 元 | 0.33 | | | |
| 3. 管理费 | 元 | | | | |
| 4. 财务费 | 元 | | | | |
| 5. 销售费 | 元 | 27.17 | 131.30 | 83.23 | 204.67 |
| **二、每亩人工成本** | **元** | **1439.38** | **1665.39** | **895.73** | **1455.51** |
| 1. 家庭用工折价 | 元 | 896.18 | 585.29 | 877.74 | 1442.01 |
| 家庭用工天数 | 日 | 9.72 | 6.35 | 9.52 | 15.64 |
| 劳动日工价 | 元 | 92.20 | 92.20 | 92.20 | 92.20 |
| 2. 雇工费用 | 元 | 543.20 | 1080.10 | 17.99 | 13.50 |
| 雇工天数 | 日 | 4.76 | 6.12 | 0.14 | 0.10 |
| 雇工工价 | 元 | 114.12 | 176.49 | 128.50 | 135.00 |
| **三、附** | | | | | |
| 1. 每亩种子用量 | 公斤 | | | | |
| 2. 每亩化肥用量 | 公斤 | 42.84 | 53.89 | 42.88 | 37.62 |
| 3. 每亩农膜用量 | 公斤 | | | | |

4-3-2 续表

| 项　　目 | 单位 | 湖　南 | 广　东 | 广　西 | 重　庆 |
|---|---|---|---|---|---|
| **一、每亩物质与服务费用** | **元** | **418. 19** | **1649. 58** | **1898. 84** | **827. 83** |
| (一)直接费用 | 元 | 344. 81 | 1557. 33 | 1852. 13 | 690. 74 |
| 1. 种子费 | 元 | | | | |
| 2. 化肥费 | 元 | 165. 00 | 405. 39 | 903. 90 | 431. 68 |
| 3. 农家肥费 | 元 | | 422. 16 | 152. 60 | 13. 22 |
| 4. 农药费 | 元 | 120. 00 | 675. 15 | 719. 16 | 205. 12 |
| 5. 农膜费 | 元 | | | | |
| 6. 租赁作业费 | 元 | 18. 59 | 0. 86 | 3. 40 | |
| 机械作业费 | 元 | 18. 59 | | 3. 40 | |
| 排灌费 | 元 | | 0. 86 | | |
| 其中:水费 | 元 | | 0. 60 | | |
| 畜力费 | 元 | | | | |
| 7. 燃料动力费 | 元 | 19. 28 | 31. 91 | 38. 54 | 0. 19 |
| 8. 技术服务费 | 元 | | | | |
| 9. 工具材料费 | 元 | 12. 22 | 18. 30 | 25. 25 | 19. 23 |
| 10. 修理维护费 | 元 | 9. 72 | 3. 56 | 9. 28 | 21. 30 |
| 11. 其他直接费用 | 元 | | | | |
| (二)间接费用 | 元 | 73. 38 | 92. 25 | 46. 71 | 137. 09 |
| 1. 固定资产折旧 | 元 | 50. 89 | 90. 53 | 39. 62 | 113. 12 |
| 2. 保险费 | 元 | | 1. 72 | | |
| 3. 管理费 | 元 | | | | |
| 4. 财务费 | 元 | | | | |
| 5. 销售费 | 元 | 22. 49 | | 7. 09 | 23. 97 |
| **二、每亩人工成本** | **元** | **1533. 85** | **1199. 99** | **2603. 40** | **1294. 65** |
| 1. 家庭用工折价 | 元 | 1053. 85 | 157. 66 | 2417. 12 | 917. 85 |
| 家庭用工天数 | 日 | 11. 43 | 1. 71 | 26. 22 | 9. 96 |
| 劳动日工价 | 元 | 92. 20 | 92. 20 | 92. 20 | 92. 20 |
| 2. 雇工费用 | 元 | 480. 00 | 1042. 32 | 186. 28 | 376. 80 |
| 雇工天数 | 日 | 4. 00 | 11. 24 | 1. 83 | 3. 02 |
| 雇工工价 | 元 | 120. 00 | 92. 73 | 101. 79 | 124. 77 |
| 三、附 | | | | | |
| 1. 每亩种子用量 | 公斤 | | | | |
| 2. 每亩化肥用量 | 公斤 | 22. 50 | 6. 07 | 77. 70 | 49. 91 |
| 3. 每亩农膜用量 | 公斤 | | | | |

# 4-3-3　2021 年各地区柑化肥投入情况

| 项　　目 | 单位 | 平　均 | 福　建 | 江　西 | 湖　北 |
|---|---|---|---|---|---|
| **一、每亩化肥金额** | **元** | **462.66** | **513.86** | **337.59** | **283.31** |
| (一)氮肥 | 元 | 7.88 | 2.59 | | 118.27 |
| 1. 尿素 | 元 | 7.68 | | | 118.27 |
| 2. 碳铵 | 元 | 0.20 | 2.59 | | |
| 3. 其他氮肥 | 元 | | | | |
| (二)磷肥 | 元 | 0.39 | | 7.50 | |
| 其中:过磷酸钙 | 元 | 0.31 | | | |
| (三)钾肥 | 元 | 1.35 | | | |
| 其中:氯化钾 | 元 | | | | |
| (四)复混肥 | 元 | 327.42 | 443.58 | 295.33 | 165.04 |
| 1. 复合肥 | 元 | 327.42 | 443.58 | 295.33 | 165.04 |
| 其中:二铵 | 元 | | | | |
| 三元素复合肥 | 元 | 258.17 | 176.69 | 295.33 | 110.33 |
| 2. 混配肥 | 元 | | | | |
| (五)其他肥料 | 元 | 125.62 | 67.69 | 34.76 | |
| **二、每亩化肥折纯用量** | **公斤** | **42.84** | **53.89** | **42.88** | **37.62** |
| (一)氮肥 | 公斤 | 1.38 | 0.49 | | 18.04 |
| 1. 尿素 | 公斤 | 1.34 | | | 18.04 |
| 2. 碳铵 | 公斤 | 0.04 | 0.49 | | |
| 3. 其他氮肥 | 公斤 | | | | |
| (二)磷肥 | 公斤 | 0.07 | | 1.00 | |
| 其中:过磷酸钙 | 公斤 | 0.06 | | | |
| (三)钾肥 | 公斤 | 0.18 | | | |
| 其中:氯化钾 | 公斤 | | | | |
| (四)复混肥 | 公斤 | 41.21 | 53.41 | 41.88 | 19.58 |
| 1. 复合肥 | 公斤 | 41.21 | 53.41 | 41.88 | 19.58 |
| 其中:二铵 | 公斤 | | | | |
| 三元素复合肥 | 公斤 | 33.60 | 23.31 | 41.88 | 13.40 |
| 2. 混配肥 | 公斤 | | | | |

4-3-3 续表

| 项　　目 | 单位 | 湖　南 | 广　东 | 广　西 | 重　庆 |
|---|---|---|---|---|---|
| **一、每亩化肥金额** | **元** | **165.00** | **405.39** | **903.90** | **431.68** |
| （一）氮肥 | 元 |  | 8.10 | 13.82 | 7.09 |
| 1. 尿素 | 元 |  | 8.10 | 13.82 | 7.09 |
| 2. 碳铵 | 元 |  |  |  |  |
| 3. 其他氮肥 | 元 |  |  |  |  |
| （二）磷肥 | 元 |  |  | 3.77 |  |
| 其中：过磷酸钙 | 元 |  |  | 3.26 |  |
| （三）钾肥 | 元 |  |  | 14.31 |  |
| 其中：氯化钾 | 元 |  |  |  |  |
| （四）复混肥 | 元 | 165.00 | 49.11 | 645.11 | 370.03 |
| 1. 复合肥 | 元 | 165.00 | 49.11 | 645.11 | 370.03 |
| 其中：二铵 | 元 |  |  |  |  |
| 三元素复合肥 | 元 | 165.00 | 49.11 | 129.64 | 370.03 |
| 2. 混配肥 | 元 |  |  |  |  |
| （五）其他肥料 | 元 |  | 348.18 | 226.89 | 54.56 |
| **二、每亩化肥折纯用量** | **公斤** | **22.50** | **6.07** | **77.70** | **49.91** |
| （一）氮肥 | 公斤 |  | 1.47 | 2.30 | 1.26 |
| 1. 尿素 | 公斤 |  | 1.47 | 2.30 | 1.26 |
| 2. 碳铵 | 公斤 |  |  |  |  |
| 3. 其他氮肥 | 公斤 |  |  |  |  |
| （二）磷肥 | 公斤 |  |  | 0.73 |  |
| 其中：过磷酸钙 | 公斤 |  |  | 0.65 |  |
| （三）钾肥 | 公斤 |  |  | 1.92 |  |
| 其中：氯化钾 | 公斤 |  |  |  |  |
| （四）复混肥 | 公斤 | 22.50 | 4.60 | 72.74 | 48.65 |
| 1. 复合肥 | 公斤 | 22.50 | 4.60 | 72.74 | 48.65 |
| 其中：二铵 | 公斤 |  |  |  |  |
| 三元素复合肥 | 公斤 | 22.50 | 4.60 | 16.72 | 48.65 |
| 2. 混配肥 | 公斤 |  |  |  |  |

# 4-4-1　2021 年各地区桔成本收益情况

| 项　　目 | 单位 | 平　均 | 浙　江 | 福　建 | 江　西 |
|---|---|---|---|---|---|
| 每亩 | | | | | |
| 主产品产量 | 公斤 | 890.52 | 1806.16 | 801.22 | 1077.01 |
| 产值合计 | 元 | 4982.69 | 6255.69 | 5050.42 | 3197.23 |
| 主产品产值 | 元 | 4981.69 | 6255.69 | 5050.42 | 3197.23 |
| 副产品产值 | 元 | 1.00 | | | |
| 总成本 | 元 | 4289.25 | 2757.78 | 4624.35 | 2937.15 |
| 生产成本 | 元 | 4034.58 | 2373.19 | 4381.78 | 2437.15 |
| 物质与服务费用 | 元 | 2281.62 | 628.99 | 2538.54 | 1583.85 |
| 人工成本 | 元 | 1752.96 | 1744.20 | 1843.24 | 853.30 |
| 家庭用工折价 | 元 | 221.00 | 1395.82 | 56.98 | 791.08 |
| 雇工费用 | 元 | 1531.96 | 348.38 | 1786.26 | 62.22 |
| 土地成本 | 元 | 254.67 | 384.59 | 242.57 | 500.00 |
| 流转地租金 | 元 | 83.65 | 192.06 | 82.58 | 25.00 |
| 自营地折租 | 元 | 171.02 | 192.53 | 159.99 | 475.00 |
| 净利润 | 元 | 693.44 | 3497.91 | 426.07 | 260.08 |
| 现金成本 | 元 | 3897.23 | 1169.43 | 4407.38 | 1671.07 |
| 现金收益 | 元 | 1085.46 | 5086.26 | 643.04 | 1526.16 |
| 成本利润率 | % | 16.17 | 126.84 | 9.21 | 8.85 |
| 每 50 公斤主产品 | | | | | |
| 平均出售价格 | 元 | 279.71 | 173.18 | 315.17 | 148.43 |
| 总成本 | 元 | 240.78 | 76.35 | 288.58 | 136.36 |
| 生产成本 | 元 | 226.49 | 65.70 | 273.44 | 113.14 |
| 净利润 | 元 | 38.93 | 96.83 | 26.59 | 12.07 |
| 现金成本 | 元 | 218.78 | 32.37 | 275.04 | 77.58 |
| 现金收益 | 元 | 60.93 | 140.81 | 40.13 | 70.85 |
| 附： | | | | | |
| 每亩用工数量 | 日 | 13.72 | 17.59 | 13.83 | 8.97 |
| 每亩主产品已出售数量 | 公斤 | 877.85 | 1804.01 | 799.91 | 862.14 |
| 每亩主产品已出售产值 | 元 | 4945.22 | 6251.38 | 5047.76 | 2548.06 |
| 每亩成本外支出 | 元 | | | | |

4-4-1 续表

| 项　　目 | 单位 | 湖　北 | 湖　南 | 广　东 | 重　庆 |
|---|---|---|---|---|---|
| **每亩** | | | | | |
| 主产品产量 | 公斤 | 638.33 | 1763.75 | 1627.50 | 1629.94 |
| 产值合计 | 元 | 3038.37 | 4729.32 | 5044.50 | 5014.60 |
| 主产品产值 | 元 | 3038.37 | 4729.32 | 5044.50 | 4957.44 |
| 副产品产值 | 元 | | | | 57.16 |
| 总成本 | 元 | 2177.59 | 2491.03 | 2655.31 | 2623.30 |
| 生产成本 | 元 | 1861.48 | 2370.02 | 2505.31 | 2344.41 |
| 物质与服务费用 | 元 | 1168.84 | 771.73 | 1260.61 | 813.09 |
| 人工成本 | 元 | 692.64 | 1598.29 | 1244.70 | 1531.32 |
| 家庭用工折价 | 元 | 555.97 | 1598.29 | 1244.70 | 1102.71 |
| 雇工费用 | 元 | 136.67 | | | 428.61 |
| 土地成本 | 元 | 316.11 | 121.01 | 150.00 | 278.89 |
| 流转地租金 | 元 | 66.38 | 20.21 | | 13.94 |
| 自营地折租 | 元 | 249.73 | 100.80 | 150.00 | 264.95 |
| 净利润 | 元 | 860.78 | 2238.29 | 2389.19 | 2391.30 |
| 现金成本 | 元 | 1371.89 | 791.94 | 1260.61 | 1255.64 |
| 现金收益 | 元 | 1666.48 | 3937.38 | 3783.89 | 3758.96 |
| 成本利润率 | % | 39.53 | 89.85 | 89.98 | 91.16 |
| **每 50 公斤主产品** | | | | | |
| 平均出售价格 | 元 | 237.99 | 134.07 | 154.98 | 152.07 |
| 总成本 | 元 | 170.57 | 70.62 | 81.58 | 79.55 |
| 生产成本 | 元 | 145.81 | 67.19 | 76.97 | 71.10 |
| 净利润 | 元 | 67.42 | 63.45 | 73.40 | 72.52 |
| 现金成本 | 元 | 107.46 | 22.45 | 38.73 | 38.08 |
| 现金收益 | 元 | 130.53 | 111.62 | 116.25 | 113.99 |
| **附：** | | | | | |
| 每亩用工数量 | 日 | 6.90 | 17.34 | 13.50 | 15.41 |
| 每亩主产品已出售数量 | 公斤 | 638.33 | 1763.75 | 1627.50 | 1146.48 |
| 每亩主产品已出售产值 | 元 | 3038.37 | 4729.32 | 5044.50 | 3531.45 |
| 每亩成本外支出 | 元 | | | | |

# 4-4-2 2021 年各地区桔费用和用工情况

| 项 目 | 单位 | 平 均 | 浙 江 | 福 建 | 江 西 |
|---|---|---|---|---|---|
| **一、每亩物质与服务费用** | **元** | **2281. 62** | **628. 99** | **2538. 54** | **1583. 85** |
| （一）直接费用 | 元 | 1717. 69 | 552. 32 | 1935. 34 | 1056. 14 |
| 1. 种子费 | 元 | | | | |
| 2. 化肥费 | 元 | 527. 58 | 342. 39 | 570. 66 | 549. 94 |
| 3. 农家肥费 | 元 | 442. 76 | | 517. 21 | |
| 4. 农药费 | 元 | 509. 29 | 161. 86 | 572. 40 | 460. 69 |
| 5. 农膜费 | 元 | | | | |
| 6. 租赁作业费 | 元 | 42. 15 | 7. 40 | 48. 87 | |
| 机械作业费 | 元 | 12. 63 | | 15. 05 | |
| 排灌费 | 元 | 29. 52 | 7. 40 | 33. 82 | |
| 其中：水费 | 元 | 0. 30 | 5. 69 | | |
| 畜力费 | 元 | | | | |
| 7. 燃料动力费 | 元 | 37. 48 | 12. 11 | 42. 26 | 34. 10 |
| 8. 技术服务费 | 元 | 30. 27 | | 36. 08 | |
| 9. 工具材料费 | 元 | 115. 07 | 20. 87 | 134. 16 | 4. 84 |
| 10. 修理维护费 | 元 | 13. 09 | 7. 69 | 13. 70 | 6. 57 |
| 11. 其他直接费用 | 元 | | | | |
| （二）间接费用 | 元 | 563. 93 | 76. 67 | 603. 20 | 527. 71 |
| 1. 固定资产折旧 | 元 | 332. 96 | 55. 64 | 330. 40 | 527. 71 |
| 2. 保险费 | 元 | 1. 90 | | 2. 26 | |
| 3. 管理费 | 元 | 85. 11 | | 101. 45 | |
| 4. 财务费 | 元 | | | | |
| 5. 销售费 | 元 | 143. 96 | 21. 03 | 169. 09 | |
| **二、每亩人工成本** | **元** | **1752. 96** | **1744. 20** | **1843. 24** | **853. 30** |
| 1. 家庭用工折价 | 元 | 221. 00 | 1395. 82 | 56. 98 | 791. 08 |
| 家庭用工天数 | 日 | 2. 40 | 15. 14 | 0. 62 | 8. 58 |
| 劳动日工价 | 元 | 92. 20 | 92. 20 | 92. 20 | 92. 20 |
| 2. 雇工费用 | 元 | 1531. 96 | 348. 38 | 1786. 26 | 62. 22 |
| 雇工天数 | 日 | 11. 32 | 2. 45 | 13. 21 | 0. 39 |
| 雇工工价 | 元 | 135. 33 | 142. 20 | 135. 22 | 159. 54 |
| **三、附** | | | | | |
| 1. 每亩种子用量 | 公斤 | | | | |
| 2. 每亩化肥用量 | 公斤 | 77. 01 | 45. 31 | 84. 56 | 49. 19 |
| 3. 每亩农膜用量 | 公斤 | | | | |

4-4-2 续表

| 项　　目 | 单位 | 湖　北 | 湖　南 | 广　东 | 重　庆 |
|---|---|---|---|---|---|
| **一、每亩物质与服务费用** | **元** | **1168.84** | **771.73** | **1260.61** | **813.09** |
| （一）直接费用 | 元 | 316.17 | 701.13 | 1124.36 | 679.69 |
| 1. 种子费 | 元 | | | | |
| 2. 化肥费 | 元 | 82.16 | 433.71 | 485.15 | 376.31 |
| 3. 农家肥费 | 元 | 148.83 | 9.33 | 117.50 | 26.85 |
| 4. 农药费 | 元 | 44.11 | 213.00 | 457.25 | 236.71 |
| 5. 农膜费 | 元 | | | | |
| 6. 租赁作业费 | 元 | 15.43 | | | |
| 机械作业费 | 元 | | | | |
| 排灌费 | 元 | 15.43 | | | |
| 其中：水费 | 元 | | | | |
| 畜力费 | 元 | | | | |
| 7. 燃料动力费 | 元 | 8.55 | 12.44 | 31.38 | |
| 8. 技术服务费 | 元 | | | | |
| 9. 工具材料费 | 元 | 7.13 | 21.26 | 22.00 | 22.97 |
| 10. 修理维护费 | 元 | 9.96 | 11.39 | 11.08 | 16.85 |
| 11. 其他直接费用 | 元 | | | | |
| （二）间接费用 | 元 | 852.67 | 70.60 | 136.25 | 133.40 |
| 1. 固定资产折旧 | 元 | 852.67 | 39.50 | 136.25 | 112.17 |
| 2. 保险费 | 元 | | | | |
| 3. 管理费 | 元 | | | | |
| 4. 财务费 | 元 | | | | |
| 5. 销售费 | 元 | | 31.10 | | 21.23 |
| **二、每亩人工成本** | **元** | **692.64** | **1598.29** | **1244.70** | **1531.32** |
| 1. 家庭用工折价 | 元 | 555.97 | 1598.29 | 1244.70 | 1102.71 |
| 家庭用工天数 | 日 | 6.03 | 17.34 | 13.50 | 11.96 |
| 劳动日工价 | 元 | 92.20 | 92.20 | 92.20 | 92.20 |
| 2. 雇工费用 | 元 | 136.67 | | | 428.61 |
| 雇工天数 | 日 | 0.87 | | | 3.45 |
| 雇工工价 | 元 | 157.09 | 150.00 | 100.00 | 124.24 |
| 三、附 | | | | | |
| 1. 每亩种子用量 | 公斤 | | | | |
| 2. 每亩化肥用量 | 公斤 | 12.81 | 57.18 | 57.94 | 43.44 |
| 3. 每亩农膜用量 | 公斤 | | | | |

# 4-4-3　2021 年各地区桔化肥投入情况

| 项　　目 | 单位 | 平　均 | 浙　江 | 福　建 | 江　西 |
|---|---|---|---|---|---|
| **一、每亩化肥金额** | **元** | **527.58** | **342.39** | **570.66** | **549.94** |
| （一）氮肥 | 元 | 11.56 | 38.55 | 11.22 | |
| 1. 尿素 | 元 | 8.46 | 38.55 | 7.52 | |
| 2. 碳铵 | 元 | 3.10 | | 3.70 | |
| 3. 其他氮肥 | 元 | | | | |
| （二）磷肥 | 元 | 8.89 | | 9.44 | |
| 其中：过磷酸钙 | 元 | 5.52 | | 5.42 | |
| （三）钾肥 | 元 | 20.54 | | 24.48 | |
| 其中：氯化钾 | 元 | 3.70 | | 4.41 | |
| （四）复混肥 | 元 | 367.22 | 303.84 | 385.79 | 465.37 |
| 1. 复合肥 | 元 | 367.22 | 303.84 | 385.79 | 465.37 |
| 其中：二铵 | 元 | | | | |
| 三元素复合肥 | 元 | 168.07 | 229.43 | 164.87 | 118.07 |
| 2. 混配肥 | 元 | | | | |
| （五）其他肥料 | 元 | 119.37 | | 139.73 | 84.57 |
| **二、每亩化肥折纯用量** | **公斤** | **77.01** | **45.31** | **84.56** | **49.19** |
| （一）氮肥 | 公斤 | 2.16 | 6.28 | 2.16 | |
| 1. 尿素 | 公斤 | 1.61 | 6.28 | 1.50 | |
| 2. 碳铵 | 公斤 | 0.55 | | 0.66 | |
| 3. 其他氮肥 | 公斤 | | | | |
| （二）磷肥 | 公斤 | 2.25 | | 2.40 | |
| 其中：过磷酸钙 | 公斤 | 1.34 | | 1.32 | |
| （三）钾肥 | 公斤 | 3.88 | | 4.63 | |
| 其中：氯化钾 | 公斤 | 0.65 | | 0.78 | |
| （四）复混肥 | 公斤 | 68.70 | 39.04 | 75.35 | 49.19 |
| 1. 复合肥 | 公斤 | 68.70 | 39.04 | 75.35 | 49.19 |
| 其中：二铵 | 公斤 | | | | |
| 三元素复合肥 | 公斤 | 22.34 | 31.22 | 22.01 | 12.81 |
| 2. 混配肥 | 公斤 | | | | |

4-4-3 续表

| 项　　目 | 单位 | 湖　北 | 湖　南 | 广　东 | 重　庆 |
|---|---|---|---|---|---|
| **一、每亩化肥金额** | 元 | **82.16** | **433.71** | **485.15** | **376.31** |
| (一)氮肥 | 元 | | | | 6.93 |
| 1. 尿素 | 元 | | | | 6.93 |
| 2. 碳铵 | 元 | | | | |
| 3. 其他氮肥 | 元 | | | | |
| (二)磷肥 | 元 | 19.94 | | | |
| 其中:过磷酸钙 | 元 | 19.94 | | | |
| (三)钾肥 | 元 | | | | |
| 其中:氯化钾 | 元 | | | | |
| (四)复混肥 | 元 | 62.22 | 433.71 | 485.15 | 313.82 |
| 1. 复合肥 | 元 | 62.22 | 433.71 | 485.15 | 313.82 |
| 其中:二铵 | 元 | | | | |
| 三元素复合肥 | 元 | 62.22 | 182.14 | 485.15 | 313.82 |
| 2. 混配肥 | 元 | | | | |
| (五)其他肥料 | 元 | | | | 55.56 |
| **二、每亩化肥折纯用量** | 公斤 | **12.81** | **57.18** | **57.94** | **43.44** |
| (一)氮肥 | 公斤 | | | | 1.23 |
| 1. 尿素 | 公斤 | | | | 1.23 |
| 2. 碳铵 | 公斤 | | | | |
| 3. 其他氮肥 | 公斤 | | | | |
| (二)磷肥 | 公斤 | 4.81 | | | |
| 其中:过磷酸钙 | 公斤 | 4.81 | | | |
| (三)钾肥 | 公斤 | | | | |
| 其中:氯化钾 | 公斤 | | | | |
| (四)复混肥 | 公斤 | 8.00 | 57.18 | 57.94 | 42.21 |
| 1. 复合肥 | 公斤 | 8.00 | 57.18 | 57.94 | 42.21 |
| 其中:二铵 | 公斤 | | | | |
| 三元素复合肥 | 公斤 | 8.00 | 22.95 | 57.94 | 42.21 |
| 2. 混配肥 | 公斤 | | | | |

# 五、各地区肉、禽、蛋、奶

# 5-1-1 2021年各地区散养生猪成本收益情况

| 项　　目 | 单位 | 平　均 | 河　北 | 山　西 | 辽　宁 | 吉　林 | 黑龙江 |
|---|---|---|---|---|---|---|---|
| **每头** | | | | | | | |
| 主产品产量 | 公斤 | 126.19 | 112.43 | 122.93 | 140.95 | 136.05 | 121.71 |
| 产值合计 | 元 | 2586.49 | 2266.40 | 2399.13 | 2461.57 | 2704.74 | 2290.26 |
| 主产品产值 | 元 | 2571.88 | 2256.63 | 2374.75 | 2442.22 | 2691.02 | 2279.45 |
| 副产品产值 | 元 | 14.61 | 9.77 | 24.38 | 19.35 | 13.72 | 10.81 |
| 总成本 | 元 | 2709.18 | 2259.21 | 2614.36 | 2565.00 | 2856.71 | 2159.34 |
| 生产成本 | 元 | 2709.04 | 2259.21 | 2614.36 | 2564.67 | 2856.71 | 2159.34 |
| 物质与服务费用 | 元 | 2196.22 | 1984.18 | 2008.51 | 2089.66 | 2416.64 | 1841.62 |
| 人工成本 | 元 | 512.82 | 275.03 | 605.85 | 475.01 | 440.07 | 317.72 |
| 家庭用工折价 | 元 | 512.82 | 275.03 | 605.85 | 475.01 | 440.07 | 317.72 |
| 雇工费用 | 元 | | | | | | |
| 土地成本 | 元 | 0.14 | | | 0.33 | | |
| 净利润 | 元 | -122.69 | 7.19 | -215.23 | -103.43 | -151.97 | 130.92 |
| 成本利润率 | % | -4.53 | 0.32 | -8.23 | -4.03 | -5.32 | 6.06 |
| **每50公斤主产品** | | | | | | | |
| 平均出售价格 | 元 | 1019.05 | 1003.57 | 965.90 | 866.34 | 988.98 | 936.43 |
| 总成本 | 元 | 1067.39 | 1000.39 | 1052.55 | 902.74 | 1044.55 | 882.90 |
| 生产成本 | 元 | 1067.33 | 1000.39 | 1052.55 | 902.63 | 1044.55 | 882.90 |
| 净利润 | 元 | -48.34 | 3.18 | -86.65 | -36.40 | -55.57 | 53.53 |
| **附：** | | | | | | | |
| 每头用工数量 | 日 | 5.56 | 2.98 | 6.57 | 5.15 | 4.77 | 3.45 |
| 平均饲养天数 | 日 | 165.64 | 135.05 | 173.17 | 169.81 | 163.03 | 156.31 |

5-1-1　续表 1

| 项　　目 | 单位 | 浙　江 | 山　东 | 河　南 | 湖　北 | 广　东 | 广　西 |
|---|---|---|---|---|---|---|---|
| **每头** | | | | | | | |
| 主产品产量 | 公斤 | 139.43 | 125.12 | 115.32 | 141.24 | 117.22 | 122.92 |
| 产值合计 | 元 | 3486.73 | 2374.97 | 2308.39 | 2728.48 | 2230.75 | 2327.83 |
| 主产品产值 | 元 | 3486.73 | 2359.21 | 2297.85 | 2717.78 | 2221.01 | 2309.46 |
| 副产品产值 | 元 | | 15.76 | 10.54 | 10.70 | 9.74 | 18.37 |
| 总成本 | 元 | 2380.97 | 2725.65 | 2077.24 | 2820.68 | 2463.81 | 2739.31 |
| 生产成本 | 元 | 2378.84 | 2725.65 | 2077.24 | 2820.68 | 2463.81 | 2739.31 |
| 物质与服务费用 | 元 | 2294.66 | 2407.84 | 1799.90 | 2382.36 | 1725.20 | 2143.24 |
| 人工成本 | 元 | 84.18 | 317.81 | 277.34 | 438.32 | 738.61 | 596.07 |
| 家庭用工折价 | 元 | 84.18 | 317.81 | 277.34 | 438.32 | 738.61 | 596.07 |
| 雇工费用 | 元 | | | | | | |
| 土地成本 | 元 | 2.13 | | | | | |
| 净利润 | 元 | 1105.76 | -350.68 | 231.15 | -92.20 | -233.06 | -411.48 |
| 成本利润率 | % | 46.44 | -12.87 | 11.13 | -3.27 | -9.46 | -15.02 |
| **每 50 公斤主产品** | | | | | | | |
| 平均出售价格 | 元 | 1250.35 | 942.78 | 996.29 | 962.11 | 947.37 | 939.42 |
| 总成本 | 元 | 853.82 | 1081.99 | 896.53 | 994.62 | 1046.35 | 1105.48 |
| 生产成本 | 元 | 853.06 | 1081.99 | 896.53 | 994.62 | 1046.35 | 1105.48 |
| 净利润 | 元 | 396.53 | -139.21 | 99.76 | -32.51 | -98.98 | -166.06 |
| **附：** | | | | | | | |
| 每头用工数量 | 日 | 0.91 | 3.45 | 3.01 | 4.75 | 8.01 | 6.47 |
| 平均饲养天数 | 日 | 172.75 | 140.79 | 139.83 | 181.40 | 146.11 | 155.84 |

5-1-1　续表 2

| 项　　目 | 单位 | 海　南 | 四　川 | 贵　州 | 云　南 | 陕　西 | 青　海 |
|---|---|---|---|---|---|---|---|
| **每头** | | | | | | | |
| 主产品产量 | 公斤 | 113.91 | 127.66 | 138.03 | 131.62 | 122.89 | 115.78 |
| 产值合计 | 元 | 3113.50 | 2746.83 | 3024.48 | 2752.16 | 2494.32 | 2259.78 |
| 主产品产值 | 元 | 3095.00 | 2737.41 | 3009.43 | 2738.91 | 2470.25 | 2234.85 |
| 副产品产值 | 元 | 18.50 | 9.42 | 15.05 | 13.25 | 24.07 | 24.93 |
| 总成本 | 元 | 3272.67 | 2986.10 | 3299.39 | 2853.69 | 3529.44 | 2452.71 |
| 生产成本 | 元 | 3272.67 | 2986.10 | 3299.39 | 2853.69 | 3529.44 | 2452.71 |
| 物质与服务费用 | 元 | 2419.82 | 2310.64 | 2599.87 | 2409.56 | 2559.68 | 1942.01 |
| 人工成本 | 元 | 852.85 | 675.46 | 699.52 | 444.13 | 969.76 | 510.70 |
| 家庭用工折价 | 元 | 852.85 | 675.46 | 699.52 | 444.13 | 969.76 | 510.70 |
| 雇工费用 | 元 | | | | | | |
| 土地成本 | 元 | | | | | | |
| 净利润 | 元 | -159.17 | -239.27 | -274.91 | -101.53 | -1035.12 | -192.93 |
| 成本利润率 | % | -4.86 | -8.01 | -8.33 | -3.56 | -29.33 | -7.87 |
| **每 50 公斤主产品** | | | | | | | |
| 平均出售价格 | 元 | 1358.53 | 1072.15 | 1090.14 | 1040.46 | 1005.07 | 965.13 |
| 总成本 | 元 | 1427.98 | 1165.54 | 1189.23 | 1078.84 | 1422.16 | 1047.53 |
| 生产成本 | 元 | 1427.98 | 1165.54 | 1189.23 | 1078.84 | 1422.16 | 1047.53 |
| 净利润 | 元 | -69.45 | -93.39 | -99.09 | -38.38 | -417.09 | -82.40 |
| **附:** | | | | | | | |
| 每头用工数量 | 日 | 9.25 | 7.33 | 7.59 | 4.82 | 10.52 | 5.54 |
| 平均饲养天数 | 日 | 185.67 | 165.88 | 159.25 | 168.07 | 182.71 | 220.17 |

# 5-1-2 2021年各地区散养生猪费用和用工情况

| 项目 | 单位 | 平均 | 河北 | 山西 | 辽宁 | 吉林 | 黑龙江 |
|---|---|---|---|---|---|---|---|
| **一、每头物质与服务费用** | 元 | **2196.22** | **1984.18** | **2008.51** | **2089.66** | **2416.64** | **1841.62** |
| (一)直接费用 | 元 | 2182.96 | 1975.80 | 2002.34 | 2071.00 | 2411.59 | 1832.86 |
| 1. 仔畜费 | 元 | 1010.71 | 1002.98 | 925.27 | 715.25 | 1077.39 | 851.44 |
| 2. 精饲料费 | 元 | 1084.41 | 932.18 | 1014.78 | 1282.98 | 1286.38 | 943.62 |
| 3. 青粗饲料费 | 元 | 28.26 | | 1.96 | | | |
| 4. 饲料加工费 | 元 | 5.43 | | 14.15 | 6.00 | 5.29 | 8.49 |
| 5. 水费 | 元 | 2.77 | 0.42 | 3.09 | 1.09 | 1.87 | 2.08 |
| 6. 燃料动力费 | 元 | 4.09 | 3.13 | 6.40 | 2.39 | 2.35 | 2.22 |
| 电费 | 元 | 3.22 | 3.13 | 2.77 | 2.39 | 2.35 | 2.17 |
| 煤费 | 元 | 0.71 | | 3.63 | | | 0.05 |
| 其他燃料动力费 | 元 | 0.16 | | | | | |
| 7. 医疗防疫费 | 元 | 24.67 | 22.79 | 17.00 | 27.56 | 18.25 | 13.18 |
| 8. 死亡损失费 | 元 | 15.96 | 10.17 | 15.60 | 22.85 | 17.00 | 8.47 |
| 9. 技术服务费 | 元 | | | | | | |
| 10. 工具材料费 | 元 | 3.18 | 2.34 | 2.39 | 3.65 | 1.52 | 1.78 |
| 11. 修理维护费 | 元 | 2.16 | 1.79 | 2.20 | 3.99 | 1.54 | 1.58 |
| 12. 其他直接费用 | 元 | 1.32 | | | 5.24 | | |
| (二)间接费用 | 元 | 13.26 | 8.38 | 5.67 | 18.66 | 5.05 | 8.76 |
| 1. 固定资产折旧 | 元 | 9.46 | 8.38 | 5.67 | 12.66 | 5.05 | 7.38 |
| 2. 保险费 | 元 | 1.72 | | | 6.00 | | |
| 3. 管理费 | 元 | 0.14 | | | | | 0.28 |
| 4. 财务费 | 元 | | | | | | |
| 5. 销售费 | 元 | 1.94 | | | | | 1.10 |
| **二、每头人工成本** | 元 | **512.82** | **275.03** | **605.85** | **475.01** | **440.07** | **317.72** |
| 1. 家庭用工折价 | 元 | 512.82 | 275.03 | 605.85 | 475.01 | 440.07 | 317.72 |
| 家庭用工天数 | 日 | 5.56 | 2.98 | 6.57 | 5.15 | 4.77 | 3.45 |
| 劳动日工价 | 元 | 92.20 | 92.20 | 92.20 | 92.20 | 92.20 | 92.20 |
| 2. 雇工费用 | 元 | | | | | | |
| 雇工天数 | 日 | | | | | | |
| 雇工工价 | 元 | 111.63 | 107.17 | 89.50 | 113.88 | 111.67 | 114.21 |
| **三、附** | | | | | | | |
| 1. 仔畜重量 | 公斤 | 16.72 | 17.25 | 10.73 | 14.10 | 14.97 | 13.53 |
| 2. 精饲料数量 | 公斤 | 328.16 | 283.61 | 335.06 | 391.34 | 373.44 | 343.52 |
| 3. 耗粮数量 | 公斤 | 238.54 | 201.23 | 250.45 | 277.91 | 268.87 | 283.80 |

5-1-2 续表 1

| 项目 | 单位 | 浙江 | 山东 | 河南 | 湖北 | 广东 | 广西 |
|---|---|---|---|---|---|---|---|
| **一、每头物质与服务费用** | **元** | **2294.66** | **2407.84** | **1799.90** | **2382.36** | **1725.20** | **2143.24** |
| (一)直接费用 | 元 | 2275.01 | 2390.92 | 1784.81 | 2367.44 | 1717.51 | 2134.77 |
| 1. 仔畜费 | 元 | 1084.88 | 1248.57 | 808.51 | 967.20 | 400.00 | 1025.84 |
| 2. 精饲料费 | 元 | 1126.45 | 1089.33 | 887.73 | 1302.15 | 1145.23 | 1036.22 |
| 3. 青粗饲料费 | 元 | 9.65 | | | 14.07 | 122.43 | 13.20 |
| 4. 饲料加工费 | 元 | 4.25 | 0.69 | 4.12 | 9.02 | | 0.70 |
| 5. 水费 | 元 | 6.69 | 3.25 | 4.37 | 3.15 | 1.78 | 3.24 |
| 6. 燃料动力费 | 元 | 6.60 | 3.54 | 7.43 | 3.26 | 2.07 | 4.61 |
| 电费 | 元 | 6.60 | 3.54 | 7.43 | 2.92 | 2.07 | 4.61 |
| 煤费 | 元 | | | | 0.34 | | |
| 其他燃料动力费 | 元 | | | | | | |
| 7. 医疗防疫费 | 元 | 24.88 | 21.19 | 45.27 | 32.65 | 29.83 | 24.62 |
| 8. 死亡损失费 | 元 | 5.00 | 17.58 | 18.20 | 29.54 | 5.00 | 20.05 |
| 9. 技术服务费 | 元 | | | | | | |
| 10. 工具材料费 | 元 | 4.86 | 3.56 | 2.73 | 3.42 | 5.90 | 3.67 |
| 11. 修理维护费 | 元 | 1.75 | 3.21 | 1.95 | 2.98 | 5.27 | 2.62 |
| 12. 其他直接费用 | 元 | | | 4.50 | | | |
| (二)间接费用 | 元 | 19.65 | 16.92 | 15.09 | 14.92 | 7.69 | 8.47 |
| 1. 固定资产折旧 | 元 | 16.00 | 5.73 | 10.44 | 10.99 | 7.69 | 4.93 |
| 2. 保险费 | 元 | | 3.56 | | | | |
| 3. 管理费 | 元 | | | 2.14 | | | |
| 4. 财务费 | 元 | | | | | | |
| 5. 销售费 | 元 | 3.65 | 7.63 | 2.51 | 3.93 | | 3.54 |
| **二、每头人工成本** | **元** | **84.18** | **317.81** | **277.34** | **438.32** | **738.61** | **596.07** |
| 1. 家庭用工折价 | 元 | 84.18 | 317.81 | 277.34 | 438.32 | 738.61 | 596.07 |
| 家庭用工天数 | 日 | 0.91 | 3.45 | 3.01 | 4.75 | 8.01 | 6.47 |
| 劳动日工价 | 元 | 92.20 | 92.20 | 92.20 | 92.20 | 92.20 | 92.20 |
| 2. 雇工费用 | 元 | | | | | | |
| 雇工天数 | 日 | | | | | | |
| 雇工工价 | 元 | 130.00 | 83.89 | 130.00 | 115.60 | 115.00 | 117.14 |
| 三、附 | | | | | | | |
| 1. 仔畜重量 | 公斤 | 18.75 | 25.73 | 13.19 | 14.33 | 15.00 | 17.54 |
| 2. 精饲料数量 | 公斤 | 356.80 | 317.86 | 283.90 | 402.37 | 304.09 | 301.78 |
| 3. 耗粮数量 | 公斤 | 245.55 | 251.25 | 183.35 | 306.29 | 227.36 | 209.66 |

5-1-2 续表 2

| 项　　目 | 单位 | 海　南 | 四　川 | 贵　州 | 云　南 | 陕　西 | 青　海 |
|---|---|---|---|---|---|---|---|
| **一、每头物质与服务费用** | 元 | **2419.82** | **2310.64** | **2599.87** | **2409.56** | **2559.68** | **1942.01** |
| （一）直接费用 | 元 | 2414.30 | 2285.94 | 2567.24 | 2400.68 | 2545.70 | 1931.52 |
| 1. 仔畜费 | 元 | 1117.70 | 1284.74 | 1492.91 | 1197.95 | 1172.30 | 809.12 |
| 2. 精饲料费 | 元 | 1190.53 | 908.52 | 894.73 | 1123.20 | 1293.85 | 977.03 |
| 3. 青粗饲料费 | 元 |  | 52.80 | 106.01 | 35.96 | 34.71 | 89.55 |
| 4. 饲料加工费 | 元 |  | 7.01 | 3.62 | 12.43 | 4.42 | 12.10 |
| 5. 水费 | 元 | 2.83 | 2.84 | 3.04 | 2.09 | 2.84 | 2.40 |
| 6. 燃料动力费 | 元 | 1.48 | 8.13 | 3.67 | 1.97 | 4.89 | 5.39 |
| 电费 | 元 | 1.48 | 3.06 | 3.67 | 1.66 | 2.54 | 2.39 |
| 煤费 | 元 |  | 5.07 |  |  |  | 3.00 |
| 其他燃料动力费 | 元 |  |  |  | 0.31 | 2.35 |  |
| 7. 医疗防疫费 | 元 | 72.03 | 15.31 | 13.30 | 11.54 | 16.30 | 13.67 |
| 8. 死亡损失费 | 元 | 24.00 | 2.68 | 45.38 | 8.38 | 11.55 | 9.80 |
| 9. 技术服务费 | 元 |  |  |  |  |  |  |
| 10. 工具材料费 | 元 | 3.68 | 2.56 | 3.87 | 3.10 | 2.47 | 2.56 |
| 11. 修理维护费 | 元 | 2.05 | 1.35 | 0.71 | 0.58 | 2.37 | 0.73 |
| 12. 其他直接费用 | 元 |  |  |  | 3.48 |  | 9.17 |
| （二）间接费用 | 元 | 5.52 | 24.70 | 32.63 | 8.88 | 13.98 | 10.49 |
| 1. 固定资产折旧 | 元 | 5.52 | 4.95 | 32.63 | 7.86 | 4.42 | 10.49 |
| 2. 保险费 | 元 |  | 19.75 |  |  |  |  |
| 3. 管理费 | 元 |  |  |  |  |  |  |
| 4. 财务费 | 元 |  |  |  |  |  |  |
| 5. 销售费 | 元 |  |  |  | 1.02 | 9.56 |  |
| **二、每头人工成本** | 元 | **852.85** | **675.46** | **699.52** | **444.13** | **969.76** | **510.70** |
| 1. 家庭用工折价 | 元 | 852.85 | 675.46 | 699.52 | 444.13 | 969.76 | 510.70 |
| 家庭用工天数 | 日 | 9.25 | 7.33 | 7.59 | 4.82 | 10.52 | 5.54 |
| 劳动日工价 | 元 | 92.20 | 92.20 | 92.20 | 92.20 | 92.20 | 92.20 |
| 2. 雇工费用 | 元 |  |  |  |  |  |  |
| 雇工天数 | 日 |  |  |  |  |  |  |
| 雇工工价 | 元 | 130.00 | 118.25 | 120.00 | 88.67 | 121.25 | 91.50 |
| **三、附** |  |  |  |  |  |  |  |
| 1. 仔畜重量 | 公斤 | 15.85 | 25.75 | 21.60 | 20.75 | 11.92 | 13.29 |
| 2. 精饲料数量 | 公斤 | 320.85 | 276.67 | 310.72 | 336.13 | 355.22 | 285.35 |
| 3. 耗粮数量 | 公斤 | 224.59 | 191.83 | 199.88 | 272.51 | 260.83 | 199.74 |

# 5-2-1 2021年各地区小规模生猪成本收益情况

| 项　　目 | 单位 | 平　均 | 河　北 | 山　西 | 内蒙古 | 辽　宁 | 吉　林 |
|---|---|---|---|---|---|---|---|
| 每头 | | | | | | | |
| 主产品产量 | 公斤 | 131.07 | 117.53 | 128.31 | 145.11 | 145.14 | 136.97 |
| 产值合计 | 元 | 2574.80 | 2282.55 | 2316.38 | 3002.22 | 2652.83 | 2667.64 |
| 主产品产值 | 元 | 2561.70 | 2270.94 | 2297.03 | 2986.00 | 2638.09 | 2654.91 |
| 副产品产值 | 元 | 13.10 | 11.61 | 19.35 | 16.22 | 14.74 | 12.73 |
| 总成本 | 元 | 2564.17 | 2311.66 | 2502.04 | 2513.12 | 2566.07 | 2687.22 |
| 生产成本 | 元 | 2561.78 | 2308.33 | 2499.65 | 2513.12 | 2565.08 | 2685.16 |
| 物质与服务费用 | 元 | 2299.79 | 2047.56 | 2214.11 | 2184.98 | 2222.19 | 2332.68 |
| 人工成本 | 元 | 261.99 | 260.77 | 285.54 | 328.14 | 342.89 | 352.48 |
| 家庭用工折价 | 元 | 257.70 | 244.88 | 285.54 | 328.14 | 342.89 | 352.48 |
| 雇工费用 | 元 | 4.29 | 15.89 | | | | |
| 土地成本 | 元 | 2.39 | 3.33 | 2.39 | | 0.99 | 2.06 |
| 净利润 | 元 | 10.63 | -29.11 | -185.66 | 489.10 | 86.76 | -19.58 |
| 成本利润率 | % | 0.41 | -1.26 | -7.42 | 19.46 | 3.38 | -0.73 |
| 每50公斤主产品 | | | | | | | |
| 平均出售价格 | 元 | 977.23 | 966.11 | 895.11 | 1028.87 | 908.81 | 969.16 |
| 总成本 | 元 | 973.20 | 978.43 | 966.86 | 861.25 | 879.09 | 976.27 |
| 生产成本 | 元 | 972.29 | 977.02 | 965.93 | 861.25 | 878.75 | 975.53 |
| 净利润 | 元 | 4.03 | -12.32 | -71.75 | 167.62 | 29.72 | -7.11 |
| 附： | | | | | | | |
| 每头用工数量 | 日 | 2.84 | 2.78 | 3.10 | 3.56 | 3.72 | 3.82 |
| 平均饲养天数 | 日 | 164.98 | 142.21 | 175.30 | 202.22 | 179.08 | 166.08 |

5-2-1　续表 1

| 项　　目 | 单位 | 黑龙江 | 江　苏 | 浙　江 | 安　徽 | 江　西 | 山　东 |
|---|---|---|---|---|---|---|---|
| **每头** | | | | | | | |
| 主产品产量 | 公斤 | 119.12 | 111.44 | 137.65 | 156.20 | 124.20 | 125.77 |
| 产值合计 | 元 | 2200.34 | 2087.11 | 3105.28 | 2735.31 | 2542.89 | 2412.12 |
| 主产品产值 | 元 | 2189.57 | 2082.89 | 3105.28 | 2723.15 | 2539.70 | 2398.32 |
| 副产品产值 | 元 | 10.77 | 4.22 | | 12.16 | 3.19 | 13.80 |
| 总成本 | 元 | 2095.34 | 2162.12 | 2334.83 | 3110.11 | 2386.69 | 2656.27 |
| 生产成本 | 元 | 2095.34 | 2160.69 | 2332.63 | 3107.48 | 2384.54 | 2651.27 |
| 物质与服务费用 | 元 | 1810.53 | 1952.96 | 2250.20 | 2835.58 | 2334.75 | 2457.91 |
| 人工成本 | 元 | 284.81 | 207.73 | 82.43 | 271.90 | 49.79 | 193.36 |
| 家庭用工折价 | 元 | 284.81 | 207.73 | 82.43 | 271.90 | 49.79 | 184.31 |
| 雇工费用 | 元 | | | | | | 9.05 |
| 土地成本 | 元 | | 1.43 | 2.20 | 2.63 | 2.15 | 5.00 |
| 净利润 | 元 | 105.00 | -75.01 | 770.45 | -374.80 | 156.20 | -244.15 |
| 成本利润率 | % | 5.01 | -3.47 | 33.00 | -12.05 | 6.54 | -9.19 |
| **每 50 公斤主产品** | | | | | | | |
| 平均出售价格 | 元 | 919.06 | 934.53 | 1127.96 | 871.69 | 1022.42 | 953.45 |
| 总成本 | 元 | 875.20 | 968.12 | 848.10 | 991.13 | 959.62 | 1049.96 |
| 生产成本 | 元 | 875.20 | 967.47 | 847.30 | 990.29 | 958.75 | 1047.98 |
| 净利润 | 元 | 43.86 | -33.59 | 279.86 | -119.44 | 62.80 | -96.51 |
| **附：** | | | | | | | |
| 每头用工数量 | 日 | 3.09 | 2.25 | 0.89 | 2.95 | 0.54 | 2.10 |
| 平均饲养天数 | 日 | 150.09 | 141.73 | 167.80 | 183.18 | 153.47 | 138.77 |

5-2-1 续表 2

| 项目 | 单位 | 河南 | 湖北 | 湖南 | 广东 | 广西 |
|---|---|---|---|---|---|---|
| **每头** | | | | | | |
| 主产品产量 | 公斤 | 127.79 | 139.22 | 149.66 | 126.35 | 131.31 |
| 产值合计 | 元 | 2613.89 | 2641.98 | 2923.16 | 2566.90 | 2592.25 |
| 主产品产值 | 元 | 2602.34 | 2631.45 | 2914.69 | 2555.52 | 2573.36 |
| 副产品产值 | 元 | 11.55 | 10.53 | 8.47 | 11.38 | 18.89 |
| 总成本 | 元 | 2213.62 | 2540.61 | 2962.97 | 2213.80 | 2456.07 |
| 生产成本 | 元 | 2209.28 | 2536.27 | 2962.97 | 2211.57 | 2455.78 |
| 物质与服务费用 | 元 | 1997.04 | 2297.48 | 2738.19 | 2062.57 | 2144.08 |
| 人工成本 | 元 | 212.24 | 238.79 | 224.78 | 149.00 | 311.70 |
| 家庭用工折价 | 元 | 212.24 | 234.65 | 224.78 | 149.00 | 290.89 |
| 雇工费用 | 元 | | 4.14 | | | 20.81 |
| 土地成本 | 元 | 4.34 | 4.34 | | 2.23 | 0.29 |
| 净利润 | 元 | 400.27 | 101.37 | -39.81 | 353.10 | 136.18 |
| 成本利润率 | % | 18.08 | 3.99 | -1.34 | 15.95 | 5.54 |
| **每 50 公斤主产品** | | | | | | |
| 平均出售价格 | 元 | 1018.21 | 945.07 | 973.77 | 1011.29 | 979.88 |
| 总成本 | 元 | 862.29 | 908.81 | 987.03 | 872.18 | 928.40 |
| 生产成本 | 元 | 860.60 | 907.26 | 987.03 | 871.30 | 928.29 |
| 净利润 | 元 | 155.92 | 36.26 | -13.26 | 139.11 | 51.48 |
| **附：** | | | | | | |
| 每头用工数量 | 日 | 2.30 | 2.60 | 2.44 | 1.62 | 3.35 |
| 平均饲养天数 | 日 | 157.56 | 171.63 | 198.63 | 147.59 | 159.60 |

5-2-1 续表 3

| 项 目 | 单位 | 海 南 | 四 川 | 贵 州 | 云 南 |
|---|---|---|---|---|---|
| **每头** | | | | | |
| 主产品产量 | 公斤 | 130.56 | 130.47 | 137.36 | 141.38 |
| 产值合计 | 元 | 3164.94 | 2682.59 | 3141.70 | 2854.59 |
| 主产品产值 | 元 | 3154.02 | 2669.77 | 3126.08 | 2841.38 |
| 副产品产值 | 元 | 10.92 | 12.82 | 15.62 | 13.21 |
| 总成本 | 元 | 3103.68 | 2710.73 | 2859.82 | 2798.99 |
| 生产成本 | 元 | 3099.53 | 2708.00 | 2854.73 | 2794.96 |
| 物质与服务费用 | 元 | 2830.31 | 2420.89 | 2504.85 | 2561.57 |
| 人工成本 | 元 | 269.22 | 287.11 | 349.88 | 233.39 |
| 家庭用工折价 | 元 | 269.22 | 287.11 | 322.70 | 218.15 |
| 雇工费用 | 元 | | | 27.18 | 15.24 |
| 土地成本 | 元 | 4.15 | 2.73 | 5.09 | 4.03 |
| 净利润 | 元 | 61.26 | -28.14 | 281.88 | 55.60 |
| 成本利润率 | % | 1.97 | -1.04 | 9.86 | 1.99 |
| **每 50 公斤主产品** | | | | | |
| 平均出售价格 | 元 | 1207.88 | 1023.14 | 1137.91 | 1004.87 |
| 总成本 | 元 | 1184.50 | 1033.87 | 1035.81 | 985.30 |
| 生产成本 | 元 | 1182.92 | 1032.83 | 1033.97 | 983.88 |
| 净利润 | 元 | 23.38 | -10.73 | 102.10 | 19.57 |
| **附：** | | | | | |
| 每头用工数量 | 日 | 2.92 | 3.11 | 3.75 | 2.55 |
| 平均饲养天数 | 日 | 172.36 | 170.75 | 150.90 | 164.58 |

5-2-1 续表 4

| 项目 | 单位 | 陕西 | 甘肃 | 青海 | 宁夏 |
|---|---|---|---|---|---|
| **每头** | | | | | |
| 主产品产量 | 公斤 | 121.46 | 125.07 | 111.80 | 125.78 |
| 产值合计 | 元 | 2284.96 | 2313.58 | 2132.79 | 1877.20 |
| 主产品产值 | 元 | 2261.47 | 2299.84 | 2111.99 | 1853.04 |
| 副产品产值 | 元 | 23.49 | 13.74 | 20.80 | 24.16 |
| 总成本 | 元 | 2985.07 | 2384.30 | 2373.92 | 2610.95 |
| 生产成本 | 元 | 2983.79 | 2379.77 | 2373.92 | 2608.89 |
| 物质与服务费用 | 元 | 2448.29 | 2165.50 | 2096.86 | 2284.20 |
| 人工成本 | 元 | 535.50 | 214.27 | 277.06 | 324.69 |
| 家庭用工折价 | 元 | 535.50 | 214.27 | 277.06 | 313.94 |
| 雇工费用 | 元 | | | | 10.75 |
| 土地成本 | 元 | 1.28 | 4.53 | | 2.06 |
| 净利润 | 元 | -700.11 | -70.72 | -241.13 | -733.75 |
| 成本利润率 | % | -23.45 | -2.97 | -10.16 | -28.10 |
| **每50公斤主产品** | | | | | |
| 平均出售价格 | 元 | 930.95 | 919.42 | 944.54 | 736.62 |
| 总成本 | 元 | 1216.19 | 947.53 | 1051.33 | 1024.55 |
| 生产成本 | 元 | 1215.67 | 945.73 | 1051.33 | 1023.74 |
| 净利润 | 元 | -285.24 | -28.11 | -106.79 | -287.93 |
| **附:** | | | | | |
| 每头用工数量 | 日 | 5.81 | 2.32 | 3.01 | 3.51 |
| 平均饲养天数 | 日 | 166.66 | 168.67 | 171.00 | 159.61 |

# 5-2-2　2021 年各地区小规模生猪费用和用工情况

| 项　　目 | 单位 | 平　均 | 河　北 | 山　西 | 内蒙古 | 辽　宁 | 吉　林 |
|---|---|---|---|---|---|---|---|
| **一、每头物质与服务费用** | **元** | **2299.79** | **2047.56** | **2214.11** | **2184.98** | **2222.19** | **2332.68** |
| （一）直接费用 | 元 | 2277.19 | 2034.58 | 2202.62 | 2162.92 | 2199.71 | 2321.95 |
| 1. 仔畜费 | 元 | 1018.83 | 995.59 | 949.62 | 825.90 | 768.56 | 993.06 |
| 2. 精饲料费 | 元 | 1192.05 | 996.94 | 1195.71 | 1258.39 | 1361.36 | 1284.23 |
| 3. 青粗饲料费 | 元 | 5.48 | | | | | |
| 4. 饲料加工费 | 元 | 3.29 | | 2.28 | 12.06 | 2.81 | 4.11 |
| 5. 水费 | 元 | 2.77 | 1.49 | 3.50 | 4.51 | 1.37 | 2.35 |
| 6. 燃料动力费 | 元 | 4.59 | 3.00 | 7.12 | 9.10 | 5.66 | 3.37 |
| 电费 | 元 | 3.87 | 3.00 | 4.44 | 4.60 | 5.25 | 3.17 |
| 煤费 | 元 | 0.63 | | 2.58 | 4.50 | 0.25 | 0.20 |
| 其他燃料动力费 | 元 | 0.09 | | 0.10 | | 0.16 | |
| 7. 医疗防疫费 | 元 | 25.80 | 19.42 | 16.57 | 25.16 | 28.51 | 15.70 |
| 8. 死亡损失费 | 元 | 17.92 | 13.20 | 19.58 | 17.91 | 26.10 | 15.05 |
| 9. 技术服务费 | 元 | 0.12 | | 0.78 | | | |
| 10. 工具材料费 | 元 | 2.89 | 2.65 | 3.43 | 4.45 | 2.84 | 1.88 |
| 11. 修理维护费 | 元 | 2.63 | 2.29 | 2.48 | 5.44 | 2.18 | 2.20 |
| 12. 其他直接费用 | 元 | 0.82 | | 1.45 | | 0.32 | |
| （二）间接费用 | 元 | 22.60 | 12.98 | 11.49 | 22.06 | 22.48 | 10.73 |
| 1. 固定资产折旧 | 元 | 12.72 | 10.46 | 10.00 | 19.99 | 15.36 | 9.30 |
| 2. 保险费 | 元 | 6.61 | 0.83 | | | 6.11 | |
| 3. 管理费 | 元 | 0.39 | 1.69 | 1.14 | | 0.01 | 1.43 |
| 4. 财务费 | 元 | 0.03 | | | | | |
| 5. 销售费 | 元 | 2.85 | | 0.35 | 2.07 | 1.00 | |
| **二、每头人工成本** | **元** | **261.99** | **260.77** | **285.54** | **328.14** | **342.89** | **352.48** |
| 1. 家庭用工折价 | 元 | 257.70 | 244.88 | 285.54 | 328.14 | 342.89 | 352.48 |
| 家庭用工天数 | 日 | 2.80 | 2.66 | 3.10 | 3.56 | 3.72 | 3.82 |
| 劳动日工价 | 元 | 92.20 | 92.20 | 92.20 | 92.20 | 92.20 | 92.20 |
| 2. 雇工费用 | 元 | 4.29 | 15.89 | | | | |
| 雇工天数 | 日 | 0.04 | 0.12 | | | | |
| 雇工工价 | 元 | 107.25 | 132.42 | 97.17 | 130.00 | 101.89 | 114.00 |
| **三、附** | | | | | | | |
| 1. 仔畜重量 | 公斤 | 16.50 | 17.94 | 11.99 | 12.03 | 12.00 | 14.44 |
| 2. 精饲料数量 | 公斤 | 348.72 | 290.63 | 352.77 | 390.66 | 414.11 | 371.37 |
| 3. 耗粮数量 | 公斤 | 262.60 | 214.10 | 280.15 | 316.33 | 295.38 | 268.28 |

5-2-2 续表 1

| 项　　目 | 单位 | 黑龙江 | 江　苏 | 浙　江 | 安　徽 | 江　西 | 山　东 |
|---|---|---|---|---|---|---|---|
| **一、每头物质与服务费用** | **元** | **1810.53** | **1952.96** | **2250.20** | **2835.58** | **2334.75** | **2457.91** |
| （一）直接费用 | 元 | 1800.93 | 1936.63 | 2226.38 | 2791.67 | 2285.17 | 2430.36 |
| 1. 仔畜费 | 元 | 825.28 | 934.30 | 1042.95 | 1152.25 | 1071.43 | 1298.66 |
| 2. 精饲料费 | 元 | 934.01 | 952.43 | 1123.31 | 1535.42 | 1149.33 | 1070.20 |
| 3. 青粗饲料费 | 元 |  | 5.65 |  | 39.64 |  |  |
| 4. 饲料加工费 | 元 | 8.33 | 1.30 | 3.24 |  |  | 0.91 |
| 5. 水费 | 元 | 2.29 | 1.92 | 7.30 | 0.71 | 1.70 | 2.71 |
| 6. 燃料动力费 | 元 | 4.42 | 2.45 | 7.28 | 3.22 | 1.11 | 3.43 |
| 电费 | 元 | 2.76 | 2.29 | 7.28 | 3.22 | 1.11 | 3.24 |
| 煤费 | 元 | 1.66 | 0.16 |  |  |  | 0.19 |
| 其他燃料动力费 | 元 |  |  |  |  |  |  |
| 7. 医疗防疫费 | 元 | 13.80 | 20.38 | 25.57 | 28.06 | 25.85 | 23.61 |
| 8. 死亡损失费 | 元 | 9.15 | 14.35 | 8.45 | 25.60 | 30.15 | 25.56 |
| 9. 技术服务费 | 元 |  |  |  |  |  |  |
| 10. 工具材料费 | 元 | 1.79 | 2.44 | 5.55 | 3.94 | 0.69 | 2.75 |
| 11. 修理维护费 | 元 | 1.86 | 1.41 | 2.73 | 2.83 | 3.05 | 2.30 |
| 12. 其他直接费用 | 元 |  |  |  |  | 1.86 | 0.23 |
| （二）间接费用 | 元 | 9.60 | 16.33 | 23.82 | 43.91 | 49.58 | 27.55 |
| 1. 固定资产折旧 | 元 | 8.39 | 4.37 | 20.17 | 18.91 | 26.42 | 9.61 |
| 2. 保险费 | 元 |  | 6.00 |  | 20.00 | 20.00 | 5.45 |
| 3. 管理费 | 元 | 0.54 |  |  |  |  |  |
| 4. 财务费 | 元 |  |  |  |  |  |  |
| 5. 销售费 | 元 | 0.67 | 5.96 | 3.65 | 5.00 | 3.16 | 12.49 |
| **二、每头人工成本** | **元** | **284.81** | **207.73** | **82.43** | **271.90** | **49.79** | **193.36** |
| 1. 家庭用工折价 | 元 | 284.81 | 207.73 | 82.43 | 271.90 | 49.79 | 184.31 |
| 家庭用工天数 | 日 | 3.09 | 2.25 | 0.89 | 2.95 | 0.54 | 2.00 |
| 劳动日工价 | 元 | 92.20 | 92.20 | 92.20 | 92.20 | 92.20 | 92.20 |
| 2. 雇工费用 | 元 |  |  |  |  |  | 9.05 |
| 雇工天数 | 日 |  |  |  |  |  | 0.10 |
| 雇工工价 | 元 | 124.38 | 88.36 | 130.00 | 122.50 | 142.00 | 90.50 |
| 三、附 |  |  |  |  |  |  |  |
| 1. 仔畜重量 | 公斤 | 14.17 | 16.36 | 18.75 | 20.00 | 15.00 | 26.00 |
| 2. 精饲料数量 | 公斤 | 333.68 | 296.63 | 362.51 | 410.64 | 338.80 | 314.40 |
| 3. 耗粮数量 | 公斤 | 274.35 | 245.41 | 251.07 | 321.37 | 274.26 | 243.14 |

5-2-2 续表 2

| 项　　目 | 单位 | 河　南 | 湖　北 | 湖　南 | 广　东 | 广　西 |
|---|---|---|---|---|---|---|
| **一、每头物质与服务费用** | **元** | **1997.04** | **2297.48** | **2738.19** | **2062.57** | **2144.08** |
| （一）直接费用 | 元 | 1966.53 | 2278.63 | 2701.83 | 2047.40 | 2126.85 |
| 1. 仔畜费 | 元 | 830.18 | 922.65 | 1106.75 | 755.34 | 926.35 |
| 2. 精饲料费 | 元 | 1055.83 | 1272.86 | 1530.03 | 1211.43 | 1129.73 |
| 3. 青粗饲料费 | 元 |  | 3.25 |  |  | 9.17 |
| 4. 饲料加工费 | 元 | 4.58 | 3.11 |  |  | 0.50 |
| 5. 水费 | 元 | 4.30 | 3.22 | 0.47 | 4.60 | 2.97 |
| 6. 燃料动力费 | 元 | 7.29 | 4.23 | 3.13 | 5.33 | 4.91 |
| 电费 | 元 | 7.29 | 3.61 | 3.13 | 5.33 | 4.26 |
| 煤费 | 元 |  |  |  |  | 0.65 |
| 其他燃料动力费 | 元 |  | 0.62 |  |  |  |
| 7. 医疗防疫费 | 元 | 42.47 | 33.88 | 41.93 | 42.04 | 23.85 |
| 8. 死亡损失费 | 元 | 12.28 | 30.04 | 13.77 | 20.80 | 24.43 |
| 9. 技术服务费 | 元 | 0.39 |  |  |  |  |
| 10. 工具材料费 | 元 | 2.52 | 2.80 | 2.23 | 4.81 | 2.90 |
| 11. 修理维护费 | 元 | 2.12 | 2.59 | 2.26 | 2.97 | 2.04 |
| 12. 其他直接费用 | 元 | 4.57 |  | 1.26 | 0.08 |  |
| （二）间接费用 | 元 | 30.51 | 18.85 | 36.36 | 15.17 | 17.23 |
| 1. 固定资产折旧 | 元 | 11.97 | 14.23 | 12.36 | 9.23 | 4.08 |
| 2. 保险费 | 元 | 10.67 |  | 24.00 |  | 10.00 |
| 3. 管理费 | 元 | 2.64 | 0.19 |  |  |  |
| 4. 财务费 | 元 |  | 0.20 |  |  | 0.58 |
| 5. 销售费 | 元 | 5.23 | 4.23 |  | 5.94 | 2.57 |
| **二、每头人工成本** | **元** | **212.24** | **238.79** | **224.78** | **149.00** | **311.70** |
| 1. 家庭用工折价 | 元 | 212.24 | 234.65 | 224.78 | 149.00 | 290.89 |
| 家庭用工天数 | 日 | 2.30 | 2.55 | 2.44 | 1.62 | 3.16 |
| 劳动日工价 | 元 | 92.20 | 92.20 | 92.20 | 92.20 | 92.20 |
| 2. 雇工费用 | 元 |  | 4.14 |  |  | 20.81 |
| 雇工天数 | 日 |  | 0.05 |  |  | 0.19 |
| 雇工工价 | 元 | 110.56 | 82.80 | 157.50 | 113.52 | 109.53 |
| 三、附 |  |  |  |  |  |  |
| 1. 仔畜重量 | 公斤 | 13.88 | 13.99 | 9.67 | 17.81 | 17.18 |
| 2. 精饲料数量 | 公斤 | 331.34 | 384.01 | 430.60 | 319.05 | 322.41 |
| 3. 耗粮数量 | 公斤 | 212.94 | 292.58 | 320.70 | 237.21 | 224.93 |

5-2-2 续表 3

| 项　　目 | 单位 | 海　南 | 四　川 | 贵　州 | 云　南 |
|---|---|---|---|---|---|
| **一、每头物质与服务费用** | **元** | **2830.31** | **2420.89** | **2504.85** | **2561.57** |
| （一）直接费用 | 元 | 2821.28 | 2389.12 | 2466.46 | 2548.81 |
| 1. 仔畜费 | 元 | 1326.39 | 1321.75 | 1329.92 | 1253.46 |
| 2. 精饲料费 | 元 | 1414.10 | 1020.51 | 1076.57 | 1247.10 |
| 3. 青粗饲料费 | 元 |  | 6.12 | 23.26 | 8.06 |
| 4. 饲料加工费 | 元 |  | 5.10 | 0.66 | 2.45 |
| 5. 水费 | 元 | 2.56 | 2.26 | 3.83 | 2.53 |
| 6. 燃料动力费 | 元 | 3.25 | 5.22 | 5.98 | 3.00 |
| 电费 | 元 | 3.25 | 4.42 | 5.98 | 2.86 |
| 煤费 | 元 |  | 0.80 |  |  |
| 其他燃料动力费 | 元 |  |  |  | 0.14 |
| 7. 医疗防疫费 | 元 | 49.89 | 17.73 | 11.07 | 16.85 |
| 8. 死亡损失费 | 元 | 21.86 | 4.07 | 7.65 | 7.13 |
| 9. 技术服务费 | 元 |  | 1.68 |  |  |
| 10. 工具材料费 | 元 | 1.89 | 1.99 | 2.41 | 5.05 |
| 11. 修理维护费 | 元 | 1.34 | 1.31 | 5.11 | 2.99 |
| 12. 其他直接费用 | 元 |  | 1.38 |  | 0.19 |
| （二）间接费用 | 元 | 9.03 | 31.77 | 38.39 | 12.76 |
| 1. 固定资产折旧 | 元 | 9.03 | 4.32 | 32.54 | 11.60 |
| 2. 保险费 | 元 |  | 27.45 | 5.33 | 0.73 |
| 3. 管理费 | 元 |  |  |  |  |
| 4. 财务费 | 元 |  |  |  |  |
| 5. 销售费 | 元 |  |  | 0.52 | 0.43 |
| **二、每头人工成本** | **元** | **269.22** | **287.11** | **349.88** | **233.39** |
| 1. 家庭用工折价 | 元 | 269.22 | 287.11 | 322.70 | 218.15 |
| 家庭用工天数 | 日 | 2.92 | 3.11 | 3.50 | 2.37 |
| 劳动日工价 | 元 | 92.20 | 92.20 | 92.20 | 92.20 |
| 2. 雇工费用 | 元 |  |  | 27.18 | 15.24 |
| 雇工天数 | 日 |  |  | 0.25 | 0.18 |
| 雇工工价 | 元 | 126.67 | 110.50 | 108.72 | 84.67 |
| 三、附 |  |  |  |  |  |
| 1. 仔畜重量 | 公斤 | 16.49 | 24.67 | 22.84 | 21.85 |
| 2. 精饲料数量 | 公斤 | 380.51 | 301.84 | 336.24 | 352.00 |
| 3. 耗粮数量 | 公斤 | 285.39 | 208.56 | 278.63 | 275.76 |

5-2-2　续表 4

| 项　　目 | 单位 | 陕　西 | 甘　肃 | 青　海 | 宁　夏 |
| --- | --- | --- | --- | --- | --- |
| **一、每头物质与服务费用** | 元 | **2448.29** | **2165.50** | **2096.86** | **2284.20** |
| （一）直接费用 | 元 | 2433.53 | 2154.14 | 2072.16 | 2253.02 |
| 1. 仔畜费 | 元 | 1110.78 | 1006.65 | 813.09 | 890.96 |
| 2. 精饲料费 | 元 | 1270.68 | 1082.97 | 1142.61 | 1293.52 |
| 3. 青粗饲料费 | 元 |  |  | 36.28 |  |
| 4. 饲料加工费 | 元 | 4.53 | 9.69 | 7.75 | 5.65 |
| 5. 水费 | 元 | 2.75 | 2.10 | 2.76 | 2.32 |
| 6. 燃料动力费 | 元 | 4.90 | 3.08 | 4.08 | 5.66 |
| 电费 | 元 | 3.68 | 1.65 | 3.03 | 3.99 |
| 煤费 | 元 |  | 1.43 | 1.05 | 1.67 |
| 其他燃料动力费 | 元 | 1.22 |  |  |  |
| 7. 医疗防疫费 | 元 | 20.83 | 22.50 | 22.64 | 30.94 |
| 8. 死亡损失费 | 元 | 14.31 | 22.00 | 28.23 | 18.34 |
| 9. 技术服务费 | 元 |  |  |  |  |
| 10. 工具材料费 | 元 | 2.50 | 3.15 | 1.73 | 2.84 |
| 11. 修理维护费 | 元 | 2.25 | 1.98 | 4.66 | 2.79 |
| 12. 其他直接费用 | 元 |  |  | 8.33 |  |
| （二）间接费用 | 元 | 14.76 | 11.35 | 24.70 | 31.18 |
| 1. 固定资产折旧 | 元 | 6.12 | 11.35 | 18.23 | 7.25 |
| 2. 保险费 | 元 |  |  | 1.33 | 20.83 |
| 3. 管理费 | 元 |  |  | 1.81 |  |
| 4. 财务费 | 元 |  |  |  |  |
| 5. 销售费 | 元 | 8.64 |  | 3.33 | 3.10 |
| **二、每头人工成本** | 元 | **535.50** | **214.27** | **277.06** | **324.69** |
| 1. 家庭用工折价 | 元 | 535.50 | 214.27 | 277.06 | 313.94 |
| 家庭用工天数 | 日 | 5.81 | 2.32 | 3.01 | 3.41 |
| 劳动日工价 | 元 | 92.20 | 92.20 | 92.20 | 92.20 |
| 2. 雇工费用 | 元 |  |  |  | 10.75 |
| 雇工天数 | 日 |  |  |  | 0.10 |
| 雇工工价 | 元 | 125.00 | 107.50 | 86.67 | 107.50 |
| **三、附** |  |  |  |  |  |
| 1. 仔畜重量 | 公斤 | 11.57 | 14.32 | 12.89 | 20.13 |
| 2. 精饲料数量 | 公斤 | 349.11 | 332.57 | 306.95 | 346.43 |
| 3. 耗粮数量 | 公斤 | 262.38 | 262.02 | 214.86 | 242.50 |

# 5-3-1 2021年各地区中规模生猪成本收益情况

| 项目 | 单位 | 平均 | 北京 | 天津 | 河北 | 山西 | 内蒙古 |
|---|---|---|---|---|---|---|---|
| **每头** | | | | | | | |
| 主产品产量 | 公斤 | 133.16 | 121.50 | 126.81 | 116.76 | 130.06 | 157.87 |
| 产值合计 | 元 | 2619.40 | 2165.00 | 2475.42 | 2282.10 | 2484.83 | 3030.73 |
| 主产品产值 | 元 | 2607.37 | 2161.50 | 2468.38 | 2265.02 | 2468.86 | 3018.05 |
| 副产品产值 | 元 | 12.03 | 3.50 | 7.04 | 17.08 | 15.97 | 12.68 |
| 总成本 | 元 | 2510.75 | 1909.80 | 2065.97 | 2121.66 | 2261.93 | 2679.96 |
| 生产成本 | 元 | 2507.55 | 1904.05 | 2060.87 | 2119.03 | 2258.25 | 2678.35 |
| 物质与服务费用 | 元 | 2323.15 | 1757.55 | 1940.69 | 1954.18 | 2105.68 | 2461.74 |
| 人工成本 | 元 | 184.40 | 146.50 | 120.18 | 164.85 | 152.57 | 216.61 |
| 家庭用工折价 | 元 | 132.68 | | 105.20 | 113.22 | 114.42 | 190.58 |
| 雇工费用 | 元 | 51.72 | 146.50 | 14.98 | 51.63 | 38.15 | 26.03 |
| 土地成本 | 元 | 3.20 | 5.75 | 5.10 | 2.63 | 3.68 | 1.61 |
| 净利润 | 元 | 108.65 | 255.20 | 409.45 | 160.44 | 222.90 | 350.77 |
| 成本利润率 | % | 4.33 | 13.36 | 19.82 | 7.56 | 9.85 | 13.09 |
| **每50公斤主产品** | | | | | | | |
| 平均出售价格 | 元 | 979.04 | 889.51 | 973.26 | 969.95 | 949.12 | 955.87 |
| 总成本 | 元 | 938.43 | 784.66 | 812.28 | 901.76 | 863.98 | 845.24 |
| 生产成本 | 元 | 937.23 | 782.30 | 810.27 | 900.64 | 862.57 | 844.73 |
| 净利润 | 元 | 40.61 | 104.85 | 160.98 | 68.19 | 85.14 | 110.63 |
| **附：** | | | | | | | |
| 每头用工数量 | 日 | 1.87 | 1.08 | 1.24 | 1.73 | 1.56 | 2.24 |
| 平均饲养天数 | 日 | 160.81 | 123.50 | 140.34 | 138.82 | 169.87 | 218.00 |

5-3-1 续表 1

| 项目 | 单位 | 辽宁 | 吉林 | 黑龙江 | 江苏 | 浙江 | 安徽 |
|---|---|---|---|---|---|---|---|
| **每头** | | | | | | | |
| 主产品产量 | 公斤 | 144.88 | 136.81 | 122.31 | 131.01 | 140.72 | 146.77 |
| 产值合计 | 元 | 2744.31 | 2661.78 | 2281.17 | 2578.14 | 2897.51 | 2916.69 |
| 主产品产值 | 元 | 2730.55 | 2649.36 | 2270.84 | 2570.49 | 2897.33 | 2906.35 |
| 副产品产值 | 元 | 13.76 | 12.42 | 10.33 | 7.65 | 0.18 | 10.34 |
| 总成本 | 元 | 2537.89 | 2709.00 | 2118.61 | 2318.29 | 2302.02 | 2804.13 |
| 生产成本 | 元 | 2537.00 | 2706.74 | 2116.02 | 2313.94 | 2298.00 | 2800.27 |
| 物质与服务费用 | 元 | 2276.63 | 2378.99 | 1863.68 | 2187.68 | 2207.04 | 2687.27 |
| 人工成本 | 元 | 260.37 | 327.75 | 252.34 | 126.26 | 90.96 | 113.00 |
| 家庭用工折价 | 元 | 211.05 | 201.36 | 95.80 | 79.66 | 50.25 | 82.43 |
| 雇工费用 | 元 | 49.32 | 126.39 | 156.54 | 46.60 | 40.71 | 30.57 |
| 土地成本 | 元 | 0.89 | 2.26 | 2.59 | 4.35 | 4.02 | 3.86 |
| 净利润 | 元 | 206.42 | -47.22 | 162.56 | 259.85 | 595.49 | 112.56 |
| 成本利润率 | % | 8.13 | -1.74 | 7.67 | 11.21 | 25.87 | 4.01 |
| **每 50 公斤主产品** | | | | | | | |
| 平均出售价格 | 元 | 942.35 | 968.26 | 928.31 | 981.03 | 1029.47 | 990.10 |
| 总成本 | 元 | 871.47 | 985.44 | 862.16 | 882.15 | 817.90 | 951.89 |
| 生产成本 | 元 | 871.16 | 984.62 | 861.10 | 880.50 | 816.47 | 950.58 |
| 净利润 | 元 | 70.88 | -17.18 | 66.15 | 98.88 | 211.57 | 38.21 |
| **附:** | | | | | | | |
| 每头用工数量 | 日 | 2.77 | 3.26 | 2.42 | 1.24 | 0.81 | 1.08 |
| 平均饲养天数 | 日 | 176.39 | 164.46 | 152.73 | 155.41 | 164.89 | 169.04 |

5-3-1 续表 2

| 项　　目 | 单位 | 江　西 | 山　东 | 河　南 | 湖　北 | 湖　南 |
|---|---|---|---|---|---|---|
| **每头** | | | | | | |
| 主产品产量 | 公斤 | 140.15 | 130.23 | 129.04 | 146.34 | 139.75 |
| 产值合计 | 元 | 2782.74 | 2581.46 | 2643.78 | 2839.86 | 2730.15 |
| 主产品产值 | 元 | 2779.29 | 2567.02 | 2632.04 | 2829.62 | 2724.46 |
| 副产品产值 | 元 | 3.45 | 14.44 | 11.74 | 10.24 | 5.69 |
| 总成本 | 元 | 2713.59 | 2577.14 | 2230.05 | 2633.42 | 2731.04 |
| 生产成本 | 元 | 2711.30 | 2573.79 | 2224.66 | 2629.59 | 2729.73 |
| 物质与服务费用 | 元 | 2599.58 | 2447.53 | 2031.22 | 2522.97 | 2543.07 |
| 人工成本 | 元 | 111.72 | 126.26 | 193.44 | 106.62 | 186.66 |
| 家庭用工折价 | 元 | 61.59 | 98.84 | 134.15 | 75.79 | 177.12 |
| 雇工费用 | 元 | 50.13 | 27.42 | 59.29 | 30.83 | 9.54 |
| 土地成本 | 元 | 2.29 | 3.35 | 5.39 | 3.83 | 1.31 |
| 净利润 | 元 | 69.15 | 4.32 | 413.73 | 206.44 | -0.89 |
| 成本利润率 | % | 2.55 | 0.17 | 18.55 | 7.84 | -0.03 |
| **每 50 公斤主产品** | | | | | | |
| 平均出售价格 | 元 | 991.54 | 985.57 | 1019.85 | 966.80 | 974.76 |
| 总成本 | 元 | 966.90 | 983.92 | 860.25 | 896.52 | 975.08 |
| 生产成本 | 元 | 966.08 | 982.64 | 858.17 | 895.22 | 974.61 |
| 净利润 | 元 | 24.64 | 1.65 | 159.60 | 70.28 | -0.32 |
| **附：** | | | | | | |
| 每头用工数量 | 日 | 1.03 | 1.33 | 1.98 | 1.06 | 1.99 |
| 平均饲养天数 | 日 | 170.50 | 141.51 | 159.94 | 179.42 | 187.55 |

5-3-1　续表 3

| 项　　目 | 单位 | 广　东 | 广　西 | 海　南 | 四　川 | 贵　州 |
|---|---|---|---|---|---|---|
| **每头** | | | | | | |
| 主产品产量 | 公斤 | 132.50 | 134.38 | 133.07 | 134.46 | 141.44 |
| 产值合计 | 元 | 2746.70 | 2665.69 | 3373.85 | 2785.53 | 3449.03 |
| 主产品产值 | 元 | 2737.41 | 2647.92 | 3362.76 | 2780.32 | 3431.87 |
| 副产品产值 | 元 | 9.29 | 17.77 | 11.09 | 5.21 | 17.16 |
| 总成本 | 元 | 2762.66 | 2536.45 | 3080.52 | 2662.02 | 3171.99 |
| 生产成本 | 元 | 2757.75 | 2534.88 | 3075.72 | 2658.44 | 3169.16 |
| 物质与服务费用 | 元 | 2616.38 | 2319.14 | 2922.76 | 2471.99 | 2895.44 |
| 人工成本 | 元 | 141.37 | 215.74 | 152.96 | 186.45 | 273.72 |
| 家庭用工折价 | 元 | 93.68 | 159.97 | 87.87 | 117.74 | 199.89 |
| 雇工费用 | 元 | 47.69 | 55.77 | 65.09 | 68.71 | 73.83 |
| 土地成本 | 元 | 4.91 | 1.57 | 4.80 | 3.58 | 2.83 |
| 净利润 | 元 | -15.96 | 129.24 | 293.33 | 123.51 | 277.04 |
| 成本利润率 | % | -0.58 | 5.10 | 9.52 | 4.64 | 8.73 |
| **每 50 公斤主产品** | | | | | | |
| 平均出售价格 | 元 | 1032.98 | 985.24 | 1263.53 | 1033.88 | 1213.19 |
| 总成本 | 元 | 1038.98 | 937.47 | 1153.67 | 988.04 | 1115.74 |
| 生产成本 | 元 | 1037.13 | 936.89 | 1151.88 | 986.71 | 1114.75 |
| 净利润 | 元 | -6.00 | 47.77 | 109.86 | 45.84 | 97.45 |
| **附：** | | | | | | |
| 每头用工数量 | 日 | 1.32 | 2.23 | 1.49 | 1.87 | 2.93 |
| 平均饲养天数 | 日 | 155.57 | 167.90 | 151.65 | 160.26 | 151.78 |

5-3-1 续表 4

| 项　　目 | 单位 | 云　南 | 陕　西 | 甘　肃 | 青　海 | 宁　夏 | 新　疆 |
|---|---|---|---|---|---|---|---|
| **每头** | | | | | | | |
| 主产品产量 | 公斤 | 140.59 | 125.00 | 120.56 | 117.50 | 125.87 | 129.04 |
| 产值合计 | 元 | 2859.22 | 2176.13 | 2338.52 | 2246.15 | 1904.71 | 2082.45 |
| 主产品产值 | 元 | 2845.60 | 2149.44 | 2328.14 | 2220.65 | 1880.70 | 2074.94 |
| 副产品产值 | 元 | 13.62 | 26.69 | 10.38 | 25.50 | 24.01 | 7.51 |
| 总成本 | 元 | 2746.43 | 2907.54 | 2490.00 | 2210.16 | 2564.14 | 1944.43 |
| 生产成本 | 元 | 2743.39 | 2905.12 | 2486.85 | 2207.32 | 2562.17 | 1942.09 |
| 物质与服务费用 | 元 | 2573.00 | 2485.79 | 2377.03 | 2078.28 | 2269.90 | 1749.51 |
| 人工成本 | 元 | 170.39 | 419.33 | 109.82 | 129.04 | 292.27 | 192.58 |
| 家庭用工折价 | 元 | 95.52 | 419.33 | 77.63 | 111.56 | 292.27 | 136.36 |
| 雇工费用 | 元 | 74.87 | | 32.19 | 17.48 | | 56.22 |
| 土地成本 | 元 | 3.04 | 2.42 | 3.15 | 2.84 | 1.97 | 2.34 |
| 净利润 | 元 | 112.79 | -731.41 | -151.48 | 35.99 | -659.43 | 138.02 |
| 成本利润率 | % | 4.11 | -25.16 | -6.08 | 1.63 | -25.72 | 7.10 |
| **每50公斤主产品** | | | | | | | |
| 平均出售价格 | 元 | 1012.02 | 859.78 | 965.55 | 944.96 | 747.08 | 803.99 |
| 总成本 | 元 | 972.10 | 1148.76 | 1028.10 | 929.82 | 1005.73 | 750.70 |
| 生产成本 | 元 | 971.02 | 1147.80 | 1026.79 | 928.62 | 1004.96 | 749.80 |
| 净利润 | 元 | 39.92 | -288.98 | -62.55 | 15.14 | -258.65 | 53.29 |
| **附：** | | | | | | | |
| 每头用工数量 | 日 | 1.75 | 4.55 | 1.15 | 1.41 | 3.17 | 1.86 |
| 平均饲养天数 | 日 | 155.25 | 171.61 | 153.92 | 171.50 | 159.93 | 130.12 |

# 5-3-2　2021 年各地区中规模生猪费用和用工情况

| 项　　目 | 单位 | 平　均 | 北　京 | 天　津 | 河　北 | 山　西 | 内蒙古 |
|---|---|---|---|---|---|---|---|
| **一、每头物质与服务费用** | 元 | **2323.15** | **1757.55** | **1940.69** | **1954.18** | **2105.68** | **2461.74** |
| (一)直接费用 | 元 | 2295.05 | 1713.75 | 1925.19 | 1938.22 | 2082.89 | 2439.66 |
| 1. 仔畜费 | 元 | 1022.52 | 550.00 | 723.93 | 924.56 | 807.77 | 983.85 |
| 2. 精饲料费 | 元 | 1203.55 | 1060.00 | 1143.37 | 956.90 | 1216.08 | 1369.12 |
| 3. 青粗饲料费 | 元 | 3.75 | 20.00 | | | | 9.85 |
| 4. 饲料加工费 | 元 | 1.89 | 3.00 | | | 0.90 | 9.72 |
| 5. 水费 | 元 | 2.99 | 6.25 | 5.40 | 1.01 | 3.60 | 5.15 |
| 6. 燃料动力费 | 元 | 7.06 | 17.50 | 7.31 | 3.34 | 9.10 | 15.83 |
| 电费 | 元 | 6.01 | 17.50 | 7.16 | 3.34 | 6.29 | 7.69 |
| 煤费 | 元 | 0.87 | | 0.55 | | 2.81 | 7.84 |
| 其他燃料动力费 | 元 | 0.18 | | | | | 0.30 |
| 7. 医疗防疫费 | 元 | 27.24 | 28.50 | 30.28 | 29.12 | 21.80 | 23.03 |
| 8. 死亡损失费 | 元 | 19.26 | 10.00 | 7.51 | 17.09 | 17.19 | 13.55 |
| 9. 技术服务费 | 元 | 0.33 | | | | 0.58 | |
| 10. 工具材料费 | 元 | 3.16 | 12.50 | 3.55 | 3.36 | 3.20 | 3.86 |
| 11. 修理维护费 | 元 | 2.86 | 6.00 | 3.24 | 2.84 | 2.67 | 5.70 |
| 12. 其他直接费用 | 元 | 0.44 | | | | | |
| (二)间接费用 | 元 | 28.10 | 43.80 | 15.50 | 15.96 | 22.79 | 22.08 |
| 1. 固定资产折旧 | 元 | 15.07 | 19.00 | 14.16 | 13.69 | 16.92 | 20.34 |
| 2. 保险费 | 元 | 9.31 | 19.00 | | | 2.42 | |
| 3. 管理费 | 元 | 1.20 | 5.80 | 1.34 | 2.27 | 2.11 | |
| 4. 财务费 | 元 | 0.42 | | | | | 0.44 |
| 5. 销售费 | 元 | 2.10 | | | | 1.34 | 1.30 |
| **二、每头人工成本** | 元 | **184.40** | **146.50** | **120.18** | **164.85** | **152.57** | **216.61** |
| 1. 家庭用工折价 | 元 | 132.68 | | 105.20 | 113.22 | 114.42 | 190.58 |
| 家庭用工天数 | 日 | 1.44 | | 1.14 | 1.23 | 1.24 | 2.07 |
| 劳动日工价 | 元 | 92.20 | 92.20 | 92.20 | 92.20 | 92.20 | 92.20 |
| 2. 雇工费用 | 元 | 51.72 | 146.50 | 14.98 | 51.63 | 38.15 | 26.03 |
| 雇工天数 | 日 | 0.43 | 1.08 | 0.10 | 0.50 | 0.32 | 0.17 |
| 雇工工价 | 元 | 120.28 | 135.65 | 149.80 | 103.26 | 119.22 | 153.12 |
| 三、附 | | | | | | | |
| 1. 仔畜重量 | 公斤 | 17.86 | 14.50 | 17.17 | 17.46 | 13.36 | 12.08 |
| 2. 精饲料数量 | 公斤 | 350.65 | 307.00 | 345.31 | 282.12 | 351.60 | 413.93 |
| 3. 耗粮数量 | 公斤 | 262.47 | 211.83 | 240.49 | 206.34 | 274.81 | 332.51 |

5-3-2 续表 1

| 项 目 | 单位 | 辽 宁 | 吉 林 | 黑龙江 | 江 苏 | 浙 江 | 安 徽 |
|---|---|---|---|---|---|---|---|
| **一、每头物质与服务费用** | 元 | **2276.63** | **2378.99** | **1863.68** | **2187.68** | **2207.04** | **2687.27** |
| (一)直接费用 | 元 | 2245.78 | 2367.87 | 1850.76 | 2152.26 | 2148.29 | 2639.28 |
| 1. 仔畜费 | 元 | 778.44 | 1043.05 | 832.62 | 989.89 | 784.95 | 1195.77 |
| 2. 精饲料费 | 元 | 1389.33 | 1278.43 | 977.74 | 1085.90 | 1281.03 | 1364.53 |
| 3. 青粗饲料费 | 元 | | | | 6.22 | 0.67 | 1.26 |
| 4. 饲料加工费 | 元 | 0.79 | 4.92 | | 0.84 | 4.91 | |
| 5. 水费 | 元 | 1.97 | 2.23 | 2.10 | 3.45 | 6.52 | 2.46 |
| 6. 燃料动力费 | 元 | 7.68 | 2.98 | 9.25 | 7.45 | 13.46 | 8.99 |
| 电费 | 元 | 7.08 | 2.98 | 7.18 | 7.11 | 12.28 | 8.99 |
| 煤费 | 元 | 0.45 | | 2.07 | 0.34 | | |
| 其他燃料动力费 | 元 | 0.15 | | | | 1.18 | |
| 7. 医疗防疫费 | 元 | 30.93 | 16.89 | 14.90 | 32.84 | 31.23 | 31.47 |
| 8. 死亡损失费 | 元 | 28.14 | 14.94 | 9.23 | 18.70 | 17.33 | 25.31 |
| 9. 技术服务费 | 元 | 0.20 | | 1.64 | 1.39 | 1.04 | |
| 10. 工具材料费 | 元 | 3.63 | 2.11 | 1.54 | 2.41 | 3.55 | 3.53 |
| 11. 修理维护费 | 元 | 2.84 | 2.32 | 1.74 | 2.67 | 2.34 | 5.96 |
| 12. 其他直接费用 | 元 | 1.83 | | | 0.50 | 1.26 | |
| (二)间接费用 | 元 | 30.85 | 11.12 | 12.92 | 35.42 | 58.75 | 47.99 |
| 1. 固定资产折旧 | 元 | 15.61 | 9.12 | 10.66 | 9.49 | 15.86 | 31.10 |
| 2. 保险费 | 元 | 13.44 | | | 16.40 | 33.67 | 11.43 |
| 3. 管理费 | 元 | 0.23 | 1.78 | 0.84 | 0.97 | 3.66 | |
| 4. 财务费 | 元 | | | 0.54 | 0.28 | 2.78 | 1.61 |
| 5. 销售费 | 元 | 1.57 | 0.22 | 0.88 | 8.28 | 2.78 | 3.85 |
| **二、每头人工成本** | 元 | **260.37** | **327.75** | **252.34** | **126.26** | **90.96** | **113.00** |
| 1. 家庭用工折价 | 元 | 211.05 | 201.36 | 95.80 | 79.66 | 50.25 | 82.43 |
| 家庭用工天数 | 日 | 2.29 | 2.18 | 1.04 | 0.86 | 0.55 | 0.89 |
| 劳动日工价 | 元 | 92.20 | 92.20 | 92.20 | 92.20 | 92.20 | 92.20 |
| 2. 雇工费用 | 元 | 49.32 | 126.39 | 156.54 | 46.60 | 40.71 | 30.57 |
| 雇工天数 | 日 | 0.48 | 1.08 | 1.38 | 0.38 | 0.26 | 0.19 |
| 雇工工价 | 元 | 102.75 | 117.03 | 113.44 | 122.63 | 156.58 | 160.90 |
| 三、附 | | | | | | | |
| 1. 仔畜重量 | 公斤 | 12.85 | 14.90 | 14.24 | 19.30 | 24.89 | 21.96 |
| 2. 精饲料数量 | 公斤 | 412.07 | 372.92 | 343.43 | 351.74 | 369.55 | 398.92 |
| 3. 耗粮数量 | 公斤 | 290.15 | 269.85 | 289.68 | 271.88 | 258.86 | 304.52 |

5-3-2 续表 2

| 项　　目 | 单位 | 江　西 | 山　东 | 河　南 | 湖　北 | 湖　南 |
| --- | --- | --- | --- | --- | --- | --- |
| **一、每头物质与服务费用** | **元** | **2599.58** | **2447.53** | **2031.22** | **2522.97** | **2543.07** |
| （一）直接费用 | 元 | 2578.46 | 2416.63 | 1998.29 | 2501.66 | 2495.41 |
| 1. 仔畜费 | 元 | 1233.19 | 1288.70 | 846.55 | 1053.55 | 1021.25 |
| 2. 精饲料费 | 元 | 1267.21 | 1077.80 | 1067.64 | 1367.19 | 1408.15 |
| 3. 青粗饲料费 | 元 | | | | | |
| 4. 饲料加工费 | 元 | 0.25 | | 4.48 | | |
| 5. 水费 | 元 | 2.20 | 3.33 | 4.44 | 3.12 | 1.43 |
| 6. 燃料动力费 | 元 | 7.09 | 4.14 | 7.22 | 5.84 | 3.01 |
| 电费 | 元 | 7.09 | 3.85 | 7.22 | 5.28 | 3.01 |
| 煤费 | 元 | | 0.29 | | 0.16 | |
| 其他燃料动力费 | 元 | | | | 0.40 | |
| 7. 医疗防疫费 | 元 | 37.79 | 20.20 | 43.18 | 36.79 | 38.44 |
| 8. 死亡损失费 | 元 | 25.14 | 17.27 | 13.29 | 30.86 | 17.64 |
| 9. 技术服务费 | 元 | | 0.10 | 1.97 | | 0.06 |
| 10. 工具材料费 | 元 | 1.82 | 2.57 | 2.50 | 2.27 | 1.96 |
| 11. 修理维护费 | 元 | 2.86 | 2.39 | 2.37 | 2.04 | 2.27 |
| 12. 其他直接费用 | 元 | 0.91 | 0.13 | 4.65 | | 1.20 |
| （二）间接费用 | 元 | 21.12 | 30.90 | 32.93 | 21.31 | 47.66 |
| 1. 固定资产折旧 | 元 | 12.04 | 17.61 | 15.63 | 17.17 | 14.18 |
| 2. 保险费 | 元 | 5.60 | 6.00 | 9.43 | | 33.46 |
| 3. 管理费 | 元 | 0.02 | 0.16 | 2.74 | 0.47 | 0.02 |
| 4. 财务费 | 元 | 0.78 | | | 0.40 | |
| 5. 销售费 | 元 | 2.68 | 7.13 | 5.13 | 3.27 | |
| **二、每头人工成本** | **元** | **111.72** | **126.26** | **193.44** | **106.62** | **186.66** |
| 1. 家庭用工折价 | 元 | 61.59 | 98.84 | 134.15 | 75.79 | 177.12 |
| 家庭用工天数 | 日 | 0.67 | 1.07 | 1.46 | 0.82 | 1.92 |
| 劳动日工价 | 元 | 92.20 | 92.20 | 92.20 | 92.20 | 92.20 |
| 2. 雇工费用 | 元 | 50.13 | 27.42 | 59.29 | 30.83 | 9.54 |
| 雇工天数 | 日 | 0.36 | 0.26 | 0.52 | 0.24 | 0.07 |
| 雇工工价 | 元 | 139.25 | 105.46 | 114.02 | 128.46 | 136.29 |
| **三、附** | | | | | | |
| 1. 仔畜重量 | 公斤 | 16.90 | 26.12 | 14.51 | 14.43 | 11.60 |
| 2. 精饲料数量 | 公斤 | 369.64 | 323.16 | 335.66 | 403.76 | 390.10 |
| 3. 耗粮数量 | 公斤 | 289.55 | 253.54 | 215.75 | 308.52 | 292.27 |

5-3-2 续表 3

| 项　　目 | 单位 | 广 东 | 广 西 | 海 南 | 四 川 | 贵 州 |
|---|---|---|---|---|---|---|
| **一、每头物质与服务费用** | **元** | **2616.38** | **2319.14** | **2922.76** | **2471.99** | **2895.44** |
| (一)直接费用 | 元 | 2591.24 | 2292.82 | 2914.56 | 2430.40 | 2849.64 |
| 1. 仔畜费 | 元 | 1209.18 | 1001.40 | 1421.05 | 1242.53 | 1594.94 |
| 2. 精饲料费 | 元 | 1284.43 | 1184.43 | 1395.40 | 1135.47 | 1219.68 |
| 3. 青粗饲料费 | 元 | 15.32 | 5.60 | | 10.56 | 3.50 |
| 4. 饲料加工费 | 元 | 0.31 | 0.47 | | 3.44 | 0.28 |
| 5. 水费 | 元 | 1.09 | 1.59 | 3.20 | 2.61 | 2.89 |
| 6. 燃料动力费 | 元 | 6.58 | 5.09 | 4.27 | 4.42 | 6.40 |
| 电费 | 元 | 6.58 | 4.58 | 4.27 | 4.04 | 6.40 |
| 煤费 | 元 | | 0.51 | | 0.38 | |
| 其他燃料动力费 | 元 | | | | | |
| 7. 医疗防疫费 | 元 | 39.24 | 28.55 | 47.32 | 22.68 | 9.82 |
| 8. 死亡损失费 | 元 | 27.43 | 60.66 | 39.82 | 4.49 | 6.16 |
| 9. 技术服务费 | 元 | 0.54 | 0.11 | | 0.93 | |
| 10. 工具材料费 | 元 | 4.50 | 2.46 | 1.87 | 1.76 | 2.76 |
| 11. 修理维护费 | 元 | 2.62 | 2.46 | 1.63 | 1.51 | 3.21 |
| 12. 其他直接费用 | 元 | | | | | |
| (二)间接费用 | 元 | 25.14 | 26.32 | 8.20 | 41.59 | 45.80 |
| 1. 固定资产折旧 | 元 | 18.70 | 6.28 | 8.20 | 10.35 | 37.71 |
| 2. 保险费 | 元 | 2.26 | 14.00 | | 29.51 | 6.40 |
| 3. 管理费 | 元 | 1.33 | 0.63 | | 0.40 | |
| 4. 财务费 | 元 | | 0.93 | | 0.09 | |
| 5. 销售费 | 元 | 2.85 | 4.48 | | 1.24 | 1.69 |
| **二、每头人工成本** | **元** | **141.37** | **215.74** | **152.96** | **186.45** | **273.72** |
| 1. 家庭用工折价 | 元 | 93.68 | 159.97 | 87.87 | 117.74 | 199.89 |
| 家庭用工天数 | 日 | 1.02 | 1.74 | 0.95 | 1.28 | 2.17 |
| 劳动日工价 | 元 | 92.20 | 92.20 | 92.20 | 92.20 | 92.20 |
| 2. 雇工费用 | 元 | 47.69 | 55.77 | 65.09 | 68.71 | 73.83 |
| 雇工天数 | 日 | 0.30 | 0.49 | 0.54 | 0.59 | 0.76 |
| 雇工工价 | 元 | 158.97 | 113.82 | 120.54 | 116.46 | 97.15 |
| 三、附 | | | | | | |
| 1. 仔畜重量 | 公斤 | 16.67 | 16.31 | 25.50 | 26.81 | 24.93 |
| 2. 精饲料数量 | 公斤 | 344.66 | 337.23 | 361.46 | 312.68 | 346.82 |
| 3. 耗粮数量 | 公斤 | 255.16 | 235.18 | 271.10 | 217.34 | 275.84 |

5-3-2 续表 4

| 项　　目 | 单位 | 云　南 | 陕　西 | 甘　肃 | 青　海 | 宁　夏 | 新　疆 |
|---|---|---|---|---|---|---|---|
| **一、每头物质与服务费用** | **元** | **2573.00** | **2485.79** | **2377.03** | **2078.28** | **2269.90** | **1749.51** |
| （一）直接费用 | 元 | 2554.94 | 2474.59 | 2352.26 | 2052.10 | 2227.94 | 1731.42 |
| 1. 仔畜费 | 元 | 1236.44 | 1174.12 | 1228.15 | 865.25 | 892.41 | 684.52 |
| 2. 精饲料费 | 元 | 1273.70 | 1263.32 | 1062.53 | 1114.69 | 1266.52 | 985.31 |
| 3. 青粗饲料费 | 元 | 1.30 |  |  | 26.99 |  |  |
| 4. 饲料加工费 | 元 | 1.06 | 4.31 | 0.40 | 4.16 | 5.15 | 1.52 |
| 5. 水费 | 元 | 2.93 | 3.29 | 2.54 | 1.32 | 2.21 | 2.48 |
| 6. 燃料动力费 | 元 | 3.23 | 4.85 | 7.62 | 3.09 | 5.55 | 8.68 |
| 电费 | 元 | 3.13 | 2.72 | 6.10 | 2.76 | 4.32 | 3.31 |
| 煤费 | 元 |  |  | 1.49 | 0.33 | 1.23 | 4.85 |
| 其他燃料动力费 | 元 | 0.10 | 2.13 | 0.03 |  |  | 0.52 |
| 7. 医疗防疫费 | 元 | 19.22 | 11.35 | 21.27 | 12.72 | 33.25 | 22.59 |
| 8. 死亡损失费 | 元 | 8.83 | 8.35 | 24.38 | 18.56 | 17.76 | 20.37 |
| 9. 技术服务费 | 元 | 0.43 |  |  |  |  |  |
| 10. 工具材料费 | 元 | 4.39 | 2.49 | 2.60 | 3.61 | 2.71 | 1.72 |
| 11. 修理维护费 | 元 | 3.21 | 2.51 | 2.77 | 1.71 | 2.38 | 3.08 |
| 12. 其他直接费用 | 元 | 0.20 |  |  |  |  | 1.15 |
| （二）间接费用 | 元 | 18.06 | 11.20 | 24.77 | 26.18 | 41.96 | 18.09 |
| 1. 固定资产折旧 | 元 | 13.78 | 4.60 | 16.40 | 19.85 | 6.96 | 11.48 |
| 2. 保险费 | 元 | 1.92 |  | 3.27 | 6.00 | 32.00 | 5.06 |
| 3. 管理费 | 元 | 1.30 | 2.66 | 1.67 | 0.33 |  | 1.55 |
| 4. 财务费 | 元 | 0.62 |  | 2.85 |  |  |  |
| 5. 销售费 | 元 | 0.44 | 3.94 | 0.58 |  | 3.00 |  |
| **二、每头人工成本** | **元** | **170.39** | **419.33** | **109.82** | **129.04** | **292.27** | **192.58** |
| 1. 家庭用工折价 | 元 | 95.52 | 419.33 | 77.63 | 111.56 | 292.27 | 136.36 |
| 家庭用工天数 | 日 | 1.04 | 4.55 | 0.84 | 1.21 | 3.17 | 1.48 |
| 劳动日工价 | 元 | 92.20 | 92.20 | 92.20 | 92.20 | 92.20 | 92.20 |
| 2. 雇工费用 | 元 | 74.87 |  | 32.19 | 17.48 |  | 56.22 |
| 雇工天数 | 日 | 0.71 |  | 0.31 | 0.20 |  | 0.38 |
| 雇工工价 | 元 | 105.45 | 116.67 | 103.84 | 87.40 | 108.00 | 147.95 |
| **三、附** |  |  |  |  |  |  |  |
| 1. 仔畜重量 | 公斤 | 21.70 | 13.51 | 16.56 | 14.38 | 20.36 | 19.12 |
| 2. 精饲料数量 | 公斤 | 350.92 | 345.83 | 316.80 | 328.48 | 343.36 | 308.35 |
| 3. 耗粮数量 | 公斤 | 278.62 | 271.29 | 247.37 | 229.94 | 240.35 | 254.07 |

# 5-4-1 2021年各地区大规模生猪成本收益情况

| 项目 | 单位 | 平均 | 北京 | 天津 | 河北 | 山西 | 内蒙古 |
|---|---|---|---|---|---|---|---|
| 每头 | | | | | | | |
| 主产品产量 | 公斤 | 129.21 | 121.59 | 120.08 | 109.81 | 128.19 | 158.58 |
| 产值合计 | 元 | 2592.96 | 2220.08 | 2393.63 | 2065.49 | 2393.48 | 3595.52 |
| 主产品产值 | 元 | 2584.16 | 2216.07 | 2386.74 | 2054.66 | 2378.56 | 3583.75 |
| 副产品产值 | 元 | 8.80 | 4.01 | 6.89 | 10.83 | 14.92 | 11.77 |
| 总成本 | 元 | 2387.27 | 1920.47 | 2108.41 | 2074.49 | 2200.40 | 2804.73 |
| 生产成本 | 元 | 2381.64 | 1912.25 | 2103.76 | 2071.18 | 2197.07 | 2799.68 |
| 物质与服务费用 | 元 | 2266.67 | 1772.23 | 1944.08 | 1978.68 | 2111.01 | 2631.67 |
| 人工成本 | 元 | 114.97 | 140.02 | 159.68 | 92.50 | 86.06 | 168.01 |
| 家庭用工折价 | 元 | 9.96 | | 9.87 | 16.23 | | 80.68 |
| 雇工费用 | 元 | 105.01 | 140.02 | 149.81 | 76.27 | 86.06 | 87.33 |
| 土地成本 | 元 | 5.63 | 8.22 | 4.65 | 3.31 | 3.33 | 5.05 |
| 净利润 | 元 | 205.69 | 299.61 | 285.22 | -9.00 | 193.08 | 790.80 |
| 成本利润率 | % | 8.62 | 15.60 | 13.53 | -0.43 | 8.77 | 28.20 |
| 每50公斤主产品 | | | | | | | |
| 平均出售价格 | 元 | 999.98 | 911.29 | 993.81 | 935.55 | 927.75 | 1129.95 |
| 总成本 | 元 | 920.65 | 788.31 | 875.39 | 939.63 | 852.91 | 881.43 |
| 生产成本 | 元 | 918.48 | 784.93 | 873.46 | 938.13 | 851.62 | 879.84 |
| 净利润 | 元 | 79.33 | 122.98 | 118.42 | -4.08 | 74.84 | 248.52 |
| 附： | | | | | | | |
| 每头用工数量 | 日 | 0.98 | 1.03 | 1.09 | 0.96 | 0.71 | 1.57 |
| 平均饲养天数 | 日 | 151.45 | 124.41 | 131.44 | 131.00 | 166.06 | 215.40 |

5-4-1 续表 1

| 项目 | 单位 | 辽宁 | 吉林 | 黑龙江 | 上海 | 江苏 | 浙江 |
|---|---|---|---|---|---|---|---|
| **每头** | | | | | | | |
| 主产品产量 | 公斤 | 140.06 | 128.96 | 114.85 | 111.25 | 135.18 | 139.72 |
| 产值合计 | 元 | 2654.27 | 2573.52 | 2146.62 | 2446.50 | 2649.37 | 2949.31 |
| 主产品产值 | 元 | 2642.86 | 2561.03 | 2136.07 | 2446.50 | 2642.49 | 2949.02 |
| 副产品产值 | 元 | 11.41 | 12.49 | 10.55 | | 6.88 | 0.29 |
| 总成本 | 元 | 2431.97 | 2543.32 | 1992.73 | 1854.09 | 2571.19 | 2334.63 |
| 生产成本 | 元 | 2430.16 | 2541.03 | 1990.56 | 1842.24 | 2566.60 | 2329.64 |
| 物质与服务费用 | 元 | 2261.23 | 2307.46 | 1798.96 | 1766.96 | 2499.94 | 2255.20 |
| 人工成本 | 元 | 168.93 | 233.57 | 191.60 | 75.28 | 66.66 | 74.44 |
| 家庭用工折价 | 元 | 43.43 | | | | 12.17 | 3.87 |
| 雇工费用 | 元 | 125.50 | 233.57 | 191.60 | 75.28 | 54.49 | 70.57 |
| 土地成本 | 元 | 1.81 | 2.29 | 2.17 | 11.85 | 4.59 | 4.99 |
| 净利润 | 元 | 222.30 | 30.20 | 153.89 | 592.41 | 78.18 | 614.68 |
| 成本利润率 | % | 9.14 | 1.19 | 7.72 | 31.95 | 3.04 | 26.33 |
| **每 50 公斤主产品** | | | | | | | |
| 平均出售价格 | 元 | 943.47 | 992.96 | 929.94 | 1099.55 | 977.40 | 1055.33 |
| 总成本 | 元 | 864.45 | 981.31 | 863.27 | 833.30 | 948.56 | 835.38 |
| 生产成本 | 元 | 863.81 | 980.42 | 862.33 | 827.97 | 946.86 | 833.60 |
| 净利润 | 元 | 79.02 | 11.65 | 66.67 | 266.25 | 28.84 | 219.95 |
| **附：** | | | | | | | |
| 每头用工数量 | 日 | 1.66 | 2.04 | 1.81 | 0.56 | 0.55 | 0.48 |
| 平均饲养天数 | 日 | 166.73 | 153.50 | 143.21 | 113.50 | 161.21 | 159.76 |

5-4-1 续表 2

| 项　　目 | 单位 | 安　徽 | 江　西 | 山　东 | 河　南 | 湖　北 |
|---|---|---|---|---|---|---|
| **每头** | | | | | | |
| 主产品产量 | 公斤 | 136.29 | 126.27 | 136.53 | 127.80 | 139.58 |
| 产值合计 | 元 | 2838.87 | 2458.43 | 2708.26 | 2659.04 | 2709.33 |
| 主产品产值 | 元 | 2832.54 | 2455.72 | 2693.99 | 2647.30 | 2699.13 |
| 副产品产值 | 元 | 6.33 | 2.71 | 14.27 | 11.74 | 10.20 |
| 总成本 | 元 | 2667.20 | 2431.14 | 2711.41 | 2119.57 | 2489.48 |
| 生产成本 | 元 | 2650.15 | 2426.57 | 2708.05 | 2114.75 | 2486.28 |
| 物质与服务费用 | 元 | 2567.47 | 2338.67 | 2615.75 | 1974.39 | 2403.23 |
| 人工成本 | 元 | 82.68 | 87.90 | 92.30 | 140.36 | 83.05 |
| 家庭用工折价 | 元 | 13.09 | 10.51 | 17.79 | | 10.60 |
| 雇工费用 | 元 | 69.59 | 77.39 | 74.51 | 140.36 | 72.45 |
| 土地成本 | 元 | 17.05 | 4.57 | 3.36 | 4.82 | 3.20 |
| 净利润 | 元 | 171.67 | 27.29 | -3.15 | 539.47 | 219.85 |
| 成本利润率 | % | 6.44 | 1.12 | -0.12 | 25.45 | 8.83 |
| **每 50 公斤主产品** | | | | | | |
| 平均出售价格 | 元 | 1039.16 | 972.41 | 986.59 | 1035.72 | 966.88 |
| 总成本 | 元 | 976.32 | 961.62 | 987.74 | 825.59 | 888.42 |
| 生产成本 | 元 | 970.08 | 959.81 | 986.52 | 823.71 | 887.28 |
| 净利润 | 元 | 62.84 | 10.79 | -1.15 | 210.13 | 78.46 |
| **附：** | | | | | | |
| 每头用工数量 | 日 | 0.59 | 0.69 | 0.83 | 1.28 | 0.68 |
| 平均饲养天数 | 日 | 163.56 | 146.75 | 158.83 | 158.98 | 168.00 |

5-4-1 续表 3

| 项 目 | 单位 | 湖 南 | 广 东 | 广 西 | 海 南 | 四 川 | 贵 州 |
|---|---|---|---|---|---|---|---|
| **每头** | | | | | | | |
| 主产品产量 | 公斤 | 137.49 | 118.14 | 133.78 | 120.05 | 126.80 | 155.16 |
| 产值合计 | 元 | 2836.03 | 2465.96 | 2664.99 | 2524.63 | 2669.31 | 3649.16 |
| 主产品产值 | 元 | 2829.30 | 2464.25 | 2648.78 | 2521.05 | 2664.83 | 3631.00 |
| 副产品产值 | 元 | 6.73 | 1.71 | 16.21 | 3.58 | 4.48 | 18.16 |
| 总成本 | 元 | 2623.02 | 2381.33 | 2259.23 | 2369.22 | 2551.96 | 2927.21 |
| 生产成本 | 元 | 2618.71 | 2378.11 | 2257.92 | 2357.04 | 2550.05 | 2921.71 |
| 物质与服务费用 | 元 | 2564.11 | 2312.44 | 2205.70 | 2302.44 | 2379.60 | 2743.08 |
| 人工成本 | 元 | 54.60 | 65.67 | 52.22 | 54.60 | 170.45 | 178.63 |
| 家庭用工折价 | 元 | 1.11 | | 13.65 | | 6.45 | 21.67 |
| 雇工费用 | 元 | 53.49 | 65.67 | 38.57 | 54.60 | 164.00 | 156.96 |
| 土地成本 | 元 | 4.31 | 3.22 | 1.31 | 12.18 | 1.91 | 5.50 |
| 净利润 | 元 | 213.01 | 84.63 | 405.76 | 155.41 | 117.35 | 721.95 |
| 成本利润率 | % | 8.12 | 3.55 | 17.96 | 6.56 | 4.60 | 24.66 |
| **每 50 公斤主产品** | | | | | | | |
| 平均出售价格 | 元 | 1028.91 | 1042.94 | 989.98 | 1050.00 | 1050.80 | 1170.08 |
| 总成本 | 元 | 951.63 | 1007.15 | 839.25 | 985.36 | 1004.61 | 938.59 |
| 生产成本 | 元 | 950.07 | 1005.79 | 838.76 | 980.30 | 1003.85 | 936.83 |
| 净利润 | 元 | 77.28 | 35.79 | 150.73 | 64.64 | 46.19 | 231.49 |
| **附：** | | | | | | | |
| 每头用工数量 | 日 | 0.45 | 0.43 | 0.46 | 0.50 | 1.47 | 1.74 |
| 平均饲养天数 | 日 | 180.44 | 141.61 | 170.50 | 126.00 | 146.04 | 167.25 |

5-4-1　续表 4

| 项　　目 | 单位 | 云　南 | 陕　西 | 甘　肃 | 青　海 | 新　疆 |
|---|---|---|---|---|---|---|
| **每头** | | | | | | |
| 主产品产量 | 公斤 | 134.59 | 116.97 | 122.55 | 118.00 | 130.48 |
| 产值合计 | 元 | 2679.04 | 2169.82 | 2338.96 | 2303.23 | 2246.96 |
| 主产品产值 | 元 | 2669.33 | 2145.37 | 2330.73 | 2301.00 | 2240.15 |
| 副产品产值 | 元 | 9.71 | 24.45 | 8.23 | 2.23 | 6.81 |
| 总成本 | 元 | 2719.39 | 2481.18 | 2569.88 | 2353.23 | 1964.23 |
| 生产成本 | 元 | 2716.31 | 2479.05 | 2567.93 | 2322.12 | 1964.06 |
| 物质与服务费用 | 元 | 2625.23 | 2361.55 | 2465.15 | 2260.62 | 1752.94 |
| 人工成本 | 元 | 91.08 | 117.50 | 102.78 | 61.50 | 211.12 |
| 家庭用工折价 | 元 | 1.75 | | | | 4.98 |
| 雇工费用 | 元 | 89.33 | 117.50 | 102.78 | 61.50 | 206.14 |
| 土地成本 | 元 | 3.08 | 2.13 | 1.95 | 31.11 | 0.17 |
| 净利润 | 元 | -40.35 | -311.36 | -230.92 | -50.00 | 282.73 |
| 成本利润率 | % | -1.48 | -12.55 | -8.99 | -2.12 | 14.39 |
| **每 50 公斤主产品** | | | | | | |
| 平均出售价格 | 元 | 991.65 | 917.06 | 950.93 | 975.00 | 858.43 |
| 总成本 | 元 | 1006.59 | 1048.65 | 1044.81 | 996.17 | 750.42 |
| 生产成本 | 元 | 1005.45 | 1047.75 | 1044.02 | 983.00 | 750.35 |
| 净利润 | 元 | -14.94 | -131.59 | -93.88 | -21.17 | 108.01 |
| **附：** | | | | | | |
| 每头用工数量 | 日 | 0.82 | 0.90 | 1.02 | 0.41 | 1.54 |
| 平均饲养天数 | 日 | 142.65 | 154.83 | 154.08 | 116.00 | 127.40 |

# 5-4-2 2021 年各地区大规模生猪费用和用工情况

| 项　　目 | 单位 | 平　均 | 北　京 | 天　津 | 河　北 | 山　西 | 内蒙古 |
|---|---|---|---|---|---|---|---|
| **一、每头物质与服务费用** | 元 | **2266. 67** | **1772. 23** | **1944. 08** | **1978. 68** | **2111. 01** | **2631. 67** |
| （一）直接费用 | 元 | 2214. 81 | 1703. 63 | 1925. 09 | 1961. 89 | 2083. 75 | 2594. 97 |
| 1. 仔畜费 | 元 | 971. 74 | 485. 00 | 759. 43 | 961. 13 | 784. 42 | 1122. 45 |
| 2. 精饲料费 | 元 | 1162. 83 | 1133. 38 | 1109. 92 | 954. 90 | 1226. 18 | 1405. 29 |
| 3. 青粗饲料费 | 元 | 1. 73 | 2. 78 | | | | |
| 4. 饲料加工费 | 元 | 0. 72 | 0. 26 | | | | 5. 09 |
| 5. 水费 | 元 | 3. 33 | 6. 43 | 5. 71 | 2. 64 | 4. 73 | 5. 70 |
| 6. 燃料动力费 | 元 | 9. 71 | 16. 83 | 8. 11 | 3. 74 | 12. 92 | 14. 42 |
| 电费 | 元 | 7. 69 | 16. 66 | 7. 45 | 3. 74 | 9. 90 | 6. 88 |
| 煤费 | 元 | 1. 54 | | 0. 66 | | 1. 71 | 6. 24 |
| 其他燃料动力费 | 元 | 0. 48 | 0. 17 | | | 1. 31 | 1. 30 |
| 7. 医疗防疫费 | 元 | 34. 55 | 27. 18 | 28. 75 | 22. 41 | 29. 09 | 23. 77 |
| 8. 死亡损失费 | 元 | 21. 76 | 13. 19 | 6. 87 | 12. 88 | 16. 88 | 9. 11 |
| 9. 技术服务费 | 元 | 1. 25 | | | | 3. 24 | |
| 10. 工具材料费 | 元 | 3. 15 | 13. 02 | 3. 23 | 2. 46 | 3. 66 | 4. 52 |
| 11. 修理维护费 | 元 | 3. 24 | 5. 56 | 3. 07 | 1. 73 | 2. 63 | 4. 62 |
| 12. 其他直接费用 | 元 | 0. 80 | | | | | |
| （二）间接费用 | 元 | 51. 86 | 68. 60 | 18. 99 | 16. 79 | 27. 26 | 36. 70 |
| 1. 固定资产折旧 | 元 | 23. 34 | 25. 44 | 15. 64 | 13. 24 | 20. 72 | 19. 45 |
| 2. 保险费 | 元 | 15. 40 | 22. 86 | | 1. 00 | 3. 33 | 3. 36 |
| 3. 管理费 | 元 | 8. 58 | 6. 16 | 3. 35 | 2. 55 | 1. 78 | 6. 86 |
| 4. 财务费 | 元 | 2. 19 | 8. 25 | | | 0. 94 | 1. 02 |
| 5. 销售费 | 元 | 2. 35 | 5. 89 | | | 0. 49 | 6. 01 |
| **二、每头人工成本** | 元 | **114. 97** | **140. 02** | **159. 68** | **92. 50** | **86. 06** | **168. 01** |
| 1. 家庭用工折价 | 元 | 9. 96 | | 9. 87 | 16. 23 | | 80. 68 |
| 家庭用工天数 | 日 | 0. 11 | | 0. 11 | 0. 18 | | 0. 88 |
| 劳动日工价 | 元 | 92. 20 | 92. 20 | 92. 20 | 92. 20 | 92. 20 | 92. 20 |
| 2. 雇工费用 | 元 | 105. 01 | 140. 02 | 149. 81 | 76. 27 | 86. 06 | 87. 33 |
| 雇工天数 | 日 | 0. 87 | 1. 03 | 0. 98 | 0. 78 | 0. 71 | 0. 69 |
| 雇工工价 | 元 | 120. 70 | 135. 94 | 152. 87 | 97. 78 | 121. 21 | 126. 57 |
| 三、附 | | | | | | | |
| 1. 仔畜重量 | 公斤 | 17. 36 | 13. 79 | 17. 19 | 14. 66 | 12. 63 | 12. 30 |
| 2. 精饲料数量 | 公斤 | 338. 43 | 310. 88 | 328. 10 | 285. 03 | 348. 41 | 416. 52 |
| 3. 耗粮数量 | 公斤 | 254. 69 | 217. 24 | 231. 47 | 197. 61 | 279. 93 | 331. 12 |

5-4-2 续表 1

| 项　　目 | 单位 | 辽　宁 | 吉　林 | 黑龙江 | 上　海 | 江　苏 | 浙　江 |
|---|---|---|---|---|---|---|---|
| **一、每头物质与服务费用** | **元** | **2261.23** | **2307.46** | **1798.96** | **1766.96** | **2499.94** | **2255.20** |
| (一)直接费用 | 元 | 2202.73 | 2292.11 | 1780.80 | 1710.18 | 2454.49 | 2177.04 |
| 1. 仔畜费 | 元 | 766.95 | 1085.31 | 835.75 | 701.50 | 1211.25 | 764.99 |
| 2. 精饲料费 | 元 | 1338.17 | 1163.37 | 909.90 | 908.00 | 1153.68 | 1256.95 |
| 3. 青粗饲料费 | 元 | | | | | | 41.83 |
| 4. 饲料加工费 | 元 | 1.69 | | | | | 3.77 |
| 5. 水费 | 元 | 2.38 | 2.04 | 1.93 | 5.95 | 5.51 | 6.00 |
| 6. 燃料动力费 | 元 | 7.61 | 4.04 | 7.28 | 18.70 | 12.31 | 14.76 |
| 电费 | 元 | 7.61 | 3.93 | 5.15 | 18.70 | 11.93 | 13.81 |
| 煤费 | 元 | | 0.11 | 2.13 | | | 0.17 |
| 其他燃料动力费 | 元 | | | | | 0.38 | 0.78 |
| 7. 医疗防疫费 | 元 | 42.29 | 16.82 | 12.39 | 36.80 | 41.03 | 46.85 |
| 8. 死亡损失费 | 元 | 32.38 | 16.35 | 9.10 | 23.00 | 22.93 | 25.42 |
| 9. 技术服务费 | 元 | 0.34 | | 1.08 | 1.85 | 0.30 | 2.15 |
| 10. 工具材料费 | 元 | 3.63 | 1.95 | 1.59 | 4.10 | 3.09 | 4.90 |
| 11. 修理维护费 | 元 | 3.58 | 2.23 | 1.78 | 10.28 | 4.39 | 5.12 |
| 12. 其他直接费用 | 元 | 3.71 | | | | | 4.30 |
| (二)间接费用 | 元 | 58.50 | 15.35 | 18.16 | 56.78 | 45.45 | 78.16 |
| 1. 固定资产折旧 | 元 | 22.66 | 13.07 | 15.01 | 45.05 | 22.27 | 25.12 |
| 2. 保险费 | 元 | 27.43 | | 0.65 | 5.95 | 14.38 | 41.37 |
| 3. 管理费 | 元 | 1.96 | 1.89 | 0.98 | 5.78 | 4.47 | 6.63 |
| 4. 财务费 | 元 | 3.02 | 0.31 | 0.48 | | 0.22 | 3.46 |
| 5. 销售费 | 元 | 3.43 | 0.08 | 1.04 | | 4.11 | 1.58 |
| **二、每头人工成本** | **元** | **168.93** | **233.57** | **191.60** | **75.28** | **66.66** | **74.44** |
| 1. 家庭用工折价 | 元 | 43.43 | | | | 12.17 | 3.87 |
| 家庭用工天数 | 日 | 0.47 | | | | 0.13 | 0.04 |
| 劳动日工价 | 元 | 92.20 | 92.20 | 92.20 | 92.20 | 92.20 | 92.20 |
| 2. 雇工费用 | 元 | 125.50 | 233.57 | 191.60 | 75.28 | 54.49 | 70.57 |
| 雇工天数 | 日 | 1.19 | 2.04 | 1.81 | 0.56 | 0.42 | 0.44 |
| 雇工工价 | 元 | 105.46 | 114.50 | 105.86 | 134.43 | 129.74 | 160.39 |
| 三、附 | | | | | | | |
| 1. 仔畜重量 | 公斤 | 14.47 | 14.88 | 13.30 | 25.88 | 17.47 | 23.18 |
| 2. 精饲料数量 | 公斤 | 397.92 | 347.65 | 321.95 | 303.75 | 345.67 | 365.83 |
| 3. 耗粮数量 | 公斤 | 273.46 | 252.59 | 266.69 | 212.63 | 276.27 | 256.26 |

5-4-2 续表 2

| 项 目 | 单位 | 安 徽 | 江 西 | 山 东 | 河 南 | 湖 北 |
|---|---|---|---|---|---|---|
| **一、每头物质与服务费用** | **元** | **2567.47** | **2338.67** | **2615.75** | **1974.39** | **2403.23** |
| (一)直接费用 | 元 | 2519.05 | 2295.13 | 2568.12 | 1934.80 | 2379.91 |
| 1. 仔畜费 | 元 | 1166.57 | 1122.52 | 1246.17 | 789.13 | 1052.45 |
| 2. 精饲料费 | 元 | 1194.56 | 1099.31 | 1278.26 | 1062.79 | 1251.77 |
| 3. 青粗饲料费 | 元 | | | | | |
| 4. 饲料加工费 | 元 | 1.05 | | | | |
| 5. 水费 | 元 | 3.37 | 2.44 | 2.45 | 4.28 | 2.70 |
| 6. 燃料动力费 | 元 | 15.41 | 6.02 | 3.99 | 7.38 | 5.05 |
| 电费 | 元 | 12.64 | 5.36 | 3.42 | 7.38 | 4.64 |
| 煤费 | 元 | 0.30 | 0.34 | 0.57 | | |
| 其他燃料动力费 | 元 | 2.47 | 0.32 | | | 0.41 |
| 7. 医疗防疫费 | 元 | 90.55 | 36.68 | 29.00 | 46.21 | 38.30 |
| 8. 死亡损失费 | 元 | 31.70 | 21.99 | 5.44 | 14.21 | 27.02 |
| 9. 技术服务费 | 元 | 3.07 | 3.08 | | 2.02 | |
| 10. 工具材料费 | 元 | 4.40 | 1.30 | 1.55 | 2.00 | 1.35 |
| 11. 修理维护费 | 元 | 5.93 | 1.42 | 1.26 | 2.23 | 1.27 |
| 12. 其他直接费用 | 元 | 2.44 | 0.37 | | 4.55 | |
| (二)间接费用 | 元 | 48.42 | 43.54 | 47.63 | 39.59 | 23.32 |
| 1. 固定资产折旧 | 元 | 30.86 | 13.62 | 9.79 | 18.59 | 17.65 |
| 2. 保险费 | 元 | 8.90 | 14.67 | 24.00 | 13.85 | |
| 3. 管理费 | 元 | 6.12 | 2.09 | 0.40 | 2.53 | 2.25 |
| 4. 财务费 | 元 | 1.02 | 11.99 | 0.87 | 0.14 | 0.91 |
| 5. 销售费 | 元 | 1.52 | 1.17 | 12.57 | 4.48 | 2.51 |
| **二、每头人工成本** | **元** | **82.68** | **87.90** | **92.30** | **140.36** | **83.05** |
| 1. 家庭用工折价 | 元 | 13.09 | 10.51 | 17.79 | | 10.60 |
| 家庭用工天数 | 日 | 0.14 | 0.11 | 0.19 | | 0.12 |
| 劳动日工价 | 元 | 92.20 | 92.20 | 92.20 | 92.20 | 92.20 |
| 2. 雇工费用 | 元 | 69.59 | 77.39 | 74.51 | 140.36 | 72.45 |
| 雇工天数 | 日 | 0.45 | 0.58 | 0.64 | 1.28 | 0.56 |
| 雇工工价 | 元 | 154.64 | 133.43 | 116.42 | 109.66 | 129.38 |
| **三、附** | | | | | | |
| 1. 仔畜重量 | 公斤 | 20.74 | 16.85 | 20.00 | 13.59 | 15.56 |
| 2. 精饲料数量 | 公斤 | 350.05 | 327.66 | 359.17 | 334.10 | 373.82 |
| 3. 耗粮数量 | 公斤 | 268.98 | 256.95 | 236.69 | 214.57 | 286.44 |

5-4-2 续表 3

| 项目 | 单位 | 湖南 | 广东 | 广西 | 海南 | 四川 | 贵州 |
|---|---|---|---|---|---|---|---|
| **一、每头物质与服务费用** | **元** | **2564.11** | **2312.44** | **2205.70** | **2302.44** | **2379.60** | **2743.08** |
| (一)直接费用 | 元 | 2504.79 | 2199.70 | 2152.16 | 2103.31 | 2333.92 | 2702.23 |
| 1. 仔畜费 | 元 | 1084.89 | 946.43 | 899.45 | 737.96 | 1213.06 | 1348.49 |
| 2. 精饲料费 | 元 | 1350.85 | 1139.01 | 1188.39 | 1247.37 | 1064.97 | 1323.35 |
| 3. 青粗饲料费 | 元 |  | 2.00 |  |  |  |  |
| 4. 饲料加工费 | 元 |  |  | 0.26 |  | 3.72 |  |
| 5. 水费 | 元 | 1.38 | 2.26 | 2.22 | 1.60 | 2.03 | 4.03 |
| 6. 燃料动力费 | 元 | 3.32 | 17.46 | 5.13 | 7.50 | 3.09 | 4.87 |
| 电费 | 元 | 3.32 | 17.03 | 4.85 | 7.50 | 2.68 | 4.87 |
| 煤费 | 元 |  |  | 0.28 |  | 0.16 |  |
| 其他燃料动力费 | 元 |  | 0.43 |  |  | 0.25 |  |
| 7. 医疗防疫费 | 元 | 44.28 | 57.89 | 37.80 | 54.38 | 38.09 | 9.35 |
| 8. 死亡损失费 | 元 | 16.82 | 22.26 | 13.64 | 51.30 | 1.79 | 10.23 |
| 9. 技术服务费 | 元 | 0.67 | 0.84 | 2.25 |  | 1.64 |  |
| 10. 工具材料费 | 元 | 1.17 | 8.16 | 1.38 | 1.28 | 1.60 | 0.77 |
| 11. 修理维护费 | 元 | 1.41 | 3.39 | 1.64 | 1.92 | 1.10 | 1.14 |
| 12. 其他直接费用 | 元 |  |  |  |  | 2.83 |  |
| (二)间接费用 | 元 | 59.32 | 112.74 | 53.54 | 199.13 | 45.68 | 40.85 |
| 1. 固定资产折旧 | 元 | 12.92 | 45.81 | 11.26 | 61.00 | 7.08 | 21.96 |
| 2. 保险费 | 元 | 42.75 | 14.31 | 35.00 | 32.00 | 32.40 | 16.00 |
| 3. 管理费 | 元 | 2.15 | 35.19 | 2.17 | 106.13 | 3.71 | 1.48 |
| 4. 财务费 | 元 | 0.86 | 10.22 | 2.37 |  | 1.35 | 1.41 |
| 5. 销售费 | 元 | 0.64 | 7.21 | 2.74 |  | 1.14 |  |
| **二、每头人工成本** | **元** | **54.60** | **65.67** | **52.22** | **54.60** | **170.45** | **178.63** |
| 1. 家庭用工折价 | 元 | 1.11 |  | 13.65 |  | 6.45 | 21.67 |
| 家庭用工天数 | 日 | 0.01 |  | 0.15 |  | 0.07 | 0.24 |
| 劳动日工价 | 元 | 92.20 | 92.20 | 92.20 | 92.20 | 92.20 | 92.20 |
| 2. 雇工费用 | 元 | 53.49 | 65.67 | 38.57 | 54.60 | 164.00 | 156.96 |
| 雇工天数 | 日 | 0.44 | 0.43 | 0.31 | 0.50 | 1.40 | 1.50 |
| 雇工工价 | 元 | 121.57 | 152.72 | 124.42 | 109.20 | 117.14 | 104.64 |
| **三、附** |  |  |  |  |  |  |  |
| 1. 仔畜重量 | 公斤 | 13.23 | 15.12 | 16.21 | 24.00 | 26.26 | 22.03 |
| 2. 精饲料数量 | 公斤 | 375.23 | 311.66 | 328.24 | 322.26 | 299.84 | 399.77 |
| 3. 耗粮数量 | 公斤 | 294.50 | 231.04 | 229.24 | 241.70 | 210.05 | 330.62 |

5-4-2 续表 4

| 项 目 | 单位 | 云 南 | 陕 西 | 甘 肃 | 青 海 | 新 疆 |
|---|---|---|---|---|---|---|
| **一、每头物质与服务费用** | **元** | **2625.23** | **2361.55** | **2465.15** | **2260.62** | **1752.94** |
| (一)直接费用 | 元 | 2592.10 | 2346.33 | 2438.06 | 2157.36 | 1686.18 |
| 1. 仔畜费 | 元 | 1243.28 | 1187.43 | 1195.03 | 913.45 | 612.46 |
| 2. 精饲料费 | 元 | 1273.61 | 1111.48 | 1188.15 | 1091.83 | 971.06 |
| 3. 青粗饲料费 | 元 | | | | | |
| 4. 饲料加工费 | 元 | | 2.72 | | | 0.99 |
| 5. 水费 | 元 | 2.36 | 2.33 | 2.67 | 1.70 | 3.18 |
| 6. 燃料动力费 | 元 | 2.33 | 4.55 | 7.06 | 29.81 | 18.39 |
| 电费 | 元 | 2.33 | 2.18 | 6.19 | 8.29 | 9.30 |
| 煤费 | 元 | | | 0.87 | 21.52 | 6.45 |
| 其他燃料动力费 | 元 | | 2.37 | | | 2.64 |
| 7. 医疗防疫费 | 元 | 28.24 | 20.90 | 19.28 | 21.10 | 33.41 |
| 8. 死亡损失费 | 元 | 35.62 | 12.37 | 20.58 | 91.04 | 23.42 |
| 9. 技术服务费 | 元 | 2.13 | | | | 9.08 |
| 10. 工具材料费 | 元 | 2.33 | 2.33 | 2.45 | 2.14 | 4.69 |
| 11. 修理维护费 | 元 | 2.20 | 2.22 | 2.84 | 6.29 | 6.17 |
| 12. 其他直接费用 | 元 | | | | | 3.33 |
| (二)间接费用 | 元 | 33.13 | 15.22 | 27.09 | 103.26 | 66.76 |
| 1. 固定资产折旧 | 元 | 15.58 | 11.97 | 19.86 | 67.69 | 26.74 |
| 2. 保险费 | 元 | 4.13 | | | 33.00 | 24.50 |
| 3. 管理费 | 元 | 5.84 | 3.25 | 3.80 | 2.57 | 9.57 |
| 4. 财务费 | 元 | 6.16 | | 2.03 | | 2.01 |
| 5. 销售费 | 元 | 1.42 | | 1.40 | | 3.94 |
| **二、每头人工成本** | **元** | **91.08** | **117.50** | **102.78** | **61.50** | **211.12** |
| 1. 家庭用工折价 | 元 | 1.75 | | | | 4.98 |
| 家庭用工天数 | 日 | 0.02 | | | | 0.05 |
| 劳动日工价 | 元 | 92.20 | 92.20 | 92.20 | 92.20 | 92.20 |
| 2. 雇工费用 | 元 | 89.33 | 117.50 | 102.78 | 61.50 | 206.14 |
| 雇工天数 | 日 | 0.80 | 0.90 | 1.02 | 0.41 | 1.49 |
| 雇工工价 | 元 | 111.66 | 130.56 | 100.77 | 150.00 | 138.35 |
| 三、附 | | | | | | |
| 1. 仔畜重量 | 公斤 | 20.67 | 11.97 | 15.33 | 17.95 | 19.34 |
| 2. 精饲料数量 | 公斤 | 339.35 | 315.20 | 320.89 | 300.43 | 308.25 |
| 3. 耗粮数量 | 公斤 | 270.43 | 237.31 | 256.44 | 210.30 | 256.12 |

# 5-5-1　2021年各地区散养肉牛成本收益情况

| 项　　目 | 单位 | 平　均 | 河　北 | 黑龙江 | 山　东 |
|---|---|---|---|---|---|
| **每头** | | | | | |
| 主产品产量 | 公斤 | 506.69 | 633.52 | 594.24 | 657.45 |
| 产值合计 | 元 | 17498.66 | 22068.86 | 19791.87 | 22505.60 |
| 主产品产值 | 元 | 17434.94 | 22021.75 | 19770.92 | 22458.15 |
| 副产品产值 | 元 | 63.72 | 47.11 | 20.95 | 47.45 |
| 总成本 | 元 | 13799.30 | 16293.83 | 15739.35 | 20085.14 |
| 生产成本 | 元 | 13796.51 | 16280.65 | 15738.57 | 20079.59 |
| 物质与服务费用 | 元 | 12620.99 | 15425.19 | 14730.55 | 19023.90 |
| 人工成本 | 元 | 1175.52 | 855.46 | 1008.02 | 1055.69 |
| 家庭用工折价 | 元 | 1118.94 | 682.93 | 1008.02 | 1055.69 |
| 雇工费用 | 元 | 56.58 | 172.53 | | |
| 土地成本 | 元 | 2.79 | 13.18 | 0.78 | 5.55 |
| 净利润 | 元 | 3699.36 | 5775.03 | 4052.52 | 2420.46 |
| 成本利润率 | % | 26.81 | 35.44 | 25.75 | 12.05 |
| **每50公斤主产品** | | | | | |
| 平均出售价格 | 元 | 1720.47 | 1738.05 | 1663.55 | 1707.97 |
| 总成本 | 元 | 1356.75 | 1283.23 | 1322.93 | 1524.28 |
| 生产成本 | 元 | 1356.47 | 1282.19 | 1322.86 | 1523.86 |
| 净利润 | 元 | 363.72 | 454.82 | 340.62 | 183.69 |
| **附：** | | | | | |
| 每头用工数量 | 日 | 12.59 | 8.76 | 10.93 | 11.45 |
| 平均饲养天数 | 日 | 242.91 | 203.53 | 206.83 | 347.50 |

5-5-1 续表

| 项目 | 单位 | 河南 | 陕西 | 宁夏 | 新疆 |
|---|---|---|---|---|---|
| **每头** | | | | | |
| 主产品产量 | 公斤 | 452.94 | 404.78 | 348.03 | 455.87 |
| 产值合计 | 元 | 15951.61 | 14563.88 | 12489.00 | 15119.76 |
| 主产品产值 | 元 | 15892.54 | 14456.96 | 12406.81 | 15037.43 |
| 副产品产值 | 元 | 59.07 | 106.92 | 82.19 | 82.33 |
| 总成本 | 元 | 10082.11 | 10989.19 | 9565.91 | 13839.80 |
| 生产成本 | 元 | 10082.11 | 10989.19 | 9565.91 | 13839.80 |
| 物质与服务费用 | 元 | 8464.92 | 9434.05 | 8493.01 | 12775.36 |
| 人工成本 | 元 | 1617.19 | 1555.14 | 1072.90 | 1064.44 |
| 家庭用工折价 | 元 | 1617.19 | 1555.14 | 1037.90 | 875.90 |
| 雇工费用 | 元 | | | 35.00 | 188.54 |
| 土地成本 | 元 | | | | |
| 净利润 | 元 | 5869.50 | 3574.69 | 2923.09 | 1279.96 |
| 成本利润率 | % | 58.22 | 32.53 | 30.56 | 9.25 |
| **每50公斤主产品** | | | | | |
| 平均出售价格 | 元 | 1754.38 | 1785.78 | 1782.43 | 1649.31 |
| 总成本 | 元 | 1108.84 | 1347.46 | 1365.25 | 1509.69 |
| 生产成本 | 元 | 1108.84 | 1347.46 | 1365.25 | 1509.69 |
| 净利润 | 元 | 645.54 | 438.32 | 417.18 | 139.62 |
| **附：** | | | | | |
| 每头用工数量 | 日 | 17.54 | 16.87 | 11.51 | 11.04 |
| 平均饲养天数 | 日 | 257.47 | 196.78 | 351.86 | 136.39 |

# 5-5-2 2021年各地区散养肉牛费用和用工情况

| 项目 | 单位 | 平均 | 河北 | 黑龙江 | 山东 |
|---|---|---|---|---|---|
| **一、每头物质与服务费用** | **元** | **12620.99** | **15425.19** | **14730.55** | **19023.90** |
| (一)直接费用 | 元 | 12556.84 | 15379.95 | 14693.70 | 18989.20 |
| 1. 仔畜费 | 元 | 9480.55 | 11212.43 | 10654.41 | 13435.50 |
| 2. 精饲料费 | 元 | 2385.71 | 3184.67 | 3085.45 | 4775.10 |
| 3. 青粗饲料费 | 元 | 579.81 | 887.13 | 864.09 | 705.25 |
| 4. 饲料加工费 | 元 | 14.51 | | 14.68 | 16.95 |
| 5. 水费 | 元 | 9.21 | 2.13 | 4.23 | 5.30 |
| 6. 燃料动力费 | 元 | 9.91 | 13.26 | 9.54 | 10.30 |
| 电费 | 元 | 9.23 | 13.26 | 9.54 | 10.30 |
| 煤费 | 元 | 0.68 | | | |
| 其他燃料动力费 | 元 | | | | |
| 7. 医疗防疫费 | 元 | 29.96 | 24.26 | 25.53 | 20.40 |
| 8. 死亡损失费 | 元 | 33.00 | 42.68 | 26.48 | 11.20 |
| 9. 技术服务费 | 元 | | | | |
| 10. 工具材料费 | 元 | 7.42 | 8.67 | 4.67 | 4.70 |
| 11. 修理维护费 | 元 | 6.76 | 4.72 | 4.62 | 4.50 |
| 12. 其他直接费用 | 元 | | | | |
| (二)间接费用 | 元 | 64.15 | 45.24 | 36.85 | 34.70 |
| 1. 固定资产折旧 | 元 | 48.79 | 45.24 | 30.84 | 27.05 |
| 2. 保险费 | 元 | 5.14 | | | |
| 3. 管理费 | 元 | 0.11 | | 0.76 | |
| 4. 财务费 | 元 | 0.22 | | | |
| 5. 销售费 | 元 | 9.89 | | 5.25 | 7.65 |
| **二、每头人工成本** | **元** | **1175.52** | **855.46** | **1008.02** | **1055.69** |
| 1. 家庭用工折价 | 元 | 1118.94 | 682.93 | 1008.02 | 1055.69 |
| 家庭用工天数 | 日 | 12.14 | 7.41 | 10.93 | 11.45 |
| 劳动日工价 | 元 | 92.20 | 92.20 | 92.20 | 92.20 |
| 2. 雇工费用 | 元 | 56.58 | 172.53 | | |
| 雇工天数 | 日 | 0.45 | 1.35 | | |
| 雇工工价 | 元 | 125.73 | 127.80 | 121.50 | 75.00 |
| 三、附 | | | | | |
| 1. 仔畜重量 | 公斤 | 229.94 | 255.29 | 293.94 | 295.20 |
| 2. 精饲料数量 | 公斤 | 776.87 | 989.68 | 1177.17 | 1337.55 |
| 3. 耗粮数量 | 公斤 | 576.76 | 723.72 | 933.81 | 996.44 |

5-5-2 续表

| 项　　目 | 单位 | 河　南 | 陕　西 | 宁　夏 | 新　疆 |
|---|---|---|---|---|---|
| **一、每头物质与服务费用** | **元** | **8464.92** | **9434.05** | **8493.01** | **12775.36** |
| （一）直接费用 | 元 | 8431.76 | 9400.11 | 8338.38 | 12664.84 |
| 1. 仔畜费 | 元 | 6550.18 | 8012.22 | 5869.57 | 10629.56 |
| 2. 精饲料费 | 元 | 1470.37 | 1084.49 | 1771.87 | 1328.01 |
| 3. 青粗饲料费 | 元 | 333.66 | 239.89 | 447.65 | 581.03 |
| 4. 饲料加工费 | 元 | 14.04 | 13.11 | 32.30 | 10.49 |
| 5. 水费 | 元 | 6.82 | 4.43 | 29.54 | 12.05 |
| 6. 燃料动力费 | 元 | 11.35 | 9.23 | 7.92 | 7.78 |
| 电费 | 元 | 11.35 | 9.23 | 7.92 | 2.99 |
| 煤费 | 元 | | | | 4.79 |
| 其他燃料动力费 | 元 | | | | |
| 7. 医疗防疫费 | 元 | 22.49 | 16.72 | 82.42 | 17.89 |
| 8. 死亡损失费 | 元 | 11.74 | 9.60 | 86.98 | 42.31 |
| 9. 技术服务费 | 元 | | | | |
| 10. 工具材料费 | 元 | 6.18 | 6.94 | 5.58 | 15.19 |
| 11. 修理维护费 | 元 | 4.93 | 3.48 | 4.55 | 20.53 |
| 12. 其他直接费用 | 元 | | | | |
| （二）间接费用 | 元 | 33.16 | 33.94 | 154.63 | 110.52 |
| 1. 固定资产折旧 | 元 | 24.73 | 24.14 | 112.26 | 77.25 |
| 2. 保险费 | 元 | | | 36.00 | |
| 3. 管理费 | 元 | | | | |
| 4. 财务费 | 元 | | | | 1.56 |
| 5. 销售费 | 元 | 8.43 | 9.80 | 6.37 | 31.71 |
| **二、每头人工成本** | **元** | **1617.19** | **1555.14** | **1072.90** | **1064.44** |
| 1. 家庭用工折价 | 元 | 1617.19 | 1555.14 | 1037.90 | 875.90 |
| 家庭用工天数 | 日 | 17.54 | 16.87 | 11.26 | 9.50 |
| 劳动日工价 | 元 | 92.20 | 92.20 | 92.20 | 92.20 |
| 2. 雇工费用 | 元 | | | 35.00 | 188.54 |
| 雇工天数 | 日 | | | 0.25 | 1.54 |
| 雇工工价 | 元 | 90.42 | 120.00 | 140.00 | 122.43 |
| 三、附 | | | | | |
| 1. 仔畜重量 | 公斤 | 164.73 | 149.00 | 116.26 | 335.18 |
| 2. 精饲料数量 | 公斤 | 538.36 | 480.83 | 534.15 | 380.33 |
| 3. 耗粮数量 | 公斤 | 376.41 | 360.63 | 373.91 | 272.42 |

# 5-6-1　2021年各地区散养肉羊成本收益情况

| 项　　目 | 单位 | 平　均 | 河　北 | 黑龙江 | 山　东 |
|---|---|---|---|---|---|
| 每只 | | | | | |
| 主产品产量 | 公斤 | 46.26 | 45.99 | 52.03 | 36.61 |
| 产值合计 | 元 | 1614.86 | 1689.79 | 1666.48 | 1411.46 |
| 主产品产值 | 元 | 1584.12 | 1676.01 | 1625.17 | 1374.96 |
| 副产品产值 | 元 | 30.74 | 13.78 | 41.31 | 36.50 |
| 总成本 | 元 | 1418.25 | 1419.45 | 1329.92 | 1475.33 |
| 生产成本 | 元 | 1418.25 | 1419.45 | 1329.92 | 1475.33 |
| 物质与服务费用 | 元 | 887.65 | 975.88 | 927.90 | 603.12 |
| 人工成本 | 元 | 530.60 | 443.57 | 402.02 | 872.21 |
| 家庭用工折价 | 元 | 506.09 | 443.57 | 378.02 | 872.21 |
| 雇工费用 | 元 | 24.51 | | 24.00 | |
| 土地成本 | 元 | | | | |
| 净利润 | 元 | 196.61 | 270.34 | 336.56 | -63.87 |
| 成本利润率 | % | 13.86 | 19.05 | 25.31 | -4.33 |
| 每50公斤主产品 | | | | | |
| 平均出售价格 | 元 | 1712.19 | 1822.15 | 1561.76 | 1877.85 |
| 总成本 | 元 | 1503.73 | 1530.64 | 1246.35 | 1962.83 |
| 生产成本 | 元 | 1503.73 | 1530.64 | 1246.35 | 1962.83 |
| 净利润 | 元 | 208.46 | 291.51 | 315.41 | -84.98 |
| 附： | | | | | |
| 每只用工数量 | 日 | 5.70 | 4.81 | 4.31 | 9.46 |
| 平均饲养天数 | 日 | 189.87 | 194.83 | 251.00 | 222.15 |

5-6-1 续表

| 项目 | 单位 | 河南 | 陕西 | 宁夏 | 新疆 |
|---|---|---|---|---|---|
| **每只** | | | | | |
| 主产品产量 | 公斤 | 43.78 | 43.49 | 45.31 | 56.60 |
| 产值合计 | 元 | 1615.04 | 1618.57 | 1474.43 | 1828.24 |
| 主产品产值 | 元 | 1583.32 | 1589.57 | 1449.22 | 1790.61 |
| 副产品产值 | 元 | 31.72 | 29.00 | 25.21 | 37.63 |
| 总成本 | 元 | 1296.98 | 1368.19 | 1320.64 | 1717.43 |
| 生产成本 | 元 | 1296.98 | 1368.19 | 1320.64 | 1717.43 |
| 物质与服务费用 | 元 | 680.81 | 809.73 | 909.50 | 1306.58 |
| 人工成本 | 元 | 616.17 | 558.46 | 411.14 | 410.85 |
| 家庭用工折价 | 元 | 616.17 | 558.46 | 370.64 | 303.80 |
| 雇工费用 | 元 | | | 40.50 | 107.05 |
| 土地成本 | 元 | | | | |
| 净利润 | 元 | 318.06 | 250.38 | 153.79 | 110.81 |
| 成本利润率 | % | 24.52 | 18.30 | 11.64 | 6.45 |
| **每 50 公斤主产品** | | | | | |
| 平均出售价格 | 元 | 1808.27 | 1827.51 | 1599.23 | 1581.81 |
| 总成本 | 元 | 1452.16 | 1544.80 | 1432.43 | 1485.94 |
| 生产成本 | 元 | 1452.16 | 1544.80 | 1432.43 | 1485.94 |
| 净利润 | 元 | 356.11 | 282.71 | 166.80 | 95.87 |
| **附：** | | | | | |
| 每只用工数量 | 日 | 6.68 | 6.06 | 4.38 | 4.19 |
| 平均饲养天数 | 日 | 246.75 | 183.71 | 167.63 | 62.99 |

# 5-6-2 2021年各地区散养肉羊费用和用工情况

| 项目 | 单位 | 平均 | 河北 | 黑龙江 | 山东 |
|---|---|---|---|---|---|
| **一、每只物质与服务费用** | 元 | **887.65** | **975.88** | **927.90** | **603.12** |
| (一)直接费用 | 元 | 876.48 | 971.58 | 918.19 | 599.87 |
| 1. 仔畜费 | 元 | 574.08 | 686.52 | 487.84 | 412.94 |
| 2. 精饲料费 | 元 | 201.78 | 201.09 | 333.71 | 107.64 |
| 3. 青粗饲料费 | 元 | 68.46 | 52.60 | 63.80 | 50.57 |
| 4. 饲料加工费 | 元 | 4.97 | 2.92 | 4.84 | 7.07 |
| 5. 水费 | 元 | 2.10 | 0.86 | 1.40 | 2.43 |
| 6. 燃料动力费 | 元 | 2.74 | 1.84 | 2.05 | 4.31 |
| 电费 | 元 | 2.27 | 1.84 | 2.05 | 2.55 |
| 煤费 | 元 | 0.47 | | | 1.76 |
| 其他燃料动力费 | 元 | | | | |
| 7. 医疗防疫费 | 元 | 6.70 | 6.50 | 9.58 | 7.39 |
| 8. 死亡损失费 | 元 | 9.73 | 14.77 | 11.58 | 2.62 |
| 9. 技术服务费 | 元 | | | | |
| 10. 工具材料费 | 元 | 2.91 | 2.92 | 1.88 | 2.56 |
| 11. 修理维护费 | 元 | 3.01 | 1.56 | 1.51 | 2.34 |
| 12. 其他直接费用 | 元 | | | | |
| (二)间接费用 | 元 | 11.17 | 4.30 | 9.71 | 3.25 |
| 1. 固定资产折旧 | 元 | 6.79 | 4.30 | 9.38 | 3.25 |
| 2. 保险费 | 元 | | | | |
| 3. 管理费 | 元 | 0.05 | | 0.33 | |
| 4. 财务费 | 元 | | | | |
| 5. 销售费 | 元 | 4.33 | | | |
| **二、每只人工成本** | 元 | **530.60** | **443.57** | **402.02** | **872.21** |
| 1. 家庭用工折价 | 元 | 506.09 | 443.57 | 378.02 | 872.21 |
| 家庭用工天数 | 日 | 5.49 | 4.81 | 4.10 | 9.46 |
| 劳动日工价 | 元 | 92.20 | 92.20 | 92.20 | 92.20 |
| 2. 雇工费用 | 元 | 24.51 | | 24.00 | |
| 雇工天数 | 日 | 0.21 | | 0.21 | |
| 雇工工价 | 元 | 116.71 | 94.17 | 114.29 | 82.33 |
| 三、附 | | | | | |
| 1. 仔畜重量 | 公斤 | 15.32 | 15.12 | 14.41 | 9.72 |
| 2. 精饲料数量 | 公斤 | 70.58 | 58.95 | 131.96 | 37.77 |
| 3. 耗粮数量 | 公斤 | 51.42 | 42.16 | 100.12 | 29.59 |

5-6-2 续表

| 项　　目 | 单位 | 河　南 | 陕　西 | 宁　夏 | 新　疆 |
|---|---|---|---|---|---|
| **一、每只物质与服务费用** | 元 | **680.81** | **809.73** | **909.50** | **1306.58** |
| (一)直接费用 | 元 | 674.17 | 800.04 | 900.70 | 1270.76 |
| 1. 仔畜费 | 元 | 492.86 | 563.43 | 492.62 | 882.35 |
| 2. 精饲料费 | 元 | 111.39 | 135.74 | 276.63 | 246.26 |
| 3. 青粗饲料费 | 元 | 46.66 | 73.46 | 84.70 | 107.41 |
| 4. 饲料加工费 | 元 | 3.87 | 3.80 | 7.09 | 5.23 |
| 5. 水费 | 元 | 2.26 | 2.49 | 3.28 | 1.96 |
| 6. 燃料动力费 | 元 | 3.23 | 2.53 | 2.68 | 2.54 |
| 电费 | 元 | 3.23 | 2.53 | 2.44 | 1.24 |
| 煤费 | 元 | | | 0.24 | 1.30 |
| 其他燃料动力费 | 元 | | | | |
| 7. 医疗防疫费 | 元 | 4.81 | 6.87 | 8.70 | 3.08 |
| 8. 死亡损失费 | 元 | 4.48 | 6.90 | 19.30 | 8.44 |
| 9. 技术服务费 | 元 | | | | |
| 10. 工具材料费 | 元 | 2.42 | 2.49 | 2.84 | 5.23 |
| 11. 修理维护费 | 元 | 2.19 | 2.33 | 2.86 | 8.26 |
| 12. 其他直接费用 | 元 | | | | |
| (二)间接费用 | 元 | 6.64 | 9.69 | 8.80 | 35.82 |
| 1. 固定资产折旧 | 元 | 4.25 | 3.60 | 4.96 | 17.80 |
| 2. 保险费 | 元 | | | | |
| 3. 管理费 | 元 | | | | |
| 4. 财务费 | 元 | | | | |
| 5. 销售费 | 元 | 2.39 | 6.09 | 3.84 | 18.02 |
| **二、每只人工成本** | 元 | **616.17** | **558.46** | **411.14** | **410.85** |
| 1. 家庭用工折价 | 元 | 616.17 | 558.46 | 370.64 | 303.80 |
| 家庭用工天数 | 日 | 6.68 | 6.06 | 4.02 | 3.30 |
| 劳动日工价 | 元 | 92.20 | 92.20 | 92.20 | 92.20 |
| 2. 雇工费用 | 元 | | | 40.50 | 107.05 |
| 雇工天数 | 日 | | | 0.36 | 0.89 |
| 雇工工价 | 元 | 90.15 | 130.00 | 112.50 | 120.28 |
| **三、附** | | | | | |
| 1. 仔畜重量 | 公斤 | 11.98 | 12.26 | 14.12 | 29.66 |
| 2. 精饲料数量 | 公斤 | 41.83 | 60.71 | 84.49 | 78.37 |
| 3. 耗粮数量 | 公斤 | 28.60 | 44.32 | 59.14 | 56.03 |

# 5-7-1 2021年各地区小规模肉鸡成本收益情况

| 项目 | 单位 | 平均 | 辽宁 | 吉林 | 黑龙江 | 河南 | 海南 |
|---|---|---|---|---|---|---|---|
| **每百只** | | | | | | | |
| 主产品产量 | 公斤 | 257.44 | 261.87 | 310.50 | 290.00 | 252.83 | 172.00 |
| 产值合计 | 元 | 3061.84 | 2629.14 | 2651.24 | 2946.00 | 2232.83 | 4850.00 |
| 主产品产值 | 元 | 3039.43 | 2629.14 | 2613.50 | 2937.00 | 2210.01 | 4807.50 |
| 副产品产值 | 元 | 22.41 | | 37.74 | 9.00 | 22.82 | 42.50 |
| 总成本 | 元 | 3164.02 | 3177.56 | 3318.34 | 2816.56 | 2789.16 | 3718.56 |
| 生产成本 | 元 | 3162.01 | 3177.56 | 3316.46 | 2816.56 | 2784.54 | 3715.01 |
| 物质与服务费用 | 元 | 2752.81 | 2691.39 | 2706.48 | 2601.73 | 2515.04 | 3249.40 |
| 人工成本 | 元 | 409.20 | 486.17 | 609.98 | 214.83 | 269.50 | 465.61 |
| 家庭用工折价 | 元 | 389.45 | 486.17 | 511.25 | 214.83 | 269.50 | 465.61 |
| 雇工费用 | 元 | 19.75 | | 98.73 | | | |
| 土地成本 | 元 | 2.01 | | 1.88 | | 4.62 | 3.55 |
| 净利润 | 元 | -102.18 | -548.42 | -667.10 | 129.44 | -556.33 | 1131.44 |
| 成本利润率 | % | -3.23 | -17.26 | -20.10 | 4.60 | -19.95 | 30.43 |
| **每50公斤主产品** | | | | | | | |
| 平均出售价格 | 元 | 590.32 | 501.99 | 420.85 | 506.38 | 437.05 | 1397.53 |
| 总成本 | 元 | 610.02 | 606.70 | 526.74 | 484.13 | 545.95 | 1071.50 |
| 生产成本 | 元 | 609.63 | 606.70 | 526.44 | 484.13 | 545.04 | 1070.48 |
| 净利润 | 元 | -19.70 | -104.71 | -105.89 | 22.25 | -108.90 | 326.03 |
| **附：** | | | | | | | |
| 每百只用工数量 | 日 | 4.40 | 5.27 | 6.43 | 2.33 | 2.92 | 5.05 |
| 平均饲养天数 | 日 | 60.95 | 51.67 | 54.50 | 45.00 | 43.58 | 110.00 |

# 5-7-2 2021 年各地区小规模肉鸡费用和用工情况

| 项目 | 单位 | 平均 | 辽宁 | 吉林 | 黑龙江 | 河南 | 海南 |
|---|---|---|---|---|---|---|---|
| 一、每百只物质与服务费用 | 元 | **2752.81** | **2691.39** | **2706.48** | **2601.73** | **2515.04** | **3249.40** |
| （一）直接费用 | 元 | 2719.24 | 2667.92 | 2668.41 | 2556.83 | 2486.26 | 3216.75 |
| 1. 仔畜费 | 元 | 335.13 | 253.67 | 323.34 | 452.50 | 358.63 | 287.50 |
| 2. 精饲料费 | 元 | 2194.70 | 2227.13 | 2200.68 | 1926.50 | 1973.68 | 2645.50 |
| 3. 青粗饲料费 | 元 | | | | | | |
| 4. 饲料加工费 | 元 | 1.13 | | 4.15 | 1.50 | | |
| 5. 水费 | 元 | 3.76 | | 6.84 | 3.60 | 3.34 | 5.00 |
| 6. 燃料动力费 | 元 | 53.97 | 72.21 | 69.97 | 75.35 | 35.47 | 16.85 |
| 电费 | 元 | 16.51 | 8.88 | 27.05 | 6.35 | 30.92 | 9.35 |
| 煤费 | 元 | 35.96 | 63.33 | 42.92 | 69.00 | 4.55 | |
| 其他燃料动力费 | 元 | 1.50 | | | | | 7.50 |
| 7. 医疗防疫费 | 元 | 78.11 | 60.53 | 35.80 | 59.00 | 83.24 | 152.00 |
| 8. 死亡损失费 | 元 | 33.08 | 42.18 | 16.45 | 24.18 | 24.58 | 58.00 |
| 9. 技术服务费 | 元 | | | | | | |
| 10. 工具材料费 | 元 | 7.51 | 7.47 | 5.90 | 3.85 | 3.41 | 16.90 |
| 11. 修理维护费 | 元 | 7.35 | 4.73 | 5.28 | 10.35 | 3.91 | 12.50 |
| 12. 其他直接费用 | 元 | 4.50 | | | | | 22.50 |
| （二）间接费用 | 元 | 33.57 | 23.47 | 38.07 | 44.90 | 28.78 | 32.65 |
| 1. 固定资产折旧 | 元 | 25.35 | 23.47 | 29.42 | 21.75 | 19.45 | 32.65 |
| 2. 保险费 | 元 | | | | | | |
| 3. 管理费 | 元 | 0.53 | | | 0.65 | 2.02 | |
| 4. 财务费 | 元 | | | | | | |
| 5. 销售费 | 元 | 7.69 | | 8.65 | 22.50 | 7.31 | |
| 二、每百只人工成本 | 元 | **409.20** | **486.17** | **609.98** | **214.83** | **269.50** | **465.61** |
| 1. 家庭用工折价 | 元 | 389.45 | 486.17 | 511.25 | 214.83 | 269.50 | 465.61 |
| 家庭用工天数 | 日 | 4.22 | 5.27 | 5.55 | 2.33 | 2.92 | 5.05 |
| 劳动日工价 | 元 | 92.20 | 92.20 | 92.20 | 92.20 | 92.20 | 92.20 |
| 2. 雇工费用 | 元 | 19.75 | | 98.73 | | | |
| 雇工天数 | 日 | 0.18 | | 0.88 | | | |
| 雇工工价 | 元 | 109.72 | 100.00 | 112.19 | 140.00 | 98.15 | 140.00 |
| 三、附 | | | | | | | |
| 1. 仔畜重量 | 公斤 | | | | | | |
| 2. 精饲料数量 | 公斤 | 598.83 | 575.00 | 714.67 | 501.60 | 486.88 | 716.00 |
| 3. 耗粮数量 | 公斤 | 424.05 | 410.74 | 505.22 | 394.82 | 308.27 | 501.20 |

# 5-8-1 2021年各地区中规模肉鸡成本收益情况

| 项 目 | 单位 | 平 均 | 山 西 | 内蒙古 | 辽 宁 | 吉 林 | 黑龙江 |
|---|---|---|---|---|---|---|---|
| **每百只** | | | | | | | |
| 主产品产量 | 公斤 | 249.86 | 262.67 | 380.45 | 277.33 | 308.83 | 258.33 |
| 产值合计 | 元 | 3826.90 | 2532.70 | 7904.70 | 2328.12 | 2508.87 | 3019.13 |
| 主产品产值 | 元 | 3801.85 | 2508.52 | 7879.37 | 2321.39 | 2481.73 | 3009.83 |
| 副产品产值 | 元 | 25.05 | 24.18 | 25.33 | 6.73 | 27.14 | 9.30 |
| 总成本 | 元 | 3290.89 | 2362.31 | 6067.22 | 2770.09 | 2895.19 | 2874.72 |
| 生产成本 | 元 | 3283.43 | 2358.06 | 6067.22 | 2769.41 | 2886.84 | 2874.72 |
| 物质与服务费用 | 元 | 2966.31 | 2092.99 | 5499.42 | 2584.70 | 2307.15 | 2699.82 |
| 人工成本 | 元 | 317.12 | 265.07 | 567.80 | 184.71 | 579.69 | 174.90 |
| 家庭用工折价 | 元 | 254.84 | 62.42 | 430.30 | 164.02 | 338.74 | 174.90 |
| 雇工费用 | 元 | 62.28 | 202.65 | 137.50 | 20.69 | 240.95 | |
| 土地成本 | 元 | 7.46 | 4.25 | | 0.68 | 8.35 | |
| 净利润 | 元 | 536.01 | 170.39 | 1837.48 | -441.97 | -386.32 | 144.41 |
| 成本利润率 | % | 16.29 | 7.21 | 30.29 | -15.96 | -13.34 | 5.02 |
| **每50公斤主产品** | | | | | | | |
| 平均出售价格 | 元 | 760.80 | 477.50 | 1035.53 | 418.52 | 401.80 | 582.56 |
| 总成本 | 元 | 654.24 | 445.38 | 794.82 | 497.97 | 463.67 | 554.70 |
| 生产成本 | 元 | 652.76 | 444.57 | 794.82 | 497.85 | 462.33 | 554.70 |
| 净利润 | 元 | 106.56 | 32.12 | 240.71 | -79.45 | -61.87 | 27.86 |
| **附：** | | | | | | | |
| 每百只用工数量 | 日 | 3.26 | 2.17 | 5.92 | 1.99 | 5.78 | 1.90 |
| 平均饲养天数 | 日 | 81.07 | 45.33 | 150.33 | 46.43 | 54.83 | 40.67 |

5-8-1 续表 1

| 项 目 | 单位 | 浙 江 | 山 东 | 河 南 | 湖 北 | 湖 南 |
|---|---|---|---|---|---|---|
| **每百只** | | | | | | |
| 主产品产量 | 公斤 | 223.56 | 263.35 | 253.38 | 152.90 | 164.00 |
| 产值合计 | 元 | 3498.13 | 2144.99 | 2230.77 | 2579.21 | 2740.68 |
| 主产品产值 | 元 | 3492.24 | 2115.90 | 2211.99 | 2547.11 | 2719.38 |
| 副产品产值 | 元 | 5.89 | 29.09 | 18.78 | 32.10 | 21.30 |
| 总成本 | 元 | 2663.70 | 2433.38 | 2772.24 | 2058.81 | 2513.61 |
| 生产成本 | 元 | 2644.25 | 2427.76 | 2766.49 | 2050.22 | 2502.36 |
| 物质与服务费用 | 元 | 2392.37 | 2138.11 | 2484.38 | 1991.49 | 2357.70 |
| 人工成本 | 元 | 251.88 | 289.65 | 282.11 | 58.73 | 144.66 |
| 家庭用工折价 | 元 | 124.38 | 262.31 | 253.00 | 58.73 | 144.66 |
| 雇工费用 | 元 | 127.50 | 27.34 | 29.11 | | |
| 土地成本 | 元 | 19.45 | 5.62 | 5.75 | 8.59 | 11.25 |
| 净利润 | 元 | 834.43 | -288.39 | -541.47 | 520.40 | 227.07 |
| 成本利润率 | % | 31.33 | -11.85 | -19.53 | 25.28 | 9.03 |
| **每 50 公斤主产品** | | | | | | |
| 平均出售价格 | 元 | 781.05 | 401.73 | 436.50 | 832.93 | 829.08 |
| 总成本 | 元 | 594.74 | 455.74 | 542.45 | 664.87 | 760.39 |
| 生产成本 | 元 | 590.40 | 454.69 | 541.32 | 662.10 | 756.99 |
| 净利润 | 元 | 186.31 | -54.01 | -105.95 | 168.06 | 68.69 |
| **附：** | | | | | | |
| 每百只用工数量 | 日 | 2.19 | 3.16 | 3.04 | 0.64 | 1.57 |
| 平均饲养天数 | 日 | 53.75 | 47.00 | 44.03 | 98.67 | 98.50 |

5-8-1　续表 2

| 项　　目 | 单位 | 广　东 | 广　西 | 海　南 | 云　南 | 宁　夏 |
|---|---|---|---|---|---|---|
| **每百只** | | | | | | |
| 主产品产量 | 公斤 | 167.93 | 225.24 | 202.70 | 261.22 | 346.04 |
| 产值合计 | 元 | 3783.81 | 5553.86 | 6660.63 | 4410.14 | 5507.77 |
| 主产品产值 | 元 | 3762.14 | 5530.81 | 6620.38 | 4343.47 | 5483.55 |
| 副产品产值 | 元 | 21.67 | 23.05 | 40.25 | 66.67 | 24.22 |
| 总成本 | 元 | 3699.37 | 3993.44 | 4276.82 | 4454.64 | 3528.37 |
| 生产成本 | 元 | 3677.04 | 3985.81 | 4273.12 | 4445.53 | 3523.11 |
| 物质与服务费用 | 元 | 3363.03 | 3446.99 | 3791.37 | 4180.12 | 3165.35 |
| 人工成本 | 元 | 314.01 | 538.82 | 481.75 | 265.41 | 357.76 |
| 家庭用工折价 | 元 | 249.03 | 538.82 | 481.75 | 185.41 | 354.32 |
| 雇工费用 | 元 | 64.98 | | | 80.00 | 3.44 |
| 土地成本 | 元 | 22.33 | 7.63 | 3.70 | 9.11 | 5.26 |
| 净利润 | 元 | 84.44 | 1560.42 | 2383.82 | -44.50 | 1979.40 |
| 成本利润率 | % | 2.28 | 39.07 | 55.74 | -1.00 | 56.10 |
| **每 50 公斤主产品** | | | | | | |
| 平均出售价格 | 元 | 1120.15 | 1227.76 | 1633.05 | 831.38 | 792.33 |
| 总成本 | 元 | 1095.15 | 882.81 | 1048.59 | 839.77 | 507.58 |
| 生产成本 | 元 | 1088.54 | 881.12 | 1047.68 | 838.05 | 506.82 |
| 净利润 | 元 | 25.00 | 344.95 | 584.46 | -8.39 | 284.75 |
| **附：** | | | | | | |
| 每百只用工数量 | 日 | 2.99 | 5.84 | 5.23 | 2.68 | 3.87 |
| 平均饲养天数 | 日 | 125.83 | 133.13 | 140.00 | 80.78 | 56.77 |

# 5-8-2 2021 年各地区中规模肉鸡费用和用工情况

| 项　　目 | 单位 | 平　均 | 山　西 | 内蒙古 | 辽　宁 | 吉　林 | 黑龙江 |
|---|---|---|---|---|---|---|---|
| **一、每百只物质与服务费用** | **元** | **2966.31** | **2092.99** | **5499.42** | **2584.70** | **2307.15** | **2699.82** |
| (一)直接费用 | 元 | 2921.84 | 2063.02 | 5434.99 | 2542.06 | 2269.07 | 2650.99 |
| 1. 仔畜费 | 元 | 353.58 | 279.44 | 473.33 | 267.70 | 323.47 | 571.67 |
| 2. 精饲料费 | 元 | 2309.69 | 1669.88 | 4710.32 | 2074.43 | 1777.96 | 1917.38 |
| 3. 青粗饲料费 | 元 | 50.55 | | | | | |
| 4. 饲料加工费 | 元 | 8.43 | | 78.67 | | 5.15 | |
| 5. 水费 | 元 | 4.91 | 3.90 | 10.49 | 1.84 | 7.42 | 3.37 |
| 6. 燃料动力费 | 元 | 37.60 | 15.17 | 48.22 | 46.22 | 41.58 | 59.13 |
| 电费 | 元 | 14.78 | 15.17 | 3.75 | 11.54 | 13.19 | 5.80 |
| 煤费 | 元 | 22.39 | | 44.47 | 34.68 | 28.39 | 53.33 |
| 其他燃料动力费 | 元 | 0.43 | | | | | |
| 7. 医疗防疫费 | 元 | 96.68 | 45.06 | 23.32 | 120.36 | 56.42 | 58.33 |
| 8. 死亡损失费 | 元 | 41.74 | 30.45 | 68.46 | 21.99 | 39.73 | 25.00 |
| 9. 技术服务费 | 元 | 1.37 | | | | | |
| 10. 工具材料费 | 元 | 8.96 | 13.71 | 16.77 | 5.61 | 8.73 | 5.57 |
| 11. 修理维护费 | 元 | 5.83 | 5.41 | 5.41 | 3.91 | 8.61 | 10.54 |
| 12. 其他直接费用 | 元 | 2.50 | | | | | |
| (二)间接费用 | 元 | 44.47 | 29.97 | 64.43 | 42.64 | 38.08 | 48.83 |
| 1. 固定资产折旧 | 元 | 32.79 | 27.74 | 64.43 | 30.26 | 30.17 | 23.00 |
| 2. 保险费 | 元 | 2.67 | | | | | |
| 3. 管理费 | 元 | 1.41 | 2.23 | | 0.04 | 2.19 | 0.83 |
| 4. 财务费 | 元 | 0.04 | | | | | |
| 5. 销售费 | 元 | 7.56 | | | 12.34 | 5.72 | 25.00 |
| **二、每百只人工成本** | **元** | **317.12** | **265.07** | **567.80** | **184.71** | **579.69** | **174.90** |
| 1. 家庭用工折价 | 元 | 254.84 | 62.42 | 430.30 | 164.02 | 338.74 | 174.90 |
| 家庭用工天数 | 日 | 2.76 | 0.68 | 4.67 | 1.78 | 3.67 | 1.90 |
| 劳动日工价 | 元 | 92.20 | 92.20 | 92.20 | 92.20 | 92.20 | 92.20 |
| 2. 雇工费用 | 元 | 62.28 | 202.65 | 137.50 | 20.69 | 240.95 | |
| 雇工天数 | 日 | 0.50 | 1.49 | 1.25 | 0.21 | 2.11 | |
| 雇工工价 | 元 | 124.56 | 136.01 | 110.00 | 98.52 | 114.19 | 140.00 |
| 三、附 | | | | | | | |
| 1. 仔畜重量 | 公斤 | | | | | | |
| 2. 精饲料数量 | 公斤 | 630.89 | 455.66 | 1255.00 | 554.97 | 644.03 | 447.50 |
| 3. 耗粮数量 | 公斤 | 460.57 | 340.73 | 1042.97 | 392.59 | 456.00 | 346.60 |

5-8-2 续表 1

| 项　　目 | 单位 | 浙　江 | 山　东 | 河　南 | 湖　北 | 湖　南 |
|---|---|---|---|---|---|---|
| **一、每百只物质与服务费用** | **元** | **2392.37** | **2138.11** | **2484.38** | **1991.49** | **2357.70** |
| （一）直接费用 | 元 | 2325.03 | 2095.78 | 2450.85 | 1955.48 | 2324.42 |
| 1. 仔畜费 | 元 | 244.42 | 257.98 | 365.15 | 200.40 | 260.95 |
| 2. 精饲料费 | 元 | 1761.79 | 1595.37 | 1925.54 | 1626.21 | 1887.86 |
| 3. 青粗饲料费 | 元 | 103.42 | | | | 2.94 |
| 4. 饲料加工费 | 元 | 32.83 | | | | |
| 5. 水费 | 元 | 11.04 | 2.63 | 4.04 | 7.81 | |
| 6. 燃料动力费 | 元 | 49.25 | 80.20 | 36.48 | 39.64 | 28.26 |
| 电费 | 元 | 25.29 | 17.94 | 31.76 | 24.76 | 14.77 |
| 煤费 | 元 | 23.96 | 62.26 | 4.72 | 14.88 | 13.49 |
| 其他燃料动力费 | 元 | | | | | |
| 7. 医疗防疫费 | 元 | 86.90 | 137.85 | 90.00 | 65.99 | 87.77 |
| 8. 死亡损失费 | 元 | 24.79 | 13.81 | 22.30 | 12.43 | 48.22 |
| 9. 技术服务费 | 元 | 1.12 | | | | |
| 10. 工具材料费 | 元 | 5.92 | 4.51 | 3.34 | 1.78 | 5.44 |
| 11. 修理维护费 | 元 | 3.55 | 3.43 | 4.00 | 1.22 | 2.98 |
| 12. 其他直接费用 | 元 | | | | | |
| （二）间接费用 | 元 | 67.34 | 42.33 | 33.53 | 36.01 | 33.28 |
| 1. 固定资产折旧 | 元 | 25.79 | 42.33 | 23.72 | 26.38 | 24.66 |
| 2. 保险费 | 元 | 40.00 | | | | |
| 3. 管理费 | 元 | 0.62 | | 2.52 | | |
| 4. 财务费 | 元 | | | | | |
| 5. 销售费 | 元 | 0.93 | | 7.29 | 9.63 | 8.62 |
| **二、每百只人工成本** | **元** | **251.88** | **289.65** | **282.11** | **58.73** | **144.66** |
| 1. 家庭用工折价 | 元 | 124.38 | 262.31 | 253.00 | 58.73 | 144.66 |
| 家庭用工天数 | 日 | 1.35 | 2.85 | 2.74 | 0.64 | 1.57 |
| 劳动日工价 | 元 | 92.20 | 92.20 | 92.20 | 92.20 | 92.20 |
| 2. 雇工费用 | 元 | 127.50 | 27.34 | 29.11 | | |
| 雇工天数 | 日 | 0.84 | 0.31 | 0.30 | | |
| 雇工工价 | 元 | 151.79 | 88.19 | 97.03 | 180.00 | 185.00 |
| 三、附 | | | | | | |
| 1. 仔畜重量 | 公斤 | | | | | |
| 2. 精饲料数量 | 公斤 | 530.31 | 422.87 | 476.46 | 455.97 | 540.98 |
| 3. 耗粮数量 | 公斤 | 370.01 | 328.92 | 298.52 | 332.86 | 382.26 |

5-8-2 续表 2

| 项 目 | 单位 | 广 东 | 广 西 | 海 南 | 云 南 | 宁 夏 |
|---|---|---|---|---|---|---|
| **一、每百只物质与服务费用** | 元 | **3363.03** | **3446.99** | **3791.37** | **4180.12** | **3165.35** |
| (一)直接费用 | 元 | 3302.93 | 3408.91 | 3759.84 | 4124.89 | 3119.63 |
| 1. 仔畜费 | 元 | 574.01 | 328.01 | 212.75 | 486.67 | 457.74 |
| 2. 精饲料费 | 元 | 2055.59 | 2954.98 | 3186.63 | 3116.21 | 2385.14 |
| 3. 青粗饲料费 | 元 | 475.94 | | | 176.00 | |
| 4. 饲料加工费 | 元 | | | | 1.33 | 8.53 |
| 5. 水费 | 元 | 2.28 | 3.93 | 5.93 | 4.17 | 4.83 |
| 6. 燃料动力费 | 元 | 20.09 | 20.82 | 10.60 | 35.89 | 32.49 |
| 电费 | 元 | 16.46 | 6.00 | 10.60 | 6.39 | 18.29 |
| 煤费 | 元 | 2.81 | 14.82 | | 23.83 | 14.20 |
| 其他燃料动力费 | 元 | 0.82 | | | 5.67 | |
| 7. 医疗防疫费 | 元 | 132.60 | 46.97 | 227.88 | 130.11 | 140.71 |
| 8. 死亡损失费 | 元 | 23.91 | 32.90 | 44.00 | 146.67 | 71.41 |
| 9. 技术服务费 | 元 | 2.13 | | | 17.33 | |
| 10. 工具材料费 | 元 | 11.95 | 16.29 | 16.25 | 5.73 | 12.85 |
| 11. 修理维护费 | 元 | 4.43 | 5.01 | 18.30 | 4.78 | 5.93 |
| 12. 其他直接费用 | 元 | | | 37.50 | | |
| (二)间接费用 | 元 | 60.10 | 38.08 | 31.53 | 55.23 | 45.72 |
| 1. 固定资产折旧 | 元 | 56.76 | 17.75 | 31.53 | 32.22 | 35.14 |
| 2. 保险费 | 元 | | | | | |
| 3. 管理费 | 元 | | | | 12.67 | |
| 4. 财务费 | 元 | | | | 0.67 | |
| 5. 销售费 | 元 | 3.34 | 20.33 | | 9.67 | 10.58 |
| **二、每百只人工成本** | 元 | **314.01** | **538.82** | **481.75** | **265.41** | **357.76** |
| 1. 家庭用工折价 | 元 | 249.03 | 538.82 | 481.75 | 185.41 | 354.32 |
| 家庭用工天数 | 日 | 2.70 | 5.84 | 5.23 | 2.01 | 3.84 |
| 劳动日工价 | 元 | 92.20 | 92.20 | 92.20 | 92.20 | 92.20 |
| 2. 雇工费用 | 元 | 64.98 | | | 80.00 | 3.44 |
| 雇工天数 | 日 | 0.29 | | | 0.67 | 0.03 |
| 雇工工价 | 元 | 224.07 | 130.00 | 140.00 | 119.40 | 114.67 |
| 三、附 | | | | | | |
| 1. 仔畜重量 | 公斤 | | | | | |
| 2. 精饲料数量 | 公斤 | 573.24 | 854.51 | 891.50 | 727.37 | 632.97 |
| 3. 耗粮数量 | 公斤 | 437.50 | 582.03 | 624.05 | 530.40 | 443.08 |

# 5-9-1　2021年各地区大规模肉鸡成本收益情况

| 项　　目 | 单位 | 平　均 | 辽　宁 | 吉　林 | 黑龙江 | 浙　江 | 安　徽 |
|---|---|---|---|---|---|---|---|
| **每百只** | | | | | | | |
| 主产品产量 | 公斤 | 232.19 | 295.51 | 305.50 | 247.00 | 241.48 | 182.00 |
| 产值合计 | 元 | 2846.25 | 2670.45 | 2683.20 | 3098.50 | 5116.65 | 2479.98 |
| 主产品产值 | 元 | 2820.30 | 2666.09 | 2657.60 | 3087.50 | 5110.40 | 2457.87 |
| 副产品产值 | 元 | 25.95 | 4.36 | 25.60 | 11.00 | 6.25 | 22.11 |
| 总成本 | 元 | 2856.33 | 2921.94 | 2686.44 | 2883.91 | 3897.52 | 2217.68 |
| 生产成本 | 元 | 2848.02 | 2920.45 | 2675.76 | 2881.44 | 3873.02 | 2209.28 |
| 物质与服务费用 | 元 | 2617.10 | 2836.54 | 2360.62 | 2676.57 | 3550.91 | 2113.61 |
| 人工成本 | 元 | 230.92 | 83.91 | 315.14 | 204.87 | 322.11 | 95.67 |
| 家庭用工折价 | 元 | 98.56 | 63.62 | 76.07 | 48.87 | 134.61 | 60.67 |
| 雇工费用 | 元 | 132.36 | 20.29 | 239.07 | 156.00 | 187.50 | 35.00 |
| 土地成本 | 元 | 8.31 | 1.49 | 10.68 | 2.47 | 24.50 | 8.40 |
| 净利润 | 元 | -10.08 | -251.49 | -3.24 | 214.59 | 1219.13 | 262.30 |
| 成本利润率 | % | -0.35 | -8.61 | -0.12 | 7.44 | 31.28 | 11.83 |
| **每50公斤主产品** | | | | | | | |
| 平均出售价格 | 元 | 607.33 | 451.10 | 434.96 | 625.00 | 1058.14 | 675.24 |
| 总成本 | 元 | 609.48 | 493.58 | 435.48 | 581.71 | 806.02 | 603.82 |
| 生产成本 | 元 | 607.71 | 493.33 | 433.75 | 581.22 | 800.95 | 601.53 |
| 净利润 | 元 | -2.15 | -42.48 | -0.52 | 43.29 | 252.12 | 71.42 |
| **附：** | | | | | | | |
| 每百只用工数量 | 日 | 2.10 | 0.89 | 3.05 | 1.64 | 2.71 | 0.89 |
| 平均饲养天数 | 日 | 70.93 | 49.67 | 55.00 | 39.00 | 99.50 | 69.50 |

5-9-1 续表

| 项目 | 单位 | 山东 | 河南 | 湖北 | 湖南 | 广东 | 广西 | 云南 |
|---|---|---|---|---|---|---|---|---|
| **每百只** | | | | | | | | |
| 主产品产量 | 公斤 | 260.20 | 259.11 | 161.64 | 195.18 | 164.77 | 153.83 | 320.00 |
| 产值合计 | 元 | 2009.06 | 2332.52 | 2390.02 | 1940.38 | 2454.15 | 3302.13 | 3678.00 |
| 主产品产值 | 元 | 1984.53 | 2313.79 | 2356.36 | 1864.25 | 2443.47 | 3273.73 | 3628.00 |
| 副产品产值 | 元 | 24.53 | 18.73 | 33.66 | 76.13 | 10.68 | 28.40 | 50.00 |
| 总成本 | 元 | 2184.91 | 2904.18 | 2089.51 | 1797.81 | 2522.30 | 3085.71 | 5083.52 |
| 生产成本 | 元 | 2178.08 | 2897.97 | 2079.61 | 1787.63 | 2515.85 | 3081.46 | 5075.22 |
| 物质与服务费用 | 元 | 1907.66 | 2637.57 | 2029.82 | 1582.54 | 2344.35 | 2889.44 | 4475.50 |
| 人工成本 | 元 | 270.42 | 260.40 | 49.79 | 205.09 | 171.50 | 192.02 | 599.72 |
| 家庭用工折价 | 元 | 270.42 | | 49.79 | 61.59 | | 177.02 | 239.72 |
| 雇工费用 | 元 | | 260.40 | | 143.50 | 171.50 | 15.00 | 360.00 |
| 土地成本 | 元 | 6.83 | 6.21 | 9.90 | 10.18 | 6.45 | 4.25 | 8.30 |
| 净利润 | 元 | -175.85 | -571.66 | 300.51 | 142.57 | -68.15 | 216.42 | -1405.52 |
| 成本利润率 | % | -8.05 | -19.68 | 14.38 | 7.93 | -2.70 | 7.01 | -27.65 |
| **每50公斤主产品** | | | | | | | | |
| 平均出售价格 | 元 | 381.35 | 446.49 | 728.89 | 477.57 | 741.48 | 1064.07 | 566.88 |
| 总成本 | 元 | 414.73 | 555.92 | 637.24 | 442.48 | 762.07 | 994.33 | 783.51 |
| 生产成本 | 元 | 413.43 | 554.73 | 634.22 | 439.97 | 760.12 | 992.96 | 782.23 |
| 净利润 | 元 | -33.38 | -109.43 | 91.65 | 35.09 | -20.59 | 69.74 | -216.63 |
| **附:** | | | | | | | | |
| 每百只用工数量 | 日 | 2.93 | 2.64 | 0.54 | 1.38 | 0.90 | 2.02 | 5.60 |
| 平均饲养天数 | 日 | 41.00 | 43.58 | 104.00 | 51.83 | 76.00 | 130.63 | 91.50 |

# 5-9-2 2021年各地区大规模肉鸡费用和用工情况

| 项目 | 单位 | 平均 | 辽宁 | 吉林 | 黑龙江 | 浙江 | 安徽 |
|---|---|---|---|---|---|---|---|
| **一、每百只物质与服务费用** | 元 | **2617.10** | **2836.54** | **2360.62** | **2676.57** | **3550.91** | **2113.61** |
| （一）直接费用 | 元 | 2557.94 | 2759.52 | 2312.93 | 2618.57 | 3493.22 | 2053.66 |
| 1. 仔畜费 | 元 | 321.75 | 297.67 | 304.00 | 640.00 | 255.00 | 257.22 |
| 2. 精饲料费 | 元 | 2012.70 | 2214.91 | 1815.75 | 1815.00 | 2745.45 | 1599.25 |
| 3. 青粗饲料费 | 元 | 15.83 | | | | 190.00 | |
| 4. 饲料加工费 | 元 | 3.73 | | 5.85 | | 34.86 | |
| 5. 水费 | 元 | 5.01 | | 9.15 | 3.50 | 13.25 | 6.08 |
| 6. 燃料动力费 | 元 | 46.22 | 73.46 | 43.00 | 69.50 | 66.80 | 32.37 |
| 电费 | 元 | 18.14 | 20.15 | 32.50 | 7.50 | 36.30 | 7.30 |
| 煤费 | 元 | 26.45 | 53.31 | 7.50 | 62.00 | 30.50 | 15.92 |
| 其他燃料动力费 | 元 | 1.63 | | 3.00 | | | 9.15 |
| 7. 医疗防疫费 | 元 | 90.90 | 146.93 | 66.50 | 49.00 | 92.75 | 102.50 |
| 8. 死亡损失费 | 元 | 41.23 | 18.15 | 42.73 | 23.60 | 78.30 | 40.68 |
| 9. 技术服务费 | 元 | 4.92 | | | | 1.00 | 0.45 |
| 10. 工具材料费 | 元 | 8.43 | 2.36 | 14.95 | 2.47 | 10.53 | 6.55 |
| 11. 修理维护费 | 元 | 6.96 | 6.04 | 11.00 | 15.50 | 5.28 | 5.45 |
| 12. 其他直接费用 | 元 | 0.26 | | | | | 3.11 |
| （二）间接费用 | 元 | 59.16 | 77.02 | 47.69 | 58.00 | 57.69 | 59.95 |
| 1. 固定资产折旧 | 元 | 36.84 | 66.41 | 37.30 | 31.00 | 21.18 | 50.66 |
| 2. 保险费 | 元 | 2.92 | | | | 35.00 | |
| 3. 管理费 | 元 | 7.27 | 0.37 | 2.14 | 2.00 | 0.83 | |
| 4. 财务费 | 元 | 1.29 | | | | | |
| 5. 销售费 | 元 | 10.84 | 10.24 | 8.25 | 25.00 | 0.68 | 9.29 |
| **二、每百只人工成本** | 元 | **230.92** | **83.91** | **315.14** | **204.87** | **322.11** | **95.67** |
| 1. 家庭用工折价 | 元 | 98.56 | 63.62 | 76.07 | 48.87 | 134.61 | 60.67 |
| 家庭用工天数 | 日 | 1.07 | 0.69 | 0.83 | 0.53 | 1.46 | 0.66 |
| 劳动日工价 | 元 | 92.20 | 92.20 | 92.20 | 92.20 | 92.20 | 92.20 |
| 2. 雇工费用 | 元 | 132.36 | 20.29 | 239.07 | 156.00 | 187.50 | 35.00 |
| 雇工天数 | 日 | 1.03 | 0.20 | 2.22 | 1.11 | 1.25 | 0.23 |
| 雇工工价 | 元 | 128.51 | 101.45 | 107.69 | 140.54 | 150.00 | 152.17 |
| 三、附 | | | | | | | |
| 1. 仔畜重量 | 公斤 | | | | | | |
| 2. 精饲料数量 | 公斤 | 545.77 | 628.05 | 624.50 | 363.00 | 810.55 | 470.80 |
| 3. 耗粮数量 | 公斤 | 388.84 | 453.26 | 439.03 | 275.88 | 566.42 | 344.02 |

5-9-2 续表

| 项目 | 单位 | 山东 | 河南 | 湖北 | 湖南 | 广东 | 广西 | 云南 |
|---|---|---|---|---|---|---|---|---|
| **一、每百只物质与服务费用** | 元 | **1907.66** | **2637.57** | **2029.82** | **1582.54** | **2344.35** | **2889.44** | **4475.50** |
| （一）直接费用 | 元 | 1883.73 | 2600.52 | 1996.17 | 1565.31 | 2165.12 | 2855.57 | 4391.00 |
| 1. 仔畜费 | 元 | 201.33 | 407.94 | 243.66 | 135.77 | 339.29 | 439.09 | 340.00 |
| 2. 精饲料费 | 元 | 1496.67 | 2024.67 | 1644.96 | 1261.07 | 1671.43 | 2278.19 | 3585.00 |
| 3. 青粗饲料费 | 元 | | | | | | | |
| 4. 饲料加工费 | 元 | | | | | | | 4.00 |
| 5. 水费 | 元 | 3.20 | 3.64 | 7.42 | | 2.85 | 3.57 | 7.50 |
| 6. 燃料动力费 | 元 | 51.16 | 40.37 | 26.73 | 44.89 | 32.81 | 25.13 | 48.50 |
| 电费 | 元 | 15.33 | 34.69 | 5.94 | 25.23 | 22.33 | 7.42 | 3.00 |
| 煤费 | 元 | 35.83 | 5.68 | 20.79 | 12.23 | 10.48 | 17.71 | 45.50 |
| 其他燃料动力费 | 元 | | | | 7.43 | | | |
| 7. 医疗防疫费 | 元 | 117.33 | 93.01 | 58.81 | 50.15 | 97.70 | 57.10 | 159.00 |
| 8. 死亡损失费 | 元 | 9.07 | 23.30 | 12.37 | 23.78 | 5.95 | 35.88 | 181.00 |
| 9. 技术服务费 | 元 | | | | | 2.60 | | 55.00 |
| 10. 工具材料费 | 元 | 3.00 | 3.81 | 1.48 | 32.32 | 7.17 | 11.49 | 5.00 |
| 11. 修理维护费 | 元 | 1.97 | 3.78 | 0.74 | 17.33 | 5.32 | 5.12 | 6.00 |
| 12. 其他直接费用 | 元 | | | | | | | |
| （二）间接费用 | 元 | 23.93 | 37.05 | 33.65 | 17.23 | 179.23 | 33.87 | 84.50 |
| 1. 固定资产折旧 | 元 | 23.93 | 26.30 | 22.27 | 17.23 | 104.12 | 17.73 | 24.00 |
| 2. 保险费 | 元 | | | | | | | |
| 3. 管理费 | 元 | | 3.20 | | | 55.87 | 1.30 | 21.50 |
| 4. 财务费 | 元 | | | | | 12.74 | 0.70 | 2.00 |
| 5. 销售费 | 元 | | 7.55 | 11.38 | | 6.50 | 14.14 | 37.00 |
| **二、每百只人工成本** | 元 | **270.42** | **260.40** | **49.79** | **205.09** | **171.50** | **192.02** | **599.72** |
| 1. 家庭用工折价 | 元 | 270.42 | | 49.79 | 61.59 | | 177.02 | 239.72 |
| 家庭用工天数 | 日 | 2.93 | | 0.54 | 0.67 | | 1.92 | 2.60 |
| 劳动日工价 | 元 | 92.20 | 92.20 | 92.20 | 92.20 | 92.20 | 92.20 | 92.20 |
| 2. 雇工费用 | 元 | | 260.40 | | 143.50 | 171.50 | 15.00 | 360.00 |
| 雇工天数 | 日 | | 2.64 | | 0.71 | 0.90 | 0.10 | 3.00 |
| 雇工工价 | 元 | 120.00 | 98.64 | 180.00 | 202.11 | 190.56 | 150.00 | 120.00 |
| 三、附 | | | | | | | | |
| 1. 仔畜重量 | 公斤 | | | | | | | |
| 2. 精饲料数量 | 公斤 | 393.93 | 494.07 | 467.32 | 363.90 | 423.37 | 602.23 | 907.50 |
| 3. 耗粮数量 | 公斤 | 296.62 | 312.08 | 341.14 | 264.69 | 324.43 | 413.26 | 635.25 |

# 5-10-1　2021年各地区小规模蛋鸡成本收益情况

| 项　　目 | 单位 | 平　均 | 山　西 | 辽　宁 | 吉　林 |
|---|---|---|---|---|---|
| 每百只 | | | | | |
| 主产品产量 | 公斤 | 1822.94 | 1785.62 | 1929.95 | 1756.00 |
| 产值合计 | 元 | 17955.45 | 17610.10 | 18593.06 | 16325.21 |
| 主产品产值 | 元 | 15991.22 | 15645.78 | 16709.52 | 14682.35 |
| 副产品产值 | 元 | 1964.23 | 1964.32 | 1883.54 | 1642.86 |
| 总成本 | 元 | 17655.82 | 20630.34 | 17305.15 | 17272.38 |
| 生产成本 | 元 | 17650.25 | 20625.16 | 17305.15 | 17262.38 |
| 物质与服务费用 | 元 | 15847.49 | 18461.50 | 16060.08 | 15860.94 |
| 人工成本 | 元 | 1802.76 | 2163.66 | 1245.07 | 1401.44 |
| 家庭用工折价 | 元 | 1776.33 | 2163.66 | 1245.07 | 1401.44 |
| 雇工费用 | 元 | 26.43 | | | |
| 土地成本 | 元 | 5.57 | 5.18 | | 10.00 |
| 净利润 | 元 | 299.63 | -3020.24 | 1287.91 | -947.17 |
| 成本利润率 | % | 1.70 | -14.64 | 7.44 | -5.48 |
| 每50公斤主产品 | | | | | |
| 平均出售价格 | 元 | 438.61 | 438.10 | 432.90 | 418.06 |
| 总成本 | 元 | 431.29 | 513.24 | 402.91 | 442.32 |
| 生产成本 | 元 | 431.15 | 513.11 | 402.91 | 442.06 |
| 净利润 | 元 | 7.32 | -75.14 | 29.99 | -24.26 |
| 附： | | | | | |
| 每百只用工数量 | 日 | 19.50 | 23.47 | 13.50 | 15.20 |
| 平均饲养天数 | 日 | 366.10 | 364.00 | 383.34 | 365.00 |

5-10-1 续表

| 项　　目 | 单位 | 黑龙江 | 山　东 | 河　南 | 陕　西 |
|---|---|---|---|---|---|
| **每百只** | | | | | |
| 主产品产量 | 公斤 | 1880. 25 | 1824. 80 | 1837. 96 | 1746. 00 |
| 产值合计 | 元 | 18361. 99 | 18234. 55 | 18108. 75 | 18454. 50 |
| 主产品产值 | 元 | 16265. 60 | 16329. 55 | 16278. 74 | 16027. 00 |
| 副产品产值 | 元 | 2096. 39 | 1905. 00 | 1830. 01 | 2427. 50 |
| 总成本 | 元 | 17386. 21 | 17928. 24 | 17773. 61 | 15294. 55 |
| 生产成本 | 元 | 17384. 15 | 17925. 34 | 17761. 04 | 15288. 30 |
| 物质与服务费用 | 元 | 15859. 35 | 15989. 14 | 15926. 17 | 12775. 25 |
| 人工成本 | 元 | 1524. 80 | 1936. 20 | 1834. 87 | 2513. 05 |
| 家庭用工折价 | 元 | 1524. 80 | 1936. 20 | 1834. 87 | 2328. 05 |
| 雇工费用 | 元 | | | | 185. 00 |
| 土地成本 | 元 | 2. 06 | 2. 90 | 12. 57 | 6. 25 |
| 净利润 | 元 | 975. 78 | 306. 31 | 335. 14 | 3159. 95 |
| 成本利润率 | % | 5. 61 | 1. 71 | 1. 89 | 20. 66 |
| **每 50 公斤主产品** | | | | | |
| 平均出售价格 | 元 | 432. 54 | 447. 43 | 442. 85 | 458. 96 |
| 总成本 | 元 | 409. 55 | 439. 91 | 434. 65 | 380. 37 |
| 生产成本 | 元 | 409. 51 | 439. 84 | 434. 35 | 380. 22 |
| 净利润 | 元 | 22. 99 | 7. 52 | 8. 20 | 78. 59 |
| **附：** | | | | | |
| 每百只用工数量 | 日 | 16. 54 | 21. 00 | 19. 90 | 26. 85 |
| 平均饲养天数 | 日 | 371. 75 | 365. 00 | 363. 14 | 350. 50 |

# 5-10-2 2021年各地区小规模蛋鸡费用和用工情况

| 项目 | 单位 | 平均 | 山西 | 辽宁 | 吉林 |
|---|---|---|---|---|---|
| 一、每百只物质与服务费用 | 元 | **15847.49** | **18461.50** | **16060.08** | **15860.94** |
| (一)直接费用 | 元 | 15747.71 | 18413.47 | 16011.80 | 15712.23 |
| 1. 仔畜费 | 元 | 3093.49 | 4071.30 | 2956.50 | 2950.00 |
| 2. 精饲料费 | 元 | 12412.91 | 14070.53 | 12894.70 | 12612.45 |
| 3. 青粗饲料费 | 元 | | | | |
| 4. 饲料加工费 | 元 | 4.20 | | | |
| 5. 水费 | 元 | 10.91 | 12.82 | 2.95 | 28.57 |
| 6. 燃料动力费 | 元 | 56.86 | 59.55 | 41.54 | 36.71 |
| 电费 | 元 | 49.23 | 31.48 | 41.54 | 36.71 |
| 煤费 | 元 | 7.63 | 28.07 | | |
| 其他燃料动力费 | 元 | | | | |
| 7. 医疗防疫费 | 元 | 95.79 | 115.06 | 54.34 | 50.00 |
| 8. 死亡损失费 | 元 | 59.22 | 66.03 | 50.64 | 25.00 |
| 9. 技术服务费 | 元 | 0.44 | | | |
| 10. 工具材料费 | 元 | 7.91 | 11.44 | 7.16 | 4.20 |
| 11. 修理维护费 | 元 | 5.98 | 6.74 | 3.97 | 5.30 |
| 12. 其他直接费用 | 元 | | | | |
| (二)间接费用 | 元 | 99.78 | 48.03 | 48.28 | 148.71 |
| 1. 固定资产折旧 | 元 | 84.97 | 46.55 | 48.28 | 93.00 |
| 2. 保险费 | 元 | | | | |
| 3. 管理费 | 元 | 0.94 | 1.48 | | |
| 4. 财务费 | 元 | 0.05 | | | |
| 5. 销售费 | 元 | 13.82 | | | 55.71 |
| 二、每百只人工成本 | 元 | **1802.76** | **2163.66** | **1245.07** | **1401.44** |
| 1. 家庭用工折价 | 元 | 1776.33 | 2163.66 | 1245.07 | 1401.44 |
| 家庭用工天数 | 日 | 19.27 | 23.47 | 13.50 | 15.20 |
| 劳动日工价 | 元 | 92.20 | 92.20 | 92.20 | 92.20 |
| 2. 雇工费用 | 元 | 26.43 | | | |
| 雇工天数 | 日 | 0.23 | | | |
| 雇工工价 | 元 | 114.91 | 99.50 | 105.00 | 120.00 |
| 三、附 | | | | | |
| 1. 仔畜重量 | 公斤 | | | | |
| 2. 精饲料数量 | 公斤 | 4247.65 | 4588.70 | 4372.46 | 4260.96 |
| 3. 耗粮数量 | 公斤 | 3048.84 | 3355.62 | 2992.49 | 2982.67 |

5-10-2 续表

| 项目 | 单位 | 黑龙江 | 山东 | 河南 | 陕西 |
|---|---|---|---|---|---|
| **一、每百只物质与服务费用** | **元** | **15859.35** | **15989.14** | **15926.17** | **12775.25** |
| （一）直接费用 | 元 | 15745.35 | 15887.49 | 15811.51 | 12652.10 |
| 1. 仔畜费 | 元 | 3363.88 | 2740.00 | 3382.23 | 2190.50 |
| 2. 精饲料费 | 元 | 12036.39 | 13009.59 | 12110.20 | 10156.50 |
| 3. 青粗饲料费 | 元 | | | | |
| 4. 饲料加工费 | 元 | 6.87 | | 9.20 | 13.35 |
| 5. 水费 | 元 | 11.06 | 3.35 | 10.44 | 7.20 |
| 6. 燃料动力费 | 元 | 54.10 | 49.15 | 64.17 | 92.80 |
| 电费 | 元 | 28.79 | 49.15 | 64.17 | 92.80 |
| 煤费 | 元 | 25.31 | | | |
| 其他燃料动力费 | 元 | | | | |
| 7. 医疗防疫费 | 元 | 130.22 | 45.25 | 143.65 | 132.00 |
| 8. 死亡损失费 | 元 | 128.59 | 27.65 | 73.48 | 43.15 |
| 9. 技术服务费 | 元 | 3.06 | | | |
| 10. 工具材料费 | 元 | 6.57 | 8.50 | 8.52 | 8.95 |
| 11. 修理维护费 | 元 | 4.61 | 4.00 | 9.62 | 7.65 |
| 12. 其他直接费用 | 元 | | | | |
| （二）间接费用 | 元 | 114.00 | 101.65 | 114.66 | 123.15 |
| 1. 固定资产折旧 | 元 | 112.49 | 87.35 | 101.59 | 105.50 |
| 2. 保险费 | 元 | | | | |
| 3. 管理费 | 元 | 1.15 | | 3.98 | |
| 4. 财务费 | 元 | 0.36 | | | |
| 5. 销售费 | 元 | | 14.30 | 9.09 | 17.65 |
| **二、每百只人工成本** | **元** | **1524.80** | **1936.20** | **1834.87** | **2513.05** |
| 1. 家庭用工折价 | 元 | 1524.80 | 1936.20 | 1834.87 | 2328.05 |
| 家庭用工天数 | 日 | 16.54 | 21.00 | 19.90 | 25.25 |
| 劳动日工价 | 元 | 92.20 | 92.20 | 92.20 | 92.20 |
| 2. 雇工费用 | 元 | | | | 185.00 |
| 雇工天数 | 日 | | | | 1.60 |
| 雇工工价 | 元 | 128.56 | 80.00 | 102.43 | 115.63 |
| **三、附** | | | | | |
| 1. 仔畜重量 | 公斤 | | | | |
| 2. 精饲料数量 | 公斤 | 4371.66 | 4223.75 | 4070.05 | 3846.00 |
| 3. 耗粮数量 | 公斤 | 3470.53 | 3167.82 | 2565.20 | 2807.58 |

# 5-11-1 2021年各地区中规模蛋鸡成本收益情况

| 项　　目 | 单位 | 平　均 | 北　京 | 天　津 | 河　北 | 山　西 | 内蒙古 |
|---|---|---|---|---|---|---|---|
| **每百只** | | | | | | | |
| 主产品产量 | 公斤 | 1806.40 | 1842.79 | 1862.94 | 1905.36 | 1834.97 | 1898.91 |
| 产值合计 | 元 | 18459.35 | 19113.56 | 18569.56 | 18053.65 | 17953.55 | 19570.54 |
| 主产品产值 | 元 | 16263.06 | 16672.36 | 16267.86 | 16054.18 | 15813.80 | 17449.19 |
| 副产品产值 | 元 | 2196.29 | 2441.20 | 2301.70 | 1999.47 | 2139.75 | 2121.35 |
| 总成本 | 元 | 18085.68 | 18390.75 | 17703.17 | 18128.81 | 19708.28 | 18702.78 |
| 生产成本 | 元 | 18057.53 | 18369.75 | 17689.31 | 18109.65 | 19696.83 | 18700.27 |
| 物质与服务费用 | 元 | 16892.95 | 17192.50 | 17075.17 | 16581.17 | 18506.20 | 17869.82 |
| 人工成本 | 元 | 1164.58 | 1177.25 | 614.14 | 1528.48 | 1190.63 | 830.45 |
| 家庭用工折价 | 元 | 945.70 | 1037.25 | 600.78 | 1352.76 | 1008.11 | 830.45 |
| 雇工费用 | 元 | 218.88 | 140.00 | 13.36 | 175.72 | 182.52 | |
| 土地成本 | 元 | 28.15 | 21.00 | 13.86 | 19.16 | 11.45 | 2.51 |
| 净利润 | 元 | 373.67 | 722.81 | 866.39 | -75.16 | -1754.73 | 867.76 |
| 成本利润率 | % | 2.07 | 3.93 | 4.89 | -0.41 | -8.90 | 4.64 |
| **每50公斤主产品** | | | | | | | |
| 平均出售价格 | 元 | 450.15 | 452.37 | 436.62 | 421.29 | 430.90 | 459.45 |
| 总成本 | 元 | 441.04 | 435.26 | 416.25 | 423.04 | 473.02 | 439.08 |
| 生产成本 | 元 | 440.35 | 434.77 | 415.92 | 422.60 | 472.74 | 439.02 |
| 净利润 | 元 | 9.11 | 17.11 | 20.37 | -1.75 | -42.12 | 20.37 |
| **附：** | | | | | | | |
| 每百只用工数量 | 日 | 12.07 | 12.25 | 6.61 | 16.46 | 12.80 | 9.01 |
| 平均饲养天数 | 日 | 359.31 | 365.00 | 365.00 | 362.67 | 369.58 | 365.00 |

5-11-1 续表 1

| 项目 | 单位 | 辽宁 | 吉林 | 黑龙江 | 江苏 | 浙江 |
|---|---|---|---|---|---|---|
| **每百只** | | | | | | |
| 主产品产量 | 公斤 | 1781.12 | 1788.53 | 1869.32 | 1358.16 | 1895.00 |
| 产值合计 | 元 | 17433.13 | 17081.55 | 18353.69 | 13866.30 | 18706.00 |
| 主产品产值 | 元 | 15229.56 | 15244.78 | 16176.34 | 11736.32 | 16676.00 |
| 副产品产值 | 元 | 2203.57 | 1836.77 | 2177.35 | 2129.98 | 2030.00 |
| 总成本 | 元 | 17022.75 | 17233.11 | 17610.43 | 12797.99 | 20820.20 |
| 生产成本 | 元 | 17020.38 | 17209.00 | 17603.04 | 12774.57 | 20790.20 |
| 物质与服务费用 | 元 | 15787.51 | 15307.15 | 15918.34 | 12245.99 | 20006.50 |
| 人工成本 | 元 | 1232.87 | 1901.85 | 1684.70 | 528.58 | 783.70 |
| 家庭用工折价 | 元 | 1107.14 | 1315.23 | 910.29 | 528.58 | 783.70 |
| 雇工费用 | 元 | 125.73 | 586.62 | 774.41 | | |
| 土地成本 | 元 | 2.37 | 24.11 | 7.39 | 23.42 | 30.00 |
| 净利润 | 元 | 410.38 | -151.56 | 743.26 | 1068.31 | -2114.20 |
| 成本利润率 | % | 2.41 | -0.88 | 4.22 | 8.35 | -10.15 |
| **每 50 公斤主产品** | | | | | | |
| 平均出售价格 | 元 | 427.53 | 426.18 | 432.68 | 432.07 | 440.00 |
| 总成本 | 元 | 417.47 | 429.96 | 415.16 | 398.78 | 489.73 |
| 生产成本 | 元 | 417.41 | 429.36 | 414.98 | 398.05 | 489.02 |
| 净利润 | 元 | 10.06 | -3.78 | 17.52 | 33.29 | -49.73 |
| **附:** | | | | | | |
| 每百只用工数量 | 日 | 13.26 | 19.79 | 15.63 | 5.73 | 8.50 |
| 平均饲养天数 | 日 | 363.64 | 359.76 | 370.63 | 284.25 | 365.00 |

5-11-1 续表 2

| 项　　目 | 单位 | 安　徽 | 山　东 | 河　南 | 湖　北 | 四　川 |
|---|---|---|---|---|---|---|
| **每百只** | | | | | | |
| 主产品产量 | 公斤 | 1937.36 | 1866.22 | 1848.10 | 1792.10 | 1868.00 |
| 产值合计 | 元 | 19567.45 | 18935.73 | 18178.26 | 17882.50 | 18327.08 |
| 主产品产值 | 元 | 17039.27 | 16700.45 | 16365.87 | 15770.50 | 16457.08 |
| 副产品产值 | 元 | 2528.18 | 2235.28 | 1812.39 | 2112.00 | 1870.00 |
| 总成本 | 元 | 19407.23 | 17792.72 | 17862.12 | 16258.68 | 18067.36 |
| 生产成本 | 元 | 19367.83 | 17768.89 | 17845.10 | 16234.68 | 18017.06 |
| 物质与服务费用 | 元 | 18753.51 | 16544.63 | 16212.22 | 15766.30 | 17121.89 |
| 人工成本 | 元 | 614.32 | 1224.26 | 1632.88 | 468.38 | 895.17 |
| 家庭用工折价 | 元 | 386.32 | 1147.06 | 1513.92 | 468.38 | 895.17 |
| 雇工费用 | 元 | 228.00 | 77.20 | 118.96 | | |
| 土地成本 | 元 | 39.40 | 23.83 | 17.02 | 24.00 | 50.30 |
| 净利润 | 元 | 160.22 | 1143.01 | 316.14 | 1623.82 | 259.72 |
| 成本利润率 | % | 0.83 | 6.42 | 1.77 | 9.99 | 1.44 |
| **每 50 公斤主产品** | | | | | | |
| 平均出售价格 | 元 | 439.75 | 447.44 | 442.78 | 440.00 | 440.50 |
| 总成本 | 元 | 436.15 | 420.43 | 435.08 | 400.05 | 434.26 |
| 生产成本 | 元 | 435.26 | 419.87 | 434.67 | 399.46 | 433.05 |
| 净利润 | 元 | 3.60 | 27.01 | 7.70 | 39.95 | 6.24 |
| **附：** | | | | | | |
| 每百只用工数量 | 日 | 6.14 | 13.21 | 17.62 | 5.08 | 9.71 |
| 平均饲养天数 | 日 | 365.00 | 365.00 | 362.05 | 365.00 | 365.00 |

5-11-1 续表 3

| 项 目 | 单位 | 云 南 | 陕 西 | 甘 肃 | 宁 夏 | 新 疆 |
|---|---|---|---|---|---|---|
| **每百只** | | | | | | |
| 主产品产量 | 公斤 | 1735.42 | 1665.50 | 1732.52 | 1867.54 | 1778.21 |
| 产值合计 | 元 | 19421.50 | 17210.00 | 22310.05 | 18058.41 | 20594.37 |
| 主产品产值 | 元 | 16888.17 | 14953.44 | 19661.70 | 15822.31 | 18281.98 |
| 副产品产值 | 元 | 2533.33 | 2256.56 | 2648.35 | 2236.10 | 2312.39 |
| 总成本 | 元 | 19306.79 | 14409.03 | 21854.35 | 20405.62 | 18232.43 |
| 生产成本 | 元 | 19265.96 | 14402.75 | 21676.58 | 20401.17 | 18208.67 |
| 物质与服务费用 | 元 | 17982.88 | 12677.88 | 19985.71 | 19322.74 | 17001.23 |
| 人工成本 | 元 | 1283.08 | 1724.87 | 1690.87 | 1078.43 | 1207.44 |
| 家庭用工折价 | 元 | 835.15 | 1550.53 | 861.15 | 1031.35 | 751.34 |
| 雇工费用 | 元 | 447.93 | 174.34 | 829.72 | 47.08 | 456.10 |
| 土地成本 | 元 | 40.83 | 6.28 | 177.77 | 4.45 | 23.76 |
| 净利润 | 元 | 114.71 | 2800.97 | 455.70 | -2347.21 | 2361.94 |
| 成本利润率 | % | 0.59 | 19.44 | 2.09 | -11.50 | 12.95 |
| **每 50 公斤主产品** | | | | | | |
| 平均出售价格 | 元 | 486.57 | 448.92 | 567.43 | 423.61 | 514.06 |
| 总成本 | 元 | 483.70 | 375.86 | 555.84 | 478.67 | 455.10 |
| 生产成本 | 元 | 482.67 | 375.69 | 551.32 | 478.57 | 454.51 |
| 净利润 | 元 | 2.87 | 73.06 | 11.59 | -55.06 | 58.96 |
| **附：** | | | | | | |
| 每百只用工数量 | 日 | 12.59 | 18.28 | 15.57 | 11.65 | 11.54 |
| 平均饲养天数 | 日 | 338.33 | 349.69 | 390.00 | 350.58 | 365.00 |

# 5-11-2 2021年各地区中规模蛋鸡费用和用工情况

| 项 目 | 单位 | 平 均 | 北 京 | 天 津 | 河 北 | 山 西 | 内蒙古 |
|---|---|---|---|---|---|---|---|
| **一、每百只物质与服务费用** | **元** | **16892.95** | **17192.50** | **17075.17** | **16581.17** | **18506.20** | **17869.82** |
| (一)直接费用 | 元 | 16642.03 | 17115.00 | 16993.42 | 16484.85 | 18405.41 | 17781.85 |
| 1. 仔畜费 | 元 | 3223.98 | 3300.00 | 3600.06 | 3302.43 | 3755.77 | 3757.17 |
| 2. 精饲料费 | 元 | 12274.38 | 13402.00 | 13124.03 | 12882.84 | 14328.24 | 13652.41 |
| 3. 青粗饲料费 | 元 | 673.50 | 85.00 | | | | |
| 4. 饲料加工费 | 元 | 14.73 | 2.50 | | | 1.11 | 60.88 |
| 5. 水费 | 元 | 15.73 | 25.00 | 17.00 | 8.50 | 16.51 | 24.41 |
| 6. 燃料动力费 | 元 | 74.30 | 87.50 | 48.84 | 51.26 | 54.56 | 56.44 |
| 电费 | 元 | 63.01 | 87.50 | 48.21 | 51.26 | 40.69 | 27.62 |
| 煤费 | 元 | 10.94 | | 0.63 | | 13.87 | 21.78 |
| 其他燃料动力费 | 元 | 0.35 | | | | | 7.04 |
| 7. 医疗防疫费 | 元 | 232.53 | 160.00 | 149.56 | 158.11 | 137.69 | 116.09 |
| 8. 死亡损失费 | 元 | 111.60 | 33.50 | 43.57 | 63.64 | 93.02 | 96.44 |
| 9. 技术服务费 | 元 | 0.08 | | | | | |
| 10. 工具材料费 | 元 | 11.58 | 15.00 | 4.55 | 11.49 | 11.22 | 9.89 |
| 11. 修理维护费 | 元 | 9.62 | 4.50 | 5.81 | 6.58 | 7.29 | 8.12 |
| 12. 其他直接费用 | 元 | | | | | | |
| (二)间接费用 | 元 | 250.92 | 77.50 | 81.75 | 96.32 | 100.79 | 87.97 |
| 1. 固定资产折旧 | 元 | 175.74 | 50.00 | 79.11 | 91.36 | 75.75 | 86.20 |
| 2. 保险费 | 元 | 6.20 | | | | | |
| 3. 管理费 | 元 | 5.25 | 27.50 | 2.64 | 4.96 | 3.15 | |
| 4. 财务费 | 元 | 0.57 | | | | | |
| 5. 销售费 | 元 | 63.16 | | | | 21.89 | 1.77 |
| **二、每百只人工成本** | **元** | **1164.58** | **1177.25** | **614.14** | **1528.48** | **1190.63** | **830.45** |
| 1. 家庭用工折价 | 元 | 945.70 | 1037.25 | 600.78 | 1352.76 | 1008.11 | 830.45 |
| 家庭用工天数 | 日 | 10.26 | 11.25 | 6.52 | 14.67 | 10.93 | 9.01 |
| 劳动日工价 | 元 | 92.20 | 92.20 | 92.20 | 92.20 | 92.20 | 92.20 |
| 2. 雇工费用 | 元 | 218.88 | 140.00 | 13.36 | 175.72 | 182.52 | |
| 雇工天数 | 日 | 1.81 | 1.00 | 0.09 | 1.79 | 1.87 | |
| 雇工工价 | 元 | 120.93 | 140.00 | 148.44 | 98.17 | 97.60 | 135.00 |
| 三、附 | | | | | | | |
| 1. 仔畜重量 | 公斤 | | | | | | |
| 2. 精饲料数量 | 公斤 | 3999.78 | 4450.00 | 4344.50 | 4309.86 | 4573.02 | 4554.53 |
| 3. 耗粮数量 | 公斤 | 2918.16 | 3115.00 | 3013.58 | 3084.35 | 3429.00 | 3420.99 |

5-11-2 续表 1

| 项目 | 单位 | 辽宁 | 吉林 | 黑龙江 | 江苏 | 浙江 |
|---|---|---|---|---|---|---|
| **一、每百只物质与服务费用** | **元** | **15787.51** | **15307.15** | **15918.34** | **12245.99** | **20006.50** |
| (一)直接费用 | 元 | 15701.50 | 15228.83 | 15769.54 | 12131.06 | 19226.50 |
| 1. 仔畜费 | 元 | 3347.29 | 2692.05 | 3337.63 | 1465.25 | 2850.00 |
| 2. 精饲料费 | 元 | 12137.35 | 12252.67 | 12079.86 | 10270.34 | 610.50 |
| 3. 青粗饲料费 | 元 | | | | | 13385.00 |
| 4. 饲料加工费 | 元 | | 5.12 | 3.72 | | 180.00 |
| 5. 水费 | 元 | 3.43 | 12.56 | 10.88 | 5.91 | 16.00 |
| 6. 燃料动力费 | 元 | 40.67 | 56.55 | 55.48 | 97.89 | 230.00 |
| 电费 | 元 | 40.67 | 45.74 | 23.22 | 97.89 | 160.00 |
| 煤费 | 元 | | 10.81 | 32.26 | | 70.00 |
| 其他燃料动力费 | 元 | | | | | |
| 7. 医疗防疫费 | 元 | 98.09 | 107.76 | 127.48 | 153.78 | 1580.00 |
| 8. 死亡损失费 | 元 | 59.41 | 72.73 | 143.09 | 113.27 | 350.00 |
| 9. 技术服务费 | 元 | | | 1.66 | | |
| 10. 工具材料费 | 元 | 8.37 | 15.07 | 5.15 | 15.94 | 21.00 |
| 11. 修理维护费 | 元 | 6.89 | 14.32 | 4.59 | 8.68 | 4.00 |
| 12. 其他直接费用 | 元 | | | | | |
| (二)间接费用 | 元 | 86.01 | 78.32 | 148.80 | 114.93 | 780.00 |
| 1. 固定资产折旧 | 元 | 79.29 | 67.59 | 138.52 | 88.65 | 680.00 |
| 2. 保险费 | 元 | | | | 24.00 | 100.00 |
| 3. 管理费 | 元 | 0.06 | 1.84 | 2.78 | 2.28 | |
| 4. 财务费 | 元 | | | | | |
| 5. 销售费 | 元 | 6.66 | 8.89 | 7.50 | | |
| **二、每百只人工成本** | **元** | **1232.87** | **1901.85** | **1684.70** | **528.58** | **783.70** |
| 1. 家庭用工折价 | 元 | 1107.14 | 1315.23 | 910.29 | 528.58 | 783.70 |
| 家庭用工天数 | 日 | 12.01 | 14.27 | 9.87 | 5.73 | 8.50 |
| 劳动日工价 | 元 | 92.20 | 92.20 | 92.20 | 92.20 | 92.20 |
| 2. 雇工费用 | 元 | 125.73 | 586.62 | 774.41 | | |
| 雇工天数 | 日 | 1.25 | 5.52 | 5.76 | | |
| 雇工工价 | 元 | 100.58 | 106.27 | 134.45 | 112.50 | 130.00 |
| **三、附** | | | | | | |
| 1. 仔畜重量 | 公斤 | | | | | |
| 2. 精饲料数量 | 公斤 | 4106.36 | 4140.60 | 4395.50 | 3499.64 | 185.00 |
| 3. 耗粮数量 | 公斤 | 2865.31 | 2943.74 | 3485.26 | 2745.33 | 127.65 |

5-11-2　续表 2

| 项　　目 | 单位 | 安　徽 | 山　东 | 河　南 | 湖　北 | 四　川 |
|---|---|---|---|---|---|---|
| **一、每百只物质与服务费用** | **元** | **18753.51** | **16544.63** | **16212.22** | **15766.30** | **17121.89** |
| （一）直接费用 | 元 | 18276.99 | 16437.52 | 16086.53 | 15619.20 | 16793.49 |
| 1. 仔畜费 | 元 | 3921.35 | 3021.50 | 3393.04 | 2881.30 | 2772.00 |
| 2. 精饲料费 | 元 | 13907.52 | 13136.27 | 12346.55 | 12168.80 | 13551.59 |
| 3. 青粗饲料费 | 元 | | | | | |
| 4. 饲料加工费 | 元 | | | 10.45 | | |
| 5. 水费 | 元 | 8.20 | 16.35 | 11.90 | 13.30 | 16.90 |
| 6. 燃料动力费 | 元 | 91.40 | 79.49 | 64.81 | 91.20 | 48.00 |
| 电费 | 元 | 91.40 | 79.49 | 64.81 | 91.20 | 48.00 |
| 煤费 | 元 | | | | | |
| 其他燃料动力费 | 元 | | | | | |
| 7. 医疗防疫费 | 元 | 234.07 | 106.80 | 158.45 | 296.20 | 231.00 |
| 8. 死亡损失费 | 元 | 81.85 | 59.96 | 82.61 | 141.60 | 148.00 |
| 9. 技术服务费 | 元 | | | | | |
| 10. 工具材料费 | 元 | 15.26 | 9.57 | 9.94 | 13.10 | 11.70 |
| 11. 修理维护费 | 元 | 17.34 | 7.58 | 8.78 | 13.70 | 14.30 |
| 12. 其他直接费用 | 元 | | | | | |
| （二）间接费用 | 元 | 476.52 | 107.11 | 125.69 | 147.10 | 328.40 |
| 1. 固定资产折旧 | 元 | 360.52 | 100.19 | 109.62 | 147.10 | 289.90 |
| 2. 保险费 | 元 | | | | | |
| 3. 管理费 | 元 | | | 4.41 | | 3.20 |
| 4. 财务费 | 元 | | | | | |
| 5. 销售费 | 元 | 116.00 | 6.92 | 11.66 | | 35.30 |
| **二、每百只人工成本** | **元** | **614.32** | **1224.26** | **1632.88** | **468.38** | **895.17** |
| 1. 家庭用工折价 | 元 | 386.32 | 1147.06 | 1513.92 | 468.38 | 895.17 |
| 家庭用工天数 | 日 | 4.19 | 12.44 | 16.42 | 5.08 | 9.71 |
| 劳动日工价 | 元 | 92.20 | 92.20 | 92.20 | 92.20 | 92.20 |
| 2. 雇工费用 | 元 | 228.00 | 77.20 | 118.96 | | |
| 雇工天数 | 日 | 1.95 | 0.77 | 1.20 | | |
| 雇工工价 | 元 | 116.92 | 100.26 | 99.13 | 120.00 | 120.00 |
| 三、附 | | | | | | |
| 1. 仔畜重量 | 公斤 | | | | | |
| 2. 精饲料数量 | 公斤 | 4717.41 | 4252.30 | 4107.49 | 4125.00 | 4221.68 |
| 3. 耗粮数量 | 公斤 | 3590.27 | 3235.65 | 2602.93 | 3258.75 | 2912.96 |

5-11-2 续表 3

| 项 目 | 单位 | 云 南 | 陕 西 | 甘 肃 | 宁 夏 | 新 疆 |
|---|---|---|---|---|---|---|
| **一、每百只物质与服务费用** | **元** | **17982.88** | **12677.88** | **19985.71** | **19322.74** | **17001.23** |
| (一)直接费用 | 元 | 17097.75 | 12557.29 | 19133.97 | 19159.90 | 16840.32 |
| 1. 仔畜费 | 元 | 3810.00 | 2337.60 | 4000.00 | 3451.81 | 3483.43 |
| 2. 精饲料费 | 元 | 12871.03 | 9924.97 | 14603.08 | 15289.45 | 12948.16 |
| 3. 青粗饲料费 | 元 | | | | | |
| 4. 饲料加工费 | 元 | | 14.00 | | 16.90 | |
| 5. 水费 | 元 | 13.29 | 7.51 | 45.38 | 15.14 | 26.38 |
| 6. 燃料动力费 | 元 | 36.98 | 74.64 | 81.91 | 67.05 | 71.45 |
| 电费 | 元 | 34.06 | 63.84 | 81.91 | 43.93 | 38.80 |
| 煤费 | 元 | 2.92 | 10.80 | | 23.12 | 32.65 |
| 其他燃料动力费 | 元 | | | | | |
| 7. 医疗防疫费 | 元 | 282.00 | 140.06 | 127.65 | 150.17 | 135.55 |
| 8. 死亡损失费 | 元 | 58.94 | 41.55 | 255.31 | 141.42 | 152.10 |
| 9. 技术服务费 | 元 | | | | | |
| 10. 工具材料费 | 元 | 10.71 | 9.33 | 7.88 | 15.30 | 11.18 |
| 11. 修理维护费 | 元 | 14.80 | 7.63 | 12.76 | 12.66 | 12.07 |
| 12. 其他直接费用 | 元 | | | | | |
| (二)间接费用 | 元 | 885.13 | 120.59 | 851.74 | 162.84 | 160.91 |
| 1. 固定资产折旧 | 元 | 164.88 | 102.30 | 547.50 | 133.43 | 122.95 |
| 2. 保险费 | 元 | | | | | |
| 3. 管理费 | 元 | 24.67 | | 22.12 | | 5.29 |
| 4. 财务费 | 元 | | | | | 11.45 |
| 5. 销售费 | 元 | 695.58 | 18.29 | 282.12 | 29.41 | 21.22 |
| **二、每百只人工成本** | **元** | **1283.08** | **1724.87** | **1690.87** | **1078.43** | **1207.44** |
| 1. 家庭用工折价 | 元 | 835.15 | 1550.53 | 861.15 | 1031.35 | 751.34 |
| 家庭用工天数 | 日 | 9.06 | 16.82 | 9.34 | 11.19 | 8.15 |
| 劳动日工价 | 元 | 92.20 | 92.20 | 92.20 | 92.20 | 92.20 |
| 2. 雇工费用 | 元 | 447.93 | 174.34 | 829.72 | 47.08 | 456.10 |
| 雇工天数 | 日 | 3.53 | 1.46 | 6.23 | 0.46 | 3.39 |
| 雇工工价 | 元 | 126.89 | 119.41 | 133.18 | 102.35 | 134.54 |
| **三、附** | | | | | | |
| 1. 仔畜重量 | 公斤 | | | | | |
| 2. 精饲料数量 | 公斤 | 3808.42 | 3807.64 | 4359.13 | 3921.21 | 4116.29 |
| 3. 耗粮数量 | 公斤 | 2851.98 | 2817.45 | 3236.65 | 2744.85 | 2881.41 |

# 5-12-1　2021年各地区大规模蛋鸡成本收益情况

| 项　　目 | 单位 | 平　均 | 北　京 | 天　津 | 山　西 | 内蒙古 | 辽　宁 | 吉　林 |
|---|---|---|---|---|---|---|---|---|
| 每百只 | | | | | | | | |
| 主产品产量 | 公斤 | 1764.13 | 1851.30 | 1873.84 | 1885.68 | 1883.10 | 1794.11 | 1796.25 |
| 产值合计 | 元 | 18640.58 | 18781.67 | 18513.95 | 18660.84 | 21437.40 | 17671.53 | 16687.08 |
| 主产品产值 | 元 | 16400.11 | 16458.94 | 16330.59 | 16352.81 | 19098.08 | 15520.43 | 15101.29 |
| 副产品产值 | 元 | 2240.47 | 2322.73 | 2183.36 | 2308.03 | 2339.32 | 2151.10 | 1585.79 |
| 总成本 | 元 | 17992.29 | 18225.99 | 17829.62 | 18522.82 | 17889.49 | 17277.56 | 17238.87 |
| 生产成本 | 元 | 17965.74 | 18192.07 | 17812.03 | 18506.65 | 17875.04 | 17268.11 | 17218.64 |
| 物质与服务费用 | 元 | 16976.44 | 16836.44 | 17137.06 | 18101.64 | 17177.60 | 16173.82 | 16451.32 |
| 人工成本 | 元 | 989.30 | 1355.63 | 674.97 | 405.01 | 697.44 | 1094.29 | 767.32 |
| 家庭用工折价 | 元 | 157.66 | 80.21 | 166.88 | 94.32 | 318.09 | 408.35 | 266.55 |
| 雇工费用 | 元 | 831.64 | 1275.42 | 508.09 | 310.69 | 379.35 | 685.94 | 500.77 |
| 土地成本 | 元 | 26.55 | 33.92 | 17.59 | 16.17 | 14.45 | 9.45 | 20.23 |
| 净利润 | 元 | 648.29 | 555.68 | 684.33 | 138.02 | 3547.91 | 393.97 | -551.79 |
| 成本利润率 | % | 3.60 | 3.05 | 3.84 | 0.75 | 19.83 | 2.28 | -3.20 |
| 每50公斤主产品 | | | | | | | | |
| 平均出售价格 | 元 | 464.82 | 444.52 | 435.75 | 433.61 | 507.09 | 432.54 | 420.36 |
| 总成本 | 元 | 448.65 | 431.37 | 419.64 | 430.40 | 423.17 | 422.90 | 434.26 |
| 生产成本 | 元 | 447.99 | 430.57 | 419.23 | 430.03 | 422.82 | 422.67 | 433.75 |
| 净利润 | 元 | 16.17 | 13.15 | 16.11 | 3.21 | 83.92 | 9.64 | -13.90 |
| 附： | | | | | | | | |
| 每百只用工数量 | 日 | 8.25 | 10.58 | 5.10 | 3.29 | 6.40 | 11.68 | 7.11 |
| 平均饲养天数 | 日 | 358.86 | 365.00 | 365.00 | 392.34 | 365.00 | 363.85 | 361.04 |

5-12-1 续表 1

| 项目 | 单位 | 黑龙江 | 江苏 | 浙江 | 安徽 | 山东 | 河南 | 湖北 |
|---|---|---|---|---|---|---|---|---|
| **每百只** | | | | | | | | |
| 主产品产量 | 公斤 | 1850.75 | 1808.80 | 1898.13 | 1836.77 | 1880.76 | 1862.11 | 1577.87 |
| 产值合计 | 元 | 17902.72 | 17316.25 | 20372.27 | 19567.89 | 19156.76 | 18202.47 | 18339.86 |
| 主产品产值 | 元 | 15779.04 | 15031.90 | 18078.52 | 17108.24 | 16961.60 | 16406.52 | 16312.02 |
| 副产品产值 | 元 | 2123.68 | 2284.35 | 2293.75 | 2459.65 | 2195.16 | 1795.95 | 2027.84 |
| 总成本 | 元 | 17556.38 | 17507.21 | 19286.87 | 18498.26 | 18333.07 | 17866.51 | 15689.26 |
| 生产成本 | 元 | 17544.09 | 17422.81 | 19249.37 | 18481.02 | 18313.78 | 17846.99 | 15678.56 |
| 物质与服务费用 | 元 | 15913.75 | 16582.81 | 18130.14 | 17753.19 | 17732.61 | 16282.16 | 15229.67 |
| 人工成本 | 元 | 1630.34 | 840.00 | 1119.23 | 727.83 | 581.17 | 1564.83 | 448.89 |
| 家庭用工折价 | 元 | 393.05 | | 82.98 | 43.06 | 147.52 | | 265.54 |
| 雇工费用 | 元 | 1237.29 | 840.00 | 1036.25 | 684.77 | 433.65 | 1564.83 | 183.35 |
| 土地成本 | 元 | 12.29 | 84.40 | 37.50 | 17.24 | 19.29 | 19.52 | 10.70 |
| 净利润 | 元 | 346.34 | -190.96 | 1085.40 | 1069.63 | 823.69 | 335.96 | 2650.60 |
| 成本利润率 | % | 1.97 | -1.09 | 5.63 | 5.78 | 4.49 | 1.88 | 16.89 |
| **每 50 公斤主产品** | | | | | | | | |
| 平均出售价格 | 元 | 426.29 | 415.52 | 476.22 | 465.72 | 450.92 | 440.54 | 516.90 |
| 总成本 | 元 | 418.04 | 420.10 | 450.85 | 440.26 | 431.53 | 432.41 | 442.19 |
| 生产成本 | 元 | 417.75 | 418.08 | 449.97 | 439.85 | 431.08 | 431.94 | 441.89 |
| 净利润 | 元 | 8.25 | -4.58 | 25.37 | 25.46 | 19.39 | 8.13 | 74.71 |
| **附：** | | | | | | | | |
| 每百只用工数量 | 日 | 14.00 | 8.55 | 6.33 | 5.70 | 5.86 | 16.29 | 4.79 |
| 平均饲养天数 | 日 | 368.13 | 360.00 | 365.00 | 353.33 | 365.00 | 362.37 | 365.00 |

5-12-1 续表 2

| 项目 | 单位 | 广东 | 海南 | 四川 | 云南 | 甘肃 | 新疆 |
|---|---|---|---|---|---|---|---|
| **每百只** | | | | | | | |
| 主产品产量 | 公斤 | 1734.51 | 798.95 | 1799.00 | 1971.44 | 1622.08 | 1793.00 |
| 产值合计 | 元 | 19594.83 | 17562.86 | 18235.26 | 19432.08 | 18347.16 | 18388.20 |
| 主产品产值 | 元 | 18329.16 | 13549.73 | 16470.76 | 17012.69 | 15091.56 | 16608.20 |
| 副产品产值 | 元 | 1265.67 | 4013.13 | 1764.50 | 2419.39 | 3255.60 | 1780.00 |
| 总成本 | 元 | 20399.32 | 18366.92 | 18039.12 | 19159.19 | 17840.53 | 16326.76 |
| 生产成本 | 元 | 20384.43 | 18296.01 | 18005.72 | 19141.11 | 17808.86 | 16303.98 |
| 物质与服务费用 | 元 | 19064.26 | 15722.75 | 17156.22 | 18961.66 | 16755.51 | 15389.88 |
| 人工成本 | 元 | 1320.17 | 2573.26 | 849.50 | 179.45 | 1053.35 | 914.10 |
| 家庭用工折价 | 元 | 153.70 | | | 87.59 | 211.14 | 276.60 |
| 雇工费用 | 元 | 1166.47 | 2573.26 | 849.50 | 91.86 | 842.21 | 637.50 |
| 土地成本 | 元 | 14.89 | 70.91 | 33.40 | 18.08 | 31.67 | 22.78 |
| 净利润 | 元 | -804.49 | -804.06 | 196.14 | 272.89 | 506.63 | 2061.44 |
| 成本利润率 | % | -3.94 | -4.38 | 1.09 | 1.42 | 2.84 | 12.63 |
| **每 50 公斤主产品** | | | | | | | |
| 平均出售价格 | 元 | 528.37 | 847.97 | 457.78 | 431.48 | 465.19 | 463.14 |
| 总成本 | 元 | 550.06 | 886.79 | 452.86 | 425.42 | 452.34 | 411.22 |
| 生产成本 | 元 | 549.66 | 883.37 | 452.02 | 425.02 | 451.54 | 410.65 |
| 净利润 | 元 | -21.69 | -38.82 | 4.92 | 6.06 | 12.85 | 51.92 |
| **附：** | | | | | | | |
| 每百只用工数量 | 日 | 10.38 | 13.22 | 7.62 | 1.62 | 10.54 | 7.75 |
| 平均饲养天数 | 日 | 360.00 | 294.00 | 365.00 | 358.33 | 325.00 | 365.00 |

# 5-12-2　2021年各地区大规模蛋鸡费用和用工情况

| 项　　目 | 单位 | 平　均 | 北　京 | 天　津 | 山　西 | 内蒙古 | 辽　宁 | 吉　林 |
|---|---|---|---|---|---|---|---|---|
| **一、每百只物质与服务费用** | 元 | **16976.44** | **16836.44** | **17137.06** | **18101.64** | **17177.60** | **16173.82** | **16451.32** |
| （一）直接费用 | 元 | 16559.57 | 16623.43 | 17005.00 | 18012.11 | 17062.79 | 16080.69 | 16326.10 |
| 1. 仔畜费 | 元 | 3253.77 | 3075.42 | 3600.95 | 3870.43 | 3505.00 | 3378.70 | 2701.94 |
| 2. 精饲料费 | 元 | 12652.29 | 13151.25 | 13108.12 | 13757.53 | 13216.86 | 12460.21 | 13347.38 |
| 3. 青粗饲料费 | 元 | 77.30 | | | | | | |
| 4. 饲料加工费 | 元 | 9.73 | | | | | | 10.17 |
| 5. 水费 | 元 | 19.73 | 29.69 | 19.99 | 15.74 | 28.75 | 4.95 | 25.93 |
| 6. 燃料动力费 | 元 | 133.74 | 78.54 | 71.55 | 47.59 | 108.36 | 46.36 | 31.79 |
| 电费 | 元 | 120.34 | 78.54 | 70.99 | 46.22 | 61.36 | 46.36 | 31.79 |
| 煤费 | 元 | 8.49 | | 0.56 | | 25.40 | | |
| 其他燃料动力费 | 元 | 4.91 | | | 1.37 | 21.60 | | |
| 7. 医疗防疫费 | 元 | 242.70 | 186.02 | 148.86 | 155.03 | 93.60 | 123.60 | 108.86 |
| 8. 死亡损失费 | 元 | 110.71 | 76.56 | 45.84 | 144.62 | 96.47 | 50.91 | 77.46 |
| 9. 技术服务费 | 元 | 2.82 | | | 6.07 | | | |
| 10. 工具材料费 | 元 | 21.51 | 16.41 | 5.34 | 8.94 | 6.80 | 8.34 | 7.16 |
| 11. 修理维护费 | 元 | 29.32 | 9.54 | 4.35 | 6.16 | 6.95 | 7.62 | 15.41 |
| 12. 其他直接费用 | 元 | 5.95 | | | | | | |
| （二）间接费用 | 元 | 416.87 | 213.01 | 132.06 | 89.53 | 114.81 | 93.13 | 125.22 |
| 1. 固定资产折旧 | 元 | 225.75 | 159.17 | 127.83 | 86.16 | 107.51 | 84.74 | 105.78 |
| 2. 保险费 | 元 | 6.93 | | | | | | |
| 3. 管理费 | 元 | 77.28 | 25.92 | 4.23 | 2.54 | 4.20 | 0.63 | 2.14 |
| 4. 财务费 | 元 | 15.17 | 4.17 | | | | 4.89 | |
| 5. 销售费 | 元 | 91.74 | 23.75 | | 0.83 | 3.10 | 2.87 | 17.30 |
| **二、每百只人工成本** | 元 | **989.30** | **1355.63** | **674.97** | **405.01** | **697.44** | **1094.29** | **767.32** |
| 1. 家庭用工折价 | 元 | 157.66 | 80.21 | 166.88 | 94.32 | 318.09 | 408.35 | 266.55 |
| 家庭用工天数 | 日 | 1.71 | 0.87 | 1.81 | 1.02 | 3.45 | 4.43 | 2.89 |
| 劳动日工价 | 元 | 92.20 | 92.20 | 92.20 | 92.20 | 92.20 | 92.20 | 92.20 |
| 2. 雇工费用 | 元 | 831.64 | 1275.42 | 508.09 | 310.69 | 379.35 | 685.94 | 500.77 |
| 雇工天数 | 日 | 6.54 | 9.71 | 3.29 | 2.27 | 2.95 | 7.25 | 4.22 |
| 雇工工价 | 元 | 127.16 | 131.35 | 154.44 | 136.87 | 128.59 | 94.61 | 118.67 |
| 三、附 | | | | | | | | |
| 1. 仔畜重量 | 公斤 | | | | | | | |
| 2. 精饲料数量 | 公斤 | 4095.12 | 4404.50 | 4312.37 | 4590.99 | 4352.45 | 4149.98 | 4355.92 |
| 3. 耗粮数量 | 公斤 | 2969.14 | 3070.22 | 3014.78 | 3448.96 | 3277.54 | 2921.02 | 3076.79 |

5-12-2 续表 1

| 项目 | 单位 | 黑龙江 | 江苏 | 浙江 | 安徽 | 山东 | 河南 | 湖北 |
|---|---|---|---|---|---|---|---|---|
| **一、每百只物质与服务费用** | 元 | **15913.75** | **16582.81** | **18130.14** | **17753.19** | **17732.61** | **16282.16** | **15229.67** |
| (一)直接费用 | 元 | 15771.06 | 16075.33 | 17514.60 | 16932.76 | 17589.08 | 16137.62 | 14827.69 |
| 1. 仔畜费 | 元 | 3319.33 | 2525.25 | 3468.13 | 3977.28 | 3412.77 | 3430.83 | 2991.00 |
| 2. 精饲料费 | 元 | 12096.18 | 12913.95 | 11370.71 | 12035.35 | 13836.40 | 12359.59 | 11285.40 |
| 3. 青粗饲料费 | 元 | | | 1468.75 | | | | |
| 4. 饲料加工费 | 元 | | 16.28 | 130.77 | | | | |
| 5. 水费 | 元 | 9.68 | 14.20 | 23.57 | 14.30 | 9.97 | 12.93 | 15.02 |
| 6. 燃料动力费 | 元 | 62.65 | 203.80 | 148.76 | 220.11 | 98.47 | 69.65 | 161.99 |
| 电费 | 元 | 29.34 | 153.80 | 127.13 | 199.83 | 98.47 | 69.65 | 122.62 |
| 煤费 | 元 | 33.31 | | 21.63 | | | | 39.37 |
| 其他燃料动力费 | 元 | | 50.00 | | 20.28 | | | |
| 7. 医疗防疫费 | 元 | 130.77 | 218.55 | 615.63 | 403.89 | 136.45 | 165.71 | 239.75 |
| 8. 死亡损失费 | 元 | 130.31 | 130.90 | 270.00 | 103.06 | 74.13 | 76.82 | 111.50 |
| 9. 技术服务费 | 元 | 7.93 | 28.30 | | 3.66 | 4.30 | | |
| 10. 工具材料费 | 元 | 7.87 | 17.75 | 12.69 | 21.96 | 7.48 | 11.52 | 12.57 |
| 11. 修理维护费 | 元 | 6.34 | 6.35 | 5.59 | 40.01 | 9.11 | 10.57 | 10.46 |
| 12. 其他直接费用 | 元 | | | | 113.14 | | | |
| (二)间接费用 | 元 | 142.69 | 507.48 | 615.54 | 820.43 | 143.53 | 144.54 | 401.98 |
| 1. 固定资产折旧 | 元 | 139.41 | 404.40 | 522.00 | 420.38 | 123.03 | 126.11 | 278.93 |
| 2. 保险费 | 元 | | 38.00 | 90.00 | 3.67 | | | |
| 3. 管理费 | 元 | 3.28 | 17.98 | 2.44 | 124.93 | 12.27 | 5.89 | 28.75 |
| 4. 财务费 | 元 | | 14.25 | | 137.69 | 0.06 | | 83.70 |
| 5. 销售费 | 元 | | 32.85 | 1.10 | 133.76 | 8.17 | 12.54 | 10.60 |
| **二、每百只人工成本** | 元 | **1630.34** | **840.00** | **1119.23** | **727.83** | **581.17** | **1564.83** | **448.89** |
| 1. 家庭用工折价 | 元 | 393.05 | | 82.98 | 43.06 | 147.52 | | 265.54 |
| 家庭用工天数 | 日 | 4.26 | | 0.90 | 0.47 | 1.60 | | 2.88 |
| 劳动日工价 | 元 | 92.20 | 92.20 | 92.20 | 92.20 | 92.20 | 92.20 | 92.20 |
| 2. 雇工费用 | 元 | 1237.29 | 840.00 | 1036.25 | 684.77 | 433.65 | 1564.83 | 183.35 |
| 雇工天数 | 日 | 9.74 | 8.55 | 5.43 | 5.23 | 4.26 | 16.29 | 1.91 |
| 雇工工价 | 元 | 127.03 | 98.25 | 190.84 | 130.93 | 101.80 | 96.06 | 96.00 |
| 三、附 | | | | | | | | |
| 1. 仔畜重量 | 公斤 | | | | | | | |
| 2. 精饲料数量 | 公斤 | 4385.23 | 4192.50 | 3457.13 | 3816.57 | 4301.54 | 4123.90 | 3729.08 |
| 3. 耗粮数量 | 公斤 | 3485.60 | 2841.68 | 2411.18 | 2756.56 | 3268.31 | 2604.60 | 2964.29 |

5-12-2 续表 2

| 项 目 | 单位 | 广 东 | 海 南 | 四 川 | 云 南 | 甘 肃 | 新 疆 |
|---|---|---|---|---|---|---|---|
| **一、每百只物质与服务费用** | **元** | **19064.26** | **15722.75** | **17156.22** | **18961.66** | **16755.51** | **15389.88** |
| (一)直接费用 | 元 | 17890.43 | 13974.36 | 16749.52 | 18467.90 | 16385.87 | 15205.63 |
| 1. 仔畜费 | 元 | 3167.84 | 2326.00 | 2883.00 | 3637.78 | 3525.00 | 3025.00 |
| 2. 精饲料费 | 元 | 13981.93 | 9659.96 | 13218.67 | 14388.02 | 12423.92 | 11782.13 |
| 3. 青粗饲料费 | 元 | | | | | | |
| 4. 饲料加工费 | 元 | 17.67 | | | 10.00 | | |
| 5. 水费 | 元 | 37.68 | | 23.70 | 17.71 | 36.08 | 35.00 |
| 6. 燃料动力费 | 元 | 364.56 | 602.39 | 69.25 | 21.04 | 65.64 | 68.50 |
| 电费 | 元 | 364.56 | 602.39 | 69.25 | 21.04 | 65.64 | 27.50 |
| 煤费 | 元 | | | | | | 41.00 |
| 其他燃料动力费 | 元 | | | | | | |
| 7. 医疗防疫费 | 元 | 145.86 | 798.33 | 377.50 | 279.51 | 158.34 | 125.00 |
| 8. 死亡损失费 | 元 | 112.62 | 106.18 | 135.00 | 93.07 | 130.50 | 137.50 |
| 9. 技术服务费 | 元 | | | | 3.33 | | |
| 10. 工具材料费 | 元 | 45.50 | 157.75 | 21.10 | 6.91 | 16.13 | 16.50 |
| 11. 修理维护费 | 元 | 16.77 | 323.75 | 21.30 | 10.53 | 30.26 | 16.00 |
| 12. 其他直接费用 | 元 | | | | | | |
| (二)间接费用 | 元 | 1173.83 | 1748.39 | 406.70 | 493.76 | 369.64 | 184.25 |
| 1. 固定资产折旧 | 元 | 310.55 | 607.72 | 246.40 | 110.38 | 188.75 | 140.00 |
| 2. 保险费 | 元 | | | | | | |
| 3. 管理费 | 元 | 394.52 | 695.13 | 74.55 | 33.44 | 29.15 | 6.25 |
| 4. 财务费 | 元 | | | 35.55 | | | 8.00 |
| 5. 销售费 | 元 | 468.76 | 445.54 | 50.20 | 349.94 | 151.74 | 30.00 |
| **二、每百只人工成本** | **元** | **1320.17** | **2573.26** | **849.50** | **179.45** | **1053.35** | **914.10** |
| 1. 家庭用工折价 | 元 | 153.70 | | | 87.59 | 211.14 | 276.60 |
| 家庭用工天数 | 日 | 1.67 | | | 0.95 | 2.29 | 3.00 |
| 劳动日工价 | 元 | 92.20 | 92.20 | 92.20 | 92.20 | 92.20 | 92.20 |
| 2. 雇工费用 | 元 | 1166.47 | 2573.26 | 849.50 | 91.86 | 842.21 | 637.50 |
| 雇工天数 | 日 | 8.71 | 13.22 | 7.52 | 0.67 | 8.25 | 4.75 |
| 雇工工价 | 元 | 133.92 | 194.65 | 111.48 | 137.10 | 102.09 | 134.21 |
| 三、附 | | | | | | | |
| 1. 仔畜重量 | 公斤 | | | | | | |
| 2. 精饲料数量 | 公斤 | 4216.80 | 3016.93 | 4104.86 | 4155.10 | 4029.00 | 4112.50 |
| 3. 耗粮数量 | 公斤 | 3019.80 | 2413.54 | 2873.40 | 3016.36 | 3070.29 | 2878.75 |

# 5-13-1 2021年各地区散养奶牛成本收益情况

| 项 目 | 单位 | 平 均 | 山 西 | 吉 林 | 湖 南 | 贵 州 | 陕 西 | 新 疆 |
|---|---|---|---|---|---|---|---|---|
| **每头** | | | | | | | | |
| 主产品产量 | 公斤 | 5469.48 | 5743.70 | 5247.00 | 4584.88 | 5200.33 | 6034.25 | 6006.74 |
| 产值合计 | 元 | 26217.27 | 40453.39 | 18812.00 | 19590.82 | 22066.48 | 28145.54 | 28235.34 |
| 主产品产值 | 元 | 23309.82 | 37695.45 | 16704.00 | 17284.57 | 19761.27 | 25840.29 | 22573.32 |
| 副产品产值 | 元 | 2907.45 | 2757.94 | 2108.00 | 2306.25 | 2305.21 | 2305.25 | 5662.02 |
| 总成本 | 元 | 18461.96 | 20702.19 | 16831.95 | 16637.29 | 20136.86 | 21804.92 | 14658.40 |
| 生产成本 | 元 | 18439.29 | 20638.63 | 16831.95 | 16597.87 | 20136.86 | 21804.92 | 14625.37 |
| 物质与服务费用 | 元 | 14252.84 | 16042.43 | 12191.25 | 13861.83 | 15448.77 | 16233.73 | 11738.95 |
| 人工成本 | 元 | 4186.45 | 4596.20 | 4640.70 | 2736.04 | 4688.09 | 5571.19 | 2886.42 |
| 家庭用工折价 | 元 | 4096.35 | 4232.35 | 4640.70 | 2736.04 | 4688.09 | 5571.19 | 2709.67 |
| 雇工费用 | 元 | 90.10 | 363.85 | | | | | 176.75 |
| 土地成本 | 元 | 22.67 | 63.56 | | 39.42 | | | 33.03 |
| 净利润 | 元 | 7755.31 | 19751.20 | 1980.05 | 2953.54 | 1929.62 | 6340.63 | 13576.94 |
| 成本利润率 | % | 42.01 | 95.41 | 11.76 | 17.75 | 9.58 | 29.08 | 92.62 |
| **每50公斤主产品** | | | | | | | | |
| 平均出售价格 | 元 | 213.09 | 328.15 | 159.18 | 188.50 | 190.00 | 214.11 | 187.90 |
| 总成本 | 元 | 150.06 | 167.93 | 142.43 | 160.08 | 173.39 | 165.88 | 97.55 |
| 生产成本 | 元 | 149.87 | 167.42 | 142.43 | 159.70 | 173.39 | 165.88 | 97.33 |
| 净利润 | 元 | 63.03 | 160.22 | 16.75 | 28.42 | 16.61 | 48.23 | 90.35 |
| **附：** | | | | | | | | |
| 每头用工数量 | 日 | 45.15 | 48.74 | 50.33 | 29.68 | 50.85 | 60.43 | 30.88 |
| 平均饲养天数 | 日 | 365.00 | 365.00 | 365.00 | 365.00 | 365.00 | 365.00 | 365.00 |

# 5-13-2 2021年各地区散养奶牛费用和用工情况

| 项目 | 单位 | 平均 | 山西 | 吉林 | 湖南 | 贵州 | 陕西 | 新疆 |
|---|---|---|---|---|---|---|---|---|
| **一、每头物质与服务费用** | 元 | **14252.84** | **16042.43** | **12191.25** | **13861.83** | **15448.77** | **16233.73** | **11738.95** |
| （一）直接费用 | 元 | 11979.11 | 13418.62 | 10385.58 | 11455.66 | 12965.24 | 12813.60 | 10835.95 |
| 1. 仔畜费 | 元 | | | | | | | |
| 2. 精饲料费 | 元 | 8903.66 | 10418.11 | 7998.20 | 8900.60 | 9180.83 | 9806.53 | 7117.69 |
| 3. 青粗饲料费 | 元 | 2423.46 | 2234.98 | 2088.00 | 2205.00 | 2467.74 | 2268.13 | 3276.91 |
| 4. 饲料加工费 | 元 | 45.11 | 49.37 | 22.43 | | | 72.13 | 126.71 |
| 5. 水费 | 元 | 32.31 | 53.45 | 22.07 | 33.31 | 23.40 | 39.88 | 21.76 |
| 6. 燃料动力费 | 元 | 182.67 | 138.40 | 23.25 | 46.36 | 656.92 | 204.63 | 26.45 |
| 电费 | 元 | 65.07 | 115.26 | 10.62 | 46.36 | 154.85 | 53.38 | 9.94 |
| 煤费 | 元 | 33.92 | 23.14 | 12.63 | | | 151.25 | 16.51 |
| 其他燃料动力费 | 元 | 83.68 | | | | 502.07 | | |
| 7. 医疗防疫费 | 元 | 116.44 | 166.89 | 23.47 | 42.07 | 257.20 | 181.63 | 27.36 |
| 8. 死亡损失费 | 元 | 89.39 | 94.13 | 21.00 | 100.00 | 200.00 | 46.10 | 75.13 |
| 9. 技术服务费 | 元 | 10.72 | | 11.00 | 26.79 | | 20.90 | 5.63 |
| 10. 工具材料费 | 元 | 32.52 | 62.25 | 19.33 | 25.65 | 37.75 | 24.75 | 25.40 |
| 11. 修理维护费 | 元 | 33.66 | 37.18 | 25.83 | 30.88 | 40.57 | 39.24 | 28.24 |
| 12. 其他直接费用 | 元 | 109.17 | 163.86 | 131.00 | 45.00 | 100.83 | 109.68 | 104.67 |
| （二）间接费用 | 元 | 2273.73 | 2623.81 | 1805.67 | 2406.17 | 2483.53 | 3420.13 | 903.00 |
| 1. 固定资产折旧 | 元 | 2166.27 | 2491.93 | 1805.67 | 1908.34 | 2483.53 | 3420.13 | 888.00 |
| 2. 保险费 | 元 | 69.17 | | | 400.00 | | | 15.00 |
| 3. 管理费 | 元 | | | | | | | |
| 4. 财务费 | 元 | | | | | | | |
| 5. 销售费 | 元 | 38.29 | 131.88 | | 97.83 | | | |
| **二、每头人工成本** | 元 | **4186.45** | **4596.20** | **4640.70** | **2736.04** | **4688.09** | **5571.19** | **2886.42** |
| 1. 家庭用工折价 | 元 | 4096.35 | 4232.35 | 4640.70 | 2736.04 | 4688.09 | 5571.19 | 2709.67 |
| 家庭用工天数 | 日 | 44.43 | 45.90 | 50.33 | 29.68 | 50.85 | 60.43 | 29.39 |
| 劳动日工价 | 元 | 92.20 | 92.20 | 92.20 | 92.20 | 92.20 | 92.20 | 92.20 |
| 2. 雇工费用 | 元 | 90.10 | 363.85 | | | | | 176.75 |
| 雇工天数 | 日 | 0.72 | 2.84 | | | | | 1.49 |
| 雇工工价 | 元 | 125.14 | 128.12 | 110.00 | 150.00 | 120.00 | 120.00 | 118.62 |
| 三、附 | | | | | | | | |
| 1. 仔畜重量 | 公斤 | | | | | | | |
| 2. 精饲料数量 | 公斤 | 2726.67 | 3213.07 | 2580.00 | 2368.11 | 2429.00 | 2996.25 | 2773.58 |
| 3. 耗粮数量 | 公斤 | 2015.96 | 2362.68 | 1831.91 | 2072.10 | 1700.30 | 2187.26 | 1941.51 |

# 5-14-1　2021年各地区小规模奶牛成本收益情况

| 项　　目 | 单位 | 平　均 | 河　北 | 山　西 | 内蒙古 | 辽　宁 |
|---|---|---|---|---|---|---|
| **每头** | | | | | | |
| 主产品产量 | 公斤 | 5838.36 | 6338.66 | 5634.33 | 6340.00 | 5929.22 |
| 产值合计 | 元 | 27242.32 | 28529.86 | 29608.13 | 24580.25 | 30864.83 |
| 主产品产值 | 元 | 23535.39 | 24133.20 | 27195.85 | 21115.25 | 26846.27 |
| 副产品产值 | 元 | 3706.93 | 4396.66 | 2412.28 | 3465.00 | 4018.56 |
| 总成本 | 元 | 20435.44 | 19592.23 | 17969.60 | 25326.31 | 19666.59 |
| 生产成本 | 元 | 20379.66 | 19559.46 | 17952.88 | 25252.43 | 19662.84 |
| 物质与服务费用 | 元 | 17100.74 | 17264.70 | 14881.24 | 21404.15 | 15340.22 |
| 人工成本 | 元 | 3278.92 | 2294.76 | 3071.64 | 3848.28 | 4322.62 |
| 家庭用工折价 | 元 | 2805.19 | 2117.56 | 3071.64 | 2213.08 | 3863.27 |
| 雇工费用 | 元 | 473.73 | 177.20 | | 1635.20 | 459.35 |
| 土地成本 | 元 | 55.78 | 32.77 | 16.72 | 73.88 | 3.75 |
| 净利润 | 元 | 6806.89 | 8937.63 | 11638.53 | -746.06 | 11198.24 |
| 成本利润率 | % | 33.31 | 45.62 | 64.77 | -2.95 | 56.94 |
| **每50公斤主产品** | | | | | | |
| 平均出售价格 | 元 | 201.56 | 190.37 | 241.34 | 166.52 | 226.39 |
| 总成本 | 元 | 151.20 | 130.73 | 146.47 | 171.57 | 144.25 |
| 生产成本 | 元 | 150.78 | 130.51 | 146.34 | 171.07 | 144.22 |
| 净利润 | 元 | 50.36 | 59.64 | 94.87 | -5.05 | 82.14 |
| **附：** | | | | | | |
| 每头用工数量 | 日 | 34.34 | 24.33 | 33.32 | 36.11 | 46.09 |
| 平均饲养天数 | 日 | 365.00 | 365.00 | 365.00 | 365.00 | 365.00 |

5-14-1 续表 1

| 项　　目 | 单位 | 吉　林 | 黑龙江 | 山　东 | 河　南 |
|---|---|---|---|---|---|
| **每头** | | | | | |
| 主产品产量 | 公斤 | 4801.46 | 6006.70 | 6830.15 | 5391.89 |
| 产值合计 | 元 | 29401.56 | 25710.73 | 27517.50 | 18942.82 |
| 主产品产值 | 元 | 25998.72 | 21505.41 | 23205.00 | 15787.96 |
| 副产品产值 | 元 | 3402.84 | 4205.32 | 4312.50 | 3154.86 |
| 总成本 | 元 | 18931.20 | 19063.83 | 20864.41 | 18193.58 |
| 生产成本 | 元 | 18917.13 | 19058.57 | 20808.91 | 18157.45 |
| 物质与服务费用 | 元 | 14740.31 | 16043.12 | 17855.68 | 14590.79 |
| 人工成本 | 元 | 4176.82 | 3015.45 | 2953.23 | 3566.66 |
| 家庭用工折价 | 元 | 3742.03 | 2008.02 | 2503.23 | 3566.66 |
| 雇工费用 | 元 | 434.79 | 1007.43 | 450.00 | |
| 土地成本 | 元 | 14.07 | 5.26 | 55.50 | 36.13 |
| 净利润 | 元 | 10470.36 | 6646.90 | 6653.09 | 749.24 |
| 成本利润率 | % | 55.31 | 34.87 | 31.89 | 4.12 |
| **每 50 公斤主产品** | | | | | |
| 平均出售价格 | 元 | 270.74 | 179.01 | 169.87 | 146.40 |
| 总成本 | 元 | 174.33 | 132.73 | 128.80 | 140.61 |
| 生产成本 | 元 | 174.20 | 132.69 | 128.46 | 140.33 |
| 净利润 | 元 | 96.41 | 46.28 | 41.07 | 5.79 |
| **附：** | | | | | |
| 每头用工数量 | 日 | 44.22 | 30.09 | 31.30 | 38.68 |
| 平均饲养天数 | 日 | 365.00 | 365.00 | 365.00 | 365.00 |

5-14-1 续表 2

| 项目 | 单位 | 湖南 | 广西 | 云南 | 宁夏 |
|---|---|---|---|---|---|
| **每头** | | | | | |
| 主产品产量 | 公斤 | 4707.58 | 6619.56 | 5718.75 | 5741.96 |
| 产值合计 | 元 | 19977.38 | 36548.91 | 26141.21 | 29084.64 |
| 主产品产值 | 元 | 17530.06 | 32670.79 | 21872.32 | 24563.81 |
| 副产品产值 | 元 | 2447.32 | 3878.12 | 4268.89 | 4520.83 |
| 总成本 | 元 | 16041.41 | 30940.56 | 18629.79 | 20005.29 |
| 生产成本 | 元 | 15942.45 | 30691.50 | 18569.79 | 19982.01 |
| 物质与服务费用 | 元 | 13402.52 | 26061.77 | 16778.10 | 16846.07 |
| 人工成本 | 元 | 2539.93 | 4629.73 | 1791.69 | 3135.94 |
| 家庭用工折价 | 元 | 2539.93 | 4629.73 | 1191.69 | 2215.11 |
| 雇工费用 | 元 | | | 600.00 | 920.83 |
| 土地成本 | 元 | 98.96 | 249.06 | 60.00 | 23.28 |
| 净利润 | 元 | 3935.97 | 5608.35 | 7511.43 | 9079.36 |
| 成本利润率 | % | 24.54 | 18.13 | 40.32 | 45.38 |
| **每 50 公斤主产品** | | | | | |
| 平均出售价格 | 元 | 186.19 | 246.77 | 191.23 | 213.90 |
| 总成本 | 元 | 149.51 | 208.90 | 136.28 | 147.13 |
| 生产成本 | 元 | 148.58 | 207.22 | 135.84 | 146.96 |
| 净利润 | 元 | 36.68 | 37.87 | 54.95 | 66.77 |
| **附：** | | | | | |
| 每头用工数量 | 日 | 27.55 | 50.21 | 18.00 | 32.07 |
| 平均饲养天数 | 日 | 365.00 | 365.00 | 365.00 | 365.00 |

# 5-14-2　2021年各地区小规模奶牛费用和用工情况

| 项　　目 | 单位 | 平　均 | 河　北 | 山　西 | 内蒙古 | 辽　宁 |
|---|---|---|---|---|---|---|
| **一、每头物质与服务费用** | **元** | **17100.74** | **17264.70** | **14881.24** | **21404.15** | **15340.22** |
| （一）直接费用 | 元 | 14209.65 | 14775.30 | 12248.37 | 16277.15 | 12648.06 |
| 1. 仔畜费 | 元 | | | | | |
| 2. 精饲料费 | 元 | 10067.06 | 11725.68 | 9641.27 | 10387.73 | 9454.69 |
| 3. 青粗饲料费 | 元 | 3470.02 | 2537.22 | 1978.69 | 5166.63 | 2494.81 |
| 4. 饲料加工费 | 元 | 38.76 | 137.67 | 69.41 | 27.75 | 89.69 |
| 5. 水费 | 元 | 35.81 | 27.05 | 58.19 | 59.38 | 19.51 |
| 6. 燃料动力费 | 元 | 129.62 | 63.88 | 118.36 | 313.53 | 165.09 |
| 电费 | 元 | 89.50 | 63.88 | 60.43 | 127.00 | 109.34 |
| 煤费 | 元 | 35.24 | | 57.93 | 134.63 | 55.75 |
| 其他燃料动力费 | 元 | 4.88 | | | 51.90 | |
| 7. 医疗防疫费 | 元 | 180.46 | 139.71 | 66.94 | 80.45 | 100.23 |
| 8. 死亡损失费 | 元 | 72.52 | | 75.60 | | 131.38 |
| 9. 技术服务费 | 元 | 7.14 | | 25.30 | 11.75 | |
| 10. 工具材料费 | 元 | 44.98 | 27.67 | 61.98 | 39.75 | 37.79 |
| 11. 修理维护费 | 元 | 35.42 | 18.69 | 40.46 | 46.00 | 27.55 |
| 12. 其他直接费用 | 元 | 127.86 | 97.73 | 112.17 | 144.18 | 127.32 |
| （二）间接费用 | 元 | 2891.09 | 2489.40 | 2632.87 | 5127.00 | 2692.16 |
| 1. 固定资产折旧 | 元 | 2695.80 | 2443.13 | 2539.01 | 4601.50 | 2596.73 |
| 2. 保险费 | 元 | 90.69 | 20.00 | | 250.00 | |
| 3. 管理费 | 元 | 9.80 | 26.27 | 50.56 | | |
| 4. 财务费 | 元 | 0.03 | | | | |
| 5. 销售费 | 元 | 94.77 | | 43.30 | 275.50 | 95.43 |
| **二、每头人工成本** | **元** | **3278.92** | **2294.76** | **3071.64** | **3848.28** | **4322.62** |
| 1. 家庭用工折价 | 元 | 2805.19 | 2117.56 | 3071.64 | 2213.08 | 3863.27 |
| 家庭用工天数 | 日 | 30.43 | 22.97 | 33.32 | 24.00 | 41.90 |
| 劳动日工价 | 元 | 92.20 | 92.20 | 92.20 | 92.20 | 92.20 |
| 2. 雇工费用 | 元 | 473.73 | 177.20 | | 1635.20 | 459.35 |
| 雇工天数 | 日 | 3.91 | 1.36 | | 12.11 | 4.19 |
| 雇工工价 | 元 | 121.16 | 130.29 | 127.50 | 135.03 | 109.63 |
| 三、附 | | | | | | |
| 1. 仔畜重量 | 公斤 | | | | | |
| 2. 精饲料数量 | 公斤 | 2991.50 | 3594.84 | 2967.00 | 3291.25 | 3052.99 |
| 3. 耗粮数量 | 公斤 | 2175.04 | 2467.86 | 2235.37 | 2368.73 | 2103.51 |

5-14-2 续表 1

| 项目 | 单位 | 吉林 | 黑龙江 | 山东 | 河南 |
| --- | --- | --- | --- | --- | --- |
| **一、每头物质与服务费用** | **元** | **14740.31** | **16043.12** | **17855.68** | **14590.79** |
| (一)直接费用 | 元 | 10792.32 | 13055.79 | 15084.58 | 12721.18 |
| 1. 仔畜费 | 元 | | | | |
| 2. 精饲料费 | 元 | 7771.04 | 8038.54 | 9915.00 | 9412.72 |
| 3. 青粗饲料费 | 元 | 2482.84 | 4438.95 | 4151.88 | 2617.47 |
| 4. 饲料加工费 | 元 | 16.77 | 51.95 | | 37.20 |
| 5. 水费 | 元 | 30.67 | 16.66 | 31.25 | 36.12 |
| 6. 燃料动力费 | 元 | 121.50 | 101.82 | 267.90 | 144.97 |
| 电费 | 元 | 79.91 | 59.45 | 254.15 | 97.68 |
| 煤费 | 元 | 41.59 | 35.74 | 13.75 | 47.29 |
| 其他燃料动力费 | 元 | | 6.63 | | |
| 7. 医疗防疫费 | 元 | 114.58 | 146.80 | 322.00 | 223.06 |
| 8. 死亡损失费 | 元 | 26.49 | 27.15 | 67.00 | 52.76 |
| 9. 技术服务费 | 元 | | 3.73 | | 6.25 |
| 10. 工具材料费 | 元 | 19.69 | 22.29 | 75.55 | 31.06 |
| 11. 修理维护费 | 元 | 37.80 | 25.39 | 49.00 | 28.89 |
| 12. 其他直接费用 | 元 | 170.94 | 182.51 | 205.00 | 130.68 |
| (二)间接费用 | 元 | 3947.99 | 2987.33 | 2771.10 | 1869.61 |
| 1. 固定资产折旧 | 元 | 3314.59 | 2956.77 | 2756.25 | 1810.93 |
| 2. 保险费 | 元 | | 12.25 | | |
| 3. 管理费 | 元 | | 9.36 | | 31.37 |
| 4. 财务费 | 元 | 0.38 | | | |
| 5. 销售费 | 元 | 633.02 | 8.95 | 14.85 | 27.31 |
| **二、每头人工成本** | **元** | **4176.82** | **3015.45** | **2953.23** | **3566.66** |
| 1. 家庭用工折价 | 元 | 3742.03 | 2008.02 | 2503.23 | 3566.66 |
| 家庭用工天数 | 日 | 40.59 | 21.78 | 27.15 | 38.68 |
| 劳动日工价 | 元 | 92.20 | 92.20 | 92.20 | 92.20 |
| 2. 雇工费用 | 元 | 434.79 | 1007.43 | 450.00 | |
| 雇工天数 | 日 | 3.63 | 8.31 | 4.15 | |
| 雇工工价 | 元 | 119.78 | 121.23 | 108.43 | 91.90 |
| **三、附** | | | | | |
| 1. 仔畜重量 | 公斤 | | | | |
| 2. 精饲料数量 | 公斤 | 2428.97 | 2545.84 | 3025.00 | 2768.14 |
| 3. 耗粮数量 | 公斤 | 1705.85 | 1967.69 | 2178.00 | 2003.71 |

5-14-2 续表 2

| 项 目 | 单位 | 湖 南 | 广 西 | 云 南 | 宁 夏 |
|---|---|---|---|---|---|
| **一、每头物质与服务费用** | 元 | **13402.52** | **26061.77** | **16778.10** | **16846.07** |
| (一)直接费用 | 元 | 11001.68 | 22168.27 | 15250.60 | 14492.34 |
| 1. 仔畜费 | 元 | | | | |
| 2. 精饲料费 | 元 | 8852.34 | 15085.86 | 9645.13 | 10874.66 |
| 3. 青粗饲料费 | 元 | 1899.67 | 6054.78 | 4697.55 | 3119.77 |
| 4. 饲料加工费 | 元 | | | | 34.69 |
| 5. 水费 | 元 | 34.28 | 57.40 | 24.64 | 34.55 |
| 6. 燃料动力费 | 元 | 50.99 | 132.76 | 35.59 | 39.00 |
| 电费 | 元 | 50.99 | 96.52 | 35.59 | 39.00 |
| 煤费 | 元 | | 36.24 | | |
| 其他燃料动力费 | 元 | | | | |
| 7. 医疗防疫费 | 元 | 38.43 | 388.64 | 337.63 | 207.08 |
| 8. 死亡损失费 | 元 | | 216.81 | 273.00 | |
| 9. 技术服务费 | 元 | 38.60 | | | |
| 10. 工具材料费 | 元 | 23.50 | 107.47 | 60.00 | 33.01 |
| 11. 修理维护费 | 元 | 28.87 | 42.14 | 49.00 | 31.25 |
| 12. 其他直接费用 | 元 | 35.00 | 82.41 | 128.06 | 118.33 |
| (二)间接费用 | 元 | 2400.84 | 3893.50 | 1527.50 | 2353.73 |
| 1. 固定资产折旧 | 元 | 1979.59 | 3893.50 | 1157.50 | 2300.08 |
| 2. 保险费 | 元 | 400.00 | | 370.00 | 36.00 |
| 3. 管理费 | 元 | | | | |
| 4. 财务费 | 元 | | | | |
| 5. 销售费 | 元 | 21.25 | | | 17.65 |
| **二、每头人工成本** | 元 | **2539.93** | **4629.73** | **1791.69** | **3135.94** |
| 1. 家庭用工折价 | 元 | 2539.93 | 4629.73 | 1191.69 | 2215.11 |
| 家庭用工天数 | 日 | 27.55 | 50.21 | 12.93 | 24.03 |
| 劳动日工价 | 元 | 92.20 | 92.20 | 92.20 | 92.20 |
| 2. 雇工费用 | 元 | | | 600.00 | 920.83 |
| 雇工天数 | 日 | | | 5.07 | 8.04 |
| 雇工工价 | 元 | 150.00 | 110.00 | 118.34 | 114.53 |
| **三、附** | | | | | |
| 1. 仔畜重量 | 公斤 | | | | |
| 2. 精饲料数量 | 公斤 | 2355.32 | 3993.75 | 2755.75 | 3119.20 |
| 3. 耗粮数量 | 公斤 | 2060.90 | 2675.97 | 2149.49 | 2183.44 |

# 5-15-1 2021年各地区中规模奶牛成本收益情况

| 项目 | 单位 | 平均 | 北京 | 河北 | 山西 | 内蒙古 | 辽宁 | 吉林 |
|---|---|---|---|---|---|---|---|---|
| **每头** | | | | | | | | |
| 主产品产量 | 公斤 | 6791.14 | 7764.74 | 7226.17 | 6140.95 | 7417.05 | 6463.15 | 5119.50 |
| 产值合计 | 元 | 34261.74 | 34732.57 | 33077.60 | 30852.60 | 33362.84 | 30532.83 | 31826.00 |
| 主产品产值 | 元 | 30400.30 | 31724.17 | 28939.76 | 28378.35 | 28296.44 | 25999.33 | 28050.00 |
| 副产品产值 | 元 | 3861.44 | 3008.40 | 4137.84 | 2474.25 | 5066.40 | 4533.50 | 3776.00 |
| 总成本 | 元 | 25151.15 | 25605.24 | 21583.71 | 18689.93 | 28526.46 | 22864.18 | 17999.71 |
| 生产成本 | 元 | 25073.98 | 25543.57 | 21540.36 | 18673.88 | 28505.50 | 22811.77 | 17966.71 |
| 物质与服务费用 | 元 | 21643.56 | 22429.54 | 19388.97 | 16199.28 | 24277.86 | 18183.59 | 15081.05 |
| 人工成本 | 元 | 3430.42 | 3114.03 | 2151.39 | 2474.60 | 4227.64 | 4628.18 | 2885.66 |
| 家庭用工折价 | 元 | 418.50 | 30.70 | 2151.39 | 238.61 | 430.11 | | 258.16 |
| 雇工费用 | 元 | 3011.92 | 3083.33 | | 2235.99 | 3797.53 | 4628.18 | 2627.50 |
| 土地成本 | 元 | 77.17 | 61.67 | 43.35 | 16.05 | 20.96 | 52.41 | 33.00 |
| 净利润 | 元 | 9110.59 | 9127.33 | 11493.89 | 12162.67 | 4836.38 | 7668.65 | 13826.29 |
| 成本利润率 | % | 36.22 | 35.65 | 53.25 | 65.08 | 16.95 | 33.54 | 76.81 |
| **每50公斤主产品** | | | | | | | | |
| 平均出售价格 | 元 | 223.82 | 204.28 | 200.24 | 231.06 | 190.75 | 201.14 | 273.95 |
| 总成本 | 元 | 164.30 | 150.60 | 130.66 | 139.97 | 163.10 | 150.62 | 154.94 |
| 生产成本 | 元 | 163.80 | 150.23 | 130.40 | 139.85 | 162.98 | 150.28 | 154.65 |
| 净利润 | 元 | 59.52 | 53.68 | 69.58 | 91.09 | 27.65 | 50.52 | 119.01 |
| **附：** | | | | | | | | |
| 每头用工数量 | 日 | 26.12 | 21.01 | 23.33 | 19.97 | 31.77 | 42.19 | 24.30 |
| 平均饲养天数 | 日 | 365.00 | 365.00 | 365.00 | 365.00 | 365.00 | 365.00 | 365.00 |

5-15-1 续表 1

| 项　　目 | 单位 | 黑龙江 | 江　苏 | 浙　江 | 安　徽 | 山　东 | 河　南 |
|---|---|---|---|---|---|---|---|
| **每头** | | | | | | | |
| 主产品产量 | 公斤 | 6576.16 | 4960.78 | 9500.00 | 7015.00 | 6571.85 | 6170.54 |
| 产值合计 | 元 | 30054.10 | 21012.45 | 52300.00 | 35660.00 | 29637.17 | 23397.93 |
| 主产品产值 | 元 | 25561.93 | 19843.12 | 47500.00 | 28060.00 | 26403.17 | 19993.53 |
| 副产品产值 | 元 | 4492.17 | 1169.33 | 4800.00 | 7600.00 | 3234.00 | 3404.40 |
| 总成本 | 元 | 21484.91 | 18308.78 | 41113.20 | 26947.00 | 20294.91 | 20222.43 |
| 生产成本 | 元 | 21462.63 | 18212.38 | 41007.20 | 26817.00 | 20277.86 | 20173.94 |
| 物质与服务费用 | 元 | 18278.35 | 14645.38 | 35915.00 | 25917.00 | 18897.12 | 16733.19 |
| 人工成本 | 元 | 3184.28 | 3567.00 | 5092.20 | 900.00 | 1380.74 | 3440.75 |
| 家庭用工折价 | 元 | 510.70 | | 92.20 | | 551.36 | 110.64 |
| 雇工费用 | 元 | 2673.58 | 3567.00 | 5000.00 | 900.00 | 829.38 | 3330.11 |
| 土地成本 | 元 | 22.28 | 96.40 | 106.00 | 130.00 | 17.05 | 48.49 |
| 净利润 | 元 | 8569.19 | 2703.67 | 11186.80 | 8713.00 | 9342.26 | 3175.50 |
| 成本利润率 | % | 39.88 | 14.77 | 27.21 | 32.33 | 46.03 | 15.70 |
| **每 50 公斤主产品** | | | | | | | |
| 平均出售价格 | 元 | 194.35 | 200.00 | 250.00 | 200.00 | 200.88 | 162.01 |
| 总成本 | 元 | 138.94 | 174.27 | 196.53 | 151.13 | 137.56 | 140.02 |
| 生产成本 | 元 | 138.79 | 173.35 | 196.02 | 150.40 | 137.44 | 139.69 |
| 净利润 | 元 | 55.41 | 25.73 | 53.47 | 48.87 | 63.32 | 21.99 |
| **附：** | | | | | | | |
| 每头用工数量 | 日 | 28.39 | 33.00 | 26.00 | 7.60 | 11.05 | 37.12 |
| 平均饲养天数 | 日 | 365.00 | 365.00 | 365.00 | 365.00 | 365.00 | 365.00 |

5-15-1 续表 2

| 项　　目 | 单位 | 广 西 | 四 川 | 云 南 | 陕 西 | 甘 肃 | 宁 夏 | 新 疆 |
|---|---|---|---|---|---|---|---|---|
| **每头** | | | | | | | | |
| 主产品产量 | 公斤 | 3404.00 | 9768.68 | 7066.67 | 6197.50 | 7443.66 | 5905.32 | 8320.00 |
| 产值合计 | 元 | 57130.00 | 46450.00 | 27665.83 | 28300.25 | 33311.12 | 30829.73 | 40840.00 |
| 主产品产值 | 元 | 51060.00 | 43665.90 | 25708.33 | 26138.25 | 29042.25 | 25801.15 | 37440.00 |
| 副产品产值 | 元 | 6070.00 | 2784.10 | 1957.50 | 2162.00 | 4268.87 | 5028.58 | 3400.00 |
| 总成本 | 元 | 18531.90 | 47612.43 | 22258.52 | 24925.23 | 29541.75 | 21267.64 | 30093.20 |
| 生产成本 | 元 | 18531.90 | 47115.29 | 22153.92 | 24893.98 | 29417.84 | 21205.96 | 30093.20 |
| 物质与服务费用 | 元 | 15535.90 | 39359.81 | 17425.02 | 19363.98 | 27041.60 | 17528.45 | 29026.00 |
| 人工成本 | 元 | 2996.00 | 7755.48 | 4728.90 | 5530.00 | 2376.24 | 3677.51 | 1067.20 |
| 家庭用工折价 | 元 | | | 1628.90 | | | 1856.26 | 92.20 |
| 雇工费用 | 元 | 2996.00 | 7755.48 | 3100.00 | 5530.00 | 2376.24 | 1821.25 | 975.00 |
| 土地成本 | 元 | | 497.14 | 104.60 | 31.25 | 123.91 | 61.68 | |
| 净利润 | 元 | 38598.10 | -1162.43 | 5407.31 | 3375.02 | 3769.37 | 9562.09 | 10746.80 |
| 成本利润率 | % | 208.28 | -2.44 | 24.29 | 13.54 | 12.76 | 44.96 | 35.71 |
| **每 50 公斤主产品** | | | | | | | | |
| 平均出售价格 | 元 | 750.00 | 223.50 | 181.90 | 210.88 | 195.08 | 218.46 | 225.00 |
| 总成本 | 元 | 243.29 | 229.09 | 146.35 | 185.73 | 173.01 | 150.70 | 165.79 |
| 生产成本 | 元 | 243.29 | 226.70 | 145.66 | 185.50 | 172.28 | 150.27 | 165.79 |
| 净利润 | 元 | 506.71 | -5.59 | 35.55 | 25.15 | 22.07 | 67.76 | 59.21 |
| **附：** | | | | | | | | |
| 每头用工数量 | 日 | 29.85 | 30.96 | 23.00 | 46.10 | 16.90 | 36.23 | 7.50 |
| 平均饲养天数 | 日 | 365.00 | 365.00 | 365.00 | 365.00 | 365.00 | 365.00 | 365.00 |

# 5-15-2 2021年各地区中规模奶牛费用和用工情况

| 项　　目 | 单位 | 平　均 | 北　京 | 河　北 | 山　西 | 内蒙古 | 辽　宁 | 吉　林 |
|---|---|---|---|---|---|---|---|---|
| **一、每头物质与服务费用** | 元 | **21643.56** | **22429.54** | **19388.97** | **16199.28** | **24277.86** | **18183.59** | **15081.05** |
| （一）直接费用 | 元 | 17671.18 | 18144.48 | 16326.06 | 13245.69 | 19859.77 | 14930.84 | 11599.25 |
| 1. 仔畜费 | 元 | | | | | | | |
| 2. 精饲料费 | 元 | 10809.86 | 12492.62 | 13508.39 | 10571.52 | 11412.27 | 10199.44 | 7776.48 |
| 3. 青粗饲料费 | 元 | 5745.43 | 3886.15 | 2461.67 | 1997.53 | 7580.38 | 3735.88 | 2964.00 |
| 4. 饲料加工费 | 元 | 38.47 | | | 28.33 | | 123.25 | |
| 5. 水费 | 元 | 55.96 | 45.03 | 11.94 | 49.23 | 46.61 | 61.73 | 49.00 |
| 6. 燃料动力费 | 元 | 306.34 | 571.25 | 59.79 | 162.95 | 231.77 | 210.18 | 180.00 |
| 电费 | 元 | 200.13 | 387.87 | 59.79 | 77.41 | 114.37 | 131.85 | 150.00 |
| 煤费 | 元 | 45.25 | 119.93 | | 85.54 | 74.33 | 78.33 | 30.00 |
| 其他燃料动力费 | 元 | 60.96 | 63.45 | | | 43.07 | | |
| 7. 医疗防疫费 | 元 | 210.43 | 458.68 | 171.67 | 90.68 | 147.03 | 122.93 | 154.03 |
| 8. 死亡损失费 | 元 | 117.55 | 398.93 | | 88.02 | 70.97 | 210.00 | 113.00 |
| 9. 技术服务费 | 元 | 37.09 | | | 24.39 | 6.22 | | |
| 10. 工具材料费 | 元 | 68.16 | 137.65 | 23.68 | 53.80 | 81.51 | 65.25 | 85.00 |
| 11. 修理维护费 | 元 | 69.36 | 29.34 | 10.69 | 58.74 | 125.23 | 39.43 | 70.24 |
| 12. 其他直接费用 | 元 | 212.53 | 124.83 | 78.23 | 120.50 | 157.78 | 162.75 | 207.50 |
| （二）间接费用 | 元 | 3972.38 | 4285.06 | 3062.91 | 2953.59 | 4418.09 | 3252.75 | 3481.80 |
| 1. 固定资产折旧 | 元 | 3318.35 | 2933.13 | 2743.84 | 2860.10 | 3803.33 | 3080.50 | 3098.00 |
| 2. 保险费 | 元 | 177.37 | 300.00 | 300.00 | | 250.00 | | |
| 3. 管理费 | 元 | 266.33 | 58.95 | 19.07 | 48.22 | 20.44 | 129.75 | 133.69 |
| 4. 财务费 | 元 | 114.92 | 387.93 | | | 49.56 | | 123.05 |
| 5. 销售费 | 元 | 95.41 | 605.05 | | 45.27 | 294.76 | 42.50 | 127.06 |
| **二、每头人工成本** | 元 | **3430.42** | **3114.03** | **2151.39** | **2474.60** | **4227.64** | **4628.18** | **2885.66** |
| 1. 家庭用工折价 | 元 | 418.50 | 30.70 | 2151.39 | 238.61 | 430.11 | | 258.16 |
| 家庭用工天数 | 日 | 4.54 | 0.33 | 23.33 | 2.59 | 4.67 | | 2.80 |
| 劳动日工价 | 元 | 92.20 | 92.20 | 92.20 | 92.20 | 92.20 | 92.20 | 92.20 |
| 2. 雇工费用 | 元 | 3011.92 | 3083.33 | | 2235.99 | 3797.53 | 4628.18 | 2627.50 |
| 雇工天数 | 日 | 21.58 | 20.68 | | 17.38 | 27.10 | 42.19 | 21.50 |
| 雇工工价 | 元 | 139.57 | 149.10 | 107.50 | 128.65 | 140.13 | 109.70 | 122.21 |
| **三、附** | | | | | | | | |
| 1. 仔畜重量 | 公斤 | | | | | | | |
| 2. 精饲料数量 | 公斤 | 3163.44 | 3610.40 | 4101.17 | 2993.49 | 3247.74 | 3317.68 | 2585.75 |
| 3. 耗粮数量 | 公斤 | 2323.70 | 2491.61 | 2940.42 | 2267.97 | 2445.85 | 2271.14 | 1823.29 |

5-15-2 续表 1

| 项　　目 | 单位 | 黑龙江 | 江　苏 | 浙　江 | 安　徽 | 山　东 | 河　南 |
|---|---|---|---|---|---|---|---|
| **一、每头物质与服务费用** | **元** | **18278.35** | **14645.38** | **35915.00** | **25917.00** | **18897.12** | **16733.19** |
| (一)直接费用 | 元 | 14576.44 | 11997.32 | 27455.00 | 20824.00 | 15742.47 | 14524.42 |
| 1. 仔畜费 | 元 | | | | | | |
| 2. 精饲料费 | 元 | 9018.80 | 6900.75 | 14000.00 | 14060.00 | 9439.67 | 10759.06 |
| 3. 青粗饲料费 | 元 | 4960.23 | 4242.63 | 11000.00 | 5723.00 | 5584.50 | 3018.04 |
| 4. 饲料加工费 | 元 | 37.17 | 8.02 | 300.00 | | | 50.12 |
| 5. 水费 | 元 | 20.29 | 45.26 | 360.00 | 5.70 | 36.60 | 60.30 |
| 6. 燃料动力费 | 元 | 78.02 | 217.00 | 600.00 | 210.00 | 204.75 | 136.66 |
| 电费 | 元 | 53.71 | 184.89 | 600.00 | 210.00 | 204.75 | 84.33 |
| 煤费 | 元 | 24.31 | 32.11 | | | | 52.33 |
| 其他燃料动力费 | 元 | | | | | | |
| 7. 医疗防疫费 | 元 | 140.73 | 239.60 | 175.00 | 300.00 | 306.85 | 200.42 |
| 8. 死亡损失费 | 元 | 61.38 | 61.23 | 150.00 | 125.00 | | 65.40 |
| 9. 技术服务费 | 元 | 9.91 | 133.50 | 350.00 | | | 21.37 |
| 10. 工具材料费 | 元 | 32.10 | 43.46 | 150.00 | 72.30 | 9.25 | 23.64 |
| 11. 修理维护费 | 元 | 30.46 | 58.24 | 200.00 | 168.00 | 10.85 | 27.77 |
| 12. 其他直接费用 | 元 | 187.35 | 47.63 | 170.00 | 160.00 | 150.00 | 161.64 |
| (二)间接费用 | 元 | 3701.91 | 2648.06 | 8460.00 | 5093.00 | 3154.65 | 2208.77 |
| 1. 固定资产折旧 | 元 | 3609.44 | 2377.96 | 7500.00 | 4093.00 | 3154.65 | 2134.61 |
| 2. 保险费 | 元 | 12.25 | 54.08 | 300.00 | 360.00 | | |
| 3. 管理费 | 元 | 22.42 | 85.81 | 500.00 | 219.00 | | 42.43 |
| 4. 财务费 | 元 | | 36.63 | 160.00 | 421.00 | | |
| 5. 销售费 | 元 | 57.80 | 93.58 | | | | 31.73 |
| **二、每头人工成本** | **元** | **3184.28** | **3567.00** | **5092.20** | **900.00** | **1380.74** | **3440.75** |
| 1. 家庭用工折价 | 元 | 510.70 | | 92.20 | | 551.36 | 110.64 |
| 家庭用工天数 | 日 | 5.54 | | 1.00 | | 5.98 | 1.20 |
| 劳动日工价 | 元 | 92.20 | 92.20 | 92.20 | 92.20 | 92.20 | 92.20 |
| 2. 雇工费用 | 元 | 2673.58 | 3567.00 | 5000.00 | 900.00 | 829.38 | 3330.11 |
| 雇工天数 | 日 | 22.85 | 33.00 | 25.00 | 7.60 | 5.07 | 35.92 |
| 雇工工价 | 元 | 117.01 | 108.09 | 200.00 | 118.42 | 163.59 | 92.71 |
| 三、附 | | | | | | | |
| 1. 仔畜重量 | 公斤 | | | | | | |
| 2. 精饲料数量 | 公斤 | 2777.78 | 2535.32 | 4000.00 | 4380.00 | 2992.65 | 3112.46 |
| 3. 耗粮数量 | 公斤 | 2162.86 | 1876.14 | 2800.00 | 3810.60 | 2274.42 | 2315.33 |

5-15-2 续表 2

| 项目 | 单位 | 广西 | 四川 | 云南 | 陕西 | 甘肃 | 宁夏 | 新疆 |
|---|---|---|---|---|---|---|---|---|
| **一、每头物质与服务费用** | 元 | **15535.90** | **39359.81** | **17425.02** | **19363.98** | **27041.60** | **17528.45** | **29026.00** |
| (一)直接费用 | 元 | 12317.90 | 32392.03 | 14103.35 | 15869.09 | 23686.54 | 13969.15 | 24188.00 |
| 1. 仔畜费 | 元 | | | | | | | |
| 2. 精饲料费 | 元 | 2510.00 | 12705.00 | 8708.67 | 12263.00 | 14653.52 | 10101.08 | 14307.00 |
| 3. 青粗饲料费 | 元 | 9280.00 | 15677.44 | 4811.00 | 2712.75 | 7972.04 | 3223.88 | 8332.00 |
| 4. 饲料加工费 | 元 | | | 66.67 | 63.90 | | 53.38 | |
| 5. 水费 | 元 | | 22.95 | 23.67 | 59.38 | 88.17 | 53.39 | 24.00 |
| 6. 燃料动力费 | 元 | 142.40 | 1109.07 | 119.33 | 274.00 | 218.17 | 114.96 | 980.00 |
| 电费 | 元 | 142.40 | 701.66 | 119.33 | 189.75 | 171.19 | 59.15 | 160.00 |
| 煤费 | 元 | | | | | 46.98 | 55.81 | 260.00 |
| 其他燃料动力费 | 元 | | 407.41 | | 84.25 | | | 560.00 |
| 7. 医疗防疫费 | 元 | 55.60 | 304.54 | 145.67 | 210.50 | 346.58 | 212.61 | 215.00 |
| 8. 死亡损失费 | 元 | 149.80 | 444.44 | | 64.28 | 146.00 | | 85.00 |
| 9. 技术服务费 | 元 | 20.30 | 64.01 | | | | | 75.00 |
| 10. 工具材料费 | 元 | 93.40 | 169.54 | 66.67 | 59.03 | 19.98 | 43.73 | 65.00 |
| 11. 修理维护费 | 元 | 20.80 | 199.61 | 76.67 | 70.40 | 17.53 | 38.77 | 65.00 |
| 12. 其他直接费用 | 元 | 45.60 | 1695.43 | 85.00 | 91.85 | 224.55 | 127.35 | 40.00 |
| (二)间接费用 | 元 | 3218.00 | 6967.78 | 3321.67 | 3494.89 | 3355.06 | 3559.30 | 4838.00 |
| 1. 固定资产折旧 | 元 | 2830.00 | 3982.01 | 2800.00 | 3010.25 | 2289.03 | 3348.83 | 3400.00 |
| 2. 保险费 | 元 | | 97.50 | 370.00 | 90.28 | | 36.00 | 1200.00 |
| 3. 管理费 | 元 | 380.00 | 2482.56 | | 348.48 | 564.05 | 5.36 | |
| 4. 财务费 | 元 | | 405.71 | 151.67 | 45.88 | 49.50 | 132.64 | 220.00 |
| 5. 销售费 | 元 | 8.00 | | | | 452.48 | 36.47 | 18.00 |
| **二、每头人工成本** | 元 | **2996.00** | **7755.48** | **4728.90** | **5530.00** | **2376.24** | **3677.51** | **1067.20** |
| 1. 家庭用工折价 | 元 | | | 1628.90 | | | 1856.26 | 92.20 |
| 家庭用工天数 | 日 | | | 17.67 | | | 20.13 | 1.00 |
| 劳动日工价 | 元 | 92.20 | 92.20 | 92.20 | 92.20 | 92.20 | 92.20 | 92.20 |
| 2. 雇工费用 | 元 | 2996.00 | 7755.48 | 3100.00 | 5530.00 | 2376.24 | 1821.25 | 975.00 |
| 雇工天数 | 日 | 29.85 | 30.96 | 5.33 | 46.10 | 16.90 | 16.10 | 6.50 |
| 雇工工价 | 元 | 100.37 | 250.50 | 581.61 | 119.96 | 140.61 | 113.12 | 150.00 |
| 三、附 | | | | | | | | |
| 1. 仔畜重量 | 公斤 | | | | | | | |
| 2. 精饲料数量 | 公斤 | 783.00 | 2619.59 | 2434.17 | 3702.75 | 4153.94 | 2992.53 | 3765.00 |
| 3. 耗粮数量 | 公斤 | 548.10 | 1833.71 | 1703.92 | 2739.21 | 3115.45 | 2094.77 | 2635.50 |

# 5-16-1 2021年各地区大规模奶牛成本收益情况

| 项目 | 单位 | 平均 | 北京 | 河北 | 山西 | 内蒙古 | 辽宁 |
|---|---|---|---|---|---|---|---|
| 每头 | | | | | | | |
| 主产品产量 | 公斤 | 8545.39 | 11049.02 | 9981.99 | 6573.23 | 8283.88 | 5621.20 |
| 产值合计 | 元 | 41571.19 | 50074.79 | 43308.88 | 29675.84 | 38942.38 | 26327.98 |
| 主产品产值 | 元 | 37921.45 | 44818.98 | 41136.78 | 26807.04 | 33866.90 | 22173.43 |
| 副产品产值 | 元 | 3649.74 | 5255.81 | 2172.10 | 2868.80 | 5075.48 | 4154.55 |
| 总成本 | 元 | 30974.72 | 38386.84 | 31823.22 | 19342.54 | 27840.74 | 21213.17 |
| 生产成本 | 元 | 30856.44 | 38321.70 | 31717.01 | 19324.84 | 27809.78 | 21139.47 |
| 物质与服务费用 | 元 | 27693.11 | 35121.14 | 28087.20 | 16648.94 | 24374.96 | 17984.47 |
| 人工成本 | 元 | 3163.33 | 3200.56 | 3629.81 | 2675.90 | 3434.82 | 3155.00 |
| 家庭用工折价 | 元 | 12.35 | | 96.81 | | | |
| 雇工费用 | 元 | 3150.98 | 3200.56 | 3533.00 | 2675.90 | 3434.82 | 3155.00 |
| 土地成本 | 元 | 118.28 | 65.14 | 106.21 | 17.70 | 30.96 | 73.70 |
| 净利润 | 元 | 10596.47 | 11687.95 | 11485.66 | 10333.30 | 11101.64 | 5114.81 |
| 成本利润率 | % | 34.21 | 30.45 | 36.09 | 53.42 | 39.88 | 24.11 |
| 每50公斤主产品 | | | | | | | |
| 平均出售价格 | 元 | 221.88 | 202.82 | 206.06 | 203.91 | 204.41 | 197.23 |
| 总成本 | 元 | 165.32 | 155.48 | 151.41 | 132.91 | 146.14 | 158.91 |
| 生产成本 | 元 | 164.69 | 155.22 | 150.91 | 132.79 | 145.97 | 158.36 |
| 净利润 | 元 | 56.56 | 47.34 | 54.65 | 71.00 | 58.27 | 38.32 |
| 附： | | | | | | | |
| 每头用工数量 | 日 | 21.12 | 16.43 | 26.33 | 19.36 | 22.61 | 24.50 |
| 平均饲养天数 | 日 | 365.00 | 365.00 | 365.00 | 365.00 | 365.00 | 365.00 |

5-16-1 续表 1

| 项　　目 | 单位 | 黑龙江 | 上　海 | 江　苏 | 浙　江 | 安　徽 | 山　东 |
|---|---|---|---|---|---|---|---|
| **每头** | | | | | | | |
| 主产品产量 | 公斤 | 6710.10 | 9436.04 | 6956.41 | 10176.80 | 8919.23 | 8804.70 |
| 产值合计 | 元 | 31065.34 | 52522.42 | 33635.97 | 53507.16 | 45374.34 | 39938.80 |
| 主产品产值 | 元 | 26692.55 | 45024.02 | 32367.81 | 48645.10 | 42980.44 | 35218.80 |
| 副产品产值 | 元 | 4372.79 | 7498.40 | 1268.16 | 4862.06 | 2393.90 | 4720.00 |
| 总成本 | 元 | 21998.54 | 45771.93 | 30965.45 | 41317.59 | 33375.90 | 33793.51 |
| 生产成本 | 元 | 21974.94 | 45576.33 | 30235.60 | 41202.59 | 33170.90 | 33749.31 |
| 物质与服务费用 | 元 | 18805.73 | 40776.31 | 27567.80 | 39122.59 | 30536.44 | 31710.31 |
| 人工成本 | 元 | 3169.21 | 4800.02 | 2667.80 | 2080.00 | 2634.46 | 2039.00 |
| 家庭用工折价 | 元 | 100.50 | | | | | |
| 雇工费用 | 元 | 3068.71 | 4800.02 | 2667.80 | 2080.00 | 2634.46 | 2039.00 |
| 土地成本 | 元 | 23.60 | 195.60 | 729.85 | 115.00 | 205.00 | 44.20 |
| 净利润 | 元 | 9066.80 | 6750.49 | 2670.52 | 12189.57 | 11998.44 | 6145.29 |
| 成本利润率 | % | 41.22 | 14.75 | 8.62 | 29.50 | 35.95 | 18.18 |
| **每 50 公斤主产品** | | | | | | | |
| 平均出售价格 | 元 | 198.90 | 238.57 | 232.65 | 239.00 | 240.94 | 200.00 |
| 总成本 | 元 | 140.85 | 207.91 | 214.18 | 184.55 | 177.23 | 169.23 |
| 生产成本 | 元 | 140.70 | 207.02 | 209.13 | 184.04 | 176.14 | 169.01 |
| 净利润 | 元 | 58.05 | 30.66 | 18.47 | 54.45 | 63.71 | 30.77 |
| **附：** | | | | | | | |
| 每头用工数量 | 日 | 24.99 | 31.55 | 27.05 | 13.00 | 18.41 | 20.00 |
| 平均饲养天数 | 日 | 365.00 | 365.00 | 365.00 | 365.00 | 365.00 | 365.00 |

5-16-1 续表 2

| 项 目 | 单位 | 河 南 | 湖 北 | 广 东 | 甘 肃 | 新 疆 |
|---|---|---|---|---|---|---|
| **每头** | | | | | | |
| 主产品产量 | 公斤 | 6403.87 | 10984.00 | 7352.40 | 9418.42 | 10055.00 |
| 产值合计 | 元 | 28081.67 | 59476.52 | 42591.57 | 43831.49 | 46783.88 |
| 主产品产值 | 元 | 24342.50 | 55249.52 | 41394.01 | 41040.62 | 44984.75 |
| 副产品产值 | 元 | 3739.17 | 4227.00 | 1197.56 | 2790.87 | 1799.13 |
| 总成本 | 元 | 21792.89 | 32031.60 | 38553.41 | 28943.60 | 28444.04 |
| 生产成本 | 元 | 21735.69 | 31841.38 | 38515.38 | 28943.60 | 28444.04 |
| 物质与服务费用 | 元 | 17889.00 | 28427.46 | 33758.38 | 27077.12 | 25201.79 |
| 人工成本 | 元 | 3846.69 | 3413.92 | 4757.00 | 1866.48 | 3242.25 |
| 家庭用工折价 | 元 | | | | | |
| 雇工费用 | 元 | 3846.69 | 3413.92 | 4757.00 | 1866.48 | 3242.25 |
| 土地成本 | 元 | 57.20 | 190.22 | 38.03 | | |
| 净利润 | 元 | 6288.78 | 27444.92 | 4038.16 | 14887.89 | 18339.84 |
| 成本利润率 | % | 28.86 | 85.68 | 10.47 | 51.44 | 64.48 |
| **每 50 公斤主产品** | | | | | | |
| 平均出售价格 | 元 | 190.06 | 251.50 | 281.50 | 217.87 | 223.69 |
| 总成本 | 元 | 147.50 | 135.45 | 254.81 | 143.87 | 136.00 |
| 生产成本 | 元 | 147.11 | 134.64 | 254.56 | 143.87 | 136.00 |
| 净利润 | 元 | 42.56 | 116.05 | 26.69 | 74.00 | 87.69 |
| **附：** | | | | | | |
| 每头用工数量 | 日 | 39.47 | 11.44 | 13.40 | 8.91 | 20.57 |
| 平均饲养天数 | 日 | 365.00 | 365.00 | 365.00 | 365.00 | 365.00 |

# 5-16-2　2021年各地区大规模奶牛费用和用工情况

| 项　　目 | 单位 | 平　均 | 北　京 | 河　北 | 山　西 | 内蒙古 | 辽　宁 |
|---|---|---|---|---|---|---|---|
| **一、每头物质与服务费用** | 元 | **27693.11** | **35121.14** | **28087.20** | **16648.94** | **24374.96** | **17984.47** |
| （一）直接费用 | 元 | 22637.60 | 28115.73 | 24905.01 | 13711.87 | 20206.04 | 14118.83 |
| 1. 仔畜费 | 元 | | | | | | |
| 2. 精饲料费 | 元 | 13029.45 | 17001.70 | 17058.47 | 11031.60 | 12696.19 | 8174.33 |
| 3. 青粗饲料费 | 元 | 7364.12 | 7094.16 | 7286.25 | 2024.68 | 6648.28 | 5151.50 |
| 4. 饲料加工费 | 元 | 35.64 | | | | 2.41 | |
| 5. 水费 | 元 | 112.95 | 43.55 | 17.32 | 60.48 | 46.48 | 70.00 |
| 6. 燃料动力费 | 元 | 575.13 | 1090.97 | 85.84 | 167.05 | 245.89 | 201.43 |
| 电费 | 元 | 464.24 | 809.17 | 85.84 | 88.87 | 138.65 | 163.41 |
| 煤费 | 元 | 56.74 | 48.75 | | 78.18 | 69.56 | 38.02 |
| 其他燃料动力费 | 元 | 54.15 | 233.05 | | | 37.68 | |
| 7. 医疗防疫费 | 元 | 384.76 | 1684.27 | 145.34 | 92.06 | 147.02 | 139.50 |
| 8. 死亡损失费 | 元 | 207.99 | 506.54 | | 82.35 | 60.68 | 149.59 |
| 9. 技术服务费 | 元 | 24.14 | | 50.00 | 36.18 | 18.36 | |
| 10. 工具材料费 | 元 | 328.94 | 225.60 | 31.67 | 53.81 | 67.71 | 62.18 |
| 11. 修理维护费 | 元 | 200.17 | 257.31 | 19.62 | 48.33 | 116.98 | 40.80 |
| 12. 其他直接费用 | 元 | 374.31 | 211.63 | 210.00 | 115.33 | 156.04 | 129.50 |
| （二）间接费用 | 元 | 5055.51 | 7005.41 | 3182.19 | 2937.07 | 4168.92 | 3865.64 |
| 1. 固定资产折旧 | 元 | 4280.24 | 5876.67 | 3025.21 | 2835.63 | 3378.31 | 3392.76 |
| 2. 保险费 | 元 | 114.01 | 120.00 | 128.99 | | 414.19 | 216.65 |
| 3. 管理费 | 元 | 378.69 | 60.22 | 27.99 | 58.80 | 78.19 | 196.18 |
| 4. 财务费 | 元 | 133.32 | 314.30 | | 15.70 | 54.75 | 60.05 |
| 5. 销售费 | 元 | 149.25 | 634.22 | | 26.94 | 243.48 | |
| **二、每头人工成本** | 元 | **3163.33** | **3200.56** | **3629.81** | **2675.90** | **3434.82** | **3155.00** |
| 1. 家庭用工折价 | 元 | 12.35 | | 96.81 | | | |
| 家庭用工天数 | 日 | 0.13 | | 1.05 | | | |
| 劳动日工价 | 元 | 92.20 | 92.20 | 92.20 | 92.20 | 92.20 | 92.20 |
| 2. 雇工费用 | 元 | 3150.98 | 3200.56 | 3533.00 | 2675.90 | 3434.82 | 3155.00 |
| 雇工天数 | 日 | 20.99 | 16.43 | 25.28 | 19.36 | 22.61 | 24.50 |
| 雇工工价 | 元 | 150.12 | 194.80 | 139.76 | 138.22 | 151.92 | 128.78 |
| **三、附** | | | | | | | |
| 1. 仔畜重量 | 公斤 | | | | | | |
| 2. 精饲料数量 | 公斤 | 3839.83 | 4496.29 | 4571.06 | 3340.51 | 3599.48 | 2651.50 |
| 3. 耗粮数量 | 公斤 | 2804.54 | 3142.65 | 3375.23 | 2482.81 | 2663.56 | 1831.52 |

5-16-2 续表 1

| 项 目 | 单位 | 黑龙江 | 上 海 | 江 苏 | 浙 江 | 安 徽 | 山 东 |
|---|---|---|---|---|---|---|---|
| **一、每头物质与服务费用** | 元 | **18805.73** | **40776.31** | **27567.80** | **39122.59** | **30536.44** | **31710.31** |
| (一)直接费用 | 元 | 15342.92 | 34194.98 | 24456.13 | 32592.08 | 23986.90 | 27080.01 |
| 1. 仔畜费 | 元 | | | | | | |
| 2. 精饲料费 | 元 | 9204.69 | 14318.91 | 12361.61 | 16637.46 | 14338.45 | 14059.00 |
| 3. 青粗饲料费 | 元 | 5339.90 | 13969.35 | 8534.16 | 12564.58 | 8126.64 | 9515.00 |
| 4. 饲料加工费 | 元 | | | | 395.46 | | |
| 5. 水费 | 元 | 27.26 | 285.20 | 147.68 | 483.29 | 60.00 | 75.00 |
| 6. 燃料动力费 | 元 | 155.59 | 1257.30 | 973.74 | 617.46 | 503.57 | 857.80 |
| 电费 | 元 | 103.04 | 1147.49 | 596.55 | 617.46 | 503.57 | 601.50 |
| 煤费 | 元 | 49.55 | | 251.32 | | | |
| 其他燃料动力费 | 元 | 3.00 | 109.81 | 125.87 | | | 256.30 |
| 7. 医疗防疫费 | 元 | 176.51 | 989.96 | 243.12 | 326.00 | 333.27 | 721.90 |
| 8. 死亡损失费 | 元 | 122.60 | 482.15 | 88.00 | | 192.64 | 307.30 |
| 9. 技术服务费 | 元 | 28.10 | 93.45 | | | | |
| 10. 工具材料费 | 元 | 51.18 | 579.42 | 1020.75 | 267.19 | 166.32 | 680.00 |
| 11. 修理维护费 | 元 | 53.99 | 505.34 | 354.47 | 868.62 | 74.36 | 413.40 |
| 12. 其他直接费用 | 元 | 183.10 | 1713.90 | 732.60 | 432.02 | 191.65 | 450.61 |
| (二)间接费用 | 元 | 3462.81 | 6581.33 | 3111.67 | 6530.51 | 6549.54 | 4630.30 |
| 1. 固定资产折旧 | 元 | 3331.08 | 4527.73 | 2066.86 | 6123.63 | 5701.38 | 4320.00 |
| 2. 保险费 | 元 | | 208.70 | 30.00 | 134.10 | 280.00 | |
| 3. 管理费 | 元 | 40.02 | 926.94 | 916.75 | 240.26 | 386.92 | 310.30 |
| 4. 财务费 | 元 | | 917.96 | 60.00 | 32.52 | 156.24 | |
| 5. 销售费 | 元 | 91.71 | | 38.06 | | 25.00 | |
| **二、每头人工成本** | 元 | **3169.21** | **4800.02** | **2667.80** | **2080.00** | **2634.46** | **2039.00** |
| 1. 家庭用工折价 | 元 | 100.50 | | | | | |
| 家庭用工天数 | 日 | 1.09 | | | | | |
| 劳动日工价 | 元 | 92.20 | 92.20 | 92.20 | 92.20 | 92.20 | 92.20 |
| 2. 雇工费用 | 元 | 3068.71 | 4800.02 | 2667.80 | 2080.00 | 2634.46 | 2039.00 |
| 雇工天数 | 日 | 23.90 | 31.55 | 27.05 | 13.00 | 18.41 | 20.00 |
| 雇工工价 | 元 | 128.40 | 152.14 | 98.63 | 160.00 | 143.10 | 101.95 |
| 三、附 | | | | | | | |
| 1. 仔畜重量 | 公斤 | | | | | | |
| 2. 精饲料数量 | 公斤 | 2858.26 | 3366.47 | 4148.17 | 4244.25 | 4227.78 | 4038.00 |
| 3. 耗粮数量 | 公斤 | 2242.38 | 2356.53 | 2985.86 | 2970.98 | 2959.45 | 2907.36 |

5-16-2 续表 2

| 项　　目 | 单位 | 河　南 | 湖　北 | 广　东 | 甘　肃 | 新　疆 |
|---|---|---|---|---|---|---|
| **一、每头物质与服务费用** | **元** | **17889.00** | **28427.46** | **33758.38** | **27077.12** | **25201.79** |
| （一）直接费用 | 元 | 15428.99 | 21085.20 | 23322.31 | 22413.89 | 21240.54 |
| 1. 仔畜费 | 元 | | | | | |
| 2. 精饲料费 | 元 | 11237.97 | 11131.00 | 11579.84 | 12790.83 | 14849.13 |
| 3. 青粗饲料费 | 元 | 3301.78 | 7377.00 | 7791.04 | 8260.45 | 4841.07 |
| 4. 饲料加工费 | 元 | 52.32 | 120.00 | | | |
| 5. 水费 | 元 | 51.81 | 114.66 | 75.63 | 132.13 | 116.15 |
| 6. 燃料动力费 | 元 | 206.01 | 950.21 | 1153.45 | 335.10 | 400.57 |
| 电费 | 元 | 138.53 | 931.18 | 1153.45 | 237.08 | 111.98 |
| 煤费 | 元 | 67.48 | | | 16.41 | 288.59 |
| 其他燃料动力费 | 元 | | 19.03 | | 81.61 | |
| 7. 医疗防疫费 | 元 | 243.92 | 111.63 | 180.62 | 227.54 | 393.50 |
| 8. 死亡损失费 | 元 | 75.87 | 215.63 | 818.05 | 141.86 | 84.65 |
| 9. 技术服务费 | 元 | 18.48 | 120.92 | | | 20.81 |
| 10. 工具材料费 | 元 | 32.57 | 580.61 | 1204.65 | 110.52 | 128.90 |
| 11. 修理维护费 | 元 | 33.83 | 173.90 | 90.07 | 46.65 | 104.99 |
| 12. 其他直接费用 | 元 | 174.43 | 189.64 | 428.96 | 368.81 | 300.77 |
| （二）间接费用 | 元 | 2460.01 | 7342.26 | 10436.07 | 4663.23 | 3961.25 |
| 1. 固定资产折旧 | 元 | 2307.24 | 6771.94 | 8715.70 | 3309.18 | 2800.59 |
| 2. 保险费 | 元 | | 14.29 | 98.24 | | 179.00 |
| 3. 管理费 | 元 | 59.62 | 41.64 | 1234.78 | 934.37 | 545.98 |
| 4. 财务费 | 元 | 52.26 | 318.05 | | | 151.36 |
| 5. 销售费 | 元 | 40.89 | 196.34 | 387.35 | 419.68 | 284.32 |
| **二、每头人工成本** | **元** | **3846.69** | **3413.92** | **4757.00** | **1866.48** | **3242.25** |
| 1. 家庭用工折价 | 元 | | | | | |
| 家庭用工天数 | 日 | | | | | |
| 劳动日工价 | 元 | 92.20 | 92.20 | 92.20 | 92.20 | 92.20 |
| 2. 雇工费用 | 元 | 3846.69 | 3413.92 | 4757.00 | 1866.48 | 3242.25 |
| 雇工天数 | 日 | 39.47 | 11.44 | 13.40 | 8.91 | 20.57 |
| 雇工工价 | 元 | 97.46 | 298.42 | 355.00 | 209.48 | 157.62 |
| 三、附 | | | | | | |
| 1. 仔畜重量 | 公斤 | | | | | |
| 2. 精饲料数量 | 公斤 | 3231.38 | 4434.00 | 3387.99 | 4229.53 | 4612.55 |
| 3. 耗粮数量 | 公斤 | 2423.54 | 3901.92 | 2439.35 | 2960.67 | 3228.79 |

# 六、各地区蔬菜

## （一）各省、自治区、直辖市

# 6-1-1-1　2021年各地区露地西红柿成本收益情况

| 项　　目 | 单位 | 平　均 | 北　京 | 河　北 | 山　西 | 内蒙古 | 辽　宁 |
|---|---|---|---|---|---|---|---|
| **每亩** | | | | | | | |
| 主产品产量 | 公斤 | 5050.38 | 3307.40 | 4905.78 | 4591.63 | 6247.93 | 3582.35 |
| 产值合计 | 元 | 10746.37 | 7075.90 | 8264.20 | 8230.36 | 13709.31 | 8492.13 |
| 主产品产值 | 元 | 10745.95 | 7075.90 | 8264.20 | 8230.36 | 13709.31 | 8492.13 |
| 副产品产值 | 元 | 0.42 | | | | | |
| 总成本 | 元 | 5743.55 | 6848.78 | 4436.37 | 5874.57 | 5749.40 | 5791.16 |
| 生产成本 | 元 | 5314.50 | 6163.78 | 3718.70 | 5604.09 | 5549.40 | 5407.60 |
| 物质与服务费用 | 元 | 1916.52 | 2134.10 | 946.75 | 2059.74 | 1266.97 | 1809.31 |
| 人工成本 | 元 | 3397.98 | 4029.68 | 2771.95 | 3544.35 | 4282.43 | 3598.29 |
| 家庭用工折价 | 元 | 2787.94 | 2249.68 | 2488.66 | 3544.35 | 4026.74 | 3598.29 |
| 雇工费用 | 元 | 610.04 | 1780.00 | 283.29 | | 255.69 | |
| 土地成本 | 元 | 429.05 | 685.00 | 717.67 | 270.48 | 200.00 | 383.56 |
| 流转地租金 | 元 | 83.10 | 414.45 | 98.90 | 7.79 | | 18.60 |
| 自营地折租 | 元 | 345.95 | 270.55 | 618.77 | 262.69 | 200.00 | 364.96 |
| 净利润 | 元 | 5002.82 | 227.12 | 3827.83 | 2355.79 | 7959.91 | 2700.97 |
| 现金成本 | 元 | 2609.66 | 4328.55 | 1328.94 | 2067.53 | 1522.66 | 1827.91 |
| 现金收益 | 元 | 8136.71 | 2747.35 | 6935.26 | 6162.83 | 12186.65 | 6664.22 |
| 成本利润率 | % | 87.10 | 3.32 | 86.28 | 40.10 | 138.45 | 46.64 |
| **每50公斤主产品** | | | | | | | |
| 平均出售价格 | 元 | 106.39 | 106.97 | 84.23 | 89.62 | 109.71 | 118.53 |
| 总成本 | 元 | 56.86 | 103.54 | 45.22 | 63.97 | 46.01 | 80.83 |
| 生产成本 | 元 | 52.61 | 93.18 | 37.90 | 61.02 | 44.41 | 75.48 |
| 净利润 | 元 | 49.53 | 3.43 | 39.01 | 25.65 | 63.70 | 37.70 |
| 现金成本 | 元 | 25.84 | 65.44 | 13.54 | 22.51 | 12.19 | 25.51 |
| 现金收益 | 元 | 80.55 | 41.53 | 70.69 | 67.11 | 97.52 | 93.02 |
| **附：** | | | | | | | |
| 每亩用工数量 | 日 | 34.93 | 38.40 | 30.36 | 38.44 | 45.80 | 39.03 |
| 每亩主产品已出售数量 | 公斤 | 5037.69 | 3307.40 | 4883.75 | 4577.41 | 6247.93 | 3582.35 |
| 每亩主产品已出售产值 | 元 | 10699.90 | 7075.90 | 8220.13 | 8200.87 | 13709.31 | 8492.13 |
| 每亩成本外支出 | 元 | 0.07 | | | | | |

6-1-1-1　续表 1

| 项　　目 | 单位 | 黑龙江 | 江　苏 | 安　徽 | 福　建 | 江　西 | 山　东 |
|---|---|---|---|---|---|---|---|
| **每亩** | | | | | | | |
| 主产品产量 | 公斤 | 3416.00 | 4213.26 | 2726.16 | 4005.55 | 2671.70 | 4206.49 |
| 产值合计 | 元 | 8335.30 | 10747.75 | 8017.41 | 13232.15 | 8637.73 | 11711.43 |
| 主产品产值 | 元 | 8335.30 | 10747.75 | 8017.41 | 13232.15 | 8637.73 | 11711.43 |
| 副产品产值 | 元 | | | | | | |
| 总成本 | 元 | 3833.79 | 8284.60 | 3995.74 | 7030.67 | 4624.27 | 4634.48 |
| 生产成本 | 元 | 3299.40 | 8078.38 | 3630.77 | 6565.28 | 4457.25 | 4305.12 |
| 物质与服务费用 | 元 | 1225.28 | 972.25 | 1460.36 | 3024.58 | 1625.94 | 997.08 |
| 人工成本 | 元 | 2074.12 | 7106.13 | 2170.41 | 3540.70 | 2831.31 | 3308.04 |
| 家庭用工折价 | 元 | 1426.70 | 7106.13 | 1551.36 | 1479.63 | 2822.52 | 3308.04 |
| 雇工费用 | 元 | 647.42 | | 619.05 | 2061.07 | 8.80 | |
| 土地成本 | 元 | 534.39 | 206.22 | 364.97 | 465.39 | 167.02 | 329.36 |
| 流转地租金 | 元 | 120.61 | 34.71 | 114.50 | 200.22 | 13.10 | |
| 自营地折租 | 元 | 413.78 | 171.51 | 250.47 | 265.17 | 153.92 | 329.36 |
| 净利润 | 元 | 4501.51 | 2463.15 | 4021.67 | 6201.48 | 4013.46 | 7076.95 |
| 现金成本 | 元 | 1993.31 | 1006.96 | 2193.91 | 5285.87 | 1647.84 | 997.08 |
| 现金收益 | 元 | 6341.99 | 9740.79 | 5823.50 | 7946.28 | 6989.89 | 10714.35 |
| 成本利润率 | % | 117.42 | 29.73 | 100.65 | 88.21 | 86.79 | 152.70 |
| **每 50 公斤主产品** | | | | | | | |
| 平均出售价格 | 元 | 122.00 | 127.55 | 147.05 | 165.17 | 161.65 | 139.21 |
| 总成本 | 元 | 56.11 | 98.32 | 73.29 | 87.76 | 86.54 | 55.09 |
| 生产成本 | 元 | 48.29 | 95.87 | 66.59 | 81.95 | 83.41 | 51.17 |
| 净利润 | 元 | 65.89 | 29.23 | 73.76 | 77.41 | 75.11 | 84.12 |
| 现金成本 | 元 | 29.18 | 11.95 | 40.24 | 65.98 | 30.84 | 11.85 |
| 现金收益 | 元 | 92.82 | 115.60 | 106.81 | 99.19 | 130.81 | 127.36 |
| **附：** | | | | | | | |
| 每亩用工数量 | 日 | 20.92 | 77.07 | 22.22 | 33.60 | 30.68 | 35.88 |
| 每亩主产品已出售数量 | 公斤 | 3416.00 | 4204.31 | 2726.16 | 3950.35 | 2642.49 | 4193.36 |
| 每亩主产品已出售产值 | 元 | 8335.30 | 10707.05 | 8017.41 | 12947.76 | 8554.74 | 11671.78 |
| 每亩成本外支出 | 元 | | 7.48 | | | | |

6-1-1-1 续表 2

| 项　　目 | 单位 | 河　南 | 湖　北 | 广　东 | 广　西 | 海　南 |
|---|---|---|---|---|---|---|
| **每亩** | | | | | | |
| 主产品产量 | 公斤 | 2640.43 | 3789.51 | 2977.78 | 4252.18 | 3818.67 |
| 产值合计 | 元 | 4929.32 | 10752.37 | 12751.85 | 7488.02 | 15362.10 |
| 主产品产值 | 元 | 4929.32 | 10752.37 | 12751.85 | 7480.12 | 15362.10 |
| 副产品产值 | 元 | | | | 7.90 | |
| 总成本 | 元 | 6737.31 | 4256.73 | 5186.40 | 7608.86 | 8506.34 |
| 生产成本 | 元 | 6359.05 | 3979.75 | 4732.39 | 6942.85 | 8156.34 |
| 物质与服务费用 | 元 | 1568.61 | 1055.63 | 1777.56 | 3690.47 | 3193.21 |
| 人工成本 | 元 | 4790.44 | 2924.12 | 2954.83 | 3252.38 | 4963.13 |
| 家庭用工折价 | 元 | 4790.44 | 2924.12 | 2954.83 | 3224.60 | 4963.13 |
| 雇工费用 | 元 | | | | 27.78 | |
| 土地成本 | 元 | 378.26 | 276.98 | 454.01 | 666.01 | 350.00 |
| 流转地租金 | 元 | 81.85 | 40.49 | 165.34 | 49.17 | |
| 自营地折租 | 元 | 296.41 | 236.49 | 288.67 | 616.84 | 350.00 |
| 净利润 | 元 | -1807.99 | 6495.64 | 7565.45 | -120.84 | 6855.76 |
| 现金成本 | 元 | 1650.46 | 1096.12 | 1942.90 | 3767.42 | 3193.21 |
| 现金收益 | 元 | 3278.86 | 9656.25 | 10808.95 | 3720.60 | 12168.89 |
| 成本利润率 | % | -26.84 | 152.60 | 145.87 | -1.59 | 80.60 |
| **每 50 公斤主产品** | | | | | | |
| 平均出售价格 | 元 | 93.34 | 141.87 | 214.12 | 87.96 | 201.14 |
| 总成本 | 元 | 127.58 | 56.16 | 87.09 | 89.38 | 111.38 |
| 生产成本 | 元 | 120.41 | 52.51 | 79.46 | 81.56 | 106.79 |
| 净利润 | 元 | -34.24 | 85.71 | 127.03 | -1.42 | 89.76 |
| 现金成本 | 元 | 31.25 | 14.46 | 32.62 | 44.25 | 41.81 |
| 现金收益 | 元 | 62.09 | 127.41 | 181.50 | 43.71 | 159.33 |
| **附：** | | | | | | |
| 每亩用工数量 | 日 | 51.96 | 31.72 | 32.05 | 35.26 | 53.83 |
| 每亩主产品已出售数量 | 公斤 | 2640.43 | 3788.37 | 2977.78 | 4252.18 | 3806.67 |
| 每亩主产品已出售产值 | 元 | 4929.32 | 10748.39 | 12751.85 | 7480.12 | 15313.22 |
| 每亩成本外支出 | 元 | | | | | |

6-1-1-1 续表 3

| 项 目 | 单位 | 重 庆 | 云 南 | 陕 西 | 宁 夏 | 新 疆 |
|---|---|---|---|---|---|---|
| **每亩** | | | | | | |
| 主产品产量 | 公斤 | 4039.20 | 5735.20 | 4785.89 | 7975.31 | 7315.36 |
| 产值合计 | 元 | 10364.67 | 12896.07 | 13172.16 | 13414.52 | 13380.82 |
| 主产品产值 | 元 | 10364.67 | 12896.07 | 13172.16 | 13414.52 | 13380.82 |
| 副产品产值 | 元 | | | | | |
| 总成本 | 元 | 6049.87 | 8458.78 | 5574.54 | 7361.91 | 5521.50 |
| 生产成本 | 元 | 5814.46 | 8208.30 | 5342.37 | 6993.55 | 5225.30 |
| 物质与服务费用 | 元 | 1181.96 | 4061.84 | 1586.46 | 3026.44 | 1503.47 |
| 人工成本 | 元 | 4632.50 | 4146.46 | 3755.91 | 3967.11 | 3721.83 |
| 家庭用工折价 | 元 | 4632.50 | 4000.47 | 3672.14 | 3921.54 | 2567.95 |
| 雇工费用 | 元 | | 145.99 | 83.77 | 45.57 | 1153.88 |
| 土地成本 | 元 | 235.41 | 250.48 | 232.17 | 368.36 | 296.20 |
| 流转地租金 | 元 | 35.31 | | | 97.83 | 62.56 |
| 自营地折租 | 元 | 200.10 | 250.48 | 232.17 | 270.53 | 233.64 |
| 净利润 | 元 | 4314.80 | 4437.29 | 7597.62 | 6052.61 | 7859.32 |
| 现金成本 | 元 | 1217.27 | 4207.83 | 1670.23 | 3169.84 | 2719.91 |
| 现金收益 | 元 | 9147.40 | 8688.24 | 11501.93 | 10244.68 | 10660.91 |
| 成本利润率 | % | 71.32 | 52.46 | 136.29 | 82.22 | 142.34 |
| **每 50 公斤主产品** | | | | | | |
| 平均出售价格 | 元 | 128.30 | 112.43 | 137.61 | 84.10 | 91.46 |
| 总成本 | 元 | 74.89 | 73.74 | 58.24 | 46.15 | 37.74 |
| 生产成本 | 元 | 71.97 | 71.56 | 55.81 | 43.84 | 35.72 |
| 净利润 | 元 | 53.41 | 38.69 | 79.37 | 37.95 | 53.72 |
| 现金成本 | 元 | 15.07 | 36.68 | 17.45 | 19.87 | 18.59 |
| 现金收益 | 元 | 113.23 | 75.75 | 120.16 | 64.23 | 72.87 |
| **附：** | | | | | | |
| 每亩用工数量 | 日 | 50.24 | 44.74 | 40.59 | 42.91 | 34.45 |
| 每亩主产品已出售数量 | 公斤 | 4039.20 | 5735.20 | 4734.60 | 7975.31 | 7315.36 |
| 每亩主产品已出售产值 | 元 | 10364.67 | 12896.07 | 13041.87 | 13414.52 | 13380.82 |
| 每亩成本外支出 | 元 | | | | | |

# 6-1-1-2　2021 年各地区露地西红柿费用和用工情况

| 项　　目 | 单位 | 平　均 | 北　京 | 河　北 | 山　西 | 内蒙古 | 辽　宁 |
|---|---|---|---|---|---|---|---|
| **一、每亩物质与服务费用** | 元 | **1916.52** | **2134.10** | **946.75** | **2059.74** | **1266.97** | **1809.31** |
| (一)直接费用 | 元 | 1782.50 | 2082.10 | 930.64 | 1956.31 | 1056.43 | 1618.34 |
| 1. 种子费 | 元 | 405.61 | 145.00 | 131.91 | 597.39 | 262.59 | 218.40 |
| 2. 化肥费 | 元 | 409.04 | 628.00 | 163.16 | 353.66 | 217.65 | 156.02 |
| 3. 农家肥费 | 元 | 225.04 | 348.00 | 207.96 | 250.46 | 317.46 | 262.97 |
| 4. 农药费 | 元 | 267.02 | 371.00 | 122.43 | 167.63 | 97.88 | 191.94 |
| 5. 农膜费 | 元 | 74.55 | 34.00 | 76.70 | 61.91 | 43.98 | 73.21 |
| 6. 租赁作业费 | 元 | 173.33 | 121.50 | 166.57 | 215.35 | 90.95 | 112.36 |
| 机械作业费 | 元 | 91.47 | 55.50 | 79.30 | 91.44 | 49.63 | 88.86 |
| 排灌费 | 元 | 76.12 | 66.00 | 87.27 | 123.91 | 41.32 | 23.50 |
| 其中:水费 | 元 | 18.65 | 6.20 | | | 41.32 | 6.07 |
| 畜力费 | 元 | 5.74 | | | | | |
| 7. 燃料动力费 | 元 | 38.60 | | | 10.14 | | 92.46 |
| 8. 技术服务费 | 元 | 10.12 | | | | | |
| 9. 工具材料费 | 元 | 171.25 | 393.00 | 53.04 | 288.02 | 25.92 | 500.01 |
| 10. 修理维护费 | 元 | 7.94 | 41.60 | 8.87 | 11.75 | | 10.97 |
| 11. 其他直接费用 | 元 | | | | | | |
| (二)间接费用 | 元 | 134.02 | 52.00 | 16.11 | 103.43 | 210.54 | 190.97 |
| 1. 固定资产折旧 | 元 | 27.60 | | 12.26 | 12.07 | | 95.70 |
| 2. 保险费 | 元 | 0.15 | | | | | |
| 3. 管理费 | 元 | 0.35 | | | | | |
| 4. 财务费 | 元 | | | | | | |
| 5. 销售费 | 元 | 105.92 | 52.00 | 3.85 | 91.36 | 210.54 | 95.27 |
| **二、每亩人工成本** | 元 | **3397.98** | **4029.68** | **2771.95** | **3544.35** | **4282.43** | **3598.29** |
| 1. 家庭用工折价 | 元 | 2787.94 | 2249.68 | 2488.66 | 3544.35 | 4026.74 | 3598.29 |
| 家庭用工天数 | 日 | 30.24 | 24.40 | 26.99 | 38.44 | 43.67 | 39.03 |
| 劳动日工价 | 元 | 92.20 | 92.20 | 92.20 | 92.20 | 92.20 | 92.20 |
| 2. 雇工费用 | 元 | 610.04 | 1780.00 | 283.29 | | 255.69 | |
| 雇工天数 | 日 | 4.69 | 14.00 | 3.37 | | 2.13 | |
| 雇工工价 | 元 | 130.07 | 127.14 | 84.06 | 96.06 | 120.04 | 111.45 |
| **三、附** | | | | | | | |
| 1. 每亩种子用量 | 公斤 | | | | | | |
| 2. 每亩化肥用量 | 公斤 | 42.69 | 18.94 | 24.23 | 46.62 | 49.06 | 20.97 |
| 3. 每亩农膜用量 | 公斤 | 5.74 | 5.20 | 6.11 | 5.20 | 3.58 | 7.38 |

6-1-1-2 续表 1

| 项　　目 | 单位 | 黑龙江 | 江　苏 | 安　徽 | 福　建 | 江　西 | 山　东 |
|---|---|---|---|---|---|---|---|
| **一、每亩物质与服务费用** | **元** | **1225.28** | **972.25** | **1460.36** | **3024.58** | **1625.94** | **997.08** |
| （一）直接费用 | 元 | 1048.72 | 933.37 | 1337.46 | 2551.86 | 1529.12 | 951.88 |
| 1. 种子费 | 元 | 206.76 | 143.97 | 256.33 | 618.45 | 654.49 | 94.98 |
| 2. 化肥费 | 元 | 163.58 | 308.67 | 399.33 | 470.36 | 383.27 | 373.23 |
| 3. 农家肥费 | 元 | 199.62 | 111.62 | 284.18 | 496.19 | 99.17 | 116.01 |
| 4. 农药费 | 元 | 106.54 | 105.59 | 119.28 | 314.39 | 110.46 | 105.41 |
| 5. 农膜费 | 元 | 68.69 | 83.73 | 64.22 | 162.30 | 35.96 | 37.50 |
| 6. 租赁作业费 | 元 | 102.82 | 88.93 | 89.67 | 196.73 | 58.53 | 133.82 |
| 机械作业费 | 元 | 73.31 | 63.21 | 76.08 | 128.14 | 54.70 | 78.48 |
| 排灌费 | 元 | 29.51 | 25.72 | 13.59 | 50.00 | 3.83 | 55.34 |
| 其中：水费 | 元 | 17.79 | 3.43 | | 2.68 | | 15.38 |
| 畜力费 | 元 | | | | 18.59 | | |
| 7. 燃料动力费 | 元 | 20.29 | | 20.38 | 32.73 | 115.86 | |
| 8. 技术服务费 | 元 | | | | 93.44 | | |
| 9. 工具材料费 | 元 | 180.42 | 88.58 | 86.38 | 142.57 | 64.36 | 85.82 |
| 10. 修理维护费 | 元 | | 2.28 | 17.19 | 24.70 | 7.02 | 5.11 |
| 11. 其他直接费用 | 元 | | | | | | |
| （二）间接费用 | 元 | 176.56 | 38.88 | 122.90 | 472.72 | 96.82 | 45.20 |
| 1. 固定资产折旧 | 元 | | 4.02 | 17.87 | 78.09 | 38.41 | 7.38 |
| 2. 保险费 | 元 | | | 4.13 | | | |
| 3. 管理费 | 元 | | | | | | |
| 4. 财务费 | 元 | | | | | | |
| 5. 销售费 | 元 | 176.56 | 34.86 | 100.90 | 394.63 | 58.41 | 37.82 |
| **二、每亩人工成本** | **元** | **2074.12** | **7106.13** | **2170.41** | **3540.70** | **2831.31** | **3308.04** |
| 1. 家庭用工折价 | 元 | 1426.70 | 7106.13 | 1551.36 | 1479.63 | 2822.52 | 3308.04 |
| 家庭用工天数 | 日 | 15.47 | 77.07 | 16.83 | 16.05 | 30.61 | 35.88 |
| 劳动日工价 | 元 | 92.20 | 92.20 | 92.20 | 92.20 | 92.20 | 92.20 |
| 2. 雇工费用 | 元 | 647.42 | | 619.05 | 2061.07 | 8.80 | |
| 雇工天数 | 日 | 5.45 | | 5.39 | 17.55 | 0.07 | |
| 雇工工价 | 元 | 118.79 | 83.58 | 114.85 | 117.44 | 125.64 | 84.90 |
| **三、附** | | | | | | | |
| 1. 每亩种子用量 | 公斤 | | | | | | |
| 2. 每亩化肥用量 | 公斤 | 28.08 | 45.01 | 32.25 | 53.15 | 42.27 | 53.98 |
| 3. 每亩农膜用量 | 公斤 | 5.43 | 6.13 | 4.72 | 11.68 | 2.47 | 3.19 |

6-1-1-2 续表 2

| 项　　目 | 单位 | 河　南 | 湖　北 | 广　东 | 广　西 | 海　南 |
|---|---|---|---|---|---|---|
| **一、每亩物质与服务费用** | 元 | **1568.61** | **1055.63** | **1777.56** | **3690.47** | **3193.21** |
| (一)直接费用 | 元 | 1415.05 | 969.42 | 1615.23 | 3580.50 | 3131.66 |
| 1. 种子费 | 元 | 386.52 | 168.52 | 143.76 | 941.34 | 110.00 |
| 2. 化肥费 | 元 | 440.38 | 213.58 | 719.57 | 1114.29 | 1100.83 |
| 3. 农家肥费 | 元 | 23.22 | 170.75 | 110.83 | 58.99 | 678.33 |
| 4. 农药费 | 元 | 266.28 | 132.57 | 219.41 | 749.61 | 1011.50 |
| 5. 农膜费 | 元 | 44.79 | 49.81 | 61.46 | 45.81 | |
| 6. 租赁作业费 | 元 | 198.84 | 127.70 | | 173.15 | 100.00 |
| 机械作业费 | 元 | 74.00 | 104.50 | | 130.15 | 100.00 |
| 排灌费 | 元 | 124.84 | 23.20 | | 43.00 | |
| 其中:水费 | 元 | | 12.12 | | 21.50 | |
| 畜力费 | 元 | | | | | |
| 7. 燃料动力费 | 元 | | 4.28 | 39.37 | 46.39 | 4.17 |
| 8. 技术服务费 | 元 | | | | | |
| 9. 工具材料费 | 元 | 35.54 | 94.72 | 316.67 | 443.48 | 119.50 |
| 10. 修理维护费 | 元 | 19.48 | 7.49 | 4.16 | 7.44 | 7.33 |
| 11. 其他直接费用 | 元 | | | | | |
| (二)间接费用 | 元 | 153.56 | 86.21 | 162.33 | 109.97 | 61.55 |
| 1. 固定资产折旧 | 元 | 104.80 | 17.66 | 46.66 | 38.28 | 11.55 |
| 2. 保险费 | 元 | | | | | |
| 3. 管理费 | 元 | | | | | |
| 4. 财务费 | 元 | | | | | |
| 5. 销售费 | 元 | 48.76 | 68.55 | 115.67 | 71.69 | 50.00 |
| **二、每亩人工成本** | 元 | **4790.44** | **2924.12** | **2954.83** | **3252.38** | **4963.13** |
| 1. 家庭用工折价 | 元 | 4790.44 | 2924.12 | 2954.83 | 3224.60 | 4963.13 |
| 家庭用工天数 | 日 | 51.96 | 31.72 | 32.05 | 34.97 | 53.83 |
| 劳动日工价 | 元 | 92.20 | 92.20 | 92.20 | 92.20 | 92.20 |
| 2. 雇工费用 | 元 | | | | 27.78 | |
| 雇工天数 | 日 | | | | 0.29 | |
| 雇工工价 | 元 | 131.30 | 116.51 | 147.54 | 95.78 | 130.00 |
| 三、附 | | | | | | |
| 1. 每亩种子用量 | 公斤 | | | | | |
| 2. 每亩化肥用量 | 公斤 | 68.37 | 27.17 | 53.59 | 83.09 | 107.23 |
| 3. 每亩农膜用量 | 公斤 | 3.67 | 3.48 | 2.98 | 3.50 | |

6-1-1-2 续表 3

| 项 目 | 单位 | 重 庆 | 云 南 | 陕 西 | 宁 夏 | 新 疆 |
|---|---|---|---|---|---|---|
| **一、每亩物质与服务费用** | 元 | **1181.96** | **4061.84** | **1586.46** | **3026.44** | **1503.47** |
| (一)直接费用 | 元 | 1153.86 | 3974.00 | 1389.36 | 2963.39 | 1387.93 |
| 1. 种子费 | 元 | 185.48 | 605.55 | 229.37 | 1550.12 | 270.33 |
| 2. 化肥费 | 元 | 371.00 | 1063.37 | 302.74 | 528.68 | 271.51 |
| 3. 农家肥费 | 元 | 14.47 | 209.91 | 312.59 | 284.83 | 187.97 |
| 4. 农药费 | 元 | 259.26 | 1254.82 | 223.91 | 110.36 | 127.81 |
| 5. 农膜费 | 元 | 70.83 | 96.54 | 46.20 | 67.47 | 60.38 |
| 6. 租赁作业费 | 元 | 139.73 | 219.41 | 184.21 | 214.68 | 231.51 |
| 机械作业费 | 元 | 139.73 | 61.41 | 125.07 | 116.19 | 106.55 |
| 排灌费 | 元 |  | 102.06 | 59.14 | 98.49 | 124.96 |
| 其中:水费 | 元 |  | 39.42 |  | 98.49 | 37.99 |
| 畜力费 | 元 |  | 55.94 |  |  |  |
| 7. 燃料动力费 | 元 | 14.70 |  |  |  | 114.28 |
| 8. 技术服务费 | 元 |  |  |  |  |  |
| 9. 工具材料费 | 元 | 96.89 | 524.40 | 82.23 | 203.86 | 123.75 |
| 10. 修理维护费 | 元 | 1.50 |  | 8.11 | 3.39 | 0.39 |
| 11. 其他直接费用 | 元 |  |  |  |  |  |
| (二)间接费用 | 元 | 28.10 | 87.84 | 197.10 | 63.05 | 115.54 |
| 1. 固定资产折旧 | 元 | 14.32 | 1.35 | 13.74 | 4.44 | 29.41 |
| 2. 保险费 | 元 |  |  |  |  |  |
| 3. 管理费 | 元 |  |  |  |  | 1.68 |
| 4. 财务费 | 元 |  |  |  |  |  |
| 5. 销售费 | 元 | 13.78 | 86.49 | 183.36 | 58.61 | 84.45 |
| **二、每亩人工成本** | 元 | **4632.50** | **4146.46** | **3755.91** | **3967.11** | **3721.83** |
| 1. 家庭用工折价 | 元 | 4632.50 | 4000.47 | 3672.14 | 3921.54 | 2567.95 |
| 家庭用工天数 | 日 | 50.24 | 43.39 | 39.83 | 42.53 | 27.85 |
| 劳动日工价 | 元 | 92.20 | 92.20 | 92.20 | 92.20 | 92.20 |
| 2. 雇工费用 | 元 |  | 145.99 | 83.77 | 45.57 | 1153.88 |
| 雇工天数 | 日 |  | 1.35 | 0.76 | 0.38 | 6.60 |
| 雇工工价 | 元 | 147.47 | 108.14 | 110.22 | 119.92 | 174.83 |
| 三、附 |  |  |  |  |  |  |
| 1. 每亩种子用量 | 公斤 |  |  |  |  |  |
| 2. 每亩化肥用量 | 公斤 | 44.75 | 75.69 | 54.65 | 48.23 | 33.25 |
| 3. 每亩农膜用量 | 公斤 | 5.06 | 6.55 | 3.08 | 5.33 | 5.10 |

# 6-1-1-3 2021年各地区露地西红柿化肥投入情况

| 项　　目 | 单位 | 平　均 | 北　京 | 河　北 | 山　西 | 内蒙古 | 辽　宁 |
|---|---|---|---|---|---|---|---|
| **一、每亩化肥金额** | 元 | **409.04** | **628.00** | **163.16** | **353.66** | **217.65** | **156.02** |
| (一)氮肥 | 元 | 27.23 | 13.60 | | 35.73 | 96.46 | 30.28 |
| 1. 尿素 | 元 | 27.23 | 13.60 | | 35.73 | 96.46 | 30.28 |
| 2. 碳铵 | 元 | | | | | | |
| 3. 其他氮肥 | 元 | | | | | | |
| (二)磷肥 | 元 | 7.41 | | | 7.33 | | |
| 其中:过磷酸钙 | 元 | 5.09 | | | 7.33 | | |
| (三)钾肥 | 元 | 13.69 | | 2.47 | 30.35 | | 14.47 |
| 其中:氯化钾 | 元 | 4.97 | | | | | |
| (四)复混肥 | 元 | 290.02 | 147.40 | 157.04 | 232.85 | 121.19 | 103.23 |
| 1. 复合肥 | 元 | 249.86 | 147.40 | 157.04 | 232.85 | 121.19 | 103.23 |
| 其中:二铵 | 元 | 38.99 | | 14.47 | 47.44 | 121.19 | 43.21 |
| 三元素复合肥 | 元 | 120.51 | 147.40 | 142.57 | 138.44 | | 16.44 |
| 2. 混配肥 | 元 | 40.16 | | | | | |
| (五)其他肥料 | 元 | 70.69 | 467.00 | 3.65 | 47.40 | | 8.04 |
| **二、每亩化肥折纯用量** | 公斤 | **42.69** | **18.94** | **24.23** | **46.62** | **49.06** | **20.97** |
| (一)氮肥 | 公斤 | 5.88 | 1.84 | | 6.46 | 23.92 | 5.77 |
| 1. 尿素 | 公斤 | 5.88 | 1.84 | | 6.46 | 23.92 | 5.77 |
| 2. 碳铵 | 公斤 | | | | | | |
| 3. 其他氮肥 | 公斤 | | | | | | |
| (二)磷肥 | 公斤 | 1.34 | | | 1.13 | | |
| 其中:过磷酸钙 | 公斤 | 0.97 | | | 1.13 | | |
| (三)钾肥 | 公斤 | 2.01 | | 0.51 | 4.45 | | 1.25 |
| 其中:氯化钾 | 公斤 | 0.80 | | | | | |
| (四)复混肥 | 公斤 | 33.47 | 17.10 | 23.72 | 34.58 | 25.15 | 13.96 |
| 1. 复合肥 | 公斤 | 32.10 | 17.10 | 23.72 | 34.58 | 25.15 | 13.96 |
| 其中:二铵 | 公斤 | 7.70 | | 2.83 | 8.26 | 25.15 | 7.88 |
| 三元素复合肥 | 公斤 | 14.75 | 17.10 | 20.89 | 19.76 | | 1.95 |
| 2. 混配肥 | 公斤 | 1.37 | | | | | |

6-1-1-3 续表 1

| 项 目 | 单位 | 黑龙江 | 江 苏 | 安 徽 | 福 建 | 江 西 | 山 东 |
|---|---|---|---|---|---|---|---|
| **一、每亩化肥金额** | 元 | **163.58** | **308.67** | **399.33** | **470.36** | **383.27** | **373.23** |
| (一)氮肥 | 元 | 3.12 | 78.10 | 59.80 | 10.34 | 8.68 | 115.06 |
| 1. 尿素 | 元 | 3.12 | 78.10 | 59.80 | 10.34 | 8.68 | 115.06 |
| 2. 碳铵 | 元 | | | | | | |
| 3. 其他氮肥 | 元 | | | | | | |
| (二)磷肥 | 元 | | | | 20.86 | 5.17 | |
| 其中:过磷酸钙 | 元 | | | | 5.16 | 5.17 | |
| (三)钾肥 | 元 | 48.98 | | | | | |
| 其中:氯化钾 | 元 | 4.29 | | | | | |
| (四)复混肥 | 元 | 108.91 | 230.57 | 170.00 | 413.33 | 318.34 | 258.17 |
| 1. 复合肥 | 元 | 108.91 | 230.57 | 170.00 | 413.33 | 318.34 | 258.17 |
| 其中:二铵 | 元 | 52.16 | 26.95 | | | | |
| 三元素复合肥 | 元 | 9.94 | 52.94 | 158.52 | 152.40 | 67.65 | 203.28 |
| 2. 混配肥 | 元 | | | | | | |
| (五)其他肥料 | 元 | 2.57 | | 169.53 | 25.83 | 51.08 | |
| **二、每亩化肥折纯用量** | 公斤 | **28.08** | **45.01** | **32.25** | **53.15** | **42.27** | **53.98** |
| (一)氮肥 | 公斤 | 0.65 | 13.58 | 11.40 | 1.49 | 1.40 | 19.74 |
| 1. 尿素 | 公斤 | 0.65 | 13.58 | 11.40 | 1.49 | 1.40 | 19.74 |
| 2. 碳铵 | 公斤 | | | | | | |
| 3. 其他氮肥 | 公斤 | | | | | | |
| (二)磷肥 | 公斤 | | | | 2.89 | 0.82 | |
| 其中:过磷酸钙 | 公斤 | | | | 0.76 | 0.82 | |
| (三)钾肥 | 公斤 | 8.35 | | | | | |
| 其中:氯化钾 | 公斤 | 0.81 | | | | | |
| (四)复混肥 | 公斤 | 19.07 | 31.43 | 20.85 | 48.78 | 40.06 | 34.24 |
| 1. 复合肥 | 公斤 | 19.07 | 31.43 | 20.85 | 48.78 | 40.06 | 34.24 |
| 其中:二铵 | 公斤 | 10.22 | 4.79 | | | | |
| 三元素复合肥 | 公斤 | 1.58 | 9.63 | 19.58 | 18.93 | 8.19 | 27.27 |
| 2. 混配肥 | 公斤 | | | | | | |

6-1-1-3 续表 2

| 项　　目 | 单位 | 河　南 | 湖　北 | 广　东 | 广　西 | 海　南 |
|---|---|---|---|---|---|---|
| **一、每亩化肥金额** | **元** | **440.38** | **213.58** | **719.57** | **1114.29** | **1100.83** |
| (一)氮肥 | 元 | 61.17 | 8.38 | | | 73.33 |
| 1. 尿素 | 元 | 61.17 | 8.38 | | | 73.33 |
| 2. 碳铵 | 元 | | | | | |
| 3. 其他氮肥 | 元 | | | | | |
| (二)磷肥 | 元 | | | 37.97 | 17.92 | 95.00 |
| 其中:过磷酸钙 | 元 | | | 37.97 | 17.92 | 95.00 |
| (三)钾肥 | 元 | 53.26 | | 67.60 | 34.49 | |
| 其中:氯化钾 | 元 | 53.26 | | 67.60 | 34.49 | |
| (四)复混肥 | 元 | 325.95 | 205.20 | 501.62 | 838.60 | 932.50 |
| 1. 复合肥 | 元 | 325.95 | 205.20 | 501.62 | 838.60 | 932.50 |
| 其中:二铵 | 元 | 26.09 | | | | |
| 三元素复合肥 | 元 | 299.86 | 106.27 | 501.62 | 325.63 | 932.50 |
| 2. 混配肥 | 元 | | | | | |
| (五)其他肥料 | 元 | | | 112.38 | 223.28 | |
| **二、每亩化肥折纯用量** | **公斤** | **68.37** | **27.17** | **53.59** | **83.09** | **107.23** |
| (一)氮肥 | 公斤 | 12.77 | 1.87 | | | 10.73 |
| 1. 尿素 | 公斤 | 12.77 | 1.87 | | | 10.73 |
| 2. 碳铵 | 公斤 | | | | | |
| 3. 其他氮肥 | 公斤 | | | | | |
| (二)磷肥 | 公斤 | | | 6.46 | 3.81 | 14.00 |
| 其中:过磷酸钙 | 公斤 | | | 6.46 | 3.81 | 14.00 |
| (三)钾肥 | 公斤 | 8.37 | | 8.45 | 6.72 | |
| 其中:氯化钾 | 公斤 | 8.37 | | 8.45 | 6.72 | |
| (四)复混肥 | 公斤 | 47.22 | 25.29 | 38.68 | 72.57 | 82.50 |
| 1. 复合肥 | 公斤 | 47.22 | 25.29 | 38.68 | 72.57 | 82.50 |
| 其中:二铵 | 公斤 | 4.63 | | | | |
| 三元素复合肥 | 公斤 | 42.59 | 13.61 | 38.68 | 30.62 | 82.50 |
| 2. 混配肥 | 公斤 | | | | | |

6-1-1-3 续表 3

| 项　　目 | 单位 | 重　庆 | 云　南 | 陕　西 | 宁　夏 | 新　疆 |
|---|---|---|---|---|---|---|
| **一、每亩化肥金额** | 元 | **371.00** | **1063.37** | **302.74** | **528.68** | **271.51** |
| （一）氮肥 | 元 | 21.82 | 47.01 | 58.59 | | 50.32 |
| 1. 尿素 | 元 | 21.82 | 47.01 | 58.59 | | 50.32 |
| 2. 碳铵 | 元 | | | | | |
| 3. 其他氮肥 | 元 | | | | | |
| （二）磷肥 | 元 | | 34.35 | | | 0.88 |
| 其中：过磷酸钙 | 元 | | 25.14 | | | 0.88 |
| （三）钾肥 | 元 | | 70.67 | | | |
| 其中：氯化钾 | 元 | | | | | |
| （四）复混肥 | 元 | 327.25 | 866.19 | 244.15 | 279.41 | 106.68 |
| 1. 复合肥 | 元 | 327.25 | 263.97 | 244.15 | 279.41 | 106.68 |
| 其中：二铵 | 元 | | | 120.10 | 161.35 | 96.01 |
| 三元素复合肥 | 元 | 269.26 | 57.52 | 124.05 | 118.06 | 5.93 |
| 2. 混配肥 | 元 | | 602.22 | | | |
| （五）其他肥料 | 元 | 21.93 | 45.15 | | 249.27 | 113.63 |
| **二、每亩化肥折纯用量** | 公斤 | **44.75** | **75.69** | **54.65** | **48.23** | **33.25** |
| （一）氮肥 | 公斤 | 3.35 | 9.15 | 11.12 | | 12.88 |
| 1. 尿素 | 公斤 | 3.35 | 9.15 | 11.12 | | 12.88 |
| 2. 碳铵 | 公斤 | | | | | |
| 3. 其他氮肥 | 公斤 | | | | | |
| （二）磷肥 | 公斤 | | 8.01 | | | 0.05 |
| 其中：过磷酸钙 | 公斤 | | 5.92 | | | 0.05 |
| （三）钾肥 | 公斤 | | 8.31 | | | |
| 其中：氯化钾 | 公斤 | | | | | |
| （四）复混肥 | 公斤 | 41.41 | 50.23 | 43.54 | 48.23 | 20.32 |
| 1. 复合肥 | 公斤 | 41.41 | 29.75 | 43.54 | 48.23 | 20.32 |
| 其中：二铵 | 公斤 | | | 25.94 | 31.54 | 19.22 |
| 三元素复合肥 | 公斤 | 33.23 | 6.42 | 17.60 | 16.69 | 0.80 |
| 2. 混配肥 | 公斤 | | 20.48 | | | |

# 6-1-2-1　2021年各地区设施西红柿成本收益情况

| 项　　目 | 单位 | 平　均 | 北　京 | 天　津 | 河　北 | 山　西 | 内蒙古 |
|---|---|---|---|---|---|---|---|
| 每亩 | | | | | | | |
| 主产品产量 | 公斤 | 4893.48 | 5190.50 | 5209.41 | 5343.66 | 6093.91 | 5290.76 |
| 产值合计 | 元 | 14731.18 | 24684.99 | 14434.77 | 19047.31 | 19529.17 | 14445.50 |
| 主产品产值 | 元 | 14731.18 | 24684.99 | 14434.77 | 19047.31 | 19529.17 | 14445.50 |
| 副产品产值 | 元 | | | | | | |
| 总成本 | 元 | 9603.15 | 11509.32 | 7276.55 | 11008.69 | 13666.22 | 10579.90 |
| 生产成本 | 元 | 9066.76 | 10723.49 | 6925.00 | 10514.94 | 13234.70 | 10043.25 |
| 物质与服务费用 | 元 | 3194.34 | 4841.14 | 1851.01 | 3689.23 | 5411.64 | 4966.13 |
| 人工成本 | 元 | 5872.42 | 5882.35 | 5073.99 | 6825.71 | 7823.06 | 5077.12 |
| 家庭用工折价 | 元 | 4033.84 | 3400.34 | 5057.82 | 6275.50 | 6469.77 | 4902.37 |
| 雇工费用 | 元 | 1838.58 | 2482.01 | 16.17 | 550.21 | 1353.30 | 174.75 |
| 土地成本 | 元 | 536.39 | 785.83 | 351.55 | 493.75 | 431.52 | 536.65 |
| 流转地租金 | 元 | 231.29 | 427.58 | 145.55 | 37.99 | 44.62 | 30.89 |
| 自营地折租 | 元 | 305.10 | 358.25 | 206.00 | 455.76 | 386.90 | 505.76 |
| 净利润 | 元 | 5128.03 | 13175.67 | 7158.22 | 8038.62 | 5862.95 | 3865.60 |
| 现金成本 | 元 | 5264.21 | 7750.73 | 2012.73 | 4277.43 | 6809.56 | 5171.77 |
| 现金收益 | 元 | 9466.97 | 16934.26 | 12422.04 | 14769.88 | 12719.61 | 9273.73 |
| 成本利润率 | % | 53.40 | 114.48 | 98.37 | 73.02 | 42.90 | 36.54 |
| 每50公斤主产品 | | | | | | | |
| 平均出售价格 | 元 | 150.52 | 237.79 | 138.55 | 178.22 | 160.24 | 136.52 |
| 总成本 | 元 | 98.12 | 110.87 | 69.84 | 103.01 | 112.13 | 99.99 |
| 生产成本 | 元 | 92.64 | 103.30 | 66.47 | 98.39 | 108.59 | 94.92 |
| 净利润 | 元 | 52.40 | 126.92 | 68.71 | 75.21 | 48.11 | 36.53 |
| 现金成本 | 元 | 53.79 | 74.66 | 19.32 | 40.02 | 55.87 | 48.88 |
| 现金收益 | 元 | 96.73 | 163.13 | 119.23 | 138.20 | 104.37 | 87.64 |
| 附： | | | | | | | |
| 每亩用工数量 | 日 | 57.38 | 55.53 | 54.96 | 74.09 | 82.05 | 54.49 |
| 每亩主产品已出售数量 | 公斤 | 4890.96 | 5190.50 | 5209.41 | 5333.37 | 6083.20 | 5283.41 |
| 每亩主产品已出售产值 | 元 | 14722.22 | 24684.99 | 14434.77 | 18988.38 | 19492.65 | 14424.58 |
| 每亩成本外支出 | 元 | | | | | | |

6-1-2-1 续表 1

| 项目 | 单位 | 辽宁 | 吉林 | 黑龙江 | 上海 | 江苏 | 浙江 |
|---|---|---|---|---|---|---|---|
| **每亩** | | | | | | | |
| 主产品产量 | 公斤 | 3836.98 | 5445.27 | 5282.60 | 4099.80 | 4126.53 | 4035.23 |
| 产值合计 | 元 | 26465.66 | 16624.08 | 17098.98 | 13395.89 | 14846.71 | 10223.68 |
| 主产品产值 | 元 | 26465.66 | 16624.08 | 17098.98 | 13395.89 | 14846.71 | 10223.68 |
| 副产品产值 | 元 | | | | | | |
| 总成本 | 元 | 11452.61 | 10054.32 | 8864.97 | 10781.06 | 9306.22 | 8748.04 |
| 生产成本 | 元 | 10998.49 | 9530.64 | 8416.76 | 10035.07 | 8877.23 | 8197.17 |
| 物质与服务费用 | 元 | 4657.95 | 2553.62 | 3917.63 | 2343.76 | 3072.72 | 2481.71 |
| 人工成本 | 元 | 6340.54 | 6977.02 | 4499.13 | 7691.31 | 5804.51 | 5715.46 |
| 家庭用工折价 | 元 | 6123.00 | 5094.05 | 3852.02 | 1569.89 | 5050.35 | 3278.91 |
| 雇工费用 | 元 | 217.53 | 1882.97 | 647.10 | 6121.42 | 754.16 | 2436.55 |
| 土地成本 | 元 | 454.12 | 523.68 | 448.21 | 745.99 | 428.99 | 550.87 |
| 流转地租金 | 元 | 26.05 | 85.20 | 91.47 | 745.99 | 243.23 | 303.22 |
| 自营地折租 | 元 | 428.07 | 438.48 | 356.74 | | 185.76 | 247.65 |
| 净利润 | 元 | 15013.06 | 6569.76 | 8234.01 | 2614.83 | 5540.49 | 1475.64 |
| 现金成本 | 元 | 4901.53 | 4521.79 | 4656.20 | 9211.17 | 4070.11 | 5221.48 |
| 现金收益 | 元 | 21564.13 | 12102.29 | 12442.78 | 4184.72 | 10776.60 | 5002.20 |
| 成本利润率 | % | 131.09 | 65.34 | 92.88 | 24.25 | 59.54 | 16.87 |
| **每 50 公斤主产品** | | | | | | | |
| 平均出售价格 | 元 | 344.88 | 152.65 | 161.84 | 163.37 | 179.89 | 126.68 |
| 总成本 | 元 | 149.24 | 92.32 | 83.91 | 131.48 | 112.76 | 108.40 |
| 生产成本 | 元 | 143.32 | 87.51 | 79.66 | 122.38 | 107.56 | 101.57 |
| 净利润 | 元 | 195.64 | 60.33 | 77.93 | 31.89 | 67.13 | 18.28 |
| 现金成本 | 元 | 63.87 | 41.52 | 44.07 | 112.34 | 49.32 | 64.70 |
| 现金收益 | 元 | 281.01 | 111.13 | 117.77 | 51.03 | 130.57 | 61.98 |
| **附:** | | | | | | | |
| 每亩用工数量 | 日 | 68.97 | 70.93 | 47.33 | 57.27 | 62.61 | 52.56 |
| 每亩主产品已出售数量 | 公斤 | 3836.98 | 5445.27 | 5282.60 | 4099.80 | 4126.53 | 4035.23 |
| 每亩主产品已出售产值 | 元 | 26465.66 | 16624.08 | 17098.98 | 13395.89 | 14846.71 | 10223.68 |
| 每亩成本外支出 | 元 | | | | | | |

6-1-2-1 续表 2

| 项 目 | 单位 | 安 徽 | 山 东 | 河 南 | 湖 北 | 四 川 |
|---|---|---|---|---|---|---|
| **每亩** | | | | | | |
| 主产品产量 | 公斤 | 4326.50 | 4570.91 | 4798.48 | 4942.50 | 6906.69 |
| 产值合计 | 元 | 14142.65 | 14915.89 | 11530.23 | 13416.13 | 22282.28 |
| 主产品产值 | 元 | 14142.65 | 14915.89 | 11530.23 | 13416.13 | 22282.28 |
| 副产品产值 | 元 | | | | | |
| 总成本 | 元 | 7793.20 | 11008.39 | 8813.36 | 6339.50 | 10460.03 |
| 生产成本 | 元 | 7423.85 | 10625.78 | 8451.40 | 6019.21 | 9749.99 |
| 物质与服务费用 | 元 | 3043.68 | 3965.69 | 3511.02 | 2492.21 | 3678.13 |
| 人工成本 | 元 | 4380.17 | 6660.09 | 4940.38 | 3527.00 | 6071.86 |
| 家庭用工折价 | 元 | 2520.38 | 6313.95 | 4248.21 | 3495.58 | 5692.43 |
| 雇工费用 | 元 | 1859.79 | 346.15 | 692.17 | 31.42 | 379.43 |
| 土地成本 | 元 | 369.35 | 382.61 | 361.96 | 320.29 | 710.04 |
| 流转地租金 | 元 | 134.19 | 15.32 | 75.03 | 28.18 | 56.44 |
| 自营地折租 | 元 | 235.16 | 367.29 | 286.93 | 292.11 | 653.60 |
| 净利润 | 元 | 6349.45 | 3907.50 | 2716.87 | 7076.63 | 11822.25 |
| 现金成本 | 元 | 5037.66 | 4327.16 | 4278.22 | 2551.81 | 4114.00 |
| 现金收益 | 元 | 9104.99 | 10588.73 | 7252.01 | 10864.32 | 18168.28 |
| 成本利润率 | % | 81.47 | 35.50 | 30.83 | 111.63 | 113.02 |
| **每50公斤主产品** | | | | | | |
| 平均出售价格 | 元 | 163.44 | 163.16 | 120.14 | 135.72 | 161.31 |
| 总成本 | 元 | 90.06 | 120.42 | 91.83 | 64.13 | 75.72 |
| 生产成本 | 元 | 85.79 | 116.23 | 88.06 | 60.89 | 70.58 |
| 净利润 | 元 | 73.38 | 42.74 | 28.31 | 71.59 | 85.59 |
| 现金成本 | 元 | 58.22 | 47.33 | 44.58 | 25.81 | 29.78 |
| 现金收益 | 元 | 105.22 | 115.83 | 75.56 | 109.91 | 131.53 |
| **附：** | | | | | | |
| 每亩用工数量 | 日 | 43.47 | 72.33 | 53.77 | 38.12 | 65.18 |
| 每亩主产品已出售数量 | 公斤 | 4325.82 | 4560.91 | 4798.48 | 4942.50 | 6906.69 |
| 每亩主产品已出售产值 | 元 | 14140.19 | 14884.78 | 11530.23 | 13416.13 | 22282.28 |
| 每亩成本外支出 | 元 | | | | | |

6-1-2-1 续表 3

| 项　　目 | 单位 | 陕　西 | 甘　肃 | 青　海 | 宁　夏 | 新　疆 |
|---|---|---|---|---|---|---|
| **每亩** | | | | | | |
| 主产品产量 | 公斤 | 5108.26 | 5914.06 | 5909.45 | 6447.53 | 6450.68 |
| 产值合计 | 元 | 13450.45 | 15006.68 | 23334.68 | 17048.62 | 16733.51 |
| 主产品产值 | 元 | 13450.45 | 15006.68 | 23334.68 | 17048.62 | 16733.51 |
| 副产品产值 | 元 | | | | | |
| 总成本 | 元 | 8612.81 | 10814.57 | 10971.44 | 8647.87 | 7763.60 |
| 生产成本 | 元 | 8363.74 | 10494.96 | 10268.52 | 8152.54 | 6998.88 |
| 物质与服务费用 | 元 | 2386.86 | 3648.14 | 4483.12 | 4026.65 | 3168.54 |
| 人工成本 | 元 | 5976.88 | 6846.82 | 5785.40 | 4125.89 | 3830.34 |
| 家庭用工折价 | 元 | 5595.53 | 6802.33 | 2628.25 | 2878.95 | 3383.00 |
| 雇工费用 | 元 | 381.35 | 44.49 | 3157.15 | 1246.95 | 447.33 |
| 土地成本 | 元 | 249.07 | 319.61 | 702.92 | 495.33 | 764.72 |
| 流转地租金 | 元 | | 0.90 | 25.75 | 114.73 | 214.19 |
| 自营地折租 | 元 | 249.07 | 318.71 | 677.17 | 380.60 | 550.53 |
| 净利润 | 元 | 4837.64 | 4192.11 | 12363.24 | 8400.75 | 8969.91 |
| 现金成本 | 元 | 2768.21 | 3693.53 | 7666.02 | 5388.33 | 3830.06 |
| 现金收益 | 元 | 10682.24 | 11313.15 | 15668.66 | 11660.29 | 12903.45 |
| 成本利润率 | % | 56.17 | 38.76 | 112.69 | 97.14 | 115.54 |
| **每 50 公斤主产品** | | | | | | |
| 平均出售价格 | 元 | 131.65 | 126.87 | 197.44 | 132.21 | 129.70 |
| 总成本 | 元 | 84.30 | 91.43 | 92.83 | 67.06 | 60.17 |
| 生产成本 | 元 | 81.86 | 88.73 | 86.88 | 63.22 | 54.25 |
| 净利润 | 元 | 47.35 | 35.44 | 104.61 | 65.15 | 69.53 |
| 现金成本 | 元 | 27.09 | 31.23 | 64.86 | 41.79 | 29.69 |
| 现金收益 | 元 | 104.56 | 95.64 | 132.58 | 90.42 | 100.01 |
| **附：** | | | | | | |
| 每亩用工数量 | 日 | 63.95 | 74.34 | 64.81 | 41.92 | 39.62 |
| 每亩主产品已出售数量 | 公斤 | 5022.36 | 5912.74 | 5890.86 | 6447.53 | 6450.68 |
| 每亩主产品已出售产值 | 元 | 13222.65 | 15004.19 | 23255.41 | 17048.62 | 16733.51 |
| 每亩成本外支出 | 元 | | | | | |

# 6-1-2-2　2021年各地区设施西红柿费用和用工情况

| 项　　目 | 单位 | 平　均 | 北　京 | 天　津 | 河　北 | 山　西 | 内蒙古 |
|---|---|---|---|---|---|---|---|
| **一、每亩物质与服务费用** | 元 | **3194.34** | **4841.14** | **1851.01** | **3689.23** | **5411.64** | **4966.13** |
| （一）直接费用 | 元 | 2474.43 | 3901.73 | 1373.58 | 2746.98 | 4292.00 | 4018.04 |
| 1. 种子费 | 元 | 471.82 | 1117.54 | 156.95 | 676.32 | 937.11 | 1450.54 |
| 2. 化肥费 | 元 | 512.21 | 694.98 | 226.36 | 684.08 | 951.61 | 755.70 |
| 3. 农家肥费 | 元 | 322.84 | 551.18 | 218.30 | 401.65 | 541.84 | 525.23 |
| 4. 农药费 | 元 | 236.05 | 409.61 | 133.69 | 282.90 | 227.64 | 232.24 |
| 5. 农膜费 | 元 | 496.59 | 763.98 | 467.21 | 373.19 | 968.72 | 355.23 |
| 6. 租赁作业费 | 元 | 206.90 | 198.88 | 93.55 | 215.23 | 363.24 | 283.88 |
| 机械作业费 | 元 | 93.14 | 78.62 | 59.07 | 91.83 | 93.94 | 85.01 |
| 排灌费 | 元 | 112.54 | 120.26 | 34.48 | 123.40 | 269.30 | 176.36 |
| 其中：水费 | 元 | 27.70 | 27.55 | 32.78 |  |  | 173.58 |
| 畜力费 | 元 | 1.22 |  |  |  |  | 22.51 |
| 7. 燃料动力费 | 元 | 63.51 | 54.51 |  |  | 5.27 | 3.81 |
| 8. 技术服务费 | 元 | 0.54 | 4.51 |  |  |  |  |
| 9. 工具材料费 | 元 | 120.20 | 88.71 | 62.14 | 86.12 | 245.17 | 356.35 |
| 10. 修理维护费 | 元 | 43.40 | 17.83 | 15.38 | 27.49 | 51.40 | 55.06 |
| 11. 其他直接费用 | 元 | 0.37 |  |  |  |  |  |
| （二）间接费用 | 元 | 719.91 | 939.41 | 477.43 | 942.25 | 1119.64 | 948.09 |
| 1. 固定资产折旧 | 元 | 619.16 | 785.65 | 477.43 | 906.35 | 1069.57 | 668.65 |
| 2. 保险费 | 元 | 5.48 | 2.93 |  |  |  |  |
| 3. 管理费 | 元 | 5.22 | 43.16 |  |  |  |  |
| 4. 财务费 | 元 | 2.51 |  |  |  |  |  |
| 5. 销售费 | 元 | 87.54 | 107.67 |  | 35.90 | 50.07 | 279.44 |
| **二、每亩人工成本** | 元 | **5872.42** | **5882.35** | **5073.99** | **6825.71** | **7823.06** | **5077.12** |
| 1. 家庭用工折价 | 元 | 4033.84 | 3400.34 | 5057.82 | 6275.50 | 6469.77 | 4902.37 |
| 家庭用工天数 | 日 | 43.75 | 36.88 | 54.86 | 68.06 | 70.17 | 53.17 |
| 劳动日工价 | 元 | 92.20 | 92.20 | 92.20 | 92.20 | 92.20 | 92.20 |
| 2. 雇工费用 | 元 | 1838.58 | 2482.01 | 16.17 | 550.21 | 1353.30 | 174.75 |
| 雇工天数 | 日 | 13.63 | 18.65 | 0.10 | 6.03 | 11.88 | 1.32 |
| 雇工工价 | 元 | 134.89 | 133.08 | 161.71 | 91.25 | 113.91 | 132.39 |
| 三、附 |  |  |  |  |  |  |  |
| 1. 每亩种子用量 | 公斤 |  |  |  |  |  |  |
| 2. 每亩化肥用量 | 公斤 | 50.45 | 26.94 | 30.82 | 68.90 | 67.95 | 40.63 |
| 3. 每亩农膜用量 | 公斤 | 31.25 | 40.90 | 32.20 | 26.56 | 60.66 | 22.54 |

6-1-2-2 续表 1

| 项 目 | 单位 | 辽 宁 | 吉 林 | 黑龙江 | 上 海 | 江 苏 | 浙 江 |
|---|---|---|---|---|---|---|---|
| 一、每亩物质与服务费用 | 元 | **4657.95** | **2553.62** | **3917.63** | **2343.76** | **3072.72** | **2481.71** |
| (一)直接费用 | 元 | 2322.03 | 1771.56 | 2589.34 | 2043.98 | 2423.11 | 1857.87 |
| 1. 种子费 | 元 | 218.58 | 247.86 | 285.91 | 141.84 | 308.60 | 345.82 |
| 2. 化肥费 | 元 | 392.54 | 189.72 | 212.11 | 310.33 | 409.48 | 514.67 |
| 3. 农家肥费 | 元 | 308.01 | 237.21 | 358.92 | 414.43 | 405.09 | 155.13 |
| 4. 农药费 | 元 | 220.79 | 236.67 | 141.84 | 225.83 | 254.90 | 191.36 |
| 5. 农膜费 | 元 | 448.01 | 363.32 | 834.06 | 347.07 | 597.02 | 417.17 |
| 6. 租赁作业费 | 元 | 297.09 | 188.46 | 190.22 | 391.34 | 151.99 | 112.72 |
| 机械作业费 | 元 | 119.88 | 126.54 | 85.83 | 115.07 | 101.17 | 82.62 |
| 排灌费 | 元 | 177.21 | 61.92 | 104.39 | 276.27 | 50.82 | 28.48 |
| 其中:水费 | 元 | 136.47 |  | 51.08 |  | 1.10 | 23.66 |
| 畜力费 | 元 |  |  |  |  |  | 1.62 |
| 7. 燃料动力费 | 元 | 163.17 | 280.82 | 389.16 |  | 9.64 | 28.90 |
| 8. 技术服务费 | 元 |  |  |  |  | 1.39 | 1.00 |
| 9. 工具材料费 | 元 | 246.57 | 13.10 | 134.59 | 183.04 | 248.01 | 33.24 |
| 10. 修理维护费 | 元 | 27.27 | 14.40 | 42.53 | 30.10 | 36.99 | 57.86 |
| 11. 其他直接费用 | 元 |  |  |  |  |  |  |
| (二)间接费用 | 元 | 2335.92 | 782.06 | 1328.29 | 299.78 | 649.61 | 623.84 |
| 1. 固定资产折旧 | 元 | 2240.90 | 540.11 | 1151.95 | 260.96 | 341.25 | 580.38 |
| 2. 保险费 | 元 |  |  |  |  | 9.49 |  |
| 3. 管理费 | 元 |  |  |  | 21.85 | 16.73 | 1.62 |
| 4. 财务费 | 元 |  |  |  | 16.97 |  | 2.58 |
| 5. 销售费 | 元 | 95.02 | 241.95 | 176.34 |  | 282.14 | 39.26 |
| 二、每亩人工成本 | 元 | **6340.54** | **6977.02** | **4499.13** | **7691.31** | **5804.51** | **5715.46** |
| 1. 家庭用工折价 | 元 | 6123.00 | 5094.05 | 3852.02 | 1569.89 | 5050.35 | 3278.91 |
| 家庭用工天数 | 日 | 66.41 | 55.25 | 41.78 | 17.03 | 54.78 | 35.56 |
| 劳动日工价 | 元 | 92.20 | 92.20 | 92.20 | 92.20 | 92.20 | 92.20 |
| 2. 雇工费用 | 元 | 217.53 | 1882.97 | 647.10 | 6121.42 | 754.16 | 2436.55 |
| 雇工天数 | 日 | 2.56 | 15.68 | 5.55 | 40.24 | 7.83 | 17.00 |
| 雇工工价 | 元 | 84.97 | 120.09 | 116.60 | 152.12 | 96.32 | 143.33 |
| 三、附 |  |  |  |  |  |  |  |
| 1. 每亩种子用量 | 公斤 |  |  |  |  |  |  |
| 2. 每亩化肥用量 | 公斤 | 25.22 | 29.93 | 25.87 | 35.23 | 52.59 | 59.43 |
| 3. 每亩农膜用量 | 公斤 | 28.22 | 25.84 | 55.09 | 16.21 | 45.81 | 22.38 |

6-1-2-2 续表 2

| 项　　目 | 单位 | 安　徽 | 山　东 | 河　南 | 湖　北 | 四　川 |
|---|---|---|---|---|---|---|
| **一、每亩物质与服务费用** | 元 | **3043.68** | **3965.69** | **3511.02** | **2492.21** | **3678.13** |
| (一)直接费用 | 元 | 2158.70 | 2902.46 | 2823.32 | 2151.89 | 2975.27 |
| 1. 种子费 | 元 | 388.37 | 683.22 | 801.48 | 429.50 | 356.04 |
| 2. 化肥费 | 元 | 513.20 | 605.58 | 495.88 | 549.57 | 827.16 |
| 3. 农家肥费 | 元 | 274.33 | 385.20 | 226.58 | 126.22 | 203.15 |
| 4. 农药费 | 元 | 172.80 | 328.03 | 363.30 | 329.45 | 545.21 |
| 5. 农膜费 | 元 | 491.36 | 604.10 | 555.29 | 360.45 | 596.57 |
| 6. 租赁作业费 | 元 | 131.25 | 182.59 | 174.82 | 129.23 | 167.90 |
| 机械作业费 | 元 | 80.92 | 107.03 | 73.88 | 108.35 | 126.13 |
| 排灌费 | 元 | 50.33 | 75.56 | 100.94 | 20.88 | 34.50 |
| 其中:水费 | 元 |  | 10.88 |  | 14.33 | 34.50 |
| 畜力费 | 元 |  |  |  |  | 7.27 |
| 7. 燃料动力费 | 元 | 21.13 | 9.95 | 69.79 | 30.89 | 36.03 |
| 8. 技术服务费 | 元 |  |  |  |  |  |
| 9. 工具材料费 | 元 | 151.49 | 80.44 | 108.69 | 185.71 | 180.76 |
| 10. 修理维护费 | 元 | 14.77 | 23.35 | 27.49 | 10.87 | 62.45 |
| 11. 其他直接费用 | 元 |  |  |  |  |  |
| (二)间接费用 | 元 | 884.98 | 1063.23 | 687.70 | 340.32 | 702.86 |
| 1. 固定资产折旧 | 元 | 507.81 | 1011.49 | 651.15 | 276.64 | 588.78 |
| 2. 保险费 | 元 | 56.51 |  |  |  | 32.27 |
| 3. 管理费 | 元 |  | 0.21 |  |  |  |
| 4. 财务费 | 元 |  |  |  |  |  |
| 5. 销售费 | 元 | 320.66 | 51.53 | 36.55 | 63.68 | 81.81 |
| **二、每亩人工成本** | 元 | **4380.17** | **6660.09** | **4940.38** | **3527.00** | **6071.86** |
| 1. 家庭用工折价 | 元 | 2520.38 | 6313.95 | 4248.21 | 3495.58 | 5692.43 |
| 家庭用工天数 | 日 | 27.34 | 68.48 | 46.08 | 37.91 | 61.74 |
| 劳动日工价 | 元 | 92.20 | 92.20 | 92.20 | 92.20 | 92.20 |
| 2. 雇工费用 | 元 | 1859.79 | 346.15 | 692.17 | 31.42 | 379.43 |
| 雇工天数 | 日 | 16.13 | 3.85 | 7.69 | 0.21 | 3.44 |
| 雇工工价 | 元 | 115.30 | 89.91 | 90.01 | 149.63 | 110.30 |
| 三、附 |  |  |  |  |  |  |
| 1. 每亩种子用量 | 公斤 |  |  |  |  |  |
| 2. 每亩化肥用量 | 公斤 | 24.48 | 73.72 | 74.70 | 56.88 | 70.88 |
| 3. 每亩农膜用量 | 公斤 | 33.09 | 46.11 | 40.65 | 27.81 | 36.22 |

6-1-2-2 续表 3

| 项　　目 | 单位 | 陕　西 | 甘　肃 | 青　海 | 宁　夏 | 新　疆 |
|---|---|---|---|---|---|---|
| **一、每亩物质与服务费用** | **元** | **2386.86** | **3648.14** | **4483.12** | **4026.65** | **3168.54** |
| （一）直接费用 | 元 | 1988.57 | 2898.45 | 3131.94 | 3243.28 | 2713.48 |
| 1. 种子费 | 元 | 346.24 | 587.39 | 1207.32 | 1360.69 | 406.14 |
| 2. 化肥费 | 元 | 344.04 | 607.66 | 515.18 | 572.07 | 503.82 |
| 3. 农家肥费 | 元 | 308.80 | 401.90 | 483.33 | 284.97 | 474.59 |
| 4. 农药费 | 元 | 240.06 | 252.55 | 176.65 | 198.93 | 216.27 |
| 5. 农膜费 | 元 | 416.77 | 455.15 | 328.85 | 582.13 | 388.24 |
| 6. 租赁作业费 | 元 | 205.98 | 258.29 | 127.66 | 143.90 | 299.53 |
| 机械作业费 | 元 | 71.34 | 123.17 | 87.97 | 57.44 | 93.78 |
| 排灌费 | 元 | 134.64 | 135.12 | 39.69 | 86.46 | 205.75 |
| 其中：水费 | 元 |  | 61.97 | 39.69 | 86.46 | 95.97 |
| 畜力费 | 元 |  |  |  |  |  |
| 7. 燃料动力费 | 元 |  | 6.24 | 100.58 |  | 270.10 |
| 8. 技术服务费 | 元 |  |  |  |  | 1.22 |
| 9. 工具材料费 | 元 | 88.64 | 286.12 | 31.62 | 76.48 | 70.17 |
| 10. 修理维护费 | 元 | 38.04 | 43.15 | 160.75 | 24.11 | 78.87 |
| 11. 其他直接费用 | 元 |  |  |  |  | 4.53 |
| （二）间接费用 | 元 | 398.29 | 749.69 | 1351.18 | 783.37 | 455.06 |
| 1. 固定资产折旧 | 元 | 258.79 | 630.43 | 984.09 | 740.86 | 445.86 |
| 2. 保险费 | 元 |  | 26.74 |  |  |  |
| 3. 管理费 | 元 |  |  | 53.14 |  | 0.21 |
| 4. 财务费 | 元 |  |  |  |  |  |
| 5. 销售费 | 元 | 139.50 | 92.52 | 313.95 | 42.51 | 8.99 |
| **二、每亩人工成本** | **元** | **5976.88** | **6846.82** | **5785.40** | **4125.89** | **3830.34** |
| 1. 家庭用工折价 | 元 | 5595.53 | 6802.33 | 2628.25 | 2878.95 | 3383.00 |
| 家庭用工天数 | 日 | 60.69 | 73.78 | 28.51 | 31.23 | 36.69 |
| 劳动日工价 | 元 | 92.20 | 92.20 | 92.20 | 92.20 | 92.20 |
| 2. 雇工费用 | 元 | 381.35 | 44.49 | 3157.15 | 1246.95 | 447.33 |
| 雇工天数 | 日 | 3.26 | 0.56 | 36.30 | 10.69 | 2.93 |
| 雇工工价 | 元 | 116.98 | 79.45 | 86.97 | 116.65 | 152.67 |
| **三、附** |  |  |  |  |  |  |
| 1. 每亩种子用量 | 公斤 |  |  |  |  |  |
| 2. 每亩化肥用量 | 公斤 | 57.97 | 51.95 | 40.22 | 46.86 | 47.38 |
| 3. 每亩农膜用量 | 公斤 | 27.50 | 27.34 | 19.03 | 25.48 | 29.20 |

# 6-1-2-3 2021年各地区设施西红柿化肥投入情况

| 项目 | 单位 | 平均 | 北京 | 天津 | 河北 | 山西 | 内蒙古 |
|---|---|---|---|---|---|---|---|
| **一、每亩化肥金额** | 元 | **512.21** | **694.98** | **226.36** | **684.08** | **951.61** | **755.70** |
| (一)氮肥 | 元 | 56.04 | | 12.44 | | 7.08 | 19.26 |
| 1. 尿素 | 元 | 55.16 | | 12.44 | | 7.08 | 14.51 |
| 2. 碳铵 | 元 | 0.47 | | | | | |
| 3. 其他氮肥 | 元 | 0.41 | | | | | 4.75 |
| (二)磷肥 | 元 | 7.68 | 6.77 | | | 32.31 | |
| 其中:过磷酸钙 | 元 | 7.25 | | | | 32.31 | |
| (三)钾肥 | 元 | 12.99 | 31.87 | | 26.62 | | 35.36 |
| 其中:氯化钾 | 元 | 7.04 | 6.99 | | 26.62 | | |
| (四)复混肥 | 元 | 307.77 | 227.97 | 213.92 | 432.44 | 543.61 | 179.11 |
| 1. 复合肥 | 元 | 307.66 | 227.97 | 213.92 | 432.44 | 543.61 | 179.11 |
| 其中:二铵 | 元 | 35.95 | 0.86 | 6.55 | 99.68 | 72.55 | 113.61 |
| 三元素复合肥 | 元 | 186.80 | 180.97 | 207.37 | 332.76 | 129.49 | |
| 2. 混配肥 | 元 | 0.11 | | | | | |
| (五)其他肥料 | 元 | 127.73 | 428.37 | | 225.02 | 368.61 | 521.97 |
| **二、每亩化肥折纯用量** | 公斤 | **50.45** | **26.94** | **30.82** | **68.90** | **67.95** | **40.63** |
| (一)氮肥 | 公斤 | 9.39 | | 2.36 | | 1.36 | 4.17 |
| 1. 尿素 | 公斤 | 9.19 | | 2.36 | | 1.36 | 3.09 |
| 2. 碳铵 | 公斤 | 0.10 | | | | | |
| 3. 其他氮肥 | 公斤 | 0.10 | | | | | 1.08 |
| (二)磷肥 | 公斤 | 1.06 | 0.45 | | | 4.56 | |
| 其中:过磷酸钙 | 公斤 | 1.00 | | | | 4.56 | |
| (三)钾肥 | 公斤 | 1.67 | 1.19 | | 4.25 | | 5.03 |
| 其中:氯化钾 | 公斤 | 1.25 | 0.50 | | 4.25 | | |
| (四)复混肥 | 公斤 | 38.33 | 25.30 | 28.46 | 64.65 | 62.03 | 31.44 |
| 1. 复合肥 | 公斤 | 38.31 | 25.30 | 28.46 | 64.65 | 62.03 | 31.44 |
| 其中:二铵 | 公斤 | 6.69 | 0.14 | 1.27 | 19.81 | 12.63 | 21.77 |
| 三元素复合肥 | 公斤 | 22.55 | 21.73 | 27.19 | 44.84 | 16.93 | |
| 2. 混配肥 | 公斤 | 0.02 | | | | | |

6-1-2-3 续表 1

| 项　　目 | 单位 | 辽 宁 | 吉 林 | 黑龙江 | 上 海 | 江 苏 | 浙 江 |
|---|---|---|---|---|---|---|---|
| **一、每亩化肥金额** | **元** | **392.54** | **189.72** | **212.11** | **310.33** | **409.48** | **514.67** |
| （一）氮肥 | 元 | 1.38 | 16.31 | 18.64 | 62.48 | 82.57 | 128.11 |
| 1. 尿素 | 元 | 1.38 | 8.79 | 18.64 | 62.48 | 82.57 | 128.11 |
| 2. 碳铵 | 元 | | | | | | |
| 3. 其他氮肥 | 元 | | 7.52 | | | | |
| （二）磷肥 | 元 | | | | | 5.14 | 4.16 |
| 其中：过磷酸钙 | 元 | | | | | 4.89 | 3.15 |
| （三）钾肥 | 元 | 24.60 | 17.47 | 22.38 | | 9.43 | 11.76 |
| 其中：氯化钾 | 元 | 11.21 | 5.08 | 14.98 | | 7.14 | |
| （四）复混肥 | 元 | 171.72 | 143.25 | 112.46 | 247.85 | 222.92 | 354.35 |
| 1. 复合肥 | 元 | 171.72 | 140.18 | 112.46 | 247.85 | 222.92 | 354.35 |
| 其中：二铵 | 元 | 12.99 | 35.39 | 18.57 | | | |
| 三元素复合肥 | 元 | 142.22 | 80.35 | 48.93 | 247.85 | 179.71 | 256.14 |
| 2. 混配肥 | 元 | | 3.07 | | | | |
| （五）其他肥料 | 元 | 194.84 | 12.69 | 58.53 | | 89.42 | 16.29 |
| **二、每亩化肥折纯用量** | **公斤** | **25.22** | **29.93** | **25.37** | **35.23** | **52.59** | **59.43** |
| （一）氮肥 | 公斤 | 0.21 | 3.73 | 4.15 | 10.85 | 15.02 | 19.11 |
| 1. 尿素 | 公斤 | 0.21 | 1.68 | 4.15 | 10.85 | 15.02 | 19.11 |
| 2. 碳铵 | 公斤 | | | | | | |
| 3. 其他氮肥 | 公斤 | | 2.05 | | | | |
| （二）磷肥 | 公斤 | | | | | 0.70 | 0.70 |
| 其中：过磷酸钙 | 公斤 | | | | | 0.65 | 0.53 |
| （三）钾肥 | 公斤 | 2.57 | 2.64 | 4.03 | | 1.39 | 0.45 |
| 其中：氯化钾 | 公斤 | 1.30 | 0.82 | 2.90 | | 1.13 | |
| （四）复混肥 | 公斤 | 22.44 | 23.56 | 17.69 | 24.38 | 35.48 | 39.18 |
| 1. 复合肥 | 公斤 | 22.44 | 23.04 | 17.69 | 24.38 | 35.48 | 39.18 |
| 其中：二铵 | 公斤 | 2.58 | 6.85 | 3.69 | | | |
| 三元素复合肥 | 公斤 | 18.48 | 12.87 | 6.99 | 24.38 | 29.56 | 28.21 |
| 2. 混配肥 | 公斤 | | 0.52 | | | | |

6-1-2-3 续表 2

| 项目 | 单位 | 安徽 | 山东 | 河南 | 湖北 | 四川 |
|---|---|---|---|---|---|---|
| **一、每亩化肥金额** | **元** | **513.20** | **605.58** | **495.88** | **549.57** | **827.16** |
| (一)氮肥 | 元 | 6.86 | | 81.45 | 3.96 | 28.68 |
| 1. 尿素 | 元 | 6.86 | | 69.26 | 3.96 | 28.68 |
| 2. 碳铵 | 元 | | | 12.19 | | |
| 3. 其他氮肥 | 元 | | | | | |
| (二)磷肥 | 元 | | | 29.04 | | 22.60 |
| 其中:过磷酸钙 | 元 | | | 29.04 | | 22.60 |
| (三)钾肥 | 元 | 1.49 | 56.48 | | | 24.16 |
| 其中:氯化钾 | 元 | 1.49 | 56.48 | | | 24.16 |
| (四)复混肥 | 元 | 196.57 | 444.66 | 385.39 | 510.61 | 517.80 |
| 1. 复合肥 | 元 | 196.57 | 444.66 | 385.39 | 510.61 | 517.80 |
| 其中:二铵 | 元 | 1.59 | 76.05 | | | |
| 三元素复合肥 | 元 | 118.22 | 326.50 | 175.25 | 87.79 | 279.72 |
| 2. 混配肥 | 元 | | | | | |
| (五)其他肥料 | 元 | 308.28 | 104.44 | | 35.00 | 233.92 |
| **二、每亩化肥折纯用量** | **公斤** | **24.48** | **73.72** | **74.70** | **56.88** | **70.88** |
| (一)氮肥 | 公斤 | 1.42 | | 16.45 | 0.83 | 5.10 |
| 1. 尿素 | 公斤 | 1.42 | | 13.96 | 0.83 | 5.10 |
| 2. 碳铵 | 公斤 | | | 2.49 | | |
| 3. 其他氮肥 | 公斤 | | | | | |
| (二)磷肥 | 公斤 | | | 6.86 | | 3.71 |
| 其中:过磷酸钙 | 公斤 | | | 6.86 | | 3.71 |
| (三)钾肥 | 公斤 | 0.30 | 12.33 | | | 4.15 |
| 其中:氯化钾 | 公斤 | 0.30 | 12.33 | | | 4.15 |
| (四)复混肥 | 公斤 | 22.77 | 61.40 | 51.40 | 56.05 | 57.91 |
| 1. 复合肥 | 公斤 | 22.77 | 61.40 | 51.40 | 56.05 | 57.91 |
| 其中:二铵 | 公斤 | 0.32 | 13.84 | | | |
| 三元素复合肥 | 公斤 | 13.30 | 42.49 | 24.73 | 11.67 | 35.94 |
| 2. 混配肥 | 公斤 | | | | | |

6-1-2-3 续表 3

| 项　　目 | 单位 | 陕 西 | 甘 肃 | 青 海 | 宁 夏 | 新 疆 |
|---|---|---|---|---|---|---|
| **一、每亩化肥金额** | **元** | **344.04** | **607.66** | **515.18** | **572.07** | **503.82** |
| （一）氮肥 | 元 | 121.21 | 39.38 | | | 42.18 |
| 1. 尿素 | 元 | 121.21 | 39.38 | | | 42.18 |
| 2. 碳铵 | 元 | | | | | |
| 3. 其他氮肥 | 元 | | | | | |
| （二）磷肥 | 元 | | | 53.91 | | 21.46 |
| 其中：过磷酸钙 | 元 | | | 53.91 | | 21.46 |
| （三）钾肥 | 元 | | | | | 24.59 |
| 其中：氯化钾 | 元 | | | | | 18.46 |
| （四）复混肥 | 元 | 222.83 | 295.06 | 255.24 | 275.01 | 217.57 |
| 1. 复合肥 | 元 | 222.83 | 295.06 | 255.24 | 275.01 | 217.57 |
| 其中：二铵 | 元 | 24.90 | 153.45 | 86.48 | 142.97 | 151.35 |
| 三元素复合肥 | 元 | 197.93 | 106.61 | 63.47 | 132.04 | 39.53 |
| 2. 混配肥 | 元 | | | | | |
| （五）其他肥料 | 元 | | 273.22 | 206.03 | 297.06 | 198.02 |
| **二、每亩化肥折纯用量** | **公斤** | **57.97** | **51.95** | **40.22** | **46.86** | **47.38** |
| （一）氮肥 | 公斤 | 23.84 | 8.27 | | | 9.24 |
| 1. 尿素 | 公斤 | 23.84 | 8.27 | | | 9.24 |
| 2. 碳铵 | 公斤 | | | | | |
| 3. 其他氮肥 | 公斤 | | | | | |
| （二）磷肥 | 公斤 | | | 5.24 | | 1.29 |
| 其中：过磷酸钙 | 公斤 | | | 5.24 | | 1.29 |
| （三）钾肥 | 公斤 | | | | | 2.99 |
| 其中：氯化钾 | 公斤 | | | | | 2.65 |
| （四）复混肥 | 公斤 | 34.14 | 43.69 | 34.98 | 46.85 | 33.87 |
| 1. 复合肥 | 公斤 | 34.14 | 43.69 | 34.98 | 46.85 | 33.87 |
| 其中：二铵 | 公斤 | 5.49 | 25.84 | 16.56 | 28.36 | 28.47 |
| 三元素复合肥 | 公斤 | 28.65 | 13.42 | 7.14 | 18.49 | 4.97 |
| 2. 混配肥 | 公斤 | | | | | |

# 6-1-3-1 2021年各地区露地黄瓜成本收益情况

| 项目 | 单位 | 平均 | 北京 | 河北 | 山西 | 内蒙古 | 辽宁 |
|---|---|---|---|---|---|---|---|
| **每亩** | | | | | | | |
| 主产品产量 | 公斤 | 3884.63 | 2785.00 | 4774.15 | 3788.64 | 6147.15 | 3253.97 |
| 产值合计 | 元 | 9686.48 | 6253.21 | 15346.71 | 9462.56 | 16245.83 | 5817.65 |
| 主产品产值 | 元 | 9686.48 | 6253.21 | 15346.71 | 9462.56 | 16245.83 | 5817.65 |
| 副产品产值 | 元 | | | | | | |
| 总成本 | 元 | 5709.36 | 6435.23 | 5865.36 | 6047.89 | 5236.91 | 4745.39 |
| 生产成本 | 元 | 5238.31 | 5762.15 | 5568.19 | 5603.19 | 5036.91 | 4441.49 |
| 物质与服务费用 | 元 | 1763.00 | 1915.39 | 1441.67 | 1609.76 | 1201.06 | 1594.82 |
| 人工成本 | 元 | 3475.31 | 3846.76 | 4126.52 | 3993.43 | 3835.85 | 2846.67 |
| 家庭用工折价 | 元 | 2730.04 | 3359.58 | 3947.73 | 3763.51 | 3604.37 | 2699.34 |
| 雇工费用 | 元 | 745.27 | 487.18 | 178.80 | 229.92 | 231.47 | 147.33 |
| 土地成本 | 元 | 471.05 | 673.08 | 297.17 | 444.70 | 200.00 | 303.90 |
| 流转地租金 | 元 | 77.75 | 403.37 | 8.09 | 5.02 | | 29.45 |
| 自营地折租 | 元 | 393.30 | 269.71 | 289.08 | 439.68 | 200.00 | 274.45 |
| 净利润 | 元 | 3977.12 | -182.02 | 9481.35 | 3414.67 | 11008.92 | 1072.26 |
| 现金成本 | 元 | 2586.02 | 2805.94 | 1628.56 | 1844.70 | 1432.53 | 1771.60 |
| 现金收益 | 元 | 7100.46 | 3447.27 | 13718.15 | 7617.86 | 14813.30 | 4046.05 |
| 成本利润率 | % | 69.66 | -2.83 | 161.65 | 56.46 | 210.22 | 22.60 |
| **每50公斤主产品** | | | | | | | |
| 平均出售价格 | 元 | 124.68 | 112.27 | 160.73 | 124.88 | 132.14 | 89.39 |
| 总成本 | 元 | 73.49 | 115.54 | 61.43 | 79.82 | 42.60 | 72.91 |
| 生产成本 | 元 | 67.43 | 103.45 | 58.32 | 73.95 | 40.97 | 68.24 |
| 净利润 | 元 | 51.19 | -3.27 | 99.30 | 45.06 | 89.54 | 16.48 |
| 现金成本 | 元 | 33.29 | 50.38 | 17.06 | 24.35 | 11.65 | 27.22 |
| 现金收益 | 元 | 91.39 | 61.89 | 143.67 | 100.53 | 120.49 | 62.17 |
| **附：** | | | | | | | |
| 每亩用工数量 | 日 | 35.41 | 40.54 | 44.29 | 42.53 | 41.02 | 30.67 |
| 每亩主产品已出售数量 | 公斤 | 3878.08 | 2785.00 | 4748.96 | 3771.06 | 6147.15 | 3253.16 |
| 每亩主产品已出售产值 | 元 | 9664.46 | 6253.21 | 15269.82 | 9419.54 | 16245.83 | 5816.25 |
| 每亩成本外支出 | 元 | | | | | | |

6-1-3-1 续表 1

| 项 目 | 单位 | 吉 林 | 黑龙江 | 安 徽 | 福 建 | 江 西 | 山 东 |
|---|---|---|---|---|---|---|---|
| **每亩** | | | | | | | |
| 主产品产量 | 公斤 | 3053.14 | 3381.19 | 2854.99 | 3105.42 | 3661.96 | 3939.52 |
| 产值合计 | 元 | 8290.06 | 8131.44 | 10427.79 | 8974.61 | 9852.70 | 11069.79 |
| 主产品产值 | 元 | 8290.06 | 8131.44 | 10427.79 | 8974.61 | 9852.70 | 11069.79 |
| 副产品产值 | 元 | | | | | | |
| 总成本 | 元 | 7335.11 | 4216.89 | 5694.17 | 6160.73 | 3823.86 | 4347.51 |
| 生产成本 | 元 | 6695.83 | 3726.42 | 5301.45 | 5751.52 | 3655.59 | 4011.80 |
| 物质与服务费用 | 元 | 973.63 | 1167.07 | 1625.76 | 2690.20 | 1048.83 | 1026.27 |
| 人工成本 | 元 | 5722.20 | 2559.35 | 3675.69 | 3061.32 | 2606.76 | 2985.53 |
| 家庭用工折价 | 元 | 4113.13 | 1989.12 | 2638.86 | 472.99 | 2581.32 | 2985.53 |
| 雇工费用 | 元 | 1609.07 | 570.23 | 1036.84 | 2588.33 | 25.44 | |
| 土地成本 | 元 | 639.28 | 490.47 | 392.72 | 409.21 | 168.27 | 335.71 |
| 流转地租金 | 元 | 112.35 | 140.29 | 196.44 | 166.68 | 13.56 | 15.11 |
| 自营地折租 | 元 | 526.93 | 350.18 | 196.28 | 242.53 | 154.71 | 320.60 |
| 净利润 | 元 | 954.95 | 3914.55 | 4733.62 | 2813.89 | 6028.84 | 6722.28 |
| 现金成本 | 元 | 2695.05 | 1877.59 | 2859.04 | 5445.21 | 1087.83 | 1041.38 |
| 现金收益 | 元 | 5595.01 | 6253.85 | 7568.75 | 3529.40 | 8764.87 | 10028.41 |
| 成本利润率 | % | 13.02 | 92.83 | 83.13 | 45.67 | 157.66 | 154.62 |
| **每 50 公斤主产品** | | | | | | | |
| 平均出售价格 | 元 | 135.76 | 120.25 | 182.52 | 144.50 | 134.53 | 140.50 |
| 总成本 | 元 | 120.12 | 62.36 | 99.72 | 99.19 | 52.21 | 55.18 |
| 生产成本 | 元 | 109.65 | 55.11 | 92.84 | 92.61 | 49.91 | 50.92 |
| 净利润 | 元 | 15.64 | 57.89 | 82.90 | 45.31 | 82.32 | 85.32 |
| 现金成本 | 元 | 44.13 | 27.77 | 50.07 | 87.67 | 14.85 | 13.22 |
| 现金收益 | 元 | 91.63 | 92.48 | 132.55 | 56.83 | 119.68 | 127.28 |
| **附:** | | | | | | | |
| 每亩用工数量 | 日 | 59.18 | 26.50 | 37.68 | 25.35 | 28.20 | 32.38 |
| 每亩主产品已出售数量 | 公斤 | 3053.14 | 3381.19 | 2854.99 | 3086.67 | 3631.12 | 3936.06 |
| 每亩主产品已出售产值 | 元 | 8290.06 | 8131.44 | 10427.79 | 8895.22 | 9779.66 | 11061.11 |
| 每亩成本外支出 | 元 | | | | | | |

6-1-3-1 续表 2

| 项目 | 单位 | 河南 | 湖北 | 广东 | 广西 | 海南 | 重庆 |
|---|---|---|---|---|---|---|---|
| **每亩** | | | | | | | |
| 主产品产量 | 公斤 | 3302.18 | 4511.75 | 2298.00 | 3612.24 | 3446.12 | 4830.34 |
| 产值合计 | 元 | 7468.71 | 13216.92 | 14652.67 | 8877.58 | 7306.18 | 7502.10 |
| 主产品产值 | 元 | 7468.71 | 13216.92 | 14652.67 | 8877.58 | 7306.18 | 7502.10 |
| 副产品产值 | 元 | | | | | | |
| 总成本 | 元 | 5335.64 | 4423.84 | 3862.62 | 6188.08 | 7084.70 | 5397.98 |
| 生产成本 | 元 | 4950.92 | 4030.98 | 3237.62 | 5936.67 | 6090.29 | 5162.09 |
| 物质与服务费用 | 元 | 1673.88 | 1101.58 | 1662.84 | 1920.35 | 2487.38 | 1109.25 |
| 人工成本 | 元 | 3277.04 | 2929.40 | 1574.78 | 4016.32 | 3602.91 | 4052.84 |
| 家庭用工折价 | 元 | 2977.51 | 2767.94 | 1574.78 | 4016.32 | 3110.83 | 4052.84 |
| 雇工费用 | 元 | 299.54 | 161.47 | | | 492.08 | |
| 土地成本 | 元 | 384.72 | 392.86 | 625.00 | 251.41 | 994.41 | 235.89 |
| 流转地租金 | 元 | 69.69 | 31.70 | 281.25 | 17.05 | 13.26 | 35.38 |
| 自营地折租 | 元 | 315.03 | 361.16 | 343.75 | 234.36 | 981.15 | 200.51 |
| 净利润 | 元 | 2133.07 | 8793.08 | 10790.05 | 2689.50 | 221.48 | 2104.12 |
| 现金成本 | 元 | 2043.11 | 1294.75 | 1944.09 | 1937.40 | 2992.72 | 1144.63 |
| 现金收益 | 元 | 5425.60 | 11922.17 | 12708.58 | 6940.18 | 4313.46 | 6357.47 |
| 成本利润率 | % | 39.98 | 198.77 | 279.35 | 43.46 | 3.13 | 38.98 |
| **每50公斤主产品** | | | | | | | |
| 平均出售价格 | 元 | 113.09 | 146.47 | 318.81 | 122.88 | 106.01 | 77.66 |
| 总成本 | 元 | 80.79 | 49.03 | 84.04 | 85.65 | 102.80 | 55.88 |
| 生产成本 | 元 | 74.97 | 44.67 | 70.44 | 82.17 | 88.37 | 53.44 |
| 净利润 | 元 | 32.30 | 97.44 | 234.77 | 37.23 | 3.21 | 21.78 |
| 现金成本 | 元 | 30.94 | 14.35 | 42.30 | 26.82 | 43.42 | 11.85 |
| 现金收益 | 元 | 82.15 | 132.12 | 276.51 | 96.06 | 62.59 | 65.81 |
| **附：** | | | | | | | |
| 每亩用工数量 | 日 | 35.36 | 32.04 | 17.08 | 43.56 | 36.55 | 43.96 |
| 每亩主产品已出售数量 | 公斤 | 3302.18 | 4511.75 | 2298.00 | 3612.24 | 3445.28 | 4830.34 |
| 每亩主产品已出售产值 | 元 | 7468.71 | 13216.92 | 14652.67 | 8877.58 | 7304.07 | 7502.10 |
| 每亩成本外支出 | 元 | | | | | | |

6-1-3-1 续表 3

| 项 目 | 单位 | 四 川 | 云 南 | 陕 西 | 甘 肃 | 宁 夏 | 新 疆 |
|---|---|---|---|---|---|---|---|
| **每亩** | | | | | | | |
| 主产品产量 | 公斤 | 3711.14 | 3787.32 | 3645.58 | 5642.57 | 4616.88 | 7634.27 |
| 产值合计 | 元 | 8989.94 | 7641.86 | 10675.95 | 12733.73 | 7264.94 | 10943.18 |
| 主产品产值 | 元 | 8989.94 | 7641.86 | 10675.95 | 12733.73 | 7264.94 | 10943.18 |
| 副产品产值 | 元 | | | | | | |
| 总成本 | 元 | 4569.79 | 5998.60 | 5692.09 | 5338.41 | 6119.61 | 6503.11 |
| 生产成本 | 元 | 4335.62 | 5746.62 | 5511.00 | 5087.68 | 5754.66 | 6103.11 |
| 物质与服务费用 | 元 | 1558.46 | 2738.96 | 1450.51 | 1391.38 | 2351.93 | 1823.53 |
| 人工成本 | 元 | 2777.16 | 3007.66 | 4060.49 | 3696.30 | 3402.73 | 4279.58 |
| 家庭用工折价 | 元 | 2777.16 | 3007.66 | 4060.49 | 3696.30 | 3402.73 | 2415.18 |
| 雇工费用 | 元 | | | | | | 1864.40 |
| 土地成本 | 元 | 234.17 | 251.98 | 181.09 | 250.73 | 364.95 | 400.00 |
| 流转地租金 | 元 | 23.19 | 1.20 | 7.52 | | 124.26 | 167.61 |
| 自营地折租 | 元 | 210.98 | 250.78 | 173.57 | 250.73 | 240.69 | 232.39 |
| 净利润 | 元 | 4420.15 | 1643.26 | 4983.86 | 7395.32 | 1145.33 | 4440.07 |
| 现金成本 | 元 | 1581.65 | 2740.16 | 1458.03 | 1391.38 | 2476.19 | 3855.54 |
| 现金收益 | 元 | 7408.29 | 4901.70 | 9217.92 | 11342.35 | 4788.75 | 7087.64 |
| 成本利润率 | % | 96.73 | 27.39 | 87.56 | 138.53 | 18.72 | 68.28 |
| **每 50 公斤主产品** | | | | | | | |
| 平均出售价格 | 元 | 121.12 | 100.89 | 146.42 | 112.84 | 78.68 | 71.67 |
| 总成本 | 元 | 61.57 | 79.20 | 78.07 | 47.31 | 66.28 | 42.59 |
| 生产成本 | 元 | 58.41 | 75.87 | 75.58 | 45.08 | 62.32 | 39.97 |
| 净利润 | 元 | 59.55 | 21.69 | 68.35 | 65.53 | 12.40 | 29.08 |
| 现金成本 | 元 | 21.31 | 36.18 | 20.00 | 12.33 | 26.82 | 25.25 |
| 现金收益 | 元 | 99.81 | 64.71 | 126.42 | 100.51 | 51.86 | 46.42 |
| **附:** | | | | | | | |
| 每亩用工数量 | 日 | 30.12 | 32.62 | 44.04 | 40.09 | 36.91 | 37.08 |
| 每亩主产品已出售数量 | 公斤 | 3711.14 | 3787.32 | 3611.86 | 5642.57 | 4616.88 | 7634.27 |
| 每亩主产品已出售产值 | 元 | 8989.94 | 7641.86 | 10581.51 | 12733.73 | 7264.94 | 10943.18 |
| 每亩成本外支出 | 元 | | | | | | |

# 6-1-3-2 2021年各地区露地黄瓜费用和用工情况

| 项目 | 单位 | 平均 | 北京 | 河北 | 山西 | 内蒙古 | 辽宁 |
|---|---|---|---|---|---|---|---|
| **一、每亩物质与服务费用** | 元 | **1763.00** | **1915.39** | **1441.67** | **1609.76** | **1201.06** | **1594.82** |
| (一)直接费用 | 元 | 1626.35 | 1812.58 | 1388.97 | 1519.19 | 1014.83 | 1420.65 |
| 1. 种子费 | 元 | 221.56 | 65.77 | 214.27 | 155.44 | 224.12 | 191.12 |
| 2. 化肥费 | 元 | 487.41 | 667.19 | 278.69 | 246.18 | 214.04 | 358.42 |
| 3. 农家肥费 | 元 | 231.65 | 325.38 | 358.37 | 341.01 | 323.10 | 237.71 |
| 4. 农药费 | 元 | 278.75 | 326.67 | 157.62 | 102.05 | 94.20 | 195.37 |
| 5. 农膜费 | 元 | 59.66 | 38.98 | 12.75 | 70.43 | 43.39 | 71.05 |
| 6. 租赁作业费 | 元 | 158.73 | 97.69 | 221.39 | 236.65 | 93.65 | 108.17 |
| 机械作业费 | 元 | 109.12 | 50.00 | 69.89 | 82.42 | 50.48 | 53.01 |
| 排灌费 | 元 | 42.39 | 47.69 | 151.50 | 154.23 | 43.17 | 55.16 |
| 其中:水费 | 元 | 13.11 |  |  |  | 43.17 | 6.59 |
| 畜力费 | 元 | 7.22 |  |  |  |  |  |
| 7. 燃料动力费 | 元 | 22.16 |  |  | 5.78 |  |  |
| 8. 技术服务费 | 元 | 3.01 |  |  |  |  |  |
| 9. 工具材料费 | 元 | 155.82 | 254.36 | 134.43 | 355.47 | 22.33 | 248.84 |
| 10. 修理维护费 | 元 | 7.60 | 36.54 | 11.45 | 6.18 |  | 9.97 |
| 11. 其他直接费用 | 元 |  |  |  |  |  |  |
| (二)间接费用 | 元 | 136.65 | 102.81 | 52.70 | 90.57 | 186.23 | 174.17 |
| 1. 固定资产折旧 | 元 | 22.37 |  | 12.45 | 17.39 |  | 26.08 |
| 2. 保险费 | 元 |  |  |  |  |  |  |
| 3. 管理费 | 元 | 0.47 | 2.56 |  |  |  |  |
| 4. 财务费 | 元 | 1.05 |  |  |  |  |  |
| 5. 销售费 | 元 | 112.76 | 100.25 | 40.25 | 73.18 | 186.23 | 148.09 |
| **二、每亩人工成本** | 元 | **3475.31** | **3846.76** | **4126.52** | **3993.43** | **3835.85** | **2846.67** |
| 1. 家庭用工折价 | 元 | 2730.04 | 3359.58 | 3947.73 | 3763.51 | 3604.37 | 2699.34 |
| 家庭用工天数 | 日 | 29.61 | 36.44 | 42.82 | 40.82 | 39.09 | 29.28 |
| 劳动日工价 | 元 | 92.20 | 92.20 | 92.20 | 92.20 | 92.20 | 92.20 |
| 2. 雇工费用 | 元 | 745.27 | 487.18 | 178.80 | 229.92 | 231.47 | 147.33 |
| 雇工天数 | 日 | 5.80 | 4.10 | 1.47 | 1.71 | 1.93 | 1.39 |
| 雇工工价 | 元 | 128.50 | 118.82 | 121.63 | 134.45 | 119.93 | 105.99 |
| **三、附** |  |  |  |  |  |  |  |
| 1. 每亩种子用量 | 公斤 |  |  |  |  |  |  |
| 2. 每亩化肥用量 | 公斤 | 51.81 | 15.58 | 39.87 | 40.69 | 48.39 | 45.60 |
| 3. 每亩农膜用量 | 公斤 | 4.61 | 5.45 | 0.94 | 5.24 | 3.49 | 5.62 |

6-1-3-2 续表 1

| 项 目 | 单位 | 吉 林 | 黑龙江 | 安 徽 | 福 建 | 江 西 | 山 东 |
|---|---|---|---|---|---|---|---|
| **一、每亩物质与服务费用** | **元** | **973. 63** | **1167. 07** | **1625. 76** | **2690. 20** | **1048. 83** | **1026. 27** |
| (一)直接费用 | 元 | 836. 34 | 1053. 94 | 1382. 78 | 2241. 19 | 947. 14 | 964. 93 |
| 1. 种子费 | 元 | 165. 59 | 222. 76 | 396. 85 | 233. 51 | 121. 38 | 125. 53 |
| 2. 化肥费 | 元 | 113. 82 | 171. 56 | 338. 92 | 717. 73 | 333. 42 | 206. 35 |
| 3. 农家肥费 | 元 | 208. 82 | 224. 94 | 232. 00 | 494. 46 | 109. 59 | 268. 20 |
| 4. 农药费 | 元 | 83. 52 | 72. 52 | 116. 21 | 348. 58 | 109. 84 | 141. 61 |
| 5. 农膜费 | 元 | 38. 94 | 65. 92 | 34. 97 | 82. 23 | 31. 31 | 9. 03 |
| 6. 租赁作业费 | 元 | 155. 56 | 97. 85 | 87. 97 | 165. 38 | 57. 21 | 117. 69 |
| 机械作业费 | 元 | 137. 10 | 71. 33 | 65. 26 | 107. 23 | 53. 79 | 72. 46 |
| 排灌费 | 元 | 18. 46 | 26. 52 | 22. 71 | 30. 44 | 3. 42 | 45. 23 |
| 其中:水费 | 元 |  | 19. 86 |  | 11. 18 |  | 3. 49 |
| 畜力费 | 元 |  |  |  | 27. 71 |  |  |
| 7. 燃料动力费 | 元 | 36. 24 | 10. 08 | 28. 51 | 38. 46 | 98. 49 |  |
| 8. 技术服务费 | 元 |  |  |  | 21. 30 |  |  |
| 9. 工具材料费 | 元 | 18. 44 | 188. 31 | 132. 39 | 132. 42 | 76. 09 | 92. 11 |
| 10. 修理维护费 | 元 | 15. 41 |  | 14. 96 | 7. 12 | 9. 81 | 4. 41 |
| 11. 其他直接费用 | 元 |  |  |  |  |  |  |
| (二)间接费用 | 元 | 137. 29 | 113. 13 | 242. 98 | 449. 01 | 101. 69 | 61. 34 |
| 1. 固定资产折旧 | 元 | 21. 87 |  | 44. 66 | 68. 95 | 41. 39 | 14. 02 |
| 2. 保险费 | 元 |  |  |  |  |  |  |
| 3. 管理费 | 元 |  |  |  |  |  |  |
| 4. 财务费 | 元 |  |  |  | 7. 45 |  |  |
| 5. 销售费 | 元 | 115. 42 | 113. 13 | 198. 32 | 372. 61 | 60. 30 | 47. 32 |
| **二、每亩人工成本** | **元** | **5722. 20** | **2559. 35** | **3675. 69** | **3061. 32** | **2606. 76** | **2985. 53** |
| 1. 家庭用工折价 | 元 | 4113. 13 | 1989. 12 | 2638. 86 | 472. 99 | 2581. 32 | 2985. 53 |
| 家庭用工天数 | 日 | 44. 61 | 21. 57 | 28. 62 | 5. 13 | 28. 00 | 32. 38 |
| 劳动日工价 | 元 | 92. 20 | 92. 20 | 92. 20 | 92. 20 | 92. 20 | 92. 20 |
| 2. 雇工费用 | 元 | 1609. 07 | 570. 23 | 1036. 84 | 2588. 33 | 25. 44 |  |
| 雇工天数 | 日 | 14. 57 | 4. 93 | 9. 06 | 20. 22 | 0. 20 |  |
| 雇工工价 | 元 | 110. 44 | 115. 67 | 114. 44 | 128. 01 | 127. 18 | 105. 64 |
| **三、附** |  |  |  |  |  |  |  |
| 1. 每亩种子用量 | 公斤 |  |  |  |  |  |  |
| 2. 每亩化肥用量 | 公斤 | 20. 08 | 28. 33 | 27. 31 | 76. 92 | 44. 29 | 30. 87 |
| 3. 每亩农膜用量 | 公斤 | 3. 00 | 5. 17 | 2. 50 | 5. 72 | 2. 18 | 0. 75 |

6-1-3-2 续表 2

| 项 目 | 单位 | 河 南 | 湖 北 | 广 东 | 广 西 | 海 南 | 重 庆 |
|---|---|---|---|---|---|---|---|
| **一、每亩物质与服务费用** | 元 | **1673.88** | **1101.58** | **1662.84** | **1920.35** | **2487.38** | **1109.25** |
| (一)直接费用 | 元 | 1585.22 | 1068.43 | 1440.84 | 1835.73 | 2462.60 | 1081.12 |
| 1. 种子费 | 元 | 124.18 | 178.01 | 26.17 | 230.82 | 144.45 | 108.38 |
| 2. 化肥费 | 元 | 894.87 | 228.52 | 707.67 | 847.89 | 938.31 | 347.75 |
| 3. 农家肥费 | 元 | 42.22 | 112.14 | | 96.32 | 80.40 | 16.55 |
| 4. 农药费 | 元 | 228.85 | 231.02 | 162.50 | 349.39 | 751.08 | 166.49 |
| 5. 农膜费 | 元 | 43.27 | 56.91 | 213.00 | 52.64 | 91.13 | 65.57 |
| 6. 租赁作业费 | 元 | 135.46 | 96.09 | | 80.16 | 254.08 | 131.07 |
| 机械作业费 | 元 | 69.58 | 80.64 | | 54.80 | 220.53 | 131.07 |
| 排灌费 | 元 | 65.88 | 15.45 | | 25.36 | 11.16 | |
| 其中:水费 | 元 | | 7.26 | | | 11.16 | |
| 畜力费 | 元 | | | | | 22.39 | |
| 7. 燃料动力费 | 元 | | 14.53 | 43.17 | 30.00 | 50.09 | 11.88 |
| 8. 技术服务费 | 元 | | | | | | |
| 9. 工具材料费 | 元 | 114.58 | 143.72 | 288.33 | 140.56 | 141.51 | 230.60 |
| 10. 修理维护费 | 元 | 1.79 | 7.49 | | 7.95 | 11.55 | 2.83 |
| 11. 其他直接费用 | 元 | | | | | | |
| (二)间接费用 | 元 | 88.66 | 33.15 | 222.00 | 84.62 | 24.78 | 28.13 |
| 1. 固定资产折旧 | 元 | 33.18 | 13.87 | 37.83 | 11.98 | 21.95 | 8.91 |
| 2. 保险费 | 元 | | | | | | |
| 3. 管理费 | 元 | | | | | | |
| 4. 财务费 | 元 | | | | | | |
| 5. 销售费 | 元 | 55.48 | 19.28 | 184.17 | 72.64 | 2.83 | 19.22 |
| **二、每亩人工成本** | 元 | **3277.04** | **2929.40** | **1574.78** | **4016.32** | **3602.91** | **4052.84** |
| 1. 家庭用工折价 | 元 | 2977.51 | 2767.94 | 1574.78 | 4016.32 | 3110.83 | 4052.84 |
| 家庭用工天数 | 日 | 32.29 | 30.02 | 17.08 | 43.56 | 33.74 | 43.96 |
| 劳动日工价 | 元 | 92.20 | 92.20 | 92.20 | 92.20 | 92.20 | 92.20 |
| 2. 雇工费用 | 元 | 299.54 | 161.47 | | | 492.08 | |
| 雇工天数 | 日 | 3.07 | 2.02 | | | 2.81 | |
| 雇工工价 | 元 | 97.57 | 79.93 | 142.00 | 111.63 | 175.12 | 147.12 |
| 三、附 | | | | | | | |
| 1. 每亩种子用量 | 公斤 | | | | | | |
| 2. 每亩化肥用量 | 公斤 | 119.39 | 29.17 | 55.34 | 75.17 | 72.77 | 44.31 |
| 3. 每亩农膜用量 | 公斤 | 3.58 | 4.04 | 10.33 | 3.22 | 7.85 | 4.78 |

6-1-3-2 续表 3

| 项　　目 | 单位 | 四　川 | 云　南 | 陕　西 | 甘　肃 | 宁　夏 | 新　疆 |
|---|---|---|---|---|---|---|---|
| **一、每亩物质与服务费用** | 元 | **1558.46** | **2738.96** | **1450.51** | **1391.38** | **2351.93** | **1823.53** |
| （一）直接费用 | 元 | 1334.76 | 2727.98 | 1241.52 | 1361.09 | 2295.15 | 1799.32 |
| 1. 种子费 | 元 | 146.74 | 514.29 | 151.73 | 242.99 | 868.93 | 307.48 |
| 2. 化肥费 | 元 | 421.97 | 972.93 | 409.95 | 406.38 | 507.36 | 403.86 |
| 3. 农家肥费 | 元 | 139.98 | 128.28 | 181.27 | 155.36 | 300.19 | 239.09 |
| 4. 农药费 | 元 | 238.07 | 331.69 | 215.70 | 205.81 | 185.35 | 181.04 |
| 5. 农膜费 | 元 | 90.21 | 84.52 |  | 52.32 | 64.62 | 51.86 |
| 6. 租赁作业费 | 元 | 121.61 | 284.23 | 205.77 | 168.70 | 168.93 | 177.39 |
| 机械作业费 | 元 | 99.35 | 173.33 | 103.85 | 122.71 | 118.22 | 96.64 |
| 排灌费 | 元 | 22.26 | 110.90 | 101.92 | 45.99 | 50.71 | 80.75 |
| 其中：水费 | 元 | 19.72 | 110.90 |  | 14.65 | 49.44 | 24.25 |
| 畜力费 | 元 |  |  |  |  |  |  |
| 7. 燃料动力费 | 元 |  |  |  |  |  | 3.32 |
| 8. 技术服务费 | 元 |  |  |  |  |  |  |
| 9. 工具材料费 | 元 | 173.13 | 412.04 | 67.35 | 123.04 | 196.39 | 433.08 |
| 10. 修理维护费 | 元 | 3.05 |  | 9.75 | 6.49 | 3.38 | 2.20 |
| 11. 其他直接费用 | 元 |  |  |  |  |  |  |
| （二）间接费用 | 元 | 223.70 | 10.98 | 208.99 | 30.29 | 56.78 | 24.21 |
| 1. 固定资产折旧 | 元 | 13.59 |  | 13.76 | 5.33 | 3.95 | 1.62 |
| 2. 保险费 | 元 |  |  |  |  |  |  |
| 3. 管理费 | 元 |  |  |  |  |  | 11.13 |
| 4. 财务费 | 元 |  |  |  |  |  |  |
| 5. 销售费 | 元 | 210.11 | 10.98 | 195.23 | 24.96 | 52.83 | 11.46 |
| **二、每亩人工成本** | 元 | **2777.16** | **3007.66** | **4060.49** | **3696.30** | **3402.73** | **4279.58** |
| 1. 家庭用工折价 | 元 | 2777.16 | 3007.66 | 4060.49 | 3696.30 | 3402.73 | 2415.18 |
| 家庭用工天数 | 日 | 30.12 | 32.62 | 44.04 | 40.09 | 36.91 | 26.20 |
| 劳动日工价 | 元 | 92.20 | 92.20 | 92.20 | 92.20 | 92.20 | 92.20 |
| 2. 雇工费用 | 元 |  |  |  |  |  | 1864.40 |
| 雇工天数 | 日 |  |  |  |  |  | 10.88 |
| 雇工工价 | 元 | 106.19 | 127.78 | 120.87 | 103.43 | 114.49 | 171.36 |
| 三、附 |  |  |  |  |  |  |  |
| 1. 每亩种子用量 | 公斤 |  |  |  |  |  |  |
| 2. 每亩化肥用量 | 公斤 | 55.13 | 81.07 | 74.52 | 47.92 | 43.26 | 55.84 |
| 3. 每亩农膜用量 | 公斤 | 6.16 | 6.10 |  | 4.21 | 5.30 | 5.14 |

# 6-1-3-3　2021年各地区露地黄瓜化肥投入情况

| 项　　目 | 单位 | 平　均 | 北　京 | 河　北 | 山　西 | 内蒙古 | 辽　宁 |
|---|---|---|---|---|---|---|---|
| **一、每亩化肥金额** | **元** | **487.41** | **667.19** | **278.69** | **246.18** | **214.04** | **358.42** |
| （一）氮肥 | 元 | 41.43 | | 32.87 | 99.59 | 94.06 | 16.09 |
| 1. 尿素 | 元 | 39.45 | | 32.87 | 99.59 | 94.06 | 16.09 |
| 2. 碳铵 | 元 | 1.50 | | | | | |
| 3. 其他氮肥 | 元 | 0.48 | | | | | |
| （二）磷肥 | 元 | 12.03 | | | 18.02 | | |
| 其中：过磷酸钙 | 元 | 11.88 | | | 18.02 | | |
| （三）钾肥 | 元 | 20.88 | | | | | |
| 其中：氯化钾 | 元 | 10.30 | | | | | |
| （四）复混肥 | 元 | 343.89 | 146.67 | 234.97 | 128.57 | 119.98 | 301.31 |
| 1. 复合肥 | 元 | 343.74 | 146.67 | 234.97 | 128.57 | 119.98 | 301.31 |
| 其中：二铵 | 元 | 23.23 | | 1.57 | 58.77 | 119.98 | 82.88 |
| 三元素复合肥 | 元 | 197.47 | 116.67 | 232.07 | 30.30 | | 165.09 |
| 2. 混配肥 | 元 | 0.15 | | | | | |
| （五）其他肥料 | 元 | 69.18 | 520.52 | 10.85 | | | 41.02 |
| **二、每亩化肥折纯用量** | **公斤** | **51.81** | **15.58** | **39.87** | **40.69** | **48.39** | **45.60** |
| （一）氮肥 | 公斤 | 7.60 | | 6.55 | 16.53 | 23.12 | 2.47 |
| 1. 尿素 | 公斤 | 7.21 | | 6.55 | 16.53 | 23.12 | 2.47 |
| 2. 碳铵 | 公斤 | 0.27 | | | | | |
| 3. 其他氮肥 | 公斤 | 0.12 | | | | | |
| （二）磷肥 | 公斤 | 1.94 | | | 2.75 | | |
| 其中：过磷酸钙 | 公斤 | 1.92 | | | 2.75 | | |
| （三）钾肥 | 公斤 | 2.68 | | | | | |
| 其中：氯化钾 | 公斤 | 1.53 | | | | | |
| （四）复混肥 | 公斤 | 39.60 | 15.58 | 33.32 | 21.42 | 25.27 | 43.12 |
| 1. 复合肥 | 公斤 | 39.58 | 15.58 | 33.32 | 21.42 | 25.27 | 43.12 |
| 其中：二铵 | 公斤 | 4.49 | | 0.36 | 10.53 | 25.27 | 15.60 |
| 三元素复合肥 | 公斤 | 21.40 | 13.27 | 32.76 | 5.11 | | 21.34 |
| 2. 混配肥 | 公斤 | 0.02 | | | | | |

6-1-3-3　续表 1

| 项　　目 | 单位 | 吉　林 | 黑龙江 | 安　徽 | 福　建 | 江　西 | 山　东 |
|---|---|---|---|---|---|---|---|
| **一、每亩化肥金额** | **元** | **113.82** | **171.56** | **338.92** | **717.73** | **333.42** | **206.35** |
| （一）氮肥 | 元 | 41.71 | 14.73 | 22.26 | 31.92 | 17.82 | 22.75 |
| 1. 尿素 | 元 | 36.31 | 14.73 | 22.26 | 25.35 | 17.82 | 22.75 |
| 2. 碳铵 | 元 |  |  |  | 6.57 |  |  |
| 3. 其他氮肥 | 元 | 5.40 |  |  |  |  |  |
| （二）磷肥 | 元 |  |  |  | 15.84 | 6.89 |  |
| 其中：过磷酸钙 | 元 |  |  |  | 14.81 | 6.89 |  |
| （三）钾肥 | 元 | 3.56 | 19.20 |  | 37.80 |  |  |
| 其中：氯化钾 | 元 | 1.46 |  |  | 1.58 |  |  |
| （四）复混肥 | 元 | 68.55 | 136.63 | 187.27 | 631.98 | 308.71 | 183.60 |
| 1. 复合肥 | 元 | 68.55 | 136.63 | 187.27 | 631.98 | 308.71 | 183.60 |
| 其中：二铵 | 元 | 13.73 | 17.42 |  |  |  |  |
| 三元素复合肥 | 元 | 53.24 | 7.38 | 135.85 | 178.49 | 104.74 | 183.60 |
| 2. 混配肥 | 元 |  |  |  |  |  |  |
| （五）其他肥料 | 元 |  | 1.00 | 129.39 | 0.19 |  |  |
| **二、每亩化肥折纯用量** | **公斤** | **20.08** | **28.33** | **27.31** | **76.92** | **44.29** | **30.87** |
| （一）氮肥 | 公斤 | 9.17 | 3.00 | 3.76 | 4.79 | 3.14 | 3.87 |
| 1. 尿素 | 公斤 | 7.68 | 3.00 | 3.76 | 3.71 | 3.14 | 3.87 |
| 2. 碳铵 | 公斤 |  |  |  | 1.08 |  |  |
| 3. 其他氮肥 | 公斤 | 1.49 |  |  |  |  |  |
| （二）磷肥 | 公斤 |  |  |  | 2.63 | 1.15 |  |
| 其中：过磷酸钙 | 公斤 |  |  |  | 2.49 | 1.15 |  |
| （三）钾肥 | 公斤 | 0.73 | 3.44 |  | 3.43 |  |  |
| 其中：氯化钾 | 公斤 | 0.24 |  |  | 0.24 |  |  |
| （四）复混肥 | 公斤 | 10.18 | 21.90 | 23.55 | 66.08 | 40.02 | 27.01 |
| 1. 复合肥 | 公斤 | 10.18 | 21.90 | 23.55 | 66.08 | 40.02 | 27.01 |
| 其中：二铵 | 公斤 | 2.53 | 3.43 |  |  |  |  |
| 三元素复合肥 | 公斤 | 7.41 | 1.13 | 16.73 | 17.54 | 14.09 | 27.01 |
| 2. 混配肥 | 公斤 |  |  |  |  |  |  |

6-1-3-3 续表 2

| 项目 | 单位 | 河南 | 湖北 | 广东 | 广西 | 海南 | 重庆 |
|---|---|---|---|---|---|---|---|
| **一、每亩化肥金额** | 元 | **894.87** | **228.52** | **707.67** | **847.89** | **938.31** | **347.75** |
| (一)氮肥 | 元 | 24.50 | | | | 64.29 | 22.01 |
| 1. 尿素 | 元 | 24.50 | | | | 64.29 | 22.01 |
| 2. 碳铵 | 元 | | | | | | |
| 3. 其他氮肥 | 元 | | | | | | |
| (二)磷肥 | 元 | | | 89.67 | 6.50 | 46.91 | |
| 其中:过磷酸钙 | 元 | | | 89.67 | 6.50 | 46.91 | |
| (三)钾肥 | 元 | | | 127.33 | 26.32 | 54.33 | |
| 其中:氯化钾 | 元 | | | 127.33 | 26.32 | 54.33 | |
| (四)复混肥 | 元 | 870.37 | 228.52 | 298.17 | 737.62 | 551.08 | 313.07 |
| 1. 复合肥 | 元 | 870.37 | 228.52 | 298.17 | 737.62 | 551.08 | 301.02 |
| 其中:二铵 | 元 | | | | | | |
| 三元素复合肥 | 元 | 403.63 | 70.15 | 298.17 | 539.02 | 530.92 | 220.82 |
| 2. 混配肥 | 元 | | | | | | 12.05 |
| (五)其他肥料 | 元 | | | 192.50 | 77.45 | 221.70 | 12.67 |
| **二、每亩化肥折纯用量** | 公斤 | **119.39** | **29.17** | **55.34** | **75.17** | **72.77** | **44.31** |
| (一)氮肥 | 公斤 | 4.96 | | | | 10.37 | 3.38 |
| 1. 尿素 | 公斤 | 4.96 | | | | 10.37 | 3.38 |
| 2. 碳铵 | 公斤 | | | | | | |
| 3. 其他氮肥 | 公斤 | | | | | | |
| (二)磷肥 | 公斤 | | | 15.24 | 1.51 | 7.11 | |
| 其中:过磷酸钙 | 公斤 | | | 15.24 | 1.51 | 7.11 | |
| (三)钾肥 | 公斤 | | | 16.32 | 4.11 | 8.41 | |
| 其中:氯化钾 | 公斤 | | | 16.32 | 4.11 | 8.41 | |
| (四)复混肥 | 公斤 | 114.44 | 29.17 | 23.78 | 69.54 | 46.89 | 40.94 |
| 1. 复合肥 | 公斤 | 114.44 | 29.17 | 23.78 | 69.54 | 46.89 | 39.49 |
| 其中:二铵 | 公斤 | | | | | | |
| 三元素复合肥 | 公斤 | 56.18 | 12.27 | 23.78 | 56.28 | 45.15 | 28.63 |
| 2. 混配肥 | 公斤 | | | | | | 1.45 |

6-1-3-3 续表 3

| 项　　目 | 单位 | 四 川 | 云 南 | 陕 西 | 甘 肃 | 宁 夏 | 新 疆 |
|---|---|---|---|---|---|---|---|
| **一、每亩化肥金额** | 元 | **421.97** | **972.93** | **409.95** | **406.38** | **507.36** | **403.86** |
| (一)氮肥 | 元 | 81.18 | 81.39 | 152.76 | 70.66 | | 127.26 |
| 1. 尿素 | 元 | 71.53 | 75.63 | 152.76 | 61.26 | | 127.26 |
| 2. 碳铵 | 元 | 9.65 | | | 9.40 | | |
| 3. 其他氮肥 | 元 | | 5.76 | | | | |
| (二)磷肥 | 元 | 13.51 | 41.66 | | 8.22 | | |
| 其中:过磷酸钙 | 元 | 13.51 | 41.66 | | 8.22 | | |
| (三)钾肥 | 元 | 9.67 | 152.35 | | | | |
| 其中:氯化钾 | 元 | | 20.08 | | | | |
| (四)复混肥 | 元 | 313.07 | 493.03 | 257.19 | 212.81 | 256.82 | 154.45 |
| 1. 复合肥 | 元 | 313.07 | 493.03 | 257.19 | 212.81 | 256.82 | 154.45 |
| 其中:二铵 | 元 | | | 151.55 | 120.75 | 129.66 | 154.45 |
| 三元素复合肥 | 元 | 257.18 | 228.15 | 105.64 | 22.24 | 127.16 | |
| 2. 混配肥 | 元 | | | | | | |
| (五)其他肥料 | 元 | 4.54 | 204.50 | | 114.69 | 250.54 | 122.15 |
| **二、每亩化肥折纯用量** | 公斤 | **55.13** | **81.07** | **74.52** | **47.92** | **43.26** | **55.84** |
| (一)氮肥 | 公斤 | 16.33 | 12.83 | 26.89 | 12.22 | | 27.47 |
| 1. 尿素 | 公斤 | 14.13 | 11.88 | 26.89 | 10.62 | | 27.47 |
| 2. 碳铵 | 公斤 | 2.20 | | | 1.60 | | |
| 3. 其他氮肥 | 公斤 | | 0.95 | | | | |
| (二)磷肥 | 公斤 | 2.03 | 8.63 | | 1.55 | | |
| 其中:过磷酸钙 | 公斤 | 2.03 | 8.63 | | 1.55 | | |
| (三)钾肥 | 公斤 | 0.12 | 15.12 | | | | |
| 其中:氯化钾 | 公斤 | | 1.31 | | | | |
| (四)复混肥 | 公斤 | 36.65 | 44.50 | 47.53 | 34.15 | 43.26 | 28.37 |
| 1. 复合肥 | 公斤 | 36.65 | 44.50 | 47.53 | 34.15 | 43.26 | 28.37 |
| 其中:二铵 | 公斤 | | | 31.55 | 22.27 | 25.35 | 28.37 |
| 三元素复合肥 | 公斤 | 33.22 | 19.18 | 15.98 | 2.92 | 17.91 | |
| 2. 混配肥 | 公斤 | | | | | | |

# 6-1-4-1 2021年各地区设施黄瓜成本收益情况

| 项 目 | 单位 | 平 均 | 北 京 | 天 津 | 河 北 | 山 西 | 内蒙古 |
|---|---|---|---|---|---|---|---|
| 每亩 | | | | | | | |
| 主产品产量 | 公斤 | 5916.36 | 4507.31 | 5370.26 | 8127.19 | 6103.73 | 7561.77 |
| 产值合计 | 元 | 17507.96 | 18305.90 | 16773.08 | 22525.12 | 21206.47 | 22633.24 |
| 主产品产值 | 元 | 17507.96 | 18305.90 | 16773.08 | 22525.12 | 21206.47 | 22633.24 |
| 副产品产值 | 元 | | | | | | |
| 总成本 | 元 | 9980.21 | 10219.41 | 6795.29 | 12632.98 | 13609.81 | 11901.76 |
| 生产成本 | 元 | 9445.74 | 9439.73 | 6441.43 | 12088.98 | 13236.74 | 11366.26 |
| 物质与服务费用 | 元 | 3566.44 | 4281.72 | 1829.38 | 5441.88 | 5783.38 | 5531.06 |
| 人工成本 | 元 | 5879.30 | 5158.01 | 4612.05 | 6647.10 | 7453.36 | 5835.20 |
| 家庭用工折价 | 元 | 3874.06 | 2134.80 | 4604.84 | 5318.37 | 6134.43 | 3758.81 |
| 雇工费用 | 元 | 2005.24 | 3023.21 | 7.21 | 1328.73 | 1318.93 | 2076.39 |
| 土地成本 | 元 | 534.47 | 779.68 | 353.86 | 544.00 | 373.07 | 535.50 |
| 流转地租金 | 元 | 243.46 | 376.00 | 138.64 | 82.46 | 41.34 | 32.76 |
| 自营地折租 | 元 | 291.01 | 403.68 | 215.22 | 461.54 | 331.73 | 502.74 |
| 净利润 | 元 | 7527.75 | 8086.49 | 9977.79 | 9892.14 | 7596.66 | 10731.48 |
| 现金成本 | 元 | 5815.14 | 7680.93 | 1975.23 | 6853.07 | 7143.65 | 7640.21 |
| 现金收益 | 元 | 11692.82 | 10624.97 | 14797.85 | 15672.05 | 14062.82 | 14993.03 |
| 成本利润率 | % | 75.43 | 79.13 | 146.83 | 78.30 | 55.82 | 90.17 |
| **每50公斤主产品** | | | | | | | |
| 平均出售价格 | 元 | 147.96 | 203.07 | 156.17 | 138.58 | 173.72 | 149.66 |
| 总成本 | 元 | 84.34 | 113.37 | 63.27 | 77.72 | 111.49 | 78.70 |
| 生产成本 | 元 | 79.83 | 104.72 | 59.97 | 74.37 | 108.43 | 75.16 |
| 净利润 | 元 | 63.62 | 89.70 | 92.90 | 60.86 | 62.23 | 70.96 |
| 现金成本 | 元 | 49.14 | 85.21 | 18.39 | 42.16 | 58.52 | 50.52 |
| 现金收益 | 元 | 98.82 | 117.86 | 137.78 | 96.42 | 115.20 | 99.14 |
| **附：** | | | | | | | |
| 每亩用工数量 | 日 | 57.31 | 45.99 | 49.99 | 68.98 | 78.79 | 59.31 |
| 每亩主产品已出售数量 | 公斤 | 5913.45 | 4507.31 | 5370.26 | 8114.04 | 6095.40 | 7552.31 |
| 每亩主产品已出售产值 | 元 | 17497.65 | 18305.90 | 16773.08 | 22472.36 | 21178.39 | 22604.46 |
| 每亩成本外支出 | 元 | | | | | | |

6-1-4-1 续表 1

| 项目 | 单位 | 辽宁 | 吉林 | 黑龙江 | 上海 | 江苏 | 浙江 |
|---|---|---|---|---|---|---|---|
| 每亩 | | | | | | | |
| 主产品产量 | 公斤 | 7359.54 | 5158.40 | 5300.08 | 4294.69 | 6023.22 | 6102.85 |
| 产值合计 | 元 | 18495.58 | 16246.02 | 15849.35 | 14003.74 | 11301.27 | 17251.81 |
| 主产品产值 | 元 | 18495.58 | 16246.02 | 15849.35 | 14003.74 | 11301.27 | 17251.81 |
| 副产品产值 | 元 | | | | | | |
| 总成本 | 元 | 15664.20 | 10131.36 | 8501.45 | 10829.85 | 6076.60 | 8808.35 |
| 生产成本 | 元 | 15274.05 | 9587.85 | 8051.11 | 9964.90 | 5343.87 | 8280.94 |
| 物质与服务费用 | 元 | 6433.62 | 2582.79 | 3933.26 | 2768.32 | 2438.10 | 1939.24 |
| 人工成本 | 元 | 8840.43 | 7005.06 | 4117.85 | 7196.58 | 2905.77 | 6341.70 |
| 家庭用工折价 | 元 | 7718.52 | 5039.19 | 3578.47 | 1612.02 | 2165.41 | 3190.40 |
| 雇工费用 | 元 | 1121.91 | 1965.86 | 539.38 | 5584.55 | 740.36 | 3151.31 |
| 土地成本 | 元 | 390.15 | 543.51 | 450.34 | 864.95 | 732.73 | 527.41 |
| 流转地租金 | 元 | 37.17 | 90.64 | 147.05 | 864.95 | 614.91 | 280.40 |
| 自营地折租 | 元 | 352.98 | 452.87 | 303.29 | | 117.82 | 247.01 |
| 净利润 | 元 | 2831.38 | 6114.67 | 7347.90 | 3173.89 | 5224.67 | 8443.46 |
| 现金成本 | 元 | 7592.70 | 4639.29 | 4619.69 | 9217.82 | 3793.37 | 5370.95 |
| 现金收益 | 元 | 10902.88 | 11606.73 | 11229.66 | 4785.92 | 7507.90 | 11880.86 |
| 成本利润率 | % | 18.08 | 60.35 | 86.43 | 29.31 | 85.98 | 95.86 |
| 每50公斤主产品 | | | | | | | |
| 平均出售价格 | 元 | 125.66 | 157.47 | 149.52 | 163.04 | 93.81 | 141.34 |
| 总成本 | 元 | 106.42 | 98.20 | 80.20 | 126.09 | 50.44 | 72.16 |
| 生产成本 | 元 | 103.77 | 92.93 | 75.95 | 116.02 | 44.36 | 67.84 |
| 净利润 | 元 | 19.24 | 59.27 | 69.32 | 36.95 | 43.37 | 69.18 |
| 现金成本 | 元 | 51.59 | 44.97 | 43.58 | 107.32 | 31.49 | 44.00 |
| 现金收益 | 元 | 74.07 | 112.50 | 105.94 | 55.72 | 62.32 | 97.34 |
| 附： | | | | | | | |
| 每亩用工数量 | 日 | 92.33 | 71.35 | 43.48 | 53.88 | 32.49 | 57.92 |
| 每亩主产品已出售数量 | 公斤 | 7358.54 | 5158.40 | 5300.08 | 4294.69 | 6023.22 | 6102.85 |
| 每亩主产品已出售产值 | 元 | 18491.62 | 16246.02 | 15849.35 | 14003.74 | 11301.27 | 17251.81 |
| 每亩成本外支出 | 元 | | | | | | |

6-1-4-1 续表 2

| 项目 | 单位 | 安徽 | 山东 | 河南 | 湖北 | 四川 |
|---|---|---|---|---|---|---|
| **每亩** | | | | | | |
| 主产品产量 | 公斤 | 4672. 12 | 6672. 19 | 6794. 42 | 5011. 11 | 5534. 56 |
| 产值合计 | 元 | 14866. 31 | 22752. 62 | 15899. 07 | 14941. 82 | 12812. 61 |
| 主产品产值 | 元 | 14866. 31 | 22752. 62 | 15899. 07 | 14941. 82 | 12812. 61 |
| 副产品产值 | 元 | | | | | |
| 总成本 | 元 | 7558. 91 | 10281. 19 | 8962. 38 | 5334. 60 | 7943. 23 |
| 生产成本 | 元 | 7231. 90 | 9913. 40 | 8595. 01 | 5033. 65 | 7549. 29 |
| 物质与服务费用 | 元 | 3211. 46 | 4633. 63 | 3519. 77 | 2188. 85 | 2978. 75 |
| 人工成本 | 元 | 4020. 44 | 5279. 77 | 5075. 24 | 2844. 80 | 4570. 54 |
| 家庭用工折价 | 元 | 3090. 45 | 4638. 49 | 4177. 67 | 2813. 67 | 3599. 40 |
| 雇工费用 | 元 | 929. 99 | 641. 28 | 897. 57 | 31. 13 | 971. 14 |
| 土地成本 | 元 | 327. 01 | 367. 79 | 367. 37 | 300. 95 | 393. 94 |
| 流转地租金 | 元 | 85. 77 | 16. 81 | 77. 12 | 27. 92 | 44. 32 |
| 自营地折租 | 元 | 241. 24 | 350. 98 | 290. 25 | 273. 03 | 349. 62 |
| 净利润 | 元 | 7307. 40 | 12471. 43 | 6936. 69 | 9607. 22 | 4869. 38 |
| 现金成本 | 元 | 4227. 22 | 5291. 72 | 4494. 46 | 2247. 90 | 3994. 21 |
| 现金收益 | 元 | 10639. 09 | 17460. 90 | 11404. 61 | 12693. 92 | 8818. 40 |
| 成本利润率 | % | 96. 67 | 121. 30 | 77. 40 | 180. 09 | 61. 30 |
| **每 50 公斤主产品** | | | | | | |
| 平均出售价格 | 元 | 159. 10 | 170. 50 | 117. 00 | 149. 09 | 115. 75 |
| 总成本 | 元 | 80. 90 | 77. 04 | 65. 95 | 53. 23 | 71. 76 |
| 生产成本 | 元 | 77. 40 | 74. 29 | 63. 25 | 50. 23 | 68. 20 |
| 净利润 | 元 | 78. 20 | 93. 46 | 51. 05 | 95. 86 | 43. 99 |
| 现金成本 | 元 | 45. 24 | 39. 65 | 33. 07 | 22. 43 | 36. 08 |
| 现金收益 | 元 | 113. 86 | 130. 85 | 83. 93 | 126. 66 | 79. 67 |
| **附:** | | | | | | |
| 每亩用工数量 | 日 | 41. 88 | 56. 54 | 55. 09 | 30. 75 | 49. 37 |
| 每亩主产品已出售数量 | 公斤 | 4672. 12 | 6659. 62 | 6794. 42 | 5011. 11 | 5534. 56 |
| 每亩主产品已出售产值 | 元 | 14866. 31 | 22711. 84 | 15899. 07 | 14941. 82 | 12812. 61 |
| 每亩成本外支出 | 元 | | | | | |

6-1-4-1 续表 3

| 项 目 | 单位 | 陕 西 | 甘 肃 | 青 海 | 宁 夏 | 新 疆 |
|---|---|---|---|---|---|---|
| **每亩** | | | | | | |
| 主产品产量 | 公斤 | 4849.33 | 8456.87 | 5722.46 | 6680.33 | 6408.49 |
| 产值合计 | 元 | 20353.85 | 20483.38 | 18995.35 | 18005.03 | 17611.75 |
| 主产品产值 | 元 | 20353.85 | 20483.38 | 18995.35 | 18005.03 | 17611.75 |
| 副产品产值 | 元 | | | | | |
| 总成本 | 元 | 8206.62 | 12062.70 | 10718.11 | 8881.97 | 8016.30 |
| 生产成本 | 元 | 7938.18 | 11764.77 | 9147.23 | 8429.15 | 7371.76 |
| 物质与服务费用 | 元 | 2264.19 | 4342.21 | 4069.19 | 4180.13 | 3333.55 |
| 人工成本 | 元 | 5673.99 | 7422.56 | 5078.04 | 4249.02 | 4038.21 |
| 家庭用工折价 | 元 | 5673.99 | 7310.91 | 2907.25 | 4026.56 | 3909.10 |
| 雇工费用 | 元 | | 111.66 | 2170.79 | 222.46 | 129.12 |
| 土地成本 | 元 | 268.44 | 297.93 | 1570.88 | 452.82 | 644.54 |
| 流转地租金 | 元 | | | 27.16 | 113.23 | 198.80 |
| 自营地折租 | 元 | 268.44 | 297.93 | 1543.72 | 339.59 | 445.74 |
| 净利润 | 元 | 12147.23 | 8420.68 | 8277.24 | 9123.06 | 9595.45 |
| 现金成本 | 元 | 2264.19 | 4453.87 | 6267.14 | 4515.82 | 3661.47 |
| 现金收益 | 元 | 18089.66 | 16029.51 | 12728.21 | 13489.21 | 13950.28 |
| 成本利润率 | % | 148.02 | 69.81 | 77.23 | 102.71 | 119.70 |
| **每 50 公斤主产品** | | | | | | |
| 平均出售价格 | 元 | 209.86 | 121.10 | 165.97 | 134.76 | 137.41 |
| 总成本 | 元 | 84.61 | 71.32 | 93.65 | 66.48 | 62.54 |
| 生产成本 | 元 | 81.85 | 69.55 | 79.92 | 63.09 | 57.52 |
| 净利润 | 元 | 125.25 | 49.78 | 72.32 | 68.28 | 74.87 |
| 现金成本 | 元 | 23.35 | 26.33 | 54.76 | 33.80 | 28.57 |
| 现金收益 | 元 | 186.51 | 94.77 | 111.21 | 100.96 | 108.84 |
| **附：** | | | | | | |
| 每亩用工数量 | 日 | 61.54 | 80.36 | 55.18 | 45.52 | 43.36 |
| 每亩主产品已出售数量 | 公斤 | 4809.82 | 8456.87 | 5722.46 | 6680.33 | 6408.49 |
| 每亩主产品已出售产值 | 元 | 20215.29 | 20483.38 | 18995.35 | 18005.03 | 17611.75 |
| 每亩成本外支出 | 元 | | | | | |

# 6-1-4-2 2021年各地区设施黄瓜费用和用工情况

| 项目 | 单位 | 平均 | 北京 | 天津 | 河北 | 山西 | 内蒙古 |
|---|---|---|---|---|---|---|---|
| 一、每亩物质与服务费用 | 元 | **3566.44** | **4281.72** | **1829.38** | **5441.88** | **5783.38** | **5531.06** |
| (一)直接费用 | 元 | 2826.12 | 3336.35 | 1365.37 | 4539.47 | 4699.19 | 4617.68 |
| 1. 种子费 | 元 | 572.68 | 608.30 | 158.04 | 1192.14 | 1107.49 | 1420.26 |
| 2. 化肥费 | 元 | 594.18 | 630.74 | 199.31 | 836.54 | 1033.79 | 972.64 |
| 3. 农家肥费 | 元 | 384.90 | 574.13 | 226.28 | 684.66 | 619.83 | 631.67 |
| 4. 农药费 | 元 | 282.94 | 472.48 | 161.70 | 359.88 | 384.46 | 379.90 |
| 5. 农膜费 | 元 | 510.14 | 669.36 | 454.13 | 874.25 | 873.31 | 382.45 |
| 6. 租赁作业费 | 元 | 251.77 | 212.06 | 100.15 | 342.58 | 393.58 | 334.16 |
| 机械作业费 | 元 | 99.18 | 80.77 | 62.32 | 87.46 | 93.19 | 70.89 |
| 排灌费 | 元 | 151.65 | 131.29 | 37.83 | 255.12 | 300.39 | 226.79 |
| 其中:水费 | 元 | 30.07 | 40.49 | 36.27 | | | 223.54 |
| 畜力费 | 元 | 0.94 | | | | | 36.48 |
| 7. 燃料动力费 | 元 | 57.72 | 52.27 | | | 5.91 | 3.66 |
| 8. 技术服务费 | 元 | 0.30 | 4.92 | | | | |
| 9. 工具材料费 | 元 | 142.60 | 93.51 | 55.06 | 220.33 | 234.82 | 407.53 |
| 10. 修理维护费 | 元 | 28.89 | 18.58 | 10.70 | 29.09 | 46.00 | 85.41 |
| 11. 其他直接费用 | 元 | | | | | | |
| (二)间接费用 | 元 | 740.32 | 945.37 | 464.01 | 902.41 | 1084.19 | 913.38 |
| 1. 固定资产折旧 | 元 | 645.01 | 786.63 | 464.01 | 874.91 | 1029.51 | 685.33 |
| 2. 保险费 | 元 | 2.54 | 2.38 | | | | |
| 3. 管理费 | 元 | 5.19 | 32.10 | | | | |
| 4. 财务费 | 元 | 3.11 | | | | | |
| 5. 销售费 | 元 | 84.47 | 124.26 | | 27.50 | 54.68 | 228.05 |
| 二、每亩人工成本 | 元 | **5879.30** | **5158.01** | **4612.05** | **6647.10** | **7453.36** | **5835.20** |
| 1. 家庭用工折价 | 元 | 3874.06 | 2134.80 | 4604.84 | 5318.37 | 6134.43 | 3758.81 |
| 家庭用工天数 | 日 | 42.02 | 23.15 | 49.94 | 57.68 | 66.53 | 40.77 |
| 劳动日工价 | 元 | 92.20 | 92.20 | 92.20 | 92.20 | 92.20 | 92.20 |
| 2. 雇工费用 | 元 | 2005.24 | 3023.21 | 7.21 | 1328.73 | 1318.93 | 2076.39 |
| 雇工天数 | 日 | 15.29 | 22.84 | 0.05 | 11.30 | 12.26 | 18.54 |
| 雇工工价 | 元 | 131.15 | 132.37 | 144.26 | 117.59 | 107.58 | 112.00 |
| 三、附 | | | | | | | |
| 1. 每亩种子用量 | 公斤 | | | | | | |
| 2. 每亩化肥用量 | 公斤 | 55.25 | 25.50 | 27.56 | 75.93 | 69.34 | 37.34 |
| 3. 每亩农膜用量 | 公斤 | 32.60 | 37.21 | 30.06 | 62.97 | 55.77 | 23.25 |

6-1-4-2 续表 1

| 项　　目 | 单位 | 辽　宁 | 吉　林 | 黑龙江 | 上　海 | 江　苏 | 浙　江 |
|---|---|---|---|---|---|---|---|
| **一、每亩物质与服务费用** | **元** | **6433.62** | **2582.79** | **3933.26** | **2768.32** | **2438.10** | **1939.24** |
| （一）直接费用 | 元 | 5282.59 | 1770.98 | 2700.62 | 2381.28 | 1941.65 | 1296.19 |
| 1. 种子费 | 元 | 875.94 | 272.89 | 304.84 | 316.57 | 238.13 | 141.50 |
| 2. 化肥费 | 元 | 1627.92 | 192.10 | 265.78 | 436.36 | 376.95 | 466.18 |
| 3. 农家肥费 | 元 | 510.51 | 244.73 | 313.15 | 389.59 | 309.31 | 143.96 |
| 4. 农药费 | 元 | 884.65 | 236.29 | 146.62 | 227.40 | 295.42 | 123.82 |
| 5. 农膜费 | 元 | 662.85 | 379.43 | 834.59 | 374.48 | 429.83 | 230.63 |
| 6. 租赁作业费 | 元 | 360.19 | 193.09 | 210.64 | 438.34 | 111.31 | 116.89 |
| 机械作业费 | 元 | 111.55 | 135.64 | 82.52 | 140.55 | 69.77 | 89.25 |
| 排灌费 | 元 | 248.64 | 57.45 | 128.12 | 297.79 | 41.54 | 27.64 |
| 其中：水费 | 元 | 224.89 | 5.00 | 56.31 | | 5.45 | 23.90 |
| 畜力费 | 元 | | | | | | |
| 7. 燃料动力费 | 元 | 13.64 | 221.86 | 417.52 | | | 33.94 |
| 8. 技术服务费 | 元 | | | | | 3.64 | |
| 9. 工具材料费 | 元 | 325.37 | 15.90 | 165.29 | 173.14 | 157.90 | 31.79 |
| 10. 修理维护费 | 元 | 21.52 | 14.69 | 42.19 | 25.40 | 19.16 | 7.48 |
| 11. 其他直接费用 | 元 | | | | | | |
| （二）间接费用 | 元 | 1151.03 | 811.81 | 1232.64 | 387.04 | 496.45 | 643.05 |
| 1. 固定资产折旧 | 元 | 1079.61 | 556.85 | 1077.76 | 290.69 | 427.32 | 603.51 |
| 2. 保险费 | 元 | | | | | 12.14 | |
| 3. 管理费 | 元 | | | | 23.97 | | 4.24 |
| 4. 财务费 | 元 | | | | 18.45 | | 2.86 |
| 5. 销售费 | 元 | 71.42 | 254.96 | 154.88 | 53.93 | 56.99 | 32.44 |
| **二、每亩人工成本** | **元** | **8840.43** | **7005.06** | **4117.85** | **7196.58** | **2905.77** | **6341.70** |
| 1. 家庭用工折价 | 元 | 7718.52 | 5039.19 | 3578.47 | 1612.02 | 2165.41 | 3190.40 |
| 家庭用工天数 | 日 | 83.72 | 54.66 | 38.31 | 17.48 | 23.49 | 34.60 |
| 劳动日工价 | 元 | 92.20 | 92.20 | 92.20 | 92.20 | 92.20 | 92.20 |
| 2. 雇工费用 | 元 | 1121.91 | 1965.86 | 539.38 | 5584.55 | 740.36 | 3151.31 |
| 雇工天数 | 日 | 8.61 | 16.69 | 4.67 | 36.40 | 9.00 | 23.32 |
| 雇工工价 | 元 | 130.30 | 117.79 | 115.50 | 153.42 | 82.26 | 135.13 |
| 三、附 | | | | | | | |
| 1. 每亩种子用量 | 公斤 | | | | | | |
| 2. 每亩化肥用量 | 公斤 | 105.75 | 31.19 | 32.66 | 47.11 | 38.02 | 60.65 |
| 3. 每亩农膜用量 | 公斤 | 39.97 | 26.08 | 55.95 | 18.40 | 35.13 | 9.50 |

6-1-4-2 续表 2

| 项　　目 | 单位 | 安　徽 | 山　东 | 河　南 | 湖　北 | 四　川 |
|---|---|---|---|---|---|---|
| **一、每亩物质与服务费用** | 元 | **3211.46** | **4633.63** | **3519.77** | **2188.85** | **2978.75** |
| (一)直接费用 | 元 | 2415.50 | 3437.02 | 2861.04 | 1842.01 | 2625.11 |
| 1. 种子费 | 元 | 404.29 | 833.64 | 706.64 | 201.92 | 934.95 |
| 2. 化肥费 | 元 | 555.39 | 806.97 | 461.40 | 525.85 | 444.12 |
| 3. 农家肥费 | 元 | 396.21 | 440.21 | 337.99 | 168.90 | 246.11 |
| 4. 农药费 | 元 | 265.36 | 392.39 | 417.13 | 246.64 | 170.62 |
| 5. 农膜费 | 元 | 463.19 | 674.29 | 462.22 | 348.68 | 508.84 |
| 6. 租赁作业费 | 元 | 151.90 | 172.48 | 198.50 | 128.65 | 141.06 |
| 机械作业费 | 元 | 86.95 | 98.08 | 72.26 | 108.81 | 117.51 |
| 排灌费 | 元 | 64.95 | 74.40 | 126.24 | 19.84 | 23.55 |
| 其中:水费 | 元 | 0.41 | 5.70 |  | 12.66 | 13.92 |
| 畜力费 | 元 |  |  |  |  |  |
| 7. 燃料动力费 | 元 | 8.55 | 19.80 | 112.27 | 21.19 |  |
| 8. 技术服务费 | 元 |  |  |  |  |  |
| 9. 工具材料费 | 元 | 146.83 | 77.59 | 133.70 | 189.96 | 149.76 |
| 10. 修理维护费 | 元 | 23.78 | 19.65 | 31.19 | 10.22 | 29.65 |
| 11. 其他直接费用 | 元 |  |  |  |  |  |
| (二)间接费用 | 元 | 795.96 | 1196.61 | 658.73 | 346.84 | 353.64 |
| 1. 固定资产折旧 | 元 | 466.59 | 1149.90 | 631.35 | 296.28 | 207.92 |
| 2. 保险费 | 元 | 36.35 |  |  |  |  |
| 3. 管理费 | 元 |  |  |  |  |  |
| 4. 财务费 | 元 |  |  |  |  |  |
| 5. 销售费 | 元 | 293.02 | 46.71 | 27.38 | 50.56 | 145.72 |
| **二、每亩人工成本** | 元 | **4020.44** | **5279.77** | **5075.24** | **2844.80** | **4570.54** |
| 1. 家庭用工折价 | 元 | 3090.45 | 4638.49 | 4177.67 | 2813.67 | 3599.40 |
| 家庭用工天数 | 日 | 33.52 | 50.31 | 45.31 | 30.52 | 39.04 |
| 劳动日工价 | 元 | 92.20 | 92.20 | 92.20 | 92.20 | 92.20 |
| 2. 雇工费用 | 元 | 929.99 | 641.28 | 897.57 | 31.13 | 971.14 |
| 雇工天数 | 日 | 8.36 | 6.23 | 9.78 | 0.23 | 10.33 |
| 雇工工价 | 元 | 111.24 | 102.93 | 91.78 | 135.36 | 94.01 |
| **三、附** |  |  |  |  |  |  |
| 1. 每亩种子用量 | 公斤 |  |  |  |  |  |
| 2. 每亩化肥用量 | 公斤 | 29.66 | 91.62 | 70.13 | 53.58 | 37.69 |
| 3. 每亩农膜用量 | 公斤 | 29.70 | 53.24 | 31.93 | 26.63 | 34.30 |

6-1-4-2 续表 3

| 项　　目 | 单位 | 陕　西 | 甘　肃 | 青　海 | 宁　夏 | 新　疆 |
|---|---|---|---|---|---|---|
| **一、每亩物质与服务费用** | 元 | **2264.19** | **4342.21** | **4069.19** | **4180.13** | **3333.55** |
| （一）直接费用 | 元 | 1818.62 | 3318.30 | 3485.10 | 3315.05 | 2837.36 |
| 1. 种子费 | 元 | 271.06 | 667.53 | 1163.11 | 1165.72 | 339.07 |
| 2. 化肥费 | 元 | 335.40 | 669.39 | 1025.69 | 700.77 | 491.61 |
| 3. 农家肥费 | 元 | 338.29 | 466.20 | 196.37 | 325.68 | 440.35 |
| 4. 农药费 | 元 | 187.77 | 367.14 | 565.95 | 282.82 | 224.44 |
| 5. 农膜费 | 元 | 316.88 | 446.95 | 281.65 | 564.67 | 429.23 |
| 6. 租赁作业费 | 元 | 257.95 | 376.26 | 134.52 | 159.02 | 316.73 |
| 机械作业费 | 元 | 109.85 | 125.95 | 90.14 | 87.73 | 93.36 |
| 排灌费 | 元 | 148.10 | 250.31 | 44.38 | 71.29 | 223.37 |
| 其中：水费 | 元 |  | 209.97 | 44.38 | 70.00 | 68.86 |
| 畜力费 | 元 |  |  |  |  |  |
| 7. 燃料动力费 | 元 |  | 3.36 | 36.30 |  | 405.98 |
| 8. 技术服务费 | 元 |  | 0.78 |  |  | 0.95 |
| 9. 工具材料费 | 元 | 78.23 | 296.51 | 38.08 | 112.34 | 80.98 |
| 10. 修理维护费 | 元 | 33.04 | 24.18 | 43.43 | 4.03 | 108.02 |
| 11. 其他直接费用 | 元 |  |  |  |  |  |
| （二）间接费用 | 元 | 445.57 | 1023.91 | 584.09 | 865.08 | 496.19 |
| 1. 固定资产折旧 | 元 | 251.26 | 859.93 | 410.90 | 801.25 | 484.30 |
| 2. 保险费 | 元 |  |  |  |  |  |
| 3. 管理费 | 元 |  |  | 11.82 |  | 0.50 |
| 4. 财务费 | 元 |  |  |  |  |  |
| 5. 销售费 | 元 | 194.31 | 163.98 | 161.37 | 63.83 | 11.39 |
| **二、每亩人工成本** | 元 | **5673.99** | **7422.56** | **5078.04** | **4249.02** | **4038.21** |
| 1. 家庭用工折价 | 元 | 5673.99 | 7310.91 | 2907.25 | 4026.56 | 3909.10 |
| 家庭用工天数 | 日 | 61.54 | 79.29 | 31.53 | 43.67 | 42.40 |
| 劳动日工价 | 元 | 92.20 | 92.20 | 92.20 | 92.20 | 92.20 |
| 2. 雇工费用 | 元 |  | 111.66 | 2170.79 | 222.46 | 129.12 |
| 雇工天数 | 日 |  | 1.07 | 23.65 | 1.85 | 0.96 |
| 雇工工价 | 元 | 147.73 | 104.35 | 91.79 | 120.25 | 134.50 |
| **三、附** |  |  |  |  |  |  |
| 1. 每亩种子用量 | 公斤 |  |  |  |  |  |
| 2. 每亩化肥用量 | 公斤 | 67.31 | 59.88 | 58.49 | 60.37 | 61.13 |
| 3. 每亩农膜用量 | 公斤 | 19.81 | 27.37 | 18.06 | 24.21 | 33.10 |

# 6-1-4-3　2021年各地区设施黄瓜化肥投入情况

| 项　　目 | 单位 | 平　均 | 北　京 | 天　津 | 河　北 | 山　西 | 内蒙古 |
|---|---|---|---|---|---|---|---|
| **一、每亩化肥金额** | **元** | **594.18** | **630.74** | **199.31** | **836.54** | **1033.79** | **972.64** |
| （一）氮肥 | 元 | 59.56 | 34.46 | 7.57 | 35.11 | 36.97 | 16.99 |
| 1. 尿素 | 元 | 58.38 | 34.46 | 7.57 | 35.11 | 36.97 | 16.99 |
| 2. 碳铵 | 元 | 0.80 | | | | | |
| 3. 其他氮肥 | 元 | 0.38 | | | | | |
| （二）磷肥 | 元 | 5.34 | | | | 30.46 | |
| 其中：过磷酸钙 | 元 | 5.33 | | | | 30.46 | |
| （三）钾肥 | 元 | 14.69 | | | | 14.86 | 36.01 |
| 其中：氯化钾 | 元 | 3.20 | | | | | |
| （四）复混肥 | 元 | 337.52 | 186.54 | 191.74 | 497.15 | 531.56 | 174.43 |
| 1. 复合肥 | 元 | 337.52 | 186.54 | 191.74 | 497.15 | 531.56 | 174.43 |
| 其中：二铵 | 元 | 40.71 | | 6.06 | 54.52 | 55.58 | 103.20 |
| 三元素复合肥 | 元 | 206.91 | 157.26 | 185.68 | 328.55 | 61.02 | 3.67 |
| 2. 混配肥 | 元 | | | | | | |
| （五）其他肥料 | 元 | 177.07 | 409.74 | | 304.28 | 419.94 | 745.21 |
| **二、每亩化肥折纯用量** | **公斤** | **55.25** | **25.50** | **27.56** | **75.93** | **69.34** | **37.34** |
| （一）氮肥 | 公斤 | 10.48 | 4.62 | 1.49 | 8.08 | 6.15 | 2.98 |
| 1. 尿素 | 公斤 | 10.23 | 4.62 | 1.49 | 8.08 | 6.15 | 2.98 |
| 2. 碳铵 | 公斤 | 0.15 | | | | | |
| 3. 其他氮肥 | 公斤 | 0.10 | | | | | |
| （二）磷肥 | 公斤 | 0.83 | | | | 4.34 | |
| 其中：过磷酸钙 | 公斤 | 0.83 | | | | 4.34 | |
| （三）钾肥 | 公斤 | 1.71 | | | | 1.77 | 5.15 |
| 其中：氯化钾 | 公斤 | 0.62 | | | | | |
| （四）复混肥 | 公斤 | 42.23 | 20.88 | 26.06 | 67.85 | 57.08 | 29.21 |
| 1. 复合肥 | 公斤 | 42.23 | 20.88 | 26.06 | 67.85 | 57.08 | 29.21 |
| 其中：二铵 | 公斤 | 7.50 | | 1.15 | 10.00 | 9.49 | 19.63 |
| 三元素复合肥 | 公斤 | 25.04 | 18.49 | 24.91 | 44.89 | 7.01 | 0.46 |
| 2. 混配肥 | 公斤 | | | | | | |

6-1-4-3　续表 1

| 项　　目 | 单位 | 辽　宁 | 吉　林 | 黑龙江 | 上　海 | 江　苏 | 浙　江 |
|---|---|---|---|---|---|---|---|
| **一、每亩化肥金额** | **元** | **1627.92** | **192.10** | **265.78** | **436.36** | **376.95** | **466.18** |
| （一）氮肥 | 元 | 2.88 | 41.06 | 47.33 | 76.25 | 29.72 | 154.42 |
| 1. 尿素 | 元 | 2.88 | 31.78 | 47.33 | 76.25 | 22.63 | 154.42 |
| 2. 碳铵 | 元 | | | | | 7.09 | |
| 3. 其他氮肥 | 元 | | 9.28 | | | | |
| （二）磷肥 | 元 | | | | | 2.92 | |
| 其中:过磷酸钙 | 元 | | | | | 2.52 | |
| （三）钾肥 | 元 | 380.55 | 24.33 | 11.10 | | 8.24 | 0.08 |
| 其中:氯化钾 | 元 | | 13.05 | 7.32 | | 8.24 | |
| （四）复混肥 | 元 | 508.85 | 125.41 | 141.77 | 360.11 | 222.88 | 311.68 |
| 1. 复合肥 | 元 | 508.85 | 125.41 | 141.77 | 360.11 | 222.88 | 311.68 |
| 其中:二铵 | 元 | 205.28 | 31.38 | 25.99 | | | |
| 三元素复合肥 | 元 | 117.55 | 89.34 | 49.92 | 360.11 | 176.34 | 253.50 |
| 2. 混配肥 | 元 | | | | | | |
| （五）其他肥料 | 元 | 735.64 | 1.30 | 65.58 | | 113.19 | |
| **二、每亩化肥折纯用量** | **公斤** | **105.75** | **31.19** | **32.66** | **47.11** | **38.02** | **60.65** |
| （一）氮肥 | 公斤 | 0.58 | 8.80 | 9.34 | 12.83 | 4.85 | 24.98 |
| 1. 尿素 | 公斤 | 0.58 | 6.26 | 9.34 | 12.83 | 3.75 | 24.98 |
| 2. 碳铵 | 公斤 | | | | | 1.10 | |
| 3. 其他氮肥 | 公斤 | | 2.54 | | | | |
| （二）磷肥 | 公斤 | | | | | 0.48 | |
| 其中:过磷酸钙 | 公斤 | | | | | 0.41 | |
| （三）钾肥 | 公斤 | 31.71 | 3.70 | 1.76 | | 1.55 | |
| 其中:氯化钾 | 公斤 | | 2.06 | 1.45 | | 1.55 | |
| （四）复混肥 | 公斤 | 73.46 | 18.68 | 21.55 | 34.27 | 31.15 | 35.67 |
| 1. 复合肥 | 公斤 | 73.46 | 18.68 | 21.55 | 34.27 | 31.15 | 35.67 |
| 其中:二铵 | 公斤 | 32.91 | 6.04 | 5.12 | | | |
| 三元素复合肥 | 公斤 | 16.86 | 11.94 | 6.48 | 34.27 | 26.65 | 30.25 |
| 2. 混配肥 | 公斤 | | | | | | |

6-1-4-3 续表 2

| 项　　目 | 单位 | 安　徽 | 山　东 | 河　南 | 湖　北 | 四　川 |
|---|---|---|---|---|---|---|
| **一、每亩化肥金额** | **元** | **555.39** | **806.97** | **461.40** | **525.85** | **444.12** |
| (一)氮肥 | 元 | 34.58 | | 86.91 | | 29.27 |
| 1. 尿素 | 元 | 34.58 | | 76.88 | | 29.27 |
| 2. 碳铵 | 元 | | | 10.03 | | |
| 3. 其他氮肥 | 元 | | | | | |
| (二)磷肥 | 元 | | | 11.66 | | 25.73 |
| 其中:过磷酸钙 | 元 | | | 11.66 | | 25.73 |
| (三)钾肥 | 元 | | 22.86 | | | 19.29 |
| 其中:氯化钾 | 元 | | 22.86 | | | 19.29 |
| (四)复混肥 | 元 | 200.48 | 619.20 | 362.83 | 483.13 | 188.52 |
| 1. 复合肥 | 元 | 200.48 | 619.20 | 362.83 | 483.13 | 188.52 |
| 其中:二铵 | 元 | 1.75 | 54.05 | | | |
| 三元素复合肥 | 元 | 144.20 | 538.90 | 135.31 | 84.76 | 184.51 |
| 2. 混配肥 | 元 | | | | | |
| (五)其他肥料 | 元 | 320.33 | 164.91 | | 42.72 | 181.31 |
| **二、每亩化肥折纯用量** | **公斤** | **29.66** | **91.62** | **70.13** | **53.58** | **37.69** |
| (一)氮肥 | 公斤 | 6.42 | | 17.86 | | 5.31 |
| 1. 尿素 | 公斤 | 6.42 | | 15.71 | | 5.31 |
| 2. 碳铵 | 公斤 | | | 2.15 | | |
| 3. 其他氮肥 | 公斤 | | | | | |
| (二)磷肥 | 公斤 | | | 2.61 | | 3.98 |
| 其中:过磷酸钙 | 公斤 | | | 2.61 | | 3.98 |
| (三)钾肥 | 公斤 | | 4.99 | | | 3.32 |
| 其中:氯化钾 | 公斤 | | 4.99 | | | 3.32 |
| (四)复混肥 | 公斤 | 23.24 | 86.63 | 49.67 | 53.58 | 25.09 |
| 1. 复合肥 | 公斤 | 23.24 | 86.63 | 49.67 | 53.58 | 25.09 |
| 其中:二铵 | 公斤 | 0.31 | 10.44 | | | |
| 三元素复合肥 | 公斤 | 16.67 | 73.40 | 19.07 | 11.37 | 24.59 |
| 2. 混配肥 | 公斤 | | | | | |

6-1-4-3 续表 3

| 项　　目 | 单位 | 陕　西 | 甘　肃 | 青　海 | 宁　夏 | 新　疆 |
|---|---|---|---|---|---|---|
| **一、每亩化肥金额** | **元** | **335.40** | **669.39** | **1025.69** | **700.77** | **491.61** |
| (一)氮肥 | 元 | 106.05 | 55.71 | 31.31 | 16.02 | 81.15 |
| 1. 尿素 | 元 | 106.05 | 55.71 | 14.92 | 12.03 | 81.15 |
| 2. 碳铵 | 元 | | | 16.39 | 3.99 | |
| 3. 其他氮肥 | 元 | | | | | |
| (二)磷肥 | 元 | 54.56 | 25.88 | 10.92 | | |
| 其中:过磷酸钙 | 元 | 54.56 | 25.88 | 10.92 | | |
| (三)钾肥 | 元 | | | | | |
| 其中:氯化钾 | 元 | | | | | |
| (四)复混肥 | 元 | 174.79 | 319.10 | 331.80 | 330.54 | 236.91 |
| 1. 复合肥 | 元 | 174.79 | 319.10 | 331.80 | 330.54 | 236.91 |
| 其中:二铵 | 元 | 122.27 | 154.33 | 146.01 | 179.58 | 228.48 |
| 三元素复合肥 | 元 | 52.52 | 76.58 | 146.46 | 150.96 | |
| 2. 混配肥 | 元 | | | | | |
| (五)其他肥料 | 元 | | 268.70 | 651.66 | 354.21 | 173.55 |
| **二、每亩化肥折纯用量** | **公斤** | **67.31** | **59.88** | **58.49** | **60.37** | **61.13** |
| (一)氮肥 | 公斤 | 20.01 | 10.07 | 5.38 | 3.46 | 16.54 |
| 1. 尿素 | 公斤 | 20.01 | 10.07 | 3.12 | 2.61 | 16.54 |
| 2. 碳铵 | 公斤 | | | 2.26 | 0.85 | |
| 3. 其他氮肥 | 公斤 | | | | | |
| (二)磷肥 | 公斤 | 13.07 | 3.44 | 1.75 | | |
| 其中:过磷酸钙 | 公斤 | 13.07 | 3.44 | 1.75 | | |
| (三)钾肥 | 公斤 | | | | | |
| 其中:氯化钾 | 公斤 | | | | | |
| (四)复混肥 | 公斤 | 34.24 | 46.37 | 51.37 | 56.92 | 44.58 |
| 1. 复合肥 | 公斤 | 34.24 | 46.37 | 51.37 | 56.92 | 44.58 |
| 其中:二铵 | 公斤 | 26.56 | 26.76 | 28.06 | 35.53 | 44.16 |
| 三元素复合肥 | 公斤 | 7.68 | 9.50 | 18.31 | 21.39 | |
| 2. 混配肥 | 公斤 | | | | | |

# 6-1-5-1　2021年各地区露地茄子成本收益情况

| 项　　目 | 单位 | 平　均 | 北　京 | 河　北 | 山　西 | 内蒙古 | 辽　宁 |
|---|---|---|---|---|---|---|---|
| 每亩 | | | | | | | |
| 主产品产量 | 公斤 | 3735.25 | 5288.80 | 5304.88 | 3685.58 | 3526.90 | 4637.26 |
| 产值合计 | 元 | 8755.30 | 11513.80 | 10253.50 | 6109.36 | 6855.64 | 9845.58 |
| 主产品产值 | 元 | 8755.30 | 11513.80 | 10253.50 | 6109.36 | 6855.64 | 9845.58 |
| 副产品产值 | 元 | | | | | | |
| 总成本 | 元 | 5012.31 | 5647.88 | 4393.30 | 4497.49 | 3662.76 | 4281.85 |
| 生产成本 | 元 | 4492.42 | 5027.88 | 3723.93 | 4113.10 | 3393.26 | 3928.09 |
| 物质与服务费用 | 元 | 1567.87 | 1579.60 | 867.83 | 1562.31 | 1083.83 | 1443.78 |
| 人工成本 | 元 | 2924.55 | 3448.28 | 2856.10 | 2550.79 | 2309.43 | 2484.31 |
| 家庭用工折价 | 元 | 2217.78 | 3448.28 | 2660.34 | 2400.43 | 2309.43 | 2421.73 |
| 雇工费用 | 元 | 706.77 | | 195.76 | 150.36 | | 62.59 |
| 土地成本 | 元 | 519.89 | 620.00 | 669.37 | 384.39 | 269.50 | 353.76 |
| 流转地租金 | 元 | 77.24 | 420.78 | 83.43 | 9.15 | 34.27 | 53.76 |
| 自营地折租 | 元 | 442.65 | 199.22 | 585.94 | 375.24 | 235.23 | 300.00 |
| 净利润 | 元 | 3742.99 | 5865.92 | 5860.20 | 1611.87 | 3192.88 | 5563.73 |
| 现金成本 | 元 | 2351.88 | 2000.38 | 1147.02 | 1721.82 | 1118.10 | 1560.13 |
| 现金收益 | 元 | 6403.42 | 9513.42 | 9106.48 | 4387.54 | 5737.54 | 8285.45 |
| 成本利润率 | % | 74.68 | 103.86 | 133.39 | 35.84 | 87.17 | 129.94 |
| 每50公斤主产品 | | | | | | | |
| 平均出售价格 | 元 | 117.20 | 108.85 | 96.64 | 82.88 | 97.19 | 106.16 |
| 总成本 | 元 | 67.10 | 53.39 | 41.41 | 61.01 | 51.93 | 46.17 |
| 生产成本 | 元 | 60.14 | 47.53 | 35.10 | 55.80 | 48.10 | 42.35 |
| 净利润 | 元 | 50.10 | 55.46 | 55.23 | 21.87 | 45.26 | 59.99 |
| 现金成本 | 元 | 31.48 | 18.91 | 10.81 | 23.36 | 15.85 | 16.82 |
| 现金收益 | 元 | 85.72 | 89.94 | 85.83 | 59.52 | 81.34 | 89.34 |
| 附： | | | | | | | |
| 每亩用工数量 | 日 | 29.59 | 37.40 | 31.64 | 27.13 | 25.05 | 26.89 |
| 每亩主产品已出售数量 | 公斤 | 3723.99 | 5288.80 | 5291.84 | 3672.72 | 3526.90 | 4625.57 |
| 每亩主产品已出售产值 | 元 | 8725.49 | 11513.80 | 10228.46 | 6088.23 | 6855.64 | 9821.94 |
| 每亩成本外支出 | 元 | | | | | | |

6-1-5-1 续表 1

| 项 目 | 单位 | 吉 林 | 黑龙江 | 安 徽 | 福 建 | 江 西 | 山 东 |
|---|---|---|---|---|---|---|---|
| **每亩** | | | | | | | |
| 主产品产量 | 公斤 | 3053.68 | 4481.77 | 3823.76 | 2460.58 | 2309.80 | 3494.97 |
| 产值合计 | 元 | 7343.92 | 10603.74 | 9434.31 | 7608.04 | 7402.06 | 5863.26 |
| 主产品产值 | 元 | 7343.92 | 10603.74 | 9434.31 | 7608.04 | 7402.06 | 5863.26 |
| 副产品产值 | 元 | | | | | | |
| 总成本 | 元 | 5910.73 | 3612.71 | 4976.80 | 5650.14 | 3279.56 | 3319.26 |
| 生产成本 | 元 | 5273.62 | 3128.02 | 4653.48 | 5293.79 | 3119.59 | 3037.18 |
| 物质与服务费用 | 元 | 966.76 | 962.73 | 1580.08 | 2149.51 | 844.19 | 833.88 |
| 人工成本 | 元 | 4306.86 | 2165.29 | 3073.40 | 3144.28 | 2275.40 | 2203.30 |
| 家庭用工折价 | 元 | 3544.08 | 1575.97 | 2355.80 | 711.14 | 2214.55 | 2203.30 |
| 雇工费用 | 元 | 762.79 | 589.32 | 717.60 | 2433.14 | 60.85 | |
| 土地成本 | 元 | 637.11 | 484.69 | 323.32 | 356.35 | 159.97 | 282.08 |
| 流转地租金 | 元 | 116.69 | 84.23 | 185.61 | 155.23 | 15.32 | |
| 自营地折租 | 元 | 520.42 | 400.46 | 137.71 | 201.12 | 144.65 | 282.08 |
| 净利润 | 元 | 1433.19 | 6991.03 | 4457.51 | 1957.90 | 4122.50 | 2544.00 |
| 现金成本 | 元 | 1846.24 | 1636.28 | 2483.29 | 4737.88 | 920.36 | 833.88 |
| 现金收益 | 元 | 5497.68 | 8967.46 | 6951.02 | 2870.16 | 6481.70 | 5029.38 |
| 成本利润率 | % | 24.25 | 193.51 | 89.57 | 34.65 | 125.70 | 76.64 |
| **每 50 公斤主产品** | | | | | | | |
| 平均出售价格 | 元 | 120.25 | 118.30 | 123.36 | 154.60 | 160.23 | 83.88 |
| 总成本 | 元 | 96.78 | 40.31 | 65.08 | 114.81 | 70.99 | 47.49 |
| 生产成本 | 元 | 86.35 | 34.90 | 60.85 | 107.57 | 67.53 | 43.45 |
| 净利润 | 元 | 23.47 | 77.99 | 58.28 | 39.79 | 89.24 | 36.39 |
| 现金成本 | 元 | 30.23 | 18.26 | 32.47 | 96.28 | 19.92 | 11.93 |
| 现金收益 | 元 | 90.02 | 100.04 | 90.89 | 58.32 | 140.31 | 71.95 |
| **附:** | | | | | | | |
| 每亩用工数量 | 日 | 44.72 | 21.83 | 31.77 | 26.11 | 24.48 | 23.90 |
| 每亩主产品已出售数量 | 公斤 | 3053.68 | 4481.77 | 3823.76 | 2420.86 | 2285.26 | 3482.87 |
| 每亩主产品已出售产值 | 元 | 7343.92 | 10603.74 | 9434.31 | 7489.89 | 7322.07 | 5843.59 |
| 每亩成本外支出 | 元 | | | | | | |

6-1-5-1 续表 2

| 项目 | 单位 | 河南 | 湖北 | 广东 | 广西 | 海南 | 重庆 |
|---|---|---|---|---|---|---|---|
| **每亩** | | | | | | | |
| 主产品产量 | 公斤 | 4516.67 | 4066.43 | 1498.14 | 4317.03 | 2711.13 | 3141.69 |
| 产值合计 | 元 | 7513.77 | 12078.70 | 8987.86 | 9475.62 | 8165.94 | 9200.65 |
| 主产品产值 | 元 | 7513.77 | 12078.70 | 8987.86 | 9475.62 | 8165.94 | 9200.65 |
| 副产品产值 | 元 | | | | | | |
| 总成本 | 元 | 3895.11 | 4322.69 | 4042.20 | 5789.58 | 6669.04 | 4827.53 |
| 生产成本 | 元 | 3545.11 | 4030.01 | 3235.06 | 5419.23 | 5655.14 | 4587.79 |
| 物质与服务费用 | 元 | 1111.49 | 1494.36 | 1516.45 | 2196.01 | 2140.56 | 1197.60 |
| 人工成本 | 元 | 2433.62 | 2535.65 | 1718.61 | 3223.22 | 3514.58 | 3390.19 |
| 家庭用工折价 | 元 | 2058.92 | 2510.97 | 1718.61 | 3223.22 | 2762.87 | 3390.19 |
| 雇工费用 | 元 | 374.71 | 24.67 | | | 751.71 | |
| 土地成本 | 元 | 350.00 | 292.68 | 807.14 | 370.35 | 1013.90 | 239.74 |
| 流转地租金 | 元 | 63.00 | 23.76 | 363.21 | 18.86 | 14.01 | 35.96 |
| 自营地折租 | 元 | 287.00 | 268.92 | 443.93 | 351.49 | 999.89 | 203.78 |
| 净利润 | 元 | 3618.66 | 7756.01 | 4945.66 | 3686.04 | 1496.90 | 4373.12 |
| 现金成本 | 元 | 1549.20 | 1542.79 | 1879.66 | 2214.87 | 2906.28 | 1233.56 |
| 现金收益 | 元 | 5964.57 | 10535.91 | 7108.20 | 7260.75 | 5259.66 | 7967.09 |
| 成本利润率 | % | 92.90 | 179.43 | 122.35 | 63.67 | 22.45 | 90.59 |
| **每 50 公斤主产品** | | | | | | | |
| 平均出售价格 | 元 | 83.18 | 148.52 | 299.97 | 109.75 | 150.60 | 146.43 |
| 总成本 | 元 | 43.12 | 53.15 | 134.91 | 67.06 | 122.99 | 76.83 |
| 生产成本 | 元 | 39.25 | 49.55 | 107.97 | 62.77 | 104.29 | 73.02 |
| 净利润 | 元 | 40.06 | 95.37 | 165.06 | 42.69 | 27.61 | 69.60 |
| 现金成本 | 元 | 17.15 | 18.97 | 62.73 | 25.65 | 53.60 | 19.63 |
| 现金收益 | 元 | 66.03 | 129.55 | 237.24 | 84.10 | 97.00 | 126.80 |
| **附:** | | | | | | | |
| 每亩用工数量 | 日 | 26.01 | 27.41 | 18.64 | 34.96 | 35.06 | 36.77 |
| 每亩主产品已出售数量 | 公斤 | 4516.67 | 4066.43 | 1498.14 | 4314.42 | 2710.68 | 3141.69 |
| 每亩主产品已出售产值 | 元 | 7513.77 | 12078.70 | 8987.86 | 9468.71 | 8165.18 | 9200.65 |
| 每亩成本外支出 | 元 | | | | | | |

6-1-5-1 续表 3

| 项　　目 | 单位 | 四　川 | 云　南 | 陕　西 | 甘　肃 | 宁　夏 | 新　疆 |
|---|---|---|---|---|---|---|---|
| **每亩** | | | | | | | |
| 主产品产量 | 公斤 | 3533.46 | 2588.94 | 5826.54 | 4099.46 | 5145.67 | 5600.58 |
| 产值合计 | 元 | 9582.63 | 9247.07 | 14414.27 | 7738.07 | 9157.56 | 5210.45 |
| 主产品产值 | 元 | 9582.63 | 9247.07 | 14414.27 | 7738.07 | 9157.56 | 5210.45 |
| 副产品产值 | 元 | | | | | | |
| 总成本 | 元 | 4249.82 | 5718.29 | 4596.61 | 4123.11 | 4706.85 | 3573.93 |
| 生产成本 | 元 | 3913.00 | 5245.04 | 4357.98 | 3756.13 | 4360.08 | 3229.29 |
| 物质与服务费用 | 元 | 1479.99 | 2174.05 | 1487.24 | 1093.76 | 1961.95 | 1095.95 |
| 人工成本 | 元 | 2433.01 | 3070.99 | 2870.74 | 2662.37 | 2398.13 | 2133.34 |
| 家庭用工折价 | 元 | 2414.35 | 2624.20 | 2870.74 | 2662.37 | 2391.39 | 1544.53 |
| 雇工费用 | 元 | 18.66 | 446.80 | | | 6.74 | 588.80 |
| 土地成本 | 元 | 336.82 | 473.25 | 238.63 | 366.98 | 346.77 | 344.64 |
| 流转地租金 | 元 | 25.85 | 36.56 | | | 101.68 | 89.61 |
| 自营地折租 | 元 | 310.97 | 436.69 | 238.63 | 366.98 | 245.09 | 255.03 |
| 净利润 | 元 | 5332.81 | 3528.78 | 9817.66 | 3614.96 | 4450.71 | 1636.52 |
| 现金成本 | 元 | 1524.50 | 2657.41 | 1487.24 | 1093.76 | 2070.37 | 1774.36 |
| 现金收益 | 元 | 8058.13 | 6589.66 | 12927.03 | 6644.31 | 7087.19 | 3436.09 |
| 成本利润率 | % | 125.48 | 61.71 | 213.58 | 87.68 | 94.56 | 45.79 |
| **每 50 公斤主产品** | | | | | | | |
| 平均出售价格 | 元 | 135.60 | 178.59 | 123.69 | 94.38 | 88.98 | 46.52 |
| 总成本 | 元 | 60.14 | 110.44 | 39.44 | 50.29 | 45.73 | 31.91 |
| 生产成本 | 元 | 55.37 | 101.30 | 37.40 | 45.81 | 42.36 | 28.83 |
| 净利润 | 元 | 75.46 | 68.15 | 84.25 | 44.09 | 43.25 | 14.61 |
| 现金成本 | 元 | 21.57 | 51.32 | 12.76 | 13.34 | 20.12 | 15.84 |
| 现金收益 | 元 | 114.03 | 127.27 | 110.93 | 81.04 | 68.86 | 30.68 |
| **附：** | | | | | | | |
| 每亩用工数量 | 日 | 26.35 | 32.93 | 31.14 | 28.88 | 26.00 | 20.93 |
| 每亩主产品已出售数量 | 公斤 | 3533.46 | 2588.94 | 5785.33 | 4099.46 | 5145.67 | 5600.58 |
| 每亩主产品已出售产值 | 元 | 9582.63 | 9247.07 | 14325.29 | 7738.07 | 9157.56 | 5210.45 |
| 每亩成本外支出 | 元 | | | | | | |

# 6-1-5-2 2021年各地区露地茄子费用和用工情况

| 项　　目 | 单位 | 平　均 | 北　京 | 河　北 | 山　西 | 内蒙古 | 辽　宁 |
|---|---|---|---|---|---|---|---|
| **一、每亩物质与服务费用** | 元 | **1567.87** | **1579.60** | **867.83** | **1562.31** | **1083.83** | **1443.78** |
| （一）直接费用 | 元 | 1426.52 | 1503.60 | 850.67 | 1442.30 | 858.76 | 1347.50 |
| 1. 种子费 | 元 | 199.78 | 78.00 | 188.30 | 412.93 | 173.67 | 510.07 |
| 2. 化肥费 | 元 | 473.91 | 516.40 | 222.44 | 296.82 | 198.10 | 279.54 |
| 3. 农家肥费 | 元 | 207.71 | 360.00 | 158.92 | 358.32 | 208.64 | 218.97 |
| 4. 农药费 | 元 | 234.00 | 327.00 | 97.53 | 81.50 | 84.58 | 150.15 |
| 5. 农膜费 | 元 | 53.67 | 54.60 | 4.61 | 32.83 | 48.80 | 68.67 |
| 6. 租赁作业费 | 元 | 158.74 | 109.00 | 169.15 | 241.61 | 134.54 | 106.50 |
| 机械作业费 | 元 | 106.12 | 58.00 | 79.86 | 87.68 | 87.40 | 76.04 |
| 排灌费 | 元 | 43.92 | 51.00 | 89.29 | 153.93 | 47.14 | 30.46 |
| 其中：水费 | 元 | 8.58 | 8.40 | | | | |
| 畜力费 | 元 | 8.70 | | | | | |
| 7. 燃料动力费 | 元 | 26.54 | | | 5.34 | | |
| 8. 技术服务费 | 元 | 9.42 | | | | | |
| 9. 工具材料费 | 元 | 53.37 | 49.20 | 5.48 | 10.37 | 10.43 | 12.41 |
| 10. 修理维护费 | 元 | 9.38 | 9.40 | 4.24 | 2.58 | | 1.19 |
| 11. 其他直接费用 | 元 | | | | | | |
| （二）间接费用 | 元 | 141.35 | 76.00 | 17.16 | 120.01 | 225.07 | 96.28 |
| 1. 固定资产折旧 | 元 | 28.19 | | 6.82 | 8.71 | | 20.31 |
| 2. 保险费 | 元 | | | | | | |
| 3. 管理费 | 元 | 0.24 | | | | | |
| 4. 财务费 | 元 | 2.67 | | | | | |
| 5. 销售费 | 元 | 110.25 | 76.00 | 10.34 | 111.30 | 225.07 | 75.97 |
| **二、每亩人工成本** | 元 | **2924.55** | **3448.28** | **2856.10** | **2550.79** | **2309.43** | **2484.31** |
| 1. 家庭用工折价 | 元 | 2217.78 | 3448.28 | 2660.34 | 2400.43 | 2309.43 | 2421.73 |
| 家庭用工天数 | 日 | 24.05 | 37.40 | 28.85 | 26.04 | 25.05 | 26.27 |
| 劳动日工价 | 元 | 92.20 | 92.20 | 92.20 | 92.20 | 92.20 | 92.20 |
| 2. 雇工费用 | 元 | 706.77 | | 195.76 | 150.36 | | 62.59 |
| 雇工天数 | 日 | 5.54 | | 2.79 | 1.09 | | 0.62 |
| 雇工工价 | 元 | 127.58 | 140.00 | 70.17 | 137.95 | 136.10 | 100.95 |
| 三、附 | | | | | | | |
| 1. 每亩种子用量 | 公斤 | 0.02 | | | | | 0.50 |
| 2. 每亩化肥用量 | 公斤 | 52.32 | 16.05 | 35.48 | 44.61 | 39.21 | 43.45 |
| 3. 每亩农膜用量 | 公斤 | 3.97 | 6.40 | 0.44 | 2.54 | 4.44 | 5.10 |

6-1-5-2 续表 1

| 项 目 | 单位 | 吉 林 | 黑龙江 | 安 徽 | 福 建 | 江 西 | 山 东 |
|---|---|---|---|---|---|---|---|
| **一、每亩物质与服务费用** | 元 | **966.76** | **962.73** | **1580.08** | **2149.51** | **844.19** | **833.88** |
| (一)直接费用 | 元 | 815.87 | 787.64 | 1378.29 | 1828.98 | 779.66 | 782.97 |
| 1. 种子费 | 元 | 143.40 | 135.51 | 134.39 | 144.96 | 94.48 | 69.45 |
| 2. 化肥费 | 元 | 130.33 | 103.35 | 454.70 | 600.27 | 302.94 | 295.96 |
| 3. 农家肥费 | 元 | 204.83 | 188.16 | 280.49 | 359.00 | 122.36 | 122.98 |
| 4. 农药费 | 元 | 84.28 | 101.33 | 228.38 | 280.05 | 83.56 | 84.01 |
| 5. 农膜费 | 元 | 40.71 | 72.07 | 64.41 | 93.10 | 32.82 | 60.90 |
| 6. 租赁作业费 | 元 | 149.01 | 124.25 | 121.28 | 139.89 | 73.02 | 136.61 |
| 机械作业费 | 元 | 131.59 | 73.51 | 88.23 | 98.14 | 70.03 | 76.25 |
| 排灌费 | 元 | 17.42 | 50.74 | 33.05 | 34.14 | 2.99 | 60.36 |
| 其中:水费 | 元 |  | 39.99 |  | 0.63 |  | 23.73 |
| 畜力费 | 元 |  |  |  | 7.61 |  |  |
| 7. 燃料动力费 | 元 | 31.96 | 25.71 | 9.73 | 34.62 | 36.83 |  |
| 8. 技术服务费 | 元 |  |  |  | 52.59 |  |  |
| 9. 工具材料费 | 元 | 16.25 | 37.26 | 75.06 | 105.88 | 28.28 | 9.11 |
| 10. 修理维护费 | 元 | 15.10 |  | 9.85 | 18.62 | 5.37 | 3.95 |
| 11. 其他直接费用 | 元 |  |  |  |  |  |  |
| (二)间接费用 | 元 | 150.89 | 175.09 | 201.79 | 320.53 | 64.53 | 50.91 |
| 1. 固定资产折旧 | 元 | 17.23 |  | 15.95 | 81.17 | 31.87 | 6.44 |
| 2. 保险费 | 元 |  |  |  |  |  |  |
| 3. 管理费 | 元 |  |  |  |  |  |  |
| 4. 财务费 | 元 |  |  |  | 14.93 |  |  |
| 5. 销售费 | 元 | 133.66 | 175.09 | 185.84 | 224.43 | 32.66 | 44.47 |
| **二、每亩人工成本** | 元 | **4306.86** | **2165.29** | **3073.40** | **3144.28** | **2275.40** | **2203.30** |
| 1. 家庭用工折价 | 元 | 3544.08 | 1575.97 | 2355.80 | 711.14 | 2214.55 | 2203.30 |
| 家庭用工天数 | 日 | 38.44 | 17.09 | 25.55 | 7.71 | 24.02 | 23.90 |
| 劳动日工价 | 元 | 92.20 | 92.20 | 92.20 | 92.20 | 92.20 | 92.20 |
| 2. 雇工费用 | 元 | 762.79 | 589.32 | 717.60 | 2433.14 | 60.85 |  |
| 雇工天数 | 日 | 6.28 | 4.74 | 6.22 | 18.40 | 0.46 |  |
| 雇工工价 | 元 | 121.46 | 124.33 | 115.37 | 132.24 | 132.27 | 90.87 |
| **三、附** |  |  |  |  |  |  |  |
| 1. 每亩种子用量 | 公斤 |  |  |  |  |  |  |
| 2. 每亩化肥用量 | 公斤 | 22.45 | 19.75 | 30.36 | 66.38 | 42.81 | 46.88 |
| 3. 每亩农膜用量 | 公斤 | 3.08 | 5.17 | 4.78 | 6.43 | 2.34 | 4.90 |

6-1-5-2 续表 2

| 项　　目 | 单位 | 河　南 | 湖　北 | 广　东 | 广　西 | 海　南 | 重　庆 |
|---|---|---|---|---|---|---|---|
| **一、每亩物质与服务费用** | **元** | **1111.49** | **1494.36** | **1516.45** | **2196.01** | **2140.56** | **1197.60** |
| (一)直接费用 | 元 | 1063.55 | 1422.87 | 1349.59 | 2145.37 | 2038.47 | 1171.31 |
| 1. 种子费 | 元 | 159.25 | 152.60 | 28.86 | 232.86 | 127.06 | 318.14 |
| 2. 化肥费 | 元 | 404.40 | 525.83 | 762.87 | 1099.11 | 847.88 | 356.06 |
| 3. 农家肥费 | 元 | 184.03 | 131.05 |  | 161.85 | 66.45 | 19.91 |
| 4. 农药费 | 元 | 129.21 | 316.20 | 179.29 | 377.93 | 573.94 | 231.91 |
| 5. 农膜费 | 元 | 34.41 | 35.23 | 217.86 | 77.31 | 25.21 | 85.17 |
| 6. 租赁作业费 | 元 | 129.43 | 118.34 |  | 116.37 | 236.55 | 114.69 |
| 机械作业费 | 元 | 80.14 | 100.53 |  | 116.37 | 182.34 | 114.69 |
| 排灌费 | 元 | 49.29 | 17.81 |  |  | 6.08 |  |
| 其中:水费 | 元 |  | 17.81 |  |  | 6.08 |  |
| 畜力费 | 元 |  |  |  |  | 48.13 |  |
| 7. 燃料动力费 | 元 |  | 16.58 | 38.71 | 10.93 | 83.21 | 14.11 |
| 8. 技术服务费 | 元 |  |  |  |  |  |  |
| 9. 工具材料费 | 元 | 22.20 | 121.39 | 122.00 | 62.56 | 65.14 | 29.70 |
| 10. 修理维护费 | 元 | 0.62 | 5.65 |  | 6.45 | 13.03 | 1.62 |
| 11. 其他直接费用 | 元 |  |  |  |  |  |  |
| (二)间接费用 | 元 | 47.94 | 71.49 | 166.86 | 50.64 | 102.09 | 26.29 |
| 1. 固定资产折旧 | 元 | 2.51 | 29.42 | 45.43 | 12.78 | 22.32 | 11.36 |
| 2. 保险费 | 元 |  |  |  |  |  |  |
| 3. 管理费 | 元 |  |  |  |  |  |  |
| 4. 财务费 | 元 |  |  |  |  |  |  |
| 5. 销售费 | 元 | 45.43 | 42.07 | 121.43 | 37.86 | 79.77 | 14.93 |
| **二、每亩人工成本** | **元** | **2433.62** | **2535.65** | **1718.61** | **3223.22** | **3514.58** | **3390.19** |
| 1. 家庭用工折价 | 元 | 2058.92 | 2510.97 | 1718.61 | 3223.22 | 2762.87 | 3390.19 |
| 家庭用工天数 | 日 | 22.33 | 27.23 | 18.64 | 34.96 | 29.97 | 36.77 |
| 劳动日工价 | 元 | 92.20 | 92.20 | 92.20 | 92.20 | 92.20 | 92.20 |
| 2. 雇工费用 | 元 | 374.71 | 24.67 |  |  | 751.71 |  |
| 雇工天数 | 日 | 3.68 | 0.18 |  |  | 5.09 |  |
| 雇工工价 | 元 | 101.82 | 137.07 | 142.00 | 112.76 | 147.68 | 144.34 |
| **三、附** |  |  |  |  |  |  |  |
| 1. 每亩种子用量 | 公斤 |  |  |  |  |  |  |
| 2. 每亩化肥用量 | 公斤 | 57.56 | 56.83 | 63.30 | 89.17 | 80.94 | 43.17 |
| 3. 每亩农膜用量 | 公斤 | 2.81 | 2.69 | 10.57 | 6.36 | 2.27 | 6.09 |

6-1-5-2 续表 3

| 项　　目 | 单位 | 四　川 | 云　南 | 陕　西 | 甘　肃 | 宁　夏 | 新　疆 |
|---|---|---|---|---|---|---|---|
| **一、每亩物质与服务费用** | **元** | **1479.99** | **2174.05** | **1487.24** | **1093.76** | **1961.95** | **1095.95** |
| （一）直接费用 | 元 | 1251.93 | 1910.35 | 1338.84 | 1024.48 | 1886.10 | 1050.12 |
| 1. 种子费 | 元 | 161.73 | 153.83 | 156.90 | 94.22 | 772.20 | 176.70 |
| 2. 化肥费 | 元 | 420.58 | 675.79 | 319.09 | 455.65 | 479.77 | 309.58 |
| 3. 农家肥费 | 元 | 116.16 | 558.50 | 268.34 | 199.12 | 280.73 | 216.01 |
| 4. 农药费 | 元 | 208.09 | 163.15 | 173.96 | 47.97 | 107.94 | 61.23 |
| 5. 农膜费 | 元 | 91.50 | 105.40 | 61.22 | 55.82 | 62.99 | 48.83 |
| 6. 租赁作业费 | 元 | 117.24 | 89.48 | 339.51 | 149.03 | 175.29 | 168.00 |
| 机械作业费 | 元 | 97.11 | 68.72 | 106.90 | 103.73 | 117.97 | 100.87 |
| 排灌费 | 元 | 20.13 | 20.76 | 232.61 | 45.30 | 57.32 | 67.13 |
| 其中：水费 | 元 | 15.20 | 8.12 |  | 33.40 | 56.18 | 20.17 |
| 畜力费 | 元 |  |  |  |  |  |  |
| 7. 燃料动力费 | 元 |  | 46.71 |  |  |  | 50.53 |
| 8. 技术服务费 | 元 |  |  |  |  |  |  |
| 9. 工具材料费 | 元 | 133.20 | 46.41 | 13.18 | 19.88 | 3.96 | 19.24 |
| 10. 修理维护费 | 元 | 3.43 | 71.08 | 6.64 | 2.79 | 3.22 |  |
| 11. 其他直接费用 | 元 |  |  |  |  |  |  |
| （二）间接费用 | 元 | 228.06 | 263.70 | 148.40 | 69.28 | 75.85 | 45.83 |
| 1. 固定资产折旧 | 元 | 13.10 | 194.47 | 6.19 | 3.18 | 4.96 |  |
| 2. 保险费 | 元 |  |  |  |  |  |  |
| 3. 管理费 | 元 |  |  |  |  |  | 8.46 |
| 4. 财务费 | 元 |  |  |  |  |  |  |
| 5. 销售费 | 元 | 214.96 | 69.23 | 142.21 | 66.10 | 70.89 | 37.37 |
| **二、每亩人工成本** | **元** | **2433.01** | **3070.99** | **2870.74** | **2662.37** | **2398.13** | **2133.34** |
| 1. 家庭用工折价 | 元 | 2414.35 | 2624.20 | 2870.74 | 2662.37 | 2391.39 | 1544.53 |
| 家庭用工天数 | 日 | 26.19 | 28.46 | 31.14 | 28.88 | 25.94 | 16.75 |
| 劳动日工价 | 元 | 92.20 | 92.20 | 92.20 | 92.20 | 92.20 | 92.20 |
| 2. 雇工费用 | 元 | 18.66 | 446.80 |  |  | 6.74 | 588.80 |
| 雇工天数 | 日 | 0.16 | 4.47 |  |  | 0.06 | 4.18 |
| 雇工工价 | 元 | 116.63 | 99.96 | 117.84 | 94.06 | 112.30 | 140.86 |
| **三、附** |  |  |  |  |  |  |  |
| 1. 每亩种子用量 | 公斤 |  | 0.01 |  |  |  |  |
| 2. 每亩化肥用量 | 公斤 | 48.56 | 30.85 | 54.39 | 64.95 | 51.00 | 40.92 |
| 3. 每亩农膜用量 | 公斤 | 6.27 | 7.42 | 3.74 | 4.70 | 5.20 | 3.71 |

# 6-1-5-3　2021 年各地区露地茄子化肥投入情况

| 项　　目 | 单位 | 平　均 | 北　京 | 河　北 | 山　西 | 内蒙古 | 辽　宁 |
|---|---|---|---|---|---|---|---|
| **一、每亩化肥金额** | **元** | **473.91** | **516.40** | **222.44** | **296.82** | **198.10** | **279.54** |
| (一)氮肥 | 元 | 46.17 | | 19.69 | 144.93 | 88.75 | 8.30 |
| 1. 尿素 | 元 | 44.50 | | 19.69 | 144.93 | 88.75 | 5.84 |
| 2. 碳铵 | 元 | 1.14 | | | | | 2.46 |
| 3. 其他氮肥 | 元 | 0.53 | | | | | |
| (二)磷肥 | 元 | 12.90 | | | 8.57 | | |
| 其中:过磷酸钙 | 元 | 12.64 | | | 8.57 | | |
| (三)钾肥 | 元 | 12.44 | | | | | |
| 其中:氯化钾 | 元 | 9.09 | | | | | |
| (四)复混肥 | 元 | 368.01 | 170.80 | 196.26 | 143.32 | 109.35 | 269.95 |
| 1. 复合肥 | 元 | 365.21 | 170.80 | 196.26 | 143.32 | 109.35 | 269.95 |
| 其中:二铵 | 元 | 21.49 | | 38.13 | | 85.87 | 85.04 |
| 三元素复合肥 | 元 | 239.36 | 57.60 | 158.13 | 106.20 | 23.48 | 172.23 |
| 2. 混配肥 | 元 | 2.80 | | | | | |
| (五)其他肥料 | 元 | 34.39 | 345.60 | 6.49 | | | 1.29 |
| **二、每亩化肥折纯用量** | **公斤** | **52.32** | **16.05** | **35.48** | **44.61** | **39.21** | **43.45** |
| (一)氮肥 | 公斤 | 8.35 | | 4.25 | 24.33 | 18.42 | 1.52 |
| 1. 尿素 | 公斤 | 8.06 | | 4.25 | 24.33 | 18.42 | 1.11 |
| 2. 碳铵 | 公斤 | 0.19 | | | | | 0.41 |
| 3. 其他氮肥 | 公斤 | 0.10 | | | | | |
| (二)磷肥 | 公斤 | 1.88 | | | 1.30 | | |
| 其中:过磷酸钙 | 公斤 | 1.84 | | | 1.30 | | |
| (三)钾肥 | 公斤 | 1.48 | | | | | |
| 其中:氯化钾 | 公斤 | 1.32 | | | | | |
| (四)复混肥 | 公斤 | 40.61 | 16.05 | 31.24 | 18.98 | 20.79 | 41.93 |
| 1. 复合肥 | 公斤 | 40.41 | 16.05 | 31.24 | 18.98 | 20.79 | 41.93 |
| 其中:二铵 | 公斤 | 4.25 | | 7.64 | | 17.36 | 15.91 |
| 三元素复合肥 | 公斤 | 24.96 | 6.75 | 23.60 | 14.55 | 3.43 | 24.42 |
| 2. 混配肥 | 公斤 | 0.20 | | | | | |

6-1-5-3　续表 1

| 项　　目 | 单位 | 吉　林 | 黑龙江 | 安　徽 | 福　建 | 江　西 | 山　东 |
|---|---|---|---|---|---|---|---|
| **一、每亩化肥金额** | **元** | **130. 33** | **103. 35** | **454. 70** | **600. 27** | **302. 94** | **295. 96** |
| （一）氮肥 | 元 | 35. 52 | 9. 80 | 13. 83 | 22. 37 | 26. 08 | 122. 34 |
| 1. 尿素 | 元 | 30. 10 | 9. 80 | 13. 83 | 16. 96 | 26. 08 | 122. 34 |
| 2. 碳铵 | 元 | | | | 5. 41 | | |
| 3. 其他氮肥 | 元 | 5. 42 | | | | | |
| （二）磷肥 | 元 | | | 7. 41 | 7. 90 | 11. 25 | |
| 其中：过磷酸钙 | 元 | | | 7. 41 | 6. 73 | 8. 73 | |
| （三）钾肥 | 元 | 4. 06 | | | 13. 55 | | |
| 其中：氯化钾 | 元 | 1. 30 | | | 12. 28 | | |
| （四）复混肥 | 元 | 90. 75 | 93. 55 | 242. 87 | 556. 45 | 265. 61 | 173. 62 |
| 1. 复合肥 | 元 | 90. 75 | 93. 55 | 242. 87 | 556. 45 | 265. 61 | 173. 62 |
| 其中：二铵 | 元 | 17. 92 | 11. 02 | | | | |
| 三元素复合肥 | 元 | 69. 50 | 63. 43 | 110. 03 | 297. 43 | 116. 05 | 173. 62 |
| 2. 混配肥 | 元 | | | | | | |
| （五）其他肥料 | 元 | | | 190. 59 | | | |
| **二、每亩化肥折纯用量** | **公斤** | **22. 45** | **19. 75** | **30. 36** | **66. 38** | **42. 81** | **46. 88** |
| （一）氮肥 | 公斤 | 7. 49 | 2. 23 | 2. 88 | 3. 40 | 4. 78 | 22. 97 |
| 1. 尿素 | 公斤 | 6. 07 | 2. 23 | 2. 88 | 2. 52 | 4. 78 | 22. 97 |
| 2. 碳铵 | 公斤 | | | | 0. 88 | | |
| 3. 其他氮肥 | 公斤 | 1. 42 | | | | | |
| （二）磷肥 | 公斤 | | | 1. 68 | 1. 19 | 1. 63 | |
| 其中：过磷酸钙 | 公斤 | | | 1. 68 | 1. 02 | 1. 23 | |
| （三）钾肥 | 公斤 | 0. 58 | | | 2. 22 | | |
| 其中：氯化钾 | 公斤 | 0. 21 | | | 2. 06 | | |
| （四）复混肥 | 公斤 | 14. 38 | 17. 52 | 25. 81 | 59. 56 | 36. 40 | 23. 91 |
| 1. 复合肥 | 公斤 | 14. 38 | 17. 52 | 25. 81 | 59. 56 | 36. 40 | 23. 91 |
| 其中：二铵 | 公斤 | 3. 57 | 3. 32 | | | | |
| 三元素复合肥 | 公斤 | 10. 17 | 10. 89 | 13. 34 | 29. 86 | 17. 94 | 23. 91 |
| 2. 混配肥 | 公斤 | | | | | | |

6-1-5-3 续表 2

| 项　　目 | 单位 | 河　南 | 湖　北 | 广　东 | 广　西 | 海　南 | 重　庆 |
|---|---|---|---|---|---|---|---|
| **一、每亩化肥金额** | **元** | **404.40** | **525.83** | **762.87** | **1099.11** | **847.88** | **356.06** |
| (一)氮肥 | 元 | 30.67 | | 77.29 | | 88.45 | 27.97 |
| 1. 尿素 | 元 | 21.23 | | 77.29 | | 88.45 | 27.97 |
| 2. 碳铵 | 元 | 9.44 | | | | | |
| 3. 其他氮肥 | 元 | | | | | | |
| (二)磷肥 | 元 | | | 75.00 | 5.78 | 56.19 | |
| 其中:过磷酸钙 | 元 | | | 75.00 | 5.78 | 56.19 | |
| (三)钾肥 | 元 | | | 81.29 | | 40.37 | |
| 其中:氯化钾 | 元 | | | 81.29 | | 40.37 | |
| (四)复混肥 | 元 | 373.73 | 525.03 | 357.29 | 1020.28 | 620.80 | 315.64 |
| 1. 复合肥 | 元 | 373.73 | 525.03 | 357.29 | 1020.28 | 620.80 | 296.56 |
| 其中:二铵 | 元 | | | | | | |
| 三元素复合肥 | 元 | 26.47 | | 357.29 | 871.08 | 544.60 | 217.68 |
| 2. 混配肥 | 元 | | | | | | 19.08 |
| (五)其他肥料 | 元 | | 0.80 | 172.00 | 73.05 | 42.07 | 12.45 |
| **二、每亩化肥折纯用量** | **公斤** | **57.56** | **56.83** | **63.30** | **89.17** | **80.94** | **43.17** |
| (一)氮肥 | 公斤 | 6.35 | | 9.66 | | 15.25 | 4.39 |
| 1. 尿素 | 公斤 | 4.25 | | 9.66 | | 15.25 | 4.39 |
| 2. 碳铵 | 公斤 | 2.10 | | | | | |
| 3. 其他氮肥 | 公斤 | | | | | | |
| (二)磷肥 | 公斤 | | | 12.75 | 0.93 | 7.79 | |
| 其中:过磷酸钙 | 公斤 | | | 12.75 | 0.93 | 7.79 | |
| (三)钾肥 | 公斤 | | | 11.00 | | 5.62 | |
| 其中:氯化钾 | 公斤 | | | 11.00 | | 5.62 | |
| (四)复混肥 | 公斤 | 51.21 | 56.83 | 29.89 | 88.24 | 52.28 | 38.79 |
| 1. 复合肥 | 公斤 | 51.21 | 56.83 | 29.89 | 88.24 | 52.28 | 36.50 |
| 其中:二铵 | 公斤 | | | | | | |
| 三元素复合肥 | 公斤 | 4.37 | | 29.89 | 73.23 | 45.77 | 26.26 |
| 2. 混配肥 | 公斤 | | | | | | 2.29 |

6-1-5-3 续表 3

| 项　　目 | 单位 | 四　川 | 云　南 | 陕　西 | 甘　肃 | 宁　夏 | 新　疆 |
|---|---|---|---|---|---|---|---|
| **一、每亩化肥金额** | **元** | **420.58** | **675.79** | **319.09** | **455.65** | **479.77** | **309.58** |
| （一）氮肥 | 元 | 71.55 | 35.52 | 142.37 | 146.24 | 24.88 | 137.13 |
| 1. 尿素 | 元 | 66.23 | 35.52 | 142.37 | 146.24 | 24.88 | 137.13 |
| 2. 碳铵 | 元 | | | | | | |
| 3. 其他氮肥 | 元 | 5.32 | | | | | |
| （二）磷肥 | 元 | 23.60 | 7.77 | | | | |
| 其中：过磷酸钙 | 元 | 23.60 | 7.77 | | | | |
| （三）钾肥 | 元 | 12.26 | 139.74 | | | | |
| 其中：氯化钾 | 元 | | 4.24 | | | | |
| （四）复混肥 | 元 | 311.51 | 238.72 | 176.72 | 258.81 | 273.22 | 69.83 |
| 1. 复合肥 | 元 | 311.51 | 84.37 | 176.72 | 258.81 | 273.22 | 69.83 |
| 其中：二铵 | 元 | | | 32.83 | 136.69 | 142.84 | 69.83 |
| 三元素复合肥 | 元 | 165.29 | 57.92 | 143.89 | 66.64 | 130.38 | |
| 2. 混配肥 | 元 | | 154.35 | | | | |
| （五）其他肥料 | 元 | 1.66 | 254.04 | | 50.60 | 181.67 | 102.62 |
| **二、每亩化肥折纯用量** | **公斤** | **48.56** | **30.85** | **54.39** | **64.95** | **51.00** | **40.92** |
| （一）氮肥 | 公斤 | 13.23 | 5.03 | 27.09 | 24.47 | 4.72 | 28.15 |
| 1. 尿素 | 公斤 | 12.62 | 5.03 | 27.09 | 24.47 | 4.72 | 28.15 |
| 2. 碳铵 | 公斤 | | | | | | |
| 3. 其他氮肥 | 公斤 | 0.61 | | | | | |
| （二）磷肥 | 公斤 | 3.77 | 1.32 | | | | |
| 其中：过磷酸钙 | 公斤 | 3.77 | 1.32 | | | | |
| （三）钾肥 | 公斤 | 0.15 | 6.19 | | | | |
| 其中：氯化钾 | 公斤 | | 0.19 | | | | |
| （四）复混肥 | 公斤 | 31.42 | 18.30 | 27.30 | 40.48 | 46.28 | 12.77 |
| 1. 复合肥 | 公斤 | 31.42 | 7.64 | 27.30 | 40.48 | 46.28 | 12.77 |
| 其中：二铵 | 公斤 | | | 6.99 | 24.85 | 28.00 | 12.77 |
| 三元素复合肥 | 公斤 | 20.62 | 5.34 | 20.31 | 8.70 | 18.28 | |
| 2. 混配肥 | 公斤 | | 10.66 | | | | |

# 6-1-6-1　2021年各地区设施茄子成本收益情况

| 项　　目 | 单位 | 平　均 | 北　京 | 天　津 | 河　北 | 山　西 |
|---|---|---|---|---|---|---|
| **每亩** | | | | | | |
| 主产品产量 | 公斤 | 3793.62 | 4290.42 | 5617.66 | 3885.00 | 8086.51 |
| 产值合计 | 元 | 12329.70 | 16195.29 | 16343.32 | 12397.98 | 24424.17 |
| 主产品产值 | 元 | 12329.70 | 16195.29 | 16343.32 | 12397.98 | 24424.17 |
| 副产品产值 | 元 | | | | | |
| 总成本 | 元 | 8734.57 | 9141.95 | 8108.20 | 9305.99 | 16917.80 |
| 生产成本 | 元 | 8183.81 | 8356.64 | 7741.48 | 8803.70 | 16417.80 |
| 物质与服务费用 | 元 | 2522.30 | 3741.45 | 1747.71 | 3823.80 | 9066.66 |
| 人工成本 | 元 | 5661.51 | 4615.19 | 5993.77 | 4979.90 | 7351.14 |
| 家庭用工折价 | 元 | 3054.95 | 2391.11 | 5989.04 | 4914.44 | 7112.31 |
| 雇工费用 | 元 | 2606.56 | 2224.08 | 4.74 | 65.46 | 238.83 |
| 土地成本 | 元 | 550.76 | 785.31 | 366.72 | 502.29 | 500.00 |
| 流转地租金 | 元 | 329.97 | 422.78 | 159.57 | 24.77 | |
| 自营地折租 | 元 | 220.79 | 362.53 | 207.15 | 477.52 | 500.00 |
| 净利润 | 元 | 3595.13 | 7053.34 | 8235.12 | 3091.99 | 7506.37 |
| 现金成本 | 元 | 5458.83 | 6388.31 | 1912.02 | 3914.03 | 9305.49 |
| 现金收益 | 元 | 6870.87 | 9806.98 | 14431.30 | 8483.95 | 15118.68 |
| 成本利润率 | % | 41.16 | 77.15 | 101.57 | 33.23 | 44.37 |
| **每50公斤主产品** | | | | | | |
| 平均出售价格 | 元 | 162.51 | 188.74 | 145.46 | 159.56 | 151.02 |
| 总成本 | 元 | 115.12 | 106.54 | 72.17 | 119.77 | 104.61 |
| 生产成本 | 元 | 107.87 | 97.39 | 68.90 | 113.30 | 101.51 |
| 净利润 | 元 | 47.39 | 82.20 | 73.29 | 39.79 | 46.41 |
| 现金成本 | 元 | 71.95 | 74.45 | 17.02 | 50.37 | 57.54 |
| 现金收益 | 元 | 90.56 | 114.29 | 128.44 | 109.19 | 93.48 |
| **附：** | | | | | | |
| 每亩用工数量 | 日 | 52.90 | 43.04 | 64.99 | 54.46 | 79.14 |
| 每亩主产品已出售数量 | 公斤 | 3792.31 | 4290.42 | 5617.66 | 3871.42 | 8080.47 |
| 每亩主产品已出售产值 | 元 | 12325.63 | 16195.29 | 16343.32 | 12358.10 | 24405.91 |
| 每亩成本外支出 | 元 | | | | | |

6-1-6-1 续表

| 项　　目 | 单位 | 辽　宁 | 上　海 | 江　苏 | 浙　江 | 四　川 |
|---|---|---|---|---|---|---|
| **每亩** | | | | | | |
| 主产品产量 | 公斤 | 14716.67 | 2930.96 | 3997.69 | 3109.50 | 5622.93 |
| 产值合计 | 元 | 43380.33 | 10578.51 | 10210.29 | 10962.78 | 16694.48 |
| 主产品产值 | 元 | 43380.33 | 10578.51 | 10210.29 | 10962.78 | 16694.48 |
| 副产品产值 | 元 | | | | | |
| 总成本 | 元 | 19555.52 | 9926.20 | 6465.14 | 8624.91 | 7389.42 |
| 生产成本 | 元 | 18702.19 | 9320.97 | 5780.25 | 8087.71 | 6987.91 |
| 物质与服务费用 | 元 | 12595.09 | 1919.52 | 2676.47 | 2030.64 | 2197.30 |
| 人工成本 | 元 | 6107.10 | 7401.45 | 3103.78 | 6057.07 | 4790.61 |
| 家庭用工折价 | 元 | 4640.43 | 744.05 | 2000.56 | 2867.60 | 3863.64 |
| 雇工费用 | 元 | 1466.67 | 6657.40 | 1103.23 | 3189.46 | 926.97 |
| 土地成本 | 元 | 853.33 | 605.23 | 684.89 | 537.20 | 401.51 |
| 流转地租金 | 元 | 85.33 | 605.23 | 611.97 | 317.19 | 52.97 |
| 自营地折租 | 元 | 768.00 | | 72.92 | 220.01 | 348.54 |
| 净利润 | 元 | 23824.81 | 652.31 | 3745.15 | 2337.87 | 9305.06 |
| 现金成本 | 元 | 14147.09 | 9182.15 | 4391.67 | 5537.29 | 3177.24 |
| 现金收益 | 元 | 29233.24 | 1396.36 | 5818.62 | 5425.49 | 13517.24 |
| 成本利润率 | % | 121.83 | 6.57 | 57.93 | 27.11 | 125.92 |
| **每 50 公斤主产品** | | | | | | |
| 平均出售价格 | 元 | 147.39 | 180.46 | 127.70 | 176.28 | 148.45 |
| 总成本 | 元 | 66.44 | 169.33 | 80.86 | 138.69 | 65.71 |
| 生产成本 | 元 | 63.54 | 159.01 | 72.29 | 130.05 | 62.14 |
| 净利润 | 元 | 80.95 | 11.13 | 46.84 | 37.59 | 82.74 |
| 现金成本 | 元 | 48.07 | 156.64 | 54.93 | 89.04 | 28.25 |
| 现金收益 | 元 | 99.32 | 23.82 | 72.77 | 87.24 | 120.20 |
| **附：** | | | | | | |
| 每亩用工数量 | 日 | 65.00 | 50.73 | 38.37 | 54.72 | 50.66 |
| 每亩主产品已出售数量 | 公斤 | 14716.67 | 2930.96 | 3997.33 | 3109.50 | 5622.93 |
| 每亩主产品已出售产值 | 元 | 43380.33 | 10578.51 | 10207.61 | 10962.78 | 16694.48 |
| 每亩成本外支出 | 元 | | | | | |

# 6-1-6-2 2021年各地区设施茄子费用和用工情况

| 项目 | 单位 | 平均 | 北京 | 天津 | 河北 | 山西 |
|---|---|---|---|---|---|---|
| **一、每亩物质与服务费用** | 元 | **2522.30** | **3741.45** | **1747.71** | **3823.80** | **9066.66** |
| (一)直接费用 | 元 | 1930.94 | 2854.06 | 1279.79 | 2839.16 | 8066.17 |
| 1. 种子费 | 元 | 251.53 | 449.60 | 103.56 | 564.76 | 2313.22 |
| 2. 化肥费 | 元 | 525.94 | 566.23 | 204.41 | 844.86 | 2572.59 |
| 3. 农家肥费 | 元 | 255.94 | 535.40 | 227.98 | 363.58 | 726.11 |
| 4. 农药费 | 元 | 196.75 | 373.62 | 133.21 | 209.02 | 635.79 |
| 5. 农膜费 | 元 | 440.93 | 576.68 | 441.09 | 604.81 | 826.23 |
| 6. 租赁作业费 | 元 | 165.61 | 209.50 | 96.03 | 169.63 | 811.33 |
| 机械作业费 | 元 | 88.29 | 88.93 | 57.49 | 66.28 | 155.56 |
| 排灌费 | 元 | 77.32 | 120.57 | 38.54 | 103.35 | 655.77 |
| 其中:水费 | 元 | 17.70 | 48.56 | 36.45 | | |
| 畜力费 | 元 | | | | | |
| 7. 燃料动力费 | 元 | 20.99 | 47.54 | | | |
| 8. 技术服务费 | 元 | 0.40 | 5.26 | | | |
| 9. 工具材料费 | 元 | 52.06 | 75.54 | 60.75 | 48.71 | 92.60 |
| 10. 修理维护费 | 元 | 19.07 | 14.69 | 12.76 | 33.79 | 88.30 |
| 11. 其他直接费用 | 元 | 1.72 | | | | |
| (二)间接费用 | 元 | 591.36 | 887.39 | 467.92 | 984.64 | 1000.49 |
| 1. 固定资产折旧 | 元 | 534.18 | 779.98 | 467.92 | 913.12 | 1000.49 |
| 2. 保险费 | 元 | 1.30 | 2.58 | | | |
| 3. 管理费 | 元 | 7.38 | 26.80 | | | |
| 4. 财务费 | 元 | 2.61 | | | | |
| 5. 销售费 | 元 | 45.89 | 78.03 | | 71.52 | |
| **二、每亩人工成本** | 元 | **5661.51** | **4615.19** | **5993.77** | **4979.90** | **7351.14** |
| 1. 家庭用工折价 | 元 | 3054.95 | 2391.11 | 5989.04 | 4914.44 | 7112.31 |
| 家庭用工天数 | 日 | 33.13 | 25.93 | 64.96 | 53.30 | 77.14 |
| 劳动日工价 | 元 | 92.20 | 92.20 | 92.20 | 92.20 | 92.20 |
| 2. 雇工费用 | 元 | 2606.56 | 2224.08 | 4.74 | 65.46 | 238.83 |
| 雇工天数 | 日 | 19.77 | 17.11 | 0.03 | 1.16 | 2.00 |
| 雇工工价 | 元 | 131.84 | 129.99 | 157.90 | 56.43 | 119.42 |
| **三、附** | | | | | | |
| 1. 每亩种子用量 | 公斤 | | | | | |
| 2. 每亩化肥用量 | 公斤 | 58.04 | 24.60 | 27.21 | 77.82 | 166.98 |
| 3. 每亩农膜用量 | 公斤 | 25.67 | 34.95 | 29.80 | 42.21 | 75.58 |

6-1-6-2 续表

| 项 目 | 单位 | 辽 宁 | 上 海 | 江 苏 | 浙 江 | 四 川 |
|---|---|---|---|---|---|---|
| **一、每亩物质与服务费用** | **元** | **12595.09** | **1919.52** | **2676.47** | **2030.64** | **2197.30** |
| (一)直接费用 | 元 | 10882.76 | 1715.18 | 2100.14 | 1426.38 | 1795.53 |
| 1. 种子费 | 元 | 1930.00 | 129.54 | 201.19 | 137.06 | 125.37 |
| 2. 化肥费 | 元 | 3275.30 | 319.98 | 558.34 | 436.08 | 447.33 |
| 3. 农家肥费 | 元 | 1863.33 | 400.44 | 298.88 | 151.06 | 143.81 |
| 4. 农药费 | 元 | 340.67 | 166.74 | 197.49 | 170.85 | 190.34 |
| 5. 农膜费 | 元 | 1042.80 | 360.26 | 593.59 | 337.47 | 608.27 |
| 6. 租赁作业费 | 元 | 453.33 | 311.48 | 122.59 | 115.81 | 124.12 |
| 机械作业费 | 元 | 178.33 | 114.42 | 75.67 | 87.11 | 103.43 |
| 排灌费 | 元 | 275.00 | 197.06 | 46.92 | 28.70 | 20.69 |
| 其中:水费 | 元 | | | 6.25 | 22.98 | 20.69 |
| 畜力费 | 元 | | | | | |
| 7. 燃料动力费 | 元 | 177.33 | | | 37.83 | |
| 8. 技术服务费 | 元 | | | 1.43 | | |
| 9. 工具材料费 | 元 | 1666.67 | | 101.62 | 28.07 | 124.63 |
| 10. 修理维护费 | 元 | 133.33 | 26.74 | 25.01 | 8.61 | 31.66 |
| 11. 其他直接费用 | 元 | | | | 3.54 | |
| (二)间接费用 | 元 | 1712.33 | 204.34 | 576.33 | 604.26 | 401.77 |
| 1. 固定资产折旧 | 元 | 1662.33 | 155.04 | 402.32 | 578.03 | 277.82 |
| 2. 保险费 | 元 | 50.00 | | 8.71 | | |
| 3. 管理费 | 元 | | 29.49 | 7.82 | 3.99 | |
| 4. 财务费 | 元 | | 19.81 | | 0.73 | |
| 5. 销售费 | 元 | | | 157.48 | 21.51 | 123.95 |
| **二、每亩人工成本** | **元** | **6107.10** | **7401.45** | **3103.78** | **6057.07** | **4790.61** |
| 1. 家庭用工折价 | 元 | 4640.43 | 744.05 | 2000.56 | 2867.60 | 3863.64 |
| 家庭用工天数 | 日 | 50.33 | 8.07 | 21.70 | 31.10 | 41.91 |
| 劳动日工价 | 元 | 92.20 | 92.20 | 92.20 | 92.20 | 92.20 |
| 2. 雇工费用 | 元 | 1466.67 | 6657.40 | 1103.23 | 3189.46 | 926.97 |
| 雇工天数 | 日 | 14.67 | 42.66 | 16.67 | 23.62 | 8.75 |
| 雇工工价 | 元 | 99.98 | 156.06 | 66.18 | 135.03 | 105.94 |
| **三、附** | | | | | | |
| 1. 每亩种子用量 | 公斤 | | | | | |
| 2. 每亩化肥用量 | 公斤 | 28.04 | 39.11 | 52.98 | 61.51 | 61.63 |
| 3. 每亩农膜用量 | 公斤 | 63.33 | 16.83 | 52.60 | 12.59 | 37.60 |

# 6-1-6-3　2021年各地区设施茄子化肥投入情况

| 项　　目 | 单位 | 平　均 | 北　京 | 天　津 | 河　北 | 山　西 |
|---|---|---|---|---|---|---|
| **一、每亩化肥金额** | **元** | **525.94** | **566.23** | **204.41** | **844.86** | **2572.59** |
| (一)氮肥 | 元 | 99.26 | 0.11 | 2.73 | 22.86 | 10.13 |
| 1. 尿素 | 元 | 99.26 | 0.11 | 2.73 | 22.86 | 10.13 |
| 2. 碳铵 | 元 | | | | | |
| 3. 其他氮肥 | 元 | | | | | |
| (二)磷肥 | 元 | 1.72 | | | | |
| 其中:过磷酸钙 | 元 | 1.72 | | | | |
| (三)钾肥 | 元 | 3.26 | | | 22.94 | |
| 其中:氯化钾 | 元 | 1.34 | | | | |
| (四)复混肥 | 元 | 331.41 | 215.94 | 201.68 | 555.96 | 1960.43 |
| 1. 复合肥 | 元 | 329.38 | 215.94 | 201.68 | 531.21 | 1960.43 |
| 其中:二铵 | 元 | 4.27 | 4.36 | | 34.46 | 37.50 |
| 三元素复合肥 | 元 | 230.79 | 184.76 | 201.68 | 365.04 | 124.93 |
| 2. 混配肥 | 元 | 2.03 | | | 24.75 | |
| (五)其他肥料 | 元 | 90.29 | 350.18 | | 243.10 | 602.03 |
| **二、每亩化肥折纯用量** | **公斤** | **58.04** | **24.60** | **27.21** | **77.82** | **166.98** |
| (一)氮肥 | 公斤 | 16.74 | 0.06 | 0.56 | 4.88 | 1.94 |
| 1. 尿素 | 公斤 | 16.74 | 0.06 | 0.56 | 4.88 | 1.94 |
| 2. 碳铵 | 公斤 | | | | | |
| 3. 其他氮肥 | 公斤 | | | | | |
| (二)磷肥 | 公斤 | 0.28 | | | | |
| 其中:过磷酸钙 | 公斤 | 0.28 | | | | |
| (三)钾肥 | 公斤 | 0.29 | | | 0.72 | |
| 其中:氯化钾 | 公斤 | 0.23 | | | | |
| (四)复混肥 | 公斤 | 40.71 | 24.54 | 26.65 | 72.22 | 165.03 |
| 1. 复合肥 | 公斤 | 40.57 | 24.54 | 26.65 | 70.49 | 165.03 |
| 其中:二铵 | 公斤 | 0.84 | 0.71 | | 6.91 | 7.16 |
| 三元素复合肥 | 公斤 | 29.75 | 21.65 | 26.65 | 52.22 | 16.23 |
| 2. 混配肥 | 公斤 | 0.14 | | | 1.73 | |

6-1-6-3 续表

| 项　　目 | 单位 | 辽　宁 | 上　海 | 江　苏 | 浙　江 | 四　川 |
|---|---|---|---|---|---|---|
| **一、每亩化肥金额** | **元** | **3275.30** | **319.98** | **558.34** | **436.08** | **447.33** |
| (一)氮肥 | 元 | 61.47 | 98.28 | 77.40 | 153.28 | 31.72 |
| 1. 尿素 | 元 | 61.47 | 98.28 | 77.40 | 153.28 | 31.72 |
| 2. 碳铵 | 元 | | | | | |
| 3. 其他氮肥 | 元 | | | | | |
| (二)磷肥 | 元 | | | | 0.49 | 24.38 |
| 其中:过磷酸钙 | 元 | | | | 0.49 | 24.38 |
| (三)钾肥 | 元 | | | | 0.07 | 22.18 |
| 其中:氯化钾 | 元 | | | | | 22.18 |
| (四)复混肥 | 元 | 90.50 | 221.70 | 228.59 | 282.18 | 369.05 |
| 1. 复合肥 | 元 | 90.50 | 221.70 | 228.59 | 282.18 | 369.05 |
| 其中:二铵 | 元 | 90.50 | | | | |
| 三元素复合肥 | 元 | | 221.70 | 84.43 | 245.23 | 358.22 |
| 2. 混配肥 | 元 | | | | | |
| (五)其他肥料 | 元 | 3123.33 | | 252.35 | 0.06 | |
| **二、每亩化肥折纯用量** | **公斤** | **28.04** | **39.11** | **52.98** | **61.51** | **61.63** |
| (一)氮肥 | 公斤 | 10.12 | 17.13 | 14.66 | 25.08 | 5.78 |
| 1. 尿素 | 公斤 | 10.12 | 17.13 | 14.66 | 25.08 | 5.78 |
| 2. 碳铵 | 公斤 | | | | | |
| 3. 其他氮肥 | 公斤 | | | | | |
| (二)磷肥 | 公斤 | | | | 0.08 | 4.01 |
| 其中:过磷酸钙 | 公斤 | | | | 0.08 | 4.01 |
| (三)钾肥 | 公斤 | | | | | 3.81 |
| 其中:氯化钾 | 公斤 | | | | | 3.81 |
| (四)复混肥 | 公斤 | 17.92 | 21.97 | 38.33 | 36.33 | 48.03 |
| 1. 复合肥 | 公斤 | 17.92 | 21.97 | 38.33 | 36.33 | 48.03 |
| 其中:二铵 | 公斤 | 17.92 | | | | |
| 三元素复合肥 | 公斤 | | 21.97 | 14.92 | 31.33 | 46.78 |
| 2. 混配肥 | 公斤 | | | | | |

# 6-1-7-1　2021年各地区露地菜椒成本收益情况

| 项　　目 | 单位 | 平　均 | 北　京 | 河　北 | 内蒙古 | 辽　宁 | 吉　林 |
|---|---|---|---|---|---|---|---|
| **每亩** | | | | | | | |
| 主产品产量 | 公斤 | 2434.66 | 2099.35 | 2897.75 | 3624.83 | 822.83 | 2286.36 |
| 产值合计 | 元 | 6892.81 | 5162.89 | 7881.72 | 7874.03 | 3127.33 | 6347.96 |
| 主产品产值 | 元 | 6892.81 | 5162.89 | 7881.72 | 7874.03 | 3127.33 | 6347.96 |
| 副产品产值 | 元 | | | | | | |
| 总成本 | 元 | 5248.16 | 5646.61 | 5548.88 | 3866.35 | 3141.81 | 5433.16 |
| 生产成本 | 元 | 4845.59 | 4986.08 | 5277.83 | 3586.35 | 2861.81 | 4826.05 |
| 物质与服务费用 | 元 | 2093.61 | 1599.93 | 899.16 | 1808.73 | 600.14 | 1155.91 |
| 人工成本 | 元 | 2751.98 | 3386.15 | 4378.67 | 1777.62 | 2261.67 | 3670.14 |
| 家庭用工折价 | 元 | 1888.16 | 2754.57 | 4378.67 | 1777.62 | 2261.67 | 3477.42 |
| 雇工费用 | 元 | 863.82 | 631.58 | | | | 192.72 |
| 土地成本 | 元 | 402.57 | 660.53 | 271.05 | 280.00 | 280.00 | 607.11 |
| 流转地租金 | 元 | 71.98 | 436.36 | 14.78 | 126.00 | 16.80 | 97.44 |
| 自营地折租 | 元 | 330.59 | 224.17 | 256.27 | 154.00 | 263.20 | 509.67 |
| 净利润 | 元 | 1644.65 | -483.72 | 2332.84 | 4007.68 | -14.48 | 914.80 |
| 现金成本 | 元 | 3029.41 | 2667.87 | 913.94 | 1934.73 | 616.94 | 1446.07 |
| 现金收益 | 元 | 3863.40 | 2495.02 | 6967.78 | 5939.30 | 2510.39 | 4901.89 |
| 成本利润率 | % | 31.34 | -8.57 | 42.04 | 103.66 | -0.46 | 16.84 |
| **每50公斤主产品** | | | | | | | |
| 平均出售价格 | 元 | 141.56 | 122.96 | 136.00 | 108.61 | 190.04 | 138.82 |
| 总成本 | 元 | 107.78 | 134.48 | 95.75 | 53.33 | 190.92 | 118.81 |
| 生产成本 | 元 | 99.52 | 118.75 | 91.07 | 49.47 | 173.90 | 105.54 |
| 净利润 | 元 | 33.78 | -11.52 | 40.25 | 55.28 | -0.88 | 20.01 |
| 现金成本 | 元 | 62.22 | 63.54 | 15.77 | 26.69 | 37.49 | 31.62 |
| 现金收益 | 元 | 79.34 | 59.42 | 120.23 | 81.92 | 152.55 | 107.20 |
| **附：** | | | | | | | |
| 每亩用工数量 | 日 | 27.45 | 34.62 | 47.49 | 19.28 | 24.53 | 39.23 |
| 每亩主产品已出售数量 | 公斤 | 2422.01 | 2099.35 | 2880.84 | 3589.83 | 822.83 | 2286.36 |
| 每亩主产品已出售产值 | 元 | 6856.67 | 5162.89 | 7834.74 | 7797.90 | 3127.33 | 6347.96 |
| 每亩成本外支出 | 元 | | | | | | |

6-1-7-1 续表 1

| 项 目 | 单位 | 黑龙江 | 安 徽 | 福 建 | 江 西 | 山 东 | 河 南 |
|---|---|---|---|---|---|---|---|
| **每亩** | | | | | | | |
| 主产品产量 | 公斤 | 3420.75 | 2590.40 | 2954.21 | 1661.28 | 2717.08 | 3331.76 |
| 产值合计 | 元 | 7739.26 | 7233.93 | 9895.98 | 7877.65 | 6176.94 | 7096.59 |
| 主产品产值 | 元 | 7739.26 | 7233.93 | 9895.98 | 7877.65 | 6176.94 | 7096.59 |
| 副产品产值 | 元 | | | | | | |
| 总成本 | 元 | 3513.71 | 4099.78 | 7009.98 | 3283.04 | 4060.79 | 4222.07 |
| 生产成本 | 元 | 3046.88 | 3786.70 | 6522.45 | 3116.97 | 3700.62 | 3866.19 |
| 物质与服务费用 | 元 | 1211.73 | 1271.21 | 3799.72 | 833.55 | 1764.94 | 1016.80 |
| 人工成本 | 元 | 1835.15 | 2515.49 | 2722.73 | 2283.42 | 1935.68 | 2849.39 |
| 家庭用工折价 | 元 | 1341.05 | 1985.53 | 104.92 | 2216.03 | 1757.98 | 2478.80 |
| 雇工费用 | 元 | 494.11 | 529.96 | 2617.81 | 67.39 | 177.71 | 370.59 |
| 土地成本 | 元 | 466.83 | 313.08 | 487.53 | 166.07 | 360.17 | 355.88 |
| 流转地租金 | 元 | 88.82 | 141.05 | 175.18 | 15.98 | | 64.06 |
| 自营地折租 | 元 | 378.01 | 172.03 | 312.35 | 150.09 | 360.17 | 291.82 |
| 净利润 | 元 | 4225.55 | 3134.15 | 2886.00 | 4594.62 | 2116.15 | 2874.53 |
| 现金成本 | 元 | 1794.66 | 1942.22 | 6592.71 | 916.92 | 1942.65 | 1451.45 |
| 现金收益 | 元 | 5944.60 | 5291.71 | 3303.27 | 6960.73 | 4234.29 | 5645.14 |
| 成本利润率 | % | 120.26 | 76.45 | 41.17 | 139.95 | 52.11 | 68.08 |
| **每 50 公斤主产品** | | | | | | | |
| 平均出售价格 | 元 | 113.12 | 139.63 | 167.49 | 237.10 | 113.67 | 106.50 |
| 总成本 | 元 | 51.36 | 79.13 | 118.64 | 98.81 | 74.73 | 63.36 |
| 生产成本 | 元 | 44.53 | 73.09 | 110.39 | 93.81 | 68.10 | 58.02 |
| 净利润 | 元 | 61.76 | 60.50 | 48.85 | 138.29 | 38.94 | 43.14 |
| 现金成本 | 元 | 26.23 | 37.49 | 111.58 | 27.60 | 35.75 | 21.78 |
| 现金收益 | 元 | 86.89 | 102.14 | 55.91 | 209.50 | 77.92 | 84.72 |
| **附:** | | | | | | | |
| 每亩用工数量 | 日 | 18.08 | 26.03 | 22.34 | 24.55 | 20.39 | 30.45 |
| 每亩主产品已出售数量 | 公斤 | 3420.75 | 2590.40 | 2930.01 | 1640.74 | 2711.72 | 3331.76 |
| 每亩主产品已出售产值 | 元 | 7739.26 | 7233.93 | 9792.82 | 7776.60 | 6164.86 | 7096.59 |
| 每亩成本外支出 | 元 | | | | | | |

6-1-7-1 续表 2

| 项目 | 单位 | 湖北 | 广东 | 广西 | 海南 | 重庆 | 四川 |
|---|---|---|---|---|---|---|---|
| **每亩** | | | | | | | |
| 主产品产量 | 公斤 | 1827.44 | 2310.23 | 2347.78 | 1617.29 | 2804.64 | 2217.12 |
| 产值合计 | 元 | 6857.22 | 6531.01 | 8524.11 | 3786.83 | 7057.26 | 6535.93 |
| 主产品产值 | 元 | 6857.22 | 6531.01 | 8524.11 | 3786.83 | 7057.26 | 6535.93 |
| 副产品产值 | 元 | | | | | | |
| 总成本 | 元 | 3611.33 | 5571.50 | 5185.01 | 5408.85 | 3865.65 | 3840.11 |
| 生产成本 | 元 | 3275.33 | 5230.45 | 4918.33 | 4853.60 | 3629.86 | 3552.54 |
| 物质与服务费用 | 元 | 1119.14 | 2367.33 | 2018.46 | 2265.29 | 948.50 | 1080.17 |
| 人工成本 | 元 | 2156.19 | 2863.12 | 2899.87 | 2588.31 | 2681.36 | 2472.37 |
| 家庭用工折价 | 元 | 2156.19 | 2516.14 | 2899.87 | 1905.22 | 2681.36 | 2382.72 |
| 雇工费用 | 元 | | 346.98 | | 683.09 | | 89.64 |
| 土地成本 | 元 | 336.00 | 341.05 | 266.68 | 555.25 | 235.79 | 287.57 |
| 流转地租金 | 元 | 22.90 | 147.73 | 16.73 | 2.09 | 35.37 | 23.12 |
| 自营地折租 | 元 | 313.10 | 193.32 | 249.95 | 553.16 | 200.42 | 264.45 |
| 净利润 | 元 | 3245.89 | 959.52 | 3339.10 | -1622.02 | 3191.61 | 2695.82 |
| 现金成本 | 元 | 1142.04 | 2862.04 | 2035.19 | 2950.47 | 983.87 | 1192.93 |
| 现金收益 | 元 | 5715.18 | 3668.97 | 6488.92 | 836.36 | 6073.39 | 5343.00 |
| 成本利润率 | % | 89.88 | 17.22 | 64.40 | -29.99 | 82.56 | 70.20 |
| **每50公斤主产品** | | | | | | | |
| 平均出售价格 | 元 | 187.62 | 141.35 | 181.54 | 117.07 | 125.81 | 147.40 |
| 总成本 | 元 | 98.81 | 120.58 | 110.43 | 167.21 | 68.91 | 86.60 |
| 生产成本 | 元 | 89.62 | 113.20 | 104.75 | 150.05 | 64.71 | 80.12 |
| 净利润 | 元 | 88.81 | 20.77 | 71.11 | -50.14 | 56.90 | 60.80 |
| 现金成本 | 元 | 31.25 | 61.94 | 43.34 | 91.21 | 17.54 | 26.90 |
| 现金收益 | 元 | 156.37 | 79.41 | 138.20 | 25.86 | 108.27 | 120.50 |
| **附：** | | | | | | | |
| 每亩用工数量 | 日 | 23.39 | 30.00 | 31.45 | 26.04 | 29.08 | 26.63 |
| 每亩主产品已出售数量 | 公斤 | 1827.44 | 2242.89 | 2345.32 | 1615.45 | 2804.64 | 2217.12 |
| 每亩主产品已出售产值 | 元 | 6857.22 | 6408.11 | 8513.89 | 3781.92 | 7057.26 | 6535.93 |
| 每亩成本外支出 | 元 | | | | | | |

6-1-7-1 续表 3

| 项　　目 | 单位 | 云　南 | 陕　西 | 甘　肃 | 宁　夏 | 新　疆 |
|---|---|---|---|---|---|---|
| **每亩** | | | | | | |
| 主产品产量 | 公斤 | 2280.18 | 2652.76 | 3525.94 | 3190.50 | 3238.29 |
| 产值合计 | 元 | 11380.91 | 9295.92 | 8070.82 | 5516.59 | 6702.19 |
| 主产品产值 | 元 | 11380.91 | 9295.92 | 8070.82 | 5516.59 | 6702.19 |
| 副产品产值 | 元 | | | | | |
| 总成本 | 元 | 7614.81 | 4407.86 | 4310.66 | 4293.81 | 3852.74 |
| 生产成本 | 元 | 7425.71 | 4204.85 | 3962.24 | 3949.58 | 3573.17 |
| 物质与服务费用 | 元 | 2577.45 | 1212.78 | 1152.72 | 1925.65 | 996.88 |
| 人工成本 | 元 | 4848.26 | 2992.07 | 2809.52 | 2023.93 | 2576.29 |
| 家庭用工折价 | 元 | 2467.92 | 2992.07 | 2809.52 | 2012.45 | 1514.48 |
| 雇工费用 | 元 | 2380.35 | | | 11.48 | 1061.81 |
| 土地成本 | 元 | 189.10 | 203.01 | 348.42 | 344.23 | 279.57 |
| 流转地租金 | 元 | | 13.98 | | 71.68 | 58.26 |
| 自营地折租 | 元 | 189.10 | 189.03 | 348.42 | 272.55 | 221.31 |
| 净利润 | 元 | 3766.10 | 4888.06 | 3760.16 | 1222.78 | 2849.45 |
| 现金成本 | 元 | 4957.80 | 1226.76 | 1152.72 | 2008.81 | 2116.95 |
| 现金收益 | 元 | 6423.11 | 8069.16 | 6918.10 | 3507.78 | 4585.24 |
| 成本利润率 | % | 49.46 | 110.89 | 87.23 | 28.48 | 73.96 |
| **每 50 公斤主产品** | | | | | | |
| 平均出售价格 | 元 | 249.56 | 175.21 | 114.45 | 86.45 | 103.48 |
| 总成本 | 元 | 166.98 | 83.08 | 61.13 | 67.29 | 59.49 |
| 生产成本 | 元 | 162.83 | 79.25 | 56.19 | 61.89 | 55.17 |
| 净利润 | 元 | 82.58 | 92.13 | 53.32 | 19.16 | 43.99 |
| 现金成本 | 元 | 108.71 | 23.12 | 16.35 | 31.48 | 32.69 |
| 现金收益 | 元 | 140.85 | 152.09 | 98.10 | 54.97 | 70.79 |
| **附：** | | | | | | |
| 每亩用工数量 | 日 | 49.00 | 32.45 | 30.47 | 21.93 | 22.52 |
| 每亩主产品已出售数量 | 公斤 | 2280.18 | 2630.18 | 3525.94 | 3190.50 | 3238.29 |
| 每亩主产品已出售产值 | 元 | 11380.91 | 9214.60 | 8070.82 | 5516.59 | 6702.19 |
| 每亩成本外支出 | 元 | | | | | |

# 6-1-7-2 2021年各地区露地菜椒费用和用工情况

| 项目 | 单位 | 平均 | 北京 | 河北 | 内蒙古 | 辽宁 | 吉林 |
|---|---|---|---|---|---|---|---|
| 一、每亩物质与服务费用 | 元 | **2093.61** | **1599.93** | **899.16** | **1808.73** | **600.14** | **1155.91** |
| (一)直接费用 | 元 | 1914.98 | 1526.62 | 850.08 | 1359.62 | 496.34 | 913.63 |
| 1. 种子费 | 元 | 347.18 | 154.97 | 92.76 | 587.50 | 117.07 | 175.64 |
| 2. 化肥费 | 元 | 625.42 | 531.06 | 285.56 | 168.43 | 75.57 | 158.94 |
| 3. 农家肥费 | 元 | 279.11 | 311.13 | 152.34 | 357.50 | 102.43 | 192.55 |
| 4. 农药费 | 元 | 302.02 | 311.94 | 105.43 | 73.50 | 52.20 | 83.01 |
| 5. 农膜费 | 元 | 82.54 | 43.57 | 24.88 | 29.05 | 50.65 | 55.04 |
| 6. 租赁作业费 | 元 | 177.68 | 117.11 | 170.50 | 139.17 | 92.19 | 178.75 |
| 机械作业费 | 元 | 132.70 | 54.77 | 63.31 | 95.00 | 42.72 | 137.50 |
| 排灌费 | 元 | 37.13 | 62.34 | 107.19 | 44.17 | 49.47 | 41.25 |
| 其中:水费 | 元 | 15.32 | 3.89 |  | 44.17 |  |  |
| 畜力费 | 元 | 7.85 |  |  |  |  |  |
| 7. 燃料动力费 | 元 | 37.80 |  |  |  |  | 28.11 |
| 8. 技术服务费 | 元 | 14.88 |  |  |  |  |  |
| 9. 工具材料费 | 元 | 43.18 | 45.03 | 12.43 | 4.47 | 3.39 | 19.97 |
| 10. 修理维护费 | 元 | 5.17 | 11.81 | 6.18 |  | 2.84 | 21.62 |
| 11. 其他直接费用 | 元 |  |  |  |  |  |  |
| (二)间接费用 | 元 | 178.63 | 73.31 | 49.08 | 449.11 | 103.80 | 242.28 |
| 1. 固定资产折旧 | 元 | 28.59 |  | 13.76 |  |  | 17.21 |
| 2. 保险费 | 元 |  |  |  |  |  |  |
| 3. 管理费 | 元 | 0.13 |  |  |  |  |  |
| 4. 财务费 | 元 | 4.07 |  |  |  |  |  |
| 5. 销售费 | 元 | 145.84 | 73.31 | 35.32 | 449.11 | 103.80 | 225.07 |
| 二、每亩人工成本 | 元 | **2751.98** | **3386.15** | **4378.67** | **1777.62** | **2261.67** | **3670.14** |
| 1. 家庭用工折价 | 元 | 1888.16 | 2754.57 | 4378.67 | 1777.62 | 2261.67 | 3477.42 |
| 家庭用工天数 | 日 | 20.48 | 29.88 | 47.49 | 19.28 | 24.53 | 37.72 |
| 劳动日工价 | 元 | 92.20 | 92.20 | 92.20 | 92.20 | 92.20 | 92.20 |
| 2. 雇工费用 | 元 | 863.82 | 631.58 |  |  |  | 192.72 |
| 雇工天数 | 日 | 6.97 | 4.74 |  |  |  | 1.51 |
| 雇工工价 | 元 | 123.93 | 133.25 | 88.21 | 130.00 | 120.00 | 127.63 |
| 三、附 |  |  |  |  |  |  |  |
| 1. 每亩种子用量 | 公斤 |  |  |  |  |  |  |
| 2. 每亩化肥用量 | 公斤 | 60.31 | 27.09 | 48.37 | 28.66 | 10.67 | 29.82 |
| 3. 每亩农膜用量 | 公斤 | 6.15 | 5.06 | 1.81 | 2.77 | 4.19 | 4.24 |

6-1-7-2 续表 1

| 项　　目 | 单位 | 黑龙江 | 安　徽 | 福　建 | 江　西 | 山　东 | 河　南 |
|---|---|---|---|---|---|---|---|
| **一、每亩物质与服务费用** | **元** | **1211.73** | **1271.21** | **3799.72** | **833.55** | **1764.94** | **1016.80** |
| （一）直接费用 | 元 | 1026.95 | 1089.94 | 3138.84 | 765.84 | 1729.09 | 981.09 |
| 1. 种子费 | 元 | 277.81 | 190.83 | 464.04 | 87.11 | 854.72 | 139.17 |
| 2. 化肥费 | 元 | 275.04 | 310.89 | 1047.17 | 315.10 | 442.10 | 508.89 |
| 3. 农家肥费 | 元 | 100.93 | 239.94 | 560.77 | 121.54 | 144.51 | 23.53 |
| 4. 农药费 | 元 | 155.40 | 124.07 | 477.34 | 100.70 | 121.05 | 110.59 |
| 5. 农膜费 | 元 | 69.51 | 65.03 | 88.55 | 11.49 | 48.42 | 42.79 |
| 6. 租赁作业费 | 元 | 124.83 | 87.06 | 213.51 | 66.71 | 106.68 | 140.24 |
| 机械作业费 | 元 | 84.46 | 65.80 | 121.52 | 63.67 | 69.06 | 79.53 |
| 排灌费 | 元 | 40.37 | 21.26 | 47.41 | 3.04 | 37.62 | 60.71 |
| 其中：水费 | 元 | 4.58 | | 16.72 | | 7.80 | |
| 畜力费 | 元 | | | 44.58 | | | |
| 7. 燃料动力费 | 元 | | 16.99 | 44.28 | 39.84 | | |
| 8. 技术服务费 | 元 | | | 86.30 | | | |
| 9. 工具材料费 | 元 | 23.43 | 45.88 | 148.79 | 18.49 | 8.02 | 15.88 |
| 10. 修理维护费 | 元 | | 9.25 | 8.09 | 4.86 | 3.59 | |
| 11. 其他直接费用 | 元 | | | | | | |
| （二）间接费用 | 元 | 184.78 | 181.27 | 660.88 | 67.71 | 35.85 | 35.71 |
| 1. 固定资产折旧 | 元 | | 47.82 | 80.74 | 29.08 | 6.92 | |
| 2. 保险费 | 元 | | | | | | |
| 3. 管理费 | 元 | | | | | | |
| 4. 财务费 | 元 | | | 23.63 | | | |
| 5. 销售费 | 元 | 184.78 | 133.45 | 556.51 | 38.63 | 28.93 | 35.71 |
| **二、每亩人工成本** | **元** | **1835.15** | **2515.49** | **2722.73** | **2283.42** | **1935.68** | **2849.39** |
| 1. 家庭用工折价 | 元 | 1341.05 | 1985.53 | 104.92 | 2216.03 | 1757.98 | 2478.80 |
| 家庭用工天数 | 日 | 14.55 | 21.54 | 1.14 | 24.04 | 19.07 | 26.89 |
| 劳动日工价 | 元 | 92.20 | 92.20 | 92.20 | 92.20 | 92.20 | 92.20 |
| 2. 雇工费用 | 元 | 494.11 | 529.96 | 2617.81 | 67.39 | 177.71 | 370.59 |
| 雇工天数 | 日 | 3.53 | 4.49 | 21.20 | 0.51 | 1.32 | 3.56 |
| 雇工工价 | 元 | 139.97 | 118.03 | 123.48 | 132.13 | 134.63 | 104.10 |
| **三、附** | | | | | | | |
| 1. 每亩种子用量 | 公斤 | | | | | | |
| 2. 每亩化肥用量 | 公斤 | 45.62 | 25.84 | 102.27 | 42.43 | 53.14 | 66.49 |
| 3. 每亩农膜用量 | 公斤 | 5.27 | 4.93 | 5.87 | 0.82 | 3.74 | 2.96 |

6-1-7-2 续表 2

| 项 目 | 单位 | 湖 北 | 广 东 | 广 西 | 海 南 | 重 庆 | 四 川 |
|---|---|---|---|---|---|---|---|
| **一、每亩物质与服务费用** | **元** | **1119.14** | **2367.33** | **2018.46** | **2265.29** | **948.50** | **1080.17** |
| (一)直接费用 | 元 | 1075.36 | 2352.38 | 1951.52 | 2192.47 | 932.06 | 961.60 |
| 1. 种子费 | 元 | 152.34 | 653.01 | 365.45 | 173.78 | 194.27 | 166.27 |
| 2. 化肥费 | 元 | 467.37 | 650.47 | 852.26 | 799.61 | 313.70 | 320.85 |
| 3. 农家肥费 | 元 | 183.90 | 289.10 | 231.70 | 331.69 | 10.70 | 110.25 |
| 4. 农药费 | 元 | 62.65 | 405.32 | 270.22 | 448.78 | 185.71 | 144.62 |
| 5. 农膜费 | 元 | 19.34 | 176.91 | 68.08 | 87.63 | 70.49 | 71.82 |
| 6. 租赁作业费 | 元 | 148.68 | 125.26 | 92.74 | 237.58 | 137.58 | 125.23 |
| 机械作业费 | 元 | 122.85 | 125.26 | 92.74 | 221.95 | 137.58 | 101.48 |
| 排灌费 | 元 | 25.83 | | | 15.63 | | 21.07 |
| 其中:水费 | 元 | 25.83 | | | 7.62 | | 17.47 |
| 畜力费 | 元 | | | | | | 2.68 |
| 7. 燃料动力费 | 元 | 26.72 | 36.95 | 34.84 | 81.90 | 8.73 | |
| 8. 技术服务费 | 元 | | | | | | |
| 9. 工具材料费 | 元 | 8.58 | 9.68 | 26.18 | 26.71 | 9.49 | 19.50 |
| 10. 修理维护费 | 元 | 5.78 | 5.68 | 10.05 | 4.79 | 1.39 | 3.06 |
| 11. 其他直接费用 | 元 | | | | | | |
| (二)间接费用 | 元 | 43.78 | 14.95 | 66.94 | 72.82 | 16.44 | 118.57 |
| 1. 固定资产折旧 | 元 | 14.57 | 14.95 | 17.64 | 30.08 | 13.32 | 12.71 |
| 2. 保险费 | 元 | | | | | | |
| 3. 管理费 | 元 | | | | | | |
| 4. 财务费 | 元 | | | | | | |
| 5. 销售费 | 元 | 29.21 | | 49.30 | 42.74 | 3.12 | 105.86 |
| **二、每亩人工成本** | **元** | **2156.19** | **2863.12** | **2899.87** | **2588.31** | **2681.36** | **2472.37** |
| 1. 家庭用工折价 | 元 | 2156.19 | 2516.14 | 2899.87 | 1905.22 | 2681.36 | 2382.72 |
| 家庭用工天数 | 日 | 23.39 | 27.29 | 31.45 | 20.66 | 29.08 | 25.84 |
| 劳动日工价 | 元 | 92.20 | 92.20 | 92.20 | 92.20 | 92.20 | 92.20 |
| 2. 雇工费用 | 元 | | 346.98 | | 683.09 | | 89.64 |
| 雇工天数 | 日 | | 2.71 | | 5.38 | | 0.79 |
| 雇工工价 | 元 | 133.28 | 128.04 | 110.14 | 126.97 | 147.20 | 113.47 |
| **三、附** | | | | | | | |
| 1. 每亩种子用量 | 公斤 | | | | | | |
| 2. 每亩化肥用量 | 公斤 | 51.19 | 53.53 | 59.52 | 71.97 | 37.93 | 40.41 |
| 3. 每亩农膜用量 | 公斤 | 1.57 | 13.04 | 5.76 | 6.71 | 5.09 | 5.43 |

6-1-7-2　续表 3

| 项　　目 | 单位 | 云　南 | 陕　西 | 甘　肃 | 宁　夏 | 新　疆 |
|---|---|---|---|---|---|---|
| **一、每亩物质与服务费用** | 元 | **2577.45** | **1212.78** | **1152.72** | **1925.65** | **996.88** |
| （一）直接费用 | 元 | 2554.12 | 1087.69 | 1076.00 | 1891.44 | 911.04 |
| 1. 种子费 | 元 | 512.55 | 164.27 | 192.24 | 909.43 | 153.18 |
| 2. 化肥费 | 元 | 986.77 | 330.32 | 460.04 | 375.41 | 184.03 |
| 3. 农家肥费 | 元 | 105.36 | 281.23 | 149.09 | 234.44 | 138.76 |
| 4. 农药费 | 元 | 575.54 | 86.35 | 60.58 | 89.32 | 54.97 |
| 5. 农膜费 | 元 | 128.67 | 47.93 | 56.02 | 68.48 | 44.04 |
| 6. 租赁作业费 | 元 | 213.19 | 158.20 | 145.83 | 201.18 | 192.85 |
| 机械作业费 | 元 | 155.80 | 126.38 | 102.99 | 112.55 | 101.33 |
| 排灌费 | 元 | 57.39 | 31.82 | 42.84 | 88.63 | 91.52 |
| 其中：水费 | 元 | 23.64 |  | 34.10 | 87.09 | 28.18 |
| 畜力费 | 元 |  |  |  |  |  |
| 7. 燃料动力费 | 元 |  |  |  |  | 109.89 |
| 8. 技术服务费 | 元 |  |  |  |  |  |
| 9. 工具材料费 | 元 | 32.04 | 12.34 | 9.44 | 10.97 | 33.32 |
| 10. 修理维护费 | 元 |  | 7.05 | 2.76 | 2.21 |  |
| 11. 其他直接费用 | 元 |  |  |  |  |  |
| （二）间接费用 | 元 | 23.33 | 125.09 | 76.72 | 34.21 | 85.84 |
| 1. 固定资产折旧 | 元 | 1.86 | 8.83 | 1.65 | 11.65 | 17.48 |
| 2. 保险费 | 元 |  |  |  |  |  |
| 3. 管理费 | 元 |  |  |  |  | 2.75 |
| 4. 财务费 | 元 |  |  |  |  |  |
| 5. 销售费 | 元 | 21.47 | 116.26 | 75.07 | 22.56 | 65.61 |
| **二、每亩人工成本** | 元 | **4848.26** | **2992.07** | **2809.52** | **2023.93** | **2576.29** |
| 1. 家庭用工折价 | 元 | 2467.92 | 2992.07 | 2809.52 | 2012.45 | 1514.48 |
| 家庭用工天数 | 日 | 26.77 | 32.45 | 30.47 | 21.83 | 16.43 |
| 劳动日工价 | 元 | 92.20 | 92.20 | 92.20 | 92.20 | 92.20 |
| 2. 雇工费用 | 元 | 2380.35 |  |  | 11.48 | 1061.81 |
| 雇工天数 | 日 | 22.23 |  |  | 0.10 | 6.09 |
| 雇工工价 | 元 | 107.08 | 111.02 | 92.91 | 114.84 | 174.35 |
| **三、附** |  |  |  |  |  |  |
| 1. 每亩种子用量 | 公斤 | 0.09 |  |  |  |  |
| 2. 每亩化肥用量 | 公斤 | 44.82 | 55.44 | 52.15 | 47.97 | 32.68 |
| 3. 每亩农膜用量 | 公斤 | 9.28 | 3.19 | 4.76 | 5.50 | 3.93 |

# 6-1-7-3 2021年各地区露地菜椒化肥投入情况

| 项　　目 | 单位 | 平　均 | 北　京 | 河　北 | 内蒙古 | 辽　宁 | 吉　林 |
|---|---|---|---|---|---|---|---|
| **一、每亩化肥金额** | **元** | **625.42** | **531.06** | **285.56** | **168.43** | **75.57** | **158.94** |
| (一)氮肥 | 元 | 35.44 | 40.37 | 75.72 | | 19.64 | 66.92 |
| 1. 尿素 | 元 | 34.30 | 40.37 | 75.72 | | 19.64 | 65.27 |
| 2. 碳铵 | 元 | 0.57 | | | | | |
| 3. 其他氮肥 | 元 | 0.57 | | | | | 1.65 |
| (二)磷肥 | 元 | 12.69 | | | 23.33 | | |
| 其中:过磷酸钙 | 元 | 11.31 | | | | | |
| (三)钾肥 | 元 | 32.69 | | | | | |
| 其中:氯化钾 | 元 | 12.45 | | | | | |
| (四)复混肥 | 元 | 472.15 | 200.32 | 209.84 | 145.10 | 55.93 | 92.02 |
| 1. 复合肥 | 元 | 471.73 | 200.32 | 209.84 | 145.10 | 55.93 | 92.02 |
| 其中:二铵 | 元 | 19.68 | | | 116.17 | | 54.87 |
| 三元素复合肥 | 元 | 263.72 | 139.06 | 209.84 | 28.93 | | 37.15 |
| 2. 混配肥 | 元 | 0.42 | | | | | |
| (五)其他肥料 | 元 | 72.45 | 290.37 | | | | |
| **二、每亩化肥折纯用量** | **公斤** | **60.31** | **27.09** | **48.37** | **28.66** | **10.67** | **29.82** |
| (一)氮肥 | 公斤 | 6.62 | 5.71 | 14.56 | | 4.77 | 13.27 |
| 1. 尿素 | 公斤 | 6.45 | 5.71 | 14.56 | | 4.77 | 12.82 |
| 2. 碳铵 | 公斤 | 0.12 | | | | | |
| 3. 其他氮肥 | 公斤 | 0.05 | | | | | 0.45 |
| (二)磷肥 | 公斤 | 2.22 | | | 2.67 | | |
| 其中:过磷酸钙 | 公斤 | 1.92 | | | | | |
| (三)钾肥 | 公斤 | 3.89 | | | | | |
| 其中:氯化钾 | 公斤 | 2.30 | | | | | |
| (四)复混肥 | 公斤 | 47.58 | 21.38 | 33.81 | 26.00 | 5.90 | 16.56 |
| 1. 复合肥 | 公斤 | 47.51 | 21.38 | 33.81 | 26.00 | 5.90 | 16.56 |
| 其中:二铵 | 公斤 | 3.58 | | | 21.87 | | 10.73 |
| 三元素复合肥 | 公斤 | 25.59 | 16.49 | 33.81 | 4.13 | | 5.83 |
| 2. 混配肥 | 公斤 | 0.07 | | | | | |

6-1-7-3 续表 1

| 项　　目 | 单位 | 黑龙江 | 安　徽 | 福　建 | 江　西 | 山　东 | 河　南 |
|---|---|---|---|---|---|---|---|
| **一、每亩化肥金额** | **元** | **275.04** | **310.89** | **1047.17** | **315.10** | **442.10** | **508.89** |
| （一）氮肥 | 元 | 41.91 | 9.19 | 6.99 | 17.96 | 59.47 | 11.54 |
| 1. 尿素 | 元 | 41.91 | 9.19 | 6.99 | 17.96 | 59.47 | 11.54 |
| 2. 碳铵 | 元 | | | | | | |
| 3. 其他氮肥 | 元 | | | | | | |
| （二）磷肥 | 元 | | | | 6.52 | | |
| 其中：过磷酸钙 | 元 | | | | 6.52 | | |
| （三）钾肥 | 元 | 39.81 | | 66.87 | | | |
| 其中：氯化钾 | 元 | 1.52 | | | | | |
| （四）复混肥 | 元 | 193.32 | 214.81 | 973.31 | 290.62 | 382.63 | 497.35 |
| 1. 复合肥 | 元 | 186.08 | 214.81 | 973.31 | 290.62 | 382.63 | 497.35 |
| 其中：二铵 | 元 | 14.56 | | | | | |
| 三元素复合肥 | 元 | 101.90 | 133.25 | 482.92 | 76.83 | 62.75 | 26.76 |
| 2. 混配肥 | 元 | 7.24 | | | | | |
| （五）其他肥料 | 元 | | 86.89 | | | | |
| **二、每亩化肥折纯用量** | **公斤** | **45.62** | **25.84** | **102.27** | **42.43** | **53.14** | **66.49** |
| （一）氮肥 | 公斤 | 8.17 | 1.47 | 1.01 | 3.46 | 10.35 | 2.44 |
| 1. 尿素 | 公斤 | 8.17 | 1.47 | 1.01 | 3.46 | 10.35 | 2.44 |
| 2. 碳铵 | 公斤 | | | | | | |
| 3. 其他氮肥 | 公斤 | | | | | | |
| （二）磷肥 | 公斤 | | | | 0.95 | | |
| 其中：过磷酸钙 | 公斤 | | | | 0.95 | | |
| （三）钾肥 | 公斤 | 6.93 | | 5.80 | | | |
| 其中：氯化钾 | 公斤 | 0.28 | | | | | |
| （四）复混肥 | 公斤 | 30.53 | 24.37 | 95.47 | 38.02 | 42.79 | 64.06 |
| 1. 复合肥 | 公斤 | 29.24 | 24.37 | 95.47 | 38.02 | 42.79 | 64.06 |
| 其中：二铵 | 公斤 | 2.76 | | | | | |
| 三元素复合肥 | 公斤 | 14.42 | 15.73 | 43.93 | 11.80 | 8.69 | 3.71 |
| 2. 混配肥 | 公斤 | 1.29 | | | | | |

6-1-7-3 续表 2

| 项　　目 | 单位 | 湖　北 | 广　东 | 广　西 | 海　南 | 重　庆 | 四　川 |
|---|---|---|---|---|---|---|---|
| **一、每亩化肥金额** | 元 | **467.37** | **650.47** | **852.26** | **799.61** | **313.70** | **320.85** |
| (一)氮肥 | 元 | 32.93 | 11.29 |  | 46.48 | 15.92 | 69.20 |
| 1. 尿素 | 元 | 32.93 | 11.29 |  | 46.48 | 15.92 | 69.20 |
| 2. 碳铵 | 元 |  |  |  |  |  |  |
| 3. 其他氮肥 | 元 |  |  |  |  |  |  |
| (二)磷肥 | 元 |  |  |  | 44.71 |  | 9.18 |
| 其中:过磷酸钙 | 元 |  |  |  | 44.71 |  | 9.18 |
| (三)钾肥 | 元 |  | 18.56 |  | 56.37 |  | 8.40 |
| 其中:氯化钾 | 元 |  |  |  | 56.37 |  |  |
| (四)复混肥 | 元 | 412.30 | 562.66 | 698.44 | 537.49 | 295.42 | 232.23 |
| 1. 复合肥 | 元 | 412.30 | 562.66 | 698.44 | 537.49 | 280.79 | 232.23 |
| 其中:二铵 | 元 |  |  |  | 7.87 |  |  |
| 三元素复合肥 | 元 | 28.61 | 270.74 | 645.12 | 422.73 | 230.35 | 145.45 |
| 2. 混配肥 | 元 |  |  |  |  | 14.63 |  |
| (五)其他肥料 | 元 | 22.14 | 57.96 | 153.82 | 114.56 | 2.36 | 1.84 |
| **二、每亩化肥折纯用量** | 公斤 | **51.19** | **53.53** | **59.52** | **71.97** | **37.93** | **40.41** |
| (一)氮肥 | 公斤 | 6.77 | 2.31 |  | 7.94 | 2.44 | 13.45 |
| 1. 尿素 | 公斤 | 6.77 | 2.31 |  | 7.94 | 2.44 | 13.45 |
| 2. 碳铵 | 公斤 |  |  |  |  |  |  |
| 3. 其他氮肥 | 公斤 |  |  |  |  |  |  |
| (二)磷肥 | 公斤 |  |  |  | 7.47 |  | 1.78 |
| 其中:过磷酸钙 | 公斤 |  |  |  | 7.47 |  | 1.78 |
| (三)钾肥 | 公斤 |  | 1.51 |  | 10.41 |  | 0.10 |
| 其中:氯化钾 | 公斤 |  |  |  | 10.41 |  |  |
| (四)复混肥 | 公斤 | 44.42 | 49.71 | 59.51 | 46.14 | 35.50 | 25.09 |
| 1. 复合肥 | 公斤 | 44.42 | 49.71 | 59.51 | 46.14 | 33.75 | 25.09 |
| 其中:二铵 | 公斤 |  |  |  | 0.97 |  |  |
| 三元素复合肥 | 公斤 | 4.22 | 25.09 | 55.02 | 36.10 | 26.88 | 18.76 |
| 2. 混配肥 | 公斤 |  |  |  |  | 1.75 |  |

6-1-7-3 续表 3

| 项　　目 | 单位 | 云　南 | 陕　西 | 甘　肃 | 宁　夏 | 新　疆 |
|---|---|---|---|---|---|---|
| **一、每亩化肥金额** | **元** | **986.77** | **330.32** | **460.04** | **375.41** | **184.03** |
| （一）氮肥 | 元 | 22.79 | 91.32 | 93.53 | 46.48 | 59.13 |
| 1. 尿素 | 元 | 12.05 | 70.58 | 93.53 | 40.47 | 59.13 |
| 2. 碳铵 | 元 |  | 20.74 |  | 6.01 |  |
| 3. 其他氮肥 | 元 | 10.74 |  |  |  |  |
| （二）磷肥 | 元 | 40.26 | 6.99 |  |  |  |
| 其中：过磷酸钙 | 元 | 14.47 | 6.99 |  |  |  |
| （三）钾肥 | 元 | 97.41 |  |  |  |  |
| 其中：氯化钾 | 元 |  |  |  |  |  |
| （四）复混肥 | 元 | 388.80 | 232.01 | 217.37 | 227.64 | 92.89 |
| 1. 复合肥 | 元 | 388.80 | 232.01 | 217.37 | 227.64 | 92.89 |
| 其中：二铵 | 元 | 20.63 | 55.65 | 165.91 | 114.17 | 92.89 |
| 三元素复合肥 | 元 | 110.72 | 176.36 |  | 113.47 |  |
| 2. 混配肥 | 元 |  |  |  |  |  |
| （五）其他肥料 | 元 | 437.51 |  | 149.14 | 101.29 | 32.01 |
| **二、每亩化肥折纯用量** | **公斤** | **44.82** | **55.44** | **52.15** | **47.97** | **32.68** |
| （一）氮肥 | 公斤 | 2.44 | 17.26 | 15.45 | 9.91 | 14.66 |
| 1. 尿素 | 公斤 | 1.73 | 13.30 | 15.45 | 8.63 | 14.66 |
| 2. 碳铵 | 公斤 |  | 3.96 |  | 1.28 |  |
| 3. 其他氮肥 | 公斤 | 0.71 |  |  |  |  |
| （二）磷肥 | 公斤 | 8.55 | 1.40 |  |  |  |
| 其中：过磷酸钙 | 公斤 | 2.82 | 1.40 |  |  |  |
| （三）钾肥 | 公斤 | 3.31 |  |  |  |  |
| 其中：氯化钾 | 公斤 |  |  |  |  |  |
| （四）复混肥 | 公斤 | 30.52 | 36.79 | 36.70 | 38.06 | 18.02 |
| 1. 复合肥 | 公斤 | 30.52 | 36.79 | 36.70 | 38.06 | 18.02 |
| 其中：二铵 | 公斤 | 2.11 | 11.66 | 30.02 | 22.35 | 18.02 |
| 三元素复合肥 | 公斤 | 13.25 | 25.13 |  | 15.71 |  |
| 2. 混配肥 | 公斤 |  |  |  |  |  |

# 6-1-8-1 2021年各地区设施菜椒成本收益情况

| 项 目 | 单位 | 平 均 | 北 京 | 天 津 | 河 北 | 辽 宁 | 上 海 |
|---|---|---|---|---|---|---|---|
| 每亩 | | | | | | | |
| 主产品产量 | 公斤 | 4091.44 | 2929.17 | 3164.05 | 4384.51 | 3233.92 | 3457.85 |
| 产值合计 | 元 | 10661.38 | 12329.05 | 10561.31 | 9882.73 | 17527.21 | 11962.12 |
| 主产品产值 | 元 | 10661.38 | 12329.05 | 10561.31 | 9882.73 | 17527.21 | 11962.12 |
| 副产品产值 | 元 | | | | | | |
| 总成本 | 元 | 7868.98 | 8868.61 | 7267.14 | 7385.64 | 10372.97 | 9115.04 |
| 生产成本 | 元 | 7386.48 | 7954.61 | 6918.24 | 6724.44 | 9172.97 | 8006.21 |
| 物质与服务费用 | 元 | 2372.25 | 3564.63 | 1622.52 | 2639.87 | 5455.56 | 2047.97 |
| 人工成本 | 元 | 5014.23 | 4389.98 | 5295.72 | 4084.57 | 3717.41 | 5958.24 |
| 家庭用工折价 | 元 | 2788.68 | 2374.98 | 5293.02 | 3736.04 | 2166.70 | 866.59 |
| 雇工费用 | 元 | 2225.55 | 2015.00 | 2.70 | 348.54 | 1550.71 | 5091.65 |
| 土地成本 | 元 | 482.50 | 914.00 | 348.90 | 661.20 | 1200.00 | 1108.83 |
| 流转地租金 | 元 | 225.64 | 441.22 | 137.74 | 47.81 | 960.00 | 1108.83 |
| 自营地折租 | 元 | 256.86 | 472.78 | 211.16 | 613.39 | 240.00 | |
| 净利润 | 元 | 2792.40 | 3460.44 | 3294.17 | 2497.09 | 7154.24 | 2847.08 |
| 现金成本 | 元 | 4823.44 | 6020.85 | 1762.96 | 3036.22 | 7966.27 | 8248.45 |
| 现金收益 | 元 | 5837.94 | 6308.20 | 8798.35 | 6846.51 | 9560.94 | 3713.67 |
| 成本利润率 | % | 35.49 | 39.02 | 45.33 | 33.81 | 68.97 | 31.24 |
| 每50公斤主产品 | | | | | | | |
| 平均出售价格 | 元 | 130.29 | 210.45 | 166.90 | 112.70 | 270.99 | 172.97 |
| 总成本 | 元 | 96.16 | 151.38 | 114.84 | 84.22 | 160.38 | 131.80 |
| 生产成本 | 元 | 90.27 | 135.78 | 109.33 | 76.68 | 141.82 | 115.77 |
| 净利润 | 元 | 34.13 | 59.07 | 52.06 | 28.48 | 110.61 | 41.17 |
| 现金成本 | 元 | 58.95 | 102.77 | 27.86 | 34.62 | 123.17 | 119.27 |
| 现金收益 | 元 | 71.34 | 107.68 | 139.04 | 78.08 | 147.82 | 53.70 |
| 附： | | | | | | | |
| 每亩用工数量 | 日 | 51.69 | 41.20 | 57.43 | 43.56 | 38.02 | 43.94 |
| 每亩主产品已出售数量 | 公斤 | 4091.16 | 2929.17 | 3164.05 | 4382.20 | 3233.92 | 3457.85 |
| 每亩主产品已出售产值 | 元 | 10660.52 | 12329.05 | 10561.31 | 9877.34 | 17527.21 | 11962.12 |
| 每亩成本外支出 | 元 | | | | | | |

6-1-8-1 续表

| 项 目 | 单位 | 江 苏 | 浙 江 | 河 南 | 四 川 | 甘 肃 | 宁 夏 |
|---|---|---|---|---|---|---|---|
| **每亩** | | | | | | | |
| 主产品产量 | 公斤 | 3211.85 | 2490.68 | 4186.66 | 4674.06 | 4691.09 | 4258.06 |
| 产值合计 | 元 | 11213.34 | 9015.35 | 10070.00 | 9992.34 | 18563.83 | 15930.96 |
| 主产品产值 | 元 | 11213.34 | 9015.35 | 10070.00 | 9992.34 | 18563.83 | 15930.96 |
| 副产品产值 | 元 | | | | | | |
| 总成本 | 元 | 7648.64 | 8190.80 | 4607.52 | 7444.59 | 11345.15 | 8718.41 |
| 生产成本 | 元 | 7193.39 | 7661.96 | 4207.52 | 7133.87 | 10975.79 | 8277.98 |
| 物质与服务费用 | 元 | 2488.05 | 2043.61 | 2392.76 | 2238.93 | 3910.66 | 4007.88 |
| 人工成本 | 元 | 4705.34 | 5618.35 | 1814.76 | 4894.94 | 7065.13 | 4270.10 |
| 家庭用工折价 | 元 | 3843.91 | 3444.68 | 534.76 | 2444.13 | 6848.34 | 4096.91 |
| 雇工费用 | 元 | 861.43 | 2173.67 | 1280.00 | 2450.81 | 216.79 | 173.19 |
| 土地成本 | 元 | 455.25 | 528.84 | 400.00 | 310.72 | 369.36 | 440.43 |
| 流转地租金 | 元 | 352.36 | 316.19 | 81.60 | 38.99 | | 68.27 |
| 自营地折租 | 元 | 102.89 | 212.65 | 318.40 | 271.73 | 369.36 | 372.16 |
| 净利润 | 元 | 3564.70 | 824.55 | 5462.48 | 2547.75 | 7218.68 | 7212.55 |
| 现金成本 | 元 | 3701.84 | 4533.47 | 3754.36 | 4728.73 | 4127.45 | 4249.34 |
| 现金收益 | 元 | 7511.50 | 4481.88 | 6315.64 | 5263.61 | 14436.38 | 11681.62 |
| 成本利润率 | % | 46.61 | 10.07 | 118.56 | 34.22 | 63.63 | 82.73 |
| **每50公斤主产品** | | | | | | | |
| 平均出售价格 | 元 | 174.56 | 180.98 | 120.26 | 106.89 | 197.86 | 187.07 |
| 总成本 | 元 | 119.07 | 164.43 | 55.02 | 79.64 | 120.92 | 102.38 |
| 生产成本 | 元 | 111.98 | 153.81 | 50.25 | 76.31 | 116.98 | 97.20 |
| 净利润 | 元 | 55.49 | 16.55 | 65.24 | 27.25 | 76.94 | 84.69 |
| 现金成本 | 元 | 57.63 | 91.01 | 44.84 | 50.58 | 43.99 | 49.90 |
| 现金收益 | 元 | 116.93 | 89.97 | 75.42 | 56.31 | 153.87 | 137.17 |
| **附：** | | | | | | | |
| 每亩用工数量 | 日 | 51.25 | 53.25 | 23.80 | 53.73 | 76.39 | 46.02 |
| 每亩主产品已出售数量 | 公斤 | 3210.04 | 2490.68 | 4186.66 | 4674.06 | 4691.09 | 4258.06 |
| 每亩主产品已出售产值 | 元 | 11205.68 | 9015.35 | 10070.00 | 9992.34 | 18563.83 | 15930.96 |
| 每亩成本外支出 | 元 | | | | | | |

# 6-1-8-2 2021年各地区设施菜椒费用和用工情况

| 项　　目 | 单位 | 平　均 | 北　京 | 天　津 | 河　北 | 辽　宁 | 上　海 |
|---|---|---|---|---|---|---|---|
| **一、每亩物质与服务费用** | **元** | **2372.25** | **3564.63** | **1622.52** | **2639.87** | **5455.56** | **2047.97** |
| （一）直接费用 | 元 | 1895.08 | 2510.16 | 1173.51 | 1950.12 | 4477.30 | 1725.13 |
| 1. 种子费 | 元 | 205.15 | 205.52 | 117.94 | 372.16 | 293.53 | 145.47 |
| 2. 化肥费 | 元 | 568.42 | 549.38 | 168.26 | 522.42 | 1065.18 | 347.73 |
| 3. 农家肥费 | 元 | 144.72 | 484.36 | 222.55 | 231.43 | 490.27 | 420.14 |
| 4. 农药费 | 元 | 188.22 | 313.22 | 95.91 | 178.03 | 700.15 | 153.59 |
| 5. 农膜费 | 元 | 452.39 | 627.32 | 416.63 | 398.23 | 691.56 | 354.81 |
| 6. 租赁作业费 | 元 | 164.51 | 188.28 | 93.80 | 197.07 | 85.89 | 277.48 |
| 机械作业费 | 元 | 107.68 | 83.86 | 59.13 | 72.88 | 54.96 | 134.20 |
| 排灌费 | 元 | 56.83 | 104.42 | 34.67 | 124.19 | 30.93 | 143.28 |
| 其中：水费 | 元 | 26.75 | 42.73 | 34.25 |  |  |  |
| 畜力费 | 元 |  |  |  |  |  |  |
| 7. 燃料动力费 | 元 | 6.38 | 50.21 |  |  | 42.67 |  |
| 8. 技术服务费 | 元 | 0.26 | 6.25 |  |  |  |  |
| 9. 工具材料费 | 元 | 133.82 | 72.29 | 49.84 | 36.94 | 882.83 | 12.41 |
| 10. 修理维护费 | 元 | 31.21 | 13.33 | 8.58 | 13.84 | 225.22 | 13.50 |
| 11. 其他直接费用 | 元 |  |  |  |  |  |  |
| （二）间接费用 | 元 | 477.17 | 1054.47 | 449.01 | 689.75 | 978.26 | 322.84 |
| 1. 固定资产折旧 | 元 | 342.07 | 903.97 | 449.01 | 685.06 | 896.33 | 290.16 |
| 2. 保险费 | 元 | 5.28 |  |  |  |  |  |
| 3. 管理费 | 元 | 4.22 | 35.76 |  |  |  | 18.95 |
| 4. 财务费 | 元 | 1.50 |  |  |  |  | 13.73 |
| 5. 销售费 | 元 | 124.10 | 114.74 |  | 4.69 | 81.93 |  |
| **二、每亩人工成本** | **元** | **5014.23** | **4389.98** | **5295.72** | **4084.57** | **3717.41** | **5958.24** |
| 1. 家庭用工折价 | 元 | 2788.68 | 2374.98 | 5293.02 | 3736.04 | 2166.70 | 866.59 |
| 家庭用工天数 | 日 | 30.25 | 25.76 | 57.41 | 40.52 | 23.50 | 9.40 |
| 劳动日工价 | 元 | 92.20 | 92.20 | 92.20 | 92.20 | 92.20 | 92.20 |
| 2. 雇工费用 | 元 | 2225.55 | 2015.00 | 2.70 | 348.54 | 1550.71 | 5091.65 |
| 雇工天数 | 日 | 21.44 | 15.44 | 0.02 | 3.04 | 14.52 | 34.54 |
| 雇工工价 | 元 | 103.80 | 130.51 | 135.20 | 114.65 | 106.80 | 147.41 |
| 三、附 |  |  |  |  |  |  |  |
| 1. 每亩种子用量 | 公斤 |  |  |  |  |  |  |
| 2. 每亩化肥用量 | 公斤 | 58.67 | 23.07 | 22.91 | 66.52 | 21.26 | 43.71 |
| 3. 每亩农膜用量 | 公斤 | 25.41 | 37.84 | 27.39 | 29.04 | 39.27 | 16.76 |

6-1-8-2 续表

| 项　　目 | 单位 | 江　苏 | 浙　江 | 河　南 | 四　川 | 甘　肃 | 宁　夏 |
|---|---|---|---|---|---|---|---|
| **一、每亩物质与服务费用** | **元** | **2488.05** | **2043.61** | **2392.76** | **2238.93** | **3910.66** | **4007.88** |
| (一)直接费用 | 元 | 1888.21 | 1438.17 | 1838.60 | 1849.21 | 3288.82 | 3284.97 |
| 1. 种子费 | 元 | 133.60 | 128.09 | 160.00 | 177.20 | 637.27 | 1249.83 |
| 2. 化肥费 | 元 | 380.25 | 398.47 | 946.00 | 674.39 | 660.86 | 699.34 |
| 3. 农家肥费 | 元 | 350.98 | 145.56 | 300.00 | 10.40 | 403.44 | 316.58 |
| 4. 农药费 | 元 | 153.09 | 158.28 | 240.00 | 181.08 | 292.23 | 329.12 |
| 5. 农膜费 | 元 | 609.29 | 434.92 |  | 443.88 | 532.47 | 544.78 |
| 6. 租赁作业费 | 元 | 133.68 | 108.07 | 130.00 | 153.02 | 414.87 | 95.20 |
| 机械作业费 | 元 | 89.02 | 81.37 | 100.00 | 122.31 | 109.37 | 48.60 |
| 排灌费 | 元 | 44.66 | 26.70 | 30.00 | 30.71 | 305.50 | 46.60 |
| 其中:水费 | 元 | 2.07 | 22.08 |  | 30.71 | 227.23 | 44.68 |
| 畜力费 | 元 |  |  |  |  |  |  |
| 7. 燃料动力费 | 元 |  | 32.99 |  | 2.36 |  |  |
| 8. 技术服务费 | 元 |  | 1.12 |  |  |  |  |
| 9. 工具材料费 | 元 | 105.20 | 24.39 | 55.50 | 168.32 | 324.39 | 45.08 |
| 10. 修理维护费 | 元 | 22.12 | 6.28 | 7.10 | 38.56 | 23.29 | 5.04 |
| 11. 其他直接费用 | 元 |  |  |  |  |  |  |
| (二)间接费用 | 元 | 599.84 | 605.44 | 554.16 | 389.72 | 621.84 | 722.91 |
| 1. 固定资产折旧 | 元 | 258.74 | 581.93 | 527.50 | 211.98 | 426.50 | 657.74 |
| 2. 保险费 | 元 | 16.62 |  |  | 4.22 | 96.62 |  |
| 3. 管理费 | 元 | 18.10 | 2.99 |  |  |  |  |
| 4. 财务费 | 元 |  | 1.21 |  |  |  |  |
| 5. 销售费 | 元 | 306.38 | 19.31 | 26.66 | 173.52 | 98.72 | 65.17 |
| **二、每亩人工成本** | **元** | **4705.34** | **5618.35** | **1814.76** | **4894.94** | **7065.13** | **4270.10** |
| 1. 家庭用工折价 | 元 | 3843.91 | 3444.68 | 534.76 | 2444.13 | 6848.34 | 4096.91 |
| 家庭用工天数 | 日 | 41.69 | 37.36 | 5.80 | 26.51 | 74.28 | 44.44 |
| 劳动日工价 | 元 | 92.20 | 92.20 | 92.20 | 92.20 | 92.20 | 92.20 |
| 2. 雇工费用 | 元 | 861.43 | 2173.67 | 1280.00 | 2450.81 | 216.79 | 173.19 |
| 雇工天数 | 日 | 9.56 | 15.89 | 18.00 | 27.22 | 2.11 | 1.58 |
| 雇工工价 | 元 | 90.11 | 136.80 | 71.11 | 90.04 | 102.74 | 109.62 |
| **三、附** |  |  |  |  |  |  |  |
| 1. 每亩种子用量 | 公斤 |  |  |  |  |  |  |
| 2. 每亩化肥用量 | 公斤 | 49.07 | 54.76 | 125.33 | 67.92 | 67.32 | 52.25 |
| 3. 每亩农膜用量 | 公斤 | 46.13 | 14.11 |  | 24.70 | 30.31 | 23.89 |

# 6-1-8-3 2021年各地区设施菜椒化肥投入情况

| 项 目 | 单位 | 平 均 | 北 京 | 天 津 | 河 北 | 辽 宁 | 上 海 |
|---|---|---|---|---|---|---|---|
| **一、每亩化肥金额** | 元 | **568.42** | **549.38** | **168.26** | **522.42** | **1065.18** | **347.73** |
| (一)氮肥 | 元 | 61.77 | | 3.63 | | | 122.53 |
| 1. 尿素 | 元 | 61.70 | | 3.63 | | | 122.53 |
| 2. 碳铵 | 元 | 0.07 | | | | | |
| 3. 其他氮肥 | 元 | | | | | | |
| (二)磷肥 | 元 | 1.24 | | | | | |
| 其中:过磷酸钙 | 元 | 1.24 | | | | | |
| (三)钾肥 | 元 | 0.89 | | | | | |
| 其中:氯化钾 | 元 | 0.89 | | | | | |
| (四)复混肥 | 元 | 441.15 | 197.28 | 164.63 | 468.69 | 147.26 | 225.20 |
| 1. 复合肥 | 元 | 441.15 | 197.28 | 164.63 | 468.69 | 147.26 | 225.20 |
| 其中:二铵 | 元 | 10.82 | | 2.23 | 72.29 | | |
| 三元素复合肥 | 元 | 89.37 | 197.28 | 162.40 | 281.40 | | 225.20 |
| 2. 混配肥 | 元 | | | | | | |
| (五)其他肥料 | 元 | 63.37 | 352.10 | | 53.73 | 917.92 | |
| **二、每亩化肥折纯用量** | 公斤 | **58.67** | **23.07** | **22.91** | **66.52** | **21.26** | **43.71** |
| (一)氮肥 | 公斤 | 11.61 | | 0.70 | | | 21.68 |
| 1. 尿素 | 公斤 | 11.59 | | 0.70 | | | 21.68 |
| 2. 碳铵 | 公斤 | 0.02 | | | | | |
| 3. 其他氮肥 | 公斤 | | | | | | |
| (二)磷肥 | 公斤 | 0.21 | | | | | |
| 其中:过磷酸钙 | 公斤 | 0.21 | | | | | |
| (三)钾肥 | 公斤 | 0.15 | | | | | |
| 其中:氯化钾 | 公斤 | 0.15 | | | | | |
| (四)复混肥 | 公斤 | 46.71 | 23.07 | 22.20 | 66.52 | 21.26 | 22.03 |
| 1. 复合肥 | 公斤 | 46.71 | 23.07 | 22.20 | 66.52 | 21.26 | 22.03 |
| 其中:二铵 | 公斤 | 1.94 | | 0.42 | 12.68 | | |
| 三元素复合肥 | 公斤 | 11.51 | 23.07 | 21.78 | 39.68 | | 22.03 |
| 2. 混配肥 | 公斤 | | | | | | |

6-1-8-3 续表

| 项　　目 | 单位 | 江 苏 | 浙 江 | 河 南 | 四 川 | 甘 肃 | 宁 夏 |
|---|---|---|---|---|---|---|---|
| **一、每亩化肥金额** | **元** | **380.25** | **398.47** | **946.00** | **674.39** | **660.86** | **699.34** |
| (一)氮肥 | 元 | 79.17 | 118.11 | | 59.60 | 35.43 | |
| 1. 尿素 | 元 | 78.03 | 118.11 | | 59.60 | 35.43 | |
| 2. 碳铵 | 元 | 1.14 | | | | | |
| 3. 其他氮肥 | 元 | | | | | | |
| (二)磷肥 | 元 | 2.35 | 0.26 | | 1.95 | | |
| 其中:过磷酸钙 | 元 | 2.35 | 0.26 | | 1.95 | | |
| (三)钾肥 | 元 | | | | 1.62 | | |
| 其中:氯化钾 | 元 | | | | 1.62 | | |
| (四)复混肥 | 元 | 217.21 | 280.10 | 946 00 | 578.70 | 421.20 | 305.07 |
| 1. 复合肥 | 元 | 217.21 | 280.10 | 946 00 | 578.70 | 421.20 | 305.07 |
| 其中:二铵 | 元 | | | | | 180.79 | 145.03 |
| 三元素复合肥 | 元 | 177.36 | 147.95 | | 5.95 | 212.74 | 160.04 |
| 2. 混配肥 | 元 | | | | | | |
| (五)其他肥料 | 元 | 81.52 | | | 32.52 | 204.23 | 394.27 |
| **二、每亩化肥折纯用量** | **公斤** | **49.07** | **54.76** | **125.33** | **67.92** | **67.32** | **52.25** |
| (一)氮肥 | 公斤 | 14.69 | 19.81 | | 11.86 | 6.90 | |
| 1. 尿素 | 公斤 | 14.43 | 19.81 | | 11.86 | 6.90 | |
| 2. 碳铵 | 公斤 | 0.26 | | | | | |
| 3. 其他氮肥 | 公斤 | | | | | | |
| (二)磷肥 | 公斤 | 0.42 | 0.04 | | 0.32 | | |
| 其中:过磷酸钙 | 公斤 | 0.42 | 0.04 | | 0.32 | | |
| (三)钾肥 | 公斤 | | | | 0.28 | | |
| 其中:氯化钾 | 公斤 | | | | 0.28 | | |
| (四)复混肥 | 公斤 | 33.96 | 34.90 | 125.33 | 55.47 | 60.41 | 52.25 |
| 1. 复合肥 | 公斤 | 33.96 | 34.90 | 125.33 | 55.47 | 60.41 | 52.25 |
| 其中:二铵 | 公斤 | | | | | 31.03 | 29.02 |
| 三元素复合肥 | 公斤 | 29.61 | 19.47 | | 0.79 | 25.46 | 23.23 |
| 2. 混配肥 | 公斤 | | | | | | |

# 6-1-9-1　2021年各地区露地圆白菜成本收益情况

| 项　　目 | 单位 | 平　均 | 天　津 | 河　北 | 山　西 | 内蒙古 | 辽　宁 | 吉　林 |
|---|---|---|---|---|---|---|---|---|
| **每亩** | | | | | | | | |
| 主产品产量 | 公斤 | 3827.91 | 4082.13 | 3985.98 | 4345.39 | 5238.14 | 2015.29 | 3127.79 |
| 产值合计 | 元 | 4690.24 | 6579.49 | 4637.23 | 3142.59 | 6810.26 | 3917.45 | 4952.95 |
| 主产品产值 | 元 | 4690.18 | 6579.49 | 4637.23 | 3142.59 | 6810.26 | 3917.45 | 4952.95 |
| 副产品产值 | 元 | 0.06 | | | | | | |
| 总成本 | 元 | 3124.88 | 3653.87 | 2699.95 | 2041.85 | 3249.10 | 2024.21 | 3381.88 |
| 生产成本 | 元 | 2804.36 | 3308.65 | 2327.12 | 1769.94 | 3049.10 | 1844.21 | 2884.56 |
| 物质与服务费用 | 元 | 1355.94 | 651.58 | 875.15 | 768.74 | 977.43 | 497.17 | 876.17 |
| 人工成本 | 元 | 1448.42 | 2657.07 | 1451.97 | 1001.20 | 2071.67 | 1347.04 | 2008.39 |
| 家庭用工折价 | 元 | 688.83 | 2654.99 | 1451.97 | 1001.20 | 1969.48 | 1347.04 | 2008.39 |
| 雇工费用 | 元 | 759.59 | 2.07 | | | 102.18 | | |
| 土地成本 | 元 | 320.52 | 345.22 | 372.83 | 271.91 | 200.00 | 180.00 | 497.32 |
| 流转地租金 | 元 | 143.33 | 139.19 | 11.05 | 12.74 | 7.09 | 26.46 | 86.32 |
| 自营地折租 | 元 | 177.19 | 206.03 | 361.78 | 259.17 | 192.91 | 153.54 | 411.00 |
| 净利润 | 元 | 1565.36 | 2925.62 | 1937.28 | 1100.74 | 3561.16 | 1893.24 | 1571.07 |
| 现金成本 | 元 | 2258.86 | 792.84 | 886.20 | 781.48 | 1086.70 | 523.63 | 962.49 |
| 现金收益 | 元 | 2431.38 | 5786.65 | 3751.03 | 2361.11 | 5723.56 | 3393.82 | 3990.46 |
| 成本利润率 | % | 50.09 | 80.07 | 71.75 | 53.91 | 109.60 | 93.53 | 46.46 |
| **每50公斤主产品** | | | | | | | | |
| 平均出售价格 | 元 | 61.26 | 80.59 | 58.17 | 36.16 | 65.01 | 97.19 | 79.18 |
| 总成本 | 元 | 40.81 | 44.75 | 33.87 | 23.49 | 31.02 | 50.22 | 54.06 |
| 生产成本 | 元 | 36.63 | 40.53 | 29.19 | 20.37 | 29.11 | 45.75 | 46.11 |
| 净利润 | 元 | 20.45 | 35.84 | 24.30 | 12.67 | 33.99 | 46.97 | 25.12 |
| 现金成本 | 元 | 29.50 | 9.71 | 11.12 | 8.99 | 10.37 | 12.99 | 15.39 |
| 现金收益 | 元 | 31.76 | 70.88 | 47.05 | 27.17 | 54.64 | 84.20 | 63.79 |
| **附：** | | | | | | | | |
| 每亩用工数量 | 日 | 13.87 | 28.81 | 15.75 | 10.86 | 22.21 | 14.61 | 21.78 |
| 每亩主产品已出售数量 | 公斤 | 3820.55 | 4082.13 | 3970.85 | 4339.83 | 5238.14 | 2015.29 | 3127.79 |
| 每亩主产品已出售产值 | 元 | 4677.02 | 6579.49 | 4617.12 | 3135.89 | 6810.26 | 3917.45 | 4952.95 |
| 每亩成本外支出 | 元 | | | | | | | |

6-1-9-1 续表 1

| 项 目 | 单位 | 上 海 | 江 苏 | 浙 江 | 安 徽 | 福 建 | 江 西 |
|---|---|---|---|---|---|---|---|
| **每亩** | | | | | | | |
| 主产品产量 | 公斤 | 2831.00 | 3458.25 | 1649.06 | 3021.61 | 2792.59 | 3510.46 |
| 产值合计 | 元 | 4942.74 | 6511.28 | 4535.01 | 6819.45 | 5958.50 | 7472.88 |
| 主产品产值 | 元 | 4942.74 | 6511.28 | 4535.01 | 6819.45 | 5958.50 | 7472.88 |
| 副产品产值 | 元 | | | | | | |
| 总成本 | 元 | 3781.23 | 3843.00 | 2138.28 | 2802.98 | 4461.14 | 2692.55 |
| 生产成本 | 元 | 3293.80 | 3571.82 | 1883.81 | 2559.17 | 4230.81 | 2522.89 |
| 物质与服务费用 | 元 | 1093.81 | 1271.74 | 1201.11 | 901.31 | 2502.12 | 765.18 |
| 人工成本 | 元 | 2199.99 | 2300.08 | 682.70 | 1657.86 | 1728.69 | 1757.71 |
| 家庭用工折价 | 元 | 299.83 | 1591.10 | 199.71 | 1649.37 | 114.70 | 1744.61 |
| 雇工费用 | 元 | 1900.16 | 708.99 | 482.99 | 8.49 | 1613.99 | 13.10 |
| 土地成本 | 元 | 487.43 | 271.18 | 254.47 | 243.81 | 230.33 | 169.66 |
| 流转地租金 | 元 | 487.43 | 160.88 | 178.14 | 77.32 | 80.58 | 11.91 |
| 自营地折租 | 元 | | 110.30 | 76.33 | 166.49 | 149.75 | 157.75 |
| 净利润 | 元 | 1161.51 | 2668.28 | 2396.73 | 4016.47 | 1497.36 | 4780.33 |
| 现金成本 | 元 | 3481.40 | 2141.61 | 1862.24 | 987.12 | 4196.69 | 790.19 |
| 现金收益 | 元 | 1461.34 | 4369.67 | 2672.77 | 5832.33 | 1761.81 | 6682.69 |
| 成本利润率 | % | 30.72 | 69.43 | 112.09 | 143.29 | 33.56 | 177.54 |
| **每 50 公斤主产品** | | | | | | | |
| 平均出售价格 | 元 | 87.30 | 94.14 | 137.50 | 112.84 | 106.68 | 106.44 |
| 总成本 | 元 | 66.79 | 55.56 | 64.83 | 46.38 | 79.87 | 38.35 |
| 生产成本 | 元 | 58.18 | 51.64 | 57.12 | 42.35 | 75.75 | 35.93 |
| 净利润 | 元 | 20.51 | 38.58 | 72.67 | 66.46 | 26.81 | 68.09 |
| 现金成本 | 元 | 61.49 | 30.96 | 56.46 | 16.33 | 75.14 | 11.26 |
| 现金收益 | 元 | 25.81 | 63.18 | 81.04 | 96.51 | 31.54 | 95.18 |
| **附：** | | | | | | | |
| 每亩用工数量 | 日 | 18.95 | 24.18 | 4.85 | 17.98 | 15.83 | 19.02 |
| 每亩主产品已出售数量 | 公斤 | 2831.00 | 3458.25 | 1642.11 | 3021.61 | 2775.70 | 3486.00 |
| 每亩主产品已出售产值 | 元 | 4942.74 | 6511.28 | 4526.17 | 6819.45 | 5919.01 | 7424.22 |
| 每亩成本外支出 | 元 | | | | | | |

6-1-9-1 续表 2

| 项　　目 | 单位 | 山　东 | 河　南 | 湖　北 | 广　东 | 重　庆 | 四　川 |
|---|---|---|---|---|---|---|---|
| **每亩** | | | | | | | |
| 主产品产量 | 公斤 | 3593.79 | 4503.12 | 1865.10 | 2560.00 | 3271.93 | 3884.86 |
| 产值合计 | 元 | 6378.88 | 8336.35 | 3416.97 | 8646.43 | 8137.49 | 7618.99 |
| 主产品产值 | 元 | 6378.88 | 8336.35 | 3416.97 | 8646.43 | 8137.49 | 7615.31 |
| 副产品产值 | 元 | | | | | | 3.68 |
| 总成本 | 元 | 2439.11 | 2409.86 | 2211.80 | 6230.76 | 2409.73 | 3491.94 |
| 生产成本 | 元 | 2171.70 | 2029.80 | 1934.69 | 5897.43 | 2176.15 | 3111.39 |
| 物质与服务费用 | 元 | 730.25 | 664.87 | 702.03 | 1986.92 | 639.82 | 970.73 |
| 人工成本 | 元 | 1441.45 | 1364.93 | 1232.66 | 3910.51 | 1536.33 | 2140.66 |
| 家庭用工折价 | 元 | 1439.43 | 715.66 | 1175.64 | 3727.65 | 1536.33 | 1988.39 |
| 雇工费用 | 元 | 2.02 | 649.27 | 57.02 | 182.86 | | 152.28 |
| 土地成本 | 元 | 267.41 | 380.06 | 277.11 | 333.33 | 233.58 | 380.55 |
| 流转地租金 | 元 | | 67.90 | 33.29 | 266.66 | 35.04 | 42.36 |
| 自营地折租 | 元 | 267.41 | 312.16 | 243.82 | 66.67 | 198.54 | 338.19 |
| 净利润 | 元 | 3939.77 | 5926.49 | 1205.17 | 2415.67 | 5727.76 | 4127.05 |
| 现金成本 | 元 | 732.27 | 1382.04 | 792.34 | 2436.44 | 674.86 | 1165.37 |
| 现金收益 | 元 | 5646.61 | 6954.31 | 2624.63 | 6209.99 | 7462.63 | 6453.62 |
| 成本利润率 | % | 161.53 | 245.93 | 54.49 | 38.77 | 237.69 | 118.19 |
| **每 50 公斤主产品** | | | | | | | |
| 平均出售价格 | 元 | 88.75 | 92.56 | 91.60 | 168.88 | 124.35 | 98.01 |
| 总成本 | 元 | 33.94 | 26.76 | 59.29 | 121.70 | 36.82 | 44.92 |
| 生产成本 | 元 | 30.22 | 22.54 | 51.86 | 115.19 | 33.25 | 40.02 |
| 净利润 | 元 | 54.81 | 65.80 | 32.31 | 47.18 | 87.53 | 53.09 |
| 现金成本 | 元 | 10.19 | 15.35 | 21.24 | 47.59 | 10.31 | 14.99 |
| 现金收益 | 元 | 78.56 | 77.21 | 70.36 | 121.29 | 114.04 | 83.02 |
| **附：** | | | | | | | |
| 每亩用工数量 | 日 | 15.63 | 13.98 | 13.19 | 42.26 | 16.66 | 22.84 |
| 每亩主产品已出售数量 | 公斤 | 3586.94 | 4503.12 | 1857.97 | 2560.00 | 3271.93 | 3884.86 |
| 每亩主产品已出售产值 | 元 | 6365.68 | 8336.35 | 3401.16 | 8646.43 | 8137.49 | 7615.31 |
| 每亩成本外支出 | 元 | | | | | | |

6-1-9-1 续表 3

| 项　　目 | 单位 | 云　南 | 陕　西 | 甘　肃 | 青　海 | 宁　夏 | 新　疆 |
|---|---|---|---|---|---|---|---|
| **每亩** | | | | | | | |
| 主产品产量 | 公斤 | 5063.65 | 2533.03 | 5291.30 | 4935.74 | 4312.84 | 4804.50 |
| 产值合计 | 元 | 8292.88 | 3819.87 | 4592.71 | 6638.49 | 5505.24 | 2103.18 |
| 主产品产值 | 元 | 8292.88 | 3819.87 | 4592.71 | 6638.49 | 5505.24 | 2103.18 |
| 副产品产值 | 元 | | | | | | |
| 总成本 | 元 | 3264.24 | 2823.64 | 3400.53 | 3481.65 | 2283.47 | 2309.41 |
| 生产成本 | 元 | 2986.93 | 2659.24 | 3074.20 | 3049.90 | 1947.26 | 2044.80 |
| 物质与服务费用 | 元 | 1458.09 | 463.04 | 927.42 | 647.78 | 1047.13 | 1502.58 |
| 人工成本 | 元 | 1528.84 | 2196.20 | 2146.78 | 2402.12 | 900.13 | 542.22 |
| 家庭用工折价 | 元 | 1263.69 | 2196.20 | 2146.78 | 1999.45 | 641.44 | 208.46 |
| 雇工费用 | 元 | 265.14 | | | 402.67 | 258.69 | 333.76 |
| 土地成本 | 元 | 277.31 | 164.40 | 326.33 | 431.75 | 336.21 | 264.61 |
| 流转地租金 | 元 | 13.07 | | | 143.86 | 97.83 | 56.07 |
| 自营地折租 | 元 | 264.24 | 164.40 | 326.33 | 287.89 | 238.38 | 208.54 |
| 净利润 | 元 | 5028.64 | 996.23 | 1192.18 | 3156.84 | 3221.77 | -206.23 |
| 现金成本 | 元 | 1736.30 | 463.04 | 927.42 | 1194.31 | 1403.65 | 1892.41 |
| 现金收益 | 元 | 6556.58 | 3356.83 | 3665.29 | 5444.18 | 4101.59 | 210.77 |
| 成本利润率 | % | 154.05 | 35.28 | 35.06 | 90.67 | 141.09 | -8.93 |
| **每 50 公斤主产品** | | | | | | | |
| 平均出售价格 | 元 | 81.89 | 75.40 | 43.40 | 67.25 | 63.82 | 21.89 |
| 总成本 | 元 | 32.23 | 55.74 | 32.13 | 35.27 | 26.47 | 24.04 |
| 生产成本 | 元 | 29.50 | 52.49 | 29.05 | 30.90 | 22.57 | 21.28 |
| 净利润 | 元 | 49.66 | 19.66 | 11.27 | 31.98 | 37.35 | -2.15 |
| 现金成本 | 元 | 17.15 | 9.14 | 8.76 | 12.10 | 16.27 | 19.70 |
| 现金收益 | 元 | 64.74 | 66.26 | 34.64 | 55.15 | 47.55 | 2.19 |
| **附：** | | | | | | | |
| 每亩用工数量 | 日 | 16.32 | 23.82 | 23.28 | 25.07 | 9.20 | 4.70 |
| 每亩主产品已出售数量 | 公斤 | 4953.52 | 2498.88 | 5291.30 | 4910.21 | 4312.84 | 4804.50 |
| 每亩主产品已出售产值 | 元 | 8114.14 | 3770.97 | 4592.71 | 6612.96 | 5505.24 | 2103.18 |
| 每亩成本外支出 | 元 | | | | | | |

# 6-1-9-2　2021 年各地区露地圆白菜费用和用工情况

| 项　　目 | 单位 | 平　均 | 天　津 | 河　北 | 山　西 | 内蒙古 | 辽　宁 | 吉　林 |
|---|---|---|---|---|---|---|---|---|
| 一、每亩物质与服务费用 | 元 | **1355.94** | **651.58** | **875.15** | **768.74** | **977.43** | **497.17** | **876.17** |
| (一)直接费用 | 元 | 1222.38 | 651.58 | 839.68 | 717.00 | 812.77 | 456.11 | 669.99 |
| 1. 种子费 | 元 | 302.96 | 71.14 | 97.90 | 152.76 | 104.35 | 32.95 | 94.27 |
| 2. 化肥费 | 元 | 347.70 | 156.86 | 257.89 | 241.16 | 217.28 | 139.35 | 125.61 |
| 3. 农家肥费 | 元 | 171.60 | 191.74 | 156.03 | 59.09 | 254.66 | 124.87 | 176.16 |
| 4. 农药费 | 元 | 116.27 | 67.97 | 77.56 | 42.08 | 86.74 | 66.34 | 53.27 |
| 5. 农膜费 | 元 | 32.60 | 58.83 | 36.02 | 15.81 | 36.55 | 56.17 | 35.20 |
| 6. 租赁作业费 | 元 | 184.45 | 90.29 | 165.53 | 195.51 | 97.84 | 24.40 | 138.97 |
| 机械作业费 | 元 | 103.49 | 55.63 | 100.84 | 96.33 | 54.11 |  | 122.35 |
| 排灌费 | 元 | 80.19 | 34.66 | 64.69 | 99.18 | 43.73 | 24.40 | 16.62 |
| 其中:水费 | 元 | 49.39 | 32.96 |  |  | 35.46 |  |  |
| 畜力费 | 元 | 0.77 |  |  |  |  |  |  |
| 7. 燃料动力费 | 元 | 5.58 |  |  | 3.11 |  |  | 20.10 |
| 8. 技术服务费 | 元 | 6.64 |  |  |  |  |  |  |
| 9. 工具材料费 | 元 | 50.39 | 9.96 | 44.36 | 5.53 | 15.35 | 5.75 | 14.10 |
| 10. 修理维护费 | 元 | 4.19 | 4.79 | 4.39 | 1.95 |  | 6.28 | 12.31 |
| 11. 其他直接费用 | 元 |  |  |  |  |  |  |  |
| (二)间接费用 | 元 | 133.56 |  | 35.47 | 51.74 | 164.66 | 41.06 | 206.18 |
| 1. 固定资产折旧 | 元 | 24.47 |  | 11.61 | 4.46 |  | 22.23 | 15.02 |
| 2. 保险费 | 元 | 1.49 |  |  |  |  |  |  |
| 3. 管理费 | 元 | 2.15 |  |  |  |  |  |  |
| 4. 财务费 | 元 | 15.50 |  |  |  |  |  |  |
| 5. 销售费 | 元 | 89.95 |  | 23.86 | 47.28 | 164.66 | 18.83 | 191.16 |
| 二、每亩人工成本 | 元 | **1448.42** | **2657.07** | **1451.97** | **1001.20** | **2071.67** | **1347.04** | **2008.39** |
| 1. 家庭用工折价 | 元 | 688.83 | 2654.99 | 1451.97 | 1001.20 | 1969.48 | 1347.04 | 2008.39 |
| 家庭用工天数 | 日 | 7.47 | 28.80 | 15.75 | 10.86 | 21.36 | 14.61 | 21.78 |
| 劳动日工价 | 元 | 92.20 | 92.20 | 92.20 | 92.20 | 92.20 | 92.20 | 92.20 |
| 2. 雇工费用 | 元 | 759.59 | 2.07 |  |  | 102.18 |  |  |
| 雇工天数 | 日 | 6.40 | 0.01 |  |  | 0.85 |  |  |
| 雇工工价 | 元 | 118.69 | 207.40 | 109.19 | 120.23 | 120.21 | 106.10 | 124.34 |
| 三、附 |  |  |  |  |  |  |  |  |
| 1. 每亩种子用量 | 公斤 |  |  |  |  |  |  |  |
| 2. 每亩化肥用量 | 公斤 | 44.09 | 24.72 | 34.68 | 39.11 | 46.70 | 26.74 | 25.49 |
| 3. 每亩农膜用量 | 公斤 | 2.08 | 4.62 | 2.89 | 1.37 | 2.97 | 5.25 | 2.63 |

6-1-9-2 续表 1

| 项 目 | 单位 | 上 海 | 江 苏 | 浙 江 | 安 徽 | 福 建 | 江 西 |
|---|---|---|---|---|---|---|---|
| **一、每亩物质与服务费用** | 元 | **1093.81** | **1271.74** | **1201.11** | **901.31** | **2502.12** | **765.18** |
| (一)直接费用 | 元 | 1042.81 | 829.67 | 1100.22 | 728.55 | 1943.17 | 701.15 |
| 1. 种子费 | 元 | 102.25 | 55.60 | 461.76 | 98.05 | 475.91 | 73.39 |
| 2. 化肥费 | 元 | 298.78 | 188.16 | 448.49 | 223.92 | 653.47 | 315.85 |
| 3. 农家肥费 | 元 | 328.54 | 311.04 | 3.74 | 212.42 | 312.23 | 93.97 |
| 4. 农药费 | 元 | 153.45 | 65.18 | 71.88 | 73.28 | 131.00 | 66.52 |
| 5. 农膜费 | 元 |  | 0.66 | 1.77 | 15.00 | 154.08 |  |
| 6. 租赁作业费 | 元 | 146.39 | 147.06 | 96.74 | 54.20 | 103.58 | 63.18 |
| 机械作业费 | 元 | 102.82 | 106.81 | 95.88 | 53.58 | 92.23 | 57.41 |
| 排灌费 | 元 | 43.57 | 40.25 | 0.86 | 0.62 | 5.87 | 5.77 |
| 其中:水费 | 元 |  |  | 0.86 | 0.62 | 4.70 |  |
| 畜力费 | 元 |  |  |  |  | 5.48 |  |
| 7. 燃料动力费 | 元 |  | 0.17 | 7.30 | 38.54 | 24.51 | 66.86 |
| 8. 技术服务费 | 元 |  |  |  |  | 47.01 |  |
| 9. 工具材料费 | 元 | 6.36 | 45.66 | 6.86 | 6.26 | 33.02 | 16.90 |
| 10. 修理维护费 | 元 | 7.04 | 16.14 | 1.68 | 6.88 | 8.36 | 4.48 |
| 11. 其他直接费用 | 元 |  |  |  |  |  |  |
| (二)间接费用 | 元 | 51.00 | 442.07 | 100.89 | 172.76 | 558.95 | 64.03 |
| 1. 固定资产折旧 | 元 |  | 30.54 | 2.86 | 60.67 | 130.79 | 26.19 |
| 2. 保险费 | 元 |  | 6.13 | 30.60 | 12.11 |  |  |
| 3. 管理费 | 元 | 6.81 | 22.60 | 0.54 |  |  |  |
| 4. 财务费 | 元 | 5.03 |  |  |  | 103.58 |  |
| 5. 销售费 | 元 | 39.16 | 382.80 | 66.89 | 99.98 | 324.58 | 37.84 |
| **二、每亩人工成本** | 元 | **2199.99** | **2300.08** | **682.70** | **1657.86** | **1728.69** | **1757.71** |
| 1. 家庭用工折价 | 元 | 299.83 | 1591.10 | 199.71 | 1649.37 | 114.70 | 1744.61 |
| 家庭用工天数 | 日 | 3.25 | 17.26 | 2.17 | 17.89 | 1.24 | 18.92 |
| 劳动日工价 | 元 | 92.20 | 92.20 | 92.20 | 92.20 | 92.20 | 92.20 |
| 2. 雇工费用 | 元 | 1900.16 | 708.99 | 482.99 | 8.49 | 1613.99 | 13.10 |
| 雇工天数 | 日 | 15.70 | 6.92 | 2.68 | 0.09 | 14.59 | 0.10 |
| 雇工工价 | 元 | 121.03 | 102.46 | 180.22 | 94.37 | 110.62 | 130.98 |
| **三、附** |  |  |  |  |  |  |  |
| 1. 每亩种子用量 | 公斤 |  |  |  |  |  |  |
| 2. 每亩化肥用量 | 公斤 | 35.45 | 31.27 | 55.18 | 29.46 | 60.31 | 39.95 |
| 3. 每亩农膜用量 | 公斤 |  | 0.06 | 0.12 | 1.17 | 8.14 |  |

6-1-9-2 续表 2

| 项　　目 | 单位 | 山　东 | 河　南 | 湖　北 | 广　东 | 重　庆 | 四　川 |
|---|---|---|---|---|---|---|---|
| **一、每亩物质与服务费用** | **元** | **730.25** | **664.87** | **702.03** | **1986.92** | **639.82** | **970.73** |
| (一)直接费用 | 元 | 678.31 | 616.51 | 608.14 | 1496.53 | 627.50 | 786.68 |
| 1. 种子费 | 元 | 54.64 | 79.66 | 81.95 | 52.71 | 62.65 | 97.64 |
| 2. 化肥费 | 元 | 224.45 | 332.47 | 329.56 | 721.45 | 305.70 | 310.69 |
| 3. 农家肥费 | 元 | 119.33 | 9.30 | 4.42 | 224.29 | 8.40 | 92.89 |
| 4. 农药费 | 元 | 81.78 | 60.29 | 70.89 | 429.57 | 106.16 | 69.64 |
| 5. 农膜费 | 元 | 36.11 | | | | | 41.16 |
| 6. 租赁作业费 | 元 | 151.85 | 122.64 | 81.37 | | 124.57 | 165.07 |
| 机械作业费 | 元 | 91.32 | 69.64 | 72.05 | | 124.57 | 138.16 |
| 排灌费 | 元 | 60.53 | 53.00 | 9.32 | | | 26.91 |
| 其中:水费 | 元 | 20.72 | | 5.95 | | | 23.39 |
| 畜力费 | 元 | | | | | | |
| 7. 燃料动力费 | 元 | | | 25.75 | 43.78 | 11.13 | |
| 8. 技术服务费 | 元 | | | | | | |
| 9. 工具材料费 | 元 | 7.52 | 11.37 | 4.97 | 16.69 | 7.72 | 7.24 |
| 10. 修理维护费 | 元 | 2.63 | 0.78 | 9.23 | 8.04 | 1.17 | 2.35 |
| 11. 其他直接费用 | 元 | | | | | | |
| (二)间接费用 | 元 | 51.94 | 48.36 | 93.89 | 490.39 | 12.32 | 184.05 |
| 1. 固定资产折旧 | 元 | 5.28 | 2.88 | 40.37 | 128.39 | 8.05 | 7.57 |
| 2. 保险费 | 元 | | | | | | |
| 3. 管理费 | 元 | | | | | | |
| 4. 财务费 | 元 | | | | | | |
| 5. 销售费 | 元 | 46.66 | 45.48 | 53.52 | 362.00 | 4.27 | 176.48 |
| **二、每亩人工成本** | **元** | **1441.45** | **1364.93** | **1232.66** | **3910.51** | **1536.33** | **2140.66** |
| 1. 家庭用工折价 | 元 | 1439.43 | 715.66 | 1175.64 | 3727.65 | 1536.33 | 1988.39 |
| 家庭用工天数 | 日 | 15.61 | 7.76 | 12.75 | 40.43 | 16.66 | 21.57 |
| 劳动日工价 | 元 | 92.20 | 92.20 | 92.20 | 92.20 | 92.20 | 92.20 |
| 2. 雇工费用 | 元 | 2.02 | 649.27 | 57.02 | 182.86 | | 152.28 |
| 雇工天数 | 日 | 0.02 | 6.22 | 0.44 | 1.83 | | 1.27 |
| 雇工工价 | 元 | 101.05 | 104.38 | 129.59 | 99.92 | 148.79 | 119.90 |
| **三、附** | | | | | | | |
| 1. 每亩种子用量 | 公斤 | | | | | | |
| 2. 每亩化肥用量 | 公斤 | 32.39 | 47.22 | 41.46 | 111.62 | 38.66 | 42.40 |
| 3. 每亩农膜用量 | 公斤 | 2.91 | | | | | 3.17 |

6-1-9-2 续表 3

| 项　　目 | 单位 | 云　南 | 陕　西 | 甘　肃 | 青　海 | 宁　夏 | 新　疆 |
|---|---|---|---|---|---|---|---|
| **一、每亩物质与服务费用** | 元 | **1458.09** | **463.04** | **927.42** | **647.78** | **1047.13** | **1502.58** |
| (一)直接费用 | 元 | 1344.55 | 423.93 | 899.25 | 521.37 | 1031.89 | 1497.01 |
| 1. 种子费 | 元 | 415.59 | 88.94 | 179.26 | 152.41 | 298.82 | 516.42 |
| 2. 化肥费 | 元 | 338.97 | 134.02 | 294.25 | 128.52 | 359.39 | 327.88 |
| 3. 农家肥费 | 元 | 243.33 | 24.96 | 71.15 | 30.08 | 158.75 | 69.57 |
| 4. 农药费 | 元 | 193.04 | 27.17 | 95.56 | 31.96 | 74.05 | 134.35 |
| 5. 农膜费 | 元 | 35.84 |  | 34.05 | 57.05 |  | 6.61 |
| 6. 租赁作业费 | 元 | 91.24 | 140.42 | 215.18 | 103.60 | 137.00 | 314.62 |
| 机械作业费 | 元 | 53.86 | 104.62 | 90.60 | 87.27 | 97.77 | 131.59 |
| 排灌费 | 元 | 37.38 | 35.80 | 124.58 | 16.33 | 39.23 | 183.03 |
| 其中:水费 | 元 | 7.33 |  | 105.02 | 16.33 | 37.75 | 142.56 |
| 畜力费 | 元 |  |  |  |  |  |  |
| 7. 燃料动力费 | 元 | 9.20 |  |  |  |  | 0.22 |
| 8. 技术服务费 | 元 |  |  |  |  |  |  |
| 9. 工具材料费 | 元 | 13.06 | 4.64 | 5.82 | 17.75 | 1.90 | 127.34 |
| 10. 修理维护费 | 元 | 4.28 | 3.78 | 3.98 |  | 1.98 |  |
| 11. 其他直接费用 | 元 |  |  |  |  |  |  |
| (二)间接费用 | 元 | 113.54 | 39.11 | 28.17 | 126.41 | 15.24 | 5.57 |
| 1. 固定资产折旧 | 元 | 28.20 |  | 1.64 |  | 2.83 | 4.78 |
| 2. 保险费 | 元 |  |  |  |  |  |  |
| 3. 管理费 | 元 |  |  |  |  |  | 0.26 |
| 4. 财务费 | 元 |  |  |  |  |  |  |
| 5. 销售费 | 元 | 85.34 | 39.11 | 26.53 | 126.41 | 12.41 | 0.53 |
| **二、每亩人工成本** | 元 | **1528.84** | **2196.20** | **2146.78** | **2402.12** | **900.13** | **542.22** |
| 1. 家庭用工折价 | 元 | 1263.69 | 2196.20 | 2146.78 | 1999.45 | 641.44 | 208.46 |
| 家庭用工天数 | 日 | 13.71 | 23.82 | 23.28 | 21.69 | 6.96 | 2.26 |
| 劳动日工价 | 元 | 92.20 | 92.20 | 92.20 | 92.20 | 92.20 | 92.20 |
| 2. 雇工费用 | 元 | 265.14 |  |  | 402.67 | 258.69 | 333.76 |
| 雇工天数 | 日 | 2.61 |  |  | 3.38 | 2.24 | 2.44 |
| 雇工工价 | 元 | 101.59 | 102.20 | 99.00 | 119.13 | 115.49 | 136.79 |
| **三、附** |  |  |  |  |  |  |  |
| 1. 每亩种子用量 | 公斤 | 0.01 |  |  |  |  |  |
| 2. 每亩化肥用量 | 公斤 | 43.87 | 27.25 | 49.45 | 24.69 | 43.62 | 47.46 |
| 3. 每亩农膜用量 | 公斤 | 2.86 |  | 2.86 | 6.27 |  | 0.66 |

# 6-1-9-3 2021年各地区露地圆白菜化肥投入情况

| 项　　目 | 单位 | 平　均 | 天　津 | 河　北 | 山　西 | 内蒙古 | 辽　宁 | 吉　林 |
|---|---|---|---|---|---|---|---|---|
| **一、每亩化肥金额** | 元 | **347.70** | **156.86** | **257.89** | **241.16** | **217.28** | **139.35** | **125.61** |
| (一)氮肥 | 元 | 73.12 | 42.58 | 11.10 | 86.38 | 85.74 | 60.87 | 101.48 |
| 1. 尿素 | 元 | 72.64 | 42.58 | 11.10 | 86.38 | 85.74 | 51.70 | 100.49 |
| 2. 碳铵 | 元 | 0.46 | | | | | 9.17 | |
| 3. 其他氮肥 | 元 | 0.02 | | | | | | 0.99 |
| (二)磷肥 | 元 | 1.80 | | | 4.57 | | | |
| 其中:过磷酸钙 | 元 | 1.70 | | | 4.57 | | | |
| (三)钾肥 | 元 | 33.58 | | 39.33 | | | | 3.86 |
| 其中:氯化钾 | 元 | 31.16 | | | | | | 0.46 |
| (四)复混肥 | 元 | 234.67 | 114.28 | 207.46 | 150.21 | 129.88 | 78.48 | 20.27 |
| 1. 复合肥 | 元 | 233.52 | 114.28 | 207.46 | 150.21 | 129.88 | 78.48 | 20.27 |
| 其中:二铵 | 元 | 40.59 | 21.22 | 9.40 | 41.02 | 113.37 | 78.48 | 13.41 |
| 三元素复合肥 | 元 | 173.05 | 93.06 | 161.99 | 89.26 | 16.51 | | 6.86 |
| 2. 混配肥 | 元 | 1.15 | | | | | | |
| (五)其他肥料 | 元 | 4.53 | | | | 1.66 | | |
| **二、每亩化肥折纯用量** | 公斤 | **44.09** | **24.72** | **34.68** | **39.11** | **46.70** | **26.74** | **25.49** |
| (一)氮肥 | 公斤 | 12.32 | 8.47 | 2.15 | 15.08 | 20.66 | 11.44 | 21.20 |
| 1. 尿素 | 公斤 | 12.24 | 8.47 | 2.15 | 15.08 | 20.66 | 10.01 | 20.95 |
| 2. 碳铵 | 公斤 | 0.08 | | | | | 1.43 | |
| 3. 其他氮肥 | 公斤 | | | | | | | 0.25 |
| (二)磷肥 | 公斤 | 0.39 | | | 0.78 | | | |
| 其中:过磷酸钙 | 公斤 | 0.38 | | | 0.78 | | | |
| (三)钾肥 | 公斤 | 3.24 | | 1.98 | | | | 0.73 |
| 其中:氯化钾 | 公斤 | 3.09 | | | | | | 0.13 |
| (四)复混肥 | 公斤 | 28.13 | 16.26 | 30.54 | 23.25 | 26.05 | 15.31 | 3.57 |
| 1. 复合肥 | 公斤 | 27.72 | 16.26 | 30.54 | 23.25 | 26.05 | 15.31 | 3.57 |
| 其中:二铵 | 公斤 | 7.42 | 4.08 | 1.87 | 6.44 | 23.63 | 15.31 | 2.54 |
| 三元素复合肥 | 公斤 | 17.92 | 12.18 | 22.90 | 14.16 | 2.42 | | 1.03 |
| 2. 混配肥 | 公斤 | 0.41 | | | | | | |

6-1-9-3 续表 1

| 项　　目 | 单位 | 上　海 | 江　苏 | 浙　江 | 安　徽 | 福　建 | 江　西 |
|---|---|---|---|---|---|---|---|
| **一、每亩化肥金额** | 元 | **298. 78** | **188. 16** | **448. 49** | **223. 92** | **653. 47** | **315. 85** |
| （一）氮肥 | 元 | 102. 39 | 60. 53 | 6. 20 | 18. 29 | 10. 12 | 30. 19 |
| 1. 尿素 | 元 | 102. 39 | 56. 10 | 6. 20 | 18. 29 | 9. 97 | 30. 19 |
| 2. 碳铵 | 元 |  | 4. 43 |  |  | 0. 15 |  |
| 3. 其他氮肥 | 元 |  |  |  |  |  |  |
| （二）磷肥 | 元 |  | 0. 64 |  | 1. 36 | 2. 72 | 7. 46 |
| 其中：过磷酸钙 | 元 |  | 0. 64 |  | 1. 36 | 2. 19 | 3. 81 |
| （三）钾肥 | 元 |  |  |  | 6. 37 | 2. 63 |  |
| 其中：氯化钾 | 元 |  |  |  | 6. 37 | 2. 05 |  |
| （四）复混肥 | 元 | 196. 39 | 126. 99 | 442. 29 | 193. 78 | 636. 69 | 274. 55 |
| 1. 复合肥 | 元 | 196. 39 | 126. 99 | 416. 79 | 193. 78 | 636. 69 | 274. 55 |
| 其中：二铵 | 元 |  |  |  |  |  |  |
| 三元素复合肥 | 元 | 196. 39 | 113. 33 | 409. 09 | 53. 95 | 574. 77 | 122. 93 |
| 2. 混配肥 | 元 |  |  | 25. 50 |  |  |  |
| （五）其他肥料 | 元 |  |  |  | 4. 12 | 1. 31 | 3. 65 |
| **二、每亩化肥折纯用量** | 公斤 | **35. 45** | **31. 27** | **55. 18** | **29. 46** | **60. 31** | **39. 95** |
| （一）氮肥 | 公斤 | 16. 81 | 10. 83 | 1. 03 | 3. 21 | 1. 39 | 4. 54 |
| 1. 尿素 | 公斤 | 16. 81 | 10. 14 | 1. 03 | 3. 21 | 1. 37 | 4. 54 |
| 2. 碳铵 | 公斤 |  | 0. 69 |  |  | 0. 02 |  |
| 3. 其他氮肥 | 公斤 |  |  |  |  |  |  |
| （二）磷肥 | 公斤 |  | 0. 12 |  | 0. 32 | 0. 42 | 1. 20 |
| 其中：过磷酸钙 | 公斤 |  | 0. 12 |  | 0. 32 | 0. 35 | 0. 63 |
| （三）钾肥 | 公斤 |  |  |  | 1. 27 | 0. 45 |  |
| 其中：氯化钾 | 公斤 |  |  |  | 1. 27 | 0. 35 |  |
| （四）复混肥 | 公斤 | 18. 64 | 20. 32 | 54. 16 | 24. 65 | 58. 05 | 34. 21 |
| 1. 复合肥 | 公斤 | 18. 64 | 20. 32 | 43. 23 | 24. 65 | 58. 05 | 34. 21 |
| 其中：二铵 | 公斤 |  |  |  |  |  |  |
| 三元素复合肥 | 公斤 | 18. 64 | 18. 77 | 42. 00 | 6. 41 | 51. 13 | 15. 25 |
| 2. 混配肥 | 公斤 |  |  | 10. 93 |  |  |  |

6-1-9-3 续表 2

| 项　　目 | 单位 | 山 东 | 河 南 | 湖 北 | 广 东 | 重 庆 | 四 川 |
|---|---|---|---|---|---|---|---|
| **一、每亩化肥金额** | **元** | **224.45** | **332.47** | **329.56** | **721.45** | **305.70** | **310.69** |
| (一)氮肥 | 元 | 19.02 | 6.80 | 33.60 | 269.08 | 33.61 | 106.19 |
| 1. 尿素 | 元 | 19.02 | 6.80 | 33.60 | 269.08 | 33.61 | 106.19 |
| 2. 碳铵 | 元 | | | | | | |
| 3. 其他氮肥 | 元 | | | | | | |
| (二)磷肥 | 元 | | | | 70.30 | | 17.98 |
| 其中:过磷酸钙 | 元 | | | | 70.30 | | 17.98 |
| (三)钾肥 | 元 | | | | | | |
| 其中:氯化钾 | 元 | | | | | | |
| (四)复混肥 | 元 | 205.43 | 325.67 | 295.96 | 382.07 | 267.87 | 186.52 |
| 1. 复合肥 | 元 | 205.43 | 325.67 | 295.96 | 382.07 | 264.97 | 186.52 |
| 其中:二铵 | 元 | | | | | | |
| 三元素复合肥 | 元 | 205.43 | 317.61 | 170.14 | 382.07 | 264.97 | 106.00 |
| 2. 混配肥 | 元 | | | | | 2.90 | |
| (五)其他肥料 | 元 | | | | | 4.22 | |
| **二、每亩化肥折纯用量** | **公斤** | **32.39** | **47.22** | **41.46** | **111.62** | **38.66** | **42.40** |
| (一)氮肥 | 公斤 | 3.36 | 1.43 | 5.22 | 43.50 | 5.14 | 18.68 |
| 1. 尿素 | 公斤 | 3.36 | 1.43 | 5.22 | 43.50 | 5.14 | 18.68 |
| 2. 碳铵 | 公斤 | | | | | | |
| 3. 其他氮肥 | 公斤 | | | | | | |
| (二)磷肥 | 公斤 | | | | 19.03 | | 3.09 |
| 其中:过磷酸钙 | 公斤 | | | | 19.03 | | 3.09 |
| (三)钾肥 | 公斤 | | | | | | |
| 其中:氯化钾 | 公斤 | | | | | | |
| (四)复混肥 | 公斤 | 29.03 | 45.79 | 36.24 | 49.09 | 33.52 | 20.62 |
| 1. 复合肥 | 公斤 | 29.03 | 45.79 | 36.24 | 49.09 | 33.17 | 20.62 |
| 其中:二铵 | 公斤 | | | | | | |
| 三元素复合肥 | 公斤 | 29.03 | 44.81 | 21.67 | 49.09 | 33.17 | 13.80 |
| 2. 混配肥 | 公斤 | | | | | 0.35 | |

6-1-9-3 续表 3

| 项 目 | 单位 | 云 南 | 陕 西 | 甘 肃 | 青 海 | 宁 夏 | 新 疆 |
|---|---|---|---|---|---|---|---|
| **一、每亩化肥金额** | **元** | **338.97** | **134.02** | **294.25** | **128.52** | **359.39** | **327.88** |
| (一)氮肥 | 元 | 80.67 | 98.73 | 127.07 | 54.39 | 50.61 | 112.75 |
| 1. 尿素 | 元 | 75.44 | 70.04 | 127.07 | 54.39 | 50.61 | 112.75 |
| 2. 碳铵 | 元 | 5.23 | 28.69 | | | | |
| 3. 其他氮肥 | 元 | | | | | | |
| (二)磷肥 | 元 | 20.59 | 35.29 | | | | |
| 其中:过磷酸钙 | 元 | 20.59 | 35.29 | | | | |
| (三)钾肥 | 元 | 30.49 | | | | | 102.35 |
| 其中:氯化钾 | 元 | | | | | | 102.35 |
| (四)复混肥 | 元 | 207.22 | | 131.34 | 74.13 | 208.15 | 106.02 |
| 1. 复合肥 | 元 | 200.61 | | 131.34 | 74.13 | 208.15 | 106.02 |
| 其中:二铵 | 元 | | | 123.03 | 74.13 | 106.60 | 104.99 |
| 三元素复合肥 | 元 | 69.23 | | 5.52 | | 101.55 | 1.03 |
| 2. 混配肥 | 元 | 6.61 | | | | | |
| (五)其他肥料 | 元 | | | 35.84 | | 100.63 | 6.76 |
| **二、每亩化肥折纯用量** | **公斤** | **43.87** | **27.25** | **49.45** | **24.69** | **43.62** | **47.46** |
| (一)氮肥 | 公斤 | 12.85 | 20.26 | 25.42 | 10.58 | 9.68 | 18.21 |
| 1. 尿素 | 公斤 | 12.11 | 13.80 | 25.42 | 10.58 | 9.68 | 18.21 |
| 2. 碳铵 | 公斤 | 0.74 | 6.46 | | | | |
| 3. 其他氮肥 | 公斤 | | | | | | |
| (二)磷肥 | 公斤 | 5.77 | 6.99 | | | | |
| 其中:过磷酸钙 | 公斤 | 5.77 | 6.99 | | | | |
| (三)钾肥 | 公斤 | 2.07 | | | | | 10.07 |
| 其中:氯化钾 | 公斤 | | | | | | 10.07 |
| (四)复混肥 | 公斤 | 23.18 | | 24.02 | 14.12 | 33.94 | 19.18 |
| 1. 复合肥 | 公斤 | 23.08 | | 24.02 | 14.12 | 33.94 | 19.18 |
| 其中:二铵 | 公斤 | | | 22.94 | 14.12 | 20.16 | 19.04 |
| 三元素复合肥 | 公斤 | 6.23 | | 0.73 | | 13.78 | 0.14 |
| 2. 混配肥 | 公斤 | 0.10 | | | | | |

# 6-1-10-1　2021 年各地区露地大白菜成本收益情况

| 项　　目 | 单位 | 平　均 | 北　京 | 天　津 | 河　北 | 山　西 | 内蒙古 | 辽　宁 |
|---|---|---|---|---|---|---|---|---|
| **每亩** | | | | | | | | |
| 主产品产量 | 公斤 | 4387.45 | 2549.84 | 4479.95 | 3832.15 | 4925.90 | 7124.08 | 7140.85 |
| 产值合计 | 元 | 5649.19 | 4596.63 | 5069.64 | 5679.95 | 7111.68 | 6481.00 | 3479.77 |
| 主产品产值 | 元 | 5649.19 | 4596.63 | 5069.64 | 5679.95 | 7111.68 | 6481.00 | 3479.77 |
| 副产品产值 | 元 | | | | | | | |
| 总成本 | 元 | 2959.74 | 2331.59 | 2295.17 | 1889.48 | 2439.73 | 2849.03 | 2381.34 |
| 生产成本 | 元 | 2606.49 | 1800.62 | 1939.97 | 1578.24 | 2205.37 | 2475.09 | 2073.88 |
| 物质与服务费用 | 元 | 867.70 | 730.09 | 518.06 | 511.81 | 758.30 | 900.98 | 340.82 |
| 人工成本 | 元 | 1738.79 | 1070.53 | 1421.91 | 1066.43 | 1447.07 | 1574.11 | 1733.06 |
| 家庭用工折价 | 元 | 992.63 | 1070.53 | 1421.91 | 1022.04 | 1430.58 | 1537.99 | 1294.21 |
| 雇工费用 | 元 | 746.16 | | | 44.39 | 16.50 | 36.12 | 438.85 |
| 土地成本 | 元 | 353.25 | 530.97 | 355.20 | 311.24 | 234.36 | 373.94 | 307.46 |
| 流转地租金 | 元 | 135.19 | 349.37 | 155.27 | 3.44 | 14.65 | 42.30 | 28.84 |
| 自营地折租 | 元 | 218.06 | 181.60 | 199.93 | 307.80 | 219.71 | 331.64 | 278.62 |
| 净利润 | 元 | 2689.45 | 2265.04 | 2774.47 | 3790.47 | 4671.95 | 3631.97 | 1098.43 |
| 现金成本 | 元 | 1749.05 | 1079.46 | 673.33 | 559.64 | 789.45 | 979.40 | 808.51 |
| 现金收益 | 元 | 3900.14 | 3517.17 | 4396.31 | 5120.31 | 6322.23 | 5501.60 | 2671.26 |
| 成本利润率 | % | 90.87 | 97.15 | 120.88 | 200.61 | 191.49 | 127.48 | 46.13 |
| **每 50 公斤主产品** | | | | | | | | |
| 平均出售价格 | 元 | 64.38 | 90.14 | 56.58 | 74.11 | 72.19 | 45.49 | 24.37 |
| 总成本 | 元 | 33.73 | 45.72 | 25.62 | 24.65 | 24.77 | 20.00 | 16.68 |
| 生产成本 | 元 | 29.70 | 35.31 | 21.65 | 20.59 | 22.39 | 17.37 | 14.52 |
| 净利润 | 元 | 30.65 | 44.42 | 30.96 | 49.46 | 47.42 | 25.49 | 7.69 |
| 现金成本 | 元 | 19.93 | 21.17 | 7.51 | 7.30 | 8.01 | 6.87 | 5.66 |
| 现金收益 | 元 | 44.45 | 68.97 | 49.07 | 66.81 | 64.18 | 38.62 | 18.71 |
| **附：** | | | | | | | | |
| 每亩用工数量 | 日 | 16.87 | 11.61 | 15.42 | 11.59 | 15.70 | 16.98 | 17.04 |
| 每亩主产品已出售数量 | 公斤 | 4297.66 | 2540.55 | 4479.95 | 2818.86 | 4874.34 | 7088.93 | 7093.60 |
| 每亩主产品已出售产值 | 元 | 5497.77 | 4582.80 | 5069.64 | 3804.21 | 7012.18 | 6450.71 | 3454.81 |
| 每亩成本外支出 | 元 | 0.25 | | | | | | |

6-1-10-1 续表 1

| 项 目 | 单位 | 吉 林 | 黑龙江 | 上 海 | 江 苏 | 福 建 | 江 西 | 山 东 |
|---|---|---|---|---|---|---|---|---|
| **每亩** | | | | | | | | |
| 主产品产量 | 公斤 | 4742.15 | 4729.83 | 3410.80 | 6121.14 | 2589.29 | 3779.38 | 3950.64 |
| 产值合计 | 元 | 4821.67 | 3332.67 | 5040.30 | 10807.43 | 5077.07 | 6514.55 | 5532.12 |
| 主产品产值 | 元 | 4821.67 | 3332.67 | 5040.30 | 10807.43 | 5077.07 | 6514.55 | 5532.12 |
| 副产品产值 | 元 | | | | | | | |
| 总成本 | 元 | 3470.08 | 1620.14 | 3915.30 | 3369.59 | 3892.55 | 2777.75 | 2175.83 |
| 生产成本 | 元 | 3012.21 | 1191.46 | 3446.93 | 2985.00 | 3677.97 | 2610.10 | 1863.72 |
| 物质与服务费用 | 元 | 761.35 | 486.23 | 1131.59 | 958.47 | 1472.21 | 769.80 | 730.01 |
| 人工成本 | 元 | 2250.86 | 705.23 | 2315.34 | 2026.53 | 2205.76 | 1840.30 | 1133.71 |
| 家庭用工折价 | 元 | 2064.08 | 410.66 | 363.36 | 1978.15 | 167.80 | 1832.01 | 976.03 |
| 雇工费用 | 元 | 186.77 | 294.57 | 1951.98 | 48.38 | 2037.95 | 8.29 | 157.68 |
| 土地成本 | 元 | 457.87 | 428.68 | 468.37 | 384.59 | 214.58 | 167.65 | 312.11 |
| 流转地租金 | 元 | 69.53 | 71.82 | 468.37 | 202.07 | 111.00 | 13.23 | 43.43 |
| 自营地折租 | 元 | 388.34 | 356.86 | | 182.52 | 103.58 | 154.42 | 268.68 |
| 净利润 | 元 | 1351.59 | 1712.53 | 1125.00 | 7437.84 | 1184.52 | 3736.80 | 3356.29 |
| 现金成本 | 元 | 1017.65 | 852.62 | 3551.94 | 1208.92 | 3621.16 | 791.32 | 931.12 |
| 现金收益 | 元 | 3804.02 | 2480.05 | 1488.36 | 9598.51 | 1455.91 | 5723.23 | 4601.00 |
| 成本利润率 | % | 38.95 | 105.70 | 28.73 | 220.73 | 30.43 | 134.53 | 154.25 |
| **每 50 公斤主产品** | | | | | | | | |
| 平均出售价格 | 元 | 50.84 | 35.23 | 73.89 | 88.28 | 98.04 | 86.19 | 70.02 |
| 总成本 | 元 | 36.59 | 17.13 | 57.40 | 27.52 | 75.17 | 36.75 | 27.54 |
| 生产成本 | 元 | 31.76 | 12.60 | 50.53 | 24.38 | 71.02 | 34.53 | 23.59 |
| 净利润 | 元 | 14.25 | 18.10 | 16.49 | 60.76 | 22.87 | 49.44 | 42.48 |
| 现金成本 | 元 | 10.73 | 9.01 | 52.07 | 9.88 | 69.93 | 10.47 | 11.79 |
| 现金收益 | 元 | 40.11 | 26.22 | 21.82 | 78.40 | 28.11 | 75.72 | 58.23 |
| **附：** | | | | | | | | |
| 每亩用工数量 | 日 | 24.10 | 6.66 | 18.80 | 22.15 | 17.08 | 19.93 | 11.94 |
| 每亩主产品已出售数量 | 公斤 | 4742.15 | 4729.83 | 3410.80 | 6007.03 | 2573.36 | 3754.33 | 3820.56 |
| 每亩主产品已出售产值 | 元 | 4821.67 | 3332.67 | 5040.30 | 10600.71 | 5039.20 | 6471.59 | 5318.66 |
| 每亩成本外支出 | 元 | | | | 4.83 | | | |

6-1-10-1 续表 2

| 项 目 | 单位 | 河 南 | 湖 北 | 湖 南 | 广 东 | 广 西 | 海 南 | 重 庆 |
|---|---|---|---|---|---|---|---|---|
| **每亩** | | | | | | | | |
| 主产品产量 | 公斤 | 4086.60 | 3677.24 | 2518.49 | 1885.93 | 4202.55 | 1550.75 | 2850.95 |
| 产值合计 | 元 | 4796.66 | 4835.86 | 5599.17 | 2352.49 | 6969.98 | 3092.72 | 6626.66 |
| 主产品产值 | 元 | 4796.66 | 4835.86 | 5599.17 | 2352.49 | 6969.98 | 3092.72 | 6626.66 |
| 副产品产值 | 元 | | | | | | | |
| 总成本 | 元 | 2331.80 | 2384.35 | 2730.82 | 1939.91 | 3608.20 | 4257.68 | 3062.45 |
| 生产成本 | 元 | 1963.65 | 2115.08 | 2249.59 | 1737.05 | 3298.94 | 3907.68 | 2817.43 |
| 物质与服务费用 | 元 | 713.95 | 776.25 | 519.97 | 958.38 | 1056.10 | 1019.05 | 540.37 |
| 人工成本 | 元 | 1249.70 | 1338.83 | 1729.62 | 778.67 | 2242.84 | 2888.63 | 2277.06 |
| 家庭用工折价 | 元 | 716.12 | 1317.63 | 553.20 | 594.69 | 637.19 | 2888.63 | 2277.06 |
| 雇工费用 | 元 | 533.58 | 21.20 | 1176.42 | 183.98 | 1605.65 | | |
| 土地成本 | 元 | 368.15 | 269.27 | 481.23 | 202.86 | 309.26 | 350.00 | 245.02 |
| 流转地租金 | 元 | 65.64 | 28.35 | 176.94 | 31.43 | 94.79 | | 36.75 |
| 自营地折租 | 元 | 302.51 | 240.92 | 304.29 | 171.43 | 214.47 | 350.00 | 208.27 |
| 净利润 | 元 | 2464.86 | 2451.51 | 2868.35 | 412.58 | 3361.78 | -1164.96 | 3564.21 |
| 现金成本 | 元 | 1313.17 | 825.80 | 1873.33 | 1173.79 | 2756.54 | 1019.05 | 577.12 |
| 现金收益 | 元 | 3483.49 | 4010.06 | 3725.84 | 1178.70 | 4213.44 | 2073.67 | 6049.54 |
| 成本利润率 | % | 105.71 | 102.82 | 105.04 | 21.27 | 93.17 | -27.36 | 116.38 |
| **每 50 公斤主产品** | | | | | | | | |
| 平均出售价格 | 元 | 58.69 | 65.75 | 111.16 | 62.37 | 82.93 | 99.72 | 116.22 |
| 总成本 | 元 | 28.53 | 32.42 | 54.21 | 51.43 | 42.93 | 137.28 | 53.71 |
| 生产成本 | 元 | 24.03 | 28.76 | 44.66 | 46.05 | 39.25 | 126.00 | 49.41 |
| 净利润 | 元 | 30.16 | 33.33 | 56.95 | 10.94 | 40.00 | -37.56 | 62.51 |
| 现金成本 | 元 | 16.07 | 11.23 | 37.19 | 31.12 | 32.80 | 32.86 | 10.12 |
| 现金收益 | 元 | 42.62 | 54.52 | 73.97 | 31.25 | 50.13 | 66.86 | 106.10 |
| **附：** | | | | | | | | |
| 每亩用工数量 | 日 | 13.48 | 14.46 | 12.46 | 7.84 | 24.89 | 31.33 | 24.70 |
| 每亩主产品已出售数量 | 公斤 | 4086.60 | 3670.27 | 2518.49 | 1885.93 | 4201.15 | 1544.50 | 2850.95 |
| 每亩主产品已出售产值 | 元 | 4796.66 | 4822.14 | 5599.17 | 2352.49 | 6966.59 | 3082.05 | 6626.66 |
| 每亩成本外支出 | 元 | | | | | | | |

6-1-10-1 续表 3

| 项　　目 | 单位 | 四　川 | 云　南 | 陕　西 | 甘　肃 | 青　海 | 宁　夏 |
|---|---|---|---|---|---|---|---|
| 每亩 | | | | | | | |
| 主产品产量 | 公斤 | 5031.11 | 5632.27 | 3162.82 | 6424.42 | 5467.50 | 5849.88 |
| 产值合计 | 元 | 6029.84 | 7545.71 | 3838.07 | 7140.94 | 6721.27 | 6096.57 |
| 主产品产值 | 元 | 6029.84 | 7545.71 | 3838.07 | 7140.94 | 6721.27 | 6096.57 |
| 副产品产值 | 元 | | | | | | |
| 总成本 | 元 | 3337.29 | 3026.99 | 3347.38 | 2963.37 | 2992.09 | 1809.40 |
| 生产成本 | 元 | 3096.12 | 2711.03 | 3131.17 | 2688.86 | 2492.09 | 1492.55 |
| 物质与服务费用 | 元 | 852.93 | 1159.18 | 894.67 | 875.56 | 1217.89 | 555.89 |
| 人工成本 | 元 | 2243.19 | 1551.85 | 2236.50 | 1813.30 | 1274.20 | 936.66 |
| 家庭用工折价 | 元 | 1963.21 | 1259.73 | 2236.50 | 1813.30 | 1274.20 | 929.01 |
| 雇工费用 | 元 | 279.98 | 292.12 | | | | 7.65 |
| 土地成本 | 元 | 241.17 | 315.96 | 216.21 | 274.51 | 500.00 | 316.85 |
| 流转地租金 | 元 | 2.16 | 13.50 | 14.62 | | | 102.26 |
| 自营地折租 | 元 | 239.01 | 302.46 | 201.59 | 274.51 | 500.00 | 214.59 |
| 净利润 | 元 | 2692.55 | 4518.72 | 490.69 | 4177.57 | 3729.18 | 4287.17 |
| 现金成本 | 元 | 1135.07 | 1464.80 | 909.29 | 875.56 | 1217.89 | 665.80 |
| 现金收益 | 元 | 4894.77 | 6080.91 | 2928.78 | 6265.38 | 5503.38 | 5430.77 |
| 成本利润率 | % | 80.68 | 149.28 | 14.66 | 140.97 | 124.63 | 236.94 |
| **每 50 公斤主产品** | | | | | | | |
| 平均出售价格 | 元 | 59.93 | 66.99 | 60.67 | 55.58 | 61.47 | 52.11 |
| 总成本 | 元 | 33.17 | 26.87 | 52.91 | 23.06 | 27.36 | 15.47 |
| 生产成本 | 元 | 30.77 | 24.07 | 49.50 | 20.93 | 22.79 | 12.76 |
| 净利润 | 元 | 26.76 | 40.12 | 7.76 | 32.52 | 34.11 | 36.64 |
| 现金成本 | 元 | 11.28 | 13.00 | 14.37 | 6.81 | 11.14 | 5.69 |
| 现金收益 | 元 | 48.65 | 53.99 | 46.30 | 48.77 | 50.33 | 46.42 |
| **附：** | | | | | | | |
| 每亩用工数量 | 日 | 23.42 | 16.54 | 24.26 | 19.67 | 13.82 | 10.14 |
| 每亩主产品已出售数量 | 公斤 | 5031.11 | 5138.76 | 3114.48 | 5839.50 | 5467.50 | 5849.88 |
| 每亩主产品已出售产值 | 元 | 6029.84 | 6813.85 | 3778.33 | 6203.27 | 6721.27 | 6096.57 |
| 每亩成本外支出 | 元 | | | | | | |

# 6-1-10-2 2021年各地区露地大白菜费用和用工情况

| 项目 | 单位 | 平均 | 北京 | 天津 | 河北 | 山西 | 内蒙古 | 辽宁 |
|---|---|---|---|---|---|---|---|---|
| **一、每亩物质与服务费用** | **元** | **867.70** | **730.09** | **518.06** | **511.81** | **758.30** | **900.98** | **340.82** |
| (一)直接费用 | 元 | 778.03 | 711.67 | 518.06 | 501.43 | 720.76 | 818.39 | 324.91 |
| 1. 种子费 | 元 | 69.68 | 61.73 | 48.72 | 62.70 | 64.64 | 83.02 | 45.11 |
| 2. 化肥费 | 元 | 304.83 | 316.49 | 154.88 | 230.06 | 243.42 | 173.46 | 125.77 |
| 3. 农家肥费 | 元 | 145.01 | 76.27 | 161.54 | 45.43 | 210.25 | 333.90 | |
| 4. 农药费 | 元 | 98.37 | 131.99 | 59.11 | 48.82 | 42.43 | 87.01 | 34.18 |
| 5. 农膜费 | 元 | 12.36 | | | | 7.85 | 6.44 | |
| 6. 租赁作业费 | 元 | 123.63 | 112.63 | 85.46 | 102.55 | 141.24 | 116.30 | 118.17 |
| 机械作业费 | 元 | 88.73 | 67.34 | 54.50 | 66.89 | 69.26 | 62.02 | 68.53 |
| 排灌费 | 元 | 34.87 | 45.29 | 30.96 | 35.66 | 71.98 | 54.28 | 49.64 |
| 其中:水费 | 元 | 7.81 | 18.59 | 29.62 | | | 38.75 | 1.09 |
| 畜力费 | 元 | 0.03 | | | | | | |
| 7. 燃料动力费 | 元 | 7.86 | | | | 3.80 | | |
| 8. 技术服务费 | 元 | 1.15 | | | | | | |
| 9. 工具材料费 | 元 | 10.83 | 9.02 | 4.86 | 7.59 | 4.14 | 18.26 | 1.34 |
| 10. 修理维护费 | 元 | 4.31 | 3.54 | 3.49 | 4.28 | 2.99 | | 0.34 |
| 11. 其他直接费用 | 元 | | | | | | | |
| (二)间接费用 | 元 | 89.67 | 18.42 | | 10.38 | 37.54 | 82.59 | 15.91 |
| 1. 固定资产折旧 | 元 | 11.14 | | | 10.38 | 4.34 | | 13.43 |
| 2. 保险费 | 元 | 0.20 | | | | | | |
| 3. 管理费 | 元 | 1.60 | | | | | | |
| 4. 财务费 | 元 | 3.35 | | | | | | |
| 5. 销售费 | 元 | 73.38 | 18.42 | | | 33.20 | 82.59 | 2.48 |
| **二、每亩人工成本** | **元** | **1738.79** | **1070.53** | **1421.91** | **1066.43** | **1447.07** | **1574.11** | **1733.06** |
| 1. 家庭用工折价 | 元 | 992.63 | 1070.53 | 1421.91 | 1022.04 | 1430.58 | 1537.99 | 1294.21 |
| 家庭用工天数 | 日 | 10.77 | 11.61 | 15.42 | 11.09 | 15.52 | 16.68 | 14.04 |
| 劳动日工价 | 元 | 92.20 | 92.20 | 92.20 | 92.20 | 92.20 | 92.20 | 92.20 |
| 2. 雇工费用 | 元 | 746.16 | | | 44.39 | 16.50 | 36.12 | 438.85 |
| 雇工天数 | 日 | 6.10 | | | 0.50 | 0.18 | 0.30 | 3.00 |
| 雇工工价 | 元 | 122.32 | 138.01 | 152.45 | 88.78 | 91.64 | 120.40 | 146.28 |
| **三、附** | | | | | | | | |
| 1. 每亩种子用量 | 公斤 | | | | | | | |
| 2. 每亩化肥用量 | 公斤 | 39.64 | 38.78 | 26.77 | 35.43 | 39.09 | 35.93 | 22.58 |
| 3. 每亩农膜用量 | 公斤 | 0.91 | | | | 0.70 | 0.51 | |

6-1-10-2　续表 1

| 项　　目 | 单位 | 吉　林 | 黑龙江 | 上　海 | 江　苏 | 福　建 | 江　西 | 山　东 |
|---|---|---|---|---|---|---|---|---|
| **一、每亩物质与服务费用** | 元 | **761.35** | **486.23** | **1131.59** | **958.47** | **1472.21** | **769.80** | **730.01** |
| （一）直接费用 | 元 | 608.13 | 413.15 | 1061.31 | 836.30 | 1155.42 | 694.41 | 704.15 |
| 1. 种子费 | 元 | 87.04 | 44.10 | 81.97 | 18.54 | 80.88 | 58.78 | 41.76 |
| 2. 化肥费 | 元 | 138.82 | 141.28 | 325.28 | 533.77 | 392.68 | 316.10 | 345.60 |
| 3. 农家肥费 | 元 | 164.87 | 54.64 | 324.77 | 23.51 | 287.77 | 96.42 | 110.51 |
| 4. 农药费 | 元 | 55.89 | 40.02 | 158.54 | 113.76 | 107.04 | 63.45 | 61.84 |
| 5. 农膜费 | 元 | 3.92 | | | | 71.00 | | |
| 6. 租赁作业费 | 元 | 132.04 | 126.30 | 154.78 | 138.09 | 132.78 | 60.30 | 131.14 |
| 机械作业费 | 元 | 112.90 | 84.53 | 105.45 | 132.90 | 113.71 | 56.24 | 81.54 |
| 排灌费 | 元 | 19.14 | 41.77 | 49.33 | 5.19 | 19.07 | 4.06 | 49.60 |
| 其中：水费 | 元 | 1.09 | 12.58 | | 4.68 | 2.55 | | 2.75 |
| 畜力费 | 元 | | | | | | | |
| 7. 燃料动力费 | 元 | 1.88 | | | | 28.38 | 80.99 | 4.92 |
| 8. 技术服务费 | 元 | | | | | 13.10 | | |
| 9. 工具材料费 | 元 | 11.55 | 6.81 | 7.74 | 5.23 | 33.05 | 13.89 | 5.70 |
| 10. 修理维护费 | 元 | 12.12 | | 8.23 | 3.40 | 8.74 | 4.48 | 2.68 |
| 11. 其他直接费用 | 元 | | | | | | | |
| （二）间接费用 | 元 | 153.22 | 73.08 | 70.28 | 122.17 | 316.79 | 75.39 | 25.86 |
| 1. 固定资产折旧 | 元 | 11.95 | | | 14.43 | 52.53 | 27.55 | 7.44 |
| 2. 保险费 | 元 | | | | | | | |
| 3. 管理费 | 元 | | | 9.57 | | | | |
| 4. 财务费 | 元 | | | 6.91 | | 7.99 | | |
| 5. 销售费 | 元 | 141.27 | 73.08 | 53.80 | 107.74 | 256.27 | 47.84 | 18.42 |
| **二、每亩人工成本** | 元 | **2250.86** | **705.23** | **2315.34** | **2026.53** | **2205.76** | **1840.30** | **1133.71** |
| 1. 家庭用工折价 | 元 | 2064.08 | 410.66 | 363.36 | 1978.15 | 167.80 | 1832.01 | 976.03 |
| 家庭用工天数 | 日 | 22.39 | 4.45 | 3.94 | 21.46 | 1.82 | 19.87 | 10.59 |
| 劳动日工价 | 元 | 92.20 | 92.20 | 92.20 | 92.20 | 92.20 | 92.20 | 92.20 |
| 2. 雇工费用 | 元 | 186.77 | 294.57 | 1951.98 | 48.38 | 2037.95 | 8.29 | 157.68 |
| 雇工天数 | 日 | 1.71 | 2.21 | 14.86 | 0.69 | 15.26 | 0.06 | 1.35 |
| 雇工工价 | 元 | 109.23 | 133.29 | 131.36 | 70.12 | 133.55 | 138.15 | 116.80 |
| **三、附** | | | | | | | | |
| 1. 每亩种子用量 | 公斤 | | | | | | | |
| 2. 每亩化肥用量 | 公斤 | 24.86 | 27.64 | 38.53 | 65.18 | 44.81 | 41.37 | 41.98 |
| 3. 每亩农膜用量 | 公斤 | 0.29 | | | | 4.69 | | |

6-1-10-2 续表 2

| 项　　目 | 单位 | 河　南 | 湖　北 | 湖　南 | 广　东 | 广　西 | 海　南 | 重　庆 |
|---|---|---|---|---|---|---|---|---|
| **一、每亩物质与服务费用** | **元** | **713.95** | **776.25** | **519.97** | **958.38** | **1056.10** | **1019.05** | **540.37** |
| （一）直接费用 | 元 | 652.54 | 701.02 | 427.13 | 936.48 | 1041.72 | 982.31 | 513.67 |
| 1. 种子费 | 元 | 59.60 | 99.57 | 36.31 | 67.57 | 54.26 | 54.38 | 31.01 |
| 2. 化肥费 | 元 | 359.02 | 285.99 | 257.01 | 429.09 | 539.55 | 408.79 | 230.60 |
| 3. 农家肥费 | 元 | 22.00 | 50.14 | 5.99 | 67.86 | 18.91 | 105.00 | 26.91 |
| 4. 农药费 | 元 | 60.40 | 129.43 | 63.74 | 149.91 | 236.74 | 219.35 | 130.85 |
| 5. 农膜费 | 元 |  |  | 23.64 |  |  |  |  |
| 6. 租赁作业费 | 元 | 136.56 | 99.23 | 11.49 | 120.00 | 142.94 | 126.66 | 63.08 |
| 机械作业费 | 元 | 70.96 | 78.41 | 11.19 | 120.00 | 129.92 | 118.33 | 63.08 |
| 排灌费 | 元 | 65.60 | 20.82 | 0.30 |  | 13.02 |  |  |
| 其中：水费 | 元 |  | 20.82 | 0.10 |  | 13.02 |  |  |
| 畜力费 | 元 |  |  |  |  |  | 8.33 |  |
| 7. 燃料动力费 | 元 |  | 21.72 | 21.13 | 97.81 | 32.85 | 45.40 | 15.56 |
| 8. 技术服务费 | 元 |  |  |  |  |  |  |  |
| 9. 工具材料费 | 元 | 13.28 | 7.98 | 3.59 | 4.24 | 14.24 | 16.85 | 13.65 |
| 10. 修理维护费 | 元 | 1.68 | 6.96 | 4.23 |  | 2.23 | 5.88 | 2.01 |
| 11. 其他直接费用 | 元 |  |  |  |  |  |  |  |
| （二）间接费用 | 元 | 61.41 | 75.23 | 92.84 | 21.90 | 14.38 | 36.74 | 26.70 |
| 1. 固定资产折旧 | 元 | 1.61 | 36.95 | 14.00 | 21.90 | 8.51 | 9.24 | 11.78 |
| 2. 保险费 | 元 |  |  |  |  |  |  |  |
| 3. 管理费 | 元 |  |  |  |  | 2.46 |  |  |
| 4. 财务费 | 元 |  |  | 43.58 |  |  |  |  |
| 5. 销售费 | 元 | 59.80 | 38.28 | 35.26 |  | 3.41 | 27.50 | 14.92 |
| **二、每亩人工成本** | **元** | **1249.70** | **1338.83** | **1729.62** | **778.67** | **2242.84** | **2888.63** | **2277.06** |
| 1. 家庭用工折价 | 元 | 716.12 | 1317.63 | 553.20 | 594.69 | 637.19 | 2888.63 | 2277.06 |
| 家庭用工天数 | 日 | 7.77 | 14.29 | 6.00 | 6.45 | 6.91 | 31.33 | 24.70 |
| 劳动日工价 | 元 | 92.20 | 92.20 | 92.20 | 92.20 | 92.20 | 92.20 | 92.20 |
| 2. 雇工费用 | 元 | 533.58 | 21.20 | 1176.42 | 183.98 | 1605.65 |  |  |
| 雇工天数 | 日 | 5.71 | 0.17 | 6.46 | 1.39 | 17.98 |  |  |
| 雇工工价 | 元 | 93.45 | 124.68 | 182.11 | 132.36 | 89.30 | 130.00 | 140.51 |
| 三、附 |  |  |  |  |  |  |  |  |
| 1. 每亩种子用量 | 公斤 |  |  |  |  |  |  |  |
| 2. 每亩化肥用量 | 公斤 | 46.54 | 35.83 | 31.78 | 58.87 | 48.49 | 39.26 | 28.28 |
| 3. 每亩农膜用量 | 公斤 |  |  | 1.93 |  |  |  |  |

6-1-10-2 续表 3

| 项 目 | 单位 | 四 川 | 云 南 | 陕 西 | 甘 肃 | 青 海 | 宁 夏 |
|---|---|---|---|---|---|---|---|
| **一、每亩物质与服务费用** | 元 | **852.93** | **1159.18** | **894.67** | **875.56** | **1217.89** | **555.89** |
| (一)直接费用 | 元 | 771.31 | 1068.73 | 804.99 | 816.42 | 505.06 | 519.88 |
| 1. 种子费 | 元 | 109.89 | 192.30 | 96.80 | 60.04 | 58.33 | 47.54 |
| 2. 化肥费 | 元 | 299.87 | 337.00 | 271.21 | 365.16 | 226.20 | 255.19 |
| 3. 农家肥费 | 元 | 151.94 | 220.73 | 190.98 | 115.76 |  | 48.81 |
| 4. 农药费 | 元 | 64.47 | 174.60 | 76.87 | 71.93 | 36.72 | 49.24 |
| 5. 农膜费 | 元 | 27.52 | 44.52 |  | 29.62 | 70.00 |  |
| 6. 租赁作业费 | 元 | 97.20 | 84.41 | 154.22 | 161.41 | 111.00 | 115.49 |
| 机械作业费 | 元 | 80.25 | 61.22 | 125.36 | 106.86 | 102.50 | 73.32 |
| 排灌费 | 元 | 16.95 | 23.19 | 28.36 | 54.55 | 8.50 | 42.17 |
| 其中:水费 | 元 | 8.00 | 10.40 |  | 44.34 | 8.50 | 41.04 |
| 畜力费 | 元 |  |  |  |  |  |  |
| 7. 燃料动力费 | 元 |  | 3.94 |  |  |  |  |
| 8. 技术服务费 | 元 |  |  |  |  |  |  |
| 9. 工具材料费 | 元 | 17.23 | 8.32 | 10.48 | 9.39 | 2.81 | 1.93 |
| 10. 修理维护费 | 元 | 3.19 | 2.91 | 4.43 | 3.11 |  | 1.68 |
| 11. 其他直接费用 | 元 |  |  |  |  |  |  |
| (二)间接费用 | 元 | 81.62 | 90.45 | 89.68 | 59.14 | 712.83 | 36.01 |
| 1. 固定资产折旧 | 元 | 10.15 | 23.45 |  | 2.34 |  | 3.59 |
| 2. 保险费 | 元 |  | 4.97 |  |  |  |  |
| 3. 管理费 | 元 |  |  |  |  |  |  |
| 4. 财务费 | 元 |  |  |  |  |  |  |
| 5. 销售费 | 元 | 71.47 | 62.03 | 89.68 | 56.80 | 712.83 | 32.42 |
| **二、每亩人工成本** | 元 | **2243.19** | **1551.85** | **2236.50** | **1813.30** | **1274.20** | **936.66** |
| 1. 家庭用工折价 | 元 | 1963.21 | 1259.73 | 2236.50 | 1813.30 | 1274.20 | 929.01 |
| 家庭用工天数 | 日 | 21.29 | 13.66 | 24.26 | 19.67 | 13.82 | 10.08 |
| 劳动日工价 | 元 | 92.20 | 92.20 | 92.20 | 92.20 | 92.20 | 92.20 |
| 2. 雇工费用 | 元 | 279.98 | 292.12 |  |  |  | 7.65 |
| 雇工天数 | 日 | 2.13 | 2.88 |  |  |  | 0.06 |
| 雇工工价 | 元 | 131.45 | 101.43 | 114.62 | 100.99 | 85.00 | 127.48 |
| **三、附** |  |  |  |  |  |  |  |
| 1. 每亩种子用量 | 公斤 |  | 0.01 |  |  |  |  |
| 2. 每亩化肥用量 | 公斤 | 39.86 | 42.95 | 46.71 | 58.25 | 42.51 | 40.16 |
| 3. 每亩农膜用量 | 公斤 | 1.93 | 3.60 |  | 2.58 | 7.00 |  |

# 6-1-10-3　2021年各地区露地大白菜化肥投入情况

| 项　　目 | 单位 | 平　均 | 北　京 | 天　津 | 河　北 | 山　西 | 内蒙古 | 辽　宁 |
|---|---|---|---|---|---|---|---|---|
| **一、每亩化肥金额** | **元** | **304.83** | **316.49** | **154.88** | **230.06** | **243.42** | **173.46** | **125.77** |
| (一)氮肥 | 元 | 60.64 | 126.34 | 61.74 | 0.74 | 92.40 | 84.22 | 48.80 |
| 1. 尿素 | 元 | 60.16 | 126.34 | 61.74 | 0.74 | 92.40 | 84.22 | 48.80 |
| 2. 碳铵 | 元 | 0.38 | | | | | | |
| 3. 其他氮肥 | 元 | 0.10 | | | | | | |
| (二)磷肥 | 元 | 2.00 | | | | 4.24 | | |
| 其中:过磷酸钙 | 元 | 1.89 | | | | 2.10 | | |
| (三)钾肥 | 元 | 2.43 | | | | 2.91 | | |
| 其中:氯化钾 | 元 | 2.17 | | | | | | |
| (四)复混肥 | 元 | 237.58 | 170.46 | 93.14 | 229.32 | 137.76 | 89.24 | 71.02 |
| 1. 复合肥 | 元 | 236.71 | 170.46 | 93.14 | 229.32 | 137.76 | 89.24 | 71.02 |
| 其中:二铵 | 元 | 20.38 | 18.64 | 54.64 | 66.66 | 84.53 | 89.24 | |
| 三元素复合肥 | 元 | 151.37 | 96.05 | 38.50 | 157.47 | 19.50 | | 71.02 |
| 2. 混配肥 | 元 | 0.87 | | | | | | |
| (五)其他肥料 | 元 | 2.18 | 19.69 | | | 6.11 | | 5.95 |
| **二、每亩化肥折纯用量** | **公斤** | **39.64** | **38.78** | **26.77** | **35.43** | **39.09** | **35.93** | **22.58** |
| (一)氮肥 | 公斤 | 10.82 | 19.04 | 11.86 | 0.13 | 15.87 | 18.41 | 10.92 |
| 1. 尿素 | 公斤 | 10.74 | 19.04 | 11.86 | 0.13 | 15.87 | 18.41 | 10.92 |
| 2. 碳铵 | 公斤 | 0.07 | | | | | | |
| 3. 其他氮肥 | 公斤 | 0.01 | | | | | | |
| (二)磷肥 | 公斤 | 0.44 | | | | 0.69 | | |
| 其中:过磷酸钙 | 公斤 | 0.42 | | | | 0.30 | | |
| (三)钾肥 | 公斤 | 0.43 | | | | 0.42 | | |
| 其中:氯化钾 | 公斤 | 0.39 | | | | | | |
| (四)复混肥 | 公斤 | 27.94 | 19.74 | 14.92 | 35.30 | 22.11 | 17.51 | 11.67 |
| 1. 复合肥 | 公斤 | 27.91 | 19.74 | 14.92 | 35.30 | 22.11 | 17.51 | 11.67 |
| 其中:二铵 | 公斤 | 3.73 | 3.21 | 9.96 | 12.28 | 14.96 | 17.51 | |
| 三元素复合肥 | 公斤 | 16.69 | 11.97 | 4.96 | 22.23 | 2.64 | | 11.67 |
| 2. 混配肥 | 公斤 | 0.03 | | | | | | |

6-1-10-3 续表 1

| 项目 | 单位 | 吉林 | 黑龙江 | 上海 | 江苏 | 福建 | 江西 | 山东 |
|---|---|---|---|---|---|---|---|---|
| **一、每亩化肥金额** | 元 | **138.82** | **141.28** | **325.28** | **533.77** | **392.68** | **316.10** | **345.60** |
| (一)氮肥 | 元 | 86.54 | 65.99 | 105.94 | 73.10 | 10.97 | 11.30 | 6.08 |
| 1. 尿素 | 元 | 86.45 | 65.99 | 105.94 | 73.10 | 9.69 | 11.30 | 2.99 |
| 2. 碳铵 | 元 | | | | | 1.28 | | 3.09 |
| 3. 其他氮肥 | 元 | 0.09 | | | | | | |
| (二)磷肥 | 元 | | | | | | 6.20 | |
| 其中:过磷酸钙 | 元 | | | | | | 6.20 | |
| (三)钾肥 | 元 | 0.96 | 13.26 | | | 11.13 | | |
| 其中:氯化钾 | 元 | 0.10 | 13.26 | | | 11.13 | | |
| (四)复混肥 | 元 | 44.30 | 62.03 | 219.34 | 460.07 | 370.50 | 298.60 | 328.47 |
| 1. 复合肥 | 元 | 44.30 | 62.03 | 219.34 | 460.07 | 370.50 | 298.60 | 328.47 |
| 其中:二铵 | 元 | 10.26 | 22.37 | | | | | 3.82 |
| 三元素复合肥 | 元 | 34.04 | 29.39 | 219.34 | 99.10 | 231.11 | 99.98 | 300.83 |
| 2. 混配肥 | 元 | | | | | | | |
| (五)其他肥料 | 元 | 7.02 | | | 0.60 | 0.08 | | 11.05 |
| **二、每亩化肥折纯用量** | 公斤 | **24.86** | **27.64** | **38.53** | **65.18** | **44.81** | **41.37** | **41.98** |
| (一)氮肥 | 公斤 | 17.68 | 13.74 | 17.52 | 11.28 | 1.60 | 1.71 | 1.30 |
| 1. 尿素 | 公斤 | 17.66 | 13.74 | 17.52 | 11.28 | 1.40 | 1.71 | 0.59 |
| 2. 碳铵 | 公斤 | | | | | 0.20 | | 0.71 |
| 3. 其他氮肥 | 公斤 | 0.02 | | | | | | |
| (二)磷肥 | 公斤 | | | | | | 1.01 | |
| 其中:过磷酸钙 | 公斤 | | | | | | 1.01 | |
| (三)钾肥 | 公斤 | 0.18 | 2.55 | | | 1.80 | | |
| 其中:氯化钾 | 公斤 | 0.03 | 2.55 | | | 1.80 | | |
| (四)复混肥 | 公斤 | 7.00 | 11.35 | 21.01 | 53.91 | 41.41 | 38.66 | 40.67 |
| 1. 复合肥 | 公斤 | 7.00 | 11.35 | 21.01 | 53.91 | 41.41 | 38.66 | 40.67 |
| 其中:二铵 | 公斤 | 2.04 | 4.70 | | | | | 0.63 |
| 三元素复合肥 | 公斤 | 4.96 | 4.80 | 21.01 | 12.65 | 25.36 | 12.53 | 37.58 |
| 2. 混配肥 | 公斤 | | | | | | | |

6-1-10-3 续表 2

| 项目 | 单位 | 河南 | 湖北 | 湖南 | 广东 | 广西 | 海南 | 重庆 |
|---|---|---|---|---|---|---|---|---|
| **一、每亩化肥金额** | 元 | **359.02** | **285.99** | **257.01** | **429.09** | **539.55** | **408.79** | **230.60** |
| (一)氮肥 | 元 | 16.93 | | 3.76 | 40.11 | 3.79 | 58.08 | 47.58 |
| 1. 尿素 | 元 | 16.93 | | 3.42 | 40.11 | 3.79 | 58.08 | 47.58 |
| 2. 碳铵 | 元 | | | 0.34 | | | | |
| 3. 其他氮肥 | 元 | | | | | | | |
| (二)磷肥 | 元 | | | | 106.12 | | 29.00 | |
| 其中:过磷酸钙 | 元 | | | | 106.12 | | 29.00 | |
| (三)钾肥 | 元 | | | 0.25 | 14.00 | | | |
| 其中:氯化钾 | 元 | | | 0.25 | 14.00 | | | |
| (四)复混肥 | 元 | 342.09 | 285.99 | 253.00 | 268.86 | 535.50 | 295.71 | 170.04 |
| 1. 复合肥 | 元 | 342.09 | 285.99 | 253.00 | 268.86 | 535.50 | 295.71 | 157.61 |
| 其中:二铵 | 元 | 1.48 | | | | | | |
| 三元素复合肥 | 元 | 129.77 | 76.17 | 246.11 | 206.29 | 514.27 | 182.00 | 157.61 |
| 2. 混配肥 | 元 | | | | | | | 12.43 |
| (五)其他肥料 | 元 | | | | | 0.26 | 26.00 | 12.98 |
| **二、每亩化肥折纯用量** | 公斤 | **46.54** | **35.83** | **31.78** | **58.87** | **48.49** | **39.26** | **28.28** |
| (一)氮肥 | 公斤 | 3.54 | | 0.63 | 7.80 | 0.57 | 8.48 | 7.52 |
| 1. 尿素 | 公斤 | 3.54 | | 0.56 | 7.80 | 0.57 | 8.48 | 7.52 |
| 2. 碳铵 | 公斤 | | | 0.07 | | | | |
| 3. 其他氮肥 | 公斤 | | | | | | | |
| (二)磷肥 | 公斤 | | | | 19.41 | | 4.11 | |
| 其中:过磷酸钙 | 公斤 | | | | 19.41 | | 4.11 | |
| (三)钾肥 | 公斤 | | | 0.04 | 3.00 | | | |
| 其中:氯化钾 | 公斤 | | | 0.04 | 3.00 | | | |
| (四)复混肥 | 公斤 | 43.01 | 35.83 | 31.12 | 28.66 | 47.93 | 26.66 | 20.76 |
| 1. 复合肥 | 公斤 | 43.01 | 35.83 | 31.12 | 28.66 | 47.93 | 26.66 | 19.27 |
| 其中:二铵 | 公斤 | 0.29 | | | | | | |
| 三元素复合肥 | 公斤 | 15.36 | 10.71 | 30.44 | 23.46 | 46.33 | 16.31 | 19.27 |
| 2. 混配肥 | 公斤 | | | | | | | 1.49 |

6-1-10-3 续表 3

| 项 目 | 单位 | 四 川 | 云 南 | 陕 西 | 甘 肃 | 青 海 | 宁 夏 |
|---|---|---|---|---|---|---|---|
| **一、每亩化肥金额** | **元** | **299.87** | **337.00** | **271.21** | **365.16** | **226.20** | **255.19** |
| (一)氮肥 | 元 | 115.22 | 109.90 | 146.43 | 110.86 | 49.20 | 66.52 |
| 1. 尿素 | 元 | 113.76 | 107.41 | 130.76 | 109.09 | 49.20 | 66.52 |
| 2. 碳铵 | 元 | 1.46 | | 15.67 | 1.77 | | |
| 3. 其他氮肥 | 元 | | 2.49 | | | | |
| (二)磷肥 | 元 | 2.15 | 18.01 | | 8.92 | | |
| 其中:过磷酸钙 | 元 | 2.15 | 18.01 | | 8.92 | | |
| (三)钾肥 | 元 | | 2.00 | | | | |
| 其中:氯化钾 | 元 | | | | | | |
| (四)复混肥 | 元 | 182.50 | 207.09 | 124.78 | 239.65 | 177.00 | 167.57 |
| 1. 复合肥 | 元 | 182.50 | 186.04 | 124.78 | 239.65 | 177.00 | 167.57 |
| 其中:二铵 | 元 | | | 26.46 | 167.69 | 177.00 | 82.72 |
| 三元素复合肥 | 元 | 73.74 | 128.55 | 98.32 | 57.56 | | 84.85 |
| 2. 混配肥 | 元 | | 21.05 | | | | |
| (五)其他肥料 | 元 | | | | 5.73 | | 21.10 |
| **二、每亩化肥折纯用量** | **公斤** | **39.86** | **42.95** | **46.71** | **58.25** | **42.51** | **40.16** |
| (一)氮肥 | 公斤 | 20.04 | 17.95 | 27.25 | 19.37 | 11.04 | 12.73 |
| 1. 尿素 | 公斤 | 19.79 | 17.62 | 24.19 | 19.07 | 11.04 | 12.73 |
| 2. 碳铵 | 公斤 | 0.25 | | 3.06 | 0.30 | | |
| 3. 其他氮肥 | 公斤 | | 0.33 | | | | |
| (二)磷肥 | 公斤 | 0.61 | 4.99 | | 1.68 | | |
| 其中:过磷酸钙 | 公斤 | 0.61 | 4.99 | | 1.68 | | |
| (三)钾肥 | 公斤 | | 0.33 | | | | |
| 其中:氯化钾 | 公斤 | | | | | | |
| (四)复混肥 | 公斤 | 19.20 | 19.67 | 19.47 | 37.19 | 31.47 | 27.43 |
| 1. 复合肥 | 公斤 | 19.20 | 18.96 | 19.47 | 37.19 | 31.47 | 27.43 |
| 其中:二铵 | 公斤 | | | 5.48 | 28.28 | 31.47 | 15.77 |
| 三元素复合肥 | 公斤 | 9.28 | 13.88 | 13.99 | 7.04 | | 11.66 |
| 2. 混配肥 | 公斤 | | 0.71 | | | | |

# 6-1-11-1　2021年各地区露地马铃薯成本收益情况

| 项　　目 | 单位 | 平　均 | 河　北 | 山　西 | 内蒙古 | 辽　宁 | 黑龙江 |
|---|---|---|---|---|---|---|---|
| 每亩 | | | | | | | |
| 主产品产量 | 公斤 | 2513.40 | 1963.05 | 1683.86 | 1224.49 | 1613.49 | 2225.35 |
| 产值合计 | 元 | 2447.39 | 2222.50 | 1839.16 | 1497.07 | 1931.03 | 2149.39 |
| 主产品产值 | 元 | 2447.37 | 2220.99 | 1839.16 | 1497.07 | 1931.03 | 2149.39 |
| 副产品产值 | 元 | 0.02 | 1.51 | | | | |
| 总成本 | 元 | 1899.13 | 1791.61 | 1467.22 | 1151.01 | 1705.42 | 1494.79 |
| 生产成本 | 元 | 1461.03 | 1560.07 | 1312.46 | 1023.40 | 1453.17 | 1046.78 |
| 物质与服务费用 | 元 | 933.15 | 831.25 | 785.28 | 648.10 | 768.16 | 641.23 |
| 人工成本 | 元 | 527.88 | 728.82 | 527.18 | 375.30 | 685.01 | 405.55 |
| 家庭用工折价 | 元 | 326.76 | 712.25 | 522.68 | 177.30 | 624.66 | 277.80 |
| 雇工费用 | 元 | 201.12 | 16.58 | 4.50 | 198.00 | 60.36 | 127.75 |
| 土地成本 | 元 | 438.10 | 231.54 | 154.76 | 127.61 | 252.25 | 448.01 |
| 流转地租金 | 元 | 182.32 | | 13.19 | 34.44 | 20.78 | 105.88 |
| 自营地折租 | 元 | 255.78 | 231.54 | 141.57 | 93.17 | 231.47 | 342.13 |
| 净利润 | 元 | 548.26 | 430.89 | 371.94 | 346.06 | 225.61 | 654.60 |
| 现金成本 | 元 | 1316.59 | 847.83 | 802.97 | 880.54 | 849.30 | 874.86 |
| 现金收益 | 元 | 1130.80 | 1374.67 | 1036.19 | 616.53 | 1081.73 | 1274.53 |
| 成本利润率 | % | 28.87 | 24.05 | 25.35 | 30.07 | 13.23 | 43.79 |
| 每50公斤主产品 | | | | | | | |
| 平均出售价格 | 元 | 48.69 | 56.57 | 54.61 | 61.13 | 59.84 | 48.29 |
| 总成本 | 元 | 37.78 | 45.60 | 43.57 | 47.00 | 52.85 | 33.58 |
| 生产成本 | 元 | 29.07 | 39.71 | 38.97 | 41.79 | 45.03 | 23.52 |
| 净利润 | 元 | 10.91 | 10.97 | 11.04 | 14.13 | 6.99 | 14.71 |
| 现金成本 | 元 | 26.19 | 21.58 | 23.84 | 35.96 | 26.32 | 19.66 |
| 现金收益 | 元 | 22.50 | 34.99 | 30.77 | 25.17 | 33.52 | 28.63 |
| 附： | | | | | | | |
| 每亩用工数量 | 日 | 4.99 | 7.89 | 5.73 | 3.00 | 7.24 | 3.91 |
| 每亩主产品已出售数量 | 公斤 | 2487.41 | 1944.66 | 1607.13 | 1202.30 | 1596.96 | 2225.35 |
| 每亩主产品已出售产值 | 元 | 2408.40 | 2199.63 | 1739.79 | 1467.47 | 1909.84 | 2149.39 |
| 每亩成本外支出 | 元 | | | | | | |

6-1-11-1 续表 1

| 项目 | 单位 | 山东 | 湖北 | 重庆 | 四川 | 云南 |
|---|---|---|---|---|---|---|
| **每亩** | | | | | | |
| 主产品产量 | 公斤 | 2697.35 | 2196.34 | 1226.48 | 1715.07 | 1828.36 |
| 产值合计 | 元 | 3734.16 | 4770.28 | 2652.21 | 3205.22 | 2930.63 |
| 主产品产值 | 元 | 3734.16 | 4770.28 | 2652.21 | 3205.22 | 2930.63 |
| 副产品产值 | 元 | | | | | |
| 总成本 | 元 | 2781.20 | 3018.78 | 1799.76 | 2624.26 | 2609.72 |
| 生产成本 | 元 | 2379.71 | 2777.66 | 1558.69 | 2390.35 | 2329.29 |
| 物质与服务费用 | 元 | 1190.54 | 1276.38 | 594.92 | 697.98 | 1162.08 |
| 人工成本 | 元 | 1189.17 | 1501.28 | 963.77 | 1692.37 | 1167.21 |
| 家庭用工折价 | 元 | 984.70 | 1365.48 | 963.77 | 1556.15 | 1109.81 |
| 雇工费用 | 元 | 204.47 | 135.80 | | 136.22 | 57.40 |
| 土地成本 | 元 | 401.49 | 241.12 | 241.07 | 233.91 | 280.43 |
| 流转地租金 | 元 | 54.08 | 30.49 | 36.16 | 2.33 | 5.76 |
| 自营地折租 | 元 | 347.41 | 210.63 | 204.91 | 231.58 | 274.67 |
| 净利润 | 元 | 952.96 | 1751.50 | 852.45 | 580.96 | 320.91 |
| 现金成本 | 元 | 1449.09 | 1442.67 | 631.08 | 836.53 | 1225.24 |
| 现金收益 | 元 | 2285.07 | 3327.61 | 2021.13 | 2368.69 | 1705.39 |
| 成本利润率 | % | 34.26 | 58.02 | 47.36 | 22.14 | 12.30 |
| **每50公斤主产品** | | | | | | |
| 平均出售价格 | 元 | 69.22 | 108.60 | 108.12 | 93.44 | 80.14 |
| 总成本 | 元 | 51.55 | 68.73 | 73.37 | 76.50 | 71.36 |
| 生产成本 | 元 | 44.11 | 63.24 | 63.54 | 69.68 | 63.70 |
| 净利润 | 元 | 17.67 | 39.87 | 34.75 | 16.94 | 8.78 |
| 现金成本 | 元 | 26.86 | 32.84 | 25.73 | 24.39 | 33.50 |
| 现金收益 | 元 | 42.36 | 75.76 | 82.39 | 69.05 | 46.64 |
| **附：** | | | | | | |
| 每亩用工数量 | 日 | 12.71 | 15.88 | 10.45 | 18.06 | 12.62 |
| 每亩主产品已出售数量 | 公斤 | 2679.71 | 2182.35 | 1226.48 | 1700.70 | 1630.50 |
| 每亩主产品已出售产值 | 元 | 3706.29 | 4740.30 | 2652.21 | 3161.81 | 2571.66 |
| 每亩成本外支出 | 元 | | | | | |

6-1-11-1　续表 2

| 项　　目 | 单位 | 陕　西 | 甘　肃 | 青　海 | 宁　夏 | 新　疆 |
|---|---|---|---|---|---|---|
| **每亩** | | | | | | |
| 主产品产量 | 公斤 | 909.50 | 1846.68 | 2391.62 | 1794.11 | 3419.99 |
| 产值合计 | 元 | 1262.75 | 2120.19 | 2810.30 | 1440.32 | 2910.66 |
| 主产品产值 | 元 | 1262.75 | 2120.19 | 2810.30 | 1440.32 | 2910.66 |
| 副产品产值 | 元 | | | | | |
| 总成本 | 元 | 1511.33 | 2023.27 | 1936.14 | 1413.48 | 2185.83 |
| 生产成本 | 元 | 1386.33 | 1842.72 | 1588.24 | 1370.08 | 1500.85 |
| 物质与服务费用 | 元 | 546.25 | 917.24 | 651.71 | 538.26 | 1193.17 |
| 人工成本 | 元 | 840.08 | 925.48 | 936.53 | 831.82 | 307.68 |
| 家庭用工折价 | 元 | 590.08 | 871.29 | 898.67 | 621.61 | 19.45 |
| 雇工费用 | 元 | 250.00 | 54.19 | 37.86 | 210.21 | 288.23 |
| 土地成本 | 元 | 125.00 | 180.55 | 347.90 | 43.40 | 684.98 |
| 流转地租金 | 元 | | | 4.27 | 2.43 | 366.39 |
| 自营地折租 | 元 | 125.00 | 180.55 | 343.63 | 40.97 | 318.59 |
| 净利润 | 元 | -248.58 | 96.92 | 874.16 | 26.84 | 724.83 |
| 现金成本 | 元 | 796.25 | 971.43 | 693.84 | 750.90 | 1847.79 |
| 现金收益 | 元 | 466.50 | 1148.76 | 2116.46 | 689.42 | 1062.87 |
| 成本利润率 | % | -16.45 | 4.79 | 45.15 | 1.90 | 33.16 |
| **每 50 公斤主产品** | | | | | | |
| 平均出售价格 | 元 | 69.42 | 57.41 | 58.75 | 40.14 | 42.55 |
| 总成本 | 元 | 83.09 | 54.79 | 40.48 | 39.39 | 31.95 |
| 生产成本 | 元 | 76.21 | 49.90 | 33.20 | 38.18 | 21.94 |
| 净利润 | 元 | -13.67 | 2.62 | 18.27 | 0.75 | 10.60 |
| 现金成本 | 元 | 43.77 | 26.30 | 14.50 | 20.93 | 27.01 |
| 现金收益 | 元 | 25.65 | 31.11 | 44.25 | 19.21 | 15.54 |
| **附：** | | | | | | |
| 每亩用工数量 | 日 | 8.33 | 9.90 | 10.20 | 8.78 | 2.23 |
| 每亩主产品已出售数量 | 公斤 | 887.83 | 1690.99 | 2214.62 | 1794.11 | 3419.99 |
| 每亩主产品已出售产值 | 元 | 1232.85 | 1925.62 | 2622.61 | 1440.32 | 2910.66 |
| 每亩成本外支出 | 元 | | | | | |

# 6-1-11-2　2021年各地区露地马铃薯费用和用工情况

| 项　　目 | 单位 | 平　均 | 河　北 | 山　西 | 内蒙古 | 辽　宁 | 黑龙江 |
|---|---|---|---|---|---|---|---|
| **一、每亩物质与服务费用** | **元** | **933.15** | **831.25** | **785.28** | **648.10** | **768.16** | **641.23** |
| （一）直接费用 | 元 | 906.74 | 824.78 | 760.30 | 626.39 | 749.27 | 594.54 |
| 1. 种子费 | 元 | 385.35 | 422.61 | 327.37 | 257.58 | 336.28 | 248.02 |
| 2. 化肥费 | 元 | 218.86 | 185.73 | 185.38 | 137.83 | 199.60 | 143.70 |
| 3. 农家肥费 | 元 | 37.89 | 68.49 | 95.95 | 30.29 | 64.16 | |
| 4. 农药费 | 元 | 38.94 | 13.44 | 12.17 | 10.28 | 12.97 | 69.15 |
| 5. 农膜费 | 元 | 7.74 | 21.03 | 1.85 | 8.11 | 16.12 | |
| 6. 租赁作业费 | 元 | 207.11 | 103.25 | 134.12 | 177.59 | 114.91 | 129.25 |
| 机械作业费 | 元 | 133.44 | 82.95 | 116.93 | 142.35 | 69.31 | 129.25 |
| 排灌费 | 元 | 71.37 | 20.30 | 8.46 | 35.24 | 10.29 | |
| 其中：水费 | 元 | 14.05 | | | | 2.69 | |
| 畜力费 | 元 | 2.30 | | 8.73 | | 35.31 | |
| 7. 燃料动力费 | 元 | 5.20 | | | | | |
| 8. 技术服务费 | 元 | | | | | | |
| 9. 工具材料费 | 元 | 4.62 | 6.29 | 2.37 | 4.71 | 3.19 | 4.42 |
| 10. 修理维护费 | 元 | 0.71 | 3.94 | 1.09 | | 2.04 | |
| 11. 其他直接费用 | 元 | 0.32 | | | | | |
| （二）间接费用 | 元 | 26.41 | 6.47 | 24.98 | 21.71 | 18.89 | 46.69 |
| 1. 固定资产折旧 | 元 | 5.32 | 6.47 | 10.28 | | 12.67 | |
| 2. 保险费 | 元 | 6.39 | | 1.39 | 20.91 | | |
| 3. 管理费 | 元 | 0.03 | | | | | |
| 4. 财务费 | 元 | | | | | | |
| 5. 销售费 | 元 | 14.67 | | 13.31 | 0.80 | 6.22 | 46.69 |
| **二、每亩人工成本** | **元** | **527.88** | **728.82** | **527.18** | **375.30** | **685.01** | **405.55** |
| 1. 家庭用工折价 | 元 | 326.76 | 712.25 | 522.68 | 177.30 | 624.66 | 277.80 |
| 家庭用工天数 | 日 | 3.54 | 7.73 | 5.67 | 1.92 | 6.78 | 3.01 |
| 劳动日工价 | 元 | 92.20 | 92.20 | 92.20 | 92.20 | 92.20 | 92.20 |
| 2. 雇工费用 | 元 | 201.12 | 16.58 | 4.50 | 198.00 | 60.36 | 127.75 |
| 雇工天数 | 日 | 1.45 | 0.16 | 0.06 | 1.08 | 0.46 | 0.90 |
| 雇工工价 | 元 | 138.70 | 103.59 | 75.03 | 183.33 | 131.21 | 141.94 |
| **三、附** | | | | | | | |
| 1. 每亩种子用量 | 公斤 | 24.45 | 41.76 | | 122.35 | 60.36 | |
| 2. 每亩化肥用量 | 公斤 | 35.59 | 28.44 | 28.76 | 22.50 | 27.72 | 24.54 |
| 3. 每亩农膜用量 | 公斤 | 0.70 | 1.61 | 0.17 | 0.72 | 1.36 | |

6-1-11-2 续表 1

| 项　　目 | 单位 | 山　东 | 湖　北 | 重　庆 | 四　川 | 云　南 |
|---|---|---|---|---|---|---|
| **一、每亩物质与服务费用** | **元** | **1190.54** | **1276.38** | **594.92** | **697.98** | **1162.08** |
| （一）直接费用 | 元 | 1136.85 | 1217.66 | 574.11 | 633.29 | 1156.59 |
| 1. 种子费 | 元 | 347.18 | 443.13 | 211.54 | 220.53 | 466.15 |
| 2. 化肥费 | 元 | 382.60 | 376.22 | 192.97 | 203.75 | 329.87 |
| 3. 农家肥费 | 元 | 99.50 | 140.60 | 19.61 | 75.90 | 83.11 |
| 4. 农药费 | 元 | 98.98 | 59.88 | 46.28 | 19.80 | 53.62 |
| 5. 农膜费 | 元 | 30.21 | 75.27 |  | 3.12 | 3.66 |
| 6. 租赁作业费 | 元 | 145.52 | 91.51 | 75.78 | 95.72 | 187.04 |
| 机械作业费 | 元 | 86.58 | 84.97 | 75.78 | 85.24 | 154.37 |
| 排灌费 | 元 | 58.94 | 6.54 |  | 10.48 | 4.24 |
| 其中：水费 | 元 |  | 6.34 |  | 5.28 | 3.89 |
| 畜力费 | 元 |  |  |  |  | 28.43 |
| 7. 燃料动力费 | 元 | 2.33 | 15.22 | 14.65 |  |  |
| 8. 技术服务费 | 元 |  |  |  |  |  |
| 9. 工具材料费 | 元 | 24.99 | 7.68 | 11.49 | 11.78 | 33.14 |
| 10. 修理维护费 | 元 | 5.54 | 8.15 | 1.79 | 2.69 |  |
| 11. 其他直接费用 | 元 |  |  |  |  |  |
| （二）间接费用 | 元 | 53.69 | 58.72 | 20.81 | 64.69 | 5.49 |
| 1. 固定资产折旧 | 元 | 21.27 | 28.24 | 14.09 | 10.03 | 0.40 |
| 2. 保险费 | 元 | 17.56 |  |  |  |  |
| 3. 管理费 | 元 |  |  |  |  |  |
| 4. 财务费 | 元 |  |  |  |  |  |
| 5. 销售费 | 元 | 14.86 | 30.48 | 6.72 | 54.66 | 5.09 |
| **二、每亩人工成本** | **元** | **1189.17** | **1501.28** | **963.77** | **1692.37** | **1167.21** |
| 1. 家庭用工折价 | 元 | 984.70 | 1365.48 | 963.77 | 1556.15 | 1109.81 |
| 家庭用工天数 | 日 | 10.68 | 14.81 | 10.45 | 16.88 | 12.04 |
| 劳动日工价 | 元 | 92.20 | 92.20 | 92.20 | 92.20 | 92.20 |
| 2. 雇工费用 | 元 | 204.47 | 135.80 |  | 136.22 | 57.40 |
| 雇工天数 | 日 | 2.03 | 1.07 |  | 1.18 | 0.58 |
| 雇工工价 | 元 | 100.72 | 126.91 | 143.37 | 115.44 | 98.96 |
| 三、附 |  |  |  |  |  |  |
| 1. 每亩种子用量 | 公斤 |  |  |  |  | 117.59 |
| 2. 每亩化肥用量 | 公斤 | 46.13 | 44.63 | 25.09 | 27.16 | 44.83 |
| 3. 每亩农膜用量 | 公斤 | 2.49 | 5.00 |  | 0.25 | 0.30 |

6-1-11-2　续表 2

| 项　　目 | 单位 | 陕　西 | 甘　肃 | 青　海 | 宁　夏 | 新　疆 |
| --- | --- | --- | --- | --- | --- | --- |
| **一、每亩物质与服务费用** | 元 | **546.25** | **917.24** | **651.71** | **538.26** | **1193.17** |
| （一）直接费用 | 元 | 524.00 | 865.97 | 651.07 | 503.44 | 1173.19 |
| 1. 种子费 | 元 | 199.50 | 304.21 | 323.76 | 141.97 | 524.35 |
| 2. 化肥费 | 元 | 173.68 | 246.94 | 139.00 | 147.42 | 264.68 |
| 3. 农家肥费 | 元 |  | 54.34 | 18.74 | 96.49 | 26.97 |
| 4. 农药费 | 元 | 11.58 | 7.61 | 12.22 | 5.10 | 47.31 |
| 5. 农膜费 | 元 |  | 90.38 | 26.72 | 20.06 | 1.80 |
| 6. 租赁作业费 | 元 | 127.50 | 138.65 | 127.60 | 87.08 | 296.27 |
| 机械作业费 | 元 | 127.50 | 108.54 | 124.79 | 87.08 | 149.05 |
| 排灌费 | 元 |  | 25.38 | 2.81 |  | 147.22 |
| 其中：水费 | 元 |  | 3.55 | 2.81 |  | 30.70 |
| 畜力费 | 元 |  | 4.73 |  |  |  |
| 7. 燃料动力费 | 元 |  |  |  |  | 11.52 |
| 8. 技术服务费 | 元 |  |  |  |  |  |
| 9. 工具材料费 | 元 | 7.37 | 7.23 | 3.03 | 2.70 | 0.29 |
| 10. 修理维护费 | 元 | 4.37 | 3.98 |  | 2.62 |  |
| 11. 其他直接费用 | 元 |  | 12.63 |  |  |  |
| （二）间接费用 | 元 | 22.25 | 51.27 | 0.64 | 34.82 | 19.98 |
| 1. 固定资产折旧 | 元 |  | 4.21 | 0.38 | 22.34 | 5.14 |
| 2. 保险费 | 元 |  | 15.83 |  |  | 7.71 |
| 3. 管理费 | 元 |  |  |  |  | 0.07 |
| 4. 财务费 | 元 |  |  |  |  |  |
| 5. 销售费 | 元 | 22.25 | 31.23 | 0.26 | 12.48 | 7.06 |
| **二、每亩人工成本** | 元 | **840.08** | **925.48** | **936.53** | **831.82** | **307.68** |
| 1. 家庭用工折价 | 元 | 590.08 | 871.29 | 898.67 | 621.61 | 19.45 |
| 家庭用工天数 | 日 | 6.40 | 9.45 | 9.75 | 6.74 | 0.21 |
| 劳动日工价 | 元 | 92.20 | 92.20 | 92.20 | 92.20 | 92.20 |
| 2. 雇工费用 | 元 | 250.00 | 54.19 | 37.86 | 210.21 | 288.23 |
| 雇工天数 | 日 | 1.93 | 0.45 | 0.45 | 2.04 | 2.02 |
| 雇工工价 | 元 | 129.53 | 120.43 | 84.12 | 103.04 | 142.69 |
| **三、附** |  |  |  |  |  |  |
| 1. 每亩种子用量 | 公斤 |  |  | 146.50 |  |  |
| 2. 每亩化肥用量 | 公斤 | 35.94 | 43.23 | 23.66 | 27.58 | 43.84 |
| 3. 每亩农膜用量 | 公斤 |  | 7.90 | 2.67 | 2.01 | 0.18 |

# 6-1-11-3　2021年各地区露地马铃薯化肥投入情况

| 项　　目 | 单位 | 平　均 | 河　北 | 山　西 | 内蒙古 | 辽　宁 | 黑龙江 |
|---|---|---|---|---|---|---|---|
| **一、每亩化肥金额** | **元** | **218.86** | **185.73** | **185.38** | **137.83** | **199.60** | **143.70** |
| （一）氮肥 | 元 | 33.67 | | 28.87 | 12.73 | 20.13 | 27.37 |
| 1. 尿素 | 元 | 31.16 | | 28.87 | 4.01 | 20.13 | 27.37 |
| 2. 碳铵 | 元 | 2.21 | | | 8.72 | | |
| 3. 其他氮肥 | 元 | 0.30 | | | | | |
| （二）磷肥 | 元 | 1.89 | | 11.64 | | | |
| 其中：过磷酸钙 | 元 | 1.82 | | 11.64 | | | |
| （三）钾肥 | 元 | 19.38 | 14.16 | | 7.12 | 2.86 | 19.93 |
| 其中：氯化钾 | 元 | 2.87 | | | | | 19.93 |
| （四）复混肥 | 元 | 161.74 | 171.57 | 138.62 | 117.98 | 154.67 | 96.40 |
| 1. 复合肥 | 元 | 161.22 | 171.57 | 138.62 | 116.43 | 154.67 | 96.40 |
| 其中：二铵 | 元 | 82.70 | 17.96 | 0.19 | 17.89 | 7.68 | 29.16 |
| 三元素复合肥 | 元 | 26.35 | 144.14 | 16.97 | 86.36 | 75.30 | 4.31 |
| 2. 混配肥 | 元 | 0.52 | | | 1.55 | | |
| （五）其他肥料 | 元 | 2.18 | | 6.25 | | 21.94 | |
| **二、每亩化肥折纯用量** | **公斤** | **35.59** | **28.44** | **28.76** | **22.50** | **27.72** | **24.54** |
| （一）氮肥 | 公斤 | 7.03 | | 6.13 | 2.72 | 4.17 | 5.32 |
| 1. 尿素 | 公斤 | 6.53 | | 6.13 | 0.87 | 4.17 | 5.32 |
| 2. 碳铵 | 公斤 | 0.46 | | | 1.85 | | |
| 3. 其他氮肥 | 公斤 | 0.04 | | | | | |
| （二）磷肥 | 公斤 | 0.33 | | 1.44 | | | |
| 其中：过磷酸钙 | 公斤 | 0.32 | | 1.44 | | | |
| （三）钾肥 | 公斤 | 3.09 | 0.84 | | 1.01 | 0.08 | 3.42 |
| 其中：氯化钾 | 公斤 | 0.49 | | | | | 3.42 |
| （四）复混肥 | 公斤 | 25.15 | 27.60 | 21.20 | 18.77 | 23.48 | 15.81 |
| 1. 复合肥 | 公斤 | 25.08 | 27.60 | 21.20 | 18.54 | 23.48 | 15.81 |
| 其中：二铵 | 公斤 | 15.07 | 3.72 | 0.04 | 3.31 | 1.60 | 5.93 |
| 三元素复合肥 | 公斤 | 3.78 | 22.30 | 3.17 | 13.42 | 11.92 | 0.70 |
| 2. 混配肥 | 公斤 | 0.07 | | | 0.23 | | |

6-1-11-3 续表 1

| 项　目 | 单位 | 山 东 | 湖 北 | 重 庆 | 四 川 | 云 南 |
|---|---|---|---|---|---|---|
| **一、每亩化肥金额** | **元** | **382.60** | **376.22** | **192.97** | **203.75** | **329.87** |
| （一）氮肥 | 元 | | | 19.69 | 66.63 | 72.99 |
| 1. 尿素 | 元 | | | 19.69 | 63.20 | 66.16 |
| 2. 碳铵 | 元 | | | | 3.43 | 1.28 |
| 3. 其他氮肥 | 元 | | | | | 5.55 |
| （二）磷肥 | 元 | | | | 7.84 | 18.16 |
| 其中：过磷酸钙 | 元 | | | | 7.84 | 16.97 |
| （三）钾肥 | 元 | | | | | 0.51 |
| 其中：氯化钾 | 元 | | | | | |
| （四）复混肥 | 元 | 335.56 | 376.22 | 173.28 | 129.28 | 228.69 |
| 1. 复合肥 | 元 | 335.56 | 376.22 | 168.43 | 129.28 | 224.11 |
| 其中：二铵 | 元 | | | | | 3.07 |
| 三元素复合肥 | 元 | 206.09 | 120.47 | 168.43 | 70.12 | 115.90 |
| 2. 混配肥 | 元 | | | 4.85 | | 4.58 |
| （五）其他肥料 | 元 | 47.04 | | | | 9.52 |
| **二、每亩化肥折纯用量** | **公斤** | **46.13** | **44.63** | **25.09** | **27.16** | **44.83** |
| （一）氮肥 | 公斤 | | | 2.92 | 11.75 | 12.60 |
| 1. 尿素 | 公斤 | | | 2.92 | 11.27 | 11.77 |
| 2. 碳铵 | 公斤 | | | | 0.48 | 0.19 |
| 3. 其他氮肥 | 公斤 | | | | | 0.64 |
| （二）磷肥 | 公斤 | | | | 1.13 | 3.75 |
| 其中：过磷酸钙 | 公斤 | | | | 1.13 | 3.63 |
| （三）钾肥 | 公斤 | | | | | 0.02 |
| 其中：氯化钾 | 公斤 | | | | | |
| （四）复混肥 | 公斤 | 46.13 | 44.62 | 22.17 | 14.27 | 28.46 |
| 1. 复合肥 | 公斤 | 46.13 | 44.62 | 21.59 | 14.27 | 27.88 |
| 其中：二铵 | 公斤 | | | | | 0.54 |
| 三元素复合肥 | 公斤 | 30.96 | 15.51 | 21.59 | 8.69 | 13.73 |
| 2. 混配肥 | 公斤 | | | 0.58 | | 0.58 |

6-1-11-3 续表 2

| 项 目 | 单位 | 陕 西 | 甘 肃 | 青 海 | 宁 夏 | 新 疆 |
|---|---|---|---|---|---|---|
| 一、每亩化肥金额 | 元 | **173.68** | **246.94** | **139.00** | **147.42** | **264.68** |
| (一)氮肥 | 元 | 49.05 | 77.67 | 25.80 | 43.31 | 33.18 |
| 1. 尿素 | 元 | 49.05 | 77.67 | 25.80 | 28.06 | 33.18 |
| 2. 碳铵 | 元 | | | | 15.25 | |
| 3. 其他氮肥 | 元 | | | | | |
| (二)磷肥 | 元 | | 9.71 | | | |
| 其中:过磷酸钙 | 元 | | 9.71 | | | |
| (三)钾肥 | 元 | | | | | 35.16 |
| 其中:氯化钾 | 元 | | | | | |
| (四)复混肥 | 元 | 124.63 | 147.87 | 100.79 | 104.11 | 196.34 |
| 1. 复合肥 | 元 | 124.63 | 147.87 | 96.81 | 104.11 | 196.34 |
| 其中:二铵 | 元 | 124.63 | 114.28 | 96.81 | 103.43 | 137.46 |
| 三元素复合肥 | 元 | | 27.39 | | 0.68 | 0.48 |
| 2. 混配肥 | 元 | | | 3.98 | | |
| (五)其他肥料 | 元 | | 11.69 | 12.41 | | |
| 二、每亩化肥折纯用量 | 公斤 | **35.94** | **43.23** | **23.66** | **27.58** | **43.84** |
| (一)氮肥 | 公斤 | 9.38 | 14.96 | 5.43 | 9.01 | 7.60 |
| 1. 尿素 | 公斤 | 9.38 | 14.96 | 5.43 | 5.76 | 7.60 |
| 2. 碳铵 | 公斤 | | | | 3.25 | |
| 3. 其他氮肥 | 公斤 | | | | | |
| (二)磷肥 | 公斤 | | 1.44 | | | |
| 其中:过磷酸钙 | 公斤 | | 1.44 | | | |
| (三)钾肥 | 公斤 | | | | | 5.62 |
| 其中:氯化钾 | 公斤 | | | | | |
| (四)复混肥 | 公斤 | 26.56 | 26.83 | 18.23 | 18.57 | 30.61 |
| 1. 复合肥 | 公斤 | 26.56 | 26.83 | 17.75 | 18.57 | 30.61 |
| 其中:二铵 | 公斤 | 26.56 | 22.36 | 17.75 | 18.48 | 24.58 |
| 三元素复合肥 | 公斤 | | 3.58 | | 0.09 | 0.07 |
| 2. 混配肥 | 公斤 | | | 0.48 | | |

# 6-1-12-1 2021 年各地区露地菜花成本收益情况

| 项 目 | 单位 | 平 均 | 河 北 | 江 苏 | 安 徽 | 福 建 |
|---|---|---|---|---|---|---|
| 每亩 | | | | | | |
| 主产品产量 | 公斤 | 1820.53 | 2777.50 | 1916.38 | 1543.57 | 1944.25 |
| 产值合计 | 元 | 9200.24 | 6633.47 | 5418.60 | 11311.81 | 7455.57 |
| 主产品产值 | 元 | 9200.24 | 6633.47 | 5418.60 | 11311.81 | 7455.57 |
| 副产品产值 | 元 | | | | | |
| 总成本 | 元 | 2762.83 | 3095.62 | 3449.92 | 2335.84 | 3695.98 |
| 生产成本 | 元 | 2508.27 | 2771.22 | 3048.99 | 2105.68 | 3448.70 |
| 物质与服务费用 | 元 | 772.96 | 1054.11 | 720.38 | 587.39 | 1198.65 |
| 人工成本 | 元 | 1735.31 | 1717.11 | 2328.61 | 1518.29 | 2250.05 |
| 家庭用工折价 | 元 | 1238.98 | 1485.62 | 2188.83 | 1006.18 | 787.30 |
| 雇工费用 | 元 | 496.33 | 231.49 | 139.78 | 512.11 | 1462.76 |
| 土地成本 | 元 | 254.56 | 324.40 | 400.93 | 230.16 | 247.28 |
| 流转地租金 | 元 | 63.41 | 4.33 | 64.08 | 92.18 | 74.68 |
| 自营地折租 | 元 | 191.15 | 320.07 | 336.85 | 137.98 | 172.60 |
| 净利润 | 元 | 6437.41 | 3537.85 | 1968.68 | 8975.97 | 3759.59 |
| 现金成本 | 元 | 1332.70 | 1289.93 | 924.24 | 1191.68 | 2736.09 |
| 现金收益 | 元 | 7867.54 | 5343.54 | 4494.36 | 10120.13 | 4719.48 |
| 成本利润率 | % | 233.00 | 114.29 | 57.06 | 384.27 | 101.72 |
| 每 50 公斤主产品 | | | | | | |
| 平均出售价格 | 元 | 252.68 | 119.41 | 141.38 | 366.42 | 191.73 |
| 总成本 | 元 | 75.88 | 55.72 | 90.01 | 75.66 | 95.05 |
| 生产成本 | 元 | 68.89 | 49.89 | 79.55 | 68.21 | 88.69 |
| 净利润 | 元 | 176.80 | 63.69 | 51.37 | 290.76 | 96.68 |
| 现金成本 | 元 | 36.60 | 23.22 | 24.11 | 38.60 | 70.36 |
| 现金收益 | 元 | 216.08 | 96.19 | 117.27 | 327.82 | 121.37 |
| 附： | | | | | | |
| 每亩用工数量 | 日 | 16.37 | 17.63 | 25.19 | 13.76 | 17.35 |
| 每亩主产品已出售数量 | 公斤 | 1818.30 | 2772.43 | 1914.71 | 1543.51 | 1940.21 |
| 每亩主产品已出售产值 | 元 | 9192.33 | 6623.70 | 5403.14 | 11311.57 | 7440.31 |
| 每亩成本外支出 | 元 | | | | | |

6-1-12-1 续表

| 项　目 | 单位 | 江　西 | 山　东 | 湖　北 | 重　庆 | 甘　肃 |
|---|---|---|---|---|---|---|
| **每亩** | | | | | | |
| 主产品产量 | 公斤 | 1991.47 | 1578.68 | 1734.62 | 1526.44 | 2594.96 |
| 产值合计 | 元 | 8002.36 | 5738.27 | 6408.59 | 8531.41 | 6587.59 |
| 主产品产值 | 元 | 8002.36 | 5738.27 | 6408.59 | 8531.41 | 6587.59 |
| 副产品产值 | 元 | | | | | |
| 总成本 | 元 | 2939.34 | 2164.02 | 2157.81 | 3238.04 | 3999.12 |
| 生产成本 | 元 | 2772.64 | 1807.13 | 1905.74 | 3003.09 | 3727.35 |
| 物质与服务费用 | 元 | 828.37 | 579.46 | 762.96 | 833.26 | 1141.88 |
| 人工成本 | 元 | 1944.27 | 1227.67 | 1142.78 | 2169.83 | 2585.47 |
| 家庭用工折价 | 元 | 1936.48 | 1134.15 | 1138.95 | 2169.83 | 2585.47 |
| 雇工费用 | 元 | 7.80 | 93.52 | 3.83 | | |
| 土地成本 | 元 | 166.70 | 356.89 | 252.07 | 234.95 | 271.77 |
| 流转地租金 | 元 | 13.04 | | 32.14 | 35.24 | |
| 自营地折租 | 元 | 153.66 | 356.89 | 219.93 | 199.71 | 271.77 |
| 净利润 | 元 | 5063.02 | 3574.25 | 4250.78 | 5293.37 | 2588.47 |
| 现金成本 | 元 | 849.21 | 672.98 | 798.93 | 868.50 | 1141.88 |
| 现金收益 | 元 | 7153.15 | 5065.29 | 5609.66 | 7662.91 | 5445.71 |
| 成本利润率 | % | 172.25 | 165.17 | 197.00 | 163.47 | 64.73 |
| **每 50 公斤主产品** | | | | | | |
| 平均出售价格 | 元 | 200.92 | 181.74 | 184.73 | 279.45 | 126.93 |
| 总成本 | 元 | 73.80 | 68.54 | 62.20 | 106.06 | 77.06 |
| 生产成本 | 元 | 69.61 | 57.23 | 54.93 | 98.37 | 71.82 |
| 净利润 | 元 | 127.12 | 113.20 | 122.53 | 173.39 | 49.87 |
| 现金成本 | 元 | 21.32 | 21.31 | 23.03 | 28.45 | 22.00 |
| 现金收益 | 元 | 179.60 | 160.43 | 161.70 | 251.00 | 104.93 |
| **附：** | | | | | | |
| 每亩用工数量 | 日 | 21.06 | 13.55 | 12.38 | 23.53 | 28.04 |
| 每亩主产品已出售数量 | 公斤 | 1967.71 | 1574.26 | 1734.62 | 1526.44 | 2594.96 |
| 每亩主产品已出售产值 | 元 | 7913.13 | 5722.05 | 6408.59 | 8531.41 | 6587.59 |
| 每亩成本外支出 | 元 | | | | | |

# 6-1-12-2 2021 年各地区露地菜花费用和用工情况

| 项　　目 | 单位 | 平　均 | 河　北 | 江　苏 | 安　徽 | 福　建 |
|---|---|---|---|---|---|---|
| 一、每亩物质与服务费用 | 元 | **772.96** | **1054.11** | **720.38** | **587.39** | **1198.65** |
| (一)直接费用 | 元 | 737.93 | 1025.26 | 702.39 | 556.41 | 1177.45 |
| 1. 种子费 | 元 | 152.95 | 180.00 | 128.44 | 135.70 | 175.74 |
| 2. 化肥费 | 元 | 276.16 | 298.01 | 348.45 | 209.58 | 439.90 |
| 3. 农家肥费 | 元 | 52.08 | 111.92 | 61.31 | 0.22 | 169.34 |
| 4. 农药费 | 元 | 86.90 | 164.37 | 84.14 | 70.02 | 129.81 |
| 5. 农膜费 | 元 | 21.87 | 38.87 |  | 0.10 | 98.82 |
| 6. 租赁作业费 | 元 | 114.34 | 177.89 | 73.26 | 109.18 | 110.86 |
| 机械作业费 | 元 | 93.74 | 81.88 | 45.28 | 108.39 | 71.45 |
| 排灌费 | 元 | 20.60 | 96.01 | 27.98 | 0.79 | 39.41 |
| 其中:水费 | 元 | 6.91 |  | 2.94 | 0.06 | 26.21 |
| 畜力费 | 元 |  |  |  |  |  |
| 7. 燃料动力费 | 元 | 16.17 |  |  | 23.77 | 9.96 |
| 8. 技术服务费 | 元 | 0.61 |  |  |  | 4.60 |
| 9. 工具材料费 | 元 | 12.37 | 48.69 | 4.08 | 4.87 | 26.68 |
| 10. 修理维护费 | 元 | 4.48 | 5.51 | 2.71 | 2.97 | 11.74 |
| 11. 其他直接费用 | 元 |  |  |  |  |  |
| (二)间接费用 | 元 | 35.03 | 28.85 | 17.99 | 30.98 | 21.20 |
| 1. 固定资产折旧 | 元 | 17.30 | 5.83 | 4.33 | 24.07 | 15.58 |
| 2. 保险费 | 元 |  |  |  |  |  |
| 3. 管理费 | 元 |  |  |  |  |  |
| 4. 财务费 | 元 | 0.18 |  |  |  | 1.36 |
| 5. 销售费 | 元 | 17.55 | 23.02 | 13.66 | 6.91 | 4.26 |
| 二、每亩人工成本 | 元 | **1735.31** | **1717.11** | **2328.61** | **1518.29** | **2250.05** |
| 1. 家庭用工折价 | 元 | 1238.98 | 1485.62 | 2188.83 | 1006.18 | 787.30 |
| 家庭用工天数 | 日 | 13.44 | 16.11 | 23.74 | 10.91 | 8.54 |
| 劳动日工价 | 元 | 92.20 | 92.20 | 92.20 | 92.20 | 92.20 |
| 2. 雇工费用 | 元 | 496.33 | 231.49 | 139.78 | 512.11 | 1462.76 |
| 雇工天数 | 日 | 2.93 | 1.52 | 1.45 | 2.85 | 8.81 |
| 雇工工价 | 元 | 169.40 | 152.30 | 96.40 | 179.69 | 166.03 |
| 三、附 |  |  |  |  |  |  |
| 1. 每亩种子用量 | 公斤 |  |  |  |  |  |
| 2. 每亩化肥用量 | 公斤 | 40.76 | 51.28 | 55.63 | 35.10 | 46.09 |
| 3. 每亩农膜用量 | 公斤 | 1.82 | 3.42 |  | 0.01 | 7.96 |

6-1-12-2 续表

| 项 目 | 单位 | 江 西 | 山 东 | 湖 北 | 重 庆 | 甘 肃 |
|---|---|---|---|---|---|---|
| **一、每亩物质与服务费用** | 元 | **828.37** | **579.46** | **762.96** | **833.26** | **1141.88** |
| (一)直接费用 | 元 | 767.70 | 549.85 | 724.73 | 827.41 | 1049.44 |
| 1. 种子费 | 元 | 98.10 | 169.69 | 104.49 | 169.45 | 248.96 |
| 2. 化肥费 | 元 | 329.16 | 218.63 | 271.55 | 316.00 | 408.51 |
| 3. 农家肥费 | 元 | 100.90 | | 157.36 | 20.46 | 105.24 |
| 4. 农药费 | 元 | 82.79 | 64.31 | 63.25 | 185.28 | 65.68 |
| 5. 农膜费 | 元 | 10.89 | 5.03 | | | 60.28 |
| 6. 租赁作业费 | 元 | 72.49 | 83.17 | 110.32 | 117.96 | 150.02 |
| 机械作业费 | 元 | 67.41 | 60.66 | 96.77 | 117.96 | 97.79 |
| 排灌费 | 元 | 5.08 | 22.51 | 13.55 | | 52.23 |
| 其中:水费 | 元 | | | 13.47 | | 35.74 |
| 畜力费 | 元 | | | | | |
| 7. 燃料动力费 | 元 | 53.90 | | | 8.31 | |
| 8. 技术服务费 | 元 | | | | | |
| 9. 工具材料费 | 元 | 14.62 | 6.00 | 12.29 | 8.65 | 7.87 |
| 10. 修理维护费 | 元 | 4.85 | 3.02 | 5.47 | 1.30 | 2.88 |
| 11. 其他直接费用 | 元 | | | | | |
| (二)间接费用 | 元 | 60.67 | 29.61 | 38.23 | 5.85 | 92.44 |
| 1. 固定资产折旧 | 元 | 26.13 | 3.91 | 11.13 | 5.85 | 1.23 |
| 2. 保险费 | 元 | | | | | |
| 3. 管理费 | 元 | | | | | |
| 4. 财务费 | 元 | | | | | |
| 5. 销售费 | 元 | 34.54 | 25.70 | 27.10 | | 91.21 |
| **二、每亩人工成本** | 元 | **1944.27** | **1227.67** | **1142.78** | **2169.83** | **2585.47** |
| 1. 家庭用工折价 | 元 | 1936.48 | 1134.15 | 1138.95 | 2169.83 | 2585.47 |
| 家庭用工天数 | 日 | 21.00 | 12.30 | 12.35 | 23.53 | 28.04 |
| 劳动日工价 | 元 | 92.20 | 92.20 | 92.20 | 92.20 | 92.20 |
| 2. 雇工费用 | 元 | 7.80 | 93.52 | 3.83 | | |
| 雇工天数 | 日 | 0.06 | 1.25 | 0.03 | | |
| 雇工工价 | 元 | 129.93 | 74.81 | 127.70 | 147.80 | 96.69 |
| 三、附 | | | | | | |
| 1. 每亩种子用量 | 公斤 | | | | | |
| 2. 每亩化肥用量 | 公斤 | 41.25 | 29.25 | 33.74 | 41.88 | 63.76 |
| 3. 每亩农膜用量 | 公斤 | 0.73 | 0.42 | | | 5.32 |

# 6-1-12-3 2021年各地区露地菜花化肥投入情况

| 项　　目 | 单位 | 平　均 | 河　北 | 江　苏 | 安　徽 | 福　建 |
|---|---|---|---|---|---|---|
| **一、每亩化肥金额** | **元** | **276.16** | **298.01** | **348.45** | **209.58** | **439.90** |
| （一）氮肥 | 元 | 55.37 | 99.71 | 196.39 | 56.95 | 1.03 |
| 1. 尿素 | 元 | 54.43 | 99.71 | 171.90 | 56.95 | |
| 2. 碳铵 | 元 | 0.94 | | 24.49 | | 1.03 |
| 3. 其他氮肥 | 元 | | | | | |
| （二）磷肥 | 元 | 2.43 | | | 0.10 | 7.36 |
| 其中：过磷酸钙 | 元 | 2.43 | | | 0.10 | 7.36 |
| （三）钾肥 | 元 | 0.38 | | | 0.72 | |
| 其中：氯化钾 | 元 | 0.38 | | | 0.72 | |
| （四）复混肥 | 元 | 214.17 | 198.30 | 142.99 | 151.44 | 431.51 |
| 1. 复合肥 | 元 | 214.12 | 198.30 | 142.99 | 151.44 | 431.51 |
| 其中：二铵 | 元 | 18.44 | 39.59 | | | |
| 三元素复合肥 | 元 | 136.61 | 58.06 | 103.64 | 139.87 | 278.56 |
| 2. 混配肥 | 元 | 0.05 | | | | |
| （五）其他肥料 | 元 | 3.81 | | 9.07 | 0.37 | |
| **二、每亩化肥折纯用量** | **公斤** | **40.76** | **51.28** | **55.63** | **35.10** | **46.09** |
| （一）氮肥 | 公斤 | 11.54 | 19.02 | 36.71 | 12.80 | 0.15 |
| 1. 尿素 | 公斤 | 11.38 | 19.02 | 32.55 | 12.80 | |
| 2. 碳铵 | 公斤 | 0.16 | | 4.16 | | 0.15 |
| 3. 其他氮肥 | 公斤 | | | | | |
| （二）磷肥 | 公斤 | 0.42 | | | 0.02 | 1.17 |
| 其中：过磷酸钙 | 公斤 | 0.42 | | | 0.02 | 1.17 |
| （三）钾肥 | 公斤 | 0.07 | | | 0.14 | |
| 其中：氯化钾 | 公斤 | 0.07 | | | 0.14 | |
| （四）复混肥 | 公斤 | 28.73 | 32.27 | 18.93 | 22.13 | 44.77 |
| 1. 复合肥 | 公斤 | 28.72 | 32.27 | 18.93 | 22.13 | 44.77 |
| 其中：二铵 | 公斤 | 3.29 | 7.89 | | | |
| 三元素复合肥 | 公斤 | 18.51 | 9.57 | 13.93 | 20.75 | 30.15 |
| 2. 混配肥 | 公斤 | 0.01 | | | | |

6-1-12-3 续表

| 项目 | 单位 | 江西 | 山东 | 湖北 | 重庆 | 甘肃 |
|---|---|---|---|---|---|---|
| **一、每亩化肥金额** | **元** | **329.16** | **218.63** | **271.55** | **316.00** | **408.51** |
| (一)氮肥 | 元 | 13.78 | 8.04 | | 34.85 | 113.61 |
| 1. 尿素 | 元 | 13.78 | 8.04 | | 34.85 | 113.61 |
| 2. 碳铵 | 元 | | | | | |
| 3. 其他氮肥 | 元 | | | | | |
| (二)磷肥 | 元 | 8.27 | | | | 13.68 |
| 其中:过磷酸钙 | 元 | 8.27 | | | | 13.68 |
| (三)钾肥 | 元 | | | | | |
| 其中:氯化钾 | 元 | | | | | |
| (四)复混肥 | 元 | 299.80 | 210.59 | 271.55 | 276.72 | 243.22 |
| 1. 复合肥 | 元 | 299.80 | 210.59 | 271.55 | 271.20 | 243.22 |
| 其中:二铵 | 元 | | 67.92 | | | 144.47 |
| 三元素复合肥 | 元 | 115.34 | 67.57 | 102.44 | 227.81 | 36.31 |
| 2. 混配肥 | 元 | | | | 5.52 | |
| (五)其他肥料 | 元 | 7.31 | | | 4.43 | 38.00 |
| **二、每亩化肥折纯用量** | **公斤** | **41.25** | **29.25** | **33.74** | **41.88** | **63.76** |
| (一)氮肥 | 公斤 | 1.97 | 1.36 | | 5.34 | 21.97 |
| 1. 尿素 | 公斤 | 1.97 | 1.36 | | 5.34 | 21.97 |
| 2. 碳铵 | 公斤 | | | | | |
| 3. 其他氮肥 | 公斤 | | | | | |
| (二)磷肥 | 公斤 | 1.29 | | | | 2.54 |
| 其中:过磷酸钙 | 公斤 | 1.29 | | | | 2.54 |
| (三)钾肥 | 公斤 | | | | | |
| 其中:氯化钾 | 公斤 | | | | | |
| (四)复混肥 | 公斤 | 37.99 | 27.90 | 33.74 | 36.53 | 39.25 |
| 1. 复合肥 | 公斤 | 37.99 | 27.90 | 33.74 | 35.87 | 39.25 |
| 其中:二铵 | 公斤 | | 10.87 | | | 25.74 |
| 三元素复合肥 | 公斤 | 15.01 | 9.26 | 12.99 | 29.92 | 4.65 |
| 2. 混配肥 | 公斤 | | | | 0.66 | |

# 6-1-13-1　2021 年各地区露地萝卜成本收益情况

| 项　　目 | 单位 | 平　均 | 河　北 | 辽　宁 | 吉　林 | 江　苏 | 安　徽 | 福　建 |
|---|---|---|---|---|---|---|---|---|
| **每亩** | | | | | | | | |
| 主产品产量 | 公斤 | 3606.89 | 3934.03 | 5031.83 | 2797.74 | 2604.79 | 3223.45 | 2480.31 |
| 产值合计 | 元 | 5514.48 | 3959.29 | 3613.26 | 3408.16 | 5027.19 | 5682.29 | 5256.36 |
| 主产品产值 | 元 | 5514.48 | 3959.29 | 3613.26 | 3408.16 | 5027.19 | 5682.29 | 5256.36 |
| 副产品产值 | 元 | | | | | | | |
| 总成本 | 元 | 3041.47 | 2438.57 | 2264.14 | 3075.27 | 2198.92 | 2553.14 | 3612.34 |
| 生产成本 | 元 | 2734.40 | 2082.54 | 1893.74 | 2486.74 | 1943.32 | 2263.66 | 3391.26 |
| 物质与服务费用 | 元 | 1082.75 | 858.51 | 268.44 | 920.34 | 495.69 | 754.38 | 1666.97 |
| 人工成本 | 元 | 1651.65 | 1224.03 | 1625.30 | 1566.40 | 1447.63 | 1509.28 | 1724.29 |
| 家庭用工折价 | 元 | 881.71 | 844.46 | 1625.30 | 1383.55 | 1302.33 | 1331.09 | 178.22 |
| 雇工费用 | 元 | 769.94 | 379.57 | | 182.85 | 145.31 | 178.19 | 1546.07 |
| 土地成本 | 元 | 307.07 | 356.03 | 370.40 | 588.53 | 255.60 | 289.48 | 221.08 |
| 流转地租金 | 元 | 97.97 | 0.51 | 68.22 | 91.73 | 67.76 | 74.47 | 92.68 |
| 自营地折租 | 元 | 209.10 | 355.52 | 302.18 | 496.80 | 187.84 | 215.01 | 128.40 |
| 净利润 | 元 | 2473.01 | 1520.72 | 1349.12 | 332.89 | 2828.27 | 3129.15 | 1644.02 |
| 现金成本 | 元 | 1950.66 | 1238.59 | 336.66 | 1194.92 | 708.76 | 1007.04 | 3305.72 |
| 现金收益 | 元 | 3563.82 | 2720.70 | 3276.60 | 2213.24 | 4318.43 | 4675.25 | 1950.64 |
| 成本利润率 | % | 81.31 | 62.36 | 59.59 | 10.82 | 128.62 | 122.56 | 45.51 |
| **每 50 公斤主产品** | | | | | | | | |
| 平均出售价格 | 元 | 76.44 | 50.32 | 35.90 | 60.91 | 96.50 | 88.14 | 105.96 |
| 总成本 | 元 | 42.16 | 30.99 | 22.50 | 54.96 | 42.21 | 39.60 | 72.82 |
| 生产成本 | 元 | 37.90 | 26.47 | 18.82 | 44.44 | 37.30 | 35.11 | 68.36 |
| 净利润 | 元 | 34.28 | 19.33 | 13.40 | 5.95 | 54.29 | 48.54 | 33.14 |
| 现金成本 | 元 | 27.04 | 15.74 | 3.34 | 21.36 | 13.61 | 15.62 | 66.64 |
| 现金收益 | 元 | 49.40 | 34.58 | 32.56 | 39.55 | 82.89 | 72.52 | 39.32 |
| **附：** | | | | | | | | |
| 每亩用工数量 | 日 | 16.90 | 11.72 | 17.63 | 16.54 | 15.33 | 15.92 | 15.02 |
| 每亩主产品已出售数量 | 公斤 | 3517.09 | 3920.46 | 5026.36 | 2797.74 | 2604.79 | 3222.17 | 2443.24 |
| 每亩主产品已出售产值 | 元 | 5330.25 | 3940.19 | 3609.23 | 3408.16 | 5027.19 | 5679.18 | 5172.07 |
| 每亩成本外支出 | 元 | | | | | | | |

6-1-13-1 续表 1

| 项目 | 单位 | 江西 | 山东 | 河南 | 湖北 | 湖南 | 广东 | 广西 |
|---|---|---|---|---|---|---|---|---|
| **每亩** | | | | | | | | |
| 主产品产量 | 公斤 | 3368.55 | 2981.24 | 3480.66 | 2859.33 | 3855.60 | 3631.85 | 5062.04 |
| 产值合计 | 元 | 4739.35 | 9343.04 | 3176.42 | 5750.31 | 4576.75 | 6233.58 | 4681.12 |
| 主产品产值 | 元 | 4739.35 | 9343.04 | 3176.42 | 5750.31 | 4576.75 | 6233.58 | 4681.12 |
| 副产品产值 | 元 | | | | | | | |
| 总成本 | 元 | 2832.69 | 2863.81 | 2290.51 | 1956.25 | 3228.52 | 3141.89 | 3747.56 |
| 生产成本 | 元 | 2652.54 | 2430.79 | 1934.25 | 1687.96 | 3086.58 | 2840.62 | 3399.70 |
| 物质与服务费用 | 元 | 682.27 | 1306.25 | 587.80 | 493.60 | 796.70 | 1323.38 | 1223.75 |
| 人工成本 | 元 | 1970.27 | 1124.54 | 1346.45 | 1194.36 | 2289.88 | 1517.24 | 2175.95 |
| 家庭用工折价 | 元 | 1913.33 | 451.50 | 1249.96 | 1194.36 | 2289.88 | 1301.22 | 374.52 |
| 雇工费用 | 元 | 56.94 | 673.04 | 96.50 | | | 216.03 | 1801.44 |
| 土地成本 | 元 | 180.15 | 433.02 | 356.26 | 268.29 | 141.94 | 301.27 | 347.86 |
| 流转地租金 | 元 | 13.43 | 208.18 | 66.23 | 31.01 | 10.13 | 174.95 | 109.46 |
| 自营地折租 | 元 | 166.72 | 224.84 | 290.03 | 237.28 | 131.81 | 126.32 | 238.40 |
| 净利润 | 元 | 1906.66 | 6479.23 | 885.91 | 3794.06 | 1348.23 | 3091.69 | 933.56 |
| 现金成本 | 元 | 752.64 | 2187.47 | 750.53 | 524.61 | 806.83 | 1714.36 | 3134.65 |
| 现金收益 | 元 | 3986.71 | 7155.57 | 2425.89 | 5225.70 | 3769.92 | 4519.22 | 1546.47 |
| 成本利润率 | % | 67.31 | 226.25 | 38.68 | 193.95 | 41.76 | 98.40 | 24.91 |
| **每 50 公斤主产品** | | | | | | | | |
| 平均出售价格 | 元 | 70.35 | 156.70 | 45.63 | 100.55 | 59.35 | 85.82 | 46.24 |
| 总成本 | 元 | 42.05 | 48.03 | 32.90 | 34.21 | 41.87 | 43.26 | 37.02 |
| 生产成本 | 元 | 39.37 | 40.77 | 27.79 | 29.52 | 40.03 | 39.11 | 33.58 |
| 净利润 | 元 | 28.30 | 108.67 | 12.73 | 66.34 | 17.48 | 42.56 | 9.22 |
| 现金成本 | 元 | 11.17 | 36.69 | 10.78 | 9.17 | 10.46 | 23.60 | 30.96 |
| 现金收益 | 元 | 59.18 | 120.01 | 34.85 | 91.38 | 48.89 | 62.22 | 15.28 |
| **附：** | | | | | | | | |
| 每亩用工数量 | 日 | 21.20 | 9.45 | 14.58 | 12.95 | 24.84 | 15.71 | 24.05 |
| 每亩主产品已出售数量 | 公斤 | 3314.96 | 2850.13 | 3480.66 | 2857.06 | 3855.60 | 3419.71 | 5009.78 |
| 每亩主产品已出售产值 | 元 | 4663.00 | 8818.40 | 3176.42 | 5742.91 | 4576.75 | 5852.30 | 4572.40 |
| 每亩成本外支出 | 元 | | | | | | | |

6-1-13-1　续表 2

| 项　　目 | 单位 | 海　南 | 重　庆 | 四　川 | 云　南 | 陕　西 | 甘　肃 |
|---|---|---|---|---|---|---|---|
| **每亩** | | | | | | | |
| 主产品产量 | 公斤 | 2261.17 | 5105.08 | 3800.14 | 3913.41 | 3202.17 | 5202.74 |
| 产值合计 | 元 | 4988.99 | 7571.76 | 5129.89 | 2475.80 | 2555.98 | 6629.12 |
| 主产品产值 | 元 | 4988.99 | 7571.76 | 5129.89 | 2475.80 | 2555.98 | 6629.12 |
| 副产品产值 | 元 | | | | | | |
| 总成本 | 元 | 2264.75 | 3422.66 | 2832.07 | 1672.60 | 2805.71 | 2791.91 |
| 生产成本 | 元 | 2014.87 | 3188.84 | 2594.02 | 1561.78 | 2680.71 | 2442.10 |
| 物质与服务费用 | 元 | 506.71 | 919.52 | 565.90 | 360.60 | 498.34 | 682.56 |
| 人工成本 | 元 | 1508.16 | 2269.32 | 2028.12 | 1201.18 | 2182.37 | 1759.54 |
| 家庭用工折价 | 元 | 1394.43 | 2269.32 | 2028.12 | 1201.18 | 2182.37 | 1759.54 |
| 雇工费用 | 元 | 113.73 | | | | | |
| 土地成本 | 元 | 249.88 | 233.82 | 238.05 | 110.82 | 125.00 | 349.81 |
| 流转地租金 | 元 | | 35.07 | 28.67 | | | |
| 自营地折租 | 元 | 249.88 | 198.75 | 209.38 | 110.82 | 125.00 | 349.81 |
| 净利润 | 元 | 2724.24 | 4149.10 | 2297.82 | 803.20 | -249.73 | 3837.21 |
| 现金成本 | 元 | 620.44 | 954.59 | 594.57 | 360.60 | 498.34 | 682.56 |
| 现金收益 | 元 | 4368.55 | 6617.17 | 4535.32 | 2115.20 | 2057.64 | 5946.56 |
| 成本利润率 | % | 120.29 | 121.22 | 81.14 | 48.02 | -8.90 | 137.44 |
| **每 50 公斤主产品** | | | | | | | |
| 平均出售价格 | 元 | 110.32 | 74.16 | 67.50 | 31.63 | 39.91 | 63.71 |
| 总成本 | 元 | 50.08 | 33.52 | 37.26 | 21.37 | 43.81 | 26.83 |
| 生产成本 | 元 | 44.55 | 31.23 | 34.13 | 19.95 | 41.86 | 23.47 |
| 净利润 | 元 | 60.24 | 40.64 | 30.24 | 10.26 | -3.90 | 36.88 |
| 现金成本 | 元 | 13.72 | 9.35 | 7.82 | 4.61 | 7.78 | 6.56 |
| 现金收益 | 元 | 96.60 | 64.81 | 59.68 | 27.02 | 32.13 | 57.15 |
| **附：** | | | | | | | |
| 每亩用工数量 | 日 | 16.07 | 24.61 | 22.00 | 13.03 | 23.67 | 19.08 |
| 每亩主产品已出售数量 | 公斤 | 2239.50 | 5105.08 | 3800.14 | 3913.41 | 2952.17 | 3825.61 |
| 每亩主产品已出售产值 | 元 | 4938.10 | 7571.76 | 5129.89 | 2475.80 | 2354.38 | 4708.09 |
| 每亩成本外支出 | 元 | | | | | | |

# 6-1-13-2　2021年各地区露地萝卜费用和用工情况

| 项　　目 | 单位 | 平　均 | 河　北 | 辽　宁 | 吉　林 | 江　苏 | 安　徽 | 福　建 |
|---|---|---|---|---|---|---|---|---|
| **一、每亩物质与服务费用** | 元 | **1082.75** | **858.51** | **268.44** | **920.34** | **495.69** | **754.38** | **1666.97** |
| （一）直接费用 | 元 | 1009.82 | 849.30 | 215.88 | 674.91 | 491.58 | 641.07 | 1401.29 |
| 1. 种子费 | 元 | 139.42 | 217.96 | 71.37 | 111.15 | 70.75 | 84.66 | 194.14 |
| 2. 化肥费 | 元 | 360.67 | 201.08 | 25.15 | 114.75 | 183.00 | 255.33 | 502.39 |
| 3. 农家肥费 | 元 | 201.11 | 126.62 | 58.03 | 191.11 | 80.59 | 142.33 | 294.62 |
| 4. 农药费 | 元 | 99.30 | 49.27 | 16.78 | 44.60 | 48.86 | 50.07 | 107.48 |
| 5. 农膜费 | 元 | 41.13 | | | | | | 121.94 |
| 6. 租赁作业费 | 元 | 131.78 | 167.57 | 39.05 | 182.49 | 92.02 | 79.75 | 103.99 |
| 机械作业费 | 元 | 101.90 | 115.39 | 39.05 | 145.70 | 79.08 | 62.47 | 101.59 |
| 排灌费 | 元 | 25.43 | 52.18 | | 36.79 | 12.94 | 17.28 | |
| 其中：水费 | 元 | 12.37 | | | | 6.33 | 0.20 | |
| 畜力费 | 元 | 4.45 | | | | | | 2.40 |
| 7. 燃料动力费 | 元 | 9.34 | | | | 1.63 | 11.21 | 28.68 |
| 8. 技术服务费 | 元 | | | | | | | |
| 9. 工具材料费 | 元 | 22.10 | 80.89 | 5.50 | 13.37 | 10.99 | 11.40 | 38.27 |
| 10. 修理维护费 | 元 | 4.97 | 5.91 | | 17.44 | 3.74 | 6.32 | 9.78 |
| 11. 其他直接费用 | 元 | | | | | | | |
| （二）间接费用 | 元 | 72.93 | 9.21 | 52.56 | 245.43 | 4.11 | 113.31 | 265.68 |
| 1. 固定资产折旧 | 元 | 17.39 | 8.31 | 1.56 | 13.68 | 4.11 | 21.53 | 52.04 |
| 2. 保险费 | 元 | | | | | | | |
| 3. 管理费 | 元 | 0.64 | | | | | | |
| 4. 财务费 | 元 | 4.02 | | | | | | 25.98 |
| 5. 销售费 | 元 | 50.88 | 0.90 | 51.00 | 231.75 | | 91.78 | 187.66 |
| **二、每亩人工成本** | 元 | **1651.65** | **1224.03** | **1625.30** | **1566.40** | **1447.63** | **1509.28** | **1724.29** |
| 1. 家庭用工折价 | 元 | 881.71 | 844.46 | 1625.30 | 1383.55 | 1302.33 | 1331.09 | 178.22 |
| 家庭用工天数 | 日 | 9.56 | 9.16 | 17.63 | 15.01 | 14.13 | 14.44 | 1.93 |
| 劳动日工价 | 元 | 92.20 | 92.20 | 92.20 | 92.20 | 92.20 | 92.20 | 92.20 |
| 2. 雇工费用 | 元 | 769.94 | 379.57 | | 182.85 | 145.31 | 178.19 | 1546.07 |
| 雇工天数 | 日 | 7.34 | 2.56 | | 1.53 | 1.20 | 1.48 | 13.09 |
| 雇工工价 | 元 | 104.90 | 148.27 | 97.11 | 119.51 | 121.09 | 120.40 | 118.11 |
| **三、附** | | | | | | | | |
| 1. 每亩种子用量 | 公斤 | 0.03 | 0.02 | | | | | |
| 2. 每亩化肥用量 | 公斤 | 35.00 | 26.69 | 4.23 | 21.52 | 31.19 | 30.45 | 50.89 |
| 3. 每亩农膜用量 | 公斤 | 2.15 | | | | | | 5.66 |

6-1-13-2 续表 1

| 项　　目 | 单位 | 江　西 | 山　东 | 河　南 | 湖　北 | 湖　南 | 广　东 | 广　西 |
|---|---|---|---|---|---|---|---|---|
| **一、每亩物质与服务费用** | 元 | **682.27** | **1306.25** | **587.80** | **493.60** | **796.70** | **1323.38** | **1223.75** |
| (一)直接费用 | 元 | 613.11 | 1278.60 | 546.63 | 471.96 | 733.39 | 1306.04 | 1210.33 |
| 1. 种子费 | 元 | 72.73 | 104.14 | 95.13 | 48.12 | 104.85 | 142.64 | 197.88 |
| 2. 化肥费 | 元 | 254.37 | 667.93 | 251.83 | 238.41 | 312.41 | 408.82 | 363.62 |
| 3. 农家肥费 | 元 | 107.98 | 201.64 | 21.34 | 16.93 | 51.12 | 496.46 | 165.36 |
| 4. 农药费 | 元 | 65.25 | 78.52 | 49.44 | 50.32 | 107.10 | 116.48 | 189.74 |
| 5. 农膜费 | 元 | | | | | 78.84 | | 94.83 |
| 6. 租赁作业费 | 元 | 60.11 | 175.74 | 120.09 | 103.59 | 57.40 | 104.66 | 183.53 |
| 机械作业费 | 元 | 54.36 | 117.86 | 74.22 | 96.64 | 52.90 | 86.26 | 134.89 |
| 排灌费 | 元 | 5.75 | 57.88 | 45.87 | 6.95 | 4.50 | | 45.73 |
| 其中:水费 | 元 | | 0.40 | | 6.04 | | | 45.73 |
| 畜力费 | 元 | | | | | | 18.40 | 2.91 |
| 7. 燃料动力费 | 元 | 32.95 | 8.80 | | | 2.07 | 19.42 | |
| 8. 技术服务费 | 元 | | | | | | | |
| 9. 工具材料费 | 元 | 15.20 | 38.40 | 7.42 | 9.18 | 15.74 | 12.78 | 12.82 |
| 10. 修理维护费 | 元 | 4.52 | 3.43 | 1.38 | 5.41 | 3.86 | 4.78 | 2.55 |
| 11. 其他直接费用 | 元 | | | | | | | |
| (二)间接费用 | 元 | 69.16 | 27.65 | 41.17 | 21.64 | 63.31 | 17.34 | 13.42 |
| 1. 固定资产折旧 | 元 | 30.87 | 7.42 | 2.02 | 21.64 | 26.60 | 17.34 | 7.73 |
| 2. 保险费 | 元 | | | | | | | |
| 3. 管理费 | 元 | | | | | | | 3.00 |
| 4. 财务费 | 元 | | | | | | | |
| 5. 销售费 | 元 | 38.29 | 20.23 | 39.15 | | 36.71 | | 2.69 |
| **二、每亩人工成本** | 元 | **1970.27** | **1124.54** | **1346.45** | **1194.36** | **2289.88** | **1517.24** | **2175.95** |
| 1. 家庭用工折价 | 元 | 1913.33 | 451.50 | 1249.96 | 1194.36 | 2289.88 | 1301.22 | 374.52 |
| 家庭用工天数 | 日 | 20.75 | 4.90 | 13.56 | 12.95 | 24.84 | 14.11 | 4.06 |
| 劳动日工价 | 元 | 92.20 | 92.20 | 92.20 | 92.20 | 92.20 | 92.20 | 92.20 |
| 2. 雇工费用 | 元 | 56.94 | 673.04 | 96.50 | | | 216.03 | 1801.44 |
| 雇工天数 | 日 | 0.45 | 4.55 | 1.02 | | | 1.60 | 19.99 |
| 雇工工价 | 元 | 126.53 | 147.92 | 94.61 | 118.26 | 172.26 | 135.02 | 90.12 |
| 三、附 | | | | | | | | |
| 1. 每亩种子用量 | 公斤 | | | | | | 0.16 | |
| 2. 每亩化肥用量 | 公斤 | 32.29 | 30.04 | 36.33 | 30.38 | 45.79 | 41.28 | 33.76 |
| 3. 每亩农膜用量 | 公斤 | | | | | 4.88 | | 5.34 |

6-1-13-2 续表 2

| 项　　目 | 单位 | 海　南 | 重　庆 | 四　川 | 云　南 | 陕　西 | 甘　肃 |
|---|---|---|---|---|---|---|---|
| **一、每亩物质与服务费用** | 元 | **506.71** | **919.52** | **565.90** | **360.60** | **498.34** | **682.56** |
| （一）直接费用 | 元 | 495.62 | 906.41 | 491.35 | 276.38 | 453.14 | 660.35 |
| 1. 种子费 | 元 | 41.19 | 165.64 | 60.18 | 58.58 | 75.33 | 95.94 |
| 2. 化肥费 | 元 | 216.34 | 372.18 | 170.88 | 65.12 | 134.08 | 193.94 |
| 3. 农家肥费 | 元 | 68.50 | 9.32 | 90.04 | 21.61 | 87.33 | 122.66 |
| 4. 农药费 | 元 | 41.08 | 136.13 | 36.93 | 10.50 | 50.93 | 26.86 |
| 5. 农膜费 | 元 |  | 55.24 |  | 6.03 |  | 18.18 |
| 6. 租赁作业费 | 元 | 117.65 | 148.94 | 119.97 | 106.56 | 91.50 | 187.13 |
| 机械作业费 | 元 | 90.10 | 148.94 | 77.91 | 72.50 | 91.50 | 118.09 |
| 排灌费 | 元 | 2.44 |  | 29.82 | 9.63 |  | 69.04 |
| 其中：水费 | 元 | 2.44 |  | 29.81 | 1.93 |  | 57.12 |
| 畜力费 | 元 | 25.11 |  | 12.24 | 24.43 |  |  |
| 7. 燃料动力费 | 元 |  | 9.44 |  |  |  |  |
| 8. 技术服务费 | 元 |  |  |  |  |  |  |
| 9. 工具材料费 | 元 | 9.13 | 8.41 | 9.97 | 7.98 | 9.25 | 11.50 |
| 10. 修理维护费 | 元 | 1.73 | 1.11 | 3.38 |  | 4.72 | 4.14 |
| 11. 其他直接费用 | 元 |  |  |  |  |  |  |
| （二）间接费用 | 元 | 11.09 | 13.11 | 74.55 | 84.22 | 45.20 | 22.21 |
| 1. 固定资产折旧 | 元 | 6.36 | 7.81 | 5.03 | 3.02 |  | 1.32 |
| 2. 保险费 | 元 |  |  |  |  |  |  |
| 3. 管理费 | 元 |  |  |  |  |  |  |
| 4. 财务费 | 元 |  |  |  |  |  |  |
| 5. 销售费 | 元 | 4.73 | 5.30 | 69.52 | 81.20 | 45.20 | 20.89 |
| **二、每亩人工成本** | 元 | **1508.16** | **2269.32** | **2028.12** | **1201.18** | **2182.37** | **1759.54** |
| 1. 家庭用工折价 | 元 | 1394.43 | 2269.32 | 2028.12 | 1201.18 | 2182.37 | 1759.54 |
| 家庭用工天数 | 日 | 15.12 | 24.61 | 22.00 | 13.03 | 23.67 | 19.08 |
| 劳动日工价 | 元 | 92.20 | 92.20 | 92.20 | 92.20 | 92.20 | 92.20 |
| 2. 雇工费用 | 元 | 113.73 |  |  |  |  |  |
| 雇工天数 | 日 | 0.95 |  |  |  |  |  |
| 雇工工价 | 元 | 119.71 | 148.62 | 113.54 | 90.96 | 90.00 | 97.29 |
| **三、附** |  |  |  |  |  |  |  |
| 1. 每亩种子用量 | 公斤 |  |  |  | 0.25 |  |  |
| 2. 每亩化肥用量 | 公斤 | 23.26 | 43.91 | 25.86 | 10.05 | 23.61 | 32.09 |
| 3. 每亩农膜用量 | 公斤 |  | 3.78 |  | 0.40 |  | 1.54 |

# 6-1-13-3 2021年各地区露地萝卜化肥投入情况

| 项　　目 | 单位 | 平 均 | 河 北 | 辽 宁 | 吉 林 | 江 苏 | 安 徽 | 福 建 |
|---|---|---|---|---|---|---|---|---|
| **一、每亩化肥金额** | **元** | **360.67** | **201.08** | **25.15** | **114.75** | **183.00** | **255.33** | **502.39** |
| （一）氮肥 | 元 | 17.75 | 27.89 | | 52.65 | 53.53 | 40.48 | |
| 1. 尿素 | 元 | 16.24 | 27.89 | | 52.17 | 53.53 | 38.45 | |
| 2. 碳铵 | 元 | 1.50 | | | | | 2.03 | |
| 3. 其他氮肥 | 元 | 0.01 | | | 0.48 | | | |
| （二）磷肥 | 元 | 8.12 | 0.52 | | | 8.75 | | 0.80 |
| 其中：过磷酸钙 | 元 | 7.35 | | | | | | |
| （三）钾肥 | 元 | 1.54 | 24.42 | | 2.50 | | | |
| 其中：氯化钾 | 元 | 0.28 | | | 0.81 | | | |
| （四）复混肥 | 元 | 286.70 | 148.25 | 25.15 | 59.60 | 120.72 | 177.00 | 494.96 |
| 1. 复合肥 | 元 | 286.00 | 147.52 | 9.47 | 59.60 | 120.72 | 173.04 | 494.96 |
| 其中：二铵 | 元 | 3.87 | 21.67 | 2.98 | 48.34 | 4.41 | | |
| 三元素复合肥 | 元 | 188.98 | 100.01 | 3.95 | 11.26 | 65.63 | 134.24 | 35.33 |
| 2. 混配肥 | 元 | 0.70 | 0.73 | 15.68 | | | 3.96 | |
| （五）其他肥料 | 元 | 46.56 | | | | | 37.85 | 6.63 |
| **二、每亩化肥折纯用量** | **公斤** | **35.00** | **26.69** | **4.23** | **21.52** | **31.19** | **30.45** | **50.89** |
| （一）氮肥 | 公斤 | 3.14 | 5.37 | | 10.00 | 8.51 | 7.86 | |
| 1. 尿素 | 公斤 | 2.88 | 5.37 | | 9.87 | 8.51 | 7.47 | |
| 2. 碳铵 | 公斤 | 0.26 | | | | | 0.39 | |
| 3. 其他氮肥 | 公斤 | | | | 0.13 | | | |
| （二）磷肥 | 公斤 | 1.22 | 0.03 | | | 2.57 | | 0.16 |
| 其中：过磷酸钙 | 公斤 | 1.03 | | | | | | |
| （三）钾肥 | 公斤 | 0.12 | 1.31 | | 0.40 | | | |
| 其中：氯化钾 | 公斤 | 0.05 | | | 0.14 | | | |
| （四）复混肥 | 公斤 | 30.53 | 19.98 | 4.22 | 11.12 | 20.11 | 22.60 | 50.74 |
| 1. 复合肥 | 公斤 | 30.47 | 19.87 | 1.66 | 11.12 | 20.11 | 22.40 | 50.74 |
| 其中：二铵 | 公斤 | 0.74 | 3.98 | 0.56 | 9.43 | 0.83 | | |
| 三元素复合肥 | 公斤 | 20.05 | 13.37 | 0.59 | 1.69 | 12.55 | 17.69 | 5.66 |
| 2. 混配肥 | 公斤 | 0.06 | 0.11 | 2.56 | | | 0.20 | |

6-1-13-3 续表 1

| 项　　目 | 单位 | 江　西 | 山　东 | 河　南 | 湖　北 | 湖　南 | 广　东 | 广　西 |
|---|---|---|---|---|---|---|---|---|
| **一、每亩化肥金额** | 元 | **254.37** | **667.93** | **251.83** | **238.41** | **312.41** | **408.82** | **363.62** |
| (一)氮肥 | 元 | 5.66 | | 48.66 | 39.71 | | | 0.98 |
| 1. 尿素 | 元 | 5.66 | | 48.66 | 15.34 | | | 0.98 |
| 2. 碳铵 | 元 | | | | 24.37 | | | |
| 3. 其他氮肥 | 元 | | | | | | | |
| (二)磷肥 | 元 | 7.43 | | | | 8.53 | 53.99 | |
| 其中:过磷酸钙 | 元 | 7.43 | | | | | 53.99 | |
| (三)钾肥 | 元 | | | | | 16.87 | | |
| 其中:氯化钾 | 元 | | | | | 16.87 | | |
| (四)复混肥 | 元 | 241.28 | 270.39 | 203.17 | 198.70 | 287.01 | 354.83 | 362.64 |
| 1. 复合肥 | 元 | 241.28 | 270.39 | 203.17 | 198.70 | 287.01 | 354.83 | 362.36 |
| 其中:二铵 | 元 | | | 8.59 | | | | |
| 三元素复合肥 | 元 | 171.54 | 242.36 | 158.68 | 87.62 | | 354.83 | 362.15 |
| 2. 混配肥 | 元 | | | | | | | 0.28 |
| (五)其他肥料 | 元 | | 397.54 | | | | | |
| **二、每亩化肥折纯用量** | 公斤 | **32.29** | **30.04** | **36.33** | **30.38** | **45.79** | **41.28** | **33.76** |
| (一)氮肥 | 公斤 | 1.09 | | 9.19 | 6.41 | | | 0.14 |
| 1. 尿素 | 公斤 | 1.09 | | 9.19 | 2.68 | | | 0.14 |
| 2. 碳铵 | 公斤 | | | | 3.73 | | | |
| 3. 其他氮肥 | 公斤 | | | | | | | |
| (二)磷肥 | 公斤 | 1.27 | | | | 1.37 | 7.13 | |
| 其中:过磷酸钙 | 公斤 | 1.27 | | | | | 7.13 | |
| (三)钾肥 | 公斤 | | | | | 2.77 | | |
| 其中:氯化钾 | 公斤 | | | | | 2.77 | | |
| (四)复混肥 | 公斤 | 29.92 | 30.04 | 27.14 | 23.96 | 41.64 | 34.16 | 33.62 |
| 1. 复合肥 | 公斤 | 29.92 | 30.04 | 27.14 | 23.96 | 41.64 | 34.16 | 33.59 |
| 其中:二铵 | 公斤 | | | 1.62 | | | | |
| 三元素复合肥 | 公斤 | 22.32 | 26.67 | 22.02 | 11.63 | | 34.16 | 33.57 |
| 2. 混配肥 | 公斤 | | | | | | | 0.03 |

6-1-13-3 续表 2

| 项　目 | 单位 | 海　南 | 重　庆 | 四　川 | 云　南 | 陕　西 | 甘　肃 |
|---|---|---|---|---|---|---|---|
| **一、每亩化肥金额** | **元** | **216. 34** | **372. 18** | **170. 88** | **65. 12** | **134. 08** | **193. 94** |
| (一)氮肥 | 元 | 50. 19 | 18. 06 | 65. 31 | 56. 82 | 62. 81 | 81. 42 |
| 1. 尿素 | 元 | 50. 19 | 18. 06 | 56. 21 | 56. 82 | 23. 58 | 80. 99 |
| 2. 碳铵 | 元 | | | 9. 10 | | 39. 23 | 0. 43 |
| 3. 其他氮肥 | 元 | | | | | | |
| (二)磷肥 | 元 | | | 18. 94 | | | 3. 25 |
| 其中:过磷酸钙 | 元 | | | 18. 94 | | | 3. 25 |
| (三)钾肥 | 元 | | | | | | |
| 其中:氯化钾 | 元 | | | | | | |
| (四)复混肥 | 元 | 166. 15 | 346. 13 | 86. 63 | 8. 30 | 71. 27 | 101. 05 |
| 1. 复合肥 | 元 | 166. 15 | 341. 61 | 86. 63 | 2. 99 | 71. 27 | 101. 05 |
| 其中:二铵 | 元 | | | | | | 65. 54 |
| 三元素复合肥 | 元 | 166. 15 | 282. 74 | 64. 47 | 1. 36 | 71. 27 | 21. 06 |
| 2. 混配肥 | 元 | | 4. 52 | | 5. 31 | | |
| (五)其他肥料 | 元 | | 7. 99 | | | | 8. 22 |
| **二、每亩化肥折纯用量** | **公斤** | **23. 26** | **43. 91** | **25. 86** | **10. 05** | **23. 61** | **32. 09** |
| (一)氮肥 | 公斤 | 9. 41 | 2. 85 | 10. 72 | 9. 24 | 13. 51 | 14. 05 |
| 1. 尿素 | 公斤 | 9. 41 | 2. 85 | 8. 98 | 9. 24 | 4. 95 | 13. 97 |
| 2. 碳铵 | 公斤 | | | 1. 74 | | 8. 56 | 0. 08 |
| 3. 其他氮肥 | 公斤 | | | | | | |
| (二)磷肥 | 公斤 | | | 4. 50 | | | 0. 62 |
| 其中:过磷酸钙 | 公斤 | | | 4. 60 | | | 0. 62 |
| (三)钾肥 | 公斤 | | | | | | |
| 其中:氯化钾 | 公斤 | | | | | | |
| (四)复混肥 | 公斤 | 13. 85 | 41. 06 | 10. 54 | 0. 80 | 10. 11 | 17. 43 |
| 1. 复合肥 | 公斤 | 13. 85 | 40. 52 | 10. 54 | 0. 27 | 10. 11 | 17. 43 |
| 其中:二铵 | 公斤 | | | | | | 12. 65 |
| 三元素复合肥 | 公斤 | 13. 85 | 32. 52 | 8. 24 | 0. 15 | 10. 11 | 2. 73 |
| 2. 混配肥 | 公斤 | | 0. 54 | | 0. 53 | | |

# 6-1-14-1 2021年各地区露地豆角成本收益情况

| 项目 | 单位 | 平均 | 河北 | 辽宁 | 吉林 | 黑龙江 | 江苏 |
|---|---|---|---|---|---|---|---|
| **每亩** | | | | | | | |
| 主产品产量 | 公斤 | 2029.13 | 3219.79 | 1657.26 | 1678.44 | 1994.63 | 1223.04 |
| 产值合计 | 元 | 8259.85 | 12995.96 | 9835.50 | 4684.41 | 6909.05 | 6405.96 |
| 主产品产值 | 元 | 8259.85 | 12995.96 | 9835.50 | 4684.41 | 6909.05 | 6405.96 |
| 副产品产值 | 元 | | | | | | |
| 总成本 | 元 | 4564.94 | 4029.78 | 3412.92 | 4070.32 | 3807.05 | 2925.00 |
| 生产成本 | 元 | 4159.32 | 3760.50 | 2952.48 | 3512.68 | 3219.33 | 2551.13 |
| 物质与服务费用 | 元 | 1473.72 | 1123.41 | 790.35 | 751.63 | 1156.91 | 966.92 |
| 人工成本 | 元 | 2685.60 | 2637.09 | 2162.13 | 2761.05 | 2062.42 | 1584.21 |
| 家庭用工折价 | 元 | 1830.35 | 2331.92 | 1978.61 | 2394.80 | 1575.42 | 988.48 |
| 雇工费用 | 元 | 855.25 | 305.17 | 183.51 | 366.25 | 487.00 | 595.73 |
| 土地成本 | 元 | 405.62 | 269.28 | 460.44 | 557.64 | 587.72 | 373.87 |
| 流转地租金 | 元 | 74.15 | | 40.78 | 94.43 | 105.58 | 253.52 |
| 自营地折租 | 元 | 331.47 | 269.28 | 419.66 | 463.21 | 482.14 | 120.35 |
| 净利润 | 元 | 3694.91 | 8966.18 | 6422.59 | 614.09 | 3102.00 | 3480.96 |
| 现金成本 | 元 | 2403.12 | 1428.58 | 1014.64 | 1212.31 | 1749.49 | 1816.17 |
| 现金收益 | 元 | 5856.73 | 11567.38 | 8820.86 | 3472.10 | 5159.56 | 4589.79 |
| 成本利润率 | % | 80.94 | 222.50 | 188.18 | 15.09 | 81.48 | 119.01 |
| **每50公斤主产品** | | | | | | | |
| 平均出售价格 | 元 | 203.53 | 201.81 | 296.74 | 139.55 | 173.19 | 261.89 |
| 总成本 | 元 | 112.48 | 62.58 | 102.97 | 121.26 | 95.43 | 119.58 |
| 生产成本 | 元 | 102.49 | 58.40 | 89.08 | 104.64 | 80.70 | 104.30 |
| 净利润 | 元 | 91.05 | 139.23 | 193.77 | 18.29 | 77.76 | 142.31 |
| 现金成本 | 元 | 59.21 | 22.18 | 30.61 | 36.12 | 43.85 | 74.25 |
| 现金收益 | 元 | 144.32 | 179.63 | 266.13 | 103.43 | 129.34 | 187.64 |
| **附：** | | | | | | | |
| 每亩用工数量 | 日 | 27.72 | 27.26 | 23.19 | 29.52 | 21.05 | 15.91 |
| 每亩主产品已出售数量 | 公斤 | 2016.53 | 3212.62 | 1656.60 | 1678.44 | 1994.63 | 1223.04 |
| 每亩主产品已出售产值 | 元 | 8216.54 | 12963.10 | 9833.50 | 4684.41 | 6909.05 | 6405.96 |
| 每亩成本外支出 | 元 | | | | | | |

6-1-14-1 续表 1

| 项目 | 单位 | 浙江 | 安徽 | 福建 | 江西 | 山东 | 河南 | 湖北 |
|---|---|---|---|---|---|---|---|---|
| **每亩** | | | | | | | | |
| 主产品产量 | 公斤 | 1925.00 | 1767.36 | 1733.50 | 1812.67 | 2255.95 | 2836.31 | 1842.98 |
| 产值合计 | 元 | 7864.58 | 6906.64 | 7004.61 | 6899.36 | 7849.72 | 8265.38 | 6296.16 |
| 主产品产值 | 元 | 7864.58 | 6906.64 | 7004.61 | 6899.36 | 7849.72 | 8265.38 | 6296.16 |
| 副产品产值 | 元 | | | | | | | |
| 总成本 | 元 | 4827.08 | 4268.18 | 5487.92 | 3459.46 | 3036.46 | 4114.38 | 3244.74 |
| 生产成本 | 元 | 4524.73 | 3955.19 | 5226.21 | 3278.03 | 2578.24 | 3727.99 | 2979.69 |
| 物质与服务费用 | 元 | 1488.57 | 1217.06 | 2383.99 | 846.30 | 941.44 | 1141.10 | 906.11 |
| 人工成本 | 元 | 3036.16 | 2738.13 | 2842.22 | 2431.73 | 1636.80 | 2586.89 | 2073.58 |
| 家庭用工折价 | 元 | 2988.66 | 2699.80 | 162.36 | 2365.02 | 1464.69 | 1869.82 | 2073.58 |
| 雇工费用 | 元 | 47.50 | 38.33 | 2679.85 | 66.71 | 172.11 | 717.07 | |
| 土地成本 | 元 | 302.35 | 312.99 | 261.71 | 181.43 | 458.22 | 386.39 | 265.05 |
| 流转地租金 | 元 | 106.03 | 136.48 | 136.04 | 13.72 | 23.32 | 71.10 | 22.53 |
| 自营地折租 | 元 | 196.32 | 176.51 | 125.67 | 167.71 | 434.90 | 315.29 | 242.52 |
| 净利润 | 元 | 3037.50 | 2638.46 | 1516.69 | 3439.90 | 4813.26 | 4151.01 | 3051.42 |
| 现金成本 | 元 | 1642.10 | 1391.87 | 5199.88 | 926.73 | 1136.87 | 1929.27 | 928.64 |
| 现金收益 | 元 | 6222.48 | 5514.77 | 1804.73 | 5972.63 | 6712.85 | 6336.11 | 5367.52 |
| 成本利润率 | % | 62.93 | 61.82 | 27.64 | 99.43 | 158.52 | 100.89 | 94.04 |
| **每 50 公斤主产品** | | | | | | | | |
| 平均出售价格 | 元 | 204.27 | 195.39 | 202.04 | 190.31 | 173.98 | 145.71 | 170.81 |
| 总成本 | 元 | 125.38 | 120.75 | 158.29 | 95.42 | 67.30 | 72.53 | 88.03 |
| 生产成本 | 元 | 117.52 | 111.89 | 150.74 | 90.42 | 57.14 | 65.72 | 80.84 |
| 净利润 | 元 | 78.89 | 74.64 | 43.75 | 94.89 | 106.68 | 73.18 | 82.78 |
| 现金成本 | 元 | 42.65 | 39.38 | 149.98 | 25.56 | 25.20 | 34.01 | 25.19 |
| 现金收益 | 元 | 161.62 | 156.01 | 52.06 | 164.75 | 148.78 | 111.70 | 145.62 |
| **附:** | | | | | | | | |
| 每亩用工数量 | 日 | 32.82 | 29.59 | 23.85 | 26.14 | 18.43 | 27.73 | 22.49 |
| 每亩主产品已出售数量 | 公斤 | 1925.00 | 1767.36 | 1695.04 | 1777.12 | 2247.55 | 2836.31 | 1842.98 |
| 每亩主产品已出售产值 | 元 | 7864.58 | 6906.64 | 6883.99 | 6763.44 | 7820.12 | 8265.38 | 6296.16 |
| 每亩成本外支出 | 元 | | | | | | | |

6-1-14-1 续表 2

| 项　　目 | 单位 | 湖　南 | 广　东 | 广　西 | 海　南 | 四　川 | 云　南 |
|---|---|---|---|---|---|---|---|
| **每亩** | | | | | | | |
| 主产品产量 | 公斤 | 1087.57 | 1210.18 | 2386.80 | 1802.01 | 1956.05 | 1353.12 |
| 产值合计 | 元 | 4317.92 | 6304.92 | 9482.40 | 8978.00 | 8470.10 | 6597.97 |
| 主产品产值 | 元 | 4317.92 | 6304.92 | 9482.40 | 8978.00 | 8470.10 | 6597.97 |
| 副产品产值 | 元 | | | | | | |
| 总成本 | 元 | 4196.49 | 5475.68 | 4491.60 | 7695.87 | 4019.54 | 4450.22 |
| 生产成本 | 元 | 3886.18 | 5250.68 | 4132.68 | 6587.68 | 3760.65 | 4150.22 |
| 物质与服务费用 | 元 | 1286.69 | 2753.65 | 1235.95 | 2773.76 | 1132.30 | 1848.91 |
| 人工成本 | 元 | 2599.49 | 2497.03 | 2896.73 | 3813.92 | 2628.35 | 2301.31 |
| 家庭用工折价 | 元 | 2599.49 | 2281.03 | 1814.04 | 3030.98 | 2507.38 | 2301.31 |
| 雇工费用 | 元 | | 216.00 | 1082.70 | 782.93 | 120.97 | |
| 土地成本 | 元 | 310.31 | 225.00 | 358.92 | 1108.19 | 258.89 | 300.00 |
| 流转地租金 | 元 | 47.13 | 33.75 | 88.54 | 17.48 | 8.80 | |
| 自营地折租 | 元 | 263.18 | 191.25 | 270.38 | 1090.71 | 250.09 | 300.00 |
| 净利润 | 元 | 121.43 | 829.24 | 4990.80 | 1282.13 | 4450.57 | 2147.75 |
| 现金成本 | 元 | 1333.82 | 3003.40 | 2407.19 | 3574.17 | 1262.07 | 1848.91 |
| 现金收益 | 元 | 2984.10 | 3301.52 | 7075.21 | 5403.83 | 7208.03 | 4749.06 |
| 成本利润率 | % | 2.89 | 15.14 | 111.11 | 16.66 | 110.72 | 48.26 |
| **每 50 公斤主产品** | | | | | | | |
| 平均出售价格 | 元 | 198.51 | 260.50 | 198.64 | 249.11 | 216.51 | 243.81 |
| 总成本 | 元 | 192.93 | 226.24 | 94.09 | 213.54 | 102.75 | 164.45 |
| 生产成本 | 元 | 178.66 | 216.94 | 86.57 | 182.79 | 96.13 | 153.36 |
| 净利润 | 元 | 5.58 | 34.26 | 104.55 | 35.57 | 113.76 | 79.36 |
| 现金成本 | 元 | 61.32 | 124.09 | 50.43 | 99.17 | 32.26 | 68.32 |
| 现金收益 | 元 | 137.19 | 136.41 | 148.21 | 149.94 | 184.25 | 175.49 |
| **附：** | | | | | | | |
| 每亩用工数量 | 日 | 28.19 | 26.79 | 32.20 | 38.14 | 28.06 | 24.96 |
| 每亩主产品已出售数量 | 公斤 | 1087.57 | 1210.18 | 2366.34 | 1802.01 | 1956.05 | 1353.12 |
| 每亩主产品已出售产值 | 元 | 4317.92 | 6304.92 | 9408.39 | 8978.00 | 8470.10 | 6597.97 |
| 每亩成本外支出 | 元 | | | | | | |

# 6-1-14-2　2021 年各地区露地豆角费用和用工情况

| 项　　目 | 单位 | 平　均 | 河　北 | 辽　宁 | 吉　林 | 黑龙江 | 江　苏 |
|---|---|---|---|---|---|---|---|
| 一、每亩物质与服务费用 | 元 | **1473.72** | **1123.41** | **790.35** | **751.63** | **1156.91** | **966.92** |
| （一）直接费用 | 元 | 1351.22 | 1111.92 | 738.81 | 623.23 | 960.39 | 857.46 |
| 1. 种子费 | 元 | 143.69 | 110.48 | 135.86 | 125.15 | 164.94 | 127.11 |
| 2. 化肥费 | 元 | 426.28 | 331.05 | 108.66 | 121.76 | 122.26 | 150.62 |
| 3. 农家肥费 | 元 | 179.62 | 125.59 | 134.80 | 188.84 | 212.20 | 94.93 |
| 4. 农药费 | 元 | 258.57 | 133.01 | 41.14 | 43.28 | 95.65 | 108.91 |
| 5. 农膜费 | 元 | 43.32 | 68.52 | 52.33 |  | 66.18 | 6.11 |
| 6. 租赁作业费 | 元 | 145.49 | 265.11 | 101.64 | 115.60 | 112.60 | 116.23 |
| 机械作业费 | 元 | 105.33 | 78.16 | 77.94 | 99.16 | 76.24 | 74.44 |
| 排灌费 | 元 | 35.20 | 186.95 | 23.70 | 16.44 | 36.36 | 41.79 |
| 其中：水费 | 元 | 11.97 |  | 19.38 |  | 28.03 | 0.71 |
| 畜力费 | 元 | 4.96 |  |  |  |  |  |
| 7. 燃料动力费 | 元 | 13.63 |  |  |  |  |  |
| 8. 技术服务费 | 元 | 5.99 |  |  |  |  | 8.48 |
| 9. 工具材料费 | 元 | 128.26 | 67.84 | 160.94 | 16.10 | 186.56 | 231.26 |
| 10. 修理维护费 | 元 | 6.37 | 10.32 | 3.44 | 12.50 |  | 13.81 |
| 11. 其他直接费用 | 元 |  |  |  |  |  |  |
| （二）间接费用 | 元 | 122.50 | 11.49 | 51.54 | 128.40 | 196.52 | 109.46 |
| 1. 固定资产折旧 | 元 | 29.51 | 11.49 | 9.50 | 13.30 |  | 26.35 |
| 2. 保险费 | 元 | 0.50 |  |  |  |  | 5.23 |
| 3. 管理费 | 元 | 0.34 |  |  |  |  |  |
| 4. 财务费 | 元 | 3.58 |  |  |  |  |  |
| 5. 销售费 | 元 | 88.57 |  | 42.04 | 115.10 | 196.52 | 77.88 |
| 二、每亩人工成本 | 元 | **2685.60** | **2637.09** | **2162.13** | **2761.05** | **2062.42** | **1584.21** |
| 1. 家庭用工折价 | 元 | 1830.35 | 2331.92 | 1978.61 | 2394.80 | 1575.42 | 988.48 |
| 家庭用工天数 | 日 | 19.85 | 25.29 | 21.46 | 25.97 | 17.09 | 10.72 |
| 劳动日工价 | 元 | 92.20 | 92.20 | 92.20 | 92.20 | 92.20 | 92.20 |
| 2. 雇工费用 | 元 | 855.25 | 305.17 | 183.51 | 366.25 | 487.00 | 595.73 |
| 雇工天数 | 日 | 7.87 | 1.97 | 1.73 | 3.55 | 3.96 | 5.19 |
| 雇工工价 | 元 | 108.67 | 154.91 | 106.08 | 103.17 | 122.98 | 114.78 |
| 三、附 |  |  |  |  |  |  |  |
| 1. 每亩种子用量 | 公斤 |  |  |  |  |  |  |
| 2. 每亩化肥用量 | 公斤 | 46.26 | 57.61 | 16.03 | 19.24 | 23.07 | 21.21 |
| 3. 每亩农膜用量 | 公斤 | 3.10 | 5.44 | 4.37 |  | 5.35 | 0.49 |

6-1-14-2 续表 1

| 项　　目 | 单位 | 浙　江 | 安　徽 | 福　建 | 江　西 | 山　东 | 河　南 | 湖　北 |
|---|---|---|---|---|---|---|---|---|
| **一、每亩物质与服务费用** | **元** | **1488.57** | **1217.06** | **2383.99** | **846.30** | **941.44** | **1141.10** | **906.11** |
| (一)直接费用 | 元 | 1447.79 | 1066.96 | 1997.84 | 777.89 | 807.74 | 1058.53 | 868.67 |
| 1. 种子费 | 元 | 167.66 | 115.77 | 136.56 | 98.65 | 169.21 | 95.39 | 136.13 |
| 2. 化肥费 | 元 | 532.81 | 296.42 | 656.73 | 253.22 | 259.70 | 501.89 | 182.38 |
| 3. 农家肥费 | 元 | 275.85 | 258.35 | 315.61 | 125.99 | 100.25 | 76.65 | 96.92 |
| 4. 农药费 | 元 | 265.05 | 180.73 | 418.47 | 90.38 | 99.20 | 106.63 | 99.14 |
| 5. 农膜费 | 元 | | 33.95 | 104.38 | 33.38 | 23.85 | 41.09 | 52.11 |
| 6. 租赁作业费 | 元 | 67.28 | 43.04 | 97.23 | 66.66 | 117.98 | 122.75 | 106.58 |
| 机械作业费 | 元 | 57.68 | 35.40 | 96.18 | 59.81 | 72.46 | 68.05 | 94.62 |
| 排灌费 | 元 | 9.60 | 7.64 | 1.05 | 6.85 | 45.52 | 54.70 | 11.96 |
| 其中:水费 | 元 | 8.38 | | 1.05 | | | | 11.96 |
| 畜力费 | 元 | | | | | | | |
| 7. 燃料动力费 | 元 | 24.62 | 35.28 | 38.95 | 31.00 | | | |
| 8. 技术服务费 | 元 | | | 36.78 | | | | |
| 9. 工具材料费 | 元 | 111.39 | 97.57 | 187.23 | 73.09 | 31.22 | 109.52 | 187.74 |
| 10. 修理维护费 | 元 | 3.13 | 5.85 | 5.90 | 5.52 | 6.33 | 4.61 | 7.67 |
| 11. 其他直接费用 | 元 | | | | | | | |
| (二)间接费用 | 元 | 40.78 | 150.10 | 386.15 | 68.41 | 133.70 | 82.57 | 37.44 |
| 1. 固定资产折旧 | 元 | 32.64 | 54.53 | 82.18 | 34.39 | 25.87 | 19.96 | 26.44 |
| 2. 保险费 | 元 | | 10.33 | | | | | |
| 3. 管理费 | 元 | | | | | | | |
| 4. 财务费 | 元 | | | 22.87 | | | | |
| 5. 销售费 | 元 | 8.14 | 85.24 | 281.10 | 34.02 | 107.83 | 62.61 | 11.00 |
| **二、每亩人工成本** | **元** | **3036.16** | **2738.13** | **2842.22** | **2431.73** | **1636.80** | **2586.89** | **2073.58** |
| 1. 家庭用工折价 | 元 | 2988.66 | 2699.80 | 162.36 | 2365.02 | 1464.69 | 1869.82 | 2073.58 |
| 家庭用工天数 | 日 | 32.42 | 29.28 | 1.76 | 25.65 | 15.89 | 20.28 | 22.49 |
| 劳动日工价 | 元 | 92.20 | 92.20 | 92.20 | 92.20 | 92.20 | 92.20 | 92.20 |
| 2. 雇工费用 | 元 | 47.50 | 38.33 | 2679.85 | 66.71 | 172.11 | 717.07 | |
| 雇工天数 | 日 | 0.40 | 0.31 | 22.09 | 0.49 | 2.54 | 7.45 | |
| 雇工工价 | 元 | 118.75 | 123.66 | 121.32 | 136.14 | 67.76 | 96.25 | 102.00 |
| 三、附 | | | | | | | | |
| 1. 每亩种子用量 | 公斤 | | | | | | | |
| 2. 每亩化肥用量 | 公斤 | 58.29 | 28.60 | 69.27 | 35.03 | 23.66 | 68.75 | 24.51 |
| 3. 每亩农膜用量 | 公斤 | | 2.61 | 6.35 | 2.38 | 1.98 | 3.62 | 3.85 |

6-1-14-2 续表 2

| 项　　目 | 单位 | 湖　南 | 广　东 | 广　西 | 海　南 | 四　川 | 云　南 |
|---|---|---|---|---|---|---|---|
| **一、每亩物质与服务费用** | 元 | **1286.69** | **2753.65** | **1235.95** | **2773.76** | **1132.30** | **1848.91** |
| (一)直接费用 | 元 | 1129.55 | 2571.68 | 1219.89 | 2723.13 | 991.92 | 1685.20 |
| 1. 种子费 | 元 | 140.68 | 121.75 | 154.75 | 192.22 | 112.08 | 165.75 |
| 2. 化肥费 | 元 | 290.32 | 603.51 | 418.46 | 1063.21 | 358.06 | 402.55 |
| 3. 农家肥费 | 元 | 13.32 | 153.71 | 204.13 | 95.34 | 84.88 | 197.11 |
| 4. 农药费 | 元 | 240.68 | 625.88 | 232.91 | 810.06 | 135.84 | 320.21 |
| 5. 农膜费 | 元 | 79.45 | 10.71 |  | 42.40 | 75.93 | 12.29 |
| 6. 租赁作业费 | 元 | 24.26 | 187.86 | 166.24 | 299.59 | 113.37 | 234.31 |
| 机械作业费 | 元 | 22.23 | 172.86 | 135.62 | 221.24 | 99.52 | 121.56 |
| 排灌费 | 元 | 2.03 | 15.00 | 30.62 | 15.60 | 13.85 | 112.75 |
| 其中:水费 | 元 |  | 15.00 | 30.62 | 4.05 | 10.21 | 25.32 |
| 畜力费 | 元 |  |  |  | 62.75 |  |  |
| 7. 燃料动力费 | 元 | 23.93 |  |  | 53.41 |  |  |
| 8. 技术服务费 | 元 |  |  |  |  |  |  |
| 9. 工具材料费 | 元 | 307.04 | 850.20 | 39.45 | 159.59 | 100.02 | 352.98 |
| 10. 修理维护费 | 元 | 9.87 | 18.06 | 3.95 | 7.31 | 11.74 |  |
| 11. 其他直接费用 | 元 |  |  |  |  |  |  |
| (二)间接费用 | 元 | 157.14 | 181.97 | 16.06 | 50.63 | 140.38 | 163.71 |
| 1. 固定资产折旧 | 元 | 32.87 | 54.29 | 14.37 | 17.86 | 35.99 | 5.77 |
| 2. 保险费 | 元 |  |  |  |  |  |  |
| 3. 管理费 | 元 |  |  | 1.40 |  |  |  |
| 4. 财务费 | 元 |  |  |  |  |  |  |
| 5. 销售费 | 元 | 124.27 | 127.68 | 0.29 | 32.77 | 104.39 | 157.94 |
| **二、每亩人工成本** | 元 | **2599.49** | **2497.03** | **2896.73** | **3813.92** | **2628.35** | **2301.31** |
| 1. 家庭用工折价 | 元 | 2599.49 | 2281.03 | 1814.04 | 3030.98 | 2507.38 | 2301.31 |
| 家庭用工天数 | 日 | 28.19 | 24.74 | 19.68 | 32.87 | 27.20 | 24.96 |
| 劳动日工价 | 元 | 92.20 | 92.20 | 92.20 | 92.20 | 92.20 | 92.20 |
| 2. 雇工费用 | 元 |  | 216.00 | 1082.70 | 782.93 | 120.97 |  |
| 雇工天数 | 日 |  | 2.05 | 12.52 | 5.27 | 0.86 |  |
| 雇工工价 | 元 | 176.85 | 105.37 | 86.48 | 148.56 | 140.66 | 105.32 |
| 三、附 |  |  |  |  |  |  |  |
| 1. 每亩种子用量 | 公斤 |  |  |  |  |  |  |
| 2. 每亩化肥用量 | 公斤 | 38.72 | 53.48 | 40.07 | 95.40 | 46.44 | 28.81 |
| 3. 每亩农膜用量 | 公斤 | 5.27 | 0.71 |  | 3.94 | 5.11 | 0.82 |

# 6-1-14-3　2021年各地区露地豆角化肥投入情况

| 项　　目 | 单位 | 平　均 | 河　北 | 辽　宁 | 吉　林 | 黑龙江 | 江　苏 |
|---|---|---|---|---|---|---|---|
| **一、每亩化肥金额** | 元 | **426.28** | **331.05** | **108.66** | **121.76** | **122.26** | **150.62** |
| （一）氮肥 | 元 | 23.71 | 108.68 | | 14.30 | 20.81 | 39.59 |
| 1. 尿素 | 元 | 23.70 | 108.68 | | 13.94 | 20.81 | 39.59 |
| 2. 碳铵 | 元 | | | | | | |
| 3. 其他氮肥 | 元 | 0.01 | | | 0.36 | | |
| （二）磷肥 | 元 | 6.57 | | | | | 4.87 |
| 其中：过磷酸钙 | 元 | 5.73 | | | | | 1.62 |
| （三）钾肥 | 元 | 7.56 | | | 1.51 | 11.37 | |
| 其中：氯化钾 | 元 | 6.69 | | | 0.69 | | |
| （四）复混肥 | 元 | 373.49 | 222.37 | 108.66 | 105.95 | 88.69 | 106.16 |
| 1. 复合肥 | 元 | 368.34 | 222.37 | 108.66 | 105.95 | 88.69 | 106.16 |
| 其中：二铵 | 元 | 11.94 | 93.59 | 28.07 | 15.02 | 48.64 | |
| 三元素复合肥 | 元 | 276.74 | 21.20 | 56.39 | 90.18 | 13.69 | 54.30 |
| 2. 混配肥 | 元 | 5.15 | | | | | |
| （五）其他肥料 | 元 | 14.95 | | | | 1.39 | |
| **二、每亩化肥折纯用量** | 公斤 | **46.26** | **57.61** | **16.03** | **19.24** | **23.07** | **21.21** |
| （一）氮肥 | 公斤 | 4.34 | 20.40 | | 2.87 | 4.60 | 6.51 |
| 1. 尿素 | 公斤 | 4.34 | 20.40 | | 2.77 | 4.60 | 6.51 |
| 2. 碳铵 | 公斤 | | | | | | |
| 3. 其他氮肥 | 公斤 | | | | 0.10 | | |
| （二）磷肥 | 公斤 | 1.07 | | | | | 1.26 |
| 其中：过磷酸钙 | 公斤 | 0.93 | | | | | 0.29 |
| （三）钾肥 | 公斤 | 1.23 | | | 0.31 | 1.70 | |
| 其中：氯化钾 | 公斤 | 1.10 | | | 0.11 | | |
| （四）复混肥 | 公斤 | 39.62 | 37.20 | 16.03 | 16.06 | 16.76 | 13.45 |
| 1. 复合肥 | 公斤 | 39.45 | 37.20 | 16.03 | 16.06 | 16.76 | 13.45 |
| 其中：二铵 | 公斤 | 2.30 | 17.71 | 5.27 | 2.92 | 10.02 | |
| 三元素复合肥 | 公斤 | 27.73 | 2.89 | 7.89 | 13.03 | 2.34 | 7.27 |
| 2. 混配肥 | 公斤 | 0.17 | | | | | |

6-1-14-3 续表 1

| 项 目 | 单位 | 浙 江 | 安 徽 | 福 建 | 江 西 | 山 东 | 河 南 | 湖 北 |
|---|---|---|---|---|---|---|---|---|
| **一、每亩化肥金额** | 元 | **532.81** | **296.42** | **656.73** | **253.22** | **259.70** | **501.89** | **182.38** |
| (一)氮肥 | 元 | 73.14 | 12.63 | | 28.25 | | 20.85 | 5.53 |
| 1. 尿素 | 元 | 73.14 | 12.63 | | 28.25 | | 20.85 | 5.53 |
| 2. 碳铵 | 元 | | | | | | | |
| 3. 其他氮肥 | 元 | | | | | | | |
| (二)磷肥 | 元 | | 1.49 | 5.36 | 3.78 | | | |
| 其中:过磷酸钙 | 元 | | 1.49 | 3.17 | 3.78 | | | |
| (三)钾肥 | 元 | | | 4.05 | | | | |
| 其中:氯化钾 | 元 | | | 2.43 | | | | |
| (四)复混肥 | 元 | 459.67 | 233.50 | 638.28 | 221.19 | 188.12 | 481.04 | 176.85 |
| 1. 复合肥 | 元 | 459.67 | 233.50 | 638.28 | 221.19 | 188.12 | 481.04 | 176.85 |
| 其中:二铵 | 元 | | | | | | | |
| 三元素复合肥 | 元 | 352.74 | 93.55 | 366.64 | 149.66 | 122.25 | 462.84 | 86.47 |
| 2. 混配肥 | 元 | | | | | | | |
| (五)其他肥料 | 元 | | 48.80 | 9.04 | | 71.58 | | |
| **二、每亩化肥折纯用量** | 公斤 | **58.29** | **28.60** | **69.27** | **35.03** | **23.66** | **68.75** | **24.51** |
| (一)氮肥 | 公斤 | 12.40 | 2.11 | | 5.68 | | 4.33 | 1.16 |
| 1. 尿素 | 公斤 | 12.40 | 2.11 | | 5.68 | | 4.33 | 1.16 |
| 2. 碳铵 | 公斤 | | | | | | | |
| 3. 其他氮肥 | 公斤 | | | | | | | |
| (二)磷肥 | 公斤 | | 0.28 | 0.76 | 0.53 | | | |
| 其中:过磷酸钙 | 公斤 | | 0.28 | 0.43 | 0.53 | | | |
| (三)钾肥 | 公斤 | | | 0.59 | | | | |
| 其中:氯化钾 | 公斤 | | | 0.39 | | | | |
| (四)复混肥 | 公斤 | 45.89 | 26.21 | 67.92 | 28.82 | 23.65 | 64.42 | 23.35 |
| 1. 复合肥 | 公斤 | 45.89 | 26.21 | 67.92 | 28.82 | 23.65 | 64.42 | 23.35 |
| 其中:二铵 | 公斤 | | | | | | | |
| 三元素复合肥 | 公斤 | 34.17 | 11.48 | 37.66 | 20.85 | 16.02 | 62.02 | 12.47 |
| 2. 混配肥 | 公斤 | | | | | | | |

6-1-14-3 续表 2

| 项　　目 | 单位 | 湖　南 | 广　东 | 广　西 | 海　南 | 四　川 | 云　南 |
|---|---|---|---|---|---|---|---|
| **一、每亩化肥金额** | 元 | **290.32** | **603.51** | **418.46** | **1063.21** | **358.06** | **402.55** |
| (一)氮肥 | 元 | 7.89 | 3.86 | 0.73 | 61.59 | 63.01 | 32.08 |
| 1. 尿素 | 元 | 7.89 | 3.86 | 0.73 | 61.59 | 63.01 | 32.08 |
| 2. 碳铵 | 元 |  |  |  |  |  |  |
| 3. 其他氮肥 | 元 |  |  |  |  |  |  |
| (二)磷肥 | 元 | 4.21 | 24.29 |  | 40.03 | 33.09 | 15.37 |
| 其中:过磷酸钙 | 元 | 0.58 | 24.29 |  | 40.03 | 33.09 | 1.30 |
| (三)钾肥 | 元 |  |  |  | 73.42 | 9.74 |  |
| 其中:氯化钾 | 元 |  |  |  | 73.42 | 9.74 |  |
| (四)复混肥 | 元 | 278.22 | 575.36 | 417.73 | 778.54 | 252.22 | 355.10 |
| 1. 复合肥 | 元 | 278.22 | 575.36 | 417.73 | 778.54 | 252.22 | 91.30 |
| 其中:二铵 | 元 |  |  |  |  |  |  |
| 三元素复合肥 | 元 | 178.44 | 575.36 | 417.73 | 778.54 | 165.31 | 18.70 |
| 2. 混配肥 | 元 |  |  |  |  |  | 263.80 |
| (五)其他肥料 | 元 |  |  |  | 109.63 |  |  |
| **二、每亩化肥折纯用量** | 公斤 | **38.72** | **53.48** | **40.07** | **95.40** | **46.44** | **28.81** |
| (一)氮肥 | 公斤 | 1.51 | 0.49 | 0.08 | 11.32 | 10.67 | 5.44 |
| 1. 尿素 | 公斤 | 1.51 | 0.49 | 0.08 | 11.32 | 10.67 | 5.44 |
| 2. 碳铵 | 公斤 |  |  |  |  |  |  |
| 3. 其他氮肥 | 公斤 |  |  |  |  |  |  |
| (二)磷肥 | 公斤 | 0.60 | 4.86 |  | 6.53 | 5.35 | 2.61 |
| 其中:过磷酸钙 | 公斤 | 0.10 | 4.86 |  | 6.53 | 5.35 | 0.22 |
| (三)钾肥 | 公斤 |  |  |  | 12.03 | 1.67 |  |
| 其中:氯化钾 | 公斤 |  |  |  | 12.03 | 1.67 |  |
| (四)复混肥 | 公斤 | 36.61 | 48.13 | 39.98 | 65.52 | 28.75 | 20.75 |
| 1. 复合肥 | 公斤 | 36.61 | 48.13 | 39.98 | 65.52 | 28.75 | 11.89 |
| 其中:二铵 | 公斤 |  |  |  |  |  |  |
| 三元素复合肥 | 公斤 | 24.52 | 48.13 | 39.98 | 65.52 | 19.17 | 2.10 |
| 2. 混配肥 | 公斤 |  |  |  |  |  | 8.86 |

## （二）大中城市

# 6-2-1-1 2021 年大中城市露地西红柿成本收益情况

| 项　　目 | 单位 | 平　均 | 北京市 | 石家庄市 | 太原市 | 哈尔滨市 | 合肥市 |
|---|---|---|---|---|---|---|---|
| **每亩** | | | | | | | |
| 主产品产量 | 公斤 | 5084.24 | 3307.40 | 4705.72 | 2676.67 | 6076.17 | 2092.66 |
| 产值合计 | 元 | 11062.93 | 7075.90 | 4705.72 | 7286.68 | 18547.00 | 7656.20 |
| 主产品产值 | 元 | 11062.93 | 7075.90 | 4705.72 | 7286.68 | 18547.00 | 7656.20 |
| 副产品产值 | 元 | | | | | | |
| 总成本 | 元 | 6255.97 | 6848.78 | 4323.90 | 6268.63 | 4565.54 | 4505.97 |
| 生产成本 | 元 | 5687.35 | 6163.78 | 3473.17 | 5768.63 | 3965.54 | 4180.97 |
| 物质与服务费用 | 元 | 2014.27 | 2134.10 | 929.08 | 1631.62 | 1568.34 | 1627.12 |
| 人工成本 | 元 | 3673.08 | 4029.68 | 2544.09 | 4137.01 | 2397.20 | 2553.85 |
| 家庭用工折价 | 元 | 2865.94 | 2249.68 | 2225.25 | 4137.01 | 2397.20 | 182.46 |
| 雇工费用 | 元 | 807.14 | 1780.00 | 318.84 | | | 2371.39 |
| 土地成本 | 元 | 568.62 | 685.00 | 850.73 | 500.00 | 600.00 | 325.00 |
| 流转地租金 | 元 | 133.12 | 414.45 | 125.65 | | 60.00 | 126.29 |
| 自营地折租 | 元 | 435.50 | 270.55 | 725.08 | 500.00 | 540.00 | 198.71 |
| 净利润 | 元 | 4806.96 | 227.12 | 381.82 | 1018.05 | 13981.46 | 3150.23 |
| 现金成本 | 元 | 2954.53 | 4328.55 | 1373.57 | 1631.62 | 1628.34 | 4124.80 |
| 现金收益 | 元 | 8108.40 | 2747.35 | 3332.15 | 5655.06 | 16918.66 | 3531.40 |
| 成本利润率 | % | 76.84 | 3.32 | 8.83 | 16.24 | 306.24 | 69.91 |
| **每 50 公斤主产品** | | | | | | | |
| 平均出售价格 | 元 | 108.80 | 106.97 | 50.00 | 136.11 | 152.62 | 182.93 |
| 总成本 | 元 | 61.53 | 103.54 | 45.94 | 117.09 | 37.57 | 107.66 |
| 生产成本 | 元 | 55.93 | 93.18 | 36.90 | 107.75 | 32.63 | 99.90 |
| 净利润 | 元 | 47.27 | 3.43 | 4.06 | 19.02 | 115.05 | 75.27 |
| 现金成本 | 元 | 29.06 | 65.44 | 14.59 | 30.48 | 13.40 | 98.55 |
| 现金收益 | 元 | 79.74 | 41.53 | 35.41 | 105.63 | 139.22 | 84.38 |
| **附：** | | | | | | | |
| 每亩用工数量 | 日 | 36.99 | 38.40 | 28.13 | 44.87 | 26.00 | 22.55 |
| 每亩主产品已出售数量 | 公斤 | 5074.54 | 3307.40 | 4687.29 | 2659.23 | 6076.17 | 2092.66 |
| 每亩主产品已出售产值 | 元 | 11044.56 | 7075.90 | 4687.29 | 7238.87 | 18547.00 | 7656.20 |
| 每亩成本外支出 | 元 | | | | | | |

6-2-1-1 续表 1

| 项 目 | 单位 | 福州市 | 厦门市 | 南昌市 | 济南市 | 武汉市 | 广州市 |
|---|---|---|---|---|---|---|---|
| **每亩** | | | | | | | |
| 主产品产量 | 公斤 | 4213.90 | 6150.00 | 2733.00 | 4360.22 | 3409.94 | 2977.78 |
| 产值合计 | 元 | 13086.12 | 25250.00 | 6248.21 | 8710.29 | 12496.13 | 12751.85 |
| 主产品产值 | 元 | 13086.12 | 25250.00 | 6248.21 | 8710.29 | 12496.13 | 12751.85 |
| 副产品产值 | 元 | | | | | | |
| 总成本 | 元 | 7409.38 | 7433.80 | 3718.56 | 4355.40 | 3824.58 | 5186.40 |
| 生产成本 | 元 | 7084.38 | 6183.80 | 3478.56 | 4045.51 | 3564.58 | 4732.39 |
| 物质与服务费用 | 元 | 2320.41 | 4135.00 | 872.07 | 911.45 | 972.84 | 1777.56 |
| 人工成本 | 元 | 4763.97 | 2048.80 | 2606.49 | 3134.06 | 2591.74 | 2954.83 |
| 家庭用工折价 | 元 | 4763.97 | 368.80 | 2606.49 | 3134.06 | 2591.74 | 2954.83 |
| 雇工费用 | 元 | | 1680.00 | | | | |
| 土地成本 | 元 | 325.00 | 1250.00 | 240.00 | 309.89 | 260.00 | 454.01 |
| 流转地租金 | 元 | 97.50 | 262.50 | | | 39.00 | 165.34 |
| 自营地折租 | 元 | 227.50 | 987.50 | 240.00 | 309.89 | 221.00 | 288.67 |
| 净利润 | 元 | 5676.74 | 17816.20 | 2529.65 | 4354.89 | 8671.55 | 7565.45 |
| 现金成本 | 元 | 2417.91 | 6077.50 | 872.07 | 911.45 | 1011.84 | 1942.90 |
| 现金收益 | 元 | 10668.21 | 19172.50 | 5376.14 | 7798.84 | 11484.29 | 10808.95 |
| 成本利润率 | % | 76.62 | 239.66 | 68.03 | 99.99 | 226.73 | 145.87 |
| **每 50 公斤主产品** | | | | | | | |
| 平均出售价格 | 元 | 155.27 | 205.28 | 114.31 | 99.88 | 183.23 | 214.12 |
| 总成本 | 元 | 87.91 | 60.44 | 68.03 | 49.94 | 56.08 | 87.09 |
| 生产成本 | 元 | 84.06 | 50.27 | 63.64 | 46.39 | 52.27 | 79.46 |
| 净利润 | 元 | 67.36 | 144.84 | 46.28 | 49.94 | 127.15 | 127.03 |
| 现金成本 | 元 | 28.69 | 49.41 | 15.95 | 10.45 | 14.84 | 32.62 |
| 现金收益 | 元 | 126.58 | 155.87 | 98.36 | 89.43 | 168.39 | 181.50 |
| **附:** | | | | | | | |
| 每亩用工数量 | 日 | 51.67 | 18.00 | 28.27 | 33.99 | 28.11 | 32.05 |
| 每亩主产品已出售数量 | 公斤 | 4213.90 | 6150.00 | 2639.00 | 4350.19 | 3408.05 | 2977.78 |
| 每亩主产品已出售产值 | 元 | 13086.12 | 25250.00 | 6034.46 | 8690.40 | 12489.54 | 12751.85 |
| 每亩成本外支出 | 元 | | | | | | |

6-2-1-1 续表 2

| 项　　目 | 单位 | 南宁市 | 海口市 | 重庆市 | 西安市 | 银川市 | 乌鲁木齐市 |
|---|---|---|---|---|---|---|---|
| **每亩** | | | | | | | |
| 主产品产量 | 公斤 | 4092.33 | 3818.67 | 4039.20 | 5050.00 | 7400.83 | 6971.95 |
| 产值合计 | 元 | 7746.51 | 15362.10 | 10364.67 | 12626.60 | 11236.93 | 9627.52 |
| 主产品产值 | 元 | 7746.51 | 15362.10 | 10364.67 | 12626.60 | 11236.93 | 9627.52 |
| 副产品产值 | 元 | | | | | | |
| 总成本 | 元 | 7188.17 | 8506.34 | 6049.87 | 5374.22 | 7169.78 | 8094.06 |
| 生产成本 | 元 | 6888.17 | 8156.34 | 5814.46 | 5164.22 | 6619.78 | 7719.06 |
| 物质与服务费用 | 元 | 2897.75 | 3193.21 | 1181.96 | 1628.35 | 2687.10 | 2117.87 |
| 人工成本 | 元 | 3990.42 | 4963.13 | 4632.50 | 3535.87 | 3932.68 | 5601.19 |
| 家庭用工折价 | 元 | 3990.42 | 4963.13 | 4632.50 | 3535.87 | 3632.68 | 3560.76 |
| 雇工费用 | 元 | | | | | 300.00 | 2040.43 |
| 土地成本 | 元 | 300.00 | 350.00 | 235.41 | 210.00 | 550.00 | 375.00 |
| 流转地租金 | 元 | 24.00 | | 35.31 | | 352.00 | 162.75 |
| 自营地折租 | 元 | 276.00 | 350.00 | 200.10 | 210.00 | 198.00 | 212.25 |
| 净利润 | 元 | 558.34 | 6855.76 | 4314.80 | 7252.38 | 4067.15 | 1533.46 |
| 现金成本 | 元 | 2921.75 | 3193.21 | 1217.27 | 1628.35 | 3339.10 | 4321.05 |
| 现金收益 | 元 | 4824.76 | 12168.89 | 9147.40 | 10998.25 | 7897.83 | 5306.47 |
| 成本利润率 | % | 7.77 | 80.60 | 71.32 | 134.95 | 56.73 | 18.95 |
| **每 50 公斤主产品** | | | | | | | |
| 平均出售价格 | 元 | 94.65 | 201.14 | 128.30 | 125.02 | 75.92 | 69.04 |
| 总成本 | 元 | 87.83 | 111.38 | 74.89 | 53.21 | 48.44 | 58.04 |
| 生产成本 | 元 | 84.16 | 106.79 | 71.97 | 51.13 | 44.73 | 55.35 |
| 净利润 | 元 | 6.82 | 89.76 | 53.41 | 71.81 | 27.48 | 11.00 |
| 现金成本 | 元 | 35.70 | 41.81 | 15.07 | 16.12 | 22.56 | 30.99 |
| 现金收益 | 元 | 58.95 | 159.33 | 113.23 | 108.90 | 53.36 | 38.05 |
| **附:** | | | | | | | |
| 每亩用工数量 | 日 | 43.28 | 53.83 | 50.24 | 38.35 | 41.90 | 50.56 |
| 每亩主产品已出售数量 | 公斤 | 4092.33 | 3806.67 | 4039.20 | 4877.50 | 7400.83 | 6971.95 |
| 每亩主产品已出售产值 | 元 | 7746.51 | 15313.22 | 10364.67 | 12195.10 | 11236.93 | 9627.52 |
| 每亩成本外支出 | 元 | | | | | | |

# 6-2-1-2 2021年大中城市露地西红柿费用和用工情况

| 项 目 | 单位 | 平 均 | 北京市 | 石家庄市 | 太原市 | 哈尔滨市 | 合肥市 |
|---|---|---|---|---|---|---|---|
| 一、每亩物质与服务费用 | 元 | **2014.27** | **2134.10** | **929.08** | **1631.62** | **1568.34** | **1627.12** |
| (一)直接费用 | 元 | 1848.44 | 2082.10 | 917.09 | 1498.15 | 1328.34 | 1375.88 |
| 1. 种子费 | 元 | 340.44 | 145.00 | 128.18 | 103.83 | 306.67 | 299.55 |
| 2. 化肥费 | 元 | 318.25 | 628.00 | 146.21 | 256.57 | | 380.89 |
| 3. 农家肥费 | 元 | 336.96 | 348.00 | 197.09 | 350.00 | 403.33 | 209.48 |
| 4. 农药费 | 元 | 227.21 | 371.00 | 140.87 | 122.50 | 54.17 | 137.31 |
| 5. 农膜费 | 元 | 128.52 | 34.00 | 76.31 | 80.60 | 60.00 | 66.72 |
| 6. 租赁作业费 | 元 | 230.28 | 121.50 | 167.07 | 245.67 | 93.00 | 122.93 |
| 机械作业费 | 元 | 119.78 | 55.50 | 81.78 | 125.50 | 50.00 | 113.10 |
| 排灌费 | 元 | 96.63 | 66.00 | 85.29 | 120.17 | 43.00 | 9.83 |
| 其中:水费 | 元 | 21.01 | 6.20 | | | 43.00 | |
| 畜力费 | 元 | 13.87 | | | | | |
| 7. 燃料动力费 | 元 | 58.03 | | | 17.85 | 149.50 | 53.59 |
| 8. 技术服务费 | 元 | | | | | | |
| 9. 工具材料费 | 元 | 192.73 | 393.00 | 52.94 | 308.88 | 261.67 | 86.67 |
| 10. 修理维护费 | 元 | 16.02 | 41.60 | 8.42 | 12.25 | | 18.74 |
| 11. 其他直接费用 | 元 | | | | | | |
| (二)间接费用 | 元 | 165.83 | 52.00 | 11.99 | 133.47 | 240.00 | 251.24 |
| 1. 固定资产折旧 | 元 | 28.74 | | 11.99 | 31.25 | | |
| 2. 保险费 | 元 | 0.59 | | | | | 16.09 |
| 3. 管理费 | 元 | 2.26 | | | | | |
| 4. 财务费 | 元 | | | | | | |
| 5. 销售费 | 元 | 134.24 | 52.00 | | 102.22 | 240.00 | 235.15 |
| 二、每亩人工成本 | 元 | **3673.08** | **4029.68** | **2544.09** | **4137.01** | **2397.20** | **2553.85** |
| 1. 家庭用工折价 | 元 | 2865.94 | 2249.68 | 2225.25 | 4137.01 | 2397.20 | 182.46 |
| 家庭用工天数 | 日 | 31.08 | 24.40 | 24.14 | 44.87 | 26.00 | 1.98 |
| 劳动日工价 | 元 | 92.20 | 92.20 | 92.20 | 92.20 | 92.20 | 92.20 |
| 2. 雇工费用 | 元 | 807.14 | 1780.00 | 318.84 | | | 2371.39 |
| 雇工天数 | 日 | 5.91 | 14.00 | 3.99 | | | 20.57 |
| 雇工工价 | 元 | 136.57 | 127.14 | 79.91 | 120.00 | 120.00 | 115.28 |
| 三、附 | | | | | | | |
| 1. 每亩种子用量 | 公斤 | | | | | | |
| 2. 每亩化肥用量 | 公斤 | 30.84 | 18.94 | 21.49 | 34.80 | | 17.40 |
| 3. 每亩农膜用量 | 公斤 | 10.21 | 5.20 | 6.18 | 5.43 | 5.00 | 4.50 |

6-2-1-2 续表 1

| 项　　目 | 单位 | 福州市 | 厦门市 | 南昌市 | 济南市 | 武汉市 | 广州市 |
|---|---|---|---|---|---|---|---|
| **一、每亩物质与服务费用** | 元 | **2320.41** | **4135.00** | **872.07** | **911.45** | **972.84** | **1777.56** |
| （一）直接费用 | 元 | 2162.23 | 3267.50 | 821.46 | 865.89 | 892.89 | 1615.23 |
| 1. 种子费 | 元 | 54.07 | 1000.00 | 101.50 | 89.29 | 146.44 | 143.76 |
| 2. 化肥费 | 元 | 248.26 | 450.00 | 258.72 | 300.19 | 163.42 | 719.57 |
| 3. 农家肥费 | 元 | 505.17 | 720.00 | 63.67 | 88.52 | 238.01 | 110.83 |
| 4. 农药费 | 元 | 523.50 | 300.00 | 153.37 | 89.68 | 71.55 | 219.41 |
| 5. 农膜费 | 元 | 467.90 | 45.00 | 91.34 | 72.86 | 46.69 | 61.46 |
| 6. 租赁作业费 | 元 | 200.00 | 525.00 | 19.21 | 146.06 | 134.90 | |
| 机械作业费 | 元 | 200.00 | 175.00 | | 83.02 | 117.72 | |
| 排灌费 | 元 | | 225.00 | 19.21 | 63.04 | 17.18 | |
| 其中：水费 | 元 | | 25.00 | | 23.76 | | |
| 畜力费 | 元 | | 125.00 | | | | |
| 7. 燃料动力费 | 元 | | 40.00 | 101.88 | | | 39.37 |
| 8. 技术服务费 | 元 | | | | | | |
| 9. 工具材料费 | 元 | 90.83 | 155.00 | 31.77 | 74.21 | 85.13 | 316.67 |
| 10. 修理维护费 | 元 | 72.50 | 32.50 | | 5.08 | 6.75 | 4.16 |
| 11. 其他直接费用 | 元 | | | | | | |
| （二）间接费用 | 元 | 158.18 | 867.50 | 50.61 | 45.56 | 79.95 | 162.33 |
| 1. 固定资产折旧 | 元 | 158.18 | 37.50 | 14.53 | 8.12 | 18.25 | 46.66 |
| 2. 保险费 | 元 | | | | | | |
| 3. 管理费 | 元 | | | | | | |
| 4. 财务费 | 元 | | | | | | |
| 5. 销售费 | 元 | | 830.00 | 36.08 | 37.44 | 61.70 | 115.67 |
| **二、每亩人工成本** | 元 | **4763.97** | **2048.80** | **2606.49** | **3134.06** | **2591.74** | **2954.83** |
| 1. 家庭用工折价 | 元 | 4763.97 | 368.80 | 2606.49 | 3134.06 | 2591.74 | 2954.83 |
| 家庭用工天数 | 日 | 51.67 | 4.00 | 28.27 | 33.99 | 28.11 | 32.05 |
| 劳动日工价 | 元 | 92.20 | 92.20 | 92.20 | 92.20 | 92.20 | 92.20 |
| 2. 雇工费用 | 元 | | 1680.00 | | | | |
| 雇工天数 | 日 | | 14.00 | | | | |
| 雇工工价 | 元 | 220.00 | 120.00 | 130.00 | 89.52 | 110.00 | 147.54 |
| **三、附** | | | | | | | |
| 1. 每亩种子用量 | 公斤 | | | | | | |
| 2. 每亩化肥用量 | 公斤 | 23.33 | 46.03 | 23.00 | 43.88 | 21.02 | 53.59 |
| 3. 每亩农膜用量 | 公斤 | 36.19 | 4.50 | 6.52 | 6.19 | 3.01 | 2.98 |

6-2-1-2 续表 2

| 项 目 | 单位 | 南宁市 | 海口市 | 重庆市 | 西安市 | 银川市 | 乌鲁木齐市 |
|---|---|---|---|---|---|---|---|
| **一、每亩物质与服务费用** | **元** | **2897.75** | **3193.21** | **1181.96** | **1628.35** | **2687.10** | **2117.87** |
| (一)直接费用 | 元 | 2775.51 | 3131.66 | 1153.86 | 1432.50 | 2636.39 | 2107.39 |
| 1. 种子费 | 元 | 516.02 | 110.00 | 185.48 | 238.00 | 1440.67 | 275.94 |
| 2. 化肥费 | 元 | 1013.02 | 1100.83 | 371.00 | 311.00 | 329.79 | 292.17 |
| 3. 农家肥费 | 元 | 90.60 | 678.33 | 14.47 | 336.00 | 308.17 | 367.50 |
| 4. 农药费 | 元 | 490.60 | 1011.50 | 259.26 | 234.50 | 117.83 | 172.36 |
| 5. 农膜费 | 元 | 85.84 |  | 70.83 |  | 65.41 | 147.84 |
| 6. 租赁作业费 | 元 | 150.90 | 100.00 | 139.73 | 215.00 | 186.23 | 319.83 |
| 机械作业费 | 元 | 150.90 | 100.00 | 139.73 | 146.50 | 102.83 | 134.17 |
| 排灌费 | 元 |  |  |  | 68.50 | 83.40 | 185.66 |
| 其中:水费 | 元 |  |  |  |  | 83.40 | 55.70 |
| 畜力费 | 元 |  |  |  |  |  |  |
| 7. 燃料动力费 | 元 |  | 4.17 | 14.70 |  |  | 180.51 |
| 8. 技术服务费 | 元 |  |  |  |  |  |  |
| 9. 工具材料费 | 元 | 421.38 | 119.50 | 96.89 | 89.50 | 184.59 | 351.24 |
| 10. 修理维护费 | 元 | 7.15 | 7.33 | 1.50 | 8.50 | 3.70 |  |
| 11. 其他直接费用 | 元 |  |  |  |  |  |  |
| (二)间接费用 | 元 | 122.24 | 61.55 | 28.10 | 195.85 | 50.71 | 10.48 |
| 1. 固定资产折旧 | 元 | 8.37 | 11.55 | 14.32 | 13.35 | 5.45 |  |
| 2. 保险费 | 元 |  |  |  |  |  |  |
| 3. 管理费 | 元 |  |  |  |  |  | 10.48 |
| 4. 财务费 | 元 |  |  |  |  |  |  |
| 5. 销售费 | 元 | 113.87 | 50.00 | 13.78 | 182.50 | 45.26 |  |
| **二、每亩人工成本** | **元** | **3990.42** | **4963.13** | **4632.50** | **3535.87** | **3932.68** | **5601.19** |
| 1. 家庭用工折价 | 元 | 3990.42 | 4963.13 | 4632.50 | 3535.87 | 3632.68 | 3560.76 |
| 家庭用工天数 | 日 | 43.28 | 53.83 | 50.24 | 38.35 | 39.40 | 38.62 |
| 劳动日工价 | 元 | 92.20 | 92.20 | 92.20 | 92.20 | 92.20 | 92.20 |
| 2. 雇工费用 | 元 |  |  |  |  | 300.00 | 2040.43 |
| 雇工天数 | 日 |  |  |  |  | 2.50 | 11.94 |
| 雇工工价 | 元 | 110.00 | 130.00 | 147.47 | 125.00 | 120.00 | 170.89 |
| 三、附 |  |  |  |  |  |  |  |
| 1. 每亩种子用量 | 公斤 |  |  |  |  |  |  |
| 2. 每亩化肥用量 | 公斤 | 43.87 | 107.23 | 44.75 | 63.60 | 24.96 | 37.58 |
| 3. 每亩农膜用量 | 公斤 | 6.68 |  | 5.06 |  | 5.21 | 12.27 |

# 6-2-1-3 2021年大中城市露地西红柿化肥投入情况

| 项 目 | 单位 | 平 均 | 北京市 | 石家庄市 | 太原市 | 哈尔滨市 | 合肥市 |
|---|---|---|---|---|---|---|---|
| **一、每亩化肥金额** | **元** | **318.25** | **628.00** | **146.21** | **256.57** | | **380.89** |
| （一）氮肥 | 元 | 20.08 | 13.60 | | | | |
| 1. 尿素 | 元 | 20.08 | 13.60 | | | | |
| 2. 碳铵 | 元 | | | | | | |
| 3. 其他氮肥 | 元 | | | | | | |
| （二）磷肥 | 元 | 5.13 | | | | | |
| 其中：过磷酸钙 | 元 | 5.13 | | | | | |
| （三）钾肥 | 元 | 2.28 | | 3.19 | | | |
| 其中：氯化钾 | 元 | 1.67 | | | | | |
| （四）复混肥 | 元 | 228.32 | 147.40 | 138.31 | 256.57 | | 147.06 |
| 1. 复合肥 | 元 | 228.32 | 147.40 | 138.31 | 256.57 | | 147.06 |
| 其中：二铵 | 元 | 30.85 | | 6.28 | | | |
| 三元素复合肥 | 元 | 111.65 | 147.40 | 132.03 | 256.57 | | 147.06 |
| 2. 混配肥 | 元 | | | | | | |
| （五）其他肥料 | 元 | 62.44 | 467.00 | 4.71 | | | 233.83 |
| **二、每亩化肥折纯用量** | **公斤** | **30.84** | **18.94** | **21.49** | **34.80** | | **17.40** |
| （一）氮肥 | 公斤 | 4.40 | 1.84 | | | | |
| 1. 尿素 | 公斤 | 4.40 | 1.84 | | | | |
| 2. 碳铵 | 公斤 | | | | | | |
| 3. 其他氮肥 | 公斤 | | | | | | |
| （二）磷肥 | 公斤 | 0.82 | | | | | |
| 其中：过磷酸钙 | 公斤 | 0.82 | | | | | |
| （三）钾肥 | 公斤 | 0.34 | | 0.65 | | | |
| 其中：氯化钾 | 公斤 | 0.21 | | | | | |
| （四）复混肥 | 公斤 | 25.29 | 17.10 | 20.84 | 34.80 | | 17.40 |
| 1. 复合肥 | 公斤 | 25.29 | 17.10 | 20.84 | 34.80 | | 17.40 |
| 其中：二铵 | 公斤 | 5.78 | | 1.21 | | | |
| 三元素复合肥 | 公斤 | 12.99 | 17.10 | 19.63 | 34.80 | | 17.40 |
| 2. 混配肥 | 公斤 | | | | | | |

6-2-1-3 续表 1

| 项目 | 单位 | 福州市 | 厦门市 | 南昌市 | 济南市 | 武汉市 | 广州市 |
|---|---|---|---|---|---|---|---|
| **一、每亩化肥金额** | 元 | **248.26** | **450.00** | **258.72** | **300.19** | **163.42** | **719.57** |
| (一)氮肥 | 元 | | | | 95.01 | | |
| 1. 尿素 | 元 | | | | 95.01 | | |
| 2. 碳铵 | 元 | | | | | | |
| 3. 其他氮肥 | 元 | | | | | | |
| (二)磷肥 | 元 | | 35.00 | | | | 37.97 |
| 其中:过磷酸钙 | 元 | | 35.00 | | | | 37.97 |
| (三)钾肥 | 元 | | | | | | 67.60 |
| 其中:氯化钾 | 元 | | | | | | 67.60 |
| (四)复混肥 | 元 | 248.26 | 415.00 | 258.72 | 205.18 | 163.42 | 501.62 |
| 1. 复合肥 | 元 | 248.26 | 415.00 | 258.72 | 205.18 | 163.42 | 501.62 |
| 其中:二铵 | 元 | | | | | | |
| 三元素复合肥 | 元 | 122.68 | 165.00 | 258.72 | 98.54 | 163.42 | 501.62 |
| 2. 混配肥 | 元 | | | | | | |
| (五)其他肥料 | 元 | | | | | | 112.38 |
| **二、每亩化肥折纯用量** | 公斤 | **23.33** | **46.03** | **23.00** | **43.88** | **21.02** | **53.59** |
| (一)氮肥 | 公斤 | | | | 16.96 | | |
| 1. 尿素 | 公斤 | | | | 16.96 | | |
| 2. 碳铵 | 公斤 | | | | | | |
| 3. 其他氮肥 | 公斤 | | | | | | |
| (二)磷肥 | 公斤 | | 5.53 | | | | 6.46 |
| 其中:过磷酸钙 | 公斤 | | 5.53 | | | | 6.46 |
| (三)钾肥 | 公斤 | | | | | | 8.45 |
| 其中:氯化钾 | 公斤 | | | | | | 8.45 |
| (四)复混肥 | 公斤 | 23.33 | 40.50 | 23.00 | 26.92 | 21.02 | 38.68 |
| 1. 复合肥 | 公斤 | 23.33 | 40.50 | 23.00 | 26.92 | 21.02 | 38.68 |
| 其中:二铵 | 公斤 | | | | | | |
| 三元素复合肥 | 公斤 | 11.04 | 18.90 | 23.00 | 13.38 | 21.02 | 38.68 |
| 2. 混配肥 | 公斤 | | | | | | |

6-2-1-3 续表 2

| 项　　目 | 单位 | 南宁市 | 海口市 | 重庆市 | 西安市 | 银川市 | 乌鲁木齐市 |
|---|---|---|---|---|---|---|---|
| **一、每亩化肥金额** | **元** | **1013.02** | **1100.83** | **371.00** | **311.00** | **329.79** | **292.17** |
| （一）氮肥 | 元 | | 73.33 | 21.82 | 158.50 | | 73.42 |
| 1. 尿素 | 元 | | 73.33 | 21.82 | 158.50 | | 73.42 |
| 2. 碳铵 | 元 | | | | | | |
| 3. 其他氮肥 | 元 | | | | | | |
| （二）磷肥 | 元 | | 95.00 | | | | |
| 其中：过磷酸钙 | 元 | | 95.00 | | | | |
| （三）钾肥 | 元 | | | | | | |
| 其中：氯化钾 | 元 | | | | | | |
| （四）复混肥 | 元 | 755.14 | 932.50 | 327.25 | 152.50 | 141.46 | 113.17 |
| 1. 复合肥 | 元 | 755.14 | 932.50 | 327.25 | 152.50 | 141.46 | 113.17 |
| 其中：二铵 | 元 | | | | 152.50 | 86.60 | 113.17 |
| 三元素复合肥 | 元 | | 932.50 | 269.26 | | 54.86 | |
| 2. 混配肥 | 元 | | | | | | |
| （五）其他肥料 | 元 | 257.88 | | 21.93 | | 188.33 | 105.58 |
| **二、每亩化肥折纯用量** | **公斤** | **43.87** | **107.23** | **44.75** | **63.60** | **24.96** | **37.58** |
| （一）氮肥 | 公斤 | | 10.73 | 3.35 | 30.00 | | 16.89 |
| 1. 尿素 | 公斤 | | 10.73 | 3.35 | 30.00 | | 16.89 |
| 2. 碳铵 | 公斤 | | | | | | |
| 3. 其他氮肥 | 公斤 | | | | | | |
| （二）磷肥 | 公斤 | | 14.00 | | | | |
| 其中：过磷酸钙 | 公斤 | | 14.00 | | | | |
| （三）钾肥 | 公斤 | | | | | | |
| 其中：氯化钾 | 公斤 | | | | | | |
| （四）复混肥 | 公斤 | 43.87 | 82.50 | 41.41 | 33.60 | 24.96 | 20.69 |
| 1. 复合肥 | 公斤 | 43.87 | 82.50 | 41.41 | 33.60 | 24.96 | 20.69 |
| 其中：二铵 | 公斤 | | | | 33.60 | 17.42 | 20.69 |
| 三元素复合肥 | 公斤 | | 82.50 | 33.23 | | 7.54 | |
| 2. 混配肥 | 公斤 | | | | | | |

# 6-2-2-1 2021年大中城市设施西红柿成本收益情况

| 项目 | 单位 | 平均 | 北京市 | 天津市 | 石家庄市 | 太原市 | 呼和浩特市 |
|---|---|---|---|---|---|---|---|
| 每亩 | | | | | | | |
| 主产品产量 | 公斤 | 4568.77 | 5190.50 | 5209.41 | 5073.49 | 8101.77 | 4950.37 |
| 产值合计 | 元 | 16962.34 | 24684.99 | 14434.77 | 13619.24 | 20549.06 | 22360.93 |
| 主产品产值 | 元 | 16962.34 | 24684.99 | 14434.77 | 13619.24 | 20549.06 | 22360.93 |
| 副产品产值 | 元 | | | | | | |
| 总成本 | 元 | 9573.95 | 11509.32 | 7276.55 | 14327.44 | 15969.66 | 12709.03 |
| 生产成本 | 元 | 9045.65 | 10723.49 | 6925.00 | 13765.62 | 15439.10 | 11909.03 |
| 物质与服务费用 | 元 | 2991.28 | 4841.14 | 1851.01 | 3941.13 | 7682.83 | 6085.24 |
| 人工成本 | 元 | 6054.37 | 5882.35 | 5073.99 | 9824.49 | 7756.27 | 5823.79 |
| 家庭用工折价 | 元 | 3932.05 | 3400.34 | 5057.82 | 8707.37 | 7028.50 | 4372.12 |
| 雇工费用 | 元 | 2122.32 | 2482.01 | 16.17 | 1117.12 | 727.77 | 1451.67 |
| 土地成本 | 元 | 528.30 | 785.83 | 351.55 | 561.82 | 530.56 | 800.00 |
| 流转地租金 | 元 | 264.12 | 427.58 | 145.55 | 48.38 | | 80.00 |
| 自营地折租 | 元 | 264.18 | 358.25 | 206.00 | 513.44 | 530.56 | 720.00 |
| 净利润 | 元 | 7388.39 | 13175.67 | 7158.22 | -708.20 | 4579.40 | 9651.90 |
| 现金成本 | 元 | 5377.72 | 7750.73 | 2012.73 | 5106.63 | 8410.60 | 7616.91 |
| 现金收益 | 元 | 11584.62 | 16934.26 | 12422.04 | 8512.61 | 12138.46 | 14744.02 |
| 成本利润率 | % | 77.17 | 114.48 | 98.37 | -4.94 | 28.68 | 75.95 |
| 每50公斤主产品 | | | | | | | |
| 平均出售价格 | 元 | 185.63 | 237.79 | 138.55 | 134.22 | 126.82 | 225.85 |
| 总成本 | 元 | 104.77 | 110.87 | 69.84 | 141.20 | 98.56 | 128.36 |
| 生产成本 | 元 | 98.99 | 103.30 | 66.47 | 135.66 | 95.28 | 120.28 |
| 净利润 | 元 | 80.86 | 126.92 | 68.71 | -6.98 | 28.26 | 97.49 |
| 现金成本 | 元 | 58.85 | 74.66 | 19.32 | 50.33 | 51.91 | 76.93 |
| 现金收益 | 元 | 126.78 | 163.13 | 119.23 | 83.89 | 74.91 | 148.92 |
| 附： | | | | | | | |
| 每亩用工数量 | 日 | 58.73 | 55.53 | 54.96 | 108.99 | 81.60 | 58.59 |
| 每亩主产品已出售数量 | 公斤 | 4566.87 | 5190.50 | 5209.41 | 5073.49 | 8090.41 | 4950.37 |
| 每亩主产品已出售产值 | 元 | 16956.90 | 24684.99 | 14434.77 | 13619.24 | 20515.05 | 22360.93 |
| 每亩成本外支出 | 元 | | | | | | |

6-2-2-1 续表 1

| 项目 | 单位 | 长春市 | 哈尔滨市 | 上海市 | 南京市 | 杭州市 | 宁波市 |
|---|---|---|---|---|---|---|---|
| **每亩** | | | | | | | |
| 主产品产量 | 公斤 | 4916.67 | 4993.33 | 4099.80 | 3344.19 | 3999.06 | 3050.00 |
| 产值合计 | 元 | 14105.17 | 15308.33 | 13395.89 | 14316.60 | 9990.68 | 27960.00 |
| 主产品产值 | 元 | 14105.17 | 15308.33 | 13395.89 | 14316.60 | 9990.68 | 27960.00 |
| 副产品产值 | 元 | | | | | | |
| 总成本 | 元 | 10339.43 | 8874.28 | 10781.06 | 8166.78 | 8769.30 | 8688.03 |
| 生产成本 | 元 | 9639.43 | 8474.28 | 10035.07 | 7752.49 | 8250.97 | 8000.53 |
| 物质与服务费用 | 元 | 2758.58 | 4041.52 | 2343.76 | 2923.60 | 1951.32 | 2448.93 |
| 人工成本 | 元 | 6880.85 | 4432.76 | 7691.31 | 4828.89 | 6299.65 | 5551.60 |
| 家庭用工折价 | 元 | 5057.17 | 3026.93 | 1569.89 | 3702.75 | 3795.87 | 2581.60 |
| 雇工费用 | 元 | 1823.68 | 1405.83 | 6121.42 | 1126.14 | 2503.78 | 2970.00 |
| 土地成本 | 元 | 700.00 | 400.00 | 745.99 | 414.29 | 518.33 | 687.50 |
| 流转地租金 | 元 | 126.00 | 40.00 | 745.99 | 285.71 | 270.57 | 481.25 |
| 自营地折租 | 元 | 574.00 | 360.00 | | 128.58 | 247.76 | 206.25 |
| 净利润 | 元 | 3765.74 | 6434.05 | 2614.83 | 6149.82 | 1221.38 | 19271.97 |
| 现金成本 | 元 | 4708.26 | 5487.35 | 9211.17 | 4335.45 | 4725.67 | 5900.18 |
| 现金收益 | 元 | 9396.91 | 9820.98 | 4184.72 | 9981.15 | 5265.01 | 22059.82 |
| 成本利润率 | % | 36.42 | 72.50 | 24.25 | 75.30 | 13.93 | 221.82 |
| **每 50 公斤主产品** | | | | | | | |
| 平均出售价格 | 元 | 143.44 | 153.29 | 163.37 | 214.05 | 124.91 | 458.36 |
| 总成本 | 元 | 105.14 | 88.86 | 131.48 | 122.10 | 109.64 | 142.43 |
| 生产成本 | 元 | 98.03 | 84.86 | 122.38 | 115.91 | 103.16 | 131.16 |
| 净利润 | 元 | 38.30 | 64.43 | 31.89 | 91.95 | 15.27 | 315.93 |
| 现金成本 | 元 | 47.88 | 54.95 | 112.34 | 64.82 | 59.08 | 96.72 |
| 现金收益 | 元 | 95.56 | 98.34 | 51.03 | 149.23 | 65.83 | 361.64 |
| **附：** | | | | | | | |
| 每亩用工数量 | 日 | 70.00 | 45.83 | 57.27 | 51.70 | 59.73 | 49.25 |
| 每亩主产品已出售数量 | 公斤 | 4916.67 | 4993.33 | 4099.80 | 3344.19 | 3999.06 | 3050.00 |
| 每亩主产品已出售产值 | 元 | 14105.17 | 15308.33 | 13395.89 | 14316.60 | 9990.68 | 27960.00 |
| 每亩成本外支出 | 元 | | | | | | |

6-2-2-1 续表 2

| 项　　目 | 单位 | 合肥市 | 济南市 | 青岛市 | 郑州市 | 武汉市 | 成都市 |
|---|---|---|---|---|---|---|---|
| **每亩** | | | | | | | |
| 主产品产量 | 公斤 | 4409. 64 | 5382. 29 | 4157. 82 | 5192. 55 | 5562. 47 | 8133. 27 |
| 产值合计 | 元 | 17359. 09 | 18639. 23 | 12144. 86 | 13403. 99 | 14949. 88 | 19536. 65 |
| 主产品产值 | 元 | 17359. 09 | 18639. 23 | 12144. 86 | 13403. 99 | 14949. 88 | 19536. 65 |
| 副产品产值 | 元 | | | | | | |
| 总成本 | 元 | 7376. 62 | 11400. 62 | 11332. 76 | 8754. 57 | 6723. 82 | 8774. 53 |
| 生产成本 | 元 | 7051. 62 | 11063. 87 | 11032. 76 | 8447. 69 | 6388. 82 | 8324. 53 |
| 物质与服务费用 | 元 | 2965. 80 | 3414. 63 | 3027. 96 | 3268. 43 | 2914. 92 | 2627. 39 |
| 人工成本 | 元 | 4085. 82 | 7649. 24 | 8004. 80 | 5179. 26 | 3473. 90 | 5697. 14 |
| 家庭用工折价 | 元 | 703. 39 | 7329. 81 | 8004. 80 | 4101. 89 | 3411. 40 | 5363. 27 |
| 雇工费用 | 元 | 3382. 43 | 319. 43 | | 1077. 37 | 62. 50 | 333. 87 |
| 土地成本 | 元 | 325. 00 | 336. 75 | 300. 00 | 306. 88 | 335. 00 | 450. 00 |
| 流转地租金 | 元 | 129. 54 | | 57. 00 | 51. 10 | 23. 45 | |
| 自营地折租 | 元 | 195. 46 | 336. 75 | 243. 00 | 255. 78 | 311. 55 | 450. 00 |
| 净利润 | 元 | 9982. 47 | 7238. 61 | 812. 10 | 4649. 42 | 8226. 06 | 10762. 12 |
| 现金成本 | 元 | 6477. 77 | 3734. 06 | 3084. 96 | 4396. 90 | 3000. 87 | 2961. 26 |
| 现金收益 | 元 | 10881. 32 | 14905. 17 | 9059. 90 | 9007. 09 | 11949. 01 | 16575. 39 |
| 成本利润率 | % | 135. 33 | 63. 49 | 7. 17 | 53. 11 | 122. 34 | 122. 65 |
| **每 50 公斤主产品** | | | | | | | |
| 平均出售价格 | 元 | 196. 83 | 173. 15 | 146. 05 | 129. 07 | 134. 38 | 120. 10 |
| 总成本 | 元 | 83. 64 | 105. 91 | 136. 28 | 84. 30 | 60. 44 | 53. 94 |
| 生产成本 | 元 | 79. 96 | 102. 78 | 132. 68 | 81. 34 | 57. 43 | 51. 17 |
| 净利润 | 元 | 113. 19 | 67. 24 | 9. 77 | 44. 77 | 73. 94 | 66. 16 |
| 现金成本 | 元 | 73. 45 | 34. 69 | 37. 10 | 42. 34 | 26. 97 | 18. 20 |
| 现金收益 | 元 | 123. 38 | 138. 46 | 108. 95 | 86. 73 | 107. 41 | 101. 90 |
| **附:** | | | | | | | |
| 每亩用工数量 | 日 | 36. 99 | 83. 49 | 86. 82 | 56. 18 | 37. 42 | 60. 31 |
| 每亩主产品已出售数量 | 公斤 | 4409. 64 | 5372. 76 | 4141. 93 | 5192. 55 | 5562. 47 | 8133. 27 |
| 每亩主产品已出售产值 | 元 | 17359. 09 | 18606. 00 | 12098. 23 | 13403. 99 | 14949. 88 | 19536. 65 |
| 每亩成本外支出 | 元 | | | | | | |

6-2-2-1 续表 3

| 项　　目 | 单位 | 西安市 | 兰州市 | 西宁市 | 银川市 | 乌鲁木齐市 |
|---|---|---|---|---|---|---|
| 每亩 | | | | | | |
| 主产品产量 | 公斤 | 5805.00 | 7213.02 | 5520.67 | 6990.00 | 5242.54 |
| 产值合计 | 元 | 14279.40 | 12030.99 | 20428.64 | 21507.60 | 11892.27 |
| 主产品产值 | 元 | 14279.40 | 12030.99 | 20428.64 | 21507.60 | 11892.27 |
| 副产品产值 | 元 | | | | | |
| 总成本 | 元 | 8693.47 | 7564.87 | 11112.46 | 8103.36 | 7599.68 |
| 生产成本 | 元 | 8483.47 | 7264.87 | 10308.29 | 7528.36 | 7299.68 |
| 物质与服务费用 | 元 | 2534.45 | 2307.37 | 4455.75 | 3643.83 | 3023.44 |
| 人工成本 | 元 | 5949.02 | 4957.50 | 5852.54 | 3884.53 | 4276.24 |
| 家庭用工折价 | 元 | 5449.02 | 4957.50 | 858.38 | 3764.53 | 4276.24 |
| 雇工费用 | 元 | 500.00 | | 4994.16 | 120.00 | |
| 土地成本 | 元 | 210.00 | 300.00 | 804.17 | 575.00 | 300.00 |
| 流转地租金 | 元 | | | 13.67 | 368.00 | 130.20 |
| 自营地折租 | 元 | 210.00 | 300.00 | 790.50 | 207.00 | 169.80 |
| 净利润 | 元 | 5585.93 | 4466.12 | 9316.18 | 13404.24 | 4292.59 |
| 现金成本 | 元 | 3034.45 | 2307.37 | 9463.58 | 4131.83 | 3153.64 |
| 现金收益 | 元 | 11244.95 | 9723.62 | 10965.06 | 17375.77 | 8738.63 |
| 成本利润率 | % | 64.25 | 59.04 | 83.84 | 165.42 | 56.48 |
| **每 50 公斤主产品** | | | | | | |
| 平均出售价格 | 元 | 122.99 | 83.40 | 185.02 | 153.85 | 113.42 |
| 总成本 | 元 | 74.88 | 52.44 | 100.64 | 57.97 | 72.48 |
| 生产成本 | 元 | 73.07 | 50.36 | 93.36 | 53.85 | 69.62 |
| 净利润 | 元 | 48.11 | 30.96 | 84.38 | 95.88 | 40.94 |
| 现金成本 | 元 | 26.14 | 15.99 | 85.71 | 29.56 | 30.08 |
| 现金收益 | 元 | 96.85 | 67.41 | 99.31 | 124.29 | 83.34 |
| **附:** | | | | | | |
| 每亩用工数量 | 日 | 63.10 | 53.77 | 66.83 | 41.83 | 46.38 |
| 每亩主产品已出售数量 | 公斤 | 5739.00 | 7205.40 | 5520.67 | 6990.00 | 5242.54 |
| 每亩主产品已出售产值 | 元 | 14116.90 | 12016.60 | 20428.64 | 21507.60 | 11892.27 |
| 每亩成本外支出 | 元 | | | | | |

# 6-2-2-2　2021年大中城市设施西红柿费用和用工情况

| 项　　目 | 单位 | 平　均 | 北京市 | 天津市 | 石家庄市 | 太原市 | 呼和浩特市 |
|---|---|---|---|---|---|---|---|
| **一、每亩物质与服务费用** | 元 | **2991.28** | **4841.14** | **1851.01** | **3941.13** | **7682.83** | **6085.24** |
| (一)直接费用 | 元 | 2315.13 | 3901.73 | 1373.58 | 2987.19 | 6548.71 | 5096.37 |
| 1. 种子费 | 元 | 475.31 | 1117.54 | 156.95 | 1095.45 | 1679.42 | 1449.33 |
| 2. 化肥费 | 元 | 468.66 | 694.98 | 226.36 | 738.55 | 1980.85 | 1197.70 |
| 3. 农家肥费 | 元 | 309.21 | 551.18 | 218.30 | 213.79 | 725.31 | 432.10 |
| 4. 农药费 | 元 | 194.43 | 409.61 | 133.69 | 236.82 | 352.64 | 226.27 |
| 5. 农膜费 | 元 | 490.22 | 763.98 | 467.21 | 341.07 | 768.07 | 411.28 |
| 6. 租赁作业费 | 元 | 213.67 | 198.88 | 93.55 | 205.60 | 746.96 | 245.10 |
| 机械作业费 | 元 | 109.68 | 78.62 | 59.07 | 79.09 | 156.21 | 80.00 |
| 排灌费 | 元 | 103.99 | 120.26 | 34.48 | 126.51 | 590.75 | 165.10 |
| 其中:水费 | 元 | 15.58 | 27.55 | 32.78 |  |  | 165.10 |
| 畜力费 | 元 |  |  |  |  |  |  |
| 7. 燃料动力费 | 元 | 21.59 | 54.51 |  |  |  | 43.48 |
| 8. 技术服务费 | 元 | 0.34 | 4.51 |  |  |  |  |
| 9. 工具材料费 | 元 | 102.29 | 88.71 | 62.14 | 117.42 | 210.35 | 931.68 |
| 10. 修理维护费 | 元 | 39.41 | 17.83 | 15.38 | 38.49 | 85.11 | 159.43 |
| 11. 其他直接费用 | 元 |  |  |  |  |  |  |
| (二)间接费用 | 元 | 676.15 | 939.41 | 477.43 | 953.94 | 1134.12 | 988.87 |
| 1. 固定资产折旧 | 元 | 589.10 | 785.65 | 477.43 | 910.91 | 1097.32 | 988.87 |
| 2. 保险费 | 元 | 9.11 | 2.93 |  |  |  |  |
| 3. 管理费 | 元 | 5.44 | 43.16 |  |  |  |  |
| 4. 财务费 | 元 | 2.10 |  |  |  |  |  |
| 5. 销售费 | 元 | 70.40 | 107.67 |  | 43.03 | 36.80 |  |
| **二、每亩人工成本** | 元 | **6054.37** | **5882.35** | **5073.99** | **9824.49** | **7756.27** | **5823.79** |
| 1. 家庭用工折价 | 元 | 3932.05 | 3400.34 | 5057.82 | 8707.37 | 7028.50 | 4372.12 |
| 家庭用工天数 | 日 | 42.65 | 36.88 | 54.86 | 94.44 | 76.23 | 47.42 |
| 劳动日工价 | 元 | 92.20 | 92.20 | 92.20 | 92.20 | 92.20 | 92.20 |
| 2. 雇工费用 | 元 | 2122.32 | 2482.01 | 16.17 | 1117.12 | 727.77 | 1451.67 |
| 雇工天数 | 日 | 16.08 | 18.65 | 0.10 | 14.55 | 5.37 | 11.17 |
| 雇工工价 | 元 | 131.99 | 133.08 | 161.70 | 76.78 | 135.53 | 129.96 |
| 三、附 |  |  |  |  |  |  |  |
| 1. 每亩种子用量 | 公斤 |  |  |  |  |  |  |
| 2. 每亩化肥用量 | 公斤 | 47.77 | 26.94 | 30.82 | 28.94 | 146.40 |  |
| 3. 每亩农膜用量 | 公斤 | 30.79 | 40.90 | 32.20 | 22.45 | 68.56 | 23.03 |

6-2-2-2 续表 1

| 项 目 | 单位 | 长春市 | 哈尔滨市 | 上海市 | 南京市 | 杭州市 | 宁波市 |
|---|---|---|---|---|---|---|---|
| **一、每亩物质与服务费用** | 元 | **2758.58** | **4041.52** | **2343.76** | **2923.60** | **1951.32** | **2448.93** |
| (一)直接费用 | 元 | 1838.41 | 2674.35 | 2043.98 | 2228.73 | 1327.19 | 1941.43 |
| 1. 种子费 | 元 | 261.35 | 699.17 | 141.84 | 174.91 | 116.48 | 523.75 |
| 2. 化肥费 | 元 | 205.30 | 167.17 | 310.33 | 326.65 | 439.91 | 204.48 |
| 3. 农家肥费 | 元 | 248.22 | 315.83 | 414.43 | 490.90 | 121.84 | 292.50 |
| 4. 农药费 | 元 | 214.92 | 247.17 | 225.83 | 244.71 | 136.94 | 134.50 |
| 5. 农膜费 | 元 | 425.23 | 614.50 | 347.07 | 610.44 | 336.71 | 595.75 |
| 6. 租赁作业费 | 元 | 228.27 | 200.17 | 391.34 | 162.68 | 104.21 | 116.20 |
| 机械作业费 | 元 | 152.02 | 96.67 | 115.07 | 110.44 | 75.14 | 103.75 |
| 排灌费 | 元 | 76.25 | 103.50 | 276.27 | 52.24 | 29.07 | 12.45 |
| 其中:水费 | 元 |  |  |  |  | 24.45 | 6.70 |
| 畜力费 | 元 |  |  |  |  |  |  |
| 7. 燃料动力费 | 元 | 227.74 | 204.00 |  |  | 29.44 |  |
| 8. 技术服务费 | 元 |  |  |  |  | 1.30 |  |
| 9. 工具材料费 | 元 | 11.90 | 112.17 | 183.04 | 183.15 | 33.84 | 41.00 |
| 10. 修理维护费 | 元 | 15.48 | 114.17 | 30.10 | 35.29 | 6.52 | 33.25 |
| 11. 其他直接费用 | 元 |  |  |  |  |  |  |
| (二)间接费用 | 元 | 920.17 | 1367.17 | 299.78 | 694.87 | 624.13 | 507.50 |
| 1. 固定资产折旧 | 元 | 617.00 | 1250.00 | 260.96 | 228.81 | 580.17 | 507.50 |
| 2. 保险费 | 元 |  |  |  | 10.00 |  |  |
| 3. 管理费 | 元 |  |  | 21.85 | 27.86 | 2.11 |  |
| 4. 财务费 | 元 |  |  | 16.97 |  | 3.36 |  |
| 5. 销售费 | 元 | 303.17 | 117.17 |  | 428.20 | 38.49 |  |
| **二、每亩人工成本** | 元 | **6880.85** | **4432.76** | **7691.31** | **4828.89** | **6299.65** | **5551.60** |
| 1. 家庭用工折价 | 元 | 5057.17 | 3026.93 | 1569.89 | 3702.75 | 3795.87 | 2581.60 |
| 家庭用工天数 | 日 | 54.85 | 32.83 | 17.03 | 40.16 | 41.17 | 28.00 |
| 劳动日工价 | 元 | 92.20 | 92.20 | 92.20 | 92.20 | 92.20 | 92.20 |
| 2. 雇工费用 | 元 | 1823.68 | 1405.83 | 6121.42 | 1126.14 | 2503.78 | 2970.00 |
| 雇工天数 | 日 | 15.15 | 13.00 | 40.24 | 11.54 | 18.56 | 21.25 |
| 雇工工价 | 元 | 120.38 | 108.14 | 152.12 | 97.59 | 134.90 | 139.77 |
| **三、附** |  |  |  |  |  |  |  |
| 1. 每亩种子用量 | 公斤 |  |  |  |  |  |  |
| 2. 每亩化肥用量 | 公斤 | 35.11 | 33.64 | 35.23 | 58.62 | 57.67 | 21.34 |
| 3. 每亩农膜用量 | 公斤 | 30.95 | 46.75 | 16.21 | 45.97 | 11.01 | 39.50 |

6-2-2-2　续表 2

| 项　　目 | 单位 | 合肥市 | 济南市 | 青岛市 | 郑州市 | 武汉市 | 成都市 |
|---|---|---|---|---|---|---|---|
| **一、每亩物质与服务费用** | **元** | **2965.80** | **3414.63** | **3027.96** | **3268.43** | **2914.92** | **2627.39** |
| （一）直接费用 | 元 | 1916.00 | 2617.40 | 2401.41 | 2533.08 | 2536.47 | 2316.92 |
| 1. 种子费 | 元 | 311.63 | 454.60 | 967.00 | 670.68 | 640.00 | 260.19 |
| 2. 化肥费 | 元 | 484.56 | 689.83 | 276.72 | 410.03 | 791.10 | 570.82 |
| 3. 农家肥费 | 元 | 214.47 | 164.24 | 246.33 | 293.35 | | 267.59 |
| 4. 农药费 | 元 | 152.48 | 318.85 | 258.85 | 332.79 | 428.90 | 271.68 |
| 5. 农膜费 | 元 | 439.81 | 673.12 | 426.54 | 473.68 | 344.50 | 575.09 |
| 6. 租赁作业费 | 元 | 180.67 | 240.99 | 152.82 | 184.50 | 115.53 | 159.33 |
| 机械作业费 | 元 | 125.71 | 118.52 | 85.00 | 78.31 | 102.50 | 150.00 |
| 排灌费 | 元 | 54.96 | 122.47 | 67.82 | 106.19 | 13.03 | 9.33 |
| 其中：水费 | 元 | | 23.93 | | | | 9.33 |
| 畜力费 | 元 | | | | | | |
| 7. 燃料动力费 | 元 | | | | 17.73 | 30.52 | |
| 8. 技术服务费 | 元 | | | | | | |
| 9. 工具材料费 | 元 | 118.19 | 66.60 | 68.95 | 120.58 | 181.15 | 175.36 |
| 10. 修理维护费 | 元 | 14.19 | 9.17 | 4.20 | 29.74 | 4.77 | 36.86 |
| 11. 其他直接费用 | 元 | | | | | | |
| （二）间接费用 | 元 | 1049.80 | 797.23 | 626.55 | 735.35 | 378.45 | 310.47 |
| 1. 固定资产折旧 | 元 | 481.99 | 722.59 | 626.55 | 700.35 | 274.20 | 310.47 |
| 2. 保险费 | 元 | 140.00 | | | | | |
| 3. 管理费 | 元 | | | | | | |
| 4. 财务费 | 元 | | | | | | |
| 5. 销售费 | 元 | 427.81 | 74.64 | | 35.00 | 104.25 | |
| **二、每亩人工成本** | **元** | **4085.82** | **7649.24** | **8004.80** | **5179.26** | **3473.90** | **5697.14** |
| 1. 家庭用工折价 | 元 | 703.39 | 7329.81 | 8004.80 | 4101.89 | 3411.40 | 5363.27 |
| 家庭用工天数 | 日 | 7.63 | 79.50 | 86.82 | 44.49 | 37.00 | 58.17 |
| 劳动日工价 | 元 | 92.20 | 92.20 | 92.20 | 92.20 | 92.20 | 92.20 |
| 2. 雇工费用 | 元 | 3382.43 | 319.43 | | 1077.37 | 62.50 | 333.87 |
| 雇工天数 | 日 | 29.36 | 3.99 | | 11.69 | 0.42 | 2.14 |
| 雇工工价 | 元 | 115.21 | 80.06 | 123.00 | 92.16 | 148.81 | 156.01 |
| 三、附 | | | | | | | |
| 1. 每亩种子用量 | 公斤 | | | | | | |
| 2. 每亩化肥用量 | 公斤 | 21.69 | 106.58 | 30.35 | 71.78 | 75.43 | 91.19 |
| 3. 每亩农膜用量 | 公斤 | 30.04 | 48.14 | 29.25 | 36.39 | 24.70 | 41.08 |

6-2-2-2 续表 3

| 项　　目 | 单位 | 西安市 | 兰州市 | 西宁市 | 银川市 | 乌鲁木齐市 |
|---|---|---|---|---|---|---|
| **一、每亩物质与服务费用** | **元** | **2534.45** | **2307.37** | **4455.75** | **3643.83** | **3023.44** |
| (一)直接费用 | 元 | 2141.95 | 1908.92 | 3226.59 | 2907.16 | 2271.69 |
| 1. 种子费 | 元 | 350.00 | 218.06 | 1228.17 | 1428.33 | 189.75 |
| 2. 化肥费 | 元 | 339.90 | 662.04 | 348.33 | 377.83 | 286.02 |
| 3. 农家肥费 | 元 | 330.50 | 195.18 | 803.33 | 203.33 | 573.48 |
| 4. 农药费 | 元 | 252.50 | 176.19 | 139.67 | 170.00 | 80.67 |
| 5. 农膜费 | 元 | 474.50 | 306.93 | 150.00 | 521.50 | 590.88 |
| 6. 租赁作业费 | 元 | 258.50 | 194.50 | 131.67 | 119.17 | 379.90 |
| 机械作业费 | 元 | 146.00 | 110.00 | 80.00 | 61.67 | 236.01 |
| 排灌费 | 元 | 112.50 | 84.50 | 51.67 | 57.50 | 143.89 |
| 其中:水费 | 元 |  |  | 51.67 | 57.50 | 43.15 |
| 畜力费 | 元 |  |  |  |  |  |
| 7. 燃料动力费 | 元 |  |  | 167.17 |  |  |
| 8. 技术服务费 | 元 |  |  |  |  |  |
| 9. 工具材料费 | 元 | 94.80 | 131.99 | 30.42 | 69.33 | 25.59 |
| 10. 修理维护费 | 元 | 41.25 | 24.03 | 227.83 | 17.67 | 145.40 |
| 11. 其他直接费用 | 元 |  |  |  |  |  |
| (二)间接费用 | 元 | 392.50 | 398.45 | 1229.16 | 736.67 | 751.75 |
| 1. 固定资产折旧 | 元 | 253.00 | 174.96 | 378.33 | 701.67 | 742.26 |
| 2. 保险费 | 元 |  | 121.57 |  |  |  |
| 3. 管理费 | 元 |  |  | 88.33 |  | 9.49 |
| 4. 财务费 | 元 |  |  |  |  |  |
| 5. 销售费 | 元 | 139.50 | 101.92 | 262.50 | 35.00 |  |
| **二、每亩人工成本** | **元** | **5949.02** | **4957.50** | **5852.54** | **3884.53** | **4276.24** |
| 1. 家庭用工折价 | 元 | 5449.02 | 4957.50 | 858.38 | 3764.53 | 4276.24 |
| 家庭用工天数 | 日 | 59.10 | 53.77 | 9.31 | 40.83 | 46.38 |
| 劳动日工价 | 元 | 92.20 | 92.20 | 92.20 | 92.20 | 92.20 |
| 2. 雇工费用 | 元 | 500.00 |  | 4994.16 | 120.00 |  |
| 雇工天数 | 日 | 4.00 |  | 57.52 | 1.00 |  |
| 雇工工价 | 元 | 125.00 | 100.00 | 86.83 | 120.00 | 172.00 |
| 三、附 |  |  |  |  |  |  |
| 1. 每亩种子用量 | 公斤 |  |  |  |  |  |
| 2. 每亩化肥用量 | 公斤 | 70.17 | 83.87 | 26.75 | 29.17 | 37.34 |
| 3. 每亩农膜用量 | 公斤 | 29.50 | 18.95 | 10.00 | 22.83 | 34.20 |

# 6-2-2-3　2021年大中城市设施西红柿化肥投入情况

| 项　　目 | 单位 | 平　均 | 北京市 | 天津市 | 石家庄市 | 太原市 | 呼和浩特市 |
|---|---|---|---|---|---|---|---|
| **一、每亩化肥金额** | **元** | **468.66** | **694.98** | **226.36** | **738.55** | **1980.85** | **1197.70** |
| （一）氮肥 | 元 | 69.03 | | 12.44 | | 25.43 | |
| 1. 尿素 | 元 | 67.52 | | 12.44 | | 25.43 | |
| 2. 碳铵 | 元 | 0.86 | | | | | |
| 3. 其他氮肥 | 元 | 0.65 | | | | | |
| （二）磷肥 | 元 | 7.70 | 6.77 | | | | |
| 其中：过磷酸钙 | 元 | 7.57 | | | | | |
| （三）钾肥 | 元 | 11.32 | 31.87 | | | | |
| 其中：氯化钾 | 元 | 7.41 | 6.99 | | | | |
| （四）复混肥 | 元 | 282.48 | 227.97 | 213.92 | 237.72 | 1460.28 | |
| 1. 复合肥 | 元 | 282.48 | 227.97 | 213.92 | 237.72 | 1460.28 | |
| 其中：二铵 | 元 | 23.53 | 0.86 | 6.55 | 10.00 | 17.63 | |
| 三元素复合肥 | 元 | 167.50 | 180.97 | 207.37 | 227.72 | 435.77 | |
| 2. 混配肥 | 元 | | | | | | |
| （五）其他肥料 | 元 | 98.13 | 428.37 | | 500.83 | 495.14 | 1197.70 |
| **二、每亩化肥折纯用量** | **公斤** | **47.77** | **26.94** | **30.82** | **28.94** | **146.40** | |
| （一）氮肥 | 公斤 | 11.50 | | 2.36 | | 4.89 | |
| 1. 尿素 | 公斤 | 11.14 | | 2.36 | | 4.89 | |
| 2. 碳铵 | 公斤 | 0.18 | | | | | |
| 3. 其他氮肥 | 公斤 | 0.18 | | | | | |
| （二）磷肥 | 公斤 | 1.42 | 0.45 | | | | |
| 其中：过磷酸钙 | 公斤 | 1.41 | | | | | |
| （三）钾肥 | 公斤 | 1.79 | 1.19 | | | | |
| 其中：氯化钾 | 公斤 | 1.45 | 0.50 | | | | |
| （四）复混肥 | 公斤 | 33.08 | 25.30 | 28.46 | 28.94 | 141.52 | |
| 1. 复合肥 | 公斤 | 33.08 | 25.30 | 28.46 | 28.94 | 141.52 | |
| 其中：二铵 | 公斤 | 4.35 | 0.14 | 1.27 | 1.94 | 3.15 | |
| 三元素复合肥 | 公斤 | 20.23 | 21.73 | 27.19 | 27.00 | 57.66 | |
| 2. 混配肥 | 公斤 | | | | | | |

6-2-2-3 续表 1

| 项 目 | 单位 | 长春市 | 哈尔滨市 | 上海市 | 南京市 | 杭州市 | 宁波市 |
|---|---|---|---|---|---|---|---|
| **一、每亩化肥金额** | **元** | **205.30** | **167.17** | **310.33** | **326.65** | **439.91** | **204.48** |
| (一)氮肥 | 元 | 22.28 | 78.33 | 62.48 | 118.39 | 152.34 | 49.00 |
| 1. 尿素 | 元 | | 78.33 | 62.48 | 118.39 | 152.34 | 49.00 |
| 2. 碳铵 | 元 | | | | | | |
| 3. 其他氮肥 | 元 | 22.28 | | | | | |
| (二)磷肥 | 元 | | | | | | 12.50 |
| 其中:过磷酸钙 | 元 | | | | | | 12.50 |
| (三)钾肥 | 元 | 31.31 | 27.67 | | | | 9.20 |
| 其中:氯化钾 | 元 | | | | | | |
| (四)复混肥 | 元 | 151.71 | 61.17 | 247.85 | 208.26 | 287.57 | 133.78 |
| 1. 复合肥 | 元 | 151.71 | 61.17 | 247.85 | 208.26 | 287.57 | 133.78 |
| 其中:二铵 | 元 | 50.42 | 61.17 | | | | |
| 三元素复合肥 | 元 | 101.29 | | 247.85 | 208.26 | 207.03 | 133.78 |
| 2. 混配肥 | 元 | | | | | | |
| (五)其他肥料 | 元 | | | | | | |
| **二、每亩化肥折纯用量** | **公斤** | **35.11** | **33.64** | **35.23** | **58.62** | **57.67** | **21.34** |
| (一)氮肥 | 公斤 | 6.08 | 16.71 | 10.85 | 21.87 | 22.89 | 6.44 |
| 1. 尿素 | 公斤 | | 16.71 | 10.85 | 21.87 | 22.89 | 6.44 |
| 2. 碳铵 | 公斤 | | | | | | |
| 3. 其他氮肥 | 公斤 | 6.08 | | | | | |
| (二)磷肥 | 公斤 | | | | | | 2.13 |
| 其中:过磷酸钙 | 公斤 | | | | | | 2.13 |
| (三)钾肥 | 公斤 | 4.55 | 4.40 | | | | 0.40 |
| 其中:氯化钾 | 公斤 | | | | | | |
| (四)复混肥 | 公斤 | 24.48 | 12.52 | 24.38 | 36.75 | 34.79 | 12.38 |
| 1. 复合肥 | 公斤 | 24.48 | 12.52 | 24.38 | 36.75 | 34.79 | 12.38 |
| 其中:二铵 | 公斤 | 9.89 | 12.52 | | | | |
| 三元素复合肥 | 公斤 | 14.59 | | 24.38 | 36.75 | 26.04 | 12.38 |
| 2. 混配肥 | 公斤 | | | | | | |

6-2-2-3 续表 2

| 项目 | 单位 | 合肥市 | 济南市 | 青岛市 | 郑州市 | 武汉市 | 成都市 |
|---|---|---|---|---|---|---|---|
| **一、每亩化肥金额** | **元** | **484.56** | **689.83** | **276.72** | **410.03** | **791.10** | **570.82** |
| (一)氮肥 | 元 | | | | 151.62 | | 131.27 |
| 1. 尿素 | 元 | | | | 123.14 | | 131.27 |
| 2. 碳铵 | 元 | | | | 28.48 | | |
| 3. 其他氮肥 | 元 | | | | | | |
| (二)磷肥 | 元 | | | | 67.84 | | 129.94 |
| 其中:过磷酸钙 | 元 | | | | 67.84 | | 129.94 |
| (三)钾肥 | 元 | | 124.22 | | | | 138.92 |
| 其中:氯化钾 | 元 | | 124.22 | | | | 138.92 |
| (四)复混肥 | 元 | 186.73 | 565.61 | 276.72 | 190.57 | 721.48 | 170.69 |
| 1. 复合肥 | 元 | 186.73 | 565.61 | 276.72 | 190.57 | 721.48 | 170.69 |
| 其中:二铵 | 元 | | 162.01 | | | | |
| 三元素复合肥 | 元 | 150.73 | 365.67 | | 156.41 | 37.50 | 170.69 |
| 2. 混配肥 | 元 | | | | | | |
| (五)其他肥料 | 元 | 297.83 | | | | 69.62 | |
| **二、每亩化肥折纯用量** | **公斤** | **21.69** | **106.58** | **30.35** | **71.78** | **75.43** | **91.19** |
| (一)氮肥 | 公斤 | | | | 30.27 | | 23.22 |
| 1. 尿素 | 公斤 | | | | 24.46 | | 23.22 |
| 2. 碳铵 | 公斤 | | | | 5.81 | | |
| 3. 其他氮肥 | 公斤 | | | | | | |
| (二)磷肥 | 公斤 | | | | 16.01 | | 21.36 |
| 其中:过磷酸钙 | 公斤 | | | | 16.01 | | 21.36 |
| (三)钾肥 | 公斤 | | 27.11 | | | | 23.88 |
| 其中:氯化钾 | 公斤 | | 27.11 | | | | 23.88 |
| (四)复混肥 | 公斤 | 21.69 | 79.48 | 30.35 | 25.50 | 75.44 | 22.73 |
| 1. 复合肥 | 公斤 | 21.69 | 79.48 | 30.35 | 25.50 | 75.44 | 22.73 |
| 其中:二铵 | 公斤 | | 29.36 | | | | |
| 三元素复合肥 | 公斤 | 17.58 | 45.25 | | 21.77 | 5.63 | 22.73 |
| 2. 混配肥 | 公斤 | | | | | | |

6-2-2-3 续表 3

| 项　　目 | 单位 | 西安市 | 兰州市 | 西宁市 | 银川市 | 乌鲁木齐市 |
|---|---|---|---|---|---|---|
| **一、每亩化肥金额** | **元** | **339.90** | **662.04** | **348.33** | **377.83** | **286.02** |
| (一)氮肥 | 元 | 151.10 | 75.59 | | | 77.52 |
| 1. 尿素 | 元 | 151.10 | 75.59 | | | 77.52 |
| 2. 碳铵 | 元 | | | | | |
| 3. 其他氮肥 | 元 | | | | | |
| (二)磷肥 | 元 | | | | | |
| 其中:过磷酸钙 | 元 | | | | | |
| (三)钾肥 | 元 | | | | | |
| 其中:氯化钾 | 元 | | | | | |
| (四)复混肥 | 元 | 188.80 | 444.91 | 215.00 | 167.00 | 118.89 |
| 1. 复合肥 | 元 | 188.80 | 444.91 | 215.00 | 167.00 | 118.89 |
| 其中:二铵 | 元 | 188.80 | 212.15 | 40.00 | 103.33 | 118.89 |
| 三元素复合肥 | 元 | | 45.40 | | 63.67 | |
| 2. 混配肥 | 元 | | | | | |
| (五)其他肥料 | 元 | | 141.54 | 133.33 | 210.83 | 89.61 |
| **二、每亩化肥折纯用量** | **公斤** | **70.17** | **83.87** | **26.75** | **29.17** | **37.34** |
| (一)氮肥 | 公斤 | 28.57 | 16.47 | | | 16.21 |
| 1. 尿素 | 公斤 | 28.57 | 16.47 | | | 16.21 |
| 2. 碳铵 | 公斤 | | | | | |
| 3. 其他氮肥 | 公斤 | | | | | |
| (二)磷肥 | 公斤 | | | | | |
| 其中:过磷酸钙 | 公斤 | | | | | |
| (三)钾肥 | 公斤 | | | | | |
| 其中:氯化钾 | 公斤 | | | | | |
| (四)复混肥 | 公斤 | 41.60 | 67.40 | 26.75 | 29.17 | 21.14 |
| 1. 复合肥 | 公斤 | 41.60 | 67.40 | 26.75 | 29.17 | 21.14 |
| 其中:二铵 | 公斤 | 41.60 | 37.97 | 8.00 | 20.69 | 21.14 |
| 三元素复合肥 | 公斤 | | 5.61 | | 8.48 | |
| 2. 混配肥 | 公斤 | | | | | |

# 6-2-3-1　2021年大中城市露地黄瓜成本收益情况

| 项　　目 | 单位 | 平　均 | 北京市 | 石家庄市 | 太原市 | 长春市 | 哈尔滨市 |
|---|---|---|---|---|---|---|---|
| **每亩** | | | | | | | |
| 主产品产量 | 公斤 | 4238.92 | 2785.00 | 4600.69 | 3581.67 | 2750.00 | 6248.50 |
| 产值合计 | 元 | 10666.72 | 6253.21 | 7431.56 | 8822.27 | 9031.67 | 12759.30 |
| 主产品产值 | 元 | 10666.72 | 6253.21 | 7431.56 | 8822.27 | 9031.67 | 12759.30 |
| 副产品产值 | 元 | | | | | | |
| 总成本 | 元 | 5884.08 | 6435.23 | 4799.08 | 6427.46 | 7586.97 | 5289.50 |
| 生产成本 | 元 | 5386.00 | 5762.15 | 4538.70 | 5877.46 | 6886.97 | 4689.50 |
| 物质与服务费用 | 元 | 2302.13 | 1915.39 | 795.45 | 1662.35 | 1007.94 | 1708.67 |
| 人工成本 | 元 | 3083.87 | 3846.76 | 3743.25 | 4215.11 | 5879.03 | 2980.83 |
| 家庭用工折价 | 元 | 2633.88 | 3359.58 | 3304.45 | 3820.31 | 4008.86 | 2980.83 |
| 雇工费用 | 元 | 449.99 | 487.18 | 438.80 | 394.80 | 1870.17 | |
| 土地成本 | 元 | 498.08 | 673.08 | 260.38 | 550.00 | 700.00 | 600.00 |
| 流转地租金 | 元 | 97.85 | 403.37 | 5.55 | | 126.00 | 60.00 |
| 自营地折租 | 元 | 400.23 | 269.71 | 254.83 | 550.00 | 574.00 | 540.00 |
| 净利润 | 元 | 4782.64 | -182.02 | 2632.48 | 2394.81 | 1444.70 | 7469.80 |
| 现金成本 | 元 | 2849.97 | 2805.94 | 1239.80 | 2057.15 | 3004.11 | 1768.67 |
| 现金收益 | 元 | 7816.75 | 3447.27 | 6191.76 | 6765.12 | 6027.56 | 10990.63 |
| 成本利润率 | % | 81.28 | -2.83 | 54.85 | 37.26 | 19.04 | 141.22 |
| **每50公斤主产品** | | | | | | | |
| 平均出售价格 | 元 | 125.82 | 112.27 | 80.77 | 123.16 | 164.21 | 102.10 |
| 总成本 | 元 | 69.41 | 115.54 | 52.16 | 89.73 | 137.94 | 42.33 |
| 生产成本 | 元 | 63.53 | 103.45 | 49.33 | 82.05 | 125.22 | 37.53 |
| 净利润 | 元 | 56.41 | -3.27 | 28.61 | 33.43 | 26.27 | 59.77 |
| 现金成本 | 元 | 33.62 | 50.38 | 13.47 | 28.72 | 54.62 | 14.15 |
| 现金收益 | 元 | 92.20 | 61.89 | 67.30 | 94.44 | 109.59 | 87.95 |
| **附：** | | | | | | | |
| 每亩用工数量 | 日 | 32.30 | 40.54 | 40.92 | 44.38 | 59.91 | 32.33 |
| 每亩主产品已出售数量 | 公斤 | 4228.79 | 2785.00 | 4532.33 | 3563.11 | 2750.00 | 6248.50 |
| 每亩主产品已出售产值 | 元 | 10646.40 | 6253.21 | 7320.35 | 8777.87 | 9031.67 | 12759.30 |
| 每亩成本外支出 | 元 | | | | | | |

6-2-3-1　续表 1

| 项　　目 | 单位 | 合肥市 | 福州市 | 厦门市 | 南昌市 | 济南市 | 郑州市 |
|---|---|---|---|---|---|---|---|
| **每亩** | | | | | | | |
| 主产品产量 | 公斤 | 2682.05 | 4560.50 | 5261.50 | 2907.83 | 4168.27 | 2950.00 |
| 产值合计 | 元 | 9151.78 | 14934.00 | 17891.00 | 4531.02 | 7460.66 | 5753.00 |
| 主产品产值 | 元 | 9151.78 | 14934.00 | 17891.00 | 4531.02 | 7460.66 | 5753.00 |
| 副产品产值 | 元 | | | | | | |
| 总成本 | 元 | 5208.30 | 4984.17 | 9919.80 | 3367.75 | 3603.57 | 3598.60 |
| 生产成本 | 元 | 4883.30 | 4584.17 | 8669.80 | 3127.75 | 3293.07 | 3198.60 |
| 物质与服务费用 | 元 | 1621.16 | 1818.17 | 6640.00 | 800.62 | 1006.51 | 1078.00 |
| 人工成本 | 元 | 3262.14 | 2766.00 | 2029.80 | 2327.13 | 2286.56 | 2120.60 |
| 家庭用工折价 | 元 | 407.99 | 2766.00 | 829.80 | 2327.13 | 2286.56 | 2120.60 |
| 雇工费用 | 元 | 2854.15 | | 1200.00 | | | |
| 土地成本 | 元 | 325.00 | 400.00 | 1250.00 | 240.00 | 310.50 | 400.00 |
| 流转地租金 | 元 | 130.32 | 140.00 | 262.50 | | | 80.00 |
| 自营地折租 | 元 | 194.68 | 260.00 | 987.50 | 240.00 | 310.50 | 320.00 |
| 净利润 | 元 | 3943.49 | 9949.83 | 7971.20 | 1163.27 | 3857.09 | 2154.40 |
| 现金成本 | 元 | 4605.63 | 1958.17 | 8102.50 | 800.62 | 1006.51 | 1158.00 |
| 现金收益 | 元 | 4546.15 | 12975.83 | 9788.50 | 3730.40 | 6454.15 | 4595.00 |
| 成本利润率 | % | 75.72 | 199.63 | 80.36 | 34.54 | 107.04 | 59.87 |
| **每 50 公斤主产品** | | | | | | | |
| 平均出售价格 | 元 | 170.61 | 163.73 | 170.02 | 77.91 | 89.49 | 97.51 |
| 总成本 | 元 | 97.09 | 54.64 | 94.27 | 57.91 | 43.22 | 60.99 |
| 生产成本 | 元 | 91.04 | 50.26 | 82.39 | 53.78 | 39.50 | 54.21 |
| 净利润 | 元 | 73.52 | 109.09 | 75.75 | 20.00 | 46.27 | 36.52 |
| 现金成本 | 元 | 85.86 | 21.47 | 77.00 | 13.77 | 12.07 | 19.63 |
| 现金收益 | 元 | 84.75 | 142.26 | 93.02 | 64.14 | 77.42 | 77.88 |
| **附：** | | | | | | | |
| 每亩用工数量 | 日 | 28.98 | 30.00 | 19.00 | 25.24 | 24.80 | 23.00 |
| 每亩主产品已出售数量 | 公斤 | 2682.05 | 4560.50 | 5261.50 | 2852.50 | 4158.55 | 2950.00 |
| 每亩主产品已出售产值 | 元 | 9151.78 | 14934.00 | 17891.00 | 4443.86 | 7443.22 | 5753.00 |
| 每亩成本外支出 | 元 | | | | | | |

6-2-3-1 续表 2

| 项　　目 | 单位 | 武汉市 | 广州市 | 南宁市 | 海口市 | 重庆市 |
|---|---|---|---|---|---|---|
| **每亩** | | | | | | |
| 主产品产量 | 公斤 | 3082.63 | 2298.00 | 3642.00 | 2338.89 | 4830.34 |
| 产值合计 | 元 | 9797.67 | 14652.67 | 9156.40 | 6047.22 | 7502.10 |
| 主产品产值 | 元 | 9797.67 | 14652.67 | 9156.40 | 6047.22 | 7502.10 |
| 副产品产值 | 元 | | | | | |
| 总成本 | 元 | 4443.71 | 3862.62 | 6594.44 | 5572.81 | 5397.98 |
| 生产成本 | 元 | 4183.71 | 3237.62 | 6294.44 | 5333.92 | 5162.09 |
| 物质与服务费用 | 元 | 1700.76 | 1662.84 | 2307.71 | 2342.95 | 1109.25 |
| 人工成本 | 元 | 2482.95 | 1574.78 | 3986.73 | 2990.97 | 4052.84 |
| 家庭用工折价 | 元 | 2482.95 | 1574.78 | 3986.73 | 2990.97 | 4052.84 |
| 雇工费用 | 元 | | | | | |
| 土地成本 | 元 | 260.00 | 625.00 | 300.00 | 238.89 | 235.89 |
| 流转地租金 | 元 | 18.20 | 281.25 | 24.00 | | 35.38 |
| 自营地折租 | 元 | 241.80 | 343.75 | 276.00 | 238.89 | 200.51 |
| 净利润 | 元 | 5353.96 | 10790.05 | 2561.96 | 474.41 | 2104.12 |
| 现金成本 | 元 | 1718.96 | 1944.09 | 2331.71 | 2342.95 | 1144.63 |
| 现金收益 | 元 | 8078.71 | 12708.58 | 6824.69 | 3704.27 | 6357.47 |
| 成本利润率 | % | 120.48 | 279.35 | 38.85 | 8.51 | 38.98 |
| **每 50 公斤主产品** | | | | | | |
| 平均出售价格 | 元 | 158.92 | 318.81 | 125.71 | 129.28 | 77.66 |
| 总成本 | 元 | 72.08 | 84.04 | 90.54 | 119.14 | 55.88 |
| 生产成本 | 元 | 67.86 | 70.44 | 86.42 | 114.03 | 53.44 |
| 净利润 | 元 | 86.84 | 234.77 | 35.17 | 10.14 | 21.78 |
| 现金成本 | 元 | 27.88 | 42.30 | 32.01 | 50.09 | 11.85 |
| 现金收益 | 元 | 131.04 | 276.51 | 93.70 | 79.19 | 65.81 |
| **附：** | | | | | | |
| 每亩用工数量 | 日 | 26.93 | 17.08 | 43.24 | 32.44 | 43.96 |
| 每亩主产品已出售数量 | 公斤 | 3082.63 | 2298.00 | 3642.00 | 2327.33 | 4830.34 |
| 每亩主产品已出售产值 | 元 | 9797.67 | 14652.67 | 9156.40 | 6014.49 | 7502.10 |
| 每亩成本外支出 | 元 | | | | | |

6-2-3-1 续表 3

| 项　　目 | 单位 | 成都市 | 西安市 | 兰州市 | 银川市 | 乌鲁木齐市 |
|---|---|---|---|---|---|---|
| **每亩** | | | | | | |
| 主产品产量 | 公斤 | 3665.33 | 4930.00 | 6680.70 | 4720.00 | 7690.23 |
| 产值合计 | 元 | 7135.37 | 12868.40 | 13830.01 | 7532.40 | 10505.40 |
| 主产品产值 | 元 | 7135.37 | 12868.40 | 13830.01 | 7532.40 | 10505.40 |
| 副产品产值 | 元 | | | | | |
| 总成本 | 元 | 4451.13 | 5640.63 | 5449.63 | 6266.40 | 6535.48 |
| 生产成本 | 元 | 4051.13 | 5430.63 | 5169.34 | 5726.40 | 6135.48 |
| 物质与服务费用 | 元 | 1858.61 | 1383.05 | 1578.24 | 2130.60 | 1832.59 |
| 人工成本 | 元 | 2192.52 | 4047.58 | 3591.10 | 3595.80 | 4302.89 |
| 家庭用工折价 | 元 | 2192.52 | 4047.58 | 3591.10 | 3595.80 | 2300.39 |
| 雇工费用 | 元 | | | | | 2002.50 |
| 土地成本 | 元 | 400.00 | 210.00 | 280.29 | 540.00 | 400.00 |
| 流转地租金 | 元 | 35.20 | | | 345.60 | 173.60 |
| 自营地折租 | 元 | 364.80 | 210.00 | 280.29 | 194.40 | 226.40 |
| 净利润 | 元 | 2684.24 | 7227.77 | 8380.38 | 1266.00 | 3969.92 |
| 现金成本 | 元 | 1893.81 | 1383.05 | 1578.24 | 2476.20 | 4008.69 |
| 现金收益 | 元 | 5241.56 | 11485.35 | 12251.77 | 5056.20 | 6496.71 |
| 成本利润率 | % | 60.30 | 128.14 | 153.78 | 20.20 | 60.74 |
| **每 50 公斤主产品** | | | | | | |
| 平均出售价格 | 元 | 97.34 | 130.51 | 103.51 | 79.79 | 68.30 |
| 总成本 | 元 | 60.72 | 57.21 | 40.79 | 66.38 | 42.49 |
| 生产成本 | 元 | 55.27 | 55.08 | 38.69 | 60.66 | 39.89 |
| 净利润 | 元 | 36.62 | 73.30 | 62.72 | 13.41 | 25.81 |
| 现金成本 | 元 | 25.84 | 14.03 | 11.81 | 26.23 | 26.06 |
| 现金收益 | 元 | 71.50 | 116.48 | 91.70 | 53.56 | 42.24 |
| **附:** | | | | | | |
| 每亩用工数量 | 日 | 23.78 | 43.90 | 38.95 | 39.00 | 36.64 |
| 每亩主产品已出售数量 | 公斤 | 3665.33 | 4824.00 | 6680.70 | 4720.00 | 7690.23 |
| 每亩主产品已出售产值 | 元 | 7135.37 | 12591.30 | 13830.01 | 7532.40 | 10505.40 |
| 每亩成本外支出 | 元 | | | | | |

# 6-2-3-2 2021年大中城市露地黄瓜费用和用工情况

| 项目 | 单位 | 平均 | 北京市 | 石家庄市 | 太原市 | 长春市 | 哈尔滨市 |
|---|---|---|---|---|---|---|---|
| 一、每亩物质与服务费用 | 元 | **2302.13** | **1915.39** | **795.45** | **1662.35** | **1007.94** | **1708.67** |
| (一)直接费用 | 元 | 2094.93 | 1812.58 | 740.54 | 1537.33 | 863.36 | 1468.67 |
| 1. 种子费 | 元 | 294.98 | 65.77 | 148.53 | 134.25 | 158.03 | 306.67 |
| 2. 化肥费 | 元 | 670.61 | 667.19 | 80.27 | 221.19 | 96.21 | 49.17 |
| 3. 农家肥费 | 元 | 340.01 | 325.38 | 166.86 | 395.42 | 218.67 | 400.00 |
| 4. 农药费 | 元 | 338.67 | 326.67 | 71.39 | 120.04 | 79.62 | 103.00 |
| 5. 农膜费 | 元 | 52.28 | 38.98 | | 72.75 | 54.26 | 60.00 |
| 6. 租赁作业费 | 元 | 191.00 | 97.69 | 160.83 | 200.08 | 171.80 | 143.33 |
| 机械作业费 | 元 | 104.78 | 50.00 | 84.92 | 89.00 | 152.78 | 50.00 |
| 排灌费 | 元 | 59.47 | 47.69 | 75.91 | 111.08 | 19.02 | 93.33 |
| 其中:水费 | 元 | 39.76 | | | | | 93.33 |
| 畜力费 | 元 | 26.75 | | | | | |
| 7. 燃料动力费 | 元 | 28.06 | | | 9.93 | 50.50 | 148.00 |
| 8. 技术服务费 | 元 | | | | | | |
| 9. 工具材料费 | 元 | 171.16 | 254.36 | 89.50 | 374.70 | 17.43 | 258.50 |
| 10. 修理维护费 | 元 | 8.16 | 36.54 | 23.16 | 8.97 | 16.84 | |
| 11. 其他直接费用 | 元 | | | | | | |
| (二)间接费用 | 元 | 207.20 | 102.81 | 54.91 | 125.02 | 144.58 | 240.00 |
| 1. 固定资产折旧 | 元 | 20.14 | | 12.83 | 28.88 | 24.05 | |
| 2. 保险费 | 元 | | | | | | |
| 3. 管理费 | 元 | 0.47 | 2.56 | | | | |
| 4. 财务费 | 元 | | | | | | |
| 5. 销售费 | 元 | 186.59 | 100.25 | 42.08 | 96.14 | 120.53 | 240.00 |
| 二、每亩人工成本 | 元 | **3083.87** | **3846.76** | **3743.25** | **4215.11** | **5879.03** | **2980.83** |
| 1. 家庭用工折价 | 元 | 2633.88 | 3359.58 | 3304.45 | 3820.31 | 4008.86 | 2980.83 |
| 家庭用工天数 | 日 | 28.57 | 36.44 | 35.84 | 41.44 | 43.48 | 32.33 |
| 劳动日工价 | 元 | 92.20 | 92.20 | 92.20 | 92.20 | 92.20 | 92.20 |
| 2. 雇工费用 | 元 | 449.99 | 487.18 | 438.80 | 394.80 | 1870.17 | |
| 雇工天数 | 日 | 3.73 | 4.10 | 5.08 | 2.94 | 16.43 | |
| 雇工工价 | 元 | 120.64 | 118.82 | 86.38 | 134.29 | 113.83 | 120.00 |
| 三、附 | | | | | | | |
| 1. 每亩种子用量 | 公斤 | | | | | | |
| 2. 每亩化肥用量 | 公斤 | 66.55 | 15.58 | 13.17 | 40.11 | 18.60 | 7.35 |
| 3. 每亩农膜用量 | 公斤 | 4.48 | 5.45 | | 5.42 | 4.18 | 5.00 |

6-2-3-2 续表 1

| 项　　目 | 单位 | 合肥市 | 福州市 | 厦门市 | 南昌市 | 济南市 | 郑州市 |
|---|---|---|---|---|---|---|---|
| **一、每亩物质与服务费用** | 元 | **1621.16** | **1818.17** | **6640.00** | **800.62** | **1006.51** | **1078.00** |
| (一)直接费用 | 元 | 1340.14 | 1790.67 | 5675.00 | 737.15 | 952.21 | 973.00 |
| 1. 种子费 | 元 | 226.25 | 120.00 | 980.00 | 100.50 | 68.03 | 200.00 |
| 2. 化肥费 | 元 | 398.26 | 536.67 | 2065.00 | 254.59 | 354.15 | 300.00 |
| 3. 农家肥费 | 元 | 227.47 | 386.00 | 1130.00 | 47.17 | 140.52 | |
| 4. 农药费 | 元 | 118.13 | 403.33 | 825.00 | 115.90 | 90.65 | 100.00 |
| 5. 农膜费 | 元 | 67.62 | | 105.00 | 69.47 | 62.12 | 50.00 |
| 6. 租赁作业费 | 元 | 170.50 | 100.00 | 435.00 | 17.39 | 152.04 | 230.00 |
| 机械作业费 | 元 | 117.56 | 100.00 | 160.00 | | 79.17 | 100.00 |
| 排灌费 | 元 | 52.94 | | 75.00 | 17.39 | 72.87 | 130.00 |
| 其中:水费 | 元 | | | 75.00 | | 24.00 | |
| 畜力费 | 元 | | | 200.00 | | | |
| 7. 燃料动力费 | 元 | | | 45.00 | 71.69 | | |
| 8. 技术服务费 | 元 | | | | | | |
| 9. 工具材料费 | 元 | 115.69 | 226.67 | 90.00 | 60.44 | 80.22 | 88.00 |
| 10. 修理维护费 | 元 | 16.22 | 18.00 | | | 4.48 | 5.00 |
| 11. 其他直接费用 | 元 | | | | | | |
| (二)间接费用 | 元 | 281.02 | 27.50 | 965.00 | 63.47 | 54.30 | 105.00 |
| 1. 固定资产折旧 | 元 | | 27.50 | 40.00 | 21.47 | 8.72 | 50.00 |
| 2. 保险费 | 元 | | | | | | |
| 3. 管理费 | 元 | | | | | | |
| 4. 财务费 | 元 | | | | | | |
| 5. 销售费 | 元 | 281.02 | | 925.00 | 42.00 | 45.58 | 55.00 |
| **二、每亩人工成本** | 元 | **3262.14** | **2766.00** | **2029.80** | **2327.13** | **2286.56** | **2120.60** |
| 1. 家庭用工折价 | 元 | 407.99 | 2766.00 | 829.80 | 2327.13 | 2286.56 | 2120.60 |
| 家庭用工天数 | 日 | 4.43 | 30.00 | 9.00 | 25.24 | 24.80 | 23.00 |
| 劳动日工价 | 元 | 92.20 | 92.20 | 92.20 | 92.20 | 92.20 | 92.20 |
| 2. 雇工费用 | 元 | 2854.15 | | 1200.00 | | | |
| 雇工天数 | 日 | 24.55 | | 10.00 | | | |
| 雇工工价 | 元 | 116.26 | 170.00 | 120.00 | 160.00 | 80.00 | 110.00 |
| 三、附 | | | | | | | |
| 1. 每亩种子用量 | 公斤 | | | | | | |
| 2. 每亩化肥用量 | 公斤 | 21.16 | 56.00 | 208.13 | 22.62 | 53.55 | 45.00 |
| 3. 每亩农膜用量 | 公斤 | 4.55 | | 10.00 | 4.97 | 5.13 | 3.10 |

6-2-3-2 续表 2

| 项　　目 | 单位 | 武汉市 | 广州市 | 南宁市 | 海口市 | 重庆市 |
|---|---|---|---|---|---|---|
| **一、每亩物质与服务费用** | **元** | **1700.76** | **1662.84** | **2307.71** | **2342.95** | **1109.25** |
| (一)直接费用 | 元 | 1586.12 | 1440.84 | 2234.61 | 2278.85 | 1081.12 |
| 1. 种子费 | 元 | 172.02 | 26.17 | 317.25 | 119.22 | 108.38 |
| 2. 化肥费 | 元 | 697.09 | 707.67 | 1064.63 | 926.99 | 347.75 |
| 3. 农家肥费 | 元 |  |  | 145.24 | 214.78 | 16.55 |
| 4. 农药费 | 元 | 335.21 | 162.50 | 376.16 | 514.22 | 166.49 |
| 5. 农膜费 | 元 | 54.95 | 213.00 | 85.64 | 55.00 | 65.57 |
| 6. 租赁作业费 | 元 | 118.58 |  | 129.67 | 250.40 | 131.07 |
| 机械作业费 | 元 | 110.00 |  | 129.67 | 116.67 | 131.07 |
| 排灌费 | 元 | 8.58 |  |  | 129.56 |  |
| 其中:水费 | 元 |  |  |  | 129.56 |  |
| 畜力费 | 元 |  |  |  | 4.17 |  |
| 7. 燃料动力费 | 元 | 29.69 | 43.17 |  | 10.00 | 11.88 |
| 8. 技术服务费 | 元 |  |  |  |  |  |
| 9. 工具材料费 | 元 | 173.12 | 288.33 | 109.28 | 181.43 | 230.60 |
| 10. 修理维护费 | 元 | 5.46 |  | 6.74 | 6.81 | 2.83 |
| 11. 其他直接费用 | 元 |  |  |  |  |  |
| (二)间接费用 | 元 | 114.64 | 222.00 | 73.10 | 64.10 | 28.13 |
| 1. 固定资产折旧 | 元 | 56.13 | 37.83 | 6.35 | 12.99 | 8.91 |
| 2. 保险费 | 元 |  |  |  |  |  |
| 3. 管理费 | 元 |  |  |  |  |  |
| 4. 财务费 | 元 |  |  |  |  |  |
| 5. 销售费 | 元 | 58.51 | 184.17 | 66.75 | 51.11 | 19.22 |
| **二、每亩人工成本** | **元** | **2482.95** | **1574.78** | **3986.73** | **2990.97** | **4052.84** |
| 1. 家庭用工折价 | 元 | 2482.95 | 1574.78 | 3986.73 | 2990.97 | 4052.84 |
| 家庭用工天数 | 日 | 26.93 | 17.08 | 43.24 | 32.44 | 43.96 |
| 劳动日工价 | 元 | 92.20 | 92.20 | 92.20 | 92.20 | 92.20 |
| 2. 雇工费用 | 元 |  |  |  |  |  |
| 雇工天数 | 日 |  |  |  |  |  |
| 雇工工价 | 元 | 150.00 | 142.00 | 110.00 | 130.00 | 147.12 |
| **三、附** |  |  |  |  |  |  |
| 1. 每亩种子用量 | 公斤 |  |  |  |  |  |
| 2. 每亩化肥用量 | 公斤 | 69.89 | 55.34 | 70.95 | 70.81 | 44.31 |
| 3. 每亩农膜用量 | 公斤 | 4.24 | 10.33 | 4.70 | 5.44 | 4.78 |

6-2-3-2　续表 3

| 项　　目 | 单位 | 成都市 | 西安市 | 兰州市 | 银川市 | 乌鲁木齐市 |
|---|---|---|---|---|---|---|
| **一、每亩物质与服务费用** | **元** | **1858.61** | **1383.05** | **1578.24** | **2130.60** | **1832.59** |
| (一)直接费用 | 元 | 1784.43 | 1192.15 | 1556.76 | 2085.56 | 1820.64 |
| 1. 种子费 | 元 | 139.94 | 180.50 | 271.27 | 844.00 | 314.38 |
| 2. 化肥费 | 元 | 514.09 | 304.70 | 477.02 | 476.50 | 404.72 |
| 3. 农家肥费 | 元 |  | 209.50 | 175.70 | 302.60 | 244.44 |
| 4. 农药费 | 元 | 553.37 | 219.00 | 269.41 | 130.00 | 183.33 |
| 5. 农膜费 | 元 | 36.78 |  | 46.62 | 63.00 | 52.44 |
| 6. 租赁作业费 | 元 | 130.00 | 211.00 | 160.95 | 118.40 | 168.92 |
| 机械作业费 | 元 | 120.00 | 143.50 | 110.00 | 61.00 | 95.00 |
| 排灌费 | 元 | 10.00 | 67.50 | 50.95 | 57.40 | 73.92 |
| 其中:水费 | 元 |  |  |  | 57.40 | 22.18 |
| 畜力费 | 元 |  |  |  |  |  |
| 7. 燃料动力费 | 元 |  |  |  |  |  |
| 8. 技术服务费 | 元 |  |  |  |  |  |
| 9. 工具材料费 | 元 | 405.35 | 59.50 | 153.37 | 145.80 | 452.41 |
| 10. 修理维护费 | 元 | 4.90 | 7.95 | 2.42 | 5.26 |  |
| 11. 其他直接费用 | 元 |  |  |  |  |  |
| (二)间接费用 | 元 | 74.18 | 190.90 | 21.48 | 45.04 | 11.95 |
| 1. 固定资产折旧 | 元 | 20.48 | 14.40 |  | 3.76 |  |
| 2. 保险费 | 元 |  |  |  |  |  |
| 3. 管理费 | 元 |  |  |  |  | 11.95 |
| 4. 财务费 | 元 |  |  |  |  |  |
| 5. 销售费 | 元 | 53.70 | 176.50 | 21.48 | 41.28 |  |
| **二、每亩人工成本** | **元** | **2192.52** | **4047.58** | **3591.10** | **3595.80** | **4302.89** |
| 1. 家庭用工折价 | 元 | 2192.52 | 4047.58 | 3591.10 | 3595.80 | 2300.39 |
| 家庭用工天数 | 日 | 23.78 | 43.90 | 38.95 | 39.00 | 24.95 |
| 劳动日工价 | 元 | 92.20 | 92.20 | 92.20 | 92.20 | 92.20 |
| 2. 雇工费用 | 元 |  |  |  |  | 2002.50 |
| 雇工天数 | 日 |  |  |  |  | 11.69 |
| 雇工工价 | 元 | 135.00 | 125.00 | 100.00 | 120.00 | 171.30 |
| 三、附 |  |  |  |  |  |  |
| 1. 每亩种子用量 | 公斤 |  |  |  |  |  |
| 2. 每亩化肥用量 | 公斤 | 69.25 | 62.69 | 54.44 | 36.00 | 55.79 |
| 3. 每亩农膜用量 | 公斤 | 3.68 |  | 3.72 | 5.14 | 5.24 |

# 6-2-3-3 2021年大中城市露地黄瓜化肥投入情况

| 项　目 | 单位 | 平　均 | 北京市 | 石家庄市 | 太原市 | 长春市 | 哈尔滨市 |
|---|---|---|---|---|---|---|---|
| **一、每亩化肥金额** | **元** | **670.61** | **667.19** | **80.27** | **221.19** | **96.21** | **49.17** |
| (一)氮肥 | 元 | 37.76 | | 9.26 | 88.66 | 41.15 | |
| 1. 尿素 | 元 | 31.69 | | 9.26 | 88.66 | 33.63 | |
| 2. 碳铵 | 元 | 5.63 | | | | | |
| 3. 其他氮肥 | 元 | 0.44 | | | | 7.52 | |
| (二)磷肥 | 元 | 25.73 | | | | | |
| 其中:过磷酸钙 | 元 | 25.73 | | | | | |
| (三)钾肥 | 元 | 35.21 | | | | 4.96 | |
| 其中:氯化钾 | 元 | 2.32 | | | | 2.04 | |
| (四)复混肥 | 元 | 515.82 | 146.67 | 71.01 | 132.53 | 50.10 | 49.17 |
| 1. 复合肥 | 元 | 515.68 | 146.67 | 71.01 | 132.53 | 50.10 | 49.17 |
| 其中:二铵 | 元 | 17.75 | | 19.09 | 100.92 | 18.28 | |
| 三元素复合肥 | 元 | 126.03 | 116.67 | 35.82 | 31.61 | 31.82 | 49.17 |
| 2. 混配肥 | 元 | 0.14 | | | | | |
| (五)其他肥料 | 元 | 56.09 | 520.52 | | | | |
| **二、每亩化肥折纯用量** | **公斤** | **66.55** | **15.58** | **13.17** | **40.11** | **18.60** | **7.35** |
| (一)氮肥 | 公斤 | 6.79 | | 1.85 | 16.22 | 9.47 | |
| 1. 尿素 | 公斤 | 5.71 | | 1.85 | 16.22 | 7.39 | |
| 2. 碳铵 | 公斤 | 0.96 | | | | | |
| 3. 其他氮肥 | 公斤 | 0.12 | | | | 2.08 | |
| (二)磷肥 | 公斤 | 4.12 | | | | | |
| 其中:过磷酸钙 | 公斤 | 4.12 | | | | | |
| (三)钾肥 | 公斤 | 3.20 | | | | 1.02 | |
| 其中:氯化钾 | 公斤 | 0.34 | | | | 0.34 | |
| (四)复混肥 | 公斤 | 52.44 | 15.58 | 11.32 | 23.90 | 8.11 | 7.35 |
| 1. 复合肥 | 公斤 | 52.42 | 15.58 | 11.32 | 23.90 | 8.11 | 7.35 |
| 其中:二铵 | 公斤 | 3.45 | | 4.37 | 18.08 | 3.34 | |
| 三元素复合肥 | 公斤 | 13.42 | 13.27 | 4.53 | 5.82 | 4.77 | 7.35 |
| 2. 混配肥 | 公斤 | 0.02 | | | | | |

6-2-3-3 续表 1

| 项 目 | 单位 | 合肥市 | 福州市 | 厦门市 | 南昌市 | 济南市 | 郑州市 |
|---|---|---|---|---|---|---|---|
| **一、每亩化肥金额** | 元 | **398.26** | **536.67** | **2065.00** | **254.59** | **354.15** | **300.00** |
| (一)氮肥 | 元 | | | 40.00 | | 156.59 | |
| 1. 尿素 | 元 | | | | | 156.59 | |
| 2. 碳铵 | 元 | | | 40.00 | | | |
| 3. 其他氮肥 | 元 | | | | | | |
| (二)磷肥 | 元 | | | 100.00 | | | |
| 其中:过磷酸钙 | 元 | | | 100.00 | | | |
| (三)钾肥 | 元 | | | 250.00 | | | |
| 其中:氯化钾 | 元 | | | | | | |
| (四)复混肥 | 元 | 179.49 | 536.67 | 1675.00 | 254.59 | 197.56 | 300.00 |
| 1. 复合肥 | 元 | 179.49 | 536.67 | 1675.00 | 254.59 | 197.56 | 300.00 |
| 其中:二铵 | 元 | | | | | | |
| 三元素复合肥 | 元 | 146.30 | | 175.00 | 254.59 | 197.56 | 300.00 |
| 2. 混配肥 | 元 | | | | | | |
| (五)其他肥料 | 元 | 218.77 | | | | | |
| **二、每亩化肥折纯用量** | 公斤 | **21.16** | **56.00** | **208.13** | **22.62** | **53.55** | **45.00** |
| (一)氮肥 | 公斤 | | | 6.80 | | 26.61 | |
| 1. 尿素 | 公斤 | | | | | 26.61 | |
| 2. 碳铵 | 公斤 | | | 6.80 | | | |
| 3. 其他氮肥 | 公斤 | | | | | | |
| (二)磷肥 | 公斤 | | | 17.00 | | | |
| 其中:过磷酸钙 | 公斤 | | | 17.00 | | | |
| (三)钾肥 | 公斤 | | | 21.58 | | | |
| 其中:氯化钾 | 公斤 | | | | | | |
| (四)复混肥 | 公斤 | 21.15 | 56.00 | 162.75 | 22.62 | 26.94 | 45.00 |
| 1. 复合肥 | 公斤 | 21.15 | 56.00 | 162.75 | 22.62 | 26.94 | 45.00 |
| 其中:二铵 | 公斤 | | | | | | |
| 三元素复合肥 | 公斤 | 17.36 | | 20.25 | 22.62 | 26.94 | 45.00 |
| 2. 混配肥 | 公斤 | | | | | | |

6-2-3-3 续表 2

| 项　　目 | 单位 | 武汉市 | 广州市 | 南宁市 | 海口市 | 重庆市 |
|---|---|---|---|---|---|---|
| **一、每亩化肥金额** | 元 | **697.09** | **707.67** | **1064.63** | **926.99** | **347.75** |
| (一)氮肥 | 元 | | | | 50.44 | 22.01 |
| 1. 尿素 | 元 | | | | 50.44 | 22.01 |
| 2. 碳铵 | 元 | | | | | |
| 3. 其他氮肥 | 元 | | | | | |
| (二)磷肥 | 元 | | 89.67 | 15.38 | 68.52 | |
| 其中:过磷酸钙 | 元 | | 89.67 | 15.38 | 68.52 | |
| (三)钾肥 | 元 | | 127.33 | 62.28 | | |
| 其中:氯化钾 | 元 | | 127.33 | 62.28 | | |
| (四)复混肥 | 元 | 697.09 | 298.17 | 803.71 | 638.03 | 313.07 |
| 1. 复合肥 | 元 | 697.09 | 298.17 | 803.71 | 638.03 | 301.02 |
| 其中:二铵 | 元 | | | | | |
| 三元素复合肥 | 元 | 31.25 | 298.17 | 411.58 | 273.70 | 220.82 |
| 2. 混配肥 | 元 | | | | | 12.05 |
| (五)其他肥料 | 元 | | 192.50 | 183.26 | 170.00 | 12.67 |
| **二、每亩化肥折纯用量** | 公斤 | **69.89** | **55.34** | **70.95** | **70.81** | **44.31** |
| (一)氮肥 | 公斤 | | | | 7.58 | 3.38 |
| 1. 尿素 | 公斤 | | | | 7.58 | 3.38 |
| 2. 碳铵 | 公斤 | | | | | |
| 3. 其他氮肥 | 公斤 | | | | | |
| (二)磷肥 | 公斤 | | 15.24 | 3.58 | 10.47 | |
| 其中:过磷酸钙 | 公斤 | | 15.24 | 3.58 | 10.47 | |
| (三)钾肥 | 公斤 | | 16.32 | 9.73 | | |
| 其中:氯化钾 | 公斤 | | 16.32 | 9.73 | | |
| (四)复混肥 | 公斤 | 69.89 | 23.78 | 57.64 | 52.75 | 40.94 |
| 1. 复合肥 | 公斤 | 69.89 | 23.78 | 57.64 | 52.75 | 39.49 |
| 其中:二铵 | 公斤 | | | | | |
| 三元素复合肥 | 公斤 | 4.69 | 23.78 | 34.82 | 21.33 | 28.63 |
| 2. 混配肥 | 公斤 | | | | | 1.45 |

6-2-3-3 续表 3

| 项 目 | 单位 | 成都市 | 西安市 | 兰州市 | 银川市 | 乌鲁木齐市 |
|---|---|---|---|---|---|---|
| **一、每亩化肥金额** | **元** | **514.09** | **304.70** | **477.02** | **476.50** | **404.72** |
| (一)氮肥 | 元 | 152.25 | 144.85 | 64.37 | | 130.32 |
| 1. 尿素 | 元 | 152.25 | 144.85 | 45.83 | | 130.32 |
| 2. 碳铵 | 元 | | | 18.54 | | |
| 3. 其他氮肥 | 元 | | | | | |
| (二)磷肥 | 元 | 70.11 | | | | |
| 其中:过磷酸钙 | 元 | 70.11 | | | | |
| (三)钾肥 | 元 | | | | | |
| 其中:氯化钾 | 元 | | | | | |
| (四)复混肥 | 元 | 291.73 | 159.85 | 281.17 | 220.50 | 151.67 |
| 1. 复合肥 | 元 | 291.73 | 159.85 | 281.17 | 220.50 | 151.67 |
| 其中:二铵 | 元 | | 159.85 | 132.18 | 105.00 | 151.67 |
| 三元素复合肥 | 元 | 291.73 | | 11.36 | 115.50 | |
| 2. 混配肥 | 元 | | | | | |
| (五)其他肥料 | 元 | | | 131.48 | 256.00 | 122.73 |
| **二、每亩化肥折纯用量** | **公斤** | **69.25** | **62.69** | **54.44** | **36.00** | **55.79** |
| (一)氮肥 | 公斤 | 28.01 | 27.49 | 10.81 | | 28.06 |
| 1. 尿素 | 公斤 | 28.01 | 27.49 | 7.66 | | 28.06 |
| 2. 碳铵 | 公斤 | | | 3.15 | | |
| 3. 其他氮肥 | 公斤 | | | | | |
| (二)磷肥 | 公斤 | 8.41 | | | | |
| 其中:过磷酸钙 | 公斤 | 8.41 | | | | |
| (三)钾肥 | 公斤 | | | | | |
| 其中:氯化钾 | 公斤 | | | | | |
| (四)复混肥 | 公斤 | 32.82 | 35.20 | 43.61 | 36.00 | 27.73 |
| 1. 复合肥 | 公斤 | 32.82 | 35.20 | 43.61 | 36.00 | 27.73 |
| 其中:二铵 | 公斤 | | 35.20 | 24.59 | 20.61 | 27.73 |
| 三元素复合肥 | 公斤 | 32.82 | | 1.36 | 15.39 | |
| 2. 混配肥 | 公斤 | | | | | |

# 6-2-4-1 2021年大中城市设施黄瓜成本收益情况

| 项 目 | 单位 | 平 均 | 北京市 | 天津市 | 石家庄市 | 太原市 | 呼和浩特市 |
|---|---|---|---|---|---|---|---|
| 每亩 | | | | | | | |
| 主产品产量 | 公斤 | 6394.70 | 4507.31 | 5370.26 | 11514.34 | 7185.01 | 11053.85 |
| 产值合计 | 元 | 19132.42 | 18305.90 | 16773.08 | 21615.28 | 21196.67 | 24430.38 |
| 主产品产值 | 元 | 19132.42 | 18305.90 | 16773.08 | 21615.28 | 21196.67 | 24430.38 |
| 副产品产值 | 元 | | | | | | |
| 总成本 | 元 | 10060.99 | 10219.41 | 6795.29 | 16248.02 | 15671.68 | 15547.13 |
| 生产成本 | 元 | 9526.01 | 9439.73 | 6441.43 | 15618.35 | 15133.68 | 14721.80 |
| 物质与服务费用 | 元 | 3579.14 | 4281.72 | 1829.38 | 6340.48 | 7900.82 | 8955.16 |
| 人工成本 | 元 | 5946.87 | 5158.01 | 4612.05 | 9277.87 | 7232.86 | 5766.64 |
| 家庭用工折价 | 元 | 4048.59 | 2134.80 | 4604.84 | 7634.25 | 6742.22 | 4552.84 |
| 雇工费用 | 元 | 1898.28 | 3023.21 | 7.21 | 1643.62 | 490.64 | 1213.80 |
| 土地成本 | 元 | 534.98 | 779.68 | 353.86 | 629.67 | 538.00 | 825.33 |
| 流转地租金 | 元 | 240.76 | 376.00 | 138.64 | 54.31 | | 82.53 |
| 自营地折租 | 元 | 294.22 | 403.68 | 215.22 | 575.36 | 538.00 | 742.80 |
| 净利润 | 元 | 9071.43 | 8086.49 | 9977.79 | 5367.26 | 5524.99 | 8883.25 |
| 现金成本 | 元 | 5718.18 | 7680.93 | 1975.23 | 8038.41 | 8391.46 | 10251.49 |
| 现金收益 | 元 | 13414.24 | 10624.97 | 14797.85 | 13576.87 | 12805.21 | 14178.89 |
| 成本利润率 | % | 90.16 | 79.13 | 146.83 | 33.03 | 35.25 | 57.14 |
| 每50公斤主产品 | | | | | | | |
| 平均出售价格 | 元 | 149.60 | 203.07 | 156.17 | 93.86 | 147.51 | 110.51 |
| 总成本 | 元 | 78.67 | 113.37 | 63.27 | 70.55 | 109.06 | 70.33 |
| 生产成本 | 元 | 74.49 | 104.72 | 59.97 | 67.82 | 105.32 | 66.59 |
| 净利润 | 元 | 70.93 | 89.70 | 92.90 | 23.31 | 38.45 | 40.18 |
| 现金成本 | 元 | 44.71 | 85.21 | 18.39 | 34.91 | 58.40 | 46.37 |
| 现金收益 | 元 | 104.89 | 117.86 | 137.78 | 58.95 | 89.11 | 64.14 |
| 附： | | | | | | | |
| 每亩用工数量 | 日 | 58.35 | 45.99 | 49.99 | 103.07 | 76.88 | 58.68 |
| 每亩主产品已出售数量 | 公斤 | 6391.25 | 4507.31 | 5370.26 | 11514.34 | 7173.87 | 11053.85 |
| 每亩主产品已出售产值 | 元 | 19121.11 | 18305.90 | 16773.08 | 21615.28 | 21161.10 | 24430.38 |
| 每亩成本外支出 | 元 | | | | | | |

6-2-4-1 续表 1

| 项　　目 | 单位 | 大连市 | 长春市 | 哈尔滨市 | 上海市 | 杭州市 |
|---|---|---|---|---|---|---|
| **每亩** | | | | | | |
| 主产品产量 | 公斤 | 8690.83 | 4861.67 | 9422.33 | 4294.69 | 6255.60 |
| 产值合计 | 元 | 18354.67 | 13474.00 | 32939.00 | 14003.74 | 17058.38 |
| 主产品产值 | 元 | 18354.67 | 13474.00 | 32939.00 | 14003.74 | 17058.38 |
| 副产品产值 | 元 | | | | | |
| 总成本 | 元 | 15120.80 | 9936.31 | 8505.14 | 10829.84 | 8900.32 |
| 生产成本 | 元 | 14740.80 | 9236.31 | 8105.14 | 9964.89 | 8376.32 |
| 物质与服务费用 | 元 | 6064.60 | 2735.50 | 3897.01 | 2768.32 | 1922.72 |
| 人工成本 | 元 | 8676.20 | 6500.81 | 4208.13 | 7196.57 | 6453.60 |
| 家庭用工折价 | 元 | 7022.87 | 5283.06 | 2888.63 | 1612.02 | 3227.00 |
| 雇工费用 | 元 | 1653.33 | 1217.75 | 1319.50 | 5584.55 | 3226.60 |
| 土地成本 | 元 | 380.00 | 700.00 | 400.00 | 864.95 | 524.00 |
| 流转地租金 | 元 | 45.60 | 126.00 | 40.00 | 864.95 | 273.53 |
| 自营地折租 | 元 | 334.40 | 574.00 | 360.00 | | 250.47 |
| 净利润 | 元 | 3233.87 | 3537.69 | 24433.86 | 3173.90 | 8158.06 |
| 现金成本 | 元 | 7763.53 | 4079.25 | 5256.51 | 9217.82 | 5422.85 |
| 现金收益 | 元 | 10591.14 | 9394.75 | 27682.49 | 4785.92 | 11635.53 |
| 成本利润率 | % | 21.39 | 35.60 | 287.28 | 29.31 | 91.66 |
| **每 50 公斤主产品** | | | | | | |
| 平均出售价格 | 元 | 105.60 | 138.57 | 174.79 | 163.04 | 136.34 |
| 总成本 | 元 | 86.99 | 102.19 | 45.13 | 126.09 | 71.14 |
| 生产成本 | 元 | 84.81 | 94.99 | 43.01 | 116.02 | 66.95 |
| 净利润 | 元 | 18.61 | 36.38 | 129.66 | 36.95 | 65.20 |
| 现金成本 | 元 | 44.67 | 41.95 | 27.89 | 107.32 | 43.34 |
| 现金收益 | 元 | 60.93 | 96.62 | 146.90 | 55.72 | 93.00 |
| **附：** | | | | | | |
| 每亩用工数量 | 日 | 88.75 | 67.43 | 43.33 | 53.88 | 58.90 |
| 每亩主产品已出售数量 | 公斤 | 8690.83 | 4861.67 | 9422.33 | 4294.69 | 6255.60 |
| 每亩主产品已出售产值 | 元 | 18354.67 | 13474.00 | 32939.00 | 14003.74 | 17058.38 |
| 每亩成本外支出 | 元 | | | | | |

6-2-4-1 续表 2

| 项　　目 | 单位 | 宁波市 | 合肥市 | 济南市 | 青岛市 | 郑州市 | 武汉市 |
|---|---|---|---|---|---|---|---|
| **每亩** | | | | | | | |
| 主产品产量 | 公斤 | 3077.50 | 4382.24 | 5279.98 | 9270.62 | 7264.09 | 5459.51 |
| 产值合计 | 元 | 21083.00 | 17807.91 | 18904.54 | 29930.87 | 19678.75 | 17008.47 |
| 主产品产值 | 元 | 21083.00 | 17807.91 | 18904.54 | 29930.87 | 19678.75 | 17008.47 |
| 副产品产值 | 元 | | | | | | |
| 总成本 | 元 | 6987.60 | 6775.90 | 8457.48 | 12405.91 | 9049.39 | 5731.35 |
| 生产成本 | 元 | 6392.60 | 6450.90 | 8136.40 | 12105.91 | 8738.87 | 5381.35 |
| 物质与服务费用 | 元 | 2266.25 | 2927.16 | 3192.01 | 4522.46 | 3584.76 | 2477.66 |
| 人工成本 | 元 | 4126.35 | 3523.74 | 4944.39 | 7583.45 | 5154.11 | 2903.69 |
| 家庭用工折价 | 元 | 2466.35 | 582.24 | 4709.30 | 7583.45 | 4022.23 | 2884.94 |
| 雇工费用 | 元 | 1660.00 | 2941.50 | 235.09 | | 1131.88 | 18.75 |
| 土地成本 | 元 | 595.00 | 325.00 | 321.08 | 300.00 | 310.52 | 350.00 |
| 流转地租金 | 元 | 416.50 | 128.16 | | 54.00 | 51.45 | 24.50 |
| 自营地折租 | 元 | 178.50 | 196.84 | 321.08 | 246.00 | 259.07 | 325.50 |
| 净利润 | 元 | 14095.40 | 11032.01 | 10447.06 | 17524.96 | 10629.37 | 11277.12 |
| 现金成本 | 元 | 4342.75 | 5996.82 | 3427.10 | 4576.46 | 4768.09 | 2520.91 |
| 现金收益 | 元 | 16740.25 | 11811.09 | 15477.44 | 25354.41 | 14910.66 | 14487.56 |
| 成本利润率 | % | 201.72 | 162.81 | 123.52 | 141.26 | 117.46 | 196.76 |
| **每 50 公斤主产品** | | | | | | | |
| 平均出售价格 | 元 | 342.53 | 203.18 | 179.02 | 161.43 | 135.45 | 155.77 |
| 总成本 | 元 | 113.53 | 77.31 | 80.09 | 66.91 | 62.29 | 52.49 |
| 生产成本 | 元 | 103.86 | 73.60 | 77.05 | 65.29 | 60.15 | 49.28 |
| 净利润 | 元 | 229.00 | 125.87 | 98.93 | 94.52 | 73.16 | 103.28 |
| 现金成本 | 元 | 70.56 | 68.42 | 32.45 | 24.68 | 32.82 | 23.09 |
| 现金收益 | 元 | 271.97 | 134.76 | 146.57 | 136.75 | 102.63 | 132.68 |
| **附：** | | | | | | | |
| 每亩用工数量 | 日 | 38.50 | 31.85 | 53.95 | 82.25 | 55.64 | 31.42 |
| 每亩主产品已出售数量 | 公斤 | 3077.50 | 4382.24 | 5269.93 | 9235.38 | 7264.09 | 5459.51 |
| 每亩主产品已出售产值 | 元 | 21083.00 | 17807.91 | 18868.35 | 29817.28 | 19678.75 | 17008.47 |
| 每亩成本外支出 | 元 | | | | | | |

6-2-4-1 续表 3

| 项　　目 | 单位 | 成都市 | 西安市 | 兰州市 | 西宁市 | 银川市 | 乌鲁木齐市 |
|---|---|---|---|---|---|---|---|
| **每亩** | | | | | | | |
| 主产品产量 | 公斤 | 7175.07 | 5145.00 | 10691.27 | 5635.58 | 6830.67 | 9078.97 |
| 产值合计 | 元 | 13100.68 | 17233.20 | 24609.70 | 16287.52 | 18219.00 | 13704.79 |
| 主产品产值 | 元 | 13100.68 | 17233.20 | 24609.70 | 16287.52 | 18219.00 | 13704.79 |
| 副产品产值 | 元 | | | | | | |
| 总成本 | 元 | 8622.63 | 7827.63 | 9887.58 | 9513.42 | 8438.60 | 6969.88 |
| 生产成本 | 元 | 8172.63 | 7617.63 | 9587.58 | 8582.97 | 7888.60 | 6669.88 |
| 物质与服务费用 | 元 | 2707.59 | 1933.50 | 3331.88 | 3946.41 | 4046.63 | 1612.20 |
| 人工成本 | 元 | 5465.04 | 5684.13 | 6255.70 | 4636.56 | 3841.97 | 5057.68 |
| 家庭用工折价 | 元 | 5148.45 | 5684.13 | 6218.80 | 2751.25 | 3841.97 | 4966.81 |
| 雇工费用 | 元 | 316.59 | | 36.90 | 1885.31 | | 90.87 |
| 土地成本 | 元 | 450.00 | 210.00 | 300.00 | 930.45 | 550.00 | 300.00 |
| 流转地租金 | 元 | | | | 15.82 | 352.00 | 130.20 |
| 自营地折租 | 元 | 450.00 | 210.00 | 300.00 | 914.63 | 198.00 | 169.80 |
| 净利润 | 元 | 4478.05 | 9405.57 | 14722.12 | 6774.10 | 9780.40 | 6734.91 |
| 现金成本 | 元 | 3024.18 | 1933.50 | 3368.78 | 5847.54 | 4398.63 | 1833.27 |
| 现金收益 | 元 | 10076.50 | 15299.70 | 21240.92 | 10439.98 | 13820.37 | 11871.52 |
| 成本利润率 | % | 51.93 | 120.16 | 148.90 | 71.21 | 115.90 | 96.63 |
| **每 50 公斤主产品** | | | | | | | |
| 平均出售价格 | 元 | 91.29 | 167.48 | 115.09 | 144.51 | 133.36 | 75.48 |
| 总成本 | 元 | 60.09 | 76.07 | 46.24 | 84.41 | 61.77 | 38.39 |
| 生产成本 | 元 | 56.95 | 74.03 | 44.84 | 76.15 | 57.74 | 36.73 |
| 净利润 | 元 | 31.20 | 91.41 | 68.85 | 60.10 | 71.59 | 37.09 |
| 现金成本 | 元 | 21.07 | 18.79 | 15.75 | 51.88 | 32.20 | 10.10 |
| 现金收益 | 元 | 70.22 | 148.69 | 99.34 | 92.63 | 101.16 | 65.38 |
| **附：** | | | | | | | |
| 每亩用工数量 | 日 | 57.88 | 61.65 | 67.79 | 50.79 | 41.67 | 54.40 |
| 每亩主产品已出售数量 | 公斤 | 7175.07 | 5045.00 | 10691.27 | 5635.58 | 6830.67 | 9078.97 |
| 每亩主产品已出售产值 | 元 | 13100.68 | 16897.30 | 24609.70 | 16287.52 | 18219.00 | 13704.79 |
| 每亩成本外支出 | 元 | | | | | | |

# 6-2-4-2 2021年大中城市设施黄瓜费用和用工情况

| 项目 | 单位 | 平均 | 北京市 | 天津市 | 石家庄市 | 太原市 | 呼和浩特市 |
|---|---|---|---|---|---|---|---|
| 一、每亩物质与服务费用 | 元 | **3579.14** | **4281.72** | **1829.38** | **6340.48** | **7900.82** | **8955.16** |
| (一)直接费用 | 元 | 2899.81 | 3336.35 | 1365.37 | 5323.76 | 6723.95 | 7923.63 |
| 1. 种子费 | 元 | 620.81 | 608.30 | 158.04 | 1293.82 | 1664.75 | 1817.00 |
| 2. 化肥费 | 元 | 689.75 | 630.74 | 199.31 | 1823.54 | 1900.27 | 1702.52 |
| 3. 农家肥费 | 元 | 355.80 | 574.13 | 226.28 | 419.60 | 848.96 | 840.47 |
| 4. 农药费 | 元 | 304.50 | 472.48 | 161.70 | 346.11 | 553.21 | 1429.83 |
| 5. 农膜费 | 元 | 479.49 | 669.36 | 454.13 | 904.34 | 731.97 | 518.98 |
| 6. 租赁作业费 | 元 | 254.98 | 212.06 | 100.15 | 259.40 | 711.48 | 450.88 |
| 机械作业费 | 元 | 108.40 | 80.77 | 62.32 | 110.11 | 158.13 | 108.33 |
| 排灌费 | 元 | 146.58 | 131.29 | 37.83 | 149.29 | 553.35 | 342.55 |
| 其中:水费 | 元 | 23.63 | 40.49 | 36.27 | | | 342.55 |
| 畜力费 | 元 | | | | | | |
| 7. 燃料动力费 | 元 | 34.35 | 52.27 | | | | 28.27 |
| 8. 技术服务费 | 元 | 0.12 | 4.92 | | | | |
| 9. 工具材料费 | 元 | 129.69 | 93.51 | 55.06 | 244.36 | 236.96 | 975.58 |
| 10. 修理维护费 | 元 | 30.32 | 18.58 | 10.70 | 32.59 | 76.35 | 160.10 |
| 11. 其他直接费用 | 元 | | | | | | |
| (二)间接费用 | 元 | 679.33 | 945.37 | 464.01 | 1016.72 | 1176.87 | 1031.53 |
| 1. 固定资产折旧 | 元 | 597.45 | 786.63 | 464.01 | 956.52 | 1132.15 | 1031.53 |
| 2. 保险费 | 元 | 7.08 | 2.38 | | | | |
| 3. 管理费 | 元 | 4.78 | 32.10 | | | | |
| 4. 财务费 | 元 | 2.64 | | | | | |
| 5. 销售费 | 元 | 67.38 | 124.26 | | 60.20 | 44.72 | |
| 二、每亩人工成本 | 元 | **5946.87** | **5158.01** | **4612.05** | **9277.87** | **7232.86** | **5766.64** |
| 1. 家庭用工折价 | 元 | 4048.59 | 2134.80 | 4604.84 | 7634.25 | 6742.22 | 4552.84 |
| 家庭用工天数 | 日 | 43.91 | 23.15 | 49.94 | 82.80 | 73.13 | 49.38 |
| 劳动日工价 | 元 | 92.20 | 92.20 | 92.20 | 92.20 | 92.20 | 92.20 |
| 2. 雇工费用 | 元 | 1898.28 | 3023.21 | 7.21 | 1643.62 | 490.64 | 1213.80 |
| 雇工天数 | 日 | 14.44 | 22.84 | 0.05 | 20.27 | 3.75 | 9.30 |
| 雇工工价 | 元 | 131.46 | 132.37 | 144.20 | 81.09 | 130.84 | 130.52 |
| 三、附 | | | | | | | |
| 1. 每亩种子用量 | 公斤 | | | | | | |
| 2. 每亩化肥用量 | 公斤 | 61.15 | 25.50 | 27.56 | 93.14 | 148.42 | 3.75 |
| 3. 每亩农膜用量 | 公斤 | 31.74 | 37.21 | 30.06 | 61.22 | 65.10 | 25.73 |

6-2-4-2 续表 1

| 项　　目 | 单位 | 大连市 | 长春市 | 哈尔滨市 | 上海市 | 杭州市 |
|---|---|---|---|---|---|---|
| **一、每亩物质与服务费用** | 元 | **6064. 60** | **2735. 50** | **3897. 01** | **2768. 32** | **1922. 72** |
| （一）直接费用 | 元 | 5497. 93 | 1796. 17 | 2580. 84 | 2381. 28 | 1270. 69 |
| 1. 种子费 | 元 | 840. 67 | 243. 25 | 626. 33 | 316. 57 | 124. 43 |
| 2. 化肥费 | 元 | 1991. 67 | 195. 86 | 218. 50 | 436. 36 | 476. 03 |
| 3. 农家肥费 | 元 | 610. 00 | 248. 22 | 48. 17 | 389. 59 | 135. 45 |
| 4. 农药费 | 元 | 955. 83 | 207. 15 | 366. 67 | 227. 40 | 122. 60 |
| 5. 农膜费 | 元 | 644. 50 | 425. 23 | 686. 17 | 374. 48 | 221. 79 |
| 6. 租赁作业费 | 元 | 426. 67 | 222. 09 | 205. 50 | 438. 34 | 117. 16 |
| 机械作业费 | 元 | 120. 00 | 153. 60 | 93. 00 | 140. 55 | 88. 80 |
| 排灌费 | 元 | 306. 67 | 68. 49 | 112. 50 | 297. 79 | 28. 36 |
| 其中：水费 | 元 | 306. 67 | | | | 24. 74 |
| 畜力费 | 元 | | | | | |
| 7. 燃料动力费 | 元 | | 224. 08 | 166. 67 | | 35. 65 |
| 8. 技术服务费 | 元 | | | | | |
| 9. 工具材料费 | 元 | 16. 92 | 15. 82 | 135. 83 | 173. 14 | 31. 36 |
| 10. 修理维护费 | 元 | 11. 67 | 14. 47 | 127. 00 | 25. 40 | 6. 22 |
| 11. 其他直接费用 | 元 | | | | | |
| （二）间接费用 | 元 | 566. 67 | 939. 33 | 1316. 17 | 387. 04 | 652. 03 |
| 1. 固定资产折旧 | 元 | 566. 67 | 617. 00 | 1200. 00 | 290. 69 | 610. 50 |
| 2. 保险费 | 元 | | | | | |
| 3. 管理费 | 元 | | | | 23. 97 | 4. 45 |
| 4. 财务费 | 元 | | | | 18. 45 | 3. 00 |
| 5. 销售费 | 元 | | 322. 33 | 116. 17 | 53. 93 | 34. 08 |
| **二、每亩人工成本** | 元 | **8676. 20** | **6500. 81** | **4208. 13** | **7196. 57** | **6453. 60** |
| 1. 家庭用工折价 | 元 | 7022. 87 | 5283. 06 | 2888. 63 | 1612. 02 | 3227. 00 |
| 家庭用工天数 | 日 | 76. 17 | 57. 30 | 31. 33 | 17. 48 | 35. 00 |
| 劳动日工价 | 元 | 92. 20 | 92. 20 | 92. 20 | 92. 20 | 92. 20 |
| 2. 雇工费用 | 元 | 1653. 33 | 1217. 75 | 1319. 50 | 5584. 55 | 3226. 60 |
| 雇工天数 | 日 | 12. 58 | 10. 13 | 12. 00 | 36. 40 | 23. 90 |
| 雇工工价 | 元 | 131. 43 | 120. 21 | 109. 96 | 153. 42 | 135. 00 |
| 三、附 | | | | | | |
| 1. 每亩种子用量 | 公斤 | | | | | |
| 2. 每亩化肥用量 | 公斤 | 156. 58 | 32. 24 | 39. 77 | 47. 11 | 62. 27 |
| 3. 每亩农膜用量 | 公斤 | 35. 17 | 30. 95 | 50. 67 | 18. 40 | 8. 60 |

6-2-4-2 续表 2

| 项目 | 单位 | 宁波市 | 合肥市 | 济南市 | 青岛市 | 郑州市 | 武汉市 |
|---|---|---|---|---|---|---|---|
| **一、每亩物质与服务费用** | 元 | **2266.25** | **2927.16** | **3192.01** | **4522.46** | **3584.76** | **2477.66** |
| (一)直接费用 | 元 | 1801.25 | 1863.40 | 2424.79 | 3978.23 | 2928.09 | 2090.09 |
| 1. 种子费 | 元 | 479.50 | 276.19 | 346.30 | 1665.00 | 762.19 | 231.67 |
| 2. 化肥费 | 元 | 271.34 | 454.71 | 651.50 | 626.50 | 362.00 | 845.03 |
| 3. 农家肥费 | 元 | 312.50 | 229.02 | 304.78 | 464.72 | 391.30 | |
| 4. 农药费 | 元 | 148.00 | 154.02 | 252.76 | 448.92 | 473.49 | 326.81 |
| 5. 农膜费 | 元 | 405.63 | 429.32 | 573.30 | 531.64 | 387.12 | 364.92 |
| 6. 租赁作业费 | 元 | 111.53 | 181.18 | 245.91 | 189.50 | 278.74 | 114.53 |
| 机械作业费 | 元 | 98.25 | 127.19 | 114.67 | 100.00 | 85.88 | 100.00 |
| 排灌费 | 元 | 13.28 | 53.99 | 131.24 | 89.50 | 192.86 | 14.53 |
| 其中:水费 | 元 | 7.35 | | 23.82 | | | |
| 畜力费 | 元 | | | | | | |
| 7. 燃料动力费 | 元 | | | | | 101.65 | 30.92 |
| 8. 技术服务费 | 元 | | | | | | |
| 9. 工具材料费 | 元 | 40.25 | 122.86 | 42.48 | 47.52 | 138.45 | 171.58 |
| 10. 修理维护费 | 元 | 32.50 | 16.10 | 7.76 | 4.43 | 33.15 | 4.63 |
| 11. 其他直接费用 | 元 | | | | | | |
| (二)间接费用 | 元 | 465.00 | 1063.76 | 767.22 | 544.23 | 656.67 | 387.57 |
| 1. 固定资产折旧 | 元 | 465.00 | 497.84 | 693.01 | 544.23 | 627.22 | 280.39 |
| 2. 保险费 | 元 | | 140.00 | | | | |
| 3. 管理费 | 元 | | | | | | |
| 4. 财务费 | 元 | | | | | | |
| 5. 销售费 | 元 | | 425.92 | 74.21 | | 29.45 | 107.18 |
| **二、每亩人工成本** | 元 | **4126.35** | **3523.74** | **4944.39** | **7583.45** | **5154.11** | **2903.69** |
| 1. 家庭用工折价 | 元 | 2466.35 | 582.24 | 4709.30 | 7583.45 | 4022.23 | 2884.94 |
| 家庭用工天数 | 日 | 26.75 | 6.32 | 51.08 | 82.25 | 43.63 | 31.29 |
| 劳动日工价 | 元 | 92.20 | 92.20 | 92.20 | 92.20 | 92.20 | 92.20 |
| 2. 雇工费用 | 元 | 1660.00 | 2941.50 | 235.09 | | 1131.88 | 18.75 |
| 雇工天数 | 日 | 11.75 | 25.53 | 2.87 | | 12.01 | 0.13 |
| 雇工工价 | 元 | 141.28 | 115.22 | 81.91 | 123.00 | 94.25 | 144.23 |
| 三、附 | | | | | | | |
| 1. 每亩种子用量 | 公斤 | | | | | | |
| 2. 每亩化肥用量 | 公斤 | 28.46 | 19.69 | 100.98 | 43.35 | 60.96 | 75.94 |
| 3. 每亩农膜用量 | 公斤 | 27.25 | 28.68 | 41.75 | 36.45 | 31.05 | 25.69 |

6-2-4-2 续表 3

| 项　　目 | 单位 | 成都市 | 西安市 | 兰州市 | 西宁市 | 银川市 | 乌鲁木齐市 |
|---|---|---|---|---|---|---|---|
| **一、每亩物质与服务费用** | **元** | **2707.59** | **1933.50** | **3331.88** | **3946.41** | **4046.63** | **1612.20** |
| (一)直接费用 | 元 | 2381.00 | 1496.75 | 2773.17 | 2940.67 | 3293.55 | 1604.67 |
| 1. 种子费 | 元 | 240.94 | 294.00 | 398.85 | 750.50 | 1312.67 | 198.31 |
| 2. 化肥费 | 元 | 528.51 | 309.00 | 677.16 | 724.00 | 675.09 | 253.70 |
| 3. 农家肥费 | 元 | 284.68 | 316.00 | 344.08 | 429.17 | 268.83 | 235.50 |
| 4. 农药费 | 元 | 288.28 | 200.00 | 238.38 | 395.17 | 258.00 | 185.37 |
| 5. 农膜费 | 元 | 627.20 | | 437.25 | 292.50 | 536.50 | 348.55 |
| 6. 租赁作业费 | 元 | 159.33 | 258.50 | 259.66 | 185.33 | 165.00 | 84.61 |
| 机械作业费 | 元 | 150.00 | 146.00 | 94.49 | 88.33 | 100.00 | |
| 排灌费 | 元 | 9.33 | 112.50 | 165.17 | 97.00 | 65.00 | 84.61 |
| 其中:水费 | 元 | 9.33 | | | 97.00 | 65.00 | 25.38 |
| 畜力费 | 元 | | | | | | |
| 7. 燃料动力费 | 元 | | | | 63.33 | | 273.28 |
| 8. 技术服务费 | 元 | | | | | | |
| 9. 工具材料费 | 元 | 214.64 | 82.65 | 392.36 | 5.75 | 72.83 | 25.35 |
| 10. 修理维护费 | 元 | 37.42 | 36.60 | 25.43 | 94.92 | 4.63 | |
| 11. 其他直接费用 | 元 | | | | | | |
| (二)间接费用 | 元 | 326.59 | 436.75 | 558.71 | 1005.74 | 753.08 | 7.53 |
| 1. 固定资产折旧 | 元 | 326.59 | 251.75 | 464.54 | 871.91 | 710.50 | |
| 2. 保险费 | 元 | | | | | | |
| 3. 管理费 | 元 | | | | 25.83 | | 7.53 |
| 4. 财务费 | 元 | | | | | | |
| 5. 销售费 | 元 | | 185.00 | 94.17 | 108.00 | 42.58 | |
| **二、每亩人工成本** | **元** | **5465.04** | **5684.13** | **6255.70** | **4636.56** | **3841.97** | **5057.68** |
| 1. 家庭用工折价 | 元 | 5148.45 | 5684.13 | 6218.80 | 2751.25 | 3841.97 | 4966.81 |
| 家庭用工天数 | 日 | 55.84 | 61.65 | 67.45 | 29.84 | 41.67 | 53.87 |
| 劳动日工价 | 元 | 92.20 | 92.20 | 92.20 | 92.20 | 92.20 | 92.20 |
| 2. 雇工费用 | 元 | 316.59 | | 36.90 | 1885.31 | | 90.87 |
| 雇工天数 | 日 | 2.04 | | 0.34 | 20.95 | | 0.53 |
| 雇工工价 | 元 | 155.19 | 125.00 | 108.53 | 89.99 | 120.00 | 171.45 |
| 三、附 | | | | | | | |
| 1. 每亩种子用量 | 公斤 | | | | | | |
| 2. 每亩化肥用量 | 公斤 | 84.43 | 63.51 | 88.47 | 53.41 | 60.46 | 49.61 |
| 3. 每亩农膜用量 | 公斤 | 44.80 | | 26.57 | 17.92 | 24.25 | 22.83 |

# 6-2-4-3　2021年大中城市设施黄瓜化肥投入情况

| 项　　目 | 单位 | 平　均 | 北京市 | 天津市 | 石家庄市 | 太原市 | 呼和浩特市 |
|---|---|---|---|---|---|---|---|
| **一、每亩化肥金额** | **元** | **689.75** | **630.74** | **199.31** | **1823.54** | **1900.27** | **1702.52** |
| （一）氮肥 | 元 | 78.32 | 34.46 | 7.57 | 180.74 | 47.88 | |
| 1. 尿素 | 元 | 76.65 | 34.46 | 7.57 | 180.74 | 47.88 | |
| 2. 碳铵 | 元 | 0.90 | | | | | |
| 3. 其他氮肥 | 元 | 0.77 | | | | | |
| （二）磷肥 | 元 | 6.06 | | | | | |
| 其中：过磷酸钙 | 元 | 6.06 | | | | | |
| （三）钾肥 | 元 | 23.23 | | | | | |
| 其中：氯化钾 | 元 | 9.35 | | | | | |
| （四）复混肥 | 元 | 388.89 | 186.54 | 191.74 | 508.09 | 1500.83 | 30.00 |
| 1. 复合肥 | 元 | 388.89 | 186.54 | 191.74 | 508.09 | 1500.83 | 30.00 |
| 其中：二铵 | 元 | 34.38 | | 6.06 | 10.82 | 15.44 | |
| 三元素复合肥 | 元 | 167.63 | 157.26 | 185.68 | 62.16 | 58.09 | 30.00 |
| 2. 混配肥 | 元 | | | | | | |
| （五）其他肥料 | 元 | 193.25 | 409.74 | | 1134.71 | 351.56 | 1672.52 |
| **二、每亩化肥折纯用量** | **公斤** | **61.15** | **25.50** | **27.56** | **93.14** | **148.42** | **3.75** |
| （一）氮肥 | 公斤 | 14.12 | 4.62 | 1.49 | 41.57 | 9.28 | |
| 1. 尿素 | 公斤 | 13.74 | 4.62 | 1.49 | 41.57 | 9.28 | |
| 2. 碳铵 | 公斤 | 0.17 | | | | | |
| 3. 其他氮肥 | 公斤 | 0.21 | | | | | |
| （二）磷肥 | 公斤 | 1.04 | | | | | |
| 其中：过磷酸钙 | 公斤 | 1.04 | | | | | |
| （三）钾肥 | 公斤 | 3.03 | | | | | |
| 其中：氯化钾 | 公斤 | 1.83 | | | | | |
| （四）复混肥 | 公斤 | 42.96 | 20.88 | 26.06 | 51.57 | 139.16 | 3.75 |
| 1. 复合肥 | 公斤 | 42.96 | 20.88 | 26.06 | 51.57 | 139.16 | 3.75 |
| 其中：二铵 | 公斤 | 6.33 | | 1.15 | 2.10 | 2.76 | |
| 三元素复合肥 | 公斤 | 19.06 | 18.49 | 24.91 | 8.70 | 8.28 | 3.75 |
| 2. 混配肥 | 公斤 | | | | | | |

6-2-4-3 续表 1

| 项　　目 | 单位 | 大连市 | 长春市 | 哈尔滨市 | 上海市 | 杭州市 |
|---|---|---|---|---|---|---|
| **一、每亩化肥金额** | 元 | **1991.67** | **195.86** | **218.50** | **436.36** | **476.03** |
| (一)氮肥 | 元 | | 22.21 | 111.00 | 76.25 | 157.68 |
| 1. 尿素 | 元 | | | 111.00 | 76.25 | 157.68 |
| 2. 碳铵 | 元 | | | | | |
| 3. 其他氮肥 | 元 | | 22.21 | | | |
| (二)磷肥 | 元 | | | | | |
| 其中:过磷酸钙 | 元 | | | | | |
| (三)钾肥 | 元 | 600.00 | 22.77 | 48.17 | | |
| 其中:氯化钾 | 元 | | | | | |
| (四)复混肥 | 元 | 750.00 | 150.88 | 59.33 | 360.11 | 318.35 |
| 1. 复合肥 | 元 | 750.00 | 150.88 | 59.33 | 360.11 | 318.35 |
| 其中:二铵 | 元 | 316.67 | 50.42 | 51.83 | | |
| 三元素复合肥 | 元 | 155.00 | 100.46 | 7.50 | 360.11 | 257.23 |
| 2. 混配肥 | 元 | | | | | |
| (五)其他肥料 | 元 | 641.67 | | | | |
| **二、每亩化肥折纯用量** | 公斤 | **156.58** | **32.24** | **39.77** | **47.11** | **62.27** |
| (一)氮肥 | 公斤 | | 6.08 | 24.35 | 12.83 | 25.64 |
| 1. 尿素 | 公斤 | | | 24.35 | 12.83 | 25.64 |
| 2. 碳铵 | 公斤 | | | | | |
| 3. 其他氮肥 | 公斤 | | 6.08 | | | |
| (二)磷肥 | 公斤 | | | | | |
| 其中:过磷酸钙 | 公斤 | | | | | |
| (三)钾肥 | 公斤 | 50.00 | 3.29 | 3.98 | | |
| 其中:氯化钾 | 公斤 | | | | | |
| (四)复混肥 | 公斤 | 106.59 | 22.86 | 11.44 | 34.27 | 36.63 |
| 1. 复合肥 | 公斤 | 106.59 | 22.86 | 11.44 | 34.27 | 36.63 |
| 其中:二铵 | 公斤 | 50.67 | 9.89 | 10.39 | | |
| 三元素复合肥 | 公斤 | 22.50 | 12.97 | 1.05 | 34.27 | 30.94 |
| 2. 混配肥 | 公斤 | | | | | |

6-2-4-3 续表 2

| 项目 | 单位 | 宁波市 | 合肥市 | 济南市 | 青岛市 | 郑州市 | 武汉市 |
|---|---|---|---|---|---|---|---|
| **一、每亩化肥金额** | **元** | **271.34** | **454.71** | **651.50** | **626.50** | **362.00** | **845.03** |
| (一)氮肥 | 元 | 89.93 | | | | 141.15 | |
| 1. 尿素 | 元 | 89.93 | | | | 123.09 | |
| 2. 碳铵 | 元 | | | | | 18.06 | |
| 3. 其他氮肥 | 元 | | | | | | |
| (二)磷肥 | 元 | | | | | 20.98 | |
| 其中:过磷酸钙 | 元 | | | | | 20.98 | |
| (三)钾肥 | 元 | 1.73 | | 95.48 | | | |
| 其中:氯化钾 | 元 | | | 95.48 | | | |
| (四)复混肥 | 元 | 179.68 | 168.19 | 556.02 | 425.67 | 199.87 | 732.08 |
| 1. 复合肥 | 元 | 179.68 | 168.19 | 556.02 | 425.67 | 199.87 | 732.08 |
| 其中:二铵 | 元 | | | 181.42 | | | |
| 三元素复合肥 | 元 | 179.68 | 133.74 | 374.60 | | 184.41 | 77.50 |
| 2. 混配肥 | 元 | | | | | | |
| (五)其他肥料 | 元 | | 286.52 | | 200.83 | | 112.95 |
| **二、每亩化肥折纯用量** | **公斤** | **28.46** | **19.69** | **100.98** | **43.35** | **60.96** | **75.94** |
| (一)氮肥 | 公斤 | 11.85 | | | | 29.03 | |
| 1. 尿素 | 公斤 | 11.85 | | | | 25.15 | |
| 2. 碳铵 | 公斤 | | | | | 3.88 | |
| 3. 其他氮肥 | 公斤 | | | | | | |
| (二)磷肥 | 公斤 | | | | | 4.70 | |
| 其中:过磷酸钙 | 公斤 | | | | | 4.70 | |
| (三)钾肥 | 公斤 | 0.08 | | 20.84 | | | |
| 其中:氯化钾 | 公斤 | | | 20.84 | | | |
| (四)复混肥 | 公斤 | 16.54 | 19.69 | 80.14 | 43.35 | 27.24 | 75.94 |
| 1. 复合肥 | 公斤 | 16.54 | 19.69 | 80.14 | 43.35 | 27.24 | 75.94 |
| 其中:二铵 | 公斤 | | | 34.06 | | | |
| 三元素复合肥 | 公斤 | 16.54 | 15.75 | 46.08 | | 25.52 | 11.25 |
| 2. 混配肥 | 公斤 | | | | | | |

6-2-4-3 续表 3

| 项　　目 | 单位 | 成都市 | 西安市 | 兰州市 | 西宁市 | 银川市 | 乌鲁木齐市 |
|---|---|---|---|---|---|---|---|
| **一、每亩化肥金额** | 元 | **528.51** | **309.00** | **677.16** | **724.00** | **675.09** | **253.70** |
| (一)氮肥 | 元 | 115.04 | 149.00 | 130.73 | 35.83 | 36.08 | 101.57 |
| 1. 尿素 | 元 | 115.04 | 149.00 | 130.73 | | 36.08 | 101.57 |
| 2. 碳铵 | 元 | | | | 35.83 | | |
| 3. 其他氮肥 | 元 | | | | | | |
| (二)磷肥 | 元 | 132.62 | | 23.66 | 12.00 | | |
| 其中:过磷酸钙 | 元 | 132.62 | | 23.66 | 12.00 | | |
| (三)钾肥 | 元 | 126.12 | | | | | |
| 其中:氯化钾 | 元 | 126.12 | | | | | |
| (四)复混肥 | 元 | 154.73 | 160.00 | 375.72 | 247.00 | 319.34 | 152.13 |
| 1. 复合肥 | 元 | 154.73 | 160.00 | 375.72 | 247.00 | 319.34 | 152.13 |
| 其中:二铵 | 元 | | 160.00 | 194.65 | 220.33 | 162.67 | 152.13 |
| 三元素复合肥 | 元 | 154.73 | | 61.41 | | 156.67 | |
| 2. 混配肥 | 元 | | | | | | |
| (五)其他肥料 | 元 | | | 147.05 | 429.17 | 319.67 | |
| **二、每亩化肥折纯用量** | 公斤 | **84.43** | **63.51** | **88.47** | **53.41** | **60.46** | **49.61** |
| (一)氮肥 | 公斤 | 20.35 | 28.31 | 25.07 | 4.93 | 7.44 | 21.24 |
| 1. 尿素 | 公斤 | 20.35 | 28.31 | 25.07 | | 7.44 | 21.24 |
| 2. 碳铵 | 公斤 | | | | 4.93 | | |
| 3. 其他氮肥 | 公斤 | | | | | | |
| (二)磷肥 | 公斤 | 21.80 | | 4.37 | 1.13 | | |
| 其中:过磷酸钙 | 公斤 | 21.80 | | 4.37 | 1.13 | | |
| (三)钾肥 | 公斤 | 21.68 | | | | | |
| 其中:氯化钾 | 公斤 | 21.68 | | | | | |
| (四)复混肥 | 公斤 | 20.60 | 35.20 | 59.03 | 47.35 | 53.02 | 28.37 |
| 1. 复合肥 | 公斤 | 20.60 | 35.20 | 59.03 | 47.35 | 53.02 | 28.37 |
| 其中:二铵 | 公斤 | | 35.20 | 35.48 | 42.35 | 31.68 | 28.37 |
| 三元素复合肥 | 公斤 | 20.60 | | 8.06 | | 21.34 | |
| 2. 混配肥 | 公斤 | | | | | | |

# 6-2-5-1 2021年大中城市露地茄子成本收益情况

| 项目 | 单位 | 平均 | 北京市 | 石家庄市 | 太原市 | 呼和浩特市 | 长春市 |
|---|---|---|---|---|---|---|---|
| **每亩** | | | | | | | |
| 主产品产量 | 公斤 | 3660.23 | 5288.80 | 5929.17 | 3538.33 | 3700.83 | 2053.33 |
| 产值合计 | 元 | 9372.93 | 11513.80 | 11845.61 | 8441.75 | 7208.04 | 7692.67 |
| 主产品产值 | 元 | 9372.93 | 11513.80 | 11845.61 | 8441.75 | 7208.04 | 7692.67 |
| 副产品产值 | 元 | | | | | | |
| 总成本 | 元 | 5569.05 | 5647.88 | 4483.39 | 4558.84 | 3866.49 | 6445.90 |
| 生产成本 | 元 | 5009.92 | 5027.88 | 3657.31 | 3708.84 | 3566.49 | 5745.90 |
| 物质与服务费用 | 元 | 1692.16 | 1579.60 | 760.61 | 1215.31 | 1199.72 | 1098.57 |
| 人工成本 | 元 | 3317.76 | 3448.28 | 2896.70 | 2493.53 | 2366.77 | 4647.33 |
| 家庭用工折价 | 元 | 2964.23 | 3448.28 | 2606.03 | 1689.10 | 2366.77 | 3681.55 |
| 雇工费用 | 元 | 353.53 | | 290.67 | 804.43 | | 965.78 |
| 土地成本 | 元 | 559.13 | 620.00 | 826.08 | 850.00 | 300.00 | 700.00 |
| 流转地租金 | 元 | 105.36 | 420.78 | 118.43 | | 30.00 | 126.00 |
| 自营地折租 | 元 | 453.77 | 199.22 | 707.65 | 850.00 | 270.00 | 574.00 |
| 净利润 | 元 | 3803.88 | 5865.92 | 7362.22 | 3882.91 | 3341.55 | 1246.77 |
| 现金成本 | 元 | 2151.05 | 2000.38 | 1169.71 | 2019.74 | 1229.72 | 2190.35 |
| 现金收益 | 元 | 7221.88 | 9513.42 | 10675.90 | 6422.01 | 5978.32 | 5502.32 |
| 成本利润率 | % | 68.30 | 103.86 | 164.21 | 85.17 | 86.42 | 19.34 |
| **每50公斤主产品** | | | | | | | |
| 平均出售价格 | 元 | 128.04 | 108.85 | 99.89 | 119.29 | 97.38 | 187.32 |
| 总成本 | 元 | 76.08 | 53.39 | 37.81 | 64.42 | 52.24 | 156.96 |
| 生产成本 | 元 | 68.44 | 47.53 | 30.84 | 52.41 | 48.18 | 139.92 |
| 净利润 | 元 | 51.96 | 55.46 | 62.08 | 54.87 | 45.14 | 30.36 |
| 现金成本 | 元 | 29.38 | 18.91 | 9.86 | 28.54 | 16.61 | 53.34 |
| 现金收益 | 元 | 98.66 | 89.94 | 90.03 | 90.75 | 80.77 | 133.98 |
| **附:** | | | | | | | |
| 每亩用工数量 | 日 | 35.44 | 37.40 | 32.41 | 24.14 | 25.67 | 47.86 |
| 每亩主产品已出售数量 | 公斤 | 3654.28 | 5288.80 | 5913.12 | 3522.39 | 3700.83 | 2053.33 |
| 每亩主产品已出售产值 | 元 | 9361.14 | 11513.80 | 11813.52 | 8403.77 | 7208.04 | 7692.67 |
| 每亩成本外支出 | 元 | | | | | | |

6-2-5-1　续表 1

| 项　　目 | 单位 | 哈尔滨市 | 合肥市 | 福州市 | 厦门市 | 济南市 | 郑州市 |
|---|---|---|---|---|---|---|---|
| **每亩** | | | | | | | |
| 主产品产量 | 公斤 | 4316.67 | 2041.08 | 2809.67 | 3000.00 | 3494.97 | 3350.00 |
| 产值合计 | 元 | 15108.33 | 7936.73 | 11689.83 | 9840.00 | 5863.26 | 8542.50 |
| 主产品产值 | 元 | 15108.33 | 7936.73 | 11689.83 | 9840.00 | 5863.26 | 8542.50 |
| 副产品产值 | 元 | | | | | | |
| 总成本 | 元 | 3801.99 | 4690.69 | 9422.65 | 4742.60 | 3319.26 | 3954.69 |
| 生产成本 | 元 | 3201.99 | 4365.69 | 9089.32 | 3692.60 | 3037.18 | 3604.69 |
| 物质与服务费用 | 元 | 1288.84 | 1507.43 | 2520.07 | 1925.00 | 833.88 | 1115.29 |
| 人工成本 | 元 | 1913.15 | 2858.26 | 6569.25 | 1767.60 | 2203.30 | 2489.40 |
| 家庭用工折价 | 元 | 1913.15 | 175.55 | 6569.25 | 737.60 | 2203.30 | 2489.40 |
| 雇工费用 | 元 | | 2682.71 | | 1030.00 | | |
| 土地成本 | 元 | 600.00 | 325.00 | 333.33 | 1050.00 | 282.08 | 350.00 |
| 流转地租金 | 元 | 60.00 | 123.38 | 100.00 | 220.50 | | 63.00 |
| 自营地折租 | 元 | 540.00 | 201.62 | 233.33 | 829.50 | 282.08 | 287.00 |
| 净利润 | 元 | 11306.34 | 3246.04 | 2267.18 | 5097.40 | 2544.00 | 4587.81 |
| 现金成本 | 元 | 1348.84 | 4313.52 | 2620.07 | 3175.50 | 833.88 | 1178.29 |
| 现金收益 | 元 | 13759.49 | 3623.21 | 9069.76 | 6664.50 | 5029.38 | 7364.21 |
| 成本利润率 | % | 297.38 | 69.20 | 24.06 | 107.48 | 76.64 | 116.01 |
| **每 50 公斤主产品** | | | | | | | |
| 平均出售价格 | 元 | 175.00 | 194.42 | 208.03 | 164.00 | 83.88 | 127.50 |
| 总成本 | 元 | 44.04 | 114.90 | 167.68 | 79.04 | 47.49 | 59.03 |
| 生产成本 | 元 | 37.09 | 106.94 | 161.75 | 61.54 | 43.45 | 53.80 |
| 净利润 | 元 | 130.96 | 79.52 | 40.35 | 84.96 | 36.39 | 68.47 |
| 现金成本 | 元 | 15.62 | 105.66 | 46.63 | 52.92 | 11.93 | 17.59 |
| 现金收益 | 元 | 159.38 | 88.76 | 161.40 | 111.08 | 71.95 | 109.91 |
| **附：** | | | | | | | |
| 每亩用工数量 | 日 | 20.75 | 25.15 | 71.25 | 17.50 | 23.90 | 27.00 |
| 每亩主产品已出售数量 | 公斤 | 4316.67 | 2041.08 | 2809.67 | 3000.00 | 3482.87 | 3350.00 |
| 每亩主产品已出售产值 | 元 | 15108.33 | 7936.73 | 11689.83 | 9840.00 | 5843.59 | 8542.50 |
| 每亩成本外支出 | 元 | | | | | | |

6-2-5-1 续表 2

| 项　　目 | 单位 | 武汉市 | 广州市 | 南宁市 | 海口市 | 重庆市 |
|---|---|---|---|---|---|---|
| **每亩** | | | | | | |
| 主产品产量 | 公斤 | 3567.19 | 1498.14 | 4141.00 | 3162.57 | 3141.69 |
| 产值合计 | 元 | 11835.74 | 8987.86 | 10127.31 | 5342.02 | 9200.65 |
| 主产品产值 | 元 | 11835.74 | 8987.86 | 10127.31 | 5342.02 | 9200.65 |
| 副产品产值 | 元 | | | | | |
| 总成本 | 元 | 4801.16 | 4042.20 | 6045.79 | 5991.85 | 4827.53 |
| 生产成本 | 元 | 4461.16 | 3235.06 | 5745.79 | 5784.71 | 4587.79 |
| 物质与服务费用 | 元 | 1858.23 | 1516.45 | 2111.27 | 2096.71 | 1197.60 |
| 人工成本 | 元 | 2602.93 | 1718.61 | 3634.52 | 3688.00 | 3390.19 |
| 家庭用工折价 | 元 | 2575.15 | 1718.61 | 3634.52 | 3688.00 | 3390.19 |
| 雇工费用 | 元 | 27.78 | | | | |
| 土地成本 | 元 | 340.00 | 807.14 | 300.00 | 207.14 | 239.74 |
| 流转地租金 | 元 | 23.80 | 363.21 | 24.00 | | 35.96 |
| 自营地折租 | 元 | 316.20 | 443.93 | 276.00 | 207.14 | 203.78 |
| 净利润 | 元 | 7034.58 | 4945.66 | 4081.52 | -649.83 | 4373.12 |
| 现金成本 | 元 | 1909.81 | 1879.66 | 2135.27 | 2096.71 | 1233.56 |
| 现金收益 | 元 | 9925.93 | 7108.20 | 7992.04 | 3245.31 | 7967.09 |
| 成本利润率 | % | 146.52 | 122.35 | 67.51 | -10.85 | 90.59 |
| **每 50 公斤主产品** | | | | | | |
| 平均出售价格 | 元 | 165.90 | 299.97 | 122.28 | 84.46 | 146.43 |
| 总成本 | 元 | 67.30 | 134.91 | 73.00 | 94.73 | 76.83 |
| 生产成本 | 元 | 62.53 | 107.97 | 69.38 | 91.46 | 73.02 |
| 净利润 | 元 | 98.60 | 165.06 | 49.28 | -10.27 | 69.60 |
| 现金成本 | 元 | 26.77 | 62.73 | 25.78 | 33.15 | 19.63 |
| 现金收益 | 元 | 139.13 | 237.24 | 96.50 | 51.31 | 126.80 |
| **附：** | | | | | | |
| 每亩用工数量 | 日 | 28.12 | 18.64 | 39.42 | 40.00 | 36.77 |
| 每亩主产品已出售数量 | 公斤 | 3567.19 | 1498.14 | 4141.00 | 3150.86 | 3141.69 |
| 每亩主产品已出售产值 | 元 | 11835.74 | 8987.86 | 10127.31 | 5322.05 | 9200.65 |
| 每亩成本外支出 | 元 | | | | | |

6-2-5-1　续表 3

| 项　　目 | 单位 | 成都市 | 西安市 | 兰州市 | 银川市 | 乌鲁木齐市 |
|---|---|---|---|---|---|---|
| **每亩** | | | | | | |
| 主产品产量 | 公斤 | 3114.02 | 4865.00 | 4263.10 | 5112.33 | 4676.11 |
| 产值合计 | 元 | 4155.01 | 10506.30 | 7169.44 | 9293.67 | 3669.23 |
| 主产品产值 | 元 | 4155.01 | 10506.30 | 7169.44 | 9293.67 | 3669.23 |
| 副产品产值 | 元 | | | | | |
| 总成本 | 元 | 3692.67 | 4317.03 | 4490.10 | 4875.53 | 3466.00 |
| 生产成本 | 元 | 3292.67 | 4107.03 | 3990.10 | 4325.53 | 3166.00 |
| 物质与服务费用 | 元 | 1569.45 | 1235.00 | 1210.27 | 1941.81 | 1079.43 |
| 人工成本 | 元 | 1723.22 | 2872.03 | 2779.83 | 2383.72 | 2086.57 |
| 家庭用工折价 | 元 | 1723.22 | 2872.03 | 2779.83 | 2343.72 | 1627.33 |
| 雇工费用 | 元 | | | | 40.00 | 459.24 |
| 土地成本 | 元 | 400.00 | 210.00 | 500.00 | 550.00 | 300.00 |
| 流转地租金 | 元 | 35.20 | | | 352.00 | 130.20 |
| 自营地折租 | 元 | 364.80 | 210.00 | 500.00 | 198.00 | 169.80 |
| 净利润 | 元 | 462.34 | 6189.27 | 2679.34 | 4418.14 | 203.23 |
| 现金成本 | 元 | 1604.65 | 1235.00 | 1210.27 | 2333.81 | 1668.87 |
| 现金收益 | 元 | 2550.36 | 9271.30 | 5959.17 | 6959.86 | 2000.36 |
| 成本利润率 | % | 12.52 | 143.37 | 59.67 | 90.62 | 5.86 |
| **每 50 公斤主产品** | | | | | | |
| 平均出售价格 | 元 | 66.71 | 107.98 | 84.09 | 90.89 | 39.23 |
| 总成本 | 元 | 59.29 | 44.37 | 52.66 | 47.68 | 37.06 |
| 生产成本 | 元 | 52.86 | 42.21 | 46.80 | 42.30 | 33.85 |
| 净利润 | 元 | 7.42 | 63.61 | 31.43 | 43.21 | 2.17 |
| 现金成本 | 元 | 25.76 | 12.69 | 14.20 | 22.82 | 17.84 |
| 现金收益 | 元 | 40.95 | 95.29 | 69.89 | 68.07 | 21.39 |
| **附：** | | | | | | |
| 每亩用工数量 | 日 | 18.69 | 31.15 | 30.15 | 25.75 | 20.33 |
| 每亩主产品已出售数量 | 公斤 | 3114.02 | 4720.00 | 4263.10 | 5112.33 | 4676.11 |
| 每亩主产品已出售产值 | 元 | 4155.01 | 10193.20 | 7169.44 | 9293.67 | 3669.23 |
| 每亩成本外支出 | 元 | | | | | |

# 6-2-5-2 2021年大中城市露地茄子费用和用工情况

| 项 目 | 单位 | 平 均 | 北京市 | 石家庄市 | 太原市 | 呼和浩特市 | 长春市 |
| --- | --- | --- | --- | --- | --- | --- | --- |
| 一、每亩物质与服务费用 | 元 | **1692.16** | **1579.60** | **760.61** | **1215.31** | **1199.72** | **1098.57** |
| (一)直接费用 | 元 | 1598.39 | 1503.60 | 746.46 | 1113.07 | 979.22 | 914.80 |
| 1. 种子费 | 元 | 190.00 | 78.00 | 134.63 | 196.85 | 220.33 | 157.88 |
| 2. 化肥费 | 元 | 467.70 | 516.40 | 156.68 | 101.58 | 219.79 | 136.58 |
| 3. 农家肥费 | 元 | 222.03 | 360.00 | 145.42 | 453.33 | 235.83 | 209.17 |
| 4. 农药费 | 元 | 276.23 | 327.00 | 104.64 | 91.00 | 103.83 | 84.82 |
| 5. 农膜费 | 元 | 120.44 | 54.60 | 6.85 | 67.14 | 46.11 | 65.38 |
| 6. 租赁作业费 | 元 | 194.08 | 109.00 | 188.39 | 180.04 | 146.00 | 175.14 |
| 机械作业费 | 元 | 112.33 | 58.00 | 86.85 | 68.87 | 100.00 | 157.62 |
| 排灌费 | 元 | 68.17 | 51.00 | 101.54 | 111.17 | 46.00 | 17.52 |
| 其中:水费 | 元 | 19.86 | 8.40 | | | | |
| 畜力费 | 元 | 13.58 | | | | | |
| 7. 燃料动力费 | 元 | 16.46 | | | | | 51.33 |
| 8. 技术服务费 | 元 | 4.04 | | | | | |
| 9. 工具材料费 | 元 | 81.27 | 49.20 | 5.22 | 18.26 | 7.33 | 18.54 |
| 10. 修理维护费 | 元 | 26.14 | 9.40 | 4.63 | 4.87 | | 15.96 |
| 11. 其他直接费用 | 元 | | | | | | |
| (二)间接费用 | 元 | 93.77 | 76.00 | 14.15 | 102.24 | 220.50 | 183.77 |
| 1. 固定资产折旧 | 元 | 45.32 | | 7.19 | 15.81 | | 17.84 |
| 2. 保险费 | 元 | | | | | | |
| 3. 管理费 | 元 | 0.24 | | | | | |
| 4. 财务费 | 元 | | | | | | |
| 5. 销售费 | 元 | 48.21 | 76.00 | 6.96 | 86.43 | 220.50 | 165.93 |
| 二、每亩人工成本 | 元 | **3317.76** | **3448.28** | **2896.70** | **2493.53** | **2366.77** | **4647.33** |
| 1. 家庭用工折价 | 元 | 2964.23 | 3448.28 | 2606.03 | 1689.10 | 2366.77 | 3681.55 |
| 家庭用工天数 | 日 | 32.15 | 37.40 | 28.27 | 18.32 | 25.67 | 39.93 |
| 劳动日工价 | 元 | 92.20 | 92.20 | 92.20 | 92.20 | 92.20 | 92.20 |
| 2. 雇工费用 | 元 | 353.53 | | 290.67 | 804.43 | | 965.78 |
| 雇工天数 | 日 | 3.29 | | 4.14 | 5.82 | | 7.93 |
| 雇工工价 | 元 | 107.46 | 140.00 | 70.21 | 138.22 | 130.00 | 121.79 |
| 三、附 | | | | | | | |
| 1. 每亩种子用量 | 公斤 | | | | | | |
| 2. 每亩化肥用量 | 公斤 | 45.37 | 16.05 | 22.28 | 18.32 | 45.26 | 23.89 |
| 3. 每亩农膜用量 | 公斤 | 9.73 | 6.40 | 0.65 | 5.40 | 4.43 | 4.95 |

6-2-5-2 续表 1

| 项　　目 | 单位 | 哈尔滨市 | 合肥市 | 福州市 | 厦门市 | 济南市 | 郑州市 |
|---|---|---|---|---|---|---|---|
| **一、每亩物质与服务费用** | 元 | **1288.84** | **1507.43** | **2520.07** | **1925.00** | **833.88** | **1115.29** |
| （一）直接费用 | 元 | 1038.84 | 1306.41 | 2315.72 | 1890.00 | 782.97 | 1066.09 |
| 1. 种子费 | 元 | 85.83 | 251.03 | 153.08 | 200.00 | 69.45 | 157.30 |
| 2. 化肥费 | 元 | 12.50 | 335.37 | 248.13 | 710.00 | 295.96 | 323.79 |
| 3. 农家肥费 | 元 | 436.67 | 252.26 | 455.17 | 200.00 | 122.98 | 249.50 |
| 4. 农药费 | 元 | 87.17 | 128.81 | 544.33 | 150.00 | 84.01 | 110.00 |
| 5. 农膜费 | 元 | 60.00 | 67.07 | 495.67 | 45.00 | 60.90 | 55.00 |
| 6. 租赁作业费 | 元 | 95.00 | 166.64 | 200.00 | 310.00 | 136.61 | 119.00 |
| 机械作业费 | 元 | 50.00 | 110.77 | 200.00 | 85.00 | 76.25 | 73.00 |
| 排灌费 | 元 | 45.00 | 55.87 | | 150.00 | 60.36 | 46.00 |
| 其中：水费 | 元 | 45.00 | | | | 23.73 | |
| 畜力费 | 元 | | | | 75.00 | | |
| 7. 燃料动力费 | 元 | 210.00 | | | | | |
| 8. 技术服务费 | 元 | | | | 25.00 | | |
| 9. 工具材料费 | 元 | 51.67 | 88.91 | 129.17 | 200.00 | 9.11 | 48.00 |
| 10. 修理维护费 | 元 | | 16.32 | 90.17 | 50.00 | 3.95 | 3.50 |
| 11. 其他直接费用 | 元 | | | | | | |
| （二）间接费用 | 元 | 250.00 | 201.02 | 204.35 | 35.00 | 50.91 | 49.20 |
| 1. 固定资产折旧 | 元 | | | 204.35 | 35.00 | 6.44 | 14.20 |
| 2. 保险费 | 元 | | | | | | |
| 3. 管理费 | 元 | | | | | | |
| 4. 财务费 | 元 | | | | | | |
| 5. 销售费 | 元 | 250.00 | 201.02 | | | 44.47 | 35.00 |
| **二、每亩人工成本** | 元 | **1913.15** | **2858.26** | **6569.25** | **1767.60** | **2203.30** | **2489.40** |
| 1. 家庭用工折价 | 元 | 1913.15 | 175.55 | 6569.25 | 737.60 | 2203.30 | 2489.40 |
| 家庭用工天数 | 日 | 20.75 | 1.90 | 71.25 | 8.00 | 23.90 | 27.00 |
| 劳动日工价 | 元 | 92.20 | 92.20 | 92.20 | 92.20 | 92.20 | 92.20 |
| 2. 雇工费用 | 元 | | 2682.71 | | 1030.00 | | |
| 雇工天数 | 日 | | 23.25 | | 9.50 | | |
| 雇工工价 | 元 | 120.00 | 115.39 | 220.00 | 108.42 | 90.87 | 95.00 |
| **三、附** | | | | | | | |
| 1. 每亩种子用量 | 公斤 | | | | | | |
| 2. 每亩化肥用量 | 公斤 | 1.65 | 16.24 | 23.44 | 75.66 | 46.88 | 60.71 |
| 3. 每亩农膜用量 | 公斤 | 5.00 | 4.47 | 38.40 | 4.50 | 4.90 | 4.23 |

6-2-5-2 续表 2

| 项　　目 | 单位 | 武汉市 | 广州市 | 南宁市 | 海口市 | 重庆市 |
|---|---|---|---|---|---|---|
| **一、每亩物质与服务费用** | 元 | **1858.23** | **1516.45** | **2111.27** | **2096.71** | **1197.60** |
| (一)直接费用 | 元 | 1741.22 | 1349.59 | 2020.26 | 2057.39 | 1171.31 |
| 1. 种子费 | 元 | 193.77 | 28.86 | 408.38 | 134.29 | 318.14 |
| 2. 化肥费 | 元 | 779.87 | 762.87 | 1116.39 | 965.79 | 356.06 |
| 3. 农家肥费 | 元 |  |  | 32.70 | 100.00 | 19.91 |
| 4. 农药费 | 元 | 375.31 | 179.29 | 178.62 | 580.79 | 231.91 |
| 5. 农膜费 | 元 | 50.90 | 217.86 | 79.32 | 63.21 | 85.17 |
| 6. 租赁作业费 | 元 | 118.56 |  | 130.83 | 199.28 | 114.69 |
| 机械作业费 | 元 | 104.44 |  | 130.83 | 91.43 | 114.69 |
| 排灌费 | 元 | 14.12 |  |  | 97.14 |  |
| 其中:水费 | 元 | 14.12 |  |  | 97.14 |  |
| 畜力费 | 元 |  |  |  | 10.71 |  |
| 7. 燃料动力费 | 元 | 30.51 | 38.71 |  |  | 14.11 |
| 8. 技术服务费 | 元 |  |  |  |  |  |
| 9. 工具材料费 | 元 | 187.65 | 122.00 | 68.93 | 8.56 | 29.70 |
| 10. 修理维护费 | 元 | 4.65 |  | 5.09 | 5.47 | 1.62 |
| 11. 其他直接费用 | 元 |  |  |  |  |  |
| (二)间接费用 | 元 | 117.01 | 166.86 | 91.01 | 39.32 | 26.29 |
| 1. 固定资产折旧 | 元 | 44.59 | 45.43 | 7.33 | 7.89 | 11.36 |
| 2. 保险费 | 元 |  |  |  |  |  |
| 3. 管理费 | 元 |  |  |  |  |  |
| 4. 财务费 | 元 |  |  |  |  |  |
| 5. 销售费 | 元 | 72.42 | 121.43 | 83.68 | 31.43 | 14.93 |
| **二、每亩人工成本** | 元 | **2602.93** | **1718.61** | **3634.52** | **3688.00** | **3390.19** |
| 1. 家庭用工折价 | 元 | 2575.15 | 1718.61 | 3634.52 | 3688.00 | 3390.19 |
| 家庭用工天数 | 日 | 27.93 | 18.64 | 39.42 | 40.00 | 36.77 |
| 劳动日工价 | 元 | 92.20 | 92.20 | 92.20 | 92.20 | 92.20 |
| 2. 雇工费用 | 元 | 27.78 |  |  |  |  |
| 雇工天数 | 日 | 0.19 |  |  |  |  |
| 雇工工价 | 元 | 146.21 | 142.00 | 110.00 | 130.00 | 144.34 |
| 三、附 |  |  |  |  |  |  |
| 1. 每亩种子用量 | 公斤 |  |  |  |  |  |
| 2. 每亩化肥用量 | 公斤 | 79.55 | 63.30 | 74.11 | 66.87 | 43.17 |
| 3. 每亩农膜用量 | 公斤 | 3.80 | 10.57 | 5.73 | 6.29 | 6.09 |

6-2-5-2 续表 3

| 项 目 | 单位 | 成都市 | 西安市 | 兰州市 | 银川市 | 乌鲁木齐市 |
|---|---|---|---|---|---|---|
| **一、每亩物质与服务费用** | 元 | **1569.45** | **1235.00** | **1210.27** | **1941.81** | **1079.43** |
| (一)直接费用 | 元 | 1501.03 | 1101.50 | 1168.39 | 1901.13 | 1069.92 |
| 1. 种子费 | 元 | 163.78 | 147.00 | 96.49 | 729.50 | 250.03 |
| 2. 化肥费 | 元 | 467.67 | 259.50 | 620.05 | 577.34 | 251.21 |
| 3. 农家肥费 | 元 | 42.08 | 299.00 | 158.95 | 250.17 | 159.66 |
| 4. 农药费 | 元 | 480.19 | 160.00 | 54.40 | 74.67 | 75.26 |
| 5. 农膜费 | 元 | 29.56 | | 56.80 | 64.17 | 41.13 |
| 6. 租赁作业费 | 元 | 127.00 | 214.00 | 139.33 | 199.00 | 175.79 |
| 机械作业费 | 元 | 120.00 | 146.50 | 110.00 | 120.00 | 116.67 |
| 排灌费 | 元 | 7.00 | 67.50 | 29.33 | 79.00 | 59.12 |
| 其中:水费 | 元 | | | | 79.00 | 17.74 |
| 畜力费 | 元 | | | | | |
| 7. 燃料动力费 | 元 | | | | | 100.25 |
| 8. 技术服务费 | 元 | | | | | |
| 9. 工具材料费 | 元 | 185.35 | 14.80 | 40.47 | 3.73 | 16.59 |
| 10. 修理维护费 | 元 | 5.40 | 7.20 | 1.90 | 2.55 | |
| 11. 其他直接费用 | 元 | | | | | |
| (二)间接费用 | 元 | 68.42 | 133.50 | 41.88 | 40.68 | 9.51 |
| 1. 固定资产折旧 | 元 | 20.48 | | | 4.35 | |
| 2. 保险费 | 元 | | | | | |
| 3. 管理费 | 元 | | | | | 9.51 |
| 4. 财务费 | 元 | | | | | |
| 5. 销售费 | 元 | 47.94 | 133.50 | 41.88 | 36.33 | |
| **二、每亩人工成本** | 元 | **1723.22** | **2872.03** | **2779.83** | **2383.72** | **2086.57** |
| 1. 家庭用工折价 | 元 | 1723.22 | 2872.03 | 2779.83 | 2343.72 | 1627.33 |
| 家庭用工天数 | 日 | 18.69 | 31.15 | 30.15 | 25.42 | 17.65 |
| 劳动日工价 | 元 | 92.20 | 92.20 | 92.20 | 92.20 | 92.20 |
| 2. 雇工费用 | 元 | | | | 40.00 | 459.24 |
| 雇工天数 | 日 | | | | 0.33 | 2.68 |
| 雇工工价 | 元 | 135.00 | 125.00 | 100.00 | 121.21 | 171.36 |
| **三、附** | | | | | | |
| 1. 每亩种子用量 | 公斤 | | | | | |
| 2. 每亩化肥用量 | 公斤 | 60.21 | 51.58 | 83.28 | 50.43 | 51.25 |
| 3. 每亩农膜用量 | 公斤 | 2.96 | | 4.73 | 5.30 | 3.70 |

# 6-2-5-3　2021年大中城市露地茄子化肥投入情况

| 项　　目 | 单位 | 平　均 | 北京市 | 石家庄市 | 太原市 | 呼和浩特市 | 长春市 |
|---|---|---|---|---|---|---|---|
| 一、每亩化肥金额 | 元 | **467.70** | **516.40** | **156.68** | **101.58** | **219.79** | **136.58** |
| (一)氮肥 | 元 | 25.70 | | | 79.91 | 101.73 | 50.15 |
| 1. 尿素 | 元 | 20.04 | | | 79.91 | 101.73 | 41.44 |
| 2. 碳铵 | 元 | 5.31 | | | | | |
| 3. 其他氮肥 | 元 | 0.35 | | | | | 8.71 |
| (二)磷肥 | 元 | 15.88 | | | | | |
| 其中:过磷酸钙 | 元 | 15.88 | | | | | |
| (三)钾肥 | 元 | 0.81 | | | | | 6.52 |
| 其中:氯化钾 | 元 | 0.63 | | | | | 2.09 |
| (四)复混肥 | 元 | 367.01 | 170.80 | 147.77 | 21.67 | 118.06 | 79.91 |
| 1. 复合肥 | 元 | 366.87 | 170.80 | 147.77 | 21.67 | 118.06 | 79.91 |
| 其中:二铵 | 元 | 15.96 | | 7.01 | | 118.06 | 12.35 |
| 三元素复合肥 | 元 | 170.61 | 57.60 | 140.76 | 21.67 | | 67.56 |
| 2. 混配肥 | 元 | 0.14 | | | | | |
| (五)其他肥料 | 元 | 58.30 | 345.60 | 8.91 | | | |
| 二、每亩化肥折纯用量 | 公斤 | **45.37** | **16.05** | **22.28** | **18.32** | **45.26** | **23.89** |
| (一)氮肥 | 公斤 | 4.80 | | | 14.57 | 21.46 | 10.52 |
| 1. 尿素 | 公斤 | 3.84 | | | 14.57 | 21.46 | 8.24 |
| 2. 碳铵 | 公斤 | 0.87 | | | | | |
| 3. 其他氮肥 | 公斤 | 0.09 | | | | | 2.28 |
| (二)磷肥 | 公斤 | 2.34 | | | | | |
| 其中:过磷酸钙 | 公斤 | 2.34 | | | | | |
| (三)钾肥 | 公斤 | 0.11 | | | | | 0.93 |
| 其中:氯化钾 | 公斤 | 0.09 | | | | | 0.34 |
| (四)复混肥 | 公斤 | 38.12 | 16.05 | 22.28 | 3.75 | 23.80 | 12.45 |
| 1. 复合肥 | 公斤 | 38.10 | 16.05 | 22.28 | 3.75 | 23.80 | 12.45 |
| 其中:二铵 | 公斤 | 3.09 | | 1.39 | | 23.80 | 2.26 |
| 三元素复合肥 | 公斤 | 18.18 | 6.75 | 20.89 | 3.75 | | 10.19 |
| 2. 混配肥 | 公斤 | 0.02 | | | | | |

6-2-5-3 续表 1

| 项　　目 | 单位 | 哈尔滨市 | 合肥市 | 福州市 | 厦门市 | 济南市 | 郑州市 |
|---|---|---|---|---|---|---|---|
| **一、每亩化肥金额** | 元 | **12. 50** | **335. 37** | **248. 13** | **710. 00** | **295. 96** | **323. 79** |
| （一）氮肥 | 元 |  |  |  | 30. 00 | 122. 34 | 173. 79 |
| 1. 尿素 | 元 |  |  |  |  | 122. 34 | 120. 29 |
| 2. 碳铵 | 元 |  |  |  | 30. 00 |  | 53. 50 |
| 3. 其他氮肥 | 元 |  |  |  |  |  |  |
| （二）磷肥 | 元 |  |  |  | 55. 00 |  |  |
| 其中：过磷酸钙 | 元 |  |  |  | 55. 00 |  |  |
| （三）钾肥 | 元 |  |  |  |  |  |  |
| 其中：氯化钾 | 元 |  |  |  |  |  |  |
| （四）复混肥 | 元 | 12. 50 | 138. 23 | 248. 13 | 625. 00 | 173. 62 | 150. 00 |
| 1. 复合肥 | 元 | 12. 50 | 138. 23 | 248. 13 | 625. 00 | 173. 62 | 150. 00 |
| 其中：二铵 | 元 |  |  |  |  |  |  |
| 三元素复合肥 | 元 | 12. 50 | 138. 23 | 117. 19 | 200. 00 | 173. 62 | 150. 00 |
| 2. 混配肥 | 元 |  |  |  |  |  |  |
| （五）其他肥料 | 元 |  | 197. 14 |  |  |  |  |
| **二、每亩化肥折纯用量** | 公斤 | **1. 65** | **16. 24** | **23. 44** | **75. 66** | **46. 88** | **60. 71** |
| （一）氮肥 | 公斤 |  |  |  | 4. 76 | 22. 97 | 35. 96 |
| 1. 尿素 | 公斤 |  |  |  |  | 22. 97 | 24. 06 |
| 2. 碳铵 | 公斤 |  |  |  | 4. 76 |  | 11. 90 |
| 3. 其他氮肥 | 公斤 |  |  |  |  |  |  |
| （二）磷肥 | 公斤 |  |  |  | 8. 50 |  |  |
| 其中：过磷酸钙 | 公斤 |  |  |  | 8. 50 |  |  |
| （三）钾肥 | 公斤 |  |  |  |  |  |  |
| 其中：氯化钾 | 公斤 |  |  |  |  |  |  |
| （四）复混肥 | 公斤 | 1. 65 | 16. 24 | 23. 44 | 62. 40 | 23. 91 | 24. 75 |
| 1. 复合肥 | 公斤 | 1. 65 | 16. 24 | 23. 44 | 62. 40 | 23. 91 | 24. 75 |
| 其中：二铵 | 公斤 |  |  |  |  |  |  |
| 三元素复合肥 | 公斤 | 1. 65 | 16. 24 | 10. 55 | 22. 50 | 23. 91 | 24. 75 |
| 2. 混配肥 | 公斤 |  |  |  |  |  |  |

6-2-5-3 续表 2

| 项　　目 | 单位 | 武汉市 | 广州市 | 南宁市 | 海口市 | 重庆市 |
|---|---|---|---|---|---|---|
| 一、每亩化肥金额 | 元 | **779.87** | **762.87** | **1116.39** | **965.79** | **356.06** |
| (一)氮肥 | 元 | | 77.29 | | | 27.97 |
| 1. 尿素 | 元 | | 77.29 | | | 27.97 |
| 2. 碳铵 | 元 | | | | | |
| 3. 其他氮肥 | 元 | | | | | |
| (二)磷肥 | 元 | | 75.00 | | 33.57 | |
| 其中:过磷酸钙 | 元 | | 75.00 | | 33.57 | |
| (三)钾肥 | 元 | | 81.29 | | | |
| 其中:氯化钾 | 元 | | 81.29 | | | |
| (四)复混肥 | 元 | 777.65 | 357.29 | 892.28 | 712.22 | 315.64 |
| 1. 复合肥 | 元 | 777.65 | 357.29 | 892.28 | 712.22 | 296.56 |
| 其中:二铵 | 元 | | | | | |
| 三元素复合肥 | 元 | | 357.29 | 809.37 | 262.86 | 217.68 |
| 2. 混配肥 | 元 | | | | | 19.08 |
| (五)其他肥料 | 元 | 2.22 | 172.00 | 224.11 | 220.00 | 12.45 |
| 二、每亩化肥折纯用量 | 公斤 | **79.55** | **63.30** | **74.11** | **66.87** | **43.17** |
| (一)氮肥 | 公斤 | | 9.66 | | | 4.39 |
| 1. 尿素 | 公斤 | | 9.66 | | | 4.39 |
| 2. 碳铵 | 公斤 | | | | | |
| 3. 其他氮肥 | 公斤 | | | | | |
| (二)磷肥 | 公斤 | | 12.75 | | 4.79 | |
| 其中:过磷酸钙 | 公斤 | | 12.75 | | 4.79 | |
| (三)钾肥 | 公斤 | | 11.00 | | | |
| 其中:氯化钾 | 公斤 | | 11.00 | | | |
| (四)复混肥 | 公斤 | 79.55 | 29.89 | 74.11 | 62.09 | 38.79 |
| 1. 复合肥 | 公斤 | 79.55 | 29.89 | 74.11 | 62.09 | 36.50 |
| 其中:二铵 | 公斤 | | | | | |
| 三元素复合肥 | 公斤 | | 29.89 | 69.37 | 22.50 | 26.26 |
| 2. 混配肥 | 公斤 | | | | | 2.29 |

6-2-5-3 续表 3

| 项 目 | 单位 | 成都市 | 西安市 | 兰州市 | 银川市 | 乌鲁木齐市 |
|---|---|---|---|---|---|---|
| **一、每亩化肥金额** | **元** | **467.67** | **259.50** | **620.05** | **577.34** | **251.21** |
| (一)氮肥 | 元 | 102.17 | 144.00 | 150.14 | | 112.67 |
| 1. 尿素 | 元 | 102.17 | 144.00 | 150.14 | | 112.67 |
| 2. 碳铵 | 元 | | | | | |
| 3. 其他氮肥 | 元 | | | | | |
| (二)磷肥 | 元 | 38.57 | | | | |
| 其中:过磷酸钙 | 元 | 38.57 | | | | |
| (三)钾肥 | 元 | | | | | |
| 其中:氯化钾 | 元 | | | | | |
| (四)复混肥 | 元 | 326.93 | 115.50 | 376.44 | 301.17 | 138.54 |
| 1. 复合肥 | 元 | 326.93 | 115.50 | 376.44 | 301.17 | 138.54 |
| 其中:二铵 | 元 | | 115.50 | 184.25 | 160.00 | 138.54 |
| 三元素复合肥 | 元 | 326.93 | | 55.43 | 141.17 | |
| 2. 混配肥 | 元 | | | | | |
| (五)其他肥料 | 元 | | | 93.47 | 276.17 | |
| **二、每亩化肥折纯用量** | **公斤** | **60.21** | **51.58** | **83.28** | **50.43** | **51.25** |
| (一)氮肥 | 公斤 | 18.80 | 27.00 | 24.96 | | 25.91 |
| 1. 尿素 | 公斤 | 18.80 | 27.00 | 24.96 | | 25.91 |
| 2. 碳铵 | 公斤 | | | | | |
| 3. 其他氮肥 | 公斤 | | | | | |
| (二)磷肥 | 公斤 | 4.63 | | | | |
| 其中:过磷酸钙 | 公斤 | 4.63 | | | | |
| (三)钾肥 | 公斤 | | | | | |
| 其中:氯化钾 | 公斤 | | | | | |
| (四)复混肥 | 公斤 | 36.78 | 24.58 | 58.33 | 50.44 | 25.33 |
| 1. 复合肥 | 公斤 | 36.78 | 24.58 | 58.33 | 50.44 | 25.33 |
| 其中:二铵 | 公斤 | | 24.58 | 34.32 | 31.31 | 25.33 |
| 三元素复合肥 | 公斤 | 36.78 | | 6.93 | 19.13 | |
| 2. 混配肥 | 公斤 | | | | | |

# 6-2-6-1　2021年大中城市设施茄子成本收益情况

| 项　　目 | 单位 | 平　均 | 北京市 | 天津市 | 石家庄市 | 太原市 |
|---|---|---|---|---|---|---|
| **每亩** | | | | | | |
| 主产品产量 | 公斤 | 3142.55 | 4290.42 | 5617.66 | 2968.92 | 8086.51 |
| 产值合计 | 元 | 15703.08 | 16195.29 | 16343.32 | 11351.22 | 24424.17 |
| 主产品产值 | 元 | 15703.08 | 16195.29 | 16343.32 | 11351.22 | 24424.17 |
| 副产品产值 | 元 | | | | | |
| 总成本 | 元 | 9723.61 | 9141.95 | 8108.21 | 6562.74 | 16917.80 |
| 生产成本 | 元 | 9150.24 | 8356.64 | 7741.49 | 5753.73 | 16417.80 |
| 物质与服务费用 | 元 | 2419.46 | 3741.45 | 1747.71 | 2995.33 | 9066.66 |
| 人工成本 | 元 | 6730.78 | 4615.19 | 5993.78 | 2758.40 | 7351.14 |
| 家庭用工折价 | 元 | 3140.98 | 2391.11 | 5989.04 | 2567.86 | 7112.31 |
| 雇工费用 | 元 | 3589.80 | 2224.08 | 4.74 | 190.54 | 238.83 |
| 土地成本 | 元 | 573.37 | 785.31 | 366.72 | 809.01 | 500.00 |
| 流转地租金 | 元 | 336.56 | 422.78 | 159.57 | 15.57 | |
| 自营地折租 | 元 | 236.81 | 362.53 | 207.15 | 793.44 | 500.00 |
| 净利润 | 元 | 5979.47 | 7053.34 | 8235.11 | 4788.48 | 7506.37 |
| 现金成本 | 元 | 6345.82 | 6388.31 | 1912.02 | 3201.44 | 9305.49 |
| 现金收益 | 元 | 9357.26 | 9806.98 | 14431.30 | 8149.78 | 15118.68 |
| 成本利润率 | % | 61.49 | 77.15 | 101.57 | 72.96 | 44.37 |
| **每50公斤主产品** | | | | | | |
| 平均出售价格 | 元 | 249.85 | 188.74 | 145.46 | 191.17 | 151.02 |
| 总成本 | 元 | 154.71 | 106.54 | 72.17 | 110.53 | 104.61 |
| 生产成本 | 元 | 145.59 | 97.39 | 68.90 | 96.90 | 101.51 |
| 净利润 | 元 | 95.14 | 82.20 | 73.29 | 80.64 | 46.41 |
| 现金成本 | 元 | 100.97 | 74.45 | 17.02 | 53.92 | 57.54 |
| 现金收益 | 元 | 148.88 | 114.29 | 128.44 | 137.25 | 93.48 |
| **附：** | | | | | | |
| 每亩用工数量 | 日 | 59.96 | 43.04 | 64.99 | 31.23 | 79.14 |
| 每亩主产品已出售数量 | 公斤 | 3142.44 | 4290.42 | 5617.66 | 2968.92 | 8080.47 |
| 每亩主产品已出售产值 | 元 | 15702.76 | 16195.29 | 16343.32 | 11351.22 | 24405.91 |
| 每亩成本外支出 | 元 | | | | | |

6-2-6-1 续表

| 项　　目 | 单位 | 上海市 | 南京市 | 杭州市 | 宁波市 | 成都市 |
|---|---|---|---|---|---|---|
| **每亩** | | | | | | |
| 主产品产量 | 公斤 | 2930.96 | 2857.61 | 3150.94 | 2175.00 | 6358.94 |
| 产值合计 | 元 | 10578.51 | 10301.17 | 10288.33 | 23500.00 | 17889.47 |
| 主产品产值 | 元 | 10578.51 | 10301.17 | 10288.33 | 23500.00 | 17889.47 |
| 副产品产值 | 元 | | | | | |
| 总成本 | 元 | 9926.20 | 7423.43 | 8426.22 | 12187.27 | 7892.97 |
| 生产成本 | 元 | 9320.97 | 7009.14 | 7896.78 | 11549.77 | 7442.97 |
| 物质与服务费用 | 元 | 1919.52 | 2724.82 | 1988.72 | 2400.57 | 2530.21 |
| 人工成本 | 元 | 7401.45 | 4284.32 | 5908.06 | 9149.20 | 4912.76 |
| 家庭用工折价 | 元 | 744.05 | 3562.61 | 2786.28 | 3319.20 | 4710.50 |
| 雇工费用 | 元 | 6657.40 | 721.71 | 3121.78 | 5830.00 | 202.26 |
| 土地成本 | 元 | 605.23 | 414.29 | 529.44 | 637.50 | 450.00 |
| 流转地租金 | 元 | 605.23 | 285.71 | 307.22 | 446.25 | |
| 自营地折租 | 元 | | 128.58 | 222.22 | 191.25 | 450.00 |
| 净利润 | 元 | 652.31 | 2877.74 | 1862.11 | 11312.73 | 9996.50 |
| 现金成本 | 元 | 9182.15 | 3732.24 | 5417.72 | 8676.82 | 2732.47 |
| 现金收益 | 元 | 1396.36 | 6568.93 | 4870.61 | 14823.18 | 15157.00 |
| 成本利润率 | % | 6.57 | 38.77 | 22.10 | 92.82 | 126.65 |
| **每 50 公斤主产品** | | | | | | |
| 平均出售价格 | 元 | 180.46 | 180.24 | 163.26 | 540.23 | 140.66 |
| 总成本 | 元 | 169.33 | 129.89 | 133.71 | 280.17 | 62.06 |
| 生产成本 | 元 | 159.01 | 122.64 | 125.31 | 265.51 | 58.52 |
| 净利润 | 元 | 11.13 | 50.35 | 29.55 | 260.06 | 78.60 |
| 现金成本 | 元 | 156.64 | 65.30 | 85.97 | 199.47 | 21.48 |
| 现金收益 | 元 | 23.82 | 114.94 | 77.29 | 340.76 | 119.18 |
| **附：** | | | | | | |
| 每亩用工数量 | 日 | 50.73 | 46.01 | 53.33 | 77.75 | 52.39 |
| 每亩主产品已出售数量 | 公斤 | 2930.96 | 2857.61 | 3150.94 | 2175.00 | 6358.94 |
| 每亩主产品已出售产值 | 元 | 10578.51 | 10301.17 | 10288.33 | 23500.00 | 17889.47 |
| 每亩成本外支出 | 元 | | | | | |

# 6-2-6-2 2021年大中城市设施茄子费用和用工情况

| 项　　目 | 单位 | 平　均 | 北京市 | 天津市 | 石家庄市 | 太原市 |
|---|---|---|---|---|---|---|
| 一、每亩物质与服务费用 | 元 | **2419.46** | **3741.45** | **1747.71** | **2995.33** | **9066.66** |
| (一)直接费用 | 元 | 1867.73 | 2854.06 | 1279.79 | 2243.17 | 8066.17 |
| 1. 种子费 | 元 | 308.11 | 449.60 | 103.56 | 393.33 | 2313.22 |
| 2. 化肥费 | 元 | 398.64 | 566.23 | 204.41 | 593.25 | 2572.59 |
| 3. 农家肥费 | 元 | 256.99 | 535.40 | 227.98 | 67.03 | 726.11 |
| 4. 农药费 | 元 | 180.37 | 373.62 | 133.21 | 285.36 | 635.79 |
| 5. 农膜费 | 元 | 488.90 | 576.68 | 441.09 | 690.27 | 826.23 |
| 6. 租赁作业费 | 元 | 151.73 | 209.50 | 96.03 | 137.62 | 811.33 |
| 机械作业费 | 元 | 97.23 | 88.93 | 57.49 | 55.81 | 155.56 |
| 排灌费 | 元 | 54.50 | 120.57 | 38.54 | 81.81 | 655.77 |
| 其中:水费 | 元 | 13.61 | 48.56 | 36.45 |  |  |
| 畜力费 | 元 |  |  |  |  |  |
| 7. 燃料动力费 | 元 | 14.69 | 47.54 |  |  |  |
| 8. 技术服务费 | 元 | 0.15 | 5.26 |  |  |  |
| 9. 工具材料费 | 元 | 45.31 | 75.54 | 60.75 | 42.67 | 92.60 |
| 10. 修理维护费 | 元 | 22.84 | 14.69 | 12.76 | 33.64 | 88.30 |
| 11. 其他直接费用 | 元 |  |  |  |  |  |
| (二)间接费用 | 元 | 551.73 | 887.39 | 467.92 | 752.16 | 1000.49 |
| 1. 固定资产折旧 | 元 | 500.06 | 779.98 | 467.92 | 732.43 | 1000.49 |
| 2. 保险费 | 元 | 0.87 | 2.58 |  |  |  |
| 3. 管理费 | 元 | 6.34 | 26.80 |  |  |  |
| 4. 财务费 | 元 | 1.77 |  |  |  |  |
| 5. 销售费 | 元 | 42.69 | 78.03 |  | 19.73 |  |
| 二、每亩人工成本 | 元 | **6730.78** | **4615.19** | **5993.78** | **2758.40** | **7351.14** |
| 1. 家庭用工折价 | 元 | 3140.98 | 2391.11 | 5989.04 | 2567.86 | 7112.31 |
| 家庭用工天数 | 日 | 34.07 | 25.93 | 64.96 | 27.85 | 77.14 |
| 劳动日工价 | 元 | 92.20 | 92.20 | 92.20 | 92.20 | 92.20 |
| 2. 雇工费用 | 元 | 3589.80 | 2224.08 | 4.74 | 190.54 | 238.83 |
| 雇工天数 | 日 | 25.89 | 17.11 | 0.03 | 3.38 | 2.00 |
| 雇工工价 | 元 | 138.66 | 129.99 | 158.00 | 56.37 | 119.42 |
| 三、附 |  |  |  |  |  |  |
| 1. 每亩种子用量 | 公斤 |  |  |  |  |  |
| 2. 每亩化肥用量 | 公斤 | 47.33 | 24.60 | 27.21 | 40.32 | 166.98 |
| 3. 每亩农膜用量 | 公斤 | 29.38 | 34.95 | 29.80 | 49.24 | 75.58 |

6-2-6-2 续表

| 项　　目 | 单位 | 上海市 | 南京市 | 杭州市 | 宁波市 | 成都市 |
|---|---|---|---|---|---|---|
| **一、每亩物质与服务费用** | 元 | **1919.52** | **2724.82** | **1988.72** | **2400.57** | **2530.21** |
| (一)直接费用 | 元 | 1715.18 | 2065.05 | 1372.18 | 1908.07 | 2195.06 |
| 1. 种子费 | 元 | 129.54 | 139.43 | 123.23 | 483.75 | 196.67 |
| 2. 化肥费 | 元 | 319.98 | 385.55 | 449.78 | 215.42 | 530.13 |
| 3. 农家肥费 | 元 | 400.44 | 442.96 | 134.06 | 292.50 | 213.94 |
| 4. 农药费 | 元 | 166.74 | 196.43 | 160.00 | 142.50 | 217.41 |
| 5. 农膜费 | 元 | 360.26 | 604.73 | 313.23 | 595.75 | 627.67 |
| 6. 租赁作业费 | 元 | 311.48 | 153.60 | 117.18 | 117.15 | 159.33 |
| 机械作业费 | 元 | 114.42 | 104.10 | 88.52 | 103.75 | 150.00 |
| 排灌费 | 元 | 197.06 | 49.50 | 28.66 | 13.40 | 9.33 |
| 其中:水费 | 元 |  |  | 24.06 | 6.95 | 9.33 |
| 畜力费 | 元 |  |  |  |  |  |
| 7. 燃料动力费 | 元 |  |  | 40.58 |  |  |
| 8. 技术服务费 | 元 |  |  |  |  |  |
| 9. 工具材料费 | 元 |  | 113.73 | 28.24 | 28.50 | 212.84 |
| 10. 修理维护费 | 元 | 26.74 | 28.62 | 5.88 | 32.50 | 37.07 |
| 11. 其他直接费用 | 元 |  |  |  |  |  |
| (二)间接费用 | 元 | 204.34 | 659.77 | 616.54 | 492.50 | 335.15 |
| 1. 固定资产折旧 | 元 | 155.04 | 224.90 | 589.36 | 492.50 | 335.15 |
| 2. 保险费 | 元 |  | 10.00 |  |  |  |
| 3. 管理费 | 元 | 29.49 | 26.43 | 3.60 |  |  |
| 4. 财务费 | 元 | 19.81 |  | 0.78 |  |  |
| 5. 销售费 | 元 |  | 398.44 | 22.80 |  |  |
| **二、每亩人工成本** | 元 | **7401.45** | **4284.32** | **5908.06** | **9149.20** | **4912.76** |
| 1. 家庭用工折价 | 元 | 744.05 | 3562.61 | 2786.28 | 3319.20 | 4710.50 |
| 家庭用工天数 | 日 | 8.07 | 38.64 | 30.22 | 36.00 | 51.09 |
| 劳动日工价 | 元 | 92.20 | 92.20 | 92.20 | 92.20 | 92.20 |
| 2. 雇工费用 | 元 | 6657.40 | 721.71 | 3121.78 | 5830.00 | 202.26 |
| 雇工天数 | 日 | 42.66 | 7.37 | 23.11 | 41.75 | 1.30 |
| 雇工工价 | 元 | 156.06 | 97.93 | 135.08 | 139.64 | 155.59 |
| **三、附** |  |  |  |  |  |  |
| 1. 每亩种子用量 | 公斤 |  |  |  |  |  |
| 2. 每亩化肥用量 | 公斤 | 39.11 | 69.45 | 63.91 | 22.22 | 84.76 |
| 3. 每亩农膜用量 | 公斤 | 16.83 | 45.54 | 9.94 | 39.50 | 44.83 |

# 6-2-6-3 2021年大中城市设施茄子化肥投入情况

| 项　　目 | 单位 | 平　均 | 北京市 | 天津市 | 石家庄市 | 太原市 |
|---|---|---|---|---|---|---|
| 一、每亩化肥金额 | 元 | **398.64** | **566.23** | **204.41** | **593.25** | **2572.59** |
| （一）氮肥 | 元 | 88.20 | 0.11 | 2.73 | | 10.13 |
| 1. 尿素 | 元 | 88.20 | 0.11 | 2.73 | | 10.13 |
| 2. 碳铵 | 元 | | | | | |
| 3. 其他氮肥 | 元 | | | | | |
| （二）磷肥 | 元 | 9.80 | | | | |
| 其中：过磷酸钙 | 元 | 9.80 | | | | |
| （三）钾肥 | 元 | 5.79 | | | | |
| 其中：氯化钾 | 元 | 5.19 | | | | |
| （四）复混肥 | 元 | 268.64 | 215.94 | 201.68 | 495.68 | 1960.43 |
| 1. 复合肥 | 元 | 264.65 | 215.94 | 201.68 | 423.63 | 1960.43 |
| 其中：二铵 | 元 | 0.78 | 4.36 | | | 37.50 |
| 三元素复合肥 | 元 | 203.43 | 184.76 | 201.68 | 123.41 | 124.93 |
| 2. 混配肥 | 元 | 3.99 | | | 72.05 | |
| （五）其他肥料 | 元 | 26.21 | 350.18 | | 97.57 | 602.03 |
| 二、每亩化肥折纯用量 | 公斤 | **47.33** | **24.60** | **27.21** | **40.32** | **166.98** |
| （一）氮肥 | 公斤 | 14.48 | 0.06 | 0.56 | | 1.94 |
| 1. 尿素 | 公斤 | 14.48 | 0.06 | 0.56 | | 1.94 |
| 2. 碳铵 | 公斤 | | | | | |
| 3. 其他氮肥 | 公斤 | | | | | |
| （二）磷肥 | 公斤 | 1.64 | | | | |
| 其中：过磷酸钙 | 公斤 | 1.64 | | | | |
| （三）钾肥 | 公斤 | 0.92 | | | | |
| 其中：氯化钾 | 公斤 | 0.89 | | | | |
| （四）复混肥 | 公斤 | 30.30 | 24.54 | 26.65 | 40.33 | 165.03 |
| 1. 复合肥 | 公斤 | 30.02 | 24.54 | 26.65 | 35.30 | 165.03 |
| 其中：二铵 | 公斤 | 0.15 | 0.71 | | | 7.16 |
| 三元素复合肥 | 公斤 | 24.60 | 21.65 | 26.65 | 14.35 | 16.23 |
| 2. 混配肥 | 公斤 | 0.28 | | | 5.03 | |

6-2-6-3 续表

| 项　　目 | 单位 | 上海市 | 南京市 | 杭州市 | 宁波市 | 成都市 |
|---|---|---|---|---|---|---|
| **一、每亩化肥金额** | 元 | **319.98** | **385.55** | **449.78** | **215.42** | **530.13** |
| (一)氮肥 | 元 | 98.28 | 141.91 | 161.83 | 34.90 | 111.66 |
| 1. 尿素 | 元 | 98.28 | 141.91 | 161.83 | 34.90 | 111.66 |
| 2. 碳铵 | 元 | | | | | |
| 3. 其他氮肥 | 元 | | | | | |
| (二)磷肥 | 元 | | | | 12.50 | 139.67 |
| 其中:过磷酸钙 | 元 | | | | 12.50 | 139.67 |
| (三)钾肥 | 元 | | | | 1.84 | 127.08 |
| 其中:氯化钾 | 元 | | | | | 127.08 |
| (四)复混肥 | 元 | 221.70 | 243.64 | 287.95 | 166.18 | 151.72 |
| 1. 复合肥 | 元 | 221.70 | 243.64 | 287.95 | 166.18 | 151.72 |
| 其中:二铵 | 元 | | | | | |
| 三元素复合肥 | 元 | 221.70 | 243.64 | 252.68 | 166.18 | 151.72 |
| 2. 混配肥 | 元 | | | | | |
| (五)其他肥料 | 元 | | | | | |
| **二、每亩化肥折纯用量** | 公斤 | **39.11** | **69.45** | **63.91** | **22.22** | **84.76** |
| (一)氮肥 | 公斤 | 17.13 | 26.38 | 26.51 | 4.60 | 19.75 |
| 1. 尿素 | 公斤 | 17.13 | 26.38 | 26.51 | 4.60 | 19.75 |
| 2. 碳铵 | 公斤 | | | | | |
| 3. 其他氮肥 | 公斤 | | | | | |
| (二)磷肥 | 公斤 | | | | 2.13 | 22.96 |
| 其中:过磷酸钙 | 公斤 | | | | 2.13 | 22.96 |
| (三)钾肥 | 公斤 | | | | 0.08 | 21.84 |
| 其中:氯化钾 | 公斤 | | | | | 21.84 |
| (四)复混肥 | 公斤 | 21.97 | 43.07 | 37.39 | 15.41 | 20.20 |
| 1. 复合肥 | 公斤 | 21.97 | 43.07 | 37.39 | 15.41 | 20.20 |
| 其中:二铵 | 公斤 | | | | | |
| 三元素复合肥 | 公斤 | 21.97 | 43.07 | 32.60 | 15.41 | 20.20 |
| 2. 混配肥 | 公斤 | | | | | |

# 6-2-7-1 2021年大中城市露地菜椒成本收益情况

| 项目 | 单位 | 平均 | 北京市 | 呼和浩特市 | 长春市 | 合肥市 | 福州市 |
|---|---|---|---|---|---|---|---|
| 每亩 | | | | | | | |
| 主产品产量 | 公斤 | 2951.07 | 2099.35 | 3624.83 | 2219.33 | 2105.78 | 2073.67 |
| 产值合计 | 元 | 7942.87 | 5162.89 | 7874.03 | 6401.43 | 8829.35 | 4957.33 |
| 主产品产值 | 元 | 7942.87 | 5162.89 | 7874.03 | 6401.43 | 8829.35 | 4957.33 |
| 副产品产值 | 元 | | | | | | |
| 总成本 | 元 | 5643.34 | 5646.61 | 3866.35 | 5586.32 | 4559.75 | 4896.44 |
| 生产成本 | 元 | 5155.78 | 4986.08 | 3586.35 | 4886.32 | 4234.75 | 4771.44 |
| 物质与服务费用 | 元 | 2570.35 | 1599.93 | 1808.73 | 1104.59 | 1545.96 | 1943.67 |
| 人工成本 | 元 | 2585.43 | 3386.15 | 1777.62 | 3781.73 | 2688.79 | 2827.77 |
| 家庭用工折价 | 元 | 1879.59 | 2754.57 | 1777.62 | 3487.93 | 177.85 | 2827.77 |
| 雇工费用 | 元 | 705.84 | 631.58 | | 293.80 | 2510.94 | |
| 土地成本 | 元 | 487.56 | 660.53 | 280.00 | 700.00 | 325.00 | 125.00 |
| 流转地租金 | 元 | 101.31 | 436.36 | 126.00 | 126.00 | 121.62 | 43.75 |
| 自营地折租 | 元 | 386.25 | 224.17 | 154.00 | 574.00 | 203.38 | 81.25 |
| 净利润 | 元 | 2299.53 | -483.72 | 4007.68 | 815.11 | 4269.60 | 60.89 |
| 现金成本 | 元 | 3377.50 | 2667.87 | 1934.73 | 1524.39 | 4178.52 | 1987.42 |
| 现金收益 | 元 | 4565.37 | 2495.02 | 5939.30 | 4877.04 | 4650.83 | 2969.91 |
| 成本利润率 | % | 40.75 | -8.57 | 103.66 | 14.59 | 93.64 | 1.24 |
| 每50公斤主产品 | | | | | | | |
| 平均出售价格 | 元 | 134.58 | 122.96 | 108.61 | 144.22 | 209.65 | 119.53 |
| 总成本 | 元 | 95.62 | 134.48 | 53.33 | 125.86 | 108.27 | 118.06 |
| 生产成本 | 元 | 87.36 | 118.75 | 49.47 | 110.09 | 100.55 | 115.05 |
| 净利润 | 元 | 38.96 | -11.52 | 55.28 | 18.36 | 101.38 | 1.47 |
| 现金成本 | 元 | 57.23 | 63.54 | 26.69 | 34.34 | 99.22 | 47.92 |
| 现金收益 | 元 | 77.35 | 59.42 | 81.92 | 109.88 | 110.43 | 71.61 |
| 附： | | | | | | | |
| 每亩用工数量 | 日 | 26.50 | 34.62 | 19.28 | 40.13 | 23.69 | 30.67 |
| 每亩主产品已出售数量 | 公斤 | 2948.74 | 2099.35 | 3589.83 | 2219.33 | 2105.78 | 2073.67 |
| 每亩主产品已出售产值 | 元 | 7937.01 | 5162.89 | 7797.90 | 6401.43 | 8829.35 | 4957.33 |
| 每亩成本外支出 | 元 | | | | | | |

6-2-7-1 续表 1

| 项 目 | 单位 | 厦门市 | 济南市 | 武汉市 | 南宁市 | 海口市 | 重庆市 |
|---|---|---|---|---|---|---|---|
| **每亩** | | | | | | | |
| 主产品产量 | 公斤 | 5700.00 | 2305.23 | 2164.94 | 3049.50 | 1770.83 | 2804.64 |
| 产值合计 | 元 | 19413.00 | 4448.41 | 10198.46 | 11329.80 | 3457.61 | 7057.26 |
| 主产品产值 | 元 | 19413.00 | 4448.41 | 10198.46 | 11329.80 | 3457.61 | 7057.26 |
| 副产品产值 | 元 | | | | | | |
| 总成本 | 元 | 9537.50 | 3409.42 | 4040.13 | 5943.71 | 5536.81 | 3865.65 |
| 生产成本 | 元 | 8287.50 | 3090.42 | 3660.13 | 5643.71 | 5255.14 | 3629.86 |
| 物质与服务费用 | 元 | 6487.50 | 902.51 | 1213.14 | 1992.59 | 2015.28 | 948.50 |
| 人工成本 | 元 | 1800.00 | 2187.91 | 2446.99 | 3651.12 | 3239.86 | 2681.36 |
| 家庭用工折价 | 元 | | 2187.91 | 2446.99 | 3651.12 | 2381.53 | 2681.36 |
| 雇工费用 | 元 | 1800.00 | | | | 858.33 | |
| 土地成本 | 元 | 1250.00 | 319.00 | 380.00 | 300.00 | 281.67 | 235.79 |
| 流转地租金 | 元 | 262.50 | | 26.60 | 24.00 | 2.82 | 35.37 |
| 自营地折租 | 元 | 987.50 | 319.00 | 353.40 | 276.00 | 278.85 | 200.42 |
| 净利润 | 元 | 9875.50 | 1038.99 | 6158.33 | 5386.09 | -2079.20 | 3191.61 |
| 现金成本 | 元 | 8550.00 | 902.51 | 1239.74 | 2016.59 | 2876.43 | 983.87 |
| 现金收益 | 元 | 10863.00 | 3545.90 | 8958.72 | 9313.21 | 581.18 | 6073.39 |
| 成本利润率 | % | 103.54 | 30.47 | 152.43 | 90.62 | -37.55 | 82.56 |
| **每 50 公斤主产品** | | | | | | | |
| 平均出售价格 | 元 | 170.29 | 96.49 | 235.54 | 185.76 | 97.63 | 125.81 |
| 总成本 | 元 | 83.66 | 73.95 | 93.31 | 97.45 | 156.34 | 68.91 |
| 生产成本 | 元 | 72.70 | 67.03 | 84.53 | 92.53 | 148.39 | 64.71 |
| 净利润 | 元 | 86.63 | 22.54 | 142.23 | 88.31 | -58.71 | 56.90 |
| 现金成本 | 元 | 75.00 | 19.58 | 28.63 | 33.06 | 81.22 | 17.54 |
| 现金收益 | 元 | 95.29 | 76.91 | 206.91 | 152.70 | 16.41 | 108.27 |
| **附：** | | | | | | | |
| 每亩用工数量 | 日 | 15.00 | 23.73 | 26.54 | 39.60 | 34.41 | 29.08 |
| 每亩主产品已出售数量 | 公斤 | 5700.00 | 2299.47 | 2164.94 | 3049.50 | 1765.17 | 2804.64 |
| 每亩主产品已出售产值 | 元 | 19413.00 | 4437.29 | 10198.46 | 11329.80 | 3446.45 | 7057.26 |
| 每亩成本外支出 | 元 | | | | | | |

6-2-7-1　续表 2

| 项　　目 | 单位 | 成都市 | 昆明市 | 西安市 | 兰州市 | 银川市 | 乌鲁木齐市 |
|---|---|---|---|---|---|---|---|
| **每亩** | | | | | | | |
| 主产品产量 | 公斤 | 2274.07 | 2635.00 | 2186.00 | 3048.68 | 3338.17 | 4217.08 |
| 产值合计 | 元 | 2947.10 | 8010.00 | 7869.10 | 7033.90 | 6039.83 | 6339.06 |
| 主产品产值 | 元 | 2947.10 | 8010.00 | 7869.10 | 7033.90 | 6039.83 | 6339.06 |
| 副产品产值 | 元 | | | | | | |
| 总成本 | 元 | 3010.98 | 4952.30 | 4422.07 | 4311.55 | 4467.71 | 3885.21 |
| 生产成本 | 元 | 2610.98 | 4452.30 | 4212.07 | 3811.55 | 3917.71 | 3585.21 |
| 物质与服务费用 | 元 | 1356.14 | 1634.00 | 1183.30 | 1115.62 | 1888.89 | 974.62 |
| 人工成本 | 元 | 1254.84 | 2818.30 | 3028.77 | 2695.93 | 2028.82 | 2610.59 |
| 家庭用工折价 | 元 | 1254.84 | 2443.30 | 3028.77 | 2695.93 | 1928.82 | 1444.77 |
| 雇工费用 | 元 | | 375.00 | | | 100.00 | 1165.82 |
| 土地成本 | 元 | 400.00 | 500.00 | 210.00 | 500.00 | 550.00 | 300.00 |
| 流转地租金 | 元 | 35.20 | | | | 352.00 | 130.20 |
| 自营地折租 | 元 | 364.80 | 500.00 | 210.00 | 500.00 | 198.00 | 169.80 |
| 净利润 | 元 | -63.88 | 3057.70 | 3447.03 | 2722.35 | 1572.12 | 2453.85 |
| 现金成本 | 元 | 1391.34 | 2009.00 | 1183.30 | 1115.62 | 2340.89 | 2270.64 |
| 现金收益 | 元 | 1555.76 | 6001.00 | 6685.80 | 5918.28 | 3698.94 | 4068.42 |
| 成本利润率 | % | -2.12 | 61.74 | 77.95 | 63.14 | 35.19 | 63.16 |
| **每 50 公斤主产品** | | | | | | | |
| 平均出售价格 | 元 | 64.80 | 151.99 | 179.99 | 115.36 | 90.47 | 75.16 |
| 总成本 | 元 | 66.20 | 93.97 | 101.15 | 70.71 | 66.92 | 46.07 |
| 生产成本 | 元 | 57.41 | 84.48 | 96.34 | 62.51 | 58.68 | 42.51 |
| 净利润 | 元 | -1.40 | 58.02 | 78.84 | 44.65 | 23.55 | 29.09 |
| 现金成本 | 元 | 30.59 | 38.12 | 27.07 | 18.30 | 35.06 | 26.92 |
| 现金收益 | 元 | 34.21 | 113.87 | 152.92 | 97.06 | 55.41 | 48.24 |
| **附：** | | | | | | | |
| 每亩用工数量 | 日 | 13.61 | 30.00 | 32.85 | 29.24 | 21.75 | 22.50 |
| 每亩主产品已出售数量 | 公斤 | 2274.07 | 2635.00 | 2111.00 | 3048.68 | 3338.17 | 4217.08 |
| 每亩主产品已出售产值 | 元 | 2947.10 | 8010.00 | 7599.00 | 7033.90 | 6039.83 | 6339.06 |
| 每亩成本外支出 | 元 | | | | | | |

# 6-2-7-2　2021 年大中城市露地菜椒费用和用工情况

| 项　　目 | 单位 | 平　均 | 北京市 | 呼和浩特市 | 长春市 | 合肥市 | 福州市 |
|---|---|---|---|---|---|---|---|
| **一、每亩物质与服务费用** | **元** | **2570. 35** | **1599. 93** | **1808. 73** | **1104. 59** | **1545. 96** | **1943. 67** |
| (一)直接费用 | 元 | 2251. 99 | 1526. 62 | 1359. 62 | 887. 85 | 1317. 41 | 1850. 67 |
| 1. 种子费 | 元 | 367. 49 | 154. 97 | 587. 50 | 179. 48 | 259. 59 | 40. 00 |
| 2. 化肥费 | 元 | 726. 30 | 531. 06 | 168. 43 | 114. 35 | 375. 29 | 690. 00 |
| 3. 农家肥费 | 元 | 443. 57 | 311. 13 | 357. 50 | 213. 82 | 227. 33 | 693. 33 |
| 4. 农药费 | 元 | 332. 73 | 311. 94 | 73. 50 | 80. 00 | 118. 67 | 141. 67 |
| 5. 农膜费 | 元 | 75. 40 | 43. 57 | 29. 05 | 51. 26 | 64. 50 | 140. 00 |
| 6. 租赁作业费 | 元 | 228. 27 | 117. 11 | 139. 17 | 164. 33 | 165. 10 | 100. 00 |
| 机械作业费 | 元 | 140. 29 | 54. 77 | 95. 00 | 143. 49 | 109. 35 | 100. 00 |
| 排灌费 | 元 | 51. 84 | 62. 34 | 44. 17 | 20. 84 | 55. 75 | |
| 其中:水费 | 元 | 29. 01 | 3. 89 | 44. 17 | | | |
| 畜力费 | 元 | 36. 14 | | | | | |
| 7. 燃料动力费 | 元 | 26. 59 | | | 42. 85 | | 8. 67 |
| 8. 技术服务费 | 元 | | | | | | |
| 9. 工具材料费 | 元 | 45. 34 | 45. 03 | 4. 47 | 19. 60 | 90. 25 | 19. 67 |
| 10. 修理维护费 | 元 | 6. 30 | 11. 81 | | 22. 16 | 16. 68 | 17. 33 |
| 11. 其他直接费用 | 元 | | | | | | |
| (二)间接费用 | 元 | 318. 36 | 73. 31 | 449. 11 | 216. 74 | 228. 55 | 93. 00 |
| 1. 固定资产折旧 | 元 | 21. 17 | | | 16. 57 | | 32. 33 |
| 2. 保险费 | 元 | | | | | | |
| 3. 管理费 | 元 | 0. 41 | | | | | |
| 4. 财务费 | 元 | | | | | | |
| 5. 销售费 | 元 | 296. 78 | 73. 31 | 449. 11 | 200. 17 | 228. 55 | 60. 67 |
| **二、每亩人工成本** | **元** | **2585. 43** | **3386. 15** | **1777. 62** | **3781. 73** | **2688. 79** | **2827. 77** |
| 1. 家庭用工折价 | 元 | 1879. 59 | 2754. 57 | 1777. 62 | 3487. 93 | 177. 85 | 2827. 77 |
| 家庭用工天数 | 日 | 20. 39 | 29. 88 | 19. 28 | 37. 83 | 1. 93 | 30. 67 |
| 劳动日工价 | 元 | 92. 20 | 92. 20 | 92. 20 | 92. 20 | 92. 20 | 92. 20 |
| 2. 雇工费用 | 元 | 705. 84 | 631. 58 | | 293. 80 | 2510. 94 | |
| 雇工天数 | 日 | 6. 11 | 4. 74 | | 2. 30 | 21. 76 | |
| 雇工工价 | 元 | 115. 52 | 133. 25 | 130. 00 | 127. 74 | 115. 39 | 170. 00 |
| 三、附 | | | | | | | |
| 1. 每亩种子用量 | 公斤 | | | | | | |
| 2. 每亩化肥用量 | 公斤 | 70. 49 | 27. 09 | 28. 66 | 21. 78 | 19. 38 | 72. 00 |
| 3. 每亩农膜用量 | 公斤 | 6. 30 | 5. 06 | 2. 77 | 3. 89 | 4. 32 | 10. 00 |

6-2-7-2 续表 1

| 项目 | 单位 | 厦门市 | 济南市 | 武汉市 | 南宁市 | 海口市 | 重庆市 |
|---|---|---|---|---|---|---|---|
| **一、每亩物质与服务费用** | **元** | **6487.50** | **902.51** | **1213.14** | **1992.59** | **2015.28** | **948.50** |
| (一)直接费用 | 元 | 5035.00 | 846.00 | 1144.08 | 1913.03 | 1998.05 | 932.06 |
| 1. 种子费 | 元 | 1035.00 | 94.87 | 177.14 | 617.10 | 137.00 | 194.27 |
| 2. 化肥费 | 元 | 1665.00 | 340.97 | 660.03 | 760.83 | 631.27 | 313.70 |
| 3. 农家肥费 | 元 | 1030.00 | 99.23 |  | 64.52 | 294.17 | 10.70 |
| 4. 农药费 | 元 | 540.00 | 88.83 | 78.16 | 233.32 | 552.63 | 185.71 |
| 5. 农膜费 | 元 | 75.00 | 64.08 | 52.07 | 75.19 | 60.49 | 70.49 |
| 6. 租赁作业费 | 元 | 550.00 | 144.28 | 132.89 | 130.33 | 217.00 | 137.58 |
| 机械作业费 | 元 | 200.00 | 77.50 | 105.71 | 130.33 | 175.33 | 137.58 |
| 排灌费 | 元 | 150.00 | 66.78 | 27.18 |  | 41.67 |  |
| 其中:水费 | 元 | 75.00 | 24.00 | 27.18 |  | 41.67 |  |
| 畜力费 | 元 | 200.00 |  |  |  |  |  |
| 7. 燃料动力费 | 元 |  |  | 28.93 |  | 69.11 | 8.73 |
| 8. 技术服务费 | 元 |  |  |  |  |  |  |
| 9. 工具材料费 | 元 | 140.00 | 9.77 | 10.30 | 28.05 | 31.08 | 9.49 |
| 10. 修理维护费 | 元 |  | 3.97 | 4.56 | 3.69 | 5.30 | 1.39 |
| 11. 其他直接费用 | 元 |  |  |  |  |  |  |
| (二)间接费用 | 元 | 1452.50 | 56.51 | 69.06 | 79.56 | 17.23 | 16.44 |
| 1. 固定资产折旧 | 元 | 42.50 | 8.88 | 19.04 | 3.83 | 17.23 | 13.32 |
| 2. 保险费 | 元 |  |  |  |  |  |  |
| 3. 管理费 | 元 |  |  |  |  |  |  |
| 4. 财务费 | 元 |  |  |  |  |  |  |
| 5. 销售费 | 元 | 1410.00 | 47.63 | 50.02 | 75.73 |  | 3.12 |
| **二、每亩人工成本** | **元** | **1800.00** | **2187.91** | **2446.99** | **3651.12** | **3239.86** | **2681.36** |
| 1. 家庭用工折价 | 元 |  | 2187.91 | 2446.99 | 3651.12 | 2381.53 | 2681.36 |
| 家庭用工天数 | 日 |  | 23.73 | 26.54 | 39.60 | 25.83 | 29.08 |
| 劳动日工价 | 元 | 92.20 | 92.20 | 92.20 | 92.20 | 92.20 | 92.20 |
| 2. 雇工费用 | 元 | 1800.00 |  |  |  | 858.33 |  |
| 雇工天数 | 日 | 15.00 |  |  |  | 8.58 |  |
| 雇工工价 | 元 | 120.00 | 80.00 | 150.00 | 110.00 | 100.04 | 147.20 |
| 三、附 |  |  |  |  |  |  |  |
| 1. 每亩种子用量 | 公斤 |  |  |  |  |  |  |
| 2. 每亩化肥用量 | 公斤 | 158.90 | 52.09 | 62.76 | 38.83 | 47.35 | 37.93 |
| 3. 每亩农膜用量 | 公斤 | 7.50 | 5.27 | 4.24 | 4.95 | 5.83 | 5.09 |

6-2-7-2　续表 2

| 项　　目 | 单位 | 成都市 | 昆明市 | 西安市 | 兰州市 | 银川市 | 乌鲁木齐市 |
|---|---|---|---|---|---|---|---|
| **一、每亩物质与服务费用** | 元 | **1356.14** | **1634.00** | **1183.30** | **1115.62** | **1888.89** | **974.62** |
| （一）直接费用 | 元 | 1303.07 | 1524.00 | 1049.35 | 1077.77 | 1848.83 | 966.01 |
| 1. 种子费 | 元 | 227.23 | 281.25 | 156.00 | 164.64 | 931.17 | 153.58 |
| 2. 化肥费 | 元 | 394.81 | 419.00 | 396.05 | 487.54 | 307.16 | 179.90 |
| 3. 农家肥费 | 元 | 22.93 | 215.25 | 236.50 | 151.87 | 286.83 | 144.20 |
| 4. 农药费 | 元 | 491.11 | 407.50 | 74.00 | 61.34 | 62.50 | 63.93 |
| 5. 农膜费 | 元 | 36.00 | 69.75 | | 54.52 | 69.50 | 46.25 |
| 6. 租赁作业费 | 元 | 123.00 | 117.50 | 169.50 | 140.00 | 175.17 | 192.76 |
| 机械作业费 | 元 | 120.00 | 67.50 | 147.00 | 110.00 | 120.00 | 135.00 |
| 排灌费 | 元 | 3.00 | 50.00 | 22.50 | 30.00 | 55.17 | 57.76 |
| 其中：水费 | 元 | | | | | 55.17 | 17.33 |
| 畜力费 | 元 | | | | | | |
| 7. 燃料动力费 | 元 | | | | | | 150.46 |
| 8. 技术服务费 | 元 | | | | | | |
| 9. 工具材料费 | 元 | 5.35 | 13.75 | 11.40 | 14.92 | 14.42 | 34.93 |
| 10. 修理维护费 | 元 | 2.64 | | 5.90 | 2.94 | 2.08 | |
| 11. 其他直接费用 | 元 | | | | | | |
| （二）间接费用 | 元 | 53.07 | 110.00 | 133.95 | 37.85 | 40.06 | 8.61 |
| 1. 固定资产折旧 | 元 | 20.48 | | 8.95 | | 14.73 | |
| 2. 保险费 | 元 | | | | | | |
| 3. 管理费 | 元 | | | | | | 8.61 |
| 4. 财务费 | 元 | | | | | | |
| 5. 销售费 | 元 | 32.59 | 110.00 | 125.00 | 37.85 | 25.33 | |
| **二、每亩人工成本** | 元 | **1254.84** | **2818.30** | **3028.77** | **2695.93** | **2028.82** | **2610.59** |
| 1. 家庭用工折价 | 元 | 1254.84 | 2443.30 | 3028.77 | 2695.93 | 1928.82 | 1444.77 |
| 家庭用工天数 | 日 | 13.61 | 26.50 | 32.85 | 29.24 | 20.92 | 15.67 |
| 劳动日工价 | 元 | 92.20 | 92.20 | 92.20 | 92.20 | 92.20 | 92.20 |
| 2. 雇工费用 | 元 | | 375.00 | | | 100.00 | 1165.82 |
| 雇工天数 | 日 | | 3.50 | | | 0.83 | 6.83 |
| 雇工工价 | 元 | 135.00 | 107.14 | 125.00 | 100.00 | 120.48 | 170.69 |
| **三、附** | | | | | | | |
| 1. 每亩种子用量 | 公斤 | | | | | | |
| 2. 每亩化肥用量 | 公斤 | 50.85 | 40.35 | 78.44 | 59.91 | 52.09 | 35.84 |
| 3. 每亩农膜用量 | 公斤 | 3.60 | 4.50 | | 4.54 | 5.67 | 4.19 |

# 6-2-7-3 2021年大中城市露地菜椒化肥投入情况

| 项目 | 单位 | 平均 | 北京市 | 呼和浩特市 | 长春市 | 合肥市 | 福州市 |
|---|---|---|---|---|---|---|---|
| **一、每亩化肥金额** | **元** | **726.30** | **531.06** | **168.43** | **114.35** | **375.29** | **690.00** |
| (一)氮肥 | 元 | 37.21 | 40.37 | | 61.87 | | |
| 1. 尿素 | 元 | 37.15 | 40.37 | | 59.36 | | |
| 2. 碳铵 | 元 | | | | | | |
| 3. 其他氮肥 | 元 | 0.06 | | | 2.51 | | |
| (二)磷肥 | 元 | 10.37 | | 23.33 | | | |
| 其中:过磷酸钙 | 元 | 10.26 | | | | | |
| (三)钾肥 | 元 | 54.21 | | | | | |
| 其中:氯化钾 | 元 | | | | | | |
| (四)复混肥 | 元 | 569.04 | 200.32 | 145.10 | 52.48 | 164.71 | 690.00 |
| 1. 复合肥 | 元 | 568.91 | 200.32 | 145.10 | 52.48 | 164.71 | 690.00 |
| 其中:二铵 | 元 | 18.95 | | 116.17 | 32.57 | | |
| 三元素复合肥 | 元 | 179.28 | 139.06 | 28.93 | 19.91 | 134.23 | |
| 2. 混配肥 | 元 | 0.13 | | | | | |
| (五)其他肥料 | 元 | 55.47 | 290.37 | | | 210.58 | |
| **二、每亩化肥折纯用量** | **公斤** | **70.49** | **27.09** | **28.66** | **21.78** | **19.38** | **72.00** |
| (一)氮肥 | 公斤 | 6.51 | 5.71 | | 12.43 | | |
| 1. 尿素 | 公斤 | 6.49 | 5.71 | | 11.75 | | |
| 2. 碳铵 | 公斤 | | | | | | |
| 3. 其他氮肥 | 公斤 | 0.02 | | | 0.68 | | |
| (二)磷肥 | 公斤 | 1.57 | | 2.67 | | | |
| 其中:过磷酸钙 | 公斤 | 1.56 | | | | | |
| (三)钾肥 | 公斤 | 4.70 | | | | | |
| 其中:氯化钾 | 公斤 | | | | | | |
| (四)复混肥 | 公斤 | 57.71 | 21.38 | 26.00 | 9.35 | 19.38 | 72.00 |
| 1. 复合肥 | 公斤 | 57.70 | 21.38 | 26.00 | 9.35 | 19.38 | 72.00 |
| 其中:二铵 | 公斤 | 3.55 | | 21.87 | 6.21 | | |
| 三元素复合肥 | 公斤 | 17.52 | 16.49 | 4.13 | 3.14 | 15.90 | |
| 2. 混配肥 | 公斤 | 0.01 | | | | | |

6-2-7-3 续表 1

| 项　　目 | 单位 | 厦门市 | 济南市 | 武汉市 | 南宁市 | 海口市 | 重庆市 |
|---|---|---|---|---|---|---|---|
| **一、每亩化肥金额** | **元** | **1665.00** | **340.97** | **660.03** | **760.83** | **631.27** | **313.70** |
| （一）氮肥 | 元 | | 147.97 | | | 58.33 | 15.92 |
| 1. 尿素 | 元 | | 147.97 | | | 58.33 | 15.92 |
| 2. 碳铵 | 元 | | | | | | |
| 3. 其他氮肥 | 元 | | | | | | |
| （二）磷肥 | 元 | | | | | 32.78 | |
| 其中：过磷酸钙 | 元 | | | | | 32.78 | |
| （三）钾肥 | 元 | 300.00 | | | | | |
| 其中：氯化钾 | 元 | | | | | | |
| （四）复混肥 | 元 | 1365.00 | 193.00 | 600.41 | 484.82 | 386.83 | 295.42 |
| 1. 复合肥 | 元 | 1365.00 | 193.00 | 600.41 | 484.82 | 386.83 | 280.79 |
| 其中：二铵 | 元 | | | | | | |
| 三元素复合肥 | 元 | 165.00 | 193.00 | | 435.40 | 362.50 | 230.35 |
| 2. 混配肥 | 元 | | | | | | 14.63 |
| （五）其他肥料 | 元 | | | 59.62 | 276.01 | 153.33 | 2.36 |
| **二、每亩化肥折纯用量** | **公斤** | **158.90** | **52.09** | **62.76** | **38.83** | **47.35** | **37.93** |
| （一）氮肥 | 公斤 | | 25.35 | | | 8.95 | 2.44 |
| 1. 尿素 | 公斤 | | 25.35 | | | 8.95 | 2.44 |
| 2. 碳铵 | 公斤 | | | | | | |
| 3. 其他氮肥 | 公斤 | | | | | | |
| （二）磷肥 | 公斤 | | | | | 4.89 | |
| 其中：过磷酸钙 | 公斤 | | | | | 4.89 | |
| （三）钾肥 | 公斤 | 26.00 | | | | | |
| 其中：氯化钾 | 公斤 | | | | | | |
| （四）复混肥 | 公斤 | 132.90 | 26.74 | 62.76 | 38.82 | 33.52 | 35.50 |
| 1. 复合肥 | 公斤 | 132.90 | 26.74 | 62.76 | 38.82 | 33.52 | 33.75 |
| 其中：二铵 | 公斤 | | | | | | |
| 三元素复合肥 | 公斤 | 18.90 | 26.74 | | 35.94 | 31.25 | 26.88 |
| 2. 混配肥 | 公斤 | | | | | | 1.75 |

6-2-7-3 续表 2

| 项目 | 单位 | 成都市 | 昆明市 | 西安市 | 兰州市 | 银川市 | 乌鲁木齐市 |
|---|---|---|---|---|---|---|---|
| 一、每亩化肥金额 | 元 | **394.81** | **419.00** | **396.05** | **487.54** | **307.16** | **179.90** |
| (一)氮肥 | 元 | 87.03 | 32.50 | 211.20 | 56.83 | 73.83 | 81.20 |
| 1. 尿素 | 元 | 87.03 | 32.50 | 211.20 | 56.83 | 73.83 | 81.20 |
| 2. 碳铵 | 元 | | | | | | |
| 3. 其他氮肥 | 元 | | | | | | |
| (二)磷肥 | 元 | 27.78 | 17.50 | | | | |
| 其中:过磷酸钙 | 元 | 27.78 | 17.50 | | | | |
| (三)钾肥 | 元 | | | | | | |
| 其中:氯化钾 | 元 | | | | | | |
| (四)复混肥 | 元 | 280.00 | 369.00 | 184.85 | 324.68 | 233.33 | 98.70 |
| 1. 复合肥 | 元 | 280.00 | 369.00 | 184.85 | 324.68 | 233.33 | 98.70 |
| 其中:二铵 | 元 | | | 184.85 | 147.94 | 130.83 | 98.70 |
| 三元素复合肥 | 元 | 280.00 | 369.00 | | | 102.50 | |
| 2. 混配肥 | 元 | | | | | | |
| (五)其他肥料 | 元 | | | | 106.03 | | |
| 二、每亩化肥折纯用量 | 公斤 | **50.85** | **40.35** | **78.44** | **59.91** | **52.09** | **35.84** |
| (一)氮肥 | 公斤 | 16.01 | 4.60 | 39.72 | 9.91 | 14.08 | 17.79 |
| 1. 尿素 | 公斤 | 16.01 | 4.60 | 39.72 | 9.91 | 14.08 | 17.79 |
| 2. 碳铵 | 公斤 | | | | | | |
| 3. 其他氮肥 | 公斤 | | | | | | |
| (二)磷肥 | 公斤 | 3.33 | 4.25 | | | | |
| 其中:过磷酸钙 | 公斤 | 3.33 | 4.25 | | | | |
| (三)钾肥 | 公斤 | | | | | | |
| 其中:氯化钾 | 公斤 | | | | | | |
| (四)复混肥 | 公斤 | 31.50 | 31.50 | 38.72 | 50.01 | 38.01 | 18.05 |
| 1. 复合肥 | 公斤 | 31.50 | 31.50 | 38.72 | 50.01 | 38.01 | 18.05 |
| 其中:二铵 | 公斤 | | | 38.72 | 27.08 | 24.32 | 18.05 |
| 三元素复合肥 | 公斤 | 31.50 | 31.50 | | | 13.69 | |
| 2. 混配肥 | 公斤 | | | | | | |

# 6-2-8-1　2021 年大中城市设施菜椒成本收益情况

| 项　　目 | 单位 | 平　均 | 北京市 | 天津市 | 石家庄市 | 上海市 |
|---|---|---|---|---|---|---|
| **每亩** | | | | | | |
| 主产品产量 | 公斤 | 3359.60 | 2929.17 | 3164.05 | 3166.67 | 3457.85 |
| 产值合计 | 元 | 11059.83 | 12329.05 | 10561.31 | 7642.54 | 11962.12 |
| 主产品产值 | 元 | 11059.83 | 12329.05 | 10561.31 | 7642.54 | 11962.12 |
| 副产品产值 | 元 | | | | | |
| 总成本 | 元 | 8182.48 | 8868.61 | 7267.14 | 8263.04 | 9115.04 |
| 生产成本 | 元 | 7652.38 | 7954.61 | 6918.24 | 7641.98 | 8006.21 |
| 物质与服务费用 | 元 | 2554.73 | 3564.63 | 1622.52 | 3001.94 | 2047.97 |
| 人工成本 | 元 | 5097.65 | 4389.98 | 5295.72 | 4640.04 | 5958.24 |
| 家庭用工折价 | 元 | 4146.33 | 2374.98 | 5293.02 | 3868.99 | 866.59 |
| 雇工费用 | 元 | 951.32 | 2015.00 | 2.70 | 771.05 | 5091.65 |
| 土地成本 | 元 | 530.10 | 914.00 | 348.90 | 621.06 | 1108.83 |
| 流转地租金 | 元 | 190.35 | 441.22 | 137.74 | 14.53 | 1108.83 |
| 自营地折租 | 元 | 339.75 | 472.78 | 211.16 | 606.53 | |
| 净利润 | 元 | 2877.35 | 3460.44 | 3294.17 | -620.50 | 2847.08 |
| 现金成本 | 元 | 3696.40 | 6020.85 | 1762.96 | 3787.52 | 8248.45 |
| 现金收益 | 元 | 7363.43 | 6308.20 | 8798.35 | 3855.02 | 3713.67 |
| 成本利润率 | % | 35.16 | 39.02 | 45.33 | -7.51 | 31.24 |
| **每 50 公斤主产品** | | | | | | |
| 平均出售价格 | 元 | 164.60 | 210.45 | 166.90 | 120.67 | 172.97 |
| 总成本 | 元 | 121.78 | 151.38 | 114.84 | 130.47 | 131.80 |
| 生产成本 | 元 | 113.89 | 135.78 | 109.33 | 120.66 | 115.77 |
| 净利润 | 元 | 42.82 | 59.07 | 52.06 | -9.80 | 41.17 |
| 现金成本 | 元 | 55.01 | 102.77 | 27.86 | 59.80 | 119.27 |
| 现金收益 | 元 | 109.59 | 107.68 | 139.04 | 60.87 | 53.70 |
| **附：** | | | | | | |
| 每亩用工数量 | 日 | 51.93 | 41.20 | 57.43 | 49.68 | 43.94 |
| 每亩主产品已出售数量 | 公斤 | 3359.60 | 2929.17 | 3164.05 | 3166.67 | 3457.85 |
| 每亩主产品已出售产值 | 元 | 11059.83 | 12329.05 | 10561.31 | 7642.54 | 11962.12 |
| 每亩成本外支出 | 元 | | | | | |

6-2-8-1 续表

| 项　　目 | 单位 | 南京市 | 杭州市 | 宁波市 | 成都市 | 兰州市 |
|---|---|---|---|---|---|---|
| **每亩** | | | | | | |
| 主产品产量 | 公斤 | 2906.11 | 2485.86 | 2793.33 | 3631.17 | 5088.55 |
| 产值合计 | 元 | 11935.63 | 8994.73 | 10310.00 | 11685.38 | 10914.70 |
| 主产品产值 | 元 | 11935.63 | 8994.73 | 10310.00 | 11685.38 | 10914.70 |
| 副产品产值 | 元 | | | | | |
| 总成本 | 元 | 7404.52 | 8197.62 | 7761.86 | 8130.76 | 10214.98 |
| 生产成本 | 元 | 7011.66 | 7666.19 | 7395.19 | 7680.76 | 9614.98 |
| 物质与服务费用 | 元 | 2677.50 | 2046.50 | 1863.19 | 2730.03 | 4769.87 |
| 人工成本 | 元 | 4334.16 | 5619.69 | 5532.00 | 4950.73 | 4845.11 |
| 家庭用工折价 | 元 | 3274.02 | 3411.40 | 5532.00 | 4738.16 | 4845.11 |
| 雇工费用 | 元 | 1060.14 | 2208.29 | | 212.57 | |
| 土地成本 | 元 | 392.86 | 531.43 | 366.67 | 450.00 | 600.00 |
| 流转地租金 | 元 | 285.71 | 317.14 | 256.67 | | |
| 自营地折租 | 元 | 107.15 | 214.29 | 110.00 | 450.00 | 600.00 |
| 净利润 | 元 | 4531.11 | 797.11 | 2548.14 | 3554.62 | 699.72 |
| 现金成本 | 元 | 4023.35 | 4571.93 | 2119.86 | 2942.60 | 4769.87 |
| 现金收益 | 元 | 7912.28 | 4422.80 | 8190.14 | 8742.78 | 6144.83 |
| 成本利润率 | % | 61.19 | 9.72 | 32.83 | 43.72 | 6.85 |
| **每50公斤主产品** | | | | | | |
| 平均出售价格 | 元 | 205.35 | 180.92 | 184.55 | 160.90 | 107.25 |
| 总成本 | 元 | 127.39 | 164.89 | 138.94 | 111.96 | 100.37 |
| 生产成本 | 元 | 120.63 | 154.20 | 132.37 | 105.76 | 94.48 |
| 净利润 | 元 | 77.96 | 16.03 | 45.61 | 48.94 | 6.88 |
| 现金成本 | 元 | 69.22 | 91.96 | 37.95 | 40.52 | 46.87 |
| 现金收益 | 元 | 136.13 | 88.96 | 146.60 | 120.38 | 60.38 |
| **附：** | | | | | | |
| 每亩用工数量 | 日 | 46.71 | 53.14 | 60.00 | 52.76 | 52.55 |
| 每亩主产品已出售数量 | 公斤 | 2906.11 | 2485.86 | 2793.33 | 3631.17 | 5088.55 |
| 每亩主产品已出售产值 | 元 | 11935.63 | 8994.73 | 10310.00 | 11685.38 | 10914.70 |
| 每亩成本外支出 | 元 | | | | | |

# 6-2-8-2　2021 年大中城市设施菜椒费用和用工情况

| 项　　目 | 单位 | 平　均 | 北京市 | 天津市 | 石家庄市 | 上海市 |
|---|---|---|---|---|---|---|
| **一、每亩物质与服务费用** | **元** | **2554.73** | **3564.63** | **1622.52** | **3001.94** | **2047.97** |
| (一)直接费用 | 元 | 2090.68 | 2510.16 | 1173.51 | 2280.63 | 1725.13 |
| 1. 种子费 | 元 | 262.88 | 205.52 | 117.94 | 640.75 | 145.47 |
| 2. 化肥费 | 元 | 473.14 | 549.38 | 168.26 | 608.77 | 347.73 |
| 3. 农家肥费 | 元 | 266.15 | 484.36 | 222.55 | 90.35 | 420.14 |
| 4. 农药费 | 元 | 232.69 | 313.22 | 95.91 | 283.77 | 153.59 |
| 5. 农膜费 | 元 | 548.80 | 627.32 | 416.63 | 498.25 | 354.81 |
| 6. 租赁作业费 | 元 | 160.10 | 188.28 | 93.80 | 104.47 | 277.48 |
| 机械作业费 | 元 | 122.35 | 83.86 | 59.13 | 42.10 | 134.20 |
| 排灌费 | 元 | 37.75 | 104.42 | 34.67 | 62.37 | 143.28 |
| 其中:水费 | 元 | 9.89 | 42.73 | 34.25 | | |
| 畜力费 | 元 | | | | | |
| 7. 燃料动力费 | 元 | 4.06 | 50.21 | | | |
| 8. 技术服务费 | 元 | 0.24 | 6.25 | | | |
| 9. 工具材料费 | 元 | 114.62 | 72.29 | 49.84 | 32.34 | 12.41 |
| 10. 修理维护费 | 元 | 28.00 | 13.33 | 8.58 | 21.93 | 13.50 |
| 11. 其他直接费用 | 元 | | | | | |
| (二)间接费用 | 元 | 464.05 | 1054.47 | 449.01 | 721.31 | 322.84 |
| 1. 固定资产折旧 | 元 | 414.49 | 903.97 | 449.01 | 704.38 | 290.16 |
| 2. 保险费 | 元 | 12.14 | | | | |
| 3. 管理费 | 元 | 4.67 | 35.76 | | | 18.95 |
| 4. 财务费 | 元 | 1.42 | | | | 13.73 |
| 5. 销售费 | 元 | 31.33 | 114.74 | | 16.93 | |
| **二、每亩人工成本** | **元** | **5097.65** | **4389.98** | **5295.72** | **4640.04** | **5958.24** |
| 1. 家庭用工折价 | 元 | 4146.33 | 2374.98 | 5293.02 | 3868.99 | 866.59 |
| 家庭用工天数 | 日 | 44.97 | 25.76 | 57.41 | 41.96 | 9.40 |
| 劳动日工价 | 元 | 92.20 | 92.20 | 92.20 | 92.20 | 92.20 |
| 2. 雇工费用 | 元 | 951.32 | 2015.00 | 2.70 | 771.05 | 5091.65 |
| 雇工天数 | 日 | 6.96 | 15.44 | 0.02 | 7.72 | 34.54 |
| 雇工工价 | 元 | 136.68 | 130.51 | 135.00 | 99.88 | 147.41 |
| **三、附** | | | | | | |
| 1. 每亩种子用量 | 公斤 | | | | | |
| 2. 每亩化肥用量 | 公斤 | 67.27 | 23.07 | 22.91 | 51.09 | 43.71 |
| 3. 每亩农膜用量 | 公斤 | 36.44 | 37.84 | 27.39 | 34.91 | 16.76 |

6-2-8-2 续表

| 项　　目 | 单位 | 南京市 | 杭州市 | 宁波市 | 成都市 | 兰州市 |
|---|---|---|---|---|---|---|
| **一、每亩物质与服务费用** | 元 | **2677.50** | **2046.50** | **1863.19** | **2730.03** | **4769.87** |
| （一）直接费用 | 元 | 1994.20 | 1440.54 | 1289.86 | 2386.58 | 3704.95 |
| 1. 种子费 | 元 | 136.07 | 127.45 | 168.33 | 269.14 | 1232.09 |
| 2. 化肥费 | 元 | 336.30 | 399.77 | 316.64 | 545.94 | 734.35 |
| 3. 农家肥费 | 元 | 435.24 | 146.50 | 86.67 | 278.56 | 420.33 |
| 4. 农药费 | 元 | 177.44 | 158.52 | 143.33 | 281.36 | 258.68 |
| 5. 农膜费 | 元 | 608.73 | 435.89 | 374.33 | 639.80 | 540.59 |
| 6. 租赁作业费 | 元 | 153.10 | 107.90 | 118.56 | 159.33 | 351.30 |
| 机械作业费 | 元 | 102.96 | 81.00 | 104.33 | 150.00 | 110.00 |
| 排灌费 | 元 | 50.14 | 26.90 | 14.23 | 9.33 | 241.30 |
| 其中：水费 | 元 |  | 22.32 | 7.33 | 9.33 |  |
| 畜力费 | 元 |  |  |  |  |  |
| 7. 燃料动力费 | 元 |  | 33.52 |  |  |  |
| 8. 技术服务费 | 元 |  | 1.14 |  |  |  |
| 9. 工具材料费 | 元 | 117.39 | 24.02 | 47.33 | 176.12 | 146.11 |
| 10. 修理维护费 | 元 | 29.93 | 5.83 | 34.67 | 36.33 | 21.50 |
| 11. 其他直接费用 | 元 |  |  |  |  |  |
| （二）间接费用 | 元 | 683.30 | 605.96 | 573.33 | 343.45 | 1064.92 |
| 1. 固定资产折旧 | 元 | 230.41 | 582.07 | 573.33 | 343.45 | 398.66 |
| 2. 保险费 | 元 | 10.00 |  |  |  | 616.13 |
| 3. 管理费 | 元 | 29.29 | 3.04 |  |  |  |
| 4. 财务费 | 元 |  | 1.23 |  |  |  |
| 5. 销售费 | 元 | 413.60 | 19.62 |  |  | 50.13 |
| **二、每亩人工成本** | 元 | **4334.16** | **5619.69** | **5532.00** | **4950.73** | **4845.11** |
| 1. 家庭用工折价 | 元 | 3274.02 | 3411.40 | 5532.00 | 4738.16 | 4845.11 |
| 家庭用工天数 | 日 | 35.51 | 37.00 | 60.00 | 51.39 | 52.55 |
| 劳动日工价 | 元 | 92.20 | 92.20 | 92.20 | 92.20 | 92.20 |
| 2. 雇工费用 | 元 | 1060.14 | 2208.29 |  | 212.57 |  |
| 雇工天数 | 日 | 11.20 | 16.14 |  | 1.37 |  |
| 雇工工价 | 元 | 94.66 | 136.82 | 120.00 | 155.16 | 100.00 |
| 三、附 |  |  |  |  |  |  |
| 1. 每亩种子用量 | 公斤 |  |  |  |  |  |
| 2. 每亩化肥用量 | 公斤 | 60.20 | 55.12 | 31.87 | 87.27 | 90.49 |
| 3. 每亩农膜用量 | 公斤 | 45.83 | 13.94 | 24.67 | 45.70 | 33.01 |

# 6-2-8-3　2021 年大中城市设施菜椒化肥投入情况

| 项　　目 | 单位 | 平　均 | 北京市 | 天津市 | 石家庄市 | 上海市 |
|---|---|---|---|---|---|---|
| **一、每亩化肥金额** | **元** | **473.14** | **549.38** | **168.26** | **608.77** | **347.73** |
| (一)氮肥 | 元 | 95.79 | | 3.63 | | 122.53 |
| 1. 尿素 | 元 | 95.79 | | 3.63 | | 122.53 |
| 2. 碳铵 | 元 | | | | | |
| 3. 其他氮肥 | 元 | | | | | |
| (二)磷肥 | 元 | 77.10 | | | | |
| 其中:过磷酸钙 | 元 | 77.10 | | | | |
| (三)钾肥 | 元 | 62.95 | | | | |
| 其中:氯化钾 | 元 | 62.95 | | | | |
| (四)复混肥 | 元 | 212.89 | 197.28 | 164.63 | 414.91 | 225.20 |
| 1. 复合肥 | 元 | 212.89 | 197.28 | 164.63 | 414.91 | 225.20 |
| 其中:二铵 | 元 | 4.58 | | 2.23 | | |
| 三元素复合肥 | 元 | 165.95 | 197.28 | 162.40 | | 225.20 |
| 2. 混配肥 | 元 | | | | | |
| (五)其他肥料 | 元 | 24.41 | 352.10 | | 193.86 | |
| **二、每亩化肥折纯用量** | **公斤** | **67.27** | **23.07** | **22.91** | **51.09** | **43.71** |
| (一)氮肥 | 公斤 | 16.82 | | 0.70 | | 21.68 |
| 1. 尿素 | 公斤 | 16.82 | | 0.70 | | 21.68 |
| 2. 碳铵 | 公斤 | | | | | |
| 3. 其他氮肥 | 公斤 | | | | | |
| (二)磷肥 | 公斤 | 12.68 | | | | |
| 其中:过磷酸钙 | 公斤 | 12.68 | | | | |
| (三)钾肥 | 公斤 | 10.82 | | | | |
| 其中:氯化钾 | 公斤 | 10.82 | | | | |
| (四)复混肥 | 公斤 | 26.94 | 23.07 | 22.20 | 51.09 | 22.03 |
| 1. 复合肥 | 公斤 | 26.94 | 23.07 | 22.20 | 51.09 | 22.03 |
| 其中:二铵 | 公斤 | 0.82 | | 0.42 | | |
| 三元素复合肥 | 公斤 | 20.92 | 23.07 | 21.78 | | 22.03 |
| 2. 混配肥 | 公斤 | | | | | |

6-2-8-3 续表

| 项　　目 | 单位 | 南京市 | 杭州市 | 宁波市 | 成都市 | 兰州市 |
|---|---|---|---|---|---|---|
| 一、每亩化肥金额 | 元 | **336.30** | **399.77** | **316.64** | **545.94** | **734.35** |
| (一)氮肥 | 元 | 109.36 | 119.53 | 29.17 | 121.88 | 61.70 |
| 1. 尿素 | 元 | 109.36 | 119.53 | 29.17 | 121.88 | 61.70 |
| 2. 碳铵 | 元 | | | | | |
| 3. 其他氮肥 | 元 | | | | | |
| (二)磷肥 | 元 | | | 16.67 | 145.68 | |
| 其中:过磷酸钙 | 元 | | | 16.67 | 145.68 | |
| (三)钾肥 | 元 | | | | 121.21 | |
| 其中:氯化钾 | 元 | | | | 121.21 | |
| (四)复混肥 | 元 | 226.94 | 280.24 | 270.80 | 157.17 | 490.62 |
| 1. 复合肥 | 元 | 226.94 | 280.24 | 270.80 | 157.17 | 490.62 |
| 其中:二铵 | 元 | | | | | 239.41 |
| 三元素复合肥 | 元 | 226.94 | 145.99 | 270.80 | 157.17 | 74.76 |
| 2. 混配肥 | 元 | | | | | |
| (五)其他肥料 | 元 | | | | | 182.03 |
| 二、每亩化肥折纯用量 | 公斤 | **60.20** | **55.12** | **31.87** | **87.27** | **90.49** |
| (一)氮肥 | 公斤 | 20.13 | 20.06 | 3.83 | 21.56 | 12.77 |
| 1. 尿素 | 公斤 | 20.13 | 20.06 | 3.83 | 21.56 | 12.77 |
| 2. 碳铵 | 公斤 | | | | | |
| 3. 其他氮肥 | 公斤 | | | | | |
| (二)磷肥 | 公斤 | | | 2.83 | 23.95 | |
| 其中:过磷酸钙 | 公斤 | | | 2.83 | 23.95 | |
| (三)钾肥 | 公斤 | | | | 20.83 | |
| 其中:氯化钾 | 公斤 | | | | 20.83 | |
| (四)复混肥 | 公斤 | 40.07 | 35.06 | 25.20 | 20.93 | 77.73 |
| 1. 复合肥 | 公斤 | 40.07 | 35.06 | 25.20 | 20.93 | 77.73 |
| 其中:二铵 | 公斤 | | | | | 42.55 |
| 三元素复合肥 | 公斤 | 40.07 | 19.38 | 25.20 | 20.93 | 10.18 |
| 2. 混配肥 | 公斤 | | | | | |

# 6-2-9-1　2021 年大中城市露地圆白菜成本收益情况

| 项　　目 | 单位 | 平　均 | 天津市 | 长春市 | 上海市 | 南京市 |
|---|---|---|---|---|---|---|
| 每亩 | | | | | | |
| 主产品产量 | 公斤 | 3345.08 | 4082.13 | 2359.78 | 2831.00 | 3514.47 |
| 产值合计 | 元 | 4059.69 | 6579.49 | 5546.33 | 4942.74 | 6588.90 |
| 主产品产值 | 元 | 4059.69 | 6579.49 | 5546.33 | 4942.74 | 6588.90 |
| 副产品产值 | 元 | | | | | |
| 总成本 | 元 | 3065.31 | 3653.86 | 4220.36 | 3781.23 | 3877.28 |
| 生产成本 | 元 | 2667.61 | 3308.64 | 3520.36 | 3293.80 | 3627.28 |
| 物质与服务费用 | 元 | 1036.77 | 651.58 | 1012.52 | 1093.81 | 1303.30 |
| 人工成本 | 元 | 1630.84 | 2657.06 | 2507.84 | 2199.99 | 2323.98 |
| 家庭用工折价 | 元 | 798.18 | 2654.99 | 2507.84 | 299.83 | 1717.69 |
| 雇工费用 | 元 | 832.66 | 2.07 | | 1900.16 | 606.29 |
| 土地成本 | 元 | 397.70 | 345.22 | 700.00 | 487.43 | 250.00 |
| 流转地租金 | 元 | 183.27 | 139.19 | 126.00 | 487.43 | 142.86 |
| 自营地折租 | 元 | 214.43 | 206.03 | 574.00 | | 107.14 |
| 净利润 | 元 | 994.38 | 2925.63 | 1325.97 | 1161.51 | 2711.62 |
| 现金成本 | 元 | 2052.70 | 792.84 | 1138.52 | 3481.40 | 2052.45 |
| 现金收益 | 元 | 2006.99 | 5786.65 | 4407.81 | 1461.34 | 4536.45 |
| 成本利润率 | % | 32.44 | 80.07 | 31.42 | 30.72 | 69.94 |
| 每 50 公斤主产品 | | | | | | |
| 平均出售价格 | 元 | 60.68 | 80.59 | 117.52 | 87.30 | 93.74 |
| 总成本 | 元 | 45.82 | 44.75 | 89.42 | 66.79 | 55.16 |
| 生产成本 | 元 | 39.87 | 40.53 | 74.59 | 58.18 | 51.61 |
| 净利润 | 元 | 14.86 | 35.84 | 28.10 | 20.51 | 38.58 |
| 现金成本 | 元 | 30.68 | 9.71 | 24.12 | 61.49 | 29.20 |
| 现金收益 | 元 | 30.00 | 70.88 | 93.40 | 25.81 | 64.54 |
| 附： | | | | | | |
| 每亩用工数量 | 日 | 15.17 | 28.81 | 27.20 | 18.95 | 24.97 |
| 每亩主产品已出售数量 | 公斤 | 3339.37 | 4082.13 | 2359.78 | 2831.00 | 3514.47 |
| 每亩主产品已出售产值 | 元 | 4050.53 | 6579.49 | 5546.33 | 4942.74 | 6588.90 |
| 每亩成本外支出 | 元 | | | | | |

6-2-9-1 续表 1

| 项　　目 | 单位 | 宁波市 | 福州市 | 厦门市 | 南昌市 | 济南市 |
|---|---|---|---|---|---|---|
| **每亩** | | | | | | |
| 主产品产量 | 公斤 | 1600.71 | 2196.67 | 3688.75 | 3042.83 | 3580.39 |
| 产值合计 | 元 | 4735.29 | 4028.67 | 4090.00 | 7127.49 | 5730.76 |
| 主产品产值 | 元 | 4735.29 | 4028.67 | 4090.00 | 7127.49 | 5730.76 |
| 副产品产值 | 元 | | | | | |
| 总成本 | 元 | 2153.96 | 3238.40 | 4535.00 | 2783.92 | 2439.81 |
| 生产成本 | 元 | 1903.96 | 3055.07 | 3910.00 | 2543.92 | 2176.89 |
| 物质与服务费用 | 元 | 1232.07 | 1229.17 | 1998.00 | 652.90 | 724.46 |
| 人工成本 | 元 | 671.89 | 1825.90 | 1912.00 | 1891.02 | 1452.43 |
| 家庭用工折价 | 元 | 144.75 | 399.23 | 922.00 | 1891.02 | 1452.43 |
| 雇工费用 | 元 | 527.14 | 1426.67 | 990.00 | | |
| 土地成本 | 元 | 250.00 | 183.33 | 625.00 | 240.00 | 262.92 |
| 流转地租金 | 元 | 177.60 | 64.17 | 131.25 | | |
| 自营地折租 | 元 | 72.40 | 119.16 | 493.75 | 240.00 | 262.92 |
| 净利润 | 元 | 2581.33 | 790.27 | -445.00 | 4343.57 | 3290.95 |
| 现金成本 | 元 | 1936.81 | 2720.01 | 3119.25 | 652.90 | 724.46 |
| 现金收益 | 元 | 2798.48 | 1308.66 | 970.75 | 6474.59 | 5006.30 |
| 成本利润率 | % | 119.84 | 24.40 | -9.81 | 156.02 | 134.89 |
| **每50公斤主产品** | | | | | | |
| 平均出售价格 | 元 | 147.91 | 91.70 | 55.44 | 117.12 | 80.03 |
| 总成本 | 元 | 67.28 | 73.71 | 61.47 | 45.75 | 34.07 |
| 生产成本 | 元 | 59.47 | 69.54 | 53.00 | 41.80 | 30.40 |
| 净利润 | 元 | 80.63 | 17.99 | -6.03 | 71.37 | 45.96 |
| 现金成本 | 元 | 60.50 | 61.91 | 42.28 | 10.73 | 10.12 |
| 现金收益 | 元 | 87.41 | 29.79 | 13.16 | 106.39 | 69.91 |
| **附：** | | | | | | |
| 每亩用工数量 | 日 | 4.50 | 13.50 | 19.00 | 20.51 | 15.75 |
| 每亩主产品已出售数量 | 公斤 | 1600.71 | 2196.67 | 3688.75 | 3001.50 | 3574.46 |
| 每亩主产品已出售产值 | 元 | 4735.29 | 4028.67 | 4090.00 | 7033.53 | 5721.37 |
| 每亩成本外支出 | 元 | | | | | |

6-2-9-1 续表 2

| 项　　目 | 单位 | 郑州市 | 武汉市 | 重庆市 | 昆明市 | 西安市 |
|---|---|---|---|---|---|---|
| **每亩** | | | | | | |
| 主产品产量 | 公斤 | 2800.00 | 1642.67 | 3271.93 | 5411.16 | 2730.00 |
| 产值合计 | 元 | 5880.00 | 3894.03 | 8137.49 | 9474.87 | 3442.20 |
| 主产品产值 | 元 | 5880.00 | 3894.03 | 8137.49 | 9474.87 | 3442.20 |
| 副产品产值 | 元 | | | | | |
| 总成本 | 元 | 3181.84 | 2214.07 | 2409.73 | 2937.87 | 3014.04 |
| 生产成本 | 元 | 2831.84 | 1954.07 | 2176.15 | 2720.93 | 2804.04 |
| 物质与服务费用 | 元 | 884.44 | 765.61 | 639.82 | 1377.35 | 572.80 |
| 人工成本 | 元 | 1947.40 | 1188.46 | 1536.33 | 1343.58 | 2231.24 |
| 家庭用工折价 | 元 | 1567.40 | 1101.79 | 1536.33 | 1035.68 | 2231.24 |
| 雇工费用 | 元 | 380.00 | 86.67 | | 307.90 | |
| 土地成本 | 元 | 350.00 | 260.00 | 233.58 | 216.94 | 210.00 |
| 流转地租金 | 元 | 52.50 | 37.70 | 35.04 | 7.55 | |
| 自营地折租 | 元 | 297.50 | 222.30 | 198.54 | 209.39 | 210.00 |
| 净利润 | 元 | 2698.16 | 1679.96 | 5727.76 | 6537.00 | 428.16 |
| 现金成本 | 元 | 1316.94 | 889.98 | 674.86 | 1692.80 | 572.80 |
| 现金收益 | 元 | 4563.06 | 3004.05 | 7462.63 | 7782.07 | 2869.40 |
| 成本利润率 | % | 84.80 | 75.88 | 237.69 | 222.51 | 14.21 |
| **每 50 公斤主产品** | | | | | | |
| 平均出售价格 | 元 | 105.00 | 118.53 | 124.35 | 87.55 | 63.04 |
| 总成本 | 元 | 56.82 | 67.39 | 36.82 | 27.15 | 55.20 |
| 生产成本 | 元 | 50.57 | 59.48 | 33.25 | 25.14 | 51.35 |
| 净利润 | 元 | 48.18 | 51.14 | 87.53 | 60.40 | 7.84 |
| 现金成本 | 元 | 23.52 | 27.09 | 10.31 | 15.64 | 10.49 |
| 现金收益 | 元 | 81.48 | 91.44 | 114.04 | 71.91 | 52.55 |
| **附：** | | | | | | |
| 每亩用工数量 | 日 | 22.00 | 12.62 | 16.66 | 14.29 | 24.20 |
| 每亩主产品已出售数量 | 公斤 | 2800.00 | 1631.83 | 3271.93 | 5269.63 | 2660.00 |
| 每亩主产品已出售产值 | 元 | 5880.00 | 3870.00 | 8137.49 | 9227.97 | 3354.00 |
| 每亩成本外支出 | 元 | | | | | |

6-2-9-1 续表 3

| 项目 | 单位 | 兰州市 | 西宁市 | 银川市 | 乌鲁木齐市 |
|---|---|---|---|---|---|
| **每亩** | | | | | |
| 主产品产量 | 公斤 | 5190.63 | 5165.20 | 4151.43 | 3808.33 |
| 产值合计 | 元 | 4827.18 | 5080.72 | 5041.14 | 1645.53 |
| 主产品产值 | 元 | 4827.18 | 5080.72 | 5041.14 | 1645.53 |
| 副产品产值 | 元 | | | | |
| 总成本 | 元 | 2722.06 | 3241.87 | 2302.44 | 1861.13 |
| 生产成本 | 元 | 2437.47 | 2681.87 | 1752.44 | 1461.13 |
| 物质与服务费用 | 元 | 800.00 | 615.67 | 1008.39 | 523.07 |
| 人工成本 | 元 | 1637.47 | 2066.20 | 744.05 | 938.06 |
| 家庭用工折价 | 元 | 1637.47 | 1806.20 | 744.05 | 531.99 |
| 雇工费用 | 元 | | 260.00 | | 406.07 |
| 土地成本 | 元 | 284.59 | 560.00 | 550.00 | 400.00 |
| 流转地租金 | 元 | | | 352.00 | 173.60 |
| 自营地折租 | 元 | 284.59 | 560.00 | 198.00 | 226.40 |
| 净利润 | 元 | 2105.12 | 1838.85 | 2738.70 | -215.60 |
| 现金成本 | 元 | 800.00 | 875.67 | 1360.39 | 1102.74 |
| 现金收益 | 元 | 4027.18 | 4205.05 | 3680.75 | 542.79 |
| 成本利润率 | % | 77.34 | 56.72 | 118.95 | -11.58 |
| **每 50 公斤主产品** | | | | | |
| 平均出售价格 | 元 | 46.50 | 49.18 | 60.72 | 21.60 |
| 总成本 | 元 | 26.22 | 31.38 | 27.73 | 24.43 |
| 生产成本 | 元 | 23.48 | 25.96 | 21.11 | 19.18 |
| 净利润 | 元 | 20.28 | 17.80 | 32.99 | -2.83 |
| 现金成本 | 元 | 7.71 | 8.48 | 16.39 | 14.48 |
| 现金收益 | 元 | 38.79 | 40.70 | 44.33 | 7.12 |
| **附：** | | | | | |
| 每亩用工数量 | 日 | 17.76 | 22.69 | 8.07 | 8.30 |
| 每亩主产品已出售数量 | 公斤 | 5190.63 | 5098.00 | 4151.43 | 3808.33 |
| 每亩主产品已出售产值 | 元 | 4827.18 | 5014.00 | 5041.14 | 1645.53 |
| 每亩成本外支出 | 元 | | | | |

# 6-2-9-2 2021年大中城市露地圆白菜费用和用工情况

| 项 目 | 单位 | 平 均 | 天津市 | 长春市 | 上海市 | 南京市 |
|---|---|---|---|---|---|---|
| **一、每亩物质与服务费用** | 元 | **1036.77** | **651.58** | **1012.52** | **1093.81** | **1303.30** |
| (一)直接费用 | 元 | 983.93 | 651.58 | 755.60 | 1042.81 | 809.34 |
| 1. 种子费 | 元 | 164.28 | 71.14 | 116.10 | 102.25 | 46.61 |
| 2. 化肥费 | 元 | 292.54 | 156.86 | 99.09 | 298.78 | 162.78 |
| 3. 农家肥费 | 元 | 204.33 | 191.74 | 199.78 | 328.54 | 330.43 |
| 4. 农药费 | 元 | 108.79 | 67.97 | 64.15 | 153.45 | 54.93 |
| 5. 农膜费 | 元 | 25.07 | 58.83 | 53.10 | | |
| 6. 租赁作业费 | 元 | 158.68 | 90.29 | 161.37 | 146.39 | 148.26 |
| 机械作业费 | 元 | 101.21 | 55.63 | 142.32 | 102.82 | 107.97 |
| 排灌费 | 元 | 43.98 | 34.66 | 19.05 | 43.57 | 40.29 |
| 其中:水费 | 元 | 15.40 | 32.96 | | | |
| 畜力费 | 元 | 13.49 | | | | |
| 7. 燃料动力费 | 元 | 12.24 | | 35.56 | | |
| 8. 技术服务费 | 元 | | | | | |
| 9. 工具材料费 | 元 | 15.25 | 9.96 | 14.57 | 6.36 | 48.16 |
| 10. 修理维护费 | 元 | 2.75 | 4.79 | 11.88 | 7.04 | 18.17 |
| 11. 其他直接费用 | 元 | | | | | |
| (二)间接费用 | 元 | 52.84 | | 256.92 | 51.00 | 493.96 |
| 1. 固定资产折旧 | 元 | 9.94 | | 14.99 | | 27.44 |
| 2. 保险费 | 元 | 1.45 | | | | 6.97 |
| 3. 管理费 | 元 | 4.19 | | | 6.81 | 25.71 |
| 4. 财务费 | 元 | 1.29 | | | 5.03 | |
| 5. 销售费 | 元 | 35.97 | | 241.93 | 39.16 | 433.84 |
| **二、每亩人工成本** | 元 | **1630.84** | **2657.06** | **2507.84** | **2199.99** | **2323.98** |
| 1. 家庭用工折价 | 元 | 798.18 | 2654.99 | 2507.84 | 299.83 | 1717.69 |
| 家庭用工天数 | 日 | 8.66 | 28.80 | 27.20 | 3.25 | 18.63 |
| 劳动日工价 | 元 | 92.20 | 92.20 | 92.20 | 92.20 | 92.20 |
| 2. 雇工费用 | 元 | 832.66 | 2.07 | | 1900.16 | 606.29 |
| 雇工天数 | 日 | 6.51 | 0.01 | | 15.70 | 6.34 |
| 雇工工价 | 元 | 127.91 | 207.00 | 120.24 | 121.03 | 95.63 |
| 三、附 | | | | | | |
| 1. 每亩种子用量 | 公斤 | | | | | |
| 2. 每亩化肥用量 | 公斤 | 38.37 | 24.72 | 20.42 | 35.45 | 28.97 |
| 3. 每亩农膜用量 | 公斤 | 1.88 | 4.62 | 4.08 | | |

6-2-9-2 续表 1

| 项 目 | 单位 | 宁波市 | 福州市 | 厦门市 | 南昌市 | 济南市 |
|---|---|---|---|---|---|---|
| **一、每亩物质与服务费用** | 元 | **1232.07** | **1229.17** | **1998.00** | **652.90** | **724.46** |
| (一)直接费用 | 元 | 1138.47 | 1211.17 | 1958.00 | 586.96 | 668.68 |
| 1. 种子费 | 元 | 500.00 | 208.67 | 325.00 | 54.55 | 52.07 |
| 2. 化肥费 | 元 | 468.00 | 433.33 | 565.00 | 281.53 | 214.56 |
| 3. 农家肥费 | 元 |  | 203.33 | 460.00 | 44.63 | 112.23 |
| 4. 农药费 | 元 | 71.83 | 149.00 | 210.00 | 78.95 | 83.57 |
| 5. 农膜费 | 元 |  | 95.00 | 18.00 |  | 38.79 |
| 6. 租赁作业费 | 元 | 85.00 | 86.67 | 275.00 | 21.91 | 157.29 |
| 机械作业费 | 元 | 85.00 | 50.00 | 135.00 |  | 94.62 |
| 排灌费 | 元 |  | 36.67 | 40.00 | 21.91 | 62.67 |
| 其中:水费 | 元 |  | 24.17 | 40.00 |  | 23.57 |
| 畜力费 | 元 |  |  | 100.00 |  |  |
| 7. 燃料动力费 | 元 | 7.50 | 17.67 | 60.00 | 93.11 |  |
| 8. 技术服务费 | 元 |  |  |  |  |  |
| 9. 工具材料费 | 元 | 4.50 | 17.50 | 45.00 | 12.28 | 7.71 |
| 10. 修理维护费 | 元 | 1.64 |  |  |  | 2.46 |
| 11. 其他直接费用 | 元 |  |  |  |  |  |
| (二)间接费用 | 元 | 93.60 | 18.00 | 40.00 | 65.94 | 55.78 |
| 1. 固定资产折旧 | 元 |  | 8.67 | 40.00 | 20.23 | 5.38 |
| 2. 保险费 | 元 | 33.60 |  |  |  |  |
| 3. 管理费 | 元 |  |  |  |  |  |
| 4. 财务费 | 元 |  | 3.33 |  |  |  |
| 5. 销售费 | 元 | 60.00 | 6.00 |  | 45.71 | 50.40 |
| **二、每亩人工成本** | 元 | **671.89** | **1825.90** | **1912.00** | **1891.02** | **1452.43** |
| 1. 家庭用工折价 | 元 | 144.75 | 399.23 | 922.00 | 1891.02 | 1452.43 |
| 家庭用工天数 | 日 | 1.57 | 4.33 | 10.00 | 20.51 | 15.75 |
| 劳动日工价 | 元 | 92.20 | 92.20 | 92.20 | 92.20 | 92.20 |
| 2. 雇工费用 | 元 | 527.14 | 1426.67 | 990.00 |  |  |
| 雇工天数 | 日 | 2.93 | 9.17 | 9.00 |  |  |
| 雇工工价 | 元 | 179.91 | 155.58 | 110.00 | 160.00 | 97.08 |
| 三、附 |  |  |  |  |  |  |
| 1. 每亩种子用量 | 公斤 |  |  |  |  |  |
| 2. 每亩化肥用量 | 公斤 | 57.00 | 47.71 | 60.17 | 23.29 | 30.07 |
| 3. 每亩农膜用量 | 公斤 |  | 6.00 | 1.50 |  | 3.13 |

6-2-9-2 续表 2

| 项　　目 | 单位 | 郑州市 | 武汉市 | 重庆市 | 昆明市 | 西安市 |
|---|---|---|---|---|---|---|
| **一、每亩物质与服务费用** | **元** | **884.44** | **765.61** | **639.82** | **1377.35** | **572.80** |
| （一）直接费用 | 元 | 785.44 | 650.73 | 627.50 | 1371.33 | 532.30 |
| 1. 种子费 | 元 | 75.00 | 101.67 | 62.65 | 469.46 | 84.00 |
| 2. 化肥费 | 元 | 253.94 | 356.85 | 305.70 | 265.98 | 145.30 |
| 3. 农家肥费 | 元 | 142.00 | | 8.40 | 310.06 | 104.00 |
| 4. 农药费 | 元 | 127.50 | 78.56 | 106.16 | 177.65 | 25.80 |
| 5. 农膜费 | 元 | | | | 38.95 | |
| 6. 租赁作业费 | 元 | 171.00 | 59.32 | 124.57 | 95.78 | 165.50 |
| 机械作业费 | 元 | 93.00 | 54.17 | 124.57 | 62.07 | 143.00 |
| 排灌费 | 元 | 78.00 | 5.15 | | 33.71 | 22.50 |
| 其中：水费 | 元 | | 5.15 | | | |
| 畜力费 | 元 | | | | | |
| 7. 燃料动力费 | 元 | | 39.14 | 11.13 | 3.14 | |
| 8. 技术服务费 | 元 | | | | | |
| 9. 工具材料费 | 元 | 8.00 | 4.51 | 7.72 | 10.31 | 5.00 |
| 10. 修理维护费 | 元 | 8.00 | 10.68 | 1.17 | | 2.70 |
| 11. 其他直接费用 | 元 | | | | | |
| （二）间接费用 | 元 | 99.00 | 114.88 | 12.32 | 6.02 | 40.50 |
| 1. 固定资产折旧 | 元 | 37.00 | 56.83 | 8.05 | | |
| 2. 保险费 | 元 | | | | | |
| 3. 管理费 | 元 | | | | | |
| 4. 财务费 | 元 | | | | | |
| 5. 销售费 | 元 | 62.00 | 58.05 | 4.27 | 6.02 | 40.50 |
| **二、每亩人工成本** | **元** | **1947.40** | **1188.46** | **1536.33** | **1343.58** | **2231.24** |
| 1. 家庭用工折价 | 元 | 1567.40 | 1101.79 | 1536.33 | 1035.68 | 2231.24 |
| 家庭用工天数 | 日 | 17.00 | 11.95 | 16.66 | 11.23 | 24.20 |
| 劳动日工价 | 元 | 92.20 | 92.20 | 92.20 | 92.20 | 92.20 |
| 2. 雇工费用 | 元 | 380.00 | 86.67 | | 307.90 | |
| 雇工天数 | 日 | 5.00 | 0.67 | | 3.06 | |
| 雇工工价 | 元 | 76.00 | 129.36 | 148.79 | 100.62 | 125.00 |
| **三、附** | | | | | | |
| 1. 每亩种子用量 | 公斤 | | | | | |
| 2. 每亩化肥用量 | 公斤 | 41.68 | 44.38 | 38.66 | 39.67 | 27.56 |
| 3. 每亩农膜用量 | 公斤 | | | | 3.18 | |

6-2-9-2 续表 3

| 项　　目 | 单位 | 兰州市 | 西宁市 | 银川市 | 乌鲁木齐市 |
|---|---|---|---|---|---|
| **一、每亩物质与服务费用** | **元** | **800.00** | **615.67** | **1008.39** | **523.07** |
| (一)直接费用 | 元 | 800.00 | 455.79 | 986.54 | 515.69 |
| 1. 种子费 | 元 | 74.85 | 161.92 | 378.71 | 83.63 |
| 2. 化肥费 | 元 | 366.34 | 135.89 | 286.29 | 131.27 |
| 3. 农家肥费 | 元 | 40.05 | 24.77 | 70.43 | 67.19 |
| 4. 农药费 | 元 | 56.43 | 33.52 | 82.29 | 38.59 |
| 5. 农膜费 | 元 | 64.88 | | | 13.90 |
| 6. 租赁作业费 | 元 | 187.96 | 93.22 | 164.29 | 173.73 |
| 机械作业费 | 元 | 110.00 | 88.55 | 114.29 | 120.00 |
| 排灌费 | 元 | 77.96 | 4.67 | 50.00 | 53.73 |
| 其中:水费 | 元 | | 4.67 | 50.00 | 16.12 |
| 畜力费 | 元 | | | | |
| 7. 燃料动力费 | 元 | | | | |
| 8. 技术服务费 | 元 | | | | |
| 9. 工具材料费 | 元 | 7.14 | 6.47 | 2.54 | 7.38 |
| 10. 修理维护费 | 元 | 2.35 | | 1.99 | |
| 11. 其他直接费用 | 元 | | | | |
| (二)间接费用 | 元 | | 159.88 | 21.85 | 7.38 |
| 1. 固定资产折旧 | 元 | | | 3.21 | |
| 2. 保险费 | 元 | | | | |
| 3. 管理费 | 元 | | | | 7.38 |
| 4. 财务费 | 元 | | | | |
| 5. 销售费 | 元 | | 159.88 | 18.64 | |
| **二、每亩人工成本** | **元** | **1637.47** | **2066.20** | **744.05** | **938.06** |
| 1. 家庭用工折价 | 元 | 1637.47 | 1806.20 | 744.05 | 531.99 |
| 家庭用工天数 | 日 | 17.76 | 19.59 | 8.07 | 5.77 |
| 劳动日工价 | 元 | 92.20 | 92.20 | 92.20 | 92.20 |
| 2. 雇工费用 | 元 | | 260.00 | | 406.07 |
| 雇工天数 | 日 | | 3.10 | | 2.53 |
| 雇工工价 | 元 | 100.00 | 83.87 | 120.00 | 160.50 |
| **三、附** | | | | | |
| 1. 每亩种子用量 | 公斤 | | | | |
| 2. 每亩化肥用量 | 公斤 | 57.07 | 26.15 | 49.25 | 25.67 |
| 3. 每亩农膜用量 | 公斤 | 5.23 | | | 1.39 |

# 6-2-9-3　2021 年大中城市露地圆白菜化肥投入情况

| 项　　目 | 单位 | 平　均 | 天津市 | 长春市 | 上海市 | 南京市 |
|---|---|---|---|---|---|---|
| 一、每亩化肥金额 | 元 | 292.54 | 156.86 | 99.09 | 298.78 | 162.78 |
| （一）氮肥 | 元 | 60.12 | 42.58 | 48.89 | 102.39 | 55.04 |
| 1. 尿素 | 元 | 60.08 | 42.58 | 46.25 | 102.39 | 55.04 |
| 2. 碳铵 | 元 | | | | | |
| 3. 其他氮肥 | 元 | 0.04 | | 2.64 | | |
| （二）磷肥 | 元 | 6.19 | | | | |
| 其中：过磷酸钙 | 元 | 6.19 | | | | |
| （三）钾肥 | 元 | 0.91 | | 3.70 | | |
| 其中：氯化钾 | 元 | 0.02 | | 1.23 | | |
| （四）复混肥 | 元 | 223.76 | 114.28 | 46.50 | 196.39 | 107.74 |
| 1. 复合肥 | 元 | 222.75 | 114.28 | 46.50 | 196.39 | 107.74 |
| 其中：二铵 | 元 | 31.39 | 21.22 | 31.35 | | |
| 三元素复合肥 | 元 | 157.49 | 93.06 | 15.15 | 196.39 | 107.74 |
| 2. 混配肥 | 元 | 1.01 | | | | |
| （五）其他肥料 | 元 | 1.56 | | | | |
| 二、每亩化肥折纯用量 | 公斤 | 38.37 | 24.72 | 20.42 | 35.45 | 28.97 |
| （一）氮肥 | 公斤 | 10.72 | 8.47 | 11.32 | 16.81 | 9.99 |
| 1. 尿素 | 公斤 | 10.71 | 8.47 | 10.64 | 16.81 | 9.99 |
| 2. 碳铵 | 公斤 | | | | | |
| 3. 其他氮肥 | 公斤 | 0.01 | | 0.68 | | |
| （二）磷肥 | 公斤 | 1.09 | | | | |
| 其中：过磷酸钙 | 公斤 | 1.09 | | | | |
| （三）钾肥 | 公斤 | 0.08 | | 0.96 | | |
| 其中：氯化钾 | 公斤 | 0.01 | | 0.34 | | |
| （四）复混肥 | 公斤 | 26.49 | 16.26 | 8.15 | 18.64 | 18.98 |
| 1. 复合肥 | 公斤 | 26.06 | 16.26 | 8.15 | 18.64 | 18.98 |
| 其中：二铵 | 公斤 | 5.86 | 4.08 | 5.88 | | |
| 三元素复合肥 | 公斤 | 16.95 | 12.18 | 2.27 | 18.64 | 18.98 |
| 2. 混配肥 | 公斤 | 0.43 | | | | |

6-2-9-3　续表 1

| 项　　目 | 单位 | 宁波市 | 福州市 | 厦门市 | 南昌市 | 济南市 |
|---|---|---|---|---|---|---|
| **一、每亩化肥金额** | 元 | **468.00** | **433.33** | **565.00** | **281.53** | **214.56** |
| (一)氮肥 | 元 | | 80.00 | 5.00 | | 21.64 |
| 1. 尿素 | 元 | | 80.00 | 5.00 | | 21.64 |
| 2. 碳铵 | 元 | | | | | |
| 3. 其他氮肥 | 元 | | | | | |
| (二)磷肥 | 元 | | | 40.00 | | |
| 其中:过磷酸钙 | 元 | | | 40.00 | | |
| (三)钾肥 | 元 | | | | | |
| 其中:氯化钾 | 元 | | | | | |
| (四)复混肥 | 元 | 468.00 | 353.33 | 520.00 | 262.36 | 192.92 |
| 1. 复合肥 | 元 | 440.00 | 353.33 | 520.00 | 262.36 | 192.92 |
| 其中:二铵 | 元 | | | | | |
| 三元素复合肥 | 元 | 440.00 | 353.33 | 345.00 | 262.36 | 192.92 |
| 2. 混配肥 | 元 | 28.00 | | | | |
| (五)其他肥料 | 元 | | | | 19.17 | |
| **二、每亩化肥折纯用量** | 公斤 | **57.00** | **47.71** | **60.17** | **23.29** | **30.07** |
| (一)氮肥 | 公斤 | | 10.73 | 0.69 | | 3.83 |
| 1. 尿素 | 公斤 | | 10.73 | 0.69 | | 3.83 |
| 2. 碳铵 | 公斤 | | | | | |
| 3. 其他氮肥 | 公斤 | | | | | |
| (二)磷肥 | 公斤 | | | 6.38 | | |
| 其中:过磷酸钙 | 公斤 | | | 6.38 | | |
| (三)钾肥 | 公斤 | | | | | |
| 其中:氯化钾 | 公斤 | | | | | |
| (四)复混肥 | 公斤 | 57.00 | 36.98 | 53.10 | 23.29 | 26.24 |
| 1. 复合肥 | 公斤 | 45.00 | 36.98 | 53.10 | 23.29 | 26.24 |
| 其中:二铵 | 公斤 | | | | | |
| 三元素复合肥 | 公斤 | 45.00 | 36.98 | 38.70 | 23.29 | 26.24 |
| 2. 混配肥 | 公斤 | 12.00 | | | | |

6-2-9-3 续表 2

| 项　　目 | 单位 | 郑州市 | 武汉市 | 重庆市 | 昆明市 | 西安市 |
|---|---|---|---|---|---|---|
| **一、每亩化肥金额** | **元** | **253.94** | **356.85** | **305.70** | **265.98** | **145.30** |
| （一）氮肥 | 元 | 126.44 | | 33.61 | 56.59 | 145.30 |
| 1. 尿素 | 元 | 126.44 | | 33.61 | 56.59 | 145.30 |
| 2. 碳铵 | 元 | | | | | |
| 3. 其他氮肥 | 元 | | | | | |
| （二）磷肥 | 元 | | | | 28.97 | |
| 其中：过磷酸钙 | 元 | | | | 28.97 | |
| （三）钾肥 | 元 | | | | 31.12 | |
| 其中：氯化钾 | 元 | | | | | |
| （四）复混肥 | 元 | 127.50 | 356.85 | 267.87 | 149.30 | |
| 1. 复合肥 | 元 | 127.50 | 356.85 | 264.97 | 149.30 | |
| 其中：二铵 | 元 | | | | | |
| 三元素复合肥 | 元 | | 234.51 | 264.97 | 10.91 | |
| 2. 混配肥 | 元 | | | 2.90 | | |
| （五）其他肥料 | 元 | | | 4.22 | | |
| **二、每亩化肥折纯用量** | **公斤** | **41.68** | **44.38** | **38.66** | **39.67** | **27.56** |
| （一）氮肥 | 公斤 | 26.68 | | 5.14 | 8.63 | 27.56 |
| 1. 尿素 | 公斤 | 26.68 | | 5.14 | 8.63 | 27.56 |
| 2. 碳铵 | 公斤 | | | | | |
| 3. 其他氮肥 | 公斤 | | | | | |
| （二）磷肥 | 公斤 | | | | 8.18 | |
| 其中：过磷酸钙 | 公斤 | | | | 8.18 | |
| （三）钾肥 | 公斤 | | | | 2.20 | |
| 其中：氯化钾 | 公斤 | | | | | |
| （四）复混肥 | 公斤 | 15.00 | 44.38 | 33.52 | 20.66 | |
| 1. 复合肥 | 公斤 | 15.00 | 44.38 | 33.17 | 20.66 | |
| 其中：二铵 | 公斤 | | | | | |
| 三元素复合肥 | 公斤 | | 30.00 | 33.17 | 0.85 | |
| 2. 混配肥 | 公斤 | | | 0.35 | | |

6-2-9-3 续表 3

| 项　　目 | 单位 | 兰州市 | 西宁市 | 银川市 | 乌鲁木齐市 |
|---|---|---|---|---|---|
| **一、每亩化肥金额** | 元 | **366.34** | **135.89** | **286.29** | **131.27** |
| (一)氮肥 | 元 | 94.61 | 48.85 | 82.00 | 52.93 |
| 1. 尿素 | 元 | 94.61 | 48.85 | 82.00 | 52.93 |
| 2. 碳铵 | 元 | | | | |
| 3. 其他氮肥 | 元 | | | | |
| (二)磷肥 | 元 | | | | |
| 其中:过磷酸钙 | 元 | | | | |
| (三)钾肥 | 元 | | | | |
| 其中:氯化钾 | 元 | | | | |
| (四)复混肥 | 元 | 212.86 | 87.04 | 204.29 | 78.34 |
| 1. 复合肥 | 元 | 212.86 | 87.04 | 204.29 | 78.34 |
| 其中:二铵 | 元 | 200.70 | 87.04 | 114.29 | 78.34 |
| 三元素复合肥 | 元 | | | 90.00 | |
| 2. 混配肥 | 元 | | | | |
| (五)其他肥料 | 元 | 58.87 | | | |
| **二、每亩化肥折纯用量** | 公斤 | **57.07** | **26.15** | **49.25** | **25.67** |
| (一)氮肥 | 公斤 | 18.06 | 9.77 | 15.74 | 11.07 |
| 1. 尿素 | 公斤 | 18.06 | 9.77 | 15.74 | 11.07 |
| 2. 碳铵 | 公斤 | | | | |
| 3. 其他氮肥 | 公斤 | | | | |
| (二)磷肥 | 公斤 | | | | |
| 其中:过磷酸钙 | 公斤 | | | | |
| (三)钾肥 | 公斤 | | | | |
| 其中:氯化钾 | 公斤 | | | | |
| (四)复混肥 | 公斤 | 39.02 | 16.38 | 33.51 | 14.60 |
| 1. 复合肥 | 公斤 | 39.02 | 16.38 | 33.51 | 14.60 |
| 其中:二铵 | 公斤 | 37.47 | 16.38 | 21.39 | 14.60 |
| 三元素复合肥 | 公斤 | | | 12.12 | |
| 2. 混配肥 | 公斤 | | | | |

# 6-2-10-1 2021 年大中城市露地大白菜成本收益情况

| 项 目 | 单位 | 平 均 | 北京市 | 天津市 | 石家庄市 | 太原市 | 呼和浩特市 |
|---|---|---|---|---|---|---|---|
| **每亩** | | | | | | | |
| 主产品产量 | 公斤 | 4010.07 | 2549.84 | 4479.95 | 3584.72 | 5438.89 | 5838.67 |
| 产值合计 | 元 | 5156.74 | 4596.63 | 5069.64 | 5098.71 | 10152.53 | 5393.97 |
| 主产品产值 | 元 | 5156.74 | 4596.63 | 5069.64 | 5098.71 | 10152.53 | 5393.97 |
| 副产品产值 | 元 | | | | | | |
| 总成本 | 元 | 2914.59 | 2331.59 | 2295.17 | 1672.37 | 2909.00 | 2372.26 |
| 生产成本 | 元 | 2542.68 | 1800.62 | 1939.97 | 1279.86 | 2609.00 | 2072.26 |
| 物质与服务费用 | 元 | 831.14 | 730.09 | 518.06 | 603.55 | 826.77 | 836.78 |
| 人工成本 | 元 | 1711.54 | 1070.53 | 1421.91 | 676.31 | 1782.23 | 1235.48 |
| 家庭用工折价 | 元 | 987.65 | 1070.53 | 1421.91 | 501.84 | 1782.23 | 1235.48 |
| 雇工费用 | 元 | 723.89 | | | 174.47 | | |
| 土地成本 | 元 | 371.91 | 530.97 | 355.20 | 392.51 | 300.00 | 300.00 |
| 流转地租金 | 元 | 138.96 | 349.37 | 155.27 | 8.74 | | 30.00 |
| 自营地折租 | 元 | 232.95 | 181.60 | 199.93 | 383.77 | 300.00 | 270.00 |
| 净利润 | 元 | 2242.15 | 2265.04 | 2774.47 | 3426.34 | 7243.53 | 3021.71 |
| 现金成本 | 元 | 1693.99 | 1079.46 | 673.33 | 786.76 | 826.77 | 866.78 |
| 现金收益 | 元 | 3462.75 | 3517.17 | 4396.31 | 4311.95 | 9325.76 | 4527.19 |
| 成本利润率 | % | 76.93 | 97.15 | 120.83 | 204.88 | 249.00 | 127.38 |
| **每 50 公斤主产品** | | | | | | | |
| 平均出售价格 | 元 | 64.30 | 90.14 | 56.58 | 71.12 | 93.33 | 46.19 |
| 总成本 | 元 | 36.34 | 45.72 | 25.62 | 23.33 | 26.74 | 20.31 |
| 生产成本 | 元 | 31.70 | 35.31 | 21.65 | 17.85 | 23.98 | 17.75 |
| 净利润 | 元 | 27.96 | 44.42 | 30.96 | 47.79 | 66.59 | 25.88 |
| 现金成本 | 元 | 21.12 | 21.17 | 7.51 | 10.97 | 7.60 | 7.42 |
| 现金收益 | 元 | 43.18 | 68.97 | 49.07 | 60.15 | 85.73 | 38.77 |
| **附：** | | | | | | | |
| 每亩用工数量 | 日 | 15.70 | 11.61 | 15.42 | 7.40 | 19.33 | 13.40 |
| 每亩主产品已出售数量 | 公斤 | 3917.85 | 2540.55 | 4479.95 | 3560.48 | 4765.37 | 5641.17 |
| 每亩主产品已出售产值 | 元 | 5001.27 | 4582.80 | 5069.64 | 5062.79 | 8773.13 | 5211.80 |
| 每亩成本外支出 | 元 | | | | | | |

6-2-10-1 续表 1

| 项 目 | 单位 | 沈阳市 | 长春市 | 哈尔滨市 | 上海市 | 福州市 | 南昌市 |
|---|---|---|---|---|---|---|---|
| **每亩** | | | | | | | |
| 主产品产量 | 公斤 | 7371.67 | 4188.50 | 3704.83 | 3410.80 | 2133.33 | 4017.00 |
| 产值合计 | 元 | 3499.37 | 5524.37 | 3996.75 | 5040.30 | 3423.33 | 7818.78 |
| 主产品产值 | 元 | 3499.37 | 5524.37 | 3996.75 | 5040.30 | 3423.33 | 7818.78 |
| 副产品产值 | 元 | | | | | | |
| 总成本 | 元 | 2419.37 | 4598.47 | 1794.86 | 3915.30 | 3621.10 | 2993.22 |
| 生产成本 | 元 | 2114.37 | 3898.47 | 1394.86 | 3446.93 | 3421.10 | 2753.22 |
| 物质与服务费用 | 元 | 333.58 | 1039.86 | 638.46 | 1131.59 | 885.00 | 612.34 |
| 人工成本 | 元 | 1780.79 | 2858.61 | 756.40 | 2315.34 | 2536.10 | 2140.88 |
| 家庭用工折价 | 元 | 1316.62 | 2530.89 | 430.57 | 363.36 | 522.77 | 2140.88 |
| 雇工费用 | 元 | 464.17 | 327.72 | 325.83 | 1951.98 | 2013.33 | |
| 土地成本 | 元 | 305.00 | 700.00 | 400.00 | 468.37 | 200.00 | 240.00 |
| 流转地租金 | 元 | 30.50 | 126.00 | 40.00 | 468.37 | 70.00 | |
| 自营地折租 | 元 | 274.50 | 574.00 | 360.00 | | 130.00 | 240.00 |
| 净利润 | 元 | 1080.00 | 925.90 | 2201.89 | 1125.00 | -197.77 | 4825.56 |
| 现金成本 | 元 | 828.25 | 1493.58 | 1004.29 | 3551.94 | 2968.33 | 612.34 |
| 现金收益 | 元 | 2671.12 | 4030.79 | 2992.46 | 1488.36 | 455.00 | 7206.44 |
| 成本利润率 | % | 44.64 | 20.13 | 122.68 | 28.73 | -5.46 | 161.22 |
| **每 50 公斤主产品** | | | | | | | |
| 平均出售价格 | 元 | 23.74 | 65.95 | 53.94 | 73.89 | 80.23 | 97.32 |
| 总成本 | 元 | 16.41 | 54.90 | 24.22 | 57.40 | 84.87 | 37.26 |
| 生产成本 | 元 | 14.34 | 46.54 | 18.83 | 50.53 | 80.18 | 34.27 |
| 净利润 | 元 | 7.33 | 11.05 | 29.72 | 16.49 | -4.64 | 60.06 |
| 现金成本 | 元 | 5.62 | 17.83 | 13.55 | 52.07 | 69.57 | 7.62 |
| 现金收益 | 元 | 18.12 | 48.12 | 40.39 | 21.82 | 10.66 | 89.70 |
| **附：** | | | | | | | |
| 每亩用工数量 | 日 | 17.45 | 30.17 | 7.60 | 18.80 | 14.67 | 23.22 |
| 每亩主产品已出售数量 | 公斤 | 7326.50 | 4188.50 | 3704.83 | 3410.80 | 2133.33 | 3976.67 |
| 每亩主产品已出售产值 | 元 | 3477.78 | 5524.37 | 3996.75 | 5040.30 | 3423.33 | 7738.31 |
| 每亩成本外支出 | 元 | | | | | | |

6-2-10-1 续表 2

| 项　　目 | 单位 | 济南市 | 郑州市 | 武汉市 | 海口市 | 重庆市 |
|---|---|---|---|---|---|---|
| **每亩** | | | | | | |
| 主产品产量 | 公斤 | 4703.98 | 2716.31 | 1854.64 | 1550.75 | 2850.95 |
| 产值合计 | 元 | 6850.95 | 2995.71 | 3695.31 | 3092.72 | 6626.66 |
| 主产品产值 | 元 | 6850.95 | 2995.71 | 3695.31 | 3092.72 | 6626.66 |
| 副产品产值 | 元 | | | | | |
| 总成本 | 元 | 2369.95 | 2273.45 | 2268.08 | 4257.68 | 3062.45 |
| 生产成本 | 元 | 2082.95 | 1902.47 | 2008.08 | 3907.68 | 2817.43 |
| 物质与服务费用 | 元 | 688.89 | 776.89 | 795.72 | 1019.05 | 540.37 |
| 人工成本 | 元 | 1394.06 | 1125.58 | 1212.36 | 2888.63 | 2277.06 |
| 家庭用工折价 | 元 | 1394.06 | 884.38 | 1142.36 | 2888.63 | 2277.06 |
| 雇工费用 | 元 | | 241.20 | 70.00 | | |
| 土地成本 | 元 | 287.00 | 370.98 | 260.00 | 350.00 | 245.02 |
| 流转地租金 | 元 | | 62.11 | 37.70 | | 36.75 |
| 自营地折租 | 元 | 287.00 | 308.87 | 222.30 | 350.00 | 208.27 |
| 净利润 | 元 | 4481.00 | 722.26 | 1427.23 | -1164.96 | 3564.21 |
| 现金成本 | 元 | 688.89 | 1080.20 | 903.42 | 1019.05 | 577.12 |
| 现金收益 | 元 | 6162.06 | 1915.51 | 2791.89 | 2073.67 | 6049.54 |
| 成本利润率 | % | 189.08 | 31.77 | 62.93 | -27.36 | 116.38 |
| **每 50 公斤主产品** | | | | | | |
| 平均出售价格 | 元 | 72.82 | 55.14 | 99.62 | 99.72 | 116.22 |
| 总成本 | 元 | 25.19 | 41.85 | 61.14 | 137.28 | 53.71 |
| 生产成本 | 元 | 22.14 | 35.02 | 54.13 | 126.00 | 49.41 |
| 净利润 | 元 | 47.63 | 13.29 | 38.48 | -37.56 | 62.51 |
| 现金成本 | 元 | 7.32 | 19.88 | 24.35 | 32.86 | 10.12 |
| 现金收益 | 元 | 65.50 | 35.26 | 75.27 | 66.86 | 106.10 |
| **附：** | | | | | | |
| 每亩用工数量 | 日 | 15.12 | 12.33 | 12.97 | 31.33 | 24.70 |
| 每亩主产品已出售数量 | 公斤 | 4693.01 | 2716.31 | 1828.20 | 1544.50 | 2850.95 |
| 每亩主产品已出售产值 | 元 | 6834.97 | 2995.71 | 3643.28 | 3082.05 | 6626.66 |
| 每亩成本外支出 | 元 | | | | | |

6-2-10-1 续表 3

| 项目 | 单位 | 昆明市 | 西安市 | 兰州市 | 西宁市 | 银川市 |
|---|---|---|---|---|---|---|
| **每亩** | | | | | | |
| 主产品产量 | 公斤 | 5338.07 | 2760.00 | 6425.14 | 5467.50 | 5665.00 |
| 产值合计 | 元 | 7706.43 | 3423.20 | 6918.63 | 6721.27 | 6166.67 |
| 主产品产值 | 元 | 7706.43 | 3423.20 | 6918.63 | 6721.27 | 6166.67 |
| 副产品产值 | 元 | | | | | |
| 总成本 | 元 | 2631.30 | 3337.90 | 2856.05 | 2992.09 | 2041.65 |
| 生产成本 | 元 | 2412.68 | 3127.90 | 2583.28 | 2492.09 | 1491.65 |
| 物质与服务费用 | 元 | 1071.25 | 915.10 | 762.15 | 1217.89 | 629.23 |
| 人工成本 | 元 | 1341.43 | 2212.80 | 1821.13 | 1274.20 | 862.42 |
| 家庭用工折价 | 元 | 1007.93 | 2212.80 | 1821.13 | 1274.20 | 822.42 |
| 雇工费用 | 元 | 333.50 | | | | 40.00 |
| 土地成本 | 元 | 218.62 | 210.00 | 272.77 | 500.00 | 550.00 |
| 流转地租金 | 元 | 7.50 | | | | 352.00 |
| 自营地折租 | 元 | 211.12 | 210.00 | 272.77 | 500.00 | 198.00 |
| 净利润 | 元 | 5075.13 | 85.30 | 4062.58 | 3729.18 | 4125.02 |
| 现金成本 | 元 | 1412.25 | 915.10 | 762.15 | 1217.89 | 1021.23 |
| 现金收益 | 元 | 6294.18 | 2508.10 | 6156.48 | 5503.38 | 5145.44 |
| 成本利润率 | % | 192.88 | 2.56 | 142.24 | 124.63 | 202.04 |
| **每 50 公斤主产品** | | | | | | |
| 平均出售价格 | 元 | 72.18 | 62.01 | 53.84 | 61.47 | 54.43 |
| 总成本 | 元 | 24.65 | 60.46 | 22.23 | 27.36 | 18.02 |
| 生产成本 | 元 | 22.60 | 56.66 | 20.10 | 22.79 | 13.17 |
| 净利润 | 元 | 47.53 | 1.55 | 31.61 | 34.11 | 36.41 |
| 现金成本 | 元 | 13.23 | 16.58 | 5.93 | 11.14 | 9.01 |
| 现金收益 | 元 | 58.95 | 45.43 | 47.91 | 50.33 | 45.42 |
| **附：** | | | | | | |
| 每亩用工数量 | 日 | 14.24 | 24.00 | 19.75 | 13.82 | 9.25 |
| 每亩主产品已出售数量 | 公斤 | 4626.81 | 2615.00 | 6394.78 | 5467.50 | 5665.00 |
| 每亩主产品已出售产值 | 元 | 6651.66 | 3244.00 | 6859.28 | 6721.27 | 6166.67 |
| 每亩成本外支出 | 元 | | | | | |

# 6-2-10-2　2021 年大中城市露地大白菜费用和用工情况

| 项　　目 | 单位 | 平　均 | 北京市 | 天津市 | 石家庄市 | 太原市 | 呼和浩特市 |
|---|---|---|---|---|---|---|---|
| **一、每亩物质与服务费用** | **元** | **831.14** | **730.09** | **518.06** | **603.55** | **826.77** | **836.78** |
| （一）直接费用 | 元 | 755.66 | 711.67 | 518.06 | 595.45 | 751.46 | 619.28 |
| 1. 种子费 | 元 | 79.48 | 61.73 | 48.72 | 69.76 | 36.31 | 74.08 |
| 2. 化肥费 | 元 | 231.28 | 316.49 | 154.88 | 202.41 | 157.24 | 206.11 |
| 3. 农家肥费 | 元 | 182.62 | 76.27 | 161.54 | 98.83 | 293.89 | 166.67 |
| 4. 农药费 | 元 | 96.43 | 131.99 | 59.11 | 102.60 | 38.53 | 29.25 |
| 5. 农膜费 | 元 | 18.72 |  |  |  | 45.06 |  |
| 6. 租赁作业费 | 元 | 130.60 | 112.63 | 85.46 | 113.70 | 153.21 | 134.00 |
| 机械作业费 | 元 | 85.13 | 67.34 | 54.50 | 64.92 | 86.67 | 101.67 |
| 排灌费 | 元 | 45.44 | 45.29 | 30.96 | 48.78 | 66.54 | 32.33 |
| 其中：水费 | 元 | 10.72 | 18.59 | 29.62 |  |  |  |
| 畜力费 | 元 | 0.03 |  |  |  |  |  |
| 7. 燃料动力费 | 元 | 4.04 |  |  |  | 12.38 |  |
| 8. 技术服务费 | 元 |  |  |  |  |  |  |
| 9. 工具材料费 | 元 | 7.37 | 9.02 | 4.86 | 4.89 | 6.92 | 9.17 |
| 10. 修理维护费 | 元 | 5.12 | 3.54 | 3.49 | 3.26 | 7.92 |  |
| 11. 其他直接费用 | 元 |  |  |  |  |  |  |
| （二）间接费用 | 元 | 75.48 | 18.42 |  | 8.10 | 75.31 | 217.50 |
| 1. 固定资产折旧 | 元 | 6.35 |  |  | 8.10 | 19.53 |  |
| 2. 保险费 | 元 |  |  |  |  |  |  |
| 3. 管理费 | 元 | 1.83 |  |  |  |  |  |
| 4. 财务费 | 元 | 1.32 |  |  |  |  |  |
| 5. 销售费 | 元 | 65.98 | 18.42 |  |  | 55.78 | 217.50 |
| **二、每亩人工成本** | **元** | **1711.54** | **1070.53** | **1421.91** | **676.31** | **1782.23** | **1235.48** |
| 1. 家庭用工折价 | 元 | 987.65 | 1070.53 | 1421.91 | 501.84 | 1782.23 | 1235.48 |
| 家庭用工天数 | 日 | 10.71 | 11.61 | 15.42 | 5.44 | 19.33 | 13.40 |
| 劳动日工价 | 元 | 92.20 | 92.20 | 92.20 | 92.20 | 92.20 | 92.20 |
| 2. 雇工费用 | 元 | 723.89 |  |  | 174.47 |  |  |
| 雇工天数 | 日 | 4.99 |  |  | 1.96 |  |  |
| 雇工工价 | 元 | 145.07 | 138.01 | 152.45 | 89.02 | 120.00 | 130.00 |
| 三、附 |  |  |  |  |  |  |  |
| 1. 每亩种子用量 | 公斤 |  |  |  |  |  |  |
| 2. 每亩化肥用量 | 公斤 | 33.26 | 38.78 | 26.77 | 30.22 | 27.45 | 42.47 |
| 3. 每亩农膜用量 | 公斤 | 1.49 |  |  |  | 3.09 |  |

6-2-10-2 续表 1

| 项　　目 | 单位 | 沈阳市 | 长春市 | 哈尔滨市 | 上海市 | 福州市 | 南昌市 |
|---|---|---|---|---|---|---|---|
| **一、每亩物质与服务费用** | 元 | **333.58** | **1039.86** | **638.46** | **1131.59** | **885.00** | **612.34** |
| (一)直接费用 | 元 | 319.38 | 692.86 | 585.96 | 1061.31 | 880.33 | 540.51 |
| 1. 种子费 | 元 | 45.40 | 124.47 | 112.17 | 81.97 | 68.33 | 63.79 |
| 2. 化肥费 | 元 | 118.25 | 97.42 | 120.00 | 325.28 | 230.00 | 271.01 |
| 3. 农家肥费 | 元 |  | 197.15 | 109.17 | 324.77 | 273.33 | 29.13 |
| 4. 农药费 | 元 | 34.22 | 69.25 | 101.33 | 158.54 | 92.67 | 52.10 |
| 5. 农膜费 | 元 |  |  |  |  | 111.67 |  |
| 6. 租赁作业费 | 元 | 120.47 | 176.10 | 140.34 | 154.78 | 81.67 | 20.97 |
| 机械作业费 | 元 | 69.12 | 148.95 | 91.67 | 105.45 | 51.67 |  |
| 排灌费 | 元 | 51.35 | 27.15 | 48.67 | 49.33 | 30.00 | 20.97 |
| 其中:水费 | 元 |  |  | 48.67 |  | 18.00 |  |
| 畜力费 | 元 |  |  |  |  |  |  |
| 7. 燃料动力费 | 元 |  |  |  |  | 9.33 | 92.77 |
| 8. 技术服务费 | 元 |  |  |  |  |  |  |
| 9. 工具材料费 | 元 | 1.04 | 12.55 | 2.95 | 7.74 | 10.00 | 10.74 |
| 10. 修理维护费 | 元 |  | 15.92 |  | 8.23 | 3.33 |  |
| 11. 其他直接费用 | 元 |  |  |  |  |  |  |
| (二)间接费用 | 元 | 14.20 | 347.00 | 52.50 | 70.28 | 4.67 | 71.83 |
| 1. 固定资产折旧 | 元 | 14.20 | 13.00 |  |  | 4.67 | 23.16 |
| 2. 保险费 | 元 |  |  |  |  |  |  |
| 3. 管理费 | 元 |  |  |  | 9.57 |  |  |
| 4. 财务费 | 元 |  |  |  | 6.91 |  |  |
| 5. 销售费 | 元 |  | 334.00 | 52.50 | 53.80 |  | 48.67 |
| **二、每亩人工成本** | 元 | **1780.79** | **2858.61** | **756.40** | **2315.34** | **2536.10** | **2140.88** |
| 1. 家庭用工折价 | 元 | 1316.62 | 2530.89 | 430.57 | 363.36 | 522.77 | 2140.88 |
| 家庭用工天数 | 日 | 14.28 | 27.45 | 4.67 | 3.94 | 5.67 | 23.22 |
| 劳动日工价 | 元 | 92.20 | 92.20 | 92.20 | 92.20 | 92.20 | 92.20 |
| 2. 雇工费用 | 元 | 464.17 | 327.72 | 325.83 | 1951.98 | 2013.33 |  |
| 雇工天数 | 日 | 3.17 | 2.72 | 2.93 | 14.86 | 9.00 |  |
| 雇工工价 | 元 | 146.43 | 120.49 | 111.21 | 131.36 | 223.70 | 160.00 |
| 三、附 |  |  |  |  |  |  |  |
| 1. 每亩种子用量 | 公斤 |  |  |  |  |  |  |
| 2. 每亩化肥用量 | 公斤 | 22.64 | 20.17 | 25.55 | 38.53 | 25.65 | 23.93 |
| 3. 每亩农膜用量 | 公斤 |  |  |  |  | 9.00 |  |

6-2-10-2 续表 2

| 项目 | 单位 | 济南市 | 郑州市 | 武汉市 | 海口市 | 重庆市 |
|---|---|---|---|---|---|---|
| 一、每亩物质与服务费用 | 元 | **688.89** | **776.89** | **795.72** | **1019.05** | **540.37** |
| (一)直接费用 | 元 | 635.15 | 681.14 | 680.84 | 982.31 | 513.67 |
| 1. 种子费 | 元 | 34.77 | 44.05 | 119.50 | 54.38 | 31.01 |
| 2. 化肥费 | 元 | 254.74 | 271.17 | 382.78 | 408.79 | 230.60 |
| 3. 农家肥费 | 元 | 98.22 | 80.91 | | 105.00 | 26.91 |
| 4. 农药费 | 元 | 86.33 | 93.13 | 64.87 | 219.35 | 130.85 |
| 5. 农膜费 | 元 | | | | | |
| 6. 租赁作业费 | 元 | 148.07 | 174.50 | 59.32 | 126.66 | 63.08 |
| 机械作业费 | 元 | 81.50 | 77.71 | 54.17 | 118.33 | 63.08 |
| 排灌费 | 元 | 66.57 | 96.79 | 5.15 | | |
| 其中:水费 | 元 | 24.00 | | 5.15 | | |
| 畜力费 | 元 | | | | 8.33 | |
| 7. 燃料动力费 | 元 | | | 39.14 | 45.40 | 15.56 |
| 8. 技术服务费 | 元 | | | | | |
| 9. 工具材料费 | 元 | 9.10 | 7.06 | 4.35 | 16.85 | 13.65 |
| 10. 修理维护费 | 元 | 3.92 | 10.32 | 10.88 | 5.88 | 2.01 |
| 11. 其他直接费用 | 元 | | | | | |
| (二)间接费用 | 元 | 53.74 | 95.75 | 114.88 | 36.74 | 26.70 |
| 1. 固定资产折旧 | 元 | 8.02 | 9.14 | 56.83 | 9.24 | 11.78 |
| 2. 保险费 | 元 | | | | | |
| 3. 管理费 | 元 | | | | | |
| 4. 财务费 | 元 | | | | | |
| 5. 销售费 | 元 | 45.72 | 86.61 | 58.05 | 27.50 | 14.92 |
| 二、每亩人工成本 | 元 | **1394.06** | **1125.58** | **1212.36** | **2888.63** | **2277.06** |
| 1. 家庭用工折价 | 元 | 1394.06 | 884.38 | 1142.36 | 2888.63 | 2277.06 |
| 家庭用工天数 | 日 | 15.12 | 9.59 | 12.39 | 31.33 | 24.70 |
| 劳动日工价 | 元 | 92.20 | 92.20 | 92.20 | 92.20 | 92.20 |
| 2. 雇工费用 | 元 | | 241.20 | 70.00 | | |
| 雇工天数 | 日 | | 2.74 | 0.58 | | |
| 雇工工价 | 元 | 80.00 | 88.03 | 120.69 | 130.00 | 140.51 |
| 三、附 | | | | | | |
| 1. 每亩种子用量 | 公斤 | | | | | |
| 2. 每亩化肥用量 | 公斤 | 36.55 | 43.14 | 47.03 | 39.26 | 28.28 |
| 3. 每亩农膜用量 | 公斤 | | | | | |

6-2-10-2 续表 3

| 项　　目 | 单位 | 昆明市 | 西安市 | 兰州市 | 西宁市 | 银川市 |
|---|---|---|---|---|---|---|
| 一、每亩物质与服务费用 | 元 | **1071.25** | **915.10** | **762.15** | **1217.89** | **629.23** |
| （一）直接费用 | 元 | 1068.02 | 834.10 | 718.22 | 505.06 | 597.18 |
| 1. 种子费 | 元 | 210.92 | 104.00 | 59.56 | 58.33 | 62.67 |
| 2. 化肥费 | 元 | 308.11 | 264.00 | 315.56 | 226.20 | 257.17 |
| 3. 农家肥费 | 元 | 287.44 | 211.50 | 83.79 |  | 40.00 |
| 4. 农药费 | 元 | 153.39 | 83.50 | 60.89 | 36.72 | 63.00 |
| 5. 农膜费 | 元 | 36.33 |  | 29.61 | 70.00 |  |
| 6. 租赁作业费 | 元 | 62.48 | 158.50 | 152.23 | 111.00 | 170.00 |
| 机械作业费 | 元 | 60.00 | 143.50 | 110.00 | 102.50 | 120.00 |
| 排灌费 | 元 | 2.48 | 15.00 | 42.23 | 8.50 | 50.00 |
| 其中：水费 | 元 |  |  |  | 8.50 | 50.00 |
| 畜力费 | 元 |  |  |  |  |  |
| 7. 燃料动力费 | 元 |  |  |  |  |  |
| 8. 技术服务费 | 元 |  |  |  |  |  |
| 9. 工具材料费 | 元 | 9.35 | 8.95 | 14.22 | 2.81 | 2.62 |
| 10. 修理维护费 | 元 |  | 3.65 | 2.36 |  | 1.72 |
| 11. 其他直接费用 | 元 |  |  |  |  |  |
| （二）间接费用 | 元 | 3.23 | 81.00 | 43.93 | 712.83 | 32.05 |
| 1. 固定资产折旧 | 元 |  |  |  |  | 4.05 |
| 2. 保险费 | 元 |  |  |  |  |  |
| 3. 管理费 | 元 |  |  |  |  |  |
| 4. 财务费 | 元 |  |  |  |  |  |
| 5. 销售费 | 元 | 3.23 | 81.00 | 43.93 | 712.83 | 28.00 |
| 二、每亩人工成本 | 元 | **1341.43** | **2212.80** | **1821.13** | **1274.20** | **862.42** |
| 1. 家庭用工折价 | 元 | 1007.93 | 2212.80 | 1821.13 | 1274.20 | 822.42 |
| 家庭用工天数 | 日 | 10.93 | 24.00 | 19.75 | 13.82 | 8.92 |
| 劳动日工价 | 元 | 92.20 | 92.20 | 92.20 | 92.20 | 92.20 |
| 2. 雇工费用 | 元 | 333.50 |  |  |  | 40.00 |
| 雇工天数 | 日 | 3.31 |  |  |  | 0.33 |
| 雇工工价 | 元 | 100.76 | 125.00 | 100.00 | 85.00 | 121.21 |
| 三、附 |  |  |  |  |  |  |
| 1. 每亩种子用量 | 公斤 |  |  |  |  |  |
| 2. 每亩化肥用量 | 公斤 | 42.30 | 49.87 | 45.76 | 42.51 | 43.98 |
| 3. 每亩农膜用量 | 公斤 | 3.01 |  | 2.47 | 7.00 |  |

# 6-2-10-3　2021 年大中城市露地大白菜化肥投入情况

| 项　　目 | 单位 | 平　均 | 北京市 | 天津市 | 石家庄市 | 太原市 | 呼和浩特市 |
|---|---|---|---|---|---|---|---|
| **一、每亩化肥金额** | **元** | **231. 28** | **316. 49** | **154. 88** | **202. 41** | **157. 24** | **206. 11** |
| （一）氮肥 | 元 | 65. 94 | 126. 34 | 61. 74 | 2. 91 | | 80. 60 |
| 1. 尿素 | 元 | 63. 98 | 126. 34 | 61. 74 | 2. 91 | | 80. 60 |
| 2. 碳铵 | 元 | 1. 90 | | | | | |
| 3. 其他氮肥 | 元 | 0. 06 | | | | | |
| （二）磷肥 | 元 | 1. 37 | | | | | |
| 其中：过磷酸钙 | 元 | 1. 37 | | | | | |
| （三）钾肥 | 元 | 0. 22 | | | | | |
| 其中：氯化钾 | 元 | 0. 07 | | | | | |
| （四）复混肥 | 元 | 162. 05 | 170. 46 | 93. 14 | 199. 50 | 157. 24 | 125. 51 |
| 1. 复合肥 | 元 | 162. 02 | 170. 46 | 93. 14 | 199. 50 | 157. 24 | 125. 51 |
| 其中：二铵 | 元 | 28. 82 | 18. 64 | 54. 64 | 54. 32 | 157. 24 | 125. 51 |
| 三元素复合肥 | 元 | 114. 61 | 96. 05 | 38. 50 | 141. 18 | | |
| 2. 混配肥 | 元 | 0. 03 | | | | | |
| （五）其他肥料 | 元 | 1. 70 | 19. 69 | | | | |
| **二、每亩化肥折纯用量** | **公斤** | **33. 26** | **38. 78** | **26. 77** | **30. 22** | **27. 45** | **42. 47** |
| （一）氮肥 | 公斤 | 12. 50 | 19. 04 | 11. 36 | 0. 52 | | 17. 07 |
| 1. 尿素 | 公斤 | 12. 06 | 19. 04 | 11. 36 | 0. 52 | | 17. 07 |
| 2. 碳铵 | 公斤 | 0. 42 | | | | | |
| 3. 其他氮肥 | 公斤 | 0. 02 | | | | | |
| （二）磷肥 | 公斤 | 0. 37 | | | | | |
| 其中：过磷酸钙 | 公斤 | 0. 37 | | | | | |
| （三）钾肥 | 公斤 | 0. 06 | | | | | |
| 其中：氯化钾 | 公斤 | 0. 02 | | | | | |
| （四）复混肥 | 公斤 | 20. 33 | 19. 74 | 14. 92 | 29. 70 | 27. 45 | 25. 40 |
| 1. 复合肥 | 公斤 | 20. 33 | 19. 74 | 14. 92 | 29. 70 | 27. 45 | 25. 40 |
| 其中：二铵 | 公斤 | 5. 29 | 3. 21 | 9. 96 | 10. 23 | 27. 45 | 25. 40 |
| 三元素复合肥 | 公斤 | 12. 95 | 11. 97 | 4. 96 | 19. 10 | | |
| 2. 混配肥 | 公斤 | | | | | | |

6-2-10-3 续表 1

| 项　　目 | 单位 | 沈阳市 | 长春市 | 哈尔滨市 | 上海市 | 福州市 | 南昌市 |
|---|---|---|---|---|---|---|---|
| **一、每亩化肥金额** | 元 | **118.25** | **97.42** | **120.00** | **325.28** | **230.00** | **271.01** |
| (一)氮肥 | 元 | 51.62 | 54.67 | 115.00 | 105.94 | | |
| 1. 尿素 | 元 | 51.62 | 53.57 | 115.00 | 105.94 | | |
| 2. 碳铵 | 元 | | | | | | |
| 3. 其他氮肥 | 元 | | 1.10 | | | | |
| (二)磷肥 | 元 | | | | | | |
| 其中:过磷酸钙 | 元 | | | | | | |
| (三)钾肥 | 元 | | 3.70 | | | | |
| 其中:氯化钾 | 元 | | 1.23 | | | | |
| (四)复混肥 | 元 | 66.63 | 39.05 | 5.00 | 219.34 | 230.00 | 271.01 |
| 1. 复合肥 | 元 | 66.63 | 39.05 | 5.00 | 219.34 | 230.00 | 271.01 |
| 其中:二铵 | 元 | | 25.42 | | | | |
| 三元素复合肥 | 元 | 66.63 | 13.63 | 5.00 | 219.34 | 230.00 | 271.01 |
| 2. 混配肥 | 元 | | | | | | |
| (五)其他肥料 | 元 | | | | | | |
| **二、每亩化肥折纯用量** | 公斤 | **22.64** | **20.17** | **25.55** | **38.53** | **25.65** | **23.93** |
| (一)氮肥 | 公斤 | 11.55 | 12.38 | 24.88 | 17.52 | | |
| 1. 尿素 | 公斤 | 11.55 | 12.08 | 24.88 | 17.52 | | |
| 2. 碳铵 | 公斤 | | | | | | |
| 3. 其他氮肥 | 公斤 | | 0.30 | | | | |
| (二)磷肥 | 公斤 | | | | | | |
| 其中:过磷酸钙 | 公斤 | | | | | | |
| (三)钾肥 | 公斤 | | 0.96 | | | | |
| 其中:氯化钾 | 公斤 | | 0.34 | | | | |
| (四)复混肥 | 公斤 | 11.10 | 6.84 | 0.68 | 21.01 | 25.65 | 23.93 |
| 1. 复合肥 | 公斤 | 11.10 | 6.84 | 0.68 | 21.01 | 25.65 | 23.93 |
| 其中:二铵 | 公斤 | | 4.79 | | | | |
| 三元素复合肥 | 公斤 | 11.10 | 2.05 | 0.68 | 21.01 | 25.65 | 23.93 |
| 2. 混配肥 | 公斤 | | | | | | |

6-2-10-3 续表 2

| 项　　目 | 单位 | 济南市 | 郑州市 | 武汉市 | 海口市 | 重庆市 |
|---|---|---|---|---|---|---|
| **一、每亩化肥金额** | **元** | **254.74** | **271.17** | **382.78** | **408.79** | **230.60** |
| （一）氮肥 | 元 | 40.91 | 83.65 |  | 58.08 | 47.58 |
| 1. 尿素 | 元 |  | 83.65 |  | 58.08 | 47.58 |
| 2. 碳铵 | 元 | 40.91 |  |  |  |  |
| 3. 其他氮肥 | 元 |  |  |  |  |  |
| （二）磷肥 | 元 |  |  |  | 29.00 |  |
| 其中：过磷酸钙 | 元 |  |  |  | 29.00 |  |
| （三）钾肥 | 元 |  |  |  |  |  |
| 其中：氯化钾 | 元 |  |  |  |  |  |
| （四）复混肥 | 元 | 213.83 | 187.52 | 382.78 | 295.71 | 170.04 |
| 1. 复合肥 | 元 | 213.83 | 187.52 | 382.78 | 295.71 | 157.61 |
| 其中：二铵 | 元 |  | 9.27 |  |  |  |
| 三元素复合肥 | 元 | 213.83 | 113.32 | 120.00 | 182.00 | 157.61 |
| 2. 混配肥 | 元 |  |  |  |  | 12.43 |
| （五）其他肥料 | 元 |  |  |  | 26.00 | 12.98 |
| **二、每亩化肥折纯用量** | **公斤** | **36.55** | **43.14** | **47.03** | **39.26** | **28.28** |
| （一）氮肥 | 公斤 | 9.42 | 17.68 |  | 8.48 | 7.52 |
| 1. 尿素 | 公斤 |  | 17.68 |  | 8.48 | 7.52 |
| 2. 碳铵 | 公斤 | 9.42 |  |  |  |  |
| 3. 其他氮肥 | 公斤 |  |  |  |  |  |
| （二）磷肥 | 公斤 |  |  |  | 4.11 |  |
| 其中：过磷酸钙 | 公斤 |  |  |  | 4.11 |  |
| （三）钾肥 | 公斤 |  |  |  |  |  |
| 其中：氯化钾 | 公斤 |  |  |  |  |  |
| （四）复混肥 | 公斤 | 27.13 | 25.46 | 47.03 | 26.66 | 20.76 |
| 1. 复合肥 | 公斤 | 27.13 | 25.46 | 47.03 | 26.66 | 19.27 |
| 其中：二铵 | 公斤 |  | 1.80 |  |  |  |
| 三元素复合肥 | 公斤 | 27.13 | 16.11 | 15.00 | 16.31 | 19.27 |
| 2. 混配肥 | 公斤 |  |  |  |  | 1.49 |

6-2-10-3 续表 3

| 项　　目 | 单位 | 昆明市 | 西安市 | 兰州市 | 西宁市 | 银川市 |
|---|---|---|---|---|---|---|
| **一、每亩化肥金额** | **元** | **308.11** | **264.00** | **315.56** | **226.20** | **257.17** |
| (一)氮肥 | 元 | 111.50 | 264.00 | 77.01 | 49.20 | 69.33 |
| 1. 尿素 | 元 | 111.50 | 264.00 | 66.39 | 49.20 | 69.33 |
| 2. 碳铵 | 元 |  |  | 10.62 |  |  |
| 3. 其他氮肥 | 元 |  |  |  |  |  |
| (二)磷肥 | 元 | 24.75 |  |  |  |  |
| 其中:过磷酸钙 | 元 | 24.75 |  |  |  |  |
| (三)钾肥 | 元 |  |  |  |  |  |
| 其中:氯化钾 | 元 |  |  |  |  |  |
| (四)复混肥 | 元 | 171.86 |  | 204.18 | 177.00 | 187.84 |
| 1. 复合肥 | 元 | 171.86 |  | 204.18 | 177.00 | 187.84 |
| 其中:二铵 | 元 |  |  | 117.87 | 177.00 | 102.17 |
| 三元素复合肥 | 元 | 112.46 |  |  |  | 85.67 |
| 2. 混配肥 | 元 |  |  |  |  |  |
| (五)其他肥料 | 元 |  |  | 34.37 |  |  |
| **二、每亩化肥折纯用量** | **公斤** | **42.30** | **49.87** | **45.76** | **42.51** | **43.98** |
| (一)氮肥 | 公斤 | 17.71 | 49.87 | 13.20 | 11.04 | 13.34 |
| 1. 尿素 | 公斤 | 17.71 | 49.87 | 11.39 | 11.04 | 13.34 |
| 2. 碳铵 | 公斤 |  |  | 1.81 |  |  |
| 3. 其他氮肥 | 公斤 |  |  |  |  |  |
| (二)磷肥 | 公斤 | 6.96 |  |  |  |  |
| 其中:过磷酸钙 | 公斤 | 6.96 |  |  |  |  |
| (三)钾肥 | 公斤 |  |  |  |  |  |
| 其中:氯化钾 | 公斤 |  |  |  |  |  |
| (四)复混肥 | 公斤 | 17.62 |  | 32.56 | 31.47 | 30.64 |
| 1. 复合肥 | 公斤 | 17.62 |  | 32.56 | 31.47 | 30.64 |
| 其中:二铵 | 公斤 |  |  | 21.34 | 31.47 | 19.09 |
| 三元素复合肥 | 公斤 | 12.37 |  |  |  | 11.55 |
| 2. 混配肥 | 公斤 |  |  |  |  |  |

# 6-2-11-1　2021 年大中城市露地马铃薯成本收益情况

| 项　　目 | 单位 | 平　均 | 太原市 | 呼和浩特市 | 青岛市 | 武汉市 |
|---|---|---|---|---|---|---|
| 每亩 | | | | | | |
| 主产品产量 | 公斤 | 2442.76 | 1692.75 | 1211.41 | 3327.82 | 1890.17 |
| 产值合计 | 元 | 3641.21 | 3309.42 | 1534.39 | 4983.95 | 4595.17 |
| 主产品产值 | 元 | 3641.21 | 3309.42 | 1534.39 | 4983.95 | 4595.17 |
| 副产品产值 | 元 | | | | | |
| 总成本 | 元 | 1696.36 | 2292.05 | 947.39 | 2390.75 | 2957.24 |
| 生产成本 | 元 | 1446.77 | 2092.05 | 854.97 | 2065.75 | 2697.24 |
| 物质与服务费用 | 元 | 897.59 | 1333.24 | 661.67 | 1397.30 | 1331.28 |
| 人工成本 | 元 | 549.18 | 758.81 | 193.30 | 668.45 | 1365.96 |
| 家庭用工折价 | 元 | 302.97 | 758.81 | 78.83 | 668.45 | 1205.61 |
| 雇工费用 | 元 | 246.21 | | 114.47 | | 160.35 |
| 土地成本 | 元 | 249.59 | 200.00 | 92.42 | 325.00 | 260.00 |
| 流转地租金 | 元 | 85.10 | | 28.25 | 91.00 | 38.08 |
| 自营地折租 | 元 | 164.49 | 200.00 | 64.17 | 234.00 | 221.92 |
| 净利润 | 元 | 1944.85 | 1017.37 | 587.00 | 2593.20 | 1637.93 |
| 现金成本 | 元 | 1228.90 | 1333.24 | 804.39 | 1488.30 | 1529.71 |
| 现金收益 | 元 | 2412.31 | 1976.18 | 730.00 | 3495.65 | 3065.46 |
| 成本利润率 | % | 114.65 | 44.39 | 61.96 | 108.47 | 55.39 |
| 每 50 公斤主产品 | | | | | | |
| 平均出售价格 | 元 | 74.53 | 97.75 | 63.33 | 74.88 | 121.55 |
| 总成本 | 元 | 34.72 | 67.70 | 39.10 | 35.92 | 78.22 |
| 生产成本 | 元 | 29.61 | 61.79 | 35.29 | 31.04 | 71.35 |
| 净利润 | 元 | 39.81 | 30.05 | 24.23 | 38.96 | 43.33 |
| 现金成本 | 元 | 25.15 | 39.38 | 33.20 | 22.36 | 40.46 |
| 现金收益 | 元 | 49.38 | 58.37 | 30.13 | 52.52 | 81.09 |
| 附： | | | | | | |
| 每亩用工数量 | 日 | 4.84 | 8.23 | 1.59 | 7.25 | 14.37 |
| 每亩主产品已出售数量 | 公斤 | 2430.72 | 1629.88 | 1200.32 | 3319.62 | 1863.69 |
| 每亩主产品已出售产值 | 元 | 3624.50 | 3187.36 | 1520.18 | 4972.37 | 4538.38 |
| 每亩成本外支出 | 元 | | | | | |

6-2-11-1 续表

| 项目 | 单位 | 重庆市 | 成都市 | 兰州市 | 西宁市 | 乌鲁木齐市 |
|---|---|---|---|---|---|---|
| **每亩** | | | | | | |
| 主产品产量 | 公斤 | 1226.48 | 2203.14 | 2147.21 | 2441.98 | 2830.00 |
| 产值合计 | 元 | 2652.21 | 3725.60 | 3094.02 | 2838.61 | 4214.70 |
| 主产品产值 | 元 | 2652.21 | 3725.60 | 3094.02 | 2838.61 | 4214.70 |
| 副产品产值 | 元 | | | | | |
| 总成本 | 元 | 1799.76 | 3631.11 | 2371.87 | 1935.73 | 1636.03 |
| 生产成本 | 元 | 1558.69 | 3231.11 | 2071.87 | 1593.12 | 1361.03 |
| 物质与服务费用 | 元 | 594.92 | 1639.74 | 1028.72 | 656.01 | 862.04 |
| 人工成本 | 元 | 963.77 | 1591.37 | 1043.15 | 937.11 | 498.99 |
| 家庭用工折价 | 元 | 963.77 | 1591.37 | 1043.15 | 893.88 | 150.29 |
| 雇工费用 | 元 | | | | 43.23 | 348.70 |
| 土地成本 | 元 | 241.07 | 400.00 | 300.00 | 342.61 | 275.00 |
| 流转地租金 | 元 | 36.16 | 35.20 | | 4.45 | 119.35 |
| 自营地折租 | 元 | 204.91 | 364.80 | 300.00 | 338.16 | 155.65 |
| 净利润 | 元 | 852.45 | 94.49 | 722.15 | 902.88 | 2578.67 |
| 现金成本 | 元 | 631.08 | 1674.94 | 1028.72 | 703.69 | 1330.09 |
| 现金收益 | 元 | 2021.13 | 2050.66 | 2065.30 | 2134.92 | 2884.61 |
| 成本利润率 | % | 47.36 | 2.60 | 30.45 | 46.64 | 157.62 |
| **每50公斤主产品** | | | | | | |
| 平均出售价格 | 元 | 108.12 | 84.55 | 72.05 | 58.12 | 74.46 |
| 总成本 | 元 | 73.37 | 82.41 | 55.23 | 39.63 | 28.90 |
| 生产成本 | 元 | 63.54 | 73.33 | 48.25 | 32.62 | 24.04 |
| 净利润 | 元 | 34.75 | 2.14 | 16.82 | 18.49 | 45.56 |
| 现金成本 | 元 | 25.73 | 38.01 | 23.96 | 14.41 | 23.50 |
| 现金收益 | 元 | 82.39 | 46.54 | 48.09 | 43.71 | 50.96 |
| **附：** | | | | | | |
| 每亩用工数量 | 日 | 10.45 | 17.26 | 11.31 | 10.21 | 3.80 |
| 每亩主产品已出售数量 | 公斤 | 1226.48 | 2203.14 | 2121.35 | 2286.96 | 2830.00 |
| 每亩主产品已出售产值 | 元 | 2652.21 | 3725.60 | 3057.98 | 2682.31 | 4214.70 |
| 每亩成本外支出 | 元 | | | | | |

# 6-2-11-2　2021 年大中城市露地马铃薯费用和用工情况

| 项　　目 | 单位 | 平　均 | 太原市 | 呼和浩特市 | 青岛市 | 武汉市 |
| --- | --- | --- | --- | --- | --- | --- |
| **一、每亩物质与服务费用** | 元 | **897.59** | **1333.24** | **661.67** | **1397.30** | **1331.28** |
| （一）直接费用 | 元 | 880.58 | 1223.92 | 638.64 | 1386.27 | 1229.53 |
| 1. 种子费 | 元 | 316.62 | 464.33 | 233.90 | 328.00 | 464.11 |
| 2. 化肥费 | 元 | 180.60 | 63.27 | 187.29 | 376.23 | 451.79 |
| 3. 农家肥费 | 元 | 149.19 | 445.50 | 13.93 | 196.20 | 65.16 |
| 4. 农药费 | 元 | 26.32 | 34.72 | 14.43 | 139.33 | 59.02 |
| 5. 农膜费 | 元 | 7.77 | 37.58 | | 38.57 | 67.32 |
| 6. 租赁作业费 | 元 | 191.12 | 162.20 | 187.67 | 249.47 | 79.00 |
| 机械作业费 | 元 | 128.45 | 56.67 | 174.87 | 150.00 | 73.02 |
| 排灌费 | 元 | 62.67 | 105.53 | 12.80 | 99.47 | 5.98 |
| 其中：水费 | 元 | 14.51 | | | | 5.60 |
| 畜力费 | 元 | | | | | |
| 7. 燃料动力费 | 元 | 0.27 | | | | 28.83 |
| 8. 技术服务费 | 元 | | | | | |
| 9. 工具材料费 | 元 | 6.01 | 16.32 | 1.42 | 55.57 | 5.46 |
| 10. 修理维护费 | 元 | 0.33 | | | 2.90 | 8.84 |
| 11. 其他直接费用 | 元 | 2.35 | | | | |
| （二）间接费用 | 元 | 17.01 | 109.32 | 23.03 | 11.03 | 101.75 |
| 1. 固定资产折旧 | 元 | 1.23 | | | 5.65 | 44.03 |
| 2. 保险费 | 元 | 3.72 | | 23.03 | | |
| 3. 管理费 | 元 | 0.99 | | | | |
| 4. 财务费 | 元 | | | | | |
| 5. 销售费 | 元 | 11.07 | 109.32 | | 5.38 | 57.72 |
| **二、每亩人工成本** | 元 | **549.18** | **758.81** | **193.30** | **668.45** | **1365.96** |
| 1. 家庭用工折价 | 元 | 302.97 | 758.81 | 78.83 | 668.45 | 1205.61 |
| 家庭用工天数 | 日 | 3.29 | 8.23 | 0.86 | 7.25 | 13.08 |
| 劳动日工价 | 元 | 92.20 | 92.20 | 92.20 | 92.20 | 92.20 |
| 2. 雇工费用 | 元 | 246.21 | | 114.47 | | 160.35 |
| 雇工天数 | 日 | 1.55 | | 0.73 | | 1.29 |
| 雇工工价 | 元 | 158.85 | 120.00 | 156.81 | 123.00 | 124.30 |
| 三、附 | | | | | | |
| 1. 每亩种子用量 | 公斤 | 24.05 | | 118.50 | | |
| 2. 每亩化肥用量 | 公斤 | 31.18 | 13.36 | 29.66 | 39.40 | 55.63 |
| 3. 每亩农膜用量 | 公斤 | 0.69 | 3.59 | | 2.98 | 4.65 |

6-2-11-2 续表

| 项目 | 单位 | 重庆市 | 成都市 | 兰州市 | 西宁市 | 乌鲁木齐市 |
|---|---|---|---|---|---|---|
| 一、每亩物质与服务费用 | 元 | **594.92** | **1639.74** | **1028.72** | **656.01** | **862.04** |
| (一)直接费用 | 元 | 574.11 | 1531.67 | 998.67 | 656.01 | 860.50 |
| 1. 种子费 | 元 | 211.54 | 820.47 | 316.13 | 323.01 | 294.67 |
| 2. 化肥费 | 元 | 192.97 | 321.09 | 292.12 | 138.25 | 167.71 |
| 3. 农家肥费 | 元 | 19.61 | 56.43 | 36.85 | 18.84 | 174.93 |
| 4. 农药费 | 元 | 46.28 | 159.53 | 11.12 | 11.62 | 19.06 |
| 5. 农膜费 | 元 |  | 39.00 | 49.12 | 30.52 |  |
| 6. 租赁作业费 | 元 | 75.78 | 127.00 | 214.91 | 131.05 | 199.66 |
| 机械作业费 | 元 | 75.78 | 120.00 | 106.86 | 130.43 | 125.00 |
| 排灌费 | 元 |  | 7.00 | 108.05 | 0.62 | 74.66 |
| 其中:水费 | 元 |  |  |  | 0.62 | 22.40 |
| 畜力费 | 元 |  |  |  |  |  |
| 7. 燃料动力费 | 元 | 14.65 |  |  |  |  |
| 8. 技术服务费 | 元 |  |  |  |  |  |
| 9. 工具材料费 | 元 | 11.49 | 5.35 | 13.25 | 2.72 | 4.47 |
| 10. 修理维护费 | 元 | 1.79 | 2.80 | 2.64 |  |  |
| 11. 其他直接费用 | 元 |  |  | 62.53 |  |  |
| (二)间接费用 | 元 | 20.81 | 108.07 | 30.05 |  | 1.54 |
| 1. 固定资产折旧 | 元 | 14.09 | 20.48 |  |  |  |
| 2. 保险费 | 元 |  |  |  |  |  |
| 3. 管理费 | 元 |  |  |  |  | 1.54 |
| 4. 财务费 | 元 |  |  |  |  |  |
| 5. 销售费 | 元 | 6.72 | 87.59 | 30.05 |  |  |
| 二、每亩人工成本 | 元 | **963.77** | **1591.37** | **1043.15** | **937.11** | **498.99** |
| 1. 家庭用工折价 | 元 | 963.77 | 1591.37 | 1043.15 | 893.88 | 150.29 |
| 家庭用工天数 | 日 | 10.45 | 17.26 | 11.31 | 9.70 | 1.63 |
| 劳动日工价 | 元 | 92.20 | 92.20 | 92.20 | 92.20 | 92.20 |
| 2. 雇工费用 | 元 |  |  |  | 43.23 | 348.70 |
| 雇工天数 | 日 |  |  |  | 0.51 | 2.17 |
| 雇工工价 | 元 | 143.37 | 135.00 | 100.00 | 84.77 | 160.69 |
| 三、附 |  |  |  |  |  |  |
| 1. 每亩种子用量 | 公斤 |  |  |  | 144.57 |  |
| 2. 每亩化肥用量 | 公斤 | 25.09 | 42.27 | 45.26 | 22.79 | 31.59 |
| 3. 每亩农膜用量 | 公斤 |  | 3.90 | 3.89 | 3.05 |  |

# 6-2-11-3　2021 年大中城市露地马铃薯化肥投入情况

| 项　　目 | 单位 | 平　均 | 太原市 | 呼和浩特市 | 青岛市 | 武汉市 |
|---|---|---|---|---|---|---|
| 一、每亩化肥金额 | 元 | **180.60** | **63.27** | **187.29** | **376.23** | **451.79** |
| (一)氮肥 | 元 | 46.26 | 42.95 | 6.19 | | |
| 1. 尿素 | 元 | 46.26 | 42.95 | 6.19 | | |
| 2. 碳铵 | 元 | | | | | |
| 3. 其他氮肥 | 元 | | | | | |
| (二)磷肥 | 元 | 1.20 | | | | |
| 其中:过磷酸钙 | 元 | 1.20 | | | | |
| (三)钾肥 | 元 | 2.11 | | 13.06 | | |
| 其中:氯化钾 | 元 | | | | | |
| (四)复混肥 | 元 | 128.09 | 20.32 | 168.04 | 336.23 | 451.79 |
| 1. 复合肥 | 元 | 127.47 | 20.32 | 165.20 | 336.23 | 451.79 |
| 其中:二铵 | 元 | 82.21 | 20.32 | 7.64 | | |
| 三元素复合肥 | 元 | 35.33 | | 157.56 | | 228.16 |
| 2. 混配肥 | 元 | 0.62 | | 2.84 | | |
| (五)其他肥料 | 元 | 2.94 | | | 40.00 | |
| 二、每亩化肥折纯用量 | 公斤 | **31.18** | **13.36** | **29.66** | **39.40** | **55.63** |
| (一)氮肥 | 公斤 | 9.65 | 9.59 | 1.37 | | |
| 1. 尿素 | 公斤 | 9.65 | 9.59 | 1.37 | | |
| 2. 碳铵 | 公斤 | | | | | |
| 3. 其他氮肥 | 公斤 | | | | | |
| (二)磷肥 | 公斤 | 0.16 | | | | |
| 其中:过磷酸钙 | 公斤 | 0.16 | | | | |
| (三)钾肥 | 公斤 | 0.30 | | 1.86 | | |
| 其中:氯化钾 | 公斤 | | | | | |
| (四)复混肥 | 公斤 | 21.06 | 3.77 | 26.44 | 39.40 | 55.63 |
| 1. 复合肥 | 公斤 | 20.97 | 3.77 | 26.02 | 39.40 | 55.63 |
| 其中:二铵 | 公斤 | 14.67 | 3.77 | 1.51 | | |
| 三元素复合肥 | 公斤 | 5.11 | | 24.51 | | 29.38 |
| 2. 混配肥 | 公斤 | 0.09 | | 0.42 | | |

6-2-11-3 续表

| 项　　目 | 单位 | 重庆市 | 成都市 | 兰州市 | 西宁市 | 乌鲁木齐市 |
|---|---|---|---|---|---|---|
| **一、每亩化肥金额** | **元** | **192.97** | **321.09** | **292.12** | **138.25** | **167.71** |
| (一)氮肥 | 元 | 19.69 | 83.11 | 66.31 | 25.96 | 56.65 |
| 1. 尿素 | 元 | 19.69 | 83.11 | 66.31 | 25.96 | 56.65 |
| 2. 碳铵 | 元 | | | | | |
| 3. 其他氮肥 | 元 | | | | | |
| (二)磷肥 | 元 | | 27.40 | 6.68 | | |
| 其中:过磷酸钙 | 元 | | 27.40 | 6.68 | | |
| (三)钾肥 | 元 | | | | | |
| 其中:氯化钾 | 元 | | | | | |
| (四)复混肥 | 元 | 173.28 | 210.58 | 175.28 | 98.12 | 111.06 |
| 1. 复合肥 | 元 | 168.43 | 210.58 | 175.28 | 93.58 | 111.06 |
| 其中:二铵 | 元 | | | 133.46 | 93.58 | 111.06 |
| 三元素复合肥 | 元 | 168.43 | 210.58 | 11.11 | | |
| 2. 混配肥 | 元 | 4.85 | | | 4.54 | |
| (五)其他肥料 | 元 | | | 43.85 | 14.17 | |
| **二、每亩化肥折纯用量** | **公斤** | **25.09** | **42.27** | **45.26** | **22.79** | **31.59** |
| (一)氮肥 | 公斤 | 2.92 | 15.29 | 13.86 | 5.44 | 11.85 |
| 1. 尿素 | 公斤 | 2.92 | 15.29 | 13.86 | 5.44 | 11.85 |
| 2. 碳铵 | 公斤 | | | | | |
| 3. 其他氮肥 | 公斤 | | | | | |
| (二)磷肥 | 公斤 | | 3.29 | 1.26 | | |
| 其中:过磷酸钙 | 公斤 | | 3.29 | 1.26 | | |
| (三)钾肥 | 公斤 | | | | | |
| 其中:氯化钾 | 公斤 | | | | | |
| (四)复混肥 | 公斤 | 22.17 | 23.69 | 30.15 | 17.34 | 19.74 |
| 1. 复合肥 | 公斤 | 21.59 | 23.69 | 30.15 | 16.80 | 19.74 |
| 其中:二铵 | 公斤 | | | 24.32 | 16.80 | 19.74 |
| 三元素复合肥 | 公斤 | 21.59 | 23.69 | 1.44 | | |
| 2. 混配肥 | 公斤 | 0.58 | | | 0.54 | |

# 6-2-12-1 2021 年大中城市露地菜花成本收益情况

| 项　　目 | 单位 | 平　均 | 福州市 | 厦门市 | 南昌市 | 武汉市 | 重庆市 | 兰州市 |
|---|---|---|---|---|---|---|---|---|
| **每亩** | | | | | | | | |
| 主产品产量 | 公斤 | 2192.87 | 1730.00 | 2900.00 | 1949.67 | 889.06 | 1526.44 | 2579.66 |
| 产值合计 | 元 | 7760.37 | 7125.60 | 9450.00 | 8929.04 | 4693.62 | 8531.41 | 6711.55 |
| 主产品产值 | 元 | 7760.37 | 7125.60 | 9450.00 | 8929.04 | 4693.62 | 8531.41 | 6711.55 |
| 副产品产值 | 元 | | | | | | | |
| 总成本 | 元 | 3725.63 | 3656.94 | 4160.00 | 2891.72 | 2130.30 | 3238.04 | 4318.23 |
| 生产成本 | 元 | 3413.81 | 3476.94 | 3660.00 | 2651.72 | 1870.30 | 3003.09 | 4032.88 |
| 物质与服务费用 | 元 | 1301.68 | 1013.10 | 1957.50 | 697.08 | 755.60 | 833.26 | 1290.30 |
| 人工成本 | 元 | 2112.13 | 2463.84 | 1702.50 | 1954.64 | 1114.70 | 2169.83 | 2742.58 |
| 家庭用工折价 | 元 | 1384.29 | 663.84 | 1152.50 | 1954.64 | 1114.70 | 2169.83 | 2742.58 |
| 雇工费用 | 元 | 727.84 | 1800.00 | 550.00 | | | | |
| 土地成本 | 元 | 311.82 | 180.00 | 500.00 | 240.00 | 260.00 | 234.95 | 285.35 |
| 流转地租金 | 元 | 56.06 | 63.00 | 105.00 | | 39.00 | 35.24 | |
| 自营地折租 | 元 | 255.76 | 117.00 | 395.00 | 240.00 | 221.00 | 199.71 | 285.35 |
| 净利润 | 元 | 4034.74 | 3468.66 | 5290.00 | 6037.32 | 2563.32 | 5293.37 | 2393.32 |
| 现金成本 | 元 | 2085.58 | 2876.10 | 2612.50 | 697.08 | 794.60 | 868.50 | 1290.30 |
| 现金收益 | 元 | 5674.79 | 4249.50 | 6837.50 | 8231.96 | 3899.02 | 7662.91 | 5421.25 |
| 成本利润率 | % | 108.30 | 94.85 | 127.16 | 208.78 | 120.33 | 163.47 | 55.42 |
| **每 50 公斤主产品** | | | | | | | | |
| 平均出售价格 | 元 | 176.95 | 205.94 | 162.93 | 228.99 | 263.97 | 279.45 | 130.09 |
| 总成本 | 元 | 84.95 | 105.69 | 71.72 | 74.16 | 119.81 | 106.06 | 83.70 |
| 生产成本 | 元 | 77.84 | 100.49 | 63.10 | 68.00 | 105.19 | 98.37 | 78.17 |
| 净利润 | 元 | 92.00 | 100.25 | 91.21 | 154.83 | 144.16 | 173.39 | 46.39 |
| 现金成本 | 元 | 47.55 | 83.12 | 45.04 | 17.88 | 44.69 | 28.45 | 25.01 |
| 现金收益 | 元 | 129.40 | 122.82 | 117.89 | 211.11 | 219.28 | 251.00 | 105.08 |
| **附：** | | | | | | | | |
| 每亩用工数量 | 日 | 19.90 | 17.50 | 18.00 | 21.20 | 12.09 | 23.53 | 29.75 |
| 每亩主产品已出售数量 | 公斤 | 2191.01 | 1730.00 | 2900.00 | 1929.50 | 889.06 | 1526.44 | 2579.66 |
| 每亩主产品已出售产值 | 元 | 7751.91 | 7125.60 | 9450.00 | 8837.35 | 4693.62 | 8531.41 | 6711.55 |
| 每亩成本外支出 | 元 | | | | | | | |

# 6-2-12-2 2021年大中城市露地菜花费用和用工情况

| 项　　目 | 单位 | 平　均 | 福州市 | 厦门市 | 南昌市 | 武汉市 | 重庆市 | 兰州市 |
|---|---|---|---|---|---|---|---|---|
| 一、每亩物质与服务费用 | 元 | **1301.68** | **1013.10** | **1957.50** | **697.08** | **755.60** | **833.26** | **1290.30** |
| (一)直接费用 | 元 | 1251.43 | 1000.90 | 1915.00 | 618.91 | 689.79 | 827.41 | 1178.68 |
| 1. 种子费 | 元 | 221.82 | 146.60 | 325.00 | 101.23 | 67.34 | 169.45 | 312.50 |
| 2. 化肥费 | 元 | 489.07 | 370.00 | 740.00 | 279.92 | 205.74 | 316.00 | 521.75 |
| 3. 农家肥费 | 元 | 152.30 | 140.00 | 260.00 | 36.62 | 215.30 | 20.46 | 35.18 |
| 4. 农药费 | 元 | 127.10 | 106.60 | 210.00 | 81.02 | 63.07 | 185.28 | 67.54 |
| 5. 农膜费 | 元 | 51.63 | 128.80 | | | | | 64.15 |
| 6. 租赁作业费 | 元 | 142.53 | 78.40 | 235.00 | 22.50 | 122.82 | 117.96 | 166.96 |
| 机械作业费 | 元 | 101.60 | 43.00 | 175.00 | | 105.40 | 117.96 | 124.14 |
| 排灌费 | 元 | 40.93 | 35.40 | 60.00 | 22.50 | 17.42 | | 42.82 |
| 其中:水费 | 元 | 18.55 | 25.20 | 30.00 | | 17.27 | | |
| 畜力费 | 元 | | | | | | | |
| 7. 燃料动力费 | 元 | 11.62 | 11.20 | | 86.50 | | 8.31 | |
| 8. 技术服务费 | 元 | 7.74 | | 25.00 | | | | |
| 9. 工具材料费 | 元 | 30.60 | 16.70 | 70.00 | 11.12 | 11.97 | 8.65 | 8.39 |
| 10. 修理维护费 | 元 | 17.02 | 2.60 | 50.00 | | 3.55 | 1.30 | 2.21 |
| 11. 其他直接费用 | 元 | | | | | | | |
| (二)间接费用 | 元 | 50.25 | 12.20 | 42.50 | 78.17 | 65.81 | 5.85 | 111.62 |
| 1. 固定资产折旧 | 元 | 18.77 | 6.80 | 42.50 | 26.22 | 11.39 | 5.85 | |
| 2. 保险费 | 元 | | | | | | | |
| 3. 管理费 | 元 | | | | | | | |
| 4. 财务费 | 元 | 0.56 | 1.80 | | | | | |
| 5. 销售费 | 元 | 30.92 | 3.60 | | 51.95 | 54.42 | | 111.62 |
| 二、每亩人工成本 | 元 | **2112.13** | **2463.84** | **1702.50** | **1954.64** | **1114.70** | **2169.83** | **2742.58** |
| 1. 家庭用工折价 | 元 | 1384.29 | 663.84 | 1152.50 | 1954.64 | 1114.70 | 2169.83 | 2742.58 |
| 家庭用工天数 | 日 | 15.01 | 7.20 | 12.50 | 21.20 | 12.09 | 23.53 | 29.75 |
| 劳动日工价 | 元 | 92.20 | 92.20 | 92.20 | 92.20 | 92.20 | 92.20 | 92.20 |
| 2. 雇工费用 | 元 | 727.84 | 1800.00 | 550.00 | | | | |
| 雇工天数 | 日 | 4.89 | 10.30 | 5.50 | | | | |
| 雇工工价 | 元 | 148.84 | 174.76 | 100.00 | 160.00 | 110.00 | 147.80 | 100.00 |
| 三、附 | | | | | | | | |
| 1. 每亩种子用量 | 公斤 | | | | | | | |
| 2. 每亩化肥用量 | 公斤 | 55.24 | 40.05 | 72.50 | 25.03 | 26.09 | 41.88 | 81.95 |
| 3. 每亩农膜用量 | 公斤 | 4.20 | 10.40 | | | | | 5.35 |

# 6-2-12-3 2021 年大中城市露地菜花化肥投入情况

| 项目 | 单位 | 平均 | 福州市 | 厦门市 | 南昌市 | 武汉市 | 重庆市 | 兰州市 |
|---|---|---|---|---|---|---|---|---|
| **一、每亩化肥金额** | **元** | **489.07** | **370.00** | **740.00** | **279.92** | **205.74** | **316.00** | **521.75** |
| (一)氮肥 | 元 | 22.36 | | | | | 34.85 | 118.17 |
| 1. 尿素 | 元 | 22.36 | | | | | 34.85 | 118.17 |
| 2. 碳铵 | 元 | | | | | | | |
| 3. 其他氮肥 | 元 | | | | | | | |
| (二)磷肥 | 元 | 18.88 | | 40.00 | | | | 35.50 |
| 其中:过磷酸钙 | 元 | 18.88 | | 40.00 | | | | 35.50 |
| (三)钾肥 | 元 | | | | | | | |
| 其中:氯化钾 | 元 | | | | | | | |
| (四)复混肥 | 元 | 443.07 | 370.00 | 700.00 | 279.92 | 205.74 | 276.72 | 342.58 |
| 1. 复合肥 | 元 | 442.95 | 370.00 | 700.00 | 279.92 | 205.74 | 271.20 | 342.58 |
| 其中:二铵 | 元 | 18.61 | | | | | | 101.69 |
| 三元素复合肥 | 元 | 176.97 | 370.00 | | 279.92 | 205.74 | 227.81 | 78.81 |
| 2. 混配肥 | 元 | 0.12 | | | | | 5.52 | |
| (五)其他肥料 | 元 | 4.76 | | | | | 4.43 | 25.50 |
| **二、每亩化肥折纯用量** | **公斤** | **55.24** | **40.05** | **72.50** | **25.03** | **26.09** | **41.88** | **81.95** |
| (一)氮肥 | 公斤 | 4.37 | | | | | 5.34 | 23.29 |
| 1. 尿素 | 公斤 | 4.37 | | | | | 5.34 | 23.29 |
| 2. 碳铵 | 公斤 | | | | | | | |
| 3. 其他氮肥 | 公斤 | | | | | | | |
| (二)磷肥 | 公斤 | 3.18 | | 6.38 | | | | 6.58 |
| 其中:过磷酸钙 | 公斤 | 3.18 | | 6.38 | | | | 6.58 |
| (三)钾肥 | 公斤 | | | | | | | |
| 其中:氯化钾 | 公斤 | | | | | | | |
| (四)复混肥 | 公斤 | 47.68 | 40.05 | 66.12 | 25.03 | 26.09 | 36.53 | 52.08 |
| 1. 复合肥 | 公斤 | 47.67 | 40.05 | 66.12 | 25.03 | 26.09 | 35.87 | 52.08 |
| 其中:二铵 | 公斤 | 3.50 | | | | | | 19.11 |
| 三元素复合肥 | 公斤 | 19.36 | 40.05 | | 25.03 | 26.09 | 29.92 | 9.96 |
| 2. 混配肥 | 公斤 | 0.01 | | | | | 0.66 | |

# 6-2-13-1 2021年大中城市露地萝卜成本收益情况

| 项　　目 | 单位 | 平　均 | 石家庄市 | 长春市 | 南昌市 | 青岛市 |
|---|---|---|---|---|---|---|
| 每亩 | | | | | | |
| 主产品产量 | 公斤 | 2880.97 | 2940.00 | 2751.03 | 3885.58 | 2516.32 |
| 产值合计 | 元 | 4451.89 | 3577.67 | 3755.73 | 5860.63 | 4250.00 |
| 主产品产值 | 元 | 4451.89 | 3577.67 | 3755.73 | 5860.63 | 4250.00 |
| 副产品产值 | 元 | | | | | |
| 总成本 | 元 | 2086.16 | 2233.67 | 3305.22 | 2894.19 | 1635.17 |
| 生产成本 | 元 | 1746.00 | 1908.67 | 2605.22 | 2654.19 | 1310.17 |
| 物质与服务费用 | 元 | 742.99 | 724.00 | 909.89 | 631.32 | 893.43 |
| 人工成本 | 元 | 1003.01 | 1184.67 | 1695.33 | 2022.87 | 416.74 |
| 家庭用工折价 | 元 | 904.02 | 906.33 | 1383.92 | 2022.87 | 416.74 |
| 雇工费用 | 元 | 98.99 | 278.34 | 311.41 | | |
| 土地成本 | 元 | 340.16 | 325.00 | 700.00 | 240.00 | 325.00 |
| 流转地租金 | 元 | 54.10 | 7.00 | 126.00 | | 81.25 |
| 自营地折租 | 元 | 286.06 | 318.00 | 574.00 | 240.00 | 243.75 |
| 净利润 | 元 | 2365.73 | 1344.00 | 450.51 | 2966.44 | 2614.83 |
| 现金成本 | 元 | 896.08 | 1009.34 | 1347.30 | 631.32 | 974.68 |
| 现金收益 | 元 | 3555.81 | 2568.33 | 2408.43 | 5229.31 | 3275.32 |
| 成本利润率 | % | 113.40 | 60.17 | 13.63 | 102.50 | 159.91 |
| **每50公斤主产品** | | | | | | |
| 平均出售价格 | 元 | 77.26 | 60.84 | 68.26 | 75.42 | 84.45 |
| 总成本 | 元 | 36.20 | 37.98 | 60.07 | 37.25 | 32.49 |
| 生产成本 | 元 | 30.30 | 32.46 | 47.35 | 34.16 | 26.03 |
| 净利润 | 元 | 41.06 | 22.86 | 8.19 | 38.17 | 51.96 |
| 现金成本 | 元 | 15.55 | 17.16 | 24.49 | 8.12 | 19.37 |
| 现金收益 | 元 | 61.71 | 43.68 | 43.77 | 67.30 | 65.08 |
| **附：** | | | | | | |
| 每亩用工数量 | 日 | 10.77 | 12.75 | 17.61 | 21.94 | 4.52 |
| 每亩主产品已出售数量 | 公斤 | 2864.70 | 2869.17 | 2751.03 | 3816.08 | 2516.32 |
| 每亩主产品已出售产值 | 元 | 4429.04 | 3486.09 | 3755.73 | 5754.91 | 4250.00 |
| 每亩成本外支出 | 元 | | | | | |

6-2-13-1 续表

| 项 目 | 单位 | 郑州市 | 武汉市 | 重庆市 | 兰州市 |
|---|---|---|---|---|---|
| **每亩** | | | | | |
| 主产品产量 | 公斤 | 3509.14 | 1790.25 | 5105.08 | 4317.15 |
| 产值合计 | 元 | 2765.97 | 5883.71 | 7571.76 | 6003.07 |
| 主产品产值 | 元 | 2765.97 | 5883.71 | 7571.76 | 6003.07 |
| 副产品产值 | 元 | | | | |
| 总成本 | 元 | 2286.46 | 1934.22 | 3422.66 | 2028.99 |
| 生产成本 | 元 | 1893.60 | 1674.22 | 3188.84 | 1728.99 |
| 物质与服务费用 | 元 | 699.07 | 434.13 | 919.52 | 455.06 |
| 人工成本 | 元 | 1194.53 | 1240.09 | 2269.32 | 1273.93 |
| 家庭用工折价 | 元 | 908.82 | 1240.09 | 2269.32 | 1273.93 |
| 雇工费用 | 元 | 285.71 | | | |
| 土地成本 | 元 | 392.86 | 260.00 | 233.82 | 300.00 |
| 流转地租金 | 元 | 77.57 | 39.00 | 35.07 | |
| 自营地折租 | 元 | 315.29 | 221.00 | 198.75 | 300.00 |
| 净利润 | 元 | 479.51 | 3949.49 | 4149.10 | 3974.08 |
| 现金成本 | 元 | 1062.35 | 473.13 | 954.59 | 455.06 |
| 现金收益 | 元 | 1703.62 | 5410.58 | 6617.17 | 5548.01 |
| 成本利润率 | % | 20.97 | 204.19 | 121.22 | 195.87 |
| **每 50 公斤主产品** | | | | | |
| 平均出售价格 | 元 | 39.41 | 164.33 | 74.16 | 69.53 |
| 总成本 | 元 | 32.58 | 54.02 | 33.52 | 23.50 |
| 生产成本 | 元 | 26.98 | 46.76 | 31.23 | 20.03 |
| 净利润 | 元 | 6.83 | 110.31 | 40.64 | 46.03 |
| 现金成本 | 元 | 15.14 | 13.21 | 9.35 | 5.27 |
| 现金收益 | 元 | 24.27 | 151.12 | 64.81 | 64.26 |
| **附：** | | | | | |
| 每亩用工数量 | 日 | 12.50 | 13.45 | 24.61 | 13.82 |
| 每亩主产品已出售数量 | 公斤 | 3509.14 | 1785.46 | 5105.08 | 4317.15 |
| 每亩主产品已出售产值 | 元 | 2765.97 | 5868.15 | 7571.76 | 6003.07 |
| 每亩成本外支出 | 元 | | | | |

# 6-2-13-2 2021年大中城市露地萝卜费用和用工情况

| 项目 | 单位 | 平均 | 石家庄市 | 长春市 | 南昌市 | 青岛市 |
|---|---|---|---|---|---|---|
| **一、每亩物质与服务费用** | **元** | **742.99** | **724.00** | **909.89** | **631.32** | **893.43** |
| (一)直接费用 | 元 | 705.91 | 701.91 | 663.51 | 553.84 | 889.28 |
| 1. 种子费 | 元 | 122.14 | 120.09 | 128.72 | 61.90 | 164.83 |
| 2. 化肥费 | 元 | 223.86 | 278.39 | 93.33 | 257.73 | 219.30 |
| 3. 农家肥费 | 元 | 47.84 | 151.67 | 193.41 | 46.30 | |
| 4. 农药费 | 元 | 81.98 | 29.42 | 47.48 | 68.09 | 134.27 |
| 5. 农膜费 | 元 | 2.42 | | | | |
| 6. 租赁作业费 | 元 | 162.24 | 92.08 | 170.66 | 21.11 | 239.88 |
| 机械作业费 | 元 | 105.60 | 45.00 | 149.01 | | 145.00 |
| 排灌费 | 元 | 56.64 | 47.08 | 21.65 | 21.11 | 94.88 |
| 其中:水费 | 元 | | | | | |
| 畜力费 | 元 | | | | | |
| 7. 燃料动力费 | 元 | 3.74 | | | 88.40 | |
| 8. 技术服务费 | 元 | | | | | |
| 9. 工具材料费 | 元 | 58.11 | 25.09 | 13.10 | 10.31 | 129.55 |
| 10. 修理维护费 | 元 | 3.58 | 5.17 | 16.81 | | 1.45 |
| 11. 其他直接费用 | 元 | | | | | |
| (二)间接费用 | 元 | 37.08 | 22.09 | 246.38 | 77.48 | 4.15 |
| 1. 固定资产折旧 | 元 | 9.46 | 9.75 | 14.91 | 26.30 | 4.15 |
| 2. 保险费 | 元 | | | | | |
| 3. 管理费 | 元 | | | | | |
| 4. 财务费 | 元 | | | | | |
| 5. 销售费 | 元 | 27.62 | 12.34 | 231.47 | 51.18 | |
| **二、每亩人工成本** | **元** | **1003.01** | **1184.67** | **1695.33** | **2022.87** | **416.74** |
| 1. 家庭用工折价 | 元 | 904.02 | 906.33 | 1383.92 | 2022.87 | 416.74 |
| 家庭用工天数 | 日 | 9.81 | 9.83 | 15.01 | 21.94 | 4.52 |
| 劳动日工价 | 元 | 92.20 | 92.20 | 92.20 | 92.20 | 92.20 |
| 2. 雇工费用 | 元 | 98.99 | 278.34 | 311.41 | | |
| 雇工天数 | 日 | 0.96 | 2.92 | 2.60 | | |
| 雇工工价 | 元 | 103.12 | 95.32 | 119.77 | 160.00 | 123.00 |
| 三、附 | | | | | | |
| 1. 每亩种子用量 | 公斤 | 0.05 | 0.27 | | | |
| 2. 每亩化肥用量 | 公斤 | 25.51 | 44.00 | 17.16 | 23.03 | 13.35 |
| 3. 每亩农膜用量 | 公斤 | 0.18 | | | | |

6-2-13-2 续表

| 项目 | 单位 | 郑州市 | 武汉市 | 重庆市 | 兰州市 |
|---|---|---|---|---|---|
| **一、每亩物质与服务费用** | **元** | **699.07** | **434.13** | **919.52** | **455.06** |
| (一)直接费用 | 元 | 623.21 | 406.29 | 906.41 | 442.76 |
| 1. 种子费 | 元 | 128.29 | 45.68 | 165.64 | 42.71 |
| 2. 化肥费 | 元 | 242.63 | 211.80 | 372.18 | 153.91 |
| 3. 农家肥费 | 元 | 9.28 |  | 9.32 | 56.60 |
| 4. 农药费 | 元 | 81.29 | 44.62 | 136.13 | 26.30 |
| 5. 农膜费 | 元 |  |  | 55.24 | 10.87 |
| 6. 租赁作业费 | 元 | 151.86 | 94.17 | 148.94 | 137.56 |
| 机械作业费 | 元 | 85.71 | 94.17 | 148.94 | 98.14 |
| 排灌费 | 元 | 66.15 |  |  | 39.42 |
| 其中:水费 | 元 |  |  |  |  |
| 畜力费 | 元 |  |  |  |  |
| 7. 燃料动力费 | 元 |  |  | 9.44 |  |
| 8. 技术服务费 | 元 |  |  |  |  |
| 9. 工具材料费 | 元 | 5.43 | 7.37 | 8.41 | 12.54 |
| 10. 修理维护费 | 元 | 4.43 | 2.65 | 1.11 | 2.27 |
| 11. 其他直接费用 | 元 |  |  |  |  |
| (二)间接费用 | 元 | 75.86 | 27.84 | 13.11 | 12.30 |
| 1. 固定资产折旧 | 元 | 3.43 | 27.84 | 7.81 |  |
| 2. 保险费 | 元 |  |  |  |  |
| 3. 管理费 | 元 |  |  |  |  |
| 4. 财务费 | 元 |  |  |  |  |
| 5. 销售费 | 元 | 72.43 |  | 5.30 | 12.30 |
| **二、每亩人工成本** | **元** | **1194.53** | **1240.09** | **2269.32** | **1273.93** |
| 1. 家庭用工折价 | 元 | 908.82 | 1240.09 | 2269.32 | 1273.93 |
| 家庭用工天数 | 日 | 9.86 | 13.45 | 24.61 | 13.82 |
| 劳动日工价 | 元 | 92.20 | 92.20 | 92.20 | 92.20 |
| 2. 雇工费用 | 元 | 285.71 |  |  |  |
| 雇工天数 | 日 | 2.64 |  |  |  |
| 雇工工价 | 元 | 108.22 | 110.00 | 148.62 | 100.00 |
| **三、附** |  |  |  |  |  |
| 1. 每亩种子用量 | 公斤 |  |  |  |  |
| 2. 每亩化肥用量 | 公斤 | 39.55 | 29.24 | 43.91 | 20.01 |
| 3. 每亩农膜用量 | 公斤 |  |  | 3.78 | 0.91 |

# 6-2-13-3 2021年大中城市露地萝卜化肥投入情况

| 项　　目 | 单位 | 平　均 | 石家庄市 | 长春市 | 南昌市 | 青岛市 |
|---|---|---|---|---|---|---|
| **一、每亩化肥金额** | **元** | **223.86** | **278.39** | **93.33** | **257.73** | **219.30** |
| (一)氮肥 | 元 | 34.73 | 111.42 | 43.44 | | |
| 1. 尿素 | 元 | 28.09 | 111.42 | 42.63 | | |
| 2. 碳铵 | 元 | 6.59 | | | | |
| 3. 其他氮肥 | 元 | 0.05 | | 0.81 | | |
| (二)磷肥 | 元 | 2.14 | 7.11 | | | |
| 其中:过磷酸钙 | 元 | 0.84 | | | | |
| (三)钾肥 | 元 | 8.06 | 42.59 | 4.26 | | |
| 其中:氯化钾 | 元 | 0.09 | | 1.38 | | |
| (四)复混肥 | 元 | 135.13 | 117.27 | 45.63 | 257.73 | 110.97 |
| 1. 复合肥 | 元 | 133.17 | 107.27 | 45.63 | 257.73 | 110.97 |
| 其中:二铵 | 元 | 13.25 | 35.42 | 26.46 | | |
| 三元素复合肥 | 元 | 72.05 | 71.85 | 19.17 | 257.73 | |
| 2. 混配肥 | 元 | 1.96 | 10.00 | | | |
| (五)其他肥料 | 元 | 43.80 | | | | 108.33 |
| **二、每亩化肥折纯用量** | **公斤** | **25.51** | **44.00** | **17.16** | **23.03** | **13.35** |
| (一)氮肥 | 公斤 | 6.74 | 22.81 | 8.68 | | |
| 1. 尿素 | 公斤 | 5.72 | 22.81 | 8.46 | | |
| 2. 碳铵 | 公斤 | 1.01 | | | | |
| 3. 其他氮肥 | 公斤 | 0.01 | | 0.22 | | |
| (二)磷肥 | 公斤 | 0.24 | 0.42 | | | |
| 其中:过磷酸钙 | 公斤 | 0.16 | | | | |
| (三)钾肥 | 公斤 | 0.64 | 3.23 | 0.68 | | |
| 其中:氯化钾 | 公斤 | 0.02 | | 0.23 | | |
| (四)复混肥 | 公斤 | 17.88 | 17.55 | 7.81 | 23.03 | 13.35 |
| 1. 复合肥 | 公斤 | 17.59 | 16.05 | 7.81 | 23.03 | 13.35 |
| 其中:二铵 | 公斤 | 2.49 | 6.67 | 4.93 | | |
| 三元素复合肥 | 公斤 | 9.24 | 9.38 | 2.88 | 23.03 | |
| 2. 混配肥 | 公斤 | 0.29 | 1.50 | | | |

6-2-13-3 续表

| 项　　目 | 单位 | 郑州市 | 武汉市 | 重庆市 | 兰州市 |
|---|---|---|---|---|---|
| **一、每亩化肥金额** | **元** | **242.63** | **211.80** | **372.18** | **153.91** |
| （一）氮肥 | 元 | 28.61 | 51.27 | 18.06 | 22.46 |
| 1. 尿素 | 元 | 28.61 | | 18.06 | 21.04 |
| 2. 碳铵 | 元 | | 51.27 | | 1.42 |
| 3. 其他氮肥 | 元 | | | | |
| （二）磷肥 | 元 | | | | 10.76 |
| 其中：过磷酸钙 | 元 | | | | 10.76 |
| （三）钾肥 | 元 | | | | |
| 其中：氯化钾 | 元 | | | | |
| （四）复混肥 | 元 | 214.02 | 160.53 | 346.13 | 93.51 |
| 1. 复合肥 | 元 | 214.02 | 160.53 | 341.61 | 93.51 |
| 其中：二铵 | 元 | 39.29 | | | 15.89 |
| 三元素复合肥 | 元 | 174.73 | 160.53 | 282.74 | 29.83 |
| 2. 混配肥 | 元 | | | 4.52 | |
| （五）其他肥料 | 元 | | | 7.99 | 27.18 |
| **二、每亩化肥折纯用量** | **公斤** | **39.55** | **29.24** | **43.91** | **20.01** |
| （一）氮肥 | 公斤 | 6.11 | 7.85 | 2.85 | 4.43 |
| 1. 尿素 | 公斤 | 6.11 | | 2.85 | 4.16 |
| 2. 碳铵 | 公斤 | | 7.85 | | 0.27 |
| 3. 其他氮肥 | 公斤 | | | | |
| （二）磷肥 | 公斤 | | | | 2.05 |
| 其中：过磷酸钙 | 公斤 | | | | 2.05 |
| （三）钾肥 | 公斤 | | | | |
| 其中：氯化钾 | 公斤 | | | | |
| （四）复混肥 | 公斤 | 33.43 | 21.38 | 41.06 | 13.53 |
| 1. 复合肥 | 公斤 | 33.43 | 21.38 | 40.52 | 13.53 |
| 其中：二铵 | 公斤 | 7.39 | | | 3.04 |
| 三元素复合肥 | 公斤 | 26.04 | 21.38 | 32.52 | 3.72 |
| 2. 混配肥 | 公斤 | | | 0.54 | |

# 6-2-14-1 2021年大中城市露地豆角成本收益情况

| 项 目 | 单位 | 平 均 | 长春市 | 哈尔滨市 | 杭州市 | 南昌市 | 武汉市 | 成都市 |
|---|---|---|---|---|---|---|---|---|
| 每亩 | | | | | | | | |
| 主产品产量 | 公斤 | 1917.80 | 1547.17 | 2017.50 | 2593.75 | 1545.00 | 1995.29 | 1849.33 |
| 产值合计 | 元 | 8418.36 | 5328.83 | 7916.67 | 8041.45 | 5358.66 | 8034.37 | 12945.33 |
| 主产品产值 | 元 | 8418.36 | 5328.83 | 7916.67 | 8041.45 | 5358.66 | 8034.37 | 12945.33 |
| 副产品产值 | 元 | | | | | | | |
| 总成本 | 元 | 4314.36 | 4392.07 | 4252.86 | 5522.03 | 3216.89 | 3742.19 | 4565.90 |
| 生产成本 | 元 | 3857.12 | 3692.07 | 3652.86 | 5022.03 | 2976.89 | 3482.19 | 4235.90 |
| 物质与服务费用 | 元 | 1178.21 | 835.72 | 1170.84 | 1183.74 | 754.87 | 1043.50 | 1706.13 |
| 人工成本 | 元 | 2678.91 | 2856.35 | 2482.02 | 3838.29 | 2222.02 | 2438.69 | 2529.77 |
| 家庭用工折价 | 元 | 2546.10 | 2596.35 | 2482.02 | 3838.29 | 2222.02 | 2438.69 | 2140.88 |
| 雇工费用 | 元 | 132.81 | 260.00 | | | | | 388.89 |
| 土地成本 | 元 | 457.24 | 700.00 | 600.00 | 500.00 | 240.00 | 260.00 | 330.00 |
| 流转地租金 | 元 | 68.09 | 126.00 | 60.00 | 261.00 | | 18.20 | |
| 自营地折租 | 元 | 389.15 | 574.00 | 540.00 | 239.00 | 240.00 | 241.80 | 330.00 |
| 净利润 | 元 | 4104.00 | 936.76 | 3663.81 | 2519.42 | 2141.77 | 4292.18 | 8379.43 |
| 现金成本 | 元 | 1379.11 | 1221.72 | 1230.84 | 1444.74 | 754.87 | 1061.70 | 2095.02 |
| 现金收益 | 元 | 7039.25 | 4107.11 | 6685.83 | 6596.71 | 4603.79 | 6972.67 | 10850.31 |
| 成本利润率 | % | 95.12 | 21.33 | 86.15 | 45.62 | 66.58 | 114.70 | 183.52 |
| 每50公斤主产品 | | | | | | | | |
| 平均出售价格 | 元 | 219.48 | 172.21 | 196.20 | 155.02 | 173.42 | 201.33 | 350.00 |
| 总成本 | 元 | 112.48 | 141.94 | 105.40 | 106.45 | 104.11 | 93.77 | 123.45 |
| 生产成本 | 元 | 100.56 | 119.32 | 90.53 | 96.81 | 96.34 | 87.26 | 114.53 |
| 净利润 | 元 | 107.00 | 30.27 | 90.80 | 48.57 | 69.31 | 107.56 | 226.55 |
| 现金成本 | 元 | 35.96 | 39.48 | 30.50 | 27.85 | 24.43 | 26.60 | 56.64 |
| 现金收益 | 元 | 183.52 | 132.73 | 165.70 | 127.17 | 148.99 | 174.73 | 293.36 |
| 附: | | | | | | | | |
| 每亩用工数量 | 日 | 28.62 | 30.34 | 26.92 | 41.63 | 24.10 | 26.45 | 26.00 |
| 每亩主产品已出售数量 | 公斤 | 1914.77 | 1547.17 | 2017.50 | 2593.75 | 1510.33 | 1995.29 | 1849.33 |
| 每亩主产品已出售产值 | 元 | 8407.56 | 5328.83 | 7916.67 | 8041.45 | 5234.87 | 8034.37 | 12945.33 |
| 每亩成本外支出 | 元 | | | | | | | |

# 6-2-14-2　2021 年大中城市露地豆角费用和用工情况

| 项　　目 | 单位 | 平　均 | 长春市 | 哈尔滨市 | 杭州市 | 南昌市 | 武汉市 | 成都市 |
|---|---|---|---|---|---|---|---|---|
| **一、每亩物质与服务费用** | 元 | **1178.21** | **835.72** | **1170.84** | **1183.74** | **754.87** | **1043.50** | **1706.13** |
| （一）直接费用 | 元 | 998.77 | 605.56 | 928.84 | 1119.07 | 673.54 | 962.14 | 1464.46 |
| 1. 种子费 | 元 | 155.04 | 150.45 | 147.17 | 149.63 | 126.50 | 195.36 | 150.89 |
| 2. 化肥费 | 元 | 265.31 | 94.56 | | 555.74 | 156.18 | 291.98 | 552.22 |
| 3. 农家肥费 | 元 | 166.94 | 195.95 | 400.00 | 141.50 | 60.50 | | 76.91 |
| 4. 农药费 | 元 | 127.67 | | 42.17 | 162.00 | 103.12 | 101.22 | 326.33 |
| 5. 农膜费 | 元 | 53.15 | | 60.00 | | 84.00 | 52.67 | 101.17 |
| 6. 租赁作业费 | 元 | 104.31 | 132.09 | 91.67 | 55.13 | 19.03 | 117.28 | 144.00 |
| 机械作业费 | 元 | 82.82 | 114.73 | 50.00 | 34.00 | | 108.57 | 130.00 |
| 排灌费 | 元 | 21.49 | 17.36 | 41.67 | 21.13 | 19.03 | 8.71 | 14.00 |
| 其中：水费 | 元 | 16.50 | | 41.67 | 18.13 | | 8.71 | 14.00 |
| 畜力费 | 元 | | | | | | | |
| 7. 燃料动力费 | 元 | 7.92 | | | 14.00 | 72.89 | | |
| 8. 技术服务费 | 元 | | | | | | | |
| 9. 工具材料费 | 元 | 107.51 | 17.56 | 187.83 | 33.36 | 51.32 | 198.09 | 83.94 |
| 10. 修理维护费 | 元 | 10.92 | 14.95 | | 7.71 | | 5.54 | 29.00 |
| 11. 其他直接费用 | 元 | | | | | | | |
| （二）间接费用 | 元 | 179.44 | 230.16 | 242.00 | 64.67 | 81.33 | 81.36 | 241.67 |
| 1. 固定资产折旧 | 元 | 30.99 | 16.11 | | 44.63 | 29.74 | 35.93 | 64.89 |
| 2. 保险费 | 元 | | | | | | | |
| 3. 管理费 | 元 | | | | | | | |
| 4. 财务费 | 元 | | | | | | | |
| 5. 销售费 | 元 | 148.45 | 214.05 | 242.00 | 20.04 | 51.59 | 45.43 | 176.78 |
| **二、每亩人工成本** | 元 | **2678.91** | **2856.35** | **2482.02** | **3838.29** | **2222.02** | **2438.69** | **2529.77** |
| 1. 家庭用工折价 | 元 | 2546.10 | 2596.35 | 2482.02 | 3838.29 | 2222.02 | 2438.69 | 2140.88 |
| 家庭用工天数 | 日 | 27.62 | 28.16 | 26.92 | 41.63 | 24.10 | 26.45 | 23.22 |
| 劳动日工价 | 元 | 92.20 | 92.20 | 92.20 | 92.20 | 92.20 | 92.20 | 92.20 |
| 2. 雇工费用 | 元 | 132.81 | 260.00 | | | | | 388.89 |
| 雇工天数 | 日 | 1.00 | 2.18 | | | | | 2.78 |
| 雇工工价 | 元 | 132.81 | 119.27 | 120.00 | 130.00 | 160.00 | 150.00 | 139.89 |
| **三、附** | | | | | | | | |
| 1. 每亩种子用量 | 公斤 | | | | | | | |
| 2. 每亩化肥用量 | 公斤 | 33.64 | 17.87 | | 74.51 | 13.98 | 37.79 | 65.23 |
| 3. 每亩农膜用量 | 公斤 | 3.90 | | 5.00 | | 6.00 | 4.05 | 6.74 |

# 6-2-14-3 2021年大中城市露地豆角化肥投入情况

| 项目 | 单位 | 平均 | 长春市 | 哈尔滨市 | 杭州市 | 南昌市 | 武汉市 | 成都市 |
|---|---|---|---|---|---|---|---|---|
| **一、每亩化肥金额** | 元 | **265.31** | **94.56** | | **555.74** | **156.18** | **291.98** | **552.22** |
| (一)氮肥 | 元 | 48.55 | 43.27 | | 180.04 | | 22.86 | 76.00 |
| 1. 尿素 | 元 | 48.36 | 42.17 | | 180.04 | | 22.86 | 76.00 |
| 2. 碳铵 | 元 | | | | | | | |
| 3. 其他氮肥 | 元 | 0.19 | 1.10 | | | | | |
| (二)磷肥 | 元 | | | | | | | |
| 其中:过磷酸钙 | 元 | | | | | | | |
| (三)钾肥 | 元 | 0.79 | 4.56 | | | | | |
| 其中:氯化钾 | 元 | 0.36 | 2.09 | | | | | |
| (四)复混肥 | 元 | 215.97 | 46.73 | | 375.70 | 156.18 | 269.12 | 476.22 |
| 1. 复合肥 | 元 | 215.97 | 46.73 | | 375.70 | 156.18 | 269.12 | 476.22 |
| 其中:二铵 | 元 | 5.71 | 33.10 | | | | | |
| 三元素复合肥 | 元 | 136.27 | 13.63 | | 112.50 | 156.18 | | 476.22 |
| 2. 混配肥 | 元 | | | | | | | |
| (五)其他肥料 | 元 | | | | | | | |
| **二、每亩化肥折纯用量** | 公斤 | **33.64** | **17.87** | | **74.51** | **13.98** | **37.79** | **65.23** |
| (一)氮肥 | 公斤 | 8.33 | 8.67 | | 30.53 | | 4.78 | 11.65 |
| 1. 尿素 | 公斤 | 8.28 | 8.37 | | 30.53 | | 4.78 | 11.65 |
| 2. 碳铵 | 公斤 | | | | | | | |
| 3. 其他氮肥 | 公斤 | 0.05 | 0.30 | | | | | |
| (二)磷肥 | 公斤 | | | | | | | |
| 其中:过磷酸钙 | 公斤 | | | | | | | |
| (三)钾肥 | 公斤 | 0.17 | 0.96 | | | | | |
| 其中:氯化钾 | 公斤 | 0.06 | 0.34 | | | | | |
| (四)复混肥 | 公斤 | 25.14 | 8.26 | | 43.97 | 13.98 | 33.02 | 53.58 |
| 1. 复合肥 | 公斤 | 25.14 | 8.26 | | 43.97 | 13.98 | 33.02 | 53.58 |
| 其中:二铵 | 公斤 | 1.07 | 6.21 | | | | | |
| 三元素复合肥 | 公斤 | 15.38 | 2.05 | | 15.13 | 13.98 | | 53.58 |
| 2. 混配肥 | 公斤 | | | | | | | |

# 七、各地区畜产品

# 7-1-1　2021年各地区本种绵羊成本收益情况

| 项　　目 | 单位 | 平　均 | 内蒙古 | 甘　肃 | 宁　夏 | 新　疆 |
|---|---|---|---|---|---|---|
| **每百只** | | | | | | |
| 产品畜数量 | 只 | 59.90 | 66.69 | 15.53 | 52.40 | 71.77 |
| 毛(绒)产量 | 公斤 | 138.32 | 161.19 | 43.06 | 173.95 | 153.67 |
| 产值合计 | 元 | 61343.03 | 75583.51 | 35558.77 | 86117.80 | 58971.40 |
| 产品畜产值 | 元 | 59678.89 | 74025.13 | 34871.15 | 75061.52 | 57789.38 |
| 毛(绒)产值 | 元 | 809.37 | 1311.71 | 215.38 | 1052.19 | 675.50 |
| 副产品产值 | 元 | 854.77 | 246.67 | 472.24 | 10004.09 | 506.52 |
| 总成本 | 元 | 38890.92 | 57069.67 | 22748.32 | 27669.72 | 34075.78 |
| 生产成本 | 元 | 38840.98 | 57069.67 | 22474.15 | 27583.84 | 34075.78 |
| 物质与服务费用 | 元 | 27672.27 | 45318.32 | 11869.33 | 13195.26 | 23384.06 |
| 人工成本 | 元 | 11168.71 | 11751.35 | 10604.82 | 14388.58 | 10691.72 |
| 家庭用工折价 | 元 | 7315.06 | 4634.16 | 9864.29 | 14309.26 | 7460.92 |
| 雇工费用 | 元 | 3853.65 | 7117.19 | 740.53 | 79.33 | 3230.80 |
| 土地成本 | 元 | 49.94 | | 274.17 | 85.88 | |
| 净利润 | 元 | 22452.11 | 18513.84 | 12810.45 | 58448.08 | 24895.62 |
| 成本利润率 | 元 | 57.73 | 32.44 | 56.31 | 211.23 | 73.06 |
| **每50公斤** | | | | | | |
| 产品畜(活重)平均出售价格 | 元 | 616.76 | 1428.56 | 389.37 | 1601.96 | 1048.99 |
| 产品畜(活重)总成本 | 元 | 391.02 | 1078.64 | 249.10 | 514.71 | 606.14 |
| 毛(绒)平均出售价格 | 元 | 292.57 | 406.88 | 250.09 | 302.44 | 219.79 |
| 毛(绒)总成本 | 元 | 185.49 | 307.22 | 159.99 | 97.17 | 127.00 |
| **每只** | | | | | | |
| 产品畜(活重)平均出售价格 | 元 | 996.31 | 1109.99 | 2245.41 | 1432.47 | 805.20 |
| 产品畜(活重)总成本 | 元 | 631.65 | 838.10 | 1436.48 | 460.25 | 465.27 |
| **附：** | | | | | | |
| 每只产品畜平均活重 | 公斤 | 80.77 | 38.85 | 288.34 | 44.71 | 38.38 |
| 每百只出栏畜数量 | 只 | 61.73 | 74.14 | 29.49 | 48.26 | 66.39 |
| 每百只出栏畜产值 | 元 | 60374.04 | 81106.34 | 42175.30 | 69572.04 | 52725.97 |

# 7-1-2 2021 年各地区本种绵羊费用和用工情况

| 项目 | 单位 | 平均 | 内蒙古 | 甘肃 | 宁夏 | 新疆 |
|---|---|---|---|---|---|---|
| **一、每百只物质与服务费用** | 元 | **27672.27** | **45318.32** | **11869.33** | **13195.26** | **23384.06** |
| (一)直接费用 | 元 | 27183.36 | 44843.86 | 11507.21 | 12739.98 | 22838.61 |
| 1. 幼畜购进费 | 元 | | | | | |
| 2. 精饲料、饲盐费 | 元 | 2447.04 | 3777.89 | 347.81 | 6935.35 | 1911.45 |
| 3. 饲盐费 | | 138.71 | 343.28 | 29.07 | | 60.60 |
| 4. 饲草费 | 元 | 21201.42 | 36804.07 | 8895.66 | 4137.31 | 17232.48 |
| 5. 饲料加工费 | 元 | 155.25 | | 131.45 | 208.72 | 256.72 |
| 6. 燃料动力费 | 元 | 238.98 | 665.65 | 139.94 | 185.27 | 8.59 |
| 7. 医疗防疫费 | 元 | 760.55 | 477.28 | 214.32 | 328.39 | 1171.08 |
| 8. 配种费 | 元 | 1165.79 | 1981.33 | 800.06 | 486.54 | 841.49 |
| 9. 死亡损失费 | 元 | 590.25 | 600.46 | 673.09 | 297.48 | 582.64 |
| 10. 放牧用具费 | 元 | 150.00 | 80.81 | 130.15 | | 214.91 |
| 11. 技术服务费 | 元 | | | | | |
| 12. 修理维护费 | 元 | 184.29 | 113.09 | 145.66 | 160.92 | 245.02 |
| 13. 其他直接费用 | 元 | 151.08 | | | | 313.63 |
| (二)间接费用 | 元 | 488.91 | 474.46 | 362.12 | 455.28 | 545.45 |
| 1. 固定资产折旧 | 元 | 385.40 | 474.46 | 168.92 | 277.16 | 414.74 |
| 2. 草场建设费 | 元 | | | | | |
| 3. 管理费 | 元 | | | | | |
| 4. 销售费 | 元 | 8.12 | | | 178.12 | |
| 5. 财务费 | 元 | 8.77 | | | | 18.21 |
| 6. 保险费 | 元 | 86.62 | | 193.20 | | 112.50 |
| **二、每百只人工成本** | 元 | **11168.71** | **11751.35** | **10604.82** | **14388.58** | **10691.72** |
| 1. 家庭用工折价 | 元 | 7315.06 | 4634.16 | 9864.29 | 14309.26 | 7460.92 |
| 家庭用工天数 | 日 | 79.34 | 50.26 | 106.99 | 155.20 | 80.92 |
| 劳动日工价 | 元 | 92.20 | 92.20 | 92.20 | 92.20 | 92.20 |
| 2. 雇工费用 | 元 | 3853.65 | 7117.19 | 740.53 | 79.33 | 3230.80 |
| 雇工天数 | 日 | 29.61 | 48.84 | 5.39 | 0.66 | 28.63 |
| 雇工工价 | 元 | 130.15 | 145.73 | 137.39 | 120.19 | 112.85 |
| **三、附** | | | | | | |
| 每百只耗粮数量 | 公斤 | 1164.27 | 1398.61 | 130.15 | 3926.02 | 1114.85 |

# 7-2-1 2021年各地区改良绵羊成本收益情况

| 项目 | 单位 | 平均 | 内蒙古 | 甘肃 | 宁夏 | 新疆 |
|---|---|---|---|---|---|---|
| **每百只** | | | | | | |
| 产品畜数量 | 只 | 65.34 | 64.95 | 67.61 | 51.84 | 66.75 |
| 毛(绒)产量 | 公斤 | 246.74 | 343.00 | 150.71 | 145.94 | 335.29 |
| 产值合计 | 元 | 69799.40 | 91171.98 | 58309.36 | 84048.41 | 67153.75 |
| 产品畜产值 | 元 | 63562.07 | 86372.14 | 54600.59 | 72578.89 | 58574.66 |
| 毛(绒)产值 | 元 | 4177.67 | 4347.41 | 1944.30 | 984.07 | 7670.55 |
| 副产品产值 | 元 | 2059.66 | 452.43 | 1764.47 | 10485.45 | 908.54 |
| 总成本 | 元 | 41211.00 | 63172.43 | 37760.27 | 29096.55 | 36210.03 |
| 生产成本 | 元 | 41174.75 | 63172.43 | 37691.27 | 28998.06 | 36210.03 |
| 物质与服务费用 | 元 | 27042.75 | 50985.09 | 20040.92 | 13762.15 | 25485.58 |
| 人工成本 | 元 | 14132.00 | 12187.34 | 17650.35 | 15235.91 | 10724.45 |
| 家庭用工折价 | 元 | 8760.11 | 11330.37 | 7220.55 | 15179.81 | 7274.76 |
| 雇工费用 | 元 | 5371.89 | 856.98 | 10429.80 | 56.11 | 3449.69 |
| 土地成本 | 元 | 36.25 | | 69.00 | 98.49 | |
| 净利润 | 元 | 28588.40 | 27999.55 | 20549.09 | 54951.86 | 30943.72 |
| 成本利润率 | 元 | 69.37 | 44.32 | 54.42 | 188.86 | 85.46 |
| **每50公斤** | | | | | | |
| 产品畜(活重)平均出售价格 | 元 | 1148.51 | 1479.89 | 926.34 | 1573.80 | 1132.00 |
| 产品畜(活重)总成本 | 元 | 678.10 | 1025.41 | 599.88 | 544.83 | 610.39 |
| 毛(绒)平均出售价格 | 元 | 846.57 | 633.73 | 645.05 | 337.15 | 1143.87 |
| 毛(绒)总成本 | 元 | 499.83 | 439.11 | 417.72 | 116.72 | 616.79 |
| **每只** | | | | | | |
| 产品畜(活重)平均出售价格 | 元 | 972.79 | 1329.83 | 807.58 | 1400.06 | 877.52 |
| 产品畜(活重)总成本 | 元 | 574.36 | 921.43 | 522.98 | 484.68 | 473.17 |
| **附:** | | | | | | |
| 每只产品畜平均活重 | 公斤 | 42.35 | 44.93 | 43.59 | 44.48 | 38.76 |
| 每百只出栏畜数量 | 只 | 64.67 | 69.25 | 68.51 | 42.25 | 63.92 |
| 每百只出栏畜产值 | 元 | 62869.04 | 92296.56 | 55114.37 | 60329.99 | 55966.10 |

# 7-2-2　2021 年各地区改良绵羊费用和用工情况

| 项　　目 | 单位 | 平　均 | 内蒙古 | 甘　肃 | 宁　夏 | 新　疆 |
|---|---|---|---|---|---|---|
| 一、每百只物质与服务费用 | 元 | **27042.75** | **50985.09** | **20040.92** | **13762.15** | **25485.58** |
| （一）直接费用 | 元 | 25831.49 | 50449.16 | 17774.46 | 13420.74 | 24897.40 |
| 1. 幼畜购进费 | 元 | | | | | |
| 2. 精饲料费 | 元 | 4231.57 | 9765.69 | 2113.09 | 7408.15 | 2669.98 |
| 3. 饲盐费 | 元 | 124.50 | 301.00 | 70.13 | | 123.99 |
| 4. 饲草费 | 元 | 16791.14 | 36210.06 | 9648.31 | 4252.95 | 17787.39 |
| 5. 饲料加工费 | 元 | 234.25 | | 95.90 | 221.83 | 537.83 |
| 6. 燃料动力费 | 元 | 904.40 | 478.20 | 2033.52 | 207.42 | |
| 7. 医疗防疫费 | 元 | 612.08 | 815.21 | 260.24 | 323.20 | 999.28 |
| 8. 配种费 | 元 | 1045.22 | 1712.49 | 826.34 | 524.20 | 1073.69 |
| 9. 死亡损失费 | 元 | 1157.90 | 785.51 | 1787.07 | 332.32 | 857.42 |
| 10. 放牧用具费 | 元 | 202.78 | 126.20 | 276.16 | | 217.45 |
| 11. 技术服务费 | 元 | | | | | |
| 12. 修理维护费 | 元 | 335.81 | 254.80 | 507.81 | 150.67 | 230.05 |
| 13. 其他直接费用 | 元 | 191.84 | | 155.89 | | 400.32 |
| （二）间接费用 | 元 | 1211.26 | 535.93 | 2266.46 | 341.41 | 588.18 |
| 1. 固定资产折旧 | 元 | 666.19 | 535.93 | 904.69 | 206.87 | 588.18 |
| 2. 草场建设费 | 元 | 330.34 | | 844.95 | | |
| 3. 管理费 | 元 | | | | | |
| 4. 销售费 | 元 | 177.84 | | 422.47 | 134.54 | |
| 5. 财务费 | 元 | | | | | |
| 6. 保险费 | 元 | 36.89 | | 94.35 | | |
| 二、每百只人工成本 | 元 | **14132.00** | **12187.34** | **17650.35** | **15235.91** | **10724.45** |
| 1. 家庭用工折价 | 元 | 8760.11 | 11330.37 | 7220.55 | 15179.81 | 7274.76 |
| 家庭用工天数 | 日 | 95.01 | 122.89 | 78.31 | 164.64 | 78.90 |
| 劳动日工价 | 元 | 92.20 | 92.20 | 92.20 | 92.20 | 92.20 |
| 2. 雇工费用 | 元 | 5371.89 | 856.98 | 10429.80 | 56.11 | 3449.69 |
| 雇工天数 | 日 | 28.43 | 6.32 | 41.92 | 0.47 | 33.07 |
| 雇工工价 | 元 | 188.95 | 135.60 | 248.80 | 119.37 | 104.32 |
| 三、附 | | | | | | |
| 每百只耗粮数量 | 公斤 | 1981.31 | 3887.06 | 656.77 | 4047.93 | 1874.74 |

# 7-3-1 2021年各地区山羊成本收益情况

| 项 目 | 单位 | 平 均 | 内蒙古 | 宁 夏 |
| --- | --- | --- | --- | --- |
| 每百只 | | | | |
| 产品畜数量 | 只 | 54.48 | 55.25 | 49.43 |
| 毛(绒)产量 | 公斤 | 60.16 | 62.16 | 47.11 |
| 产值合计 | 元 | 89389.38 | 89022.53 | 91787.60 |
| 产品畜产值 | 元 | 68663.81 | 69488.58 | 63272.07 |
| 毛(绒)产值 | 元 | 18727.93 | 19064.48 | 16527.80 |
| 副产品产值 | 元 | 1997.64 | 469.47 | 11987.73 |
| 总成本 | 元 | 72416.40 | 79034.47 | 29152.31 |
| 生产成本 | 元 | 72156.38 | 78749.16 | 29057.62 |
| 物质与服务费用 | 元 | 58771.96 | 65609.39 | 14073.67 |
| 人工成本 | 元 | 13384.42 | 13139.77 | 14983.95 |
| 家庭用工折价 | 元 | 8867.61 | 7947.18 | 14884.95 |
| 雇工费用 | 元 | 4516.81 | 5192.59 | 99.00 |
| 土地成本 | 元 | 260.02 | 285.31 | 94.69 |
| 净利润 | 元 | 16972.98 | 9988.06 | 62635.29 |
| 成本利润率 | 元 | 23.44 | 12.64 | 214.86 |
| 每50公斤 | | | | |
| 产品畜(活重)平均出售价格 | 元 | 1613.76 | 1588.82 | 1800.33 |
| 产品畜(活重)总成本 | 元 | 1307.34 | 1410.56 | 571.80 |
| 毛(绒)平均出售价格 | 元 | 15565.10 | 15335.01 | 17541.71 |
| 毛(绒)总成本 | 元 | 12609.65 | 13614.47 | 5571.36 |
| 每只 | | | | |
| 产品畜(活重)平均出售价格 | 元 | 1260.35 | 1257.71 | 1280.03 |
| 产品畜(活重)总成本 | 元 | 1021.04 | 1116.60 | 406.55 |
| 附: | | | | |
| 每只产品畜平均活重 | 公斤 | 39.05 | 39.58 | 35.55 |
| 每百只出栏畜数量 | 只 | 56.78 | 59.06 | 41.89 |
| 每百只出栏畜产值 | 元 | 70341.64 | 72860.87 | 53872.69 |

# 7-3-2　2021 年各地区山羊费用和用工情况

| 项　　目 | 单位 | 平　均 | 内蒙古 | 宁　夏 |
|---|---|---|---|---|
| **一、每百只物质与服务费用** | **元** | **58771.96** | **65609.39** | **14073.67** |
| （一）直接费用 | 元 | 58186.82 | 65020.75 | 13511.40 |
| 1. 幼畜购进费 | 元 | | | |
| 2. 精饲料费 | 元 | 11655.66 | 12318.44 | 7322.84 |
| 3. 饲盐费 | 元 | 159.94 | 184.41 | |
| 4. 饲草费 | 元 | 41827.42 | 47581.55 | 4210.90 |
| 5. 饲料加工费 | 元 | 39.95 | | 301.08 |
| 6. 燃料动力费 | 元 | 612.84 | 661.83 | 292.58 |
| 7. 医疗防疫费 | 元 | 692.93 | 751.81 | 308.03 |
| 8. 配种费 | 元 | 2083.51 | 2325.31 | 502.80 |
| 9. 死亡损失费 | 元 | 795.90 | 867.69 | 326.61 |
| 10. 放牧用具费 | 元 | 119.14 | 137.37 | |
| 11. 技术服务费 | 元 | | | |
| 12. 修理维护费 | 元 | 199.53 | 192.34 | 246.56 |
| 13. 其他直接费用 | 元 | | | |
| （二）间接费用 | 元 | 585.14 | 588.64 | 562.27 |
| 1. 固定资产折旧 | 元 | 555.32 | 588.64 | 337.52 |
| 2. 草场建设费 | 元 | | | |
| 3. 管理费 | 元 | | | |
| 4. 销售费 | 元 | 29.82 | | 224.75 |
| 5. 财务费 | 元 | | | |
| 6. 保险费 | 元 | | | |
| **二、每百只人工成本** | **元** | **13384.42** | **13139.77** | **14983.95** |
| 1. 家庭用工折价 | 元 | 8867.61 | 7947.18 | 14884.95 |
| 家庭用工天数 | 日 | 96.18 | 86.20 | 161.44 |
| 劳动日工价 | 元 | 92.20 | 92.20 | 92.20 |
| 2. 雇工费用 | 元 | 4516.81 | 5192.59 | 99.00 |
| 雇工天数 | 日 | 33.34 | 38.31 | 0.83 |
| 雇工工价 | 元 | 135.48 | 135.54 | 119.27 |
| **三、附** | | | | |
| 每百只耗粮数量 | 公斤 | 5539.96 | 4647.11 | 11376.76 |

# 7-4-1　2021年各地区牛成本收益情况

| 项　　目 | 单位 | 平　均 | 内蒙古 | 新　疆 |
|---|---|---|---|---|
| 每百头 | | | | |
| 产品畜数量 | 头 | 49.39 | 43.12 | 51.85 |
| 毛(绒)产量 | 公斤 | | | |
| 产值合计 | 元 | 373365.31 | 478487.52 | 332112.23 |
| 产品畜产值 | 元 | 370124.23 | 472619.86 | 329901.90 |
| 毛(绒)产值 | 元 | | | |
| 副产品产值 | 元 | 3241.08 | 5867.66 | 2210.33 |
| 总成本 | 元 | 149866.65 | 264999.17 | 104685.32 |
| 生产成本 | 元 | 149866.65 | 264999.17 | 104685.32 |
| 物质与服务费用 | 元 | 120729.24 | 221503.93 | 81182.28 |
| 人工成本 | 元 | 29137.41 | 43495.24 | 23503.04 |
| 家庭用工折价 | 元 | 14671.23 | 15262.05 | 14439.44 |
| 雇工费用 | 元 | 14466.18 | 28233.19 | 9063.59 |
| 土地成本 | 元 | | | |
| 净利润 | 元 | 223498.66 | 213488.35 | 227426.91 |
| 成本利润率 | 元 | 149.13 | 80.56 | 217.25 |
| 每50公斤 | | | | |
| 产品畜(活重)平均出售价格 | 元 | 1438.48 | 2100.21 | 1222.17 |
| 产品畜(活重)总成本 | 元 | 577.40 | 1163.15 | 385.24 |
| 毛(绒)平均出售价格 | 元 | | | |
| 毛(绒)总成本 | 元 | | | |
| 每头 | | | | |
| 产品畜(活重)平均出售价格 | 元 | 7493.91 | 10960.57 | 6362.62 |
| 产品畜(活重)总成本 | 元 | 3008.01 | 6070.26 | 2005.57 |
| 附： | | | | |
| 每头产品畜平均活重 | 公斤 | 260.48 | 260.94 | 260.30 |
| 每百头出栏畜数量 | 头 | 42.83 | 35.82 | 45.58 |
| 每百头出栏畜产值 | 元 | 303842.07 | 389046.45 | 270405.34 |

# 7-4-2 2021 年各地区牛费用和用工情况

| 项 目 | 单位 | 平 均 | 内蒙古 | 新 疆 |
|---|---|---|---|---|
| **一、每百头物质与服务费用** | 元 | **120729.24** | **221503.93** | **81182.28** |
| (一)直接费用 | 元 | 117188.18 | 219694.22 | 76961.78 |
| 1. 幼畜购进费 | 元 | | | |
| 2. 精饲料费 | 元 | 7131.65 | 15334.89 | 3912.46 |
| 3. 饲盐费 | 元 | 543.98 | 1431.73 | 195.60 |
| 4. 饲草费 | 元 | 102070.79 | 194484.27 | 65805.00 |
| 5. 饲料加工费 | 元 | 301.09 | | 419.25 |
| 6. 燃料动力费 | 元 | 362.28 | 972.70 | 122.74 |
| 7. 医疗防疫费 | 元 | 1615.23 | 2095.60 | 1426.72 |
| 8. 配种费 | 元 | 2416.93 | 4117.23 | 1749.68 |
| 9. 死亡损失费 | 元 | 1114.67 | | 1552.10 |
| 10. 放牧用具费 | 元 | 524.77 | 403.26 | 572.45 |
| 11. 技术服务费 | 元 | | | |
| 12. 修理维护费 | 元 | 592.78 | 854.54 | 490.06 |
| 13. 其他直接费用 | 元 | 514.01 | | 715.72 |
| (二)间接费用 | 元 | 3541.06 | 1809.71 | 4220.50 |
| 1. 固定资产折旧 | 元 | 1473.10 | 1809.71 | 1341.01 |
| 2. 草场建设费 | 元 | | | |
| 3. 管理费 | 元 | | | |
| 4. 销售费 | 元 | | | |
| 5. 财务费 | 元 | 71.96 | | 100.20 |
| 6. 保险费 | 元 | 1996.00 | | 2779.29 |
| **二、每百头人工成本** | 元 | **29137.41** | **43495.24** | **23503.04** |
| 1. 家庭用工折价 | 元 | 14671.23 | 15262.05 | 14439.44 |
| 家庭用工天数 | 日 | 159.12 | 165.53 | 156.61 |
| 劳动日工价 | 元 | 92.20 | 92.20 | 92.20 |
| 2. 雇工费用 | 元 | 14466.18 | 28233.19 | 9063.59 |
| 雇工天数 | 日 | 114.21 | 189.01 | 84.86 |
| 雇工工价 | 元 | 126.66 | 149.37 | 106.81 |
| **三、附** | | | | |
| 每百头耗粮数量 | 公斤 | 2875.07 | 5501.49 | 1844.38 |

# 7-5-1　2021 年各地区牦牛成本收益情况

| 项　　目 | 单位 | 平　均 | 甘　肃 |
|---|---|---|---|
| **每百头** | | | |
| 产品畜数量 | 头 | 25.89 | 25.89 |
| 毛(绒)产量 | 公斤 | 131.53 | 131.53 |
| 产值合计 | 元 | 144730.83 | 144730.83 |
| 产品畜产值 | 元 | 137675.30 | 137675.30 |
| 毛(绒)产值 | 元 | 2940.59 | 2940.59 |
| 副产品产值 | 元 | 4114.94 | 4114.94 |
| 总成本 | 元 | 79733.02 | 79733.02 |
| 生产成本 | 元 | 79391.32 | 79391.32 |
| 物质与服务费用 | 元 | 47777.96 | 47777.96 |
| 人工成本 | 元 | 31613.36 | 31613.36 |
| 家庭用工折价 | 元 | 27729.33 | 27729.33 |
| 雇工费用 | 元 | 3884.03 | 3884.03 |
| 土地成本 | 元 | 341.70 | 341.70 |
| 净利润 | 元 | 64997.81 | 64997.81 |
| 成本利润率 | 元 | 81.52 | 81.52 |
| **每 50 公斤** | | | |
| 产品畜(活重)平均出售价格 | 元 | 730.67 | 730.67 |
| 产品畜(活重)总成本 | 元 | 402.53 | 402.53 |
| 毛(绒)平均出售价格 | 元 | 1117.84 | 1117.84 |
| 毛(绒)总成本 | 元 | 615.82 | 615.82 |
| **每头** | | | |
| 产品畜(活重)平均出售价格 | 元 | 5317.70 | 5317.70 |
| 产品畜(活重)总成本 | 元 | 2929.55 | 2929.55 |
| **附:** | | | |
| 每头产品畜平均活重 | 公斤 | 363.89 | 363.89 |
| 每百头出栏畜数量 | 头 | 21.59 | 21.59 |
| 每百头出栏畜产值 | 元 | 129084.78 | 129084.78 |

# 7-5-2 2021年各地区牦牛费用和用工情况

| 项　　目 | 单位 | 平　均 | 甘　肃 |
|---|---|---|---|
| **一、每百头物质与服务费用** | **元** | **47777.96** | **47777.96** |
| （一）直接费用 | 元 | 46146.30 | 46146.30 |
| 1. 幼畜购进费 | 元 | | |
| 2. 精饲料费 | 元 | 4430.75 | 4430.75 |
| 3. 饲盐费 | 元 | 53.71 | 53.71 |
| 4. 饲草费 | 元 | 32504.79 | 32504.79 |
| 5. 饲料加工费 | 元 | 362.93 | 362.93 |
| 6. 燃料动力费 | 元 | 788.25 | 788.25 |
| 7. 医疗防疫费 | 元 | 641.16 | 641.16 |
| 8. 配种费 | 元 | 4098.86 | 4098.86 |
| 9. 死亡损失费 | 元 | 2342.74 | 2342.74 |
| 10. 放牧用具费 | 元 | 329.92 | 329.92 |
| 11. 技术服务费 | 元 | | |
| 12. 修理维护费 | 元 | 364.61 | 364.61 |
| 13. 其他直接费用 | 元 | 228.58 | 228.58 |
| （二）间接费用 | 元 | 1631.66 | 1631.66 |
| 1. 固定资产折旧 | 元 | 552.81 | 552.81 |
| 2. 草场建设费 | 元 | | |
| 3. 管理费 | 元 | | |
| 4. 销售费 | 元 | | |
| 5. 财务费 | 元 | | |
| 6. 保险费 | 元 | 1078.85 | 1078.85 |
| **二、每百头人工成本** | **元** | **31613.36** | **31613.36** |
| 1. 家庭用工折价 | 元 | 27729.33 | 27729.33 |
| 家庭用工天数 | 日 | 300.75 | 300.75 |
| 劳动日工价 | 元 | 92.20 | 92.20 |
| 2. 雇工费用 | 元 | 3884.03 | 3884.03 |
| 雇工天数 | 日 | 30.91 | 30.91 |
| 雇工工价 | 元 | 125.66 | 125.66 |
| **三、附** | | | |
| 每百头耗粮数量 | 公斤 | 1348.17 | 1348.17 |

# 附　　录

# 附录一

## 主要指标解释

### 一、种植业

**主产品产量**

指实际收获的农作物主要产品的数量。主要农作物的主产品为:粮食作物按原粮(标准水分)计算(其中玉米指脱粒后的粒子),豆类按去豆荚后的干豆计算,棉花按皮棉计算,烟叶按调制后干烟计算,花生按带壳干花生计算,甘蔗以蔗根计算,甜菜按块根计算。

**主产品产值**

指生产者通过各种渠道出售主产品所得收入和留存的主产品可能得到的收入之和。其中售出部分按实际出售收入计算。以实物折抵租金的或以物易物的视作出售,以所折抵金额或所交换物品的市场价格计算出售收入。留存产品(包括自食自用的、待售的、馈送他人的)按已出售产品的综合平均价格和留存数量计算价值,但如果调查期内尚未开始出售或尚未大量出售的,应按照当地该产品大量上市后的预计出售价格计算。

**商品率**

指生产者本年度生产的产品在下一个生产年度同种产品开始收获之前通过各种渠道出售的数量占本年度产量的比率。

**物质与服务费用**

指在直接生产过程中消耗的各种农业生产资料的费用、购买各项服务的支出以及与生产相关的其他实物或现金支出。包括直接费用和间接费用两部分。

**化肥费**

指实际施用的各种化肥的费用。化肥包括氮肥、磷肥、钾肥、复混肥以及钙肥、微肥等其他肥料。其中复混肥包括复合肥和混配肥,复合肥是指用化学方法合成的含两种以上营养元素的化肥,混配肥是指用机械混合的方法加工而成的、含两种以上营养元素的化肥;其他肥料包括钙肥(如生石灰、消石灰)、微肥、土壤调理剂、植物生长调节剂等。化肥费的计算方法:购买的化肥按实际购买价格加运杂费计算,政府部门、企业或他人无偿或低价提供的化肥按正常购买期当地市场价格计算。

**化肥用量**

指生产过程中实际施用的各种化肥按实物计重的数量。

**租赁作业费**

指生产者租用其他单位或个人机械设备和役畜进行作业所支付的费用,包括机械作业费、排灌费和畜力费三项。使用自有机械设备和耕畜作业时,在某些情况下也视同租赁作业,按照租赁作业市场价格进行核算计入租赁作业费。

**燃料动力费**

指生产过程中直接耗费的各项燃料、动力和润滑油的支出。

**技术服务费**

指生产者实际支付的与该产品生产过程直接相关的技术培训、咨询、辅导等各项技术性服务及其配套技术资料的费用。不包括购买的农业技术方面的书籍、报刊、杂志等费用及上网信息费等费用(这些费用应计入管理费中)。

**固定资产折旧**

固定资产是指单位价值在一百元以上,使用年限在 1 年以上的生产用房屋、建筑物、机器、机械、运输工具、役畜、经济林木、防护林、堤坝、水渠、机井、晒场、大棚骨架和墙体以及其他与生产有关的设备、器具、工具等。

购入的固定资产按购入价加运杂费及税金等计价;自行营建的按实际发生的全部费用计价。

固定资产按分类折旧率计提折旧。种植业各类固定资产参考折旧率为:生产专用房和永久性栏棚8%,水渠、晒场、机井等建筑物10%,机械、动力、运输、排灌等机械设备类12.5%,大中型农具和器具20%,役畜按实际可役用年限确定,经济林木(果树、桑树、茶树等)10%(或按实际挂果或采摘年限确定),其他固定资产折旧率均按20%计算。

各品种应分摊的固定资产折旧一般按各品种播种面积比例分摊。不同作物作业量相差较大的,按作业时间比例分摊。

生产者使用自有机械设备(设施)或耕畜作业且已按照视同租赁作业进行核算的,该机械设备(设施)和耕畜不计提固定资产折旧,以免重复计算。

农业企业的固定资产折旧按照其会计报表数据核算分摊。

**保险费**

指生产者实际支付的农业保险费,按照保险种类分别或分摊计入有关品种。政府补贴的保费也要计入保险费,同时计入补贴收入。

**管理费**

指生产者为组织、管理生产活动而发生的支出,包括与生产相关的书籍、报刊费、差旅费、市场信息费、上网费、会计费(包括记帐用文具、帐册及请人记帐所支付的费用)以及上缴给上级单位的管理费等。

农业企业的管理费按照其会计报表数据核算分摊。

一些地区的村级集体或农场采用承包到户、统一管理的经营方式,收缴的管理费往往含有集体或农场统一负担的用于购买种子、施肥、排灌、施药等生产费用支出,这些支出应当计入相应的费用指标,并从管理费中予以扣除。

**销售费**

指为销售该种产品所发生的运输费、包装费、装卸费、差旅费和广告费等。生产者自己及其家庭成员在销售产品过程中发生的用工计入家庭用工,不得折价计入销售费;雇用他人销售产品的,支付的费用计入销售费,其用工不予核算。

**人工成本**

指生产过程中直接使用的劳动力的成本。包括家庭用工折价和雇工费用两部分。

**用工数量**

指生产过程中生产者(包括其家庭成员)和雇佣工人直接劳动的天数。

用工数量使用“标准劳动日”为计量单位。一个中等劳动力正常劳动8小时为一个标准劳动日。

中等劳动力按下述方法确定:(1)18-50周岁男性、18-45周岁女性,能够适应中等劳动强度的,为一个中等劳动力。(2)在前款规定的年龄段之外,能够经常参加劳动,劳动能力和劳动强度相当于中等劳动力的,可按一个中等劳动力计算;劳动能力和劳动强度不及中等劳动力的,按实际情况折算。(3)雇工视作中等劳动力。计算用工数量时,应先将每个劳动者的劳动小时数折算成中等劳动力的劳动小时数。用工数量按劳动性质划分为家庭用工天数和雇工天数,详见家庭用工天数和雇工天数的指标解释。

用工数量计算公式为:

用工数量(日)=各类劳动用工折算成中等劳动力的总劳动小时数÷8小时

=家庭用工天数+雇工天数

**雇工费用、雇工天数、雇工工价**

雇工费用是指因雇佣他人(包括临时雇工和长期合同工)劳动(不包括租赁作业时由被租赁方提供的劳动)而实际支付的所有费用,包括支付给雇工的工资和合理的饮食费、住宿费、保险费和招待费等。短期雇工的雇工费用按照实际支付总额计算;长期雇请的合同工(一个月以上),先按照该雇工平均月工资总额(包括工资及福利费等)除以30天计算得出其日工资额,再根据其从事该产品生产的劳动天数计算得到其雇工费用。

雇工天数是指雇用工人劳动的总小时数按照标准劳动日折算的天数。其计算公式为:

雇工天数=雇用工人劳动总小时数÷8小时

雇工工价是指平均每个雇工劳动一个标准劳动日(8小时)所得到的全部报酬(包括工资和合理的饮食费、住宿费、保险费和招待费等)。

雇工工价=雇工费用÷雇工天数

**家庭用工折价、劳动日工价**

家庭用工是指生产者和家庭成员的劳动、与他人相互换工的劳动以及他人单方无偿提供的劳动用工。

家庭用工天数是指家庭劳动用工折算成中等劳动力的总劳动小时数按照标准劳动日折算的天数。其计算公式为:

家庭用工天数=家庭劳动用工折算成中等劳动力的总劳动小时数÷8小时

家庭用工折价是指生产中耗费的家庭劳动用工按一定方法和标准折算的成本,反映了家庭劳动用工投入生产的机会成本。其计算公式为:

家庭用工折价=劳动日工价×家庭用工天数

劳动日工价是指每个劳动力从事一个标准劳动日的农业生产劳动的理论报酬,用于核算家庭劳动用工的机会成本。其计算公式为:

(某地某年)理论劳动日工价=上年农村居民家庭平均每人纯收入×上年每个乡村从业人员负担人口数÷全年劳动天数(250天)

每个乡村从业人员负担人口数=乡村人口数÷乡村从业人员数

**土地成本(流转地租金,自营地折租)**

土地成本,也可称为地租,指土地作为一种生产要素投入到生产中的成本,包括流转地租金和自营地折租。

流转地租金指生产者转包他人拥有经营权的耕地或承包集体经济组织的机动地(包括沟渠、机井等土地附着物)的使用权而实际支付的转包费、承包费(或称出让费、租金等)等土地租赁费用。

流转地租金按照生产者实际支付的转包费或承包费净额计算。转包费或承包费净额是指从转包费或承包费中扣除统一收取的机械和排灌作业、技术服务、病虫害防治等与生产相关的直接生产费用(收取的生产费用应计入相应指标项目)后的余额。

自营地折租指生产者自己拥有经营权的土地投入生产后所耗费的土地资源按一定方法和标准折算的成本,反映了自营地投入生产时的机会成本。

自营地折租应主要参照当地土地转包费或承包费净额计算。具体核算方法和核算参照值选取顺序如下:

(1)第一参照值:当地转包他人耕地或承包集体经济组织机动地用于种植所调查产品或者种植与该产品收益相当的其他产品的中等水平转包费或承包费净额;

(2)第二参照值:当地转包他人土地或承包集体经济组织机动地用于种植与所调查产品的收益水平相差较大的其他产品的中等水平转包费或承包费净额,按产值比例折算后得到的数值;

(3)第三参照值:如果当地很少发生农用地转包或集体机动地承包现象或者已发生的现象不具有代表性,由县或省级成本调查机构根据全县或全省的补贴、种植收益等情况规定统一的自营地折租水平。

土地流转率是指一个地区农地流转地占全部农地面积的比例。

**生产成本**

指直接生产过程中为生产该产品而投入的各项资金(包括实物和现金)和劳动力的成本,反映了为生产该产品而发生的除土地外各种资源的耗费。其计算公式为:

每亩生产成本=每亩物质与服务费用+每亩人工成本

每50公斤生产成本=每亩生产成本÷每亩产值合计×每50公斤主产品平均出售价格

**总成本**

指生产过程中耗费的现金、实物、劳动力和土地等所有资源的成本。其计算公式为:

每亩总成本=每亩生产成本+每亩土地成本

=每亩物质与服务费用+每亩人工成本+每亩土地成本

每50公斤总成本=每亩总成本÷每亩产值合计×每50公斤主产品平均出售价格

**净利润**

指产品产值减去生产过程中投入的现金、实物、劳动力和土地等全部生产要素成本后的余额,反映了生产中消耗的全部资源的净回报。其计算公式为:

净利润=产值合计-总成本

**现金成本**

指生产过程中为生产该产品而发生的全部现金和实物支出,包括直接现金支出和所消耗的实物折算为现金的支出(如自产种子可以按照市场价格折算为一定数额的现金)以及过去的现金支出应分摊到当期的部分(如折旧)。其计算公式为:

每亩现金成本=每亩物质与服务费用+每亩雇工费用+每亩流转地租金

每50公斤现金成本=每亩现金成本÷每亩产值合计×每50公斤主产品平均出售价格

**现金收益**

指产品产值减去为生产该产品而发生的全部现金和实物支出后的余额,反映了生产者实际得到的收入(包括现金收入和实物折算为现金的收入)。其计算公式为:现金收益=产值合计-现金成本

**成本利润率**

反映生产中所消耗全部资源的净回报率。其计算公式为:

成本利润率=净利润÷总成本×100%

## 二、饲养业

**平均饲养天数**

指主产品的平均饲养周期。其中生猪、肉鸡、肉牛、肉羊、淡水鱼的饲养天数指仔畜(禽、鱼苗)购进到产品出售之间的天数,蛋鸡的饲养天数指从育成鸡起到淘汰鸡之间的天数。奶牛的饲养天数按365天计算。

**饲养规模**

指所调查产品的设计最大饲养数量,用于区分散养和小、中、大不同规模类型。饲养规模的核算单位同调查数量指标。

**主产品产量**

主产品产量按照调查期内主产品实际产量计算。其中:蛋鸡的主产品是鸡蛋,奶牛的主产品是牛奶,生猪的主产品产量按育肥猪出栏活重计算,肉鸡的主产品产量按肉鸡活重计算,肉牛的主产品产量按肉牛活重计算,肉羊的主产品产量按肉羊活重计算。

**主产品产值**

指生产者通过各种渠道出售主产品所得收入和留存的主产品(包括自食自用的、待售的、馈送他人的)可能得到的收入之和。其中出售的主产品按实际出售收入计算,留存的主产品按已出售产品的综合平均价格和留存数量计算。

**仔畜费**

指购买或自育的仔畜、仔禽、鱼苗等的费用。其中:

(1)生猪、肉鸡、肉牛、肉羊:购进的仔猪、鸡雏、牛犊、羊羔按实际购进价格加运杂费计算;自繁自育的按照同类产品市场价格计算或实际饲养成本核算。仔畜与产品畜成本未分开核算的,在计算仔畜费后应当将仔畜饲养费用从产品成本中予以剔除,以免重复计算。

(2)蛋鸡:购进的育成鸡按照实际购进价格加运杂费计算;自繁自育的按照仔鸡转为育成鸡时的市场价格计算,同时应当将仔鸡饲养到育成鸡之前的费用从产品成本中予以剔除,以免重复计算。

(3)奶牛:奶牛不核算仔畜费。购进的奶牛犊和自繁自育的奶牛犊转为18个月的育成牛时,参照当时市场价格计算育成牛价值,并按产奶年限计提折旧。产奶牛与奶牛犊成本未分开核算的,应当将奶牛犊饲养到育成牛之前的所有费用从产品成本中予以剔除,以免重复计算。

**精饲料费、精饲料数量、耗粮数量**

精饲料费指调查期内实际耗用的精饲料的费用。精饲料包括:粮食、豆类、配合饲料、混合饲料、麸皮、豆饼、油籽饼、饲料添加剂和添加物等。

精饲料费用计算方法为:购进的饲料按照实际购进价格加运杂费计算,自产的按照正常购买期市场价格计算。

精饲料数量指实际耗用的各种精饲料的实物数量。

耗粮数量指耗用的各种精饲料折成粮食(贸易粮)的数量,精饲料折粮方法是:大米、小麦、玉米按实际耗粮数量计算;稻谷、面粉、米糠、豆粕、红薯等按统一规定的折粮率计算;混合饲料、配合饲料按含粮比例计算;非粮食类精饲料或含粮比例极小的精饲料,其数量不计入耗粮数量。

**饲料加工费**

指由他人加工饲料的费用。生产者自己加工饲料的,如加工饲料的数量较少,可视同由他人加工,并参照当地由他人加工饲料的平均费用计算;如加工饲料的数量较多,经营者自己及其雇工加工饲料时发生的支出分别计入相关费用和用工中,不计入饲料加工费。

**水费**

指在生产过程中畜禽饮用、加工饲料、清洗和排灌等用水而实际支付的水费。

燃料动力费

指生产过程中实际耗费的煤、油、电力、润滑油及其他动力的支出。包括电费、煤费及其他燃料动力费。其中,电费指在生产过程中使用机械、防寒保暖、生产照明、饲料加工保温等实际耗用的电费支出,煤费指在生产过程中防寒保暖、饲料加工保温等实际耗用的煤费支出。生产者自己加工饲料时发生的电力等燃料动力支出,如果已按视同由他人加工计算,则不再计入燃料动力费,以免重复计算。

**死亡损失费**

指在当地正常饲养条件下,饲养户(场)发生的死亡损失费用。

死亡损失费按不同情况分别核算:

1. 规模饲养户(场)按照实际死亡率计算。如果饲养户(场)当年因特殊原因发生大量死亡,不是本地普遍情况,死亡损失费按当地的平均死亡率计算。

死亡损失费=调查期内平均每头死亡畜禽发生的各项直接费用×实际死亡率

2. 散养户统一按照社会平均死亡率计算。

死亡损失费=调查期内平均每头死亡畜禽发生的各项直接费用×社会平均死亡率

当地饲养业品种的社会平均死亡率可以向有关部门咨询,或者由县级成本调查机构统一规定。

**技术服务费**

指生产者实际支付的与该产品饲养过程直接相关的技术培训、咨询、辅导、诊断等各项技术性服务及其配套技术资料的费用。不包括购买的饲养技术方面的书籍、报刊、杂志等费用及上网信息费等(这些费用应计入管理费中)。

**固定资产折旧**

固定资产是指单位价值在一百元以上,使用年限在1年以上的生产用房屋、建筑物、机器、机械、运输工具、产奶畜、养殖池以及其他与生产有关的设备、器具、工具等。购入的固定资产原值按购入价加运杂费及税金等计价;自行营建的固定资产原值按实际发生的全部费用计价。奶牛的固定资产原值按奶牛犊转为 18 个月以上育成牛时的市场价格计算。

固定资产按分类折旧率计提折旧。饲养业各类固定资产参考折旧率为:生产专用房和永久性栏棚 8%,简易棚舍(牲畜棚、猪舍和鸡笼等)25%,机械设备、动力设备、电器设备、运输工具等设备类 12.5%,奶牛按产奶年限确定(一般为 6 年),其他固定资产折旧率均按 20%计算。

租赁承包经营的,承包费中已包括原有固定资产折旧的,不应再计提折旧,只计提经营者新购置的固定资产折旧。

农业企业固定资产折旧按照其会计报表数据填报。

**土地成本**

指生产者为获得饲养场地(包括土地及其附着物,如猪舍、养鱼池等)的经营使用权而实际支付的租金或承包费。以实物形式支付的按支付期市场价格折价计入,每年支付的按当年实际支付金额计算,承包期一年以上而一次性支付租金或承包费的按年限分摊后计入。承包后的场地用于多业或多品种经营的,租金或承包费应先按各业分摊,饲养业应分摊部分再按产值或饲养数量(养殖面积)在各品种之间分摊。

## 三、畜产品

**期初、期末存栏数量**

期初存栏数量指调查户上年 4 月 1 日登记的畜群数量,期末存栏数量指调查户当年 3 月 31 日登记的畜群数量。仔畜(出生三个月以内的羊和出生六个月以内的牛)、种畜(专购配种用的公畜和母畜)均不计入畜群数量。

**产品畜数量**

指每单位畜群(以 100 头或 100 只牲畜为 1 单位畜群,下同)调查期内出栏畜和净增畜的数量(出生三个月以上的羊和出生六个月以上的牛)。其中,出栏畜指调查期内出售和自食的牲畜,净增畜指调查期内净增加的牲畜。同期出售的仔畜、种畜不作为产品畜计算。产品畜小于等于零的畜群不列入调查范围。

每单位畜群出栏畜数量=出栏畜总数量÷期初存栏数×100

出栏畜总数量=出售畜总数量+自食畜总数量

每单位畜群净增畜数量=(期末存栏数量-期初存栏数量)÷期初存栏数量×100

每单位畜群产品畜数量=(出栏畜总数量+期末存栏数量-期初存栏数量)÷期初存栏数量×100

=每单位畜群出栏畜数量+每单位畜群净增畜数量

**每头(只)产品畜平均活重**

指调查期内出栏畜(包括出售畜和自食畜)和净增畜的平均活体重量。

每头(只)产品畜平均活重=(出售畜总活重+自食畜总活重+净增畜总活重)÷产品畜数量

净增畜总活重=出栏畜总活重÷出栏畜数量×净增畜数量

出栏畜总活重=出售畜总活重+自食畜总活重

**产品畜产值**

指每单位畜群调查期内出栏畜和净增畜的产值之和。出售畜的产值按实际出售收入计算,自食畜和净增畜的产值均按出售畜的平均活重价格乘以自食畜和净增畜总活重计算。

每单位畜群产品畜产值=产品畜总产值÷期初存栏数量×100

产品畜总产值=出栏畜总产值+净增畜总产值

=出售畜总产值+自食畜总产值+净增畜总产值

自食(净增)畜总产值=出售畜的平均活重价格×自食(净增)畜总活重

**毛(绒)产量和毛(绒)产值**

指每单位畜群调查期内毛(绒)产量和毛(绒)产值。只计算实际出售的和自用的毛(绒)产量和产值,霉烂或丢弃的毛(绒)不计算。已出售的按实际出售收入计算,待出售的或自用的按已出售的平均价格计算。

每单位畜群毛(绒)产量=毛(绒)总产量÷期初存栏数量×100

每单位畜群毛(绒)产值=[已出售毛(绒)的总产值+待售和自用的毛(绒)总产值]÷期初存栏数量×100

待售和自用的毛(绒)总产值=已出售毛(绒)的平均出售价格×待售和自用毛(绒)总数量

**副产品产值**

指调查期内被出售或利用的畜群副产品的产值。畜群的副产品包括自然死亡牲畜、产奶、粪肥及出售(自食)的仔畜等。出售的副产品按实际出售收入计算。自己利用的副产品:(1)价值较大的,按照市场价格计算,市场没有交易的按照市县成本调查机构统一规定的价格核算;(2)价值较小的或处理费用与出售收入相差不大的,不予核算副产品产值。未被利用的副产品一律不计算其产值。

每单位畜群副产品产值=各种副产品产值之和÷期初存栏数量×100

**精饲料、饲盐费**

指自产和购买的精饲料和饲盐的费用。购买的按实际购买价格加运杂费计算,自产的参照市场价格计算。

**饲料加工费**

指由他人加工饲料的费用。生产者自己加工饲料的,如加工饲料的数量较少,可视同由他人加工,并参照当地由他人加工饲料的平均费用计算;如加工饲料的数量较多,可将加工饲料时发生的人工和支付的费用分别计入相关用工和费用中,不再计入饲料加工费。

**饲草费**

指牲畜生产过程中发生的饲草支出。购买的饲草按实际购进价格加运杂费计算。自产、自采饲草可参照市场价格计算。无市场价格的,可将其采割饲草所发生的人工成本(参照雇工工价计算)和费用支出计入饲草费。

**配种费**

指牲畜生产过程中发生的种畜配种支出。使用他人种畜配种的(包括配种站),按实际发生的费用计算;使用自养种畜配种的费用参照市场价格计算。

**死亡损失费**

指按照当地正常饲养条件下实际死亡牲畜数量计算的损失费。没有牲畜死亡的,死亡损失费可以为0。

死亡损失费=畜群实际死亡牲畜发生的各项直接费用÷期初存栏数量×100

**放牧用具费**

指放牧用的防寒、防雨用具及鞭子、叉子、电筒、剪子、套马杆等用具的费用。

**技术服务费**

指生产者实际支付的与该畜群饲养过程直接相关的技术培训、咨询、辅导等各项技术性服务及其配套技术资料的费用。不包括购买畜牧技术方面的书籍、报刊、杂志等费用及上网信息费等(这些费用应计入管理费中)。

**修理维护费**

指调查期内修理或维护畜牧业机械、设备和生产用房等发生的材料支出和修理费。应由多业或多品种共同分摊的费用,按照产值或工作量分摊。大修理费按照预计下一次大修理之前的年限平均摊销。

生产者自己修理的用工计入家庭用工。

**其他直接费用**

指与牲畜生产过程有关的未包括在上述各项之中的费用,以及应计入成本的不用分摊的费用支出。如转场搬迁费、水费等。

**固定资产折旧**

固定资产是指单位价值在 100 元以上、使用年限在一年以上的生产专用房、畜棚、粉碎机、提灌机、放牧用畜、放牧用车、草场围栏及其他各种生产用具和设备。畜牧业产品生产各项固定资产参考折旧率为:生产专用房、畜棚 8%,简易畜棚 25%,机械设备、动力设备、电器设备、运输工具 12.5%,其他固定资产折旧率一般按 20%计算。实际使用年限较长的固定资产,应根据实际使用年限计提折旧。

**草场建设费**

指为改善草原生产条件所发生的费用支出(包括灭鼠、除虫等费用)。数额较大或多年受益的,按受益年限进行分摊。

**土地成本**

指牧户为获得某块草场的使用权向集体或他人支付的承包或租赁费用。以实物形式支付的按支付期市场价格折价计入,每年支付的按当年实际支付金额计算,承包期一年以上而一次性支付多年租金的按年限分摊后计入。承包后的草场用于放牧多品种牲畜的,租金或承包费应在各品种间分摊。没有使用承包草场的品种不要分摊承包费。

**每 50 公斤和每头成本、价格计算公式**

每 50 公斤产品畜(活重)平均出售价格=产品畜产值÷产品畜数量÷平均活重×50

每 50 公斤产品畜(活重)总成本=总成本÷产值合计×(产品畜产值÷产品畜数量÷平均活重×50)

=总成本÷产值合计×每 50 公斤产品畜平均出售价格

每 50 公斤毛(绒)平均出售价格=毛(绒)产值÷毛绒产量×50

每 50 公斤毛(绒)总成本=总成本÷产值合计×[毛(绒)产值÷毛(绒)产量×50]

=总成本÷产值合计×每 50 公斤毛(绒)平均出售价格

每头(只)产品畜(活重)平均出售价格=产品畜产值÷产品畜数量

每头(只)产品畜(活重)总成本=总成本÷产值合计×(产品畜产值÷产品畜数量)

=总成本÷产值合计×每头(只)产品畜平均出售价格

# 附录二

## 2021年各省(自治区、直辖市)及大中城市劳动日工价一览表

| 地　区 | 劳动日工价 | 地　区 | 劳动日工价 |
|---|---|---|---|
| 北　京 | 138.0 | 青　岛 | 140.0 |
| 天　津 | 126.0 | 河　南 | 99.9 |
| 河　北 | 90.0 | 郑　州 | 100.0 |
| 石家庄 | 105.0 | 湖　北 | 105.0 |
| 山　西 | 80.3 | 武　汉 | 130.0 |
| 太　原 | 110.0 | 湖　南 | 108.8 |
| 内蒙古 | 115.0 | 长　沙 | 220.0 |
| 呼和浩特 | 140.0 | 广　东 | 102.0 |
| 辽　宁 | 79.0 | 广　州 | 135.0 |
| 沈　阳 | 85.0 | 广　西 | 85.0 |
| 大　连 | 78.0 | 南　宁 | 95.0 |
| 吉　林 | 108.6 | 海　南 | 116.7 |
| 长　春 | 107.2 | 海　口 | 149.0 |
| 黑龙江 | 105.4 | 重　庆 | 113.2 |
| 哈尔滨 | 163.3 | 四　川 | 115.3 |
| 上　海 | 150.0 | 成　都 | 133.0 |
| 江　苏 | 96.0 | 贵　州 | 83.4 |
| 南　京 | 90.0 | 贵　阳 | 138.2 |
| 浙　江 | 106.0 | 云　南 | 81.7 |
| 杭　州 | 125.0 | 昆　明 | 102.7 |
| 宁　波 | 103.0 | 陕　西 | 85.0 |
| 安　徽 | 106.5 | 西　安 | 132.0 |
| 合　肥 | 140.0 | 甘　肃 | 85.0 |
| 福　建 | 162.9 | 兰　州 | 93.0 |
| 福　州 | 187.7 | 青　海 | 85.0 |
| 厦　门 | 122.1 | 西　宁 | 98.0 |
| 江　西 | 127.0 | 宁　夏 | 85.7 |
| 南　昌 | 145.0 | 银　川 | 97.1 |
| 山　东 | 93.0 | 新　疆 | 115.3 |
| 济　南 | 170.7 | 乌鲁木齐 | 150.0 |

# 附录三

## 饲养业品种规模分类标准

| 品种 | 单位 | 分类数量标准(Q) | | | |
|---|---|---|---|---|---|
| | | 散养 | 小规模 | 中规模 | 大规模 |
| 生猪 | 头 | Q≤30 | 30<Q≤100 | 100<Q≤1000 | Q>1000 |
| 肉鸡 | 只 | Q≤300 | 300<Q≤1000 | 1000<Q≤10000 | Q>10000 |
| 蛋鸡 | 只 | Q≤300 | 300<Q≤1000 | 1000<Q≤10000 | Q>10000 |
| 奶牛 | 头 | Q≤10 | 10<Q≤50 | 50<Q≤500 | Q>500 |
| 肉牛 | 头 | Q≤50 | Q>50 | | |
| 肉羊 | 只 | Q≤100 | Q>100 | | |

注:(1)各品种分类数量标准均按饲养规模确定,饲养规模的涵义请详见指标解释。

(2)肉牛和肉羊只分散养和规模饲养两类。

# 附录四

## 2016年-2021年美国主要农产品成本收益情况

品种:稻谷　　　　单位:元、公斤

| 项　　目 | 2016年 | 2017年 | 2018年 | 2019年 | 2020年 | 2021年 |
|---|---|---|---|---|---|---|
| **每亩** | | | | | | |
| 主产品产量 | 582.87 | 597.81 | 627.70 | 597.81 | 657.59 | 665.07 |
| 产值合计 | 944.54 | 1081.18 | 1206.05 | 1123.22 | 1401.97 | 1409.45 |
| 主产品产值 | 944.54 | 1081.18 | 1206.05 | 1123.22 | 1401.97 | 1409.45 |
| 副产品产值 | | | | | | |
| 总成本 | 1005.55 | 1034.24 | 1032.14 | 1072.31 | 1065.33 | 1019.85 |
| 运营成本 | 541.68 | 554.93 | 550.30 | 565.63 | 546.72 | 511.85 |
| 种子费 | 108.33 | 117.36 | 114.35 | 108.48 | 101.12 | 94.34 |
| 肥料费 | 115.57 | 104.98 | 98.98 | 106.43 | 110.16 | 102.83 |
| 农药费 | 109.99 | 109.02 | 104.05 | 105.84 | 102.95 | 93.46 |
| 作业费 | 72.65 | 74.20 | 71.82 | 77.64 | 78.10 | 72.99 |
| 燃料动力费 | 67.24 | 77.16 | 86.21 | 88.36 | 77.95 | 73.61 |
| 修理费 | 51.74 | 53.10 | 54.16 | 55.63 | 58.93 | 59.11 |
| 排灌费 | 14.91 | 16.20 | 15.04 | 17.46 | 16.35 | 15.36 |
| 利息 | 1.25 | 2.90 | 5.69 | 5.80 | 1.15 | 0.16 |
| 间接费用 | 463.87 | 479.31 | 481.84 | 506.68 | 518.62 | 508.00 |
| 雇工费用 | 31.77 | 32.92 | 34.33 | 36.70 | 38.67 | 38.26 |
| 家庭劳动机会成本 | 78.17 | 83.03 | 85.66 | 92.34 | 96.48 | 97.27 |
| 固定资产折旧 | 142.73 | 147.61 | 147.84 | 153.19 | 158.10 | 158.68 |
| 土地机会成本 | 163.45 | 166.54 | 164.66 | 173.17 | 172.41 | 160.71 |
| 税金与保险费 | 19.69 | 20.16 | 20.00 | 20.27 | 21.09 | 21.52 |
| 管理费 | 28.06 | 29.05 | 29.35 | 31.02 | 31.87 | 31.55 |
| 净利润 | -61.01 | 46.94 | 173.91 | 50.90 | 336.64 | 389.60 |
| 现金成本 | 763.93 | 784.67 | 781.82 | 806.81 | 796.45 | 761.86 |
| 现金收益 | 180.61 | 296.51 | 424.22 | 316.41 | 605.52 | 647.58 |
| **每50公斤主产品** | | | | | | |
| 平均出售价格 | 81.03 | 90.43 | 96.07 | 93.94 | 106.60 | 105.96 |
| 总成本 | 86.26 | 86.50 | 82.22 | 89.69 | 81.00 | 76.67 |
| 现金成本 | 65.53 | 65.63 | 62.28 | 67.48 | 60.56 | 57.28 |

注:美国农产品成本收益数据来源于美国农业部经济研究中心(ERS),各年美元与人民币汇率按当年全年平均汇率计算。

品种：小麦　　　　　　　　　　　　　　　　　　　　　　　　　　　　单位：元、公斤

| 项　　目 | 2016 年 | 2017 年 | 2018 年 | 2019 年 | 2020 年 | 2021 年 |
|---|---|---|---|---|---|---|
| 每亩 | | | | | | |
| 主产品产量 | 228.67 | 206.25 | 219.70 | 237.64 | 233.15 | 188.31 |
| 产值合计 | 228.04 | 249.84 | 281.18 | 278.42 | 276.59 | 306.95 |
| 主产品产值 | 218.39 | 244.00 | 275.90 | 272.33 | 270.92 | 300.06 |
| 副产品产值 | 9.65 | 5.84 | 5.28 | 6.09 | 5.67 | 6.89 |
| 总成本 | 329.20 | 341.22 | 343.96 | 357.30 | 364.63 | 353.14 |
| 运营成本 | 119.02 | 136.69 | 137.06 | 142.42 | 142.50 | 134.46 |
| 种子费 | 16.69 | 15.69 | 16.43 | 16.31 | 16.51 | 15.42 |
| 肥料费 | 37.39 | 47.30 | 45.33 | 48.69 | 50.02 | 46.37 |
| 农药费 | 16.29 | 18.62 | 18.23 | 18.42 | 18.01 | 16.09 |
| 作业费 | 12.12 | 15.05 | 14.84 | 15.12 | 15.57 | 15.23 |
| 燃料动力费 | 11.92 | 11.94 | 13.06 | 13.64 | 11.95 | 11.21 |
| 修理费 | 23.57 | 26.51 | 26.92 | 27.96 | 29.24 | 29.24 |
| 排灌费 | 0.75 | 0.88 | 0.85 | 0.83 | 0.90 | 0.85 |
| 利息 | 0.27 | 0.71 | 1.41 | 1.45 | 0.30 | 0.04 |
| 间接费用 | 210.18 | 204.52 | 206.91 | 214.88 | 222.13 | 218.68 |
| 雇工费用 | 2.61 | 4.07 | 4.20 | 4.44 | 4.81 | 4.71 |
| 家庭劳动机会成本 | 20.63 | 17.17 | 17.74 | 18.89 | 20.19 | 20.09 |
| 固定资产折旧 | 97.78 | 102.67 | 103.14 | 108.06 | 110.29 | 109.82 |
| 土地机会成本 | 68.80 | 64.01 | 64.82 | 65.83 | 68.23 | 66.00 |
| 税金与保险费 | 7.92 | 6.95 | 7.06 | 7.34 | 7.87 | 7.44 |
| 管理费 | 12.44 | 9.64 | 9.94 | 10.33 | 10.74 | 10.62 |
| 净利润 | -101.16 | -91.38 | -62.78 | -78.87 | -88.04 | -46.19 |
| 现金成本 | 239.77 | 260.03 | 261.40 | 272.58 | 276.21 | 267.05 |
| 现金收益 | -11.74 | -10.19 | 19.78 | 5.84 | 0.37 | 39.90 |
| 每 50 公斤主产品 | | | | | | |
| 平均出售价格 | 47.75 | 59.15 | 62.79 | 57.30 | 58.10 | 79.67 |
| 总成本 | 71.98 | 82.72 | 78.28 | 75.18 | 78.20 | 93.76 |
| 现金成本 | 52.43 | 63.04 | 59.49 | 57.35 | 59.23 | 70.91 |

品种:玉米　　单位:元、公斤

| 项　　目 | 2016 年 | 2017 年 | 2018 年 | 2019 年 | 2020 年 | 2021 年 |
|---|---|---|---|---|---|---|
| **每亩** | | | | | | |
| 主产品产量 | 765.77 | 769.95 | 765.77 | 723.92 | 744.84 | 769.95 |
| 产值合计 | 660.63 | 667.43 | 684.75 | 732.80 | 732.61 | 988.13 |
| 主产品产值 | 658.61 | 665.17 | 682.30 | 730.21 | 730.19 | 985.64 |
| 副产品产值 | 2.02 | 2.26 | 2.45 | 2.59 | 2.42 | 2.49 |
| 总成本 | 742.19 | 744.49 | 738.03 | 761.50 | 778.58 | 742.65 |
| 运营成本 | 372.53 | 366.28 | 359.44 | 371.81 | 372.79 | 348.89 |
| 种子费 | 107.60 | 107.97 | 104.61 | 103.02 | 104.36 | 97.17 |
| 肥料费 | 138.41 | 126.20 | 118.80 | 127.68 | 132.87 | 123.90 |
| 农药费 | 39.00 | 38.68 | 37.09 | 37.48 | 37.08 | 33.46 |
| 作业费 | 24.82 | 24.53 | 24.51 | 25.06 | 26.07 | 24.97 |
| 燃料动力费 | 26.34 | 30.27 | 33.48 | 35.72 | 30.90 | 28.65 |
| 修理费 | 35.22 | 36.43 | 36.97 | 38.72 | 40.41 | 40.35 |
| 排灌费 | 0.28 | 0.29 | 0.29 | 0.32 | 0.32 | 0.30 |
| 利息 | 0.85 | 1.91 | 3.70 | 3.81 | 0.78 | 0.11 |
| 间接费用 | 369.66 | 378.21 | 378.59 | 389.69 | 405.79 | 393.75 |
| 雇工费用 | 4.91 | 5.09 | 5.29 | 5.72 | 6.06 | 5.99 |
| 家庭劳动机会成本 | 28.18 | 29.37 | 30.66 | 32.71 | 35.24 | 34.37 |
| 固定资产折旧 | 129.04 | 133.81 | 133.73 | 140.40 | 143.25 | 143.10 |
| 土地机会成本 | 175.48 | 176.56 | 175.22 | 175.67 | 183.93 | 173.68 |
| 税金与保险费 | 12.65 | 13.37 | 13.32 | 13.96 | 15.02 | 14.38 |
| 管理费 | 19.41 | 20.01 | 20.36 | 21.23 | 22.30 | 22.22 |
| 净利润 | -81.56 | -77.06 | -53.28 | -28.70 | -45.97 | 245.49 |
| 现金成本 | 538.53 | 538.56 | 532.15 | 553.13 | 559.41 | 534.59 |
| 现金收益 | 122.10 | 128.86 | 152.60 | 179.68 | 173.20 | 453.54 |
| **每 50 公斤主产品** | | | | | | |
| 平均出售价格 | 43.00 | 43.20 | 44.55 | 50.43 | 49.02 | 64.01 |
| 总成本 | 48.46 | 48.35 | 48.19 | 52.60 | 52.26 | 48.23 |
| 现金成本 | 35.16 | 34.97 | 34.75 | 38.20 | 37.55 | 34.72 |

品种:大豆　　　　单位:元、公斤

| 项　　目 | 2016 年 | 2017 年 | 2018 年 | 2019 年 | 2020 年 | 2021 年 |
|---|---|---|---|---|---|---|
| **每亩** | | | | | | |
| 主产品产量 | 232.16 | 218.76 | 236.62 | 223.23 | 241.09 | 241.09 |
| 产值合计 | 538.11 | 505.80 | 500.30 | 473.16 | 595.64 | 691.59 |
| 主产品产值 | 538.11 | 505.80 | 500.30 | 473.16 | 595.64 | 691.59 |
| 副产品产值 | | | | | | |
| 总成本 | 455.15 | 455.19 | 539.57 | 555.45 | 565.75 | 546.19 |
| 运营成本 | 164.54 | 162.25 | 203.03 | 208.25 | 206.94 | 194.85 |
| 种子费 | 60.34 | 59.60 | 68.02 | 67.00 | 67.79 | 63.20 |
| 肥料费 | 28.88 | 25.72 | 31.80 | 34.47 | 35.62 | 32.92 |
| 农药费 | 28.37 | 27.54 | 40.66 | 41.22 | | |
| 作业费 | 10.88 | 10.59 | 13.57 | 14.04 | | |
| 燃料动力费 | 12.20 | 13.93 | 16.20 | 17.75 | 40.48 | 36.75 |
| 修理费 | 23.42 | 23.96 | 30.67 | 31.62 | 14.41 | 13.92 |
| 排灌费 | 0.06 | 0.06 | 0.01 | 0.01 | 15.48 | 14.66 |
| 利息 | 0.38 | 0.85 | 2.10 | 2.14 | 33.16 | 33.41 |
| 间接费用 | 290.61 | 292.94 | 336.54 | 347.19 | 358.81 | 351.34 |
| 雇工费用 | 3.27 | 3.35 | 5.15 | 5.33 | 5.75 | 5.71 |
| 家庭劳动机会成本 | 19.40 | 19.91 | 17.73 | 18.89 | 20.25 | 19.95 |
| 固定资产折旧 | 91.18 | 93.39 | 117.25 | 121.98 | 124.79 | 125.66 |
| 土地机会成本 | 147.51 | 146.63 | 163.89 | 167.30 | 172.11 | 164.71 |
| 税金与保险费 | 10.80 | 10.94 | 13.04 | 13.49 | 14.67 | 14.08 |
| 管理费 | 18.45 | 18.73 | 19.49 | 20.20 | 21.24 | 21.23 |
| 净利润 | 82.96 | 50.61 | -39.28 | -82.29 | 29.89 | 145.40 |
| 现金成本 | 288.24 | 288.65 | 357.96 | 369.25 | 373.39 | 361.53 |
| 现金收益 | 249.87 | 217.14 | 142.34 | 103.90 | 222.25 | 330.06 |
| **每 50 公斤主产品** | | | | | | |
| 平均出售价格 | 115.89 | 115.60 | 105.72 | 105.98 | 123.53 | 143.43 |
| 总成本 | 98.03 | 104.04 | 114.01 | 124.41 | 117.33 | 113.28 |
| 现金成本 | 62.08 | 65.97 | 75.64 | 82.71 | 77.44 | 74.98 |

品种:花生　　　　单位:元、公斤

| 项　　目 | 2016 年 | 2017 年 | 2018 年 | 2019 年 | 2020 年 | 2021 年 |
|---|---|---|---|---|---|---|
| **每亩** | | | | | | |
| 主产品产量 | 261.70 | 298.65 | 305.53 | 301.79 | 290.80 | 317.50 |
| 产值合计 | 780.76 | 1039.45 | 1000.18 | 952.45 | 991.55 | 1149.84 |
| 主产品产值 | 765.51 | 1021.55 | 979.75 | 933.83 | 971.98 | 1127.95 |
| 副产品产值 | 15.25 | 17.91 | 20.43 | 18.62 | 19.57 | 21.89 |
| 总成本 | 1394.90 | 987.39 | 984.42 | 1028.02 | 1029.25 | 991.21 |
| 运营成本 | 527.33 | 544.50 | 543.56 | 556.96 | 539.18 | 509.24 |
| 种子费 | 133.89 | 135.41 | 132.17 | 130.38 | 131.25 | 122.55 |
| 肥料费 | 82.24 | 75.10 | 69.75 | 75.58 | 77.28 | 72.43 |
| 农药费 | 140.82 | 143.37 | 141.12 | 141.25 | 138.92 | 127.10 |
| 作业费 | 58.41 | 70.57 | 75.31 | 78.50 | 69.73 | 69.04 |
| 燃料动力费 | 47.71 | 53.01 | 55.72 | 58.79 | 50.94 | 47.96 |
| 修理费 | 62.22 | 63.39 | 63.08 | 65.93 | 69.09 | 69.19 |
| 排灌费 | 0.82 | 0.80 | 0.78 | 0.82 | 0.85 | 0.83 |
| 利息 | 1.21 | 2.85 | 5.63 | 5.71 | 1.12 | 0.15 |
| 间接费用 | 867.58 | 442.88 | 440.86 | 471.06 | 490.07 | 481.97 |
| 雇工费用 | 21.83 | 21.87 | 21.77 | 23.33 | 25.03 | 24.75 |
| 家庭劳动机会成本 | 58.29 | 59.06 | 59.07 | 63.48 | 67.69 | 66.91 |
| 固定资产折旧 | 184.29 | 188.26 | 184.88 | 194.15 | 198.62 | 198.46 |
| 土地机会成本 | 119.89 | 94.59 | 95.53 | 108.18 | 111.13 | 105.33 |
| 税金与保险费 | 49.48 | 27.94 | 27.70 | 28.18 | 31.31 | 30.03 |
| 管理费 | 433.79 | 51.16 | 51.90 | 53.75 | 56.28 | 56.50 |
| 净利润 | −614.14 | 52.07 | 15.75 | −75.57 | −37.70 | 158.63 |
| 现金成本 | 1216.72 | 833.73 | 829.82 | 856.37 | 850.43 | 818.98 |
| 现金收益 | −435.95 | 205.72 | 170.35 | 96.08 | 141.12 | 330.87 |
| **每 50 公斤主产品** | | | | | | |
| 平均出售价格 | 146.26 | 171.03 | 160.33 | 154.71 | 167.12 | 177.63 |
| 总成本 | 266.50 | 165.31 | 161.10 | 170.32 | 176.97 | 156.10 |
| 现金成本 | 232.46 | 139.58 | 135.80 | 141.88 | 146.22 | 128.97 |

品种:棉花

单位:元、公斤

| 项 目 | 2016 年 | 2017 年 | 2018 年 | 2019 年 | 2020 年 | 2021 年 |
|---|---|---|---|---|---|---|
| 每亩 | | | | | | |
| 主产品产量 | 60. 13 | 59. 39 | 46. 60 | 65. 82 | 55. 87 | 73. 22 |
| 产值合计 | 717. 25 | 709. 45 | 593. 10 | 717. 63 | 691. 86 | 1108. 74 |
| 主产品产值 | 589. 26 | 609. 40 | 516. 18 | 590. 42 | 556. 84 | 903. 06 |
| 副产品产值 | 127. 99 | 100. 05 | 76. 92 | 127. 21 | 135. 02 | 205. 68 |
| 总成本 | 657. 73 | 674. 35 | 668. 16 | 707. 11 | 693. 79 | 662. 29 |
| 运营成本 | 333. 37 | 337. 31 | 328. 60 | 382. 82 | 367. 03 | 344. 64 |
| 种子费 | 75. 59 | 76. 03 | 73. 11 | 92. 86 | 91. 38 | 85. 42 |
| 肥料费 | 67. 89 | 62. 03 | 57. 77 | 79. 37 | 77. 46 | 73. 29 |
| 农药费 | 71. 95 | 71. 64 | 67. 66 | 83. 58 | 78. 46 | 71. 20 |
| 作业费 | 19. 72 | 19. 74 | 19. 35 | 30. 02 | 29. 97 | 28. 95 |
| 燃料动力费 | 41. 77 | 48. 13 | 48. 64 | 38. 54 | 33. 17 | 30. 68 |
| 修理费 | 51. 97 | 53. 81 | 54. 30 | 50. 23 | 51. 70 | 51. 69 |
| 排灌费 | 3. 41 | 3. 48 | 3. 29 | 4. 32 | 3. 92 | 3. 26 |
| 利息 | 1. 07 | 2. 44 | 4. 48 | 3. 90 | 0. 95 | 0. 14 |
| 间接费用 | 324. 36 | 337. 03 | 339. 56 | 324. 29 | 326. 77 | 317. 65 |
| 雇工费用 | 17. 94 | 18. 81 | 19. 31 | 22. 64 | 23. 95 | 23. 32 |
| 家庭劳动机会成本 | 41. 03 | 42. 67 | 44. 63 | 22. 39 | 23. 75 | 23. 45 |
| 固定资产折旧 | 162. 89 | 169. 38 | 168. 15 | 153. 67 | 153. 74 | 153. 53 |
| 土地机会成本 | 76. 07 | 78. 13 | 79. 62 | 98. 45 | 98. 50 | 91. 39 |
| 税金与保险费 | 11. 25 | 12. 22 | 12. 01 | 10. 26 | 10. 41 | 9. 76 |
| 管理费 | 15. 18 | 15. 82 | 15. 84 | 16. 88 | 16. 42 | 16. 21 |
| 净利润 | 59. 52 | 35. 10 | -75. 06 | 10. 51 | -1. 93 | 446. 45 |
| 现金成本 | 540. 63 | 553. 55 | 543. 91 | 586. 27 | 571. 55 | 547. 45 |
| 现金收益 | 176. 62 | 155. 90 | 49. 19 | 131. 35 | 120. 32 | 561. 29 |
| 每 50 公斤主产品 | | | | | | |
| 平均出售价格 | 489. 96 | 513. 08 | 553. 88 | 448. 52 | 498. 33 | 616. 65 |
| 总成本 | 546. 88 | 567. 76 | 716. 96 | 537. 17 | 620. 89 | 452. 24 |
| 现金成本 | 449. 52 | 466. 06 | 583. 64 | 445. 37 | 511. 49 | 373. 82 |

# 附录五

## 世界主要国家农产品成本核算体系(一)

| 美　国 | 加拿大 | 欧　盟 | 巴　西 |
|---|---|---|---|
| **一、运营成本** | **一、运营成本** | **一、可变成本** | **一、直接成本** |
| 种籽费 | 种籽 | 种籽及播种 | 种籽和种籽处理 |
| 肥料 | 化肥 | 肥料 | 肥料 |
| | 除草剂 | 作物保护 | 除草剂 |
| 农药 | 农药 | 农药 | 农药 |
| 机械作业 | 机械作业 | 机械作业 | 作业费用 |
| 燃料、润滑油和电力 | 燃料动力 | 动力 | |
| 修理 | 干燥费 | | |
| | 税费 | | |
| 作业资本利息 | 利息 | | |
| 其他 | 其他 | 其他 | |
| **二、间接费用** | **二、固定成本** | **二、间接费用** | **二、间接成本** |
| 雇工 | 土地成本 | 折旧 | 税金 |
| 未付费劳动机会成本 | 设备折旧 | 工资 | 劳动成本 |
| 设备折旧 | 设备投资机会成本 | 管理费 | 管理费 |
| 土地机会成本(地租) | 劳动力成本 | 利息 | 财务费 |
| 税金和保险 | | 税金和保险 | |
| 管理费 | | 地租 | |
| **三、总成本** | **三、总成本** | **三、总成本** | **三、总成本** |

# 世界主要国家农产品成本核算体系(二)

| 澳大利亚 | 日　　本 | 韩　　国 | IFCN |
|---|---|---|---|
| **一、物质和服务成本** | **一、物质费用** | **一、直接成本** | **一、直接成本** |
| 种籽及播种 | 种籽和播种 | 种籽及播种 | 种籽 |
| 肥料 | 化肥和农家肥 | 化肥 | 化肥 |
| | | | 植物保护(农药) |
| | 灌溉和土壤改良 | 灌溉费用 | 其他 |
| 农药 | 农药 | 农药 | **二、作业成本** |
| | 租费 | 机械器具 | 烘干费 |
| 燃料和润滑油 | 燃料动力 | 燃料动力费 | 机械作业费 |
| 修理维护 | 混合材料 | 劳动成本 | 劳动 |
| 销售成本 | | 作业成本 | 未付费劳动 |
| | 建造物折旧 | 建筑设施折旧 | 付费劳动 |
| | 机器设备折旧 | | **三、间接成本** |
| 其他 | | 其他 | 建造物成本 |
| **二、劳动成本** | **二、劳动成本** | **二、间接成本** | 税费 |
| **三、间接费用** | | 土地成本 | 其他 |
| 利息 | **三、利息** | 资金成本 | **四、资金成本** |
| 税金与保险 | | | 支付的利息 |
| 折旧 | **四、地租** | | 未支付的利息 |
| | | | **五、土地成本** |
| | | | 已支付的地租 |
| | | | 未支付的地租 |
| **四、总成本** | **五、总成本** | **三、总成本** | **六、总成本** |

注:IFCN 为 International Farm Comparison Network 的缩写,是一个国际性农业专家、研究人员和农场主协会。